漢字音으로 본 고구려어 음운체계

漢字音으로 본 고구려어 음운체계

이승재 지음

일조각

이 책의 출판은 2013년 서울대학교 인문대학 인문학 총서 출간 지원사업의 지원을 받았음.

고구려의 妙香山에서

　미묘한 향기가 스며 나왔다. 이에 취하여 妙香山 등반에 나섰다. 산의 남쪽 자락으로는 『三國史記』 地理誌라는 기존의 등산로가 있었다. 반면에, 북쪽 자락은 길이 전혀 보이지 않는 前人未踏의 상태였다. 한두 번 발길이 닿기는 했지만 길이 난 상태가 아니었다. 어느 쪽을 택할까? 우리는 무모한 도전임을 알면서도 북쪽 길을 택했다. 서북쪽 경사면에는 고구려 멸망 이전에 편찬된 중국 史書가 있었고, 여기에 기록된 고구려 人名과 地名이 누군가의 발길을 기다리고 있었다. 동북쪽에서는 廣開土大王碑銘, 牟頭婁墓誌 등의 여러 金石文이 우리를 맞아 주었다. 고구려어 음운론 연구에서 왜 이들을 방치해 왔을까? 연구 방법론의 不在에 그 원인이 있을 것이다.

　이들을 잘 정리하여 새로운 등산로를 개척해 보자는 일념으로 3년을 헤매었다. 李基文(1968/91: 316)에서 高句麗 漢字音을 "영원히 풀 수 없는 수수께끼의 하나"라고 했듯이, 이것은 무모한 도전이었다. 등반 도중에 하산한 것이 수십 번이다. 어떤 때는 길을 잃어서, 어떤 때는 길이 막혀서 포기해야만 했다. 중턱에 이르렀으나 장비가 부족하여 어쩔 수 없이 발걸음을 돌리기도 했다. 팔부 능선까지 올랐으나 중국산 樹種에 걸려 낭떠러지 밑으로 다시 떨어지고 말았다. 借用語라는 독버섯이 이렇게 무서운 존재인지 미처 몰랐다. 차용어를 걸러내고 다시 구부 능선까지 올라왔다. 갈림길이 나타났다. 捲舌音인 生母 [*ʂ]를 硬口蓋音인 書母 /*ɕ/ 즉 /*sj/에 편입하는 길을 택했다. 그런데 이것이 큰 실수였다. 生母 [*ʂ]를 齒槽音인 心母 /*s/에 편입해야 옳다는 것을 推敲 과정에서 비로소 깨달았다. 하산하여 다시 올라와야만 했다. 淺學菲才한 사람이니 어쩔 도리가 없다.

表訓字를 걸러내는 것과 고구려 수종으로부터 중국산 독버섯을 걸러내는 것이 무엇보다도 어려웠다. 그리하여 예고편에 해당하는 拙稿(2015가)에서는 유기자음 /*pʰ, *tsʰ, *kʰ/와 유성 파찰음 /*dz/가 고구려어에 있었다고 기술하는 착오를 저질렀다. 차용어를 모두 걸러내고 나니, 고구려어 자음에서 이들이 모두 사라졌다. 그리하여 고구려어의 순수 자음이 19개에서 15개로 줄어들었다.

구부 능선에 올라선 시점에서 拙稿(2016나)를 통하여 고구려어에 'ㅇ'가 있었다는 논문을 발표했다. 마지막 호흡을 가다듬고 推敲를 겸하여 올라온 길을 반추해 보았다. 庚韻 2등과 淸韻 3등·靑韻 4등의 최소대립 쌍을 재검토하는 순간, 숨이 멎고 말았다. 生母 [*ʂ]를 書母 /*ɕ/ 즉 /*sj/에 편입하면 이 최소대립이 성립하지만, 生母 [*ʂ]를 心母 /*s/에 편입하면 이 최소대립이 무너지는 것이 아닌가. 5세기의 漢語 中古音 자료인 『世說新語』의 대화문 用字에서 어느 편입이 맞는지 급히 확인해 보았다. 生母 [*ʂ]를 心母 /*s/에 편입해야 맞다. 이에 따르면 고구려어에 'ㅇ'에 해당하는 모음이 없다. 7모음체계가 아니라 6모음체계인 것이다.

한참동안 넋이 나갔다. 요샛말로 멘붕이 온 것이다. 이세돌 사범과 알파고의 대국에서 이미 체험한 바 있지만, 위의 두 가지 착오는 필자 스스로가 범한 것이라서 충격이 더 컸다. 예고편으로 발표한 두 글에 모두 잘못이 있었으므로, 이 자리를 빌려 謝罪의 말씀을 드린다.

이 책은 『漢字音으로 본 백제어 자음체계』(拙稿 2013나, 태학사)의 連作에 해당한다. 우리의 연구 방법과 논지에 대한 비판이 두어 가지 있어서 무척 반가웠다. 상호 간에 학술적으로 소통이 된다는 것은 寂寞江山인 상태보다 훨씬 바람직하기 때문이다. 또한 이들 비판 덕분에 우리의 논지와 연구 방법이 더욱 탄탄해졌으므로, 머리 숙여 감사드린다.

그러나 이들 비판은 부적절하거나 잘못 해석한 것이 적지 않았고 자체 모순도 가지고 있었다. 따라서 3년 전의 연구 방법을 그대로 유지하면서, 이번에는 聲

母뿐만 아니라 聲調와 韻母도 분석 대상으로 삼았다. 성조, 성모, 운모 등을 두루 포괄하여 高句麗語 音韻體系를 재구하는 데에 연구 목표를 두되, 고구려어 表音字를 분석 대상으로 삼은 것이다.

연구 방법을 간단히 요약하면 다음과 같다. 첫째, 고구려어 어휘 항목을 망라하여 모은다. 이 과정에서 宋基中·南豊鉉·金永鎭(1994)의 『古代國語 語彙集成』 덕분에 시간을 절약할 수 있었다. 둘째, 이 항목에서 고구려어 표음자를 추출한다. 셋째, 추출된 표음자의 漢語 中古音을 정리한다. 이때에는 이토 지유키(2011)의 자료편을 따랐다. 넷째, 논의 대상이 되는 용례의 점유 비율을 구한다. 다섯째, 한국 중세 한자음에서 유사한 음절을 한군데로 모아 이들의 한어 중고음을 상호 대비한다. 여섯째, 聲調, 聲母, 韻母(開合과 等 포함)의 최소대립 쌍을 찾는다. 최소대립 쌍이 있으면 대립하는 두 항을 음소로 설정한다. 최소대립 쌍이 없다는 것은 대립 항이 상보적 분포임을 뜻하므로, 두 대립 항을 하나의 단위로 합친다. 이 방법은 성조, 성모, 운모의 분석에 두루 적용된다. 일곱째, 최소대립이 성립하는 時點을 살핀다. 의심스러운 음운대립 쌍을 제외하거나 음운대립의 통시적 변화를 논의할 때에 아주 중요하다. 여덟째, 韻素나 音素로 등록된 단위 상호 간의 음운론적 대립 관계를 따진다.

위의 다섯째 단계는 3년 전에는 없었다. 사실은 이 단계를 덜어내도 된다. 한국 중세음에서 유사한 음가인 표음자를 따로 모아 분석하는 방법은 한국의 독자를 위한 것이지 국제 표준이 아니기 때문이다. 그런데도 이것을 남겨 둔 것은 음절별 음운 분석의 방법론적 한계를 드러낼 필요가 있었기 때문이다. 반면에 聲調와 韻母에 대한 논의는 한자음 연구에서 필수적이므로 반드시 갖추어야 한다. 그 연구 방법을 모색하다 보니 적잖은 시간이 흘렀다.

백제가 멸망한 이후에 기록된 백제어 표음자는 신뢰도가 떨어졌으므로, 고구려어에서도 『三國史記』나 『三國遺事』에 기록된 표음자보다는 멸망 이전의 고구려 金石文이나 중국 史書에 기록된 표음자를 핵심적인 자료로 삼는다. 따라서 『三國史記』 지리지의 지명을 중심으로 기술한 兪昌均(1980), 鄭光(2011), 엄익상(2015) 등의 결론과 우리의 결론은 서로 다를 수밖에 없다. 분석하는 자료뿐만 아니라 연구 방법도 다르다.

우리는 성조 분석과 운모 분석을 처음으로 시도하므로, 여섯째 단계의 음운대립에 대해서는 설명을 덧붙일 필요가 있다. 聲調만 서로 다르고 聲母·開合·等·韻母가 동일한 대립 쌍은 성조의 최소대립 쌍이므로, 이것을 바탕으로 삼아 聲調素를 설정할 수 있다. 金完鎭(1972/77: 25)이 '上去無別'이라 한 것을 참고하면, 한국 중세 한자음의 성조 대립을 平聲과 仄聲의 二元對立이라 할 수 있다. 고구려어 표음자에서도 이와 같다(4章 참조). 다음으로, 聲母만 서로 다르고 開合·等·韻母·聲調가 동일한 대립 쌍은 성모의 최소대립 쌍이므로 여기에서 음소의 자격을 가지는 子音을 설정할 수 있다(5章 참조). 마지막으로, 韻母만 서로 다르고 성조와 성모가 동일한 대립 쌍은 韻母의 음운대립 쌍이다. 그런데 韻母의 차이는 韻腹(즉 主母音 또는 核母音)의 차이뿐만 아니라 開合, 等, 韻尾 등의 차이도 포함한다. 따라서 開合, 等, 韻尾까지도 동일하되 韻腹의 차이만으로 최소대립이 성립하는 것만 골라내면 고구려어의 母音 음소를 설정할 수 있다(6章 참조).

이 연구 방법은 東洋의 재료를 西洋의 조리법으로 요리한 것과 같다. 漢字音은 중국과 그 주변의 언어를 재구할 때에 아주 중요한 자료이다. 이것을 분석하되 프라그 학파의 音韻對立 理論을 적용한 것이다. 설렁탕 국물에 우유를 배합하여 크림 소스를 빚어낸 것이라고나 할까? 이 소스 맛이 구미에 당기는지는 전적으로 독자 여러분의 미각에 맡긴다.

필자는 한자음 연구에 이제 겨우 入門한 상태이지만, 이 연구의 명맥이 곧 끊어질 것 같다. 젊은 세대는 거의 다 漢字文盲이다. 읽어 줄 독자가 없는데 왜 이 책을 쓰는가? 읽고 싶어도 어려워서 팽개치고 말 책을 도대체 왜 쓰고 있을까?

멀리 보면 기존의 古代 漢字音 연구에 대한 불만에서 비롯된다. 첫째로, 한자음 연구에서는 Karlgren이 그랬듯이 音素와 音聲을 구별하지 않을 때가 많다. 그러나 한자로 기록된 자연언어를 대상으로 삼으면 한자음 연구에서도 음운론적 연구가 가능하다. 최소대립의 성립 여부를 통하여 음소를 설정할 수 있다. 둘째로, 대부분의 연구자들이 漢語 上古音이나 中古音의 음가를 그대로 수입하여 한국의 고대 한자음에 代入해 왔다. 외국어 발음을 차용할 때에는 우리의 음운체계에 맞게 음가를 대체하여 수용한다. 영어의 'fine, fund, fry' 등의 /f/를 한국에서는 'ㅍ, 프'로 바꾸어 수용하고, 일본에서는 'フ'로 대체하여 수용한다. 한자음에서도 이 대체 수용이 일어나므로 기존의 音價 代入法에 만족할 수 없었다. 이 두 가지 한계를 동시에 극복할 수 있는 연구 방법을 제시하고 싶었다.

한자음을 분석하다 보면 상보적 분포가 아주 많다. 이것을 바탕으로 삼아 우리는 聲母의 최소대립 쌍, 聲調의 최소대립 쌍, 韻腹의 최소대립 쌍 등을 체계적이고도 빠짐없이 찾아내는 방법론을 세웠다. 구조주의의 큰 틀 안에서 音韻對立의 개념을 적용하여 고대 한자음을 분석하는 방법론 하나를 새로 제시한 것이다. 이 방법론은 韓國, 日本, 베트남의 고대 한자음뿐만 아니라 魏晉南北朝에서 北宋까지의 漢語音을 연구할 때에도 두루 적용할 수 있다.

한자음 연구는 1,400여 년의 역사를 자랑한다. 참고해야 할 자료나 논저가 산더미처럼 쌓여 있다. 우리가 참고한 것은 기껏해야 九牛一毛 정도에 지나지 않으므로 그저 부끄러울 뿐이다. 그런데 주위를 둘러보아도, 우리의 연구 방법과 동일한 것이 눈에 띄지 않는다. 그렇다면 논지의 是非를 떠나서, 한자음 연구에 한 터럭 정도는 기여할 수 있을 것이다. 140층의 빌딩을 짓는 데에 겨우 벽돌 하나를 올려놓는 심정으로 이 책을 간행한다.

두 번에 걸쳐 아주 큰 수정이 있었지만, 아직도 착오나 실수가 남아 있을 것이다. 잘못된 곳이 눈에 띄고 입맛에 맞지 않다면, 꾸짖어 가르쳐 주시기를 바란다. 나아가서, 우리의 한계를 신참 셰프가 등장하여 훨씬 더 참신한 레시피로 극복해 주기를 기대한다.

집필 도중에 만감이 교차했다. 두 번에 걸쳐 큰 착오를 범하여, 학문의 엄중함이 무서웠고 글쓰기가 겁이 났다. 얼른 숨고 싶었다. 벌써 연전의 일이지만, 李秉根 선생님의 자상하신 권유를 사양하면서 무척 마음이 아팠다. 자주 뵙지 못하지만 姜信沆, 李基文, 金完鎭 선생님이 조금씩 힘겨워하시는 모습을 뵙고 서글퍼졌다. 돌아가신 李崇寧, 安秉禧 선생님이 갑자기 그리워졌다. 변변찮지만 조그마한 정성을 이 책에 담아, 여러 스승의 은혜에 보답하고자 한다.

마지막으로, 인문학총서 집필 연구비를 지원해 주신 서울대 인문대학의 여러 운영위원, 고구려어 항목과 한어 중고음을 입력해 준 아내, 항상 토론에 응해 준 서울대 기초교육원의 차익종 교수, 九州産業大의 이토 다카요시(伊藤貴祥) 교수, 서울대 박사과정의 김해금 양, 원고 교정에 정성을 기울여 준 서울대 박사과정의 김미경 양, 영문초록의 작성을 맡아 준 김선미(워싱턴대) 박사와 정한별(뉴욕시립대) 박사, 예쁘게 편집해 주신 일조각 편집부의 관계자 여러분께 감사의 말씀을 전한다.

2016년 12월

관악산 기슭에서   李丞宰 씀

10

차례

서문 고구려의 妙香山에서 ·················· 5

1. 머리말 ··· 15

  1.1. 연구 목적 ·· 15

  1.2. 연구 대상과 방법 ································ 17

2. 고구려어 표음자 ······························· 41

  2.1. 금석문의 표음자 ································ 46

  2.2. 中國 史書의 표음자 ·························· 59

  2.3. 『三國史記』 지리지의 표음자 ········ 72

  2.4. 日本 史書의 표음자 ·························· 85

  2.5. 당서 텍스트의 표음자 ···················· 90

  2.6. 『三國史記』의 표음자 ······················ 97

  2.7. 『三國遺事』의 표음자 ···················· 107

  2.8. 고구려 전체 表音字 ························ 111

  2.9. 고구려 代表字 100자와 152자········ 114

3. 음절별 음운 분석 ·············· 119
　3.1. 유사 음절의 음가 차이 반영설 ············· 120
　3.2. 음절별 음운 분석 ············· 121
　3.3. 음가 차이 반영설의 예외 ············· 216
　3.4. 음절별 음운 분석의 한계 ············· 220

4. 聲調 ·············· 223
　4.1. 성조의 최소대립 쌍 ············· 223
　4.2. 고구려어의 성조 언어론에 대한 반론 ············· 229
　4.3. 고구려어와 중세 한국어의 성조형 대비 ············· 231
　4.4. 異表記 상호 간의 성조 대비 ············· 233
　4.5. 음절별 성조형 ············· 239
　4.6. 성조형의 통시적 변화 ············· 247
　4.7. 고구려어 성조 종합 ············· 259
　4.8. 예상되는 반론에 대한 재반론 ············· 261

5. 子音 ·············· 268
　5.1. 음절말 자음 ············· 269
　5.2. 음절별 음운 분석에서의 聲母 목록 ············· 284
　5.3. 脣音 ············· 290
　5.4. 舌音 ············· 305
　5.5. 齒音 마찰음 ············· 320
　5.6. 齒音 파찰음 ············· 336
　5.7. 牙喉音 ············· 361
　5.8. 두음법칙 ············· 383
　5.9. 자음체계 ············· 390

6. 母音 ··· 409

　6.1. /*-ø/ 韻尾인 攝 ··· 415

　6.2. /*-u/ 韻尾인 攝 ··· 468

　6.3. /*-i/ 韻尾인 攝 ··· 497

　6.4. /*-ŋ, *-k/ 韻尾인 攝 ··· 526

　6.5. /*-n, *-t/ 韻尾인 攝 ·· 575

　6.6. /*-m, *-p/ 韻尾인 攝 ··· 600

　6.7. 자음 운미의 음운대립 ·· 610

　6.8. 고구려어 운모의 음가 추정 종합 ······························· 621

　6.9. 고구려어 6모음의 분포 ··· 626

　6.10. 모음조화 ·· 635

　6.11. 모음체계 ·· 645

7. 마무리 ·· 654

참고문헌 ·· 677

영문초록 ·· 685

부록 고구려어 表音字의 音價와 出典 ······························· 709

찾아보기 ·· 741

1. 머리말

高句麗는 紀元 전후에 건국하여 668년에 멸망했다. 고구려에서 사용된 언어를 편의상 高句麗語라고 부르기로 한다. 고구려어가 夫餘系 언어를 대표하는 독자적 언어였음은 李基文(1968)에서 이미 논의된 바 있다. 고구려어는 한국어 연구자뿐만 아니라 알타이어 연구자들 사이에 지속적으로 관심의 대상이었다. 고구려는 고대 삼국의 일원이었으므로 한국어 연구자는 고구려어가 百濟語·新羅語와 어떤 관계였는지를 연구한다. 알타이어 연구자는 고구려어가 지리적 위치로 보아 몽골어나 만주·퉁구스어와 긴밀한 관계였다고 가정하고 이들과의 언어적 親族關係를 연구한다. 따라서 고구려어가 동북아시아의 古代語 연구에서 중요한 위치를 차지한다는 것은 두말할 나위도 없다. 고구려어의 數詞가 고대 일본어의 수사와 대응한다는(Lee Ki-Moon 1963) 사실이 이것을 여실히 보여 준다.

1.1. 연구 목적

고구려어를 연구할 때에는 고구려의 人名, 地名, 官名 등이 중요한 연구 대상이다. 이들은 어휘 단위이기 때문에 고구려어의 문법을 연구하는 것은 불가능하다. 고구려어 연구에서 그래도 접근 가능한 연구 분야가 있다면 그것은 語彙論과 音韻論 분야이다. 어휘론에서는 고구려어의 어휘를 찾아내어 모은 다음에 이 것을 후대의 중세 한국어나 알타이 제어와 비교하게 된다. 이것이 너무나 힘들고 버거운 일이므로 우리는 어휘론을 논의 대상에서 제외한다.

그 대신에 음운론 분야에 집중한다. 음운론 분야는 어휘론 분야에 비하여 객관적·과학적 연구 방법을 갖추고 있다. 이 글에서 채택할 음운체계 연구 방법론은 아주 간단하다. 첫째, 여러 어휘 표기에서 표음자로 사용된 것을 망라하여 모은다. 고구려어 표음자를 모두 모아 보면 690자가 된다. 멸망 이전에 기록된 표음자로 한정하면 340자이다.[1] 둘째, 이 표음자 상호 간에 어떤 음운대립이 성립하는지를 漢語 中古音으로 분석한다. 한어 중고음은 고구려가 고대국가의 일원이었던 때의 한자음이므로,[2] 고구려어 표음자를 분석할 때에는 한어 중고음이 가장 좋은 기준이 된다. 음운체계 분석에는 프라그 학파의 음소분석 이론을 적용하는데, 相補的 分布와 最小對立 雙을 주로 사용한다. 최소대립 쌍을 찾을 수 있을 때에만 대립 항에 각각 음소의 자격을 부여한다. 이 글은 위의 두 단계를 밟아 고구려어의 음운체계를 재구하는 데에 목적을 둔다.

---

1 논의의 편의를 위하여 14자를 더하여 704자를 분석의 대상으로 삼을 때가 많다. 이 14자는 중국에서 처음으로 지은 인명·지명에 나오거나, 차용어에 사용된 것들이다. 이승재(2015가)에서는 이들을 고구려어 표음자에 넣었으나, 이 책에서는 제외하는 태도를 택한다.

　朴炳采(1971)과 魏國峰(2014)에서는 16세기 이후의 한국 한자음을 분석하면서도 '古代' 한자음 연구인 것처럼 제목을 달았다. 이것은 宋基中(1995나: 453)가 지적한 것처럼 정확한 것이 아니다. 고구려 표기에 사용된 표음자만을 논의 대상으로 삼는다는 점에서 우리는 兪昌均(1980)의 태도를 따른다. 兪昌均(1980: 161~2)에서 분석의 대상으로 삼은 고구려어 표음자는 모두 333자이다. 그런데 이들은 거의 대부분 『삼국사기』와 『삼국유사』에서 뽑은 것이므로, 우리의 690자와 질적으로 아주 큰 차이가 있다. 즉, 우리는 각종의 高句麗 金石文과 고구려 멸망 이전의 중국 史書에 기록된 표음자를 가장 중요하고도 믿을 만한 자료로 간주한다. 멸망 이전에 기록된 표음자는 모두 340자이다.

2 陸法言 등이 現傳 最古의 韻書인 『切韻』을 601년에 편찬한다. 이 『切韻』系 한자음이 『廣韻』(1007년)에 기록되어 전한다. 따라서 고구려 표음자는 『切韻』系 韻書의 한어 중고음을 기준으로 삼아 분석하게 된다. 이와는 달리, 兪昌均(1980)에서는 漢語 上古音으로 고구려어 표음자를 분석하였다.

1.2. 연구 대상과 방법

기존의 연구에서는『三國史記』지리지에 기록된 고구려 지명을 위주로 고구
려어의 음운체계를 연구해 왔다(李基文 1968, 兪昌均 1980, 鄭光 2011, 엄익상 2015).
여기에서 고구려어 단어를 찾아내어 이것을 자료로 삼아 고구려어에 어떤 음소
가 있었는지를 논의하고 나아가서 음소 상호 간의 대립관계가 어떤 것이었는지
를 연구한다. 이때에는 자료의 부족이 근본적인 문제를 제기한다. 고구려 지명
표기에서 추출할 수 있는 고구려어 단어는 수십 개에 불과하고, 확실한 것은 넉
넉히 잡더라도 50개를 넘지 않는다. 이것을 자료로 삼아 고구려어의 자음체계나
모음체계를 재구할 수 있을까?

중세 한국어와의 대비를 통하여 재구할 수 있는 고구려어 단어는 최대 80개라
고 한다(李基文 1968/91: 319). 80개 단어에 나오는 자음의 목록이나 모음의 목록
을 작성하는 것은 가능하다. 예컨대, 80개 단어에 나오는 자음이 20개이고 모음
이 6개라고 말할 수 있다. 그런데 이 20개의 자음과 6개의 모음에 바로 音素의
자격을 부여할 수 있을까? 우리는 이에 대해 부정적이다. 음소의 자격을 부여하
려면 상호 간의 音韻論的 對立關係가 확인되어야 한다. 음운대립을 확인할 때에
는 널리 알려져 있듯이 相補的 分布와 最小對立 雙의 유무를 기준으로 한다. 80
개의 단어만으로는 상보적 분포 여부나 최소대립 쌍의 유무를 전반적이고도 체
계적으로 확인하는 것은 불가능하다.

일부의 음운대립은 확인할 수 있을지 모른다. 예컨대, /*t/와 /*n/의 최소대
립 쌍이나 /*a/와 /*u/의 최소대립 쌍 정도는 찾을 수 있을 것이다. 그러나 많
은 수의 음운대립과 음소가 누락될 수밖에 없다. 構造主義 音韻論에서 강조하
듯이, 일부의 음운대립만으로는 전반적이고도 체계적으로 高句麗語의 音韻體
系를 재구할 수 없다. 따라서 중세 한국어와의 대비를 통하여 확인된 수십 개의
고구려어 단어를 중심으로 고구려어의 음운체계를 재구하는 작업은 포기하기
로 한다.

그 대신에 우리는 고구려어를 표기하는 데에 사용된 表音字의 音價를 연구 대
상으로 삼는다. 고구려 人名·地名·官名 등은 모두 한자로 기록되었는데, 여기에

서 表音字로 사용된 것을 모두 골라내면 690자가 된다.[3] 이 690자도 고구려어의 음운체계를 재구하기에는 양적으로 턱없이 부족하다. 그러나 상보적 분포와 최소대립 쌍의 유무를 중심으로 분석하게 되면 결코 적은 양이 아니다. 각종의 음운대립을 두루 논의할 수 있을 만큼의 분량이다. 더욱이 고구려 멸망 이전에 사용된 표음자로 한정하면 340자에 불과하지만, 이것만으로도 각종의 최소대립 쌍을 두루 찾아낼 수 있다. 고구려어 표음자는 음가 차이를 정확하게 반영하기 위하여 엄선된 것이다. 따라서 고구려어 표음자는 구조주의가 강조하는 자료의 전형성을 이미 갖추었다고 판단한다.

각종의 텍스트에서 고구려어 항목을 골라내는 일만 해도 엄청난 작업이다. 우리는 이것을 宋基中·南豊鉉·金永鎭(1994)에 의지하였다. 이 勞作에서 고구려어로 분류된 것을 모두 골라내어 전체 고구려어 항목을 작성하였다. 그런데 이 고구려어 항목에 적지 않은 양의 차용어가 포함되어 있고, 漢四郡 때부터 사용하기 시작한 지명이 마치 고구려 지명인 것처럼 기술되어 있는 것도 있다.[4] 이들을 잘 걸러내지 않으면 낭패를 보게 되므로 주의해야 한다.

고구려어 항목을 추출하는 것으로 기초 작업이 끝나는 것이 아니다. 전체 고구려어 항목에서 表訓字(또는 表意字)로 사용된 것을 제거하고 表音字로 사용된 것만 따로 정리해야 한다. 우리는 고구려어의 음운체계를 연구할 때에 고구려어 표음자를 자료로 택했으므로 표훈자는 당연히 자료에서 제외해야 한다. 그런데 표훈자와 표음자를 구별해 내는 일이 여간 어려운 것이 아니다.

고구려어 항목을 추출하는 작업과 여기에서 표음자를 골라내는 일이 자료 정리에서 가장 기초적인 단계가 된다. 이 기초 단계에서 실수를 저지르면, 낭패를 보게 된다. 우리는 '康王'이 고구려어 항목이라고 착각하여, '康'과 '岡/剛'이 성모의 최소대립 쌍이라 판단한 적이 있다. '康'의 한어 중고음은 [溪母, 開口, 1等, 平聲, 唐韻]이요 '岡/剛'은 [見母, 開口, 1等, 平聲, 唐韻]이므로 이 둘은 溪母와 見母가 음운론적으로 대립하는 성모의 최소대립 쌍이다. 이 최소대립 쌍을 논거로

---

3 이 추출 과정에 대해서는 2章에서 자세히 다룰 것이다.
4 이것은 兪昌均(1980: 161~2)에서도 마찬가지이다. '玄菟(郡), 黏蟬, 鏤方' 등은 漢나라에서 작명한 지명인데, 이들 글자가 고구려어 표음자로 등록되어 있다.

18

삼아 고구려어에 유기자음 /*kʰ/가 있다고 한 바 있다(이승재 2015가). 그런데 의심쩍어 반추해 보니 '康王'은 고구려가 아니라 北魏에서 사용한 명칭이었다. 長壽王이 돌아가자 北魏에서 조문 사절을 보내어 장수왕을 '康王'이라 칭한 것이다. 이러한 상황에서 사용되었으므로 '康王'은 고구려어가 아니라 북위어의 일종이다. 북위어의 음운체계와 표기법이 반영되어 있기 때문이다. 이것을 고구려어에서 제외하면 유기자음 /*kʰ/와 무기자음 /*k/가 음운론적으로 대립하는 최소대립 쌍이 없어진다. 따라서 유기자음 /*kʰ/를 고구려어 자음 목록에서 제외해야 한다.

표훈자와 표음자를 가려내는 작업은 쉬운 듯하면서도 사실은 가장 어려운 일에 속한다. 객관적이고도 분명한 기준을 설정하여 이 둘을 구별할 수 있어야 하지만 그 기준을 세우기가 대단히 어렵다. 그런데 이 구별을 계속하다 보면 약간의 경험이 축적된다. 우리는 이것에 의지하여 표훈자와 표음자를 구별하고, 표음자라고 판단한 것에는 항상 밑줄을 그어 우리의 판별 안을 제시하기로 했다. 이안이 연구자마다 서로 다를 수 있다.

한자음을 분석할 때에는 한어 중고음을 그 표준으로 삼는다. 漢語史의 시대구분은 학자마다 다르다. 王力(1957: 43)에서는 五胡十六國 시대까지를 上古期, 그이후부터 南宋 전반기까지를 中古期라 하였다. 이와 비슷하게 우리는 중국 魏晉南北朝에서 北宋까지의 시기를 한어 중고음 시기라고 지칭한다. 한어 중고음을다시 둘로 나눌 때가 많은데, 일반적으로 唐 이전을 前期 중고음이라 하고 唐과그 이후를 後期 중고음이라 지칭한다.[5] 고구려어 표음자는 대부분 시기적으로보아 전기 중고음을 수용한 것이다.[6] 이것은 고구려어 표음자를 분석할 때에 한어 중고음 중에서도 전기 중고음으로 분석해야 함을 뜻한다.

---

5 Karlgren(1954/92)는 上古 漢語와 中古 漢語를 각각 Archaic Chinese와 Ancient Chinese로 번역했다. 그러나 현재의 미국학계에서는 일반적으로 Pulleyblank(1984)가 명명한 Old Chinese와 Middle Chinese를 사용한다. Pulleyblank(1984)는 5~6세기 한어음을 전기 중고음으로, 7~8세기 한어음을 후기 중고음으로 나눈 바 있다. 우리는 이 경계 시점에 동의하지만, 후기 중고음이 北宋 때까지 이어진다고 본다는 점에서 차이가 난다.

6 朴炳采(1971)과 姜信沆(2011가, 2011나)에 따르면, 한국 중세 시기의 현실 한자음은 魏晉南北朝 시기의 전기 중고음을 수용한 것이다. 반면에, 兪昌均(1980, 1991)은 고구려어 한자음의 기층이 漢 이전으로 소급된다고 하였다.

고구려어 표음자 690자를 확정하고 나서, 여기에 한어 중고음의 음가를 단다. 이때에는 이토 지유키(2011)의 자료편에 의지했다. 한어 중고음뿐만 아니라 한국 중세 한자음도 정리했고 이에 대한 연구가 이토 지유키(2007)로 출판되었기 때문에 우리는 주로 이 자료편을 참고한다. 이 자료편에서는 康[溪開1平唐]이나 剛[見開1平唐]처럼 현대적 감각에 맞게 한어 중고음의 음가를[7] 정리해 놓았다. 이것은 1007년에 편찬된 『廣韻』과 宋代의 『韻鏡』, 『七音略』, 『四聲等子』, 『切韻指掌圖』 등을 두루 참고하여 정리한 『切韻』계 음가인데, 한어 중고음은 일반적으로 이 『切韻』계 음가를 활용하여 연구하게 된다. 이 음가를 현대 언어학의 관점에서 이해하기 쉽도록 이토 지유키(2011)이 정리했으므로 우리는 이것을 전적으로 수용한다.

이토 지유키(2011)에 나오지 않는 표음자의 음가는 일단 『廣韻』의 反切을 참고하여 음가를 재구한다. 反切上字와 反切下字를 잘 활용하면 음가 재구가 가능하다. 또한 공개되어 있는 韻典網(http://ytenx.org/)에 들어가 개별 한자의 음가를 검색하기도 했다. 그런데 음가가 무엇인지 어디에서도 확인할 수 없는 표음자도 있다. 『廣韻』이나 『集韻』에 수록되지 않은 것이 대표적인데, 이들은 어쩔 수 없이 우리의 분석 대상에서 제외했다.

한어 중고음의 음가가 확정되면 본격적인 분석에 착수할 수 있다. 그런데 중국 음운학에서 사용하는 여러 전문용어가 독자들에게는 일종의 장벽처럼 느껴지는 듯하다. 따라서 좀 더 이해하기 쉽게 기술하는 방법을 모색하게 되었다. 3章에서 볼 수 있듯이, 한국 중세 한자음을 활용하면 한자음 분석이 어느 정도는 쉬워진다. 예를 하나 들어 보자. 한국 중세어의 '가/하' 음절을 표기할 때에 고구려에서는 '加, 河, 可, 賀, 賈, 下, 何, 柯, 嘉, 哥' 등을 사용했다. 이 표음자들의 한국 중세 한자음을 서로 대비하여 고구려어에서 /*k/와 /*h/가 음운론적으로 대립했음을 금방 알아챌 수 있다. 음절 단위로 여러 표음자들을 묶으면,[8] 聲韻學의 전문용어

---

7 '음가'는 일반적으로 phonetic value의 뜻으로 사용한다. 그러나 우리는 '음가'라는 용어의 범위를 넓혀서 sound value의 뜻으로 사용한다. 따라서 우리의 '음가'가 phonetic value의 뜻일 때에는 [ ]로 표시하고 phonological value의 뜻일 때에는 / /으로 표시한다.
8 이러한 방법으로 분석한 대표적인 예로 이토 지유키(2007)을 들 수 있다.

를 잘 모르더라도 한자음 분석에 쉽게 다가갈 수 있다(3章 참조).

위의 '가/하' 음절에서 볼 수 있듯이 어떤 음절의 표기에는 10여 자가 사용되기도 한다. 이들을 모두 분석의 대상으로 삼는 것은 어찌 보면 비효과적이고 지면을 낭비한다. 또한 고구려어 표음자 690자를 모두 기술 대상으로 삼다 보면 논의의 객관성이 떨어질 염려도 있다. 따라서 고구려어 표음자 중에서 다음의 세 가지 조건을 갖춘 표음자를 따로 선정하여 이들을 중심으로 논의를 전개하기로 한다. 첫째로 많은 단어의 표기에 사용되었고, 둘째로 여러 텍스트에서 두루 사용되었으며, 셋째로 고구려 멸망 이전의 용례가 최소한 하나는 있어야 한다. 이 조건을 기준으로 삼아 고구려를 대표하는 표음자 100자를 먼저 선정하고 이들을 고구려 代表字라고 명명하기로 한다(2章 참조). 이 대표자는 반드시 音韻分析의 대상으로 삼아야 한다. 음운 분석의 대상에서 고구려를 대표할 수 있는 표음자를 제외하면 안 되기 때문이다.

기존의 한국 한자음 연구에서는 기초적인 常用字보다는 일상생활에서 거의 사용되지 않는 僻字를 논의의 주요 대상으로 삼을 때가 많았다. 벽자를 연구 대상으로 삼아, 聲符에 類推되어 음가가 변했다고 기술하거나 音節偏向이 일어나서 음가가 바뀌었다고 기술한다.[9] 필자를 비롯하여 여기에 식상한 독자가 한둘이 아닐 것이다. 왜 상용자는 거론하지 않고 항상 벽자만 거론하는가? 이런 의문을 던지면서 한자음 연구를 포기하기도 한다. 유추나 음절편향에 대한 논의가 반드시 필요한 것은 사실이지만, 상용자 중심의 한자음 연구가 필요 없거나 마치 불가능한 것처럼 독자들이 오해할 가능성이 크다. 벽자 위주의 연구와 달리, 우리는 고구려어 표음자 중에서도 대표자 범주에 드는 것을 우선적으로 분석하는 방법을 택한다.

대표자 100자 세트에는 들지 못했지만, 음운 분석의 대상으로 삼은 것도 있다. 이들은 고구려 멸망 이전의 텍스트에서 사용된 적이 있지만 용례가 많지 않아서 代表字에서 제외된 표음자이다. 이들을 대표자 목록에 추가하여 고구려 대표자 152자 세트도 만들어 보았다. 나아가서 우리가 논의의 대상으로 삼는 고구려

---

9 河野六郎(1968/79)를 비롯하여 기존의 한자음 연구는 대부분 이 범주에 든다.

어 표음자는 사실은 340자 세트이다.[10] 340자 세트는 고구려 멸망 이전에 최소한 한 번 이상 기록된 적이 있는 표음자 집합이다. 100자, 152자, 340자 세트에 드는 표음자를 중심으로 표음자의 음가를 분석하다 보면 뜻밖에도 성조의 최소대립 쌍이 적지 않음을 발견하게 된다. 이 발견을 계기로 우리는 4章에서 고구려어의 聲調言語說을 제기할 것이다.

만약에, 두 표음자가 聲調에서만 음가가 차이 나고 나머지 음운론적 요소가 동일하다면 이것은 성조의 최소대립 쌍이다. 이것을 자료로 삼아 고구려어가 성조 언어였는지의 여부를 논의할 수 있다(4章 참조). 두 표음자가 聲母에서만 차이가 나고 나머지 음운론적 요소에서는 동일하다면 이것은 성모의 최소대립 쌍이다. 이것을 바탕으로 삼아 고구려어 자음체계를 재구할 수 있다(5章 참조). 두 표음자의 韻만 서로 다르고 나머지 음운론적 요소가 동일하다면 이것은 운의 최소대립 쌍이다. 운의 최소대립 쌍 중에서 韻腹의 최소대립 쌍을 골라내어 이것을 토대로 고구려어의 모음체계를 재구할 수 있다(6章 참조). 690자에서는 위의 여러 가지 최소대립 쌍을 두루 찾아낼 수 있다. 고구려 멸망 이전의 표음자로 한정한 340자에서도 각종의 최소대립 쌍을 찾아낼 수 있다. 양적으로 적은 것처럼 보이지만, 고구려어 표음자는 고구려어를 표기하기 위하여 엄선된 것이므로 질적으로는 아주 양호하다. 각종의 음운론적 대립을 거의 대부분 포함하고 있기 때문이다.

표음자를 분석할 때에는 한어 중고음의 음운체계를 활용하되 構造主義의 연구 방법을 따른다. 기존의 연구에서는 漢語의 상고음이나 중고음의 음가를 그대로 고구려어의 음가인 것처럼 代入하기도 했다. 고구려어의 한자음은 한어의 한자음을 차용한 것이므로 동일 한자라 하더라도 한어의 음가와 고구려어의 음가가 서로 다를 수 있다. 고구려어의 음운체계에 맞추어서 한자음을 수용하기 때문이다. 예컨대, 현대어에서 영어의 'fine'을 수용할 때에 '파인' 또는 '화인'으로 수용한다. 현대 한국어에 음소 /f/가 없기 때문에 이것을 'ㅍ'이나 'ㅎ'으로 대체하여 수용한다. 고구려어에서 한자음을 수용할 때에도 마찬가지이다. 이런 대체 수용

---

10 4章의 (31)에 이 340자를 열거하였다.

을 고려하지 않고 한어 상고음이나 중고음의 음가를 고구려어의 음가에 그대로 대입하는 것은 옳지 않다. 이것이 借用音韻論의 상식인데도 고대 한자음 연구에서는 지켜지지 않을 때가 많았다.

이러한 전철을 밟지 않으려면 고구려어 표음자 내부에서 성립하는 음운대립 관계를 우선적으로 밝혀야 한다. 그런데 이때에는 어떤 방법으로 성모나 운의 최소대립 쌍을 찾아낼 것인가 하는 문제가 제기된다. 이 기술적인 문제를 해결하지 않고서는 다음 단계로 넘어갈 수가 없다.

우리는 『漢字音으로 본 백제어 자음체계』(이승재 2013나, 태학사)를 통하여 성모의 최소대립 쌍을 찾아내는 방법을 이미 제시한 바 있다. 그러나 그때까지만 해도 韻腹의 최소대립 쌍을 찾아내는 방법을 몰랐다. 一年餘의 시간이 경과한 뒤에야 비로소 운복의 최소대립 쌍을 체계적이고도 빠짐없이 찾아내는 방법을 고안해 낼 수 있었다. 韻은 開合, 等, 韻腹, 韻尾 등을 포괄하는 단위인데, 이 중에서 운복에서만 차이가 나고 나머지 음운론적 요소가 동일하다면 그것은 운복의 최소대립 쌍이다. 이것을 찾아내어 각 대립 항의 모음을 독자적인 음소로 설정한다.

말로는 이처럼 아주 간단하다. 그러나 실제로 부딪치면 운복의 최소대립 쌍을 체계적이고도 빠짐없이 찾아내는 방법이 쉽게 손에 잡히지 않는다. 오랜 기간 동안 실패를 거듭한 결과 마침내 그 방법을 찾아내었다(6章 참조). 이 발견이 계기가 되어 이 책을 집필하게 되었음은 두말할 필요도 없다. 운복의 최소대립 쌍을 체계적이고도 빠짐없이 찾아내는 방법을 새로 제시했다는 점에서 우리의 연구는 기존의 한자음 연구와 크게 차이가 난다. 한자음의 개별적인 연구가 아니라 이른바 체계적 연구인 것이다.

古代 漢字音 연구에서는 Karlgren(1954/92) 이래로 音聲과 音素를 구별하지 않을 때가 적지 않다.[11] 그리하여 奉母가 음성 [v]인지, 음소 /v/인지 구별하지 않고 그냥 v(또는 *v)라고 표기한다.[12] 이것은 역설적으로 고대 한자음 연구에서는 구

---

11 이와는 달리, Martin(1953)은 음운론적 재구를 시도한 바 있다.
12 한어 중고음의 재구에는 '*'를 달지 않고 상고음의 재구에만 '*'를 다는 것이 일반적이다. 그러나 우리는 중고음에 대해 모르는 것이 아직도 많고, 학자들의 연구 결과가 일치하지 않을 때도 많다는 의미로 중고음에도 재구의 표시인 '*'을 단다.

조주의의 음운대립 이론을 적용하지 않았거나 적용할 수 없다는 것을 의미한다. 예컨대,『切韻』계 운서를 분석하여 한어 중고음에 36字母가 있다고 할 때에, 이 36개의 자음이 음성 차원의 자음인지 음소 차원의 자음인지 밝히지 않는다. 음소의 자격을 가지는 자음이 36개나 되는 언어는 아주 드물다. 이 중에서 일부의 자음은 변이음에 불과하므로 이들을 음운체계에서 덜어낼 필요가 있다.[13] 이때에 우리는 프라그 학파의 음운대립 이론을 적용한다.

Karlgren(1954/92)는 부분적으로는 상보적 분포를 활용하면서도 최소대립의 성립 여부는 전혀 기술하지 않았다.『韻鏡』,『七音略』,『四聲等字』,『切韻指掌圖』 등의 韻圖에서 서로 구별되어 있는 聲母라면 이들의 음가가 모두 서로 다르다고 그대로 믿어 버린다. 이것은 宋代의 韻圖에 대한 선험적이고도 무한한 신뢰에서 비롯된 것이다. Karlgren처럼 韻圖를 연구 대상으로 삼으면 성모 상호 간에 음운대립이 성립하는지에 대한 논의가 원천적으로 불필요하다. 분석해야 할 언어 자료가 韻圖에 제시된 것밖에 없기 때문에, 운도의 분류가 음성학적인 것인지 음운론적인 것인지를 검증할 방법이 없다. 따라서 韻圖 중심의 한자음 연구는 태생적으로 음성학적 재구에 매달릴 수밖에 없다.

그러나 高句麗語, 百濟語, 중국 南朝語[14] 등의 자연언어를 연구 대상으로 삼으면 사정이 달라진다. 자연언어의 表音字를 골라낸 다음에 이들 상호 간에 음운대립이 성립하는지 여부를 검증할 수 있고, 나아가서 검증해야만 마땅하다. 상보적 분포와 최소대립 쌍이라는 검증 방법을 통하여 여러 개별 언어의 음운대립 관계를 밝힐 수 있다. 이 구조주의적 관점을 강조한다는 점에서, 우리는 Karlgren(1954/92)의 음성학적 연구를 버리고 새로이 Martin(1953)처럼 음운론적 연구를 지향한다고 말할 수 있다.

본격적인 논의에 들어가기 전에, 한자음을 구성하는 음운론적 요소를 간단히 설명해 두기로 한다. 모든 한자는 기본적으로 하나의 단어이고, 한자음은 항상 하나의 음절로 이루어진다. 음절을 구성하는 기본 요소에는 聲母, 韻, 聲調의 세 가지가 있다.『切韻』이 편찬된 7세기 초엽에는 한자음을 反切로 표시하는 것

---

13 前期 중고음의 脣輕음과 舌上음이 대표적인 예가 된다.
14 이에 대해서는 이승재(2016가)를 참고하기 바란다.

이 일반적이었다. 反切上字는 聲母를, 反切下字는 韻을 나타내는 장치였고, 한자음 전체에 聲調가 얹힌다. 7세기까지는 聲母, 韻, 聲調의 세 가지가 한자음을 구성하는 음운론적 요소였으나, 宋代에 等韻學이 발달하면서 等과 開合이 음운론적 요소로 추가된다. 현재에는 한자음의 음운론적 요소를 聲母, 韻, 聲調, 等, 開合의 5종으로 나누는 것이 일반화되어 있다. 여기에 韻尾를 추가하기도 한다. 이 음운론적 요소를 마치 구조주의 음운론의 音韻資質(phonological feature)인 것처럼 이해하여, 이들에 상보적 분포와 최소대립의 개념을 적용할 수 있다.

聲母는 한국어의 초성에 해당하는 것으로서 대개는 子音이다. 韻은 영어의 rhyme에 해당하는데, 開合·等·韻腹·韻尾를 아우르는 요소이다. 聲調는 현대 음운론의 tone에 해당하고, 한어 중고음에는 平聲(^{L}), 上聲(^{R}), 去聲(^{D}), 入聲(^{E})의[15] 네 가지 성조가 있다.

韻은 開合·等·韻腹·韻尾을 아우르는데, 이 중에서 開合은 開口와 合口에서 각각 '開'와 '合'을 딴 것이다. 開口는 원순성 활음이 없음을 뜻하고, 合口는 후설 원순 활음 /w/(또는 전설 원순 활음 /ɥ/)가 있음을 뜻한다. 等이 무엇인지에 대해서는 아직 의견이 통일되지 않았지만,[16] 현대 음운론의 개구도를 뜻한다고 보는 견해가 많다. 1~4等의 네 가지로 구별하되, 수치가 커질수록 개구도가 좁아진다. 3等은 항상 介音(또는 韻頭, 현대 음운론의 활음)을 가진다. 이것을 최초로 밝힌 것은 Karlgren(1954/92)이다.[17] 3等은 다시 A, B, C의 세 가지로 세분하는데, A는 전설 개음을 가지고 B와 C는 중설이나 후설의 개음을 갖는다. 韻腹은 현대 음운론의 모음에 해당한다. 만약에 운복의 최소대립 쌍을 찾아낸다면 그 대립 항을 독자적인 모음 음소라고 할 수 있다.

여기에 韻尾를 추가해야 한다고 주장할 수도 있다. 韻尾는 운복의 바로 뒤에 온 것을 가리킨다. 운미가 /*-ø, *-u, *-i/ 등인 것을 陰聲韻尾, /*-m, *-n, *-ŋ/ 등의 鼻音인 것을 陽聲韻尾, /*-p, *-t, *-k/ 등의 폐쇄음인 것을 入聲韻

---

15 한어 중고음에서는 성조의 소리값 즉 調値를 알 수 없다. 따라서 平·上·去·入은 영어 번역인 Level·Rising·Departing·Entering의 두음을 따서 각각 L·R·D·E로 표기한다.

16 이에 대해서는 6章에서 우리의 견해를 제시할 것이다.

17 Karlgren이 발견한 것이 아주 많은데, 우리는 이것을 가장 중요한 발견이라고 평가한다. 한국어 번역본으로는 칼그렌(1985: 30)에 그 내용이 나와 있다.

尾라고 한다. /*-ø/ 운미는 운복만 있고 운미가 없는 것을 뜻하고, /*-u/ 운미와 /*-i/ 운미는 각각 활음 /w/와 /j/가 음절의 마지막 위치에 온 것으로 이해하면 된다.

운미가 한자음의 음운론적 요소라고 기술할 때가 적지 않다. 그러나 우리는 聲調와 韻이 복합되어 韻尾가 결정된다고 본다. 예컨대, 성조가 入聲이면 운미는 항상 /*-p, *-t, *-k/ 중의 어느 하나이다. 또한 假攝과 果攝에 속하는 운에서는 성조가 항상 入聲이 아니므로 이들 운은 모두 /*-p, *-t, *-k/ 운미를 가지지 않는다. 그 대신에 이들 운은 항상 /*-ø/ 운미를 가진다. 반면에, 通攝·江攝·宕攝·梗攝·曾攝에 속하는 운은 항상 양성운미 /*-ŋ/이나 입성운미 /*-k/를 갖는다. 이들 攝에서는 성조가 평성·상성·거성이면 운미가 /*-ŋ/이고 입성이면 /*-k/이다. 이처럼 성조와 운이 결합하여 운미가 결정되므로, 운미를 따로 떼어 독자적인 음운론적 요소라고 하지 않을 때도 있다. 이토 지유키(2011)에서도 운미를 음운론적 요소에 넣지 않았다.

한어 중고음의 운미가 고스란히 보존되어 있다는 점에서 한국 중세 한자음은 매우 귀중한 존재이다. 이 특징을 살려서, 우리는 고구려어 표음자의 운을 분석할 때에 운미를 /*-ø/ 운미, /*-u/ 운미, /*-i/ 운미, /*-m, *-p/ 운미, /*-n, *-t/ 운미, /*-ŋ, *-k/ 등의 6종으로 나눌 것이다.

요컨대, 한자음 음절은 [聲母, 開合, 等, 聲調, 韻]의 다섯 가지 요소로 이루어진다. 韻尾는 운과 성조의 결합체로 이해하기로 한다. 앞에서 예로 들었던 康[溪母, 開口, 1等, 平聲, 唐韻]과 剛[見母, 開口, 1等, 平聲, 唐韻]은 성모만 서로 다르고 나머지 네 가지 요소는 동일한 쌍이다. 고대 한자음에 어떤 子音이 있었는지를 논의할 때에는 성모 최소대립 쌍을 찾으면 된다. 母音에 어떤 것들이 있었는지를 논의할 때에는 운복의 최소대립 쌍을 찾으면 된다. 韻의 최소대립 쌍에는 開合의 최소대립 쌍, 等의 최소대립 쌍, 韻腹의 최소대립 쌍, 韻尾의 최소대립 쌍 등이 있는데, 이 중에서도 운복의 최소대립 쌍이 핵심적인 논거가 된다.

이토 지유키(2011)의 음가 표시 방법에 따르면, 한자음은 일단 위의 다섯 가지 음운론적 요소로 표시된다. 논의의 편의를 위하여, 그 표시 방법을 제시하면 다음과 같다.

(1) 한자음 음가의 표시 방법 예시

  1. 諸[章中C平魚] = 諸[章母, 中立, 3等 C, 平聲, 魚韻]

     沮[淸中C平魚] = 沮[淸母, 中立, 3等 C, 平聲, 魚韻]

  2. 家[見開2平麻] = 家[見母, 開口, 2等, 平聲, 麻韻]

     佳[見開2平佳] = 佳[見母, 開口, 2等, 平聲, 佳韻]

  3. 戴[端開1去咍] = 戴[端母 開口 1等 去聲 咍韻]

     帝[端開4去齊] = 帝[端母 開口 4等 去聲 齊韻]

  4. 諸[章中C平魚] = $^{章}_{C}諸^{L}_{魚}$, $_{C}諸^{L}_{魚}$

     沮[淸中C平魚] = $^{淸}_{C}沮^{L}_{魚}$, $_{C}沮^{L}_{魚}$

  5. 衡[匣開2平庚] = $^{匣}_{2}衡^{L}_{庚}$, $^{開}_{2}衡^{L}_{庚}$

     形[匣開4平靑] = $^{匣}_{4}形^{L}_{靑}$, $^{開}_{4}形^{L}_{靑}$

  6. 設[書開AB入仙] = $^{書}_{AB}設^{E}_{仙}$, $^{開}_{AB}設^{E}_{仙}$

     失[書開AB入眞] = $^{書}_{AB}失^{E}_{眞}$, $^{開}_{AB}失^{E}_{眞}$

이처럼 음가를 표시할 때에 [ ]의 마지막 자리에 둔 韻에 대해서 우선적으로 설명해 둘 것이 있다. 중국 음운학에서는 성조나 등이 다르면 韻 명칭을 다르게 붙인다. 예컨대 (1.1)의 魚韻은 성조가 평성일 때에 붙이는 명칭이다. 상성일 때에는 語韻이라 하고 거성일 때에는 御韻이라 한다. 魚韻, 語韻, 御韻의 세 운모는 분절음 음가가 같되 성조만 서로 다르다. 동일한 분절음인데 等에서 차이가 날 때에도 1~4등에 각각 서로 다른 운 명칭을 붙이기도 한다. 일반적으로 韻母라는 용어는 성조나 등까지 세분할 때에 사용한다.[18]

  그러나 이처럼 세분하면 기억해야 할 운모의 명칭이 지나치게 많아진다. 많게는 206종이나 된다. 이런 번거로움을 피하기 위하여 성조나 등의 차이를 무시하고 평성일 때의 명칭으로 여러 운모를 포괄할 때가 있다. 이것을 지칭할 때에는 운모라는 용어 대신에 일반적으로 韻目이라는 용어를 사용한다.

  韻母와 韻目이라는 용어에 이처럼 큰 차이가 있음에도 우리는 韻目 단위를 운

---

18 『切韻』계 운서에서 세분하여 붙인 운모 명칭은 이재돈(2007: 103~8)을 참고하기 바란다.

모라고 지칭할 때가 많다. (1.1)의 魚韻도 운모 단위가 아니라 운목 단위이다. (1.3)의 표음자 '戴'는 음가가 [端開1去咍]로 표시되는데, 이때의 咍韻도 운목 단위이다. 성조와 등을 세분할 때의 정확한 운모 명칭은 성조가 거성이므로 代韻이다. 그런데도 운목 단위의 咍韻을 사용한 것은 聲調와 等을 5종의 음운론적 요소에 넣어 일일이 명시하기 때문이다. 이처럼 성조가 거성임을 명시하면 구태여 세분된 명칭 代韻을 사용할 필요가 없고 그 대신에 운목 명칭인 咍韻을 사용해도 된다. 우리가 사용하는 魚韻, 咍韻, 庚韻 등의 운모 명칭은 포괄적인 운목 단위의 명칭이므로 오해가 없기를 바란다.

(1.1)의 諸[章中C平魚]는 '諸'의 음가를 다섯 가지 음운론적 요소로 분석하여 표시한 것이다. 이 음가는 『切韻』系 운서를 대표하는 『廣韻』의 음가이므로 한어 중고음의 음가이다. 다섯 가지 중에서 첫째 위치에 둔 '章'은 성모가 章母임을, 둘째의 '中'은 開合에서 中立임을, 셋째의 'C'는 等이 3등 C임을, 넷째의 '平'은 성조가 평성임을, 다섯째의 '魚'는 韻이 魚韻임을 가리킨다. (1.1)의 '諸'와 '咀'는 성모에서만 차이가 나고 나머지는 동일하므로 성모의 최소대립 쌍이다.

우리는 (1.1)에서와 같이 성모의 최소대립 쌍이 확인될 때에만 대립 항의 자음을 음소 목록에 등록한다(이승재 2013나). 그런데 백제어 표음자에서 성모가 유성자음인 것이 많다는 이유 하나로 바로 유성자음을 설정한 것처럼 오해한 예가 있다. 엄익상(2015: 54)에서 "유성음 성모를 가졌던 한자가 … 전체 한자 중 23.6%를 차지한다는 사실에 근거하여 이들 한자가 백제에서도 유성음 성모로 읽혔다고 주장한다"고 했다. 그러나 이것은 올바른 지적이 아니다. 백제어 표음자에 유성자음을 성모로 가지는 표음자가 전체 표음자의 23.6%에 이를 정도로 많다는 점이 연구의 동기가 된 것은 맞다. 그러나 그 점유율보다 수십 배 더 중요시한 것은 (1.1)과 같은 최소대립의 성립 여부이다. 백제어 표음자를 대상으로, 성모의 최소대립 쌍이 있느냐 없느냐의 여부를 가리기 위하여 할애한 지면이 이승재(2013나)의 161쪽에서 251쪽에 이르는 90여 쪽이다. 바로 여기에 논의의 핵심이 있는데, 이것을 이해하지 못한 것일까?

엄익상(2015: 54)은 또한 "유성자음이 … 백제어의 고유명사 표기에 중국어에서 원래 유성음으로 읽혔던 한자가 사용되었다는 사실이 백제어에서도 이들 한자가 유성음으로 읽혔다는 것을 의미하지는 않는다"고 했다. 이 지적은 借用音 韻論의 상식에 속하므로 우리도 적극적으로 동의한다. 그런데 이 인용문의 중간에 "(유성자음이) 백제어에서 음소적 기능을 못했다면"이라는 가정문을 넣고 나서 위와 같이 지적했다. 이것은 엄 교수가 이 가정을 전제하고 있다는 뜻인데, 이 가정은 전제의 대상이 아니라 구체적인 논거를 들어 그 眞僞 여부를 먼저 증명해야 한다.

엄익상(2015)의 관점에서는 異表記 자료를 활용하면 유성자음이 백제어에서 음소가 아니었음이 증명된다고 하겠지만, 논의 과정에서 자체 모순이 발견되기 때문에(후술) 우리는 이것이 증명되었다고 생각하지 않는다. 우리는 백제어 표음자를 대상으로 삼아 상보적 분포와 최소대립 쌍을 이용하여, 즉 증명 과정을 거쳐서 유성자음이 백제어에서 음소적 기능을 가졌다고 했다. 미지의 언어를 대상으로 음소를 설정할 때에는 상보적 분포와 최소대립 쌍을 확인하는 것이 무엇보다도 중요하고 빠른 길이다. 일반언어학에서는 거의 다 이 길을 택한다.

이 길 대신에, 한국의 여러 학자들이 동일명사의 異表記를 비교·분석하는 길을 택한다. 예컨대, 백제어의 자음체계를 연구하면서 『삼국사기』 지리지 卷第36에서 異表記 자료를 인용할 때가 많다. 권제36에서는 백제의 舊地名과 경덕왕 때에 개명한 신라의 新地名이 병렬되어 있다. 이 두 가지 지명을 자료로 택하면, 백제어를 분석하기 위한 것인지 신라어를 분석하기 위한 것인지 갑자기 혼란스러워진다. 실제로 엄익상(2015: 75~118)에서 백제어 자음을 분석하기 위해 든 권제36의 자료가 엄익상(2015: 43)에서는 신라어 자음을 분석하기 위한 자료로 둔갑한다.

이러한 자체 모순을 해결하면서 백제어의 음운체계를 재구하려면, 권제37에 나오는 이표기 쌍으로 자료를 한정해야 한다. 권제37에서 '甲一云乙'의 형식으로 기록된 것은 甲乙 둘 다 백제의 舊地名이라 할 수 있기 때문이다. 그런데 정작 문제가 되는 것은 권제37에서 백제의 구지명 두 가지를 병렬해 놓은 것이 30쌍에 불과하다는 점이다. 이 30쌍이 모두 음운론 연구 자료가 된다면 그나마 다행이지만 최소한 12쌍은 '武珍州一云奴只'처럼 음운론 연구에 전혀 이용할 수가 없다. 그렇다면 백제어 음운체계를 재구할 때에 안심하고 이용할 수 있는 이표기 쌍은 겨우 18쌍 정도이다. 이것을 가지고 백제어 음운체계를 빠짐없이 재구할 수 있을까? 우리는 이에 대해 회의적이다.

구조주의 음소분석 이론에서는 全數調查를 통하여 한 언어의 음소를 '빠짐없이' 기술해야 한다는 것을 강조한다.[19] 일부의 음운대립이 누락되면 全體系를 왜곡하는 결과를 가져오기 때문이다. 가령 이승재(2013나)에 따르면 백제어에서 무성자음과 유성자음의 음운대립이 성립한다. 그런데 자료가 부족하다면 마치 이 음운대립이 없는 것처럼 기술할 수가 있다. 엄익상(2015: 120)에서 백제어 자음이 /p, t, k, s, m, n, 0, l/의 8개뿐이라고 한 것은 자료의 부족에 가장 큰 원인이 있을 것이다.

자료 부족의 한계를 하나 더 들어 보자. 만약에 현대 한국 한자음에서 '快, 夬, 儈, 噲' 등을 빠뜨리고 분석하게 되면 현대 한자음에 음소 /k^h/가 없다는 결론에 이르게 된다. 이러한 왜곡을 사전에 예방하려면 자료의 양이 충분하게 확보되었는지, 전형적인 자료를 두루 갖추었는지를 반드시 살펴야 한다. 이와는 반대로, 일부의 음운대립이 없다는 사실을 들어 지나치게 확대 해석하는 논의도 적지 않다. 예컨대 백제어에서 유기음 [*k^h]와 무기음 /*k/의 음운대립이 없다는 사실이 확인되면 이것을 舌音의 [*t^h]와 /*t/나 齒音의 [*ʦ^h]와 /*ʦ/에 바로 대입해 버린다. 지나친 일반화의 오류에 빠지면 안 된다는 것을 잘 알고들 있으면서도 실천하지 않을 때가 많다.

이제, 韻의 음운대립으로 넘어간다. (1.2)의 家[見開2平麻]가 한어 중고음에서는 佳[見開2平佳]와 음운론적으로 대립한다. 이 쌍은 韻에서만 차이가 나고 나머지 음운론적 요소는 동일하므로 운의 최소대립 쌍이다. 한어 중고음에서는 이 최소대립이 성립하므로 麻韻 2등과 佳韻 2등의 운복에 서로 다른 모음을 배당해야 한다.[20] 이에 따라 麻韻 2등의 운복은 전설 저모음 /*a/이고 佳韻 2등의 운복은 중설

---

19 이에 대해서는 Trubetzkoy(1939)를 참고하기 바란다. 語文學硏究會(1965)가 편찬한 『國語學槪論(講座)』의 音韻論 및 音聲學 부분에도(金完鎭 집필, pp. 58~107) 이 이론이 자세히 소개되어 있다.

20 일반적으로는 佳韻에는 韻尾 /*-i/가 있다고 하고 麻韻에는 운미가 없다고 한다. 이토 지유키(2007: 187)에서 平山久雄(1967)을 좇아 佳韻에 운미 /*-ɯ/가 있다고 한 것은 일반적인 견해의 예이다. 그런데 이와는 달리 魏國峰(2014: 140~1)에서는 黃笑山(1995)를 좇아 佳韻에 운미가 없는 것으로 보았다. 이 견해는 麻韻과 佳韻이 혼동되는 현상을 근거로 삼고 있다.

저모음 /*ɐ/라고 한다. 그런데 중설 저모음 /*ɐ/를 인정하지 않는 견해에서는 佳韻 2등을 운미 /*-i/가 있는 /*ai/라고 기술하여 麻韻 2등의 /*a/와 구별하게 된다. 이들과 음운론적으로 대립하는 歌韻 1등에는 후설 저모음 /*ɑ/를 배당한다. 그리하여 저모음에서 /*a : *ɐ : *ɑ/의 三元對立을 가정하기도 하고 /*a : *ɑ/의 二元對立을 가정하기도 한다. 반면에, 후술하겠지만 고구려어에서는 麻韻 2등과 歌韻 1등의 최소대립 쌍이 없다. 이것은 이 두 운의 운복이 변별되지 않았음을 의미하므로 고구려어에서는 이 두 운의 운복에 동일한 모음 /*a/를 배당해도 무방하다.

(1.3)에서는 戴[端開1去哈]와 帝[端開4去齊]가 운모의 최소대립 쌍이다. 이때에는 '戴'가 1등인 데에 비하여 '帝'가 4등이므로 운모의 최소대립 쌍이 아닌 것처럼 보인다. 운모뿐만 아니라 등에서도 차이가 나기 때문이다. 그러나 哈韻은 항상 1등이고 齊韻은 항상 4등이라는 점을[21] 고려하면, 실질적으로는 운모의 최소대립 쌍이라 할 수 있다. 이것을 이용하여 哈韻 1등과 齊韻 4등의 운복에 각각 /*ə/와 /*e/를 배당하여 음가를 구별한다(6장 참조).

(1.4~6)은 한어 중고음의 음가를 위첨자와 아래첨자를 활용하여 다른 방법으로 표시한 것이다. 이때에는 첫째 자리(왼쪽 어깨)에 성모를 두기도 하고 개합을 두기도 한다. 開合이 중립인 것은 '$_c$諸$_魚^L$'과 같이 개합을 표시하지 않고 생략한다. (1.4~6)에는 3等이 전혀 표시되지 않았는데, 等의 자리인 왼쪽 아래에다 A, B, C 등으로 표시한 것은 모두 3等의 하위분류이다.

그런데 정작 중요한 것은 (1.1)의 성모 최소대립 쌍이나 (1.2)의 운모 최소대립 쌍을 어떻게 찾아내는가 하는 문제이다. 성모의 최소대립 쌍을 체계적이고도 빠짐없이 찾아내는 방법은 이승재(2013나)에서 이미 자세히 기술한 바 있으므로 여기에서는 생략한다. 반면에, 韻腹의 최소대립 쌍을 찾아내는 방법은 아직 제시한 바 없으므로 여기에서 하나의 예를 들어 간단히 기술해 둔다.

논의의 편의를 위하여, 자료는 『世說新語』에서 구한다. 『세설신어』는 『世說新書』라고도 하는데, 중국 南北朝의 宋人인 劉義慶(403~444년)이 後漢 말부터 東

---

21 이처럼 等이 운모에 종속될 때가 많다. 開合도 운모에 연동되어 자동적으로 결정될 때가 적지 않다.

晉까지의 이야기를 모은 일화집이다. 유난히도 대화체 문장이 많이 나와서 魏晉南北朝 시기의 漢語를 연구할 때에 핵심이 되는 자료이다. 대화문의 전체 분량은 七萬七千餘字에 이르고 여기에 개별 한자가 2,266자가 사용되었다. 여기에 나오는 대화문은 한어의 역사언어학 연구 자료가 되므로 이것을 자료로 삼아 한어의 通時統辭論을 전개한 논문이 아주 많다. 반면에, 이 대화문에 나오는 用字를 음운론적으로 분석한 연구는 아직 없다. 대화문에 사용된 글자라면 당연히 음운론 연구의 대상이다. 그런데도 한어 音韻史 연구에서 이들을 방치한 것은 연구 방법론의 不在에 그 원인이 있다. 우리는 대화문 용자를 음운론적으로 연구하는 방법 하나를 새로이 제시할 것이다.

운모 분석 방법을 제시하기 위하여, 『世說新語』의 용자 중에서 果攝字와 假攝字를 예로 삼았다. 이 두 攝은[22] 현대 음운론으로 돌려 말하면 운복이 [−high]이면서 'ㅏ'에 가까운 모음이고 韻尾가 없다는 공통점을 가지므로 한꺼번에 기술할 때가 많다. 『세설신어』의 2,266/2,330자를[23] 대상으로 果攝과 假攝에 속하는 용자를 모두 추출하면 歌韻 1등 23자, 戈韻 1등 21자, 麻韻 2·3등 64자가 나온다. 이들을 아래와 같은 분포 분석표에 집어넣는다.

(2) 『세설신어』 果攝字와 假攝字의 분포 분석표

성모 \ 성조		평성^L	상성^R	거성^D	입성^E
순음	幫母 /*p/	$_1$波$_戈$ $_1$番$_戈$	$_2$把$_麻$	$_1$播$_戈$ $_1$簸$_戈$ $_1$番$_戈$	
	滂母 /*pʰ/	$_1$頗$_戈$ $_2$琶$_麻$	$_1$頗$_戈$	$_1$破$_戈$	
	並母 /*b/	$_1$婆$_戈$			
	明母 /*m/		$_2$馬$_麻$	$_2$罵$_麻$	
설음	端母 /*t/	$^開_1$多$_歌$	$^開_2$打$_麻$		
	透母 /*tʰ/	$^開_1$他$_歌$			
	定母 /*d/	$^開_1$跎$_歌$ $^開_2$茶$_麻$	$^合_1$墮$_戈$		
	泥母 /*n/	$^開_1$那$_歌$	$^開_3$若$_麻$	$^開_1$奈$_歌$ $^合_1$懦$_戈$	
	來母 /*l/	$^開_1$羅$_歌$	$^開_1$砢$_歌$		

---

22 攝은 발음이 비슷한 韻의 집합이다. 이에 대해서는 6장에서 다시 기술한다.
23 韻이 두 가지 이상인 글자를 나누어서 계산하면 2,330자이다.

성모＼성조		평성^L	상성^R	거성^D	입성^E
치음 마찰	心母 /*s/	$^{開}_1娑_歌$ $^{合}_1撒_戈$	$^{開}_3寫_麻$	$^{開}_3瀉_麻$	
	邪母 /*z/	$^{開}_3邪_麻$		$^{開}_3謝_麻$	
	生母 /*ʂ/	$^{開}_2沙_麻$ $^{開}_2娑_麻$			
	書母 /*ɕ/		$^{開}_3捨_麻$	$^{開}_3舍_麻$	
	常母 /*ʑ/	$^{開}_3闍_麻$	$^{開}_3社_麻$		
	羊母 /*j/	$^{開}_3邪_麻$ $^{開}_3耶_麻$	$^{開}_3也_麻$ $^{開}_3冶_麻$ $^{開}_3野_麻$	$^{開}_3射_麻$ $^{開}_3夜_麻$	
치음 파찰	精母 /*ts/		$^{開}_1左_歌$	$^{開}_1佐_歌$ $^{開}_3借_麻$	
	清母 /*tsʰ/	$^{開}_1蹉_歌$ $^{開}_2差_麻$	$^{開}_1且_麻$		
	從母 /*dz/		$^{合}_1坐_戈$	$^{合}_1坐_戈$ $^{開}_3藉_麻$	
	莊母 /*tʂ/	$^{開}_2樝_麻$			
	章母 /*tɕ/		$^{開}_3者_麻$ $^{開}_3堵_麻$		
	昌母 /*tɕʰ/	$^{開}_3車_麻$			
	船母 /*dʑ/	$^{開}_3蛇_麻$ $^{開}_2苴_麻$		$^{開}_3射_麻$	
아음	見母 /*k/	$^{開}_1歌_歌$ $^{開}_1柯_歌$ $^{開}_1加_麻$ $^{開}_2嘉_麻$ $^{開}_2家_麻$ $^{合}_2瓜_麻$	$^{合}_1果_戈$ $^{開}_2假_麻$ $^{合}_2寡_麻$	$^{合}_1過_戈$ $^{開}_2假_麻$ $^{開}_2架_麻$ $^{開}_2價_麻$ $^{開}_2賈_麻$ $^{開}_2嫁_麻$ $^{開}_2稼_麻$	
	溪母 /*kʰ/		$^{開}_1可_歌$		
	群母 /*g/				
	疑母 /*ŋ/	$^{開}_1俄_歌$ $^{開}_1峨_歌$ $^{開}_2牙_麻$	$^{開}_1我_歌$ $^{開}_2雅_麻$ $^{合}_2瓦_麻$	$^{合}_1臥_戈$	
후음	影母 /*ʔ/	$^{開}_1阿_歌$ $^{合}_2譁_麻$	$^{開}_2啞_麻$	$^{開}_2啞_麻$	
	曉母 /*h/		$^{合}_1火_戈$	$^{合}_2化_麻$	
	匣母 /*ɦ/	$^{開}_1何_歌$ $^{開}_1河_歌$ $^{開}_1荷_歌$ $^{合}_1和_戈$ $^{開}_2蝦_麻$ $^{開}_2霞_麻$ $^{合}_2華_麻$	$^{開}_1荷_歌$ $^{合}_1禍_戈$ $^{開}_2下_麻$ $^{開}_2夏_麻$ $^{開}_2廈_麻$	$^{開}_1賀_歌$ $^{合}_1和_戈$ $^{開}_2暇_麻$ $^{開}_2下_麻$ $^{開}_2夏_麻$ $^{合}_2華_麻$	

이 분포 분석표에서는 聲母를[24] 行에 배열하고 聲調를 列에 배열했다. 이처럼

---

24 우리의 연구 방법에서는 운을 분석하기 이전에 성모를 먼저 분석한다. 그리하여 성모(즉 子音) 분석 결과를 운 분석의 음운론적 환경으로 이용한다. 『세설신어』의 2,266자 세트에서 음소로 설

배열하여 行列의 동일 칸에 온 용자의 음가를 상호 대비한다. 동일 칸에 온 용자는 성모와 성조가 서로 같고, 운만 서로 다르다. 따라서 운을 연구할 때에는 위와 같은 분포 분석표에서 동일 칸에 온 용자의 음가를 상호 대비하면 된다.

동일 칸에 온 用字가 있다면 운이 서로 같은지 다른지를 먼저 대비하고, 두 용자의 운이 서로 다르다면 이 쌍이 운의 음운대립 쌍이 된다. 예컨대, 아음 見母 /*k/ 행에서 평성 열에 온 '開₁歌歌'와 '開₂加麻'는 동일 칸에 왔으므로 운의 음운대립 쌍인데, 이 둘은 開合이 서로 같고 等과 운모에서만 차이가 난다. 그런데 등은 운모에 연동될 때가 많다. 즉, 歌韻은 항상 1등이고 麻韻은 기본적으로 2등이다.[25] 따라서 '開₁歌歌'와 '開₂加麻'의 음운대립 쌍은 사실은 운복에서만 음가 차이가 나는 운복 최소대립 쌍이다. 이 예를 통하여 歌韻 1등과 麻韻 2등의 운복이 서로 다른 모음이어야 함을 알 수 있다. 대립 항인 '歌'와 '加'는 의미가 서로 다른 단어인데, 의미 분화의 기능을 운복의 차이가 담당하기 때문이다.

성모를 논의할 때에는 '음운대립'이라는 용어와 '최소대립'이라는 용어를 구별할 필요가 없다. 그러나 운을 논의할 때에는 이 둘을 엄격하게 구별할 필요가 있다. 운을 구성하는 음운론적 요소인 開合·等·韻腹·韻尾의 넷 중에서 어느 하나만 차이가 날 때에만 최소대립이라는 용어를 사용하기로 한다. 반면에 음운대립이라는 용어는 둘 이상의 요소에서 차이가 날 때에 사용한다. 예컨대, 분포 분석표 (2)에서 후음 影母 /*ʔ/의 평성 열에 온 '開₁阿歌'와 '合₂諣麻'는 최소대립 쌍이 아니라 음운대립 쌍이다.

이제, 분포 분석표 (2)에서 歌韻 1등과 戈韻 1등의 음운론적 대립관계를 알아보기로 하자. 이 두 운이 동일 칸에 온 것을 열거하면 다음과 같다.

(3) 歌韻과 戈韻의 음운대립 쌍 (7쌍)

1. 泥母 /n/의 거성 – 開₁奈歌 : 合₁懦戈 (1쌍)

정되는 자음은 羊母 /*j/를 포함하여 29개이다(이승재 2016가). 분포 분석표 (2)에서는 이것을 각 行에 배열하였다.

25 麻韻에는 3등도 있으나 이것은 麻韻 2등에 介音(현대 음운론의 활음)이 들어간 것이다. 쉽게 말하면 麻韻 2등의 운복과 麻韻 3등의 운복은 동일하다.

34

2. 心母 /s/의 평성 – $^{開}_1$姿$_歌$: $^{合}_1$撠$_戈$ (1쌍)

3. 群母 /g/의 평성 – $^{開}_1$何$_歌$, $^{開}_1$河$_歌$, $^{開}_1$荷$_歌$: $^{合}_1$和$_戈$ (3쌍)

4. 匣母 /ɦ/의 상성 – $^{開}_1$荷$_歌$: $^{合}_1$禍$_戈$ (1쌍)

5. 匣母 /ɦ/의 거성 – $^{開}_1$賀$_歌$: $^{合}_1$和$_戈$ (1쌍)

歌韻 1등과 戈韻 1등의 음운대립 쌍은 모두 7쌍이다. 그런데 이 7쌍에서 歌韻 1등은 항상 開口이고 戈韻 1등은 항상 合口이다. 합구는 현대 음운론의 후설 원순 활음 /*w/(또는 전설 원순 활음 /*ɥ/)가 있는 것을 지칭하고, 개구는 없는 것을 지칭한다. (3)의 대립 항은 의미가 서로 구별되는데, 다음의 둘 중 하나에서 음가가 변별적이기 때문에 의미가 서로 달라진다. 첫째, 介音(활음)의 유무나 /*j/와 /*w/의 음가 차이로 음운대립이 성립한다. 둘째, 歌韻 1등과 戈韻 1등의 운복(즉 주모음, 핵모음)이 서로 달라서 음운대립이 성립한다.

이처럼 두 가지 기술이 가능하므로 (3)의 대립 쌍은 모두 최소대립 쌍이 아니라 음운대립 쌍이다. 이럴 때에 우리는 '介音 차이 우선의 원칙'을 세운다. 이것은 개음의 음가 차이가 운복의 음가 차이보다 음운론적으로 더 근본적이고도 중요한 차이라는 뜻이다. 이 원칙에 따르면 歌韻 1등과 戈韻 1등의 운복은 음가 차이가 없다고 해도 무방하다. 운복에서 음가 차이가 난다 하더라도 이 차이는 비변별적이다. 실제로, 한어 중고음 연구자 대부분이 歌韻 1등과 戈韻 1등의 운복을 동일하게 후설 저모음 /*ɑ/로 추정한다.[26] 이에 따르면 5세기 전반기의 중국 南朝語에서 歌韻 1등과 戈韻 1등은 /*w/의 유무에서만 차이가 난다고[27] 할 수 있으므로 歌韻 1등과 戈韻 1등의 음가가 각각 /*ɑ/와 /*wɑ/가 된다.

다음으로, 歌韻과 麻韻의 음운대립에 대한 논의로 넘어간다. 歌韻은 항상 1등이지만, 麻韻에는 2등과 3등의 두 가지가 있다. 따라서 麻韻 2등과 麻韻 3등이 음운론적으로 대립했는지를 먼저 알아볼 필요가 있다. 위의 분포 분석표 (2)에서 麻韻 2등과 麻韻 3등이 동일 칸에 온 것을 찾아보았더니, 딱 한 쌍이 나온다.

---

26 이처럼 구체적인 음가를 추정할 때에는 각종 對譯 자료는 물론이요, 한어의 여러 방언음, 한국·일본·베트남 등의 한자음을 두루 참고한다.

27 전문 용어로는 戈韻을 歌韻의 合口 韻이라 한다.

(4) 麻韻 2등과 麻韻 3등의 음운대립 쌍

　　船母 /dʑ/의 평성 – $^{開}_2$苴$_麻$: $^{開}_3$蛇$_麻$

　　음운대립 쌍이 하나뿐이므로 麻韻 2등과 麻韻 3등의 음운대립을 의심할 수 있다. 대립 항 '苴'의 음가를 반추해 보았더니, 아니나 다를까 '苴'가 多音字이다. 『廣韻』에서는 '苴'의 음가를 '七余切, 子魚切, 鉏加切'의 세 가지로 기술해 놓았다. 反切下字인 '余'와 '魚'는 魚韻이고 '加'는 麻韻이다. 여기에서 '苴'의 운으로 麻韻을 버리고 魚韻을 취하면, 麻韻 2등과 麻韻 3등이 음운론적으로 대립하는 쌍이 없어진다. 우리는 이 방법을 택하여 5세기 전반기의 중국 南朝語에서 麻韻 2등과 麻韻 3등이 음운론적으로 구별되지 않았다고 본다.[28] 따라서 麻韻 2등과 麻韻 3등의 운복에 동일한 모음을 배당한다.

　　분포 분석표 (2)에서 歌韻 1등과 麻韻 2등이 동일 칸에 온 것을 찾아보면 32쌍이 나온다. 歌韻 1등과 麻韻 2등이 음운론적으로 대립함을 여기에서 금방 알 수 있다.

(5) 歌韻 1등과 麻韻 2등의 음운대립 쌍 (32쌍)[29]

1. 定母 /d/의 평성 – $^{開}_1$跎$_歌$: $^{開}_2$茶$_麻$ (1쌍)
2. 淸母 /tsʰ/의 평성 – $^{開}_1$蹉$_歌$: $^{開}_2$差$_麻$ (1쌍)
3. 見母 /k/의 평성 – $^{開}_1$柯$_歌$, $^{開}_1$歌$_歌$: $^{開}_2$加$_麻$, $^{開}_2$嘉$_麻$, $^{開}_2$家$_麻$, $^{合}_2$瓜$_麻$ (8쌍)
4. 群母 /g/ 거성 – $^{開}_1$賀$_歌$: $^{開}_2$暇$_麻$, $^{開}_2$下$_麻$, $^{開}_2$夏$_麻$, $^{合}_2$華$_麻$ (4쌍)
5. 疑母 /ŋ/의 상성 – $^{開}_1$我$_歌$: $^{開}_2$雅$_麻$, $^{合}_2$瓦$_麻$ (2쌍)
6. 影母 /ʔ/의 평성 – $^{開}_1$阿$_歌$: $^{合}_2$譁$_麻$ (1쌍)
7. 精母 /ts/의 거성 – $^{開}_1$佐$_歌$: $^{開}_3$借$_麻$ (1쌍)

---

28 '苴'의 운모를 麻韻이라 하더라도 麻韻 운복의 음가에 대한 논의가 달라지지 않는다. 3등은 2등과 달리 개음을 가지는 것이 일반적이므로 (4)의 대립 항은 개음의 유무나 종류에서 이미 음가가 서로 다르기 때문이다.
29 번거로움을 피하여 일부의 음운대립 쌍은 생략했다.

위의 대립 쌍에서 歌韻은 항상 1등 개구이다. 반면에 麻韻은 (5.7)의 '開₃借麻'가 3등이지만 나머지는 모두 2등이고, 개구가 아니라 합구인 것이 다섯 자나 된다. 麻韻 3등과 麻韻 합구는 歌韻 1등과 최소대립을 이루지 못하므로 이들을 논의 대상에서 제외하는 것이 안전하다. 그리하여 歌韻 1등 개구인 용자와 麻韻 2등 개구인 용자로 한정하면, 음운대립 쌍이 32쌍에서 23쌍으로 줄어든다. 여기에서 는 歌韻 1등과 麻韻 2등의 등은 항상 운에 연동되므로 이 23쌍은 운복의 최소대립 쌍이라 할 수 있다.

최소대립이 성립하므로 歌韻 1등과 麻韻 2등의 운복은 음가가 서로 달라야 한다.[30] 앞에서 歌韻 1등의 운복 음가를 후설 저모음 /*ɑ/라고 추정했으므로, 麻韻 2등의 운복은 전설 저모음 /*a/라고 추정할 수 있다. 이때에 歌韻 1등의 음가에 /*a/를 배당하면서 麻韻 2등의 음가에 /*ɛ/를 배당해도 된다. 중요한 것은 果攝 과 假攝의 운모에서 운복이 二元對立을 이룬다는 사실이다. 이 둘의 음가가 무엇이냐 하는 문제는 그리 중요하지 않다. 모음체계 전반을 고려하여 (6)의 둘 중에서 하나를 택하면 된다.

(6) 歌韻 운복과 麻韻 운복의 2원 대립

  1. 麻韻 /*a/ — /*ɑ/ 歌韻
  2. 麻韻 /*ɛ/ — /*a/ 歌韻

운복의 최소대립을 통하여 대립 항에 음가를 배정할 때에 우리는 기본모음 /a, i, u, e, o/를 우선적으로 배당한다. 이 5개 모음은 여러 언어에서 두루 사용되는

---

30 한어 상고음의 개음에 /*j/와 /*w/뿐만 아니라 /*r/도 있었다는 최근의 연구에 따르면 2等韻은 대개 개음 /*r/을 가진다. 이 新學說에 따라, 1등인 歌韻에 후설 저모음 /*ɑ/를 배당하고 2등인 麻韻에 /*rɑ/를 배당하여 歌韻과 麻韻의 운복이 동일했다고 할 수 있다. 즉 歌韻과 麻韻의 음가 차이는 개음 /*r/의 유무의 차이이지, 운복의 차이가 아니라는 해석이 가능하다. 앤후이린(2010: 129)에서는 현대 중국어의 모음체계로 /i, y, u, ə, a/의 5모음체계를 주장했다. 음운론적 환경에 연동되어 나타나는 각종의 변이음을 하나의 음소로 묶다 보면 이러한 결론에 도달하게 된다. 그러나 여기에서는 운복의 음운대립을 설명하는 데에 목적이 있으므로, 우리는 일단 전기 중고음에서 歌韻과 麻韻의 운복 음가가 서로 달랐다고 기술한다. 후술하겠지만, 고구려어 표음자에서는 개음 /*r/이 설정되지 않는다.

보편적인 모음이기 때문이다. 기본모음만으로 부족하다면 그때에는 2차 모음인 /ɑ, ɛ, ɔ, ʌ, ə, ɨ/ 등에서 골라서 모음을 추가한다. 이 방법에 따르면, (6.1)과 (6.2) 는 음가 배정 방법에서 차이가 나지 않는다. 둘 다 2차 모음을 각각 하나씩 가지고 있기 때문이다.

위의 2원 대립에서 무슨 근거로 歌韻 1등의 운복 음가를 후설 저모음이라 추정하는지를 질문할 수 있다. 이때에는 한어의 각종 方言音, 각종의 對譯音, 한국 한자음, 일본 한자음, 베트남 한자음 등을 활용하거나, 韻圖에 나오는 等의 차이를 활용하여 답할 수 있다. 歌韻과 戈韻은 항상 1등이므로 반드시 후설 모음을 배당해야 하고, 2등인 麻韻에는 전설 모음을 배당하게 된다. 麻韻은 2등을 기본으로 하되 후기 중고음에서는 3등도 가진다. 3등을 가진다는 점에서 麻韻의 운복은 상대적으로 歌韻보다 전설 모음 쪽에 더 가깝다. 3등은 항상 개음을 가지는데, 이 개음이 운복 모음을 전설 쪽으로 또는 위쪽으로 끌어올릴 수 있기 때문이다.[31] 이 점을 감안하여 歌韻 1등의 운복을 후설 저모음 /*ɑ/라 하고 麻韻 2등의 운복을 전설 저모음 /*a/라고 추정한다.

그런데 蟹攝의 佳韻 2등을 果攝과 假攝에 포함하는 견해가 있다. 이것은 佳韻 2등이 운미가 없는 麻韻 2등과 혼동되는 현상을 중시한 것이다.[32] 이 견해에 따라 『세설신어』의 佳韻 2등을 분석 대상에 포함하여 歌韻 1등이나 麻韻 2등과 대비해 보았다. 그랬더니 歌韻 1등, 麻韻 2등, 佳韻 2등의 운복이 3원 대립을 이루었다. 이것은 이 셋의 운복이 서로 달랐다는 것을 의미한다. 따라서 이때에는 歌韻 1등에 후설 저모음 /*ɑ/를, 麻韻 2등에 전설 저모음 /*a/를, 佳韻 2등에 운미 /*-i/가 있는 /*ai/를 각각 배당하게 된다.

佳韻 2등에 운미 /*-i/가 있었다고 보는 견해에서는 구태여 제3의 중설 저모음 /*ɐ/을 따로 설정할 필요가 없다. 佳韻과 麻韻이 둘 다 2등이므로 이들의 운복에 공통적으로 전설 저모음 /*a/를 배당하되, 佳韻 2등은 운미 /*-i/가 있는 /*ai/이고 麻韻 2등은 운미가 없는 /*a/라고 기술하면 위의 음운대립을 반영할 수 있다.

---

31 이 高母音化는 후기 중고음에서 실제로 일어났다.

32 魏國峰(2014: 140~1)에서는 黃笑山(1995)를 좇아 佳韻에 운미가 없는 것으로 보았다. 반면에, 이토 지유키(2007: 187)에서는 平山久雄(1967)을 좇아 佳韻에 운미 /*-ɯ/가 있다고 했다.

이 기술에서는 佳韻 2등과 麻韻 2등의 음가가 운미 /*-i/의 유무에서 이미 차이가 난다. 따라서 구태여 중설 저모음 /*ɐ/를 음소로 설정하지 않아도 된다.

지금까지 『세설신어』에 반영된 중국 남조어를 대상으로 삼아, 후설 저모음과 전설 저모음의 음운대립을 기술했지만, 이 밖에도 분포 분석표 (2)에는 많은 음운사적 정보가 담겨 있다. 첫째, 麻韻 2등과 麻韻 3등이 상보적 분포를 이룬다. 따라서 5세기 전반기의 남조어에서는 아직 麻韻 2등과 麻韻 3등의 분화가 일어나지 않았다. 둘째, 戈韻에는 1등만 있고 戈韻 3등은 없었다. 이것은 5세기 전반기까지는 戈韻 3등이 아직 분화하지 않은 상태였음을 말해 준다.

위와 동일한 방법을 적용하여, 멸망 이전에 사용된 고구려어 표음자 340자를 대상으로 果攝과 假攝을 분석해 보았더니, 歌韻 1등의 운복과 麻韻 2등의 운복이 최소대립을 이루지 않는다. 이것은 후설 저모음과 전설 저모음의 음운대립이 고구려어에 없었음을 의미한다. 따라서 고구려어에는 저모음이 하나밖에 없었고, 이 저모음에 당연히 기본모음 /*a/를 배당한다.

위와 같이 음운대립을 활용하여, 5세기 전반기의 南朝語나 고구려어의 모음음소를 설정할 수 있다. 그렇다면, (2)와 같은 분포 분석표를 작성하는 것이 모음체계 연구의 출발점이 된다. 이 분포 분석표를 작성한 다음에, 동일 칸에 오는 용자의 음운론적 요소를 상호 대비하여 운복의 최소대립 쌍을 체계적이고도 빠짐없이 찾아낼 수 있다. 위에서는 果攝과 假攝의 예만을 들었지만, 16개 攝을 대상으로 분포 분석표를 모두 작성해 보면 몇 개의 모음이 음운론적으로 대립했는지를 알 수 있다. 그렇다면, (2)와 같은 분포 분석표를 작성하는 것이 韻腹의 최소대립 쌍을 찾아내는 지름길이다. 이처럼 운복의 최소대립 쌍을 확인하는 방법을 통하여, 우리는 6章에서 고구려어의 모음체계를 재구할 것이다.

그런데 『世說新語』의 대화문 용자와 고구려어 표음자는 양적으로 큰 차이가 있다는 점에 주의할 필요가 있다. 『세설신어』의 용자 2,266자에 비하면 고구려어 표음자는 690자에 불과하고 더욱이 주요 분석 대상인 멸망 이전의 표음자는 340자에 불과하다. 구조주의 음운론이 강조하는 자료의 전형성을 이미 갖추었지만, 이 340자가 양적으로 불충분한 것은 사실이다. 다수의 최소대립 쌍을 찾아낼 수 있으면 좋으련만, 최소대립 쌍이 한둘뿐인 경우가 적지 않다. 그렇다 하더라도 우리는 全數調査를 통하여 표음자를 망라하여 모은 것이므로 현재로서는 그 한두 쌍이 말해 주는 바를 그대로 믿을 수밖에 없다.

또한, 차후에 획기적인 자료가 발굴되어 고구려어 표음자가 대폭으로 늘어나게 된다면, 고구려어의 음소가 우리가 설정한 것보다 훨씬 더 많아질 수 있다. 달리 말하면, 우리의 분석 방법으로 설정한 고구려어의 자음 15개와 모음 6개는 最小値에 해당한다. 자료가 더 풍부해지면 음소의 수도 덩달아서 늘어날 수 있다.

2. 고구려어 표음자

　이 章에서는 고구려어의 표음자를 추출하여 망라하는 데에 목표를 둔다. 고구
려어 표음자를 추출하려면 우선 표음자를 가지고 있는 어휘 항목을 일단 망라하
여 모을 필요가 있다. 이때에 우리는 宋基中·南豊鉉·金永鎭(1994)의『古代國語
語彙集成』를 기본 텍스트로 삼았다. 여기에서 고구려어 항목을 모두 추출하여
기초 자료로 삼았다. 이 방법을 택하면 시간을 크게 절약할 수 있다.

　그런데 이 자료집을 곧이곧대로 믿었다가 착오를 범하는 때가 적지 않았다.
앞에서 이미 거론했던 '康王'이 대표적인 예이다. 이것은 北魏語의 일종이라 해
야 하는데, 이 자료집에서는 고구려어로 분류되어 있다. 지시 대상이 고구려의
長壽王이기 때문이다. 하나의 예를 더 들어 둔다. 고구려 지명이라 한 '海冥'도
사실은 우리의 논의 대상인 고구려어 항목에서 제외해야 한다. 漢四郡의 일종인
眞番郡에는 '昭明·列口·長岑·帶方·含資·海冥·提奚' 등 七縣이 있었고 그중의
하나가 '海冥縣'이다. 이 지명을 고구려에서 그대로 사용하여『北史』와『隋書』에
기록되었다. 이 지명을 漢나라 지명이라 해야 할까 고구려 지명이라 해야 할까?
우리는 누가 먼저 사용했고 기록했는가를 가장 중시한다. 사용자와 기록자의 음
운체계와 표기법이 반영되기 때문이다. 이 기준에 따르면 '海冥'은 漢語의 일종
이다.[1] 고구려에서 비록 이것을 사용했다 하더라도 이것은 借用語이다.

위의 예에서 볼 수 있듯이 宋基中·南豊鉉·金永鎭(1994)에서 고구려어라고 한 것 중에는 漢語나 한어 차용어라고 해야 할 단어가 적지 않게 포함되어 있다. 우리는 歷史에 밝지 못하여 이들을 정확하게 걸러내지 못했고, 앞에서 실토한 것처럼 큰 착오를 범했다. 이처럼 순수 고구려어 항목을 망라하여 정확하게 모으는 것만 해도 아주 중요한 일이다. 여기에서 바로 논의의 성패가 갈릴 수 있기 때문이다.

우리는 고구려어를 기록한 텍스트를 고구려 멸망 이전의 각종 金石文, 멸망 이전의 중국 史書, 『三國史記』 지리지의 권제35와 권제37, 고대 일본의 각종 史書, 고구려 멸망 이후에 편찬된 중국 史書, 『삼국사기』의 기타 권차, 『三國遺事』의 7종으로 나눈다. 이처럼 텍스트를 나누는 까닭은 고구려 어휘라 하더라도 멸망 이전에 기록된 것과 멸망 이후에 기록된 것이 질적으로 차이가 나기 때문이다.

기존의 연구에서는 대부분 『삼국사기』 지리지를 가장 중요한 텍스트로 삼았지만, 여기에는 新羅의 表記法에 영향을 받은 표기가 섞여 있다. 이것은 백제어 대상의 연구인 李丞宰(2013가, 2013나)에서 이미 확인된 바 있다. 특히 음운론 연구에서는 신라나 고려의 음운체계와 표기법으로 기록된 것을 고구려어 연구 자료로 삼을 수가 없다. 표기 하나의 차이가 음운대립의 성립 여부에 바로 영향을 미치기 때문이다. 따라서 본격적인 분석에서는 고구려 멸망 이전에 기록된 항목으로 대상을 한정할 것이다.

고구려어 항목이 결정되면 여기에서 고구려어 표음자를 가려낸다. 이것이 말처럼 쉽지 않다는 것은 이승재(2013나)에서 이미 누누이 강조한 바 있다. 표음자를 추출하려면 音借와 訓借 표기를 우선적으로 구별해야 하는데, 이것이 아주 어렵다. 학자마다 자신의 독자적인 기준을 세워서 음차와 훈차 표기를 구별하고 있으나 객관성이 떨어진다.

고구려 어휘 '改谷, 盖金, 盖馬' 등을 예로 들어 보자. 이들은 두 글자를 모두 음독할 수도 있고 훈독할 수도 있다. 훈독할 때에는 '改, 谷, 盖, 金, 馬' 등을 각각 중세어의 {고티-, 실, 둡-, 쇠, 물} 등으로 읽을 수 있다. 이때에는 '改谷, 盖金, 盖

---

1 『삼국사기』나 『삼국유사』에는 이 지명이 나오지 않고 중국 사서에만 나온다.

馬'가 각각 중세어로 {*고티실/고틴실, *둡쇠/두본쇠, *둡물/두본물} 등이 되고, 현대어로는 {고친계곡, 덮은쇠, 덮은말} 등이 된다.

그런데 이러한 형태소 복합이 가능한 것인지 다시 물을 수 있다. 형태소 복합이 가능하다면 이들을 훈독하는 것이 가능하다. {덮은쇠}는 가능한 복합어일 듯한데, {고친계곡, 덮은말}은 의미 연결이 부자연스럽다. 이 판단에 따르면 '盖金'은 두 글자 모두 훈독할 수 있으나 '改谷, 盖馬'는 그렇지 않다. 이처럼 훈독했을 때에 의미 연결이 자연스러운가의 여부를 기준으로 훈독과 음독을 구별하는 기준을 세울 수 있다. 이에 따르면 '盖金'은 훈독하고 '盖馬'는 음독하게 된다. '盖'를 훈독하기도 하고 음독하기도 하는 결과를 가져오므로 개별 단어에서는 훈독과 음독의 경계를 긋기가 무척 어렵다. 우리의 판단에 따르면 고구려에서는 '盖'를 일관되게 음독했을 가능성이 오히려 크다.

또 다른 문제가 있다. 우리의 판단과는 달리 {고친 계곡}과 {덮은 말}의 의미 연결이 자연스럽다고 보는 견해도 있을 수 있다. 이처럼 의미 판단은 연구자마다 달라질 수 있다. 따라서 의미 연결의 자연스러움이 판별 기준의 일종이기는 하나 절대적인 기준이라고 할 수가 없다.

우리가 적용할 기준은 훈독의 가능성이 있는 것은 모두 표음자에서 배제한다는 기준이다. 이 엄격한 기준을 적용하더라도 적지 않은 양의 표음자를 모을 수 있다. 위에서 든 예로 이 기준을 설명해 보자. '谷, 金, 馬' 등은 후대의 자료에서 훈독한 예가 있으므로 우선적으로 음독자에서 배제한다. 반면에, '改, 盖' 등은 훈독의 예를 찾기가 어렵다. '盖'는 오히려 확실하게 음독한 예가 있다. 고구려 인명 '淵盖蘇文'을 『日本書紀』에서 '伊利柯須彌'로 기록한 바 있으므로(李基文 1968) 이곳의 '盖'는 '柯'와 유사한 발음을 가지는 표음자임이 분명하다. 따라서 '谷, 金, 馬' 등처럼 훈독의 예가 있는 것은 표음자에서 배제해야 하지만 음독했음을 실증해 주는 예가 있다면 이것은 반드시 표음자에 넣어야 한다.

그런데 멸망한 고구려어나 백제어의 단어를 훈독할 때에는 더 근본적인 의문이 제기된다. 고구려의 '改, 谷, 盖, 金, 馬' 등을 각각 {고티-, 실, 둡-, 쇠, 물} 등으로 훈독할 때에, {고티-, 실, 둡-, 쇠, 물} 등이 高句麗나 百濟의 단어임이 확실한가 하는 문제이다. 널리 알려져 있듯이, 이들은 대개 新羅語 계통의 중세 한국어 단어이다. 따라서 이와 같이 훈독하려면, 이 단어들이 고구려나 백제에서도 사용되었다는 것을 먼저 증명해야 한다. 이 증명이 불가능할 때가 아주 많으므로 고구려어나 백제어의 표기를 훈독할 때에는 적지 않은 부담이 항상 뒤따른다. 고구려어나 백제어에서 훈독이 음독보다 우선하는 것처럼 기술하면, 학문적 객관성과 실증성을 보장하기가 오히려 어려워진다는 점에 주의해야 한다.

위의 몇 가지 기준을 제시할 수 있으나 훈차 표기와 음차 표기의 구별에 대한 객관적 기준을 제시한다는 것은 쉬운 일이 아니다. 이 글에서는 고구려어 항목을 제시할 때에 音借字 밑에 일일이 밑줄을 그어 우리의 구별 案을 제시할 것이다. 이 구별 안이 연구자마다 다를 수 있으므로 표음자의 전체 통계도 연구자마다 달라진다.

다음으로, 漢字語에 기원을 두고 있는 것은 어떻게 처리할 것인가 하는 문제가 제기된다. 고구려 官名에는 '(大)使者, 都督, 道使, 博士' 등의 관명이 나온다. 이들은 중국에서 들어온 借用語임이 분명하다. 그런데 우리의 연구에서 중요한 것은 이들을 訓讀했느냐 音讀했느냐 하는 점이다. 만약에 훈독했다면 이들을 어떻게 읽었을까? 우리는 이에 대한 적절한 답을 찾지 못했다. 만약에 음독했다면 이들을 어떻게 읽었을까? 이 질문에 대해서는 그래도 답안을 제출할 수 있다. 고구려인이 '使, 者, 都, 督, 道, 使' 등을 한어 중고음 또는 이와 비슷한 음으로 읽었을 것이다. 한어 중고음 중에서도 魏晉南北朝의 前期 中古音은 고구려가 동북아시아를 호령하던 때의 한자음이다. 이 時點의 일치를 고려하면, '使, 者, 都, 督, 道, 使' 등을 고구려어 표음자로 인정하고 전기 중고음으로 읽을 수 있다.[2] 이 태도에 따라 이승재(2015가)에서는 '(大)使者, 都督, 道使, 博士' 등의 차용어를 고구려어로 간주하여 음운분석을 실시하였다.

그런데 아무래도 의심스러워서 이들 차용어를 고구려어 항목에서 모두 제외하는 방법을 택해 보았다. 그랬더니 자음체계에서 현격한 차이가 드러났다. 차용어를 모두 음운대립의 논거에서 제외했더니, 이승재(2015가)에서 자음 음소로 설정했던 유기음 /*p^h, *ts^h, *k^h/와 유성음 /*dz/가 사실은 음소가 아니라 변이음이

---

2 姜信沆(2011가)에서는 불교의 유입과 더불어 3~4세기에 대량으로 한자가 유입되었다고 했다. 따라서 고구려어를 연구할 때에는 전기 중고음이 가장 중요한 기준이 된다.

었다. 우리는 이제 차용어를 논의 대상에서 일괄적으로 배제하는 태도를 택한다.

漢語 기원의 차용어는 고구려어의 음운체계를 재구할 때에 아주 중요한 문제를 제기한다. 차용어를 수용할 때에는 受容語의 음운체계에 맞추어 음가를 대체하여 수용하게 된다. 예컨대, 영어의 'zero'를 한국어에서 수용할 때에 한국어의 자음체계에 /z/가 없으므로 영어의 /z/를 '제로'의 'ㅈ' 즉 /ʨ/로 대체하여 수용한다. 그런데 이미 '제로' 즉 /ʨero/로 수용된 차용어에, 다시 영어의 음운대립인 /s : z : ʃ : ʤ/를 적용하여 분석하는 것은 논리적으로 옳지 않다는 점이 중요하다. 차용어 '제로'의 /ʨ/는 유성자음과 무성자음의 음운대립이 없는 한국어의 음운체계에서만 의미를 가지고, 영어처럼 /s : z/와 /ʨ : ʤ/의 유·무성 대립을 가지는 음운체계에서 유도된 것이 아니다. 따라서 차용어 '제로'의 /ʨ/를 /s : z : ʃ : ʤ/의 음운대립을 적용하여 다시 분석하는 것은 옳지 않다.

차용어 '제로'와 마찬가지로, 고구려어에서 한어 중고음을 수용할 때에도 대체 수용이 일어난다. 앞에서 예로 들었던 '康王'의 '康'은 한어 중고음으로 康[溪開1平唐]의 음가인데, 고구려어에서 한어의 溪母 [*kʰ]를 見母 /*k/로 대체하여 수용했을 가능성이 아주 크다. 그런데 이미 /*k/로 수용된 '康'의 성모를 한어 중고음의 음가로 다시 분석하게 되면 고구려어에서 溪母 /*kʰ/가 음소였다는 논의가 소생한다. '康王'의 康[溪開1平唐]과 '國岡上'(광개, 호태, 모두)의 岡/剛[見開1平唐]이 성모의 최소대립 쌍이기 때문이다. 이것은 일종의 순환논리에 해당하므로 誤謬임이 분명하다. 이러한 순환논리를 배제하고자 우리는 고구려어 항목에서 漢語 차용어를 일괄적으로 제외하기로 한다.

그런데도 고구려어 항목에 일부의 차용어를 남겨 두었다. 차용어를 애초부터 제외해 버리면, 위에서와 같은 오류를 전혀 거론할 수 없게 된다. 따라서 논의의 편의를 위하여, 일부의 차용어를 마치 고구려어 항목인 것처럼 자료에 넣기로 하였다.

2.1. 금석문의 표음자

고구려어 텍스트 중에서 가장 오래되고 중요한 것은 金石文이다. 금석문은 제작 당시의 글자 모양을 그대로 간직한 실물 자료이므로 여기에 기록된 어휘표기는 신빙성이 가장 크다. 고구려의 인명·지명·관명 등이 표기된 금석문을 宋基中·南豊鉉·金永鎭(1994: 210~1)에서 추출해 보면 다음과 같다.

(1) 고구려어 금석문 텍스트

1. 高句麗冬壽墓誌(동수)[3] – 黃海道 安岳 第3號墳, 357년 추정
2. 高句麗鎭墓北壁墨書(진묘) – 平南 大安市, 408년 추정
3. 高句麗廣開土大王陵碑文(광개) – 中國 盛京省, 414년
4. 高句麗好太王壺杆銘(호태) – 國立中央博物館, 415년 추정
5. 牟頭婁墓誌(모두) – 중국 吉林省 集安縣, 5세기 중엽
6. 中原高句麗拓境碑文(중원) – 忠北 中原郡, 449년 추정
7. 高句麗延嘉銘金銅如來像記(연가) – 慶南 宜寧郡, 539년 추정
8. 平壤高句麗城壁刻字(평양성A) – 平壤市, 566년 추정
9. 平壤高句麗城壁刻字(평양성B) – 平壤市, 566년 추정
10. 泰川高句麗城壁刻字(태천) – 平北 泰川郡 567년 추정
11. 平壤高句麗城壁刻字(평양성;海) – 海東 金石苑, 569년 추정
12. 平壤高句麗城壁刻字(평양성;吳) – 서울 吳世昌 舊藏, 569년 추정
13. 高句麗三尊佛像光背銘(삼존불) – 金東鉉氏 藏, 571년 추정
14. 唐劉仁願紀功碑文(유인원) – 忠南 扶餘郡, 663년
15. 泉男生墓誌(천남생) – 中國 開封圖書館, 679년
16. 高慈墓誌(고자묘) – 羅振玉 舊藏, 700년
17. 泉獻誠墓誌(천헌성) – 羅振玉 舊藏, 701년
18. 泉男山墓誌(천남산) – 羅振玉 舊藏, 702년

---

3 여러 금석문의 공식 명칭은 대부분 길다. 번거로움을 피하여, 다음부터는 이것을 ( ) 안에 넣은 것처럼 약칭할 것이다.

19. 泉毖墓誌(천비묘) ― 羅振玉 藏, 733년

　　여기에 제시한 각종의 금석문 텍스트는 인명·지명·관명 등의 고구려 어휘표
기를 가지고 있는 것들이다. 여기에서 표음자를 가지고 있는 항목을 골라 보면
다음과 같다.

(2) 금석문 어휘 항목 자료 (201항목)

(ㄱ)

001 加群(인 평양성A)　　　　　　002 加太羅谷(지 광개)

003 各模盧城^百(지 광개 2회)　　004 閣彌城^百(지 광개)

005 幹弓利城^百(지 광개 2회)　　006 改谷(지 광개)

007 盖金(인 천남생, 천헌성)　　　008 盖馬(지 천남생)

009 盖切(지 평양성A)　　　　　　010 蓋蘇文(인 유인원)[4]

011 客賢韓^百(지 광개)　　　　012 建(인 천남생 2회, 천헌성 2회)

013 桂婁(부명 천남산, 천남생)　　014 古利城^百(지 광개)

015 古模耶羅城^百(지 광개 2회)[5]　016 古牟婁城^百(지 광개 2회, 중원)

017 古舍蔦城(지 광개)　　　　　018 古鄒加(관 중원)

019 高(성 고자묘 2회)　　　　　020 高句驪(국 무구, 천헌성)

021 高麗(국 중원, 유인원, 고자묘)　022 高麗國(국 연가)

023 高密(인 고자묘)　　　　　　024 高藏(인 천남생, 천비묘)

025 貫奴城^百(지 광개)　　　　026 卦婁(부명 평양성A)

027 仇天城^百(지 광개)　　　　028 句驪(국 무구, 천남산)

029 句牟城^百(지 광개 2회)　　　030 句牟客頭(지 광개)

031 求底韓^百(지 광개)　　　　032 臼模盧城^百(지 광개 2회)

033 國岡上廣開土境平安好太王(인 광개)

---

4 이것은 唐劉仁願紀功碑文(충남 부여군, 663년)에 나오지만 고구려 인명이 분명하므로 여기에 넣
었다. 뒤의 021, 138, 139, 192번 항목도 이와 같다.
5 權仁瀚(2015: 192)에서는 '古須耶羅城'으로 판독하였다.

034 國岡上廣開土境好太王(인 광개 2회)

035 國岡上廣開土地好太王(인 호태) 036 國岡上大開土地好太聖王(인 모두)

037 其國城^百(지 광개)

(ㄴ)

038 那旦城^百(지 광개 2회)　　　039 那婁(인 삼존불)

040 南蘇城(지 광개 2회)　　　　　041 男居城(지 광개)

042 男建(인 천남생 2회, 천헌성)　　043 男産(인 천헌성, 천남산)

044 男生(인 천헌성, 천비묘)　　　045 農賣城(지 광개)

046 婁賣城^百(지 광개)　　　　　047 婁城^百(지 광개)

048 若侔利(인 평양성;해)　　　　049 冉车(인 모두 2회)

050 冉有(인 천남생, 천헌성)　　　051 儒留王(인 광개)

(ㄷ)

052 多亏桓奴(명 중원 2회)　　　　053 幢主(직 중원)

054 大使者(관 모두, 중원 2회)　　055 大山韓城^百(지 광개 2회)⁶

056 大相(관 고자묘)　　　　　　057 大祚(인 천헌성)

058 大朱留王(인 광개)

059 大兄(관 중원, 모두 4회, 천남생 2회, 천남산)

060 對盧(관 천남산)　　　　　　061 賭奴(인 삼존불)

062 敦城(지 광개)　　　　　　　063 敦拔城^百(지 광개)⁷

064 冬壽(인 동수)　　　　　　　065 東夫餘(국 광개)

066 東夷寐錦(명 중원 3회)　　　　067 東海賈(지 광개)

068 豆奴城^百(지 광개 2회)　　　069 豆比鴨岑韓^百(지 광개)

(ㄹ)

070 量(인 고자묘)　　　　　　　071 來□城(지 광개)

---

6 權仁瀚(2015: 192)에서는 '太山韓城'으로 판독했다.
7 權仁瀚(2015: 197)을 따랐다.

(ㅁ)

072 莫□羅城^百(지 광개)[8]

073 莫離支(관 천남생 2회, 천헌성, 고자묘)

074 寐錦(명 광개 2회, 중원 4회)　　075 賣句余(지 광개)

076 貊(국 천남산 2회)　　　　　　077 牟壽(인 모두)[9]

078 牟盧城^百(지 광개)　　　　079 牟頭婁(인 모두 2회)

080 牟婁城^百(지 광개 2회)　　081 牟水城(지 광개 2회)

082 木底(지 천남생)　　　　　　　083 文(인 고자묘)

084 文達(인 평양성B)　　　　　　085 物苟(인 평양성;오)

086 味仇婁(인 광개)　　　　　　　087 彌沙城^百(지 광개)

088 彌鄒城^百(지 광개 2회)　　089 未夷(지 천남생)

090 密(인 고자묘 2회)

(ㅂ)

091 俳須(인 평양성;오)　　　　　　092 排(住)婁(지 광개)

093 百殘(국 광개 5회)　　　　　　094 卞國公(관 천남생 2회)

095 普□城^百(지 광개)[10]　　　096 夫餘(국 광개)

097 富山(지 광개)　　　　　　　　098 北夫餘(국 광개, 모두 3회)

099 北豊(지 광개)　　　　　　　　100 弗德(인 천남생)

101 比利城(지 광개)　　　　　　　102 愍(인 천비묘)

103 沸流谷(지 광개)　　　　　　　104 沸□□利城(지 광개)[11]

105 碑麗(국 광개)　　　　　　　　106 碑利城(지 광개)

(ㅅ)

107 沙溝城^百(지 광개)　　　　108 沙水城(지 광개 2회)

109 □舍蔦城^百(지 광개)　　　110 散那城^百(지 광개)

---

8 權仁瀚(2015: 192)의 판독으로는 '莫□□□城' 부분이다.

9 이것은 宋基中·南豊鉉·金永鎭(1994)에 나오지 않는다. 필자가 추가한 것이다.

10 權仁瀚(2015: 192)를 보고 추가했다.

11 權仁瀚(2015: 192)를 보고 추가한 항목이다.

111 産(인 천남생 2회, 천헌성 2회)

112 三韓(국 천남생 2회, 고자묘, 천헌성)

113 彡穰城^百(지 광개 2회)　　114 相夫(인 평양성;해)

115 西城山(지 광개)　　116 析支利城^百(지 광개)

117 小大使者(관 태천)　　118 小大兄(관 진묘)

119 小貊(지 천남생, 천헌성)

120 小兄(관 평양성A,B, 평양성;오,해, 천남산 2회)

121 掃加城^百(지 광개)　　122 蘇灰城^百(지 광개)

123 須鄒城(지 광개)　　124 肅斯舍(인 광개)

125 式(인 고자묘)　　126 息愼(지 광개)

(ㅇ)

127 阿垢(인 삼존불)　　128 阿旦城^百(지 광개 2회)

129 阿利水^百(지 광개)　　130 安夫連(지 광개)

131 鴨盧(관 광개 4회)　　132 鴨綠(지 고자묘)

133 也利城^百(지 광개 2회)　　134 芬而耶羅城^百(지 광개)[12]

135 於九婁(지 태천)　　136 於利城^百(지 광개)

137 奄利大水(지 광개)　　138 延壽(인 유인원)

139 延爾普羅(인 유인원)　　140 燕婁城^百(지 광개 2회)

141 永樂太王(인 광개)　　142 濊(국 모두)

143 奧利城^百(지 광개 2회)　　144 烏骨(지 천남생)

145 遼陽(지 천남산)　　146 于伐城(지 중원 2회)

147 于城(지 광개)　　148 亏婁城^百(지 광개)

149 禑夷(지 천남생)　　150 嵎夷(지 천남산)

151 位頭大兄(관 고자묘 2회, 천남산)　　152 閏奴城^百(지 광개 2회)

153 壹八城^百(지 광개)

---

12 '耶羅城' 앞에 '芬而'를 덧붙인 것은 權仁瀚(2015: 192)를 따랐다.

(ㅈ)

154 子遊(인 천남생 2회)

155 慈(인 고자묘)

156 慈惠(인 모두)

157 殘國(국 광개)

158 雜珍城^百(지 광개)

159 前部(부명 태천)

160 前部大使者(관 중원 2회)

161 琢城^百(지 광개)

162 朝鮮王(관 천비묘)

163 主簿道使(관 중원)

164 朱蒙(인 고자묘, 천헌성, 천남산)

165 中軍主活(관 천남산)

166 中裏大兄(관 천남생)

167 中裏大活(관 천남산)

168 中裏小兄(관 천남생)

169 中裏位頭大兄(관 천남생)

170 鎭(인 진묘 2회)

(ㅊ)

171 泉男生(인 천남생 2회)

172 泉獻誠(인 천헌성)

173 靑丘(지 천남생 2회)

174 鄒牟聖王/鄒牟王(인 모두 / 광개 3회)

175 就咨城(지 광개)

176 就鄒城^百(지 광개)

(ㅌ)

177 太大對盧(관 천남생, 천헌성)

178 太大莫離支(관 천헌성, 천남산)

179 太大兄(관 천남생)

180 太莫離支(관 천남생)

(ㅍ)

181 巴奴城^百(지 광개)

182 浿水(지 천남산)

183 平壤(지 천남생 4회)

184 平穰(지 광개 3회)

(ㅎ)

185 河泊(인 모두)[13]

186 河伯女娘(인 광개)

187 漢城(지 평양성B)

188 韓(명 광개)

189 韓穢(명 광개 4회)

190 獻誠(인 천남생 2회, 천헌성 2회, 천비묘)

---

13 이것은 필자가 새로 추가한 것이다.

191 <u>惠眞</u>(인 유인원)　　　192 <u>瓠盧</u>水(지 김인문)[14]

193 <u>忽本</u>(지 광개)　　　　194 <u>後部</u>(부명 평양성B)

(□)

195 □<u>古盧城</u>^百(지 광개)[15]　196 □<u>古城</u>(지 광개)

197 □(<u>襄</u>)<u>平道</u>(지 광개)　　198 □<u>開土境好太王</u>(인 광개)

199 □<u>連</u>(지 광개 2회)　　　200 □<u>利城</u>^百(지 광개)

201 □<u>拔城</u>(지 광개 2회)

위의 (2)에 열거한 항목은 고구려어 표음자를 한 字라도 포함하고 있는 항목이다. 이들 항목에 사용된 글자가 모두 고구려어 표음자가 되는 것은 아니다. '006 改谷, 007 盖金, 008 盖馬'에서 '谷, 金, 馬' 등은 훈차 표기일 가능성이 있기 때문에 표음자에서 제외한다. 마찬가지로, '-쪽, -山, -城, -水' 등의 지명 접미사와 '國', '王' 등도 제외한다. 이처럼 훈독의 가능성이 있는 것은 모두 논의 대상에서 제외하는데, 이 원칙에 따라 제외된 고구려어 항목을 몇 개만 들어 보면 다음과 같다.

(3) 훈독 가능성으로 제외된 항목

1. 國內/國內城(지 천헌성 /천남생)　　2. 力城(지 광개)

3. 林城(지 광개)　　　　　　　4. 味城(지 광개 2회)

5. 百頭(직 평양성;오)　　　　　6. 負山(지 광개)

7. 細城^百(지 광개 2회)　　　　8. 新城(지 광개)

9. 巖門□城(지 광개)　　　　10. 梁谷(지 광개)

11. 梁城(지 광개)　　　　　12. 餘城(지 광개 2회)

13. 鹽水(지 광개)　　　　　14. 泉君(인 천비묘)

15. 土谷(지 광개)

(3)에 제시한 것들은 대부분 지명 표기이다. (3.10~11)의 '梁谷, 梁城'에 사용된

---

14 이 항목은 金仁問碑文(경주박물관, 701년)에 나오지만 고구려 지명이 분명하므로 여기에 넣었다.
15 權仁瀚(2015: 192)를 보고 추가한 항목이다.

'梁'은 [*돌]로 읽히는 것으로서, (2.158)의 '雜珍城^百'에 나오는 '珍'과 독법이 같다.

텍스트에 따라 '梁'과 '珍'의 선택 양상이 달라지지만, 이들이 훈차 표기의 범주에 들어간다는 것만은 분명하다.[16] 지명을 지을 때에는 자연적·지리적 특성에 맞추어 지을 때가 많으므로 인명에 비하여 훈독 가능성이 훨씬 커진다. (3.14)의 '泉君'은 인명인데도 표음자 목록에서 제외했다. 널리 알려져 있듯이『日本書紀』에서 '淵蓋蘇文'의 '淵'을 /*iri/로 훈독한 바 있는데, '淵'이 다른 텍스트에서는 '泉'으로 표기된다. 그렇다면 이 '泉'도 훈독했을 가능성이 크다. '泉君'의 '君'도 /*kici/ 정도로(李基文 1982) 훈독했을 가능성이 있다. 우리는 이와 같이 훈독 가능성이 있는 것을 모두 논의 대상에서 제외한다.

고구려 고유의 어휘가 아닌 것도 제외한다. '066 東夷寐錦'의 '東夷'는 고구려가 아니라 중국에서 사용한 단어이다. 따라서 고구려의 관점에서는 일종의 차용어가 된다. 이러한 것들도 논의 대상에서 제외하는 태도를 취한다. 이 태도에 따라 논의 대상에서 제외한 것에는 다음과 같은 것이 있다.

(4) 명백한 차용어

1. 慕容(인 모두)
2. 渤海縣(지 천남생)
3. 鮮卑(국 모두)
4. 新羅(국 광개 8회, 중원 4회, 천남생)
5. 安羅(국 광개 3회)
6. 倭(국 광개 8회)
7. 遼東(지 천남생 2회)
8. 遼東大都督(관 천헌성)
9. 任那加羅(국 광개)
10. 玄兔(지 천남생)
11. 玄菟(국 동수, 천남산)

'066 東夷寐錦'의 '東夷'는 차용어이므로 고구려어 항목에서 제외하지만, '寐錦'은 고구려 항목에 넣는다. '寐錦'은 광개토대왕비와 中原高句麗碑 등의 5세기 고구려 금석문 자료에 처음으로 나타나고 이어서 6세기 초엽의 新羅碑인 蔚珍鳳坪

---

16 이에 대해서는 李基文(1989)를 참고하기 바란다. 그런데 엄익상(2015: 40~1)에서는 '珍'을 훈독하지 않고 한어 상고음으로 음독했다. 그러나 텍스트의 종류에 따라 '梁'과 '珍'의 선택 양상이 상보적이라는 점에서 '珍'이 훈독자였을 가능성이 더 크다.

碑에도 나온다. 중요한 것은 '寐錦'의 예가 광개토대왕비에 처음 나온다는 점이다. 따라서 당시 동북아시아에서 강자의 지위를 확보한 고구려가 고구려에 의존적이던 신라왕을 낮추어 '寐錦'이라 부른 것임을 알 수 있다.[17]

신라왕을 지칭한 것이라 하여 '寐錦'을 신라어 자료라고 할 수 있을까? 이것은 '東夷'가 한국을 지칭한다고 하여 '東夷'를 한국어 단어라고 하는 것과 같다. 이것이 잘못임은 분명하므로, 누가 그 명칭을 사용하고 기록하기 시작했는가가 관건이 된다. '東夷'를 처음 사용한 것은 중국이므로 이 단어는 漢語의 일종이고, '寐錦'을 처음 사용한 것은 고구려이므로 이 단어는 고구려어의 일종이다. 고구려어 표기 '寐錦'에 대응하는 신라어 단어는 아마도 '尼師今, 尼叱今'일 것이다.

광개토대왕비에 나오는 '百殘'도 고구려에서 백제를 지칭할 때에 사용한 것이므로 당연히 고구려어 단어에 들어간다. 백제가 스스로를 '百殘'이라 自稱한 일이 없기 때문에 '百殘'은 백제어가 아니다. 自稱과 他稱을 엄격히 구별해야 한다는 것은 金完鎭(2012)가 강조한 바 있듯이 매우 중요하다. 따라서 우리는 '寐錦'이나 '百殘'처럼 고구려에서 처음으로 사용하기 시작했다는 것이 확인되는 항목은 항상 고구려어 자료로 간주한다.[18] 이들 표기에 고구려의 음운체계와 표기법이 반영되었을 가능성이 크기 때문이다.

(2)의 고구려어 항목에서 '003 各模盧城百'처럼 오른쪽 어깨에 '百'을 덧붙인 것은 고구려어가 아니라 백제어일 가능성이 있음을 가리킨다. 宋基中·南豊鉉·金永鎭(1994)에서는 광개토대왕비에 나오는 지명을 일괄적으로 고구려 지명으로 처리했다. 고구려에서 기록한 것이므로 고구려어 자료로 간주한다는 원칙에 따르면 이것이 맞다. 그러나 '以六年丙申 王躬率水軍 討伐殘國 軍□□□功取'의 바로 뒤에 열거된 '壹八城 … □其國城' 등의 60여 城은 광개토대왕이 백제를 토벌하여 취한 것이므로, 權仁瀚(2015: 196~7)가 지적한 것처럼 북방의 夫餘系 지명이 아니라 남방의 韓系 지명일 가능성이 있다. 이러한 지명에는 '百'을 덧붙였다.

우리는 고구려어 자료와 백제어 자료를 엄격히 구별하는 태도를 취하므로, '壹

---

17 이에 대해서는 『한국민족문화대백과사전』을 참고했다.
18 權仁瀚(2015: 197)에서는 광개토대왕비에 기록된 '寐錦'을 신라어의 일종으로, '百殘'을 백제어의 일종으로 보았다.

八城 … □其國城'이 고구려에서 붙인 지명인지 백제에서 붙인 지명인지를 가리는 것이 매우 중요하다. 광개토대왕이 백제를 쳐서 60여 城을 취한 것은 永樂 6년(396년)의 일이다. 이 城名이 414년에 축조된 광개토대왕비에 기록되었다. 고구려에 정복된 지 18년이 경과한 다음에 이들 城名이 기록되었다는 점을 고려하면 이 지명 중에는 고구려에서 새로이 作名했거나 改名한 지명이 포함되었을 가능성이 있다. 앞에서 강조한 바 있듯이, 누가 그 단어를 처음 사용했는가 또는 처음으로 표기했는가 하는 문제를 중심으로 판단한다면, 權仁瀚(2015: 189, 각주60)의 견해와는 달리 60여 개의 城名 모두를 韓系 또는 백제 지명이라고 단정하기가 어렵다. 고구려가 아니라 백제가 이들을 처음으로 사용하기 시작했고 기록했다는 결정적 증거가 없기 때문이다. 반면에, 고구려에서 처음으로 기록한 사실만은 확실하다. 따라서 이 60여 城名이 고구려 지명일지 백제 지명일지 알 수 없다고 말하는 것이 아마도 가장 객관적인 태도일 것이다.

그런데 이들 城名의 언어학적 특징을 판단의 기준으로 삼으면 이들 지명이 백제 지명일 가능성보다 고구려 지명일 가능성이 더 크다. 고구려 고유명사의 대표적인 특징으로 흔히 /*-u/나 /*-o/ 모음으로 끝나는 것이 유독 많다는 점을 든다. 위의 60여 개 城名 중에서 이 부류에 드는 것은 '臼模盧城^百, 各模盧城^百, 牟盧城^百, 句牟城^百, 豆奴城^百, 彌鄒城^百, 牟婁城^百, 亐婁城^百, 燕婁城^百, 就鄒城^百, 古牟婁城^百, 閏奴城^百, 貫奴城^百, □古盧城^百, 沙溝城^百, 婁城^百, 巴奴城^百' 등 17개에 이른다. 백제로부터 탈취한 城이라 하더라도, 이 음운론적 특징을 고려하면 이들 城名이 고구려의 방식으로 표기되었을 가능성이 더 크다.

한편, 위의 60여 개 城名 중에서 끝에 '利'를 가지는 것이 '斡弖利城^百, 古利城^百, □利城^百, 奧利城^百, 於利城^百, 沸□□利城^百, 也利城^百, 析支利城^百, □□□利城^百, 阿利水^百' 등 10개에 이른다. 멸망 이전에 기록된 고구려 고유명사 중에서 '-利'로 끝나는 것이 7개나 되고, 『삼국사기』 지리지의 고구려 지명에서도 '波利縣, 肖利巴利忽, 積利城' 등의 3개 예가 있다. 반면에, 멸망 이전에 기록된 백제 고유명사에서 '-利'로 끝나는 것은 모두 합하여 3개에 지나지 않는다.[19] 뿐만 아니라 『삼

---

19 一次 實物 자료인 百濟木簡의 표기법을 유심히 관찰해 보면 115개 백제어 항목 중에서 표음자 '利'가 사용된 것은 인명 '帤利'(부여 쌍북280 1호)와 지명 '法利源'(부여 궁남지 1호)의 둘밖에 없

국사기』 지리지의 백제 지명에서는 '-利'로 끝나는 지명이 전혀 없다.[20] 따라서 광개토대왕비의 60여 개 城名의 표기가 백제식이 아니라 고구려식 표기였을 가능성이 더 크다.

위의 두 가지 언어학적 논거를 종합하여 우리는 이들 城名의 표기법이 宋基中·南豊鉉·金永鎭(1994)와 마찬가지로 고구려어 표기법이라고 본다. 이 태도를 취하여 60여 城名을 고구려어 항목에 넣되, 오른쪽 어깨에 '百'을 덧붙여 상보적 분포나 최소대립 쌍을 기술할 때마다 주의를 기울이기로 한다.

음운체계와 표기법을 논거로 삼지 않더라도, 이들 지명을 처음으로 기록한 것은 남방의 韓系人이 아니라 북방의 高句麗人이다. 이것을 대변해 주는 것이 '百殘'과 '寐錦'이다. 이 두 명사는 고구려에서 처음 사용했음이 확실하다. 일종의 卑稱이므로 여기에는 고구려인의 세계 인식과 고구려어의 음운체계가 반영되어 있다고 보아야 한다. 그런데 광개토대왕비의 '百殘'과 '寐錦'을 고구려어의 일종이라 하면서, 이와 동시에 고구려가 기록한 60여 城名을 韓系語라고 할 수 있을까? 이것은 자체 모순이다. 남방의 韓人이 이들 지명을 처음부터 사용했고 기록했다는 증거가 새로 나온다면, 權仁瀚(2015: 196~7)의 논의처럼 이들을 韓系語의 일종으로 처리해야 마땅하다. 그러나 현재로서는 이것을 실증해 주는 자료가 없다. 반면에 이들 城名을 고구려인이 광개토대왕비에 최초로 기록했다는 사실만은 확실하다.

널리 알려져 있듯이,『삼국사기』지리지 권제35에서 현재의 京畿道 인근의 중부 지역 지명을 '本高句麗'라 했다. 우리는 이것을 고구려에서 처음으로 사용했거나 기록한 지명이라는 뜻으로 해석한다. 都守熙(1977)은 이들 지명을 백제의 舊地名으로 보았으나 백제인이 이들을 사용하고 기록했다는 실증적인 증거를 찾기가 어렵다. 반면에, 경기도와 그 주변의 중부 지역 지명을『삼국사기』지리지에서 '本高句麗'라고 명시한 것은 명백하고도 실증적인 증거이다. 이 증언을 중시하여, 이들 지명을 처음으로 사용하고 표기한 것은 백제가 아니라 고구려라

다(李丞宰 2013가). 여기에 馬韓 55국명의 '到利國'을 추가하여 셋이다.

20 지리지에 나오는 백제 지명 중에서 '利'가 사용된 것으로 '乃利阿縣, 仍利阿縣, 皆利伊' 등이 있으나 이들은 '-利'로 끝나는 지명이 아니다.

고 본다.

마지막으로, 보통명사나 동사로 사용된 것은 고구려어 표음자에서 제외한다. '看烟'은 광개토대왕비에서 48회나 나오는 보통명사이고, '節'은 '감독(하다)'의 의미를 가지는 보통명사 또는 동사이다. 중원고구려비에는 '명령하다'의 뜻을 가지는 '敎'가 나온다. 이들은 모두 고유명사가 아니므로 논의 대상에서 제외한다.

이처럼 엄격하게 한정하여 표음자를 추출한 것은 논의의 신빙성을 높이기 위한 조치이다. 신빙성이 결여된 자료를 토대로 표음자(또는 문자) 체계를 거론하면 모래 위에 집을 짓게 된다. 이처럼 엄격하게 표음자의 범주를 한정한다 하더라도 적지 않은 양의 표음자를 추출할 수 있다. 금석문 텍스트에서 추출할 수 있는 고구려어 표음자는 다음의 201자이다.

(5) 금석문 텍스트의 표음자 목록 (201자)

ㄱ: 加 賈 各 閣 幹 罡/岡/剛 盖 居 建 桂 古 高 骨 貫 卦 九 仇 句 溝 丘 求 垢 臼 苟 國 軍 群 錦 其 改 開 客 (32)

ㄴ: 那 南 奴 農 若 壤 穰 冄 遼 儒 閭 爾 (12)

ㄷ: 多 旦 達 幢 大 德 弓 底 瑑 道 睹 敦 東 冬 朝 蔦 頭 豆 中 鎭 對 (21)

ㄹ: 羅 樂 量 驪 麗 連 盧 綠 婁 留 流 利 離 裏 來 (15)

ㅁ: 莫 賣 侔 牟 模 木 蒙 文 物 未 彌 密 寐 貊 (14)

ㅂ: 泊 拔 伐 卜 普 夫 部 薄 富 北 芬 弗 比 毖 沸 碑 排 俳 伯 (19)

ㅅ: 沙 産 散 三 彡 相 舍 西 析 鮮 誠 掃 蘇 小 須 壽 肅 使 斯 式 息 愼 生 (23)

ㅇ: 阿 安 鴨 也 耶 陽 於 余 餘 延 永 濊 穢 亏 奧 烏 容 于 嵎 禑 有 遊 位 夷 而 壹 (26)

ㅈ: 殘 雜 藏 者 前 祚 從 主 朱 支 眞 子 呇 慈 (14)

ㅊ: 靑 鄒 就 (3)

ㅌ: 太 天 切 土 (4)

ㅍ: 巴 浿 八 平 豊 (5)

ㅎ: 河 韓 漢 獻 賢 兄 惠 好 忽 桓 活 灰 後 (13)

그런데 최근에 고구려 금석문 하나가 추가되었다. 集安高句麗碑로 명명된 비문이다. 이 碑의 眞僞 여부가 문제되어 논의를 잠시 유보했지만, 이 비를 진품으로 간주하고 集安市博物館(2012)의[21] 판독문을 여기에 인용한다.

(6) **集安高句麗碑 釋文** (集安市博物館 2012)

1. □□□□世必授天道自承元王始祖鄒牟王之創基也
2. □□□子河伯之孫神靈祐護蔽蔭開國辟土繼胤相承
3. □□□□□□烟戶以此河流四時祭祀然而□備[22]長烟
4. □□□□烟戶□□□□富足□轉賣□□守墓者以銘
5. □□□□□□□罡□太王□□□□王神□□興東西
6. □□□□□□追述先聖功勛彌高悠烈繼古人之慷慨
7. □□□□□□□□自戊□定律敎□發令其修復各於
8. □□□□立碑銘其烟戶頭廿人名以示後世自今以後
9. 守墓之民不得擅自更相轉賣雖富足之者亦不得其買
10. 賣如有違令者後世□嗣□□看其碑文與其罪過

위의 판독문에서 찾을 수 있는 고유명사는 '鄒牟王, 河伯, □罡□太王'의 셋에 지나지 않는다. 이들은 모두 음차자로 사용되었으므로 위의 표음자 목록에 이들을 추가하기로 한다. '鄒, 牟, 河, 伯, 太' 등은 이미 (5)의 표음자 목록에 들어 있으므로, '罡'만 추가하면 된다. 그런데 '罡'은 고대에 자주 사용한 한자로서 '岡'의 異體字이다. 따라서 표음자 '岡'에 '罡'을 묶어서 하나의 표음자 '岡/罡'이라 처리하므로, 실제로는 표음자 수가 늘어나지 않는다.

---

21 이 책의 열람을 도와주신 서울대 국사학과의 송기호 교수께 이 자리를 빌려 감사드린다.
22 '□備'를 '世悠'로 읽는 견해가 많다(權仁瀚 2016: 282).

58

2.2. 中國 史書의 표음자

중국의 각종 史書에도 고구려 어휘 항목이 아주 많이 나온다. 『三國志』(3세기 후반, 陳壽 편찬)에 수록된 고구려 어휘만 하더라도 107개 항목이나 되고, 각종의 중국 사서에 수록된 것을 모두 합하면 541개 항목이나 된다. 하나의 항목이 여러 사서에 중복될 때가 많기는 하지만, 고구려어 표음자를 가지고 있는 것만 뽑아도 214개 항목에 이른다.

먼저 고구려 어휘 항목이 수록된 중국의 각종 사서를 열거해 보면 다음과 같다.

(7) 중국의 각종 사서

　가. 前期 사서

　　1. 三國志(3세기 후반) : 고구려 어휘 107개 (晉의 陳壽가 편찬)

　　2. 後漢書(432년) : 고구려 어휘 36개 (宋의 范曄이 편찬)

　　3. 宋書(488년) : 고구려 어휘 8개 (南濟의 沈約이 편찬)

　　4. 南齊書(537년) : 고구려 어휘 3개 (梁의 蕭子顯이 편찬)

　　5. 魏書(559년) : 고구려 어휘 37개 (北齊의 魏收가 완성)

　　6. 梁書(636년) : 고구려 어휘 40개 (陳의 姚察과 姚思廉이 집필)

　　7. 陳書(636년) : 고구려 어휘 5개 (唐의 姚思廉이 편찬)

　　8. 北齊書(636년) : 고구려 어휘 3개 (唐의 李百藥이 완성)

　　9. 周書(636년) : 고구려 어휘 27개 (唐의 令狐德棻 등이 완성)

　　10. 南史(644년) : 고구려 어휘 38개 (唐의 李大師와 李延壽에 의해 완성)

　　11. 北史(644년) : 고구려 어휘 93개 (唐의 李大師와 李延壽에 의해 완성)

　　12. 晉書(648년) : 고구려 어휘 3개 (唐의 房玄齡 · 李延壽 등 20여 명이 편찬)

　　13. 隋書(636~656년) : 고구려 어휘 60개 (唐의 顔師古와 孔穎達 등이 참여)

　나. 後期 사서

　　14. 舊五代史(924년) : 고구려 어휘 5개 (宋의 薛居正 등이 편찬)

　　15. 舊唐書(945년) : 고구려 어휘 20개 (五代 後晉의 劉昫, 張昭遠, 王伸 등이 편찬)

　　16. 唐書(1060년) : 고구려 어휘 46개 (宋의 歐陽脩 등이 완성)

17. 遼史(1344년) : 고구려 어휘 6개 (元의 탈호탈(脫虎脫) 등이 편찬)[23]

18. 宋史(1345년) : 고구려 어휘 4개 (元의 토크토(脫脫) 등이 편찬)

위의 중국 사서는 (7.가)의 前期 사서와 (7.나)의 後期 사서로 나눌 수 있다. 전기 사서는 고구려가 멸망하기 이전에 편찬된 사서이고, 후기 사서는 고구려 멸망 이후 250년 이상이 경과한 뒤에 편찬된 사서이다. 전기 사서는 모두 고구려가 멸망하기 이전에 편찬된 것이므로 자료의 신빙성이 높은 데에 비하여, 후기 사서는 멸망 이후 250년 이상 경과한 다음에 편찬된 것이라서 신빙성이 떨어진다. 이 글에서는 전기 중국 사서를 '中國' 또는 '중국 史書'로, 후기 중국 사서를 '唐書'로 약칭한다.

전기의 중국 사서에 나오는 고구려어 항목 중에서 표음자를 가지고 있는 것은 다음의 214개 항목이다.

(8) 중국 사서 어휘 항목 (214항목)

(ㄱ)

001 葛盧(인 위서/상 474)

002 葛蔓盧(인 위서/상 410, 북사/상 540)

003 葛尾盧(인 북사/상 624)

004 康/康王(인 북사/상 627, 위서/상 477)

005 蓋馬/蓋馬大山(지 한서/상 53, 후한/상 108, 삼국/상 199, 북사/상 554, 수서/중 7, 수서/중 38 / 한서/상 53, 후한/상 139, 삼국/상 199)

006 蓋牟(지 수서/중 46)

007 竟候奢(관 북사/상 629)

008 桂婁部(지 후한/상 110, 삼국/상 195, 양서/상 385)

009 高(성 수서/중 53)

010 高建(인 북사/상 600)

---

23 김주원 교수의 가르침에 따르면 『遼史』와 『元史』는 누가 언제 편찬한 것인지 분명하지 않다. 그러나 여기에서는 일반적으로 통용되는 견해를 따랐다.

011 高仇(인 송서/상 371, 남사/상 526)

012 高句麗縣(지 한서/상 53)

013 高璉(인 송서/상 355, 남제/상 377, 양서/상 387, 주서/상 517, 남사/상 519, 수서/
중 53)

014 高陽(인 북사/상 551, 수서/중 3)

015 高延(인 양서/상 384, 남사/상 521)

016 高雲(인 남제/상 378, 양서/상 383, 위서/상 408, 남사/상 520, 북사/상 539)

017 高元(인 북사/상 551, 수서/중 4)

018 高翼(인 송서/상 371, 남사/상 526)

019 古雛加(관 삼국/상 196, 양서/상 385, 남사/상 525)

020 古鄒大加(관 후한/상 110)

021 高湯(인 진서/상 395, 남사/상 522, 북사/상 551)

022 骨蘇(복 주서/상 511)

023 果下馬(물 위서/상 476, 북사/상 629)

024 灌奴部(지 후한/상 110, 삼국/상 195, 양서/상 385, 남사/상 525)

025 丸都/丸都山(지 북사/상 556, 남사/상 525)

026 溝漊(보 삼국/상 200)

027 溝婁(보 양서/상 385)

028 九連城(지 삼국/상 196)

029 國子博士(관 삼국/상 195)

030 宮(인 후한/상 112, 삼국/상 150, 양서/상 386, 위서/상 475, 북사/상 626)

(ㄴ)

031 男武(인 삼국/상 198)

032 南蘇水/南蘇州(지 한서/상 53)

033 內部(제 삼국/상 195)

034 內平(관 북사/상 629, 수서/중 53)

035 奴久(인 위서/상 413)

036 傉薩(관 수서/중 53)

(ㄷ)

037 大加(관 후한/상 110, 삼국/상 196, 양서/상 386, 남사/상 526, 북사/상 626)

038 帶固(인 삼국/상 217)

039 大對盧(관 삼국/상 195, 주서/상 511, 북사/상 629)

040 大大兄(관 수서/중 53)

041 對盧(관 후한/상 110, 삼국/상 195, 양서/상 385, 남사/상 525, 수서/중 53)

042 大模達(관 삼국/상 195)

043 大夫(관 삼국/상 196)

044 大夫使者(관 삼국/상 195)

045 大使者(관 삼국/상 195, 주서/상 511, 북사/상 629, 수서/중 53)

046 戴升(인 후한/상 111, 삼국/상 197)

047 大兄(관 삼국/상 195, 위서/상 476, 주서/상 511, 북사/상 620, 수서/중 53)

048 都督(관 삼국/상 195)

049 道使(관 삼국/상 195)

050 董騰(인 송서/상 371, 남사/상 526)

051 東盟(풍 후한/상 110, 삼국/상 196)

052 東明(인 삼국/상 194, 양서/상 385, 북사/상 631, 수서/중 56)

053 東部(지 후한/상 110, 삼국/상 195)

054 東暆(지 북사/중 554, 수서/중 7)

055 頭大兄(관 삼국/상 195)

056 得來(인 삼국/상 176)

(ㄹ)

057 璉(인 위서/상 416, 주서/상 511, 북사/상 542)

058 鏤方(지 북사/중 554, 수서/중 7)

059 利(인 위서/상 462)

(ㅁ)

060 馬婁(인 송서/상 371, 남사/상 526)

061 馬訾水(지 후한/상 108, 삼국/상 194)

062 莫來(인 위서/상 475, 주서/상 511, 북사/상 626, 수서/중 53)

063 末客(관 삼국/상 195)

064 買溝(지 삼국/상 176)

065 木底(지 북사/상 627)

066 武厲城(지 수서/중 37)

067 武列城(지 북사/상 602)

068 文咨王(인 위서/상 416, 남사/상 526, 북사/상 542)

(ㅂ)

069 駮位居(인 삼국/상 198)

070 泊灼城(지 삼국/상 197)

071 拔奇(인 삼국/상 198)

072 伯固(인 후한/상 96, 삼국/상 197, 양서/상 386, 북사/상 626)

073 帛衣先人(관 후한/상 110, 삼국/상 195)[24]

074 普述水(지 위서/상 475, 북사/상 626)

075 夫餘(지 수서/중 7)

076 扶餘(지 북사/상 554, 수서/중 7)

077 北部(지 삼국/상 195)

078 北豊/北豊城(지 위서/상 474, 북사/상 624/ 송서/상 371, 남사/상 526)

079 不耐/不耐城(지 삼국/상 176/ 양서/상 386, 북사/중 626)

080 沸流江/沸流水(지 후한/상 140, 삼국/상 175/ 13.3 / 삼국/상 175, 양서/상 386, 북사/상 626)

081 卑奢城(지 수서/중 34)

082 沸水(지 삼국/상 195)

(ㅅ)

083 司馬(관 양서/상 387, 북사/상 627)

084 奢卑城(지 북사/상 60)

---

24 이 항목의 '帛'은 '皀'의 오독일 것이다.

085 舍人(관 삼국/상 195)

086 山上王(인 삼국/상 198)

087 薩水(지 북사/상 570, 수서/중 8)

088 相加(관 후한/상 110, 삼국/상 195, 양서/상 385, 남사/상 525)

089 上位使者(관 삼국/상 195)

090 相主領(관 삼국/상 200)

091 西部(지 삼국/상 195)

092 西安平(지 한서/상 52)

093 仙人(관 주서/상 511, 북사/상 629, 수서/중 53)

094 先人(관 삼국/상 195, 남사/상 525)

095 成(인 위서/상 477, 북제/상 495, 주서/상 512, 남사/상 521, 북사/상 547)

096 小加(관 후한/상 110, 삼국/상 196, 양서/상 386, 남사/상 526)

097 蘇骨(복 주서/상 511, 북사/상 629)

098 消奴部(지 후한/상 110, 삼국/상 195, 양서/상 385, 남사/상 525)

099 小使者(관 주서/상 511, 북사/상 629, 수서/중 53)

100 昭列帝(인 수서/중 53)

101 小兄(관 삼국/상 195, 위서/상 476, 주서/상 511, 수서/중 53)

102 孫漱(인 송서/상 371, 남사/상 526)

103 釗(인 위서/상 462, 북사/상 618)

104 遂成(인 후한/상 96, 삼국/상 197)

105 禭神(풍 후한/상 110)

106 收位使者(관 삼국/상 195)

107 隧穴(풍 삼국/상 196)

108 順奴部(관 후한/상 110, 삼국/상 195, 양서/상 385, 남사/상 525)

109 升于(인 북사/상/ 628)

110 愼奴部(지 양서/상 385, 남사/상 525)

(ㅇ)

111 安(인 진서/상 335, 양서/상 383, 위서/상 421, 남사/상 520, 북사/상 627)

112 安原王(인 남사/상 526)

113 安臧王(인 남사/상 526)

114 謁奢(관 위서/상 476)

115 謁者(관 남사/상 526)

116 鴨綠江/鴨綠水(지 한서/상 52, 후한/상 139, 삼국/상 176 / 한서/상 53, 수서/중 29)

117 鴨淥江/鴨淥水(지 삼국/상 194, 요사/중 613 / 한서/상 71, 북사/상 597)

118 陽(인 수서/중 53)

119 陽原王(인 북제/상 495, 남사/상 526, 북사/상 547)

120 閭達(인 위서/상 475, 북사/상 626, 수서/중 53)

121 如栗(인 위서/상 475, 북사/상 626)

122 延(인 양서/상 387, 위서/상 477, 남사/상 526, 북사/상 628)

123 涓奴部(지 후한/상 110, 삼국/상 195)

124 延優(인 삼국/상 198)

125 然人(인 삼국/상 198)

126 榮留王(인 북사/상 600)

127 零星(풍 후한/상 110, 삼국/상 195, 양서/상 385, 남사/상 525)

128 嬰陽王(인 북사/상 551, 수서/중 5)

129 領千(관 삼국/상 195)

130 翳屬(관 주서/상 511, 북사/상 629, 수서/중 53)

131 芮悉弗(인 북사/상 628)

132 五部(제 수서/중 53, 구당/중 100)

133 烏拙(관 주서/상 511, 북사/상 629, 수서/중 53)

134 沃沮(지 북사/상 554, 수서/중 7)

135 王釗(인 진서/상 284)

136 王險城(지 한서/상 52, 삼국/상 199)

137 外平(관 수서/중 53)

138 外評(관 북사/상 629)

139 褥奢(관 주서/상 511, 북사/상 629, 수서/중 53)

140 褥薩(관 삼국/상 195, 주서/상 511, 북사/상 629, 수서/중 53)

141 優居(인 삼국/상 198)

142 優台/優台使者/優台丞(관 후한/상 110, 양서/상 385, 남사/상 525 / 삼국/상 195 / 삼국/상 195)

143 雲(인 양서/상 387, 위서/상 416, 남사/상 526, 북사/상 542)

144 鬱折(관 삼국/상 195)

145 位宮(인 삼국/상 175, 양서/상 386, 위서/상 475, 북사/상 626, 수서/중 53)

146 衛將軍(관 삼국/상 195)

147 劉(인 양서/상 386, 북사/상 646)

148 琉璃王(인 삼국/상 197)

149 乙弗利(인 양서/상 386, 위서/상 475, 북사/상 627)

150 乙支文德(인 북사/상 570, 수서/중 29)

151 意侯奢(관 주서/상 511, 수서/중 53)

152 伊夷摸(인 삼국/상 198, 양서/상 386, 북사/상 626)

(ㅈ)

153 刺史(관 삼국/상 195)

154 長史(관 송서/상 371, 양서/상 387, 남사/상 526, 북사/상 627)

155 長壽王(인 위서/상 416, 북사/상 542)

156 長安城(지 북사/상 629, 수서/중 53)

157 浿江/浿水(지 수서/중 7, 당서/중 269 / 북사/상 557, 수서/중 10)

158 前部(관 삼국/상 195)

159 典書客(관 삼국/상 195)

160 絶奴部(관 후한/상 110, 삼국/상 195, 양서/상 385, 남사/상 525)

161 折風(복 후한/상 110, 삼국/상 196, 남제/상 378, 양서/상 386, 위서/상 476, 남사/상 576, 북사/상 629)

162 黏蟬(지 북사/상 554, 수서/중 7)

163 幀溝漊(지 북사/상 626)

164 提奚(지 북사/상 554)

165 諸兄(관 삼국/상 195)

166 朝鮮(지 북사/상 554, 수서/중 7)

167 朝鮮令(관 진서/상 268)

168 皂衣(관 삼국/상 110)

169 皂衣頭大兄(관 삼국/상 195)

170 皂衣先人(관 삼국/상 195, 양서/상 385)

171 左部(관 삼국/상 195)

172 朱蒙(인 삼국/상 195, 위서/상 476, 주서/상 511, 북사/상 625, 수서/중 53)

173 主簿(관 삼국/상 195, 양서/상 385, 남사/상 525)

174 主部(/簿)(관 후한/상 110)

175 中郞將(관 삼국/상 195)

176 輯安(지 삼국/상 195)

177 增地(지 한서/상 54, 북사/상 602)

178 芝栖(악 수서/중 15)

(ㅊ)

179 次大王(인 삼국/상 197)

180 笮咨(인 삼국/상 217)

181 幘溝婁(지 삼국/상 196, 양서/상 385)

182 處閭近支(관 삼국/상 195)

183 驪(인 한서/상 74, 후한/상 111, 양서/상 386, 북사/상 626)

(ㅌ)

184 卓衣(관 남사/상 525)[25]

185 湯(인 북제/상 497, 주서/상 512, 북사/상 548, 수서/중 53)

186 太大夫使者(관 삼국/상 195)

187 太大使者(관 주서/상 511, 북사/상 629, 수서/중 53)

188 太大兄(관 삼국/상 195, 주서/상 511, 북사/상 629, 수서/중 53)

---

25 '卓'은 '皂'의 오자일 것이다.

189 太傅(관 양서/상 386)

190 太奢(관 위서/상 476)

191 太子河(지 후한/상 111)

192 太學博士(관 삼국/상 195)

193 太兄(관 위서/상 476)

194 吐捽(관 삼국/상 195)

195 通事(관 삼국/상 195)

(ㅍ)

196 浿江/浿水(지 수서/중 7 / 삼국/상 149, 주서/상 511, 북사/상 556, 수서/중 7)

197 沛者(관 후한/상 110, 삼국/상 176, 양서/상 385, 남사/상 525)

198 平郭(지 위서/상 479, 북사/상 624)

199 平壤/平壤城(지 한서/상 53, 후한/상 112, 삼국/상 206, 위서/상 445, 북사/상
554, 수서/중 7 / 한서/상 54, 후한/상 77, 삼국/상 149, 위서/상 476, 주서/상 511,
북사/상 555, 수서/중 30)

(ㅎ)

200 漢城(지 주서/상 511, 북사/상 629, 수서/중 53)

201 含資(지 북사/상 554, 수서/중 7)

202 海冥(지 북사/상 554, 수서/중 7)

203 好大王(인 삼국/상 201)

204 渾彌(지 북사/상 554)

205 渾河(지 한서/상 53, 후한/상 111, 삼국/상 156)

206 和龍城(지 위서/상 474)

207 丸骨都(지 삼국/상 191)

208 丸九都(지 북사/상 618)

209 丸都/丸都山(지 삼국/상 175, 진서/상 284, 양서/상 385, 위서/상 462, 북사/상
618, 수서/중 10 / 삼국/상 176, 양서/상 386, 북사/상 626 / 삼국/상 176, 위서/상
475, 북사/상 627)

210 候(관 북사/상 626)

211 後部(지 삼국/상 195)

212 候城(지 북사/상 554, 수서/중 7)

213 紇斗骨城(지 주서/상 511)

214 紇升骨城(지 위서/상 475, 주서/상 514, 북사/상 626)

　중국 사서에 기록된 것 중에는 고구려어 항목이라고 할 수 없는 것이 다수 포함되어 있다. 중국에서 처음 사용한 것이 확인된 예로는 '單于'가 있다. '單'을 '蟬'의 轉訛로 보아 '선우'라고 읽는데, 이것은 중국에서 부여와 고구려의 임금을 지칭할 때에 사용했다.[26] 이 항목은 중국에서 처음 사용한 것이 확실하므로 고구려어 항목에서 제외했다. 이처럼 중국어 차용어임이 분명하지만, 제외하지 않고 일단 고구려어 항목에 넣은 것도 있다. 004의 '康/康王', 127의 '零星', 161의 '折風', 202의 '海冥' 등이 이에 속한다. 차용어이므로 당연히 고구려어 항목에서 제외해야 하지만, 논의의 편의를 위하여 고의적으로 고구려어 항목에 남겨 두었다.[27] 이들에 대해서는 뒤에서 자세히 거론할 것이다.

　(8)과 같이 중국 사서에 기록된 자료를 고구려어 자료로 활용할 때에는 반드시 먼저 물어야 할 것이 있다. 중국의 사서 편찬자들이 고구려 인명·지명·관명 등을 直接 귀로 듣고 轉寫한 것인가, 아니면 고구려에서 이미 문자로 기록된 것을 間接的으로 引用·轉載한 것인가? 외국 서적에 기록되어 전하는 한국어 어휘에 대해서는 항상 이 질문을 먼저 던져야 한다. 외국인의 直接的인 轉寫 記錄인지, 아니면 고구려의 文字 記錄을 외국인이 間接的으로 引用한 것인지 하는 문제는 자료의 성격을 논의할 때에 필수적이기 때문이다.[28]

　우선 외국인의 直接 轉寫를 택하여, (8)의 214개 항목을 고구려인이 발음했고 이것을 중국인이 직접 듣고 전사한 것이라는 견해가 있다. 예컨대, 都守熙(2008:

26　원래 유목국가 匈奴族의 최고 우두머리를 부르는 칭호였으나, 중국인들에게 부여인과 고구려인들은 유목적 성격이 강한 오랑캐로 비쳤기 때문에 그들의 임금도 '선우'라 불렀다고 한다(『한국고전용어사전』 참고). 이 '單于'가 사용된 구체적인 용례는 宋基中(1986)을 참고하기 바란다.

27　이 차용어들이 불러일으키는 오류나 부작용을 강조함으로써 우리의 논지를 훨씬 효과적으로 전달할 수 있다는 뜻이다.

28　宋代의 孫穆이 고려에 들어와 직접 채록한 『鷄林類事』 高麗 方言에도 이미 문자로 기록된 것을 인용한 예가 적지 않다.

218)은『三國志』에 전하는 馬韓 國名을 "(3세기 후반) 당시의 중국인이 (마한) 현지인의 발음을 한자음으로 寫音한 것"이라 추정한 바 있다. 그런데 이 견해에 따르면 (8)의 항목은 고구려어 자료라고 말하기 어렵다. 이 전사에는 중국인의 音韻 인식과 중국의 表記法이 작용했을 것이기 때문이다. 둘째로 文字 記錄의 間接的 引用을 택하여, 고구려인이 문자로 기록해 놓은 것을 중국의 史書 편찬자가 인용한 것이라는 견해가 있다. 이때의 기록은 고구려인의 음운 체계와 표기법이 반영된 것이기 때문에, (8)의 항목을 바로 고구려 자료라고 단정할 수 있다.

우리는 둘째 견해를 택하여, 고구려의 문자 기록이 간접적으로 중국 사서에 인용된 것으로 이해한다. 그 논거로는 다음의 세 가지를 들 수 있다.

첫째, 백제어 지명 '熊津'은 '*고마ㄴ르'에 대응하는 훈차 표기이다. 달리 말하면, 입으로는 [*고마ㄴ르]로 발음하면서도 문자로 기록할 때에는 '熊津'이라고 표기한다. 이 지명을 중국 사서에서는 항상 훈차 표기인 '熊津'으로만 적고, 음차 표기 즉 '*久麻那利, *久麻怒利'²⁹ 등으로는 기록하지 않는다. 고구려어에 대해서도 마찬가지이다. 『三國志』(상 175)와『후한서』(상 140)에 고구려 지명 '梁口'가 전한다. 이 '梁口'는 전형적인 훈차 표기로서 음독하면 [*突忽次, *突古次]³⁰ 정도로 읽힌다. 이것을 중국 사서에서 '梁口'로만 표기하고 '*突忽次, *突古次'로 표기하지 않았다는 것은 중국의 사서 편찬자들이 고구려의 문자 기록을 그대로 인용했음을 증명해 준다.

둘째, 동일 단어를 자형이 유사한 글자로 달리 표기한 것이 있다. 중국의『周書』(상 511)와『隋書』(중 53)에는 (8.151)의 고구려 관명 '意侯奢'가 '意俟奢'로도 적혀 있다. '侯'의 字形이 '俟'와 유사하여 혼동이 일어난 것이다. 만약에 고구려인의 발음을 직접 듣고 중국인이 전사한 것이라면 이러한 혼동이 발생할 수 없다. '侯'의 字音 [후]와 '俟'의 字音 [사]는 발음 차이가 아주 크기 때문이다. 따라서 고구려의 문자 기록에서 '意侯奢'를 인용·전재하다가 실수를 범하여 '意俟奢'로 기록했다는 것이 올바른 해석이다. 이처럼 자형으로는 유사하지만 발음으로는

---

29 이것은『日本書紀』에 나오는 표기이다.
30 이들은『삼국사기』지리지 권제37의 '獐項口縣一云古斯也忽次'와 '穴口郡一云甲比古次'에서 '口'가 '忽次, 古次'에 대응하는 것을 참고한 것이다.

아주 다른 표기가 있다는 것은 중국 사서의 표기가 고구려의 문자 기록을 인용·전재한 것임을 증명해 준다.

셋째, 중국 사서에서 글자의 순서가 뒤바뀐 표기가 보인다. 『隋書』에서 '卑奢城'이라고 기록한 것을 『北史』에서 '奢卑城'이라 하였다. 『삼국사기』를 기준으로 하면 '卑奢城'이 옳다. 고구려 특유의 깃 장식 관모를 『周書』에서는 '骨蘇'라 표기하고 『북사』에서는 '蘇骨'이라고 표기했다. 『삼국사기』에 따르면 '蘇骨'이 맞다. (8.207)의 '丸骨都(삼국)'도 '丸都城'을 고려하면 '骨'과 '都'가 뒤집힌 표기이다. 그런데 이런 顚倒字가 있다는 것은 音聲을 귀로 직접 듣고 轉寫한 것이 아니라 記錄을 눈으로 보고 인용·전재한 것임을 증명해 준다. 베껴 적을 때에 글자의 순서가 뒤바뀌는 것은 아주 흔한 일이지만, 발음을 전사할 때에는 이런 일이 좀처럼 일어나지 않기 때문이다.

위의 세 가지 논거에 따르면 (8)에 열거한 고구려 단어는 의심할 바 없이 바로 고구려어 연구 자료가 된다. 고구려인이 고구려의 음운체계와 표기법을 바탕으로 기록한 자료임이 논증되기 때문이다.

흥미롭게도 두 가지 이상의 방법으로 해석할 수 있는 예도 나온다. (8.213)의 '紇斗骨城'과 (8.214)의 '紇升骨城'은 동일 지명을 서로 다르게 표기한 예이다. 이 異表記의 원인을 '斗'와 '升'의 자형상의 유사성에서[31] 찾을 수 있다. 이와는 달리, '紇升骨城'의 '升'은 훈차 표기인 데에 반하여 '紇斗骨城'의 '斗'는 음차 표기일 가능성도 있다. '升'의 훈 [*되]는 '斗'의 음 [*두]와 음상이 아주 비슷하기 때문이다. 이 둘째 견해를 택하면, '紇斗骨城'은 중국인이 直接 轉寫한 예가 되고, '紇升骨城'은 고구려인이 훈차 표기를 섞어서 표기한 예가 된다. '紇斗骨城'처럼 중국인이 직접 전사한 듯한 표기가 없는 것은 아니다. 그러나 (8)에는 그런 표기보다는 고구려인이 문자로 기록한 것을 중국인이 옮겨 적은 것이 훨씬 많다고 보아야 할 것이다.

위의 고구려어 항목에서 아래의 고구려어 표음자 247자를 추출할 수 있다.

---

31 중국 남북조 시대의 '升'과 '斗'는 자형이 아주 유사하다. '升'은 點이 마지막 획이 될 때가 많은 데에 비하여 '斗'는 이 점이 없다. 후술하겠지만, 이 글자를 '本'으로 읽는 견해도 있다.

(9) 중국 사서의 표음자 목록 (247자)

ㄱ: 加葛康蓋居建涓竟桂古高固骨果郭灌釗仇句溝九久國軍宮
　　近奇客 (28)

ㄴ: 南男耐奴內壤如然㐵褥人 (11)

ㄷ: 達大長德典幀底提帝道都督東董朝頭斗中得騰地對戴帶 (24)

ㄹ: 郎厲閭麗璉連列領零榮盧綠淥龍婁漊鏤劉流留琉栗利璃來
　　(25)

ㅁ: 馬莫蔓末盟冥明车模摸木蒙武文彌尾買 (17)

ㅂ: 泊博駮拔方普傅夫扶部簿北不弗卑沸伯 (17)

ㅅ: 奢山薩上相舍西栖書仙先鮮蟬成孫小昭消蘇屬收漱邃隧壽
　　順述升愼悉使士史司事 (35)

ㅇ: 安謁鴨陽餘延列嬰芮翳五烏沃王外于優雲鬱元原位衛乙衣
　　意伊夷睉翼 (30)

ㅈ: 臧者灼將沮幘前折絶拙黏諸皂捽左主朱增支芝輯子沓資訾
　　刺 (26)

ㅊ: 處千雛驄次笮 (6)

ㅌ: 卓湯太吐通台 (6)

ㅍ: 沛平評風豊浿 (6)

ㅎ: 下學漢含險兄好渾和丸侯候後紇海奚 (16)

2.3. 『三國史記』지리지의 표음자

『三國史記』지리지 卷第35에는 "B 本高句麗A 景德王改名 今C"의 형식으로
고구려 지명이 열거되어 있다. 고구려 지명 A를 경덕왕이 B로 개명했고 (『三國
史記』를 편찬하는) 지금은 C라고 하여, 지명 변천 과정을 기술해 놓았다. 여기에
서 고구려 지명을 추출할 수 있다. 이와는 달리 『삼국사기』지리지 권제37에서
는 "鐵圓郡 一云毛乙冬非"의 형식으로 기술함으로써 고구려 지명 '鐵圓郡'을 고

구려에서 '毛乙冬非'라고도 표기했음을 밝히고 있다. 권제37에는 고구려 지명이 두 개가 나올 때가 많으므로 권제35보다는 활용 가치가 크다.

지리지 지명은『삼국사기』의 여타 卷次에 나오는 지명과는 성격이 다르다. 권제35와 권제37에 기록된 고구려 지명은 분명히 경덕왕 때에 기록된 것이다. 이에 비하여 여타 권차에 나오는 지명은 어느 때의 지명인지 불분명하다. 이것을 강조하여 이승재(2013나)에서는『삼국사기』를 두 개의 텍스트로 나눈 바 있다. 즉 지리지를 하나의 독자적인 텍스트로 보아 지리지 텍스트라 부르고, 여타의 권차를 이와 다른 텍스트라고 하여 삼국사기 텍스트라 불렀다. 여기에서도 이것을 좇아 지리지에 나오는 고구려 지명을 독자적인 텍스트로 인정한다.

지리지의 권제35와 권제37에 나오는 고구려 지명을 서로 대비해 보면 권제35의 지명을 권제37에서 간단히 반복하고 있음을 알 수 있다. 권제37에서는 또 다른 고구려 지명이 '一云' 형식으로 첨가된다는 점만 차이가 난다. 따라서 권제35와 권제37을 하나로 묶어서 고구려 지명을 제시하기로 한다.

이렇게 종합하여 정리하되, 표음자를 가지고 있는 항목만을 열거해 보면 아래의 (10)과 같다. 고구려어 표음자에는 밑줄을 쳐서 표시했다. (10.ㄱ)의 001에서, 맨 앞에 온 '南川縣'은 고구려 때의 지명이고, ' 〉'의 뒤에 둔 '黃武縣'은 경덕왕이 개명한 지명이며, ' 》'의 뒤에 둔 '利川縣'은 金富軾이『삼국사기』를 편찬할 때의 지명이다. 또한 ' / '의 뒤에 둔 것은 권제37의 지명이다.

(10) 지리지의 고구려 지명 항목 (165항목)

　ㄱ: 권35와 권37 종합

　001 南川縣 〉黃武縣 》利川縣 / 南川縣 一云 南買

　002 駒城縣 〉巨黍縣 》龍駒縣 / 駒城 一云 滅烏

　003 國原城 〉中原京 》忠州 / 國原城 一云 未乙省 一云 託長城

　004 仍斤內郡 〉槐壤郡 》槐州 / 仍斤內郡

　005 述川郡 〉沂川(沂川)郡 》川寧郡 / 述川郡 一云 省知買

　006 骨乃斤縣 〉黃驍縣 》黃驪縣 / 骨乃斤縣

　007 楊根縣 〉濱陽縣 》楊根縣 / 楊根縣 一云 去斯斬

008 今勿奴郡 〉黑壤郡(黃壤郡) 》鎭州 / 今勿內郡 一云 萬弩

009 道西縣 〉都西縣 》道安縣 / 道西縣 一云 都盆

010 仍忽縣 〉陰城縣 》陰城縣 / 仍忽

011 皆次山郡 〉介山郡 》竹州 / 皆次山郡

012 奴音竹縣 〉陰竹縣 》陰竹縣 / 奴音竹縣

013 奈兮忽 〉白城郡 》安城郡 / 奈兮忽

014 沙伏忽 〉赤城縣 》陽城縣 / 沙伏忽

015 買忽郡 〉水城郡 》水州 / 買忽 一云 水城

016 上忽(車忽)縣 〉車城縣 》龍城縣 / 上忽 一云 車忽

017 栗木郡 〉栗津郡 》菓州 / 栗木郡 一云 冬斯肹

018 仍伐奴縣 〉穀壤縣 》黔州 / 仍伐奴縣

019 濟次巴衣縣 〉孔巖縣 》孔巖縣 / 齊次巴衣縣

020 買召忽縣 〉邵城縣 》仁州(慶原買召一作彌鄒) / 買召忽縣 一云 彌鄒忽

021 獐項口縣 〉獐口郡 》安山縣 / 獐項口縣 一云 古斯也忽次

022 主夫吐郡 〉長堤郡 》樹州 / 主夫吐郡

023 首尒忽 〉戍城縣 》守安縣 / 首尒忽

024 黔浦縣 〉金浦縣 》金浦縣 / 黔浦縣

025 童子忽(幢山)縣 〉童城縣 》童城縣 / 童子忽縣 一云 仇斯波衣

026 平唯押(平淮押)縣 〉分津縣 》通津縣 / 平淮押(平唯押)縣 一云 別史波衣

027 北漢山郡 〉漢陽郡 》楊州 / 北漢山郡 一云 坪壤

028 骨衣奴縣 〉荒壤縣 》豐壤縣 / 骨衣內縣

029 皆伯縣 〉遇王縣 》幸州 / 王逢縣[32] 一云 皆伯

030 買省縣 〉來蘇郡 》見州 / 買省郡 一云 馬忽

031 七重縣 〉重城縣 》積城縣 / 七重縣 一云 難隱別

032 波害平吏縣 〉波平縣 》波平縣 / 波害乎史縣 一云 頟

033 泉井口縣 〉交河郡 》交河郡 / 泉井口縣 一云 於乙買串

---

32 漢氏美女迎安臧王之地, 故名王逢

034 述尒忽縣 〉峯城縣 》峯城縣 / 述尒忽縣 一云 首泥忽

035 達乙省縣 〉高烽縣[33] 》高烽縣 / 達乙省縣

036 馬忽郡 〉堅城郡 》抱州 / 臂城郡 一云 馬忽

037 內乙買縣 〉沙川縣 》沙川縣 / 內乙買 一云 內尒米

038 鐵圓郡 〉鐵城郡 》東州 / 鐵圓郡 一云 毛乙冬非

039 僧梁縣 〉㠎梁縣 》僧嶺縣 / 僧梁縣 一云 非勿

040 功木達縣 〉功成縣 》獐州 / 功木達 一云 熊閃山

041 夫如郡 〉富平郡 》金化縣 / 夫如郡

042 斧壤縣 〉廣平縣 》平康縣 / 於斯內縣 一云 斧壤

043 烏斯含達縣 〉兎山郡 》兎山郡 / 烏斯含達

044 阿珍押縣 〉安峽縣 》安峽縣 / 阿珍押縣 一云 窮嶽

045 所邑豆縣 〉朔邑縣 》朔寧縣 / 所邑豆縣

046 伊珍買縣 〉伊川縣 》伊川縣 / 伊珍買縣

047 牛岑郡 〉牛峯郡 》牛峯郡 / 牛岑郡 一云 牛嶺 一云 首知衣

048 獐項縣 〉臨江縣 》臨江縣 / 獐項縣 一云 古斯也忽次

049 長淺城縣 〉長湍縣 》長湍縣 / 長淺城縣 一云 耶耶 一云 夜牙

050 麻田淺縣 〉臨端縣 》麻田縣 / 麻田淺縣 一云 泥沙波忽

051 扶蘇岬 〉松岳郡 》松岳郡 / 扶蘇岬

052 若豆恥縣 〉如羆縣 》松林縣 / 若只頭恥縣 一云 朔頭 一云 衣頭

053 屈押縣 〉江陰縣 》江陰縣 / 屈於岬 一云 紅西

054 冬比忽 〉開城郡 》開城府 / 冬比忽

055 德勿縣 〉德水縣 》德水縣 / 德勿縣

056 津臨城 〉臨津縣 》臨津縣 / 津臨城縣 一云 烏阿忽

057 穴口郡 〉海口郡 》江華縣 / 穴口郡 一云 甲比古次

058 冬音奈縣 〉江陰縣 》河陰縣 / 冬音奈縣 一云 休陰

059 高木根縣 〉喬桐縣 》喬桐縣 / 高木根縣 一云 達乙斬

---

33 漢氏美女於高山頭點烽火迎安臧王之處, 故後名高烽

060 首知縣 〉守鎭縣 》鎭江縣 / 首知縣 一云 新知

061 大谷郡 〉永豐郡 》平州 / 大谷郡 一云 多知忽

062 水谷城縣 〉檀溪縣 》俠溪縣 / 水谷城縣 一云 買旦忽

063 十谷城縣 〉鎭瑞縣 》谷州 / 十谷縣 一云 德頓忽

064 冬彡忽(冬音忽)郡 〉海皐郡 》鹽州 / 冬音忽 一云 豉鹽城

065 內米忽郡 〉瀑池郡 》海州 / 內米忽 一云 池城 一云 長池

066 息成郡 〉重盤郡 》安州 / 漢城郡 一云 漢忽 一云 息城 一云 乃忽

067 鵂嵒郡 〉栖嵒郡 》鳳州 / 鵂鶹城 一云 租波衣 一云 鵂巖郡

068 五谷郡 〉五關郡 》洞州 / 五谷郡 一云 弓次云忽

069 獐塞縣 〉獐塞縣 》遂安郡 / 獐塞縣 一云 古所於

070 冬忽 〉取城郡 》黃州 / 冬忽 一云 于冬於忽

071 息達 〉土山縣 》土山縣 / 今達 一云 薪達 一云 息達

072 加火押 〉唐嶽縣 》中和縣 / 加火押

073 夫斯波衣縣 〉松峴縣 》中和縣 / 夫斯波衣縣 一云 仇史峴

074 牛首州, 首若州[34] 〉朔州 》春州 / 牛首(牛頭)州 一云 首次若 一云 烏根乃

075 伐力川縣 〉綠驍縣 》洪川縣 / 伐力川縣

076 橫川縣 〉潢川縣 》橫川縣 / 橫川縣 一云 於斯買

077 奈吐郡 〉奈堤郡 》堤州 / 奈吐郡 一云 大提

078 沙熱伊縣 〉淸風縣 》淸風縣 / 沙熱伊縣

079 奈已郡[35] 〉奈靈郡 》剛州

080 買谷縣 〉善谷縣 》 ?? / 買谷縣

081 古斯馬縣 〉玉馬縣 》奉化縣 / 古斯馬縣

082 及伐山郡 〉岋山郡 》興州 / 及伐山郡

083 伊伐支縣 〉鄰豐縣 》 ?? / 伊伐支縣 一云 自伐支

084 斤平郡 〉嘉平郡 》嘉平郡 / 斤平郡 一云 並平

085 深川縣 〉浚水縣 》朝宗縣 / 深川縣 一云 伏斯買

---

34 '牛首州'는 선덕여왕 6년, '首若州'는 문무왕 13년 때의 지명이다.
35 고구려 지명인데 백제 지명인 것처럼 기술되어 있다.

086 楊口郡 〉楊麓郡 》陽溝縣 / 楊口郡 一云 要隱忽次

087 猪足縣 〉狶蹄縣 》麟蹄縣 / 猪足縣 一云 烏斯逈

088 玉岐縣 〉馳道縣 》瑞禾縣 / 玉妓縣 一云 皆次丁

089 三峴縣 〉三嶺縣 》方山縣 / 三峴縣 一云 密波兮

090 狌川郡 〉狼川郡 》狼川郡 / 狌川郡 一云 也尸買

091 大楊菅郡 〉大楊郡 》長楊郡 / 大楊管郡 一云 馬斤押

092 文峴縣 〉文登縣 》文登縣 / 文峴縣 一云 斤尸波兮

093 母城郡 〉益城郡 》金城郡 / 母城郡 一云 也次忽

094 冬斯忽郡 〉岐城郡 》岐城郡 / 冬斯忽

095 水入縣 〉通溝縣 》通溝縣 / 水入縣 一云 買伊縣

096 各連(客連)城郡 〉連城郡 》交州 / 客連(各連)郡 一云 加兮牙

097 赤木鎭 〉丹松縣 》嵐谷縣 / 赤木縣 一云 沙非斤乙

098 猪守峴縣 〉狶領縣 》 ?? / 猪闌峴縣 一云 烏生波衣

099 比列忽郡[36] 〉朔庭郡 》登州 / 淺城郡 一云 比列忽

100 㐀谷縣 〉瑞谷縣 》瑞谷縣 / 㐀谷縣 一云 首乙吞

101 昔達縣 〉蘭山縣 》 ?? / 菁達縣 一云 昔達

102 薩寒縣 〉霜陰縣 》霜陰縣 / 薩寒縣

103 加支達縣 〉菁山縣 》汶山縣 / 加支達縣

104 翼谷縣 〉翊谿縣 》翊谿縣 / 於支吞 一云 翼谷

105 泉井郡 〉井泉郡 》湧州 / 泉井郡 一云 於乙買

106 買尸達縣 〉蒜山縣 》 ?? / 買尸達

107 夫斯達縣 〉松山縣 》 ?? / 夫斯達縣

108 東墟縣 〉幽居縣 》 ?? / 東墟縣 一云 加知斤

109 河西良(何瑟羅) 〉溟州 》溟州 / 何瑟羅州 一云 河西良 一云 河西

110 仍買縣 〉旌善縣 》旌善縣 / 乃買縣

111 束吐縣 〉棟隄(棟隄)縣 》 ?? / 束吐縣

---

112 支山縣 〉支山縣 》連谷縣 / 支山縣

113 屈火郡 〉曲城郡 》臨河郡 / 屈火縣

114 伊火兮縣 〉緣武(椽武)縣 》安德縣 / 伊火兮縣

115 也尸忽郡 〉野城郡 》盈德郡 / 也尸忽郡

116 助攬縣 〉眞安縣 》甫城府 / 助攬郡 一云 才攬

117 靑已縣 〉積善縣 》靑鳧縣 / 靑已縣

118 于尸郡 〉有鄰郡 》禮州 / 于尸郡

119 阿兮縣 〉海阿縣 》淸河縣 / 阿兮縣

120 于珍也縣 〉蔚珍郡 》蔚珍郡 / 于珍也郡

121 波旦縣[37] 〉海曲(海西)縣 》 ?? / 波旦縣 一云 波豐

122 奈生郡 〉奈城郡 》寧越郡 / 奈生郡

123 乙阿旦縣 〉子春縣 》永春縣 / 乙阿旦縣

124 郁烏縣 〉白烏縣 》平昌縣 / 于烏縣 一云 郁烏

125 悉直國 〉三陟郡 》三陟郡 / 悉直郡 一云 史直

126 竹峴縣 〉竹嶺縣 》 ?? / 竹峴縣 一云 奈生於

127 滿若縣 〉滿卿(滿鄕)縣 》 ?? / 滿若縣 一云 沔兮

128 波利縣 〉海利縣 》 ?? / 波利縣

129 迬城郡 〉守城郡 》杆城縣 / 迬城郡 一云 加阿忽

130 僧山縣 〉童山縣 》烈山縣 / 僧山縣 一云 所勿達

131 翼峴縣 〉翼嶺縣 》翼嶺縣 / 翼峴縣 一云 伊文縣

132 達忽 〉高城郡 》高城郡 / 達忽

133 猪迒穴縣 〉豵猳縣 》豵猳縣 / 猪迒穴縣 一云 烏斯押

134 平珍峴縣 〉偏嶮縣 》雲巖縣 / 平珍峴縣 一云 平珍波衣

135 休壤郡 〉金壤郡 》金壤郡 / 休壤郡 一云 金惱

136 習比谷縣 〉習谿縣 》歙谷縣 / 習比谷(習比呑)

137 吐上縣 〉隄上縣 》碧山縣 / 吐上縣

---

37 이것을 '波且縣'으로 판독하기도 하나, '海[*바들]'과 관련된 단어임이 분명하므로 '波旦縣'으로 판독한다. 아래의 123번에서도 '且' 대신에 '旦'을 택한다.

138 道臨縣 〉臨道縣 》臨道縣 / 道臨縣 一云 助乙浦

139 鵠浦縣 〉鶴浦縣 》鶴浦縣 / 鵠浦縣 一云 古衣浦

ㄴ: 권37에만 나오는 지명

140 仇乙峴 一云屈遷 今豐州

141 熊閑伊 今水寧縣

142 付珍伊 今永康縣

ㄷ: 鴨渌水以北 未降十一城

143 北扶餘城州 本助利非西

144 節城 本蕪子忽

145 豐夫城 本肖巴忽

146 新城州 本仇次忽 或云 敦城

147 桃城(桃城) 本波尸忽

148 大豆山城 本非達忽

149 遼東城州 本烏列忽

150 多伐嶽州

151 安市城 舊安十忽 或云丸都城

ㄹ: 鴨渌水以北 已降城十一

152 甘勿主城 本甘勿伊忽

153 心岳城 本居尸押

154 國內州 一云不耐 或云尉那嵒城

155 屑夫婁城 本肖利巴利忽

156 朽岳城 本骨尸押

ㅁ: 鴨渌江以北 逃城七

157 鉛城 本乃勿忽

158 牙岳城 本皆尸押忽

159 鷲岳城 本甘彌忽

160 積利城 本赤里忽

161 木銀城 本召尸忽

162 犁山城 本<u>加尸達忽</u>

ㅂ: 鴨淥以北 打得城三

163 穴城 本<u>甲忽</u>

164 銀城 本<u>折忽</u>

165 似城 本<u>召尸忽</u>

위의 항목을 추출할 때에 '—山, —嶽, —岳, —峴, —岑, —嵒, —谷, —口, —川, —浦, —押, —海, —城' 등의 지명 접미사는 고구려어 표음자에서 모두 제외했다. 이들은 모두 훈독 가능성이 높기 때문이다. '栗木郡, 水入縣, 竹峴縣, 大豆山城' 등의 지명도 훈독 가능성이 높기 때문에 고구려어 표음자 항목에서 제외했다.

지명 표기에는 '梁, 珍, 火' 등의 글자가 자주 사용되는데, 이들은 각각 {*돌/들, *돌/들, *블/블} 등으로 새겨서 읽으므로 이들도 모두 표음자에서 제외한다. '夫如郡'의 '如'도 이두나 구결에서 {*다, *근} 등으로 훈독되므로 역시 제외한다.

고대 삼국의 언어를 연구할 때에 기존의 연구에서는 『삼국사기』 지리지가 가장 중요한 텍스트였다. 두 가지 이상으로 표기된 각종의 지명에서 고대의 어휘를 추출해 낼 수 있기 때문이다. 그러나 고구려어나 백제어를 연구할 때에는 지리지 텍스트의 특수성을 감안해야 한다. 고구려나 백제가 멸망한 이후에 이들의 지명을 신라의 표기법으로 기록했을 가능성을 배제할 수 없기 때문이다. 李丞宰(2013가)에 따르면 지리지 텍스트의 백제 지명 표기가 신라 표기법에 의해 굴절되거나 오염된 것이 적지 않다. 구체적으로는 142개 백제 지명 표기 중에서 39개가, 달리 말하면 전체의 27.5%가 통일신라 표기법의 영향을 받았다. 이것은 순수 백제어를 대상으로 삼아 음운체계를 재구할 때에 커다란 장애 요소가 된다.

지리지 텍스트의 고구려 지명에서도 新羅 表記法의 末音添記가 자주 확인된다. 고구려 멸망 이전의 금석문과 중국 史書 텍스트에는 표음자 '尸'의 용례가 없지만, 지리지에서는 12개 항목에 사용되었다. 금석문과 중국 사서 텍스트에는 표음자 '乙'이 말음첨기의 용법으로 사용된 것이 없지만[38] 지리지에서는 '乙'이

---

38 姓氏의 '乙'을 표기할 때에만 사용되었다. 중국 사서에 기록된 (8.149)의 '乙弗利'와 (8.150)의 '乙支文德'이 그 예이다.

12개 항목에서 말음첨기의 용법으로 사용되었다. 멸망 이전의 고구려어 텍스트에는 표음자 '音, 隱, 只' 등이 사용되지 않았지만, 지리지에서는 이들이 각각 3개 항목, 2개 항목, 1개 항목에 사용되었다. 결론적으로, 고구려 멸망 이전의 텍스트에서는 말음첨기의 표기법이 없었지만, 지리지 텍스트에는 말음첨기의 예가 자주 등장한다고 요약할 수 있다. 이것은 지리지 텍스트의 고구려 지명이 신라 표기법의 영향을 받았음을 증명해 준다.

(11) 신라 표기법의 영향을 받은 고구려 지명

1. '-尸' : 也尸買(狌川), 斤尸波兮(文峴), 買尸達(蒜山), 也尸忽(野城), 于尸(有鄰), 波尸忽(桃城), 居尸(心岳), 骨尸(朽), 皆尸(牙), 召尸(木銀), 加尸(犁), 召尸(似)

2. '-乙' : 未乙省(國原城), 於乙買串(泉井口), 達乙省(高烽), 內乙買(沙川), 毛乙冬非(鐵圓), 達乙斬(高木根), 沙非斤乙(赤木), 首乙吞(㬱谷), 於乙買(泉井), 乙阿旦(子春), 助乙浦(道臨), 仇乙峴(屈遷)[39]

3. '-音' : 奴音竹(陰竹), 冬音奈(江陰), 冬音忽(豉鹽城)

4. '-隱' : 難隱別(七重), 要隱忽次(楊口)

5. '-只' : 若只頭耻(若豆耻)

6. '冬' : 冬斯肹(栗木), 毛乙冬非(鐵圓), 冬比忽(開城), 冬音奈(江陰), 冬彡忽/冬音忽(海皋), 于冬於忽, 冬忽(取城), 冬斯忽(岐城)

실제로, 지리지 텍스트의 고구려 지명에서는 (11.1~5)의 30개 항목에서 말음첨기가 적용되었다. 말음첨기를 가장 뚜렷하게 보여 주는 것이 (11.5)의 '若只頭耻'이다. 이것은 '若豆耻'라고도 표기되므로 '只'가 말음첨기의 용법으로 사용된 것이 분명하다. 따라서 지리지 텍스트의 고구려 지명 중에서 적지 않은 분량이

---

39 우리의 견해에 따르면 고구려 표기 '屈遷'이 신라 표기법의 영향을 받아 '仇乙峴'으로 표기되었다고 본다. 따라서 고구려어에 유기음이 있었는지의 여부를 가릴 때에 이 대응 예를 논거에서 제외한다. 이와는 달리 둘 다 고구려 표기인 것으로 보아, '屈'의 유기음 성모와 '仇'의 무기음 성모가 음운론적으로 대립하지 않았다고 기술할 때가 많다. 牙音에서의 이 결론에는 누구나 동의한다. 그런데 고구려어에 유기음과 무기음의 대립이 없었다는 것을 증명하려면 牙音보다 舌音이나 齒音이 더 중요하다. 舌音이나 齒音을 전혀 논의하지 않으면서, 牙音에서의 상황만을 대표로 삼아 고구려어에 유기음이 없었다고 기술하는 것은 옳지 않다. 자칫하면 지나친 일반화의 오류에 빠진다.

신라 표기법의 영향을 받은 것이라고 할 수 있다.

(11.6)의 '冬'은 고구려 멸망 이전의 텍스트에서는 冬壽墓誌(357년)의 '冬壽'에만 사용되었다. 여타 금석문이나 중국 史書에서는 '冬'이 사용된 바 없다. 그런데 지리지 텍스트에서는 (11.6)에서 볼 수 있듯이 8개 항목에 사용되었다. 이 8개 항목은 신라 표기법의 영향을 받은 것이다. 신라 鄕歌에서는 否定素 '毛冬, 不冬'의 표기를 비롯하여 '阿冬音, 於冬是/放冬矣' 등에 사용되었고, 均如의 향가에서는 복수접미사 '들'이나 형식명사가 포함된 '들'을 '冬'으로 표기하기도 하였다. 고구려 멸망 이전의 텍스트에서는 거의 사용되지 않았지만, 향가나 『삼국사기』 지리지에서는 대폭적으로 '冬'의 용례가 늘어난다. 따라서 (11.6)의 '冬'은 신라 표기법의 영향을 받은 것이라 할 수 있다.

(11.1~5)에 열거한 30개 항목에 (11.6)의 8개 항목을 더하여 대략 38개 항목이 신라 표기법의 영향을 받은 것이라 할 수 있다. 이것은 (10)에 열거한 전체 195개[40] 항목 중에서 19.5%를 차지한다. 20% 정도의 비율로 신라 표기법의 영향을 받은 것이라면, 『삼국사기』 지리지를 고구려어 음운론 연구의 기본 텍스트라 하기 어렵다. 고구려어 단어를 재구할 때에는 이것이 그나시 큰 문제가 아니라고 할 수 있지만 고구려어의 음운체계를 재구하고자 할 때에는 커다란 장애가 된다. 따라서 우리는 지리지 텍스트보다는 고구려 멸망 이전의 금석문 텍스트나 중국 史書 텍스트를 질적으로 훨씬 순수한 고구려어 텍스트라고 간주한다. 이들은 신라나 고려의 음운체계와 표기법에 오염되지 않았기 때문이다.

지리지 텍스트의 지명을 백제어나 고구려어 연구에 이용할 때의 문제점 하나를 덧붙이고자 한다. 고대 삼국의 언어를 분리하여 연구하는 방법은 都守熙(1977)과 兪昌均(1980)에서 시작되어 엄익상(2015)에 이어지고 있다. 우리도 백제어, 고구려어, 신라어를 구별하여 한자음을 분석한다. 그런데 지리지 권제35와 권제36에는 고구려와 백제 지명이 신라에서 757년에 새로 개명한 지명과 병렬되어 있다.

---

40 (10)의 165개 항목 중에서 둘 이상의 지명이 나오는 것은 30개 항목이다. 물론 이 30개 항목도 표음자를 가지고 있으므로, 논의 대상이 되는 전체 고구려 지명은 195개가 된다.

(12) 『삼국사기』 지리지 권제36의 신라의 新地名과 백제의 舊地名

  1. 鐵冶縣 本百濟實於山縣 景德王改名 今因之

  2. 尙質縣 本百濟上柒縣 景德王改名 今因之

  3. 潘南郡 本百濟半奈夫里縣 景德王改名 今因之

　(12)의 맨 앞에 온 '鐵冶, 尙質, 潘南'은 8세기 중엽에 신라에서 새로 붙인 지명이고, 뒤에 온 '實於山, 上柒, 半奈夫里'는 옛날의 백제 지명이다. (12.1)에서 '鐵'과 '實'이 동일 지명의 표기에 사용되었으므로, 많은 연구자들이 '鐵'의 성모인 透母 /*tʰ/와 '實'의 성모인 船母 [*ʥ]의[41] 음운대립이 없었다고 기술한다. 알기 쉽게 현대 한국어로 돌려 말하면, 'ㅌ'과 'ㅈ'이 음운론적으로 구별되지 않았다고 주장한다. (12.2)에서는 '質'과 '柒'이 대응하므로, 章母 [*ʨ]와[42] 淸母 [*ʦʰ]가 구별되지 않았다고 기술한다. 쉽게 말하면 'ㅈ'과 'ㅊ'이 구별되지 않았다는 것이다. (12.3)에서는 '潘'과 '半'이 대응하는데, 이것을 논거로 삼아 '潘'의 성모인 滂母 [*pʰ]와 '半'의 성모인 幇母 /*p/가 구별되지 않았다고 기술한다.

　그런데 이러한 기술 방법에 근본적인 문제가 도사리고 있다. 백제어, 고구려어, 신라어를 엄격하게 구별하지 않고 삼국의 언어가 하나였다면 위의 기술에 잘 못될 것이 없다. 그러나 삼국의 언어를 따로따로 구별하여 기술하면서도 위와 같은 기술 방법을 택한다면 자가당착에 빠진다. 왜냐하면 (12)에서 앞에 온 것은 신라 지명이고 뒤에 온 것은 백제 지명이기 때문이다. 신라의 新地名은 신라인이 사용하고 기록한 것이므로 여기에는 8세기 중엽의 신라어 음운체계와 표기법이 반영되어 있다. 반면에 백제의 舊地名은 백제인이 사용하고 기록한 것이므로 여기에는 백제어의 음운체계와 표기법이 반영되어 있다. 따라서 이 둘의 대응관계를 이용하여 백제어의 음운체계를 재구하는 것은 방법론적으로 옳지 않다. 백제어의 음운체계와 표기법이 반영된 지명만을 백제어 연구 자료로 삼아야 하기

---

41 5章에서 논의하겠지만 고구려어에서 船母는 음소의 자격을 갖지 못하고 精母·船母 /*ʦ/의 변이음에 불과하다.

42 5章에서 논의하겠지만 고구려어에서 章母는 음소의 자격을 갖지 못하고 精母·章母 /*ʦ/의 변이음에 불과하다.

때문이다.

엄익상(2015)는 신라어와 백제어를 엄격하게 구별하여 연구하면서도 (12)와 같은 대응 예를 들어 백제어 자음체계를 재구하였다. 그런데 (12)의 예를 이용하여 재구한 음운체계는 백제어가 아니라 신라어의 음운체계라고 주장할 수 있다. 이용한 자료의 반은 신라어 자료이고 반은 백제어 자료이기 때문이다. 실제로 (12)의 대응 예를 엄익상(2015: 43)에서는 신라어 재구에 이용하였고, 엄익상(2015: 80, 82, 91)에서는 백제어 재구에 이용하였다. 이것은 자체 모순 아닌가? 백제어와 신라어를 동일 언어로 보아 하나로 묶든지, (12)의 대응 예를 백제어나 신라어 재구의 자료에서 제외하든지, 둘 중 하나를 택해야만 이 모순에서 벗어날 수 있다.

이와 같은 근본적인 문제가 제기되기 때문에, 삼국의 언어를 셋으로 나누어 기술할 때에는 신라인이 사용하고 기록한 신지명을 백제어나 고구려어 연구에 이용해서는 안 된다. 우리는 백제어의 음운체계를 재구할 때에 이 태도를 취하여 백제의 구지명에 나오는 표음자만 이용했다(이승재 2013나). 8세기 중엽의 신지명에 나오는 표음자는 결코 이용하지 않았다.[43] 이와 마찬가지로 고구려어의 음운체계를 재구할 때에도 고구려인이 사용하고 기록한 구지명의 표음자만을 자료로 채택한다.

(10)의 고구려어 항목에서 표음자를 추출해 보면 다음의 158자가 된다. 여기에서는 논의의 편의를 위하여 잠정적으로 (11)에서 거론한 표음자도 포함하였다.

(13) 지리지의 표음자 목록 (158자)

ㄱ: 加甘甲皆去居黔古骨功仇屈弓斤根今及 (17)

ㄴ: 那難南奈耐奴惱泥乃內若熱尒仍 (14)

ㄷ: 多旦達德丁都頓冬童東豆頭竹知直 (15)

---

43 다만 『삼국사기』 지리지 권37에서 '所夫里郡 一云泗沘'의 형식으로 기록한 지명은 둘 다 백제인이 사용하고 기록했던 지명으로 간주한다. 이것은 고구려 지명에서도 마찬가지이다. 그러나 권35의 고구려 지명이나 권36의 백제 지명에서는 이들의 바로 앞에 온 신지명이 신라에서 지은 것이므로 신라어로 간주해야 맞다.

ㄹ:羅 攬 良 力 列 婁 利 (7)

ㅁ:馬 滿 沔 滅 木 蕪 文 勿 未 米 彌 密 買 (13)

ㅂ:伯 伐 別 伏 夫 扶 付 盆 不 北 比 非 (12)

ㅅ:沙 山 薩 上 西 昔 屑 所 蘇 首 述 瑟 習 尸 市 息 薪 悉 十 史 斯 生 省 (23)

ㅇ:阿 牙 安 押 也 夜 耶 於 餘 烏 要 于 郁 云 尉 隱 乙 音 邑 衣 已 伊 (22)

ㅈ:積 赤 折 齊 召 助 主 支 只 子 才 (11)

ㅊ:斬 車 靑 肖 鄒 次 (6)

ㅌ:鐵 吐 恥 呑 (4)

ㅍ:巴 波 平 (3)

ㅎ:何 河 漢 寒 含 害 逈 忽 丸 肦 兮 (11)

2.4. 日本 史書의 표음자

고대 일본의 여러 史書에 고구려의 인명·지명·관명 등이 적지 않게 나온다. 우리는 竹內理三·山田英雄·平野邦雄(1977)의 『日本古代人名辭典』에 정리되어 있는 인명 중에서 고구려 인명을 추출하기로 한다. 이 사전에 나오는 고대 한국 인명을 康仁善(1995)가 이미 정리한 바 있는데, 이것을 참고하여 고구려 인명과 일부의 관명을 추출한다. 일본의 고대 史書 중에서 특히 『日本書紀』,『續日本紀』,『新撰姓氏錄』 등에 고구려 인명이 많이 수록되어 있다.

(14) 고구려어 항목을 기록한 일본 사서
 1. 日本書紀(일)(720년) – 고구려 어휘 44개 (舍人親王이 680년부터 편찬)
 2. 續日本紀(속)(797년) – 고구려 어휘 16개 (菅野眞道, 藤原継縄 등이 편찬)
 3. 新撰姓氏錄(성)(815년) – 고구려 어휘 22개 (일본 왕실에서 편찬한 왕실 족보)

이들 일본 사서에 기록된 고구려어 어휘는 고대 일본 표기법의 영향을 받은 것이 많다. 이들을 제외하고 고구려어 표음자를 가지고 있는 항목만을 추출하면 다음의 85개 항목이 된다.

(15) 일본 사서에 나오는 고구려 어휘 항목 (85항목)

(ㄱ)

01 可婁(일 천지10.1, 10.8)   02 高金藏(속 대보1.8, 양로7.1)

03 高道士(성 좌경제번)   04 高文信(속 보자5.3)

05 高福裕(성 좌경제번)   06 高吳野(속 보자5.3)

07 高莊子('莊'을 '庄'으로도 표기)(속 화동1.1)

08 高助斤(성 좌경제번)   09 高千金(성 좌경미정잡성)

10 久禮志(일 응신37.2)   11 久禮波(일 응신37.2)

12 久留川麻乃意利佐('久'를 '之'로도)(성 산성제번)

13 久斯祁王('祁'를 '邪'로도)(성 산성제번)

(ㄴ)

14 奴流枳('奴'를 '須'로도)(일 인현6)   15 能婁(일 천지5.1, 5.6)

16 能韋(성 좌경제번)   17 能劉王('劉'를 '祁'로도)(성 좌경제번)

18 能致元(성 좌경제번)

(ㄷ)

19 多可連馬養(속 보자2.6)[44]   20 多可連淨日(속 보자2.6)

21 多武(일 천무4.3)   22 達沙仁德(속 보자5.3, 5.5)

23 疊徵(일 추고18.3)   24 大古昂加(일 천무11.6)

25 大兄億德(성 좌경제번)   26 大興王(일 천평5.6)

27 頭霧唎耶陛(일 흠명26.5)

(ㅁ)

28 麻弖臣(성 대화제번)   29 毛治(일 백치1.2)

30 卯問(일 천무9.5, 10.4, 10.5)

---

44 '多可連'은 일본에서 받은 성씨이다. 강인선(1995: 51)에 빠져 있는 출전을 보충했다.

(ㅂ)

31 狛鵠香岡上王(일 흠명6소인 백제본기)[45]

32 背奈公福信(속 천평10.3, 11.7, 승보1.8, 2.1)[46]

33 寶輪王(성 미정대화)　　　　34 福嘉(일 지통7.6)

35 富加抃(일 천무1.5)　　　　36 富于(일 천무4.3)

(ㅅ)

37 簑古君(성 좌경제번)　　　　38 師需婁(일 천무8.2)

39 上部君足(속 보자5.3)　　　40 生河內(속 보자5.3)

41 碩守(일 천무2.8)

42 蘇我稻目宿禰(일 선화1.2, 흠명즉위전12, 2.2, 용명1.1, 추고34.1)[47]

43 須车祁王(성 미정하내)　　　44 僧隆(일 추고10-윤10)

(ㅇ)

45 安卿王(성 재경제번)　　　　46 安貴寶(속 보자3, 安貴琮)

47 安王成(속 보자5.3)　　　　48 昂加(일 천무10.6)

49 若光(일 천지5.10)　　　　50 若德(일 서명2.3, 2.9)

51 奄鄒(일 천지5.10)　　　　52 如海(唐大和上東征傳 천평14)

53 宴子拔(일 서명2.3, 2.9)　　54 延興王(성 좌경제번, 호태왕 7세손)

55 五田子(일 흠명23.8)　　　　56 王彌夜大理(속 보자5.3)

57 王仲文(속 보자1.8, 양로2.1)　58 王蟲麻呂(속 보자5.3, 성 좌경제번)

59 雲聰(일 추고10-윤10)　　　60 意斯(일 대화1.7)

61 伊利柯須彌(일 황극1.2, 천지3.10)

62 伊利須使主(성 좌경제번)　　63 伊利之(일 제명2.8)

(ㅈ)

64 前部選理(속 보자5.3)　　　65 前部安人(속 5.3)

---

45 강인선(1995: 69)의 '호태왕' 항목에 나온다. 이 항목의 설명에 나오는 것을 따로 떼어 별개의 항목으로 설정했다.

46 '背奈公'은 일본에서 받은 성씨이다.

47 '蘇我'를 '宗賀, 宗我, 巷奇, 巷宜, 巷哥'로도 표기하고, '稻目'을 '伊奈米, 伊那米'로도 표기한다.

66 助有卦婁手切(일 천무11.6)**48**　　67 俊德(일 천무9.5)

(ㅎ)

68 河于('河'를 '阿'로도)(일 천무5.11)

69 賀取文(일 제명6.1, 6.5)　　70 許呂使主(성 대화제번)

71 許利都(성 화천미정잡성)　　72 惠灌(일 추고33.1)

73 慧慈(일 추고3.5, 4.11)　　74 惠聰(일 추고3.5, 4.11)

75 惠便(일 민달13.9)　　76 好太王(일 흠명6, 성 우경제번)

77 和興('興'을 '與'로도)(성 우경제번하)

78 桓父(일 천무8.2)　　79 後部乙牟(성 우경미정잡성)

80 後部致能元(성 우경제번하)

(관명)

81 鬼部達率(意斯의 관직)(일 대화1.7)

82 大相(可婁, 師需婁, 桓父의 관직)(일 천무 8.2, 기 천무8.2)

83 大兄(昻加, 多武, 俊德, 富于, 碩守 등의 관직)(일 천무2.8, 4.3, 4.3, 9.5, 11.6)

84 乙相(奄鄒, 賀取文의 관직)(일 제명6.1, 천지5.10)

85 主簿(河于의 관직)(일 천무5.11)

이 항목에는 고구려인의 표기가 아니라 일본인의 표기라고 할 것이 섞여 있는
데, 이들을 우선적으로 가려내기로 한다. (15.31)은 광개토대왕(호태왕)을 지칭한
것이지만, 이곳의 '狛鵠香'은 고대 일본인들의 독자적 표기일 가능성이 크다. 또
한 (14.19~20)의 '多可連'과 (15.32)의 '背奈公'은 일본에서 내린 성씨이다. 따
라서 이들은 고구려어 표음자에서 제외하는 것이 마땅하다. 일본의 표기법이 그
대로 적용된 것도 적지 않다. (15.42)의 '宿禰'와 (15.58)의 '麻呂'는 일본의 고대
관명으로서 널리 사용되었다. (15.42)의 '稻目'와 (15.65)의 '安人'는 일본어 훈으
로 훈독했을 것이다. 따라서 이들도 고구려어 표음자 자료에서 제외한다.

이처럼 일본의 고대 표기법에 오염된 것을 제외하고 작성한 것이 (15)의 85개

---

48 一人이 아니라 二人의 이름일지도 모른다.

항목이다. 이 중에서 가장 먼저 눈에 띄는 것은 (15.61)의 '伊利柯須彌'이다. 이것은 고구려의 '淵蓋蘇文'을 발음대로 전사한 것이다. 워낙 유명했던 인명이라서 그 발음까지도 일본에 전해진 것으로 보인다. '淵蓋蘇文'을 '泉蓋蘇文'으로 표기하기도 하는데, 이것은 唐 高祖의 諱인 '淵'을 피하여 '淵' 대신에 '泉'이라 표기한 것이다. 여기에서 '淵' 또는 '泉'을 뜻하는 고구려어가 (15.61)의 '伊利'였음을 알 수 있다. 널리 알려져 있듯이, 훈차 표기 '淵, 泉'과 음차 표기 '伊利'의 대응은 고구려에 훈차 표기가 있었음을 증명해 주는 가장 확실한 예이다.

 (15)의 항목에서 고구려어 표음자를 추출하면 다음의 142자가 된다.

(16) 일본 사서의 고구려어 표음자 (142자)

 ㄱ: 可 加 柯 嘉 卿 古 高 岡 灌 光 卦 久 君 貴 鬼 斤 金 祁 枳 (19)

 ㄴ: 奴 能 內 若 如 仁 日 (7)

 ㄷ: 多 達 曇 大 德 弓 田 道 都 頭 仲 徵 (12)

 ㄹ: 呂 禮 婁 劉 流 留 輪 隆 利 唎 理 (11)

 ㅁ: 麻 馬 牟 毛 卯 武 霧 文 問 彌 (10)

 ㅂ: 拔 寶 福 部 簿 父 富 (7)

 ㅅ: 沙 相 上 碩 選 成 蘇 率 簀 守 須 需 僧 信 士 使 斯 師 生 (19)

 ㅇ: 我 安 昂 夜 耶 野 養 億 宴 延 五 吳 王 于 雲 有 元 韋 裕 乙 意 伊 (22)

 ㅈ: 藏 莊 前 淨 助 足 佐 主 俊 之 志 子 慈 (13)

 ㅊ: 千 聰 取 (3)

 ㅌ: 太 蟲 治 致 (4)

 ㅍ: 波 便 陛 (3)

 ㅎ: 河 賀 許 兄 惠 慧 好 和 桓 後 興 海 (12)

 전체 142개의 표음자들을 유심히 살펴보면 일본 史書에만 나오고 여타의 고구려어 텍스트에는 나오지 않는 글자들이 아주 많다. '鬼, 祁, 枳, 蟲, 陛' 등 예가 적지 않다. 이것은 고구려의 고유명사를 고대 일본의 표기법으로 표기한 것이 적지 않다는 것을 의미한다. 본격적인 음운분석에서는 이들을 모두 음운대립의 논거에서 제외할 것이다.

2.5. 당서 텍스트의 표음자

앞에서 이미 거론했듯이 중국의 각종 史書는 두 개의 텍스트로 나뉜다. 고구려가 멸망하기 이전에 편찬된 前期 중국 사서와, 고구려가 멸망한 이후 대략 250년이 흐른 다음에 편찬된 後期 중국 사서가 바로 그것이다. 후기 중국 텍스트는 통일신라에서 편찬된 사서의 영향을 받아 신라의 표기법에 오염되었을 가능성이 있지만, 전기 중국 텍스트는 그랬을 가능성이 전혀 없다. 이 차이를 중시하여 후기 중국 사서를 당서 텍스트라 하여 독자적인 텍스트로 설정한다.

(17) 당서 텍스트

 1. 舊五代史(구오)(924년) : 고구려 어휘 6개 (宋의 薛居正 등이 편찬)
 2. 舊唐書(구당)(945년) : 고구려 어휘 71개 (五代 後晉의 劉昫, 張昭遠, 王伸 등이 편찬)
 3. 唐書(당서)(1060년) : 고구려 어휘 104개 (宋의 歐陽脩 등이 완성)
 4. 遼史(요사)(1344년) : 고구려 어휘 6개 (元의 탈호탈(脫虎脫) 등이 편찬)
 5. 宋史(송사)(1345년) : 고구려 어휘 3개 (元의 토크토(脫脫) 등이 편찬)

앞에서 제시된 여러 원칙에 따라, 당서 텍스트에 나오는 고구려어 항목을 추출해 보면 다음과 같다. 앞에서와 같이, 표음자가 들어 있는 항목만 열거하고 표음자에 밑줄을 친다.

(18) 당서 텍스트의 고구려어 어휘 항목 (132항목)

 (ㄱ)

   001 哥勿/哥勿城(지 구당/중 101, 당서/중 237)

   002 加尸/加尸城(지 당서/중 334, 구당/중 192)

   003 可汗神(신 구당/중 189, 당서/중 331)　　004 蓋金(인 당서/중 331)

005 蓋牟/蓋牟城(지 구당/중 73, 당서/중 223)

006 蓋蘇文(인 구당/중 72, 당서/중 270)

007 建安城(지 구당/중 120, 당서/중 238)

008 鉗牟岑(인 당서/중 226, 339)   009 桂婁部(지 당서/중 330)

010 高/高氏(성 송사/중 434 / 당서/중 339, 구오/중 370, 오대/중 381)

011 高建武(인 구당/중 71, 당서/중 331)   012 高句麗縣(지 구당/중 94)

013 高男福/高福男(인 구당/중 75)   014 高大簡(인 구당/중 79)

015 高武(인 구당/중 71, 당서/중 333)   016 高文(인 구당/중 121)

017 高延壽(인 구당/중 73, 당서/중 274)

018 高元(인 구당/중 189, 당서/중 331)   019 高任武(인 당서/중 337)

020 高藏(인 구당/중 75, 당서/중 226)   021 古鄒大加(관 당서/중 330)

022 高惠貞(인 구당/중 192)

023 高惠眞(인 구당/중 73, 당서/중 325)   024 灌奴部(지 당서/중 330)

025 釗(인 요사/중 519)   026 句麗縣(지 요사/중 515)

027 郡將(관 구당/중 154)

028 貴端城/貴湍水(지 구당/중 130 / 구당/중 74, 당서/중 274, 224)

(ㄴ)

029 那河(지 당서/중 348)

030 南建(인 구당/중 76, 당서/중 255)   031 男建(인 구당/중 75)

032 男福(인 당서/중 337)   033 男產(인 구당/중 119)

034 男生(인 구당/중 75, 당서/중 255)

035 南蘇/南蘇城(지 구당/중 101, 131, 당서/중 224, 237)

036 內部(제 당서/중 330)

(ㄷ)

037 噉狗屎/噉狗腸(인 구당/중 149)

038 大對盧(관 구당/중 188, 당서/중 330, 구오/중 370)

039 對盧(관 구당/중 188, 당오/중 370)   040 大莫離支(관 당서/중 272)

041 大模達(관 당서/중 330)   042 大使者(관 당서/중 330)

043 大行城(지 당서/중 256)　　　044 大兄(관 당서/중 330)

045 都督(관 구당/중 79, 당서/중 344)

046 道使(관 구당/중 188, 당서/중 330, 구오/중 370)

047 東部(지 당서/중 330)　　　048 頭大兄(관 당서/중 272)

(ㄹ)

049 鏤方(지 요사/중 516)

(ㅁ)

050 磨米(지 구당/중 101, 당서/중 237)　　051 馬訾水(지 당서/중 330)[49]

052 莫離支(관 구당/중 75, 당서/중 255)　　053 莫支(관 구당/중 154)

054 末客(관 구당/중 330)

055 木底/木底城(지 구당/중 101, 당서/중 224, 진서/상 340)

(ㅂ)

056 泊灼城(지 구당/중 121, 당서/중 224)　　057 發盧河(지 당서/중 339)

058 渤錯水(당서/중 336)　　　059 拜漢(지 당서/중 237)

060 伐奴城(지 당서/중 339)

061 扶餘城(지 구당/중 131, 당서/중 226)　　062 夫餘城(지 당서/중 270)

063 北部(지 구당/중 192, 당서/중 330)　　064 分幹(관 당서/중 330)

(ㅅ)

065 沙卑城(지 구당/중 120, 당서/중 223, 요사/중 518)

066 薩賀水(지 당서/중 338)　　　067 三軍大將軍(관 당서/중 272)

068 上位使者(관 당서/중 330)　　069 西部(지 당서/중 330)

070 先人(관 당서/중 271)　　　071 消奴部(지 당서/중 330)

072 所夫孫(인 구당/중 121, 당서/중 256, 당서/중 337)

073 小使者(관 당서/중 330)

074 所幸山(지 구당/중 73, 당서/중 335)

075 孫伐音(인 구당/중 191, 당서/중 192)　　076 順奴部(관 당서/중 330)

---

49 '鴨綠水'의 다른 명칭이다.

077 信誠(인 구당/중 194, 당서/중 338)

078 神隧(풍 구당/중 189, 당서/중 331)

079 安(인 요사/중 514)　　　　　　　080 安舜[50](인 당서/중 339)

081 安市城(지 구당/중 73, 당서/중 223, 요사/중 518)

082 安地城(지 구당/중 121, 구당/중 130)

083 安平(지 당서/중 238)

084 鴨綠江/鴨綠水(지 구당/중 119, 당서/중 270)

085 鴨淥江/鴨淥水(지 당서/중 256)　　　086 零星(풍 당서/중 333)

087 烏骨城(지 구당/중 121, 당서/중 335)

088 五部(제 구당/중 100)　　　　　　　089 烏海城(지 당서/중 276)

090 溫沙門/溫沙多門(인 구당/중 130, 당서/중 274 / 당서/중 277, 요사/중 516)

091 僚佐(관 구당/중 188, 구오/중 370)

092 褥薩(관 구당/중 188, 당서/중 330, 구오/중 370)

093 辱夷城(지 당서/중 270)　　　　　　094 勇建(인 구당/중 154)

095 鬱折(관 당서/중 330)

096 銀城(지 구당/중 192, 당서/중 335)　　097 李氏(성 당서/중 246)

(ㅈ)

098 刺史(관 구당/중 101)　　　　　　　099 藏(인 구당/중 72)

100 長安城(지 당서/중 330)　　　　　　101 沮江(지 당서/중 269)

102 積利(지 구당/중 101, 당서/중 237)　　103 前部(관 당서/중 330)

104 絶奴部(관 당서/중 330)　　　　　　105 諸兄(관 당서/중 330)

106 朝鮮城(지 구당/중 75)　　　　　　　107 左部(관 당서/중 330)

108 朱蒙(인 송사/중 434)　　　　　　　109 中都城(지 요사/중 519)

110 中裏(관 당서/중 272)　　　　　　　111 中裏大兄(관 당서/중 271)

112 中裏小兄(관 당서/중 271)　　　　　113 中書令(관 구당/중 190)

114 鎭大兄(관 당서/중 272)　　　　　　115 跌思太(인 구당/중 79)

---

50 '安勝'의 異表記이다.

(ㅊ)

116 參佐(관 당서/중 330)   117 處閭近支(관 당서/중 330)

118 泉南建(인 당서/중 275)

119 泉南生(인 구당/중 130, 당서/중 225)

(ㅌ)

120 太大使者(인 당서/중 330)   121 太大兄(관 구당/중 188)

122 吐捽(관 당서/중 330)   123 吐護眞水(지 구당/중 125)

(ㅍ)

124 浿江/浿水(지 구당/중 75, 당서/중 225, 요사/중 515)

125 平壤/平壤城(지 구당/중 72, 당서/중 223, 구오/중 369, 오대/중 382, 송사/중 434, 요사/중 514)

(ㅎ)

126 漢城(지 당서/중 330)   127 獻忠(인 당서/중 272)

128 蛺跌思泰(인 구당/중 185, 당서/중 312)   129 瓠盧河(지 구당/중 76)

130 桓權(인 구당/중 190)   131 後部(지 당서/중 330)

132 后黃城(지 구당/중 192, 당서/중 335)

당서 텍스트에 나오는 고구려어 항목을 모두 모아 보면 310여 개 항목이 된다. 이 중에서 고구려 표음자를 가지고 있다고 판단한 항목은 위의 132개 항목이다.

이처럼 대폭적으로 항목을 줄일 때에 다음의 두 가지 원칙을 적용했다. 첫째, 중국 기원의 어휘 항목은 모두 제외했다. '遼東城, 遼城, 大遼水' 등과 '安東'[51] 등의 지명을 우선적으로 제외했다. 인명에서는 '德武'를 제외했는데, '德武'는 唐에서 699년에 安東都督으로 임명했을 때의 인명이기 때문이다. '酋渠, 酋長, 酋豪' 등의 관명도 제외했다. 이들은 중국에서 오랑캐의 우두머리나 괴수를 지칭할 때에 사용한 명칭이므로 고구려 고유의 관명이 아니다. 둘째, 훈차 표기라고 의심할 만한 것들을 모두 제외했다. 이 원칙에 따라 제외한 것으로는 '開城, 局堂, 過

---

51 이 '安東'은 고구려가 함락된 뒤에 平壤에 둔 '安東都督府'의 '安東'이므로 唐에서 붙인 지명이다.

節, 國內城, 傅城, 拂湟, 赤烽鎭’ 등 아주 많다. 특별히 언급해 둘 것으로는 ‘泉’氏가 있다. 이 ‘泉’은 앞에서 이미 논의한 것처럼 피휘법에 따라 ‘淵’을 대신했던 글자이고, 이것은 /*iri/ 정도로 훈독했다. 따라서 이 글자도 고구려 표음자에서 제외했다.

‘061 扶餘城’과 ‘062 夫餘城’은 동일 지명을 다르게 표기한 것이다. 이러한 異表記의 예로는 인명인 ‘080 安舜’이 여타 텍스트에서는 ‘安勝’으로, 지명인 ‘081 安市城’이 ‘082 安地城’으로 표기된 것을 들 수 있다. 이런 異表記를 이용하여 음운체계를 연구하는 학자들은 扶[奉中C平虞]≒夫[非中C平虞], 舜[書合AB去諄]≒勝[書開C去蒸], 市[常開C上之]≒地[定開AB去脂] 등의 등식을 세운다. 그리하여 고구려어에서 奉母와 非母가 구별되지 않았고, 諄韻과 蒸韻이 구별되지 않았으며, 常母와 定母가 구별되지 않았다고 주장한다.

그러나 고구려어 표음자를 모두 망라하여 음운체계를 분석해 보면 이와는 다른 결론이 나온다. 이 세 예 모두 음운대립이 성립했을 가능성이 크다. 그런데도 서로 대립하는 음소가 동일어를 표기할 때에 구별 없이 사용된 까닭은 무엇일까?

이러한 異表記의 원인은 일차적으로 표기법의 불안정성에 있을 것이다. 표기 착오에서 비롯된 이표기가 있을 수 있고, 음운 개념이 정확하게 정립되어 있지 않은 상태에서 두 가지 이상으로 표기할 수도 있다. 예컨대 ‘fine’의 영어 발음을 듣고 ‘화인’이라 표기하기도 하고 ‘파인’이라 표기하기도 한다. 이 두 표기를 논거로 삼아 현대 한국어에서 ‘ㅎ’과 ‘ㅍ’의 음운 대립이 없다고 말하는 것은 語不成說이다. ‘ㅎ’에는 일본어의 음운체계가 반영되어 있고 ‘ㅍ’에는 한국어의 음운체계가 반영되어 있다. 어릴 때부터 일본어 교육을 받은 세대는 두 표기법 사이에서 혼란을 보일 수 있다.

異表記의 둘째 원인은 記寫者가 동일하지 않았다는 데에서 찾을 수 있다. 예컨대 스스로 부르는 自稱 인명과 남들이 부르는 他稱 인명이 표기상으로 일치하지 않았을 가능성이 있다. ‘百濟’와 광개토대왕비의 ‘百殘’이 대표적인 예이다. ‘百濟’는 백제에서 스스로 사용한 국명이지만, ‘百殘’은 고구려에서 사용한 卑稱이다. 또한 지명으로 돌려 말한다면, ‘永登浦’ 출신은 이 지명의 ‘永’을 [yɔŋ]이 아니라 [yiːŋ]으로 발음한다는 것을 잘 알지만, 他地 출신은 잘 모른다. 따라서 타지

출신은 이 지명을 '英等浦'나 '嶺登浦' 등으로 잘못 표기할 가능성이 상대적으로 커진다. 여기에서 동일 지명의 이표기가 생겨날 수 있다고 본다. 지리지 지명인 (10.160)에서 '積利城'과 '赤里忽'을 병렬한 것이 좋은 예이다. 고구려 표기에서는 '利'를 사용하는 것이 원칙인데, 독특하게도 '赤里忽'에서는 '里'를 사용했다.

셋째 원인은 시간의 흐름에 따라 표기가 달라지기도 한다는 데에서 찾을 수 있다. 前期 중국 사서에서 '灌奴部'로 표기한 것을 『삼국사기』에서는 '貫那部'라고 표기한 것을 그 예로 들 수 있다. 이 셋째 원인은 크게 보면 記寫者가 동일하지 않다는 둘째 원인에 포함된다.

위의 132개 항목에서 고구려어 표음자를 추출해 보면 다음의 171자가 된다.

(19) 당서 텍스트의 고구려어 표음자 (171자)

ㄱ: 加可哥幹簡蓋客建鉗古高骨過灌釗句狗國軍郡權貴近 (23)

ㄴ: 那南男奴內壤僚褥辱人 (10)

ㄷ: 多湍端達噉長大底都道督東朝頭中地對 (17)

ㄹ: 閭麗令盧綠淥利離裏李 (10)

ㅁ: 馬磨莫末牟模木蒙武文門勿米 (13)

ㅂ: 泊渤發伐福夫部扶北分卑 (11)

ㅅ: 沙產薩三參西書先誠所消蘇孫小隧壽順舜尸市信神使思生 (26)

ㅇ: 安鴨餘延零烏五溫勇鬱元位銀音夷任 (16)

ㅈ: 藏者灼岑將積前折節絶貞諸捽左佐朱支眞鎭跌訾 (21)

ㅊ: 錯處鄒忠 (4)

ㅌ: 太泰吐 (3)

ㅍ: 平浿 (2)

ㅎ: 賀漢汗行獻蛺兄惠護桓黃后後海幸 (15)

2.6. 『三國史記』의 표음자

『三國史記』는 12세기 중엽에 편찬된 것이므로 여기에서 기록 당시의 생생한 고구려어 자료를 얻을 수 없다. 金富軾 등의 편찬자들이 기존의 기록을 참고한 것은 분명하지만 고구려 당시의 문자 기록은 아니다. 이 점에 주의하면서 『삼국사기』 텍스트에 나오는 고구려어 어휘 항목을 정리하면 444개 항목이 된다.

(20) 『三國史記』에 나오는 고구려 어휘 항목 (444항목)

(ㄱ)

001 賈(인 사 17.8)

002 哥勿(지 사 49.4)

003 加尸城(지 사 21.8)

004 可汗(신 사 32.4)

005 干(관 사 19.9)

006 葛盧孟光(인 사 18.9)

007 蓋金(인 사 21.14, 41.4)

008 蓋牟/蓋牟城/盖牟城(지 사 21.13, 21.14, 21.5)

009 盖蘇文/蓋蘇文(인 사 5.6, 20.15)

010 開土王(인 사 18.7)

011 駏驉(보 사 14.1, 14.3)[52]

012 巨璉(인 사 3.10, 18.7)

013 建(인 사 49.4)

014 建武王(인 사 21.1, 32.4)

015 建成(인 사 20.12)

016 建安/建安城(지 사 20.5/ 21.5)

017 劍牟岑(인 사 22.11)

018 黔州(지 사 22.11)

019 耿臨(인 사 16.2)

020 罽山(지 사 15.2)

021 罽須(인 사 16.4, 16.8)

022 高/高氏(성, 13.3, 13.1)

023 高仇(인 사 18.9)

024 高句麗縣(지 사 13.12)

025 高宮(인 사 15.7)

026 高奴子(인 사 17.8, 17.9)

027 高老(인 사 19.3, 26.7)

028 高武(인 사 21.3)

029 高文(인 사 22.3)

030 高福章(인 사 15.4, 15.5)

031 高勝(인 사 20.2)

032 古辛氏(성 사 28.12)

---

52 '말(馬)'의 명칭이다.

033 高延壽(인 사 21.8) 034 高優婁(인 사 16.9, 17.1)

035 高元(인 사 27.3) 036 高翼(인 사 18.8)

037 高藏(인 사 5.4) 038 高正義(인 사 21.9)

039 高朱利(인 사 14.8) 040 古鄒加(관 사 15.1, 15.2)

041 古鄒大加(관 사 19.1) 042 高惠眞(인 사 21.8)

043 高紇(인 사 19.8) 044 骨句川(지 사 14.1, 14.2)

045 貫那/貫那部(지 사 15.2, 15.4, 15.7)

046 貫那夫人(인 사 17.5) 047 廣開土王(인 사 18.1, 18.5)

048 怪由(인 사 14.2) 049 釗(인 사 25.7)

050 郊彘(인 사 16.10, 17.1) 051 句茶國(국 사 14.4)

052 丘德(인 사 10.16) 053 仇都(인 사 14.5)

054 丘夫(인 사 18.3) 055 九使者(관 사 17.4, 40.20)

056 拘山瀨(지 사 16.2) 057 國相(관 사 16.2, 16.3)

058 國壤(인 사 16.3) 059 宮(인 사 15.1)

060 窮牟城(지 사 6.14) 061 貴湍水(지 사 22.5)

062 克氏(성 사 13.3)

(ㄴ)

063 羅雲(인 사 19.1) 064 絡氏(성 사 14.3)

065 南建/男建(인 사 22.7, 7.9) 066 男武(인 사 16.3)

067 男福(인 사 22.7) 068 南部褥薩(관 사 21.8)

069 男産(인 사 22.7) 070 男生(인 사 22.7)

071 南蘇/南蘇城(지 사 18.6, 18.3) 072 南沃沮(지 사 17.3, 45.5)

073 惱音信(인 사 5.19, 22.6) 074 內平(관 사 40.19)

075 若友(인 사 17.6) 076 如孥(인 사 17.12)

077 然弗(인 사 16.11) 078 然人(인 사 16.2)

079 芮悉弗(인 사 19.3) 080 褥奢(관 사 40.19)

081 褥薩(관 사 40.19) 082 辱夷城(지 사 22.10)

083 孺留(인 사 13.5, 23.2) 084 紐由(인 사 17.3)

(ㄷ)

085 多勿(보 사 13.4)

086 多勿都(지 사 13.4)

087 多勿候(관 사 13.5)

088 多式(인 사 6.14)

089 多優(인 사 17.4, 45.6)

090 檀盧城(지 사 17.7)

091 達賈(인 사 15.2)

092 談德(인 사 18.5)

093 答夫(인 사 16.2)

094 大加(관 사 16.2)

095 大加(인 사 17.2)

096 大對盧(관 사 40.19)

097 對盧(관 사 21.9)

098 大莫離支(관 사 40.19)

099 大武神王(인 사 14.1)

100 大輔(관 사 13.8)

101 大使者(관 사 16.6)

102 大相(관 사 40.18)

103 大守(관 사 17.9)

104 戴升(인 사 14.8)

105 大室(성 사 14.6)

106 代音(인 사 21.7)

107 大祖/大祖大王/大(/太)祖王(인 사 16.7, 15.1, 15.8)

108 大主簿(관 사 15.8, 17.8)

109 大解朱留王(인 사 14.1)

110 大行城(지 사 22.10)

111 大兄(관 사 6.14)

112 德男(인 사 6.11)

113 德昌(인 사 41.6)

114 都督(관 사 5.3)

115 都頭(인 사 15.1)

116 道琳(인 사 25.11)

117 道薩城(지 사 4.6)

118 都切(인 사 13.7)

119 都祖(인 사 13.5)

120 道解(인 사 41.5)

121 咄固(인 사 17.8, 17.10)

122 突沙城(지 사 6.6)

123 東盟(풍 사 32.4)

124 東明/東明聖王/東明王(인 사 1.2, 13.1, 14.1)

125 東部(지 사 16.4)

126 東部大人(관 사 49.2)

127 東襄(인 사 17.1)

128 東沃沮(지 사 15.1)

129 東瞗(지 사 20.5)

130 東黃城(지 사 18.3)

131 杜魯(인 사 14.9)

132 杜訥/杜訥河原(지 사 17.6, 17.4)

133 豆訥河原(지 사 45.6)

134 豆智(인 사 14.4)

135 得來(인 사 17.4)

(ㄹ)

136 梁貊/梁貊部落(지 사 17.2, 16.2)　　137 婁豆谷(지 사 16.2)

138 鏤方(지 사 20.5, 22.6)　　139 褥薩(관 사 21.11)

140 類利(인 사 13.5)　　141 琉璃明王/琉璃王(인 사 13.5, 13.1)

142 劉屋句(인 사 17.3, 45.6)　　143 李文眞(인 사 20.2)

(ㅁ)

144 麻盧(인 사 14.2)　　145 摩離(인 사 13.2, 13.12)

146 莫勤(인 사 15.8)　　147 莫德(인 사 15.8)

148 莫離支(관 사 21.2)　　149 買溝谷(지 사 14.5)

150 明德(인 사 10.7)　　151 明臨答夫(인 사 15.9, 45.6)

152 明臨於漱(인 사 17.1)　　153 明臨笏覩(인 사 17.6)

154 明治好王(인 사 19.1)　　155 毛屯谷(지 사 13.3)

156 慕本(지 사 14.9)　　157 慕本王(인 사 14.1)

158 穆度婁(인 사 15.4)　　159 木覓山(지 사 18.3)

160 木氏(지 사 22.8)　　161 木底城(지 사 18.7)

162 武(인 사 18.2)　　163 武骨(인 사 13.3)

164 武厲邏(지 사 20.9)　　165 無恤(인 사 1.8)

166 默居(인 사 13.3)　　167 墨胡子(인 사 4.3)

168 文德(인 사 20.8)　　169 文咨明王/文咨王(인 사 19.1, 19.1)

170 彌儒(인 사 15.4, 15.7)　　171 美川王(인 사 17.1)

172 美川原(지 사 17.13)　　173 民奴各(인 사 18.11)

174 閔中王(인 사 14.1)　　175 密友(인 사 17.3)

(ㅂ)

176 泊灼城(지 사 22.3)　　177 拔奇(인 사 16.3)

178 發歧(인 사 16.7)　　179 敎素(인 사 14.5)

180 潵錯水(지 사 21.14)　　181 伯固(인 사 15.5)

182 伯句(인 사 16.1)　　183 報德城(지 사 47.4)

184 普德和尙(인 사 22.4)　　185 寶延(인 사 19.6)

186 寶元(인 사 22.12)   187 寶臧/寶臧王(인 사 6.10, 21.1)

188 福男(인 사 6.11, 22.7)   189 扶芬奴(인 사 13.4)

190 富山(지 사 16.2)

191 扶餘/扶餘城/扶餘川(지 사 15.1, 20.13, 22.9)

192 扶尉猒(인 사 13.4)   193 部長(관 사 14.5)

194 負鼎氏(성 사 14.2)   195 北溟/北溟山(지 사 14.2, 14.3)

196 北部(지 사 17.9)   197 北部大兄(관 사 49.1)

198 北部小兄(관 사 17.8)   199 北豊(지 사 18.9)

200 焚求(인 사 14.5)   201 不耐城(지 사 17.4)

202 沸流/沸流那/沸流那部/沸流部/沸流水/沸流原/沸流河(지 사 13.12, 15.4,
    15.8, 14.5, 13.3, 14.2, 17.11)

203 沸流王(인 사 23.2)   204 卑沙(지 사 21.14)

205 卑奢城(지 사 20.11)   206 卑列(지 사 6.8, 6.10)

(ㅅ)

207 沙勿(인 사 13.8)   208 沙勿澤(지 사 13.8)

209 師夫仇(인 사 22.8)   210 斯卑(인 사 13.7)

211 沙城(지 사 21.12)   212 思收村(지 사 17.10)

213 斯劉(인 사 18.1)   214 斯由(인 사 17.12)

215 產(인 사 6.15, 49.4)   216 山上王(인 사 16.1)

217 薩水/薩水原(지 사 3.12, 19.1)   218 歃矢婁(인 사 17.8)

219 相加(관 사 40.19)   220 相國(관 사 17.9)

221 尙婁(인 사 17.6)   222 上部(지 사 45.13)

223 相夫(인 사 17.8)   224 尙須(인 사 14.5)

225 上位使者(관 사 40.19)   226 象解(인 사 13.1)

227 西部(지 사 17.6)   228 西壤(인 사 17.6)

229 先道解(인 사 41.5)   230 仙人(관 사 40.19)

231 先人(관 사 40.18)   232 薛儒(인 사 15.2)

233 薛支(인 사 13.7)   234 薛賀水(지 사 22.10)

235 素(인 사 16.5)　　　　　　236 小加(관 사 33.6)

237 蘇骨(복 사 33.6)　　　　　238 消奴加(인 사 16.3)

239 蘇文(인 사 5.6, 21.1)　　 240 素勃(인 사 17.7)

241 所夫孫(인 사 22.3)　　　 242 小使者(관 사 40.19)

243 小相(관 사 40.18)　　　　244 召西奴(인 사 23.2)

245 小獸林王(인 사 18.1)　　 246 少室氏(성 사 13.3)

247 蕭友(인 사 17.11)　　　　248 小將(관 사 22.10)

249 小解味留王(인 사 18.4)　250 小兄(관 사 6.4)

251 孫代音(인 사 21.7)　　　 252 孫漱(인 사 18.9)

253 松氏(성 사 13.6, 14.1)　 254 松讓(인 사 13.3)

255 松屋句(인 사 14.4)　　　 256 漱(인 사 18.9, 18.10)

257 首德皆(인 사 8.1)　　　　258 遂成(인 사 15.3)

259 述脫(인 사 6.11)　　　　 260 升于(인 사 19.1)[53]

261 信誠(인 사 22.10)　　　　262 神隧(풍 사 32.4)

263 悉伏(인 사 8.3, 47.7)　　264 悉弗(인 사 19.3)

(ㅇ)

265 阿達兮(인 사 6.4)　　　　266 我道/阿道(인 사 4.4, 4.4)

267 阿弗和度加(인 사 18.2)　 268 安固(인 사 22.4)

269 安國君(관 사 17.7)　　　 270 安舜(인 사 22.11)

271 安市/安市城(지 사 21.14, 21.8)　272 安原王(인 사 19.1)

273 晏留(인 사 16.4)　　　　 274 安臧王(인 사 19.1)

275 鴨綠/鴨淥/鴨淥江/鴨淥谷/鴨淥水/鴨淥原/鴨淥柵(지 사 13.2, 13.1, 6.14,
　　14.3, 20.7, 17.3, 22.10)

276 藥盧(인 사 17.6)　　　　 277 陽崗上好王/陽岡王(인 사 19.7, 45.15)

278 陽神(인 사 15.4)　　　　 279 陽原王(인 사 19.1)

280 襄平/襄平城(지 사 20.5, 20.6)　281 於卑留(인 사 16.4, 45.1)

---

53 '升干'으로 판독할 수도 있으나, 『北史』의 표기 '升于'를 감안했다.

282 菸支留(인 사 15.4)　　　283 於只支(인 사 18.4)

284 餘奴(인 사 18.12)

285 掾那/掾那部/椽那(지 사 16.4, 14.3, 15.9)[54]

286 延武(인 사 6.14, 7.18)　　287 延丕(인 사 13.11)

288 延壽(인 사 21.9)　　　　289 掾氏(성 사 17.5)

290 延優(인 사 16.7)　　　　291 嬰陽王(인 사 20.1)

292 榮留王(인 사 20.12)　　293 預物(인 사 17.5)

294 翳屬(관 사 40.19)　　　295 烏骨/烏骨城(지 사 22.3, 21.12)

296 五部(제 사 40.19)　　　297 烏沙(인 사 22.10)

298 烏伊(인 사 13.4)　　　　299 烏拙(관 사 40.19)

300 屋骨(지 사 6.14)　　　　301 屋句(인 사 17.4, 45.6)

302 沃沮(지 사 20.5)　　　　303 屋智(인 사 13.5)

304 溫達(인 사 45.1)　　　　305 溫沙門(인 사 22.5)

306 溫湯(지 사 17.7)　　　　307 王儉(인 사 17.4)

308 王骨嶺(지 사 13.12)　　309 王臺(지 사 13.4)

310 外平(관 사 40.19)　　　311 優(인 사 16.7)

312 優居(인 사 16.2)　　　　313 于刀(인 사 14.5)

314 右輔(관 사 14.3)　　　　315 憂弗(인 사 17.10)

316 于素(인 사 16.4)　　　　317 于漱(인 사 17.6)

318 于氏(성 사 16.4)　　　　319 羽氏(성 사 13.8)

320 憂位居(인 사 17.1)　　　321 崏夷(지 사 5.14)

322 于台(관 사 15.1, 40.19)　323 優台(관 사 40.19)

324 鬱折(관 사 40.19)　　　325 位宮(인 사 16.7)

326 尉那巖/尉那巖城(지 사 13.8, 14.4)

327 位頭大兄(관 사 40.18)　　328 尉須(인 사 14.5)

329 位氏(성 사 13.8)　　　　330 尉中(지 사 13.8)

---

54 중국 사서에서는 '涓奴部'로 표기된다.

331 銀山(지 사 21.14)　　　　332 乙豆智(인 사 14.3)

333 乙弗(인 사 17.8)　　　　334 乙素(인 사 16.5, 45.1)

335 乙音(인 사 15.2)　　　　336 乙支文德(인 사 20.8)

337 乙巴素(인 사 16.5)　　　　338 陰牟(인 사 17.10)

339 音述水(지 사 13.3)　　　　340 陰友(인 사 17.6)

341 意侯奢(관 사 40.19)　　　　342 伊弗蘭寺(사 사 18.4)

343 伊夷摸(인 사 16.3)　　　　344 翊(인 사 14.8)

345 逸苟(인 사 14.5)　　　　346 逸友(인 사 17.7)

347 任武(인 사 22.2)

(ㅈ)

348 自位(관 사 40.18)　　　　349 臧(인 사 5.4, 21.1)

350 長史(관 사 18.8)　　　　351 長壽王(인 사 18.1)

352 長安城(지 사 19.8)　　　　353 長屋澤(지 사 13.7)

354 再牟(인 사 17.10)　　　　355 再思(인 사 13.3)

356 再曾(성 사 25.12)　　　　357 再曾桀婁(인 사 25.12)

358 積利城(지 사 22.2)　　　　359 狄相(관 사 40.18)

360 折風(복 사 33.6)　　　　361 提那部(지 사 16.4)

362 祭須(인 사 13.12)　　　　363 齊于(인 사 25.12)

364 提奚(지 사 20.5)　　　　365 諸兄(관 사 40.18)

366 助多(인 사 19.1)　　　　367 助利(인 사 17.10)

368 鳥陌(지 사 17.11)　　　　369 朝服(인 사 6.2)

370 祖弗(인 사 17.11)　　　　371 朝鮮(지 사 20.5)

372 租典(관 사 39.4)　　　　373 卒本/卒本川(지 사 16.2, 13.3)

374 從大相(관 사 40.18)　　　　375 左可慮(인 사 16.4, 45.1)

376 左勿村(지 사 16.5)　　　　378 左輔(관 사 14.4)

379 朱理(인 사 19.9)　　　　380 朱蒙(인 사 13.1)

381 主簿(관 사 16.2)　　　　382 周氏(성 사 18.2)

383 中裏大兄(관 사 40.19)　　　　384 中裏小兄(관 사 40.19)

385 中裏位頭大兄(관 사 49.4)　　386 中牟王(인 사 6.15)

387 仲室氏(성 사 13.3)　　388 中畏大夫(관 사 15.8)

389 質山(지 사 13.8)　　390 質陽(지 사 15.5)

(ㅊ)

391 次大王(인 사 15.7)　　392 倉助利(인 사 17.11, 17.8)

393 柵城守吏(관 사 15.2)　　394 泉南建(인 사 22.8)

395 泉南産(인 사 6.10, 22.10)　　396 泉南生(인 사 22.8)

397 鐵圓/鐵圓城(지 사 50.2, 50.4)　　398 靑光菩薩(인 사 50.4)

399 鄒牟(인 사 23.1)　　400 鄒敎素(인 사 14.5)

401 鄒安(인 사 16.1)　　402 雉葛(인 사 17.8)

403 雉姬(인 사 13.6)

(ㅌ)

404 託利(인 사 13.7)　　405 湯成(인 사 19.9)

406 太大對盧(관 사 41.4)　　407 太大使者(인 사 40.19)

408 太大兄(관 사 7.19)　　409 太守(관 사 17.7, 49.1)

410 太學博士(관 사 20.2)　　411 吐捽(관 사 40.19)

(ㅍ)

412 巴素(인 사 16.5)　　413 波若(인 유 5.21)

414 浿江/浿水/浿河(지 사 6.14, 18.6, 19.10)

415 沛者(관 사 15.2)

416 平崗上好王/平岡王(인 사 19.9, 45.13)

417 平成(인 사 19.6)　　418 平壤/平壤城(지 사 6.3, 6.9)

419 平陽(인 사 20.1)　　420 平儒原(지 사 15.8)

421 評者(관 사 16.4, 45.1)

(ㅎ)

422 下部(지 사 17.3, 45.6)　　423 漢城(지 사 6.10)

424 韓始城(지 사 7.13)　　425 含資(지 사 6.3)

426 解明(인 사 13.8)　　427 解色朱(인 사 14.7)

428 海愛婁(인 사 14.8) 429 海憂(인 사 14.7)

430 獻誠(인 사 22.7) 431 獻忠(인 사 49.4)

432 陜父(인 사 13.2) 433 惠亮/惠亮法師(인 사 44.2, 40.16)

434 惠眞(인 사 21.14) 435 胡子(인 사 4.4)

436 渾彌(지 사 20.5) 437 禾姬(인 사 13.6)

438 桓權(인 사 20.14) 439 桓那/桓那部(지 사 15.4, 15.2)

440 丸都/丸都山/丸都城(지 사 15.5, 17.4, 16.9)

441 后女(인 사 16.10) 442 候城(지 사 20.5)

443 紇升骨城(지 사 13.3) 444 興安(인 사 19.2)

이 항목을 추출하기까지 적용한 방법은 위에서 서술한 것과 같다. 『삼국사기』에 기록된 600개 가까운 고구려어 항목 중에서 중국 기원의 항목과 훈차 표기로 의심되는 항목을 제외하면 위의 444개 항목이 남는다. 『삼국사기』는 용례가 많은 텍스트인 만큼 조금이라도 의심스러운 항목은 서슴지 않고 배제했다.

이 과정에서, 표음자를 가지고 있다고 생각되는 '閔中原(지 사 14.8), 陽成(인 사 19.9), 元德(인 사 49.4), 平原王(인 사 19.1), 好童(인 사 14.6), 好壤王(인 사 17.10)' 등도 제외하게 되었다. '故國原王(인 사 16.6), 故國壤王(인 사 18.1)'과 '國內/國內城(지 사 13.8, 17.4)' 등의 항목도 덩달아 희생하게 되었다. '故'와 '國'도 표음자에 넣을 수 있을 듯한데, 역시 자신이 없어서 제외한 것이다. 반면에, '國岡上王/國岡王(인 사 18.1, 24.9)'의 '岡'은 다른 텍스트에 아주 많이 나오므로 표음자 항목에 남겨 두었다.

『삼국사기』 텍스트에 수록된 고구려어 항목이 많은 만큼 여기에서 추출해 낼 수 있는 표음자도 410자나 된다.

(21) 『三國史記』의 고구려어 표음자 (410자)

ㄱ: 加 可 哥 賈 各 干 葛 岡 崗 皆 蓋 開 居 駏 建 桀 儉 劍 黔 耿 屬 古 高 固 骨
貫 光 怪 釗 郊 仇 句 丘 拘 求 苟 溝 國 宮 窮 權 貴 克 勤 奇 歧 (46)

ㄴ: 那 南 男 耐 女 芮 奴 孥 魯 惱 訥 內 若 壤 讓 如 然 褥 辱 儒 孺 紐 人 (23)

ㄷ: 多茶檀湍達談答大長代臺戴德底提刀度道都覩督突咄東朝
鳥杜豆頭屯中仲得智對 (35)

ㄹ: 羅邏絡蘭亮厲璉列老盧綠淥婁鏤驄留流劉琉類利離吏李理
璃裏林琳臨來 (31)

ㅁ: 麻摩莫孟盟覓明溟牟毛慕摸木穆蒙武無墨默文門勿物味彌
美民閔密買貊陌 (32)

ㅂ: 博泊拔勃教激發方寶菩報輔普伏福服本夫部簿扶父富負焚
芬不北弗丕沸卑伯 (33)

ㅅ: 沙奢山產薩歃相上尙象西仙先鮮薛成聖誠蘇小少消所素屬
孫松守須收壽漱獸遂隧首蕭舜述升勝尸市始矢式信辛神室
悉使斯士史思師色生 (59)

ㅇ: 阿我安晏鴨愛藥陽襄於菸餘椽掾延嬰榮預翳烏五屋沃溫王
外畏于右友優嵎憂羽雲鬱元原圓位尉由銀乙音陰意義夷伊
睫翊翼逸任 (55)

ㅈ: 藏臧者灼將章再切折正鼎沮狄積典祭諸齊召助祖租拙捽卒
從左主朱周曾只支眞質子吝自資岑 (40)

ㅊ: 錯昌靑毚鄒忠治次 (8)

ㅌ: 託脫湯太台鐵土吐雉 (9)

ㅍ: 波巴沛平評風豊浿 (8)

ㅎ: 下賀學漢韓汗含獻陜兄惠兮好胡渾笏和禾桓丸黃侯候后恤
紇興姬奚解行 (31)

2.7. 『三國遺事』의 표음자

마지막으로, 『三國遺事』 텍스트에 나오는 고구려 자료를 정리하기로 한다. 『삼
국유사』는 紀傳體로 서술된 역사 기록이 많기 때문에, 관명은 적고 인명은 상대
적으로 많이 나오는 텍스트이다. 그렇다고 하여 자료의 균형을 파괴할 정도는

아니다. 『삼국유사』는 僧 一然이 편찬했기 때문에 여타 텍스트에 비하여 불교 용어나 절 이름이 많이 나온다. 여타 텍스트와 균형을 맞추기 위해 상당수의 불교 용어를 제외하고 절 이름도 고구려어 항목에서 제외했다.[55] 다만 僧名은 인명의 일종이므로 그 일부만 논의 대상에 포함한다.

『삼국유사』에 수록된 고구려어 어휘 중에서 표음자를 가지고 있는 것은 105개 항목이다.

(22) 『三國遺事』 텍스트의 고구려 어휘 항목 (105항목)

(ㄱ)

001 盖(인 유 3.10) 002 盖金(인 유 3.11)

003 蓋蘇文/盖蘇文(인 유 3.10, 3.11) 004 開心(인 유 3.12)

005 盖氏(인 유 3.10) 006 開原和尙(인 유 3.12)

007 建成(인 유 3.10) 008 契育(인 유 3.12)

009 高(성 유역 1) 010 高道寧(인 유 3.2)

011 高陽(인 유역 9) 012 高雲(인 유역 8)

013 高藏王(인 유 2.1) 014 釗(인 유역 6)

015 丘德(인 유 3.30) 016 丘夫(인 유역 6)

017 宮(인 유역 2) 018 金趣(인 유 3.11)

(ㄴ)

019 累利(인 유역 1)

(ㄷ)

020 談德(인 유역 7) 021 曇嚴(인 유 3.1)

022 大英弘(인 유 3.11) 023 大將(관 유 1.28)

024 道寧(인 유 3.3, 유 3.4)

025 東明聖帝/東明王/東明帝(인 유 1.8, 유역 1, 유 1.6)

---

55 '伊弗蘭寺'(유 3.1)는 예외적으로 포함하였다. 여타 텍스트에서도 마찬가지이다.

(ㄹ)

026 羅雲(인 유역 8)

(ㅁ)

027 莫離支(관 유 3.11) 028 明德(인 유 3.12)

029 明理好(인 유역 8) 030 慕本王(인 유역 2)

031 無上和尙(인 유 3.11) 032 武陽王(인 유 3.10)

033 無恤王(인 유역 2) 034 墨胡(인 유 3.4)

035 文咨明王(인 유역 8) 036 味留(인 유역 2)

037 美川王(인 유역 5)

(ㅂ)

038 伯句(인 유역 4) 039 法深(인 유 3.1)

040 普德和尙(인 유 3.10) 041 普明(인 유 3.12)

042 普聖師(인 유 3.11) 043 寶迎(인 유역 8)

044 寶臧王(인 유역 10) 045 北原(지 유 1.14)

046 不而城(지 유 1.2)

(ㅅ)

047 奢句(관 유 5.3) 048 四大(인 유 3.12)

049 斯由(인 유역 6) 050 相夫(인 유역 5)

051 色朱(인 유역 2) 052 蘇文(관 유 3.11)

053 小獸林/小獸林王(인 유 3.3, 유역 6)

054 蘇英弘(인 유 3.11) 055 遂(인 유역 3)

056 獸林(인 유 3.4) 057 順道(인 유 3.1)

058 侍中(관 유 3.11) 059 臣□(/連)(인 유역 7)

060 心正(인 유 3.12)

(ㅇ)

061 我道/阿道/阿頭(인 유 3.2, 유 3.1, 유 3.2)

062 安市城(지 유역 6) 063 安臧王(인 유역 8)

064 安丁忽(지 유 3.1) 065 愛留(인 유역 2)

066 藥盧(인 유역 5) 067 若友(인 유역 5)

068 陽崗王(인 유역 8) 069 於只支(인 유역 7)

070 高氏(성 유 1.8) 071 榮留王(인 유역 10)

072 孏湯(/陽)王(인 유역 10) 073 龍岡縣(지 유 3.15)

074 龍堰堵/龍堰城(지 유 3.11, 유 3.11)

075 優(인 유역 2) 076 憂弗(인 유역 5)

077 嵎夷(지 유 5.2) 078 瑠璃王(인 유역 1, 유역 2)

079 乙弗(인 유역 5) 080 義淵(인 유 3.1)

081 義融(인 유 3.11) 082 夷謨(인 유역 4)

083 伊弗蘭寺(사 유 3.1) 084 伊速(인 유역 7)

085 一乘(인 유 3.12)

(ㅈ)

086 長壽王(인 유역 7) 087 藏王(인 유 3.11)

088 卒本州(지 유 1.7) 089 朱蒙(인 유역 1)

090 智法(인 유 3.15) 091 智藪(인 유 3.12)

(ㅊ)

092 次大王(인 유역 2) 093 楸南(인 유 1.28)

094 鄒蒙(인 유 1.1) 095 春南(인 유 1.28)

(ㅌ)

096 鐵原京/鐵圓城(지 유 2.30, 유역 14)

097 雉菖王(인 유역 5)

(ㅍ)

098 波若(인 유 5.21) 099 平壤城(지 유역 6)

100 平原王(인 유역 9) 101 平湯(인 유역 10)

(ㅎ)

102 解(성 유 1.9) 103 海氏(성 유역 1)

104 好禳(인 유역 5) 105 興安(인 유역 8)

(22.26)의 '羅雲'은 '个雲'인 것처럼 적혀 있다. 그런데 이 '个'가 사실은 구결자 'ㅼ'에 해당한다는 것이 최근에 밝혀졌다(이장희 2014). 'ㅼ'는 字源이 '羅'이므로 여기에서는 '个'를 '羅'로 치환하여 표기했다. 위의 105개 항목에서 고구려어 표음자를 추출해 보면 다음의 139자가 나온다.

(23) 『三國遺事』의 고구려어 표음자 (139자)

  ㄱ: 崗 岡 盖/蓋 開 建 契 高 釗 句 丘 宮 (11)

  ㄴ: 南 寧 累 若 壞 禳 (6)

  ㄷ: 談 曇 大 長 德 丁 道 東 頭 中 智 (11)

  ㄹ: 羅 蘭 盧 龍 留 瑠 利 離 璃 理 林 (11)

  ㅁ: 莫 慕 明 謨 蒙 武 無 墨 文 味 美 (11)

  ㅂ: 法 普 寶 本 夫 不 北 弗 伯 (9)

  ㅅ: 奢 相 上 孀 四 成 聖 蘇 小 速 獸 藪 遂 壽 順 乘 侍 市 臣 心 深 斯 色 (23)

  ㅇ: 阿 我 安 愛 藥 陽 於 堰 嚴 淵 榮 英 迎 友 優 嵎 憂 雲 原 圓 由 育 融 乙 義 夷 伊 而 一 (29)

  ㅈ: 藏 臧 將 正 卒 朱 只 支 杏 (9)

  ㅊ: 菖 楸 鄒 春 趣 雉 次 (7)

  ㅌ: 湯 鐵 (2)

  ㅍ: 波 平 (2)

  ㅎ: 好 胡 忽 弘 恤 興 解 海 (8)

2.8. 고구려 전체 表音字

지금까지, 고구려어 항목을 금석문, 중국 사서, 『삼국사기』 지리지, 일본 사서, 당서, 『삼국사기』, 『삼국유사』 등의 일곱 가지 텍스트로 나누어 정리해 보았다. 이들 항목을 모두 합산해 보면 1,346개 항목이다. 이 중에는 중복되는 것이 아주 많으므로 실제로는 전체 항목 수가 많이 줄어든다. 중복을 제외하면 고구려어 항목 중에서 표음자를 가지고 있는 것은 1,080개 항목이다.

이 전체 항목에 나오는 표음자를 모두 모아서 중복된 것을 제외해 보면 다음의 704자가 된다. 그런데 이 중에는 논의의 결과로 고구려어 표음자에서 제외해야 할 것이 14자가 포함되어 있다.[56] 이 14자를 제외하면 고구려어 전체 표음자는 690자가 된다.[57] 이것을 배열할 때에는 한국 중세 한자음을 기준으로 가나다 순서로 배열하되, 日母字는 'ㄴ'의 뒤쪽에 배열했다.

(24) 고구려어 전체 표음자 (704자)

ㄱ: °加 ˚賈 ˝可 ˝柯 †嘉 †哥 †各 †閣 †幹 †簡 †干 ˚葛 ˝甘 ˝甲 *康 °岡/罡/剛 ˝崗 °蓋/盖 ˝卦 ˚居 †去 †駈 †建 ˝桀 ˝黔 †儉 ˝劍/劒 †涓 †竟 ˝卿 ˝桂 ˝罽 ˝契 °古 °高 ˚固 °骨 ˝功 †果 †過 †郭 ˚貫 †灌 ˝光 ˝怪 †郊 ˝仇 °句 †溝 †九 ˚丘 †苟 †求 †垢 †臼 ˚久 ˝狗 †拘 °國 ˚軍 †群 ˝君 ˝郡 †屈 ˚宮 ˝弓 ˝窮 ˝權 ˝貴 ˝鬼 ˝克 †近 ˝斤 ˝根 ˝勤 ˝錦 ˝今 ˝金 ˝及 †其 †奇 ˝祁 ˝枳 ˝歧 ˚開 ˝改 ˝皆 ˚客 ˝耿 (89)

ㄴ: °那 ˝難 °南 ˚男 ˝乃 ˝奈 °寧 ˚奴 ˝孥 †農 ˝惱 ˝訥 ˝紐 ˝能 ˝泥 °內 †耐 ˝若 †壤 †穰 ˝禳 ˝讓 °如 ˝女 †然 ˝熱 ˝冄 *黏[58] ˝芮 †褥 †傉 †辱 ˚儒 ˝孺 ˝閏 ˝仍 ˚爾 †而 °人 ˝仁 ˝日 ˝任 (42)

ㄷ: °多 ˝茶 ˚旦 ˝湍 ˝端 ˝檀 °達 ˝曇 ˝噉 ˝談 †答 †幢 °大 °長 ˝德 ˝狄 †琢 †典 ˝田 ˝丁 †貞 ˝鼎 †底 ˝弖 †提 †帝 °道 ˝賭 °都 ˝刀 ˝度 ˝覩 *督 †敦 ˝頓 ˝突 ˝咄 °東 ˚冬 †董 ˝童 †朝 †蔦 ˝鳥 °頭 ˚豆 †斗 ˝杜 †屯 ˝竹 °中 ˝仲 †得 †騰 †地 ˝知 ˝智 ˝直 †鎭 ˝跌 †徵 ˝對 †戴 †帶 ˝代 ˝臺 (66)

ㄹ: °羅 ˝邏 †樂 ˝絡 ˝蘭 ˝攬 ˝郞 †量 ˝良 ˝亮 ˚麗 ˝間 †厲 ˝呂 ˝力 ˝連 †璉 °列 *零 †領 †令 ˝禮 °盧 ˝老 ˝魯 †綠 ˝淥 †遼 ˝僚 †龍 ˚婁 *鏤 ˝漊 °留 ˚流 ˚劉 ˝琉 ˝類 ˝累 ˝瑠 ˝輪 †栗 ˝隆 °利 ˚離 ˝裏 *驪 †璃 ˝里 ˝理 ˝李 ˝吏 ˝林 ˝琳 ˝臨 †來 (56)

ㅁ: °馬 ˝麻 ˝磨 ˝摩 °莫 †蔓 °滿 ˝末 †賣 ˝覓 ˝汩 ˝滅 °明 †盟 *冥 ˝溟 °牟 †侔 ˝毛

---

56 이들에는 바로 앞에다 '*'을 달았다.
57 백제어 표음자가 694자 정도였으므로 둘 사이에 별로 차이가 없다.
58 이것의 성모는 日母 /*n/이므로 'ㄴ'의 뒤쪽에 배치했다. 한국 한자음은 '뎜〉졈'인데, 이것은 후대에 '占' 聲符에 유추된 한자음이다. 이와는 달리 최희수(1986: 66~7)에서는 '黏'의 한어 상고음이 複聲母 /*nt/를 가지므로 '뎜'은 상고음을 수용한 것이라 하였다.

112

»慕 °模 °謨 °木 °穆 †蒙 »卯 °武 »蕪 »霧 »無 °文 »問 »門 »墨 †默 †物 »勿 °彌
†未 †尾 »米 »味 »美 »民 °閔 °密 °寐 °買 °貊 »陌 »孟 (51)

ㅂ: †博 †駁 °拔 †渤 †發 †方 †伐 †法 †卞 °別 °普 »寶 »菩 »報 »輔 »伏 »福 »服
»本 °夫 °扶 °部 »簿 °富 †傅 »付 °父 »負 °盆 »分 »焚 »芬 »北 °弗 †不 °卑 †沸
°比 †惢 °碑 »非 »丕 »潎 »敦 »勃 »排 †俳 °伯/泊 (48)

ㅅ: °沙 °産 °散 °山 °薩 °三 »彡 °歆 °孺 °舍 °奢 °上 »相 »尙 »象 »襄 »西 †栖 »書
†析 »昔 °碩 °鮮 °先 †仙 *蟬 »選 »屑 »薛 »陜 †誠 °成 »聖 »蘇 †掃 »所 »素 »速
°孫 »率 »篡 »小 »消 »昭 »召 »少 »蕭 †釗 †屬 »松 °漱 »藪 »壽 °須 †隧 ×襚
*收 »首 »需 »獸 »守 †蕭 †順 °舜 °述 »瑟 »習 †升 »僧 »勝 »乘 »市 »尸 °始 »矢
»侍 †息 »式 »愼 »薪 »信 †神 »辛 »臣 °悉 »室 »心 »深 »十 °使 °斯 °史 †士 †司
†事 »師 »思 »四 »色 °生 »省 (102)

ㅇ: °阿 »牙 »我 °安 »晏 †謁 †鴨 »押 °昂 °耶 °也 »夜 »野 »藥 »陽 »養 »崖 °於 »淤
»億 »堰 »嚴 °餘 †余 »延 »宴 »椽 »淵 †永 »榮 »嬰 »英 »迎 †濊 »穢 »翳 °預 °烏
†奧 †五 »吳 †沃 »屋 °溫 °王 °位 »外 »畏 »要 †容 »勇 °于 †嵎 °優 †友 »憂 »羽
»右 °郁 »雲 »云 †鬱 »元 °原 »圓 *衛 »尉 »韋 »有 »遊 »裕 °由 »育 »融 »隱 »銀
°乙 »音 °陰 °邑 °衣 °意 »義 °夷 °伊 °已 †翼 »翊 †壹/一 »逸 »愛 (91)

ㅈ: †殘 †雜 †藏 †臧 »莊 °者 †灼 »將 »章 †沮 *幘 »積 »赤 »前 »切 °折 »絶 »拙 »節
»淨 »正 †諸 »齊 »祭 »祚 »皂 »祖 »助 »租 »足 †捽 »卒 †從 °左 »佐 °主 »朱 »周
»俊 »增 »曾 °支 »芝 »之 »志 »只 †眞 »質 †輯 °子 °咨 °慈 »訾 »資 †刺 »自 »岺
»才 »再 (59)

ㅊ: »錯 »斬 »參 »車 »昌 »菖 †處 »千 °靑 »聰 »肖 °鄒 †雛 *驪 »楸 »春 †就 »取 »趣
°次 †筲 (21)

ㅌ: *卓 †託 »脫 °湯 »太 »泰 †天 »鐵 »毚 †土 °吐 †通 »蟲 »忠 »恥 »治 »致 »雄 »呑
†台 (20)

ㅍ: †巴 °波 †八 †沛 »便 °平 †評 »陛 †豊 *風 †浿 (11)

ㅎ: °河 †下 »賀 »何 °漢 »韓 »寒 »汗 †含 »行 »害 °許 °獻 °險 †賢 »蛺 °兄 °惠 »慧
°好 »護 °胡 °渾 °忽 »笏 °弘 »禾 °和 °桓 »丸 †活 »黃 †灰 †侯 °候 °後 »后 »恤
°紇 »肦 »興 »姬 †學 »海 †奚 »兮 »解 »幸 (48)

연구의 최종 결과로 고구려어 표음자임이 확정되는 것은 690자이다. (24)에서 '°'를 앞에 붙인 표음자는 모두 100자이다. 이들은 용례도 많고 분포도 넓으며 멸망 이전에 사용된 적이 있는 고구려 대표자이다. 바로 앞에 '°'를 덧붙인 것은 모두 52자이다. 이들도 고구려 대표자에 속한다. '†'를 덧붙인 것은 153~340자의 사이에 들어가는 표음자이다. 우리가 본격적인 논의 대상으로 삼은 것은 '°, °, †' 등을 덧붙인 340자 세트이다. 이들은 적어도 한 번은 멸망 이전에 사용되었다는 점에서 공통된다. 멸망 이후에만 사용된 표음자 앞에는 '"'을 덧붙였다. 멸망 이후에만 사용된 표음자는 350자에 이른다.

(24)의 목록에서 제외된 것이 있다. 첫째는 『廣韻』에 음가가 나오지 않아서 어쩔 수 없이 제외하게 된 표음자인데, 구체적으로는 '逈, 幀, 驤, 唎, 禭, 褥, 曉'의 7자이다. 둘째는 차용어라고 의심되는 항목에만 사용되어 순수한 고구려어 표음자라고 하기가 어려운 것들이다. 우리는 차용어에 사용된 표음자 중에서 14자를 고의적으로 논의 과정에 포함했다. 이들을 순수 고구려어 표음자와 대비하여 기술하면 역설적으로 논의 과정이 뚜렷해지고 우리의 논지가 확연히 드러나기 때문이다.

2.9. 고구려 代表字 100자와 152자

고구려어의 음운을 연구하려면 고구려어 표음자 690자가 모두 필요하다. 자주 사용되지 않은 표음자라 하더라도 음운론적 대립을 논의할 때에는 결정적인 역할을 할 때가 있기 때문이다. 그런데 우리는 고구려어 표음자 중에서 멸망 이전에 사용된 표음자로 한정할 때가 많다. 멸망 이후에야 비로소 사용되기 시작한 표음자는 신라나 고려의 음운체계와 표기법에 오염되었거나 굴절된 것이 적지 않기 때문이다. 멸망 이전에 기록된 바가 있는 고구려어 표음자는 340자이다. 이 340자 세트가 고구려어 음운 분석의 핵심적 대상이다.

우리는 僻字 중심의 음운론 기술을 止揚하고 常用字 중심의 음운론 기술을 指向한다. 가장 많이 사용된 표음자를 우선적으로 분석 대상으로 삼아야만 음운론 기술의 객관성이 확보되기 때문이다. 한국 한자음 연구에서 중심적인 연구 대상의 하나가 聲符에 類推되어 음가가 바뀌거나 音節偏向이 일어나 한어 중고음과 괴리가 발생한 한자음이었다. 그런데 이들은 대부분 상용자가 아니다. 상용자에서는 성부에 의한 유추나 음절편향이 거의 일어나지 않으므로, 한자음 연구에서 가장 기초적이고도 객관적인 정보가 상용자에 담겨 있다고 본다. 따라서 우리는 상용자를 먼저 분석하여 음운론 연구의 출발점으로 삼는다.

실제로 常用字를 중심으로 분석하면 100자 또는 150자 정도의 표음자만 분석해도 음운체계의 대체적인 윤곽을 그려낼 수 있다. 이를 위해 고구려어 표음자를 대표하는 100자 세트 또는 150자 세트(실제로는 152자 세트)를 선정하기로 한다. 이처럼 대표자를 선정해 두면, 고구려·백제·신라의 표기법을 서로 대비할 때에도 아주 유용하다. 이들 표기법과 고대 일본의 표기법을 대비할 때에도 요긴하게 활용할 수 있다.

고구려 대표자 100자를 선정할 때에는 얼마나 많은 단어에 두루 사용된 표음자인가, 얼마나 오랫동안 사용되고 널리 알려진 표음자인가, 고구려 멸망 이전에 사용된 적이 있는가 등의 기준을 적용한다. 첫째 기준을 어휘 다양성 기준, 둘째 기준을 텍스트 다양성 기준, 셋째 기준을 사용 시기 기준이라고 부를 수 있다. 이 세 기준을 적용하여 고구려 대표자를 선정하기로 한다.

5개 이상의 단어를 표기할 때에 사용되고 3종 이상의 텍스트에 나오는 표음자를 690자 중에서 골라 보면 90자가 된다. 여기에다, 4종 이상의 텍스트에 나오고 4개 이상의 단어에 사용된 표음자 10자를 더하면 다음의 고구려 대표자 100자가 된다.

(25) 고구려 대표자 100자

ㄱ/ㅎ : °加 °漢 °岡 °蓋 °居 °建 °兄 °惠 °古 °高 °好 °骨 °忽 °桓 °仇 °句 °國 (17)

ㄴ : °那 °南 °男 °奴 °內 °若 °人 (7)

ㄷ/ㅌ : °多 °達 °大 °太 °長 °德 °道 °都 °吐 °東 °頭 °豆 °中 (13)

ㄹ : °羅 °列 °盧 °婁 °留 °利 (6)

ㅁ : °馬 °莫 °明 °牟 °模 °木 °武 °文 °彌 (9)

ㅂ/ㅍ : °伐 °平 °普 °夫 °扶 °部 °北 °弗 °卑 °伯/泊⁵⁹ (10)

ㅅ : °沙 °薩 °奢 °相 °上 °西 °成 °蘇 °小 °須 °壽 °斯 °史 °使 (14)

ㅇ : °阿 °安 °陽 °於 °延 °烏 °王 °位 °于 °優 °雲 °原 °元 °乙 °夷 °伊 (16)

ㅈ/ㅊ : °者 °將 °鄒 °主 °朱 °支 °子 °次 (8)

위의 대표자 100자를 선정할 때에 아주 엄격하게 적용한 기준이 셋째의 사용
시기 기준이다. '勿, 買, 波, 尸, 生, 音' 등의 여섯 자는 용례도 많고 3종 이상의 텍
스트에서 두루 사용되었다. 그러나 고구려 멸망 이전의 텍스트에서는 이들이 전
혀 사용된 적이 없으므로 이들을 100자 세트에서 제외했다. 용례가 많고 고구려
멸망 이전에 이미 사용되었지만 2종의 텍스트에만 출현하는 표음자도 있다. '衣'
가 이 기준에 의해 제외되었다.

고구려의 표기법을 연구할 때에는 기본적으로 위의 100자를 분석의 대상으로
한다. 그러나 '波'나 '衣'처럼 100자에서 제외된 표음자도 음운론적 분석에서는
거론의 대상이 된다. 100자는 문자의 대표성을 강조하기 위한 것일 뿐이다.

앞에서 미리 예고한 것처럼, 150자 범위에 드는 것도 매우 중요한 고구려어 표
음자이다. 고구려 대표자를 100자에서 150자 정도로 늘릴 때에는 2종의 텍스트
에 사용되었지만 고구려 멸망 이전의 용례가 있고 3회 이상 사용된 표음자를 기
준으로 삼았다. 이 조건에 맞는 표음자는 모두 52자이다. 이들을 위의 100자에
합하면 아래의 152자가 된다. 100자 세트에 드는 표음자 앞에는 '°'를 붙이고
152자 세트에 추가되는 표음자 앞에는 '°'을 붙여서 두 세트를 구별하였다.

(26) 고구려 대표자 152자

ㄱ/ㅎ : °加 °賈 °河 °漢 °韓 °葛 °岡 °蓋 °居 °建 °獻 °兄 °惠 °古 °高 °固 °好
°骨 °忽 °和 °貫 °桓 °丸 °仇 °句 °溝 °丘 °久 °候 °國 °軍 °宮 °紇
°開 °客 (35)

ㄴ : °那 °南 °男 °奴 °內 °若 °如 °儒 °爾 °人 (10)

---

59 '伯'과 '泊'은 서로 다른 표음자이지만, 고구려 멸망 이전에 동일 인명이나 지명을 표기할 때에 이
들이 동시에 사용되었다. 따라서 이 두 글자를 동일자의 誤字 또는 異體字 관계인 것으로 보았다.

ㄷ/ㅌ : °多 °旦 °達 °湯 °大 °太 °長 °德 °道 °都 °吐 °東 °冬 °頭 °豆 °中 (16)

ㄹ : °羅 °麗 °列 °盧 °婁 °留 °流 °劉 °利 °離 (10)

ㅁ : °馬 °莫 °明 °牟 °模 °木 °武 °文 °彌 °密 °買 °貊 (12)

ㅂ/ㅍ : °拔 °伐 °平 °普 °夫 °扶 °部 °富 °北 °弗 °卑 °比 °伯/泊 (13)

ㅅ : °沙 °山 °薩 °奢 °舍 °相 °上 °西 °先 °成 °蘇 °孫 °小 °須 °壽 °漱 °述 °悉 °斯 °史 °使 °生 (22)

ㅇ : °阿 °安 °耶 °也 °陽 °於 °餘 °延 °烏 °王 °位 °于 °優 °雲 °原 °元 °乙 °意 °衣 °夷 °伊 (21)

ㅈ/ㅊ : °者 °將 °折 °靑 °左 °鄒 °主 °朱 °支 °子 °咨 °慈 °次 (13)

위에서 고구려어 표음자 100자 세트와 152자 세트를 미리 만든 데에는 그만한 원인이 있다. 적어도 100자와 152자 안에 드는 표음자라면 고구려어의 음운을 분석할 때에 반드시 기술해야 한다. 이들은 고구려어 표음자의 대표성과 체계성을 동시에 갖추고 있기 때문이다. 한마디로 말하면 이들은 의무적 기술 대상이다. 그런데도 100자 세트와 152자 세트의 두 가지로 굳이 구별한 것은 고구려·백제·신라의 표기법을 서로 대비할 때에 어느 세트가 더 유용할지 아직 모르기 때문이다.

구체적인 예를 들어 고구려 대표자 선정의 필요성을 설명해 보자. 고구려어 표음자 중에서 '가/하' 음절의 표기에 사용된 표음자는 '加, 河, 可, 賀, 賈, 下, 何, 柯, 嘉, 哥' 등 모두 열 자나 된다. 이 열 자가 모두 고구려어 표음자의 대표성과 체계성을 갖춘 것은 아니다. 이 중에서 대표성과 체계성을 갖춘 표음자를 가려낼 필요가 있는데, 이때에 효과적으로 활용할 수 있는 것이 100자 세트와 152자 세트이다. '°加'는 100자 세트에 들어가고 '°河'와 '°賈'는 152자 세트에 들어가지만, 나머지 일곱 자는 등급 외에 속한다. 따라서 '°加, °河, °賈'의 세 자는 고구려어의 음운을 분석할 때에 의무적으로 기술한다. 고구려 멸망 이전에 기록되었다는 점에서 340자도[60] 의무적 기술 대상이다. 그러나 여러 언어의 표기법을 대비할

---

60 이것은 4章의 (31)에 열거하였다.

때에는 100자나 152자 세트가 340자 세트보다 효용 가치가 더 클 것이다. 340자 세트에도 들지 못하는 표음자는 필요에 따라 기술하기는 하지만 음운론적 논의에서는 모두 배제된다. 따라서 우리는 340자 세트를 기본으로 삼아 고구려어의 음운체계를 재구한다고 해도 틀린 말이 아니다.

음운 분석에 들어가기 전에 한두 가지 덧붙여 둘 것이 있다. 고구려어에는 유기자음이 있었는지 없었는지 아직 모른다. 따라서 유기자음인 'ㅎ, ㅌ, ㅍ, ㅊ'을 위의 (25)와 (26)에서처럼 무기자음인 'ㄱ, ㄷ, ㅂ, ㅈ'에 각각 합하여 기술하게 된다. 또한, 음절을 기준으로 음운 분석을 실시한다는 점도 지적해 둘 필요가 있다. 고구려어 표음자가 일종의 음절문자이기 때문이요, 漢字音의 분석은 음절을 단위로 이루어지기 때문이다.

3. 음절별 음운 분석

漢字音을 분석할 때에는 漢語 中古音을 기준으로 한다. 한어 중고음은 魏晉南
北朝에서 北宋 때까지의 한자음을 가리킨다.[1] 이것을 연구할 때에는 陸法言 등
이 601년에 편찬한『切韻』을 이용한다. 이『절운』의 음운체계를 그대로 이어받
은 것이 宋代에 편찬된『廣韻』(1007년)이다. 중요한 것은 고구려어의 표음자를
분석할 때에는 이들『切韻』系 韻書가 가장 중요한 텍스트가 된다는 점이다. 朴炳
采(1971)이 한국 중세 한자음이 南北朝 시기의 한자음에 그 기반을 두고 있다고
했고, 姜信沆(2011가, 2011나)도 이 시기에 불교의 전래와 더불어 한자음이 대량
으로 유입되었다고 했다. 우리는 한국 중세음이 아니라 고구려어 표음자를 연구
대상으로 삼는다는 점에서 이들과 다르지만,『절운』계 운서의 중고음 음가를 기
준으로 고구려어 표음자의 음가를 분석한다는 점에서는 공통된다.

모든 漢字는 기본적으로 1음절 단어이다. 따라서 유사 음절인 한자를 따로 모
아서 이들의 음가를 대비하면, 성모·개합·등·성조·운모 등의 음운론적 요소가
음운론적으로 대립하는 쌍을 아주 쉽게 찾아낼 수 있다. 이것을 우리는 음절별
음운 분석이라고 지칭한다.

---

1 漢語音韻史를 이와 다르게 구분하기도 하지만, 이것이 가장 널리 통용되는 시기 구분이다.

한국의 독자들은 한자음 기술에 사용되는 여러 전문 용어가 너무 어렵다고 한다. 이 章에서는 한국 독자들이 쉽게 다가갈 수 있도록 한국 중세 한자음의 음가를 적극적으로 활용하기로 한다. 일단 韓國 中世 漢字音으로 類似한 음절인 것을 한 덩어리로 묶어서 이들의 한자음을 기술하면 국제 표준 용어만으로 기술한 것보다 이해하기가 훨씬 쉽다. 고구려어 표음자에서는 어느 것이 유사 음절인지 그 경계를 긋기가 어렵다. 따라서 이해의 편의를 위하여 한국 중세음에서 유사 음절인 것을 한군데로 모아 분석하기로 한다.

3.1. 유사 음절의 음가 차이 반영설

음절별 연구의 대표적인 예는 이토 지유키(2007)이라 할 수 있다. 한국 중세음에 약 500여 음절이 있다면, 이들 중에서 유사한 음가인 것을 하나로 묶어서 상호 간의 음가 차이를 논의한다. 예컨대, '巴, 波, 破, … 罷, 玻' 등의 28자를 '바/파' 음절로 묶어서 이들 상호 간의 聲母 차이를 대비한다. 그리하여 '바'로 읽히는 한자가 없는 것은 '파'로의 音節偏向이 일어난 결과라고 한다(이토 지유키 2007: 100). 이런 방법으로, 脣音의 반영 양상을 논의하기 위하여 모두 18개의 음절별 분석표를 작성했다.

여러 한자가 한국 중세음에서 類似한 음절이라면, 이들은 한어 중고음으로 돌려 말하면 聲母(즉 훈민정음의 초성)가 비슷하거나 韻母가 비슷한 한자음의 집합이 된다. 그런데 한어 중고음으로 미세하게 관찰해 보면, 유사 음절인 두 한자가 성모 또는 운모에서 차이가 날 수도 있다. 이 한자음의 집합을 고구려어 표음자에 그대로 적용하면, 고구려어에서 어느 성모가 상보적 분포를 이루는지 어느 운모가 최소대립을 이루는지를 찾아낼 수 있다.

유사 음절을 하나로 묶어서 분석하는 방법은 결국 중국 음운학에서 성모의 음가를 脣音으로 묶거나, 음가가 비슷한 운모를 攝으로 묶어서 분석하는 방법과 같다. 중국 음운학에서는 脣重音과 脣輕音을 음가가 비슷한 성모라고 보아 脣音으로 묶어서 분석하고, 歌韻과 戈韻이 비슷한 음가를 가진다고 보아 果攝으로 묶어서 분석한다. 이와 마찬가지로, 고구려어 표음자를 연구할 때에 음가가 유사한 음절을 하나로 묶어서 기술할 수 있다.

예컨대, 2章 (25)의 100자 세트에서 초성이 'ㄱ/ㅎ'이면서 유사 음절인 쌍을 골라보면, '古 : 高 : 好', '骨 : 忽', '仇 : 句'의 세 쌍이 나온다. '古 : 高 : 好'와 '骨 : 忽'의 두 쌍에서 고구려어의 /*k/와 /*h/가 음운대립을 이루는지 확인할 수 있다. 뒤에서 논의하겠지만 '骨'과 '忽'은 성모에서만 음가가 차이가 나고 나머지 음운론적 요소는 동일하다. 달리 말하면 이 둘은 성모의 최소대립 쌍이다. 프라그 학파의 음운 분석 이론에 따르면 최소대립 쌍의 두 대립 항은 음소로 설정되므로, 고구려어에서 /*k/와 /*h/가 독자적인 音素로 설정된다.

그렇다면 '구' 음절의 '仇'와 '句'는 음가가 동일할까 서로 차이가 날까? 이러한 질문을 통하여 고구려어의 音素를 설정할 수 있다. 그런데 이 질문은 왜 하게 되는가? 만약에 두 표음자 '仇'와 '句'가 완전히 동일한 음가를 가진다면 구태여 '구' 음절의 표기에 두 개의 표음자를 모두 사용할 필요가 없다. 둘 중에서 하나만 골라서 사용하면 되기 때문이다. 그런데도 '仇'와 '句'를 모두 사용했으므로 이 둘의 음가가 서로 달랐다는 가설이 성립한다.

표음문자에서는 음가가 서로 다르면 서로 다른 표음자로 표기하는 것이 원칙이다. 고구려어 표음자는 표음문자 중에서도 음절문자의 일종이기 때문에 음가가 서로 다른 음절은 서로 다른 표음자로 표기하는 것이 원칙이다. 여기에서 유사 음절의 표기에 둘 이상의 표음자가 사용된 것은 음가 차이를 정확하게 반영하기 위하여 둘 이상의 표음자를 사용한 것이라는 가설이 성립한다. 이것을 우리는 音價 差異 反映說이라고 부른다.

이 음가 차이 반영설이 맞는지는 자료를 통하여 경험적으로 확인되어야 한다. 아래에서 고구려어 표음자를 대상으로 삼아 이것을 검증하기로 한다.

3.2. 음절별 음운 분석

앞에서 이미 말한 것처럼, 음절별로 음운을 분석하면 이해하기가 아주 쉽다.

그렇다고 하여 단점이 없는 것은 아니다. 음절별 분석 방법은 그 개별성을 특징으로 한다. 漢語의 脣音이 무기음 'ㅂ'과 유기음 'ㅍ'으로 반영되는 양상을 논의하기 위하여 'ㅂ'이나 'ㅍ'이 초성 위치에 온 음절을 일일이 구별해서 정리해야 한다. 그리하여 이토 지유키(2007)처럼 脣音과 관련된 음절을 18개로 나누어 분석표를 만들어야 한다. 이러한 개별성이 음절별 음운 분석의 한계라고 할 수 있다. 달리 말하면, 모든 음절을 대상으로 삼아 'ㅂ'과 'ㅍ'의 용례를 검토하므로, 자료 정리가 비체계적이고 비효율적이다. 이 한계는 음절별 음운 분석을 실시하다 보면 저절로 드러난다.

3.2.1. '가/하' 음절, "°加, °河, °賈"[2]

유사 음절별로 음운을 분석하기 전에, 자료 제시 방법을 먼저 간단히 제시해 둔다. 아래 (1)의 '加, 河, 賈, 可, 賀, 下, 何, 柯, 嘉, 哥' 등은 고구려어 표음자이다. 그 뒤에 바로 붙여 [ ] 안에 정리한 것은 漢語 中古音의 음가이다. '='의 뒤에 둔 것은 韓國 中世音이다. 이 한국 중세음 뒤에 { }로 묶어 열거한 것은 표음자의 용례와 출전이다.

(1) '加, 河, 賈, 可, 賀, 下, 何, 柯, 嘉, 哥'의 음가 및 용례

 1. 加[見開2平麻]=가^L {加太羅谷, 掃加城^{百}(광개), 加群(평양성A), 古雛加(삼국, 양서, 남사, 중원), 大加(삼국, 후한, 양서, 남사, 북사), 相加(삼국, 후한, 양서, 남사), 小加(삼국, 후한, 양서, 남사), 加火押(지리), 大古昻加(일본), 加尸/加尸城(당서, 구당), 消奴加(사)}

 2. 河[匣開1平歌]=하^L {河伯(광개, 집안), 河泊(모두), 河西良(지리), 河于(일)}

 3. 賈[見開2去麻]=가^R {東海賈(광개), 達賈, 賈(사)}

 4. 可[溪開1上歌]=가^R {可婁(일), 可汗神(구당, 당서), 左可慮(사)}

 5. 賀[匣開1去歌]=하 {賀取文(일), 薩賀水(당서, 사)}

---

2 고구려 대표자 100자에 드는 것은 '°加'처럼 앞에 '°'을, 152자에만 드는 것은 '°河'처럼 '°'를 달았다.

6. 下[匣開2上麻]=하^R 下[匣開2去麻]=하^R, 샤 {果下馬(위서, 북사), 下部(사)}

7. 何[匣開1平歌]=하^L {何瑟羅(지리)}

8. 柯[見開1平歌]=가^L {伊利柯須彌(일)}

9. 嘉[見開2平麻]=가^L {福嘉(일)}

10. 哥[見開1平歌]=가^L {哥勿/哥勿城(구당, 당서, 사)}

‘가/하’ 음절의 표기에는 ‘加, 河, 賈, 可, 賀, 下, 何, 柯, 嘉, 哥’ 등이 사용되었다. 이 중에서 ‘^{o}加’는 고구려 代表字 100자에 들어가고, ‘^{o}河’와 ‘^{o}賈’는 152자에 들어간다. 반면에 (1.4~10)의 ‘可, 賀, 下, 何, 柯, 嘉, 哥’ 등은 출현 텍스트의 분포가 넓지 않고 용례가 아주 드물다. 이들의 용례가 대부분 고구려 멸망 이후에 기록된 것이라는 점도 아주 중요하다. (1.6)의 용례인 ‘果下馬(위서, 북사)’가 멸망 이전에 기록되었지만, ‘果下馬’는 한자의 의미를 그대로 간직하고 있는 한자어이므로 고구려어 항목에서 애초부터 제외해야 할 단어이다. 이것을 제외하면 (1.4~10)의 용례가 모두 멸망 이후에 기록되었다. 이처럼 기록 시기가 멸망 이후인 것은 논의 대상에서 제외해도 되는데, 이것을 뒤에서 실제로 경험할 수 있을 것이다.

‘^{o}河’는 ‘^{o}加’와 음운론적으로 대립한다. ‘^{o}加’의 한어 중고음 [見開2平麻]를 ‘^{o}河’의 [匣開1平歌]에 대비해 보면, 聲母·等·韻母의 세 가지가 서로 다르다. ‘^{o}加’와 ‘^{o}河’는 聲調가 平聲이므로 성조는 동일하지만 성모에서는 ‘^{o}加’가 見母 /*k/이고 ‘^{o}河’가 匣母 [*ɦ]이다.[3] 고구려어에서는 匣母 [*ɦ]와 曉母 /*h/가 하나의 음소 曉母·匣母 /*h/로 묶인다.[4] 見母 /*k/와 曉母·匣母 /*h/가 고구려어에서 음운론적으로 대립했으므로 ‘^{o}加’와 ‘^{o}河’의 음가 차이를 바로 이 성모의 차이에서 구할 수 있다. 따라서 이 음가 차이를 반영하기 위하여 ‘^{o}加’와 ‘^{o}河’의 두 표음자를 사용했다는 논의가 가능하다.

---

3 고구려어에서 음소의 자격을 갖는 것은 항상 / / 안에 넣고, 음소의 자격을 가지 못하고 변이음에 불과한 것은 [ ] 안에 넣어 구별한다. 이하 같다.

4 이에 대해서는 3장 2.2절의 ‘간/한’ 음절에서 논의한다.

이와는 달리, '°加'와 '°河'의 음가 차이를 韻母에서 구할 수도 있다.[5] '°加'는 麻韻字이고, '°河'는 歌韻字이다. 고구려어 표음자 전체를 대상으로 麻韻과 歌韻이 음운론적으로 대립했는지를 검토해 보기로 한다. 첫째, 순음의 明母 /*m/ 뒤에는 麻韻만 오고 歌韻은 오지 않는다. 순음의 幇母 /*p/ 뒤에서도 이와 같으므로, 순음 뒤에는 麻韻만 온다고 일반화할 수 있다. 둘째, 설음의 泥母 /*n/, 來母 /*l/, 娘母 [*ɳ] 뒤에는 歌韻만 오고 麻韻은 오지 않는다. 설음의 端母·知母 /*t/의 뒤에는 歌韻이 오고 定母·澄母 /*d/ 뒤에는 麻韻이 온다. 셋째, 치음의 마찰음인 生母 [*ʂ]와 書母 [*ɕ]의 뒤에는 麻韻만 온다. 넷째, 치음의 파찰음인 精母 /*ts/ 뒤에는 歌韻만 오고, 淸母 [*tsʰ]뿐만 아니라 章母 [*tɕ]나 昌母 [*tɕʰ]의 뒤에는 麻韻만 온다. 지금까지의 논의를 종합하면, 고구려어에서 歌韻과 麻韻이 相補的 分布를 이룬다. 상보적 분포인 두 음성은 하나의 음소로 통합하는 것이 원칙이므로 歌韻과 麻韻의 韻腹을 하나의 음소 /*a/로 합칠 수 있다.

이 논의에 따르면 '°加'와 '°河'는 운모가 아니라 성모의 음가에서 차이가 난다고 보아야 한다. 그렇다면 見母 /*k/와 曉母·匣母 /*h/의 음가 차이를 반영하기 위해 각각 '°加'와 '°河'를 선택해서 사용했다고 할 수 있다.

그런데 歌韻과 麻韻의 분포에 대한 위의 설명은 너무 복잡하여 이해하기가 어렵다. 이 어려움을 해소하기 위하여 만든 것이 6章의 (3)과 (4)에 제시한 果攝과 假攝의 분포 분석표이다. 이 분석표에 따르면, 고구려 멸망 이전의 표음자에서는 歌韻字와 麻韻字가 동일 칸에 오지 않는다. 이것은 歌韻과 麻韻이 고구려어에서 상보적으로 분포한다는 것을 뜻한다. 구조주의 음운분석 이론에서는 상보적 분포를 이루는 두 개의 音聲을 하나의 단위로 묶는다. 이와 마찬가지로 고구려어에서 歌韻과 麻韻을 하나로 합쳐서 歌韻·麻韻으로 통합하고 그 韻腹에 하나의 음소 /*a/를 배당한다.[6]

이처럼 6章의 논의를 빌려 와서, 고구려어 표음자의 歌韻字나 麻韻字의 분포를 정리하면 아주 편하다. 그러나 음절별 음운 분석에서는 이러한 체계적 논의

---

5 한자음의 여러 음운론적 요소 중에서 等은 韻母에 연동될 때가 많다. 이 等을 음운론적 요소로 간주하기 시작한 것은 宋代에 와서의 일이다.

6 歌韻과 麻韻이 변별되지 않은 것은 15~16세기의 한국 중세 한자음에서도 마찬가지였다.

가 불가능하다. 모든 음절을 대상으로 삼아 개별적으로 논의한 다음에 이것을 모두 한군데로 모아야만 비로소 분포의 윤곽이 드러난다. 이 개별성이 음절별 음운 분석이 가지는 한계라고 할 수 있다.

다음으로, '°加'와 '°賈'의 음가를 대비해 본다. 이 두 표음자에서는 성조에서만 차이가 난다. '°加'는 평성이고, '°賈'는 거성이다. 그렇다면 이 두 표음자는 聲調의 최소대립 쌍이다. 字音의 음운론적 요소에는 聲母·開合·等·聲調·韻의 다섯 가지가 있는데, 이 중에서 성조를 제외한 네 가지가 동일하므로 이 둘은 성조 최소대립 쌍임이 분명하다. 이에 따르면 '°加'와 '°賈'는 성조의 차이를 반영하기 위하여 골라서 사용한 표음자가 된다.

그런데 더 중요한 것이 있다. '°加'와 '°賈'가 성조 최소대립 쌍이라면 고구려어에 성조 대립이 있었다고 말할 수 있고, 나아가서 고구려어가 성조 언어였을 가능성이 제기된다. 지금까지 고구려어가 성조 언어였다는 사실은 아무도 제기한 적이 없으므로, 고구려어 표음자 '°加'와 '°賈'의 가치는 아주 귀중하다. 아직 하나의 예에 불과하기 때문에 속단할 수 없지만, 고구려어가 성조 언어였을 가능성이 있기 때문이다.

지금까지 논의한 바를 음가 분석표로 나타내 보면 다음과 같다. 이처럼 음가 분석표를 활용하면 이해하기가 훨씬 쉬워진다.

A. '°加, °河, °賈'의 음가 분석표

성모 \ 성조	평성	상성	거성	입성	음절
見母 /*k/	°加		°賈		가/하
曉母·匣母 /*h/	°河				

'가/하' 음절의 표기에 사용된 고구려 대표자는 '°加, °河, °賈'의 셋이다. '°加'를 '°河'와 대비해 보면, 이 둘은 聲母에서만 음가가 구별되는 최소대립 쌍이다. 이 최소대립 쌍에서 見母 /*k/와 曉母·匣母 /*h/가 음운론적으로 대립한다. 따라서 고구려어 음소에 /*k/와 /*h/를 등록한다. 또한 '°加'를 '°賈'와 대비해 보면 성조에서만 차이가 난다. 이 둘은 성조 최소대립 쌍이므로 고구려어에 성조 대립이 있었음을 암시한다. 고구려어가 성조 언어였는지를 뒤에서 유심히 살펴

보기로 한다.

3.2.2. '간/한' 음절, 'ᵒ漢, ᵒ韓'

(2) '漢, 韓, 幹, 寒, 汗, 簡, 干'의 음가와 용례

1. 漢[曉開1去寒]=한ᴿ {漢城(평양성B, 주서, 북사, 수서, 지리, 당서, 사), 北漢山郡,
   漢忽(지리), 拜漢(당서)}

2. 韓[匣開1平寒]=한ᴸ {客賢韓ᴾ, 求底韓ᴾ, 大山韓城ᴾ, 韓, 韓穢(광개), 三韓(천
   남생, 고자묘, 천헌성), 韓始城(사)}

3. 幹[見開1去寒]=간ᴿ {幹弓利城ᴾ(광개), 分幹(당서)}

4. 寒[匣開1平寒]=한ᴸ {薩寒縣(지리)}

5. 汗[匣開1去寒]=한ᴿ/ᴴ {可汗神(구당, 당서, 사)}

6. 簡[見開2上山]=간ᴿ {高大簡(구당)}

7. 干[見開1平寒]=간ᴸ {干(사)}

'간/한' 음절의 표기에는 '漢, 韓, 幹, 寒, 汗, 簡, 干' 등이 사용되었다. 이 중에서
'ᵒ漢'은 고구려 대표자 100자 세트에 들고 'ᵒ韓'은 152자 세트에 든다. 대표자에
서 제외된 표음자와 대표자가 그 용례 수에서 현격한 차이가 있음을 (2)에서 확
인할 수 있다. 여기에서 대표자 선정의 의의를 찾을 수 있다.

'ᵒ漢'과 'ᵒ韓'의 한어 중고음을 분석해 보면 다음과 같다.

B. 'ᵒ漢, ᵒ韓'의 음가 분석표

성모 \ 성조	평성	상성	거성	입성	음절
曉母 /*h/			ᵒ漢		간/한
匣母 [*ɦ]	ᵒ韓				

'ᵒ漢'의 중고음은 [曉開1去寒]이고, 'ᵒ韓'은 [匣開1平寒]이다. 따라서 'ᵒ漢'과 'ᵒ韓'
의 음가 차이는 성모 또는 성조의 차이라고 할 수 있다.

그런데 고구려어 표음자 전체를 대상으로 했을 때에, 曉母와 匣母가 최소대립

을 이루는 것은 (2.1)의 漢[曉開1去寒]과 (2.5)의 汗[匣開1去寒]뿐이다. 이 최소대
립 쌍을 인정하면 고구려어에서 무성자음인 曉母 /*h/에 대립하는 유성자음의
匣母 /*ɦ/를 음소로 인정해야 한다.

　그러나 이 음운대립의 성립 시점이 문제가 된다. (2.5)에서 확인할 수 있듯이,
'汗'의 용례가 '可汗神' 하나뿐이고 이 용례가 고구려 멸망 이후의 사서에 기록되
었다. 『구당서』는 10세기에, 『당서』는 11세기에, 『삼국사기』는 12세기에 각각 편
찬되었으므로, 曉母와 匣母의 음운대립이 성립하는 시점은 일러야 10세기가 된
다. 음운대립의 成立 時點이 고구려 멸망 이후인 것은 진정한 의미의 고구려어
음운대립이라 할 수 없다. 이것은 백제어의 자음체계를 설정하는 과정에서 경험
적으로 입증된 바 있다.[7] 이에 따르면, '漢'의 曉母 /*h/와 '汗'의 匣母 [*ɦ]가 고
구려어에서는 음운론적으로 대립하지 않았다는 결론이 나온다. 따라서 이 둘을
하나의 음소 曉母·匣母 /*h/로 통합하게 된다. 이에 따르면 B의 음가 분석표를
다음과 같이 수정해야 한다.

B′. '°漢, °韓'의 음가 분석표

성모　　　성조	평성	상성	거성	입성	음절
曉母·匣母 /*h/	°韓		°漢		간/한

　위와 같이 수정하게 되면 '°漢'과 '°韓'의 음가 차이가 聲調의 차이로 귀결된다.
고구려어의 표기에서 이 두 표음자를 분명히 구별해서 사용했다는 것은 (2)의 여
러 용례를 통하여 바로 확인할 수 있다. '三韓'을 '*三漢'이라 표기한 적이 없고,
'漢城'을 '*韓城'이라 표기한 적도 없다. '°漢'과 '°韓'을 이처럼 엄격하게 구별해
서 사용했던 것이다. 따라서 이 두 표음자는 음가가 서로 달랐다고 할 수 있고,
그 음가 차이는 '°漢'의 성조가 去聲인 데에 비하여 '°韓'은 平聲이라는 데에서
찾을 수 있다.

　그렇다면 B′의 '°漢'과 '°韓'은 고구려어에 성조 대립이 있었음을 말해 주는 결

---

7 백제 멸망 이후에 성립하는 최소대립 쌍은 誤記한 것이거나 음운론적으로 무의미한 것이었다(이
　승재 2013나).

정적 증거가 된다. 이처럼 성조의 차이로 음운대립이 성립하는 예가 두루 확인 된다면 고구려어가 성조 언어였다는 가설을 세울 수 있다.

음가 분석표 B를 B'로 수정하면서 멸망 이전의 고구려어 표음자에서는 曉母 [*h]와 匣母 [*ɦ]의 최소대립 쌍을 찾을 수 없다고 하였다. 그런데 이것을 어떻게 증명할까? 음절별 음운 분석 방법으로는 이것을 증명하기가 아주 어렵다. 'ㅎ' 또 는 'ㄱ'이 초성 위치에 오는 음절을 모두 모아서 서로 대비해야 하는데, 이것은 개 별적이고 비효율적인 방법이다. 따라서 5章에서 체계적이고도 효율적인 방법으 로 曉母 [*h]와 匣母 [*ɦ]의 최소대립 쌍이 없음을 증명하기로 한다.

3.2.3. '개/해' 음절, °蓋

(3) '蓋, 卦, 害'의 음가와 용례

1. 蓋/盖[見開1去泰]=개^R {蓋馬/盖馬大山(한서, 삼국, 후한, 북사, 수서), 蓋牟/盖 牟城(수서, 구당, 당서, 사), 蓋蘇文(유인원, 구당, 당서, 사, 유), 蓋金(당서, 사), 蓋氏(유)}

2. 卦[見合2去佳]=개 {卦婁(평양성A), 助有卦婁手切(일)}

3. 害[匣開1去泰]=해^R {波害乎史縣(지리)}

'개' 음절의 표기에는 '蓋, 卦, 害' 등이 사용되었다. 이 중에서 '°蓋'만 고구려 대 표자 100자에 든다. 이처럼 대표자가 하나에 불과한 음절에는 음운대립 이론을 적용하지 않는다.

3.2.4. '거/허' 음절, °居

(4) '居, 去, 駏'의 음가와 용례

1. 居[見中C平魚]=거$^{L/R}$ {男居城(광개), 優居(삼국, 사), 駏位居(삼국), 居尸押(지 리), 默居, 憂位居(사)}

2. 去[溪中C去魚]=거$^{R/H}$ {去斯斬(지리)}

3. 許[曉中C上魚]=허^H {許呂使主(성)}

4. 駏=巨[群中C上魚]=거^R {駏驤(사)}

'거/허' 음절의 표기에는 '居, 去, 許, 駏'가 사용되었다. 이 중에서 '°居'만이 100자 세트에 든다. 대표자가 아닌 표음자와 대표자 상호 간에 용례 차이가 현격함을 볼 수 있다. 이 네 표음자의 운모가 모두 魚韻이므로 이들 상호 간의 음가 차이는 성모나 성조의 차이에서 찾아야 한다.

그런데 '去, 許, 駏'의 세 표음자는 용례도 적거니와 고구려 멸망 이후의 텍스트에 기록되었다. 이처럼 멸망 이후에 기록된 표음자는 논의 대상에서 일단 제외하는 것이 우리의 일관된 태도이다. 달리 말하면, '거/허' 음절의 표기에는 '°居'만 사용되었다고 해도 무방하다.

3.2.5. '건/헌' 음절, "°建, °獻'

(5) '建'의 음가와 용례

1. 建[見開C去元]=건^R {高建(북사), 男建(천헌성, 천남생, 구당, 당서, 사), 建安城, 高建武(구당, 당서), 勇建(구당), 南建(당서, 사), 建武王, 建安/建安城(사), 建成(사, 유)}

2. 獻[曉開C去元]=헌^{R/H} {泉獻誠(천남생, 천헌성, 천비묘, 사), 獻忠(당서, 사)}

'건/헌' 음절의 표기에는 '建'과 '獻'이 사용되었다. '건'을 표음할 수 있는 것에는 이 밖에도 '件, 乾, 巾' 등이 있으나 고구려에서는 이들을 전혀 사용하지 않았다. '°建'은 고구려 대표자 100자에 들어가고, '°獻'은 152자에 들어간다.

'°建'의 중고음 음가 [見開C去元]과 '°獻'의 음가 [曉開C去元]을 대비해 보면, 흥미롭게도 이 둘은 성모만 서로 다르고 나머지 음가는 동일하다. 따라서 '°建'과 '°獻'은 성모 최소대립 쌍이다. 이 최소대립 쌍에서도 見母 /*k/와 曉母 /*h/가 음소로 설정된다.

C. '°建, °獻'의 음가 분석표

성모 \ 성조	평성	상성	거성	입성	음절
見母 /*k/			°建		건/헌
曉母 /*h/			°獻		

    그런데 이 최소대립이 고구려 멸망 이후에 성립한다는 문제가 남아 있다. 천남생비는 679년에, 천헌성비는 701년에, 천비묘지는 733년에 각각 작성되었으므로 음운대립 성립의 시점이 고구려 멸망 이후이다. 앞에서 이미 논의했듯이, 고구려 멸망 이후에 성립하는 최소대립 쌍은 신빙성이 떨어진다. 그렇지만 이 경우에는 예외적으로 믿을 만하다. 음운대립이 성립하는 679년은 고구려 멸망 직후라고 할 수 있기 때문이다. 달리 말하면, '°建'과 '°獻'은 고구려 멸망 이전에 이미 지어진 인명에 사용되었다. 이들이 죽은 뒤에 비로소 기록되었을 뿐이다. 따라서 '°建'과 '°獻'의 최소대립을 인정하기로 한다. 見母 /*k/와 曉母 /*h/의 음운대립은 다른 최소대립 쌍에서도 얼마든지 확인할 수 있다.

3.2.6. '경/형' 음절, '°兄'

(6) '兄, 竟, 逈, 卿'의 음가와 용례

  1. 兄[曉合B平庚]=형^L, 셩 {小兄(평양성A,B, 평양성;오,해, 삼국, 위서, 주서, 수서, 천남생, 천남산, 당서, 사), 大兄(중원, 모두, 삼국, 위서, 주서, 북사, 수서, 천남생, 고자묘, 천남산, 진묘, 일본, 성씨록, 구당, 당서, 사), 諸兄(삼국, 당서, 사), 太兄(위서)}

  2. 竟[見開B去庚]=경^{R/H} {竟候奢(북사)}

  3. 逈⁸ {烏斯逈(지리)}

  4. 卿[溪開B平庚]=경^L {安卿王(성)}

    '경/형' 음절의 표기에는 '兄, 竟, 逈, 卿' 등이 사용되었다. 이 중에서 대표자에

---

8 『廣韻』에 나오지 않아서 음가를 제시하지 않았다. '逈'을 '逈'과 같은 글자로 이해하면 '逈'은 [匣合4上逈]의 음가를 가진다.

포함되는 것은 '°兄'밖에 없다.

3.2.7. '계/혜' 음절, '°惠, [†]桂'

(7) '惠, 桂, 慧, 罽, 契'의 음가와 용례

1. 惠[匣合4去齊]=혜^R {慈惠(모두), 惠眞(유인원, 사), 惠灌, 惠聰, 惠便(일본), 高惠貞(구당), 高惠眞(구당, 당서), 惠亮法師(사)}

2. 桂[見合4去齊]=계^R {桂婁/桂婁部(삼국, 후한, 양서, 천남산, 천남생, 당서)}

3. 慧[匣合4去齊]=혜^R {慧慈(일)}

4. 罽[見開AB去祭]=계 {罽山, 罽須(사)}

5. 契[見開4去齊]=계^R {契育(유)}

'계/혜' 음절의 표기에는 '惠, 桂, 慧, 罽, 契' 등이 사용되었다. 이 중에서 '°惠'만 대표자에 들어간다. '[†]桂'는 고구려 대표자가 아니지만 논의의 대상으로 삼는다. '[†]桂'의 '[†]'는 152자 세트에도 들지 못하지만 340자 세트에는 들어가는 표음자임을 뜻한다.

그런데 (7.1)의 '°惠'와 (7.2)의 '[†]桂'의 중고음 음가를 대비해 보면, 성모에서만 음가가 다르다. 이 최소대립 쌍에서도 見母 /*k/와 曉母·匣母 /*h/의 최소대립을 확인할 수 있다. 이 최소대립은 고구려어의 음운대립이다. 見母字인 '[†]桂'는 3세기 후반의 『삼국지』에 이미 나오고 匣母字인 '°惠'는 5세기 중엽의 모두루비에 나오므로, 見母 /*k/와 曉母·匣母 /*h/의 음운대립은 늦어도 5세기 중엽에 이미 성립되었다고 할 수 있다. '[†]桂'의 용례에 '桂婁/桂婁部'밖에 없어서 '[†]桂'가 고구려 대표자에서 제외되었지만 대단히 중요한 표음자임을 여기에서 알 수 있다.

D. '°惠, [†]桂'의 음가 분석표

성모＼성조	평성	상성	거성	입성	음절
曉母·匣母 /*h/			°惠		계/혜
見母 /*k/			[†]桂		

3.2.8. '고/호' 음절, "古, °高, °好, º固"

(8) '古, 高, 好, 固, 護, 胡'의 음가와 용례

1. 古[見中1上模]=고^R 古[見中1上模]=고^R {古鄒加(삼국, 중원, 양서, 남사), <u>古利城</u>^{百}, <u>古模耶羅城</u>^{百}, □<u>古盧城</u>^{百}, <u>古舍蔦城</u>(광개), <u>古牟婁城</u>^{百}(광개, 중원), <u>古鄒大加</u>(후한, 당서), <u>古斯也忽次</u>, 甲比<u>古次</u>(지리), 大<u>古昂加</u>(일), <u>古辛氏</u>(사)}

2. 高[見中1平豪]=고^L {<u>高麗</u>(중원, 연가, 유인원, 고자묘), <u>高句*驪</u>(무구, 천헌성, 구당, 사), <u>高</u>(송서, 진서, 수사, 고자묘, 송사, 사, 유)}

3. 好[曉中1上豪]=호$^{R/H}$ 好[曉中1去豪]=ho$^{R/H}$ {<u>好太王</u>(광개, 모두, 호태, 일), <u>好大王</u>(삼국), 明治<u>好王</u>, 陽崗上<u>好王</u>, 平崗上<u>好王</u>(사), 明理<u>好</u>, <u>好</u>禳(유)}

4. 固[見中1去模]=고$^{R/H}$ {伯<u>固</u>(삼국, 후한, 양서, 북사, 사), 帶<u>固</u>(삼국), 咄<u>固</u>, 安<u>固</u>(사)}

5. 護[匣中1去模]=호^R {吐<u>護</u>眞水(구당)}

6. 胡[匣中1平模]=호^L {墨<u>胡</u>子, <u>胡</u>子(사), 墨<u>胡</u>(유)}

'고/호' 음절의 표기에는 '古, 高, 好, 固, 護, 胡' 등이 사용되었다. 이 중에서 °古, °高, °好'는 100자 세트에, 'º固'는 152자 세트에 든다. (8.2)의 성씨 °高'가 사실은 고구려 건국기부터 사용되었다고 보아야 하므로 사용 시기에서 '°古, °好, º固' 등과 차이가 나지 않는다. 이 네 표음자의 음가를 분석해 보면 다음과 같다.

E. '°古, °高, °好, º固'의 음가 분석표

성모 \ 성조	평성	상성	거성	입성	음절
見母 /*k/		°古$_模$	º固$_模$		
見母 /*k/	°高$_豪$				고/호
曉母·匣母 /*h/		°好$_豪$			

'°古'의 중고음 [見中1上模]와 'º固'의 [見中1去模]는 성조에서만 차이가 난다. 따라서 이 성조 차이를 구별하기 위하여 '°古'와 'º固'의 두 표음자를 사용했다고 할 수 있다. 이 '°古'와 'º固'는 성조 최소대립 쌍이므로, 성조의 차이를 표기에

반영한 것으로는 세 번째 예가 된다.

 '°高'와 '°好'의 음가는 각각 [見中1平豪]와 [曉中1上豪]이다. 이 둘은 운모만 같고, 성모도 다르고 성조도 다르다. 따라서 이 둘의 음가 차이를 성모의 차이에서 구할 수도 있고 성조의 차이에서 구할 수도 있다. 앞에서 이미 기술한 것처럼, 見母 /*k/는 曉母·匣母 /*h/와 음운론적으로 대립한다. 따라서 이 성모의 차이를 반영하기 위해서 '°高'와 '°好'를 구별해서 사용했다고 할 수 있다. 이와는 달리, 음가 차이를 '°高'의 성조 평성과 '°好'의 성조 상성의 차이에서 찾을 수도 있다. 둘 중에서 어느 것을 택하든, '°高'와 '°好'는 음가 차이를 반영하기 위해 구별해서 사용한 표음자가 된다.

 '°古, °高, °好, °固'의 네 표음자에서 정작 문제가 되는 것은 운모이다. '°古'와 '°固'는 模韻字이고, '°高'와 '°好'는 豪韻字이다. 고구려어에서 模韻과 豪韻이 음운론적으로 변별되었을까? 만약에 이 두 운모가 음운론적으로 대립하지 않았다면 위의 E는 아래의 E′와 같이 수정할 수 있다. 이렇게 수정하면 見母 뒤에서 평성인 '°高豪', 상성인 '°古模', 거성인 '°固模'가 서로 음운론적으로 대립하게 된다.

E′. '°古, °高, °好, °固'의 음가 분석표

성조　　성모	평성	상성	거성	입성	음절
見母 /*k/	°高豪	°古模	°固模		고/호
曉母·匣母 /*h/		°好豪			

 중국 음운학에서는 模韻은 遇攝에 속하고 豪韻은 效攝에 속하므로 그 음가 차이가 크다. 현대 북경어에서 模韻인 '°古'와 '°固'는 각각 [gǔ]와 [gù]로 발음되지만 豪韻인 '°高'와 '°好'는 각각 [gāo]와 [hǎo]로 발음되어 韻尾의 유무에서 크게 차이가 난다. 그러나 한국 중세음에서는 模韻과 豪韻이 모두 'ㅗ'로 전사되어 구별되지 않는다.

 그렇다면 고구려어에서는 어땠을까? 고구려어 표음자 690자를 대상으로 模韻과 豪韻의 분포를 정리하면 다음과 같다. 첫째, 순음의 明母 /*m/ 뒤에는 模韻도 오고 豪韻도 온다. 다만, 이때의 豪韻字는 '毛' 하나뿐이다. 순음의 幫母 /*p/ 뒤에는 豪韻이 오지만, 滂母 [*pʰ]와 並母 /*b/ 뒤에는 模韻이 온다. 따라서 순음 뒤에서는 模韻과 豪韻이 상보적 분포를 이룬다. 둘째, 설음의 泥母 /*n/과 來母 /*l/ 뒤에는 模韻도 오고 豪韻도 온다. 마찬가지로 설음의 端母 /*t/와 定母 /*d/ 뒤에는 둘 다 온다. 따라서 설음 뒤에서는 模韻과 豪韻이 상보적 분포가 아니다. 셋째, 치음의 마찰음인 心母 /*s/ 뒤에는 模韻도 오고 豪韻도 온다. 넷째, 치음의 파찰음인 清母 [*ʦʰ]와 從母 [*dz] 뒤에는 模韻만 오지만, 精母 /*ʦ/ 뒤에는 模韻도 오고 豪韻도 온다. 따라서 치음 파찰음 뒤에서는 模韻과 豪韻이 상보적 분포가 아니다. 다섯째, 아음의 見母 /*k/, 후음의 影母 /*ʔ/, 曉母·匣母 /*h/ 뒤에는 模韻도 오고 豪韻도 온다. 아음의 疑母 /*ŋ/ 뒤에는 模韻만 오지만, 아후음 뒤에서는 模韻과 豪韻이 상보적 분포가 아니다. 결론적으로, 순음 뒤에서만 模韻과 豪韻이 상보적 분포이고, 나머지 음운론적 환경에서는 상보적 분포가 아니다. 따라서 模韻과 豪韻을 별개의 독자적인 음소라고 할 수 있다.

그런데 고구려 멸망 이전에 사용된 표음자로 한정하게 되면 상황이 달라진다. 模韻과 豪韻의 음운대립 쌍을 찾을 수가 없다. 6章의 (47)에 제시한 模韻과 豪韻·肴韻의 분포 분석표(멸망 이전)에서 볼 수 있듯이, 模韻과 豪韻이 동일 칸에 오지 않는다. 이것은 달리 말하면 聲母와 聲調는 동일하되 模韻과 豪韻의 차이로 변별되는 표음자 쌍이 없다는 뜻이다. 이것은 멸망 이전의 고구려어에서는 模韻과 豪韻이 변별되지 않았음을 의미한다. 이에 따라 이 두 韻母를 模韻·豪韻 하나로 묶고, 그 운복을 /*o/로 추정한다.

그렇다면 '°古, °高, °好, °固'의 음가를 분석할 때에 E보다는 E′의 음가 분석표가 더 정확하다고 할 수 있다. 고구려어에서 模韻과 豪韻이 변별되지 않았으므로 '°古, °固'와 '°高, °好'의 운모를 구별할 필요가 없다. 따라서 이 두 쌍을 한군데로 몰아서 제시하는 것이 맞는데, 희한하게도 E′에서는 이 네 표음자가 오는 칸이 서로 배타적이면서 동시에 체계적이다. 이 점에서도 E′의 음가 분석표가 더 정확하다.

마지막으로, 운모가 동일한 표음자끼리 대비해 보자. 운모가 模韻 /*o/인 '°古'와 '°固'의 음가는 성조에서만 차이가 난다. 달리 말하면 이 두 표음자는 성조 최소대립 쌍이다. 따라서 이 둘은 고구려어에 성조 대립이 있었음을 보여 주는 중요한 자료가 된다. 운모가 豪韻 /*o/인 '°高'와 '°好'는 성모에서도 차이가 나고 성조에서도 차이가 난다. 따라서 '°高'와 '°好'를 구별하여 사용한 것은 성모 차이를 반영하기 위해서라고 할 수도 있고, 성조 차이를 반영하기 위해서라고 할 수도 있다. 이처럼 두 가지 해석이 가능한 대립 쌍이 적지 않다.

3.2.9. '골/홀' 음절, '°骨, °忽'

(9) '骨, 忽, 笏'의 음가와 용례

1. 骨[見合1入魂]=골 {丸骨都(삼국), 蘇骨(주서, 북사, 사), 紇升骨城(위서, 주서, 북사, 사), 骨蘇, 紇斗骨城(주서), 烏骨/烏骨城(천남생, 구당, 당서, 사), 骨乃斤縣, 骨衣奴縣, 骨衣內縣, 骨尸押(지리), 骨句川, 武骨, 屋骨, 王骨嶺(사)}

2. 忽[曉合1入魂]=홀 {忽本(광개), 仍忽, 奈兮忽, 沙伏忽, 買忽, 車忽, 買召忽, 彌鄒忽, 古斯也忽次, 首尒忽, 童子忽, 述尒忽, 首泥忽, 馬忽, 泥沙波忽, 冬比忽, 烏阿忽, 多知忽, 買旦忽, 德頓忽, 冬音忽, 內米忽, 漢忽, 乃忽, 弓次云忽, 冬忽, 于冬於忽, 要隱忽次, 也次忽, 冬斯忽, 比列忽, 也尸忽, 加阿忽, 達忽, 蕪子忽, 肖巴忽, 仇次忽, 波尸忽, 非達忽, 烏列忽, 安十忽, 甘勿伊忽, 肖利巴利忽, 乃勿忽, 皆尸押忽, 甘彌忽, 赤里忽, 召尸忽, 加尸達忽, 甲忽, 折忽(지리), 安丁忽(유)}

3. 笏[曉合1入魂]=홀 {明臨笏覩(사)}

'골/홀' 음절의 표기에는 '骨, 忽, 笏' 등이 사용되었다. 이 중에서 '°骨'과 '°忽'은 고구려를 대표하는 표음자이다.

F. '°骨, °忽'의 음가 분석표

성모＼성조	평성	상성	거성	입성	음절
見母 /*k/				°骨	골/홀
曉母 /*h/				°忽	

'°骨'과 '°忽'의 음가를 대비해 보면 오직 성모에서만 차이가 난다. '°骨'은 見母 /*k/이고 '°忽'은 曉母 /*h/이다. 이 최소대립 쌍에서도 見母 /*k/와 曉母 /*h/

를 각각 독자적인 고구려의 음소임을 확인할 수 있다. 入聲字가 최소대립을 이루기가 쉽지 않은데, 고구려어에서 그런 예가 발견되어 무척 흥미롭다. 이 예는 고구려어에 CVC 음절이 없었다는 논의, 즉 음절말 자음을 가지는 폐음절이 없었다는 논의를 부정할 때에 결정적인 역할을 한다.

3.2.10. '관/환' 음절, '°桓, °丸, °貫, †灌'

(10) '桓, 丸, 貫, 灌'의 음가와 용례

1. 桓[匣合1平桓]=환[L] {多亐桓奴(중원), 桓父(일), 桓權(구당, 사), 桓那/桓那部(사)}
2. 丸[匣合1平桓]=환[L] {丸骨都(삼국), 丸都/丸都山(삼국, 진서, 양서, 위서, 북사, 남사, 수서, 지리, 사), 丸九都(북사)}
3. 貫[見合1去桓]=관[R/H] {貫奴城[百](광개), 貫那/貫那部, 貫那夫人(사)}
4. 灌[見合1去桓]=관[R/H] {灌奴部(삼국, 후한, 양서, 남사, 당서), 惠灌(일)}

'관/환' 음절의 표기에는 '桓, 丸, 貫, 灌' 등이 사용되었다. '°桓'은 100자 세트에, '°丸, °貫'은 152자 세트에, '†灌'은 340자 세트에 든다.

'°桓'과 '°丸'의 중고음 음가가 같고, '°貫'과 '†灌'의 중고음도 같다. 따라서 이들은 우리의 음가 차이 반영설에 예외가 된다. '°桓'을 사용한 곳에 '°丸'을 사용해도 되고, '°貫'을 사용한 곳에 '†灌'을 사용해도 된다. 실제로 『삼국사기』의 '貫那部'가 중국 사서에서는 '灌奴部'로 기록되어 있다. 이들은 異表記 관계인 것이다. 그렇다고 하여 '貫那部'와 '桓那部'가 이표기 관계인 것은 아니다. 역사학계에서 '桓那部'가 '順奴部'와 같다고 보는 견해는 있지만 '貫那部'와 같다는 견해는 아직 제시된 바 없다.

G. '°桓, °丸, °貫, †灌'의 음가 분석표

성모 \ 성조	평성	상성	거성	입성	음절
曉母·匣母 /*h/	°桓, °丸				관/환
見母 /*k/			°貫, †灌		

136

위의 음가 분석표에서 볼 수 있듯이, '°桓, °丸'이 동일한 칸에 오고 '°貫, †灌'
도 동일한 칸에 온다. 이것은 분명히 음가 차이 반영설에 예외가 된다. 그렇다고
하여 '°桓·°丸'과 '°貫·†灌'의 음가까지도 같은 것은 아니다. 이 두 쌍은 성모에
서도 차이가 나고 성조에서도 차이가 난다. 이 음가 차이는 분명히 표기에 반영
되어 있다.

그런데 (10.3)의 '貫奴城^百'이 광개토대왕비에 나오지만, 2章에서 언급한 것처
럼 이 城名이 백제어에 기원을 둔 것일 가능성도 있다. 찾아보니, 백제어 항목에
는 '貫'의 용례가 하나도 없다. 반면에 고구려에서는 (10.3)의 '貫那/貫那部'와 '貫
那夫人'에 '貫'이 사용되었다. 따라서 '貫奴城^百'은 백제의 성명일 가능성보다 고
구려의 성명일 가능성이 더 크다. 이 해석에 따라 '°貫'을 고구려어 표음자로 인
정하고, '°貫, †灌'이 음가 차이 반영설의 예외라는 사실도 인정한다.

3.2.11. '구/후' 음절, '°仇, °句, °溝, °九, °久, °候'

(11) '仇, 句, 溝, 九, 候, 久, 丘, 後, 侯, 后, 苟, 求, 垢, 臼, 狗, 拘'의 음가 및 용례
  1. 仇[群中C平尤]=구^L {仇天城^百, 昧仇婁(광개), 高仇(송서, 남사, 사), 仇斯波衣
     (지리), 仇都, 師夫仇(사)}
  2. 句[見中C去虞]=구^{R/H} {句牟城^百, 賣句余(광개), 高句驪(한서, 무구, 천헌성,
     구당, 사), 句驪(무구, 천남산, 요사), 骨句川, 句茶國, 劉屋句, 伯句, 松屋句
     (사), 奢句(유)}
  3. 溝[見中1平侯]=구^L {幘溝漊(삼국, 양서, 북사), 買溝(삼국, 사), 溝漊, 溝婁(삼
     국, 양서), 沙溝城^百(광개)}
  4. 九[見中C上尤]=구^{R/H}, 규^H {九連城(삼국), 於九婁(태천), 丸九都(북사)}
  5. 候[匣中1去侯]=구^R {竟候奢, 候(북사), 候城(북사, 수서, 사), 多勿候(사)}
  6. 久[見中C上尤]=구^R {奴久(위서), 久禮志, 久禮波(일) 久留川麻乃意利佐, 久
     斯祁王(성)}
  7. 丘[溪中C平尤]=구^L {靑丘(천남생), 丘德, 丘夫(사, 유)}
  8. 後[匣中1上侯]=후^R {後部(삼국, 평양성B, 성, 당서)}

9. 侯[匣中1平侯]=후^L {意侯奢(주서, 수서, 사)}

9. 侯[匣中1平侯]=후^L {意侯奢(주서, 수서, 사)}

10. 后[匣中1上侯]=후^{R/H} {后黃城(구당, 당서), 后女(사)}

11. 苟[見中1上侯]=구^R {物苟(평양성;오), 逸苟(사)}

12. 求[群中C平尤]=구^L {求底韓^百(광개), 焚求(사)}

13. 坵[見中1上侯]=구^R {阿坵(삼존불)}

14. 臼[群中C上尤]=구^R {臼模盧城^百(광개)}

15. 狗[見中1上侯]=구^{R/H} {噉狗屎/噉狗腸(구당)}

16. 拘[見中C平虞]=구^L {拘山瀨(사)}

'구/후' 음절의 표기에는 '仇, 句, 溝, 九, 候, 久, 丘, 後, 侯, 后, 苟, 求, 坵, 臼, 狗, 拘' 등 무려 16자가 사용되었다. 고구려어 표음자 중에는 특히 '구, 후, 류, 슈, 우' 등의 음절을 가진 것이 많다는(李崇寧 1955/78) 사실이 여기서 확인된다. 이 16자 중에서 고구려 대표자 100자에 들어가는 것은 '°仇, °句'이고, 152자에 들어가는 것은 '°溝, °丘, °久, °九, °候' 등이다. 이 일곱 자 중에서 '°久'는 고대 일본의 표기법에 오염된 용례가 대부분이지만 『魏書』의 '奴久'는 고구려 인명임이 확실하므로[9] 논의 대상에 넣는다.

반면에, '°丘'의 용례인 '靑丘'가 천남생비(679년)에 사용되었으나 이것은 중국에서 한반도를 가리킬 때의 지칭이다. 따라서 이 용례의 '°丘'는 고구려인이 사용한 지명이라 할 수 없다. 이 용례를 제외하게 되면 '°丘'의 용례가 모두 고구려 멸망 이후에 기록된 것이므로, '°丘'를 논의 대상에서 제외한다. 이에 따라 '°仇, °句, °溝, °久, °九, °候'의 여섯 자만 논의 대상으로 삼는다.

'°仇, °句, °溝, °久, °九, °候'의 여섯 자를 대비하기 전에, 이들의 운모인 尤韻, 虞韻, 侯韻이 고구려어에서 음운론적으로 대립했는지를 먼저 논의해야 한다. 이에 대해서는 6章에서 자세히 논의하기로 하고 여기에서는 그 결론만 제시하기로 한다. 멸망 이전의 고구려어 표음자에서는 侯韻과 虞韻의 음운대립 쌍이 없다. 따라서 이 둘을 侯韻·虞韻 하나로 묶고 그 음가를 /*u/로 추정한다. 尤韻은

---

9 高麗民奴久等相率來降, 各賜田宅.

138

이 侯韻·虞韻과 음운론적으로 대립하므로 그 음가를 /*ju/로 추정한다.

그렇다면 '°仇, °句, °溝, °久, °九, °候'의 여섯 자를 대비할 때에, 운모가 같은 것끼리만 대비해야 올바른 결론에 도달할 수 있다. 운모가 다른 것은 모음과 介音 등에서 이미 음가가 서로 다르기 때문이다.

먼저 운모가 尤韻 /*ju/인 '°仇'와 '°九'를 대비해 본다. '°仇'는 중고음 음가가 [群中C平尤]이고 '°九'와 '°久'는 [見中C上尤]이다. 이것을 음가 분석표로 정리하면 아래의 H와 같다. 이 표에서 볼 수 있듯이 '°仇'와 '°九, °久'의 음가 차이는 성모의 차이로 기술할 수도 있고 성조의 차이로 기술할 수도 있다.

H. '°仇, °九, °久'의 음가 분석표

성모＼성조	평성	상성	거성	입성	음절
群母 /*g/	°仇				구/후
見母 /*k/		°九, °久			

그런데 성모의 차이로 기술할 때에는 見母 /*k/와 群母 /*g/가 고구려어에서 음운론적으로 대립했음을 먼저 논증할 수 있어야 한다. 이것을 위해 고구려어 표음자 690자 전체를 대상으로 見母 /*k/와 群母 /*g/의 최소대립 쌍을 찾아봤더니 다음의 세 쌍이 나온다.

(가) 見母 /*k/와 群母 /*g/의 최소대립 쌍과 그 용례

1. 九[見中C上尤]=구$^{R/H}$, 규^{H} {九連城(삼국), 於九婁(태천), 丸九都(북사)}
   臼[群中C上尤]=구^{R} {臼模盧城^{百}(광개)}

2. 久[見中C上尤]=구^{R} {奴久(위서), 久禮志, 久禮波(일) 久留川麻乃意利佐, 久斯祁王(성)}
   臼[群中C上尤]=구^{R} {臼模盧城^{百}(광개)}

3. 軍[見合C平文]=군^{L} {衛將軍(삼국), 中軍主活(천남산), 三軍大將軍(당서)}
   群[群合C平文]=군^{L} {加群(평양성A)}

(가.1)의 '°九'와 '臼'는 성모에서만 차이가 나고 나머지 開合·等·聲調·韻母

등의 음운론적 요소가 동일하므로 성모의 최소대립 쌍임이 분명하다. 따라서 見母 /*k/와 群母 /*g/의 음운대립이 성립하고, 이 대립의 성립 시점은 광개토대왕비를 세운 414년이다. (가.2)도 마찬가지이고, 대립 성립의 시점은 『魏書』가 편찬된 599년이다. (가.3)의 '軍'과 '群'에서도 역시 이 음운대립이 성립하고, 이 대립이 성립하는 시점은 평양성A가 축조된 566년이다.

그런데 (가.1~2)의 대립 항 '臼'가 '臼模盧城^타(광개)'에만 사용되어 문제가 된다. 馬韓 55國名의 '臼斯烏旦'에 '臼'가 사용되었지만, '臼模盧城'을 제외한 고구려 지명에는 '臼'가 사용되지 않았다. 이것을 강조하면 '臼模盧城'이 백제 지명이라 할 수 있다. 그런데 '臼模盧'의 '模'를 기준으로 삼으면 정반대의 결론이 나온다. '模'는 백제어 표음자로 사용된 적이 없지만 고구려에서는 관명 '大模達'(삼국, 당서)에 사용된 예가 있다. 더욱이 '臼模盧'의 '模盧'에 대응하는 백제 표기는 馬韓 55國名의 '莫盧'와 '咨離牟盧, 牟盧卑離'의 '牟盧'의 두 가지이다. 이처럼 백제에서는 '莫'나 '牟'를 사용했지만, 고구려에서는 항상 '模'를 사용했다. 이 표기법의 차이를 중시하면 '臼模盧城'은 고구려인의 음운체계와 표기법이 반영된 것이라고 할 수 있다. 따라서 '臼模盧城'을 백제 지명이라 해야 할지 고구려 지명이라 해야 할지 분명하지 않다.

이럴 때에 우리는 자주 사용되는 代表字에서의 차이를 등급 외의 표음자 차이보다 더 중시한다. '모' 음절의 표기에 고구려어에서는 '模'를 사용했고 백제에서는 '莫'나 '牟'를 사용했다. 이들은 모두 고구려와 백제에서 대표자에 속한다. 반면에, '臼'의 용례가 있느냐 없느냐 하는 차이는 등급 외 표음자에서의 차이이다. '臼'는 대표자가 아니기 때문에 표기법의 차이를 논의할 때에는 중요성이 떨어진다. 이 대표자 우선의 원칙에 따르면, '臼模盧城'은 백제 지명이라기보다는 고구려 지명에 가깝다. 따라서 (가. 1~2)의 최소대립 쌍을 고구려어의 최소대립 쌍이라고 신빙할 수 있다.

그렇다면 일찍부터 고구려어에서 무성자음 /*k/와 유성자음 /*g/의 음운대립이 성립했다고 할 수 있다. 이것을 바탕으로 삼아 고구려에서 /*gju/의 표기에는 '^어仇'를 사용하고, /*kju/ 표기에는 '^어九, ^어久'를 사용했다고 결론지을 수 있다.

/*k/와 /*g/의 자음 차이를 반영하기 위하여 각각 '^어九, ^어久'와 '^어仇'를 나누어

사용했다면, 고구려에서 音價 差異를 反映하여 文字를 選擇했다는 음가 차이 반영설이 설득력을 갖는다. 李崇寧(1955/78)은 '원수'의 의미를 가지는 'ᵒ仇'를 구태여 표음자로 선택한 까닭이 무엇인지 궁금하다고 했다. 좋지 않은 의미를 가지고 있는데도 굳이 'ᵒ仇'를 선택한 것은 무성자음과 유성자음의 음운론적 대립이나 평성과 상성의 성조 대립을 반영하기 위한 것이라고 이제는 말할 수 있다.

그런데 위의 음가 분석표 H에서 동일 칸에 온 'ᵒ九'와 'ᵒ久'가 사실은 음가 차이 반영설의 반례가 된다. 이 둘은 음가가 완전히 동일하기 때문에 이 둘을 구태여 구별해서 사용한 원인이 무엇인지 궁금해진다. 위의 (11)에서 'ᵒ九'의 용례와 'ᵒ久'의 용례를 구체적으로 검토하면 다음과 같다. 'ᵒ九'의 용례 중에는 고구려인이 직접 붙인 지명 '於九婁'가 泰川高句麗城壁刻字(567년)에 기록되었다. 'ᵒ久'의 용례인 '奴久'도 각주 9)에서 볼 수 있듯이 고구려 인명임이 분명하다. 따라서 고구려어 표음자 'ᵒ九'와 'ᵒ久'를 믿을 수밖에 없다. 이에 따르면 'ᵒ九'와 'ᵒ久'는 분명히 음가 차이 반영설의 반례이다. 우리는 이런 예외를 일부분 인정할 것이다.

다음으로, 한국 중세 한자음에서 /*u/를 운복으로 가지는 侯韻·虞韻의 'ᵒ溝, ᵒ候, ᵒ句'를 서로 대비해 본다. 'ᵒ溝'는 중고음 음가가 [見中1平侯]이고, 'ᵒ候'는 [匣中1去侯]이며, 'ᵒ句'는 [見中C去虞]이다. 'ᵒ溝'와 'ᵒ候'의 음가 차이를 성모에서 구할 수도 있고 성조에서도 구할 수 있다. 이러한 예가 적지 않음이 경험적으로 드러난다.

I. 'ᵒ溝, ᵒ句, ᵒ候'의 음가 분석표

성모 \ 성조	평성	상성	거성	입성	음절
見母 /*k/	ᵒ溝		ᵒ句		구/후
曉母·匣母 /*h/			ᵒ候		

'ᵒ溝'와 'ᵒ句'의 음가 차이는 韻母의 차이에서 비롯된 것이 아니다. 앞에서 논의한 바 있듯이 侯韻과 虞韻은 멸망 이전의 고구려 표음자에서는 변별되지 않기 때문이다.[10] 그렇다면 'ᵒ溝'와 'ᵒ句'의 음가 차이는 성조에서 구하는 것이 맞다.

---

10 이에 대한 자세한 내용은 6章을 참고하기 바란다.

'ᵒ溝'는 평성이고 'ᵒ句'는 거성이므로 'ᵒ溝'와 'ᵒ句'는 성조 최소대립 쌍이다.

3.2.12. '국' 음절, 'ᵒ國'

(12) '國'의 음가와 용례

國[見合1入登]=국 {國岡上(광개, 모두, 호태), 其國城^百(광개), 國子博士(삼국), 卞 國公(천남생), 國相, 相國, 安國君(사)}

'국' 음절의 표기에는 '國'만 사용되었다. 'ᵒ國'은 용례가 많고 텍스트도 분포가 넓으므로 고구려 대표자에 들어간다. 이 대표자는 고구려어에 음절말 자음이 있었음을 주장할 때에 중요한 예가 된다.

3.2.13. '기/긔/희' 음절

(13) '其, 奇, 祁, 枳, 歧, 姬'의 음가와 용례

1. 其[群開C平之]=기^L {其國城^百(광개)}
2. 奇[群開B平支]=긔^L {拔奇(삼국, 사)}
3. 祁[見開B平脂]=긔^L {久斯祁王, 須牟祁王(성)}
4. 枳[見開A上支]=기^{R/H} {奴流枳(일)}
5. 歧[群開AB平支]=긔 {發歧(사)}
6. 姬[見開C平之]=희^L {雉姬, 禾姬(사)}

'기, 긔, 희' 음절의 표기에는 '其, 奇, 祁, 枳, 歧, 姬' 등이 사용되었다. 그런데 이들은 용례가 모두 한두 예에 불과하고 텍스트도 극히 한정되어 있다. 따라서 이들을 고구려 대표자에 넣을 수가 없다.

/*ki/ 또는 /*gi/는 대부분의 언어에서 기본 음절에 해당한다. 한국의 중세 문헌에도 '기, 긔'의 음가를 가지는 한자가 많다. 그런데도 고구려어에서는 이에 대응하는 대표자가 없다. 희한한 일이다. '其, 奇, 祁, 枳, 歧'의 운모인 支韻, 脂韻,

之韻 등은 한어 중고음에서 /*i/ 모음에 가장 가까운 음가를 가진다. 따라서 (13)의 여러 자가 /*ki/ 또는 /*gi/를 표기한 예가 많아야 한다. 그런데도 그런 용례가 희소하므로, 고구려어의 음절에서 /*ki/ 또는 /*gi/를 회피하는 음절구조제약이 있었던 듯하다. 이와는 달리 한어 음운체계에 이들 음절이 흔치 않다는 점에서 그 원인을 찾을 수도 있다. 그러나 이 기술만으로는 부족하다. '其, 奇, 祁, 枳, 歧, 姬' 등의 용례가 아주 드문 것은 역시 고구려어 내부의 음절구조제약에서 비롯된 것이기 때문이다.

3.2.14. '기/ 히' 음절, 'ᄋ開, †改'

(14) '海, 開, 改, 兮, 皆, 解, 奚'

1. 海[曉開1上咍]=히ᴿ {海冥(북사, 수서), 如海(唐大和上東征傳), 烏海城(당서), 海愛婁, 海憂(사), 海氏(유)}

2. 開[溪開1平咍]=기ᴸ {廣開土(광개, 모두, 호태), 開土王(사), 開心, 開原和尙(유)}

3. 改[見開1上咍]=기ᴿ {改谷(광개)}

4. 兮[匣開4平齊]=히ᴸ, 혀 {奈兮忽, 密波兮, 斤尸波兮, 加兮牙, 伊火兮縣, 阿兮縣, 沔兮(지리), 阿達兮(사)}

5. 皆[見開2平皆]=기ᴸ {皆次山郡, 皆伯, 皆次丁, 皆尸押忽(지리), 首德皆(사)}

6. 解[匣開2上佳]=히ᴿ, 하ᴿ {大解朱留王, 道解, 象解, 先道解, 小解味留王, 解明 解色朱(사), 解(유)}

7. 奚[匣開4平齊]=히ᴸ, 혀 {提奚(북사, 사)}

'기/히' 음절의 표기에는 '海, 開, 改, 兮, 皆, 解, 奚' 등이 사용되었다. 이 중에서 '海'는 용례도 많고 텍스트 분포도 다양하다. 그러나 고구려 멸망 이전의 용례인 '海冥'에 문제가 있다. '海冥'은 漢四郡의 하나인 眞番郡에 속했던 縣名이므로[11] 고구려에서 지은 지명이 아니다. 이것을 제외하면 고구려 멸망 이전에 사용된 '海'가

---

11 昭明·列口·長岑·帶方·含資·海冥·提奚 등 7현이 眞番郡에 속했다.

없다. 따라서 '海'를 고구려 대표자에서 제외했다.

반면에 'ᵒ開'는 152자 세트에 든다. '†改'는 고구려 대표자가 아니지만 340자 세트에 든다.

J. 'ᵒ開, †改'의 음가 분석표

성모＼성조	평성	상성	거성	입성	음절
見母 /*k/		†改			기/히
溪母 [*kʰ]	ᵒ開				

'ᵒ開, †改'의 두 표음자는 운이 모두 咍韻이므로 성모나 성조에서만 차이가 난다. 문제는 'ᵒ開'의 성모인 溪母가 고구려어에서 독자적인 음소 /*kʰ/인가 아니면 見母의 변이음 [*kʰ]인가 하는 점이다. 고구려어 표음자 690자 전체를 대상으로 했을 때에 見母와 溪母의 최소대립 쌍을 찾을 수 있다.

(나) 見母 /*k/와 溪母 /*kʰ/의 최소대립 쌍과 그 용례
1. 罡/岡/剛[見開1平唐]=강ᴸ {國岡上(광개, 호태, 모두), □罡□太王(집안), 狛鵠香岡上王(일), 陽岡王, 平岡王(사), 龍岡縣(유)}
   康[溪開1平唐]=강ᴸ {康王(위서)}
2. 崗[見開1平唐]=강ᴸ {陽崗上好王, 平崗上好王(사), 陽崗王(유)}
   康 {위와 동일}

위의 예에서 '罡/岡/崗'과 '康'이 성모의 최소대립 쌍임이 분명하고 대립 성립의 시점은『魏書』가 편찬된 559년이다. 이에 따르면 見母 /*k/에 음운론적으로 대립하는 溪母 /*kʰ/가 6세기 중엽부터 독자적인 음소였다고 할 수 있다. 이승재(2015가)에서는 이것을 믿고 고구려어 자음체계에 유기음 /*kʰ/를 넣은 바 있다.

그런데 대립 항 '康'의 용례인 '康王'에 문제가 있다. 고구려 왕 가운데『삼국사기』에서 시호가 붙은 왕은 장수왕이 유일하고 그 시호가 '康王'이다. 그런데 다

시 살펴보니, 長壽王의 시호라 생각했던 '康王'이 고구려에서 명명한 것이 아니라 北魏에서 부여한 칭호였다. 장수왕 사후에 北魏에서 사신을 보내 장수왕에게 '車騎大將軍 … 高句麗王'이란 爵位를 부여하고, 장수왕을 '康王'이라 칭한 것이다.[12] 고구려 사람들이 붙인 시호가 아니므로 '康王'을 고구려 고유의 인명이라 할 수 없다. '康王'에는 고구려어가 아니라 北魏語의 음운체계와 표기법이 반영되어 있기 때문이다. 따라서 '康王'을 고구려어 항목에서 제외해야 한다. 이렇게 수정하면 대립 항 '康'이 고구려어 표음자에서 제외되고, 나아가서 見母에 음운론적으로 대립하는 溪母의 용례가 없어진다. 이 두 성모의 최소대립 쌍이 없어지므로, 이제 溪母 [*kʰ]를 見母 /*k/의 변이음으로 간주한다.

J′. '°開, †改'의 음가 분석표

성모＼성조	평성	상성	거성	입성	음절
見母·溪母 /*k/	°開	†改			기/히

이 수정에 따르면 J의 음가 분석표가 J′처럼 바뀐다. '°開'와 '†改'는 성조에서만 차이가 나므로 이 쌍은 성조의 최소대립 쌍이다.

3.2.15. '나' 음절, '°那'

(15) '那'의 음가와 용례

那[泥開1平歌]=나ᴸ {那旦城ᴴ, 散那城ᴴ(광개), 那婁(삼존불), 尉那喦城(지리), 那河(당서), 貫那/貫那部, 貫那夫人, 沸流那/沸流那部, 掾那/掾那部/椽那, 尉那巖, 提那部, 桓那/桓那部(사)}

'나' 음절의 표기에는 '那'만 사용되었다. '°那'는 용례도 많고 여러 텍스트에서 두루 사용된 고구려 대표자이다.

---

12 고구려 왕의 호칭에 대해서는 『인물로 보는 고구려사』(2001, 도서출판 창해)를 참고하기 바란다. 네이버 지식백과에서 재인용하였다.

3.2.16. '남' 음절, "南, °男'

(16) '南, 男'의 음가와 용례

1. 南[泥中1平覃]=남^L, 나^L {南蘇城(광개, 한서, 구당, 당서, 사), 南買(지리), 南建(구당, 당서, 사), 泉南生(구당, 당서, 사), 南部褥薩(사), 南沃沮(사), 泉南産(사), 楸南(유), 春南(유)}

2. 男[泥中1平覃]=남^L {男居城(광개), 男武(삼국, 사), 男建(천남생, 천헌성, 구당, 사), 男産, 男生(천헌성, 천남산, 구당, 사), 泉男生(천남생), 高男福/高福男(구당, 당서, 사), 德男(사)}

'남' 음절의 표기에는 '°南'과 '°男'이 사용된다. 이 둘은 용례도 많고 여러 텍스트에 분포하므로 고구려 대표자 100자에 들어간다.

위의 한어 중고음과 한국 중세음에서 볼 수 있듯이, '°南'과 '°男'은 음가가 완전히 동일하다. (16.1)의 '泉南生'과 (16.2)의 '泉男生'은 특히 동일 인명의 이표기 관계이다. 따라서 '남^L'을 표기하는 데에 구태여 두 가지 표음자를 사용한 까닭이 무엇인지 의문을 제기할 수 있다. 음가 차이 반영설에 따르면 이 질문에 답할 수 없으므로, '°南'과 '°男'은 이 가설에 예외가 된다.[13]

3.2.17. '노' 음절, "°奴'

(17) '奴, 拏'의 음가와 용례

1. 奴[泥中1平模]=노^L {貫奴城^百, 豆奴城^百, 閩奴城^百, 巴奴城^百(광개), 多亏桓奴(중원), 賭奴(삼존불), 灌奴部, 消奴部, 順奴部, 絶奴部(삼국, 후한, 양서, 남사), 涓奴部(삼국, 후한), 奴久(위서), 愼奴部(양서, 남사), 今勿奴郡, 奴音竹縣, 仍伐奴縣, 骨衣奴縣(지리), 奴流枳(일), 灌奴部, 伐奴城, 消奴部, 順奴部, 絶奴部(당서), 高奴子, 民奴各, 扶芬奴, 消奴加, 召西奴, 餘奴(사)}

---

13 이러한 예외는 3.3에서 따로 모아 자세히 논의할 것이다.

2. 笯[泥中1平模]=노^L {如笯(사)}

'노' 음절의 표기에는 '奴, 笯'가 사용되었다. '°奴'만 고구려 대표자 100자에
든다.

3.2.18. '늬' 음절, '°內, †耐'

(18) '內, 耐'의 음가와 용례

1. 內[泥合1去灰]=늬^R {內部(삼국, 당서), 內平(북사, 수서, 사), 仍斤內郡, 今勿內
    郡, 骨衣內縣, 內乙買, 內尒米, 於斯內縣, 內米忽(지리), 生河內(속)}
2. 耐[泥開1去咍]=늬 {不耐/不耐城(삼국, 양서, 북사, 사), 不耐(지리)}

'늬' 음절의 표기에는 '內, 耐'가 사용되었다. '°內'는 고구려 대표자 100자에 들
지만, '†耐'는 '不耐'에만 사용되었기 때문에 340자 세트에 든다.

K. '°內, †耐'의 음가 분석표

성모＼성조	평성	상성	거성	입성	음절
開口			†耐		늬
合口			°內		

　'°內'는 중고음 음가가 [泥合1去灰]이고 '†耐'는 [泥開1去咍]이므로, 이 둘은 開
合과 韻母에서 차이가 난다. 그런데 灰韻은 항상 合口이고 咍韻은 항상 開口인
데, 이 개합의 차이로 말미암아 운모의 이름을 달리 붙인 것이다. 따라서 이 두
운모에서는 개합의 차이가 중요하고 운모의 차이는 중요하지 않다. 개합은 현대
음운론으로 말하면 활음 /w/의 유무 차이이다. 대립 항 '†耐'와 '°內'의 한국 중세
음에는 개합의 차이가 반영되지 않았지만, 한어 중고음에서는 이 둘이 개합에서
차이가 난다. 이 예를 통하여 고구려어에서도 /*w/의 유무가 아주 중요한 음운
론적 차이였음을 알 수 있다.

3.2.19. '냑/샥' 음절, 'ᵒ若'

(19) '若'의 음가와 용례

若[日開C入陽]=샥, 若[日開AB上麻]=샤ᴿ {若倅利(평양성;해), 若豆耻縣, 若只頭
耻縣, 首次若, 滿若縣(지리), 若光, 若德(일), 若友(사, 유), 波若(유)}

'ᵒ若'은 위의 예에서 확인할 수 있듯이 용례가 많은 고구려 대표자이다. 그런데
'ᵒ若'이 어느 음가를 표음했느냐 하는 문제에 대해서는 약간의 설명이 필요하다.
'ᵒ若'은 성모가 日母인데, 한어의 전기 중고음에서는 日母의 음가가 /*n/이지만,
한국 중세음에서는 'ㅿ' 즉 /z/이다. 이 두 음가 중에서 우리는 /*n/을 따른다. 그
논거로는 다음의 두 가지를 들 수 있다. 첫째, 日母가 한국 중세음에서 'ㅿ' 즉 /z/
의 음가를 가지게 된 것은 [*ɲ]이 [*ʑ]로 바뀌는 마찰음화가 일어난 뒤의 일이다.
이 마찰음화를 탈비음화(denasalization)에 넣어서 기술하는 견해도 있다. 이 마
찰음화와 탈비음화는 唐代의 後期 중고음 또는 일본의 漢音에서 일어났다. 고구
려어는 이 변화가 일어나기 이전에 표기되었으므로, 고구려어에서는 日母의 음
가가 /*n/이었을 것이다. 둘째, 고구려어 표음자 690자를 모두 대상으로 했을 때
에, 日母는 泥母 /*n/과 상보적 분포를 이룬다. 이것을 중시하면 日母는 泥母와
하나로 합쳐져서 음소 泥母·日母 /*n/이 된다. 이 음소 /*n/을 좇아서 고구려 대
표자 'ᵒ若'의 음가를 /*njak/으로 재구한다.

'ᵒ若'은 성모뿐만 아니라 운모도 문제가 된다. (19)의 한어 중고음에서 볼 수 있
듯이, 'ᵒ若'의 음가 중에는 入聲 陽韻일 때가 있는가 하면 上聲 麻韻일 때가 있다.
마찬가지로 한국 중세음에서도 '若'이 '샥'으로 표음되지만 '샤'로 표음되기도 한
다. 고대 중국에서도 여러 佛典의 '若'가 /*nja/를 표음한다. 따라서 (19)의 여러
용례에서 'ᵒ若'가 /*nja/를 표음한 것인지 /*njak/을 표음한 것인지 확인할 필요
가 있다.

이것을 모두 확인한다는 것은 쉬운 일이 아니다. 그런데 다행스럽게도 'ᵒ若'이
/*njak/을 표음한 예가 있어서 주목된다. (19)의 용례에 제시한 '若豆耻縣'과 '若
只頭耻縣'은 동일 지명을 서로 다르게 표기한 것이다. 이 異表記에서 '若豆耻縣'

의 '若'이 '若只頭恥縣'의 '若只'에 대응한다. 바로 이 대응에서 앞의 '若'이 음절 말 자음 /*-k/를 가지고 있었음이 드러난다. '只'는 음절말 자음의 'ㄱ'이나 '기'를 첨기할 때에 자주 사용된 末音添記字이기 때문이다. 말음첨기의 표기법이 신라 고유의 표기법이었을 가능성이 크지만(李丞宰 2013가), 이 신라 표기법을 통하여 고구려 문자 'ᵒ若'이 /*njak/을 표음한 적이 있다는 사실이 확인된다.

'若'과 '若只'의 대응은 고구려어에 /*-p, *-t, *-k/ 등의 입성운미가 있었음을 증명해 준다. 고구려어에 음절말 자음 /*-p, *-t, *-k/가 있었는지 없었는지를 판정할 때에 이 대응은 반드시 거론해야 한다. 이 異表記 자료에 따르면 고구려어에 음절말 자음 /*-k/가 있었다. 그렇다고 하여 (19)에 열거한 'ᵒ若'이 모든 용례에서 /*njak/을 표음한 것은 아니다. 일부의 'ᵒ若'는 운미가 없는 /*nja/를 표음했을 것이다.

3.2.20. '니/싀' 음절 'ᵒ爾/尒'

(20) '爾, 泥, 而'의 음가와 용례

1. 爾/尒[日開AB上支]=싀ᴿ {延爾普羅(유인원), 首尒忽, 述尒忽縣, 內尒米(지리)}
2. 泥[泥開4平齊]=니ᴸ 泥[泥開4去齊]=녜ᴴ {首泥忽, 泥沙波忽(지리)}
3. 而[日開C平之]=싀ᴸ {芬而耶羅城ᵇ(광개), 不而城(유)}

'니/싀'의 표기에는 '爾, 泥, 而' 등이 사용되었다. 이 중에서 'ᵒ爾/尒'가 152자에 든다.

범언어적으로 /ni/는 드문 음절이 아니다. 그런데도 고구려 대표자 100자 세트에는 /*ni/를 표기한 것이 없다. 이것은 앞에서 논의한 /*ki/ 음절에서도 마찬가지였다. 이 둘에 공통되는 어떤 원인을 찾기도 어렵다.

한편, 고구려어 표음자 690자 중에서 '누/뉴' 음절을 표기한 것은 '紐' 하나밖에 없다. 이 '紐'는 한어 중고음이 [娘中C上尤]이고 한국 중세음은 '뉴ᴿ'이다. '니'와 더불어 '누'를 대표할 문자가 없다는 것은 아무튼 희한한 일이다.

3.2.21. '닌/신' 음절, '°人'

(21) '人, 仁'의 음가와 용례

1. 人[日開AB平眞]=신^L {先人(삼국, 후한, 양서, 남사, 당서, 사), 然人(삼국, 사), 舍
   人(삼국), 仙人(주서, 북사, 수서, 사), 大人(사)}
2. 仁[日開AB平眞]=신^L {達沙仁德(속)}

　'닌/신' 음절의 표기에는 '人'과 '仁'이 사용되었다. '仁'은 아마도 고대의 일본
표기법에 오염된 것인 듯하다. '°人'은 그 용례가 적지 않을뿐더러 관명은 물론이
요 인명 표기인 '然人'에도 사용되었다. 고구려 대표자 100자에 들어가는 '°人'은
성모가 日母인데, 앞에서 이미 논의한 것처럼 고구려어에서는 日母가 /*n/으로
재구된다.

3.2.22. '다/타' 음절, '°多'

(22) '多, 茶'의 음가와 용례

1. 多[端開1平歌]=다^L {多亏桓奴(중원), 多知忽, 多伐嶽州(지리), 多武(일본), 溫
   沙多門(당서, 요사), 多勿, 多勿都, 多勿候, 多式, 多優, 助多(사)}
2. 茶[澄開2平麻]=다^L {句茶國(사)}

　'다' 음절의 표기에는 '多'와 '茶'가 사용되었다. '°多'는 용례도 많고 텍스트의
분포도 넓으므로 고구려 대표자 100자에 들어간다.
　한편, '타' 음절에 해당하는 '他, 打, 墮, 陀' 등은 고구려에서 사용된 바가 없다.
이것은 /*t/와 /*tʰ/가 고구려어에서 구별되었다 하더라도 극히 일부 환경에 한
정된 것임을 암시한다.

3.2.23. '달/탈' 음절, '°達'

(23) '達, 脫'의 음가와 용례

1. 達[定開1入寒]=달 {大模達(삼국, 당서), 文達(평양성B), 閭達(위서, 북사, 수서), 達乙省縣, 功木達縣, 烏斯含達, 達乙斬, 息達, 昔達, 加支達縣, 買尸達, 夫斯達縣, 所勿達, 達忽, 非達忽, 加尸達忽(지리), 鬼部達率(일), 達賈, 阿達兮, 溫達(사)}

2. 脫[透合1入桓]=탈 脫[定合1入桓]=탈 {述脫(사)}

'달/탈'의 표기에는 '達'과 '脫'이 사용되었다. '°達'도 고구려 대표자 100자에 든다.

위에서 '°若'을 /*njak/으로 읽고, 고구려어에 음절말 자음 /*-k/가 있었음을 강조한 바 있다. '°達'을 /*dal/ 또는 /*dat/으로[14] 재구할 수 있는데, 이것이 고구려어의 음절말 자음에 /*-l/ 또는/*-t/가 있었음을 역시 증명해 준다.

3.2.24. '대/태' 음절, '°大, °太'

(24) '大, 太'의 음가 및 용례

1. 大[定開1去泰]=대R/H, 태H {大朱留王(광개), 大使者(모두, 중원, 삼국, 주서, 북사, 수서), 大兄(모두, 중원, 삼국, 위서, 주서, 북사, 수서, 천남생, 천남산), 大模達(삼국, 당서), 大夫, 次大王(삼국), 大對盧(삼국, 주서, 북사, 구당, 당서), 古鄒大加(후한, 당서, 사), 大加(삼국, 후한, 양서, 남사, 북사, 사), 大相(고자묘), 大祚(천헌성), 中裏大活(천남산), 太大對盧(천남생, 천헌성), 太大莫離支(천헌성, 천남산), 大古昻加(일), 大興王(일), 王彌夜大理(속), 高大簡(구당), 大行城(당서), 大加(사), 大輔(관 사)}

---

14 '°達'은 성모가 定母이므로 두음이 /*d/이다. 한어 중고음의 입성운미 /*-t/가 고구려에서 언제 /*-l/로 변화했을까? 그 시점에 따라 /*dat/을 택할 수도 있고 /*dal/을 택할 수도 있다. 우리는 '/*-t > *-l/'의 변화가 고구려에서는 일어나지 않았다고 본다.

2. 太[透開1去泰]=태^{R/H} {加太羅谷(광개), 好太王(광개, 일), 太大夫使者(삼국), 太學博士(삼국, 사), 太大兄(삼국, 주서, 천남생, 구당, 사), 太子河(후한), 太大對盧(천남생, 천헌성, 사), 太大莫離支(천헌성, 천남산), 太莫離支(천남생), 太大使者(주서, 북사, 수서, 당서, 사), 太傅(양서), 太奢(위서), 跌思太(구당), 太守(사)}

3. 泰[透開1去泰]=태^R {蚨跌思泰(구당, 당서)}

'대/태' 음절의 표기에는 '大, 太, 泰'가 사용되었다. '°大'와 '°太'도 고구려 대표자 100자에 든다.

한국 중세음에서는 '°大'가 간혹 '태^H'로도 읽히지만 대부분 '대^{R/H}'로 읽히고, '°太'는 '태^{R/H}'로 읽힌다. 한어 중고음에서는 '°大'와 '°太'가 聲母만 다를 뿐, 여타의 음운론적 요소는 동일하다. 달리 말하면 '°大'와 '°太'는 定母 /*d/와 透母 /*tʰ/가 고구려어에서 음운론적으로 대립했음을 보여 주는 최소대립 쌍이다.

한국 중세음에서 이 둘 다 '태'로 또는 '대'로 표음하기도 하지만, 이것은 한국 중세음에서의 특수 상황일 뿐이다. 현대 북경어와 일본의 吳音에서는 각각 '°大'를 [dà]와 [だい]로, '°太'를 [tài]와 [た・たい]로 발음하여 이 둘을 엄격히 구별한다. 한국에서도 '콩(大豆)'을 뜻하는 '°太'를 [대]로 읽지 않고 항상 [태]로 읽는다. 일부의 환경에서 '°太'와 '°大'가 교체된다고 하여 모든 환경에서 '°太'와 '°大'의 음가가 같다고 확대 해석할 수 없다. 고구려어에서도 이와 같았을 것이다. '太大莫離支'의 예는 있지만 '*大太莫離支'의 예는 없다. 위에서 '구' 음절을 대상으로 하여 '°仇'와 '°句'가 성모의 음가 차이를 반영한다고 했는데, '대/태' 음절의 '°大'와 '°太'도 이와 같다고 본다.

이러한 논의가 성립하려면, 고구려어에서 /*t, *d, *tʰ/가 각각 독자적인 음소였음을 먼저 증명해야 한다. 고구려 표음자 690자 전체를 대상으로 검토해 보면, 고구려 표음자에서는 端母 /*t/가 定母 /*d/뿐만 아니라 透母 /*tʰ/와도 음운론적으로 대립한다. 定母 /*d/와 透母 /*tʰ/의 음운대립도 성립한다.[15]

---

15 이에 대해서는 5章에서 자세히 기술할 것이다.

(다) 설음의 端母 /*t/, 透母 /*tʰ/, 定母 /*d/의 최소대립 쌍과 용례

　1. 端母 /*t/ : 透母 /*tʰ/

　　$_1$束$_東$^{L} : $_1$通$_東$^{L} {東盟(삼국)} : {通事(삼국)}

　　$^開_1$帶$_泰$^{D} : $^開_1$太$_泰$^{D} {帶固(삼국)} : {위의 (24.2)의 예(광개 등)}

　　$_1$賭$_模$^{R} : $_1$土$_模$^{R} {賭奴(삼존불)} : {開土王(광개)}

　2. 端母 /*t/ : 定母 /*d/

　　$^開_1$帶$_泰$^{D} : $^開_1$大$_泰$^{D} {帶固(삼국)} : {위의 (24.1)의 예(삼국 등)}

　3. 透母 /*tʰ/ : 定母 /*d/

　　$^開_1$太$_泰$^{D} : $^開_1$大$_泰$^{D} {위의 (24.2)의 예(광개 등)} : {위의 (24.1)의 예(삼국 등)}

　고구려어 표음자 690자 전체를 대상으로 하면 위와 같은 최소대립 쌍을 찾아 낼 수 있다. 그런데 이 최소대립 쌍은 대부분 『삼국지』에 기록된 표음자가 대립 항이다. 『삼국지』의 편찬 시기가 3세기 후반이므로 이때에 이미 고구려어에서 '端母 /*t/ : 透母 /*tʰ/ : 定母 /*d/'의 三肢的 相關이 성립했다고 할 수 있다.[16] 달 리 말하면 3세기 후반의 고구려어에 이미 유성자음 /*d/와 유기자음 /*tʰ/가 음 소의 자격을 가지고 있었다.

L. '$^○$大'와 '$^○$太'의 음가 분석표

성모 \ 성조	평성	상성	거성	입성	음절
定母 /*d/			$^○$大		대/태
透母 /*tʰ/			$^○$太		

　그렇다면 고구려어 표음자 '$^○$大'는 유성음 /*d/ 표기에 배당되고 '$^○$太'는 유기 음 /*tʰ/ 표기에 배당되었다고 할 수 있다. 즉 이 둘은 聲母의 음가 차이를 반영 하기 위해, 구별하여 사용한 표음자이다.

---

16 이러한 연구 방법에 대해서는 이승재(2013나)를 참고하기 바란다.

3.2.25. '댱/탕/댱' 음절, '˚長, ˚湯'

(25) '長, 幢, 湯'의 음가와 용례

1. 長[澄開C平陽]=댱ᴸ 長[知開C上陽]=댱ᴿ {長史(송서, 양서, 남사, 북사, 사), 長壽
   王(위서, 북사, 사, 유), 長安城(북사, 수서, 당서, 사), 部長, 長屋澤(사)}
2. 幢[澄中2平江]=댱ᴸ {幢主(중원)}
3. 湯[透開1平唐]=탕ᴸ {湯(북제, 주서, 북사, 수서), 高湯(진서, 남사, 북사), 溫湯, 湯
   成(사), 平湯(유)}

'댱/댱/탕' 음절의 표기에는 '長, 幢, 湯' 등이 사용되었다. 용례가 썩 많은 편은
아니지만 '˚長'은 고구려 대표자 100자에 들어간다. '댱' 음절에는 대표자가 있는
데에 반하여 '당' 음절에는 대표자가 없다. '당' 음절의 표기에 '幢'이 사용되었지
만 용례가 하나뿐이다. '탕' 음절에는 '˚湯'이 사용되었고 이것은 152자 세트에
들어간다.

'˚長'과 '˚湯'의 음가 차이는 성모의 차이일 수도 있고 介音 /*j/의 유무 차이일
수도 있다. 이 두 표음자는 /*j/의 유무에서 이미 차이가 나므로, 이 둘을 하나의
유사 음절로 묶지 않는 것이 좋을 듯하다.

3.2.26. '덕' 음절, '˚德'

(26) '德'의 음가와 용례

德[端開1入登]=덕 {乙支文德(북사, 수서, 사), 弗德(천남생), 德勿縣, 德頓忽(지리),
   若德, 俊德(일본), 大兄億德(성), 達沙仁德(속), 丘德, 談德, 明德, 普德和尙(사,
   유), 德男, 德昌, 莫德, 文德, 報德城, 首德皆(사)}

'덕' 음절의 표기에는 '德'이 사용되었다. 이 '˚德'은 고구려 대표자 100자의 하
나인데, 7세기 이후의 텍스트에만 나타난다는 점이 특징적이다. 위에서 논의한
'˚若'과 더불어 '˚德'은 고구려어에 음절말 자음 /*-k/가 있었음을 논의할 때에

귀중한 논거가 된다.

3.2.27. '도/토' 음절, '°都, °道, °吐, †土'

(27) '道, 都, 吐'의 음가와 용례

1. 道[定中1上豪]=도^R {(□)(襄)平道(광개), 主簿道使(중원), 道使(삼국, 구당, 당서, 구오), 高道士(성), 道琳, 道薩城, 道解, 我道/阿道(사), 高道寧, 順道, 我道/阿道(유)}

2. 都[端中1平模]=도^L {都督(삼국, 구당, 당서, 사), 丸骨都(삼국), 丸都/丸都山(삼국, 진서, 양서, 위서, 남사, 북사, 수서, 지리, 사), 都盆(지리), 許利都(성), 中都城(요사), 仇都, 多勿都, 都頭, 都切, 都祖(사)}

3. 吐[透中1去模]=토^H {吐捽(삼국, 당서, 사), 主夫吐, 奈吐, 東吐, 吐上(지리), 吐護眞水(구당)}

4. 土[透中1上模]=토^H {廣開土境/廣開土地(광개, 호태), 大開土地(모두), 開土王(사), 廣開土王(사)}

5. 賭[端中1上模]=도^{R/L} {賭奴(삼존불)}

6. 刀[端中1平豪]=도^L {于刀(사)}

7. 度[定中1去模]=도^{R/H} {穆度婁(사)}

8. 覩[端中1上模]=도^{R/L} {明臨笏覩(사)}

'도/토' 음절의 표기에는 '都, 道, 吐, 土, 賭, 刀, 度, 覩'의 여덟 자가 사용되었다. 이 중에서 '°道, °都, °吐'는 고구려 대표자 100자에 든다. '†土'는 용례가 많지 않지만 340자 세트에 든다.

M. '°都, °道, °吐, †土'의 음가 분석표

성모＼성조	평성	상성	거성	입성	음절
定母 /*d/		°道_豪			
端母 /*t/	°都_模				도/토
透母 /*tʰ/		†土_模	°吐_模		

'ᵒ都, ᵒ道, ᵒ吐, †土'의 네 표음자 중에서 'ᵒ道'는 韻母가 豪韻이고 나머지는 模韻이다. 앞에서 이미 거론한 것처럼 豪韻과 模韻은 고구려어에서 음운론적으로 구별되지 않았으므로 이 네 표음자의 음가 차이는 성모 또는 성조의 차이라고 할 수 있다.

'ᵒ都, ᵒ吐, †土'의 음가 차이는 성모 또는 성조의 차이임이 분명하다. 'ᵒ都'는 성모가 端母 /*t/이지만, 'ᵒ吐'와 '†土'는 透母 /*tʰ/이다. 따라서 'ᵒ都'와 'ᵒ吐', 'ᵒ都'와 '†土'의 음가 차이는 무기자음과 유기자음의 차이라고 할 수 있다. 이와는 달리 이 세 표음자의 음가 차이를 성조에서 구할 수도 있다. 'ᵒ都, ᵒ吐, †土'의 성조는 각각 평성, 거성, 상성이기 때문이다.

그런데 'ᵒ吐'와 '†土'의 음가 차이는 성조로만 기술할 수 있다. 이 둘은 聲母·開合·等·韻母 등에서는 동일하고 성조에서만 차이가 나기 때문이다. 달리 말하면 'ᵒ吐'와 '†土'는 성조에서만 차이가 나는 최소대립 쌍이다.

3.2.28. '동/듕/퉁' 음절, "ᵒ東, ᵒ中'

(28) '東, 冬, 董, 通, 童'의 음가와 용례

1. 東[端中1平東]=동ᴸ {東部(삼국, 후한, 당서, 사), 東盟(삼국, 후한), 東夫餘(광개), 東明/東明王(삼국, 양서, 북사, 수서, 사, 유), 東吐縣(지리), 東襄, 東沃沮, 東暆, 東黃城(사)}

2. 中[知中C平東]=듕ᴸ 中[知中C去東]=듕ᴿ {中郞將(삼국), 中裏(천남생, 천남산, 당서, 사), 中軍主活(천남산), 中書令(구당), 閔中王, 尉中, 中牟王, 中畏大夫(사), 侍中(유), 中都城(요사)}

3. 冬[端中1平冬]=동ᴸ {冬壽(동수), 冬斯肹, 毛乙冬非, 冬比忽, 冬音奈縣, 冬音忽, 冬忽, 于冬於忽, 冬斯忽(지리)}

4. 董[端中1上東]=동ᴿ {董騰(송서, 남사)}

5. 通[透中1平東]=동ᴸ {通事(삼국)}

6. 童[定中1平東]=동ᴸ {童子忽縣(지리)}

7. 仲[澄中C去東]=듕ᴿ {王仲文(속), 仲室氏(성)}

156

8. 蟲[澄中C平東]=듕ᴸ {王蟲麻呂(속, 성)}

9. 忠[知中C平東]=듕ᴸ {獻忠(당서, 사)}

  '동/듕/튱' 음절의 표기에는 '東, 中, 冬, 董, 通, 童, 仲, 蟲, 忠' 등이 사용되었다. '동/듕/튱' 음절을 여기에서 한꺼번에 다루는 이유는 이들 표음자의 운모가 모두 東韻 또는 冬韻이기 때문이다. 이 중에서 'ᵒ東'과 'ᵒ中'이 고구려 대표자 100자에 든다. 이들은 고구려어의 음절말 자음에 /*-ŋ/이 올 수 있었음을 말해 준다. (28.3)에서 볼 수 있듯이 'ᵒ冬'은 용례가 적지 않으므로 152자에 든다. 그런데 'ᵒ冬'이 차자표기에서 독특하게도 '들'로 읽힌다는 점을 고려하면, 음운체계 논의에서는 이것을 제외하는 것이 안전하다.

  'ᵒ東'의 중고음은 [端中1平東]이고 'ᵒ中'은 [知中C平東]이다. 여기에서 'ᵒ東'과 'ᵒ中'의 음가 차이를 성모나 등에서 찾아야 함을 알 수 있다. 그런데 고구려어에서는 前期 중고음과 마찬가지로 舌頭音과 舌上音의 구별이 없다.[17] 고구려어 표음자 전체를 대상으로 설두음인 端母 /*t/와 설상음인 知母 [*t]의 분포를 조사해 보면 이 둘이 상보적 분포를 보인다. 따라서 이 둘은 하나의 음소 端母·知母 /*t/가 된다.

N. 'ᵒ東, ᵒ中'의 음가 분석표

성모 \ 성조	평성	상성	거성	입성	음절
1等	ᵒ東				동/듕
3等 C	ᵒ中				

  그렇다면 'ᵒ東'과 'ᵒ中'은 성모에서는 음가 차이가 없고 等 즉 개구도에서만 차이가 난다고 해야 한다. 'ᵒ東'은 1등이고 'ᵒ中'은 3등 C이다. 等이 고구려어의 음운대립에서 중요한 역할을 담당한다는 것은 앞에서도 이미 말한 바 있다. 이 예로 보아 'ᵒ東'의 운복은 /*u/이고, 'ᵒ中'의 모음은 /*ju/였다.[18] 東韻 3등자는 항상 개음 /*j/를 가지기 때문이다. 개음 /*j/의 유무 차이로 'ᵒ東'과 'ᵒ中'이 음운론적

---

17 이것은 錢大昕(1727~1786년)이 처음으로 발견했다(王力 1980: 243, 李鍾振·李鴻鎭 역).
18 '東'과 '中'의 운복이 /*o/가 아니라 /*u/라는 점에 주의하기 바란다(6.4.1의 通攝 참조).

으로 대립한다.

앞에서 우리는 설두음인 端母 /*t/와 설상음인 知母 [*ṭ]가 고구려어에서 음운론적으로 대립하지 않았다고 했다. 이것을 고구려어의 음절별 음운 분석에서는 찾아낼 수 없다. 한국 중세음에서는 이 두 가지가 모두 'ㄷ'으로 반영되었으므로 설두음과 설상음의 구별이 없다고 바로 말할 수 있다. 그러나 고구려어에서는 'ㄷ'과 같은 음가 표기가 없으므로 음절별 음운 분석의 방법으로는 설두음과 설상음의 음운대립 여부를 확인할 수 없다. 이것이 음절별 음운 분석의 한계이다.

3.2.29. '두' 음절, '°頭, °豆'

(29) '頭, 豆, 斗, 杜'의 음가와 용례

1. 頭[定中1平侯]=두^L {句牟客頭(광개), 牟頭婁(모두), 頭大兄(삼국, 당서), 位頭大兄(고자묘, 천남생, 천남산, 사), 若只頭耶縣(지리), 頭霧唎耶陛(일), 都頭(사), 阿頭(유)}

2. 豆[定中1去侯]=두$^{R/H}$ {豆奴城^{百}, 豆比鴨岑韓^{百}(광개), 所邑豆縣, 若豆耶縣(지리), 豆訥河原, 豆智, 婁豆谷, 乙豆智(사)}

3. 斗[端中1上侯]=두^H {紇斗骨城(주서)}

4. 杜[定中1上模]=두$^{R/H}$ {杜魯(사)}

'두' 음절의 표기에는 '頭, 豆, 斗, 杜'의 네 가지가 사용되었다. 이 중에서 '°頭, °豆'가 고구려 대표자 100자에 든다.

'°頭'와 '°豆'는 한어 중고음에서 聲調만 서로 다르고, 나머지 음운론적 요소는 모두 동일하다. 따라서 '°頭'와 '°豆'는 平聲과 去聲의 차이를 반영하기 위하여 선별된 문자라고 할 수 있다.

O. '°頭'와 '°豆'의 음가 분석표

성모 \ 성조	평성	상성	거성	입성	음절
定母 /*d/	°頭		°豆		두

'°頭'와 '°豆'의 음가는 오직 성조에서만 차이가 난다. 이 점에서 이 대립 쌍은 국어학적으로 매우 중요한 가치를 가진다. 이 아홉 번째 성조 최소대립 쌍을 근거로, 고구려어가 성조 언어였다는 가설을 더 공고히 할 수 있다.

3.2.30. '디/티' 음절

(30) '地, 知, 耻, 治, 致, 雉, 智'의 음가와 용례

1. 地[定開AB去脂]=디^H {增地(한서, 북사), 安地城(구당)}
2. 知[知開AB平支]=디^L 知[知開AB去支]=디^H {省知買, 首知衣, 首知縣, 多知忽, 加知斤(지리)}
3. 耻/恥[徹開C上之]=티^R {若豆耻縣/若只頭耻縣(지리)}
4. 治[澄開C平之]=티^L 治[澄開C去之]=티^R {毛治(일), 明治好王(사)}
5. 致[知開AB去脂]=티^R {能致元/致能元(성)}
6. 雉[澄開AB上脂]=티^R {雉葛, 雉姫(사), 雉菖王(유)}
7. 智[知開AB去支]=디^H {豆智, 屋智(사), 智法, 智藪(유)}

'디/티' 음절의 표기에는 '地, 知, 耻, 治, 致, 雉, 智' 등의 일곱 자가 사용되었다. 그런데 이 중에서 고구려 대표자라고 할 만한 표음자가 하나도 없다. 앞에서 논의한 '기' 음절과 '니' 음절에 '디/티' 음절을 더하면, /*i/ 모음 앞에 'ㄱ/ㅋ, ㄴ, ㄷ/ㅌ' 계통의 자음이 오는 음절이 고구려어에 많지 않았던 듯하다. 이러한 음절구조제약이 무엇을 함의하는지 아직 알 수 없다.

3.2.31. '라' 음절, '°羅'

(31) '羅, 邏'의 음가와 용례

1. 羅[來開1平歌]=라^L {加太羅谷, 古模耶羅城^{百}, 芬而耶羅城^{百}, 莫□羅城^{百}(광개), 延爾普羅(유인원), 何瑟羅州(지리), 羅雲(사, 유)}
2. 邏[來開1去歌]=라 {武厲邏(사)}

'라' 음절의 표기에는 '羅, 邏'가 사용되었다. '°羅'만 고구려 대표자이다. 이 '°羅'는 백제와 신라에서도 /*la/의 표기에 두루 사용되었다. 한어 중고음으로는 [*l]과 [*r]의 차이를 구별할 수 없다.

3.2.32. '렬' 음절, '°列'

(32) '列'의 음가와 용례

列[來開AB入仙]=렬 {武列城(북사), 昭列帝(수서), 比列忽, 烏列忽(지리), 卑列(사)}

'렬' 음절의 표기에는 '列'이 사용되었다. '°列'은 고구려 대표자 100자에 든다. 이 '°列'은 고구려어에 음절말 자음 /*-t/ 또는 /*-l/이 있었다는 것을 말해준다.

3.2.33. '로' 음절, '°盧'

(33) '盧, 老, 魯'의 음가와 용례

1. 盧[來中1平模]=로^L {各模盧城^百, 臼模盧城^百, 牟盧城^百, □古盧^百, 鴨盧(광개), 對盧(삼국, 후한, 양서, 남사, 수서, 천남산, 사), 大對盧(삼국, 주서, 북사, 구당, 당서, 구오, 당오, 사), 葛蔓盧(위서, 북사), 葛盧(위서), 葛尾盧(북사), 瓠盧水(김인문, 구당), 太大對盧(천남생, 천헌성, 사), 發盧河(당서), 藥盧(사, 유), 葛盧孟光, 檀盧城, 麻盧(사)}
2. 老[來中1上豪]=로^R {高老(사)}
3. 魯[來中1上模]=로^H {杜魯(사)}

'로' 음절의 표기에는 '盧, 老, 魯' 등이 사용되었다. 이 중에서 '°盧'만 고구려 대표자이다. '로' 음절의 표기에 '老, 魯, 路' 등을 거의 사용하지 않은 것을 보면 /*lo/의 표기에는 '°盧'만 사용한다는 고유의 표기법이 있었던 것 같다.

3.2.34. '루' 음절, '°婁'

(34) '婁, 漊, 鏤, 騶'의 음가와 용례

1. 婁[來中1平侯]=루$^{L/R}$ {古车婁城^{百}(광개, 중원), 婁賣城^{百}, 车婁城^{百}, 婁城^{百}, 味仇婁, 燕婁城^{百}, 亐婁城^{百}(광개), 车頭婁(모두), 卦婁(평양성A), 於九婁(태천), 那婁(삼존불), 桂婁部(삼국, 후한, 양서, 천남산, 천남생, 당서), 幘溝婁(삼국, 양서), 馬婁(송서, 남사), 溝婁(양서), 屑夫婁城(지리), 可婁, 能婁, 師需婁, 助有卦婁手切(일본), 婁豆谷, 穆度婁, 猷矢婁, 尙婁, 再曾桀婁, 海愛婁(사)}

2. 漊/縷[來中C上虞]=루 漊/縷[來中1平侯]=루 {溝漊(삼국), 幘溝漊(북사)}

3. 鏤[來中1去侯]=루^{H} {鏤方(북사, 수서, 요사, 사)}

4. 騶^{19} {駏騶(사)}

'루' 음절의 표기에는 '婁, 鏤, 漊, 騶' 등이 사용되었다. 이 중에서 '°婁'만 고구려 대표자이다.

'로' 음절의 표기에 사용된 '°盧'의 음가는 [來中1平模]이고, '루' 음절의 표기에 사용된 '°婁'는 [來中1平侯]이다. 이 두 대표자는 운모의 최소대립 쌍인데, 서로 혼동되어 사용된 적이 없다. 이것은 고구려어에 模韻과 侯韻이 음운론적으로 대립했음을 의미한다. 따라서 고구려어 模韻의 운복은 /*o/로, 侯韻의 운복은 /*u/로 추정할 수 있다.

3.2.35. '류' 음절, '°留, °流, °劉, †琉'

(35) '留, 流, 劉, 琉, 類, 累, 瑠'의 음가와 출현 텍스트

1. 留[來中C平尤]=류^{L} {儒留王, 大朱留王(광개), 榮留王(북사, 사, 유), 久留川麻乃意利佐(성), 孺留, 大解朱留王, 小解味留王, 晏留, 於卑留(사), 味留, 愛留(유)}

---

19 『廣韻』에 나오지 않는 글자라서 음가를 제시하지 않았다.

2. 流[來中C平尤]=류^L {沸流谷/沸流江/沸流水(광개, 삼국, 후한, 양서, 북사, 사),
   奴流枳(일), 沸流王(사)}

3. 劉[來中C平尤]=류^L {劉(양서, 북사), 能劉王(성), 劉屋句, 斯劉(사)}

4. 琉[來中C平尤]=류^L {琉璃王(삼국), 琉璃明王/琉璃王(사)}

5. 類[來合AB去脂]=류^R {類利(사)}

6. 累[來合AB去支]=류^R {累利(유)}

7. 瑠[來中C平尤]=류 {瑠璃王(유)}

'류' 음절의 표기에는 '留, 流, 劉, 琉, 類, 累, 瑠' 등의 일곱 자가 사용되었다. 이 중에서 '°留'는 고구려 대표자 100자에 들고, '°流, °劉'는 152자에 든다. '†琉'는 340자 세트에 든다.

'류' 음절의 표기에 사용된 '°留, °流, °劉, †琉'의 네 자는 음가에서 전혀 차이가 없다. 한어 중고음과 한국 중세음에서 모두 그러하다. 그렇다면 동일 음가를 표기하기 위해 '°留, °流, °劉, †琉'의 네 문자가 사용되었으므로 이들은 고구려어 표음자의 음가 차이 반영설을 부정하는 예가 된다.

그런데 '°流, °劉, †琉'의 세 자를 고구려 代表字라고 하기가 어렵다는 점을 먼저 고려할 필요가 있다. '°流'의 용례는 엄격히 말하면 '沸流, 奴流枳'의 둘밖에 없으므로 대표자라고 할 수 없다. 특히 '奴流枳'는 일본 표기법의 영향을 받은 것이 분명하다. 이곳의 '枳'는 일본 史書에서만 사용되므로 이곳의 '°流'도 일본 표기법의 영향을 받은 것이라고 할 수 있다. '°劉'의 용례도 '能劉王, 劉屋句, 斯劉'의 셋으로 한정되고, '†琉'의 용례도 '琉璃王' 하나로 한정된다. 용례가 적어서 '°流, °劉, †琉'의 세 자를 고구려의 대표자에 포함할 수 없다고 주장할 수 있다. 이 주장에 따라 이 세 자를 논의 대상에서 제외함으로써 고구려 표음자의 음가 차이 반영설을 옹호할 수 있다.

그러나 이것은 균형 잡힌 태도가 아니다. 고구려 대표자에 들지 못하는 표음자라 하더라도 음운 분석의 대상으로 삼아 왔기 때문이다. '°流, °劉, †琉'의 세 자가 '류' 음절의 표기에 사용된 것은 우리의 음가 차이 반영설에 대한 예외임이 분명하다.

앞에서 '°南'과 '°男'이 동일 음절 '남'을 표기함으로써, 음가 차이 반영설에 예외가 됨을 지적한 바 있다. 이 '남' 음절과 '류' 음절은 초성이 共鳴音 [−obstruent]이다. 이 공통점을 강조하면, 우리의 음가 차이 반영설이 障礙音 [+obstruent]에만 적용된다고 수정할 수 있다.

이 수정이 궁색한 변명처럼 들릴지도 모른다. 그러나 프라그 학파에서도 처음에는 주로 무성무기음, 무성유기음, 유성무기음 등의 障礙音에 국한하여 음운대립 이론을 적용했다는 사실을 기억할 필요가 있다. 이들 장애음이 漢語에서는 각각 全淸, 次淸, 全濁에 해당하고 이들에는 우리의 음가 차이 반영설이 잘 들어맞는다. 반면에 次濁(또는 不淸不濁) 즉 공명음에서는 잘 들어맞지 않는데, 이것은 프라그 학파의 음운대립 이론에서도 마찬가지이다. 따라서 음가 차이 반영설이 장애음에만 적용된다고 수정하기로 한다.

3.2.36. '리' 음절, '°利, °離'

(36) '利, 離, 璃, 驪, 里, 理, 裏, 李, 吏, 唎'의 음가와 용례

1. 利[來開AB去脂]=리^R/H {幹弓利城^百, 古利城^百, 比利城, 碑利城, 析支利城^百, 阿利水^百, 也利城^百, 於利城^百, 奧利城^百, □利城^百(광개), 若侔利(평양성; 해), 乙弗利(양서, 위서, 북사), 波利縣, 助利非西, 肖利巴利忽, 伊利柯須彌, 伊利之(일), 久留川麻乃意利佐, 伊利須使主, 許利都(성), 積利(구당, 당서), 高朱利, 類利, 積利城, 助利, 託利(사), 累利(유)}

2. 離[來開AB平支]=리^L 離[來開AB去支]=리^R {莫離支(천남생, 천헌성, 천남산, 고자묘, 구당, 당서, 사, 유), 太大莫離支(천헌성, 천남산), 摩離(사)}

3. 璃[來開AB平支]=리^L {琉璃王(삼국, 사), 琉璃明王(사), 瑠璃王(유)}

4. 驪[來開AB平支]=리^L 驪[來開AB去支]=리^R {高句驪, 句驪(무구, 천헌성, 천남산)}

5. 里[來開C上之]=리^R {赤里忽(지리)}

6. 理[來開C上之]=리^R {王彌夜大理, 前部選理(속), 朱理(사), 明理好(유)}

7. 裏[來開C上之]=리^R {中裏(천남생, 천남산, 당서, 사)}

8. 李[來開C上之]=리^R, 나^R {李氏(당서), 李文眞(사)}

9. 吏[來開C去之]=리^R {柵城守吏(사)}

10. 唎²⁰ {頭霧唎耶陛(일)}

'리' 음절의 표기에는 '利, 離, 璃, 驪, 里, 理, 裏, 李, 吏, 唎' 등이 사용되었다. 이 중에서 '°利'는 일곱 가지 텍스트에 모두 분포하는 고구려 대표자이다. '°離, °璃' 는 152자에 든다. 백제어 표기에 자주 사용되었던 '里'가 고구려에서는 '赤里忽 (지리)'에만 사용되었다. 이곳의 '里'는 고구려 멸망 이후의 표기법에 오염된 것이라 할 수 있다.

'°離'는 금석, 당서, 사기, 유사 등 4종의 텍스트에 분포하지만 이들은 모두 고구려 멸망 이후에 편찬된 텍스트이다. 금석문 텍스트에 속하는 泉男生墓誌는 679년에, 高慈墓誌는 700년에, 泉獻誠墓誌는 701년에, 泉男山墓誌는 702년에 작성되었다. 이들의 작성 연도가 멸망 이후임은 틀림없지만 고구려 멸망 이전에도 '莫離支'라는 관명이 사용되었을 가능성이 크다. 따라서 이곳의 '°離'를 논의 대상으로 삼는다.

논의의 초점이 되는 것은 이른 시기에 이미 나타나는 '°璃'와 '驪'이다. 그런데 이들은 각각 '琉璃王, 瑠璃王'과 '高句驪, 句驪'에만 사용되었다. 고구려 2대 유리왕은 '儒留, 朱留, 類利, 累利, 琉璃, 瑠璃' 등으로 그 표기가 다양하다. (36.3)의 용례에 나오듯이, 『삼국지』에서는 '琉璃王'으로 표기했고 이것을 『삼국사기』에서 그대로 수용했다. 그런데 이 '璃'는 고구려의 표기가 아니라 중국의 표기일 가능성이 크다. 그러한 예로는 (36.4)의 '驪'가 대표적이다. 金完鎭(2012)에 따르면 '高句驪, 句驪'는 고구려의 자칭 국명 표기가 아니라 중국에서 卑稱으로 사용했던 표기이다. 중국에 소재하는 魏毌丘儉紀功碑文(246년 추정)에 '高句驪, 句驪'의 '驪'가 나오는데, 이것도 그 비칭의 한 예이다. 따라서 고구려어 표음자에서 사실은 '驪'를 제외해야 한다. 이와 마찬가지로 '琉璃王, 瑠璃王'의 '°璃'도 중국에 그 기원을 두고 있는 것 같다. 이들의 '琉'와 '瑠'가 모두 來母字이므로 頭音法則에

---

20 『廣韻』에 나오지 않는 글자라서 음가를 알 수 없다.

어긋난다. 고구려어 어휘 중에는 'ㄹ'이 단어의 첫머리에 오는 예가 아주 드문데, 그 예외 중의 하나가 '類利, 累利, 琉璃, 瑠璃'이다. 이 점을 고려하여, 고구려 2대 유리왕의 표기로는 광개토대왕비(414년)에 나오는 '儒留, 朱留'가 오히려 가장 정확한 셈이다.

　용례를 유심히 관찰해 보면, '裏'는 용례가 하나밖에 없고, '理'는 고구려 멸망 이후에 사용되기 시작한 표음자이다. 'ᵒ璃, 驪'는 이른 시기의 텍스트에 나온다 하더라도 중국 표기법의 영향을 받은 표음자이다. 이들을 모두 고구려어 '리' 음절 표음자에서 제외하면, 결국은 '리' 음절의 대표자로 'ᵒ利'와 'ᵒ離'만 남게 된다.

P. 'ᵒ利, ᵒ離'의 음가 분석표

성모 \ 성조	평성	상성	거성	입성	음절
來母 /*l/	ᵒ離支		ᵒ利脂		리

　'ᵒ利'의 중고음은 [來開AB去脂]이고, 'ᵒ離'는 [來開AB平支]이다. 고구려어에서 止攝 운모의 운복은 之韻·微韻의 /*ə/, 脂韻의 /*i/, 支韻의 /*e/ 등의 세 가지이다.[21] 脂韻과 支韻의 음가가 변별되므로 'ᵒ利'와 'ᵒ離'의 음가 차이를 韻母에서 구할 수 있다. 즉 운복의 차이 즉 /*i/와 /*e/의 차이에서 구할 수 있다. 반면에, 'ᵒ利'와 'ᵒ離'의 음가 차이를 성조의 차이에서 구할 수도 있다. 'ᵒ利'는 거성이고 'ᵒ離'는 평성이기 때문이다.

3.2.37. '마' 음절, "馬'

(37) '馬, 麻, 磨, 摩'의 음가와 용례

1. 馬[明中2上麻]=마ᴿ {馬婁(송서, 남사), 果下馬(위서, 북사), 司馬(양서, 북사), 馬忽, 馬斤押(지리), 馬養(속), 馬訾水(당서)}

2. 麻[明中2平麻]=마ᴸ {久留川麻乃意利佐, 麻弖臣(성), 麻盧(사)}

21　之韻·微韻의 /*ə/와 支韻의 /*e/는 각각 중세 한국어의 '一(또는 ·)'와 'ㅓ'에 대응한다. 이에 대해서는 6.1.3의 止攝을 참고하기 바란다.

3. 磨[明中1平戈]=마$^{L/R}$ 磨[明中1去戈]=마^R {磨米(구당, 당서)}

4. 摩[明中1平戈]=마^L {摩離(사)}

'마' 음절의 표기에는 '馬, 麻, 磨, 摩' 등이 사용되었다. 위의 자료를 보면 '°馬'가 고구려 대표자임을 금방 알 수 있다.

그런데 '麻'도 대표자에 넣어야 한다고 생각할지도 모른다. 이 '麻'는 백제와 신라에서 두루 사용되었던 표음자이기 때문이다. 그러나 고구려에서는 상황이 다르다. 용례가 많지 않을 뿐만 아니라 텍스트도 8세기 중엽 이후에 편찬된 일본의 『新撰姓氏錄』과 고려의 『三國史記』로 한정된다. 이 점에서 '麻'를 고구려 대표자에서 제외한다. '마' 음절을 표기할 때에, 고구려에서는 주로 '°馬'를 사용하고 백제와 신라에서는 '麻'를 주로 사용했다는 것은 아주 중요하다. 고구려 표기법과 백제·신라의 표기법이 부분적으로 차이가 나는데, 그 대표적인 예가 '°馬'와 '麻'이기 때문이다(이승재 2015가).

3.2.38. '막/모' 음절, '°莫'

(38) '莫'의 음가와 용례

莫[明中1入唐]=막 莫[明中1去模]=모^R {莫□羅城^{高}(광개), 莫來(위서, 주서, 북사, 수서), 莫離支(천남생, 고자묘, 천헌성, 천남산, 구당, 당서, 사, 유), 莫支(구당), 莫勤, 莫德(사)}

'°莫'은 '막' 또는 '모'로 읽히는데, 고구려 대표자로서 손색이 없다. 문제는 이 '°莫'의 한어 중고음 음가가 둘이라는 데에 있다. 즉 '막'을 표기한 것인지 '모'를 표기한 것인지 구별하기 어렵다. 그러나 관명 '莫離支'의 '莫離'가 한국 중세어의 '모른'(酋)에 대응한다는 것만은 분명하다. 이때의 '°莫'는 [明中1去模] 즉 /*mo/로 읽어야 할 것이다.

3.2.39. '명' 음절, "°明'

(39) '明, 盟, 冥, 溟'의 음가와 용례

1. 明[明中B平庚]=명^L {東明/東明王(삼국, 양서, 북사, 수서, 사, 유), 明德, 文咨明王 (사, 유), 琉璃明王, 明臨答夫, 明治好王, 解明(사), 明理好, 普明(유)}
2. 盟[明中B平庚]=명$^{L/H}$ {東盟(삼국, 후한, 사)}
3. 冥[明中4平靑]=명^L {海冥(북사, 수서)}
4. 溟/冥[明中4平靑]=명^L {北溟山(사)}

'명' 음절의 표기에는 '明, 盟, 冥, 溟' 등이 사용되었다. '°明'만 고구려 대표자의 자격을 갖추었다. 한국 한자음에는 '밍' 음절이 없다는 점을 덧붙여 둔다.

3.2.40. '모' 음절, "°模/摸'

(40) '模/摸, 毛, 慕, 謨'의 음가와 용례

1. 模/摸[明中1平模]=모^L {伊夷摸(삼국, 양서, 북사, 사), 大模達(삼국, 당서), 各模 盧城^{百}, 古模耶羅城^{百}, 曰模盧城^{百}(광개)}
2. 毛[明中1平豪]=모^L {毛治(일), 毛屯谷(사)}
3. 慕[明中1去模]=모^R {慕本/慕本王(사, 유)}
4. 謨[明中1平模]=모^L {夷謨(유)}

'모' 음절의 표기에는 '模/摸, 毛, 慕, 謨' 등이 사용되었다. 이 중에서 고구려 대표자 100자에 드는 '°模/摸'에 한정하여 논의하기로 한다. 우선 '模'와 '摸'가 동일 한자의 異體字라는 점에 주목할 필요가 있다. '°模'의 '木'을 행서로 쓰다 보면 '扌'가 되는 때가 많고 '°模'와 '摸'의 한어 중고음이 동일하다. 이 두 가지 사실을 들어 '°模'와 '摸'를 하나의 표음자로 간주한다.

그런데 위에서 '막/모' 음절의 "°莫'을 논의하면서 '°莫'이 /*mo/로 읽히는 예가 있다고 했다. 이에 따르면 '모' 음절의 표기에 '°莫'와 '°模/摸'의 두 가지가 사용된 셈이다. 이처럼 하나의 음절을 두 가지 문자로 표기했을 때에는 그 원인이 무엇인지 밝힐 수 있어야 한다. 이 둘의 음가는 한어 중고음으로 莫[明中1去模]와 模/摸[明中1平模]이다. 여타의 음운론적 요소는 다 같고, 聲調에서만 차이가 난다. 그렇다면 이 둘도 성조 차이를 반영한 표음자에 넣을 수 있다. '°莫'와 '°模/摸'는 고구려어가 성조 언어였음을 지지해 주는 열한 번째 예가 된다.

Q. '°莫, °模/摸'의 음가 분석표

성모 \ 성조	평성	상성	거성	입성	음절
明母 /*m/	°模/摸		°莫		모

한편, '모' 음절의 표기에 사용된 '毛'는 어떻게 처리할 것인가 하는 문제가 제기된다. '毛'는 백제와 신라에서는 생산적으로 사용되었던 표음자이지만 고구려에서는 그렇지 않다. '鐵圓郡一云毛乙冬非'(지리)의 '毛'는 표음자가 아니라 표훈자이다. 이것을 제외하면 '毛'가 고구려어 표음자로 사용된 용례는 '毛治'(일), '毛屯谷'(사)의 두 예뿐이다. 게다가 이들은 모두 고구려가 멸망한 이후의 텍스트에 나타난다. 따라서 '毛'는 고구려를 대표하는 표음자라고 할 수 없다.

3.2.41. '무' 음절, '°牟, °武'

(41) '牟, 武, 侔, 蕪, 霧, 無'의 음가와 용례

1. 牟[明中C平尤]=모^L {鄒牟聖王/鄒牟王(광개, 집안, 사), 古牟婁城^百(광개, 중원), 句牟城^百, 句牟客頭, 牟盧城^百, 牟婁城^百, 牟水城(광개, 사), 牟頭婁, 冉牟, 牟壽(모두), 蓋牟(수서, 구당, 당서, 사), 須牟祁王, 乙牟(성), 鉗牟岑(당서), 劍牟岑, 窮牟城, 陰牟, 再牟, 中牟王(사)}

2. 武[微中C上虞]=무^R {男武(삼국, 사), 武厲城(수서), 武列城(북사), 多武(일), 高建武, 高武(구당, 당서), 高任武(당서), 建武王, 高武, 大武神王, 武骨, 武厲邏, 延武, 任武(사), 武陽王(유)}

3. 侔[明中C平尤]=모^L {若侔利(평양성;해)}

4. 蕪[微中C平虞]=무^L {蕪子忽(지리)}

168

5. 霧[微中C去虞]=무^R {頭霧唎耶陛(일)}

6. 無[微中C平虞]=무^L {無恤(사, 유), 無上和尙(유)}

'무' 음절의 표기에는 '牟, 武, 侔, 蕪, 霧, 無' 등이 사용되었다. 이 중에서 '°牟'
와 '°武'가 고구려 대표자 100자에 든다.

그런데 왜 '°牟'를 '모' 음절에서 다루지 않고 '무' 음절에서 논의하느냐고 의문
을 제기할 수 있다. '°牟'의 중고음 운모는 尤韻이므로 한국 중세음의 '모^L'와 음
가가 다르다. '°牟'의 尤韻은 앞에서 이미 논의한 바와 같이 /*ju/로 재구된다. 이
것을 따라 고구려어 '°牟'의 음가를 재구하면 /*mju^L/가 되는데, 이것은 한국 중
세음 '모^L'와 다른 음가이다.

여기에서 한어 중고음과 한국 중세음 중에서 어느 것을 더 중시할 것인지 하
는 문제가 제기된다. 이럴 때에 우리는 한국 중세음보다는 한어 중고음을 더 중
시한다. 한어 중고음은 601년에 편찬된 『切韻』을 기초로 하는데, 이 편찬 시기
가 고구려의 말기에 해당한다. 즉 『切韻』과 고구려어는 시기상으로 일치하지만,
한국 중세음은 그렇지 않다. 한국 중세음은 후대의 음운변화를 많이 겪은 다음
에 기록된 것이므로 고구려의 한자음과 직접 연결되지 않는다. 여기에서 '°牟'를
'모' 음절에 넣을 것이 아니라 '무' 음절에 넣어야 한다는 논의가 성립한다. 따라
서 고구려어 표음자 '°牟'의 음가를 /*mju^L/로 재구하는 방법을 택한다.[22]

R. '°牟, °武'의 음가 분석표

성모＼성조	평성	상성	거성	입성	음절
明母·微母 /*m/	°牟_尤	°武_虞			무

'°牟'의 한어 중고음 [明中C平尤]를 '°武'의 [微中C上虞]와 대비해 보면 언뜻 보
기에도 聲母, 聲調, 韻 등이 모두 차이가 난다. 그러나 '°牟'의 성모 明母 /*m/와
'°武'의 성모 微母 [*ɱ]가 상보적 분포를 이루므로 성모에서는 '°牟'와 '°武'의 음
운론적 차이가 없다. 따라서 이 두 표음자의 음운론적 차이는 성조나 운모에서

---

22 고대 일본에서도 '牟'는 /*mu/를 표음한다.

구해야 한다. '°牟'와 '°武'의 聲調가 각각 平聲과 上聲이므로 이들의 음가 차이를 바로 여기에서 구할 수 있다. 이와는 달리, 이들의 운모가 각각 尤韻 /*ju/와 虞韻 /*u/이므로 이 음가 차이를 반영하기 위하여 서로 구별해서 사용했다고도 할 수 있다.

　우리는 위에서 明母 /*m/와 微母 [*ɱ]가 상보적 분포를 이룬다고 했다. 음절별 음운 분석에서는 이들을 가지는 모든 음절을 따로 모아 일일이 그 분포를 확인해야 한다. 이 개별성이 음절별 음운 분석의 한계이다. 반면에 우리는 5章에서 이것을 체계적이고도 효율적으로 기술할 것이다.

3.2.42. '문' 음절, '°文'

(42) '文, 問, 門'의 음가와 용례

1. 文[微中C平文]=문^L {文達(평양성B), 文咨王(위서, 남사, 북사, 사), 乙支文德(북사, 수서, 사), 蓋蘇文(유인원, 구당, 당서, 사, 유), 文(고자묘), 伊文縣(지리), 賀取文(일), 高文信, 王仲文(속), 高文(구낭, 사), 蘇文(사, 유), 李文眞, 文德(사), 文咨明王(유)}

2. 問[微中C去文]=문^R {卯問(일)}

3. 門[明中1平魂]=문^L {溫沙門/溫沙多門(구당, 당서, 요사, 사)}

'문' 음절의 표기에는 '文, 問, 門'이 사용되었다. '°文'만 고구려 대표자 100자에 든다.

3.2.43. '미' 음절, '°彌'

(43) '彌, 味, 未, 尾, 米, 美'의 음가와 용례

1. 彌[明中A平支]=미^L {閣彌城^百, 彌沙城^百, 彌鄒城^百(광개), 渾彌(북사, 사), 彌鄒忽, 甘彌忽(지리), 伊利柯須彌(일), 王彌夜大理(속), 彌儒(사)}

2. 味[微中C去微]=미^R {味仇婁(광개), 小解味留王(사), 味留(유)}

3. 未[微中C去微]=미^R {未夷(천남생), 未乙省(지리)}

4. 尾[微中C上微]=미^R {葛尾盧(북사)}

5. 米[明中4上齊]=미^R {內尒米, 內米忽(지리), 磨米(구당, 당서)}

6. 美[明中B上脂]=미^R {美川王(사, 유), 美川原(사)}

'미' 음절의 표기에는 '彌, 味, 未, 尾, 米, 美' 등이 사용되었다. 이 중에서 '°彌'만 고구려 대표자 100자에 들어간다. '기, 니, 디' 등의 음절과는 달리 '미' 음절에는 대표자 '°彌'가 있다. 이것은 '°彌'의 운모가 支韻이라는 점과 관계가 있다. 고구려어 표음자에서는 支韻의 운복이 /*i/가 아니라 /*e/로 추정되기 때문이다 (6.1.3 참조).

3.2.44. '바/파' 음절

(44) '巴, 波'의 음가와 용례

1. 巴[幇中2平麻]=바 {巴奴城^百(광개), 濟次巴衣縣, 肖巴忽, 肖利巴利忽(지리), 乙巴素/巴素(사)}

2. 波[幇中1平戈]=바^L, 파^L {仇斯波衣,[23] 波害乎史縣, 泥沙波忽, 密波兮, 斤尸波兮, 波旦縣, 波利縣, 波尸忽(지리), 久禮波(일본), 波若(유)}

'바/파' 음절의 표기에는 '巴, 波'가 사용되었는데, 둘 다 고구려 대표자에서 제외된다. 한국 중세음으로 '巴'는 '바'이고 '波'는 '바, 파'이다. 현대 한자음과 차이가 나므로 주의해야 한다.

'巴'는 광개토대왕비의 '巴奴城^百'이 그 용례이지만, 이곳의 '巴'는 '邑'일 가능성이 있다. '邑'은 '邑'에서 비롯된 韓半字이므로[24] '巴'와는 전혀 관계가 없는 글자

---

23 지명 접미사 '波衣'가 붙은 것으로는 '別史波衣, 租波衣, 夫斯波衣縣, 烏生波衣, 平珍波衣'(지리) 등이 더 있다.

24 '韓半字'는 한국에서 한자 자형을 크게 변형하여 半 정도로 줄여 사용한 글자를 가리킨다. 자세한 것은 李丞宰(2015나)를 참고하기 바란다.

이다. 이에 따라 '巴'의 용례에서 '巴奴城^百'을 제외하게 되면 '巴'는 지리지와 『삼국사기』에만 나오는 표음자가 된다. 이것은 '巴'가 8세기 중엽 이후에 사용되기 시작했다는 뜻이 되므로, '巴'를 고구려의 대표자라고 하기가 어렵다. '波'도 고구려 멸망 이전의 용례가 없다.

여기에서 '바/파' 음절이 고구려어에 없었을 가능성이 제기된다. 알타이 祖語의 어두 /*p/가 여러 언어에서 약화되는 현상이 발견되는데, 이 공백을 그 예로 들 수 있을까? 이 공백은 역시 우연한 공백으로 보는 것이 좋을 것이다. 후술할 '병/평, 보/포, 부, 불블, 비/피' 등의 음절에서는 어두의 /*p/가 확인되기 때문이다.

3.2.45. '벌' 음절, "伐'

(45) '伐'의 음가와 용례

伐[奉中C入元]=벌 {于伐城(중원), 仍伐奴縣, 伐力川縣, 及伐山郡, 伊伐支縣, 多伐嶽州(지리), 孫伐音(구당, 당서), 伐奴城(당서)}

'벌' 음절의 표기에는 '伐'이 사용되었다. '°伐'은 고구려 대표자 100자에 든다. 이 '°伐'은 고구려어에 음절말 자음 /*-t/ 또는 /*-l/이 있었음을 말해 준다.

3.2.46. '병/평' 음절, "平'

(46) '平, 評'의 음가와 용례

1. 平[並中B平庚]=평^L {平穰/平壤/平壤城(광개, 한서, 삼국, 후한, 위서, 주서, 북사, 수서, 구당, 당서, 구오, 오대, 송사, 사, 유), 西安平(한서), 平郭(위서, 북사), 內平(북사, 수서, 사), 外平(수서, 사), 平壤(천남생), 斤平郡, 平珍波衣(지리), 安平(당서), 襄平城, 平岡王, 平成, 平陽, 平儒原(사), 平原王, 平湯(유)}
2. 評[並中B平庚]=평^L {外評(북사), 評者(사)}

'병/평' 음절의 표기에는 '平, 評'이 사용되었다. '°平'은 당연히 고구려 대표자

100자에 들어간다. '°平'은 한어 중고음에서 並母에 속한다. 이 並母에 濁音淸化가[25] 적용되어 한국 중세음에서는 '平'이 '평'으로 표음된다.

3.2.47. '보/포' 음절, '°普'

(47) '普, 寶, 簿, 菩, 報, 輔'의 음가와 용례

1. 普[滂中1上模]=보^R {普□城^{高}(지 광개), 普述水(위서, 북사), 延爾普羅(유인원), 普德和尙(사, 유), 普明, 普聖師(유)}

2. 寶[幇中1上豪]=보^R {寶輪王(성), 安貴寶(속), 寶延, 寶元, 寶臧/寶臧王(사), 寶迎, 寶臧王(유)}

3. 簿[並中1上模]=부^R {主簿(삼국, 중원, 양서, 남사, 일, 사)}

4. 菩[並中1平模]=보^L {靑光菩薩(사)}

5. 報[幇中1去豪]=보^R {報德城(사)}

6. 輔[奉中C上虞]=보^R {大輔, 右輔, 左輔(사)}

'보' 음절의 표기에는 '普, 寶, 簿, 菩, 報, 輔'가 사용되었다. 이 중에서 '°普'만 고구려 대표자 100자에 든다. '포' 음절에 해당하는 고구려어 표음자는 없다. 예컨대, '浦, 包, 布' 등이 고구려어 표기에서는 전혀 사용되지 않았다. 이것은 고구려어에서 유기음 [*p^h]가 무기음 /*p/의 변이음이었음을 암시한다.

그런데 '보' 음절 표기자에 '簿'를 추가할 필요가 있다. '簿'는 한국 중세음으로는 '부^R'이지만,[26] 한어 중고음으로는 模韻字이기 때문이다.

(라) 滂母 [*p^h]와 並母 /*b/의 최소대립 쌍과 그 용례

　普[滂中1上模] {위의 (47.1)의 예(광개 등)}

　簿[並中1上模] {위의 (47.3)의 예(삼국 등)}

---

25 이에 대해서는 후술한다.
26 한국 중세음인 '부^R'는 '賻, 傅, 溥' 등의 '専' 聲符에 유추된 결과일 것이다.

'簿'는 이른 시기부터 사용되었고 여러 텍스트에 두루 분포하지만 용례가 '主簿' 하나로 한정되어 대표자에서 제외되었다. 그런데 위의 (라)에서 볼 수 있듯이, 이 '簿'와 고구려 대표자 '普'가 흥미롭게도 성모의 최소대립을 이룬다. 이에 따르면 고구려어에서 滂母 /*pʰ/와 並母 /*b/를 각각 독자적인 음소로 설정하게 된다. 이 음운대립의 성립 시점은 광개토대왕비가 건립된 5세기 초엽이므로, 이 때에 이미 /*pʰ/와 /*b/가 독자적인 음소로 자리를 잡았다고 할 수 있다.

그런데 (47.3)의 '主簿'가 과연 고구려어 고유어인지 의심스럽다. '主簿'는 중국의 漢 나라에서 이미 사용했던 고위직 관명이다. 이것을 차용한 것이 확실하므로 이 '主簿'를 고구려어 항목에서 제외할 수 있다. 이 태도에 따르면 滂母 [*pʰ]와 並母 /*b/의 음운대립 쌍이 없어진다. 滂母 [*pʰ]가 幫母 /*p/의 변이음일지, 並母 /*b/가 독자적 음소일지는 5章에서 脣音을 논의하면서 다시 거론한다. 滂母字, 幫母字, 並母字를 모두 한군데로 모으면, 이들 중에 최소대립 쌍이 있는지 그 여부를 체계적으로 기술할 수 있다.

3.2.48. '부' 음절, 'ᵒ夫, ᵒ部, ᵒ扶, ᵒ富'

(48) '夫, 部, 扶, 富'의 음가와 용례

1. 夫[非中C平虞]=부ᴸ, 우ᴸ {大夫(삼국, 사), 夫餘(광개, 수서, 당서), 安夫連(광개), 相夫(평양성;해, 사, 유), 主夫吐郡, 夫如郡, 夫斯波衣縣, 夫斯達縣, 屑夫婁城(지리), 所夫孫(구당, 당서, 사), 丘夫(사, 유), 答夫, 師夫仇(사)}

2. 部[並中1上侯]=부ᴴ, 보 {灌奴部, 消奴部, 順奴部, 絶奴部(삼국, 후한, 양서, 남사), 桂婁部(삼국, 후한, 양서, 당서), 涓奴部, 東部(삼국, 후한), 北部, 西部, 前部, 左部(삼국), 後部(삼국, 평양성B, 성), 前部(태천, 중원, 속), 慎奴部(양서, 남사), 五部(수서, 구당), 上部(속), 鬼部(일), 內部(당서), 部長, 沸流部, 掾那部, 提那部, 桓那部(사)}

3. 扶[奉中C平虞]=부ᴸ {扶餘(북사, 수서, 구당, 당서, 사), 扶蘇岬, 北扶餘城州(지리), 扶芬奴, 扶尉猒(사)}

4. 富[非中C去尤]=부ᴿ {富山(광개, 사), 富加抃, 富于(일)}

5. 傅[非中C去虞]=부$^{R/H}$ {太傅(양서)}

6. 付[非中C去虞]=부^R {付珍伊(지리)}

7. 父[奉中C上虞]=부^H 父[非中C上虞]=보^R {桓父(일), 陜父(사)}

8. 負[奉中C上尤]=부^R {負鼎氏(사)}

'부' 음절의 표기에는 '夫, 部, 扶, 富, 傅, 付, 父, 負' 등이 사용되었다. 이 중에서 '°夫, °部, °扶'는 고구려 대표자 100자에, '⁰富'는 152자에 든다. '°夫, °部, °扶, ⁰富'의 네 자를 대상으로 삼아 음가 차이 반영설이 맞는지 검토해 보기로 한다.

먼저 前期 중고음에서는 脣重音과 脣輕音의 구별이 없었다는[27] 점을 지적해 둔다. 전기 중고음은 대체적으로 魏晉南北朝의 중고음을 말하는데, 고구려어는 대부분 이 시기에 해당하므로 고구려어에서도 순중음과 순경음의 구별이 없었다는 논리가 성립한다. 고구려어 표음자 690자를 대상으로 실제로 이것을 검토해 보면 역시 순중음과 순경음이 항상 상보적 분포를 보인다.[28] 이에 따라 순중음인 幇母 /*p/와 순경음인 非母 [*f]를 하나의 자음 幇母·非母 /*p/로 묶고, 순중음인 並母 /*b/와 순경음인 奉母 [*v]를 하나의 자음 並母·奉母 /*b/로 묶게 된다.

S. '°夫, °部, °扶, ⁰富'의 음가 분석표

성모＼성조	평성	상성	거성	입성	음절
幇母·非母 /*p/	°夫$_虞$		⁰富$_尤$		부
並母·奉母 /*b/	°扶$_虞$	°部$_侯$			

6章에서 논의하겠지만, '°夫, °部, °扶, ⁰富'의 운모인 虞韻, 侯韻, 尤韻의 음가는 각각 /*wu~*ju/, /*u/, /*ju/로 재구된다. 脣音이나 牙喉音 뒤에 온 虞韻은 그 음

---

27 이것을 처음 발견한 이는 淸代의 錢大昕(1727~1786년)이다(王力 1980: 243, 李鍾振·李鴻鎭 역).
28 음절별 음운 분석의 방법으로도 이 결론이 나오겠지만, 대단히 번거롭고 비효율적인 방법임을 부인할 수가 없다.

가가 /*wu/로 추정되는데,[29] 이 음가가 /*u/와 변별되지는 않았을 것이다. 이에 따라 고구려어에서는 虞韻과 侯韻을 하나의 운모 侯韻·虞韻 /*u/로 합칠 수 있으므로 '°扶'와 '°部'의 운모는 음가가 사실은 동일하다. 이에 따르면 '°扶'와 '°部'는 성조의 최소대립 쌍이다. 반면에, '°夫'와 '°富'의 음가 차이는 虞韻 /*wu~*u/와 尤韻 /*ju/의 차이 즉 介音의 차이에서 구할 수도 있고 평성과 거성의 차이에서 구할 수도 있다.

한편, '°夫'와 '°扶'의 음가 차이는 반드시 성모의 차이로 기술해야 한다. 이 둘은 성모가 각각 幫母·非母 /*p/와 並母·奉母 /*b/이다. 이 성모에서만 음가 차이가 나므로 이 둘은 성모 최소대립 쌍이다.

(마) 幫母·非母 /*p/와 並母·奉母 /*b/의 최소대립 쌍과 그 용례

  夫[非中C平虞]=부ᴸ {위의 (48.1)의 예(삼국 등)}
  扶[奉中C平虞]=부ᴸ {위의 (48.3)의 예(북사 등)}

이 최소대립 쌍을 논거로 삼아 고구려어에서 幫母·非母 /*p/와 並母·奉母 /*b/의 음운대립이 있었다고 말할 수 있다. 대립 성립의 시점은 『北史』와 『隋書』가 편찬된 7세기 중엽이다. /*p/와 /*b/의 최소대립 쌍이 많지 않고, 대립 성립의 시점이 늦다는 점이 특징이다.

널리 알려져 있듯이, 國名 '夫餘'는 '扶餘'로도 표기된다. (48.3)의 용례를 잘 살펴보면 '°扶'가 7세기 전반기 텍스트에서부터 사용되기 시작한다. 반면에 '°夫'는 광개토대왕비(414년)에서 이미 사용되었고 7세기의 『隋書』를 거쳐 11세기의 『唐書』까지 이어진다. 따라서 기존의 표기인 '夫餘'에 새로이 '扶餘'가 추가되었다고 할 수 있다. 이 점에서 '°夫'와 '°扶'는 사용 시점에서 차이가 난다.

그런데 '°夫'와 '°扶'가 동일 國名을 표기하는 데에 사용되었다고 하여 '°夫'와 '°扶'의 음가 차이를 무시할 때가 많다. 즉 '夫餘'와 '扶餘'가 동일 국명이므로, 고구려어에서 /*p/와 /*b/의 음운대립이 없었다고 주장한다. 그러나 이 연구 방

---

29 이와는 달리, 舌齒音 뒤에 온 虞韻의 음가는 /*ju/로 추정된다.

176

법은 부분적인 현상을 전체에 두루 적용하는 오류 즉 일반화의 오류에 빠진 것이라고 본다. 국명의 '°夫'는 시간이 흐름에 따라 '°扶'로 대체되지만, '大夫'(삼국, 사)와 '相夫'(평양성;해, 사, 유) 등의 '°夫'는 후기의 텍스트에서 '°扶'로 대체되는 일이 없다. 따라서 한두 개의 예외적인 현상을 들어 기술하기보다는 종합적·전반적 관점에서 기술하는 것이 바람직할 것이다.

현재의 국어학계에는 異表記 관계에 있는 두 글자의 음가를 하나의 동일 음가로 간주하는 연구 방법이 널리 퍼져 있다. 그러나 異表記 글자의 同音說에는 태생적 한계가 있다. 여러 이표기 글자 중에서 어디까지는 음운대립이 성립하지 않고 어디서부터 음운대립이 성립하는지 그 경계를 긋기가 어렵다.

'夫餘'가 '扶餘'로도 표기되므로 '°夫'의 幫母·非母 /*p/와 '°扶'의 並母·奉母 /*b/가 음운론적으로 대립하지 않았다고 치자. 그런데 앞에서 이미 거론한 고구려 2대 유리왕의 표기에도 이 태도를 적용할 수 있을지 의문이다. '儒留, 朱留, 類利, 累利, 琉璃, 瑠璃' 등의 동일 인명 표기를 보고, '儒'의 성모인 日母 /*n/(음운론적으로 泥母와 동일)과 '類'의 성모인 來母 /*l/이 음운론적으로 대립하지 않았다고 말할 수 있을까? 이것을 두음법칙으로 기술한다 하더라도, 둘째 음절에서 '°留'와 '°利'가 대응한다는 점이 다시 문제가 된다. '°留'의 운모인 尤韻 /*ju/와 '°利'의 운모인 脂韻 /*ji~*i/가 음운론적으로 대립하지 않았다고 할 수 있을까? 이것은 고구려어에서 자음 /*n/과 자음 /*l/이 구별되지 않았고 나아가서 모음 /*u/와 모음 /*i/가 구별되지 않았다고 주장하는 것과 같다. 우리는 이에 동의하지 않는다. 어느 예에서는 음운대립이 성립하고 다른 예에서는 음운대립이 성립하지 않는다고 주장한다면 그것은 연구자의 자의적 판단에 불과하기 때문이다.

따라서 동일 인명이나 지명을 서로 다르게 표기한 표음자라고 하여, 두 표음자의 음운론적 대립을 무조건 부정하는 것은 올바른 태도가 아니다. 이런 예들에 대해서는 표기의 통시적 변화를 먼저 살펴야 하고, 통시적 변화도 찾을 수 없을 때에는 表記者의 相異나 표기법의 불안정성에서 異表記의 원인을 찾는 것이 바람직할 것이다.

3.2.49. '불/블' 음절, '°弗'

(49) '弗, 不'의 음가와 용례

1. 弗[非中C入文]=블 {乙弗利(위서, 양서, 북사), 芮悉弗(북사, 사), 弗德(천남생), 憂
   弗, 乙弗, 伊弗蘭寺(사, 유), 然弗, 悉弗, 阿弗和度加, 祖弗(사)}
2. 不[非中C入文]=블 不[非中C平尤]=브 不[非中C上尤]=브 {不耐/不耐城(삼국,
   양서, 북사, 지리, 사), 不而城(유)}

'블' 음절의 표기에는 '弗'과 '不'이 사용되었다. '不'에는 文韻인 '블'과 尤韻인
'브'의 두 가지 음가가 있는데, 한국 중세음에서는 대부분이 文韻인 '블'의 음가를
가진다.[30] '不'은 '不耐'에만 사용되었으므로 대표자에서 제외되고, '°弗'은 당연
히 고구려 대표자 100자에 들어간다.

3.2.50. '붕/풍' 음절

(50) '豊, 風'의 음가와 용례

1. 豊[敷中C平東]=풍ᴸ {北豊/北豊城(광개, 송서, 위서, 북사, 남사, 사)}
2. 風[非中C平東]=풍ᴸ {折風(삼국, 후한, 남제, 양서, 위서, 남사, 북사, 사)}

'붕' 음절에 해당하는 고구려어 표음자는 없다. 고구려어의 표기에 '崩, 朋' 등
이 전혀 사용되지 않았다. 음절편향의 결과일지 확실하지 않지만, '풍' 음절의 표
기에는 '豊'과 '風'이 사용되었다. 이 둘은 고구려 대표자라고 하기에는 너무나 용
례가 적으므로 고구려 대표자에서 당연히 제외된다. 그런데도 여기에서 거론하
는 까닭은 이 둘의 한어 중고음이 聲母만 서로 다르다는 점 때문이다. 즉 이 둘은
성모의 최소대립 쌍일 가능성이 있다.

위의 용례를 보면 '豊'은 지명 '北豊城'에만 사용되었고, '風'도 고구려 고유의

---

30 '不斷, 不條理' 등의 '不'은 본래 발음이 '불'인데, 'ㄹ' 탈락 규칙이 적용되어 '부'로 발음된다.

깃 장식 冠帽인 '折風'에만 사용되었다. 이 두 단어를 기록한 텍스트가 적지 않으므로, 이 두 단어는 아주 널리 알려졌던 듯하다. 그런데 용례가 하나뿐인 '豐'과 '風'이 절묘하게도 최소대립을 이룬다. 이것을 근거로 삼아 '豐'의 敷母와 '風'의 非母가 고구려어에서 음운론적으로 대립했다고 일단은 가정할 수 있다.

T. '豐, 風'의 음가 분석표

성모 \ 성조	평성	상성	거성	입성	음절
幇母·非母 /*p/	風				풍
滂母·敷母 [*pʰ]	豐				

고구려어 표음자 전체를 대상으로 검토해 보면, 순경음인 敷母 [*fʰ]는 순중음인 滂母 [*pʰ]와 상보적 분포를 이룬다. 따라서 敷母를 滂母에 합치면 음소 滂母·敷母 [*pʰ]가 된다. 앞에서 이미 거론한 것처럼, 非母는 幇母와 합쳐져서 幇母·非母 /*p/가 된다. (50)의 최소대립 쌍에서 볼 수 있듯이, 고구려어에서는 幇母·非母 /*p/와 滂母·敷母 [*pʰ]가 음운론적으로 대립했다. 대립 시점은 광개토대왕비의 414년이다. 5세기 초엽의 고구려어에 이미 유기음 /*pʰ/가 있었음을 알려 준다는 점에서 대립 항 '豐'과 '風'은 대단히 귀중하다. 이 두 표음자는 고구려 대표자가 아니지만, 성모에서의 음가 차이를 반영하고 있어서 무척 흥미롭다.

그런데 이에 대한 반론이 성립한다. (50.2)의 대립 항 '折風'을 고구려어 항목에서 제외해야 한다는 반론이다. '折風'은 '蘇骨'이나 '骨蘇'와 더불어 고구려 고유의 쓰개를 지칭하는데, (50.2)의 용례에서 볼 수 있듯이 대부분 중국 사서에 등장한다. 예컨대 『삼국지』 위지 동이전, 『후한서』·『梁書』·『通典』 등에 고구려 관인이 '折風巾'을 썼다는 기록이 나온다. 『삼국사기』에도 '折風'이 기록되었지만 이것은 중국의 史書를 인용한 것이다. 따라서 중국인이 기록한 표기의 일종으로 보아 '折風'을 고구려어 항목에서 제외할 수 있다. 이에 따르면 幇母·非母 /*p/와 滂母·敷母 [*pʰ]의 최소대립 쌍이 없어진다.

그런데 幇母·非母와 滂母·敷母의 최소대립은 아래의 (바)에서도 확인할 수 있다. 이 최소대립 쌍을 인정하면 滂母·敷母 /*pʰ/를 음소로 인정해야 하지만,

이 쌍을 부정하면 滂母·敷母를 幫母·非母와 합쳐야 하고 나아가서 음소 목록에서 /*pʰ/를 제외해야 한다.

(바) 幫母·非母 /*p/와 滂母·敷母 /*pʰ/의 최소대립 쌍과 그 용례
　　伯[幫中2入庚]=빅　{伯固(삼국, 후한, 양서, 북사, 사), 河伯女娘(광개), 河伯(집안),
　　　　皆伯縣(지리), 伯句(사, 유)}
　　泊[滂中2入庚]=박　{泊灼城(삼국, 구당, 당서, 사), 河泊(모두)}

　　(바)의 '°伯'은 고구려 대표자 100자에 든다. 이 '°伯'과 '泊'의 한어 중고음을 대비해 보면 역시 성모에서만 차이가 난다. 이 최소대립의 성립 시점은 『삼국지』가 편찬된 3세기 후반이다. 따라서 무기자음 /*p/와 유기자음 /*pʰ/가 음운론적으로 대립했다고 일단은 해석할 수 있다.

　　그런데 (바)의 대립 항을 유심히 살펴보면 이 음운대립을 의심하게 된다. '泊'의 용례인 '泊灼城'은 주로 중국 史書에 기록되었고 이것이 『삼국사기』에 인용되었다. 그런데 이 '泊灼城'은 7세기 중엽의 기사에 처음 등장한다. 唐 태종이 648년에 薛萬徹로 하여금 3만여 군사를 이끌고 고구려의 '泊灼城'을 공격하게 했다는 기사이다. 이 기사가 가장 중요한 사료이므로, 宋基中·南豊鉉·金永鎭(1994: 73)에서 '泊灼城'이 『三國志』(上/197)에도 사용되었다고 한 것은 아무래도 착오인 듯하다. 이 용례를 제외하면 '泊灼城'은 모두 고구려 멸망 이후에 기록되었다. 멸망 이후에 기록된 것은 음운대립 쌍에서 제외하는 것이 우리의 기본적 태도이다.

　　또 하나의 문제가 남아 있다. '泊灼城'의 '泊'이 '°伯'의 誤字일 가능성이다. '°伯'의 '亻'변을 '氵'변으로 쓰거나 판독했을 가능성이 있다. 이것은 광개토대왕비의 '河伯女娘'과 집안비의 '河伯'이 모두루비에서는 '河泊'으로 표기되었다는 점에서 그 가능성이 아주 크다. 이에 따르면 '泊灼城'을 '伯灼城'의 오자라 할 수 있으므로, 사실상 '°伯'과 '泊'의 음운대립 쌍이 없어진다.

　　위의 두 가지 문제를 들어 '泊'을 의심할 수 있고 나아가서 '泊'을 '°伯'의 誤字 또는 이체자라고 할 수 있다. 이에 따라 (바)에서는 滂母·敷母인 '泊'과 幫母·非母인 '°伯'이 음운론적으로 대립하지 않는다고 해석한다.

幫母·非母 /*p/와 구별되는 滂母·敷母 /*pʰ/가 고구려어 음소였다고 할 것인가 이와는 반대로 滂母·敷母 [*pʰ]가 幫母·非母 /*p/의 변이음이었다고 할 것인가? 李丞宰(2015가)에서는 용례를 자세히 살피지 않은 상태에서 滂母·敷母 /*pʰ/가 고구려어 음소였다고 기술하는 착오를 범했다. 용례를 구체적으로 다시 검토해 본 결과, 대립 항 '泊'이 'ᵒ伯'의 誤字이므로 이것을 고구려 표음자에서 제외할 수 있다.[31] 따라서 우리는 새로이 滂母·敷母 [*pʰ]가 幫母·非母 /*p/의 변이음이었다는 견해를 택한다. 불확실하거나 착오인 자료와 誤字·誤讀의 혐의가 있는 자료를 논의 대상에서 제외하는 것이 안전하기 때문이다.

수정안이 옳다는 것은 다음의 두 가지 논거로 다시 확인된다. 첫째, 滂母·敷母가 독자적인 음소였다면 並母·奉母 /*b/와 음운론적으로 대립해야 한다. 三肢的 相關을 이루려면 유표적인 滂母·敷母 [*pʰ]와 並母·奉母 /*b/ 상호 간에도 음운대립이 성립해야 한다(이승재 2013나: 193). 그런데 3.2.47의 (라)에서 잠깐 논의한 바 있듯이 滂母·敷母 [*pʰ]와 並母·奉母 /*b/의 음운대립 쌍이 부정된다. 둘째, 위의 (라)에서 滂母 [*pʰ]인 'ᵒ普'와 並母 /*b/인 '簿'가 대립하는 것은 고구려 대표자 상호 간의 대립이 아니다. 이에 반해, 3.2.48의 (마)에서 幫母·非母 /*p/인 'ᵒ夫'와 並母·奉母 /*b/인 'ᵒ扶'의 대립은 고구려 대표자 상호 간의 대립이다. 여기에서 고구려 대표자 내부에서 성립하는 음운대립은 상대적으로 신뢰도가 높지만 대립 항이 대표자가 아닐 때에는 음운대립의 신뢰도가 떨어진다는 것을 알 수 있다.

위의 두 가지를 고려하여 고구려어에서 滂母·敷母 [*pʰ]를 음소로 인정하지 않는 것이 바람직하다. 따라서 고구려어 脣音의 폐쇄음에서는 幫母·非母·滂母·敷母 /*p/와 並母·奉母 /*b/의 두 음소만이 음운론적으로 대립했다고 본다.

3.2.51. '븍' 음절, 'ᵒ北'

(51) '北'의 음가와 용례

北[幫中1入登]=븍   {北夫餘(광개, 모두), 北豐/北豐城(광개, 위서, 송서, 북사, 남사,

---

31 이에 따라 2장의 9절에서 고구려 대표자 100자와 152자를 선정하면서 '泊'과 'ᵒ伯'을 하나의 글자로 처리하였다.

사), 北部(삼국, 구당, 당서, 사), 北漢山郡, 北扶餘城(지리), 北溟/北溟山(사), 北原(유)}

'븍' 음절의 표기에는 '°北'이 사용되었다. 용례가 많으므로 이것도 고구려 대표자에 들어간다. 이 '°北'은 음절말 자음 /*-k/가 고구려어에 있었음을 주장할 때에 중요한 자료가 된다.

3.2.52. '비/피' 음절, '°卑, °比, †沸'

(52) '卑, 比, 沸, 碑, 毖, 非, 丕'의 음가와 용례

1. 卑[幇中A平支]=비^L {奢卑城(북사), 卑奢城(수서), 沙卑城(구당, 당서, 요사), 卑沙, 卑奢城, 卑列, 斯卑, 於卑留(사)}

2. 比[幇中A去脂]=비$^{R/H}$ {豆比鴨岑韓^{百}, 比利城(광개), 冬比忽, 甲比古次, 比列忽, 習比谷(지리)}

3. 沸[非中C去微]=비^R {沸流江/沸流水(삼국, 후한, 양서, 북사, 사), 沸水(삼국), 沸流谷, 沸□□利城^{百}(광개), 沸流王(사)}

4. 碑[幇中B平支]=비^L {碑麗, 碑利城(광개)}

5. 毖=轡[幇中B去脂]=비^R {毖(천비묘)}

6. 非[非中C平微]=비^L {毛乙冬非, 非勿, 沙非斤乙, 助利非西, 非達忽(지리)}

7. 丕[敷中B平脂]=비^L {延丕(사)}

'피' 음절에 해당하는 고구려어 표음자는 없다. 고구려에서는 '皮, 被, 彼' 등이 전혀 사용되지 않았다. 반면에, '비' 음절의 표기에는 '卑, 比, 沸, 碑, 毖, 非, 丕' 등이 사용되었다. 이 중에서 '°卑'는 고구려 대표자 100자에, '°比'는 152자에, '†沸'는 340자 세트에 든다. 반면에 '碑, 毖, 丕' 등은 용례가 한두 개에 지나지 않으므로 논의 대상에서 제외하고, '非'는 고구려 멸망 이후에만 사용되었으므로 역시 논외로 한다.

U. '°卑, °比, †沸'의 음가 분석표

성모 \ 성조	평성	상성	거성	입성	음절
幫母·非母 /*p/	°卑支		°比脂, †沸微		비

'°卑'의 한어 중고음은 [幫中A平支]이고, '°比'는 [幫中A去脂]이다. 이 둘은 성모가 같고 성조와 운모에서 차이가 난다. '°卑'와 '°比, †沸微'의 성조가 각각 평성과 거성이므로 이들의 음가 차이는 성조의 차이로 기술하는 것이 가장 쉽다. 이와는 달리 운모의 차이를 중시할 수도 있다. '°卑'는 支韻이고 '°比'는 脂韻이므로, 이 차이가 표음자에 반영되었다고 할 수도 있다. '°卑'와 '†沸'의 음가 차이도 이와 같다.

그런데 '°比'와 '†沸'는 운에서만 차이가 나므로 운모의 음운대립 쌍이다. 6.1.3에서 논의하겠지만, 脂韻의 음가는 /*ji~*i/로 추정되고 微韻은 /*ɪəi~*əi/로 추정되므로 '°比'와 '†沸'는 韻腹에서 이미 음가가 서로 다르다.

3.2.53. '사/샤' 음절, '°沙, °奢, °舍'

(53) '沙, 奢, 舍'의 음가와 용례

1. 沙[生開2平麻]=사ᴸ {彌沙城百, 沙溝城百, 沙水城(광개), 沙伏忽, 泥沙波忽, 沙熱伊縣, 沙非斤乙(지리), 達沙仁德(속), 沙卑城(구당, 당서, 요사, 사), 溫沙門/溫沙多門(구당, 당서, 요사, 사), 突沙城, 沙勿, 沙勿澤, 沙城, 烏沙(사)}

2. 奢[書開AB平麻]=샤ᴸ {謂奢, 太奢(위서), 褥奢(주서, 북사, 수서), 意侯奢(주서, 수서, 사), 竟候奢, 奢卑城(북사), 卑奢城(수서, 사), 奢句(유)}

3. 舍[書開AB去麻]=샤ᴿ {舍人(삼국), 古舍蔦城, □舍蔦城百, 肅斯舍(광개)}

'사/샤' 음절의 표기에는 '沙, 奢, 舍' 등이 사용되었고, 이 중에서 '°沙'와 '°奢'는 당연히 고구려 대표자 100자에 들고, '°舍'는 152자에 든다.

여기에서 잠깐 '사' 음절과 '샤' 음절을 묶어서 기술하는 이유를 말해 두는 것이 좋겠다. 중국 음운학에서는 介音 /*j/를 독립적인 음소로 인정한다. 이것은

(53.1)의 麻韻 2등과 (53.2)의 麻韻 3등 AB을 대비해 보면 금방 알 수 있다. 『切韻』계 운서의 反切에 /*j/에 대한 정보가 들어가 있지만 /*j/의 유무에 대해 인식하기 시작한 것은 宋代에 들어서서의 일이다.[32] 송대에 等의 차이에 따라 음가가 달라짐을 발견하게 되었고 여기에서 等韻圖, 等韻學 등의 용어가 새로 등장하게 되었다. (53.1)의 '°沙'는 2등자인 데에 비하여 (53.2~3)의 '°奢'와 '° 舍'는 3등자이다. 3등은 기본적으로 개음을 가지는데(Karlgren 1954/92), 학자들의 연구 결과 3등이 다시 A, B, C의 세 가지로 나뉜다는 사실이 밝혀졌다. 어떤 학자는 A와 B를 나누지 않고 하나로 묶기도 하고, 어떤 학자는 B와 C를 하나로 묶기도 한다. 이 A, B, C 중에서 A는 /*i/ 모음에 가깝고 C는 /*i/ 모음과 거리가 멀다고 이해하면 알기 쉽다.

한국 중세음에서는 2등자 '°沙'를 '사'로 표음하고, 3등자 '°奢'와 '° 舍'를 '샤'로 표음했다. 3등자에서는 개음 /*j/가 운복의 앞에 온다는 것을 여기에서 알 수 있다. 이 개음의 개재 유무에 대해서는 한국 중세음이 아주 효과적으로 기술하고 있으므로 우리는 전적으로 이를 따를 것이다. '°沙'와 '°奢·° 舍'의 음가 차이는 각각 2등과 3등이라는 等의 차이로 기술할 수 있다. 달리 말하면 개음 /*j/의 유무 차이이다.

그런데 성모의 차이로 이 둘의 음가 차이를 기술할 수도 있지 않을까? '°沙'의 성모는 권설음인 生母 [*ʂ]이고, '奢·° 舍'의 성모는 구개음인 書母 /*ɕ/이다. 구개음인 書母 /*ɕ/는 고구려어에서 치조음인 心母 /*s/와 음운대립을 이루므로 독자적인 음소로 설정된다. 반면에, 권설음인 生母 [*ʂ]는 이 둘과 음운대립을 이루지 않는다. 따라서 生母 [*ʂ]를 다른 음소에 편입해야 하는데, 구개음인 書母 /*ɕ/보다는 치조음인 心母 /*s/에 편입하는 것이 좋다.

중국 음운학에서는 心母를 齒頭音에 넣고, 生母와 書母를 正齒音으로 묶을 때가 많다. 生母는 정치음 2등이고 書母는 정치음 3등이다. 이것은 生母와 書母의 공통점이 많다는 것을 의미한다. 그러나 이것은 後代의 상황일 뿐이고, 전기 중

---

32 『切韻』계 운서의 麻韻처럼 等이 서로 다른 여러 韻母를 하나의 韻으로 묶는데, 이때에 系連法을 사용하면 하나의 韻으로 묶은 것을 等이 서로 다른 여러 운모로 나눌 수 있다. 그러나 학자들이 이것을 인식하기 시작한 것은 역시 宋代에 들어서서의 일이다.

고음에서는 상황이 다르다. 이에 대해서는 5장의 5절에서 치음 마찰음을 다룰 때에 자세히 거론할 예정이므로, 여기에서는 生母를 心母에 편입한다는 점만 강조해 둔다. 이에 따르면, '°沙'의 음가 [生開2平麻]는 /*sa/로 재구되고 '°奢·°舍'는 /*ɕa/로 재구된다. 후술하겠지만, 書母 /*ɕ/는 음운론적으로 /*sj/로 재분석된다. 따라서 '°沙'와 '°奢·°舍'의 음가 차이를 성모의 차이로 기술하지 않고 개음 /*j/의 유무 차이로 기술한다.

書母 /*ɕ/를 음운론적으로 /*sj/로 재분석하는 것을 믿을 수 있을까? 현대 한국어에서도 '샤, 셔, 쇼, 슈' 등이 각각 [ɕa, ɕə, ɕo, ɕu] 등으로 발음되지만 이것을 음운론적으로는 각각 /sja, sjə, sjo, sju/ 등으로 분석한다. 즉 [ɕ]를 음소로 설정하지 않는다. 이와 마찬가지로, 書母 /*ɕ/를 /*sj/로 재분석하면, 고구려어에서 음소 /*ɕ/를 굳이 설정할 필요가 없다. /*ɕ/를 /*sj/로 재분석하면 心母 /*s/와 書母 /*sj/는 이제 개음 /*j/의 유무 차이로 귀결된다.

그렇다면 '°沙'와 '°奢·°舍'의 음가 차이는 等의 차이에서 구하는 것이 옳다. 특히 '°沙'와 '°奢'는 성모·개합·성조·운모 등이 모두 동일하므로 그 음가 차이를 等에서 찾을 수밖에 없다. 이 예는 고구려어에서도 等이 음운론적 변별력을 가진다는 사실을 보여 주는 세 번째 예이다. 이것을 고려하여 아래의 음가 분석표에는 성모 자리에 等도 넣었다.

V. '°沙, °奢, °舍'의 음가 분석표

성모·등 \ 성조	평성	상성	거성	입성	음절
生母 /*s/, 2등	°沙				사/샤
書母 /*sj/, 3등	°奢		°舍		

이제, '°奢'와 '°舍'의 음가 차이에 대한 논의로 넘어간다. 이 둘은 성조에서만 차이가 나고 나머지 음운론적 요소가 동일하다. 따라서 이것은 고구려어에 성조가 있었음을 말해 주는 열세 번째 논거가 된다.

3.2.54. '살' 음절, '°薩'

(54) '薩'의 음가와 용례

薩[心開1入寒]=살 {褥薩(삼국, 주서, 북사, 수서, 구당, 당서, 구오, 사), 薩水(북사, 수
서, 사), 傉薩(수서), 薩寒縣(지리), 薩賀水(당서), 道薩城, 靑光菩薩(사)}

'살' 음절의 표기에는 '薩'만 사용되었다. '°薩'도 무난히 고구려 대표자 100자
에 들어간다.

3.2.55. '상/샹' 음절, '°相, °上'

(55) '相, 上, 尙, 象, 襄, 孀'의 음가와 용례

1. 相[心開C平陽]=샹^L 相[心開C去陽]=샹^H {相加(삼국, 후한, 양서, 남사, 사), 相主
領(삼국), 相夫(평양성;해, 사, 유), 大相(고자묘, 일, 사), 乙相(일), 國相(사), 相
國(사), 小相(사), 狄相(사), 從大相(사)}

2. 上[常開C上陽]=샹^R 上[常開C去陽]=샹^R {上位使者(삼국, 당서), 山上王(삼국,
사), 吐上縣(지리), 狛鵠香岡上王(일), 上部(속, 사), 陽崗上好王, 平崗上好王
(사), 無上和尙(유)}

3. 尙[常開C平陽]=샹^L 尙[常開C去陽]=샹^R {尙婁, 尙須(사)}

4. 象[邪開C上陽]=샹^H {象解(사)}

5. 襄[心開C平陽]=샹^L {東襄, 襄平/襄平城(사)}

6. 孀[生開C平陽]=샹^L {孀湯(/陽)王(유)}

'상/샹' 음절의 표기에는 '相, 上, 尙, 象, 襄, 孀' 등이 사용되었고, 이들의 운모
는 모두 陽韻이다. 이 중에서 '°相'과 '°上'이 고구려 대표자 100자에 든다.

특이하게도 '°相'과 '°上' 둘 다 多音字(破音字)이다. 다음자는 둘 이상의 성조를
가질 때가 많으므로 표음자로는 적절하지 않다. 그런데도 '°相'과 '°上'이 사용된
것은 한자어를 차용한 결과일 것이다. (55.1)의 '相主領, 大相, 國相, 相國, 小相,

從大相' 등의 '°相'은 '고위 관리'의 의미를 가지는 차용어이다. (55.2)의 '上位使者, 山上王, 上部, 無上和尙' 등의 '°上'은 '위'를 의미하는 차용어이다. 그렇다고 하여 이들 차용어를 훈독했다는 뜻은 아니다. 차용어 중에도 음독하는 것이 얼마든지 있을 수 있다.

'°相'과 '°上'이 성모의 음가 차이를 반영한 것이라면, 고구려어의 心母가 常母와 음운론적으로 대립했음을 증명할 수 있어야 한다. 한어 중고음에서는 치조 마찰음으로 心母 /*s/와 邪母 /*z/가 있고, 경구개 마찰음으로 書母 /*ɕ/와 常母 /*ʑ/가 있다. 그런데 고구려어 치조 마찰음에서는 /*s/와 [*z]의 음운대립이 없다. 즉 유·무성 대립이 없다.[33] 또한, 경구개 마찰음인 /*ɕ/와 [*ʑ]의 음운대립은 8세기 이후의 자료에서만 성립한다. 이것은 고구려어의 경구개 마찰음에서도 역시 유·무성 대립이 없었음을 의미한다. 반면에 치조 마찰음 心母 /*s/와 구개 마찰음 書母 /*ɕ/의 음운대립이 성립한다. 여기에서 心母와 邪母가 하나의 음소 /*s/로 통합되어야 하고, 書母와 常母가 /*ɕ/로 통합되어야 함을 알 수 있다. 이것을 각각 心母·邪母 /*s/와 書母·常母 /*ɕ/로 묶어서 표기할 수 있다. 그런데 /*ɕ/는 고구려어 표음자에서는 항상 /*j/의 앞에만 온다. 따라서 이 /*ɕ/를 /*sj/로 재분석할 수 있다.

요약하면, 고구려어 표음자에서 心母·邪母 /*s/는 書母·常母 /*sj/와 음운론적으로 대립한다. '°相'은 心母·邪母 /*s/의 뒤에 陽韻 /*jaŋ/이 온 것이므로 그 음가가 /*sjaŋ/으로 추정된다. '°上'은 書母·常母 /*sj/의 뒤에 陽韻 /*jaŋ/이 온 것이므로 그 음가가 역시 /*sjaŋ/으로 추정된다. 이처럼 뒤에 陽韻 /*jaŋ/이 올 때에는 /*s/와 /*sj/의 차이가 무의미해진다. 그렇다면, '°相'과 '°上'의 음가 차이는 /*s/와 /*ɕ=*sj/의 차이에서 구할 것이 아니라 성조의 차이에서 구하는 것이 맞다.

W. '°相'과 '°上'의 음가 분석표

성모 \ 성조	평성	상성	거성	입성	음절
心母·邪母 /*s/	°相		(°相)		상/샹
書母·常母 /*sj/		°上	(°上)		

---

[33] 이에 대해서는 5장 5절의 치음 마찰음을 참고하기 바란다. 반면에 백제어에서는 치음의 마찰음에서도 유·무성의 음운대립이 성립한다(이승재 2013나: 205).

앞에서 이미 논의한 것처럼, 書母·常母 /*ɕ/를 /*sj/로 재분석하면, 고구려어에서 음소 /*ɕ/를 굳이 설정할 필요가 없다. /*ɕ/를 /*sj/로 재분석하면 心母·邪母 /*s/와 書母·常母 /*sj/는 이제 개음 /*j/의 유무 차이로 귀결된다. 그런데 이미 /*j/를 가지는 陽韻 /*jaŋ/이 뒤에 올 때에는 이 차이가 무의미해진다. 그렇다면, 고구려어 표음자 'ᵒ相'과 'ᵒ上'은 성조에서만 음가가 서로 다르다고 해야 한다. 이에 따르면 위의 음가 분석표를 다음과 같이 수정해야 한다.

W'. 'ᵒ相'과 'ᵒ上'의 음가 분석표

성모 \ 성조	평성	상성	거성	입성	음절
心母·邪母·書母·常母 /*s/	ᵒ相	ᵒ上	(ᵒ相), (ᵒ上)		상/샹

'ᵒ相'은 평성 또는 거성이고 'ᵒ上'은 상성 또는 거성이다. 'ᵒ相'과 'ᵒ上'은 다음자이기 때문에 위의 분석표에 두 번 나오게 되는데, 이해의 편의를 위하여 거성에는 ( )를 쳤다.

3.2.56. '서/셔' 음절, 'ᵒ西'

(56) '西, 書, 栖'의 음가와 용례

1. 西[心開4平齊]=셔ᴸ {西部(삼국, 당서, 사), 西安平(한서), 西城山(광개), 河西良, 助利非西(지리), 西壤, 召西奴(사)}
2. 書[書中C平魚]=셔ᴸ {典書客(삼국), 中書令(구당)}
3. 栖[心開4平齊]=셔ᴸ {芝栖(수서)}

'셔' 음절의 표기에는 '西, 書, 栖' 등이 사용되었다. 'ᵒ西'만 고구려 대표자 100자에 들어간다. (56)에는 '서' 음절에 해당하는 것이 얼른 보이지 않는다. 대표자 'ᵒ西'가 한국 중세음으로는 '셔'이지만 고구려어에서는 /*sei/였을 가능성이 크다. 'ᵒ西'는 齊韻 /*ei/에 속하고 齊韻은 항상 4등이므로 介音이 없다(李榮 1956). 따라서 고구려어에 /*sei/는 있지만 /*se/는 없는 것처럼 보인다. 그러나 이것은 한어 중고음의 음절구조제약에 따른 것이므로 고구려어에 /*se/가 없었다고 함부로 말할 수가 없다.

3.2.57. '셩' 음절, "˚成, †聖, †誠'

(57) '成, 聖, 誠'의 음가와 용례

1. 成[常開AB平清]=셩^L {遂成(삼국, 후한, 사), 成(위서, 북제, 주서, 남사, 북사), 安
　王成(속), 建成(사, 유), 湯成, 平成(사)}
2. 聖[書開AB去淸]=셩^R {鄒牟聖王, 好太聖王(모두), 東明聖王, 普聖師(유)}
3. 誠[常開AB平淸]=셩^L {獻誠(천남생, 천헌성, 천비묘, 사), 信誠(구당, 당서, 사)}

'셩' 음절의 표기에는 '成, 聖, 誠' 등이 사용되었다. '˚成'은 고구려 대표자 100
자에 들어간다. 尊稱의 용법으로 사용된 †聖을 하나의 용례로 계산하면 †聖의
용례는 둘뿐이다. †誠'도 딱 두 개의 용례밖에 없다. 따라서 이 둘을 고구려 대표
자에서 제외했지만 둘 다 340자 세트에 든다. †誠'의 용례 '獻誠'은 고구려 멸망
직전에 지어진 인명이므로 †誠'을 340자 세트에 넣는다.

'˚成'과 †聖'의 중고음 음가를 대비해 보면 성모와 성조에서 차이가 난다. '˚成'
의 성모인 常母와 †聖'의 성모인 書母는 앞에서 이미 논의한 것처럼 書母·常母
/*sj/ 하나로 통합된다. 따라서 '˚成'과 †聖'의 음가는 성조에서만 차이가 난다.
고구려어에 성조 대립이 있었음을 보여 주는 열네 번째 예이다.

X. '˚成, †聖'의 음가 분석표

성모　　　　성조	평성	상성	거성	입성	음절
書母·常母 /*sj/	˚成, †誠		†聖		셩

반면에, '˚成'과 †誠'은 음가 차이가 전혀 없다. 동일 음가의 표기에 이 두 가지
표음자를 사용했으므로 이것은 음가 차이 반영설의 반례가 된다. 그런데 '˚成'을
聲符로 하는 '成, 誠, 城, 盛, 筬' 등의 한자가 중고음에서 항상 [常開AB平淸]의 음
가를 가진다는 공통점이 눈에 띈다. 이 점에서 †誠'을 표음자로 사용한 것이 아

니라 표의자(표훈자)로 사용한 것이라고 의심할 수 있다. 그러나 이것은 편법에 지나지 않으므로 우리는 이것을 음가 차이 반영설의 예외라고 솔직히 인정한다. 이 예외에 대해서는 뒤의 3장 3절에서 다시 거론한다.

3.2.58. '소' 음절, '°蘇'

(58) '蘇, 所, 掃, 素'의 음가와 용례

1. 蘇[心中1平模]=소^L {南蘇(한서, 광개, 구당, 당서, 사), 蘇灰城^百(광개), 骨蘇(주서), 蘇骨(주서, 북사, 사), 蓋蘇文(유인원, 구당, 당서), 扶蘇岬(지리), 蘇我稻目宿禰(일)}

2. 所[生中C上魚]=소^R {所邑豆縣, 古所於, 所勿達(지리), 所夫孫(구당, 당서, 사), 所幸山(구당, 당서)}

3. 掃[心中1上豪]=소^R 掃[心中1去豪]=소 {掃加城^百(광개)}

4. 素[心中1去模]=소^R {敎素, 素, 素勃, 于素, 乙素, 乙巴素, 鄒敎素(사)}

'소' 음절의 표기에는 '蘇, 所, 掃, 素' 등이 사용되었다. '°蘇'는 7종의 텍스트에 두루 등장하므로 고구려를 대표하는 문자이다. 반면에 '所'는 지리지 이후의 텍스트에만 등장한다. '掃'는 단 하나의 용례밖에 없고, '素'는 단 하나의 텍스트에만 나온다. 결국 '소' 음절의 고구려 대표자는 '°蘇' 하나이다. 고구려 표기법이 아무 질서가 없는 것 같지만, 자세히 들여다보면 엄격한 규칙이 있음을 여기에서도 알 수 있다. 대표자 범주에 드는 것은 생산적으로 사용된 데에 반하여 '所, 素' 등은 멸망 이전에는 사용된 적이 없다.

3.2.59. '쇼' 음절, '°小, †消'

(59) '小, 消, 昭, 김, 少, 蕭'의 음가와 용례

1. 小[心中AB上宵]=쇼^R {小加(삼국, 후한, 양서, 남사, 사), 小兄(삼국, 평양성A,B, 평양성;오·해, 위서, 주서, 천남생, 천남산, 당서, 사), 小大兄(진묘), 小大使者

190

(태천), 小使者(주서, 북사, 수서, 당서, 사), 小貊(천남생, 천헌성), 小獸林王(사, 유), 小相, 小將, 小解味留王(사)}

2. 消[心中AB平宵]=쇼^L {消奴部(삼국, 후한, 양서, 남사, 당서), 消奴加(사)}

3. 昭[章中AB平宵]=쇼^L {昭列帝(수서)}

4. 召[常中AB去宵]=쇼^R {買召忽, 召尸忽(지리), 召西奴(사)}

5. 少[書中AB上宵]=쇼^R 少[書中AB去宵]=쇼^R {少室氏(사)}

6. 蕭[心中4平蕭]=쇼^L {蕭友(사)}

　여기에서는 '소' 음절과 '쇼' 음절을 분리하여 정리한 까닭을 먼저 말해 둘 필요가 있다. '소' 음절은 (58)에서 볼 수 있듯이 그 韻이 模韻, 魚韻 등이고 이들은 중국 음운학에서 遇攝에 속한다. 반면에, '쇼' 음절은 (59)에서 볼 수 있듯이 그 운모가 대부분 宵韻이고 이것은 效攝에 속한다. 攝의 차이는 중국 음운학에서는 아주 큰 차이이므로 '소' 음절과 '쇼' 음절을 구별하여 정리하기로 한다.

　'쇼' 음절의 표기에는 '小, 消, 昭, 召, 少, 蕭' 등이 사용되었다. 이 중에서 '[○]小'만이 고구려 대표자의 자격을 가진다. 그런데 '[†]消'의 용례가 둘밖에 없지만 '[†]消'가 이른 시기에 사용되었다는 점, 즉 340자에 든다는 점을 고려하여 음운분석의 대상으로 삼는다.

Y. '[○]小, [†]消'의 음가 분석표

성모＼성조	평성	상성	거성	입성	음절
心母 /*s/	[†]消	[○]小			쇼

　'[○]小'와 '[†]消'는 성조 최소대립 쌍이다. 이 쌍은 고구려어에 성조 대립이 있었음을 말해 주는 열다섯 번째 쌍이다.

3.2.60. '수/슈' 음절, '[○]須, [○]壽, [○]漱'

(60) '須, 壽, 漱, 隧, 遂, 收, 首, 需, 獸, 守, 襚, 藪'의 음가와 용례

　1. 須[心中C平虞]=슈^L {須鄒城(광개), 俳須(평양성;오), 伊利柯須彌(일), 須牟祁

王, 伊利須使主(성), 鬫須(사), 尙須, 尉須, 祭須(사)}

2. 壽[常中C上尤]=슈ᴴ {牟壽(모두), 長壽王(위서, 북사, 사, 유), 延壽(유인원, 사), 高延壽(구당, 당서, 사)}

3. 漱[心中1去侯]=수ᴿ, 소 {孫漱(송서, 남사, 사), 明臨於漱, 漱, 于漱(사)}

4. 隧=邃[邪合AB去脂]=슈ᴴ {隧穴(삼국), 神隧(구당, 당서, 사)}

5. 邃[邪合AB去脂]=슈ᴴ {邃成(삼국, 후한, 사), 邃(유)}

6. 收[書中C平尤]=슈ᴸ {收位使者(삼국), 思收村(사)}

7. 首[書中C上尤]=슈ᴴ {首尒忽, 首泥忽, 首知衣, 首知縣, 首次若, 首乙吞(지리), 首德皆(사)}

8. 需[心中C平虞]=슈 {師需婁(일)}

9. 獸[書中C去尤]=슈ᴴ {小獸林王(사, 유), 獸林(유)}

10. 守[書中C上尤]=슈ᴴ {碩守(일), 大守, 柵城守吏, 太守(사)}

11. 襚³⁴ {襚神(후한)}

12. 藪[心中1上侯]=수ᴿ {智藪(유)}

'수/슈' 음절의 표기에는 '須, 壽, 漱, 隧, 邃, 收, 首, 需, 獸, 守, 襚, 藪' 등이 사용되었다. 이 중에서 'º壽, º須'는 고구려 대표자 100자에, 'ºᵒ漱'는 152자에 든다. '首'의 용례가 아주 많지만 지리지 이후의 텍스트에만 나온다.

'º須'의 한어 중고음 음가는 [心中C平虞]이고, 'º壽'는 [常中C上尤]이다. 여기에서 성모, 성조, 운모의 세 가지가 다 차이가 남을 알 수 있다. 그런데 위의 3.2.53~55에서 이미 말한 것처럼 고구려어의 마찰음에서는 유·무성 대립이 없다. 이에 따라 常母 [*z]를 書母 [*ɕ]에 통합하면 하나의 단위 書母·常母 /*ɕ/가 된다. 위에서 간단히 논의한 것처럼, /*ɕ/는 /*sj/로 재분석되는데 이 /*sj/가 心母 /*s/와 음운론적으로 대립한다. 6章에서 상론하겠지만 虞韻의 음가는 /*wu~*u, *ju/인데, 아후음 뒤에서는 /*wu~*u/이고 설치음 뒤에서는 /*ju/라고 추정된다. 'º須'의 성모가 치음이므로 그 음가는 /*sju/로 추정된다. 虞韻과 달리 尤韻은 항상 /*ju/

---

34 『廣韻』에 나오지 않아서 음가를 제시할 수 없다.

이다. 따라서 'ᵒ須'와 'ᵒ壽'의 운모에서는 실질적으로는 음가 차이가 없고, 그 음가 차이는 성모나 성조에서 구해야 한다.

여기에 152자에 드는 'ᵒ漱'를 추가해 보자. 'ᵒ漱'는 [心中1去侯]의 음가이므로, 'ᵒ須'와 성모가 같지만 성조와 운모가 다르다. 'ᵒ漱'는 운모가 侯韻 /*u/이고 'ᵒ須'는 虞韻 /*ju/이므로 이 둘은 개음 /*j/의 유무에서 차이가 난다. 일단, 이 차이로 'ᵒ漱'와 'ᵒ須'의 음가 차이를 기술할 수 있다. 이와는 달리 'ᵒ漱'와 'ᵒ須'의 음가 차이를 성조에서 구할 수도 있다. 'ᵒ漱'는 거성이고 'ᵒ須'는 평성이므로 'ᵒ漱'와 'ᵒ須'를 성조의 음운대립 쌍이라고 할 수도 있다. 'ᵒ漱, ᵒ須'와 'ᵒ壽'의 음가 차이는 성조에서도 구할 수 있고 성모에서도 구할 수 있다. 'ᵒ壽'의 성모인 書母·常母 /*ɕ/는 /*sj/로 재분석되므로 'ᵒ漱, ᵒ須'의 성모인 心母 /*s/와 음운론적으로 구별되기 때문이다. 이러한 상황을 음가 분석표로 나타내면 다음과 같다.

Z. 'ᵒ須, ᵒ壽, ᵒ漱'의 음가 분석표

성모＼성조	평성	상성	거성	입성	음절
心母 /*s/	ᵒ須虞		ᵒ漱侯		슈
書母·常母 /*sj/		ᵒ壽尤			

그런데 한 가지 흥미로운 점이 발견된다. '상/샹', '서/셔', '성/셩' 등의 음절에서 '상, 서, 성' 등의 음절은 거의 보이지 않고 '샹, 셔, 셩' 등의 음절만 보인다는 점이다. '수/슈' 음절에서도 대부분은 '슈'에 대응하고 '수'에 대응하는 것은 'ᵒ漱'와 '†藪' 정도에 불과하다. 마찰음 /*s/의 뒤에 개음 /*j/가 오지 않는 개음절은 '사, 소, 수'로 한정된다. '사' 음절에는 2등의 'ᵒ沙'가, '소' 음절에는 1등의 'ᵒ蘇'가, '수' 음절에는 1등의 'ᵒ漱'가 있을 뿐이다. 여기에서 1등과 2등 앞에서는 /*s/와 /*ɕ/(=/*sj/)가 변별되었지만 3등과 4등 앞에서는 이들이 변별되지 않았을 가능성이 제기된다. 고구려어의 중요한 특징이라 생각되어 여기에 지적해 둔다.

그런데 이 특징이 고구려어만의 특징이 아니라 한어 중고음의 특징일 가능성도 있다. 한국 중세음에서 'ㅓ'에 해당하는 운모는 魚韻이 유일한데 魚韻은 3등이기 때문에 개음 /*j/를 가진다. 한국 중세음에서 魚韻이 'ㅅ' 뒤에서는 'ㅕ'로만

나타나고 'ㅓ'로 나타나는 예는 '鋤'가 유일하다(伊藤智ゆき 2002: 128). 따라서 고구려어에 '서 : 셔'의 대립이 있었다고 하더라도, 중고음으로는 그 차이를 기술할 수 없었을 가능성이 크다. '셩'도 마찬가지이다. 중세 한자음에서 'ㅕ'에 대응하는 운으로는 梗攝의 3·4등운이 있지만, 'ㅓ'에 대응하는 운은 없다. 따라서 이 특징은 고구려어의 특징일지 한어 중고음의 특징일지 판단하기 어렵다고 보아야 할 것이다.

위에서 우리는 侯韻 1등의 고구려어 음가를 /*u/라고 하였다. 그러나 한어 중고음에서는 그 음가를 /*əu/로 추정하는 것이(平山久雄 1967) 일반적이다. 고구려어에서는 운미 /*-u/를 허용하지 않는 경향이 강하여 侯韻 1등의 /*əu/를 /*u/로 수용하게 된다. 이에 대해서는 6.2.2의 流攝을 참고하기 바란다.

3.2.61. '시' 음절

(61) '市, 尸'의 음가와 용례

1. 市[常開C上之]=시^R {安市城(지리, 구당, 당서, 요사, 사, 유)}
2. 尸[書開AB平脂]=시^L {也尸買, 斤尸波兮, 買尸達, 也尸忽郡, 于尸郡, 波尸忽, 居尸押, 骨尸押, 皆尸押忽, 召尸忽, 加尸達忽(지리), 加尸/加尸城(당서, 구당, 사)}
3. 始[書開C上之]=시^R {韓始城(사)}
4. 矢[書開AB上脂]=시^R {歃矢婁(사)}
5. 侍[常開C去之]=시^R/H {侍中(유)}

'시' 음절의 표기에는 '市, 尸, 始, 矢, 侍' 등이 사용되었다. 그런데 이들의 용례를 모두 살펴보면 이들은 모두 고구려 멸망 이후에 기록된 것들이다. '市'는 네 가지 텍스트에 출현하지만 이 텍스트들은 모두 고구려 멸망 이후에 편찬되었다. 또한 '市'는 '安市城'의 표기에만 사용되었다. '尸'는 용례가 아주 많지만 이들 용례가 모두 지리지 이후의 텍스트에 기록되었다. 이것은 '尸'가 고구려 고유의 표음자가 아닐 가능성을 제기해 준다.

지금까지 위에서 검토한 모든 음절은 고구려 멸망 이전의 텍스트에 적어도 한 번은 기록되었다. 그런데 '시' 음절에서는 멸망 이전의 용례가 하나도 없다. 특히 '尸'는 향가를 비롯한 신라 텍스트에서 'ㄹ' 또는 '옳/옳'의 표기에 두루 사용되었던 것이므로 '시' 음절과는 무관할 때가 많다. (61.2)에 열거한 지명에도 그러한 것이 있으므로 '尸'는 신라 표기법의 영향을 받은 것이 분명하다(李丞宰 2013가). 따라서 '市'와 '尸'를 고구려 표음자에서 제외한다.

여기에서 중요한 문제 하나를 제기하고자 한다. '市'와 '尸'가 진정한 의미의 고구려어 표음자가 아니라면, '시' 음절을 표기한 고구려어 표음자가 없어진다. 그렇다면 고구려어에 '시' 음절이 없었다는 말인가? 이것은 대단히 이상한 일이다. 언어 보편성에 따르면, 대개 '시' 음절을 가지고 있기 때문이다. 이것을 논의할 때에는 한어의 특수성을 감안하는 것이 좋을 것이다. 예컨대 현대 북경어에는 [si]와 [ɕi]가 없고 [sɿ]가 있을 뿐이다. 그렇다면 고구려어 표음자에 '시' 음절을 표기한 것이 보이지 않는 현상은 한어 중고음의 특수성에 그 원인이 있을 것이다.

3.2.62. 'ㅅ' 음절, '°斯, °史, °使'

(62) '斯, 史, 使, 士, 司, 事, 師, 思, 四'의 음가와 용례

1. 斯[心開AB平支]=ㅅᴸ {肅斯舍(광개), 去斯斬, 古斯也忽次, 古斯馬縣, 仇斯波衣, 冬斯肹, 伏斯買, 夫斯波衣縣, 夫斯達縣, 於斯內縣, 於斯買, 烏斯含達, 烏斯押, 烏斯逈,(지리), 久斯祁王(성), 意斯(일), 斯卑, 斯劉(사), 斯由(사, 유)}

2. 史[生開C上之]=ㅅᴿ {刺史(삼국, 구당), 長史(송서, 양서, 남사, 북사, 사), 別史波衣, 仇史峴, 史直(지리)}

3. 使[生開C去之]=시ᴿ 使[生開C上之]=ㅅᴿ {使者(삼국, 모두, 태천, 중원, 주서, 북사, 수서, 당서, 사), 道使(삼국, 중원, 구당, 당서, 구오), 使主(성)}

4. 士[崇開C上之]=ㅅᴿ {國子博士(삼국), 太學博士(삼국, 사), 高道士(성)}

5. 司[心開C平之]=ㅅᴸ {司馬(양서, 북사)}

6. 事[崇開C去之]=ㅅᴿ {通事(삼국)}

7. 師[生開AB平脂]=ㅅᴸ {師需婁(일), 師夫仇(사)}

8. 思[心開C平之]=ᄉᆞ^L {蛺跌思泰(구당, 당서), 跌思太(구당), 思收村, 再思(사)}

9. 四[心開AB去脂]=ᄉᆞ^R {四大(유)}

'ᄉᆞ' 음절의 표기에는 '斯, 史, 使, 士, 司, 事, 師, 思, 四' 등이 사용되었다. 이 중에서 '°斯, °史, °使'가 고구려 대표자 100자에 든다. 대표자가 아닌 표음자와 대표자가 용례에서 아주 크게 차이가 남을 여기에서도 확인할 수 있다.

'°史'와 '°使'의 음가 차이를 가장 쉽게 기술하는 방법은 성조를 이용하는 방법이다. '°史'는 상성이고 '°使'는 상성 또는 거성이다. 성조를 기준으로 하면 多音字인 '°使'는 동일 최소대립 쌍인데, 여기에서도 상성과 거성이 대립한다. '°史'와 '°使'는 성조 대립을 보여 주는 열여섯 번째 예이다.

'°斯'와 '°史'는 한국 중세음에서 'ᄉᆞ'이므로 음가가 서로 같지만 한어 중고음으로는 여러 음운론적 요소에서 차이가 난다. '°斯'는 성모가 心母이고, 성조가 평성이며, 운모가 支韻인 데에 비하여 '°史'는 生母, 上聲, 之韻이다. 고구려어에서 生母는 독자적인 음소의 자격을 갖지 못하고 心母와 합쳐져서 心母·生母 /*s/가 된다. 따라서 '°斯'와 '°史'는 성모에서는 음가 차이가 없고 성조와 운모에서만 음가 차이가 난다고 할 수 있다. 이러한 상황을 음가 분석표로 정리해 보면 다음과 같다.

(a) '°斯, °史, °使'의 음가 분석표

성조 / 성모	평성	상성	거성	입성	음절
心母·生母 /*s/	°斯$_{支}$	°史$_{之}$, (°使$_{之}$)	°使$_{之}$		ᄉᆞ

'°斯'와 '°史, °使'는 韻母에서도 차이가 있다. '°斯'는 支韻이고 '°史, °使'는 之韻인데, 이 두 운모가 고구려에서 음운대립을 이루었는지가 관심사로 떠오른다.

이 문제와 관련하여, 중국 음운학에서는 止攝의 한어 중고음을 'ㅣ' 모음에 가까운 모음으로 재구한다는 점을 먼저 지적해 둔다. 止攝에는 支韻, 之韻, 脂韻, 微韻 등의 운이 속하는데, 15세기의 한국 중세음에서는 이들 운이 齒音의 精組(1·4등)와 莊組(2등) 뒤에서 일사불란하게 'ㅣ'가 아니라 'ㆍ'로 표음된다. 그리하여 '°斯'와 '°史'가 모두 'ᄉᆞ'로, '子'와 '自'가 'ᄌᆞ'로, '次'와 '此'가 'ᄎᆞ'로 표음된다.

精組와 莊組의 뒤에 오는 한어 중고음 /*i/가 한국 중세음에서는 /ʌ/로 바뀌는 통시적 변화는 12세기에 일어난 것으로 추정된다(權仁瀚 1997). 이 변화는 支韻과 之韻에 동일하게 적용되므로 고구려어에서도 이 두 운모의 음운론적 대립이 없었다고 가정할 수 있다.

그런데 15세기의 한국 한자음을 그대로 대입하여 고구려어에서도 支韻과 之韻의 음운대립이 없었다고 할 수 있을까? 이것은 논리적으로 타당하지 않다. 고구려어에서 支韻과 之韻이 음운대립을 이루었는지 여부는 기본적으로 고구려어 표음자를 대상으로 삼아 구명해야 하기 때문이다. 고구려어 표음자 전체를 대상으로 支韻과 之韻의 분포를 분석해 보면 차이가 있음을 느낀다. 우선 支韻과 之韻의 분포가 서로 겹친다. 來母 /*l/, 日母 [*ɲ], 心母 /*s/, 精母 /*ʦ/, 章母 [*ʨ], 見母 /*k/, 群母 /*g/ 등의 성모 뒤에 支韻도 오고 之韻도 온다. 따라서 이 두 운의 분포가 상보적 분포가 아니다.

이 분포보다 더 중요한 것은 等이다. 支韻은 3등의 A, AB, B인 데에 비하여 之韻은 항상 3등 C이다. 之韻 3등 C는 微韻 3등 C와 더불어 韻尾 /*-i/를 가지는 것으로 추정된다(6.1.3의 止攝 참조). 반면에, 支韻 3등은 이 운미가 없다. 한국 중세음에서는 之韻이 牙喉音의 뒤에서 'ㅢ'로 전사된다. '其[긔], 奇[긔], 姬[희], 意[의]' 등이 대표적인 예이다.

6.1.3의 止攝에서 자세히 거론하겠지만 支韻 3등은 之韻 3등과 음운론적으로 대립하고 이들은 각각 /*je/와 /*ɪəi/(또는 /*əi/)의 음가를 가졌던 것 같다. 이 추정에 따르면 (62)의 고구려 대표자 '˚斯'와 '˚史, ˚使'는 운모에서 음가가 서로 다르다고 할 수 있다.

위에서 우리는 고구려어 표음자 중에 '시' 음절에 배당된 표음자가 없다는 문제점을 지적한 바 있다. 止攝 중에서 支韻 3등은 /*je/로, 脂韻 3등은 /*ji∼*i/로, 之韻 3등과 微韻 3등은 /*ɪəi/(또는 /*əi/)로 추정된다. 이에 따르면 脂韻 3등에 속하는 (62.7)의 '師'와 (62.9)의 '四'가 '시' 음절에 해당한다고 할 수 있는데, 이 '師'와 '四'의 용례가 모두 고구려 멸망 이후에 기록되었다. 따라서 고구려어에서는 특이하게도 '시' 음절에 해당하는 표음자가 없다고 기술할 수밖에 없다.

3.2.63. '아' 음절, °阿

(63) '阿, 我, 牙'의 음가와 용례

1. 阿[影開1平歌]=아^L {阿旦城^百, 阿利水^百(광개), 阿垢(삼존불), 阿珍押縣, 烏阿忽, 阿兮縣, 乙阿旦縣, 加阿忽(지리), 阿達兮, 阿弗和度加(사), 阿道(사, 유)}
2. 我[疑開1上歌]=아^R {蘇我稻目宿禰(일), 我道(사, 유)}
3. 牙[疑開2平麻]=아^L {夜牙, 加兮牙(지리)}

'아' 음절의 표기에는 '阿, 我, 牙' 등이 사용되었다. 위의 용례에서 고구려어의 '아' 음절을 대표하는 표음자가 '°阿'임을 금방 알 수 있다. 이에 비해 '牙'와 '我'는 8세기 이후의 텍스트에 나오므로, 신라나 고려의 표기법에 영향을 받아 새로 등장한 것이라 할 수 있다. 대표자 선정의 의의를 여기에서도 찾을 수 있다.

3.2.64. '안' 음절, °安

(64) '安, 晏'의 음가와 용례

1. 安[影開1平寒]=안^L {輯安(삼국), 西安平(한서), 安夫連(광개), 安(진서, 양서, 위서, 남사, 북사, 요사), 安臧王(남사, 사, 유), 安原王(남사), 長安城(북사, 수서, 당서, 사), 安市城(지리, 구당, 당서, 요사, 사, 유), 安十忽(지리), 安卿王(성), 安貴寶, 安王成(속), 建安城(구당, 당서, 사), 安地城(구당), 安舜, 安平(당서), 安固, 安國君, 安舜, 安原王, 鄒安, 興安(사), 安丁忽, 興安(유)}
2. 晏[影開2去刪]=안^R {晏留(사)}

'안' 음절의 표기에는 '安, 晏'이 사용되었다. '°安'은 일곱 가지 텍스트에 두루 분포하고 용례도 많으므로 당연히 고구려 대표자 100자에 든다.

3.2.65. '양' 음절, "陽'

(65) '陽, 養'의 음가와 용례

1. 陽[羊開C平陽]=양^L {陽原王(북제, 남사, 북사), 高陽, 嬰陽王(북사, 수서), 陽(수서), 遼陽(천남산), 陽岡王, 陽神, 陽原王, 嬰陽王, 質陽, 平陽(사), 高陽, 武陽王, 陽崗王(유)}
2. 養[羊開C上陽]=양^R 養[羊開C去陽]=양^R {馬養(속)}

위의 여러 용례를 통하여 '$^\circ$陽'이 고구려 대표자에 들 수 있음을 알 수 있다. (64)와 (65)의 용례를 통하여, 대표자 선정 작업이 의미가 있음을 알 수 있다.

3.2.66. '어' 음절, "於'

(66) '於, 淤'의 음가와 용례

1. 於[影中C平魚]=어^L 於[影中1平模]=오^L {於利城^{百}(광개), 於九婁(태천), 於乙買串, 於斯內縣, 屈於岬, 古所於, 于冬於忽, 於斯買, 於支吞, 奈生於(지리), 於只支(사, 유), 明臨於漱, 於卑留(사)}
2. 淤[影中C去魚]=어^H {淤支留(사)}

'$^\circ$於'도 역시 고구려 대표자 100자에 든다. 그런데 '$^\circ$於'가 魚韻字의 일종이라는 점에 주의할 필요가 있다. 魚韻 3등의 음가는 한어 중고음에서 /*jo/로 추정되므로(6.1.2의 遇攝 참조) 한국 중세음의 'ㅓ'와 크게 차이가 난다. 고구려어에서는 魚韻 3등이 멸망 이전까지는 /*jo/의 음가였지만, 멸망 이후에 /*je/로 그 음가가 바뀐 것으로 추정된다.

이 음가 변화의 원인은 宵韻 3등의 음가 /*jau/가 고구려 멸망 이후에 /*jo/로 바뀐 데에서 찾을 수 있다.[35] 宵韻 3등의 /*jau/가 멸망 이후에 /*jo/로 변하면 宵

---

35 이 변화는 한어 중고음에서는 일어나지 않고 한국에서만 일어난다. 한국 중세 한자음이 대표적인 예이다. 고구려어에서의 상황은 6장 2.1절의 效攝을 참고하기 바란다.

韻 3등과 魚韻 3등의 음가가 /*jo/로 같아진다. 이것을 방지하기 위하여 魚韻 3
등의 음가가 /*jo/에서 /*je/로 바뀌었다는 추정이 가능하다. 이 연쇄 변화에 대
해서는 6장 1.2절의 遇攝에서 자세히 기술하기로 하고, 여기에서는 고구려어 魚
韻 3등의 음가가 /*jo/였고 멸망 이후에 /*je/로 바뀐다는 점만 강조해 둔다.

3.2.67. '연' 음절, '°延'

(67) '延, 宴, 椽, 淵'
1. 延[羊開AB平仙]=연^L {延優(삼국, 사), 延(위서, 양서, 남사, 북사), 高延(양서, 남
   사), 延壽(유인원, 사), 延爾普羅(유인원), 延興王(성), 高延壽(구당, 당서, 사),
   寶延, 延武, 延조(사)}
2. 宴[影開4去先]=연^R {宴子拔(일)}
3. 椽=掾[澄合AB平仙]=연^L {掾那部/椽那(사)}
4. 淵[影合4平先]=연^L, 션^L {義淵(유)}

'연' 음절의 표기에는 '延, 宴, 椽, 淵' 등이 사용되었다. 이 중에서 '°延'이 고구
려 대표자 100자에 든다.

3.2.68. '오' 음절, '°烏'

(68) '烏, 五, 奧, 吳'의 음가와 용례
1. 烏[影中1平模]=오^L {烏拙(주서, 북사, 수서, 사), 烏骨/烏骨城(천남생, 구당, 당서,
   사), 滅烏, 烏斯含達, 烏阿忽, 烏根乃, 烏斯迥, 烏生波衣, 郁烏縣, 于烏縣,
   烏斯押, 烏列忽(지리), 烏海城(당서), 烏伊(사)}
2. 五[疑中1上模]=오^R {五部(수서, 구당, 사), 五田子(일)}
3. 奧[影中1去豪]=오^{R/H} {奧利城^曰(광개)}
4. 吳[疑中1平模]=오^L {高吳野(속)}

'오' 음절의 표기에는 '烏, 五, 奧, 吳' 등이 사용되었다. 'º烏'는 당연히 고구려 대표자 100자에 든다. (67)과 (68)에서도 대표자 선정의 의의가 금방 드러난다.

3.2.69. '왕' 음절, 'º王'

(69) '王'의 음가와 용례

王[云合C平陽]=왕ᴸ 王[云合C去陽]=왕ᴿ {王險城(한서, 삼국), 王釗(진서), 安王成, 王彌夜大理, 王仲文, 王蟲麻呂(속), 王儉, 王臺(사)}

'왕' 음절의 표기에는 '王'이 사용되었다. 이 'º王'도 고구려 대표자 100자에 든다.

3.2.70. '우' 음절, 'º于, º優'

(70) '于, 優, 嵎, 友, 憂, 羽, 右, 禑'의 음가와 용례

1. 于/亏[云中C平虞]=우ᴸ {于城, 亏婁城ᵗⁱ(광개), 于伐城(중원), 升于(북사, 사), 于冬於忽, 于尸郡, 于珍也郡, 于烏縣(지리), 富于, 河于(일), 于刀, 于素, 于漱, 于氏, 于台, 齊于(사)}
2. 優[影中C平尤]=우ᴸ {優台(삼국, 후한, 양서, 남사, 사), 優居(삼국, 사), 延優(삼국, 사), 高優婁, 多優, 優(사, 유)}
3. 嵎[疑中C平虞]=우 {嵎夷(천남산, 사, 유)}
4. 友[云中C上尤]=우ᴿ {若友(사, 유), 密友, 蕭友, 陰友, 逸友(사)}
5. 憂[影中C平尤]=우ᴸ {憂弗(사, 유), 憂位居, 海憂(사)}
6. 羽[云中C上虞]=우ᴿ {羽氏(사)}
7. 右[云中C上尤]=우ᴿ {右輔(사)}
8. 禑³⁶ {禑夷(천남생)}

---

36 『廣韻』에 나오지 않아서 음가를 제시하지 않았다.

'우' 음절의 표기에는 '于, 優, 嵎, 友, 憂, 羽, 右, 禑' 등이 사용되었다. '°于'와 '°優'는 고구려 대표자 100자에 든다. 여기에서도 대표자 선정의 의의가 금방 드러난다.

'°于'와 '°優'는 한어 중고음으로 음가가 각각 [云中C平虞]와 [影中C平尤]이므로, 이 둘은 성모와 운모에서 차이가 난다. 그런데 앞에서 이미 논의한 것처럼, '°于'의 운모인 虞韻은 /*wu~*u, *ju/로, '°優'의 운모인 尤韻은 /*ju/로 재구된다. '°于'는 성모가 설치음이 아니라 아후음이므로 그 음가가 /*ju/가 아니라 /*wu~*u/이다. 따라서 '°于'와 '°優'는 /*wu~*u/와 /*ju/의 음가 차이를 반영하기 위한 표음자라고 할 수 있다.

(b) '°于'와 '°優'의 음가 분석표

성모 \ 성조	평성	상성	거성	입성	음절
影母·云母 /*ʔ/	°優尤, °于虞				우

이와는 달리, '°于'와 '°優'의 성모가 각각 云母와 影母이므로 이 둘의 음가 차이를 성모에서 구할 수도 있다. 고구려어 표음자 전체에서 '°于'의 云母 [*ɦ]와 '°優'의 影母 /*ʔ/가 음운론적으로 대립하는지 검토해 보았더니, 이 둘의 최소대립 쌍이 없다. 고구려어에서는 云母와 影母가 상보적 분포이므로, 이 두 성모를 하나의 음소 影母·云母 /*ʔ/로 합칠 수 있다.[37] 이에 따르면 '°于'와 '°優'는 성모에서는 음가 차이가 없고 운모에서만 음가가 차이가 난다.

3.2.71. '운' 음절, '°雲'

(71) '雲, 云'의 음가와 용례

1. 雲[云合C平文]=운ᴸ {高雲(남제, 위서, 양서, 남사, 북사, 유), 雲(위서, 양서, 남사,

---

37 이것은 고구려어 표음자에서만 발견되는 특이한 것으로서, 한어의 상황과 다르다. 한어 상고음에서는 云母가 匣母에 귀속된다고 보는 견해가 많다. 이것을 처음 발견한 것은 曾運乾이다(王力 1980: 243, 李鍾振·李鴻鎭 역).

북사), 雲聰(일), 羅雲(사, 유)}

2. 云[云合C平文]=운^L {弓次云忽(지리)}

'운' 음절의 표기에는 '雲, 云'이 사용되었다. '°雲'은 고구려 대표자 100자에 든다.

3.2.72. '원' 음절, '°原, °元'

(72) '原, 元, 圓'의 음가와 용례

1. 原[疑合C平元]=원^L {陽原王(북제, 남사, 북사, 사), 安原王(남사, 사), 開原和尙, 北原, 鐵原京/鐵圓城, 平原王(유)}

2. 元[疑合C平元]=원^L {高元(북사, 수서, 구당, 당서, 사), 能致元(성), 寶元(사)}

3. 圓[云合B平仙]=원^L {鐵原京/鐵圓城(유)}

'원' 음절의 표기에는 '原, 元, 圓' 등이 사용되었다. '°原'과 '°元'은 고구려 대표자 100자에 든다. 흥미로운 것은 『삼국유사』에서 지명 표기인 '鐵原'이 '鐵圓'으로도 표기되었다는 점이다. 이 예는 '°原'뿐만 아니라 '圓'도 음독했음을 보여 주는 자료가 된다.

(72)의 '°原'과 '°元'은 음가가 완전히 동일하므로 우리의 음가 차이 반영설에 네 번째 예외가 된다. 그런데 '°原'과 '°元'의 초성이 공명음인 疑母 /*ŋ/이다. 음가 차이 반영설의 예외가 [−obstruent]로 한정된다는 우리의 예상이 맞아떨어진다.

3.2.73. '을' 음절, '°乙'

(73) '乙'의 음가와 용례

乙[影開B入眞]=을 {乙弗利(위서, 양서, 북사), 乙支文德(북사, 수서, 사), 未乙省, 於乙買串, 達乙省縣, 內乙買, 毛乙冬非, 達乙斬, 沙非斤乙, 首乙吞, 乙阿旦縣,

助乙浦, 仇乙峴(지리), 乙相(일), 乙牟(성), 乙豆智, 乙弗, 乙素, 乙音, 乙巴素
(사), 乙弗(유)}

　'을' 음절의 표기에는 '乙'이 사용되었다. 한국어의 어휘 형태 중에는 '으'로 시
작하는 것이 거의 없다. 이 점에서 고구려의 성씨 '乙'은 아주 독특하다. 姓氏의
'乙'을 한 번 사용된 것으로 계산하더라도 용례가 아주 많으므로 '°乙'이 고구려
대표자 100자에 든다.

　한어 중고음에서 '°乙'은 眞韻 3등 B에 속한다. 眞韻 3등의 운복은 대부분 /*i/
인데, '°乙'의 한국 중세음은 '을'이다. 이것은 '°乙'의 운복이 /*ə/일 가능성이 있
음을 암시한다. 중국 음운학에서 3등의 A와 B가 어떤 차이인지 논쟁거리이지
만,[38] 고구려어 표음자에서는 眞韻 3등 A와 3등 B가 음운론적으로 대립하지 않는
다. 따라서 이 둘의 음가를 /*jin, *jit/으로 추정한다. 이에 대한 구체적인 논의는
6장 5.2절의 臻攝으로 미룬다.

3.2.74. '음' 음절

(74) '音, 陰'의 음가와 용례
 1. 音[影中B平侵]=음ᴸ 　{奴音竹縣, 冬音奈縣, 冬音忽(지리), 孫伐音(구당, 당서),
 　　惱音信, 代音, 孫代音, 乙音(사), 音述水(사)}
 2. 陰[影中B平侵]=음ᴸ 陰[影中1平覃]=암ᴸ 　{陰牟, 陰友(사)}

　'음' 음절의 표기에는 '音, 陰'이 사용되었다. '音'은 용례가 많지만 지리지 이후
의 텍스트에만 나온다. 이 점에서 '音'을 대표자에서 제외한다. 이 '音'은 신라 표
기법의 영향을 받아 8세기 이후에 새로 등장한 표음자일 가능성이 있기 때문이
다. '音'의 等이 3등 B에 속한다는 점은 위의 '乙'과 같다. '音'과 '乙'의 성모도 影
母로 동일하다.

---

[38] 3등 A와 B의 음가 차이를 기술할 때에는 대개 개음의 차이로 기술한다.

3.2.75. '이/의/위' 음절, '°伊, °夷, °位, °衣, °意'

(75) '伊, 夷, 位, 衣, 意, 義, 已, 眳'의 음가와 용례

1. 伊[影開A平脂]=이^L {伊夷摸(삼국, 양서, 북사, 사), 伊珍買縣, 沙熱伊縣, 伊伐支縣, 買伊縣, 伊火兮縣, 伊文縣, 熊閑伊, 付珍伊, 甘勿伊忽(지리), 伊利柯須彌, 伊利之(일), 伊利須使主(성), 伊弗蘭寺(사, 유), 烏伊(사), 伊速(유)}

2. 夷[羊開AB平脂]=이^L {伊夷摸(삼국, 양서, 북사, 사), 未夷, 禑夷(천남생), 嵎夷(천남산, 사, 유), 辱夷城(당서, 사), 夷謨(유)}

3. 位[云合B去脂]=위$^{R/H}$ {位宮(삼국, 양서, 위서, 북사, 수서, 사), 上位使者(삼국, 당서, 사), 駁位居, 收位使者(삼국), 位頭大兄(천남생, 고자묘, 천남산, 사), 位氏(성), 憂位居, 自位(사)}

4. 衣[影開C去微]=의^R {皂衣(삼국, 양서), 卓衣(남사), 齊次巴衣縣, 仇斯波衣,[39] 骨衣內縣, 首知衣, 古衣浦(지리)}

5. 意[影開C去之]=의^R {意侯奢(주서, 수서, 사), 意斯(일), 久留川麻乃意利佐(성)}

6. 義[疑開B去支]=의^R {高正義(사), 義淵, 義融(유)}

7. 已[羊開C上之]=이^R {奈已郡, 青已縣(지리)}

8. 眳[40] {東眳(북사, 수서, 사)}

여기에서는 '이' 음절과 '의/위' 음절을 한꺼번에 다루는 까닭을 먼저 설명하기로 한다. 위의 여러 한어 중고음에서 볼 수 있듯이, 한국 중세음의 '이'와 '의/위' 음절은 운모에 脂韻, 微韻, 支韻, 之韻 등이 온다. 그런데 이들은 중국 음운학에서 모두 止攝에 속한다. 이런 까닭으로 '이'와 '의/위' 음절을 한꺼번에 기술한다.

'이/의/위' 음절의 표기에는 '伊, 夷, 位, 衣, 意, 義, 已, 眳' 등이 사용되었다. '°伊, °夷, °位'가 고구려 대표자 100자에, '°衣, °意'가 152자에 든다.

한어 중고음에서 '°伊'와 '°夷'는 성모에서만 차이가 난다. 등에서 '°伊'가 脂韻 3등 A에만 속하고 B에는 속하지 않는다. 이와는 달리 '°夷'는 脂韻 3등 AB에 속

---

39 '波衣'가 붙은 지명은 이 밖에도 많지만 여기서는 모두 생략했다.
40 『廣韻』에 나오지 않으므로 음가를 제시하지 않았다.

한다. 등에서 이러한 차이가 있으나 이 차이는 성모에서의 차이에 비하여 그리 크지 않다.[41] 따라서 3등의 重紐 차이보다는 影母 /*ʔ/와 羊母 /*j/의 음가 차이를 반영하기 위해 'ᵒ伊'와 'ᵒ夷'를 구별해서 사용했다고 할 수 있다.

'ᵒ位'도 'ᵒ伊·ᵒ夷'와 더불어 脂韻字이다. 'ᵒ位'의 성모인 云母는 앞에서 논의한 바 있듯이 影母와 음운론적으로 구별되지 않는다. 脂韻에서는 3등 A와 3등 B의 차이가 있다. 6장 1.3절의 止攝에서 거론하겠지만 脂韻 3등 A는 전설 구개 개음 /*j/를 가지고 3등 B는 후설 평순 개음 /*ɪ/를 가진다. 따라서 'ᵒ位'와 'ᵒ伊'는 성모·등·운모에서는 음가 차이가 없고 개합과 성조에서 음가 차이가 난다. 'ᵒ位'는 합구·거성이고 'ᵒ伊'는 개구·평성이다. 'ᵒ位'와 'ᵒ伊'의 음가 차이는 이와 같이 기술할 수 있다.

'ᵒ伊·ᵒ夷'는 운모에서 이미 'ᵒ衣'와 음가가 다르다. 'ᵒ伊·ᵒ夷'의 운모는 脂韻 /*ji~*i/이고, 'ᵒ衣'의 운모는 微韻 /*ɪə/ 또는 /*ɪəi/이다(6장 1.3절의 止攝, 참조). 이 음가 차이를 반영하기 위해서 'ᵒ伊·ᵒ夷'와 'ᵒ衣'를 구별해서 사용했다고도 할 수 있다.

(c) 'ᵒ伊, ᵒ夷, ᵒ衣'의 음가 분석표

성모＼성조	평성	상성	거성	입성	음절
影母 /*ʔ/	ᵒ伊_脂		ᵒ合位_脂, ᵒ衣_微, ᵒ意_之		이/의/위
羊母 /*j/	ᵒ夷_脂				

그런데 모음의 차이와 관계없이 성조의 차이로 'ᵒ伊·ᵒ夷'와 'ᵒ位·ᵒ衣'의 음가 차이를 기술할 수도 있다. 'ᵒ伊·ᵒ夷'는 성조가 平聲인 데에 비하여 'ᵒ位·ᵒ衣'는 去聲이기 때문이다.

마지막으로, 'ᵒ意'를 논의하기로 한다. 'ᵒ意'의 중고음은 [影開C去之]인데, 이 것은 'ᵒ衣'의 [影開C去微]와 운모에서만 차이가 난다. 달리 말하면 'ᵒ意'와 'ᵒ衣' 는 운모 최소대립 쌍이다. 여기에서 之韻 3등 C와 微韻 3등 C의 차이를 지적할

---

41 그러나 3등의 A와 B를 음운론적으로 구별해야 할 때가 있으므로(6.1.3의 止攝 참조) 주의해야 한다.

필요가 있다. 고구려어 표음자 전체에서 之韻이 항상 개구인 데에 비하여, 微韻은 항상 합구이다. 여기에 하나의 예외가 있는데 바로 '°衣'이다. 이 예외적인 '°衣'를 개구로 돌려놓으면 '°衣'와 '°意'는 운모에서만 음가 차이가 난다. 그러나 이것은 인위적이므로 이 방편을 택하지 않기로 한다. '°衣'와 '°意'는 우리의 음가 차이 반영설에 대한 분명한 예외이다. 이 예외는 '°衣'와 '°意'의 특수성에 기인하여[42] 발생한 것으로 본다.

3.2.76. '자/쟈/챠' 음절, '°者'

(76) '者, 車'의 음가와 용례

1. 者[章開AB上麻]=쟈^H {大夫使者, 上位使者, 收位使者, 優台使者, 太大夫使者(삼국), 沛者(삼국, 후한, 양서, 남사, 사), 大使者(삼국, 모두, 중원, 태천, 주서, 북사, 수서, 당서, 사), 太大使者, 小使者(주서, 북사, 수서), 謁者(남사), 上位使者, 小使者(당서, 사), 太大使者, 九使者, 評者(사)}

2. 車[昌開AB平麻]=챠^L {車忽(지리)}

먼저, 고구려어 표음자에 '자' 음절은 없고 '쟈/챠' 음절만 있다는 특징을 지적해 둔다. '쟈' 음절의 표기에는 '°者'가, '챠' 음절에는 '車'가 사용되었다. 그런데 지리지 텍스트에 나오는 '車忽'의 '車'를 '챠'로 읽어야 할지 '거'로 읽어야 할지 확실하지 않다. 그러나 '車'가 고구려 대표자가 아니므로 이 문제에 매달리지 않아도 된다. 반면에 '°者'는 고구려 대표자 100자에 들어간다.

3.2.77. '장/쟝/챵' 음절, '°將, †臧, †藏'

(77) '將, 藏, 臧, 莊, 章, 昌, 菖'의 음가와 용례

1. 將[精開C平陽]=쟝^L 將[精開C去陽]=쟝^R {衛將軍, 中郎將(삼국), 郡將, 三軍大

---

42 '衣'는 한어 상고음에서 /*-l(s)/ 운미를 가진 것으로, '意'는 /*-gs/ 운미를 가졌던 것으로 추정된다(http://ytenx.org/ 참고). 따라서 상고음 시기에는 운미에서 이미 두 표음자의 음가가 서로 달랐을 것이다.

將軍(구당), 小將(사), 大將(유)}

2. 臧[精開1平唐]=장^L {安臧王(남사, 사, 유), 寶臧/寶臧王(사, 유), 臧(사)}

3. 藏[從開1平唐]=장^L 藏[從開1去唐]=장$^{R/H}$ {高藏(천남생, 천비묘, 구당, 당서, 사, 유), 高金藏(속), 藏(구당), 藏王(유)}

4. 莊[莊開C平陽]=장^L {高莊子(속)}

5. 章[章開C平陽]=장^L {高福章(사)}

6. 昌[昌開C平陽]=창^L {德昌(사)}

7. 菖[昌開C平陽]=창^L {姓菖王(유)}

'장/쟝/챵' 음절의 표기에는 '將, 臧, 藏, 莊, 章, 昌, 菖' 등이 사용되었다. 이 중에서 '°將'만 고구려 100자에 든다. '†臧, †藏'은 340자 세트에 든다.

'장/쟝/챵' 음절의 한어 중고음에서 陽韻과 唐韻이 어떤 관계인지를 파악할 수 있다. 陽韻은 介音 /*j/가 앞에 오지만 唐韻은 개음이 없다. 이것이 한국 중세음의 'ㆍㅑ'과 'ㅏ'에서 잘 드러난다. 바로 이 개음 유무의 차이가 等에 반영되어 있다. 唐韻은 항상 1등이지만 陽韻은 항상 3등 C이다. 따라서 3등자는 항상 개음 /*j/를 가진다는 것이 경험적으로 증명된다. '°將陽'과 '†臧唐'은 이 개음의 유무 차이로 음운론적으로 대립한다.

(d) '°將, †臧, †藏'의 음가 분석표

성모 \ 성조	평성	상성	거성	입성	음절
精母 /*ʦ/	°將_陽, †臧_唐				장/쟝
從母 /*dz/	†藏_唐		(†藏_唐)		

'°將'과 '†臧'의 음가 차이는 운모에 수반되는 등의 차이로 기술할 수 있지만, '†臧'과 '†藏'의 음가 차이는 반드시 성모의 차이로 기술해야 한다. 여기에서 精母와 從母가 고구려어에서 음운론적으로 대립했는지 검토할 필요가 생긴다.

고구려어 전체 표음자를 대상으로 삼아 精母와 從母의 최소대립 쌍을 두 쌍 찾을 수 있었으나, 대립 성립 시점이 아주 늦다. 고구려 멸망 이전에 대립이 성립하는 것은 바로 (77.2)의 臧[精開1平唐]과 (77.3)의 藏[從開1平唐]의 최소대립 쌍이다. 대립 성립의 시점은 천남생비의 679년이다. 고구려 멸망기에 처음으로 精母 /*ʦ/와 從母 /*dz/가 음운론적으로 대립하기 시작했다는 뜻이다.

이것을 고구려의 음운대립이라고 믿을 수 있을까? 여기에서는 대립 항 †藏'의 용례인 '高藏'이 문제가 된다. 인명 '高藏'이 여타의 자료에서는 '高臧'으로도 표기된다. "고구려왕 高臧이 항복하였으며", "高臧 등을 昭陵(당태종의 능)에 바치되", "고구려 왕 高臧에게는 … 赦免하여" 등의 예에서 '臧'이라 표기하면서도 다른 곳에서는 '藏'이라 표기하였다.[43] 또한 『삼국사기』와 『삼국유사』에서는 '寶臧王'이 '寶藏王'으로도 기록된다. 이것은 '藏'과 '臧'이 通假字 관계임을 뜻한다. 통가자는 同音일 때가 대부분이므로 '藏'과 '臧'의 음운대립을 믿을 수가 없다. 따라서 從母 [*dz]는 精母 /*ʦ/의 변이음이라고 판단하여 從母 [*dz]를 고구려어 음소에서 제외한다. 이것을 반영하여 (d)를 수정하면 다음과 같다.

(d') '°將, †臧, †藏'의 음가 분석표

성모 \ 성조	평성	상성	거성	입성	음절
精母·從母 /*ʦ/	°將陽, †臧唐, †藏唐		(†藏唐)		장/쟝

3.2.78. '조/초' 음절

(78) '助, 祚, 皂, 祖, 租'의 음가와 용례

1. 助[崇中C去魚]=조$^{R/H}$ {助有卦婁手切(일), 助攬郡, 助乙浦, 助利非西(지리), 高助斤(성), 助多, 助利, 倉助利(사)}

2. 祚[從中1去模]=조^{R} {大祚(천헌성)}

3. 皂[從中1上豪]=조^{R} {皂衣(삼국, 양서)}

4. 祖[精中1上模]=조^{H} {大祖大王, 都祖, 祖弗(사)}

5. 租[精中1平模]=조$^{L/R/H}$ {租波衣(지리), 租典(사)}

---

[43] 이들은 모두 『東國通鑑』 卷8 三國紀에서 인용하였다. 이와는 달리 『구당서』에서는 '高藏' 하나로 표기가 통일되어 있다.

고구려어 표음자에는 '초' 음절에 해당하는 것이 없다. '草, 初, 抄' 등이 표음자로 사용된 예가 없다. 반면에 '조' 음절의 표기에는 '助, 祚, 皂, 祖, 租' 등이 사용되었다. 이 중에서 '助'는 용례가 아주 많지만 『일본서기』 이후의 텍스트에만 나온다. 따라서 '助'를 고구려 대표자에서 제외한다.

3.2.79. '쥬/추/츄' 음절, "主, °朱, °鄒/雛"[44]

(79) '主, 朱, 鄒/雛, 騶, 周, 楸'의 음가와 용례

1. 主[章中C上虞]=쥬ᴴ {主簿(삼국, 후한, 중원, 양서, 남사, 일본, 사), 相主領(삼국), 幢主(중원), 中軍主活(천남산), 主夫吐郡(지리), 使主(성)}

2. 朱[章中C平虞]=쥬ᴸ {大朱留王(광개), 朱蒙(삼국, 위서, 주서, 북사, 수서, 고자묘, 천헌성, 천남산, 송사, 사, 유), 大解朱留王, 高朱利, 朱理, 解色朱(사), 色朱(유)}

3. 鄒[莊開C平尤]=츄ᴸ 雛[崇中C平虞]=추ᴸ {古雛加(삼국, 중원, 양서, 남사, 사), 古鄒大加(후한, 당서, 사), 鄒牟王(광개, 집안), 須鄒城, 彌鄒城ᴮ, 就鄒城ᴮ(광개), 彌鄒忽(지리), 奄鄒(일), 鄒牟, 鄒敎素, 鄒安(사), 鄒蒙(유)}

4. 騶[崇中C平虞]=추 {騶(한서, 후한, 양서, 북사)}

5. 周[章中C平尤]=쥬ᴸ {周氏(성)}

6. 楸[清中C平尤]=츄ᴸ {楸南(유)}

먼저 '쥬'와 '추/츄' 음절을 한꺼번에 다루는 까닭을 밝히기로 한다. 위의 자료에서 볼 수 있는 것처럼 한국 중세음의 '쥬'와 '추/츄'에는 운이 같은 것이 많다. 예컨대 '主, 朱, 鄒'가 한어 중고음에서 똑같이 虞韻 또는 尤韻이다. 이것은 이들의 운복이 차이가 없었을 가능성을 암시하므로, 이들을 한꺼번에 논의하게 된다.

'쥬/추/츄' 음절의 표기에는 '主, 朱, 鄒/雛, 騶, 周, 楸' 등이 사용되었다. 이 중에

---

44 '雛'와 '鄒'는 엄격히 말하면 서로 다른 글자이다(이장희 2014). '雛'는 [崇合C平虞](仕于切 雛小韻)의 음가이고, 鄒는 [莊開C平尤](側鳩切, 鄒小韻)의 음가이다(http://ytenx.org 참고). 그런데도 고구려의 시조 朱蒙을 표기할 때에 '鄒牟'라 표기하기도 하고 '雛牟'라 하기도 했으므로 어느 것을 표준으로 잡아야 할지 결정하기 어렵다. 우리는 두 가지 음가를 모두 고려하여 논의하기로 한다.

서 '°主, °朱, °鄒/雛'의 셋이 고구려 대표자 100자에 든다. 고구려어 표음자의 음가 차이 반영설에 따르면 이 셋 상호 간에 음가가 조금씩 차이가 나야 한다. 실제로 이 셋은 聲母 또는 聲調에서 차이가 난다. 이것을 정리해 보이면 다음의 음가 분석표가 된다.

(e) '°主, °朱, °鄒/雛'의 음가 분석표

성모＼성조	평성	상성	거성	입성	음절
章母 [*tɕ]	°朱虞	°主虞			
莊母 [*tʂ]	°鄒尤				쥬/추/츄
從母·崇母 [*dz]	°雛虞				

　위와 같이 음가를 분석할 때에는 章母와 莊母, 章母와 崇母가 각각 독자적인 음소임을 먼저 증명해야 한다. 만약 동일 음소의 변이음이라면 章母와 莊母, 章母와 崇母를 각각 동일한 음소로 합쳐야 하기 때문이다.

　고구려어 표음자 전체를 대상으로 음소를 분석한 결과에 따르면, 精母·莊母·章母가 서로 상보적 분포이므로 이들을 동일 음소 /*ts/로 추정하게 된다. 從母·崇母·船母도 상보적 분포를 이루므로 이들도 동일 음성 [*dz]로 묶게 된다. 이들 세 성모 상호 간에 성립하는 최소대립 쌍이 전혀 없기 때문이다. 그런데 위에서 이미 논의한 것처럼 精母 /*ts/와 從母 [*dz]의 최소대립 쌍을 찾을 수 없으므로 從母 [*dz]를 精母 /*ts/에 편입해야 한다.

　다음의 예에서도 精母 /*ts/와 章母 [*tɕ]가 최소대립을 이루는 것 같지만, 사실은 대립 성립의 시점이 문제가 된다.

(사) 전청의 치조음인 精母와 경구개음인 章母의 최소대립 쌍
　1. 止攝 – $^{開}_{AB}$訾$_支^R$: $^{開}_{AB}$只$_支^R$ {중국(삼국, 후한)} : {지리}
　2. 宕攝 – $^{開}_{C}$將$_陽^L$: $^{開}_{C}$章$_陽^L$ {중국(삼국)} : {사기}
　3. 宕攝 – $^{開}_{C}$莊$_陽^{L45}$: $^{開}_{C}$章$_陽^L$ {일본(속)} : {사기}

---

45 이것은 원래 莊母인데 精母에 편입하여 여기에 추가했다.

4. 通攝 – $_C$足$_鍾^E$: $_C$屬$_鍾^E$ {일본(속)} : {중국(주서, 북사, 수서)}

위의 최소대립 쌍을 유심히 살펴보면 대립 성립의 시점이 8세기 중엽의『삼국사기』지리지, 797년에 편찬된『續日本紀』, 12세기 중엽의『삼국사기』등임을 알 수 있다. 고구려가 멸망한 이후 100년이 경과한 뒤에야 비로소 精母와 章母의 음운대립이 성립한다. 이러한 대립은 고구려의 음운대립에서 제외하는 것이 우리의 기본적인 태도이다. 우리는 백제어 자음체계를 분석하면서 8세기 중엽 이후에 성립하는 음운대립은 백제어의 음운대립에서 제외한 바 있다(이승재 2013나). 이와 마찬가지로 고구려어에서도 (사)의 최소대립 쌍을 음운대립의 논거에서 제외한다. 이 태도에 따르면 고구려어에서는 精母와 章母의 음운대립이 성립하지 않으므로 이 둘을 하나의 음소 精母·章母 /*ʦ/로 통합하게 된다.

고구려어에서 精母 /*ʦ/와 章母 [*ʨ]의 음운대립이 없었다는 것은 한국어 方言史에 시사하는 바가 아주 크다. 널리 알려져 있듯이 현대의 서북방언에서는 치조음 /ʦ/만 음소이고 경구개음 [ʨ]은 음소가 아니다. 아직 구개음화가 일어나지 않았다. 황해도 남부 지역도 마찬가지이다. 18세기 중엽에 간행된 九月山 興律寺板의『念佛普勸文』을 그 증거로 들 수 있다. 이것은 기존의 海印寺板을 重刊한 것인데, 경상도 방언에서 경구개음이었던 것을 모두 치조음으로 고쳐서 중간하였다. 이것은 황해도 남부 지역에서 18세기 중엽까지 구개음화가 일어나지 않았음을 의미한다(김주원 1994).

그렇다면 황해도 남부 방언에서 경구개 파찰음 [ʨ]가 음소가 아닌 현상은 혹시 고구려의 음운체계를 그대로 계승한 것은 아닐까? 한편, 이승재(2013나)에 따르면 백제어에서는 치조음 /*ʦ/와 경구개음 /*ʨ/가 독자적인 음소였다. 고구려어와 백제어의 자음체계에서 음소 /*ʨ/의 유무가 서로 다르다. 이러한 문제를 새로 제기해 주므로, 고구려어에서 精母 /*ʦ/와 章母 [*ʨ]의 음운대립이 없었다는 사실은 자못 의의가 크다.

이 논의에 따르면 고구려어의 치음 파찰음에는 음소가 /*ʦ/ 하나뿐이다. 精母·莊母·章母·從母·崇母·船母가 하나로 묶이고 그 음가는 /*ʦ/로 추정된다. 그렇다면 위의 음가 분석표를 다음과 같이 수정해야 한다.

(e′) '°主, °朱, °鄒/雛'의 음가 분석표

성모＼성조	평성	상성	거성	입성	음절
精母·莊母·章母·從母·崇母·船母 /*ʦ/	°鄒_尤, °朱_虞, °雛_虞	°主_虞			쥬/추

이와 같이 수정하면 '°雛'와 '朱蒙'의 '°朱'가 음가가 같아진다. 또한 '°雛'의 운모인 虞韻은 순음이나 아후음 뒤에서는 /*wu~*u/의 음가이고 설치음 뒤에서는 /*ju/이므로, '°雛'의 음가가 실제로는 /*ʦju/이다. 尤韻 /*ju/인 '°鄒'의 음가도 /*ʦju/이므로, '°鄒'와 '°雛'의 음가가 같아진다.

위와 같이 음가 분석표를 수정하더라도 '°主'와 '°朱, °鄒/雛'는 여전히 성조의 최소대립 쌍이다. 고구려어에 성조 대립이 있었음을 보여 주는 열일곱 번째 자료이다.

3.2.80. '지/ㅈ/ㅊ' 음절, '°支, °子, °次, °咨, °慈'

(80) '支, 子, 次, 咨, 慈, 士, 資, 訾, 只, 芝, 之, 志'의 음가와 용례

1. 支[章開AB平支]=지^L {處閭近支(삼국, 당서), 析支利城^百(광개), 莫離支(천남생, 천헌성, 고자묘, 천남산, 구당, 당서, 사, 유), 乙支文德(북사, 수서, 사), 伊伐支縣, 自伐支, 加支達縣, 於支吞, 支山縣(지리), 莫支(구당), 於只支(사, 유), 薛支, 菸支留(사)}

2. 子[精開C上之]=ㅈ^H {國子博士(삼국), 太子河(후한), 子遊(천남생), 童子忽縣, 蕪子忽(지리), 宴子拔, 五田子(일), 高莊子(속), 高奴子, 墨胡子, 胡子(사)}

3. 次[清開AB去脂]=ㅊ^H {次大王(삼국, 사, 유), 皆次山郡, 齊次巴衣縣, 古斯也忽次, 甲比古次, 弓次云忽, 首次若, 要隱忽次, 皆次丁, 也次忽, 仇次忽(지리)}

4. 咨[精開AB平脂]=ㅈ^L {笮咨(삼국), 就咨城(광개), 文咨王(위서, 남사, 북사, 사), 文咨明王(유)}

5. 慈[從開C平之]=ㅈ^L {慈惠(모두), 慈(고자묘), 慧慈(일)}

6. 士[崇開C上之]=ㅅ^R {博士(삼국, 사), 高道士(성)}

7. 資[精開AB平脂]=즈^L {含資(북사, 수서, 사)}

8. 訾[精開AB平支]=지 訾[精開AB上支]=즈 {馬訾水(삼국, 후한, 당서)}

9. 只[章開AB上支]=지^H {若只頭恥縣(지리), 於只支(사, 유)}

10. 芝[章開C平之]=지^L {芝栖(수서)}

11. 之[章開C平之]=지^L {伊利之(일)}

12. 志[章開C去之]=지^H {久禮志(일)}

'지/즈/츠' 음절의 표기에는 '支, 子, 次, 訾, 慈, 士, 資, 訾, 只, 芝, 之, 志' 등이 사용되었다. '°支, °子, °次'의 셋이 고구려 대표자 100자에, '°訾'와 '°慈'는 152 자에 든다.

'지/즈/츠'의 세 음절을 한꺼번에 논의하는 이유는 이들의 대부분이 한어 음운학의 止攝字에 속하기 때문이다. 위의 중고음 음가에서 볼 수 있는 支韻, 脂韻, 之韻 등은 모두 지섭에 속하고 음가가 아주 비슷하다. 止攝字들이 한어에서 음운변화를 겪었는데, 그 결과로 한국 중세음에서 'ㅣ'나 'ㆍ'로 나누어 반영했을 것이다.[46]

(80.1)의 '°支'는 [章開AB平支]이고 (80.4)의 '°訾'는 [精開AB平脂]이다. 그런데 앞에서 이미 논의한 것처럼, 章母는 음운론적으로 精母와 대립하지 않았으므로 이 둘은 하나의 음소 精母·章母 /*ʦ/가 된다. 이것을 감안하면 '°支'와 '°訾'는 운모의 차이를 반영한 표음자가 된다.

'°支, °訾'와 (80.3)의 '°次'는 성조에서 일단 차이가 난다. '°支, °訾'는 평성이고 '°次'는 거성이므로 이 둘의 음가 차이를 성조에서 찾을 수 있다. 그런데 '°支, °訾, °次'의 성모를 대비해 보면 '°次'는 淸母 [*ʦʰ]이므로 유기자음이다. 이것이 무기자음 /*ʦ/의 변이음이었는지 그렇지 않으면 독자적인 음소 /*ʦʰ/이었는지를 확인할 필요가 있다. 淸母와 精母의 분포 상황을 검토해 보면, 최소대립 쌍이

---

46 'si 〉 sʌ'의 변화가 한국에서 독자적으로 일어난 것이 아니라 한어에서 시작되었을 것이다. 『韻鏡』과 『四聲等子』에서 4등 위치에 배열했던 止攝字들을 『切韻指掌圖』에서는 1등 자리로 옮겨 놓았다(王力 1957: 163). 이것을 강조하면 한어에서 'si 〉 sʅ'와 같은 변화가 먼저 일어났고 이 'sʅ'를 한국 중세음에서 'ㅅ'로 수용했다는(이토 지유키 2007: 246~251) 결론이 나온다.

16쌍이나 나온다(5장 6절의 치음 파찰음 참고). 이 중에서 고구려 멸망 이전에 대립이 성립하는 것은 다음의 한 쌍이다.

(아) 치음 파찰음인 전청과 차청의 최소대립 쌍 및 그 용례

　諸[章中C平魚]=져^L, 제^L {諸兄(삼국, 당서, 사)}

　沮[清中C平魚]=져^L 沮[從中C上魚]=져^R {沃沮(북사, 수서, 사), 沮江/沮水(수서, 당서/ 북사, 수서)}

이 대립 쌍은 『北史』, 『隋書』 등이 편찬된 7세기 중엽에 대립이 성립한다. 이 대립은 多音字 '沮'의 성조가 평성이라고 할 때에만 성립한다. 이에 대해서는 5.6의 치음 파찰음에서 다시 논의하기로 하고, 여기에서는 清母가 음소 /*ʦʰ/가 아니라 변이음 [*ʦʰ]라는 것만 확인해 둔다.

앞에서 논의된 바를 종합하여 음가 분석표로 나타내면 다음과 같다.

(f) '°支, °呰, °次, °咨, °慈'의 음가 분석표

성모 　　　　성조	평성	상성	거성	입성	음절
精母·章母· 清母·從母 /*ʦ/	°支_支, °咨_脂, °慈_之	°子_之	°次_脂		지/ᄌᆞ/ᄎ

(80.2)의 '°子'는 운모가 之韻이므로 '支'의 支韻이나 '°咨, °次' 등의 脂韻과 음가 차이가 있다. 6.1.3의 止攝에서 논의하겠지만, 之韻 3등의 음가는 /*ɪəi/로 추정되는 반면에 支韻 3등은 /*je/로, 脂韻 3등은 /*ji~*i/로 추정된다. 이 운모에서의 차이로 음가 차이를 기술할 수 있다. 그러나 성조에서의 음가 차이도 무시할 수 없다. '°子'는 상성인 데에 비하여, '°支, °咨'는 평성이고 '°次'는 거성이다.

아직 논의하지 않은 것으로 (80.5)의 '°慈'가 있다. '°慈'의 중고음이 [從開C平之]이므로 이번에는 '°慈'의 從母가 精母·章母나 清母와 음운론적으로 대립했는지 논의할 필요가 있다. 그러나 앞에서 이미 논의한 것처럼 치음 파찰음에서 설정되는 고구려어 음소는 /*ʦ/ 하나뿐이다. 따라서 (f)의 표음자 5개 상호 간에는 성모의 최소대립이 성립하지 않는다.

3.3. 음가 차이 반영설의 예외

지금까지 고구려 대표자 100자와 152자를 대상으로 음절별 음가 차이를 논의
해 보았다. 구체적인 용례를 통하여 대표자 선정의 의의를 확인할 수 있었다. 대
표자는 용례가 많고 고구려 멸망 이전에 기록된 적이 있으므로, 여타의 언어와
표기법을 대비할 때에 이들이 기준이 된다.

그런데 음가 차이 반영설의 예외가 있는 것은 사실이지만, 이 대표자를 대상으
로 할 때에는 우리의 음가 차이 반영설이 잘 맞아떨어짐을 알 수 있다. 위의 논의
에서 거론된 예외를 모두 모아 보면 다음과 같다. 출전은 번거로움을 피하여 시
기가 이른 것 한두 가지만 든다.

(81) 음가 차이 반영설의 예외

1. °桓[匣合1平桓]=환^L {多亏桓奴(중원), 桓父(일), 桓權(구당, 사), 桓那/桓那部
   (사)}

   °丸[匣合1平桓]=환^L {丸骨都(삼국), 丸都/丸都山(삼국, 진서), 丸九都(북사)}

2. °貫[見合1去桓]=관$^{R/H}$ {貫奴城^{百}(광개), 貫那/貫那部, 貫那夫人(사)}

   †灌[見合1去桓]=관$^{R/H}$ {灌奴部(삼국, 당서), 惠灌(일)}

3. °南[泥中1平覃]=남^L, 나^L {南蘇城(광개, 한서), 南買(지리), 南建(구당, 당서, 사),
   泉南生(구당, 당서, 사), 南部褥薩, 南沃沮, 泉南產(사), 楸南, 春南(유)}

   °男[泥中1平覃]=남^L {男居城(광개), 男武(삼국, 사), 男建(천남생, 구당, 사), 男
   產, 男生(천헌성, 구당, 사), 泉男生(천남생), 高男福/高福男(구당, 당서, 사), 德
   男(인 사)}

4. °模/摸[明中1平模]=모^L {大模達(삼국, 당서), 伊夷摸(삼국, 사), 各模盧城^{百}, 古
   模耶羅城^{百}, 臼模盧城^{百}(광개)}

   °莫[明中1去模]=모^R 莫[明中1入唐]=막 {莫□羅城^{百}(광개), 莫來(위서), 莫離支
   (천남생, 구당, 당서, 사, 유), 莫支(구당), 莫勤, 莫德(사)}

5. °使[生開C上之]=시^R 스^R {使者(삼국, 모두, 주서, 당서, 사), 道使(삼국, 중원, 구
   당, 당서), 使主(성)}

216

˚史[生開C上之]=ᄉᴿ {刺史(삼국, 구당), 長史(송서, 사), 別史波衣, 仇史峴, 史
　　直(지리)}

6. ˚元[疑合C平元]=원ᴸ {高元(북사, 수서, 구당, 당서, 사), 能致元(성), 寶元(사)}

　˚原[疑合C平元]=원ᴸ {陽原王(북제, 사), 安原王(남사, 사), 開原和尙, 北原, 鐵
　　原京/鐵圓城, 平原王(유)}

위의 예를 검토해 보면 (81.2)의 '貫, 灌'과 (81.5)의 '使, 史'의 두 예를 제외하
면 성모가 모두 共鳴音 즉 [−obstruent]이다. (81.1)의 성모인 匣母는 고구려어
에서 曉母에 통합되므로, '˚桓, ˚丸'의 성모가 역시 [−obstruent]이다. 儒理王의
'儒' 위치에 사용된 '流, 劉, 琉'도 음가 차이 반영설의 예외이지만, 이들을 포함하
더라도[47] 성모가 공명음일 때에 예외가 많다는 사실에는 변함이 없다. 이것을 중
시하여 위에서 우리는 성모가 장애음일 때에 음가 차이 반영설이 잘 적용된다고
했다.

　그런데 성모가 장애음 즉 [+obstruent]일 때에만 음가 차이가 잘 반영된다는
것이 과연 무엇을 의미할까? 고구려어의 장애음에는 무성무기음인 全淸, 무성
유기음인 次淸, 유성무기음인 全濁의 세 계열이 있다. 따라서 전청, 차청, 전탁
의 음가 차이를 고구려어 표음자가 민감하게 수용하여 잘 반영하고 있다는 뜻이
된다.

　반면에, 공명음 즉 次濁(훈민정음의 不淸不濁)에서는 전청, 차청, 전탁의 음가 구
별이 없다. 차탁에서는 유기성(즉 [aspirated])이나 유성성(즉 [voiced])이 잉여적인
음운자질이다. 이것은 보편적으로 확인된다. 언어 보편적으로 鼻音(즉 [nasal])이
나 流音(즉 [liquid])에는 [±aspirated]나 [±voiced]를 구태여 명시하지 않아도 된
다.[48] 이것은 고구려어에서도 확인된다. 고구려어 장애음에서 [aspirated]이나
[voiced] 자질이 음운론적 변별력을 가지지만, 공명음에서는 이 자질이 비변별적

---

47 이들이 과연 고구려어 표음자일지가 의심스러우므로, 예외를 열거한 (81)에서는 이들을 제외
　했다.
48 버마어(Burmese)에는 무성의 /m, n, ŋ, l/ 등이 있으므로 공명음에서도 [±voiced]가 변별적이다.
　그러나 이런 언어는 많지 않다.

이거나 잉여적이다. 따라서 음가 차이 반영설의 예외 중에 공명음으로 시작하는 것이 유난히 많은 원인을 바로 여기에서 찾을 수 있다. 변별력을 가지는 음운자질은 그 차이를 표기에 적극적으로 반영하지만, 비변별적이거나 잉여적인 음운자질은 소극적으로 반영한다고 기술할 수 있다.

그런데 대비의 대상을 100자나 152자로 한정하지 않고, 고구려 멸망 이전에 사용된 340자 세트로 확대하면 음가 차이 반영설의 예외도 덩달아 대폭 늘어난다.

(82) 음가 차이 반영설의 예외 추가

1. †各[見開1入唐]=각 {各模盧城^百(광개), 民奴各(사)}
   †閣[見開1入唐]=각 {閣彌城^百(광개)}

2. °仇[群中C平尤]=구^L {味仇婁, 仇天城^百(광개), 高仇(송서, 남사, 사), 仇斯波衣(지리), 仇都, 師夫仇(사)}
   †求[群中C平尤]=구^L {求底韓^百(광개), 焚求(사)}

3. †九[見中C上尤]=구^{R/H}, 규^H {九連城(삼국), 於九婁(태천), 丸九都(북사)}
   °久[見中C上尤]=구^R {奴久(위서), 久禮志, 久禮波(일) 久留川麻乃意利佐, 久斯祁王(성)}

4. †苟[見中1上侯]=구^R {物苟(평양성;오), 逸苟(사)}
   †垢[見中1上侯]=구^R {阿垢(삼존불)}

5. †褥[日中C入鍾]=욕 {褥薩(삼국, 주서, 구당, 당서, 사), 褥奢(북사, 수서, 사)}
   †傉/褥[日中C入鍾]=욕 {傉薩(수서)}

6. °留[來中C平尤]=류^L {儒留王, 大朱留王(광개), 榮留王(북사, 사, 유), 久留川麻乃意利佐(성), 孺留, 大解朱留王, 小解味留王, 晏留, 於卑留(사), 味留, 愛留(유)}
   °流[來中C平尤]=류^L {沸流谷/沸流江/沸流水(광개, 삼국, 후한, 양서, 북사, 사), 奴流枳(일), 沸流王(사)}
   °劉[來中C平尤]=류^L {劉(양서, 북사), 能劉王(성), 劉屋句, 斯劉(사)}
   †琉[來中C平尤]=류^L {琉璃王(삼국), 琉璃明王/琉璃王(사)}

7. °離[來開AB平支]=리^L 離[來開AB去支]=리^R {莫離支(천남생, 구당, 당서, 사,

유), 太大莫離支(천헌성), 摩離(사)}

    [†]璃[來開AB平支]=리^L {琉璃王(삼국, 사), 琉璃明王(사), 瑠璃王(유)}

8. °明[明中B平庚]=명^L {東明/東明王(삼국, 양서, 북사, 수서, 사, 유), 明德, 文咨
    明王(사, 유), 琉璃明王, 明臨答夫, 明治好王, 解明(사), 明理好, 普明(유)}

    [†]盟[明中B平庚]=명^{L/H} {東盟(삼국, 후한, 사)}

9. °牟[明中C平尤]=모^L {鄒牟聖王/鄒牟王(광개, 집안, 사), 古牟婁城^百(광개, 중
    원), 句牟城^百, 句牟客頭, 牟盧城^百, 牟婁城^百, 牟水城(광개, 사), 牟頭婁, 冉
    牟, 牟壽(모두), 蓋牟(수서, 구당, 당서, 사), 須牟祁王, 乙牟(성), 鉗牟岑(당
    서), 劍牟岑, 窮牟城, 陰牟, 再牟, 中牟王(사)}

    [†]侔/謀[明中C平尤]=모^L {若侔利(평양성;해)}

10. °平[並中B平庚]=평^L {平穰/平壤/平壤城(광개, 한서, 삼국, 구당, 당서, 사, 유),
    西安平(한서), 平郭(위서), 內平(북사, 사), 外平(수서, 사), 平壤(천남생), 斤
    平郡, 平珍波衣(지리), 安平(당서), 襄平城, 平岡王, 平成, 平陽, 平儒原
    (사), 平原王, 平湯(유)}

    [†]評[並中B平庚]=평^L {外評(북사), 評者(사)}

11. °弗[非中C入文]=블 {乙弗利(위서, 양서, 북사), 芮悉弗(북사, 사), 弗德(천남생),
    憂弗, 乙弗, 伊弗蘭寺(사, 유), 然弗, 悉弗, 阿弗和度加, 祖弗(사)}

    [†]不[非中C入文]=블 {不耐/不耐城(삼국, 양서, 북사, 지리, 사), 不而城(유)}

12. [†]排[並中2平皆]=비^L {排婁(광개)}

    [†]俳[並中2平皆]=비^L {俳須(평양성;오)}

13. °西[心開4平齊]=셔^L {西部(삼국, 당서, 사), 西安平(한서), 西城山(광개), 河西
    良, 助利非西(지리), 西壤, 召西奴(사)}

    [†]栖[心開4平齊]=셔^L {芝栖(수서)}

14. [†]鮮[心開AB平仙]=션 {朝鮮(진서, 북사, 수서, 천비묘, 구당, 사)}

    [†]仙[心開AB平仙]=션^L {仙人(주서, 북사, 사)}

15. [†]誠[常開AB平淸]=셩^L {獻誠(천남생, 사), 信誠(구당, 당서, 사)}

    °成[常開AB平淸]=셩^L {遂成(삼국, 후한, 사), 成(위서, 북제), 安王成(속), 建成
    (사, 유), 湯成, 平成(사)}

16. °餘[羊中C平魚]=여^L {夫餘(광개, 모두, 수서), 扶餘(북사, 구당, 당서, 사), 餘奴
    (사)}

    [†]余[羊中C平魚]=여^L {賣句余(광개)}

위의 예외를 두루 살펴보면 장애음 뒤에서 음가 차이 반영설이 잘 적용된다는
논리가 성립하지 않는다. 16쌍의 예외 중에서 성모가 폐쇄음인 것이 7쌍, 마찰음
인 것이 4쌍,⁴⁹ 비음이나 유음인 것이 5쌍이다. 마찰음의 뒤나 공명음인 비음과
유음의 뒤에서 예외가 상대적으로 많은 것은 틀림없다. 공명음의 5쌍을 2항 대
립으로 나누어 계산하면 9쌍이 되고, (81)의 3쌍을 여기에 더하면 모두 12쌍이나
된다. 이처럼 공명음 즉 차탁 뒤에서 예외가 많은 것은 사실이지만, 그렇다고 하
여 폐쇄음이나 파찰음 뒤의 환경에서 예외가 없는 것은 아니다.

그렇다면 고구려 대표자 100자와 152자로 한정했을 때와 그렇지 않았을 때의
차이가 크다는 결론이 나온다. 자주 사용한 대표자에서는 음가 차이를 정확히
반영한 표기가 많은 데에 비하여 아주 드물게 사용한 표음자에서는 음가 차이를
제대로 반영하지 않을 때가 많다. 결국은 사용 빈도가 중요한 기준이 되는 셈이
다. 이에 따르면 '모든 고구려어 표음자'가 음가 차이를 반영하는 것이 아니라 '고
구려 대표자'만 음가 차이를 반영한다고 한정해야 한다. 여기에서 고구려 대표자
선정의 의의를 찾을 수 있다.

3.4. 음절별 음운 분석의 한계

3.2에서 고구려어 표음자를 80개의 음절로 나누어 음운 분석을 시도하였다.
이 과정에서 고구려어 표음자의 음가 차이 반영설과 고구려어의 聲調言語說을
제기하였다. 이 점에서 望外의 성과를 거두었다고 말할 수 있다.

그런데 이 음절별 음운 분석은 고구려어의 음절을 한국 한자음의 음절을 기준

---

49 (82.16)의 羊母 /*j/를 이 부류에 넣었다.

으로 삼아 80개로 나눈 것이므로 사실은 옳지 않다. 고구려어의 음절별 음운 분석에 한국 중세 한자음의 음절을 그대로 대입했다는 비판을 피할 수 없기 때문이다. 고구려어에 몇 가지 음절이 있었는지 우리는 아직 모른다. 고구려 대표자를 선정하는 과정에서 80개 정도의 음절을 예시했을 뿐이다. 이 점에서 3장의 논의가 불만스러울 수밖에 없다.

그런데도 음절별 음운 분석을 시도한 것은 이것이 가지는 한계를 드러내 보이기 위해서였다.

한국 한자음의 음절은 權仁瀚(2009)와 이토 지유키(2011)에 따르면 460여 개이다. 이 수치는 'ㆍ'와 'ㅏ'를 구별하지 않고, 'ㅿ'과 'ㅇ' 등을 구별하지 않은 것이므로 한국 중세 한자음의 음절은 이보다 더 많다. 이처럼 많은 음절을 대상으로 일일이 음운대립의 성립 여부를 따질 수 있다. 그리하여 音節偏向이라는 현상을 찾아내는 등의 성과를 거둘 수 있다(이토 지유키 2007). 그러나 그 방법이 비효율적이고 개별적이라는 비판을 면하기 어렵다. 가령 脣音에서 한어 중고음의 全淸과 次淸이 한국 중세 한자음에 어떻게 반영되었는지를 논의하기 위하여 무려 18개의 음절별 분석표를 작성해야만 했다. 우리의 분석에서도 /*k/와 /*h/가 고구려어에서 음운론적으로 대립한다는 것을 보이기 위해 3장의 2.1절에서 2.14절까지 14개의 음절을 대상으로 일일이 대비해야만 했다. 이처럼 음절별 분석 방법은 비체계적이고 비효율적이라는 한계를 가지고 있다.

한국 중세음에서는 '伯'의 字音이 '빅'이라는 음운론적 정보가 주어지지만, 반면에 고대 한자음에서는 표음문자로 기록된 음운론적 정보가 없다. 따라서 고대 한자음 연구에서는 음절별 분석을 원천적으로 적용할 수가 없다. 고구려어 표음자 '伯'이 어느 음가였는지를 먼저 재구해야만 한다. 따라서 한국 중세 한자음 연구와 고구려어 표음자 연구는 그 연구 목표와 연구 방법이 달라질 수밖에 없다.

또한 한국 중세 한자음 자료는 5,260여 자나 되므로 자료 부족을 걱정할 필요가 없다. 그러나 고대어 연구에서는 표음자의 양이 700자가 채 되지 않을 정도로 아주 적으므로 음절별 음운 분석 방법을 적용하기가 어렵다. 따라서 아주 적은 양의 자료에 적용할 수 있는 방법을 새로 개발해야만 한다. 그 방법의 하나로, 우리는 분포 분석표를 작성하여 최소대립 쌍을 체계적이고도 빠짐없이 찾아낼 것이다.

표음자가 많지 않음에도 고구려어에 聲調가 있었으리라 추정할 수 있었던 것은 聲調가 모든 표음자에 두루 얹힐 뿐만 아니라, 성조의 최소대립 쌍을 3章의 음절별 음운 분석 방법만으로도 쉽게 찾아낼 수 있기 때문이다. 반면에, 이 방법만으로는 子音 음소나 母音 음소를 체계적으로 찾아낼 수 없다. 子音과 母音을 음소로 등록할 때에는 거의 대부분 5章과 6章의 논의 결과를 활용해야만 했다. 5장과 6장의 논의는 구조주의의 관점에서 체계적이고도 전면적으로 자음과 모음을 분석한 것이다. 이것에 의존하지 않으면서 음절별 음운 분석만으로 자음과 모음을 설정할 수 있지만, 이때에는 앞에서 지적한 비체계성과 비효율성이 문제가 된다.

4. 聲調

    2章에서 우리는 고구려어 표음자를 모두 골라내어 690자를 확정하고, 고구려 대표자 100자와 152자 세트를 만들었다. 3章에서는 유사 음절인 표음자를 한데 모아 이들의 음가 차이를 대비해 보았다. 이 과정에서 한국 중세음에서는 동일 음절이라 하더라도 고구려어에서는 얼마든지 음가가 서로 다를 수 있다는 사실을 새로이 알게 되었다. 그리하여 고구려어 대표자는 음가 차이를 반영한다는 가설을 세웠다.

    그런데 이 유사 음절 중에는 聲調에서만 차이가 나는 표음자가 의외로 많다. 성조에서만 차이가 나는 最小對立 쌍이 무려 22쌍이나 된다. 이제 이들을 한군데에 모아 그 언어학적 의의를 추적해 보기로 한다.

4.1. 성조의 최소대립 쌍

    성조에서만 음가 차이가 나는 최소대립 쌍은 다음의 22쌍이다. 이것은 多項對立을 二項對立으로 나누어 계산한 수치이다. 이 최소대립 쌍을 논거로 삼아 고구려어에서 성조 대립이 있었다고 말할 수 있다. 나아가서 고구려어가 성조 언어였다는 가설도 세울 수 있다.

(1) 성조의 최소대립 쌍 (22쌍)

성모	성조	평성	상성	거성	입성	음절
아음	見母·溪母 /*k/	°加		°賈		가/하
아음	見母·溪母 /*k/	°高	°古	°固		고/호
아음	見母 /*k/	°溝		°句		구/후
아음	見母·溪母 /*k/	°開	†改			기/희
후음	曉母·匣母 /*h/	°韓		°漢		간/한
설음	透母 /*tʰ/		†土	°吐		도/토
설음	定母 /*d/	°頭		°豆		두
순음	明母 /*m/	°模/摸		°莫		모
순음	並母·奉母 /*b/	°扶虞	°部侯			부
치음	書母 /*sj/	°奢		°舍		샤
치음	心母·邪母·書母·常母 /*s/	°相	°上	(相), (上)		
치음	書母·常母 /*sj/	°成, †誠		†聖		셩
치음	心母 /*s/	†消	°小			쇼
치음	心母 /*s/	°須虞		°漱侯		슈
치음	心母·生母 /*s/		°史	°使		스
치음	精母·章母·從母·崇母 /*ts/	°朱, °雛	°主			쥬
치음	精母·章母·清母·從母 /*ts/	°慈之	子之			즈/츠
치음	精母·章母·清母·從母 /*ts/	°咨脂		次脂		즈/츠

위의 성조 최소대립 쌍에서 다음과 같은 사실을 알 수 있다.

첫째, 고구려 표음자에서 성조 최소대립 쌍은 적어도 22쌍 이상이다. 위에 열거한 대립 쌍은 고구려 代表字 100자와 152자를 중심으로 찾아낸 것이다. 152자에 들지 못하는 표음자 중에서 '†改, †土, †誠, †聖, †消'의 다섯 자가 성조 대립 항의 기능을 담당하고 있다. 이것은 대표자에 들지 못하지만 340자에 드는 표음자 중에도 성조의 최소대립을 이루는 대립 항이 얼마든지 있을 수 있다는 것을 의미한다.

용례가 많지 않아서 대표자에서는 제외되었지만, 성조의 최소대립을 이루는 고구려어 표음자가 아래의 15쌍에 이른다. 340자 세트에 드는 표음자 상호 간의

최소대립 쌍을 모두 열거하되, 용례는 가장 이른 것 한두 예만 보인다. 이 15쌍과
위에 열거한 22쌍을 합하면 고구려어의 성조 최소대립 쌍은 37쌍에 이른다.

(2) 추가할 수 있는 성조 최소대립 쌍 (15쌍)[1]

1. °仇[群中C平尤]=구^L {味仇婁, 仇天城^百(광개)}

   [†]臼[群中C上尤]=구^R {臼模盧城^百(광개)}

2. [†]求[群中C平尤]=구^L {求底韓^百(광개)}

   [†]臼[群中C上尤]=구^R {臼模盧城^百(광개)}

3. [†]後[匣中1上侯]=후^R {後部(삼국, 평양성B)}

   [†]侯[匣中1平侯]=후^L {意侯奢(주서, 수서)}

4. [†]侯[匣中1平侯]=후^L {意侯奢(주서, 수서)}

   [†]候[匣中1去侯]=후^R {竟候奢, 候(북사), 候城(북사, 수서)}

5. °溝[見中1平侯]=구^L {幀溝漊(삼국, 양서, 북사), 沙溝城^百(광개)}

   [†]垢[見中1上侯]=구^R {阿垢(삼존불)}

6. [†]壤[日開C上陽]=샹^R {平壤/平壤城(삼국, 한서, 후한, 위서)}

   [†]穰[日開C平陽]=양 {彡穰城^百(광개)}

7. [†]底[端開4上齊]=뎨^R, 뎌^R {求底韓^百(광개)}

   [†]帝[端開4去齊]=뎨^R {昭列帝(수서)}

8. [†]弖/氐[端開4上齊]=뎨^R, 뎌^R {幹弖利城^百(광개)}

   [†]帝[端開4去齊]=뎨^R {昭列帝(수서)}

9. [†]賭[端中1上模]=도^{R/L} {賭奴(삼존불)}

   °都[端中1平模]=도^L {丸骨都(삼국), 丸都/丸都山(삼국, 진서, 위서)}

10. °東[端中1平東]=동^L {東盟(삼국, 후한), 東夫餘(광개)}

    [†]董[端中1上東]=동^R {董騰(송서, 남사)}

---

1 다음의 '婁'와 '鏤'의 대립 쌍은 최소대립 쌍의 예에서 제외한다. 대립 항 '鏤方'이 중국에서 차용
되었을 가능성이 크기 때문이다.
　婁[來中1平侯]=루^{L/R} {古牟婁城^百(광개, 중원), 车頭婁(모두)}
　鏤[來中1去侯]=루^H {鏤方(북사, 수서)}

11. †未[微中C去微]=미^R {未夷(천남생)}

　　†尾[微中C上微]=미^R {葛尾盧(북사)}

12. °夫[非中C平虞]=부^L, 우^L {大夫(삼국, 사), 夫餘(광개, 수서)}

　　†傅[非中C去虞]=부^{R/H} {太傅(양서)}

13. †産[生開2上山]=산^R {男産(천헌성, 천남산)}

　　°山[生開2平山]=산^L {山上王(삼국)}

14. °耶[羊開AB平麻]=야^L {古模耶羅城^百, 芬而耶羅城^百(광개)}

　　°也[羊開AB上麻]=야^R {也利城^百(광개)}²

15. †永[云合B上庚]=영^R {永樂太王(광개)}

　　†榮[云合B平庚]=영^L {榮留王(북사)}

둘째, 고구려어의 성조 대립은 기본적으로 平聲과 去聲·上聲의 대립이다. 위의 37쌍(22+15쌍) 중에서 평성과 거성의 대립은 13쌍이고, 평성과 상성의 대립은 18쌍이다. 만약에 상성과 거성을 아울러 仄聲이라 하고 이것이 平聲과 대립하는 것으로 보면, 측성과 평성의 대립은 전체 37쌍 중에서 31쌍이나 되어 전체의 83.8%에 이른다. 달리 말하면 측성끼리 대립하는 쌍은 6쌍이고 그 점유 비율은 16.2%에 지나지 않는다. 이것은 고구려어에 성조 대립이 있다면 그것은 平聲과 仄聲의 대립일 가능성이 크다는 것을 암시한다.

　漢語의 거성은 한국 중세 한자음에서도 거성 또는 상성으로 반영된다. 또한 한어의 상성은 상성뿐만 아니라 거성으로 반영된다. 반면에 한어의 평성은 항상 평성으로 반영된다(金完鎭 1972/77: 26). 그런데 『訓民正音』 合字解에서 '而文之入聲 與去聲相似'라 했고 崔世珍이 『訓蒙字會』 범례에서 '去聲入聲皆一點'이라 한 것을 종합하면 上聲·去聲·入聲의 셋을 仄聲 하나로 묶을 수 있다. 따라서 한국 중세 한자음에서도 平聲과 仄聲이 대립했다고 가정할 수 있다.³

---

2 '°耶'와 '°也'의 성조 대립 쌍은 152자 세트 내부에서 성립하므로 사실은 (1)에 포함하는 것이 맞다.

3 김성규(2004)에서도 『鷄林類事』 고려방언의 성조 대립이 '平聲 : 仄聲'의 대립이라 한 바 있다. 이 平仄 대립은 한어 상고음에 그 기원을 두고 있다고 해석할 수 있다. 王力(1957)은 상고음에는 거성이 없었고, 중고음 시기에 들어서서 거성을 가지게 된 것들은 대부분 상성과 입성에서 온 것

셋째, 성조 대립 쌍은 아후음, 설음, 순음, 치음의 마찰음, 치음의 파찰음 등의 조음 위치나, 무성음·유성음·무기음·유기음·마찰음·파찰음·비음·유음 등의 조음방식과 관계없이 대립한다. 이것은 고구려의 성조 대립이 특정의 음운론적 환경에 한정된 것이 아니라 보편적 환경에서 성립하는 것임을 의미한다.

위의 (1)과 (2)는 성조만 차이가 나는 최소대립 쌍을 모은 것인데, 聲母나 等으로 음가 차이를 기술할 수도 있지만 성조의 차이로도 기술할 수 있는 최소대립 쌍이 적지 않다. 이것을 모아 보면 다음과 같다.

(3) 두 가지 해석이 가능한 음운대립 쌍 (33쌍)

성모	성조	평성	상성	거성	입성	음절
아후음	見母 /*k/			°賈		가/하
	曉母·匣母 /*h/	°河				
아후음	見母 /*k/	°高		°固		고/호
	曉母·匣母 /*h/		°好			
아후음	曉母·匣母 /*h/	桓 °丸				관/환
	見母 /*k/			°貫 †灌		
아후음	群母 /*g/	°仇				구
	見母 /*k/		°久 °九			
아후음	見母 /*k/	°溝				구
	曉母·匣母 /*h/			°候		
아후음	影母 /*ʔ/	°伊$_{脂}$		°衣$_{微}$ °意$_{之}$		이/의
설음	定母 /*d/		°道$_{豪}$			도/토
	端母 /*t/	°都$_{模}$				
	透母 /*tʰ/		†土$_{模}$	°吐$_{模}$		
설음	來母 /*l/	°離$_{支}$		°利$_{脂}$		리
순음	明母·微母 /*m/	°牟$_{尤}$	°武$_{虞}$			무

이라 하였다.

성모 \ 성조		평성	상성	거성	입성	음절
순음	幫母·非母 /*p/	°夫虞		°富尤		부
	並母·奉母 /*b/	°扶虞	°部侯			
순음	幫母 /*p/	°卑支		°比脂		비
치음	心母·生母 /*s/, 2등	°沙				샤
	書母 /*sj/, 3등 AB			°舍		
치음	心母·書母·常母 /*s/	°須虞	°壽尤	°漱侯		슈
치음	心母·書母·生母 /*s/	°斯支	°史之	°使之		스
치음	精母·章母·清母·從母 /*ts/	°支支 °呰脂 °慈之	°子之	°次脂		즈/츠

여기에서 우리의 음가 차이 반영설에 예외가 되는 두 쌍이 있음을 먼저 지적해 둔다. 앞에서 우리는 음가 차이 반영설이 장애음 즉 [+obstruent]인 자음 뒤에서 적용된다고 했는데, (1)에서 치음 書母·常母 행의 평성 열에 온 '°成'과 '†誠', (3) 에서 아후음 見母 행의 거성 열에 온 '°貫'과 '†灌',[4] 이 두 쌍만이 예외이다. 나머 지 쌍에서는 모두 음가 차이 반영설을 적용할 수 있다.

(3)의 맨 아래 '즈/츠' 음절에서 몇 개의 성조 대립 쌍이 있는지 알아보자. 먼저, '支'와 '子'의 음가 차이를 운모의 차이로 즉 支韻과 之韻의 차이로 기술할 수도 있지만, '支'는 평성이고 '子'는 상성이라는 차이로 기술할 수도 있다. '子'와 '次' 의 차이도 之韻과 脂韻의 차이로 기술할 수도 있지만 상성과 거성의 차이로 기술 할 수도 있다. 이와 같은 방법으로 계산하면, '즈/츠' 음절에서 성조 차이를 반영 하고 있는 쌍이 5쌍이다. 이러한 방법으로 (3)에서 성조 차이가 반영되었다고 볼 수 있는 쌍을 모두 찾아보면 33쌍이 된다.

이 33쌍의 성조 대립에서도 仄聲끼리의 성조 대립은 6쌍밖에 없다. 평성과 거 성의 대립 쌍이 15쌍이고 평성과 상성의 대립 쌍이 12쌍이다. 이 27쌍은 모두 平 聲 대 仄聲의 대립이다. 이 수치를 (1~2)에서의 수치와 합하여 계산하면 전체 70쌍(37쌍+33쌍) 중에서 58쌍(31쌍+27쌍) 즉 82.9%가 平聲과 仄聲의 대립이다.[5]

---

4 (3)의 '桓, 丸'은 동일 칸에 왔지만, 성모가 [−obstruent]이므로 예외가 아니다.
5 최희수(1986: 289)과 이토 지유키(2007: 386~390)에 따르면, 平聲이 한국 중세 한자음에서 仄

따라서 고구려어에 성조 대립이 있다면 그것은 平聲과 仄聲의 대립이라고 말할 수 있다. 여기에서 고구려어가 平聲과 仄聲이 음운론적으로 대립하는 성조 언어였다는 가정이 성립한다.

4.2. 고구려어의 성조 언어론에 대한 반론

고구려어를 성조 언어라고 할 때에 피해 갈 수 없는 반론을 만나게 된다. 가장 중요하고도 핵심적인 반론은 유사 음절의 漢字는 원래부터 성모나 성조를 달리함으로써 서로 다른 음가를 가지게 되어 있다는 반론이다. 3장의 2.30절에서 이미 거론한 '디/티' 음절을 예로 들어 본다.

(4) '디/티' 음절의 음가 차이

  1. 地[定開AB去脂]=디^H

  2. 致[知開AB去脂]=티^R

  3. 雉[澄開AB上脂]=티^R

  4. 知[知開AB平支]=디^L 知[知開AB去支]=디^H

  5. 智[知開AB去支]=디^H

  6. 治[澄開C平之]=티^L 治[澄開C去之]=티^R

  7. 耶/恥[徹開C上之]=티^R

(4.1~3)의 '地, 致, 雉'는 모두 脂韻字인데, 성모나 성조를 서로 달리하여 음가를 구별한다. 이것이 한자음의 기본 구조이다. (4.4)의 '知'는 원래 平聲의 음가만 있었으나 의미 분화가 일어남에 따라 去聲의 '知'가 생겨났다. (4.6)의 '治'가 평성과 거성의 多音字가 된 과정도 이와 같다. 그런데 의미 차이가 커져서 아예 새

聲으로 반영되거나 仄聲이 평성으로 반영된 예외의 비율이 5%를 넘지 않는다. 대단히 높은 규칙성이라고 할 수 있다. 그러나 上聲이 去聲으로 반영되거나 去聲이 上聲으로 반영된 것은 17%를 상회한다.

로운 자형을 만들어 이를 반영하기도 한다. '知'의 밑에 '日'을 더하여 (4.5)의 '智'를 만든 것이 좋은 예인데, 이때에는 '知'의 평성을 피하여 '智'가 거성을 택한다. 이것이 한자의 기본적인 음가 배당 방식이다.

그렇다면 모든 한자는 동일 음절인 것처럼 보이더라도 애초부터 그 음가가 서로 다르다. 따라서 유사 음절의 표기에 둘 이상의 글자가 사용된다고 하더라도 여기에 큰 의미를 부여할 필요가 없다고 주장할 수 있다. 즉 두 글자가 聲母나 聲調에서 음가 차이가 나더라도 그것은 의도적이고 체계적인 선택의 결과라고 할 수 없다는 것이다.

그러나 이 반론은 한자음의 발생과 분화에 대한 원론적인 주장에 지나지 않는다. 한자를 借用하여 自國語를 표기할 때에는 이 원론을 우선적으로 참고하는 것이 아니다. 자국어의 음가 차이를 먼저 확인하고 그런 다음에 이에 알맞은 한자를 기존의 한자에서 선택할 뿐이다. 선택할 때에 음운론적 차이를 먼저 확인하고, 확인된 음가에 가장 가까운 음가를 가지는 한자를 고르게 된다. 따라서 한자음이 분화하여 다양성을 갖추어 가는 중국의 상황과 기존의 한자를 차용하여 표음문자로 사용하는 고대 삼국의 상황은 근본적으로 차이가 있다.

또한 무작위로 아무 한자를 차용하여 사용하더라도 일정량의 성조 대립 쌍이나 성모 대립 쌍이 발생할 수 있다는 반론도 있을 수 있다. 이것은 표음자 선택이 비의도적이고 우연적인 행위라고 보는 견해이다. 만약에 이 반론이 옳다면 '高句麗'를 '*古仇麗'로, '古鄒加'를 '*高秋可'로 표기하는 등의 예가 많아야 한다. 그런데 이런 예는 거의 없다. '南建'을 '男建'으로, '灌奴部'를 '貫那部'로 표기하는 등의 예가 있기는 하지만 전체로 보면 이런 예는 극히 소수에 지나지 않는다.

표음자를 고를 때에 일정한 규칙 없이 제멋대로 선택했다면 그 표음자 체계는 의사소통과 기록보존의 도구가 될 수 없다. 특히 표음문자라면 이 음운론적 차이에 민감할 수밖에 없으므로 의도적이고도 체계적인 문자 선택이 필수적이다. 이 점에서 우리는 자의적 문자 선택론에 동의하지 않는다.

4.3. 고구려어와 중세 한국어의 성조형 대비

우리는 앞에서 고구려어가 성조 언어였다는 가설을 세웠다. 이것이 정립되려면 아직도 넘어야 할 고비가 많다. 우선 고구려 어휘에서 이것을 실증할 수 있어야 하고, 聲調素에는 어떤 것이 있었는지 확정해야 한다. 나아가서 屈曲 성조였는지 平板 성조였는지 논의해야 하고, 音節數에 따른 성조형에 어떤 것이 있었는지 결정해야 하며, 多音節에서의 성조 변동 규칙에는 어떤 것이 있었는지 등을 두루 확인할 수 있어야 한다.

앞에서 우리는 고구려어의 성조가 平聲과 仄聲이 대립하는 체계였음을 확인한 바 있다. 聲調素(toneme)에 이 둘이 있었음을 이미 확인한 것이다. 이제, 구체적인 고구려 어휘를 통하여 고구려어의 성조가 굴곡 성조인지 평판 성조인지, 음절의 성조형에 어떤 것이 있었는지, 성조 변동 규칙에는 어떤 것이 있었는지 등을 논의하기로 한다. 이런 것들이 모두 확인되어야만 비로소 고구려어가 성조 언어였다는 가설이 성립한다.

고구려어가 성조 언어였다는 것을 논증하는 방법의 하나로, 고구려어 단어와 한국 중세어 단어에서 성조가 서로 일치하는 현상을 논거로 들 수 있다.

(5) 고구려어와 중세어 단어의 성조 대응 예

1. 黑 — 今^{L}勿^{E}內^D≒今^{L}勿^{E}奴^L : 거믈(LH)[6] 2. 津 — 那^{L}婁^L : 느르(LL)

3. 管 — 對^{D}盧^L : 대롱(HL) 4. 頂 — 模^{L}盧^L : 무르(LL)

5. 海 — 波^{L}旦^{D}縣 : 바를(LH) 6. 海 — 波^{L}利^{D}縣(海利縣) : 바를(LH)

7. 巖 — 波^{L}衣^D : 바회(LH) 8. 袞 — 伊^{L}弗^{E}蘭寺 : 이울—(LH)

위에서 고구려어의 성조는 한어 중고음의 성조로 대신했다. 고구려어 대표자의 음가를 분석할 때에 漢語 中古音의 성조를 적극적으로 활용했듯이 여기에서도 이를 따른다.[7] 이 방법에 따르면 위와 같은 성조 대응 쌍을 찾아낼 수 있다.

---

6 이곳의 부호 '≒'는 異表記 관계임을 나타낸다. 이하 같다.

7 중고음의 去聲을 H가 아니라 ^{D}로 표기한다는 점에 주의하기 바란다. 한어 중고음의 성조값 즉

이 성조 대응 예를 보고 고구려어와 중세어의 성조가 일치한다고 일단은 말할 수 있다.[8]

그런데 자세히 관찰해 보면 이 성조 대응이 의심스러워진다. (5.1)의 '今^L勿^E內^D≒今^L勿^E奴^L'의 대응에서 {土, 壤}을 뜻하는 고구려어 '內^D'와 '奴^L'의 성조가 상호 간에 일치하지 않는다. '內'는 거성인 데에 반하여 '奴'는 평성이다. 중세어의 '바회'(巖)를 뜻하는 고구려어가 (5.7)의 '波^L衣^D'로 표기되는 것이 일반적인데, 이것의 성조가 간혹 사용된 '波^L兮^L'의 성조와 역시 일치하지 않는다.[9] '衣'는 거성이고 '兮'는 평성이다. 이러한 불일치는 고구려어가 성조 언어가 아니라는 논거가 된다. 또한 入聲의 처리 문제도 의심의 대상이 된다. (5.1)과 (5.8)에서는 고구려어의 入聲^(E)이 중세어의 去聲(H)에 대응한다.

더욱이 단어는 대응하는 것 같은데, 성조가 서로 다른 것도 적지 않다. 아래의 예에서 볼 수 있듯이, 성조가 일치하는 예만큼이나 불일치하는 예도 많다. (5)에서 성조 일치의 예가 여덟 개였는데, (6)에서 볼 수 있듯이 불일치하는 예도 여덟 개나 된다.

(6) 성조 불일치의 예

1. 旱 – 甘^L勿^E伊忽 : ᄀᆞ물-(HH)   2. 穴 – 句^D牟^L城 : 구무(LL)

3. 世 – 儒^L留^L王 : 누리(LH)   4. 回 – 豆^D比^D鴨岑韓 : 두위(LL)

5. 防 – 馬^R斤^L押 : 마근(LH)   6. 諸 – 毛^L屯^L谷 : 모든(LH)

7. 雹 – 牟^L婁^L城 : 무뤼(HH)   8. 尊 – 莫^D離^L支 : ᄆᆞᄅᆞ(LL)

이처럼 성조 불일치의 예가 많다는 것은 두 가지로 해석할 수 있다. 첫째는 고구려어에 성조 대립이 없었다는 해석이다. 물론 이 해석을 따를 수 있지만 아직

調値는 아직 알 수 없으므로 한국 중세어처럼 高調 즉 [+high]라고 함부로 단정할 수 없다.

8 특히 함경도 지역이 줄곧 고구려 통치하에 있었을 뿐만 아니라 함경도 방언과 한국 중세어의 성조가 일치한다는(Ramsey 1978, 郭忠求 1994) 점을 감안하면 이 대응이 눈길을 끌 만하다. 그렇다고 하여 현재의 함경도 방언 성조가 고구려어 성조를 그대로 이어받았다고 확대 해석하지는 않는다.

9 '波^L兮^L'가 고구려어의 기본 성조형이고, 후술할 어말 평성의 측성화 규칙이 여기에 적용되어 '波^L衣^D'가 된다고 기술할 수 있다.

확정하기에는 너무 이르다. 둘째, 한국 중세어가 고구려어를 이어받은 언어가 아니라는 해석이다. 李基文(1972)는 중세어의 기원을 고구려어가 아니라 신라어에서 찾았다. 이에 따르면 (6)과 같이 성조가 불일치하는 예가 많은 것은 오히려 당연한 일이라고 할 수 있다.

고구려어는 일부 흔적만 남기고 사멸했다. 그런데도 고구려어와 한국 중세어의 성조가 서로 일치해야만 한다면 이것은 너무 지나친 요구라고 할 수 있다. 하나의 비유를 들어 둔다. 현재의 경상도 방언은 성조 언어이지만 중세어의 성조와 일치하지 않는다. 이 불일치를 논거로 삼아, 한국 중세어나 경상도 방언이 성조 언어가 아니라고 말하는 이는 없다.

이것은 고구려어의 성조를 한국 중세어의 성조와 대비하여 그 일치 여부를 중심으로 고구려어의 성조 유무를 판정하는 방법이 잘못된 방법임을 말해 준다. 그렇다면, 고구려어가 성조 언어였음을 확인할 방법이 없다는 말인가? 그렇지 않다. 다른 방법이 있다.

4.4. 異表記 상호 간의 성조 대비

우리는 고구려어의 여러 異表記에 주목하고자 한다. 異表記의 성조형이 서로 일치한다면 이것은 분명히 언어학적으로 의미가 있는 일치이다. 역시 비유를 들어 설명해 보자. 경상도 방언에는 동사의 어간이 '먹-'(食)인 방언과 '묵/무-'인 방언이 있다. 첫째 방언의 '먹고(HL), 먹었제(HLL)'에 둘째 방언의 '묵고(HL), 무웠제(HLL)'가 대응한다. 중요한 것은 분절음에서는 두 방언의 음가 차이가 아주 크지만 성조형은 여전히 'HL, HLL'로 동일하다는 점이다.

이처럼 성조, 강세 등의 韻素는 분절음으로부터 독립하여 독자적인 행동을 보일 때가 많다. 이 특징을 살려 운소를 초분절 음소(supra-segmental phoneme) 또는 자립분절 음소(auto-segmental phoneme)라고 부르기도 한다.[10] 위의 두 경상

---

10 이 연구 방법을 중세 한국어의 성조에 적용한 연구로는 Lee Sang-Oak(1978)이 있다.

도 방언형은 분절음 층위에서는 서로 다르지만, 초분절음소 층위에서는 하나의 동일 방언이 된다. 이처럼 원래의 성조형을 유지하는 현상은 분절음이 서로 다르다 하더라도 초분절음소/자립분절음소만은 그대로 유지하는 현상의 일종이다.

이 초분절음소/자립분절음소 유지 현상을 고구려어의 異表記에 그대로 적용할 수 있다. 예컨대, 인명 '安^{L}勝^D'을 '安^{L}舜^D'이라고도 표기하는데, 이 둘의 성조가 일치하는지 확인해 보자는 것이다. '勝'과 '舜'은 분절음 차원에서는 분명히 음가가 서로 다르지만 성조에서는 거성으로 동일하다. 이처럼 異表記 상호 간에 성조가 일치한다면 그것은 분명히 성조를 반영한 표기라고 할 수 있다.

아래의 (7~8)은 장세경(1990: 9~21)의 異表記 쌍 중에서 고구려 단어만 골라 성조를 달아 본 것이다. 성조 음가는 한어 중고음의 성조를 빌려 온 것이고, 상성과 거성을 측성으로 묶었다. 앞에서 이미 논의한 바 있듯이 고구려어 성조 대립 쌍은 대부분 平聲 대 仄聲의 대립이기 때문이다. 한국 중세 한자음에서도 상성과 거성이 혼동을 보이므로[11] 이 둘을 하나의 단위로 묶어서 기술할 때가 많다. 이 仄聲에 입성도 편입하여 고구려어의 성조가 平仄 대립인 것으로 이해한다. 한어의 入聲이 한국 중세 한자음에서는 거성으로 편입되고(金完鎭 1972/77: 26), 『鷄林類事』의 입성은 15세기 한국 한자음에서 상성으로 편입된다(權仁瀚 1991: 224). 따라서 한국 중세어에서도 입성이 측성으로 행동한다고 말할 수 있다.

(7) 『삼국사기』, 『삼국유사』 자료의 異表記 상호 간의 성조 일치 예 (12쌍)

1. 伯^{E}固^D 一作 伯^{E}句^D (사 16.4)

2. 安^{L}勝^D (사 6.6) ≒ 安^{L}舜^D (사 22.10)

3. 優^{L}弗^E ≒ 憂^{L}弗^E (유역 1)

4. 愛^{D}留^L 一作 愛^{D}憂^L (유역 1)

5. 朱^{L}蒙^L 一作 鄒^{L}蒙^L, 一作 雛^{L}牟^L (유역 1, 유 2.2)

6. 楸^{L}南^L ≒ 春^{L}南^L (유 1.1)

7. 寶^{R}延^L (사 19.7) ≒ 寶^{R}迎^L (유역 1)

---

11 최희수(1986: 287~9)에 따르면, 이 혼동이 가장 적은 자료가 『四體千字文』이라 한다. 반면에 『訓蒙字會』에서는 혼동 예가 적지 않은데, 그 원인이 崔世珍의 성조 수정에 있다고 한다.

8. (解^R)愛^{D}妻^L (사 14.2), 愛^{D}留^L ≒ 愛^{D}憂^L (유역 1)

(7)에서 볼 수 있듯이, 여덟 쌍에서 이표기 상호 간의 성조가 일치한다. 여기에는 3항 대립도 있으므로 이것을 2항 대립으로 나누어 계산하면[12] 모두 12쌍에서 성조가 일치한다.

그런데 아래의 (8)에서 볼 수 있는 것처럼, 성조가 불일치하는 쌍도 의외로 많다. 모두 일곱 쌍에서 성조가 일치하지 않는다. 3항 대립을 2항 대립으로 나누어 계산하면, 11쌍에서 성조가 일치하지 않는다. 불일치 예와 일치 예의 비율이 거의 같으므로, 고구려어에 성조가 있었다고 함부로 말할 수가 없다.

(8) 『삼국사기』, 『삼국유사』 자료의 異表記 상호 간의 성조 불일치 예 (11쌍)

  1. 巨^{R}連^L 一作 巨^{R}璉^R (사 18.6)
  2. 藥^{E}盧^L 一云 若$^{R/E}$友^R (사 17.5, 유역 1)
  3. 琉^{L}璃^L(明王) ≒ 類^{D}利^D ≒ 孺^{D}留^L (사 13.1)
  4. 乙^{E}弗^E 或云 憂^{L}弗^E (사 17.5)
  5. 阿^{L}道^R(基羅) 一作 我^{R}道^R 又 阿^{L}頭^L (유 3.3)
  6. 瑠^{L}璃^L 一作 累^{D}利^D (유역 1)
  7. 巨^{R}仁^L (사 11.11) ≒ (王)居^{L}仁^L (유 2.2)

그런데 위의 (7~8)에 열거한 자료가 모두 『삼국사기』와 『삼국유사』에서 뽑은 것임에 주의할 필요가 있다. 이 두 텍스트는 12세기 중엽 이후에 편찬된 것이므로 고구려어의 성조를 제대로 반영하지 않았다고 예상할 수 있다. 여타의 텍스트로 눈을 돌리면 이보다 훨씬 많은 양의 이표기 자료를 확보할 수 있고, 이표기 상호 간의 성조 일치율도 크게 높아진다.

---

12 예컨대, (8.3)의 '琉^{L}璃^L(明王) ≒ 類^{D}利^D ≒ 孺^{D}留^L'은 3항 대립인데, 이것을 2항씩 나누면 "琉^{L}璃^L(明王) ≒ 類^{D}利^D', '類^{D}利^D ≒ 孺^{D}留^L', '琉^{L}璃^L(明王) ≒ 孺^{D}留^L'의 3쌍이 된다.

(9) 異表記 상호 간의 성조 일치 예 추가 (22쌍)

1. 桂^{D}婁^L (삼국, 후한, 양서, 천남산, 천남생, 당서) ≒ 卦^{D}婁^L (평양성A)

2. 灌^{D}奴^{L}部 (삼국, 후한, 양서, 남사, 당서) ≒ 貫^{D}那^{L}部 (사)

3. 儒^{L}留^L (광개) ≒ 朱^{L}留^L (광개) ≒ 琉^{L}璃^L (삼국, 사) ≒ 瑠^{L}璃^{L13} (유)

4. 能^{L}婁^L (일) ≒ 能^{L}劉^L (성)

5. 內^D (지리) ≒ 奈^D (지리)

6. 內^{D}乙^{E}買 一云 內^{D}尒^{R}米 (지리)

7. 杜^{R}訥^{E}河原 (사) ≒ 豆^{D}訥^{E}河原 (사)

8. 買^R ≒ 米^R (지리)

9. 買^{R}省郡 一云 馬^{R}忽 (지리)

10. 拔^{E}奇^L (삼국, 사) ≒ 發^{E}歧^L (사)

11. 夫^{L}餘^L (광개, 수서, 당서) ≒ 扶^{L}餘^L (북사, 수서, 구당, 당서, 사)

12. 卑^{L}沙^{L}城 (사) ≒ 卑^{L}奢^{L}城 (수서, 사)

13. 沙^{L}卑^{L}城 (구당, 당서, 요사) ≒ 奢^{L}卑^{L}城 (북사)

14. 悉^{E}直^E 一云 史^{R}直^E (지리)

15. 安^{L}市^{R}城 ≒ 安^{L}十^{E}忽 (지리)

16. 積^{E}利^{D}城 本 赤^{E}里^{R}忽 (지리)

17. 好^{R}大^{D}王 (삼국) ≒ 好^{R}太^{D}王 (광개, 모두, 일)

(10) 이표기 상호 간의 성조 불일치 예 추가[14] (10쌍)

1. 劍^{D}牟^{L}岑 (사) ≒ 鉗^{L}牟^{L}岑 (당서)

2. 內^D ≒ 奴^L (지리)

3. 若^{E}豆^{D}耻^{R}縣 ≒ 若^{E}只頭^{L}耻^{R}縣 (지리)

4. 買^{R}召^D 一作 彌^{L}鄒^L (지리)

---

13 (8.3)에서 이미 보인 것처럼, '類^{D}利^D, 孺^{D}留^L'는 이들과 성조가 다르다.
14 '味^{R}留^L (유역 2) ≒ 無^{L}恤^E (사 1.8, 유역 2)'의 대응 예도 고려해 보았으나, 장세경(1990: 152)을 좇아서 대응 예에서 제외했다. 또한 지리지의 '吐^{D}上^{R}縣 >隄^{L}上^{R}縣'의 대응 예도 넣을까 했으나 둘의 관계가 '一云' 형식이 아니라서 역시 제외했다.

5. 波^{L}衣^D 늑 波^{L}兮^L (지리)

6. 述^{E}尒^{R}忽縣 一云 首^{R}泥^{L}忽 (지리)

7. 耶^{L}耶^L 一云 夜^{D}牙^L (지리)

8. 于^{L}烏^{L}縣 一云 郁^{E}烏^L (지리)

9. 助^{D}攬^{R}郡 一云 才^{L}攬^R (지리)

10. 河^{L}西^{L}良^L 늑 何^{L}瑟^{E}羅^L (지리)

모두 28쌍의 이표기 자료를 추가할 수 있다. 이 중에서 (9)의 17쌍에서 성조가 일치하고, (10)의 10쌍에서 성조가 일치하지 않는다. 다항 대립을 2항 대립으로 나누어 계산하면 일치하는 쌍이 22쌍인 데에 비하여 불일치하는 쌍은 10쌍에 불과하다. (7~8)에 제시한 장세경(1990)의 자료에서는 일치와 불일치의 비율이 각각 52.2%와 47.8%였다. 그런데 새로 추가한 쌍만을 대비하면 22/32 즉 68.8%의 예에서 성조가 서로 일치하고 31.2%에서 불일치한다. 이표기 상호 간의 성조 일치 비율이 70%에 가깝다면 이것은 분명히 의미가 있는 비율이라고 판단한다.

물론 (7~10)의 전체 이표기를 대상으로 하면 성조 일치 비율이 34/55 즉 61.8%로 떨어지는 것은 사실이다. 그렇다고 하여 이 61.8%가 낮은 일치율이라고 단정해서는 안 된다. 新羅語에서의 이표기 상호 간의 성조 일치 비율을 참고하면 이 수치가 낮은 것이라고 함부로 말할 수 없다. 장세경(1990: 9~21)에 정리되어 있는 이표기 예 중에서 신라어 자료만 따로 뽑아 보면 122쌍의 이표기 쌍이[15] 나온다. 이 중에서 이표기 상호 간에 성조가 일치하는 것은 60쌍 즉 전체의 49.2%에 불과하다. 장세경(1990: 9~21)에 정리된 이표기는 모두 『삼국사기』와 『삼국유사』에서 추출한 것이므로 완벽한 것이 아니다. 금석문이나 중국 사서 등에 나오는 이표기 118쌍(일치 60쌍, 불일치 58쌍)을 더 추가하더라도 신라어에서의 성조 일치율은 50.0%에 지나지 않는다. 이 점을 감안하면 고구려어에서의 일치율 61.8%는 신라어보다 10% 이상 높은 수치이다. 대부분의 학자들이 지금의

---

15 이것은 다항 대립을 2항 대립으로 나누어 계산한 수치이다.

경상도 방언처럼 신라어에도 성조가 있었다고 가정한다. 그렇다면, 고구려어 이표기 상호 간의 성조 일치율이 신라어에서의 일치율보다 10% 이상 높으므로 고구려어에도 성조가 있었을 것이다.

그런데 이 계량적 수치보다도 더 중요한 것은 (7~8)과 (9~10)의 질적 차이이다. 『삼국사기』와 『삼국유사』만을 조사 대상으로 했을 때에는 50% 안팎에 머물던 일치 비율이 여타 텍스트에서는 성조 일치 비율이 70%에 가까워진다. 이것은 『삼국사기』와 『삼국유사』 텍스트가 유난히도 성조를 제대로 반영하지 않았음을 뜻한다. 나아가서 고구려 멸망 이전의 자료로 한정하면 이표기 상호 간의 성조 일치 비율이 급상승할 수 있음을 암시한다.

질적 차이를 보여 주는 대표적인 예가 (8.3)과 (9.3)의 예이다. (8.3)에서 볼 수 있듯이, 『삼국사기』에 나오는 '琉^{L}璃^L≒類^{D}利^D≒孺^{D}留^L'의 세 항목에서는 서로 간에 성조가 전혀 일치하지 않는다. 반면에, (9.3)에서 볼 수 있듯이, 고구려 멸망 이전의 텍스트에서는 '儒^{L}留^L(광개)≒朱^{L}留^L(광개)≒琉^{L}璃^L(삼국)'의 세 항목 성조가 서로 정확하게 일치한다.

이보다 더 중요한 사실은 고구려 멸망 이전의 이표기 쌍에서는 항상 성조가 일치한다는 점이다. 성조 불일치의 예만 모아 놓은 (10)에는 고구려 멸망 이전의 이표기 쌍이 하나도 없다. 그런데 성조 일치의 예를 모아 놓은 (9)에는 멸망 이전의 이표기 쌍이 넷이나 된다. (9.1)의 '桂^{D}婁^L≒卦^{D}婁^L', (9.3)의 '儒^{L}留^L≒朱^{L}留^L≒琉^{L}璃^L', (9.11)의 '夫^{L}餘^L≒扶^{L}餘^L', (9.17)의 '好^{R}大^{D}王≒好^{R}太^{D}王'의 네 쌍인데, 이들에서는 모두 성조가 일치한다.

종합하여 말하면, 총 55쌍의 이표기 쌍 중에서 고구려 멸망 이전의 텍스트에서 이표기 관계가 성립하는 것은 네 쌍이고, 다항 대립을 2항 대립으로 나누어 계산하면 여섯 쌍이다. 전체 55쌍의 10.9%에 해당하는 이 여섯 쌍에서는 이표기 상호 간의 성조가 정확히 일치한다. 고구려 멸망 이전의 이표기로 한정하면 성조 일치 비율이 100%인 것이다. 양적으로는 비록 적은 수에 불과하지만 이 일치 비율은 언어학적으로 의미가 있다고 본다. 이 일치를 바탕으로 삼아 고구려어에 성조가 있었다는 가설을 세울 수 있다.

4.5. 음절별 성조형

이제, 異表記 예 중에서 2음절 단어를 골라 그 성조형을 정리해 보기로 한다. (7~10)의 이표기 쌍 중에서 성조 신뢰도가 높은 것은 (7)과 (9)의 이표기 쌍이다. 여기에서는 이표기 상호 간에 성조가 일치하기 때문이다. (7)과 (9)에서 2음절 단어를 골라 성조형을 정리하면 다음의 (11)과 같다. 2음절 단어에는 '평평, 측측, 평측, 측평'의 네 가지 성조형이 있다.

(11) 異表記 2음절 단어의 성조형

1. 평평 : 楸^{L}南^L≒春^{L}南^L 儒^{L}留^L≒朱^{L}留^L≒琉^{L}璃^L≒瑠^{L}璃^L 能^{L}婁^L≒能^{L}劉^L 夫^{L}餘^L≒扶^{L}餘^L 卑^{L}沙^L≒卑^{L}奢^L 沙^{L}卑^L≒奢^{L}卑^L 朱^{L}蒙^L≒雛^{L}牟^L≒鄒^{L}蒙^L (14)

2. 측측 : 內^{D}乙^E≒內^{D}尒^R 杜^{R}訥^E≒豆^{D}訥^E 伯^{E}固^D≒伯^{E}句^D 悉^{E}直^E≒史^{L}直^E 好^{R}大^D≒好^{R}太^D 積^{E}利^D≒赤^{E}里^R (6)

3. 평측 : 優^{L}弗^E≒溫^{L}弗^E 安^{L}勝^D≒安^{L}舜^D 安^{L}市^{R}城≒安^{L}十^{E}忽 (3)

4. 측평 : 愛^{D}留^L≒愛^{D}憂^L 寶^{R}延^L≒寶^{R}迎^L (解^R)愛^{D}婁^L≒愛^{D}留^L≒愛^{D}憂^L 桂^{D}婁^L≒卦^{D}婁^L 灌^{D}奴^{L}部≒貫^{D}那^L 拔^{E}奇^L≒發^{E}歧^L (8)

위에서 '평평, 측측'의 성조형이 20쌍이고 '평측, 측평'의 성조형이 11쌍이므로, 평판형이 굴곡형에 비하여 상대적으로 많음을 알 수 있다. 이것은 고구려어의 성조가 굴곡 성조 체계(contour−tone register system)가 아니라 고저 평판 음조 체계(level−pitch accent system)임을 암시한다. 이 글에서는 고저 평판 음조도 넓은 의미의 성조에 포함된다고 보아 '성조'라는 용어를 사용한다. 이 두 체계를 엄격히 구별하고자 한다면 이 글의 '성조'를 '음조'로 고쳐서 이해하면 된다.

그런데 (11.3)의 '평측'형에 속하는 세 개의 단어가 고구려 멸망 이후의 표기라는 점이 얼른 눈에 들어온다. (11.3)의 '優^{L}弗^E'과 '溫^{L}弗^E'은 13세기 중엽에 편찬된 『삼국유사』에 나온다. (11.3)의 '安^{L}勝^D'은 12세기 중엽의 『삼국사기』에 나오고, '安^{L}舜^D'은 10세기 중엽의 『당서』에 나온다. (11.3)의 '安^{L}市^{R}城'도 『삼국사기』 지리지, 『구당서』, 『당서』, 『요사』, 『삼국사기』, 『삼국유사』 등의 텍스트에만 나오고 금석문과 중국 사서 텍스트에는 나오지 않는다. '安ᴸ⁺ᴱ忽'도 『삼국사기』 지리지에만 나온다. 따라서 자료 분석의 대상을 고구려 멸망 이전의 자료로 한정하게 되면 2음절 단어의 성조형에서 '평측'형이 모두 사라진다.

그렇다면 고구려 멸망 이전의 고구려어에서는 '평측'형의 성조형을 기피하는 제약이 있었던 것은 아닐까? 멸망 이전의 금석문과 중국 사서 텍스트에 나오는 2음절 단어를 모두 골라내어 이것을 다시 확인해 보기로 한다.

(12) 고구려 멸망 이전 텍스트의 2음절 단어 성조형

　가. 평평 (46)

　　1. LL : 加群 溝婁 仇天百 那婁 南蘇 男居 儒留 然人 東盟 東明 琉璃 牟盧百 牟婁百 文咨 彌沙百 彌鄒 俳須 排婁 夫餘 扶餘 芬而百16 卑奢 沙溝百 彡穰百 奢卑 消奴 蘇灰百 須鄒 升于 安原 安臧 耶羅百 陽原 涓奴 燕婁百 延優 榮留 嬰陽 優居 優台 亏婁百 朱蒙 鄒牟 巴奴百 平穰 丸都

　나. 측측 (32)

　　2. RR : 없음

　　3. RH : 古利百 好太 也利百 武厲 皀衣

　　4. RE : 武列 普述

　　5. HR : 寐錦 □舍蔿百

　　6. HH : 帶固 豆比百 比利 奧利百 次大 太傅

　　7. HE : 盖切 翳屬 吐捽

　　8. ER : 忽本 木底 謁者

　　9. EH : 物苟 息愼 伯固 不耐

　　10. EE : 壹八百 褥薩 傉薩 末客 泊灼/伯灼 鴨綠 鬱折

　다. 평측 (26)

　　11. LR : 牟壽 阿垢 男武 奴久 平壤 丸九

　　12. LH : 那旦百 農賣 婁賣百 碑麗 碑利 相夫 阿旦百 阿利百 於利百 慈惠 孫漱

---

16 '芬而耶羅城百'의 '芬而耶羅'는 '芬而'와 '耶羅'의 둘로 나누어 2음절 단어로 간주했다. 이곳의 '耶羅'는 '古模耶羅城百'의 '耶羅'와 동일한 단어일 것이다.

13. LE : 其國^百 如栗 文達 敦拔^百 河伯 蘇骨 閭達 烏拙 平郭

라. 측평 (42)

14. RL : 冉牟 賭奴 掃加^百 九連 董騰 馬婁 買溝 拔奇 小加 小兄 領千

15. HL : 蓋牟 桂婁 貫奴^百 灌奴 卦婁 句驪 句牟^百 大加 對盧 戴升 豆奴^百 沸流 邃成 愼奴 位宮 閨奴^百 就咨 就鄒^百 太奢 太兄

16. EL : 閣彌^百 北豊 葛盧 骨蘇 得來 莫來 謁奢 褥奢 乙支 輯安 笮咨

'평평'형에는 (12.1)의 'LL'형이 있다. 'LL'형 단어는 모두 46개나 되므로 여타 의 성조형에 비하여 아주 많은 편이다.

'측측'형에는 (12.2~10)의 아홉 가지 하위 성조형이 있다. 측성에는 상성, 거 성, 입성이 두루 포함되기 때문에 하위 성조형이 많다. 이처럼 하위 성조형으로 다시 세분하여 개별적으로 계산하면 용례가 적어 보인다. 특히 'RR'형은 전혀 사 용되지 않았다. 그러나 하위 성조형으로 세분하지 않고 종합하여 계산하면 '측 측'형 단어는 32개가 된다.

'평측'형에는 (12.11~13)의 'LR, LH, LE' 등의 하위 성조형이 있다. 이 중에서 'LH'형 단어가 가장 많아서 11개에 이른다. 그런데 이 수치는 (12.15)의 'HL'형 에 비하면 많은 것이 아니다. 'HL'형 단어는 20개나 되기 때문이다. 뿐만 아니라 'LR, LH, LE'의 '평측'형 단어는 모두 합해도 26개에 불과하여 용례가 가장 적다.

마지막으로, '측평'형에는 (12.14~16)의 'RL, HL, EL' 등의 하위 성조형이 있 다. 이 중에서 'HL'형이 가장 많지만 'RL'과 'EL'의 성조형도 많은 편에 속한다. 이 세 하위 성조형 단어는 모두 합하면 42개이다. '평평'형과 '측평'형의 용례가 많은 편이다.

위의 네 성조형 중에서 굴곡이 있는 것은 '평측'형과 '측평'형이다. 이 둘을 서 로 대비해 보면 그 용례가 각각 26개와 42개이므로 크게 차이가 난다. 고구려어 에서는 '측평'형이 '평측'형보다 훨씬 선호되었다고 말할 수 있다. 이것은 거꾸로 고구려어에 '평측'형을 기피하는 제약이 있었음을 암시한다. 이 제약은 (11)의 이표기 쌍에서 이미 확인한 바 있다.

이제, 3음절 단어의 성조형으로 넘어간다. 고구려 어휘 항목 중에서 금석문 텍스트와 중국 史書 텍스트에 나오는 것은 성조를 제대로 간직하고 있으리라 예상할 수 있다. 그러나 그 이후의 텍스트는 신라어, 고대 일본어, 고려어 등의 간섭을 받았을 가능성이 있다. 따라서 여기에서는 금석문과 중국 사서 텍스트에 나오는 3음절 단어만을 따로 모아 분석의 대상으로 삼았다. 이 두 텍스트에 나오는 3음절 단어를 모두 추출하여, 성조형에 따라 정리하면 다음과 같다.

(13) 고구려 멸망 이전 텍스트의 3음절 단어 성조형

1. 평평평 – 牟^L頭^L婁^L 安^L夫^L連^L 西^L安^L平^L 伊^L夷^L摸^L (4)

2. 측측측 – 幹^H弖^R利^H 古^R舍^H蔦^R 果^R下^{R/H}馬^R 乙^E弗^E利^H 紇^E斗^R骨^E 芮^H 悉^E弗^E (6)

3. 평측측 – 高^L句^H驪^H 相^L主^R領^R 昭^L列^E帝^H (3)

4. 측평평 – 各^E模^L盧^L 客^E賢^L韓^L 古^R牟^L婁^L 古^R鄒^L加^L 曰^R模^L盧^L 莫^H離^L支^L 味^H仇^L婁^L 葛^E蔓^L盧^L 意^H侯^L奢^L (9)

5. 평평측 – 없음 (0)

6. 측측평 – 賣^H句^H余^L 葛^E尾^R盧^L 竟^H侯^H奢^L 駮^E位^H居^L (4)

7. 평측평 – 加^L太^H羅^L 於^L九^R婁^L 求^L底^R韓^L (3)

8. 측평측 – 若^E侔^L利^H 析^E支^L利^H 肅^E斯^L舍^H 大^H模^L達^E 典^R書^L客^E (5)

3음절 성조형에는 이론적으로 (13)의 여덟 가지 성조형이 있다. 그런데 위의 성조형을 둘씩 짝을 지어 대비해 보면 흥미로운 결과가 나온다. '평측'형을 기피하는 현상이 두드러지는 것이다.

(13.5)의 '평평측' 성조형은 그 예가 아예 없지만, 이와 반대되는 성조형이라고 할 수 있는 '측측평' 성조형은 (13.6)에서 볼 수 있듯이 그 예가 넷이나 된다. 또한, '측평평' 성조형은 (13.4)에서 볼 수 있듯이 예가 아주 많지만, '평측측' 성조형은 (13.3)의 '高^L句^H驪^H, 相^L主^R領^R, 昭^L列^E帝^H' 등의 셋에 불과하다. 그런데 국명 '高句麗'는 성씨의 '高'와 국명 '句麗'가 복합된 것일 가능성이 크다. '高句麗'를 복합어라고 하면 '평측'형 기피 현상에 대한 예외가 하나 줄어든다. (13.3)의 '相^L主^R領^R'은 고구려 고유어라기보다는 차용어라고 하는 것이 나을 것이다.

세 글자를 모두 음독했겠지만, 그 조어법이 漢語의 조어법에 기원을 두고 있기 때문이다. '昭^{L}列^{E}帝^H'도 '昭列'과 '帝'의 복합어일 가능성이 있다. 복합어에서는 성조 변동이 일어날 수 있으므로 복합어를 성조형 논의에서는 제외하는 것이 원칙이다. 이에 따르면 고구려어 3음절 단어에는 '평측측' 성조형이 사실상 없었다고 해도 무방하다. 이것을 강조하면 '평측'형 기피 현상이 일종의 고구려어 성조 제약이었다고 말할 수 있다.

이 기피 제약에 따르면, 고구려어 2음절과 3음절의 성조형에는 각각 아래의 세 가지와 네 가지 성조형이 있었다고 정리할 수 있다. 즉 음절 수에 따라 각각 'n+1' 가지의 성조형이 존재한다. (14)는 이론적으로 가능한 모든 성조형이면서 동시에 原始 高句麗語의 성조형이라고 할 수 있다.

(14) 원시 고구려어의 음절별 성조형과 악센트 위치

1음절	2음절	3음절
1. 평 = ˥○	평평 = ˥○○	평평평 = ˥○○○
2. 측 = ○˥	측평 = ○˥○	측평평 = ○˥○○
3.	측측 = ○○˥	측측평 = ○○˥○
4.		측측측 = ○○○˥

위의 '˥'는 고저 음조 언어에서 고저가 바뀌는 위치를 나타낸다. 이것을 흔히 '악센트'라고 하는데, 악센트 이론에서는 이 악센트 위치가 음운론적으로 가장 중요하다. (13.1~2), (13.4), (13.6)의 예들은 모두 이 악센트 위치를 기준으로 삼아서 곧바로 성조형을 기술할 수 있다. (13.1)의 '평평평'은 (14)의 3음절 '˥○○○' 악센트이고, (13.4)의 '측평평'은 '○˥○○' 악센트이며, (13.6)의 '측측평'은 '○○˥○' 악센트이다.

한어 중고음의 성조값 즉 調値는 아직 알려진 바가 없다. 그러나 崔世珍의 『訓蒙字會』 범례에 따르면 평성은 낮고 상성은 올라가며 거성은 바로 높고 입성은 곧고 빠르다고 하였다.[17] 한국 중세의 고유어에서는 평성이 낮고 거성이 높은 음

---

17 한어 성조의 調値가 구체적으로 밝혀진 것은 20세기의 Chao Yuen Ren(1933)에 와서의 일이다.

조라는 것이 『訓民正音』諺解本에 잘 기술되어 있다. 한국 중세 한자음을 대상으로 로 申叔舟는 『東國正韻』 서문에서 '上去無別'이라 하였고, 崔世珍이 『訓蒙字會』 범례에서 '去聲入聲皆一點'이라 했으므로(金完鎭 1972/77: 25) 입성인 한자음은 성조가 거성과 같다. 여기에서 상성·거성·입성이 고저에서는 높은 음조임을 알 수 있다.

이것을 굳이 참고하지 않더라도 고구려어에서 평성은 낮은 음조이고 측성은 높은 음조라고 가정할 수 있다. 이렇게 가정하고 악센트 이론을 적용하면 고구려어에서는 높은 음조에서 낮은 음조로 내려가는 곳에 악센트가 놓이게 된다. 이것을 흔히 하강 악센트라고 부른다. 이 하강 악센트를 1음절에 적용하면 1음절에는 이론적으로 두 가지 성조형이, 2음절에 적용하면 세 가지 성조형이, 3음절에 적용하면 네 가지 성조형이 나온다. 이것을 정리한 것이 (14)의 하강 악센트 ''이다.

그런데 고구려어가 하강 악센트를 가진다고 하면 낮은 음조에서 높은 음조로 올라가는 음조 변동이 없어야 한다. 이것을 실증해 주는 자료가 (13.5)이다. 즉 '평측'의 굴곡을 가지고 있는 '평평측'의 성조형이 고구려어에는 없다. 또한 (11)에서 이미 살펴본 바 있듯이, 2음절 단어의 異表記에서는 '평측' 성조형이 아주 희소하다. 세 개의 예가 있기는 한데, 이들은 모두 고구려 멸망 이후에 기록된 단어이다. 그렇다면 고구려어의 악센트가 上昇 악센트가 아니라 下降 악센트인 것이 분명하다.

그렇다면 상승 악센트를 가지고 있는 것처럼 보이는 (13.7)의 '평측'평'과 (13.8)의 '측'평측'은 어떻게 기술할 것인가? 이 屈曲 성조형에 대해서는 공시적 접근법과 통시적 접근법의 두 가지로 기술할 수 있다.

먼저 '평측'평'과 '측'평측'을 공시적으로 기술해 보자. (13.7)의 '평측'평'은 악센트 이론에서는 '측측'평'과 사실은 음운론적 가치가 같다. 물론 완전히 동일하다고 할 수는 없지만, 그 차이는 음운론적 차이가 아니라 음성학적 차이에 불과하다. 악센트 이론에서는 하강이든 상승이든 굴곡이 있는 자리가 가장 중요하

따라서 崔世珍의 이 기술은 漢語 研究史 전체를 통틀어서도 대단히 중요한 업적이다.

다. 그런데 고구려어는 하강 악센트를 가지므로, '측측'평'의 둘째 음절의 '측'과 셋째 음절의 '평'은 음운론적으로 아주 중요하다. 굴곡이 일어나는 위치이기 때문이다. 반면에 첫째 음절의 '측'은 상대적으로 비관여적이고 비변별적이며 잉여적이다. 비변별적이고 잉여적인 '측'은 원래의 높은 음조에서 얼마든지 낮은 음조로 내려갈 수 있다. 이것을 공시적 규칙으로 기술해 보면 아래의 (15)가 된다. 이 규칙을 2음절의 '측측'과 3음절의 '측측'평'에 적용하면 각각 '평측'과 '평측'평'으로 바뀐다.

(15) 비관여적 어두 측성의 평성화 규칙[18]

　측 → 평 / #＿측 （H → L / #＿H）

　이제, (13.8)의 '측'평측'을 공시적으로 기술해 보자. '측'평측'은 첫째 음절과 둘째 음절 사이에서 악센트가 이미 하강했다. 이 점에서 '측'평측'은 '측'평평'과 음운론적 차이가 사실상 없다. 차이가 있다면 그것은 음운론적 차이가 아니라 음성학적 차이에 불과하다. '측'평평'의 셋째 음절에 온 '평'은 사실은 비관여적이고 잉여적인 '평'이다. 악센트 이론에서는 이 잉여적인 '평'이 반드시 '평'이어야 할 이유가 없다. '측'으로 상승해도 된다. 여기에서 잉여적 어말 평성을 측성화하는 규칙 (16)을 설정할 수 있다. 이 규칙을 2음절의 ''평평'과 3음절의 '측'평평'에 적용하면 각각 ''평측'과 '측'평측'이 된다.

(16) 비관여적 어말 평성의 측성화 규칙

　평 → 측 / 평＿# （L → H / L＿#）

　김성규(2004)에 따르면, 『鷄林類事』高麗方言의 '평평'이 후기중세국어의 LH에 대응된다고 한다. 이때의 2음절은 대부분 어미가 어간에 결합된 형태이므로 우리의 2음절 단어와 형태소 구성에서 차이가 있다. 그렇더라도 '평평 〉 LH'의 통

---

18 이 규칙은 경남 방언에서 어두의 H가 M으로 내려가는(허웅 1955, 김차균 1970) 것과 유사하다.

시적 변화에서 어말 평성을 측성으로 바꾸는 변화가 있었다는 점에서 고구려어와 공통된다. 따라서 (16)과 같은 규칙이 설득력을 갖는다.

(15)와 (16)의 규칙을 알기 쉽게 풀이하면 語頭는 내리고 語末은 올리는 규칙이라고 할 수 있다. 鄭然粲(1977)은 성조의 '시소' 변화설을 제기한 바 있는데, 우리의 두 규칙을 하나로 합하면 이것과 아주 유사하다.[19]

通時的 기술 방법에서는 '평측ㄱ평'과 '측ㄱ평측'이 原始 高句麗語의 성조형이 아니라 통시적 변화가 일어난 뒤의 성조형이라고 기술하게 된다. 원시 고구려어에는 상승 성조형이 없고 (14)와 같은 하강 악센트만 있었는데, (13.6)의 '측측ㄱ평'에서 語頭의 비관여적 仄聲을 平聲化하는 변화가 일어나 (13.7)의 '평측ㄱ평'이 새로 생겨났다고 기술할 수 있다. 이와는 대조적으로, (13.4)의 '측ㄱ평평'에서는 語末의 비관여적 平聲을 仄聲化하는 변화가 일어나 (13.8)의 '측ㄱ평측'이 새로 생겨났다고 할 수 있다. 이 시소 변화의 결과로 원시 고구려어에는 없었던 '평측ㄱ평'형과 '측ㄱ평측'형이 고구려어에 새로 생겨났다고 본다.[20]

이 통시적 기술 방법에 따르면 2음절 단어에서 '평측'형이 꽤 많은 현상도 효과적으로 기술할 수 있다. (12.11~13)의 '평측'형은 원시 고구려어의 '측측ㄱ'형에 語頭 仄聲 平聲化 규칙이 적용되어 새로 생성된 성조형이라고 할 수 있다. 이와는 달리, 2음절 단어의 '평측'형이 'ㄱ평평'형에 기원을 둔 것도 있다. 'ㄱ평평'형에 語末 平聲을 仄聲化하는 규칙을 적용하면 역시 'ㄱ평측'형이 되기 때문이다. 위의 두 가지 방법으로 '평측'형이 생성된다. 따라서 2음절 단어에서 '평측'형이 점유하는 비율이 3음절 단어에서의 점유 비율보다 높게 나타나는 현상도 쉽게 기술할 수 있다.

---

19 그러나 엄격히 말하면 차이가 있다. 鄭然粲(1977)의 '시소' 변화는 '평측'과 '측평평'이 각각 '측평'과 '평측측'으로 변하는 것을 의미하기 때문이다.

20 단어의 앞쪽을 평성화하면서 뒤쪽을 측성화하면 궁극적으로 어말 음절만 높고 나머지는 모두 낮은 음절이 된다. 한편, 김주원 교수의 교시에 따르면 현대의 알타이 제어에는 성조가 없고 어말 둘째 음절(penultimate)만 높다고 한다. 이 음절이 높은 것은 범언어적인 현상이다.

4.6. 성조형의 통시적 변화

위와 같은 기술이 맞다면 고구려 말기의 언어를 반영하는 『삼국사기』 지리지에서는 통시적 성조 규칙이 적용된 이후의 성조형이 많아져야 한다. 『삼국사기』 지리지는 고구려 멸망 이후 100년 가까이 지난 다음에 편찬되었지만, 고구려 말기의 성조형을 그대로 유지하고 있을 가능성이 있다. 이 점에서 지리지 텍스트에서는 변화형인 '평측' 또는 '평평측'의 성조형이 멸망 이전의 금석문이나 중국 사서 텍스트보다 많아진다고 예상할 수 있다.

(17) 『삼국사기』 지리지의 1음절 성조형

  1. 평 : 伊^L{入} 呑^L{谷} 奴^L(≒內^D≒奈^D≒惱^R){壤}[21]

  2. 측 : 買^R≒米^R≒馬^R≒勿^E{水} 內^D≒奈^D≒惱^R(≒奴^L){壤} 忽^E≒省^R{城} 別^E{重} 達^E{高} 密^E{三}

지리지에서는 다행히 1음절 고구려어가 확인된다. 평성인 것으로는 '伊^L{入}, 呑^L{谷}, 奴^L{壤}' 등이 있는데, 이들의 악센트는 '^l○'형이다. 측성인 것으로는 '買^R≒米^R≒馬^R≒勿^E{水}, 內^D≒奈^D≒惱^R{壤}, 忽^E≒省^R{城}, 別^E{重}, 達^E{高}, 密^E{三}' 등이 있고, 이들은 '○^l'형의 악센트에 해당한다. 1음절에서는 측성의 예가 평성의 예보다 많다는 점이 특징이다.

(18) 『삼국사기』 지리지의 2음절 성조형

  1. 평평 : 仍^L斤^L 波^L兮^L(≒波^L衣^D) 彌^L鄒^L(≒買^R召^D) 仇^L斯^L 冬^L非^L 於^L斯^L 耶^L耶^L (≒夜^D牙^L) 扶^L蘇^L 烏^L阿^L 冬^L音^L 多^L知^{L/D22} 夫^L斯^L 斤^L尸^L 冬^L斯^L 烏^L生^L 加^L支^L 於^L支^L 支^L山^L 于^L尸^L 阿^L兮^L 于^L烏^L(≒郁^E烏^L) 加^L阿^L 伊^L文^L 烏^L斯^L 波^L尸^L 扶^L

---

21 { } 안에 둔 것은 고구려 단어의 의미이다.

22 '知'는 평성과 거성의 두 가지 성조를 가지는 多音字이다. 다음자에는 '難'과 '要'가 더 있는데, 여기에서는 이 다음자를 모두 평성인 것으로 간주했다. 성조 多音字의 처리 방식에 대해서는 뒤에서 다시 거론할 것이다.

餘ᴸ 丸ᴸ 都ᴸ 居ᴸ尸ᴸ 甘ᴸ彌ᴸ 加ᴸ尸ᴸ (30, 26.3%)

2. 측측: 未ᴿ乙ᴱ 買ᴿ召ᴰ(≒彌ᴸ鄒ᴸ) 忽ᴱ次ᴰ≒古ᴿ次ᴰ 首ᴿ尒ᴿ 別ᴱ史ᴿ 骨ᴱ衣ᴰ 皆ᴰ 伯ᴱ 述ᴱ尒ᴿ(≒首ᴿ泥ᴸ) 達ᴱ乙ᴱ 內ᴰ乙ᴱ≒內ᴰ尒ᴿ 甲ᴱ比ᴰ 買ᴿ旦ᴰ 德ᴱ頓ᴰ 內ᴰ米ᴿ 伐ᴱ力ᴱ 奈ᴰ吐ᴰ 及ᴱ伐ᴱ 也ᴿ次ᴰ 比ᴰ列ᴱ 助ᴰ攬ᴿ(≒才ᴸ攬ᴿ) 滿ᴿ若ᴱ(≒沔ᴿ兮ᴸ) 所ᴿ 勿ᴱ 悉ᴱ直ᴱ≒史ᴿ直ᴱ 習ᴱ比ᴰ 吐ᴰ上ᴿ/ᴰ 助ᴰ乙ᴱ 古ᴿ衣ᴰ 不ᴱ耐ᴰ 乃ᴿ勿ᴱ 赤ᴱ里ᴿ (33, 28.9%)

3. 평측: 今ᴸ勿ᴱ 沙ᴸ伏ᴱ 仍ᴸ伐ᴱ 齊ᴸ次ᴰ 巴ᴸ衣ᴰ≒波ᴸ衣ᴰ 童ᴸ子ᴿ 難ᴸ/ᴰ隱ᴿ 波ᴸ害ᴰ 於ᴸ乙ᴱ 非ᴸ勿ᴱ 功ᴸ木ᴱ 冬ᴸ比ᴰ 仇ᴸ史ᴿ 要ᴸ/ᴰ隱ᴿ 東ᴸ吐ᴰ 才ᴸ攬ᴿ(≒助ᴰ攬ᴿ) 青ᴸ已ᴿ 波ᴸ旦ᴰ 波ᴸ利ᴰ 仇ᴸ乙ᴱ 蕪ᴸ子ᴿ 仇ᴸ次ᴰ 非ᴸ達ᴱ 烏ᴸ列ᴱ 多ᴸ伐ᴱ 安ᴸ市ᴿ≒安ᴸ十ᴱ 甘ᴸ勿ᴱ (29, 25.4%)

4. 측평: 滅ᴱ烏ᴸ 省ᴿ知ᴸ/ᴰ 奈ᴰ兮ᴸ 首ᴿ泥ᴸ(≒述ᴱ尒ᴿ) 夜ᴰ牙ᴸ(≒耶ᴸ耶ᴸ) 屈ᴱ於ᴸ 首ᴿ知ᴸ/ᴰ 古ᴿ斯ᴸ 伏ᴱ斯ᴸ 也ᴿ尸ᴸ 馬ᴿ斤ᴸ 薩ᴱ寒ᴸ 買ᴿ尸ᴸ 奈ᴰ生ᴸ 郁ᴱ烏ᴸ(≒于ᴸ烏ᴸ) 沔ᴿ兮ᴸ(≒滿ᴿ若ᴱ) 肖ᴰ巴ᴸ 尉ᴰ那ᴸ 骨ᴱ尸ᴸ 皆ᴰ尸ᴸ 召ᴰ尸ᴸ 召ᴰ尸ᴸ (22, 19.3%)

2음절 단어에서는 '평평, 측측', 평측, 측'평'의 네 가지 성조형이 다 나타난다. 이 점에서 『삼국사기』 지리지의 2음절 성조형은 (12)의 고구려 멸망 이전의 성조형과 차이가 없다. 그런데 (12)에서는 '평측'의 예가 가장 적었었는데, 지리지에서는 (18)에서 볼 수 있듯이 '평측'형(29, 25.4%)이 '측'평'형(22, 19.3%)보다 예가 더 많다. 이처럼 '평측'의 예가 많아진 것은 '측측'의 어두 측성에 語頭 仄聲의 平聲化 규칙이 더 많이 적용되었음을 의미한다. 또한 '평평'의 어말 평성에 語末 平聲의 仄聲化 규칙이 이전보다 더 많이 적용된 결과이기도 하다. 멸망 이전의 금석문과 중국 사서 텍스트에서는 극히 일부의 단어에서만 이 두 규칙이 적용되었는데 멸망 직전의 언어를 반영하는 지리지 텍스트에서는 이 두 규칙 적용이 더 늘어난 것이다. 그렇다면 語頭 仄聲의 平聲化와 語末 平聲의 仄聲化 규칙이 시간의 흐름에 따라 점점 더 많이 적용되었으리라는 우리의 통시적 변화 가설이 정확하게 맞아떨어진다고 할 수 있다.

(19) 『삼국사기』 지리지의 3음절 성조형

1. 평평평 : 烏^L斯^L含^L 泥^L沙^L波^L 加^L兮^L牙^L 加^L知^{L/D}斤^L 河^L西^L良^L(≒何^L瑟^E羅^L) (5)

2. 측측측 : 所^R邑^E豆^D 若^E豆^D恥^R(≒若^E只^R頭^L恥^R) 達^E乙^E斬^R 于^L冬^L於^L 首^R次^D若^E (5)

3. 평측측 : 없음 (0)

4. 측평평 : 奈^D生^L於^L 屑^E夫^L婁^L (2)

5. 평평측 : 奴^L音^L竹^E 冬^L斯^L肹^E 烏^L根^L乃^R 烏^L斯^L逈^{D23} (4)

6. 측측평 : 骨^E乃^R斤^L 皆^D次^D山^L 北^E漢^D山^L 古^R所^R於^L 皆^D次^D丁^L 首^R乙^E吞^L (6)

7. 평측평 : 弓^L次^D云^L 沙^L熱^E伊^L 伊^L伐^E支^L 甘^L勿^E伊^L (4)

8. 측평측 : 去^D斯^L斬^R 古^R斯^L也^R 主^R夫^L吐^D 首^R知^{L/D}衣^D 若^E只^R頭^L恥^R(≒若^E豆^D恥^R)^24 乙^E阿^L旦^D (6)

『삼국사기』 지리지의 3음절 성조형에서 가장 먼저 눈에 띄는 것은 (19.3)의 '평측측'형이 전혀 보이지 않는다는 점이다. 이것은 고구려 멸망 이전의 텍스트에서 '평측측'형이 세 개의 예밖에 없었고 '평평측'형의 예가 전혀 없었던 것과 동궤를 달린다. 고구려 멸망 이전의 텍스트와 멸망 이후의 지리지 텍스트에서 공통적으로 평성 바로 뒤에 측성에 오지 않는다는 성조 제약을 확인할 수 있다. 만약에 평성이 저조이고 측성이 고조라면, 이 성조 제약은 하나의 단어 내부에서 낮은 음조 L에서 높은 음조 H로 올라가는 상승을 허용하지 않는 제약이다. 이것을 거꾸로 말하면 고구려어에서는 (14)에서처럼 H가 L로 떨어지는 하강만을 허용한다는 뜻이 된다. 이것은 앞에서 말한 것처럼 原始 高句麗語의 하강 악센트이다. (19.3)의 '평측측'형이 없다는 것은 이것을 여실히 보여 주므로 (19.3)은 자료적 가치가 아주 크다.

　그런데 3음절 성조형에서 고구려 멸망 이전과 이후의 차이가 전혀 없는 것은

---

23 '逈'은 『廣韻』에 나오지 않으므로 한어 중고음을 알 수 없다. 聲符인 '向'의 음가가 [曉開C去陽]이므로 '逈'의 聲調를 거성이라고 보았지만, 이것이 확실하지 않으므로 '烏^L斯^L逈^D'을 예시에서 제외하는 것이 더 나을 것이다.

24 '若^E只^R頭^L恥^R'는 4음절처럼 보이지만 앞에서 논의한 것처럼 '只'가 말음첨기의 용법으로 사용된 것이므로 3음절 단어라고 할 수 있다.

아니다. (19.8)에서 볼 수 있듯이 굴곡 성조형의 하나인 '측′평측′'형이 아주 많아진다. 이 '측′평측′'은 '측′평평'에 語末 平聲의 仄聲化 규칙이 적용된 결과이다. '측′평평'의 어말 평성은 악센트에 관한 한, 비관여적이고 잉여적이다. 고구려 멸망 이전의 텍스트에서는 일부의 단어에서만 어말 평성의 측성화가 일어났는데, 멸망 직전의 고구려어를 반영하는 지리지 텍스트에서는 훨씬 많은 단어에서 이 규칙이 적용되었다. 따라서 어말 평성의 측성화가 적용된 단어가 시간이 흐름에 따라 점점 늘어날 것이라는 우리의 예상과 정확히 일치한다. 흥미로운 결과가 아닐 수 없다.

(20) 『삼국사기』 지리지의 4음절 성조

　沙^{L}非^{L}斤^{L}乙^E 助^{D}利^{D}非^{L}西^L 省^{D}利^{D}巴^{L}利^D

『삼국사기』 지리지에 나오는 4음절의 고구려어는 위의 세 개밖에 없다. 여기에서는 4음절 단어라고 했지만 사실은 2음절짜리 단어 두 개가 복합된 것일 가능성도 있다. 일단 4음절 단어라고 가정하고 우리의 통시적 성조 변화 규칙을 적용할 수 있는지 살펴보자.

'助^{D}利^{D}非^{L}西^L'는 '○○′○○'형의 악센트 그대로이다. 이에 비하여 '沙^{L}非^{L}斤^{L}乙^E'과 '省^{D}利^{D}巴^{L}利^D'에서는 어말 평성의 측성화가 적용되었다. 어느 때에는 측성화 규칙이 적용되고 어느 때에는 적용되지 않는지는 예가 적어서 정확히 알 수 없다. 그러나 비관여적이고 잉여적인 어말 평성을 측성화하는 규칙을 4음절 단어에도 적용할 수 있다는 것만은 분명하다.

이번에는, 일본 사서에 기록된 고구려 어휘를 대상으로 그 성조형을 기술해 보기로 한다. 일본 텍스트는 『日本書紀』가 720년에, 『續日本紀』가 797년에, 『新撰姓氏錄』이 815년에 편찬되었으므로 지리지의 편찬 시기와 별로 차이가 없다. 지리지가 지명만을 수록한 데에 비하여 이 글에서 다룬 일본 자료는 인명만을 정리한 것이다. 이 점에서 두 텍스트는 상호 보완적 성격을 가진다.

(21) 일본 텍스트의 2음절 성조형

1. 평평 : (高^{L})金^{L}藏$^{L/D}$ (高^{L})千^{L}金^{L} 能^{L}妻^{L} 能^{L}韋^{L} 能^{L}劉^{L}王 曇^{L}徵^{L} (大^{D}古^{R})昂^{L}加^{L} 麻^{L}弖^{L} 毛^{L}治$^{L/D}$ 僧^{L}隆^{L} 安^{L}卿^{L}王 (安^{L})王$^{L/D}$ 成^{L}昂^{L}加^{L} 延^{L}興$^{L/D}$王 王$^{L/D}$蟲^{L}麻呂 雲^{L}聰^{L} 安^{L}人^{L} 河^{L}于^{L} 和$^{L/D}$興$^{L/D}$ (19)

2. 측측 : (高^{L})道^{R}士^{R} (高^{L})福^{E}裕^{D} 馬^{R}養$^{R/D}$ 淨^{D}日^{E} 大^{D}古^{R}(昂^{L}加^{L}) 億^{E}德^{E} 卯^{R}問^{D} 福^{E}信^{D} 碩^{E}守^{R} (安^{L})貴^{D}寶^{R} 若$^{R/E}$德^{E} 選^{R}理^{R} 俊^{D}德^{E} 許^{R}呂^{R} 使主 惠^{D}灌^{D} 好$^{R/D}$ 太^{D}王 (16)

3. 평측 : (高^{L})文^{L}信^{D} (高^{L})吳^{L}野^{R} (高^{L})莊^{L}子^{R} 多^{L}武^{R} (達^{E}沙^{L})仁^{L}德^{E} 岡^{L}上$^{R/D}$王 簀^{L} 古^{R}君 伊^{L}利^{D}(柯^{L}須^{L}彌^{L}) 桓^{L}父^{R} (9)

4. 측평 : (高^{L})助^{D}斤^{L} 達^{E}沙^{L}(仁^{L}德^{E}) 大^{D}興$^{L/D}$王 寶^{R}輪^{L}王 福^{E}嘉^{L} 富^{D}于^{L} 若$^{R/E}$光^{L} 奄^{R}鄒^{L}(王$^{L/D}$)仲^{D}文^{L} 意^{D}斯^{L} 慧^{D}慈^{L} 惠^{D}聰^{L} 惠^{D}便$^{L/D}$ (後部)乙^{E}牟^{L} (14)

위의 자료에서 볼 수 있듯이, 일본 텍스트에서는 '평측'형 성조형이 가장 적다. 이것은 고구려 멸망 이전의 텍스트와 일치하고, 지리지 텍스트와는 차이가 난다. 이것은 지리지 텍스트와는 달리 일본 텍스트가 성조 변화에 보수적임을 말해 준다.

(22) 일본 텍스트의 3음절 성조형

1. 평평평 : 師^{L}需^{L}婁^{L} 須^{L}牟^{L}祁^{L}王 (伊^{L}利^{D})柯^{L}須^{L}彌^{L} (3)
2. 측측측 : 久^{R}禮^{R}志^{D} 宴^{D}子^{R}拔^{E} (2)
3. 평측측 : 없음
4. 측평평 : 久^{R}斯^{L}祁^{L} (1)
5. 평평측 : 奴^{L}流^{L}枳^{R} (1)
6. 측측평 : 久^{R}禮^{R}波^{L} 賀^{D}取^{R}文^{L} 許^{R}利^{D}都^{L} (3)
7. 평측평 : 能^{L}致^{D}元^{L} (1)
8. 측평측 : 五^{R}田^{L}子^{R} (1)

일본 텍스트의 3음절 단어는 많지 않아서 논거로 삼기가 망설여진다. 그런데도 우리의 하강 악센트 성조설에 부합하므로 간단히 기술해 둔다. 우선, '평측측' 형이 전혀 눈에 띄지 않는다. 또한 '평측측'형의 예가 하나뿐인 데에 비하여 '측측'평'은 예가 셋이나 된다. 이 두 가지 사실은 고구려 멸망 이전의 자료와 일치한다. 4음절 단어로는 '久^{R}留^{L}川^{L}麻^{L}'와 '助^{D}有^{R}卦^{D}婁^{L}'의 두 예가 있다. 이들은 2음절 단어로 분석될 가능성이 큰데, 분석하게 되면 '평평, 측측', 측'평'의 세 성조형이 나온다. 반면에 '평측'형은 나오지 않는다. 여기에서도 상승형을 기피하는 고구려어 성조 제약을 확인할 수 있다.

다음으로, 12세기 중엽에 편찬된 『삼국사기』 텍스트로 넘어간다. 『삼국사기』는 고구려 멸망 이후 500년 가까이 지난 다음에 편찬되었지만, 이 텍스트에 기록된 고구려 어휘에서도 고구려의 성조를 확인할 수 있을지 모른다. 고구려 어휘가 가장 많이 수록된 텍스트이기 때문이다.

(23) 『삼국사기』의 2음절 성조형

1. 평평 : 加^{L}尸^{L} 優^{L}婁^{L} 仇^{L}都^{L} 丘^{L}夫^{L} 窮^{L}牟^{L} 男^{L}生^{L} 南^{L}蘇^{L} 然^{L}人^{L} 多^{L}優^{L} 檀^{L}盧^{L} 都^{L}頭^{L} 東^{L}盟^{L} 東^{L}明^{L} 東^{L}襄^{L} 東^{L}黃^{L} 琉^{L}璃^{L} 麻^{L}盧^{L} 毛^{L}屯^{L} 文^{L}咨^{L} 彌^{L}儒^{L} 扶^{L}餘^{L} 焚^{L}求^{L} 卑^{L}沙^{L} 卑^{L}奢^{L} 斯^{L}卑^{L} 思^{L}收^{L} 斯^{L}劉^{L} 斯^{L}由^{L} 仙^{L}人^{L} 消^{L}奴^{L} 蘇^{L}文^{L} 升^{L}于^{L} 安^{L}原^{L} 安^{L}臧^{L} 陽^{L}岡^{L} 陽^{L}神^{L} 陽^{L}原^{L} 襄^{L}平^{L} 餘^{L}奴^{L} 橡^{L}那^{L} 延^{L}丕^{L} 延^{L}優^{L} 嬰^{L}陽^{L} 榮^{L}留^{L} 烏^{L}沙^{L} 烏^{L}伊^{L} 溫^{L}湯^{L} 王^{L}臺^{L} 優^{L}居^{L} 于^{L}刀^{L} 崳^{L}夷^{L} 于^{L}台^{L} 優^{L}台^{L} 陰^{L}牟^{L} 提^{L}那^{L} 齊^{L}于^{L} 提^{L}奚^{L} 諸^{L}兄^{L} 朱^{L}蒙^{L} 鄒^{L}牟^{L} 鄒^{L}安^{L} 湯^{L}成^{L} 平^{L}岡^{L} 平^{L}成^{L} 平^{L}陽^{L} 平^{L}儒^{L} 含^{L}資^{L} 禾^{L}姬^{L} 桓^{L}權^{L} 桓^{L}那^{L} 丸^{L}都^{L} (71) 興$^{L/D}$安^{L} 摩^{L}離$^{L/D}$ 相$^{L/D}$加^{L} 相$^{L/D}$夫^{L}先$^{L/D}$人^{L} 長$^{L/R}$安^{L} 中$^{L/D}$牟^{L} 渾$^{L/R}$彌^{L} (79)

2. 측측 : 可$^{R/D}$汗 建^{D}武^{R} 骨^{R}句^{D} 使$^{R/D}$者^{R} 國^{R}壤^{R} 若^{R}友^{R} 褥^{E}薩^{R} 達^{E}賈^{D} 達^{E}賈^{D} 大^{D}輔^{R} 大^{D}守^{R} 大^{D}室^{E} 大^{D}祖^{R} 道^{R}薩^{R} 道^{R}解^{R} 咄^{E}固^{D} 杜^{R}魯^{D} 杜^{R}訥^{E} 豆^{D}訥^{E} 豆^{D}智^{D} 類^{D}利^{D} 莫^{D}德^{E} 慕^{D}本^{R} 木^{R}覓^{E} 木^{E}底^{R} 武^{R}骨^{E} 密^{E}友^{R} 泊^{E}灼^{E} 敎^{E}素^{R} 激^{E}錯^{E} 伯^{E}固^{D} 伯^{E}句^{D} 報^{D}德^{E} 普^{R}德^{E} 負^{R}鼎^{D} 北^{E}部^{R} 不^{E}耐^{D} 上^{R}部^{R} 象^{R}解^{R} 薛^{D}賀^{D} 素^{D}勃^{E} 少$^{R/D}$室^{E} 述^{E}脫^{E} 悉^{E}伏^{E} 悉^{E}弗^{E} 我^{R}道^{E} 鴨^{E}綠^{E} 鴨^{E}淥^{E} 預^{D}物^{E} 翳^{D}屬^{E} 五^{R}部^{E} 屋^{E}骨^{E} 屋^{E}句^{D} 屋^{E}智^{E} 右^{R}輔^{R} 鬱^{E}折^{E} 乙^{E}弗^{E} 乙^{E}素^{D} 逸^{E}苟^{D} 逸^{E}友^{R} 任^{D}武^{R} 自^{D}位^{D} 積^{E}利^{D} 助^{D}利^{D} 鳥^{R}陌^{E} 祖^{R}弗^{E} 卒^{E}本^{R} 左^{R}勿^{E} 左^{R}輔^{R}

主簿$^{R/E}$ 仲^{D}室^E 次^{D}大^D 助^{D}利^D 守^{R}吏^D 雄^{R}葛^E 託^{E}利^D 太^{D}守^R 吐^{D}捽^E 沛^D
者^R 下$^{R/D}$部^R 陜^{E}父^R 惠^{E}亮^D 后^{R}女^R (83) 國^{E}相$^{L/D}$ 正$^{L/D}$義^D 大^{D}相$^{L/D}$ 部^{R}長$^{L/R}$
相$^{L/D}$國^E 小^{R}相$^{L/D}$ 小^{R}將$^{L/D}$ 沃^{E}沮$^{L/R}$ 長$^{L/R}$屋^E 狄^{R}相$^{L/D}$ (93)

3. 평측 : 哥^{L}勿^E 開^{L}土^R 奴^{L}子^R 延^{L}壽^R 朱^{L}利^D 郊^{L}彘^D 丘^{L}德^D 南^{L}建^D 男^{L}建^D 男^L
武^R 男^{L}福^E 南^{L}部^R 男^{L}産^R 然^{L}弗^E 多^{L}勿^E 多^{L}式^E 談^{L}德^E 都^L*督^E 都^{L}切^E 都^L
祖^R 東^{L}部^R 婁^{L}豆^D 明^{L}德^E 無^{L}恤^E 文^{L}德^E 扶^{L}尉^D 卑^{L}列^E 沙^{L}勿^E 山^{L}上^R 西^{L}部^R
蘇^{L}骨^E 蕭^{L}友^R 松^{L}讓^E 神^{L}隧^E 阿^{L}道^R 安^{L}固^D 安^{L}國^E 安^{L}舜^D 安^{L}市^R 延^{L}武^R 延^L
壽^R 烏^{L}骨^E 烏^{L}拙^E 溫^{L}達^E 王^{L}儉^R 王^{L}骨^E 憂^{L}弗^E 于^{L}素^D 于^{L}漱^D 音^{L}述^E 陰^L
友^R 朝^{L}服^E 租^{L}典^R 朱^{L}理^D 巴^{L}素^D 波^{L}若^E 平^{L}壤^R 評^{L}者^R 韓^{L}始^R 胡^{L}子^R (60) 朝^L
鮮$^{L/R}$ 孫$^{L/D}$漱^D 長$^{L/R}$史^R 長$^{L/R}$壽^R 中$^{L/D}$裏^R (65)

4. 측평 : 蓋^{R}牟^L 建^{D}成^L 建^{D}安^L 闕^{D}須^L 福^{E}章^L 古^{R}辛^L 貫^{D}那^L 怪^{D}由^L 句^{D}茶^L
貴^{D}湍^L 羅^{D}雲^L 內^{D}平^L 褥^{E}奢^L 辱^{E}夷^L 儒^{D}留^L 紐^{R}由^L 答^{E}夫^L 大^{D}加^L 對^{D}盧^L
戴^{D}升^L 代^{D}音^L 大^{D}人^L 大^{D}兄^L 德^{E}男^L 德^{E}昌^L 道^{L}琳^L 突^{E}沙^L 得^{E}來^L 買^{R}溝^L 默^L
居^L 拔^{E}奇^L 發^{E}歧^L 寶^{R}延^L 寶^{R}元^L 寶^{R}臧^L 福^{E}男^L 北^{E}溟^L 北^{E}豊^L 沸^{L}流^L 薛^{E}儒^L
薛^{E}支^L 小^{R}加^L 小^{R}兄^L 遂^{L}成^L 信^{L}誠^L 晏^{D}留^L 藥^{E}盧^L 外^{D}平^L 位^{D}宮^L 尉^{D}那^L 尉^D
須^L 乙^{E}音^L 再^{D}牟^L 再^{D}思^L 再^{D}曾^L 祭^{D}須^L 助^{D}多^L 雉^{R}姬^L 解^{R}明^L 海^{L}憂^L 獻^{D}誠^L
獻^{D}忠^L 惠^{D}眞^L (63) 耿^{R}臨$^{L/D}$ 大^{D}行$^{L/D}$ 莫^{E}勤$^{L/D}$ 閔^{R}中$^{L/D}$ 尙$^{L/D}$婁^L 尙$^{L/D}$須^L 尉^D
中$^{L/D}$ (70)

(24) 성조가 두 가지인 多音字를 포함한 2음절 단어[25]

興$^{L/D}$安^L 耿^{R}臨$^{L/D}$ 朝^{L}鮮$^{L/R}$ 國^{E}相$^{L/D}$ 正$^{L/D}$義^D 大^{D}相$^{L/D}$ 大^{D}行$^{L/D}$ 摩^{L}離$^{L/D}$ 莫^E
勤$^{L/D}$ 閔^{R}中$^{L/D}$ 部^{R}長$^{L/R}$ 相$^{L/D}$國^E 相$^{L/D}$加^L 尙$^{L/D}$婁^L 相$^{L/D}$夫^L 尙$^{L/D}$須^L 先$^{L/D}$人^L
小^{R}相$^{L/D}$ 小^{R}將$^{L/D}$ 孫$^{L/D}$漱^D 沃^{E}沮$^{L/R}$ 尉^{D}中$^{L/D}$ 長$^{L/R}$史^R 長$^{L/R}$壽^R 長$^{L/R}$安^L 長$^{L/R}$
屋^E 狄^{E}相$^{L/D}$ 中$^{L/D}$裏^R 中$^{L/D}$牟^L 渾$^{L/R}$彌^L

(23)은 『삼국사기』에 나오는 2음절 단어를 성조형에 따라 분류한 것이다. 그

---

25 성조가 둘인 多音字에는 밑줄을 쳤다.

런데 2음절 단어에 성조가 두 가지인 聲調 多音字가 들어 있을 때에는 그 단어를 어느 성조형으로 분류해야 할지 갑자기 망설여진다. 하나의 예를 들어 보자. '國相, 大相, 小相' 등의 '相'은 평성과 거성의 두 가지 성조를 가진다. '相'에는 '서로 보다, 얼굴'의 뜻이 있는가 하면 '최고급 관리'의 의미도 있다. 최고급 관리의 의미일 때에는 '相'의 성조가 거성이므로 '國相, 大相, 小相' 등의 '相'은 성조가 거성이라고 확정할 수 있다. 그런데 인명 '相夫'의 '相'도 거성이냐고 물으면 답하기가 아주 어렵다. 이곳의 '相'이 '서로 보다, 얼굴'의 뜻인지 '최고급 관리'의 뜻인지 알 수 없기 때문이다. '尙'도 마찬가지이다. '尙'에는 '바라다'와 '높이다'의 두 가지 의미가 있는데, 인명 '尙須'의 '尙'이 어느 뜻으로 사용된 것인지를 물으면 역시 답하기 어렵다.

　일부의 단어 특히 차용어에서는 성조 多音字가 어느 뜻으로 사용되었는지를 짐작할 수 있으므로 성조를 확정할 수 있다. 그러나 의미와 전혀 관계가 없고 표음 기능만을 가지는 표음자에 대해 어느 의미로 사용되었는지를 묻는 것 자체가 스스로 모순이요 자가당착이다. 따라서 우리는 (24)의 '興, 臨, 鮮, 相, 正, 行, 離, 勤, 中, 長, 尙, 先, 將, 孫, 沮, 渾'와 같은 聲調 多音字가 개개의 단어에서 어느 성조로 사용된 것인지에 대해 판정을 유보한다. 유보하는 방법에는 두 가지가 있다. 첫째는 성조 다음자 '相'을 평성에도 넣고 거성에도 넣는 방법이고, 둘째는 이 '相'을 논의 대상에서 아예 제외하는 방법이다. 우리는 둘째 방법을 택한다. 『삼국사기』 텍스트는 용례가 많은 편이므로 성조 다음자를 제외하더라도 자료가 왜곡될 염려가 없기 때문이다. 이렇게 유보하면 'ㄱ평평'형이 71개(25.4%), '측측ㄱ'형이 83개(29.7%), '평측'형이 60개(21.5%), '측ㄱ평'형이 65개(23.3%)가 된다.

　개개의 단어에서 聲調 多音字가 어느 성조를 가지는지를 굳이 밝히라면 이것이 불가능한 것은 아니다. (24)에서 위의 수치 뒤쪽에 덧붙인 항목은 다음자의 성조를 일일이 추정하여 추가한 것이다.[26] 이처럼 추가하면, 'ㄱ평평'형이 79개(25.6%), '측 측ㄱ'형이 93개(30.1%), '평 측'형이 65개(21.0%), '측ㄱ평'형이 72개(23.3%)가 된다. 다음자를 제외했을 때의 네 가지 성조형의 점유 비율과 다음자

---

26 이 작업을 도와준 서울대 대학원의 김해금 양에게 이 자리를 빌려 감사의 뜻을 전한다.

를 포함했을 때의 성조형 점유 비율을 비교해 보면 큰 차이가 없다. 따라서 성조 다음자를 논의에서 제외하더라도 논지 전개에는 거의 영향을 주지 않는다.

(23)의 여러 예에서 볼 수 있듯이, 『삼국사기』 텍스트의 2음절 단어에서는 '평측'형이 가장 적다. 이것은 고구려 멸망 이전의 텍스트와 유사하고 지리지 텍스트와는 차이가 난다. 『삼국사기』 텍스트는 고구려의 건국기로부터 멸망에 이르기까지의 고유명사를 두루 망라하고 있다. 長期間의 언어를 기록했다는 점에서 『삼국사기』 텍스트는 멸망 이전의 금석문 텍스트 및 중국 사서 텍스트와 유사하다. 2음절 성조형에서 이 두 가지 텍스트가 동일한 경향을 보인 원인은 장기간의 기록이라는 공통점에서 찾을 수 있다.

반면에 고구려 말기의 지명을 기록한 지리지 텍스트는 시간적 폭이 아주 짧은 短期間의 기록이다. 지리지는 멸망 무렵의 단기적 고구려어를 기록한 텍스트이므로 語頭 仄聲의 平聲化와 語末 平聲의 仄聲化 규칙이 가장 많이 적용된 텍스트이다. 따라서 (18)에서 이미 살펴본 것처럼, 지리지 텍스트에서 '평측'형(25.4%)이 '측평'형(19.3%)보다 더 많아진 것은 당연한 결과이다.

(25) 『삼국사기』의 3음절 성조형

1. 평평평 : 扶^{L}芬^{L}奴^L 師^{L}夫^{L}仇^L 於^{L}卑^{L}留^L 溫^{L}沙^{L}門^L 伊^{L}夷^{L}摸^L (5) 從^{D}大^{D}相$^{L/D}$ (6)

2. 측측측 : 芮^{D}悉^{E}弗^E 大^{D}使$^{R/D}$者^R 大^{D}主^{R}簿$^{R/E}$ 武^{R}厲^{D}邏^D 小^{R}使$^{R/D}$者^R 首^{R}德^E 皆^R 乙^{E}豆^{D}智^D 鄒^{L}敎^{E}素^D (8)

3. 평측측 : 高^{L}句^{D}麗^D 多^{L}勿^{E}候^D 劉^{L}屋^{E}句^D 松^{L}屋^{E}句^D (4) 明^{L}治$^{L/D}$好$^{R/D}$ 先$^{L/D}$ 道^{R}解^R (6)

4. 측평평 : 蓋^{R}蘇^{L}文^L 劒^{D}牟^{L}岑^L 古^{R}鄒^{L}加^L 沸^{D}流^{L}那^L 李^{R}文^{L}眞^L 召^{D}西^{L}奴^L 於^D 支^{L}留^L 意^{D}侯^{L}奢^L (8) 莫^{D}離$^{L/D}$支^L 所^{R}夫^{L}孫$^{L/D}$ (10)

5. 평평측 : 民^{L}奴^{L}各^E (1)

6. 측측평 : 大^{D}對^{D}盧^L 大^{D}武^{R}神^L 穆^{E}度^{D}婁^L 歃^{E}矢^{R}婁^L 小^{R}獸^{D}林^L 左^{R}可^{R}盧^L 太^D 大^{D}兄^L 解^{R}色^{E}朱^L 海^{R}愛^{D}婁^L (9)

7. 평측평 : 多^{L}勿^{E}都^L 阿^{L}達^{E}兮^L 於^{L}只^{R}支^L 憂^{L}位^{D}居^L 伊^{L}弗^{E}蘭^L (5) 孫$^{L/D}$代^D 音^L (6)

8. 측평측 : 惱^{R}音^{L}信^D 墨^{E}胡^{L}子^R 乙^{E}巴^{L}素^D (3)

(26) 성조가 두 가지인 多音字를 포함한 3음절 단어

莫^{D}離$^{L/D}$支^L 明^{L}治$^{L/D}$好$^{R/D}$ 先$^{L/D}$道^{R}解^R 所^{R}夫^{L}孫$^{L/D}$ 孫$^{L/D}$代^{D}音^L 從^{D}大^{D}相$^{L/D}$

3음절 성조형에서도 성조 다음자가 포함된 (26)의 단어는 논외로 하되, 이들을 (25)에 추가하여 참고만 하기로 한다. 『삼국사기』 텍스트의 3음절 성조형에서 가장 중요한 특징은 (25.5)의 '평평측' 성조형의 예가 하나밖에 없다는 점이다. (13.5)에서 이미 보았듯이 고구려 멸망 이전의 텍스트에서 '평평측'형이 없고, (19.3)의 지리지 텍스트에서는 '평측측'형이 없다. (25.5)에서 '평평측' 성조형이 하나밖에 없다는 것은 이 공백과 일치한다. 이 일치를 통하여, 고구려의 성조가 상승 악센트가 아니라 하강 악센트를 가진다는 것을 이제는 확신할 수 있다. 또한 (25.3~4)와 (25.5~6)의 짝에서 볼 수 있듯이, '평측'의 예는 적고 '측'평'의 예는 많다. 이것도 고구려어의 하강 악센트설을 지지해 준다.

(25.3)의 '평측측'형은 '측측측'형에 비관여적 어두 측성의 평성화 규칙이 적용된 성조형이다. '평측측'형의 예가 '측측측'형보다 적다. (25.5)의 '평평측'은 '평평평'에 비관여적 어말 평성의 측성화 규칙이 적용된 성조형이다.[27] '평평측'의 예는 극히 드물어서 금석문과 중국 사서 텍스트에서는 예가 전혀 없고 『삼국사기』 텍스트에서는 단 하나의 예밖에 없다. 반면에 고구려 말기의 언어를 반영하는 지리지 텍스트에서는 예가 넷으로 늘어난다. 고구려 말기에 측성화 규칙의 적용이 확대된 결과라고 할 수 있다.

(25.7)의 '평측'평'형은 '측측'평'형에 비관여적 어두 측성의 평성화가 적용된 결과이다. 여기에서도 '측측'평'형이 '평측'평'형보다 용례가 많다. (25.8)의 '측'평측'형은 '측'평평'형에 비관여적 어말 평성의 측성화 규칙이 적용된 결과이다.

---

27 이와는 다른 해석도 있을 수 있다. '측측측'의 성조형에 잉여적 어두 측성의 평성화가 일어난 다음에, 다시 한 번 잉여적 측성의 평성화가 일어난 성조형이라고 해석할 수도 있다. 그런데 평성화가 두 번 적용된다는 것이 이상할 뿐만 아니라 결과적으로는 '어두'라는 음운론적 환경을 무시하게 된다. 따라서 이 방법을 택하지 않는다.

여기에서도 '측Ꞌ평평'형이 '측Ꞌ평측'의 용례보다 많다.

위의 여러 가지 성조형을 참고하여 原始 高句麗語에는 상승하는 굴곡은 없고 하강하는 굴곡만 있었다고 결론지을 수 있다. '평'에서 '측'으로 상승하는 성조형은 모두 고구려어의 어느 시점부터 새로 생성된 성조형이다. 이 성조형은 비관여적 어두 측성의 평성화 규칙과 비관여적 어말 평성의 측성화 규칙이 적용된 결과이다. 이 두 규칙이 장기간 적용되다 보면 성조형에서 마치 시소 변화가 일어난 것처럼 보이게 된다.

(27) 『삼국사기』의 4음절 성조형

1. 측측측측 : 上^{R}位^{D}使$^{R/D}$者^{R} 太^{D}大^{D}對^{D}盧^{L} 太^{D}大^{D}使$^{R/D}$者^{R} 太^{D}學^{E}博^{E}士^{R} (4)
2. 측측측평 : 小^{R}解^{R}昧^{D}留^{L} (1)
3. 측측평평 : 大^{D}解^{R}朱^{L}留^{L} 大^{D}莫^{D}離$^{L/D}$支^{L} (2)
4. 측평평평 : 葛^{E}盧^{L}孟^{L}光^{L} (1)
5. 평평평평 : 없음
6. 평측측평 : 中$^{L/D}$畏^{D}大^{D}夫^{L} (1)
7. 측평평측 : 乙^{E}支^{L}文^{L}德^{E} (1)
8. 평평평측 : 靑^{L}光^{L}菩^{L}薩^{E} (1)

(28) 『삼국사기』의 4음절 복합어 성조형

古^{R}鄒^{L}大^{D}加^{L}, 明^{L}臨$^{L/D}$答^{E}夫^{L}, 明^{L}臨$^{L/D}$笏^{E}覩^{R}, 位^{D}頭^{L}大^{D}兄^{L}, 再^{D}曾^{L}桀^{E}婁^{L}

하강 악센트 언어의 4음절 단어 성조형에는 이론적으로 (27.1~5)의 다섯 가지 성조형이 있을 수 있다. (27.6)의 '평측측Ꞌ평'은 '측측측Ꞌ'형에 어두 측성의 평성화가 적용된 성조형이다. 반대로, (27.7)과 (27.8)은 어말 평성의 측성화가 적용된 성조형이다. 그런데 『삼국사기』 텍스트에서는 (27.5)의 'Ꞌ평평평평' 성조형이 없다. 4음절 단어가 많지 않은 데에서 비롯된 우연한 공백일 것이다.

(27)의 다섯 가지 성조형에 넣을 수 없는 것들을 (28)에 열거했다. 이들은 대부분 2음절 단어가 연결되어 4음절 복합어가 된 것들이다. 이 점에서는 (27)의 예

들도 마찬가지이므로 (27)과 (28)의 예들은 사실상 차이가 없다. 고구려어에는 단일 형태소가 4음절로 이루어지는 예가 없는 듯하다. 5음절 단어의 일종인 '阿^L弗^E和^{L/D}度^D加^L'도 사실은 두 형태의 복합일 것이다. 따라서 고구려어에서 악센트 이론을 4음절 이상의 단어에 적용하는 것은 무리이다.

음절별 성조형에 대한 기술을 끝내면서 한 가지 덧붙여 둘 것이 있다. (15)와 (16)의 성조 변화 규칙이 3음절보다 2음절에서 더 많이 적용된다는 점이다. 2음절의 '평측'형은 두 가지 변화로 생성된다. '측측¹'형에 어두 측성의 평성화가 적용된 것일 수도 있고, '¹평평'에 어말 평성의 측성화가 적용된 것일 수도 있다. 생성 방법이 두 가지이므로 2음절의 '평측'형은 그 예가 적지 않다. 반면에 3음절의 '평측¹평', '측¹평측', '¹평평측' 등의 성조형은 생성 방법이 각각 하나뿐이다. 2음절에서는 雙方的 생성이 가능하므로 '평측'의 예가 아주 많지만, 3음절에서는 一方的 생성만이 가능하므로 '평측'의 예가 아주 적다. 2음절과 3음절 단어의 '평측'형에는 이러한 차이가 있다.

지금까지 고구려어의 음절별 성조형을 기술해 보았다. 텍스트별로 나누어 정리한 용례 수치를 종합하면 다음과 같다.

(29) 고구려어 2음절 성조형 용례 종합

성조형 \ 텍스트	멸망 이전	지리	일본	삼국사기	합계 (%)
평평 (LL)	46	30	19	71	166 (27.9)
측측 (HH)	32	33	16	83	164 (27.6)
평측 (LH)	26	29	9	60	124 (20.8)
측평 (HL)	42	22	14	63	141 (23.7)
합계	146	114	58	277	595

여기에서 '평측'형의 용례가 가장 적다는 것이 다시 확인된다. 이것의 점유 비율은 20.8%인데, 이것은 산술적 평균인 25%보다 4.2% 낮은 수치이다. 따라서 고구려어에서는 상승형 굴곡을 기피한다고 말할 수 있다.

(30) 고구려어 3음절 성조형 용례 종합

성조형＼텍스트	멸망 이전	지리	일본	삼국사기	합계 (%)
평평평 (LLL)	4	5	3	5	17 (14.0)
측측측 (HHH)	6	5	2	8	21 (17.3)
평측측 (LHH)	3	0	0	4	7 (5.8)
측평평 (HLL)	9	2	1	8	20 (16.5)
평평측 (LLH)	0	4	1	1	6 (5.0)
측측평 (HHL)	4	6	3	9	22 (18.2)
평측평 (LHL)	3	4	1	5	13 (10.7)
측평측 (HLH)	5	6	1	3	15 (12.4)
합계	34	32	12	43	121

이 상승형 기피 현상은 3음절에서 더욱 두드러진다. '평측측'과 '평평측'의 상승형은 점유 비율이 10.8%(5.8%+5.0%)에 불과하지만, '측'평평'과 '측측'평'의 하강형은 34.7%(16.5% +18.2%)에 달한다. 용례 수에서 3배 이상 차이가 난다. 이것은 고구려 성조가 상승형이 아니라 하강형 악센트형임을 단적으로 증명해 준다.

이 성조형 종합에서 원시 고구려어의 성조형인 ''평평평'(14.0%), '측측측''(17.3%), '측'평평'(16.5%), '측측'평'(18.2%) 등의 점유 비율이 성조 변동 규칙이 적용된 '평측'평'(10.7%), '측'평측'(12.4%) 등의 점유 비율보다 항상 높다. 이것도 우리의 하강 악센트 가설을 지지해 준다.

4.7. 고구려어 성조 종합

고구려어 전체 표음자 중에서 자주 사용되는 표음자를 중심으로 대표성과 체계성을 갖춘 대표자 세트를 작성할 수 있다. 하나는 100자 세트이고 다른 하나는 152자 세트이다.

그런데 이 대표자 중에서 유사 음절이라 할 수 있는 것들을 모아 보면 대개는 음가가 서로 다르다. 여기에서 고구려 대표자가 음가 차이를 반영한다는 가설을 세울 수 있다. 성조에서만 차이가 나고 여타의 음운론적 요소는 모두 동일한 성조 최소대립 쌍이 모두 33쌍이다. 여기에다, 음가 차이를 성조로도 기술할 수도 있고 여타의 음운론적 요소로도 기술할 수 있는 37쌍을 더할 수 있다. 이 70쌍의 성조 대립 쌍을 논거로 삼아 고구려어에 성조 대립이 있었다는 가설을 세울 수 있다.

전체 70쌍 중에서 58쌍(27쌍+31쌍) 즉 전체의 82.9%가 平聲과 仄聲의 대립이었다. 仄聲에는 거성을 비롯하여 상성과 입성이 두루 포함된다. 平聲은 낮은 음조이고 仄聲은 높은 음조이다. 따라서 고구려어 성조 체계는 낮은 음조의 평성과 높은 음조의 측성이 대립하는 고저 평판 악센트 체계(level-pitch accent system)이다.

그런데 異表記 관계에 있는 두 항목의 성조를 대비해 보았더니 대략 61.8%의 항목에서 성조가 일치한다. 중요한 것은 시기를 거슬러 올라갈수록 일치율이 높아진다는 점이다. 고구려 멸망 이전의 텍스트에서 이표기 관계가 성립하는 것만 찾아봤더니 여섯 쌍이고, 이 여섯 쌍에서 모두 성조가 일치했다. 이것을 논거로 삼아 고구려어에 성조 대립이 있었다는 가설을 세울 수 있다.

고구려어의 음절별 성조형은 전형적인 악센트 언어의 성조형을 보여 준다. 原始 高句麗語에는 기본적으로 상승 악센트는 없고 하강 악센트만 있다. 고구려 멸망 이전의 텍스트에서는 3음절 단어에서 '평평측'의 성조형이 없고, 『삼국사기』 지리지 텍스트에서는 '평측측'의 성조형이 없다. 이 공백은 원시 고구려어가 상승 악센트 언어가 아니라 하강 악센트 언어였음을 말해 준다.

그런데 고구려의 어느 시점에서 비관여적이고 잉여적인 어두 측성을 평성으로 바꾸는 변화가 일어났다. 악센트 언어에서는 '측측'과 '측측˥·측측˥평'의 어두 측성은 비관여적이고 잉여적인 측성이다. 따라서 이 측성을 평성화하는 규칙을 적용하면 이들 성조형이 각각 '평측˥'과 '평측측˥·평측˥평'의 성조형으로 바뀌게 된다. 2음절 단어에서는 비교적 이른 시기에 잉여적 語頭 仄聲의 平聲化가 일어난 데에 비하여 3음절 단어에서는 상대적으로 늦은 시기에 일어났다.

語末에서는 반대의 변화가 일어났다. 2음절의 '평평'과 3음절의 '측˥평평·˥평평'의 성조형에서 비관여적이고 잉여적인 語末 平聲을 仄聲化하는 변화가 일어났다. 그리하여 이들 성조형은 각각 '˥평측'과 '측˥평측·˥평평측'으로 바뀌게 된다. 語頭 仄聲의 平聲化와 語末 平聲의 仄聲化를 종합하여, 고구려어 성조에서 어두가 낮아지고 어말이 높아지는 시소 변화가 일어났다고 할 수 있다.

위의 여러 가지가 고구려어 어휘에서 모두 실증된다. 첫째, 성조에서만 차이가 나는 최소대립 쌍이 다수 발견된다. 둘째, 이 성조 대립은 낮은 음인 平聲과 높은 음인 仄聲이 대립하는 체계이다. 따라서 고구려어의 성조소는 평성과 측성의 둘이다. 셋째, 원시 고구려어는 상승을 회피하고 하강을 선호하는 하강 악센트 언어이다. 넷째, 이 하강 악센트 언어에서 비관여적이고 잉여적인 어두 측성을 평성으로 바꾸고, 비관여적이고 잉여적인 어말 평성을 측성으로 바꾸는 통시적 변화가 일어났다. 이들을 모두 종합하여 "고구려어가 성조 언어였다"고 결론지을 수 있다.

이 가설은『鷄林類事』의 高麗方言이 성조 언어였을 가능성을 제시한 권재선 (1974), 金完鎭(1991), 權仁瀚(1991), 김성규(2004) 등과 일맥상통한다. 이 高麗方言은 고려의 수도였던 開城 지역의 언어라고 보아야 하는데, 이 지역은『삼국사기』지리지에서 '本高句麗'라고 했던 지역에 속하기 때문이다.

4.8. 예상되는 반론에 대한 재반론

고구려어의 성조 언어설을 제창할 때에 피할 수 없는 반론 하나가 우리를 기다리고 있다. 漢語의 성조로 고구려어를 분석했기 때문에 고구려어도 덩달아서 성조를 가졌던 것처럼 보일 수밖에 없다는 반론이다. 이 반론은 고구려어가 비성조 언어임을 전제하는데, 이 반론을 일반화하면 "성조 언어의 문자로 기록된 非聲調 언어는 항상 성조를 가지게 된다"는 주장과 같다. 이 반론을 원론적 반론이라 지칭하기로 한다. 그런데 원론적 반론은 그럴 듯하지만, 경험적으로 검증된 借用 이론인지 의문이다.

우리는 위의 원론적 반론에 대해 경험적 논거를 들어 다음과 같이 재반론을 제기한다.

첫째, 한어 중고음의 聲調素는 平·上·去·入의 四聲 체계인 데에 비하여 고구려어에서는 平聲과 仄聲의 二聲 체계이다. 이처럼 성조소에서 차이가 나기 때문에 고구려어의 성조가 한어의 성조를 그대로 수용한 것이라고 할 수가 없다. 上·去·入聲을 하나의 성조소 즉 仄聲으로 인식하는 대체 수용 과정이 있었으므로 한어의 성조를 원래의 調値 그대로 수용한 것이 아니다.

이처럼 대체 수용이 일어난 원인은 어디에 있을까? 차용 음운론에서 항상 강조하듯이, 수용언어(target language)에 없는 기점언어(source language)의 음운론적 특징은 수용언어의 음운체계나 음운규칙을 좇아서 변형되거나 대체된다. 이에 따라 한어의 四聲이 고구려어에서 평성과 측성으로 변형되어 수용된 것이다. 따라서 이 대체 수용의 원인은 근본적으로 고구려어 내부에 있다. 고구려어에서 음의 높낮이가 음운론적 기능을 담당했고 높낮이가 높은 것과 낮은 것의 둘밖에 인식되지 않았으므로 한어의 四聲을 平聲과 仄聲의 둘로 수용한 것이다. 위의 원론적 반론은 이 대체 수용을 전혀 고려하지 않고 있다.

둘째, 널리 알려져 있듯이 한어의 성조는 굴곡 성조 체계(contour-tone register system)인 데에 비하여, 고구려어의 성조는 중세 한국어의 성조와 더불어 평판 악센트 체계(level-pitch accent system)이다. 한어의 성조로 고구려어를 분석했기 때문에 고구려어도 마치 성조를 가지고 있는 것처럼 나타나는 것이라면 고구려어가 한어처럼 굴곡 성조 체계로 나타나야 한다. 그런데 고구려어의 성조는 평판 악센트 체계이므로 위의 반론은 정교한 것이라고 할 수 없다. 원론적 반론에 불과할 가능성이 크다. 한어가 1음절 고립어인 데에 비하여, 한국어를 비롯한 알타이 제어는 다음절 교착어라는 차이가 있다. 굴곡 성조 체계와 평판 악센트 체계의 차이는 바로 이 차이에서 비롯된다.

셋째, 원론적 반론에 따르면 음절별 성조형의 점유 비율이 일정하게 나타나야 한다. 3음절 단어를 예로 들어 보자. 3음절 단어의 성조형에는 '평평평, 측측측, 평측측, 측측평, 평평측, 측측평, 평측평, 측평측'의 8가지가 있다. 원론적으로 이 8가지가 점유하는 비율은 각각 12.5%이다. 그런데 (30)에 정리한 것처럼, 상승 굴곡형인 '평측측'과 '평평측'형의 점유 비율은 각각 5.8%와 5.0%에 지나지 않지만, 하강 굴곡형인 '측¹평평'과 '측측¹평'의 점유 비율은 각각 16.5%와 18.2%나 된다. 상승형의 점유 비율이 10.8%이고 하강형이 34.7%이므로 세 배 이상 차이가 난다. 이 차이는 원론적 반론으로는 기술할 수 없다.

넷째, 우리의 악센트 기술에 따르면, 고구려어의 3음절 성조형에 기본적으로 '평평평, 측'평평, 측측'평, 측측측''의 4가지 성조형이 있다. 성조 변동 규칙이 後代에 새로 발생하여 '측측측''에서 '평측측''이, '평평평'에서 '평평측''이, '측측'평'에서 '평측'평'이, '측'평평'에서 '측'평측'이 각각 생성된다. 상승형 성조형이 새로 생성되기 이전의 언어에서, 즉 原始 高句麗語에서 4가지 성조형이 점유하는 비율을 정리해 보자. '평평평'과 '평평측'의 'ᄀ○○○' 악센트 점유 비율은 19.0%, '측'평평'과 '측'평측'의 '○ᄀ○○' 악센트는 28.9%, '측측'평'과 '평측'평'의 '○○ᄀ○' 악센트는 28.9%, '측측측''과 '평측측''의 '○○○ᄀ' 악센트는 23.1%이다. 원시 고구려어에서는 3음절 악센트의 점유 비율이 '○ᄀ○○ ≧ ○○ᄀ○ ＞○○○ᄀ ＞ ᄀ○○○'의 순서를 보인다. 이 순서는 매우 규칙적이다. 악센트가 첫째 음절 뒤에, 둘째 음절 뒤에, 셋째 음절 뒤에 오는 순서로 점유 비율이 낮아진다. 점유 비율이 가장 낮은 것은 첫째 음절 앞에 악센트가 오는 성조형이다. 이 순서를 원론적 반론에서는 기술할 수도 없고 예측할 수도 없다. 첫째 음절의 앞에 악센트가 온 'ᄀ○○○'은 흔히 pre-accent라고 부르는데, 이 악센트를 인정할 것인지 여부를 두고 학자들의 견해가 갈린다(Ramsey 1978). 논란의 대상이었던 것처럼, 'ᄀ○○○' 성조형의 점유 비율이 고구려어에서는 가장 낮다.

결국, 한어의 성조로 기록되었기 때문에 고구려어에 성조가 있는 것처럼 보일 뿐이라는 반론은 원론적 반론에 지나지 않는다. 이 원론적 반론이 성립하는 것은 고구려어의 성조 대립 쌍을 확인할 때로 한정된다. 한어의 성조를 사용하여 기록한 단어의 수가 늘어나면 늘어날수록 성조 대립 쌍도 덩달아서 늘어날 수밖에 없다. 이것만을 논거로 삼아 고구려어가 성조 언어라고 했다면, 원론적 반론이 주장하듯이 고구려어를 성조 언어라고 말할 수가 없다.

그러나 우리는 고구려어의 성조 대립 쌍만을 확인한 것이 아니다. 첫째로 고구려어 異表記에서의 성조 일치 현상을 지적했고, 둘째로 음절별 성조형의 편중 현상을 정리했으며, 셋째로 편중 현상에서 예상되는 공시적/통시적 성조 변동 규칙을 설정하였다. 위의 원론적 반론은 이 세 가지 핵심적 기술에 대한 반론이 아니라, 성조 최소대립 쌍에 대한 반론에 불과하다.

우리의 계량적 논의에는 平聲과 仄聲의 점유 비율이 각각 1/2이라는 전제가 숨겨져 있다. 이제, 이 전제가 옳다는 것을 고구려어 표음자를 대상으로 논증하기로 한다.

『廣韻』에 수록된 二萬千餘 자의 성조를 일일이 조사하여 平聲과 仄聲의 점유 비율을 정확히 제시해야 하지만 이것은 현실적으로 불가능하다. 따라서 中文出版社에서 1982년에 출판한 『大宋重修廣韻』에서의 수록 분량만을 참고하기로 한다. 이 책에서는 陽平과 陰平의 平聲이 212쪽 분량(40.3%)이고, 上·去·入聲의 仄聲이 314쪽 분량(59.7%)이다. 따라서 平聲의 점유 비율은 대략 40%이고 仄聲은 60%라고 할 수 있다.

그런데 이것은 『廣韻』이 편찬된 宋代의 상황이고 고구려의 상황이 아니다. 결론부터 말하면, 고구려 표음자에서는 평성과 측성의 점유 비율이 각각 50% 즉 1/2 정도이다.

고구려어 표음자 중에서 신빙성이 높은 것은 앞에서도 지적했듯이 고구려 멸망 이전의 금석문과 중국 사서에 기록된 340자이다. 이들의 성조를 일일이 달아 보면 다음과 같다. '°'는 100자 세트에, 'º'는 152자 세트에, '†'는 340자 세트에 들어감을 뜻한다.

(31) 고구려 멸망 이전 텍스트의 표음자(340자) 성조

ㄱ: °加^L º賈^D º河^L †下$^{R/D}$ °各^E °閣^E °學^E †幹^D º韓^L °漢^D º葛^E °含^L °岡^L °盖^D
°居^L °建^D °獻^D †險^R †賢^L †竟^D °兄^L °桂^D °惠^D °古^R °高^L º固^D °好$^{R/D}$ †渾$^{L/R}$
°骨^E °忽^E °果^R º和$^{L/D}$ °郭^E º貫^D †灌^D º丸^L °桓^L †活^E †卦^D †灰^L †九^R °仇^L
°句^D °溝^L °丘^L †求^L †垢^R †臼^R †苟^R º久^R †侯^L º候^D †後^R °國^E º軍^L †群^L º宮^L
†近$^{R/D}$ º紀^E †錦^R °其^L °奇^L °改^R °開^L †奚^L º客^E (66)

ㄴ: °那^L °南^L °男^L †耐^D º奴^L †農^L °內^D †若$^{R/E}$ †壤^R †穰^L º如^L °然^L †冉^R †芮^D †僎^L
†褥^E º儒^L †閏^D º爾^R †而^L °人^L (21)

ㄷ: °多^L º旦^D °達^E †幢^L º湯^L °大^D °太^D °長$^{L/R}$ °德^E †旦^R †底^R †典^R †琢^R †天^L
†提^L †帝^D †道^R †賭^R °都^L †土^R °吐^D †敦^L º冬^L °東^L †董^R †通^L °朝^L †蔦$^{R/D}$ °頭^L
°豆^D †斗^R °中$^{L/D}$ †得^E †騰^L °地^D †鎭^D †對^D †戴^D †帶^D †台^L (40)

ㄹ: º羅^L °郎^L †樂^E †量$^{L/D}$ º麗^D †廣^D †閭^L †連^L †璉^R °列^E †領^R º盧^L °綠^E †淥^E †遼^L

†龍^L º妻^L †淒^R º劉^L º留^L º流^L º琉^L †栗^E º利^D º離$^{L/D}$ †裏^R †璃^L †來^L (28)

ㅁ: º馬^R º莫$^{D/E}$ †蔓^L †末^E †賣^D º盟^L º明^L †佯^L º牟^L º模^L º木^E º蒙^L º武^R º文^L †物^E
†未^D º彌^L †尾^R º密^E º買^R º寐^D º貊^E (22)

ㅂ: †巴^L †博^E †駁^E †渤^E º拔^E †八^E †方^L †浿^D †沛^D º伐^E †卞^D º平^L †評^L †普^R º夫^L
º扶^L º部^R †簿$^{R/E}$ º富^D †傅^D º北^E †芬^L †不^E º弗^E †豊^L º卑^L º比^D †毖^D †沸^D †碑^L
†排^L †俳^L º伯^E/泊^E (33)

ㅅ: º沙^L º山^L †産^R º散$^{R/D}$ †薩^E †三^R †彡^L º舍^D º奢^L º上$^{R/D}$ º相$^{L/D}$ º西^L †栖^L †書^L
†析^E †先$^{L/D}$ †鮮$^{L/R}$ †仙^L º成^L º誠^L †掃$^{R/D}$ º蘇^L º孫$^{L/D}$ º小^R †昭^L †消^L †釧^L †屬^E
º須^L †壽^R †蕭^E º漱^D º遂^D º隧^D º順^D º述^E †升^L †愼^D º悉^E †使$^{R/D}$ º斯^L †士^R
º史^R †司^L †事^D †式^E †息^E º生^L (48)

ㅇ: º阿^L º安^L †謁^E †鴨^E º也^R º耶^L †陽^L º於^L †余^L º餘^L †涓^L º延^L †永^R †榮^L †嬰^L
†濊^D †穢^D †翳^D º烏^L †五^R †奧^D †沃^E †王$^{L/D}$ †外^D º容^L †于^L †嵎^L º優^L º雲^L †鬱^E
º元^L º原^L †位^D †有^R †遊^L º乙^E º衣^D º意^D º伊^L º夷^L †壹^E †翼^E (42)

ㅈ: †灼^E †笮^E †殘^E †雜^E †藏$^{L/D}$ †臟^L º者^R †將$^{L/D}$ †沮$^{L/R}$ †處$^{R/D}$ †前^L †千^L †切^E º折^E
†絶^E º靑^L †祚^D †皀^R †拙^E †捽^E º左^L †諸^L †從^D º主^L º朱^L º鄒^L †雛^L †就^E †增^L
º支^L †芝^L †眞^L †輯^E º子^R º咨^L º次^D º慈^L †資^L †訾^L †刺^D (40)

이것을 대상으로 통계를 낼 때에 '長$^{L/R}$, 下$^{R/D}$'와 같은 多聲調字를 어떻게 처리할 것인지가 역시 문제가 된다. 첫째로는 '長$^{L/R}$, 下$^{R/D}$'와 같은 다성조자를 통계에서 일괄적으로 제외하는 방법이 있다. 둘째로는 '長$^{L/R}$'과 '下$^{R/D}$'를 각각 '長^L, 長^R'과 '下^R, 下^D'의 둘로 나누어 각각 상성과 거성에 분입하는 방법이 있다. 여기에서는 두 가지 방법으로 계산한 수치를 모두 들어 둔다. 그런데 평성과 측성의 이분법에서는 '長$^{L/R}$'과 '下$^{R/D}$'의 분입 방법을 구별해야 한다. '長^L'과 '長^R'은 평성과 측성이므로 둘로 나누어 분입하지만 '下^R'과 '下^D'는 둘 다 측성이므로 하나의 용례로 계산해야 한다. 이런 방식으로 성조소의 점유 비율을 계산해 보면 다음과 같다.

(32) 고구려 멸망 이전 표음자(340자)의 성조소 점유 비율

성조 \ 용례	다음자 제외(%)	다음자 분입(%)	다음자 제외(%)	다음자 분입(%)
평성(L)	141 (44.5)	155 (42.0)	141 (44.5)	155 (42.0)
상성(R)	52 (16.4)	67 (18.2)		
거성(D)	64 (20.2)	84 (22.8)	176 (55.5)	214 (58.0)
입성(E)	60 (18.9)	63 (17.1)		
	317	369	317	369

위의 점유 비율을 보면 어느 방식으로 계산하든 고구려어 표음자의 平聲 점유 비율이 『廣韻』의 평성 점유 비율보다 높다. 이것은 모집단의 크기가 작아질수록 平聲의 점유 비율이 높아진다는 것을 함의한다. 이 점을 고려하여 고구려어 표음자의 대표성을 갖춘 152자와 100자를 대상으로 성조소의 점유 비율을 각각 계산해 보았다.

(33) 고구려 대표자 152자의 성조소 점유 비율

성조 \ 용례		다음자 제외 (%)		다음자 분입 (%)	
평성(L)		73 (52.9)		82 (49.4)	
상성(R)	측성	18 (13.0)	65 (47.1)	22 (13.3)	84 (50.6)
거성(D)		25 (18.1)		38 (22.9)	
입성(E)		22 (15.9)		24 (14.5)	
		138		166	

고구려 대표자 152자 세트에서는 다음자를 제외하면 평성과 측성의 점유 비율이 각각 52.9%와 47.1%이고, 다음자를 분입하면 각각 49.4%와 50.6%이다. 즉 평성과 측성의 점유 비율이 각각 1/2에 근접한다.

고구려 대표자 100자 세트에서는 다음자를 제외하면 평성과 측성의 점유 비율이 각각 57.1%와 42.9%이고, 다음자를 분입하면 각각 51.8%와 48.2%이다. 100자 세트에서는 다음자를 제외하면 평성의 점유 비율이 크게 높아진다. 이것은 일정량 이상의 표음자가 확보되어야만 평성과 측성의 점유 비율이 1/2에 근접한다는 것을 말해 준다.

(34) 고구려 대표자 100자의 성조소 점유 비율

성조 \ 용례		다음자 제외 (%)		다음자 분입 (%)	
평성(L)		52 (57.1)		57 (51.8)	
상성(R)	측성	13 (14.3)	39 (42.9)	17 (15.5)	53 (48.2)
거성(D)		13 (14.3)		21 (19.1)	
입성(E)		13 (15.3)		15 (13.6)	
		91		110	

위의 논의를 종합하면 모집단이 작아질수록 평성의 점유 비율은 점점 높아지고 측성의 점유 비율은 낮아진다. 특히 고구려 대표자 152자에서는 다음자를 제외하든 분입하든 평성과 측성의 점유 비율이 각각 1/2에 가깝다. 특히 다음자를 분입하면 평성의 점유율이 49.4%이고 측성의 점유율이 50.6%이다. 1/2에 가장 가까워진다. 반면에 100자 세트에서 다음자를 제외하면 평성과 측성의 점유 비율이 각각 57.1%와 42.9%가 되어 1/2에서 멀어지므로 이 방법을 택하면 안 된다. 100자 세트를 채택할 때에는 다음자를 분입해야만 그 비율이 각각 51.8%와 48.2%가 되어 그나마 1/2에 가까워진다.

결론적으로, 고구려어에서 평성과 측성의 점유 비율이 각각 1/2이라고 전제했던 것은 아무런 문제가 없다. 152자 세트에서 다음자를 분입할 때가 평성과 측성의 점유 비율이 1/2에 가장 가깝다. 따라서 152자 세트가 고구려어 표음자를 대표한다고 하면 평성과 측성의 점유 비율에서 크게 문제될 것이 없다. 이처럼 처리하면 평성과 측성이 각각 1/2이라는 우리의 전제를 충족할 수 있다.

여기에서 152자 세트가 고구려어 음운론 기술에서 가장 표준적이고도 가장 적합한 표음자 세트임이 드러난다. 따라서 고구려어, 백제어, 신라어의 표기법을 상호 대비할 때에는 150자 정도의 표음자를 기준으로 삼는 것이 가장 합리적이라고 추론할 수 있다.

5. 子音

3章에서 고구려 대표자 100자와 152자에 드는 음절을 대상으로 삼아, 음절별로 음운 분석을 실시한 바 있다. 3章과 4章에서 볼 수 있듯이, 韻素의 일종인 聲調를 논의할 때에는 이 분석 방법이 아주 효과적이다. 그러나 音素를 분석할 때에는 이 방법이 비체계적이고 비효율적이므로 새로운 분석 방법을 개발할 필요가 있다. 이제, 고구려어 표음자를 대상으로 삼아 새로운 방법으로 음소를 설정해 보기로 한다. 3장의 논의 결과를 정리해 가면서, 고구려어의 자음 음소를 어떻게 설정하는지 그 방법론을 구체적으로 제시할 것이다.

본격적인 논의에 들어가기 전에 고구려어 음절구조의 특징 하나를 먼저 지적해 둔다. '기, 니, 누, 디, 바, 시, 자' 등의 음절이 얼른 눈에 띄지 않는다. 이들은 자음에 /*a, *i, *u/ 등의 기본모음이 결합된 것이므로 가장 기본적인 음절이다. 그런데도 이들 음절이 고구려 대표자에 포함되지 않았다. 고구려어만의 특징일지 백제어나 신라어에서도 공통되는 특징일지 궁금해진다. 만약에 이 특징이 삼국의 언어에서 공통된다면 이것은 한어 중고음의 특수성에서 비롯되었을 가능성이 크다.

5.1. 음절말 자음

고구려어에 음절말 자음 즉 CVC의 '-C'가 있었는지의 여부는 매우 중요한 연구 대상이다. 이것을 논의할 때에 고구려어 전체 표음자를 대상으로 분석할 것인가 멸망 이전에 기록된 340자 세트를 사용할 것인가를 결정해야 한다. 백제어를 논의할 때에는 각 텍스트별로 나누어 분석했지만[1] 고구려어에서는 표음자의 신뢰도가 높은 340자를 택하여 음절말 자음을 논의하기로 한다. 고구려어 전체 표음자 중에는 음가를 알 수 없는 것도 포함되어 있고 논의 대상에서 제외해야 하지만 논의의 편의를 위하여 일부러 포함한 표음자도 있다. 또한 고구려어의 자음체계나 모음체계를 재구할 때에도 멸망 이전의 표음자를 기준으로 하므로 논의의 균질성을 확보하기 위해서도 340자 세트를 사용하는 것이 바람직하다. 그리하여 고구려어에 음절말 자음이 있었는지 그 여부를 논의하기로 하되, 음절말 자음 상호 간의 음운대립에 대한 논의는 6장 7절의 '자음 운미의 음운대립'으로 미룬다.

먼저, 4章의 (31)에 정리한 멸망 이전의 340자 세트에서 CVC 음절을 모두 뽑아 보면 다음과 같다.

(1) 고구려어의 입성운미자와 양성운미자 목록 (340자 기준)

1. /*-p/ : 鴨 雜 輯 (3)
2. /*-t/ : 葛 骨 達 列 栗 末 物 密 渤 拔 伐 弗 不* 薩 述 悉 謁 鬱 乙 壹 切 折
   絶 拙 捽 八 忽 活 紇 (29)
3. /*-k/ : 各 閣 客 郭 國 若* 褥 傉 德 得 樂* 綠 淥 莫* 木 貊 博 駮 簿*北伯
   /泊 析 屬 蕭 息 式 沃 翼 灼 筰 學 (31)
4. /*-m/ : 錦 南 男 冄 三 彡 含 險 (8)
5. /*-n/ : 幹 建 涓 貫 灌 軍 群 近 然 閩 人 旦 瑑 典 敦 鎭 連 璉 蔓 文 卞 芬 産
   散 山 鮮 先 仙 孫 順 愼 安 延 雲 元 原 殘 前 眞 千 天 漢 韓 獻 賢 渾 桓 丸 (48)

---

1 이승재(2013나: 151)의 표 (23)을 참고하기 바란다.

6. /*-ŋ/ : 罡 岡 竟 宮 農 壤 穰 幢 長 冬 東 董 中 騰 郎 量 領 龍 盟 明 蒙 方 相 上 誠 成 升 生 陽 永 榮 嬰 王 容 藏 臧 將 從 增 靑 湯 通 平 評 豊 兄 (45)

이 340자 중에서 韻尾의 유무로 多音字가 된 것이 5자이다.[2] 따라서 운미를 가지는 글자들의 점유 비율을 계산할 때에는 전체 모집단이 345자인 것으로 계산한다. 이것을 340/345자라고 표기하기로 한다.

(1)에 정리한 것처럼, 이 중에서 입성운미 /*-p/를 가지는 것이 3자이고, 양성운미 /*-m/을 가지는 것이 8자이다. 그렇다면 전체 모집단 340/345자에서 입성운미 /*-p/는 3/345 즉 0.9% 정도를 점유하고, 양성운미 /*-m/은 8/345 즉 2.3% 정도를 점유한다. 이와 같은 방식으로 모든 입성운미자와 양성운미자의 점유 비율을 계산해 보면 다음과 같다.

(2) 고구려 운미자의 점유 비율, 모집단 340/345자[3]

언어 \ 운미	−p	−t	−k	−m	−n	−ŋ
고구려 표음자 340/345자	0.9% (3)	8.4% (29)	9.0% (31)	2.3% (8)	13.9% (48)	13.0% (45)
	18.3% (63)			29.3% (101)		
	47.5% (164)					
한국 중세음 평균 9,622자	2.3% (217)	5.2% (504)	10.4% (997)	5.1% (490)	15.5% (1492)	16.5% (1583)
	17.9% (1718)			37.1% (3565)		
	54.9% (5,283/9,622)					

위와 같은 운미자의 점유 비율을 적극적으로 활용한 연구로는 森博達(1985)가 있다. 森博達(1985)는『三國志』魏書倭人傳에 나오는 표음자 중에서 운미가 있는 표음자의 비율을 계산하여, 당시의 일본어에 閉音節이 존재하지 않았을 가능성이 크다고 했다. 이와 관련하여『古事記』나『日本書紀』에 수록된 歌謠의 用字에

---

2 (1)에서는 이 5자의 오른쪽 어깨에 '*'를 달아 표시하였다.
3 이 표에 제시한 점유 비율은 백제어 표음자 694(702)자를 대상으로 조사한 것과 거의 같다(이승재 2013나: 149). 고구려어의 /*-t/ 점유 비율이 8.5%인 데에 비하여, 백제어의 비율은 5.8%이다. 이것이 가장 큰 차이이고 나머지는 모두 1.4% 미만의 차이이다.

서 /*-p, *-t, *-k/ 운미를 가지는 것을 찾아보기 바란다. 아마도 한참을 찾아도 찾을 수 없을 것이다. 이 점에서 森博達(1985)의 논의는 정확하다. 반면에, 고구려어나 백제어 항목에서 /*-p, *-t, *-k/ 운미를 가지는 표음자를 찾아보면 금방 찾을 수 있다. (2)의 고구려어 표음자 340/345자 세트에서는 18.3%의 점유 비율이고 백제어의 694자 세트에서는 19.1%의 점유 비율이다(이승재 2013나: 149). 그런데도 류렬(1990: 179~185), 엄익상(2015: 345) 등은 이들을 무시하고 7세기 말엽까지 폐음절이 없었다고 했다.

이 점유 비율이 어떤 의미를 가지는지를 논의하려면 비교 집단이 필요하다. 이 비교 집단으로는 (2)의 아래쪽에 덧붙인 것처럼 한국 중세 한자음을 택한다.[4] 한국 중세음은 음절말 자음을 가지고 있는 대표적인 한자음이기 때문이다.

고구려어 표음자의 점유 비율을 한국 중세음의 평균 점유율과 대비해 보면 큰 차이가 없음을 알 수 있다. 고구려어의 입성운미자가 차지하는 비율은 18.3%인데에 비하여 중세한자음에서의 비율은 17.9%이므로, 거의 차이가 없다. 이것으로 미루어 말한다면 한국 중세음에 '-ㅂ, -ㄹ, -ㄱ' 등의 음절말 자음이 있듯이, 고구려어에도 /*-p, *-t, *-k/ 등의 음절말 자음이 있었다고 보아야 한다. 고구려어의 양성운미자가 차지하는 비율은 29.3%인 데에 비하여 한국 중세음의 점유 비율은 37.1%이다. 여기에서는 고구려어의 점유 비율이 아주 낮지만, 그렇다고 하여 고구려어에 음절말 자음 /*-m, *-n, *-ŋ/ 등이 없었다고 말할 수 없다. 한국 중세음과 마찬가지로 고구려어 표음자에서도 이들 음절말 자음이 있었다고 보는 것이 합리적이다.

고구려어 표음자를 152자 세트로 한정했을 때에도 이 결론이 맞는지 확인하기로 한다.

(3) 고구려 입성운미자와 양성운미자 목록 (152/155자 기준)
  1. /*-p/ : (0)
  2. /*-t/ : 葛 骨 忽 紇 達 列 密 拔 伐 弗 薩 述 悉 乙 折 (15)
  3. /*-k/ : 國 客 若* 德 莫* 木 貊 北* 伯/泊 (9)

4 이 수치를 어떻게 구했는지는 이승재(2013나: 134~6)에서 자세하게 서술한 바 있다.

4. /*−m/ : 南 男 (2)

5. /*−n/ : 漢 韓 建 獻 貫 桓 丸 軍 人 旦 文 山 先 孫 安 延 雲 原 元 (19)

6. /*−ŋ/ : 岡 兄 宮 湯 長 東 冬 中 明 平 相 上 成 生 陽 王 將 靑 (18)

(4) 입성운미자와 양성운미자의 점유 비율 (전체 모집단 152/155자)

언어 \ 운미	−p	−t	−k	−m	−n	−ŋ
고구려 표음자 152/155자	0.0% (0)	9.7% (15)	5.8% (9)	1.3% (2)	12.2% (19)	11.6% (18)
	15.5% (24)			25.2% (39)		
	40.6% (63)					

　전체 모집단이 340/345자일 때의 자음 운미자 점유 비율 47.5%가 152/155 자일 때에는 40.6%로 줄어들었다. 전체적으로 운미자의 비율이 줄었으므로, 340/345자 모집단의 입성운미자 점유 비율 18.3%가 152/155자 모집단에서 15.5%로 줄어든 것은 매우 자연스럽다. 마찬가지로, 양성운미자의 점유 비율이 29.3%에서 25.2%로 4% 이상 줄어든 것도 아주 자연스럽다. 모집단이 작아질수 록 입성운미자보다는 양성운미자의 점유 비율이 큰 폭으로 낮아진다는 점이 눈 에 띌 뿐이다.

　이러한 미세한 차이가 있기는 하지만, 152/155자 세트에서도 여전히 입성운미 자의 점유 비율이 15.5%나 되고, 양성운미자의 비율이 25.2%나 된다는 사실이 중 요하다. 이 정도의 수치라면 음절말 자음 /*−p, *−t, *−k/와 /*−m, *−n, *−ŋ/ 가 고구려어에 있었다고 보아야 할 것이다.

(5) 고구려 입성운미자와 양성운미자 목록 (100/103자 기준)

　/*−p/ : (0)

　/*−t/ : 骨 忽 達 列 伐 弗 薩 乙 (8)

　/*−k/ : 國 若* 德 莫* 木 北* 伯/泊 (7)

　/*−m/ : 南 男 (2)

　/*−n/ : 漢 建 桓 人 文 安 延 雲 原 元 (10)

272

/*-ŋ/ : 岡 兄 長 東 中 明 平 相 上 成 陽 王 將 (13)

(6) 입성운미자와 양성운미자의 점유 비율 (전체 모집단 100/103자)

언어 \ 운미	-p	-t	-k	-m	-n	-ŋ
고구려 표음자 100/103자	0.0% (0)	7.8% (8)	6.8% (7)	1.9% (2)	9.7% (10)	12.6% (13)
	14.6% (15)			24.3% (25)		
	38.8% (40)					

위의 자료는 고구려 대표자 100자를 대상으로 운미자 목록과 그 점유 비율을 정리한 것이다. 대표자 100자를 대상으로 했을 때에는 자음 운미자 전체의 점유 비율이 38.8%이다. 152/155자 모집단일 때의 40.6%보다 약간 낮아졌다. 340/345자 모집단의 운미자 점유 비율 47.5%가 이처럼 낮아진 것은 대표자를 줄이는 과정에서 폐음절 문자가 개음절 문자보다 훨씬 많이 제외되었기 때문이다. 폐음절이 개음절에 비하여 사용 빈도가 낮다는 것은 언어 보편적인 현상이므로 이처럼 점유 비율이 낮아진 것은 자연스러운 결과이다.

고구려 대표자에서는 (3)과 (5)에서 볼 수 있듯이 음절말 자음 /*-p/의 예가 눈에 띄지 않는다. 이것은 /*-p/를 가지는 한자가 한어에서 극히 소수라는 데에 그 원인이 있다.[5] 고구려 대표자에서는 음절말 자음 /*-m/의 예도 '南'과 '男'밖에 없다. 그러나 이것을 고구려어 음절구조의 특징이라고 할 수는 없다. 백제어 표음자 694/702자의 모집단에서는 /*-p/와 /*-m/의 점유 비율이 각각 2.4%와 4.6%였다(이승재 2013나: 149). 이것과의 대비를 위하여 고구려어의 모집단을 690/697자로 늘리면 /*-p/와 /*-m/의 점유 비율이 각각 1.8%와 4.6%가 되므로, 백제어와 고구려어 상호 간에 거의 차이가 없다. 물론 고구려어 표음자의 모집단을 340/345자, 152/155자, 100/103자 등으로 줄이면, /*-p/와 /*-m/의

---

5 여기에서는 잠정적으로 음절말 자음 /*-p/가 고구려어에 있는 것처럼 기술하지만, 6장 7절의 '자음 운미의 음운대립'에서 볼 수 있듯이, 음절말 자음 /*-p/가 여타의 음절말 자음과 음운론적으로 대립하는 쌍을 고구려 표음자에서는 찾을 수 없다. 따라서 /*-p/를 고구려어 음절말 자음에서 제외하게 되는데, 그 근본적인 원인이 /*-p/를 가지는 고구려어 표음자가 희소하다는 데에 있다.

점유 비율이 점점 더 줄어든다. 그러나 이 비율 저하가 특이한 현상은 아니다.

　고구려의 운미자와 관련하여 오히려 주목해야 할 것은 /*-t/의 점유 비율이 한국 중세음보다 높다는 점이다. (2)에 볼 수 있듯이, 고구려어 표음자와 한국 중세음의 점유율에서 가장 크게 차이가 나는 것은 /*-t/이다. 340/345자 모집단의 /*-t/에서는 고구려 표음자가 한국 중세음보다 3.2% 높은 비율이다. 152/155자와 100/103자 모집단에서는 각각 4.5%와 2.6%가 더 높다.

　이것을 음운론적으로 해석하는 일은 그다지 어렵지 않다. 고구려어 표음자의 /*-t/에는 閉鎖音의 /*-t/뿐만 아니라 流音 /*-l/이나 /*-r/이 모두 포괄되기 때문이다. 고구려어 어휘에는 음절말 자음으로 /*-l/이나 /*-r/을 가진 것도 있었을 것이다. 그런데 한자음으로는 이것을 표기할 방법이 없다. 전기 중고음에는 폐쇄음 /*-t/가 있지만 유음 /*-l/이나 /*-r/이 없기 때문이다. 반면에 고구려 고유어에 /*-l/이나 /*-r/이 있었고, 이것을 한자로 표기하기 어려워서 입성운미자 /*-t/를 가지는 표음자로 이 /*-l/이나 /*-r/을 표기했을 가능성이 크다. 따라서 고구려어에서 아무리 적어도 2.6%~4.5% 정도의 비율로 /*-l/이나 /*-r/을 가지는 음절이 있었다고 보아야 할 것이다. 다만, 음절말 위치에서 /*-l/과 /*-r/이 서로 구별되었는지는 확인할 길이 없다.

　고대 한국어에 음절말 자음이 없었고, 따라서 韻尾를 가지는 표음자가 사용되었다 하더라도 그 운미는 고대어 재구의 대상에서 제외해야 한다는 견해가 있다. 예컨대, 안병호(1984: 40)는 운미를 정확하게 발음하지 않더라도 의사소통에 지장이 없었다고 했다. 이에 따르면 음절말 자음을 따로 거론할 필요가 없다. 이와 비슷하면서도 약간 다른 견해로는 류렬(1990: 179~185)이 있다. 그는 6~8세기에 /-m, -n, -l, -k, -p/ 등이 형성되기 시작하고, /-ŋ/은 9~10세기에, /-t, -ts, -s, -h/ 등은 10~12세기에 형성되었다고 하면서, 그 이전에는 음절말 자음이 없다고 했다.

　고구려어에 관한 한 우리는 음절말 자음이 분명히 있었다고 본다. 그 대표적인 예는 『삼국사기』 지리지에서 {高, 山}의 의미를 가지는 '達', {城}의 의미를 가지는 '忽', {谷}의 의미를 가지는 '旦, 頓, 呑' 등이다. 卷第37에서 이들을 뽑아 보면 다음과 같다.

(7) 『삼국사기』 지리지 권제37의 '達'[6]

  1. 達乙省縣〉高烽

  2. 高木根縣一云達乙斬

  3. 功木達 一云熊閃山

  4. 僧山縣一云所勿達

(8) 『삼국사기』 지리지 권제37의 '忽'

  1. 買忽一云水城

  2. 臂城郡一云馬忽

  3. 津臨城縣一云烏阿忽

  4. 水谷城縣一云買旦忽

  5. 冬音忽一云豉鹽城

  6. 內米忽一云池城

  7. 漢城郡一云漢忽一云乃忽

  8. 母城郡一云也次忽

  9. 淺城郡一云比烈忽

 10. 迠城郡一云加阿忽

(9) 『삼국사기』 지리지 卷第37의 '旦, 頓, 呑'

  1. 水谷城縣一云買旦忽

  2. 十谷縣一云德頓忽

  3. 㞢谷縣一云首乙呑

  4. 於支呑一云翼谷

  5. 習比谷一作呑

  우리는 '達', '忽', '旦, 頓, 呑' 등을 각각 /*dat～*dal/, /*hot～*hol/, /*tan～

---

6 실선 '＿'으로 밑줄을 그은 것은 음독하고 점선 '…'으로 그은 것은 훈독한다. 이하 같다.

*ton~*tʰən/으로 재구하고, 음절말 자음 /*-t~*-l/과 /*-n/이 고구려어에 있었다고 본다. 2章의 (11)에서 이미 논의한 것처럼 위의 (7.1)과 (7.2)의 '達乙'은 신라 표기법인 末音添記에 오염된 표기이다. 이때의 '-乙'은 신라어 표기에서 음절말의 /*-l/을 표기하기 때문에 고구려어의 '達'을 /*dat/보다는 /*dal/로 읽어야 함을 말해 주는 결정적인 자료가 된다. (8)의 '忽'은 '骨'이나 '溝婁'에 대응하는 고구려어이다.[7] 여기에서도 '忽'을 /*hot/보다는 /*hol/로 읽는 것이 좋을 것이다. (9)의 '谷'은 일본어에서 /tani/로 훈독하므로, 고구려어의 '旦, 頓, 呑' 등이 음절말 자음 /*n/을 가졌으리라 추정할 수 있다.

그런데도 고대어에서 음절말 자음의 존재를 부정하는 견해가 적지 않다. 이들은 다음의 예를 그 논거로 든다.

(10) 음절말 자음을 부정할 때의 논거

  1. 述尒忽縣一云首泥忽

  2. 首知縣一云新知

  3. 今達一云薪達一云息達

  4. 于烏縣一云郁烏

  5. 何瑟羅州一云河西良

  6. 翼峴縣一云伊文縣

  7. 道臨縣一云助乙浦

  8. 波旦縣[8]一云波豐

  9. 悉直郡一云史直

  (10)의 예들은 두 가지로 나뉜다. 첫째는 한 곳에서는 韻尾 즉 음절말 자음이 표기되었지만 다른 한 곳에서는 운미가 없는 異表記 쌍이다. '述≒首', '首≒新', '于≒郁', '瑟≒西', '羅≒良', '翼≒伊', '悉≒史'[9] 등이 이에 속한다. 둘째는 서로 다

---

7 이에 대해서는 뒤에서 재론한다.

8 '旦'을 '且'로 판독하기도 한다.

9 이들의 '≒'는 異表記 관계임을 나타낸다.

른 음절말 자음을 가지고 있어서 신빙하기 어려운 이표기 쌍이다. '薪늑息', '臨늑乙', '旦늑豐' 등이 그 예이다. 이러한 쌍에서 서로 달리 표기된 것을 可變的 표음자라고 하면, 고구려어에 음절말 자음이 없었다는 주장은 이 가변적 표기에 그 기반을 두고 있다.

그런데 우리는 거꾸로 (10.1)의 '忽=忽', (10.3)의 '達=達', (10.9)의 '直=直'에 주목한다. 이처럼 이표기 쌍에서 변하지 않는 것을 固定的 표음자라고 하자. 두 가지 이표기 쌍이 있을 때에, 고정적이고 일관된 표음자가 가장 신뢰도가 높다는 것은 두말할 필요가 없다. 그런데 신뢰도가 높은 고정적 표음자는 애써 외면하고 왜 항상 가변적 표음자를 증거로 앞세우는 것일까? 이것은 균형 잡힌 태도가 아니다. '忽, 達, 直' 등의 고정적 표음자는 한어 중고음에서 韻尾를 가지고 있고 고구려어에 음절말 자음이 있었음을 말해 주는 긍정적 증거이므로, 이것을 해독에 적극적으로 반영해야 한다. 지리지 권제37의 이표기 쌍에서 이런 예를 더 찾아보면 '滿若縣一云沔兮'의 '滿늑沔'과 '助攬郡一云才攬'의 '攬=攬'이 나온다. 적어도 5개의 이표기 쌍에서 음절말 자음을 표기한 글자가 서로 일치한다.

이보다 더 귀중한 자료가 있다. 고구려어를 신라 표기법의 일종인 말음첨기로 표기한 예들이다. 신라의 말음첨기자는 고구려어에 음절말 자음이 있었음을 증명해 주는 결정적인 증거가 된다.

(11) 신라의 말음첨기로 기록된 고구려 지명

1. 鐵圓郡一云毛乙冬非
2. 若只頭耴縣一云朔頭, 若豆耴縣[10]
3. 仇乙峴一云屈遷
4. 文峴縣一云斤尸波兮 (이상, 『삼국사기』 권제 37)

이 이표기 쌍에서 '鐵늑毛乙', '若只늑朔늑若', '仇乙늑屈', '文늑斤尸'의 대응이 성립한다. 이 중에서 '-乙, -只, -尸' 등은 위에서 이미 논의한 것처럼 신라의

---

10 '若豆耴縣'은 권제35에 나온다.

말음첨기법으로 사용된 표음자이다. 이들의 고구려어 표음자 '鐵, 屈'이 /*-l/을 가지고, '朔'과 '若'이 /*-k/를 가진다고 보아야만 이 대응관계를 합리적으로 기술할 수 있다. 따라서 고구려어에 음절말 자음 /*-l/과 /*-k/가 있었음을 확신할 수 있다.

한편, 일부에서는 훈독자 중에 음절말 자음을 가지는 것도 중요한 증거가 된다고 주장한다. '加火押, 屈火郡, 伊火兮縣' 등의 '火'가 '블'로 훈독되어 음독자 '伐'에 대응하고, '阿珍押縣, 伊珍買縣, 于珍也郡, 平珍波衣, 付珍伊' 등의 '珍'이 '돌/들'로 훈독되어 음독자 '突'에 대응한다고 한다. 그러나 고구려어 자료로 한정하면 '火≒伐'이나 '珍≒突'의 이표기 쌍을 찾을 수 없다. 이러한 대응 짝은 모두 신라어 자료에서만 확인될 뿐이고, 고구려어 자료에서는 확인되지 않는다. 우리는 삼국의 언어를 따로따로 나누어 기술하는 방법을 택하므로, 고구려어의 음절말 자음 /*-l/이 있었다는 논거에서 '火≒伐'과 '珍≒突'의 이표기 쌍을 제외한다.

위의 여러 이표기 쌍에서 확인되는 고구려어 음절말 자음을 정리해 보면 다음과 같다. 첫째, /*-l/은 '忽=忽, 達=達, 鐵≒毛乙, 仇乙≒屈, 文≒斤尸' 등의 5쌍에서 확인된다. 둘째, /*-n/은 {谷}에 대응하는 '旦, 頓, 呑' 등에서 확인된다. 셋째, /*-m/은 '滿≒沔'과 '攬=攬'의 이표기 쌍에서 확인된다. 고구려 인명 '男生≒南生'의 이표기 쌍에서도 /*-m/이 확인된다. 넷째, /*-k/는 '直=直'과 '若只≒朔≒若'에서 확인된다. 그렇다면 『삼국사기』 권제37에서 확인되지 않는 음절말 자음은 /*-p/와 /*-ŋ/의 두 가지이다. 그러나 이들도 고구려어 음절말 자음에 넣을 수 있을 것이다.

권제37에 나오는 고구려 지명 중에서 음절말 자음 /*-p/를 가졌으리라 추정할 수 있는 지명은 '鴨綠, 所邑豆縣, 甲比古次, 及伐山郡, 習比谷' 등이다. 이 중에서 '甲比, 及伐, 習比'의 '甲, 及, 習'은 음절말 자음을 가지는 용례에서 제외하는 것이 안전하다. 바로 뒤에 양순자음을 가지는 표음자 '比, 伐, 比'가 오기 때문이다. 따라서 '鴨綠'과 '所邑豆縣'의 '鴨'과 '邑'만을 /*-p/의 논거로 삼는다. '鴨'은 여러 텍스트에 두루 나오는 표음자로서 동요되지 않고 항상 '鴨'으로 표기가 고정된다. '邑'은 음절말 자음 /*-p/를 표기하는 대표적인 표음자이지만, '乙, 尸, 音' 등과 더불어 신라 표기법의 영향을 받았을 가능성이 크다. '邑'의 용례를 고구려 멸망 이전의 기록에서는 찾을 수 없고 지리지 텍스트에서 비로소 그 용례인 '所邑豆縣'이 나타나기 때문이다. 그렇다면 고구려어에 음절말 자음 /*-p/가 있었음을 알려 주는 표음자는 '鴨' 하나뿐이다. 그런데 이 '鴨'이 여타의 음절말 자음과 최소대립을 이루는 쌍이 없다. 이에 따라 6장의 7절에서는 고구려어의 음절말 자음 /*-p/를 부정할 것이다.

음절말 자음 /*-ŋ/의 존재를 부정하는 견해에서는 '朱蒙'이 '鄒牟, 中牟, 仲牟, 都牟' 등으로 표기되는 가변적 표음자를 논거로 든다.[11] 그러나 우리는 가변적 표기보다는 고정적 표기를 더 중시한다. 고구려 인명 '男生≒南生'의 이표기 쌍에서 '生'은 항상 고정된다. 이 고정적 표음자를 논거로 삼아 고구려어에 음절말 자음 /*-ŋ/이 있었다고 추정한다. 6장의 7절에서 다시 논의하겠지만, 고구려어의 음절말 위치에서 /*-ŋ/과 /-n/의 최소대립 쌍을 찾을 수 있고, /*-ŋ/과 /-m/의 최소대립 쌍도 찾을 수 있다.

그런데 한어 중고음의 입성운미 /*-t/는 한국 중세음에서 항상 '-ㄹ'로 반영된다. 이 변화가 왜 일어났는지, 언제 일어났는지에 대해서는 학자들의 견해가 일치하지 않는다. 우리는 이에 대한 견해를 이미 밝힌 바 있다(Lee SeungJae 2014). 古代語에 '-ㄹ'로 끝나는 음절이 많은 데에 비하여 '-ㄷ'으로 끝나는 음절이 많지 않다는 점을 /*-t > *-l/ 변화의 동기라고 했다. 결국은 유추가 적용되어 중고음의 입성운미 /*-t/가 /*-l/로 바뀌는 변화가 일어났고, 이것은 한국어 내부에서 일어난 변화라고 했다.

뿐만 아니라 新羅 木簡 자료를 논거로 삼아 이 변화는 7세기 중엽 이후에 일어난 것으로 보았다.

(12) 咸安 城山山城 목간의 穀名 '차'과 '原'
1. [··· ■■村以■차石 >] (咸安 城山山城 53)
2. [··· 只伐支原石   ] (咸安 城山山城 195)

---

11 『삼국사기』 지리지 권제37에 나오는 '冬斯肹, 冬音奈縣, 冬音忽, 冬忽, 冬斯忽' 등의 '冬'은 앞에서 이미 논의한 것처럼 신라 표기법의 영향을 받은 표기이므로 /*-ŋ/의 논거에서 '冬'을 제외한다.

咸安 城山山城 53호 목간과 195호 목간에 위의 '夲'과 '原'이 나온다. 그런데 荷札木簡의 일반적 기록 순서에 따르면, 이 두 글자가 오는 자리는 '지명 # 인명 # 곡명 # 단위명사'의 곡명 자리이다. '夲'과 '原'이 곡명의 일종이라니, 얼른 믿기지 않을 것이다. 그러나 이 둘의 훈(새김)이 '믿'으로 공통되고 이것이 일본어의 /moto/에 대응한다. 여러 목간 자료에 '米, 麥, 大豆' 등이 나오지만 '밀'(小麥)은 나오지 않는다. 따라서 (12)의 '夲'과 '原'이 곡명 '밀'에 대응한다고 할 수 있다. '夲'과 '原'의 훈은 '믿'이므로, '믿'이 후대에 '밀'로 변했다고 본다. 성산산성 목간은 신라 목간의 일종으로서 6세기 중엽에 기록되었다는 것이 통설이므로, 신라에서는 이때까지 /*-t 〉*-l/의 변화가 일어나지 않았다고 할 수 있다. 즉 목간의 '夲'과 '原'은 '믿'으로 읽는다.

그런데 이 곡물은 원산지가 중앙아시아이므로 서북방으로부터 한반도로 유입된 곡물이다. 7세기 중엽 이후의 신라 한자음에서 /*-t 〉*-l/의 변화가 일어남에 따라 이 변화에 휩쓸려 곡명 '믿'도 '밀'로 바뀌었다고 본다. 곡명 '믿'이 한자음처럼 차용어로 인식되어 '밀'로 바뀌었지만, '低'나 '下'를 뜻하는 고유어 '믿/밑'은 이 변화에 휩쓸리지 않았다.[12]

위의 논의는 신라어에 해당하는 것이므로 고구려어에 바로 대입할 수 없다. 고구려어의 음운체계와 표기법이 적용된 표기만을 대상으로 /*-t 〉*-l/ 변화의 여부를 논의해야 하기 때문이다.

朴炳采(1971: 12)은 고구려어에서 '口'를 뜻하는 단어가 '忽次'와 '古次'의 두 가지로 표기되므로 이 이표기 쌍에서 '/*-t 〉*-l/'의 변화를 확인할 수 있다고 했다. 그러나 엄익상(2015: 340)가 지적한 바 있듯이 '忽次'의 '忽'을 /*kot/ 또는 /*hot/으로 보는 것이 더 타당하다. 뒤에 오는 '次'의 성모가 淸母 [*tsʰ]이므로 '忽'의 운미가 /*-l/이라기보다 /*-t/였을 가능성이 더 크기 때문이다. 따라서 '忽次'와 '古次'는 '/*-t 〉*-l/'의 변화를 확인해 주는 자료가 아니다. 이것보다는 '屑夫婁城本肖利巴利城'에서 '屑'과 '肖利'가 대응하는 예가 이 변화를 확인해 주는 좋은 예이다(鄭光 2011: 440~1).

---

12 이에 대한 더 자세한 내용은 Lee SeungJae(2014)를 참고하기 바란다.

박병채(1971: 12)의 논의를 비판하면서도 결과적으로는 그대로 수용하여, 엄익상(2015: 342)는 "고구려와 신라 지명의 어미로 사용되었던 '忽'과 '伐'이 7세기 이전의 고대한자음에서 운미 -l로 읽혔다"고 했다. '忽'을 음차 표기로 보고 {城}을 훈차 표기로 보는 것에는 누구나 동의한다. 그런데, {城}의 훈을 '고을 〉 골'이라 한 데에 문제가 있다. {城}의 신라어 훈은 '잣'이지 '고을'이 아니다. 신라 향가인 彗星歌에 '遊鳥隱 城叱兮良 望良古'가 나오는데 이곳의 '城叱'을 향가 해독자들이 모두 '잣'으로 읽고 있다. '고을'에 대응하는 한자는 남방 韓系語에서 '城'이 아니라 '邑'이나 '評'이다. 고대 일본에서는 郡縣을 뜻하는 '評'을 'コボリ'로 읽는다. 이것은 백제어를 차용한 것이라고 하며 중세 한국어의 '스ᄀᆞᄫᆞᆯ'(鄕)의 'ᄀᆞᄫᆞᆯ'에 대응하는 것 같다. '마을'에 대응하는 한자는 '村'이다. 이처럼 '城, 邑, 郡, 評, 鄕, 村' 등의 의미 차이에도 주의해야 하는데, 그렇지 않을 때가 많다.

그런데 '城'에 대한 신라어 훈이 '잣'이라면, 고구려어의 훈이 '고을'이라고 할 수 있지 않을까? 삼국의 언어를 별개로 나누어 기술할 때에는 '城'을 뜻하는 고구려어가 신라어와 서로 다를 수 있다.

이제 '城'을 뜻하는 고구려어를 논증하기로 한다. 朱蒙이 고구려의 도읍으로 삼은 곳은 '忽本(광개토대왕비), 訖升骨城(위서), 卒本(사기, 유사)' 등으로 다양하게 표기된다. 이 세 지명이 같은 곳을 지칭하므로 '訖升骨城'의 '升'을 '本'의 착오라고 볼 수 있다(田中俊明 1995). 이 견해에 따르면 '忽本≒訖本≒卒本'의 이표기 관계가 성립한다. 그런데 이때에는 '訖本骨城'의 '骨'이 무엇인가 하는 의문이 남는다. '骨'이 {城}을 뜻하는 고구려어임은 뜻밖에도 顚倒字에서 확인된다. 2장의 2절에서 제시한 중국 사서 텍스트의 (8.207)에 '丸骨都'(삼국)가 나오는데, 여기에서 顚倒字를 바로잡으면 '丸都骨'이 된다. 이 '丸都骨'이 다른 곳에서는 '丸都城'으로 표기되므로 '骨'이 {城}을 의미하는 고구려어였다고 할 수 있다. 이 '骨'은 6장의 (101)에서 다시 논의할 '溝婁'와 동일한 단어이다. 즉 이 두 고구려어는 {城}을 의미한다고 할 수 있다. 중국 사서에서는 '訖本骨' 전체를 고유명사라고 오인하여 그 뒤에 '城'을 또 붙인 듯하다. 그렇다면, 고구려어에서 {城}을 뜻하는 단어로 '溝婁'뿐만 아니라 '骨'도 있었고, 여기에서 '忽≒骨≒溝婁'의 이표기 관계가 성립한다.

(13) '骨, 溝, 婁'의 음가와 용례

1. 骨[見合1入魂]=골 {丸骨都(삼국), 紇升骨城/紇斗骨城(위서, 주서, 북사, 사), 骨蘇(주서), 蘇骨(주서, 북사, 사), 烏骨(천남생, 지리, 구당, 당서), 骨乃斤縣, 骨衣內縣, 骨尸押(지리), 骨句川, 武骨, 烏骨城, 屋骨, 王骨嶺(사)}

2. 溝[見中1平侯]=구^L {幘溝婁(삼국, 양서), 溝漊(삼국), 溝婁(양서)}

3. 婁[來中1平侯]=루$^{L/R}$ {위의 (13.2)의 예뿐만 아니라, 아주 용례가 많음}

'忽'의 한어 중고음 음가는 [曉合1入魂]이므로 우리의 음가 재구에서는 /*hot/ 또는 /*hol/ 정도로 추정되고, '骨'은 [見合1入魂]이므로 /*kot/ 또는 /*kol/로 추정된다. 3.2.9의 '골/홀' 음절에서 이미 논의한 대로, 이 두 표음자는 성모의 최소 대립 쌍이다. '骨'의 용례는 3세기 후반의 『삼국지』로부터 시작하여 후대의 여러 텍스트에서도 두루 확인된다. 반면에 '忽'의 용례는 3章의 (9.2)에서 볼 수 있듯이, 멸망 이전의 용례는 광개토대왕비의 '忽本'뿐이고 나머지는 모두 지리지 텍스트 이후에만 나온다. '骨'과 '忽'에 한정한다면, 이것은 '骨 > 忽'의 통시적 변화가 있었음을 의미한다. 요컨대, 見母 /*k/가 曉母 /*h/로 약화되는 변화가 있었을 것이다.

그런데 음절말 자음과 관련하여 중요한 것은 '骨'과 '溝婁'가 이표기 관계라는 점이다. '溝婁'는 '婁'가 來母字이므로 /*kulu/ 정도의 음가이지 /*kutu/가 아니다. 이것을 감안하면 '骨'이 /*kot/을 표기한 것이 아니라 /*kol/을 표기한 것이라고 할 수 있다. 따라서 이것을 논거로 삼아 한어 중고음의 입성운미 /*-t/가 고구려어에서 /*-l/로 변화했다고 주장할 수 있다.

이때에는 이 변화가 언제 일어났는지를 물어야 한다. (13)의 여러 용례에 따르면 그 시기가 『삼국지』가 편찬된 3세기 후반으로 거슬러 올라간다. '骨'뿐만 아니라 '溝婁'가 동시에 『삼국지』에 기록되었기 때문이다. 이처럼 이른 시기에 /*-t > *-l/의 변화가 고구려어에서 독자적으로 일어났다고 믿을 수 있을까? /*-t > *-l/의 변화가 3세기 후반의 고구려어에서 일어났다는 것은 믿기가 어렵다. 이 시기는 한어 상고음에서 중고음으로 전이하는 시기인데, 이때에 이미 입성운미가 약화되어 다른 음가로 변했다는 학설이 제기된 바 없기 때문이다.[13]

변화의 시기가 문제가 될 뿐만 아니라 표기법의 특수성도 감안할 필요가 있다. 표기법의 관점에서 말한다면, 고구려어 /*kol/과 /*kulu/를 각각 '骨'과 '溝婁'로 표기한 것은 확실하다. /*kulu/를 '溝婁'로 표기한 것은 해석 방법이 한 가지뿐이다. 그러나 /*kol/을 '骨'로 표기한 것은 두 가지 해석이 가능하다. 한자를 빌려 고구려어의 단어를 표기할 때에는 음절말 자음 /*-l/을 한어 중고음으로 정확하게 표기할 방법이 사실은 없다. 한어 중고음에는 음가가 /*-l/인 운미가 없기 때문이다. 따라서 고구려어의 /*-l/을 표기할 때에는 대체 표기를 활용하는 수밖에 없다.[14]

대체 표기의 첫째 방법은 /*kol/에 모음을 덧붙여 2음절로 표기하는 방법이다. '溝婁'가 바로 이 대체 표기를 실증해 준다. 둘째 방법은 1음절을 그대로 유지하면서 고구려어의 음절말 자음 /*-l/을 입성운미 /*-t/로 대체하여 표기하는 방법이다.[15] 이 대체 표기를 '骨'이 실증해 준다. 이 해석에 따르면, {城}의 의미를 가지는 /*kol/을 '骨'로 표기한 것은 고구려어 한자음에서 /*-t 〉*-l/의 변화가 있었음을 증명해 주는 자료가 아니다. 고구려어의 /*kol/을 표기할 방법이 없어서 임시방편으로 /*kot/의 음가를 가지는 '骨'로 표기했을 뿐이다. 우리는 이 해석을 좇아서 한어 중고음의 입성운미 /*-t/가 고구려어에서 /*-l/로 바뀌는 변화가 없었다고 본다.

이와는 다른 해석도 가능하다. 고구려어 '骨'은 음가가 /*kot/이었고 '溝婁'는 /*kulu/였다는 해석이다. 이때에는 중세 한국어의 'ㄷ'변칙 동사 '걷-'(步)이나 '싣-'(載) 등을 참고하게 된다. 이들 동사는 뒤에 모음이 오면 'ㄷ'이 'ㄹ'로 바뀌고 자음이 오면 'ㄷ'을 유지한다. 고구려어에서 {城}을 뜻하는 단어도 이와

---

13 有坂秀世(1957/80)은 한국 중세음은 /*-t 〉*-l/의 변화를 반영하므로 그 모태가 宋代의 開封音이라 했다. 그런데 羅常培(1933)에 따르면 이미 8~9세기의 서북방언에서 입성운미의 약화·탈락이 일어났으므로 이 모태설은 옳지 않다. 그렇더라도 /*-t 〉*-l/의 변화 시기를 3세기로 끌어올린 논의가 아직은 없다.

14 突厥語의 '-r, -l'을 표기하기 위해서 舌內入聲字를 사용한 예가 돌궐비문에도 나온다(宋基中 1995가)

15 현대 한국어에서 'bat, cut, foot, good, shoot' 등을 차용할 때에 /뱃, 컷, 풋, 굿, 슛/ 등으로 차용한다. 이때에도 한국어의 음운체계나 음운규칙에 맞추어 영어의 /-t, -d/를 /-s/로 대체하여 차용한다. 이에 비하여 고구려어에서는 고구려어의 음운체계나 음운규칙에 맞추어 漢語의 /*-t/를 /*-l/로 대체하여 차용했다.

같아서, 고구려어 /*kot/을 '骨'의 한자음으로 표기하고, 모음이 덧붙은 고구려어 /*kulu/를 '溝婁'로 표기하게 되었다고 해석할 수 있다.[16] 이 해석에서도 한어 중고음의 /*-t/가 고구려어 표음자에서 /*-l/로 바뀌는 변화가 없었다고 할 수 있다.

결론적으로, 우리는 중고음의 입성운미 /*-t/가 고구려어 표기에서는 /*-t/뿐만 아니라 /*-l/도 표기했다고 결론짓는다. 그러나 입성운미 /*-t/가 고구려어의 /*-l/을 표기할 때가 있다고 하여 고구려어 한자음에서 /*-t 〉*-l/의 변화가 있었다고 보지는 않는다. 이때의 입성운미 /*-t/는 단순히 표기법상으로 /*-l/을 대체한 것에 불과하다. 즉 /*-t 〉*-l/의 언어 변화가 있었던 것이 아니다.

5.2. 음절별 음운 분석에서의 聲母 목록

고구려어에 어떤 자음 음소가 있었을까? 이들 음소 상호 간에 어떤 유기적 관계가 있었을까? 이것은 매우 중요한 연구 과제이다. 백제어에서는 무성자음과 유성자음의 음운대립이 성립했고, 일부의 유기자음이 백제 말기에 새로 생겨났으며, 치조음과 구개음이 변별되었다(이승재 2013나). 고구려어에서도 역시 그러했는지 논의하기로 한다.

漢語 中古音의 성모는 적게는 36개, 많게는 42개로 나뉘는데, 우리는 42개 성모 분류를(이토 지유키 2011) 따르고 있다. 36~42개의 자음 음소를 가지는 언어는 아주 드물다. 언어 보편성에 따르면 어느 언어든 20개 안팎의 자음을 가지는 것이 보통이다.[17] 그렇다면 42개 성모 중에서 대략 반 정도는 變異音에 지나지 않고 나머지 반 정도만 音素의 자격을 가진다고 할 수 있다. 이때, 어느 성모가 변이음이고 어느 성모가 음소인지를 밝힐 수 있다면 고구려어의 자음 목록이 자

---

16 그런데 이 해석에는 (11.1)의 이표기 쌍 '鐵〜毛乙'과 (11.3)의 이표기 쌍 '仇乙〜屈'이 다시 문제가 된다. 이들의 '鐵'과 '屈'은 음절말 자음 /*-t/를 가진다고 하기보다는 /*-l/을 가진다고 하는 것이 자연스럽기 때문이다.

17 모음의 종류가 많으면 자음의 종류가 줄어들고, 모음의 종류가 적으면 자음의 종류가 많아진다.

동적으로 결정된다.

3章의 음절별 음운 분석에서 이미 우리는 변이음을 음소에 편입하여 기술한 바 있다. 따라서 3章에서 거론한 내용 중에서 聲母와 관련된 것을 종합해 가면서 이들 상호 간의 유기적 관계를 파악해 보기로 한다.

(14) 음절별 성모의 음운대립 종합

성모 ＼ 성조	평성	상성	거성	입성	음절
1 아후음 — 見母 /*k/	°加		°賈		가/하
1 아후음 — 曉母·匣母 /*h/	°河				
2 아후음 — 見母 /*k/			°建		건/헌
2 아후음 — 曉母 /*h/			°獻		
3 아후음 — 曉母·匣母 /*h/			°惠		계/혜
3 아후음 — 見母 /*k/			†桂		
4 아후음 — 見母 /*k/	°高豪	°古模	°固模		고/호
4 아후음 — 曉母·匣母 /*h/		°好豪			
5 아후음 — 見母 /*k/				°骨	골/홀
5 아후음 — 曉母 /*h/				°忽	
6 아후음 — 曉母·匣母 /*h/	°桓 °丸				관/환
6 아후음 — 見母 /*k/			°貫 †灌		
7 아후음 — 群母 /*g/	°仇				구/후
7 아후음 — 見母 /*k/		°九 °久			
8 아후음 — 見母 /*k/	°溝		°句		구/후
8 아후음 — 曉母·匣母 /*h/			°候		
9 설음 — 定母 /*d/			°大		대/태
9 설음 — 透母 /*tʰ/			°太		
10 설음 — 定母 /*d/		°道豪			도/토
10 설음 — 端母 /*t/	°都模				
10 설음 — 透母 /*tʰ/		†土模	°吐模		
11 순음 — 幫母·非母 /*p/	°夫虞		°富尤		부
11 순음 — 並母·奉母 /*b/	°扶虞	°部侯			
12 치음 — 心母·生母 /*s/, 2등	°沙				사/샤
12 치음 — 書母 /*sj/, 3등	°奢		°舍		

성모＼성조		평성	상성	거성	입성	음절
13 치음	心母·邪母 /*s/	°相		(°相)		상/
	書母·常母 /*sj/		°上	(°上)		샹
14 치음	心母 /*s/	°須_虞		°漱_侯		슈
	書母·常母 /*sj/		°壽_尤			
15 후음	影母 /*ʔ/	°伊_脂		°合位_脂 °衣_微 °意_之		이/ 의/
	羊母 /*j/	°夷_脂				위

위의 표에서 먼저 주목해야 할 것은 동일 칸에 온 (14.6)의 거성 열에 온 '°貫, †灌'이다. 3장 3절에서 지적한 바 있듯이, 이 두 표음자는 우리의 음가 차이 반영 설에 예외가 된다. 그러나 (14.15)의 거성 열에 온 '°合位_脂, °衣_微, °意_之'는 예외가 아니다. 이들은 韻母가 서로 다르므로 음가 차이가 있다. 이처럼 운모에 주의해야 할 필요가 있을 때에는 아래첨자로 운모를 일일이 달아 놓았다.

이 종합 표에 대한 본격적인 논의에 앞서 음운대립의 성립 여부에 대해 설명해 둘 것이 있다. 3.2.2의 '간/한' 음절에서 이미 서술한 바 있지만, 고구려어 표음자에서 曉母 [*h]와 匣母 [*ɦ]의 음운대립이 성립하지 않는다. 이것을 어떻게 믿을 수 있는가? 고구려어 표음자 전체를 대상으로 하여 曉母字와 匣母字를 모두 골라내면 각각 12/14자와 33/39자이다. 이들을 대상으로 일일이 성모의 최소대립 쌍을 찾아보았더니, 최소대립 쌍이 曉母字인 '_開₁漢_襄^D'와 匣母字인 '_開₁汗_襄^D'밖에 없었다. 그런데 이 대립 항의 '汗'은 '可汗'에만 사용되었고, 더욱이 10세기 중엽에 편찬된『당서』와 12세기 중엽에 편찬된『삼국유사』에만 나온다. 결국 10세기 중엽 이후에 최소대립이 성립한다는 뜻이다. 우리는 고구려 멸망 이후에야 비로소 성립하는 최소대립 쌍을 신빙하지 않으므로 이 최소대립 쌍을 고구려어 최소대립 쌍에서 제외한다. 이처럼 처리하면 曉母 [*h]와 匣母 [*ɦ]의 최소대립 쌍이 없어진다.

달리 말하면, 멸망 이전에 사용된 고구려어 표음자 340자 세트에서는 曉母와 匣母가 상보적 분포이다. 프라그 학파의 음소분석 이론에서는 상보적 분포인 두 대립 항을 하나로 통합한다. 따라서 曉母 [*h]와 匣母 [*ɦ]를 하나의 음소 曉母·匣

286

母 /*h/로 합친다. 이것을 달리 표현하여 변이음인 匣母 [*ɦ]를 음소 曉母 /*h/에 편입한다고 해도 된다.

하나의 예를 더 들어 보자. 고구려어에서는 明母 [*m]와 微母 [*ɱ]도 음운론적으로 대립하지 않는다. 고구려어 전체 표음자에서 明母字와 微母字를 골라내면 각각 40/43자와 11자가 된다. 이들의 중고음 음가를 일일이 대비하여 성모의 최소대립 쌍을 찾아보았으나 결국은 실패했다. 이것은 고구려어에서 明母와 微母가 상보적 분포임을 뜻한다. 따라서 微母 [*ɱ]를 변이음에 불과한 것으로 보아 明母 /*m/에 편입한다. 이 편입의 결과로 음소 明母·微母 /*m/을 가지는 고구려어 표음자는 51자가 된다.

이제, (14)에서 음소로 설정된 것만을 정리해 보면 다음과 같다.

(15) 성모의 최소대립 쌍으로 본 고구려 자음 음소

방식 \ 위치	양순	치조	경구개	연구개	후두
무성무기음	/*p/	/*t/		/*k/	/*ʔ/
유성무기음	/*b/	/*d/		/*g/	
무성유기음		/*tʰ/			
파찰음					
마찰음		/*s/			/*h/
활음			/*j/		

이 표에는 빈칸이 적지 않다. 고구려 대표자 100자와 152자 세트를 중심으로 기술한 것이므로 공백이 많을 수밖에 없다. 이것이 3章의 음절별 음운 분석이 가지는 한계이다. 음절별 음운 분석으로도 일부의 음소를 설정할 수 있지만, 전반적이고도 체계적인 연구 방법이 아니라서 적지 않은 음소가 누락된다. 음절별 음운 분석은 個別的 또는 非構造主義的 연구 방법이기 때문에 금방 한계가 드러난다. (15)에서 /*ʦ, *m, *n, *ŋ, *l/ 등의 자음이[18] 누락되어 있는데, 이것이 그 한계를 여실히 보여 준다.

---

18 우리의 음가 차이 반영설이 장애음 즉 [+obstruent]인 자음에만 적용된다는 논의가 옳았음이 여기에서 증명된다. /*m, *n, *ŋ, *l/ 등은 [−obstruent]인 자음이기 때문이다.

음절별 음운 분석을 실시하면서 치음 파찰음의 精母 [*ts], 淸母 [*tsʰ], 從母[*dz], 莊母[*tʂ], 初母[*tʂʰ], 崇母[*dʐ], 章母[*tɕ], 昌母[*tɕʰ], 船母[*dʑ] 등을 모두 하나의 음소 /*ts/로 묶었지만, 그 논거를 3章의 음절별 음운 분석에서 찾아 제시한 것이 아니었다. 상보적 분포와 최소대립 쌍의 유무를 5章이나 6章의 논의를 빌려 와서 정리한 것이 아주 많았다. 端母 /*t/, 定母 /*d/, 透母 /*tʰ/가 서로 음운론적으로 대립한다는 사실, 滂母 [*pʰ]가 幫母 /*p/의 변이음이고 並母 /*b/가 독자적 음소라는 사실, 生母를 心母에 편입한다는 사실 등을 5章의 논의 결과에서 빌려 왔다. 尤韻, 虞韻, 侯韻의 음가 추정이나, 脂韻, 支韻, 之韻, 微韻의 음가 추정, 東韻 1등과 東韻 3등의 음가 추정 등은 모두 6章의 논의 결과를 가져왔다.

이것은 음절별 음운 분석만으로는 모든 음운대립을 빠짐없이 보여 주지 못한다는 것을 뜻한다. 음절별 음운 분석은 개별적인 분석이지, 체계적이고도 전반적인 분석이 아니다. 또한 효율성 측면에서도 이 개별적 분석은 우리의 구조주의적 분석에 비하여 효율이 크게 떨어진다. 이 두 가지를 음절별 음운 분석의 한계라고 할 수 있다.

예컨대, (15)에 유성무기음 /*b, *d/가 있다면, 고구려어에서 /*dz/도 음소였는지 당연히 궁금해진다. 무성유기음 /*tʰ/가 있다면 /*pʰ, *tsʰ, *kʰ/ 등도 고구려어 자음 목록에 들어 있는지 궁금해진다. 이러한 궁금증을 모조리 해소해 주지 못한다는 점에서 음절별 음운 분석은 필요한 연구 방법이기는 하지만 충분한 연구 방법이 아니다. 즉 모든 음소를 빠짐없이 체계적으로 찾아내는 방법이라고 하기가 어렵다. 그런데도 장황하게 3章에서 음절별 음운 분석을 실시한 것은 聲韻學을 잘 모르는 한국 독자들의 편의를 위한 것이었다. 또한 개별적 연구 방법인 음절별 음운 분석의 한계를 지적하기 위한 것이었다.

음절별 음운 분석으로 성공한 예가 있기는 하다. 이토 지유키(2007)이 대표적인 예이다. 연구 대상이 한국 중세 현실 한자음이기 때문에 음절별 음운 분석만으로도 큰 성과를 이룩해 낼 수 있었다. 한어 중고음에서 '見C句虞R/H, 群C仇尤L, 見C九尤R/H, 見1溝侯L, 見C久尤R' 등의 음가였던 것이 한국 중세음에서는 이들의 분절음이 모두 '구'로 기술되어 있다. 그리하여 이 '구' 음절만으로도 다양한 음운론적 정보를 알 수 있다. 見母과 群母의 구별이 없었고, 虞韻·尤韻·侯韻의 韻

腹이 변별되지 않았으며, 성조는 L과 R/H의 두 가지로 구별되었다고 아주 쉽게 기술할 수 있다. 이 기술과 어긋나는 것은 모두 聲符에 의한 유추나 음절편향으로 기술하면 된다.

　그러나 고대 한자음을 연구 대상으로 삼을 때에는 이 음절별 음운 분석 방법의 한계가 바로 드러난다. 한국 중세의 分節音 '구'에 해당하는 표음을 고대 한자음에서는 전제할 수 없기 때문이다. 따라서 고대 한자음 연구에서는 見母과 群母가 음운론적으로 구별되었는지, 虞韻·尤韻·侯韻의 韻腹이 변별되었는지, 성조가 평성과 측성의 두 가지였는지 등을 모두 새로 논증해야만 한다. 이런 것들을 논증할 때에 우리는 고구려어 표음자 상호 간의 분포와 최소대립 쌍을 그 논거로 삼는다. 상보적 분포는 둘 이상의 단위를 하나로 묶을 때에 활용하지만 이것이 바로 음소 설정의 논거가 되지는 않는다. 오히려 궁극적으로 중요한 것은 최소대립 쌍의 유무이다.

　바로 이때에 제기되는 문제가 있다. 5장 6절의 치음 파찰음에서 논의하겠지만, 고구려어에서 精母 /$*\widehat{\text{ts}}$/가 음소인 데에 반하여 淸母 [$*\widehat{\text{ts}}^h$]와 從母 [$*\widehat{\text{dz}}$]는 음소가 아니라 변이음이다. 그런데 이것을 도대체 어떻게 증명할 것인가 하는 문제가 제기된다. 고구려어 표음자에서는 [$*\widehat{\text{ts}}$]와 [$*\widehat{\text{ts}}^h$]의 최소대립 쌍을 찾을 수 없다. [$*\widehat{\text{ts}}$]와 [$*\widehat{\text{dz}}$]의 최소대립 쌍도 찾을 수 없다. 이에 따라 淸母 [$*\widehat{\text{ts}}^h$]와 從母 [$*\widehat{\text{dz}}$]를 음소가 아니라 精母 /$*\widehat{\text{ts}}$/의 변이음이라 할 수 있지만, 최소대립 쌍의 유무를 어떤 방법으로 확인하는가 하는 문제가 다시 제기된다.

　우리의 연구 목표는 궁극적으로 최소대립 쌍을 체계적으로 확인하는 방법을 제시하는 데에 있다. 이 방법을 구조주의적 분석 방법이라고 하면, 구조주의적 분석 방법에서는 음절별 음운 분석의 방법에서처럼 누락되는 음소가 없어야 한다. 전반적이고도 체계적인 기술 방법이어야 하며, 동시에 효과적인 방법이어야 한다. 이제 이 방법론을 제시하기로 하는데, 우리의 '分布 分析表'가 이 방법론을 대변해 준다. 뒤에 이어지는 논의에서 分布 分析表를 어떻게 작성하는지 유심히 살펴보기 바란다.

5.3. 脣音

한자음의 聲母를 분석할 때에는 脣음부터 시작하는 것이 좋다. 순음이 가장 단순하기 때문이다. 한어 중고음의 순음에는 모두 여덟 가지 聲母가 있다. 고구려어 전체 표음자 중에서 순음의 성모와 각 성모의 용례 수를 세어 정리해 보면 다음과 같다.

(16) 순음의 성모와 고구려어 표음자의 용례 수

		全淸	次淸	全濁	次濁[19]
脣音	幇組	幇 p 16	滂 p^h 4/5	並 b 16/17	明 m 40/43
	非組	非 f 15/17	敷 f^h 3	奉 v 9	微 ɱ 11

이 표의 幇組와 非組는 흔히 脣重音과 脣輕音(또는 脣齒音)이라고 부른다. 魏晉南北朝 시기의 前期 중고음에서는 이 둘이 분화하지 않은 상태였으나 唐代의 後期 중고음에서는 순경음이 새로 발생한다. 남북조까지의 한자음에서는 순중음과 순경음이 상보적 분포를 이루므로 이 점을 논거로 삼아 전기 중고음에서는 순중음과 순경음이 분화하지 않았다고 한다. 그런데 唐代의 후기 중고음에서는 순중음과 순경음이 음운대립을 이룰 때가 있으므로 이 둘이 분화된 것으로 본다.

우리는 분포 분석표를 만들어 여러 성모의 분포를 대비하게 되는데, 이 분포 분석표를 알기 쉽게 작성하는 것이 아주 중요하다. 분포 분석표를 효과적이고도 체계적으로 작성하면 표음자 상호 간의 음운대립을 빠짐없이 기술할 수 있다. 아래의 (17)에서 볼 수 있듯이, 우리는 분포 분석표의 行에는 攝과 이에 속하는 韻母를 배열하고 列에는 全淸, 次淸, 全濁, 次濁(또는 不淸不濁) 등의 조음방식을 배열한다.

行에 배열한 攝은 비슷한 발음을 가지는 여러 韻을 하나의 덩어리로 합친 집합이다. 果攝을 예로 들면, 果攝에는 歌韻 1등, 戈韻 1등, 戈韻 3등의 세 가지 운

---

19 이것은 訓民正音의 不淸不濁에 해당한다.

모가 있다. 쉽게 말하면, 歌韻 1등의 표음자 '歌'는 모음이 'ㅏ'이고 戈韻 1등과 3
등의 '戈'는 모음이 'ㅘ'이므로, 'ㅏ' 또는 'ㅘ' 등의 모음을 하나로 묶은 집합이 果
攝이라고 이해하면 된다. 이처럼 하나의 攝에 여러 운모가 포함된다고 이해하면
알기 쉽다. 한어에서는 攝을 16종으로 나누는 것이 일반적이지만, 우리는 종종
둘 이상의 攝을 하나로 합쳐서 기술하기로 한다. 예컨대, 한어에서는 果攝과 假
攝을 구별하지만 고구려어나 한국 중세음에서는 이 두 攝을 하나로 합쳐서 果攝
·假攝이라 지칭할 때가 많다.

분포 분석표의 列에는 聲母의 조음방식을 배열한다. 만약 논의 대상인 표음자
가 明母나 微母라면 이것을 次濁 열에 넣는다. 明母나 微母 등은 聲母의 일종이
므로 궁극적으로 열에는 조음방식에 따라 성모를 배열한 셈이 된다.

이처럼 배열하여 동일 行에 온 표음자의 음가를 서로 대비한다. 동일 行에 온
표음자 중에서 開合·等·韻母·聲調가 동일한 쌍을 찾으면 이것이 聲母의 최소대
립 쌍이 된다. 만약에 성모의 최소대립 쌍이 없다면 그 두 성모는 상보적 분포를
이룬다.[20]

이제 분포 분석표를 활용하여 고구려어 표음자에서 순중음과 순경음이 상보적
분포인지를 검토해 본다. 우선 차탁의 明母와 微母를 대비해 본다. 여기에서는
번거로움을 피하여 표음자의 開合·等·聲調 등의 음운론적 요소는 표시하지 않
고 표음자의 韻母만을 右下에 표시했다.

(17) 고구려어 明母와 微母의 분포

攝 / 脣音	次濁	
	明母 m 40/43	微母 ŋ 11
果攝 歌1 戈1 戈3	磨戈 摩戈	
假攝 麻2AB	馬麻 麻麻	
遇攝 模1 魚C 虞C	慕模 謨模 莫模 模/摸模	無虞 武虞 霧虞 蕪虞
效攝 豪1 肴2 宵A 蕭	毛豪 卯肴	
流攝 侯1 尤C	牟尤 侔尤	
止攝 支A,B,AB 之C 微C 脂A,AB	彌支 美脂 寐脂	未微 味微 尾微

---

20 더 자세한 기술은 이승재(2016가)를 참고하기 바란다.

攝	脣音	次濁	
		明母 m 40/43	微母 ŋ 11
蟹攝 哈1 灰1 泰1 齊4 祭 夬 佳2		米齊 買佳 賣佳	
梗攝 庚2B 清AB 青4		冥青 溟青 明庚 貊庚 陌庚 孟庚 盟庚 覓青	
咸攝 談1 覃1 鹽AB 嚴C 凡C 咸 銜 添			
山攝 寒1 桓1 先4 仙AB 元C 山2		滿桓 末桓 蔓桓 沔仙 滅仙	
宕攝 唐1 陽C		莫唐	
江攝 江			
深攝 侵AB			
臻攝 魂1 欣C 眞AB 文C 痕1 諄AB		門魂 民眞 密眞 閔眞	文文 問文 勿文 物文
曾攝 登1 蒸C 職		墨登 默登	
通攝 東1C 鍾C 冬		木東 穆東 蒙東	

고구려어 표음자 전체에서 明母인 표음자는 40자이다. 이 중에서 3자가 多音字이므로 이것을 40/43자로 표기한다.[21] 이 중에서 果攝에 속하는 것은 '磨, 摩'의 두 자이다. 이와 같은 방법으로 분포 분석표 (17)에, 40/43자의 明母字를 모두 집어넣는다. 마찬가지 방법으로 微母字 11자도 음가 분석표에 집어넣는다.

그리고 나서 明母字와 微母字의 운모를 대비해 보면 둘의 분포가 크게 차이가 난다. 果攝의 明母字는 戈韻인 데에 비하여, 果攝의 微母字는 아예 없다. 공백인 자리는 대개가 체계적인 원인 때문에 그 자리에 오는 한자가 없다.

한편, 遇攝의 明母字는 운모가 모두 模韻인데 비하여 微母字는 모두가 虞韻이다. 여기에서 明母와 微母가 상보적 분포임을 금방 알 수 있다. 止攝에서도 明母는 支韻이나 脂韻의 앞에 오는 데에 반하여 微母는 항상 微韻의 앞에 온다. 역시 明母와 微母가 상보적 분포이다. 臻攝의 明母는 魂韻이나 眞韻의 앞에 오지만, 微母는 항상 文韻 앞에 온다. 역시 明母와 微母가 상보적 분포이다.

---

21 40/43자는 한자 자형으로는 40자이지만, 이 중에 多音字가 3자 있다는 뜻이다. 明母字인 '磨'에는 평성과 거성의 두 가지가 있고, '沔'에는 상성과 거성의 두 가지가 있다. 또한 '莫'에는 唐韻과 模韻의 두 가지가 있다. 따라서 자형으로는 明母字가 40자이지만 음가를 정리할 때에는 43자가 된다. 이것을 40/43와 같이 표기한다. 이하 같다.

분포 분석표 (17)에서는 번거로움을 피하여 攝 단위로 行을 나누었지만 사실은 韻母 단위로 행을 세분하는 것이 원칙이다. 예컨대 遇攝을 한 행으로 배열하지 않고 하위 단위인 模韻, 魚韻, 虞韻의 세 운모로 나누어 세 행으로 배열하는 것이 원칙이다. 이처럼 운모 단위로 배열하면 상보적 분포인 것은 모두 서로 다른 행에 온다. 예컨대, 明母는 模韻 행에 오지만 微母는 虞韻 행에 오게 된다. 이처럼 행을 운모 단위로 세분하면, 성모의 최소대립 쌍은 항상 동일 행에 온다. 분포 분석표 (17)은 행을 운모 단위로 세분한 것이 아니라 攝 단위로 크게 나눈 것이다. 이때에는 동일 행에 온 표음자 중에서 開合·等·韻母·聲調가 동일한 것을 찾으면 그것이 바로 성모의 최소대립 쌍이 된다.

운모 단위로 행을 세분하면, 明母와 微母는 항상 다른 행에 온다. 고구려어 표음자 전체에서 이것이 확인되므로 이 두 성모의 분포가 체계적으로 상보적임을 알 수 있다. 全數調査를 통하여 두 음성이 항상 상보적 분포임이 확인된다면, 프라그 학파의 음소분석 이론에서는 이 두 음성을 합하여 하나의 단위로 간주한다. 이에 따라 상보적 분포인 明母 [*m]과 微母 [*ɱ]을 하나로 합쳐서 하나의 음소 明母·微母 /*m/을 설정한다. 이것을 간단히 줄여서 明母 /*m/이라고 지칭할 때도 있다.

이와 같은 방법으로 성모 상호 간의 음운론적 대립 관계를 규정해 나아갈 수 있다. 순음의 全淸·次淸·全濁에 대해서도 위의 방법을 적용해 본다. 전청은 無聲無氣音, 차청은 無聲有氣音, 전탁은 有聲無氣音을 가리킨다.

(18) 고구려어 순음의 全淸·次淸·全濁 분포 분석표

脣音 / 攝	全淸		次淸	全濁	
	帮 p 16	非 f 15/17	滂 pʰ 4/5 敷 fʰ 3	並 b 16/17	奉 v 9
果攝 歌1 戈1 戈3	$_1波_{戈}^{L}$				
假攝 麻2 麻AB	$_2巴_{麻}^{L}$				
遇攝 模1 魚C 虞C		$_C父_{虞}^{R}$ $_C夫_{虞}^{L}$ $_C付_{虞}^{D}$ $_C傅_{虞}^{D}$	$_1普_{模}^{R}$	$_1菩_{模}^{L}$ $_1簿_{模}^{R}$	$_C父_{虞}^{R}$ $_C辅_{虞}^{R}$ $_C扶_{虞}^{L}$

攝	全清		次清	全濁	
脣音	幫 p 16	非 f 15/17	滂 pʰ 4/5 / 敷 fʰ 3	並 b 16/17	奉 v 9
效攝 豪1 肴2 宵A 蕭	$_1寶_豪^R$ $_1報_豪^D$				
流攝 侯1 尤C		$_C富_尤^D$ $_C不_尤^{L/R}$		$_1部_侯^R$	$_C負_尤^R$
止攝 支A,B,AB 之C 微C 脂A,AB	$_A比_脂^D$ $_A卑_支^L$ $_B碑_支^L$ $_B毖_脂^D$	$_C非_微^L$ $_C沸_微^D$	$^{敷}_B丕_脂^L$		
蟹攝 咍1 灰1 泰1 齊4 祭 夬 皆 佳2			$^{滂}_1沛_泰^D$ $^{滂}_1浿_泰^D$ $^{滂}_2浿_皆^D$	$_2排_皆^L$ $_2俳_皆^L$ $_4陛_齊^R$	
梗攝 庚2B 清AB 青4	$_2伯_庚^E$		$^{滂}_2泊_庚^E$	$_B平_庚^L$ $_B評_庚^L$	
咸攝 談1 覃1 嚴C 鹽AB 凡C 咸 銜 添			$_C法_凡^E$		
山攝 寒1 桓1 刪 先4 仙AB 元C 山2	$_2八_山^E$ $_B別_仙^E$	$_C發_元^E$		$_2拔_刪^E$ $_B卞_仙^L$ $_A便_仙^L$ $_B別_仙^L$	$_C伐_元^E$
宕攝 唐1 陽C	$_1博_唐^E$	$_C方_陽^L$		$_1簿_唐^E$	
江攝 江	$_2駁_江^E$				
深攝 侵AB					
臻攝 魂1 欣C 文C 眞AB 痕1 諄AB	$_1本_魂^R$ $_1盆_魂^L$	$_C分_文^L$ $_C不_文^E$ $_C弗_文^E$	$^{敷}_C芬_文^L$	$_1濆_魂^E$ $_1敦_魂^E$ $_1勃_魂^E$	$_C分_文^D$ $_C焚_文^L$
曾攝 登1 蒸C 職	$_1北_登^E$				
通攝 東1C 鍾C 冬		$_C風_東^L$ $_C福_東^E$	$^{敷}_C豐_東^L$		$_C服_東^E$ $_C伏_東^E$

순음에서 가장 용례가 적은 것은 차청이므로 차청부터 검토해 본다. 고구려어 표음자 전체에서 차청의 滂母字는 4자이고, 敷母字는 3자이다. 성모를 구별하기 위해 표음자의 왼쪽 어깨에 '滂'과 '敷'를 직접 적어 넣었다. 그런데 滂母와 敷母가

서로 다른 행에 온다. 이것은 滂母와 敷母의 뒤에 오는 韻母가 서로 다르다는 것을 의미하므로 滂母와 敷母가 상보적으로 분포한다고 말할 수 있다. 따라서 이 둘을 하나의 성모 滂母·敷母 /*pʰ/ 또는 [*pʰ]로 합친다. 이 滂母·敷母가 여타의 성모와 최소대립을 이루는 경우에는 음소 /*pʰ/로 설정되고, 이루지 못하는 경우에는 변이음 [*pʰ]가 된다.

이와 마찬가지로, 전청인 幫母와 非母의 분포를 검토해 본다. 止攝에서 幫母는 支韻·脂韻의 앞에 오지만, 非母는 微韻의 앞에 온다. 臻攝에서 幫母는 魂韻의 앞에 오지만, 非母는 文韻의 앞에 온다. 幫母와 非母가 상보적 분포이다. 다음으로 전탁인 並母와 奉母의 분포를 대비해 본다. 遇攝에서 並母의 뒤에는 模韻이 오지만, 奉母의 뒤에는 虞韻이 온다. 流攝에서 並母의 뒤에는 侯韻이 오지만, 奉母의 뒤에는 尤韻이 온다. 이번에도 역시 並母와 奉母가 상보적 분포이다.

달리 말하면 幫母와 非母의 최소대립 쌍도 찾을 수 없고, 並母와 奉母의 최소대립 쌍도 보이지 않는다. 그렇다면 幫母와 非母를 하나의 단위 幫母·非母 /*p/ 또는 [*p]로 묶고, 並母와 奉母를 하나의 단위 並母·奉母 /*b/ 또는 [*b]로 묶는다.

이처럼 묶을 때에는 상대적으로 有標的인 項을 無標的인 項으로 편입한다. 보편적으로 幫母 [*p]는 無標項이고 非母 [*f]는 有標項이다. 並母 [*b]와 奉母 [*v]를 대비하면, 並母 [*b]가 무표항일 가능성이 奉母 [*v]가 무표항일 가능성보다 상대적으로 더 크다. 따라서 무표항과 유표항은 상대적인 개념이지 절대적인 개념은 아니다. 보편적 관점에서 상대적으로 무표적인 항을 골라 대표로 삼는다는 점에 주의하기 바란다.

이제, 전청인 幫母·非母, 차청인 滂母·敷母, 전탁인 並母·奉母를 서로 대비해 본다. 우선 幫母·非母와 滂母·敷母의 최소대립 쌍을 찾아보자. 이때에는 분포 분석표 (18)에서 이 두 성모가 동일 행에 온 것을 찾으면 된다. 滂母·敷母는 겨우 7자에 불과한데, 이 중에서 3자가 幫母·非母와 최소대립을 이룬다.

(19) 전청인 幫母·非母와 차청인 滂母·敷母의 최소대립 쌍과 그 용례

1. 伯[幫中2入庚]=빅 {伯固(삼국, 후한, 양서, 북사, 사), 河伯女娘(광개), 河伯(집안), 皆伯縣(지리), 伯句(사, 유)}

泊[滂中2入庚]=박 {泊灼城(삼국, 구당, 당서, 사), 河泊(모두)}

2. 分[非中C平文]=분ᴸ {分幹(당서)}

芬[敷中C平文]=분ᴸ {芬而耶羅城ᴴ(광개), 扶芬奴(사)}

3. 風[非中C平東]=풍ᴸ {折風(삼국, 후한, 남제, 양서, 위서, 남사, 북사, 사)}

豐[敷中C平東]=풍ᴸ {北豐/北豐城(광개, 송서, 위서, 북사, 남사, 사)}

(19.1)에서 대립 항인 '伯'과 '泊'의 한어 중고음 음가를 대비해 보면 성모에서만 차이가 난다. 여기에서 幫母와 滂母가 음운론적으로 대립함을 알 수 있다. 이 대립의 성립 시점은『삼국지』가 편찬된 3세기 후반이다. 두 대립 항 중에서 시기가 늦은 쪽을 택하여 대립 성립의 시점으로 삼는데, 대립 항인 '伯'과 '泊' 둘 다『삼국지』에 처음 나오므로 대립의 성립 시점이 3세기 후반이 된다.

(19.2~3)은 非母와 敷母의 최소대립 쌍이다. (19.2)의 최소대립은『당서』가 편찬된 11세기 중엽에 성립한다. 이처럼 대립 성립의 시점이 멸망 이후인 것은 고구려어 음운대립의 논거에서 제외한다. 반면에, (19.3)의 최소대립은 광개토대왕비를 세운 414년에 성립한다. 대립 항 '風'이『삼국지』에 처음 나오고, 대립 항 '豐'이 광개토대왕비에 처음 나온다. 이것은『삼국지』가 편찬된 3세기 후반 이후의 시기에는 '風'이 계속 사용되었고, 광개토대왕비가 건립된 414년 이후에는 '豐'이 계속 사용되었음을 의미한다. 따라서 이 두 대립 항이 최소대립을 이루는 시점은 414년이다. 이처럼 대립 항이 처음 출현하는 텍스트가 무엇인지 살핀 다음에, 이 중에서 시기가 늦은 쪽을 택하여 대립 성립의 시점을 결정한다.

결국, (19.1)과 (19.3)의 두 최소대립 쌍에서 幫母·非母와 滂母·敷母가 음운론적으로 대립한다. 따라서 幫母·非母와 滂母·敷母가 각각 독자적인 음소 /*p/와 /*pʰ/라고 할 수 있다. 고구려어에서 무성유기음 /*pʰ/가 음소의 자격을 갖춘 시기가 3세기 후반이라는 점이 우리의 눈길을 끈다. 고구려어에서는 유기음이 아주 일찍부터 발달했다는 것을 암시하기 때문이다. 이와는 반대로, 백제어에서는 滂母·敷母가 음소의 자격을 갖추지 못한 변이음 [*pʰ]였다(이승재 2013나: 171). 이 무성유기음에 관한 한 고구려어와 백제어는 크게 차이가 난다.

이승재(2015가)에서는 (19.1)과 (19.3)의 최소대립 쌍을 논거로 삼아 幫母·非

母와 滂母・敷母가 각각 독자적인 음소 /*p/와 /*pʰ/라고 하였다. 그런데, 이것을 정말로 믿을 수 있을까? 이승재(2015가)에서는 용례를 자세히 검토하지 않은 실수를 범했는데, 이제 용례도 자세히 검토해 보기로 한다.

(19.1)의 대립 항 '伯'과 '泊'에 사실은 심각한 문제가 숨겨져 있다. 3章에서 이미 거론한 바 있듯이, '泊'의 용례인 '泊灼城'에는 두 가지 문제가 숨겨져 있다. 첫째는 '泊灼城'이 기록된 텍스트의 문제이다. 宋基中・南豊鉉・金永鎭(1994: 73)에서는 '泊灼城'이 『三國志』(上/197)에도 나온다고 했으나, '泊灼城'은 7세기 중엽의 기사에 처음으로 등장한다. 이에 따르면 '泊灼城'를 기록한 여러 텍스트 중에서 『삼국지』를 제외하는 것이 안전하다. 『삼국지』를 제외하면 '泊灼城'의 기록 시기가 7세기 중엽 이후가 된다. 둘째는 (19.1)의 대립 항 '伯'과 '泊'의 자형이 동일했을 가능성이 있다는 문제점이다. 원래는 '伯'인데, 'イ'변을 'シ'로 쓰거나 판독했을 가능성이 크다. 이것은 (19.1)의 인명 '河伯女娘(광개), 河伯(집안)'과 '河泊(모두)'에서 잘 드러난다. 동일 인명인데도 광개토대왕비와 최근에 발견된 集安高句麗碑에서는 '河伯'이고 모두루비에서는 '河泊'이다. 이것은 '泊灼城'의 '泊'이 '伯'의 誤字・誤讀일 가능성이 있음을 말해 준다. 만약에 '泊灼城'과 '河泊'의 '泊'을 '伯'과 동일한 글자라고 판독하면 (19.1)의 최소대립 쌍이 없어진다. 이처럼 불확실하거나 착오인 자료와 誤字・誤讀의 혐의가 있는 자료는 논의 대상에서 제외하는 것이 안전하다. 우리는 이 태도를 취하여 이제 (19.1)을 성모 최소대립 쌍의 예에서 제외한다.

(19.3)의 최소대립 쌍에서는 대립 항 '風'에 문제가 있다. 용례인 '折風'이 대부분 중국의 史書에 기록되었는데, 고구려에서 이것을 지칭할 때에는 '蘇骨'이나 '骨蘇'라고 하였다. 달리 말하면 '折風'은 중국인들이 붙인 명칭이고, '蘇骨'이나 '骨蘇'는 고구려인이 붙인 명칭이다. 漢人이 붙인 명칭에는 漢語의 음운체계와 표기법이 반영되고, 고구려인이 붙인 명칭에는 고구려어의 음운체계와 표기법이 반영된다. '折風'은 漢人이 붙인 것이므로 고구려어 항목에서 제외해야 한다. 이에 따라 (19.3)의 음운대립을 인정하지 않는다.

위의 논의에 따르면 (19.1)과 (19.3)이 고구려어의 최소대립 쌍에서 제외된다. (19.2)의 대립 쌍은 『당서』에 와서야 비로소 최소대립이 성립하므로, 이것도 진정한 의미의 고구려어 최소대립 쌍이 아니다. 대립 성립의 시점이 고구려 멸망 이후라는 것은 대립 항의 표음자가 고구려 멸망 이후에야 비로소 기록되었다는 뜻이다. 우리는 일관되게 고구려 멸망 이후에 기록된 표음자는 신뢰하지 않으므로, 음운대립의 논거에서 (19.2)를 제외한다. 이에 따르면 전청인 幫母·非母와 차청인 滂母·敷母가 최소대립을 이루는 쌍이 (19)에서 모두 없어진다.

그렇다면 고구려어에서는 幫母·非母와 滂母·敷母의 음운대립이 없었다고 할 수 있고, 이 둘을 다시 하나로 합쳐서 하나의 음소 幫母·非母·滂母·敷母 /*p/가 된다고 보아야 한다. 이에 따라 이승재(2015가)에서 滂母·敷母를 음소 /*pʰ/라고 했던 것을 이제 수정하기로 한다. 결론적으로, 滂母·敷母는 음소 幫母·非母·滂母·敷母 /*p/의 변이음 [*pʰ]이다.

다음으로, (18)의 분포 분석표에서 全淸인 幫母·非母와 全濁인 並母·奉母의 최소대립 쌍을 찾아내어, 그 용례를 덧붙여 보면 (20)과 같다. (20.2~6)에서는 번거로움을 피하여 용례와 출전을 텍스트명으로 대신했다. 이들은 고구려 멸망 이후에 비로소 최소대립이 성립한다.

(20) 전청인 幫母·非母와 전탁인 並母·奉母의 최소대립 쌍과 그 용례

1. 夫[非中C平虞]=부ᴸ, 우ᴸ {大夫(삼국, 사), 夫餘(광개, 수서, 당서), 安夫連(광개), 相夫(평양성;해, 사, 유), 主夫吐郡, 夫如郡, 夫斯波衣縣, 夫斯達縣, 屑夫婁城(지리), 所夫孫(구당, 당서, 사), 丘夫(사, 유), 答夫, 師夫仇(사)}
   扶[奉中C平虞]=부ᴸ {扶餘(북사, 수서, 구당, 당서, 사), 扶蘇岬, 北扶餘城州(지리), 扶芬奴, 扶尉猒(사)}

2. 富[非中C去尤]=부ᴿ {금석, 일본, 사기}
   負[奉中C上尤]=부ᴿ {사기}

3. 發[非中C入元]=발 {사기}
   伐[奉中C入元]=벌 {금석, 지리, 당서}

4. 分[非中C平文]=분ᴸ {당서}
   芬[敷中C平文]=분ᴸ {금석, 사기}

5. 福[非中C入東]=복 {일본, 당서, 사기}

伏[奉中C入東]=복 {지리, 사기}

6. 福[非中C入東]=복 {일본, 당서, 사기}

服[奉中C入東]=복 {사기}

7. 八[幇中2入山]=팔 {壹八城^百(광개)}

拔[並中2入刪]=발 {拔奇(삼국, 사), □拔城, 敦拔城^百(광개), 宴子拔(일)}

위에서 볼 수 있는 것처럼, 전청인 幇母·非母와 전탁인 並母·奉母의 최소대립
쌍은 아주 많은 편이다. 그중에서 대립 성립의 시기가 고구려 멸망 이전인 것은
(20.1) 하나뿐이다. (20.1)의 용례인 '大夫, 夫餘, 安夫連, 相夫'와 '扶餘'는 모두가
믿음직하므로 '夫'와 '扶'의 음운론적 대립을 믿을 수 있다. 이 대립이 성립하는
시기는 『北史』와 『隋書』가 편찬된 7세기 중엽이다. 대립 시점이 이상하게도 늦
은 편이다.

그런데 우리의 연구 결과에 따르면 고구려어에서는 (20.7)의 대립 항에서 山韻
2등과 刪韻 2등이 음운론적으로 대립하지 않는다. 이에 따르면 (20.7)의 대립 항
'八'과 '拔'이 성모의 최소대립 쌍이다. 이것을 포함하면 幇母가 並母와 음운론적
으로 대립하는 시기가 광개토대왕비의 414년으로 거슬러 올라간다. 그런데 대
립 항 '八'의 용례인 '壹八城^百'은 광개토대왕이 남방의 韓系에서 탈취한 성이라
서 문제가 된다. 이것은 백제의 지명일 가능성이 크다. 대립 항 '八'이 멸망 이전
의 백제어 자료에 사용된 적이 있지만, 고구려어 자료에서는 그 용례가 없기 때
문이다. 따라서 (20.7)을 고구려어 음운대립 쌍에서 제외하는 것이 안전하다.

그렇더라도 (20.1)의 최소대립 쌍을 논거로 삼아, 幇母·非母 /*p/와 並母·奉
母 /*b/를 각각 고구려어의 음소로 설정할 수 있다. 앞에서 滂母·敷母를 幇母·
非母에 편입했으므로, 幇母·非母·滂母·敷母 /*p/가 고구려어에서 並母·奉母
/*b/와 음운론적으로 대립했다고 말해야 정확하다.

幇母·非母·滂母·敷母 /*p/와 並母·奉母 /*b/를 대비하다 보면 多音字(또는
破音字)에서 성모가 최소대립을 이루는 예도 나온다.

(21) 幫母·非母 /*p/와 並母·奉母 /*b/의 동일 최소대립 쌍과 그 출전

  1. 父[非中C上虞]=보^R {일본, 사기}

    父[奉中C上虞]=부^H

  2. 別[幫中B入仙]=별 {지리}

    別[並中B入仙]=별

하나의 표음자가 둘 이상의 성모를 가질 때가 있는데, 위의 '父'와 '別'이 대표
적인 예이다. 이와 같은 것을 이승재(2013나: 175)에서는 동일 최소대립 쌍이라고
지칭한 바 있다. 우리는 동일 최소대립 쌍을 음운대립의 논거에서 제외할 것이
다. 동일 최소대립 쌍을 제외하더라도 논지 전개에 부족함이 없기 때문이다.

  마지막으로, 차청인 滂母·敷母와 전탁인 並母·奉母의 최소대립 쌍을 찾아본다.

(22) 차청인 滂母·敷母와 전탁인 並母·奉母의 최소대립 쌍과 그 용례

  1. 普[滂中1上模]=보^R {普□城^{百}(광개), 普述水(위서, 북사), 延爾普羅(유인원), 普
     德和尙(사, 유), 普明, 普聖師(유)}

    簿[並中1上模]=부^R {主簿(삼국, 중원, 양서, 남사, 일, 사)}

  2. 芬[敷中C平文]=분^L {芬而耶羅城^{百}(광개), 扶芬奴(사)}

    焚[奉中C平文]=분^L {焚求(사)}

(22.1)에서 滂母와 並母가 최소대립을 이룬다. 대립 성립의 시점은 광개토대
왕비가 건립된 414년이다. 따라서 고구려어 자음 음소 滂母 /*pʰ/와 並母 /*b/
가 음운론적으로 대립한 것처럼 보인다. 그러나 앞에서 滂母를 幫母·非母·滂母
·敷母에 편입했다는 사실을 기억할 필요가 있다. (22.1)에서 滂母字 '普'가 並母
字 '簿'와 최소대립을 이룬다 하더라도 이것은 幫母·非母·滂母·敷母 /*p/의 변
이음인 滂母 [*pʰ]가 並母·奉母 /*b/의 변이음인 並母 [*b]와 최소대립을 이룬
다는 뜻이다. 따라서 (22.1)은 /*pʰ/와 /*b/가 음운론적으로 대립한 것이 아니라
/*p/와 /*b/가 음운론적으로 대립한 예이다. 한편, (22.2)의 '芬'과 '焚'도 滂母·
敷母와 並母·奉母의 최소대립 쌍이 분명하다. 그러나 대립 성립의 시점이 『삼국

300

사기』가 편찬된 12세기 중엽이기 때문에 이것은 고구려어 음운대립의 논거에서
제외한다.

그런데 (22.1)의 대립 항인 '簿'에 문제가 있다. 대립 항 '簿'가 사용된 것으로
는 '主簿'가 유일한데, 이것이 중국의 漢代에 이미 사용된 관명임이 확인된다. 이
관명을 고구려에서 차용한 것이라 할 수 있으므로 '主簿'를 고구려어 항목에서
제외할 수 있다. 이 태도에 따르면 滂母·敷母와 並母·奉母의 최소대립 쌍이 없
어진다.

'主簿'가 차용어임을 논거로 들어 (22.1)의 최소대립 쌍을 부정할 수 있다. 이
것을 그림으로 나타낸 것이 아래의 (23.1)이다. '主簿'를 고구려어 항목에서 제외
하면 (23.1)에서 볼 수 있듯이 滂母·敷母 [*pʰ]가 並母·奉母 /*b/와 음운론적으
로 대립하지 않는다. 따라서 (23.1)에서는 점선 '…'으로 이 둘의 관계를 표시하
였다.

이와는 달리 '主簿'를 고구려어 항목에 넣어서 기술하는 방법도 있다. (22.1)의
용례를 잘 검토해 보면 '主簿'가 中原高句麗碑에 사용된 바 있다. 이 비는 장수왕
이 지금의 충주까지 남하하여 세운 비이므로, 고구려인이 '主簿'라는 관명을 일
상적으로 사용했다고 해석할 수 있다. '主簿'가 차용어인 것은 분명하지만, 5세
기 중엽에는 이미 귀화어 단계에까지 나아간 것이다. 이 해석을 취하여 (22.1)의
최소대립 쌍을 인정할 수도 있다. 이것을 그림으로 나타낸 것이 아래의 (23.2)이
다. 여기에서는 滂母·敷母 [*pʰ]와 並母·奉母 /*b/ 사이를 실선 '―'으로 표시하
여 滂母·敷母와 並母·奉母가 음운론적으로 대립함을 나타내었다.

(23) 순음의 음운대립 시점

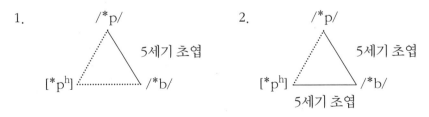

그런데 (23.1)과 (23.2)에서 滂母·敷母를 음소인 /*pʰ/로 표시하지 않고 변이

음인 [*pʰ]로 표시했다는 점에 주의할 필요가 있다. 우리는 프라그 학파의 음운 대립과 달리, 3항 사이에 모두 직선을 그을 수 있을 때에만 三肢的 대립을 인정 한다(이승재 2013나: 193~4). 이것은 달리 말하면 3항 사이에 항상 음운대립이 성 립해야만 삼지적 음운대립을 인정한다는 뜻이다. 비록 滂母·敷母와 並母·奉母 가 최소대립을 이룬다 하더라도, 滂母·敷母 [*pʰ]와 幫母·非母 /*p/의 음운대립 이 여전히 부정된다. 따라서 (23.2)에서 滂母·敷母를 음소 /*p/가 아니라 변이 음인 [*pʰ]로 표시했다.

그렇다면 '主簿'를 차용어로 보아 고구려어 항목에서 제외하든, 귀화어라 하여 고구려어 항목에 포함하든 결론은 동일하다. 즉, 둘 중에서 어느 견해를 택하든 滂母·敷母는 변이음인 [*pʰ]일 수밖에 없다. 달리 말하면, (22.1)에서 並母 /*b/ 인 '簿'가 滂母 [*pʰ]인 '普'와 음운론적으로 대립한 것이 아니라, 並母 /*b/가 幫 母·非母·滂母·敷母인 /*p/와 음운론적으로 대립한 것으로 기술한다. 이처럼 기 술하면 고구려어에는 /*p/와 /*b/의 음운대립만 있었고, 이 대립 성립의 시점은 광개토대왕비가 건립된 414년이 된다.

지금까지 논의한 순음 음소를 종합하면, 고구려어의 순음 음소는 /*m, *p, *b/의 세 가지가 된다. 한어의 前期 中古音에서와 마찬가지로 순경음은 없고 순중음만 있 다. 고구려어도 전기 중고음의 상황과 같다. 고구려어 순음에서는 유성자음 /*b/가 음소의 자격을 갖추었고, 이 /*b/가 무성자음 /*p/와 더불어 二肢的 相關을 이룬다. 이것보다 더 중요한 것은 고구려어에서 유기자음 [*pʰ]가 무기자음 /*p/의 변이음 에 불과하다는 점이다. 이것은 전기 중고음의 상황과 다르다.

여기에서 변이음 [*pʰ]를 음소 /*b/에 편입하지 않고 음소 /*p/에 편입하는 까 닭을 말해 두기로 한다. 滂母·敷母가 幫母·非母와 음운대립을 이루지 못한다는 사실과 (20)에서 보았듯이 並母·奉母가 幫母·非母와 음운대립을 이룬다는 사 실은 확실하다.[22] 이것을 중시하여 滂母·敷母를 幫母·非母에 편입하면 기존의 대립관계에 변화가 일어나지 않는다. 우리는 이 편입 방향을 택한다. 이와는 달 리 滂母·敷母를 並母·奉母에 편입하면 滂母·敷母가 새로이 幫母·非母와 음운

---

22 (22.1)의 예에서 볼 수 있듯이, 滂母·敷母는 並母·奉母와 음운대립을 이룰 수 있지만 이 음운대 립은 차용어의 표음자가 대립 항이므로 사실은 불확실하다.

302

론적으로 대립하게 된다. 이때에는 기존의 음운대립 관계, 즉 滂母·敷母가 幫母·非母와 음운대립을 이루지 않는다는 관계를 무시하게 된다. 따라서 이 편입 방향은 잘못된 것이다. 결론적으로, 우리는 변이음을 음소에 편입할 때에는 기존의 음운대립을 파괴하지 않는 쪽으로 편입한다. 보편적 관점에서 상대적으로 有標的인 項을 無標的인 項으로 편입한다는 것은 앞에서 이미 말한 바 있다.

그런데 중요한 반론 하나가 우리를 기다리고 있다. 한어 중고음으로 고구려어 표음자를 분석하면, 고구려어의 음운체계가 결과적으로 한어 중고음의 음운체계와 같아질 수밖에 없다는 반론이다.

이 반론이 옳지 않다는 것이 滂母로 증명된다. 위에서 논의한 것처럼, 고구려어 표음자를 분석해 보면 滂母 [$*p^h$]가 음소가 아니라 변이음이다. 그런데『世說新語』의 대화문 用字를 분석해 보면 滂母 /$*p^h$/가 변이음이 아니라 음소이다(이승재 2016가). 이 자료의 2,266자를 대상으로 삼아, 동일한 방법으로 분포 분석표를 작성하여 최소대립 쌍을 찾아보았다. 그랬더니, 幫母·非母 /$*p$/와 滂母·敷母 /$*p^h$/의 최소대립 쌍이 40쌍이었고, 幫母·非母 /$*p$/와 並母·奉母 /$*b$/의 최소대립 쌍이 84쌍이었다. 滂母·敷母 /$*p^h$/와 並母·奉母 /$*b$/의 최소대립 쌍도 58쌍이나 되었다. 따라서 5세기 전반기의 중국 南朝語에서는 /$*p^h$/가 변이음이 아니라 음소임이 분명하다.

동일한 음운체계와 동일한 분석 방법을 적용했는데도, 고구려어에서는 滂母가 변이음 [$*p^h$]이고 南朝語에서는 음소 /$*p^h$/이다. 따라서 동일한 음운체계 즉 한어 중고음을 적용했다 하더라도, 분석 대상인 표음자 집합이나 用字 집합이 서로 다르면 음운체계가 서로 다르게 나타난다고 보아야 한다. 이것은 고구려어 표음자를 분석할 때에 한어 중고음의 음운체계를 적용해도 방법론적으로 아무런 잘못이 없다는 것을 말해 준다.

『世說新語』의 대화문 用字가 2,266자인 데에 비하여, 멸망 이전에 기록된 고구려어 표음자는 340자에 불과하다. 따라서 이 표음자 집합이 너무 적은 것 아닌가 하고 의문을 제기할 수 있다. 그리하여 용례의 부족으로 인한 우연적인 사실을 그 언어의 특징이라고 논의하는 것은 잘못된 결론에 도달할 위험성이 크다고 비판할 수 있다. 언뜻 보기에 맞는 말인 것 같지만 사실은 정반대이다.

이 비판은 매우 중요하고도 종합적인 비판인데, 여기에는 간과할 수 없는 전제가 숨겨져 있다. 용례가 부족하면 거의 대부분 우연적인 일로 보아야 한다는 전제이다. 이 전제에 따르면 순음의 차청인 滂母 [*pʰ]의 용례가 네 자뿐이고, 敷母 [*fʰ]의 용례가 세 자뿐이라는 것을 우연한 일이라고 해석하여 더 이상의 논의를 포기한다. 그러나 전청자(31자)나 전탁자(25자)에 비하여 차청자(7자)의 용례가 적은 것은 체계적인 차이라고 해석해야 한다. 고구려어에서 차청을 자음으로 가지는 단어가 없었거나 아주 희소했기 때문에 차청자가 거의 사용되지 않았을 가능성이 크기 때문이다.

고구려어 표음자에는 성모가 俟母인 것이나(5장 5절의 치음 마찰음 참고) 운모가 耕韻 2등인 것이(6장 4.3절의 梗攝 참고) 하나도 없다. 이처럼 용례가 없다고 하여 俟母나 耕韻 2등에 대한 논의를 포기하는 것이 옳을까? 그렇지 않다. 오히려 정반대이다. 고구려어 표음자에 俟母字가 없다는 것은 거꾸로 고구려어에서 유성 권설음 [*ʑ]가 음소가 아니었음을 말해 주는 적극적인 증거이다. 耕韻字가 사용되지 않았다는 것은 耕韻 2등과 庚韻 2등의 음운대립이 없었다는 적극적 증거이다. 따라서 우리는 용례가 부족하다 하여 논의를 포기하는 것이 아니라, 이것을 적극적으로 해석하여 음운체계 연구에 반영한다.

우리는 全數調査를 통하여 고구려어 표음자를 망라하였다. 따라서 구조주의 음운론에서 강조하는 '충분한 양의 자료'를 확보한 다음에 논의를 시작한 것이다. 또한 '전형적인 자료'를 망라해야 한다는 요건도 충족한다. 고구려어 표음자는 고구려어를 표기하기 위하여 엄격하게 선정된 표음자이기 때문에 '전형성'을 이미 갖추었다. 따라서 우리가 분석의 대상으로 삼은 표음자에는 구조주의의 관점에서 전혀 문제될 것이 없다.

이 표음자에서 차청자의 용례가 현저하게 적다는 것은 있는 그대로의 사실이다. 그 원인을 고구려어의 자음체계에서 찾을 수 있다. 고구려어에서는 [*pʰ]나 [*fʰ]가 음소의 자격을 얻지 못했다. 이들이 고구려어에서 음소가 아니었으므로 고구려인들은 군이 차청자를 활용하지 않았다. 따라서 차청자가 현저하게 희소한 것은 고구려어의 자음체계를 정확하게 반영한 것이라고 해석해야 한다. 용례의 희소성이 오히려 음운체계를 정확하게 반영한다는 점을 다시 강조해 둔다.

우리의 논리가 마치 순환 논리인 것처럼 보일지도 모른다. 그러나 그렇지 않다. 고구려어에서 유기음 [*pʰ]나 [*tʰ]가 음소가 아니었으므로, 고구려어의 표기에 차청자가 아주 드물게 사용되었다고 이해하면 된다. 이것이 순환 논리가 아님을 밝히기 위해서 현대 한국어의 로마자 표기와 대비해 가면서 설명해 보자.

현대 한국어에서는 /f/가 음소가 아니기 때문에 한국어를 로마자로 표기할 때에 字素 'f'는 아예 사용되지 않는다. '프라이, 프렌드' 등의 일부 차용어를 'f'로 표기할 수도 있지만, 순수 한국어 단어에서는 'f'를 사용하지 않는다.[23] 이것은 고구려 발음을 한자음을 빌려 표기할 때에 차청자가 거의 나타나지 않는 상황에 비유할 수 있다.

현대 한국어를 로마자로 표기할 때에 字素 'f'로 표기된 것이 없거나 희소하다는 사실을 어떻게 해석해야 할까? 위의 비판처럼 'f'의 희소성을 들어 논의 대상에서 제외해야 할까? 이것은 잘못이다. 'f'의 희소성은 현대 한국어의 자음체계에 음소 /f/가 없다는 것을 증명해 주는 결정적인 자료이다. 그런데도 'f'의 용례가 희소하다는 점만을 들어 논거에서 제외하면, 현대 한국어의 자음체계에 음소 /f/가 없다는 명백한 사실을 놓치게 된다. 이와 마찬가지로 고구려어의 한자 표기에서 차청자가 아주 희소하다는 사실을 용례의 부족으로 인한 우연적인 사실이라 하여 방치할 수 있을까? 이 희소성을 핑계로 논의를 포기하면, 고구려어 자음체계에 유기음 음소 /*pʰ/나 /*tʰ/가 없었다는 명백한 사실을 놓치게 된다. 따라서 우리는 자료의 희소성이 오히려 음운체계에 대해서 시사하는 바가 훨씬 많다고 해석한다.

결론적으로, 全數調査가 전제되어 있다면 자료의 희소성을 '우연한 일'로 해석할 것이 아니라 '체계적인 현상'이라고 해석해야 할 것이다.

5.4. 舌音

설음에는 端組, 知組, 來組의 세 가지가 있다. 端組와 知組는 중국 음운학에서 각각 舌頭音과 舌上音이라 칭한다. 來組는 半舌音이라고 칭하는 것으로서 流音

---

23 각종의 한국어 로마자 표기에서 실제로 'f'는 사용되지 않는다.

만을 가리키는데, 漢語에는 유음이 /l/ 하나밖에 없다. 따라서 고구려어에서 /*l/과 /*r/이 구별되었는지를 한자음으로는 원천적으로 알 수가 없다.

고구려어 설음에서 논의의 초점이 되는 것은 설두음과 설상음의 구별이 있었는가 하는 문제, 娘母 [*ɲ]가 독자적인 음소였는가 하는 문제, 차탁 설음의 泥母와 치음의 日母가 어떤 관계인가 하는 문제 등이다. 이토 지유키(2011)은 한국 중세 한자음에 대한 연구이기 때문에 日母를 치음으로 분류했지만, 고구려어에서는 설음으로 분류하는 것이 더 나을 것이다.

(24) 설음의 성모와 고구려어 표음자의 용례 수

		全清	次清	全濁	次濁
舌音	端組	端 t 29/30	透 t^h 13	定 d 23	泥 n 16/18
	來組				來 l 56/64
	知組	知 t 12/14	徹 t^h 1	澄 d 12/13	娘 ɲ 3

위의 용례 수에서 볼 수 있듯이, 고구려어 표음자 중에서 來母字는 56자나 된다. 따라서 고구려어에서 來母 /*l/이 독자적 음소일 가능성은 아주 크다. 반면에, 徹母 [*t^h]와 娘母 [*ɲ]의 용례는 각각 한 자와 세 자에 불과하므로, 이들은 고구려어의 음소가 아닐 것이다. 그러나 이 수치만으로 결론을 내리면 안 된다. 최소대립 쌍의 유무를 반드시 확인해야 하고, 그런 다음에 徹母 [*t^h]와 娘母 [*ɲ]를 고구려어 음소목록에서 제외해도 늦지 않다.

먼저, 차탁에 속하는 來母 /*l/, 泥母 /*n/, 娘母 [*ɲ]의 분포 분석표를 작성해 보면 다음과 같다.

(25) 고구려어 舌音의 泥母字·來母字·娘母字의 분포 분석표

攝	舌音	次濁		
		泥 n 16/18	來 l 56/64	娘 ɲ 3
果攝 歌1 戈1 戈3		$_1$那$_歌^L$開	$_1$羅$_歌^L$開 $_1$邏$_歌^D$開	
假攝 麻2 麻AB				

舌音 / 攝	次濁		
	泥 n 16/18	來 l 56/64	娘 ṇ 3
遇攝 模1 魚C 虞C	$_1$奴$_模^L$ $_1$孥$_模^L$	$_C$呂$_魚^R$ $_C$閭$_魚^L$ $_1$盧$_模^L$ $_1$魯$_模^R$ $_C$婁$_虞^R$	$_C$女$_魚^R$
效攝 豪1 肴2 宵A 蕭	$_1$惱$_豪^R$	$_1$老$_豪^R$ 遼$_蕭^L$ $_4$僚$_蕭^L$	
流攝 侯1 尤C		$_1$婁$_侯^L$ 鏤$_侯^L$ $_1$漊$_侯^L$ $_C$留$_尤^L$ $_C$流$_尤^L$ $_C$琉$_尤^L$ $_C$劉$_尤^L$ $_C$瑠$_尤^L$	$_C$紐$_尤^R$
止攝 支A,B,AB 之C 微C 脂A,AB		開$_{AB}$離$_支^{L/D}$ 開璃$_支^L$ 開$_{AB}$驪$_支^{L/D}$ $_C$吏$_之^D$ 開李$_之^R$ 開里$_之$ 開理$_之^R$ $_C$裏$_之$ 開$_{AB}$利$_脂^D$ 合$_{AB}$類$_脂$ 合累$_支^D$	
蟹攝 咍1 灰1 泰1 齊4 祭 夬 佳2	開$_1$奈$_泰^D$ 合$_1$內$_灰^D$ 開$_1$乃$_咍^R$ 開$_1$耐$_咍^D$ 開$_4$泥$_齊^{L/D}$	開$_4$禮$_齊^L$ 開$_1$來$_咍^L$ 開$_4$麗$_齊^D$ 開$_{AB}$厲$_祭^D$	
梗攝 庚2B 清AB 青4	開$_4$寧$_青^L$	開$_{AB}$令$_清^L$ 開$_{AB}$領$_清^R$ 開$_{AB}$零$_清^L$ 開$_4$零$_青$	
咸攝 談1 覃1 嚴C 鹽AB 凡C 咸 銜 添	$_1$南$_覃^L$ $_1$男$_覃^L$	$_1$攬$_談^R$	$_{AB}$黏$_鹽^L$
山攝 寒1 桓1 先4 仙AB 元C 山2	開$_1$難$_寒^{L/D}$	開蘭$_寒^L$ 開$_{AB}$連$_仙^L$ 開$_{AB}$璉$_仙^R$ 開$_{AB}$列$_仙^E$ 開零$_仙^L$	
宕攝 唐1 陽C		開樂$_唐^E$ 開$_1$絡$_唐^E$ 開郎$_唐^L$ $_C$亮$_陽^D$ $_C$良$_陽^L$ $_C$量$_陽^{L/D}$	
江攝 江			
深攝 侵AB		$_{AB}$林$_侵^L$ $_{AB}$琳$_侵^L$ $_{AB}$臨$_侵^{L/D}$	
臻攝 魂1 欣C 痕1 眞AB 文C 諄AB	合$_1$訥$_魂^E$	開$_{AB}$栗$_眞^E$ 合$_{AB}$輪$_諄^L$	
曾攝 登1 蒸C 職	開$_1$能$_登^L$	開$_C$力$_蒸^E$	
通攝 東1C 鍾C 冬	$_1$農$_冬^L$	$_1$祿$_東^E$ $_C$隆$_東^L$ 龍$_鍾^L$ $_C$綠$_鍾^E$ $_C$淥$_鍾^E$	

위의 분석표에서 泥母와 來母의 최소대립 쌍을 찾아보면 다음과 같다. 대립 성립의 시기가 멸망 이전인 것에는 용례를 일일이 달았고, 멸망 이후인 것은 번거로움을 피하여 텍스트명만 밝혔다.

(26) 泥母와 來母의 최소대립 쌍과 그 용례

  1. 那[泥開1平歌]=나^L {那旦城^百, 散那城^百(광개), 那婁(삼존불), 尉那嵒城(지리), 那河(당서), 貫那/貫那部, 貫那夫人, 椽那/椽那部/椽那, 尉那巖/尉那巖城, 沸流那/沸流那部, 提那部, 桓那/桓那部(사)}

   羅[來開1平歌]=라^L {加太羅谷, 古模耶羅城^百, 莫□羅城^百, 芬而耶羅城^百(광개), 延爾普羅(유인원), 何瑟羅州(지리), 羅雲(사)}

  2. 奴[泥中1平模]=노^L {灌奴部, 消奴部, 順奴部, 絶奴部(삼국, 후한, 양서, 남사), 涓奴部(삼국, 후한), 貫奴城^百, 豆奴城^百, 閨奴城^百, 巴奴城^百(광개), 賭奴(삼존불), 奴久(위서), 愼奴部(양서, 남사), 今勿奴郡, 奴音竹縣, 仍伐奴縣, 骨衣奴縣(지리), 奴流枳(일), 灌奴部, 伐奴城, 消奴部, 順奴部, 絶奴部(당서), 高奴子, 民奴各, 扶芬奴, 消奴加, 召西奴, 餘奴(사)}

   盧[來中1平模]=로^L {對盧(삼국, 후한, 양서, 남사, 수서, 천남산, 구당, 당오, 사), 大對盧(삼국, 주서, 북사, 구당, 당서, 구오, 사), 鴨盧, 各模盧城^百, 臼模盧城^百, 牟盧城^百, □古盧^百(광개), 葛蔓盧(위서, 북사), 葛盧(위서), 葛尾盧(북사), 太大對盧(천남생, 천헌성, 사), 瓠盧水(김인문), 發盧河, 瓠盧河(당서), 葛盧孟光, 檀盧城, 麻盧, 藥盧(사), 藥盧(유)}

  3. 孥[泥中1平模]=노^L {사기}
   盧[來中1平模]=로^L {금석, 중국, 당서, 사기, 유사}

  4. 惱[泥中1上豪]=노^R, 로 {지리, 사기}
   老[來中1上豪]=로^R {사기}

  5. 泥[泥開4去齊]=녜^H {지리}
   麗[來開4去齊]=려^R {금석, 중국, 당서}

  6. 難[泥開1平寒]=난^L, 란^L {지리}
   蘭[來開1平寒]=란^L {사기, 유사}

(26)의 예들이 모두 泥母와 來母의 최소대립 쌍이다. (26.1)의 대립 항 '那'와 '羅'는 광개토대왕비가 세워진 414년에, (26.2)의 '奴'와 '盧'는『삼국지』가 편찬된 3세기 후반에 이미 음운대립이 성립한다. 따라서 泥母 /*n/과 來母 /*l/을 고구려의 자음 음소로 등록한다.[24]

舌上音인 娘母는 세 자의 용례밖에 없다. 이 娘母가 泥母와 최소대립을 이루는 예는 없지만 來母와 최소대립을 이루는 쌍이 하나 있다. 그러나 이 대립은『삼국사기』에 와서야 비로소 성립한다. 이처럼 대립 성립의 시점이 늦은 것은 진정한 의미의 고구려어 최소대립 쌍에서 제외한다.

(27) 娘母와 來母의 최소대립 쌍과 그 용례

呂[來中C上魚]=려^R {許呂使主(성)}

女[娘中C上魚]=녀^H 女[日中C上魚]=셔^R, 예^R {后女(사)}

(27)의 대립 쌍을 고구려어의 최소대립 쌍에서 제외하므로 娘母 [*ɲ]는 독자적 음소가 아니다. 따라서 다른 음소의 변이음이라 해야 되는데, 娘母 [*ɲ]를 어느 성모에 편입해야 할까? 앞에서 우리는 이에 대한 답안을 내놓은 바 있다. 기존의 음운대립을 파괴하지 않는 쪽이므로 來母가 아니라 日母에 娘母를 편입해야 한다. 娘母와 日母는 상보적 관계이지만, 娘母와 來母는 (27)에서 볼 수 있듯이 음운론적으로 대립할 수 있다. 고구려의 娘母字인 '女, 紐, 黏'은 모두 3등이므로 介音 /*j/를 가진다. 아래의 (28)에서 볼 수 있듯이, 日母도 그러하므로 娘母를 日母에 편입하는 것이 정확하다. 실제로 '女'는 娘母字이면서 동시에 日母字이다. 娘母字 '黏'의 한어 중고음은 [娘中AB平鹽]이므로 '*념/냠' 정도로 추정된다. 그런데도 후대의 한국 한자음에서 '점'이라 표음한 것은 '占' 聲符에 유추된 것이다.[25]

---

24 3章의 음절별 음운 분석에서는 이 두 음소가 누락된 바 있다. 물론 '나' 음절과 '라' 음절을 대비하면 되겠지만, 어느 음절까지 대비의 대상으로 삼아야 하는지 경계를 긋기가 어렵다. 이 점이 음절별 음운 분석의 한계이다.

25 현대 북경어에서도 '黏'의 성모는 [niɑn]의 [n]이다. 그러나 한국 중세음 '뎜'의 'ㄷ'이 한어 상고음의 흔적일 가능성도 있다. 최희수(1986: 66~7)에서는 '黏'의 한어 상고음이 複聲母 /*nt/를 가지므로 '뎜'은 상고음을 수용한 것이라 하였다.

이제, 泥母와 日母의 관계를 논의해 보기로 한다. 娘母는 물론 日母 열에 넣었다.

(28) 고구려어 舌音 泥母字와 齒音 日母字의 분포 분석표

聲母 攝	舌音 泥 n 16/18	齒音 日 ɲ 24/25[26]
果攝 歌1 戈1 戈3	$開_1$那$_歌^L$	
假攝 麻2,AB		$_{AB}$若$_麻^R$
遇攝 模1 魚C 虞C	$_1$奴$_模^L$ $_1$笯$_模^L$	$_C$如$_魚^L$ $_C$女$_魚^R$ 娘$_C$女$_魚^R$ $_C$儒$_虞^L$ / $_C$孺$_虞^D$
效攝 豪1 肴2 宵A 蕭	$_1$惱$_豪^R$	
流攝 侯1 尤C		娘$_C$紐$_尤^R$
止攝 支A,B,AB 之C 微C 脂A,AB		$開_{AB}$爾$_支^R$ $開_C$而$_之^L$
蟹攝 咍1 灰1 泰1 齊4 祭 夬 佳2	$開_1$奈$_泰^D$ $合_1$內$_灰^D$ / $開_1$乃$_咍^R$ $開_1$耐$_咍^D$ / $開_4$泥$_齊^{L/D}$	$合_{AB}$芮$_祭^D$
梗攝 庚2,B 清AB 青4	$開_4$寧$_青^L$	
咸攝 談1 覃1 鹽AB 嚴C 凡C 咸 銜 添	$_1$南$_覃^R$ $_1$男$_覃^L$	$_{AB}$冉$_鹽^R$ 娘$_{AB}$黏$_鹽^L$
山攝 寒1 桓1 先4 仙AB 元C 山2	$開_1$難$_寒^{L/D}$	$開_{AB}$熱$_仙^E$ $開_{AB}$然$_仙^L$
宕攝 唐1 陽C		$開_C$若$_陽^E$ $開_C$壤$_陽^R$ $開_C$穰$_陽^L$ / $開_C$禳$_陽^L$ $開_C$讓$_陽^D$
江攝 江		
深攝 侵AB		$_{AB}$任$_侵^D$
臻攝 魂1 欣C 眞AB 文C 痕1 諄AB	$合_1$訥$_魂^E$	$開_{AB}$人$_眞^L$ $開_{AB}$仁$_眞^L$ $開_{AB}$日$_眞^E$ / $合_{AB}$閏$_諄^D$
曾攝 登1 蒸C 職	$開_C$能$_登^L$	$開_C$仍$_蒸^L$
通攝 東1C 鍾C 冬	$_1$農$_冬^L$	$_C$褥$_鍾^E$ $_C$傉$_鍾^E$ $_C$辱$_鍾^E$

위의 분포 분석표를 이용할 때에, 동일 행에 온 표음자 중에서 開合·等·韻母·聲調가 동일한 쌍을 찾아본다. 그런 쌍을 전혀 찾을 수 없다. 이것은 泥母와 日母가 상보적 분포를 이루고, 최소대립 쌍이 없다는 뜻이다. 遇攝에서 泥母는 항상

---

26 娘母字 세 자를 여기에 편입했으므로 실제로는 27/28자이다.

1등인 模韻의 앞에 오고, 日母는 항상 3등 C인 魚韻이나 虞韻의 앞에 온다. 咸攝에서 泥母는 항상 1등인 覃韻의 앞에 오고, 日母는 3등 AB인 鹽韻의 앞에 온다. 이처럼 泥母와 日母의 분포가 상호 배타적인데, 이것을 더 쉽게 기술하는 방법이 있다. (28)에서 확인할 수 있듯이, 泥母字는 1등 또는 4등이다. 반면에, 日母字는 항상 3등이다. 泥母와 日母의 분포가 等에서 상보적이므로 이 둘을 하나의 음소 /*n/으로 묶을 수 있다.[27] 이것은 日母를 치음으로 분류하는 것보다 설음으로 분류하는 것이 바람직함을 보여 준다.

日母에 대한 논의를 마치기 전에, 日母 대표자 '日'과 한국어의 '날'이 대응한다는 학설을 잠깐 거론하기로 한다. 日母의 /*n/이 'ㄴ'에 대응하는 예로는 '누리(世)'의 의미를 가지는 '儒理≒儒禮'가 '弩禮'로도 표기되는(南豊鉉 2001: 443~4) 예와 彌勒寺址 數詞木簡의 '日古巳, 二□口巳'이 중세 한국어의 '닐곱, 닐굽'(七)에 대응하는 예를 들 수 있다(Lee SeungJae 2014). 그런데 엄익상(2001, 2015)와 장영준(2005)는 日母의 한어 음가가 /*n/이었다는 점을 이용하여, 한국어의 '날'이 '日'의 한어 상고음에서 왔다고 주장했다. 이 견해에 따르면, '날'이 고유어가 아니라 한어 상고음에서 차용한 단어가 된다.

'日'의 중고음은 [日開AB入眞]이므로, 漢語 '日'의 /*n/과 한국어 '날'의 'ㄴ'이 대응한다. 그러나 이 대응에서는 眞韻 3등의 운복 /*i/가 어찌하여 한국어 '날'과 '낮'의 'ㅏ' 모음에 대응하는지를 설명하기가 어렵다. 그리하여 엄익상(2015: 239)는 한국어의 'ㅏ' 모음을 '日'의 한어 상고음 [*njet]의 /*e/에서 비롯된 것이라고 하였다. 그러나 상고음 [*njet]의 /*e/는 한국어에서 'ㅏ'로 반영되는 것이 아니라 'ㅓ'나 'ㅣ'로 반영된다. 더욱이 모음의 차용 시기를 상고음에서 찾는다면, '日'이 한국어에서 '날'이 아니라 '낟'이[28] 되어야 한다. '筆'의 상고음을 차용한 '붇(붓)'에서는 상고음의 운미 /*-t/가 그대로 유지되기 때문이다.

---

27 漢語에서 娘母와 日母가 泥母에 귀속된다는 것을 처음 발견한 학자는 章炳麟(1869~1936년)이다(王力 1980: 243, 李鍾振·李鴻鎭 역). 鄭光(2011: 476)에서는 고구려어의 日母가 /*z/인 것처럼 기술했으나, 전기 중고음과 고구려어에서 /*z/에 대응하는 성모는 日母가 아니라 邪母이다.
28 이 점에서 한어 상고음의 '日'이 한국어의 '날'에 대응하는 것이 아니라 '낮'에 대응한다고 보는 것이 더 좋다. 그런데 이때에는 '낮'이 '日'이 아니라 '晝夜'의 '晝'에 대응한다는 점이 문제로 남는다. 고대어에서 '日'과 '晝'의 의미가 동일했다는 것을 증명하는 일만 해도 여간 힘든 일이 아닐 것이다.

韻腹과 韻尾가 한 덩어리로 뭉쳐져서 운을 이룬다는 데에는 異論이 없다. 따라서 운복의 일치를 기술할 때에는 상고음 /*e/를 수용한 것이라 하고, 운미의 일치를 기술할 때에는 중고음 시기의 한국 고대음 /*-l/을 이용하는 것은 자기모순에 해당한다. 하나의 운을 수용할 때에는 운복과 운미를 동시에 수용하는 것이 원칙이기 때문이다. 운복은 상고음 /*e/를 차용하되, 운미는 7세기 이전에 일어난 /*-t > *-l/ 변화의[29] /*l/을 활용하는 것은 耳懸鈴鼻懸鈴에 해당한다. 이 자의성 때문에 우리는 '날'과 '日'의 同源說을 신뢰하지 않는다. 반면에, '儒理늑 儒禮'와 '弩禮'가 '누리'에 대응하는 것과 목간 자료의 '日, 二□'가 수사 '닐곱, 닐굽'(七)의 '닐'에 대응하는 것은 신뢰할 만하다.

이제, 앞에서와 같은 방법으로 全淸의 端母와 知母, 次淸의 透母와 徹母, 全濁의 定母와 澄母를 합하여 설음의 분포 분석표를 작성해 보기로 한다.

(29) 고구려어 설음의 全淸·次淸·全濁의 분포 분석표

舌音 / 攝	全淸		次淸		全濁	
	端 t 29/30	知 t 12/14	透 tʰ 13	徹 tʰ 1	定 d 23	澄 d 12/13
果攝	開$_1$多$_歌^L$					
假攝						開$_2$茶$_麻^L$
遇攝	$_1$都$_模^L$ $_1$賭$_模^R$ $_1$覩$_模^R$		$_1$土$_模^R$ $_1$吐$_模^D$		$_1$杜$_模^R$ $_1$度$_模^D$	
效攝	$_1$刀$_豪^L$ $_4$蔦$_蕭^R$ $_4$鳥$_蕭^R$	AB朝$_宵^L$			$_1$道$_豪^R$	AB朝$_宵^L$
流攝	$_1$斗$_侯^R$				$_1$頭$_侯^L$ $_1$豆$_侯^D$	

---

29 엄익상(2015: 342)는 /*-t > *-l/의 변화가 한국 한자음 자체 내에서 일어났고 그 변화 시기를 7세기 이전이라 했다. 한국 한자음 자체 내에서 이 변화가 일어났다는 점에는 동의하지만 우리는 그 변화 시기가 7세기 중엽 이후라고 본다(Lee SeungJae 2014). 또한 이 변화는 신라어에서만 일어났고 백제어와 고구려에서는 일어나지 않았다고 본다.

舌音 ＼ 攝	全清		次清		全濁	
	端 t 29/30	知 ȶ 12/14	透 tʰ 13	徹 ȶʰ 1	定 d 23	澄 ȡ 12/13
止攝		開$_{AB}$知$_支^{L/D}$ 開$_{AB}$智$_支^{D}$ 開$_{AB}$致$_脂^{D}$		開$_C$恥$_之^{R}$	開$_{AB}$地$_脂^{D}$	開$_C$治$_之^{L/D}$ 開$_{AB}$雉$_脂^{R}$
蟹攝	開$_1$戴$_咍^{D}$ 開$_4$底$_齊^{R}$ 開$_4$弖$_齊^{R}$ 開$_4$帝$_齊^{D}$ 合$_1$對$_灰^{D}$ 開$_1$帶$_泰^{D}$		開$_1$台$_咍^{L}$ 開太$_泰^{D}$ 開$_1$泰$_泰^{D}$		開$_1$大$_泰^{D}$ 開$_4$提$_齊^{L}$ 開$_1$臺$_咍^{L}$ 開$_1$代$_咍^{D}$	開$_{AB}$彘$_祭^{D}$
梗攝	開鼎$_青^{R}$ 開$_4$丁$_青^{L}$	開$_{AB}$貞$_清^{L}$			開$_4$狄$_青^{E}$	
咸攝	$_1$答$_覃^{E}$				$_1$曇$_覃^{L}$ $_1$談$_談^{L}$ $_1$啖$_談^{R}$	
山攝	開$_1$旦$_寒^{D}$ 合$_1$端$_桓^{L}$ 合$_1$咄$_桓^{E}$ 開$_4$典$_先^{R}$		開$_4$天$_先^{L}$ 開鐵$_先^{E}$ 合$_1$湍$_桓^{L}$ 合$_1$脫$_桓^{E}$		開$_1$檀$_寒^{L}$ 開$_4$達$_先^{E}$ 開$_4$田$_先^{L}$ 合$_1$脫$_桓^{L}$ 開$_4$跌$_先^{E}$	合$_{AB}$瑑$_仙^{D}$ 合$_{AB}$椽$_仙^{L}$
宕攝		開$_C$長$_陽^{R}$	開$_1$託$_唐^{E}$ 開$_1$湯$_唐^{L}$			開$_C$長$_陽^{L}$
江攝		$_2$卓$_江^{E}$				$_2$幢$_江^{L}$
深攝						
臻攝	合$_1$敦$_魂^{L}$ 合$_1$頓$_魂^{D}$ $_1$咄$_魂^{E}$	開$_{AB}$鎮$_真^{D}$	開$_1$吞$_痕^{L}$		合$_1$突$_魂^{E}$ 合$_1$屯$_魂^{L}$	
曾攝	開德$_登^{E}$ 開$_1$得$_登^{L}$	開$_C$徵$_蒸^{L}$			開$_1$騰$_登^{L}$	開$_C$直$_蒸^{E}$
通攝	$_1$東$_東^{L}$ $_1$董$_東^{R}$ $_1$督$_冬^{E}$ $_1$冬$_冬^{L}$	$_C$竹$_東^{E}$ $_C$中$_東^{L/D}$ $_C$忠$_東^{L}$	$_1$通$_東^{L}$		$_1$童$_東^{L}$	$_C$仲$_東^{D}$ $_C$蟲$_東^{L}$

위의 분포 분석표에서 전청인 端母와 知母의 분포를 먼저 대비해 보면, 이 둘이 상보적 분포이다. 달리 말하면 최소대립 쌍을 하나도 찾을 수 없다. 차청인 透母와 徹母도 마찬가지이고, 전탁인 定母와 澄母도 마찬가지이다. 이것을 等의 차이로 기술하면 더 쉽다. 端母, 透母, 定母의 舌頭音은 1등과 4등인 운모의 앞에 오고 知母, 徹母, 澄母의 舌上音은 2등과 3등인 운모의 앞에 온다.[30] 이것은 舌頭音과 舌上音의 분포가 상보적임을 뜻하고, 나아가서 이 둘의 구별이 고구려어에 없었음을 말해 준다. 이것은 전기 중고음에서도 마찬가지이므로 특별히 고구려어만의 특징이라고 할 수 없다.

한국 중세 한자음의 기원을 논의할 때에 설두음과 설상음의 구별이 없다는 것은 아주 중요한 지표가 된다. 姜信沆(2011가)는 한국 중세음과 魏晉南北朝音의 대비를 통하여, 첫째로 설두음과 설상음의 구별이 없고 둘째로 순중음과 순경음의 구별이 없으며 셋째로 치두음과 정치음의 구별이 없다는 공통점을 들었다. 그런데 희한하게도 위의 세 가지 특징이 고구려어에서도 공통된다. 羅常培(1933)은 설상음이 한어에서 구개음화한 시기가 8세기경이라 했다. 이것은 한국 중세음의 기원이 그 이전으로 소급함을 의미한다.[31]

그렇다면 端母와 知母를 하나의 음소 端母 · 知母 /*t/로, 透母와 徹母를 하나의 음소 透母 · 徹母 /*tʰ/로, 定母와 澄母를 하나의 음소 定母 · 澄母 /*d/로 일단 묶을 수 있다. 그런데 이때에는 透母 · 徹母 /*tʰ/와 定母 · 澄母 /*d/가 독자적인 음소임을 다시 논증해야 한다.

이것을 확인하기 위해 端母 · 知母와 透母 · 徹母의 최소대립 쌍을 찾아보면, 다음의 여섯 쌍이 나온다.

(30) 端母 · 知母와 透母 · 徹母의 최소대립 쌍과 그 용례

1. 東[端中1平東]=동ᴸ {東部(삼국, 후한, 당서, 사), 東盟(삼국, 후한), 東夫餘(광개), 東明/東明王(삼국, 양서, 북사, 수서, 사, 유), 東吐縣(지리), 東襄, 東沃沮, 東

30 止攝의 定母 열에 온 '開ABᴅ地膱ᴰ'는 예외이다.
31 兪昌均(1980)과 최희수(1986: 70~1)에서는 이것을 논거로 삼아 한국 중세음의 기원을 한어 상고음에서 찾았다.

賺, 東黃城(사)}

通[透中1平東]=동^L {通事(삼국)}

2. 睹[端中1上模]=도$^{R/L}$ {睹奴(삼존불)}

土[透中1上模]=토^H {廣開土境/廣開土地/(광개, 호태), 大開土地(모두), 開土
王(사), 廣開土王(사)}

3. 帶[端開1去泰]=딕^R {帶固(삼국)}

太[透開1去泰]=태$^{R/H}$ {太大兄(삼국, 주서, 천남생, 구당, 사), 太大夫使者(삼국),
太學博士(삼국, 사), 太子河(후한), 加太羅谷(광개), 好太王(광개, 일), 太大使
者(주서, 북사, 수서, 당서, 사), 太傅(양서), 太奢(위서), 太大對盧(천남생, 천헌
성, 사), 太大莫離支(천헌성, 천남산), 太莫離支(천남생), 跌思太(구당), 太守
(사)}

4. 帶[端開1去泰]=딕^R {帶固(삼국)}

泰[透開1去泰]=태^R {峽跌思泰(구당, 당서)}

5. 端[端合1平桓]=단^L {貴端城/貴湍水(구당, 당서)}

湍[透合1平桓]=단^L {貴端城/貴湍水(구당, 당서, 지)}

6. 咄[端合1入桓]=달 {咄固(사)}

脫[透合1入桓]=탈 {述脫(사)}

이 중에서 고구려 멸망 이전에 음운대립이 성립하는 것은 (30.1~3)의 세 쌍이
다. 달리 말하면, 340자 세트에서 확인되는 端母·知母와 透母·徹母의 최소대립
쌍이 세 쌍이라는 뜻이다. (30.1)의 대립 항인 '東'과 '通'은 3세기 후반의 『삼국
지』에서, (30.2)의 '睹'와 '土'는 571년의 삼존불에서, (30.3)의 '帶'와 '太'는 3세기
후반의 『삼국지』에서 대립이 성립한다. 따라서 고구려어에서는 端母·知母 /*t/
에 음운론적으로 대립하는 透母·徹母 /*tʰ/가 3세기 후반에 이미 독자적 음소였
다고 할 수 있다.

그런데, 위의 기술을 정말로 믿을 수 있을까? 많은 학자들이 한국의 고대어에 유
기음이 없었다고 주장하기 때문에 이 질문을 던지게 된다. 또한 (30.1~3)의 대립
항인 '通, 睹, 帶'의 용례가 각각 하나밖에 없으므로 정밀하게 검토할 필요가 있다.

(30.1)의 용례인 '通事'는 『한국민족문화대백과사전』에 따르면 고구려 말기의 관직이므로 『三國志』(上195)에 이 용례가 나온다고(宋基中·南豊鉉·金永鎭 1994: 185) 한 것을 믿기가 어렵다. 더 중요한 것은 '通事'가 차용어일 가능성이 있다는 점이다. 이에 따라 중국의 여러 관명 중에 '通事'가 있는지를 검토해 보았는데, 중국의 관명에서는 검색되지 않는다. 그렇더라도 '通事'가 문화어의 일종임이 분명하므로, (30.1)의 최소대립 쌍을 음운대립의 논거에서 제외하는 것이 안전할 것이다.

반면에, (30.2)와 (30.3)의 대립 쌍에는 전혀 잘못이 없다. (30.2)의 용례인 '賭奴'는 고구려 금석문의 일종인 삼존불(571년)에 나오므로 바로 믿을 만하다. (30.3)의 '帶固'는 "宮遣主簿笮杳,帶固等 出安平, 与宏相見"의 문맥에 나온다. 이것은 "宮이 主簿인 笮杳와 帶固 등을 보내어 安平(城)을 나와 宏과 만났다" 정도로 번역할 수 있다. 이곳의 '宮'은 '(高)句驪王宮'을 줄인 것이고 '宏'은 魏의 장수이므로, '主簿' 직책이었던 '笮杳'와 '帶固'는 고구려 인명임이 분명하다. 따라서 (30.3)의 최소대립 쌍을 믿을 수 있다. 이에 따라 端母·知母 /*t/와 透母·徹母 /*tʰ/의 음운대립을 신빙하기로 한다.

다음으로, 端母·知母 /*t/와 定母·澄母 /*d/의 최소대립 쌍을 찾아본다. 9쌍의 최소대립 쌍 중에서 고구려 멸망 이전에 대립이 성립하는 것은 (31.1)의 하나뿐이다. 나머지는 멸망 이후에 음운대립이 성립하므로 텍스트명으로 용례를 대신했다.

(31) 端母·知母 /*t/와 定母·澄母 /*d/의 최소대립 쌍과 그 용례

1. 帶[端開1去泰]=딕ᴿ {帶固(삼국)}

大[定開1去泰]=대ᴿ/ᴴ, 태ᴴ {大使者(삼국, 모두, 중원, 주서, 북사, 수서, 大兄(삼국, 모두, 중원, 위서, 주서, 북사, 수서, 천남생, 천남산), 大模達(삼국, 당서), 大夫, 次大王(삼국), 大對盧(삼국, 주서, 북사, 구당, 당서), 古鄒大加(후한, 당서, 사), 大加(삼국, 후한, 양서, 남사, 북사, 사), 大朱留王(광개), 大相(고자묘), 大祚(천헌성), 中裏大活(천남산), 太大對盧(천남생, 천헌성), 太大莫離支(천헌성, 천남산), 大古昻加(일), 大興王(일), 王彌夜大理(속), 高大簡(구당), 大行城(당서),

大加, 大輔(사)}

2. 東[端中1平東]=동ᴸ {금석, 중국, 지리, 당서, 사기, 유사}

　童[定中1平東]=동ᴸ {지리}

3. 中[知中C去東]=듕ᴿ {금석, 중국, 당서, 사기, 유사}

　仲[澄中C去東]=듕ᴿ {일본}

4. 忠[知中C平東]=튱ᴸ {당서, 사기}

　蟲[澄中C平東]=튱ᴸ {일본}

5. 賭[端中1上模]=도ᴿ/ᴸ {금석}

　杜[定中1上模]=두ᴿ/ᴴ {사기}

6. 致[知開AB去脂]=티ᴿ {일본}

　地[定開AB去脂]=디ᴴ {중국, 당서}

7. 咄[端合1入桓]=뙇 {사기}

　脫[定合1入桓]=탈 {사기}

8. 敦[端合1平魂]=돈ᴸ {금석}

　屯[定合1平魂]=둔ᴸ {사기}

　　(31.1)의 대립 항 '帶'는 용례가 '帶固' 하나밖에 없으므로 의심의 대상이지만, 앞에서 기술한 것처럼 '帶固'가 고구려 인명임이 분명하다. 따라서 (31.1)의 대립 항 '帶'와 '大'는 분명히 端母·知母 /*t/와 定母·澄母 /*d/의 최소대립 쌍이다. 이에 따라 定母·澄母 /*d/를 고구려어의 음소로 인정해야 하고, 定母·澄母가 음소의 자격을 갖춘 시기는 『삼국지』가 편찬된 3세기 후반이 된다. 결론적으로, 고구려어에서 端母·知母 /*t/와 定母·澄母 /*d/가 음운론적으로 대립했다.

　　이제, 다면대립인 透母·徹母 /*tʰ/와 定母·澄母 /*d/의 최소대립 쌍을 찾아본다.

(32) 透母·徹母 /*tʰ/와 定母·澄母 /*d/의 최소대립 쌍과 그 출전

1. 太[透開1去泰]=태ᴿ/ᴴ {위의 (30.3)의 예(삼국 등)}

　大[定開1去泰]=대ᴿ/ᴴ, 태ᴴ {위의 (31.1)의 예(삼국 등)}

2. 泰[透開1去泰]=태^R {당서}

　 大[定開1去泰]=대$^{R/H}$, 태^H {위의 (31.1)의 예(삼국 등)}

3. 通[透中1平東]=통^L {중국}

　 童[定中1平東]=동^L {지리}

4. 天[透開4平先]=텬^L {금석}

　 田[定開4平先]=뎐^L {일본}

5. 土[透中1上模]=토^H {위의 (30.2)의 예(광개 등)}

　 杜[定中1上模]=두$^{R/H}$ {사기}

6. 吐[透中1去模]=토^H {중국, 지리, 당서, 사기}

　 度[定中1去模]=도$^{R/H}$ {사기}

7. 台[透開1平咍]=틱^L {중국, 사기}

　 臺[定開1平咍]=딕^L {사기}

위의 최소대립 쌍 중에서 고구려 멸망 이전에 대립이 성립하는 것은 (32.1)의 '太'와 '大'이다. 이 둘은 『삼국지』에 이미 나오므로 3세기 후반기가 대립 성립의 시점이 된다. 이때에 이미 透母·徹母 /*tʰ/와 定母·澄母 /*d/가 고구려어에서 최소대립을 이룬다. (32.1)을 제외한 나머지는 모두 멸망 이후에 대립이 성립하므로 용례를 생략하고 텍스트명으로 대신했다.

　그런데 (32.1)의 대립 항인 '太'와 '大'가 동일한 의미로 사용된 예가 있고 한국 전승음에서 동일하게 읽힌 예가 있다. 이것을 논거로 들어 '太'와 '大'가 성모의 최소대립 쌍임을 부정할지도 모른다. 그러나 우리는 한어 중고음을 기준으로 고구려어 표음자를 분석하므로 이 견해를 따르지 않는다. 일부의 한국 한자어에서 '太'와 '大'가 혼용되기는 하지만 이 혼용이 모든 환경에서 일어나는 것은 아니다. 예컨대 고구려 관명에 '大模達'은 있지만 '*太模達'은 없고, '太大莫離支'는 사용되지만 '*大太莫離支'는 사용되지 않는다. 또한 한국 전승음은 8세기 이후의 한자음에 기반을 둔다고 하는 것이 통설이므로 이 전승음을 고구려어 표음자 분석에 바로 대입하는 것은 시기적으로 옳지 않다. 따라서 우리는 '太'와 '大'의 음가를 정할 때에도 일관되게 전기 중고음을 기준으로 삼는다. 이 태도에 따르면 透母 /*tʰ/를 가지는 '太'와 定母 /*d/를 가지는 '大'의 최소대립을 인정할 수밖에 없다.

이제, 설음 음소를 종합해 보기로 한다. 고구려어의 설음 음소로는 /*n, *t, *tʰ, *d/의 4종과 반설음 /*l/이 있었다. 차탁의 泥母 /*n/는 娘母와 日母를 아우른다. 고구려어에서는 설두음과 설상음이 변별되지 않았으므로 설상음을 모두 설두음에 편입한다. 즉 端母·知母는 음소 /*t/로, 透母·徹母는 음소 /*tʰ/로, 定母·澄母는 음소 /*d/로 묶는다.

중요한 것은 고구려어에서 유기음 /*tʰ/와 유성음 /*d/가 음소의 자격을 갖는다는 점이다. 그리하여 무성무기음 /*t/, 무성유기음 /*tʰ/, 유성무기음 /*d/가 三肢的 相關을 이룬다. 이 세 음소 상호 간의 음운대립이 모두 3세기 후반에 성립한다. 따라서 설음에서는 순음에서와 달리, 유성자음과 유기자음이 이른 시기에 이미 발생했다고 할 수 있다.

(33) 설음의 음운대립 시점

그런데 고대어에 유기음이 없었다는 것을 논증하기 위하여 異表記 자료를 흔히 논거로 든다. 透母 /*tʰ/와 端母 /*t/의 음운대립에 관련된 예를 하나 들어 보자.[32]

신라 지명 '漆吐'와 '漆隄'는 동일 지명을 달리 표기한 이표기의 예인데, 이때에 '吐'의 성모는 透母 /*tʰ/이고 '隄'의 성모는 端母 /*t/이다. 성모의 차이가 있음에도 동일 지명의 표기에 사용되었으므로, 신라어에는 /*tʰ/와 /*t/의 음운대립이 없었다는 논리를 세운다. 그러면서도 동일 지명을 표기한 '漆吐'와 '漆隄'에서 '漆'이 고정적으로 사용되었고 그 성모가 淸母 /*tsʰ/라는 사실을 애써 외면한다.

---

32 아래에서 거론한 고대어 이표기 쌍은 모두 엄익상(2015: 44~5)에서 가져왔다.

'漆'을 精母 /*ts/, 莊母 [*tʂ], 章母 /*tɕ/, 從母 [*dz] 등을 가지는 글자로 표기하지 않고 항상 '漆'로 즉 淸母 /*tsʰ/로 표기했다면 이때에는 유기음 /*tsʰ/를 음소로 인정해야 하는 것 아닐까?

이와 유사한 예를 신라어 이표기 쌍에서 찾을 수 있다. 동일 인명인 '脫解尼師今'과 '吐解尼師今'의 '脫'과 '吐'가 공통적으로 透母 /*tʰ/라는 사실을 이표기 연구자들은 애써 외면한다. 만약 앞에서 언급한 '漆吐'의 '吐'가 유기성(aspiration)이 무시되어 '漆隉'의 '隉'로 표기되었다면, '脫解'의 '脫'과 '吐解'의 '吐'에서 유기성이 그대로 유지된 것은 어떻게 기술할 것인가? 이 인명의 첫째 음절을 透母 /*tʰ/가 아닌 글자로 표기한 예가 있는가? 이러한 예를 제시할 수 없다. 따라서 異表記를 논거로 삼아 신라어에 유기음이 없었다고 하는 것은 부분적으로는 옳을지 모르나 전반적으로는 옳다고 할 수가 없다. 지나친 일반화의 오류에 빠질 수 있으므로 우리는 이 연구 방법을 택하지 않는다.

한국의 고대어 자료가 많지 않다는 것은 누구나 동의한다. 그 적은 양의 자료 중에서 'AB, A′B, AB′, A′B″'로 요약할 수 있는 異表記 자료가 있다는 것은 그나마 다행이다. 그런데 대부분의 연구자들이 'AB≒A′B'의 이표기 쌍에서 'B'가 그대로 유지되거나 'AB≒AB″'의 이표기 쌍에서 'A'가 그대로 유지되는 현상을 도외시한다. 그리하여 바뀌지 않고 굳건히 제 표기를 지키는 고정적 표기를 외면한 채, 두 가지 이상으로 바뀌는 가변적 표기를 논거로 채택한다. 지금까지는 가변적 표기를 주요 논거로 삼아 왔지만, 이제 고정적 표기를 핵심적인 논거로 삼아 고대어의 음운체계를 연구할 수는 없을까? 否定的 증거를 다시 否定하면 肯定이 되겠지만, 이때에는 걸림돌에 해당하는 조건이 적지 않다. 반면에, 肯定的 증거를 다시 肯定하는 것은 걸림돌이 별로 없으므로, 肯定의 정도가 더 강해진다.

5.5. 齒音 마찰음

齒音에는 마찰음과 파찰음이 있다. 우리는 편의상 이 둘을 나누어 기술하기로 한다. 이 둘을 한꺼번에 기술하는 것이 원칙이지만, 논의가 복잡해져서 이해하기가 어렵다. 따라서 이 둘로 나누어 기술하되, 그 결과를 다시 대비하여 마찰음과 파찰음의 음운대립이 있었는지를 다시 확인하기로 한다.

치음 마찰음에 속하는 성모와 그 용례 수를 제시하면 아래의 (34)와 같다. 고구려어 표음자에서 성모가 邪母 [*z]인 표음자는 5자에 불과하고, 俟母 [*ʐ]인 표음자는 아예 없다. 이처럼 용례가 희소하거나 없는 것은 체계적인 원인이 있다. 邪母 [*z]와 俟母 [*ʐ]의 용례가 희소한 것은 이들이 고구려어 발음을 표기할 때에 부적절했던 데에 원인이 있다. 달리 말하면, 고구려어의 자음체계에서 [*z]과 [*ʐ]가 음소가 아니었기 때문에 邪母字와 俟母字를 사용하지 않았다고 해석할 수 있다. 이 해석이 맞는지 뒤에서 논증할 것이다.

(34) 치음 마찰음의 성모와 고구려 표음자의 용례 수

		全清	次清	全濁	次濁
齒音 마찰	精組	心 s 44/51		邪 z 5	
	莊組	生 ʂ 15/16		俟 ʐ 0	
	章組	書 ɕ 19/20		常 ʑ 15/17	

치음 마찰음의 精組는 중국 음운학의 齒頭音에, 莊組와 章組는 각각 正齒音에 해당한다. 莊組와 章組를 다시 구별할 때에는 각각 齒上音과 正齒音이라는 용어를 사용하기도 하고 正齒音 2등과 正齒音 3등을 사용하기도 한다. 학자마다 사용하는 용어가 조금씩 달라 혼란이 일어나므로 여기에서는 精組의 치두음은 현대 음운론의 치조음으로, 莊組의 정치음은 권설음으로, 章組의 정치음은 경구개음으로 각각 지칭한다.

치조음, 권설음, 경구개음 등이 이해의 편의를 위한 용어라는 점을 다시 강조해 둔다. 특히 莊組의 정치음을 권설음이라 지칭했다고 해서 魏晉南北朝 시기에 현대 한어와 동일하게 [+retroflex]인 자음이 있었다는 뜻으로 오해해서는 안 된다. 권설음이라는 견해가 우세하지만, 치조음이나 경구개음과 음운론적으로 대립하는 제3의 자음이 있었다는 뜻으로만 이해하기를 바란다. 중고음 시기의 권설음을 /*ʂ, *ʐ, *tʂ, *dʐ/ 등으로 표시하지 않고 각각 /*ʃ, *ʒ, *tʃ, *ʤ/ 등으로 표시하기도 한다. 지칭의 편의상 제3의 자음을 권설음이라 지칭할 뿐이다.

한어에서 권설음이 언제 발생했는가 하는 문제는 한어 음운사에서 대단히 중요한 연구 과제이다. 한어 상고음에서는 莊組(권설음)가 精組(치조음)와 병합되어 있었거나 서로 가까웠다(王力 1980: 244, 李鍾振·李鴻鎭 역). 그런데 水谷眞成 (1967)에 따르면 한어 중고음의 전청, 차청, 전탁에서 모두 정치음 2등(권설음)이 독자적인 음소였다고 한다. 이것이 통설이다.

우리는 5세기 전반기의 한어를 반영하는『世說新語』의 대화문 용자를 분석하여 이것을 검증해 보았다(이승재 2016가, 참조). 그 결과 전청에서만 권설음이 분리되어 음소의 자격을 갖추었고, 차청과 전탁에서는 아직 권설음의 분화가 일어나지 않았다. 차청에서는 권설음이 치조음과 하나로 묶이고, 전탁에서는 권설음이 경구개음과 하나로 묶인다.[33] 전청에서만 권설음인 莊母 /*tʂ/가 치조음인 精母 /*ts/나 경구개음인 章母 /*tɕ/와 음운론적으로 구별되었고, 마찰음에서는 전청의 生母 /*ʂ/만 권설음이었다. 이것은 전기 중고음에 권설음이 있기는 하되 전청에만 부분적으로 있었음을 뜻한다. 이것은 기존 논의에서는 지적된 바 없는 새로운 논의이므로, 이승재(2016가)는 한어 음운사 기술에서 일종의 新說에 해당한다.

고구려어 표음자에는 莊組(권설음)의 전탁인 俟母字가 전혀 없다. 그렇더라도 고구려어에 권설음이 없었다는 것은 경험적으로 논증되어야 한다. 치음 마찰음에서 권설음인 生母가 독자적인 음소였는지 여부와 더불어, 치음 마찰음의 무성음인 전청이 유성음인 전탁과 음운론적으로 대립했는지가 우리의 주요 관심사이다. 나아가서 精組(치조음)와 章組(경구개음)가 음운대립을 이루었는지도 주요 논의 대상이다.

먼저, 고구려어에서 권설음인 生母 [*ʂ]가 음소의 자격을 갖추었는지를 검토하기로 한다.

---

33 이것을 알기 쉽게 표로 요약하면 다음과 같다.

위치 \ 방식		全淸 (무성무기)	次淸 (무성유기)	全濁 (유성무기)
치음 파찰	精組(치조)	精 /ts/	淸·初 /tsʰ/	從 /dz/
	莊組(권설)	莊 /tʂ/		崇·船 /dz/
	章組(경구개)	章 /tɕ/	昌 /tɕʰ/	

(35) 치조음인 心母·邪母, 경구개음인 書母·常母, 권설음인 生母의 분포 분석표

齒音＼攝	치조음		경구개음		권설음
	心 s 44/51	邪 z 5	書 ɕ 19/20	常 z 15/17	生 ʂ 15/16
果攝	${}_{合1}簑_{戈}^{L}$				
假攝			${}_{開AB}舍_{麻}^{D}$ ${}_{開AB}奢_{麻}^{L}$		${}_{開2}沙_{麻}^{L}$
遇攝	${}_{1}素_{模}^{D}$ ${}_{1}蘇_{模}^{L}$ ${}_{C}須_{虞}^{L}$ ${}_{C}需_{虞}^{L}$		${}_{C}書_{魚}^{L}$		${}_{C}所_{魚}^{R}$
效攝	${}_{1}掃_{豪}^{R/D}$ ${}_{AB}小_{宵}^{R}$ ${}_{AB}消_{宵}^{L}$ ${}_{AB}宵_{宵}^{D}$ ${}_{4}蕭_{蕭}^{L}$		${}_{AB}少_{宵}^{R/D}$	${}_{AB}召_{宵}^{D}$	
流攝	${}_{1}漱_{侯}^{D}$ ${}_{1}藪_{侯}^{R}$		${}_{C}收_{尤}^{L}$ ${}_{C}首_{尤}^{R}$ ${}_{C}守_{尤}^{R}$ ${}_{C}獸_{尤}^{D}$	${}_{C}壽_{尤}^{R}$	
止攝	${}_{開AB}斯_{支}^{L}$ ${}_{開C}司_{之}^{L}$ ${}_{開C}思_{之}^{L}$ ${}_{AB}四_{脂}^{D}$	${}_{合AB}遂_{脂}^{D}$ ${}_{合AB}隧_{脂}^{D}$	${}_{開C}始_{之}^{R}$ ${}_{開AB}尸_{脂}^{L}$ ${}_{開AB}矢_{脂}^{R}$	${}_{開C}市_{之}^{R}$ ${}_{開C}侍_{之}^{L}$	${}_{開C}使_{之}^{R/D}$ ${}_{開C}史_{之}^{L}$ ${}_{開AB}師_{脂}^{L}$
蟹攝	${}_{開4}西_{齊}^{L}$ ${}_{開4}栖_{齊}^{L}$ ${}_{合1}簑_{灰}^{L}$				
梗攝	${}_{開AB}昔_{清}^{E}$ ${}_{開AB}省_{清}^{R}$ ${}_{開4}析_{青}^{E}$		${}_{開AB}聖_{清}^{D}$	${}_{開AB}成_{清}^{R}$ ${}_{開AB}誠_{清}^{L}$ ${}_{開AB}碩_{清}^{D}$	${}_{開2}生_{庚}^{L}$ ${}_{開2}省_{庚}^{R}$
咸攝	${}_{1}三_{談}^{L}$ ${}_{AB}彡_{鹽}^{L}$		${}_{AB}陝_{鹽}^{R}$		${}_{2}歃_{咸}^{E}$ ${}_{2}彡_{衔}$
山攝	${}_{開1}散_{寒}^{R/D}$ ${}_{開1}薩_{寒}^{E}$ ${}_{開4}先_{先}^{R/D}$ ${}_{開4}屑_{先}^{E}$ ${}_{合AB}選_{仙}^{R}$ ${}_{開AB}鮮_{仙}^{L/R}$ ${}_{開AB}薛_{仙}^{E}$ ${}_{開AB}仙_{仙}^{L}$			${}_{開AB}蟬_{仙}^{L}$	${}_{開2}產_{山}^{R}$ ${}_{開2}山_{山}^{L}$
宕攝	${}_{開C}相_{陽}^{L/D}$ ${}_{開C}襄_{陽}^{L}$	${}_{開C}象_{陽}^{R}$		${}_{開C}上_{陽}^{R/D}$ ${}_{開C}尚_{陽}^{L/D}$	${}_{開C}孀_{陽}^{L}$
江攝					
深攝	${}_{AB}心_{侵}^{L}$	${}_{AB}習_{侵}^{E}$	${}_{AB}深_{侵}^{L}$	${}_{AB}十_{侵}^{E}$	

齒音 攝	치조음		경구개음		권설음
	心 s 44/51	邪 z 5	書 ɕ 19/20	常 ʑ 15/17	生 ʂ 15/16
臻攝	合$_1$孫$_{魂}^{L/D}$ 開$_{AB}$辛$_{眞}^{L}$ 開$_{AB}$信$_{眞}^{D}$ 開$_{AB}$薪$_{眞}^{L}$ 開$_{AB}$悉$_{眞}^{E}$ 合$_{AB}$恤$_{諄}^{E}$		開$_{AB}$室$_{眞}^{E}$ 合$_{AB}$舜$_{諄}^{D}$	合$_{AB}$順$_{諄}^{D}$ 開$_{AB}$臣$_{眞}^{L}$ 開$_{AB}$愼$_{眞}^{D}$	合$_{AB}$率$_{眞}^{E}$ 開$_{AB}$瑟$_{臻}^{E}$
曾攝	開$_1$僧$_{登}^{L}$ 開$_C$息$_{蒸}^{E}$		開$_C$勝$_{蒸}^{D}$ 開$_C$升$_{蒸}^{E}$ 開$_C$式$_{蒸}^{E}$		開$_B$色$_{蒸}^{E}$
通攝	$_1$速$_{東}^{E}$ $_C$蕭$_{東}^{E}$	$_C$松$_{鍾}^{L}$		$_C$屬$_{鍾}^{E}$	

분포 분석표 (35)에서 치조음인 心母·邪母와 권설음인 生母의 최소대립 쌍을 찾아보면 다음과 같다.

(36) 치조음인 心母·邪母와 권설음인 生母의 최소대립 쌍과 그 출현 텍스트

1. 相[心開C平陽]=상^L {금석, 중국, 일본, 사기, 유사}
   孀[生開C平陽]=상^L {유사}
2. 襄[心開C平陽]=샹^L {사기}
   孀[生開C平陽]=샹^L {유사}

위의 최소대립은 '孀'을 대립 항으로 하여 성립하는데, 이 '孀'이 『삼국유사』에 처음 등장한다. 달리 말하면 '孀'은 고구려어 표음자 340세트에 들지 않는다. 이처럼 대립 성립의 시점이 늦은 것은 고구려어의 음운대립에서 제외하는 것이 우리의 일관된 태도이다. 따라서 고구려어에서 心母·邪母와 生母가 음운론적으로 구별되지 않았다고 본다.

이번에는 경구개음인 書母·常母와 권설음인 生母의 최소대립 쌍을 찾아본다. 다섯 쌍의 최소대립 쌍을 찾을 수 있지만, 대립 성립의 시점이 모두 8세기 중엽의 지리지 이후이다. 따라서 이들도 최소대립의 논거에서 제외한다.

(37) 경구개음인 **書母·常母**와 권설음인 **生母**의 최소대립 쌍과 그 용례

　1. 始[書開C上之]=시^R {사기}

　　使[生開C上之]=ᄉᆞ^R {금석, 중국, 일본, 당서, 사기}

　2. 始[書開C上之]=시^R {사기}

　　史[生開C上之]=ᄉᆞ^R {중국, 지리, 사기}

　3. 市[常開C上之]=시^R {지리, 당서, 사기, 유사}

　　使[生開C上之]=ᄉᆞ^R {금석, 중국, 일본, 당서, 사기}

　4. 市[常開C上之]=시^R {지리, 당서, 사기, 유사}

　　史[生開C上之]=ᄉᆞ^R {중국, 지리, 사기}

　5. 尸[書開AB平脂]=시^L {지리, 당서, 사기}

　　師[生開AB平脂]=ᄉᆞ^L {일본, 사기}

　그렇다면 권설음인 生母 [*ʂ]는 고구려어의 독자적 음소가 아니라 변이음이다. 이것은 고구려어 표음자에서 俟母 [*ʐ]의 예가 하나도 없다는 사실과 동궤를 달린다. 生母 [*ʂ]의 유성음 짝이 俟母 [*ʐ]인데, 성모가 俟母 [*ʐ]인 用字가 전혀 사용되지 않았다는 것은 俟母 [*ʐ]가 고구려어를 표기할 때에 부적절했다는 것을 의미한다. 달리 말하면, 고구려어 자음체계에서 [*ʐ]가 음소가 아니었기 때문에 俟母字를 사용할 필요가 없었다.

　그런데 그 무성음 짝인 生母 [*ʂ]는 용례가 16자나 된다. 용례가 적지 않은데도, 고구려 멸망 이전에 기록된 표음자에서는 生母 [*ʂ]의 16자와 心母 /*s/의 51자가 최소대립을 이루지 못한다. 용례가 많다고 하여 바로 음소의 자격을 얻는 것이 아니라는 사실을 이것이 잘 보여 준다. 용례가 아주 많다 하더라도 최소대립 쌍이 확인되지 않으면 우리는 일관되게 음소의 자격을 부여하지 않는다.

　그렇다면, 生母 [*ʂ]가 치조음인 心母 /*s/의 변이음일까, 경구개음인 書母 /*ɕ/의 변이음일까? 生母 [*ʂ]와 書母 /*ɕ/를 합하여 正齒音이라고 지칭하는 때가 있다는 점을 고려하면[34] 生母 [*ʂ]를 書母 /*ɕ/에 편입하는 것이 좋을 것이다. 그런

34　魏國峰(2014: 41)에 따르면 전기 중고음에는 正齒音 2等(莊組, 우리의 권설음)과 正齒音 3等(章組, 우리의 경구개음)의 구별이 있었는데, 후기 중고음에서는 이 구별이 없어졌다고 한다.

데 사정이 그렇게 단순하지 않다. (37)의 한국 중세음에서 볼 수 있듯이, 生母 뒤의 止攝이 'ㆍ'로 반영되는 데에 반하여 書母 뒤의 止攝은 'ㅣ'로 반영된다. 치조음인 心母 뒤에서는 규칙적으로 'ㆍ'로 반영된다. 이것을 강조하면 生母를 心母에 편입하는 것이 맞다. 앞에서 설정한 편입의 원칙으로도 어느 쪽으로 편입해야 할지 판정할 수가 없다. 어느 쪽으로 편입하든 기존의 음운대립을 파괴하지 않기 때문이다.

우리는 李丞宰(2016나)에서 生母 [*ʂ]를 書母 /*ɕ/에 편입하여 운모의 음운대립을 기술한 바 있다. 이것은 莊組와 章組를 正齒音으로 묶는 宋代의 학설을 따른 것이었다.[35] 이 편입에 따르면 庚韻 2등이 음운론적으로 淸韻 3등·靑韻 4등과 대립한다. 여기에서 庚韻 2등의 운복에 /*ʌ/(중세 한국어의 'ㆍ'에 해당)를 배당하고 淸韻 3등·靑韻 4등의 운복에 /*e/(중세 한국어의 'ㅓ'에 해당)를 배당하게 된다. 그리하면 /*ʌ/를 포함하여 고구려어의 모음체계가 7모음체계가 된다. 그런데 生母 [*ʂ]를 心母 /*s/에 편입하면 사정이 달라진다. 庚韻 2등과 淸韻 3등·靑韻 4등의 최소대립 쌍이 없어진다. 이때에는 굳이 /*ʌ/를 설정할 필요가 없으므로 고구려어 모음체계가 6모음체계가 된다. 결국 고구려어에서 生母 [*ʂ]를 어느 쪽으로 편입하느냐 하는 문제가 7모음체계와 6모음체계의 갈림길이다. 따라서 生母 [*ʂ]를 心母 /*s/에 편입할 것인지, 書母 /*ɕ/에 편입할 것인지를 자세히 논의하기로 한다.

이것을 논의할 때에 우리는 5세기 전반기 자료인『世說新語』의 대화문 用字에서 그 답을 구한다.『世說新語』의 대화문 用字는 5세기 전반기의 南朝語를 반영하므로 고구려어의 상황을 기술할 때에 시기적으로 가장 적합한 참고 자료이다. 이 대화문 용자 2,266자 중에는 心母字가 101/109자, 生母字가 38/45자, 書母字가 60/63자 포함되어 있다. 우리의 방법대로 세 성모 상호 간의 음운대립 관계를 따져 보았더니, 다음과 같은 결과가 나왔다.

---

35 宋代의 等韻學者들이『廣韻』의 35자모와 전통의 36자모 사이의 모순을 해결하기 위하여, 인위적으로 2등 위치에 놓인 정치음을 照二, 穿二, 牀二, 審二이라 하고, 3등 위치에 놓인 정치음을 照三, 穿三, 牀三, 審三이라 했다(崔義秀·李義活 1990: 166). 等은 韻을 구별하기 위한 것인데, 聲母에다 등을 붙였으므로 독특한 것이라 할 수 있다. 정치음 2등이 우리의 권설음에, 정치음 3등이 우리의 경구개음에 해당한다.

(38)『世說新語』대화문 용자의 최소대립 쌍

1.
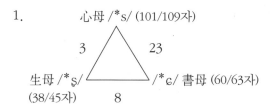

2.
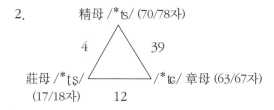

（38.1)의 치음 마찰음에서 권설음인 生母 /*ʂ/가 이미 음소의 지위를 획득했음을 알 수 있다. 心母 /*s/와의 최소대립 쌍이 3쌍이 있고, 書母 /*ɕ/와의 최소대립 쌍이 8쌍이나 있기 때문이다. 이 수치에 비하면 心母 /*s/와 書母 /*ɕ/의 최소대립 쌍은 아주 많아서 23쌍이나 된다. 이것은 心母 /*s/와 書母 /*ɕ/의 음운대립은 이미 확고했지만, 生母 /*ʂ/는 이제 막 독자적인 음소로 자리를 잡아 가는 중이었음을 말해 준다.

(38.1)의 표를 보면, 生母 38/45자가 書母 60/63자와 최소대립을 이루는 것은 8쌍이나 되는 데에 비하여 心母 101/109자와 최소대립을 이루는 것은 3쌍에 불과하다. 心母字가 양적으로 書母字의 1.7배나 되므로, 生母字가 心母字와 최소대립을 이루는 비율을 1이라 하면 生母字가 書母字와 최소대립을 이루는 비율은 대략 4.5배의 비율이다. 이것은 5세기 전반기의 중고음에서 生母 /*ʂ/가 書母 /*ɕ/보다는 心母 /*s/와 4.5배 정도의 비율로 가까운 것임을 말해 준다.

(38.2)의 치음 파찰음에서도 상황은 비슷하다. 권설음인 莊母 /*tʂ/가 이제 막 분화되어 음소의 자격을 획득한 것은 분명하다. 최소대립 쌍의 수량을 기준으로 계량하면, 이 莊母 /*tʂ/가 경구개음인 章母 /*tɕ/보다는 3.3배 정도의 비율로 精母 /*ts/에 가까운 음소이다.

치음 파찰음과 마찰음을 종합하여 전기 중고음에서 권설음인 莊組가 음소로 자리 잡는 과정을 논의할 수 있다. 권설음인 莊組는 경구개음인 章組에서 분화된 것이 아니라 치조음인 精組에서 분화되어 독자적인 음소로 자리를 잡았다. 이것은 王力(1980: 244, 李鍾振·李鴻鎭 역)이 莊組(권설음)가 한어 상고음에서 精組(치조음)와 병합되어 있었거나 서로 가까웠다고 한 것과 정확히 일치한다. 이에 따르면 전기 중고음 시기의 고구려어에서도 권설음인 生母 [*ʂ]를 경구개음 書母 /*ɕ/보다는 치조음 心母 /*s/에 편입하는 것이 바람직하다는 결론이 나온다.

아래의 분포 분석표 (39)에서 논의하겠지만, 書母 /*ɕ/는 항상 구개음화 환경인 /*j/의 앞에 분포하고 心母 /*s/는 그 나머지 환경에 분포한다. 이것은 心母와 書母가 상보적 분포임을 뜻하므로, 이 둘을 하나의 음소 心母·書母로 합칠 수 있다. 그렇다고 하여 이 둘을 하나로 묶어서 心母·書母 /*s/라고 하면 안 된다. 치조음인 心母는 /*s/임이 분명하지만, 경구개음인 書母는 /*sj/라고 해야 옳다. 이것을 현대 한국어의 '샤, 셔, 쇼, 슈'로 비유해 보자. 이 네 음절은 [ɕa, ɕə, ɕo, ɕu]로 발음되지만, 이때의 [ɕ]는 음운론적으로 /sj/로 해석된다. 즉 이들 음절은 음운론적으로 /sja, sjə, sjo, sju/이다. 이와 마찬가지로, 고구려어의 書母 /*ɕ/도 음운론적으로 /*sj/라고 해석해야 한다. 결국, 心母 /*s/는 구개 개음 /*j/가 없고 書母 /*ɕ/는 구개 개음 /*j/가 있는 /*sj/이다. 이 점에서도 生母 [*ʂ]를 書母 /*sj/보다는 心母 /*s/에 편입하는 것이 좋다.

다음으로, 치음 마찰음에서 무성음인 전청과 유성음인 전탁이 음운론적으로 대립했는지를 논의하기로 한다.

우선, 전청의 心母와 전탁의 邪母를 대비하여 최소대립 쌍을 찾아본다. 예상과는 달리 최소대립 쌍을 전혀 찾을 수 없다. 止攝 행에서 心母인 '開AB四脂D'가 邪母인 '合AB隧脂D'와 최소대립 쌍인 듯하지만, 성모뿐만 아니라 개합에서도 서로 차이가 나므로 이것은 최소대립 쌍이 아니다. 心母와 邪母의 최소대립 쌍이 눈에 띄지 않는 것은 邪母字가 다섯 자밖에 되지 않아서 빚어진 우연일까?

우연이었는지 필연이었는지를 확인하기 위해 이번에는 전청인 書母와 전탁인 常母를 대비해 본다. 고구려어 표음자 전체에서 성모가 書母 /*ɕ/인 것은 20자이고, 常母 [*ʑ]인 것은 17자나 되므로 용례가 많은 편이다. 경구개음인 두 성모에서는 다섯 쌍의 최소대립 쌍을 찾을 수 있다.

(39) 고구려어 전청인 心母·書母와 전탁인 邪母·常母의 분포 분석표

齒音 / 攝	全清		全濁		次濁
	心 s 44/51	書 ɕ 19/20	邪 z 5	常 z 15/17	羊 j 23/24
果攝	$^{合}_{1}簑_{戈}^{L}$				
假攝		$^{開}_{AB}舍_{麻}^{D}$ $^{開}_{AB}奢_{麻}$			$^{開}_{AB}耶_{麻}^{L}$ $^{開}_{AB}也_{麻}$ $^{開}_{AB}夜_{麻}^{D}$ $^{開}_{AB}野_{麻}^{R}$
遇攝	$_{1}素_{模}^{D}$ $_{1}蘇_{模}^{L}$ $_{C}須_{虞}^{L}$ $_{C}需_{虞}^{L}$	$_{C}書_{魚}^{L}$			$_{C}餘_{魚}^{L}$ $_{C}余_{魚}^{L}$ $_{C}預_{魚}^{D}$ $_{C}裕_{虞}^{D}$
效攝	$_{1}掃_{豪}^{R/D}$ $_{AB}小_{宵}^{R}$ $_{AB}消_{宵}^{L}$ $_{AB}宵_{宵}^{D}$ $_{4}蕭_{蕭}^{L}$	$_{AB}少_{宵}^{R/D}$		$_{AB}召_{宵}^{D}$	
流攝	$_{1}漱_{侯}^{D}$ $_{1}藪_{侯}^{R}$	$_{C}收_{尤}^{L}$ $_{C}首_{尤}^{R}$ $_{C}守_{尤}^{R}$ $_{C}獸_{尤}^{D}$		$_{C}壽_{尤}^{R}$	$_{C}遊_{尤}^{L}$ $_{C}由_{尤}^{L}$
止攝	$^{開}_{AB}斯_{支}^{L}$ $^{開}_{C}司_{之}^{L}$ $^{開}_{C}思_{之}^{L}$ $^{開}_{AB}四_{脂}^{L}$	$^{開}_{C}始_{之}^{R}$ $^{開}_{AB}尸_{脂}^{L}$ $^{開}_{AB}矢_{脂}^{R}$	$^{合}_{AB}遂_{脂}^{D}$ $^{合}_{AB}隧_{脂}^{D}$	$^{開}_{C}市_{之}^{R}$ $^{開}_{C}侍_{之}^{D}$	$^{開}_{AB}夷_{脂}^{L}$ $^{開}_{C}已_{之}^{R}$
蟹攝	$^{開}_{4}西_{齊}^{L}$ $^{開}_{4}栖_{齊}^{L}$ $^{合}_{1}簑_{灰}^{L}$				
梗攝	$^{開}_{AB}昔_{清}^{E}$ $^{開}_{4}析_{青}^{E}$ $^{開}_{AB}省_{清}^{R}$	$^{開}_{AB}聖_{清}^{D}$		$^{開}_{AB}成_{清}^{L}$ $^{開}_{AB}誠_{清}^{L}$ $^{開}_{AB}碩_{清}^{E}$	
咸攝	$_{1}三_{談}^{L}$ $_{AB}彡_{鹽}^{L}$	$_{AB}陝_{鹽}^{R}$			
山攝	$^{開}_{1}散_{寒}^{D/R}$ $^{開}_{1}薩_{寒}^{E}$ $^{開}_{1}先_{先}^{L/D}$ $^{開}_{4}屑_{先}^{E}$ $^{合}_{AB}選_{仙}^{R}$ $^{開}_{AB}鮮_{仙}^{L/R}$ $^{開}_{AB}薛_{仙}^{E}$ $^{開}_{AB}仙_{仙}^{L}$			$^{開}_{AB}蟬_{仙}^{L}$	$^{開}_{AB}延_{仙}^{L}$
宕攝	$^{開}_{C}相_{陽}^{L/D}$ $^{開}_{C}襄_{陽}^{L}$		$^{開}_{C}象_{陽}^{R}$	$^{開}_{C}上_{陽}^{R/D}$ $^{開}_{C}尚_{陽}^{L/D}$	$^{開}_{C}藥_{陽}^{E}$ $^{開}_{C}陽_{陽}^{L}$ $^{開}_{C}養_{陽}^{R/D}$

齒音 攝	全清		全濁		次濁
	心 s 44/51	書 ɕ 19/20	邪 z 5	常 z 15/17	羊 j 23/24
江攝					
深攝	$_{AB}$心$_{侵}^{L}$	$_{AB}$深$_{侵}^{L}$	$_{AB}$習$_{侵}^{E}$	$_{AB}$十$_{侵}^{E}$	
臻攝	合$_1$孫$_{魂}^{L/D}$ 開$_{AB}$辛$_{眞}^{L}$ 開$_{AB}$信$_{眞}^{D}$ 開$_{AB}$新$_{眞}^{L}$ 開$_{AB}$悉$_{眞}^{E}$ 合恤$_{諄}^{E}$	開$_{AB}$室$_{眞}^{E}$ 合$_{AB}$舜$_{諄}$		合$_{AB}$順$_{諄}^{D}$ 開$_{AB}$臣$_{眞}^{L}$ 開$_{AB}$愼$_{眞}^{D}$	開$_{AB}$逸$_{眞}^{E}$
曾攝	開$_1$僧$_{登}^{L}$ 開$_C$息$_{蒸}^{L}$	開$_C$勝$_{蒸}^{D}$ 開$_C$升$_{蒸}^{L}$ 開$_C$式$_{蒸}^{E}$			開$_C$翼$_{蒸}^{E}$ 開$_C$翊$_{蒸}^{E}$
通攝	$_1$速$_{東}^{E}$ $_C$肅$_{東}^{E}$		$_C$松$_{鍾}^{L}$	$_C$屬$_{鍾}^{E}$	$_C$容$_{鍾}^{L}$ $_C$勇$_{鍾}^{R}$ $_C$育$_{東}^{E}$ $_C$融$_{東}^{L}$

(40) 전청인 書母와 전탁인 常母의 최소대립 쌍과 그 출현 텍스트

1. 少[書中AB去宵]=쇼^{R} {사기}
   召[常中AB去宵]=쇼^{R} {지리, 사기}

2. 首[書中C上尤]=슈^{H} {지리, 사기}
   壽[常中C上尤]=슈^{H} {금석, 중국, 당서, 사기, 유사}

3. 守[書中C上尤]=슈^{H} {사기}
   壽[常中C上尤]=슈^{H} {금석, 중국, 당서, 사기, 유사}

4. 始[書開C上之]=시^{R} {사기}
   市[常開C上之]=시^{R} {지리, 당서, 사기, 유사}

5. 舜[書合AB去諄]=슌^{R} {당서, 사기}
   順[常合AB去諄]=슌^{R} {중국, 당서, 유사}

그런데 이 다섯 쌍의 최소대립이 모두 다 고구려 멸망 이후에 성립한다. 대립의 성립 시점이 가장 이른 것은 (40.2)의 지리지 텍스트이다. 나머지는 당서나 『삼국사기』 텍스트에 와서야 비로소 음운대립이 성립한다. 이것은 멸망 이전의

표음자 340자 세트에서는 전청인 書母 /*ɕ/와 전탁인 常母 [*z]의 최소대립 쌍이 없다는 것을 뜻한다. 우리는 이처럼 고구려 멸망 이후에 성립하는 음운대립을 음소설정의 논거에서 제외해 왔으므로, 여기에서도 전청인 書母 /*ɕ/와 전탁인 常母 [*z]의 음운대립이 고구려어에 없었다고 판단한다.

書母 /*ɕ/인 것이 20자나 되고 常母 [*z]인 것이 17자나 되는데도 이 둘의 최소대립 쌍을 찾을 수 없다. 이것은 心母 /*s/와 邪母 [*z]의 최소대립이 성립하지 않는 원인을 용례의 불충분에서 찾으려고 하는 논의가 잘못된 것임을 말해 준다. 성모가 邪母 [*z]인 용자가 다섯 자밖에 되지 않아서 우연히 心母 /*s/와 邪母 [*z]의 최소대립 쌍이 없다고 주장한다면, 용례가 많은 書母 /*ɕ/와 常母 [*z]의 최소대립 쌍이 있어야 할 것이 아닌가? 여기에서는 용례가 많은데도 최소대립 쌍이 없다. 따라서 용례가 충분한가 불충분한가 하는 척도는 대립 성립의 결정적 척도가 아니다.

표음자의 수량보다 우리가 더 중시하는 것은 두 음성 사이에 최소대립 쌍이 있느냐 없느냐 하는 척도이다. 이 척도는 心母 /*s/와 용례가 희소한 邪母 [*z]의 대립에도 적용할 수 있고, 書母 /*ɕ/와 常母 [*z]처럼 용례가 많은 대립에도 적용할 수 있다. 분포 조사의 기본이 잘못되어 있다고 우리를 비판하기도 하는데, 이것은 최소대립의 성립 여부라는 결정적 척도를 이해하지 못한 비판이다.

멸망 이전의 340자 세트로 한정하면, 心母 /*s/와 邪母 [*z]의 최소대립 쌍도 없고 書母 /*ɕ/와 常母 [*z]의 최소대립 쌍도 없다.

이것은 치음 마찰음에서 무성음과 유성음의 음운대립이 없었음을 뜻한다. 치조 마찰음과 경구개 마찰음에서 동시에 확인되므로 이것을 믿을 만하다. 5장 7절의 牙喉音에서 후술하겠지만, 후음에서도 유성 마찰음인 匣母 [*ɦ]는 음운론적으로 무성 마찰음인 曉母 /*h/와 대립하지 않는다. 匣母 [*ɦ]가 曉母 /*h/에 편입되어 하나의 단위 曉母·匣母 /*h/가 된다. 따라서 고구려어의 모든 마찰음에서 유성 마찰음이 없었다고 일반화할 수 있다. 이것은 백제어에서의 상황과 아주 다르다. 백제어에서는 마찰음에서도 항상 유·무성 대립이 성립했기 때문이다.

음운대립을 이루지 못하는 두 음성은 하나의 단위로 합치게 되므로 유표항인 邪母 [*z]를 무표항인 心母 /*s/에 편입하고, 유표항인 常母 [*z]를 무표항인 書母

/*ɕ/에 편입한다. 이 둘을 각각 心母·邪母 /*s/와 書母·常母 /*ɕ/라고 부를 수 있다. 이때에는 書母·常母가 음소 /*ɕ/인지 변이음 [*ɕ]인지 다시 확인해야 한다.

(39)의 분포 분석표를 활용하여 치조음과 경구개음이 음운론적으로 대립했는지 검토해 보기로 한다. 치조음인 心母·邪母를 경구개음인 書母·常母와 대비하여 최소대립 쌍을 찾아보면 다음과 같다.

(41) 心母와 書母의 최소대립 쌍과 용례의 출현 텍스트

1. 小[心中AB上宵]=쇼^R {금석, 중국, 당서, 사기, 유사}
   召[常中AB去宵]=쇼^R {지리, 사기}

2. 肖[心中AB去宵]=쵸$^{R/H}$ {지리}
   召[常中AB去宵]=쇼^R {지리, 사기}

3. 心[心中AB平侵]=심^L {유사}
   深[書中AB平侵]=심^L {유사}

4. 悉[心開AB入眞]=실 {중국, 지리, 사기}
   室[書開AB入眞]=실 {사기}

5. 息[心開C入蒸]=식 {息愼(광개), 息達(지리)}
   式[書開C入蒸]=식 {式(고자묘), 多式(사)}

心母와 書母의 최소대립 쌍을 찾아보면 위의 다섯 쌍이 나온다. 이 중에서 대립 시점이 가장 이른 것은 (41.5)이고, 그 시점은 고자묘가 세워진 700년이다. 고구려가 멸망한 지 얼마 되지 않은 때라서 어떻게 처리해야 할지 갑자기 망설여진다.

그런데 常母 [*ʑ]를 書母 /*ɕ/에 편입하여 心母 /*s/와 대비하면 최소대립 쌍이 아주 많이 추가되므로 망설일 필요가 없다.

(42) 心母와 書母·常母의 최소대립 쌍과 그 용례 및 출현 텍스트

1. 相[心開C去陽]=샹^H {相加(삼국, 후한, 양서, 남사, 사), 相主領(삼국), 相夫(평양성;해, 사, 유), 大相(고자묘, 일본, 사), 乙相(일본), 國相(사), 相國(사), 小相(사), 狄相(사), 從大相(사)}

上[常開C去陽]=샹ᴿ {上位使者(삼국, 당서), 山上王(삼국, 사), 吐上縣(지리), 狛

鵠香岡上王(일), 上部(속, 사), 陽崗上好王, 平崗上好王(사), 無上和尚(유)}

2. 肖[心中AB去宵]=쵸ᴿ/ᴴ {지리}

召[常中AB去宵]=쇼ᴿ {지리, 사기}

3. 昔[心開AB入淸]=셕 {지리}

碩[常開AB入淸]=셕 {일본}

4. 襄[心開C平陽]=샹ᴸ {사기}

尙[常開C平陽]=샹ᴸ {사기}

5. 辛[心開AB平眞]=신ᴸ {사기}

臣[常開AB平眞]=신ᴸ {유사}

6. 薪[心開AB平眞]=신ᴸ {지리}

臣[常開AB平眞]=신ᴸ {유사}

7. 信[心開AB去眞]=신ᴿ {일본, 당서, 사기}

愼[常開AB去眞]=신ᴿ {금석, 중국}

常母를 書母에 편입하여 書母·常母를 한 덩어리로 보면, 위와 같이 일곱 쌍의 최소대립 쌍이 추가된다. 이 중에서 대립 시점이 가장 이른 것은 (42.1)에서 '相'과 '上'이 대립하는 쌍이고, 대립 성립의 시점은 『삼국지』가 편찬된 3세기 후반이다. 따라서 고구려어에서 치조음인 心母·邪母 /*s/와 경구개음인 書母·常母 /*ɕ/의 음운대립이 일찍부터 성립했다고 할 수 있다.

그런데 (41~42)의 대립 항은 모두 3등자인데, 3등자는 원칙적으로 개음을 가진다.[36] 예컨대, (42.1)의 대립 쌍인 '相'과 '上'은 공통적으로 陽韻 3등 /*jaŋ/에 속하여 구개 개음 /*j/를 가지므로 각각 /*sjaŋ/과 /*ɕjaŋ/의 음가를 가진다. 이 두 음가가 고구려어에서 변별되었을까? 경구개음 /*j/의 앞은 치조음 /*s/와 경구개음 /*ɕ/의 음운론적 변별이 확실하지 않은 환경이기 때문에 이 질문을 던지게 된다. 예컨대, /*sa/와 /*ɕa/, /*so/와 /*ɕo/, /*saŋ/과 /*ɕaŋ/ 등의 음운대립 쌍이

---

36 이에 대해서는 6章에서 다시 기술한다.

있다면 고구려어에서 치조음 /*s/와 경구개음 /*ɕ/의 음운대립을 바로 믿을 수 있다. 그러나 /*j/의 앞에서만 /*s/와 /*ɕ/의 음운대립이 성립한다면 /*s/와 /*ɕ/의 음운대립을 의심할 수밖에 없다. 여기에서 경구개음 /*ɕ/를 /*s+*j/로 재분석하는 방법을 고려하게 된다. 이 재분석에 따르면 경구개음 /*ɕ/를 굳이 음소로 설정할 필요가 없다.

이 재분석에 대해서는 앞에서 이미 거론한 것처럼, 현대 한국어의 재분석 實例를 참고할 수 있다. 현대 한국어에서 '샤, 셔, 쇼, 슈'는 'ㅅ'이 구개음화하여 각각 [ɕa, ɕə, ɕo, ɕu]의 음가를 가지는데, 이 음절은 음운론적으로 각각 /sja, sjə, sjo, sju/로 표기된다. 현대 한국어의 자음체계에서는 구개음 /ɕ/가 음소가 아니기 때문이다. 이와 마찬가지로 고구려어에 /*ɕ/가 있었다 하더라도 이것을 /*sj/로 재분석할 수 있다.

마지막으로, 羊母 /*j/를[37] 心母·邪母 /*s/ 및 書母·常母 /*sj/(=[*ɕ])와 대비해 본다. 여기에서 구개음화와 관련된 세 음소 상호 간의 관계가 잘 드러난다. 대립 쌍이 아주 많으므로 용례와 출전은 텍스트명으로 대신했다.

(43) 心母·邪母 /*s/와 羊母 /*j/의 최소대립 쌍

1. 山攝 – ⁱ開AB鮮仙ᴸ : 開AB延仙ᴸ {진서} : {삼국}

2. 山攝 – 開AB仙仙ᴸ : 開AB延仙ᴸ {주서, 북사} : {삼국})

3. 宕攝 – 開C相陽ᴸ : 開C陽陽ᴸ {삼국} : {북제}

4. 宕攝 – 開C象陽ᴿ : 開C養陽ᴿ/ᴰ {사} : {일}

5. 臻攝 – 開AB悉眞ᴱ : 開AB逸眞ᴱ {북사} : {사}

6. 曾攝 – 開C息蒸ᴱ : 開C翼蒸ᴱ {광개} : {송서}

7. 曾攝 – 開C息蒸ᴱ : 開C翊蒸ᴱ {광개} : {사}

8. 通攝 – C肅東ᴱ : C育東ᴱ {광개} : {유}

(44) 書母·常母 [*ɕ](=/*sj/)와 羊母 /*j/의 최소대립 쌍

1. 假攝 – 開AB舍麻ᴰ : 開AB夜麻ᴰ {삼국} : {지리}

---

37 우리의 羊母를 중국 음운학에서는 以母라고 지칭할 때가 많다.

2. 遇攝 – $^{開}_{AB}$奢$_麻$^{L} : $^{開}_{AB}$耶$_麻$^{L} {위서} : {광개}

3. 遇攝 – $_C$書$_魚$^{L} : $_C$餘$_魚$^{L} {삼국} : {광개}

4. 遇攝 – $_C$書$_魚$^{L} : $_C$余$_魚$^{L} {삼국} : {광개}

5. 止攝 – $^{開}_C$始$_之$^{R} : $^{開}_C$已$_之$^{R} {사기} : {지리}

6. 止攝 – $^{開}_C$市$_之$^{R} : $^{開}_C$已$_之$^{R} {지리} : {지리}

7. 止攝 – $^{開}_{AB}$尸$_脂$^{L} : $^{開}_{AB}$夷$_脂$^{L} {지리} : {삼국}

8. 宕攝 – $^{開}_C$上$_陽$$^{R/D}$: $^{開}_C$養$_陽$$^{R/D}$ {삼국} : {일본}

9. 宕攝 – $^{開}_C$尙$_陽$^{L} : $^{開}_C$陽$_陽$^{L} {사기} : {북제}

10. 臻攝 – $^{開}_{AB}$室$_眞$^{E} : $^{開}_{AB}$逸$_眞$^{E} {사기} : {사기}

11. 曾攝 – $^{開}_C$式$_蒸$^{E} : $^{開}_C$翼$_蒸$^{E} {고자묘} : {송서}

12. 曾攝 – $^{開}_C$式$_蒸$^{E} : $^{開}_C$翊$_蒸$^{E} {고자묘} : {지리}

위의 예에서 볼 수 있듯이 心母·邪母 /*s/와 羊母 /*j/의 최소대립 쌍은 8쌍인
데에 비하여 書母·常母 /*sj/(=/*ɕ/)와 羊母 /*j/의 최소대립 쌍은 12쌍이다. 心
母·邪母 /*s/와 羊母 /*j/의 음운대립은 『宋書』가 편찬된 488년에 성립하고, 書
母·常母 /*sj/(=/*ɕ/)와 羊母 /*j/의 음운대립은 광개토대왕비가 세워진 414년
에 성립한다. 대립의 성립 시점이 아주 이르다는 점에서 이 두 대립은 공통된다.

널리 알려져 있듯이, 羊母 /*j/는 경구개에 가장 가까운 자음(또는 활음)이다. 따
라서 書母·常母가 /*j/의 앞에만 분포한다는 것은 書母·常母가 경구개음 /*ɕ/일
가능성을 높여 준다. 이것은 한어 중고음 연구자들이 心母의 음가를 치조음 /*s/
로 추정하고 書母의 음가를 경구개음 /*ɕ/로 추정한 것과 부합한다.

지금까지 논의한 치음 마찰음을 정리해 보자. 고구려어 치음 마찰음에는 心
母·邪母 /*s/, 書母·常母 /*sj/(=/*ɕ/), 羊母 /*j/의 세 음소가 있었다. 心母·邪
母 /*s/는 치조음인 데에 비하여 書母·常母 /*sj/(=/*ɕ/)와 羊母 /*j/는 경구개
음이다. 그런데 心母·邪母 /*s/와 書母·常母 /*sj/(=/*ɕ/)는 구개 개음 /*j/의
앞에서만 음운론적으로 대립한다. 달리 말하면, /*s/와 /*ɕ/의 바로 뒤에 순수
모음이 옴으로써 /*s/와 /*ɕ/가 음운론적으로 대립하는 예가 없다. 이 특수성
을 강조하면 /*ɕ/를 /*s+*j/의 계기적 결합체라고 재분석할 수 있다.

전기 중고음의 치음 마찰음에는 치조음인 心母와 邪母, 권설음인 生母와 俟母, 경구개음인 書母와 常母가 있다. 그런데 고구려어에서는 心母와 邪母의 음운대립이 없다. 이것은 권설음인 生母와 俟母뿐만 아니라 경구개음인 書母와 常母에서도 마찬가지이다. 달리 말하면 고구려어 치음 마찰음에서는 유·무성 대립이 없다. 따라서 치음 마찰음은 心母·邪母, 生母,[38] 書母·常母의 셋으로 일단 묶인다.

그런데 書母·常母는 구개 개음 /*j/의 앞에만 오고 心母·邪母와 生母는 그 나머지 환경에 온다. 이 상보적 분포를 이용하여 書母·常母 /*ɕ/를 /*s+*j/의 계기적 결합체라고 할 수 있다. 이 /*sj/가 心母·邪母·生母 /*s/와 음운론적으로 대립한다. 書母·常母 /*sj/와 心母·邪母·生母 /*s/의 음운대립은 구개 개음 /*j/의 유무에 기반을 두고 있다. 결론적으로, 고구려어에는 치음 마찰음의 음소가 /*s/ 하나뿐이다.

한편, 羊母 /*j/는 현대 음운론의 관점에서는 치음이라고 하기가 어렵지만, 중국 음운학에서는 이것을 자음의 일종으로 처리하므로 여기에서는 치음 마찰음과 함께 정리해 보았다. 羊母 /*j/는 書母·常母가 /*s+*j/에서 비롯된 경구개음 /*ɕ/임을 방증해 준다.

5.6. 齒音 파찰음

치음 파찰음은 앞에 파열음(또는 폐쇄음)이 오고 바로 이어서 마찰음이 오는 자음이다. 치음 파찰음의 精組는 齒頭音 즉 치조음에 해당하고, 莊組와 章組는 正齒音에 해당한다. 莊組를 齒上音으로, 章組를 正齒音이라고 부르기도 한다. 중국 음운학에서는 莊組를 照二系라 하여 照二, 穿二, 牀二, 審二 등으로 세분하고, 章組를 照三系라 하여 照三, 穿三, 牀三, 審三 등으로 세분한다.

용어에 혼동이 있을 수 있으므로 우리는 현대 음운론의 용어를 택하여 精組를 치조음, 莊組를 권설음, 章組를 경구개음이라 부르기로 한다. 치음 파찰음 부류

---

38 고구려어 표음자에는 유성 권설음인 俟母字가 하나도 없다. 따라서 俟母를 생략했다.

에 日母를 넣기도 하지만 고구려어에서는 日母가 泥母와 상보적 분포를 보인다. 따라서 日母를 설음의 일종으로 간주하여 5장 4절의 (28)에서 日母를 이미 논의한 바 있다.

치음 파찰음의 성모와 고구려어 표음자의 용례 수를 정리하면 다음과 같다.

(45) 치음 파찰음의 성모와 고구려 표음자의 용례 수

		全清	次清	全濁	次濁
齒音	精組	精 ts 19/23	清 tsʰ 13/15	從 dz 18/19	
	莊組	莊 tʂ 5	初 tʂʰ 0	崇 dʐ 6	
	章組	章 tɕ 21/22	昌 tɕʰ 7/8	船 dʑ 3/4	日 ɲ 24/25

치음 파찰음에서는 첫째로 권설음인 莊組가 독자적인 음소로 설정되는가 여부, 둘째로 精組(치조음)와 章組(경구개음)가 음운론적으로 대립했는가 여부, 셋째로 무성음인 전청과 유성음인 전탁이 음운론적으로 대립했는가 여부, 次清이 독자적인 음소로 설정되는가 여부 등, 네 가지가 논의의 주요 대상이다.

莊組(권설음)에서는 次清(유기음)인 初母의 예가 하나도 없다. 이것은 고구려어의 파찰음에 권설음이 없었음을 암시한다.

(46) 치음 전청인 精母·莊母·章母와 從母·崇母·船母의 분포 분석표

齒音 / 攝	全清			全濁		
	精 ts 19/23	莊 tʂ 5	章 tɕ 21/22	從 dz 18/19	崇 dʐ 6	船 dz 3/4
果攝	開$_1$佐$_歌^D$ 開$_1$左$_歌^R$					
假攝			開$_{AB}$者$_麻^R$			
遇攝	$_1$祖$_模^R$ $_1$租$_模^L$ $_C$足$_虞^D$		$_C$主$_虞^R$ $_C$朱$_虞^L$ $_C$諸$_魚^L$	$_1$祚$_模^D$ $_C$沮$_魚^R$	$_C$助$_魚^D$ $_C$雛$_虞^L$ $_C$鶵$_虞^L$	
效攝			$_{AB}$昭$_宵$ $_{AB}$釗$_宵^L$	$_1$自$_豪^R$		
流攝		$_C$鄒$_尤^L$	$_C$周$_尤^L$	$_C$就$_尤^D$		

齒音 攝	全清			全濁		
	精 ts 19/23	莊 tʂ 5	章 tɕ 21/22	從 dz 18/19	崇 dʐ 6	船 dʑ 3/4
止攝	開$_{AB}$訾$_支^{L/R}$ 開$_C$子$_之^{R}$ 開$_{AB}$咨$_脂^{L}$ 開$_{AB}$資$_脂^{L}$		開$_{AB}$支$_支^{L}$ 開$_{AB}$只$_支^{R}$ 開$_C$之$_之^{L}$ 開$_C$芝$_之^{L}$ 開$_C$志$_之^{D}$ 開$_{AB}$底$_脂^{R}$	開$_{AB}$自$_脂^{D}$ 開$_C$慈$_之^{L}$	開$_C$士$_之^{R}$ 開$_C$事$_之^{D}$	
蟹攝	開$_1$再$_咍^{D}$ 開$_{AB}$祭$_祭^{D}$			開$_1$才$_咍^{L}$ 開$_4$齊$_齊^{L}$		
梗攝	開$_{AB}$積$_清^{E}$	開$_2$筓$_庚^{E}$ 開$_2$幀$_耕^{E}$	開$_{AB}$正$_清^{L/D}$	開$_{AB}$淨$_清^{E}$		
咸攝		$_2$斬$_咸^{R}$		$_1$雜$_覃^{E}$		
山攝	開$_4$節$_先^{E}$		開$_{AB}$折$_仙^{E}$ 合$_{AB}$拙$_仙^{E}$	開$_1$殘$_寒^{L}$ 開$_4$前$_先^{L}$ 合$_{AB}$絶$_仙^{E}$		
宕攝	開$_1$臧$_唐^{L}$ 開$_C$將$_陽^{L/D}$	開$_C$莊$_陽^{L}$	開$_C$灼$_陽^{E}$ 開$_C$章$_陽^{L}$	開$_1$藏$_唐^{L/D}$		
江攝						
深攝				$_{AB}$輯$_侵^{E}$	$_{AB}$岑$_侵^{L}$	
臻攝	合$_1$卒$_魂^{E}$ 合$_{AB}$卒$_諄^{E}$ 合$_{AB}$俊$_諄^{D}$		開$_{AB}$眞$_眞^{L}$ 開$_{AB}$質$_眞^{E}$	$_1$捽$_魂^{E}$		開$_{AB}$神$_眞^{L}$ 合$_{AB}$述$_諄^{E}$
曾攝	開$_1$增$_登^{L}$ 開$_1$曾$_登^{L}$			開$_1$曾$_登^{L}$		開$_C$乘$_蒸^{L/D}$
通攝	$_C$足$_鍾^{E}$		$_{C/}$屬$_鍾^{E}$	$_C$從$_鍾^{D}$		

위의 분포 분석표에서 莊母 [*tʂ]가 精母 /*ts/나 章母 [*tɕ]와 최소대립을 이루는 쌍을 찾아보면 다음과 같다.

(47) 精母와 莊母의 최소대립 쌍과 출현 텍스트

宕攝 — 開$_C$將$_陽^{L}$: 開$_C$莊$_陽^{L}$ {삼국} : {일본}

(48) 章母와 莊母의 최소대립 쌍과 출현 텍스트

1. 流攝 – $_C$鄒$_{尤}^L$: $_C$周$_{尤}^L$ {금석, 중국, 지리, 당서, 사기} : {일본}
2. 宕攝 – $_C^{開}$章$_{陽}^L$: $_C^{開}$莊$_{陽}^L$ {사기} : {일본}

그런데 이들의 대립 성립 시점이 문제가 된다. (47)은 797년에 편찬된『續日本紀』의 '高莊子'를 기다려서야 비로소 음운대립이 성립한다. (48.1)은 815년에 편찬된『新撰姓氏錄』의 '周氏'에서 비로소 음운대립이 성립한다. (48.2)는『삼국사기』에 나오는 '高福章'의 '章'으로 비로소 대립이 성립한다. 이처럼 대립 성립의 시점이 늦은 것은 고구려어의 음운대립에서 제외하므로, 무성 권설음인 莊母 [*tʂ]를 고구려어의 자음 음소에서 제외한다.

고구려어 표음자 전체에서 차청의 初母 [*tsʰ]는 용례가 하나도 없다. 이것은 유기 권설음이 고구려어에 없었다는 것을 뜻한다. 이번에는 전탁의 崇母 [*dʐ]를 從母 [*dz] 및 船母 [*dz]와 대비해 본다. 여기에서도 최소대립 쌍을 찾을 수 없다. 따라서 유성 권설음인 崇母 [*dʐ]를 고구려어 자음 목록에서 제외한다.

그렇다면 莊組(권설음)의 전청인 莊母뿐만 아니라, 차청인 初母와 전탁인 崇母 등이 모두 고구려어에서는 음소가 아니었다는 결론이 나온다. 앞에서 이미 말한 것처럼, 전기 중고음에서는 전청의 莊母가 독자적 음소였다. 그러나 고구려어에서는 이것이 음소가 아니다.

언어 보편성에 따르면 치조음이 경구개음보다 먼저 발생한다. 대표적인 예가 서북 방언이다. 현대의 平安道 방언에서는 치조 파찰음만 있고 경구개 파찰음이 없다. 고구려어에서는 어떠했을까? 이것을 확인하기 위하여 분포 분석표 (46)에서 전청의 치조음인 精母 /*ts/와 경구개음인 章母 [*tɕ]의 최소대립 쌍을 찾아본다.

(49) 전청의 치조음인 精母와 경구개음인 章母의 최소대립 쌍

1. 止攝 – $_{AB}^{開}$訾$_{支}^R$: $_{AB}^{開}$只$_{支}^R$ {삼국, 후한} : {지리}
2. 宕攝 – $_C^{開}$將$_{陽}^L$: $_C^{開}$章$_{陽}^L$ {삼국} : {사기}
3. 宕攝 – $_C^{開}$莊$_{陽}^{L39}$: $_C^{開}$章$_{陽}^L$ {일본} : {사기}

---

39 이것은 원래 莊母인데 精母에 편입하여 여기에 추가했다.

4. 通攝 - $_c$足$_鍾^E$: $_c$屬$_鍾^E$ {일본} : {주서, 북사, 수서}

치조음인 精母 /*ts/와 경구개음인 章母 [*tɕ]가 음운론적으로 대립하는 것은 위의 네 쌍이다. 그런데 이들의 대립 시점이 문제가 된다. 고구려 멸망 이전의 최소대립 쌍은 없고 멸망 이후의 텍스트 즉 『삼국사기』 지리지, 『續日本紀』, 『삼국사기』에 와서야 비로소 대립이 성립한다. 앞에서 누누이 강조한 바 있듯이, 우리는 멸망 이전의 340자 세트에서 음운대립이 성립해야만 진정한 의미의 고구려어 음운대립이라고 본다. 멸망 이전의 고구려어에서는 치조음인 精母와 경구개음인 章母가 변별되지 않으므로 이 둘을 하나의 음소 精母·章母 /*ts/로 묶는다. 앞에서 莊母 [*tʂ]가 精母나 章母와 변별되지 않았음을 확인한 바 있으므로, 이제 이 셋을 하나로 묶어서 精母·莊母·章母 /*ts/라 할 수 있다.

이번에는 전탁 즉 유성음에서도 치조음과 경구개음의 구별이 없었는지 검토해 본다. 전탁의 치조음인 從母 [*dz]와 경구개음인 船母 [*dz]의 최소대립 쌍을 분포 분석표 (46)에서 찾아보자. 최소대립 쌍이 없음을 금방 알 수 있다. 치음 파찰음에서는 치조음과 경구개음의 구별이 없었음을 여기에서도 확인할 수 있다. 따라서 從母와 船母를 하나의 단위인 從母·船母 [*dz]로 묶는다. 앞에서 이미 논의한 바와 같이 莊組(권설음)의 崇母 [*dʐ]는 음소의 자격을 갖지 못했다. 이것을 從母·船母에 합치면 하나의 단위 從母·崇母·船母 [*dz]가 된다.

용례의 多小만을 기준으로 우리를 비판한다면, 從母 [*dz]는 용례가 18자이므로 많지만 船母 [*dz]인 용례가 4자뿐이므로, 從母와 船母가 상보적 분포라는 사실을 의심할 것이다. 그러나 24자의 용례를 가지는 精母 /*ts/와 22자의 용례를 가지는 章母 [*tɕ]도 상보적 분포를 이룬다. 이처럼 용자가 많은 데에도 치조음과 경구개음이 상보적 분포라는 것은 용례의 多小가 결정적 기준이 아님을 말해 준다. 최소대립의 성립 여부가 오히려 음소설정의 결정적 기준이다.

고구려어에서 치조음과 경구개음의 구별이 없었다는 것은 대단히 중요한 사실이다. 평안도 방언에서 'ㅈ'이 음운론적으로 경구개 파찰음 [tɕ]이 아니라 치조 파찰음 /ts/라는 사실은 李基文(1972/77), 崔明玉(1985), 金英培(1997: 204~5) 등이 일찍부터 지적한 바 있다. 동북 방언의 육진방언에도 [tɕ]가 있기는 하지만 이것은 음소 /ʦ/의 변이음이다(郭忠求 1994: 319~24). 그런데 고구려어에서도 이 경구개음 [*ʨ]가 음소가 아니므로, 평안도 방언과 육진방언은 고구려어의 음운론적 특징을 공유하고 있다. 고구려어는 사멸했다고 보는 것이 일반적이므로 북부 방언의 이 특징이 고구려어의 특징을 이어받은 것이라고 단정할 수 없다. 그렇더라도 고구려의 옛 강토였던 지역에서 유독 경구개음 /*ʨ/가 없다는 사실만은 분명하다.

현재의 평안도 지역은 고려시대에 단계적으로 회복되었고 함경도의 六鎭 지역은 조선의 세종대에 개척되었다. 따라서 이들 지역에 고구려어의 흔적이 남아 있다고 말하기가 어렵다. 그러나 황해도 남부의 海州나 경기도 서북단의 開城 지역은 줄곧 우리의 강토였고, 이 지역에 고구려어의 흔적이 남아 있을 수 있다 (李基文 1968/91: 311). 최근에 우리는 해주 출신의 발화를 청취할 수 있었는데, 그분도 'ㅈ, ㅊ'을 경구개음이 아니라 치조음으로 발음하였다. 그렇다면 황해도 남부 방언의 치조음 /ʦ, ʦʰ/는 고구려어의 치조음 /*ʦ/를 이어받은 것이라는 가설이 성립한다.

다음으로, 치음 파찰음에서 무성음인 精母 /*ʦ/와 유성음인 從母 [*dz]가 음운론적으로 대립하는지를 검토한다. 이에 대해서는 자료를 어떻게 이해하느냐에 따라 두 가지 해석이 가능하다. 첫째는 유·무성 대립이 있었다는 해석이요, 둘째는 이 대립이 없었다는 해석이다.

먼저, 精母 /*ʦ/와 從母 /*dz/가 음운론적으로 대립했다는 해석으로 기술해 보자. 전청의 精母를 전탁의 從母와 대비해 보았더니, 다음의 두 쌍이 최소대립을 이룬다.

(50) 精母 /*ʦ/와 從母 /*dz/의 최소대립 쌍과 출현 텍스트

1. 臧[精開1平唐]=장^{L} {安臧王(남사, 사, 유), 寶臧/寶藏王(사, 유), 臧(사)}

  藏[從開1平唐]=장^{L} 藏[從開1去唐]=장$^{\text{R/H}}$ {高藏(천남생, 천비묘, 구당, 당서, 사, 유), 高金藏(속), 藏(구당), 藏王(유)}

2. 增[精開1平登]=증^{L} {增地(한서,[40] 북사)}

---

40 班固(32~92년)가 『漢書』를 편찬했으므로 『漢書』의 편찬 시기는 1세기 후반기가 된다. 따라서

曾[從開1平登]=증^L 曾[精開1平登]=증^L {再曾(성), 再曾桀婁(사)}

(50.2)에서는 『新撰姓氏錄』이 편찬된 815년이 대립 성립의 시점이므로 고구려어의 음운대립이라고 하기가 어렵다. 더군다나 대립 항 '曾'이 從母이면서 동시에 精母인 다음자이므로 (50.2)를 음운대립의 논거에서 제외하는 것이 안전하다. 또한, 대립 항 '增'의 용례인 '增地'가 고구려 때에 지은 지명이 아니라 漢四郡 시절에 지어진 지명이라는 점에서도 (50.2)의 최소대립 쌍을 믿을 수가 없다. 그런데 (50.1)의 최소대립은 이와는 다르다. (50.1)의 대립 항은 『南史』(644년)의 '安臧王'에 나오는 '臧'과 천남생비(679년)의 '高藏'에 나오는 '藏'이다. 천남생비에 나오는 인명은 거의 대부분 고구려 멸망 이전에 지어진 것이므로 이 최소대립 쌍을 고구려어의 음운대립 쌍으로 인정할 수 있다.[41] 이에 따르면 고구려어 말기에 精母 /*ts/와 從母 /*dz/가 각각 독자적인 음소였고, 치음 파찰음에서 무성음과 유성음의 음운대립이 성립했다고 말할 수 있다.

치음 파찰음에서 무성음과 유성음이 음운론적으로 대립했다는 사실은 경구개음인 章組에서도 확인할 수 있다. 무성음인 章母 [*tɕ]와 유성음인 船母 [*dʑ]가 비록 한 쌍에 불과하지만 臻攝의 眞韻에서 최소대립을 이루는 예가 있다.

(51) 경구개음인 章母 [*tɕ]와 船母 [*dʑ]의 최소대립 쌍

眞[章開AB平眞]=진^L {惠眞(유인원, 사), 高惠眞(구당, 당서, 사), 李文眞(사)}
神[船開AB平眞]=신^L {禭神(후한), 神隧(구당, 당서, 사), 大武神王, 陽神(사)}

이곳의 대립 항 '眞'은 '惠眞'(유인원)에 처음 나오고, '神'은 '禭神'(후한)에 처음 나온다. 인명 '惠眞'은 663년에 세워진 유인원비에 처음 나오지만 후대의 사서에서는 '高惠眞'으로 나온다. 고구려에서 숭배했던 신의 명칭인 '禭神'은 432년에 편찬된 『後漢書』에 처음 나오고 후대의 사서에서는 顚倒된 '神禭'라고도 표기한다. 이들의 대립 항 '眞'과 '神'이 음운론적으로 대립하는 시기는 663년 즉 고구려

여기에 고구려어 항목이 기록되었다는 것은 믿기가 어렵다.
41 3章에서도 이미 논의한 바 있다.

멸망 이전이므로, 무성음인 章母 [*ʨ]가 유성음인 船母 [*ʥ]와 음운론적으로 대립했다고 할 수 있다.

그런데도 여기에서 변이음 기호인 [ ]를 사용하고 음소 기호인 / /를 사용하지 않은 까닭이 무엇인가? 앞에서 이미 논의한 바 있듯이, 고구려어에서는 치조음과 경구개음이 변별되지 않았다. 이에 따라 경구개음인 章母 [*ʨ]는 精母 [*ʦ]에 편입되어 精母·章母 /*ʦ/가 되고, 경구개음인 船母 [*ʥ]는 치조음인 從母 [*dz]에 편입되어 從母·船母 /*dz/가 된다. 결국, (51)의 음운대립은 章母 [*ʨ]와 船母 [*ʥ]의 최소대립 쌍이라고 하기보다는 精母·章母 /*ʦ/와 從母·船母 /*dz/의 최소대립 쌍이라고 하는 것이 정확하다.

변이음을 음소의 자격을 가지는 쪽으로 편입하는 것은 권설음에도 적용된다. 앞에서 우리는 권설음인 莊組를 고구려어의 음소 목록에서 제외한 바 있는데, 권설음의 莊母 [*ʈʂ]를 치조음의 精母 /*ʦ/에 편입하여 精母·莊母·章母 /*ʦ/라 하고, 역시 변이음인 권설음의 崇母 [*ɖʐ]를 치조음의 從母 /*dz/에 편입하여 從母·崇母·船母 /*dz/라 할 수 있다. 이렇게 편입하면 다음의 최소대립 쌍이 추가된다.

(52) 추가되는 精母·莊母·章母 /*ʦ/와 從母·崇母·船母 /*dz/의 최소대립 쌍

1. 子[精開C上之]=ᄌᆞ^{H} {國子博士(삼국), 太子河(후한), 子遊(천남생), 童子忽縣, 蕪子忽(지리), 宴子拔, 五田子(일본), 高莊子(속), 高奴子, 墨胡子, 胡子(사)}
   士[崇開C上之]=ᄉᆞ^{R} {國子博士(삼국), 太學博士(삼국, 사), 高道士(성)}
2. 朱[章中C平虞]=쥬^{L} {朱蒙(삼국, 위서, 주서, 북사, 수서, 고자묘, 천헌성, 천남산, 송사, 사, 유), 大朱留王(광개), 大解朱留王, 高朱利, 朱理, 解色朱(사), 色朱(유)}
   雛[崇中C平虞] 鄒[莊開C平尤]=추^{L} {古雛加(삼국, 중원, 양서, 남사, 사), 古鄒大加(후한, 당서, 사), 鄒牟王(광개, 집안), 彌鄒城^{百}, 須鄒城, 就鄒城^{百}(광개), 彌鄒忽(지리), 奄鄒(일), 鄒牟, 鄒敎素, 鄒安(사), 鄒蒙(유)}
3. 朱[章中C平虞]=쥬^{L} {朱蒙(삼국, 위서, 주서, 북사, 수서, 고자묘, 천헌성, 천남산, 송사, 사, 유), 大朱留王(광개), 大解朱留王, 高朱利, 朱理, 解色朱(사), 色朱(유)}
   騶[崇中C平虞]=추 {騶(한서, 후한, 양서, 북사)}

4. 之[章開C平之]=지^L {일본}

  慈[從開C平之]=ᄌ^L {금석, 일본}

5. 芝[章開C平之]=지^L {중국}

  慈[從開C平之]=ᄌ^L {금석, 중국}

6. 志[章開C去之]=지^H {일본}

  事[崇開C去之]=ᄉ^R {중국}

7. 正[章開AB去淸]=정^H 正[章開AB平淸]=정^L {사기, 유사}

  淨[從開AB去淸]=정^R {일본}

8. 卒[精合AB入諄]=졸 卒[精合1入魂] 卒[淸合1入魂] {사기, 유사}

  述[船合AB入諄]=슐 {중국, 지리, 사기}

추가되는 최소대립 쌍 중에서 대립 성립의 시기가 이른 것은 (52.1~3)의 셋이다. (52.1)은 대립 성립의 시기가 『삼국지』가 편찬된 3세기 후반이다. (52.2)도 이와 마찬가지인데, 이때에는 雛[崇中C平虞]를 택하는 대신에 鄒[莊開C平尤]를 버릴 때의 최소대립이다. 그런데 (52.2)의 용례를 두루 검토해 보면 '古雛加'에서만 '雛'이고 나머지는 모두 '鄒'이므로 고구려어 표음자로는 '鄒'가 정확한 것이라 할 수 있다. 이에 따라 鄒[莊開C平尤]를 택하고 雛[崇中C平虞]를 버리면, (52.2)의 최소대립이 성립하지 않는다. (52.3)의 '騶'는 중국에서 卑稱으로 사용할 때의 표음자이므로(金完鎭 2012) 고구려어 표음자에서 제외한다. 그렇다면 精母·莊母·章母 /$*$ʦ/와 從母·崇母·船母 /$*$ʣ/의 음운대립은 (52.1)만을 논거로 성립하고, 그 시점은 3세기 후반이다.

  지금까지의 논의는 무성음 /$*$ʦ/와 유성음 /$*$ʣ/의 음운대립이 있었다는 해석을 염두에 둔 것이었다. 그런데 이에 대한 반론이 성립한다. 앞에서 우리는 고구려어에 /$*$s/와 [$*$z]의 유·무성 대립이 없다고 했다. 그렇다면 치찰음인 /$*$ʦ/와 [$*$ʣ]에서도 유·무성 대립도 없었다고 해야 하지 않을까? 마찰음에서는 유·무성 대립이 없고 파찰음에서는 유·무성 대립이 있다는 것은 이상하지 않은가? 이런 의문이 들기 때문에, 정반대의 해석이 가능한지를 검토할 필요가 있다.

  /$*$ʦ/와 [$*$ʣ]의 유·무성 대립이 없었다는 정반대의 해석을 끌어내리려면, 위에

서 최소대립 쌍이라고 인정했던 대립 항의 용례를 반추해 보는 것이 지름길이다. 즉 (50.1), (51), (52.1)에 제시한 용례를 치밀하게 검토하여 문제가 없는지 되짚어 보면 된다.

(50.1)의 대립 항인 '臧'은 '安臧王'(남사)에 사용되었다. '安臧王'은 고구려 22대 왕으로서 518년에서 531년까지 재위했고 항상 표기가 '安臧王' 하나로 고정되므로 믿을 수 있다. 그런데 '臧'의 대립 항인 '藏'은 멸망 이전의 용례가 '高藏' 하나뿐이다. 이 인명 '高藏'은 羅唐 연합군이 평양성을 함락하여 고구려가 항복했을 때의 왕이다. 중요한 것은 '高藏'이 '高臧'으로도 기록되고, 『삼국사기』와 『삼국유사』에서는 '寶臧王'이나 '寶藏王'으로도 기록된다는 점이다.[42] 이들은 동일 인명이므로 '藏≒臧'의 이표기 관계가 성립한다. 이것을 중시하면 (50.1)에서 '臧'과 '藏'이 최소대립을 이룬다고 한 것을 의심할 수 있다. 가장 중요한 용례에서 '臧'과 '藏'이 通假字 관계이기 때문이다. 의심스러운 대립 항은 논거에서 제외하는 것이 안전하다. 이 태도에 따르면, (50.1)의 대립 쌍을 精母 /*$\rlap{/}$ts/와 從母 [*dz]의 최소대립 쌍에서 제외할 수 있다.

(51)에서는 용례 '禭神'(후한)이 문제가 된다. 이것을 한자어로 보는 것이 일반적이지만, 남신을 뜻하는 '수곰'의 음역으로 보는 설도 있다(『한국민족문화대백과사전』 참고). 이 견해는 소수 견해로서, '神'을 '곰'으로 훈독하는 견해이다. 만약에 '神'을 훈독해야 한다면 (51)의 최소대립도 부정된다. 그런데 '神'을 음독한다고 해도 역시 문제가 된다. 이 '神'은 의미를 가지는 문자로 사용되었으므로 사실은 고구려어 표음자가 아니라 한자이다. 이 한자는 중국에서 차용한 것이 분명하므로, 고구려어 표음자에서 제외할 수 있다. 그렇다면 (51)의 대립 쌍도 무성음 [*ts]와 유성음 [*dz]의 최소대립 쌍에서 제외할 수 있다.

(52.1)에서는 대립 항 '士'가 문제가 된다. 이 '士'가 고구려 멸망 이전에 기록된 것은 '博士'가 유일하다. 이 '博士'는 차용어일 가능성이 크므로 고구려어 항목에

---

42 이들은 모두 『東國通鑑』 卷8 三國紀에서도 마찬가지이다. "고구려왕 高藏이 항복하였으며", "高藏 등을 昭陵(당태종의 능)에 바치되", "고구려 왕 高藏에게는 … 赦免하여" 등의 예에서 '藏'이라 표기하면서도 다른 곳에서는 '藏'이라 표기하였다. 이와는 달리 『구당서』에서는 '高藏' 하나로 표기가 통일되어 있다.

서 이것을 제외하는 것이 안전하다. 이 태도에 따르면, (52.1)이 최소대립 쌍에서 제외된다. 따라서 精母·莊母·章母 /*ʦ/와 從母·崇母·船母 [*dz]의 음운대립을 부정할 수 있다.

지금까지, 우리는 /*ʦ/와 /*dz/에서 유·무성 대립이 성립하는지를 두 가지로 나누어 기술해 보았다. 첫째 방법을 택하여 이 유·무성 대립이 성립한다고 본 것이 이승재(2015가)이다. 그런데 (50.1)의 대립에서 '臧'이 '藏'으로도 표기되기도 하여 이것을 최소대립 쌍에서 제외해야 할 것 같다. (51)과 (52.1)에서는 대립 항의 용례가 차용어라서 아무래도 불안하다.

앞에서 현대 한국어를 로마자로 표기할 때에 字素 'f'가 나타날 수 없다고 하였다. 그런데 일부의 차용어 예컨대 '프렌드, 프라이(치킨)' 등을 로마자로 표기할 때에 'friend, fry' 또는 'furendu, furai' 등으로 표기하여 'f'가 나타날 수 있다. 이들의 'f'는 현대 한국어에 마치 음소 /f/가 있는 것처럼 오도할 수가 있다.

이러한 잘못을 근본적으로 방지하려면, 애초부터 차용어를 분석 대상에서 제외해야 한다. 이와 마찬가지로, 고구려어 표음자가 연구 대상일 때에도 차용어가 진실을 오도할 수가 있다. 따라서 차용어의 혐의가 있는 것은 모두 고구려어 항목에서 제외한다. 이에 따르면, 고구려어에서 /*ʦ/와 [*dz]의 유·무성 대립이 없었다.

마지막으로, 치음 파찰음의 무성무기음인 전청이 무성유기음인 차청과 음운론적으로 대립하는지, 무성유기음인 차청이 유성무기음인 전탁과 음운론적으로 대립하는지를 검토하기로 한다. 본격적인 분석에 들어가기 전에 미리 언급해 둘 것이 있다. 아래의 분포 분석표 (53)에서 볼 수 있듯이, 무성유기음인 淸母 [*ʦʰ] (13자)와 昌母 [*ʨʰ](7자)는 상보적 분포를 이룬다. 따라서 (53)에서 동일 열에 배열했다. 앞에서 이미 논의한 것처럼, 무성무기음인 전청의 精母·莊母·章母는 상호 간에 음운론적으로 구별되지 않으므로 (53)에서는 편의상 精母와 莊母를 하나로 묶었다. 그리하여 전청을 精母·莊母와 章母의 두 열에 배열했다. 이와 마찬가지로, 유성무기음인 전탁에서도 從母·崇母·船母가 음운론적으로 서로 대립하지 않는다. (53)에서는 이것을 從母와 船母·崇母의 둘로 나누었는데, 이것 역시 편의상의 조치일 뿐이다.

齒音＼攝	全清		次清	全濁	
	精·莊 ts 24/28	章 tɕ 21/22	清ㅣ昌 ts^h 13/15 ㅣ6/7[43]	從 dz 18/19	船·崇 dz 9/10
果攝	${}^{開}_{1}佐_{歌}^{D}$ ${}^{開}_{1}左_{歌}^{R}$				
假攝		${}^{開}_{AB}者_{麻}^{R}$	ㅣ${}^{開}_{AB}車_{麻}^{L}$		
遇攝	${}_{1}祖_{模}^{R}$ ${}_{1}租_{模}^{L}$ ${}_{C}足_{虞}^{D}$	${}_{C}主_{虞}^{R}$ ${}_{C}朱_{虞}^{R}$ ${}_{C}諸_{魚}^{L}$	${}_{C}沮_{魚}^{L}$ ${}_{1}錯_{模}^{L}$ ${}_{C}取_{虞}^{R}$ ${}_{C}趣_{虞}^{D}$ ㅣ ${}_{C}處_{魚}^{R/D}$	${}_{1}酢_{模}^{D}$ ${}_{C}沮_{魚}^{L}$	${}_{C}助_{魚}^{D}$ ${}_{C}雛_{虞}^{L}$ ${}_{C}騶_{虞}^{L}$
效攝		${}_{AB}昭_{宵}^{L}$ ${}_{AB}釗_{宵}^{L}$		${}_{1}皂_{豪}^{R}$	
流攝	${}_{C}鄒_{尤}^{L}$	${}_{C}周_{尤}^{L}$	${}_{C}楸_{尤}^{L}$ ㅣ	${}_{C}就_{尤}^{D}$	
止攝	${}^{開}_{AB}眥_{支}^{L/R}$ ${}^{開}_{C}子_{之}^{R}$ ${}^{開}_{AB}咨_{脂}^{R}$ ${}^{開}_{AB}資_{脂}^{L}$	${}^{開}_{AB}支_{支}^{L}$ ${}^{開}_{AB}只_{支}^{R}$ ${}^{開}_{C}之_{之}^{L}$ ${}^{開}_{C}芝_{之}^{L}$ ${}^{開}_{C}志_{之}$ ${}^{開}_{AB}底_{脂}^{R}$	${}^{開}_{AB}次_{脂}^{D}$ ${}^{開}_{AB}刺_{支}^{D}$ ㅣ	${}^{開}_{AB}自_{脂}^{D}$ ${}^{開}_{C}慈_{之}^{L}$	${}^{開}_{C}士_{之}^{R}$ ${}^{開}_{C}事_{之}^{D}$
蟹攝	${}^{開}_{1}再_{咍}^{D}$ ${}^{開}_{AB}祭_{祭}^{D}$			${}^{開}_{1}才_{咍}^{L}$ ${}^{開}_{4}齊_{齊}^{L}$	
梗攝	${}^{開}_{AB}積_{清}^{E}$ ${}^{開}_{2}笮_{庚}^{E}$ ${}^{開}_{2}幘_{耕}^{E}$	${}^{開}_{AB}正_{清}^{L/D}$	${}^{開}_{4}青_{青}^{L}$ ㅣ ${}^{開}_{AB}赤_{清}^{E}$	${}^{開}_{AB}淨_{清}^{D}$	
咸攝	${}_{2}斬_{咸}^{R}$		${}_{1}參_{覃}^{L}$ ㅣ	${}_{1}雜_{覃}^{E}$	
山攝	${}^{開}_{4}節_{先}^{E}$	${}^{開}_{AB}折_{仙}^{E}$ ${}^{合}_{AB}拙_{仙}^{E}$	${}^{開}_{4}千_{先}^{L}$ ${}^{開}_{4}切_{先}^{L}$ ㅣ	${}^{開}_{1}殘_{寒}^{L}$ ${}^{開}_{4}前_{先}^{L}$ ${}^{合}_{AB}絕_{仙}^{E}$	
宕攝	${}^{開}_{1}臧_{唐}^{L}$ ${}^{開}_{C}將_{陽}^{L/D}$ ${}^{開}_{C}莊_{陽}^{L}$	${}^{開}_{C}灼_{陽}^{E}$ ${}^{開}_{C}章_{陽}^{L}$	${}^{開}_{C}錯_{唐}^{E}$ ㅣ ${}^{開}_{C}昌_{陽}^{L}$ ${}^{開}_{C}菖_{陽}^{L}$	${}^{開}_{1}藏_{唐}^{L/D}$	

---

43 'ㅣ'의 뒤에 둔 것은 경구개 유기음인 昌母 [*tɕʰ]이고 나머지는 모두 淸母 /*tsʰ/이다.

齒音 攝	全清		次清	全濁	
	精·莊 ts 24/28	章 tɕ 21/22	清|昌 tsʰ 13/15 |6/7	從 dz 18/19	船·崇 dz 9/10
江攝					
深攝				$_{AB}輯_侵^E$	$_{AB}岑_侵^L$
臻攝	$^合_1卒_魂^E$ $^合_{AB}卒_諄^E$ $^合_{AB}俊_諄^D$	$^開_{AB}眞_眞^L$ $^開_{AB}質_眞^L$	$^合_1卒_魂^E$ | $^合_{AB}春_諄^L$	$_1捽_魂^E$	$^開_{AB}神_眞^L$ $^合_{AB}述_諄^L$
曾攝	$^開_1增_登^L$ $^開_1曾_登^L$			$^開_1曾_登^L$	$^開_C乘_蒸^{L/D}$
通攝	$_C足_鍾^E$	$_C屬_鍾^E$	$_1聰_東^L$ $_C趣_鍾^E$ |	$_C從_鍾^D$	

먼저, 전청과 차청을 대비해 보면 아주 많은 양의 최소대립 쌍을 찾아낼 수 있다.

(54) 치음 파찰음의 전청과 차청의 최소대립 쌍과 텍스트명

1. 遇攝 – $_C足_虞^D$: $_C趣_虞^D$ {일본} : {유사}
2. 遇攝 – $_C主_虞^R$: $_C取_虞^R$ {금석, 중국, 지리, 일본, 사기} : {일본}
3. 遇攝 – $_C朱_虞^R$: $_C取_虞^R$ {금석, 중국, 당서, 사기, 유사} : {일본}
4. 遇攝 – $_C諸_魚^L$: $_C沮_魚^L$ {중국, 당서, 사기} : {중국, 사기}
5. 流攝 – $_C周_尤^L$: $_C楸_尤^L$ {사기} : {유사}
6. 梗攝 – $^開_{AB}積_清^E$: $^開_{AB}赤_清^E$ {지리, 당서, 사기} : {지리}
7. 山攝 – $^開_4節_先^E$: $^開_4切_先^E$ {당서} : {금석, 사기}
8. 宕攝 – $^開_C將_陽^L$: $^開_C昌_陽^L$ {중국, 당서, 사기, 유사} : {사기}
9. 宕攝 – $^開_C莊_陽^L$: $^開_C昌_陽^L$ {일본} : {사기}
10. 宕攝 – $^開_C章_陽^L$: $^開_C昌_陽^L$ {사기} : {사기}
11. 宕攝 – $^開_C將_陽^L$: $^開_C菖_陽^L$ {중국, 당서, 사기, 유사} : {유사}
12. 宕攝 – $^開_C莊_陽^L$: $^開_C菖_陽^L$ {일본} : {유사}
13. 宕攝 – $^開_C章_陽^L$: $^開_C菖_陽^L$ {사기} : {유사}

14. 通攝 − $_C$足$_{鍾}^E$: $_C$趣$_{鍾}^E$ {일본} : {유사}

15. 通攝 − $_C$屬$_{鍾}^E$: $_C$趣$_{鍾}^E$ {중국, 사기} : {유사}

위의 최소대립 쌍 목록에서 고구려 멸망 이전에 음운대립이 성립하는 것은 (54.4)의 '諸'와 '沮' 한 쌍뿐이다. 3장에서 이미 이에 대해 잠깐 논의한 바 있지만, '諸'와 '沮'의 음가와 용례를 구체적으로 다시 보이면 다음과 같다.

(55) 치음 파찰음인 전청과 차청의 최소대립 쌍 및 그 용례

諸[章中C平魚]=져^L, 제^L {諸兄(삼국, 당서, 사)}

沮[淸中C平魚]=져^L 沮[從中C上魚]=져^R {沃沮(북사, 수서, 사), 沮江/沮水(수서, 당 서/ 북사, 수서)}

그런데 '沮'는 [淸中C平魚]와 [從中C上魚]의 두 가지 발음을 가지는 多音字이고 이 두 발음은 성모와 성조의 두 가지가 서로 다르다. '沮'에는 크게 보면 두 가지 뜻이 있다. 가장 많이 사용되는 뜻은 '막다, 저지하다'의 의미인데, 『廣韻』에 따르 면 이때에는 성조가 평성일 수도 있고 상성일 수도 있다. '沮洳漸濕' 즉 '물기에 젖어 점차 습해지다'의 뜻일 때에는 상성이다. 이와는 달리 물 이름이나 姓氏에 사용되면 평성이다. 이 점을 감안했을 때에 '沃沮'와 '沮江/沮水'의 '沮'가 평성일 가능성이 크다. '沃沮'에서 더불어 사용된 '沃'이 '물을 대다'의 뜻이고 '沮江/沮水' 의 '沮'가 '물 이름'으로 사용되었기 때문이다. 이 점에서 우리는 [淸中C平魚]와 [從中C上魚]의 두 음가 중에서 '沮'의 음가로 평성인 [淸中C平魚]를 택한다.[44]

이것을 택하면 '沮'와 '諸'가 성모에서만 차이가 나는 최소대립 쌍이 된다. 이 대립은 『北史』, 『隋書』 등이 편찬된 7세기 중엽에 성립하므로 고구려어의 음운대 립임이 분명하다. 결론적으로, 고구려 말기에 무성무기음 /*ʦ/에 음운론적으로 대립하는 무성유기음 /*ʦʰ/가 있었다. 이승재(2015가)의 고구려어 자음체계는 이 견해를 택한 것이었다.

---

44 이 '沮'가 만약에 상성인 [從中C上魚]의 발음을 가진다면 (54)의 최소대립은 성립하지 않는다. 이 에 따라 고구려어에서 전청인 /*ʦ/와 차청인 [*ʦʰ]의 음운대립도 없어진다.

그런데 多音字 '徂'가 아무래도 마음에 걸린다. 표음자라면 한자의 의미를 버리고 音만을 취한 것인데, 위에서는 의미를 고려하여 '徂'가 [淸中C平魚]의 음가를 가진다고 했기 때문이다. 이것은 자기모순에 해당하므로 이런 해석을 피하는 것이 상책이다. 또한 한국 중세음에서는 '徂'가 유기음이 아니라 무기음이다. 이런 문제가 있다면 이 다음자를 논의 대상에서 제외하는 것이 안전하다. 이 방법을 택하면 /*ʦ/와 [*ʦʰ]의 최소대립 쌍이 사라진다.

위의 두 가지 방법 중에서 우리는 안전한 쪽을 택한다. 즉 고구려어에서는 /*ʦ/와 [*ʦʰ]의 음운대립이 없었다. [*ʦʰ]는 /*ʦ/의 변이음이다.

앞에서 이미 우리는 무성무기음 /*ʦ/와 유성무기음 [*dz]의 음운대립을 부정했으므로, 바로 무성유기음 [*ʦʰ]과 유성무기음 [*dz]의 음운대립에 대한 논의로 넘어간다. 유기음인 차청과 유성음인 전탁의 최소대립 쌍을 (53)의 분포 분석표에서 찾아보면 다음과 같다.

(56) 치음 파찰음 차청과 전탁의 최소대립 쌍과 텍스트명

1. 遇攝 − $_1$錯$_模^D$: $_1$胙$_模^D$ {당서, 사기} : {금석}
2. 遇攝 − $_C$處$_魚^{R/D}$: $_C$助$_魚^D$ {중국, 당서} : {지리, 일본, 사기}
3. 止攝 − $_{AB}^{開}$次$_脂^D$: $_{AB}^{開}$自$_脂^D$ {중국, 지리, 사기, 유사} : {사기}
4. 山攝 − $_4^{開}$千$_先^L$: $_4^{開}$前$_先^L$ {중국, 일본} : {금석, 중국, 일본, 당서}

(57) 차청과 전탁의 최소대립 쌍과 그 용례

千[淸開4平先]=천^L {領千(삼국, 성)}

前[從開4平先]=젼^L {前部(삼국, 중원, 태천, 속, 당서)}

(56)의 최소대립 쌍 중에서 고구려 멸망 이전에 대립이 성립하는 것은 (56.4) 하나뿐이다. (57)은 (56.4)의 대립 쌍인 '千'과 '前'의 음가와 용례이다. 둘 다 단 하나의 단어에만 사용되었다. 대립 항 '千'의 용례인 '領千'은 고구려 武官의 일종으로서 大模達과 末客 아래의 하급 무관을 가리킨다. 대립 항 '前'의 용례도 '前部' 하나밖에 없다. 그런데 '前部'의 '前'을 훈독했다면 차청과 전탁의 최소대립 쌍이

없어진다. 음독하게 되면 차용어의 혐의에서 벗어날 수가 없다. '前'이 일찍부터 차용되어 고구려어에서 자리를 잡았겠지만 '前'의 한어음 [從開4平先]이 그대로 유지되었을지 의문이다. 앞에서 이미 논의한 것처럼 從母 [*dz]는 고구려어의 음소가 아니었으므로 음운론적으로는 精母·從母 /*ʦ/로 인식되었을 것이기 때문이다. 이에 따르면 차청 [*ʦʰ]와 전탁 [*dz]의 최소대립 쌍이 없어진다.

치음 파찰음에 대한 지금까지의 논의를 정리해 보자. 치음 파찰음에서 무성무기음인 전청 /*ʦ/와 유성무기음인 전탁 [*dz]의 최소대립 쌍이 없다. 다음자를 논외로 하면 전청의 /*ʦ/와 무성유기음인 차청 [*ʦʰ]의 최소대립 쌍도 없다. 차청 [*ʦʰ]와 전탁 [*dz]도 최소대립을 이루지 못한다. 그렇다면 고구려어 치음 파찰음에 精母·淸母·從母가 두루 합쳐져서 음소 /*ʦ/가 된다고 할 수밖에 없다. 결론적으로, 치음 파찰음에서는 음소가 /*ʦ/ 하나뿐이다.

마지막으로, 파찰음 상호 간의 음운대립을 그림으로 정리하면 아래와 같다. 그림의 점선은 변이음 관계를 나타낸다.

(58) 치음 파찰음의 음운대립

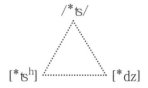

앞에서 논의한 것처럼, /*ʦ/와 [*dz]의 최소대립 쌍이 있는 듯하지만 신빙할 수 없었다. /*ʦ/와 [*ʦʰ]의 최소대립 쌍도 불안하였고, [*ʦʰ]와 [*dz]의 최소대립 쌍도 마찬가지였다. 세 가지 최소대립이 신빙하기 어려운 대립 항이나 용례를 가지고 있다는 점이 공통된다. 따라서 치음 파찰음에서는 /*ʦ/ 하나만 음소의 자격을 가졌다고 하는 것이 안전할 것이다.

치음 파찰음에 대한 논의를 마치면서, 고대 한국어의 치음에서는 마찰음 /*s/와 파찰음 /*ʦ/가 음운론적으로 구별되지 않았다는 일부의 주장을[45] 검토해 보

---

45 최근의 연구로는 백제어 지명의 異表記를 중심적인 자료로 삼은 엄익상(2015: 120)을 들 수 있다. 그런데 엄익상(2015: 82)가 지적한 바 있듯이, 마찰음 /*s/와 파찰음 /*ʦ/의 이표기 쌍이 없

기로 한다. 이 주장의 是非를 고구려어에서 확인할 때에는 마찰음을 정리한 (39)의 전청·전탁 분포 분석표와 파찰음을 정리한 (53)의 전청·전탁의 분포 분석표를 활용하면 된다.

아래의 분포 분석표 (59)에서 밑줄 '＿'을 친 것은 치음 마찰음을 가지는 표음자이고, 밑줄을 치지 않은 표음자는 치음 파찰음을 가지는 표음자이다. 마찰음에는 차청이 없으므로, 여기에서는 전청과 전탁에서만 마찰음과 파찰음을 대비한다.

(59) 치음 마찰음과 파찰음의 전청·전탁의 분포 분석표

齒音 / 攝	全淸		全濁	
	心 s / 精·莊 ts	書 ɕ / 章 tɕ	邪 z / 從 dz	常 z / 船·崇 dz
果攝	$_{合1}$襄$_{戈}^{L}$ $_{開1}$佐$_{歌}^{D}$ $_{開1}$左$_{歌}^{R}$			
假攝		$_{開AB}$舍$_{麻}^{D}$ $_{開AB}$奢$_{麻}^{L}$ $_{開AB}$者$_{麻}^{R}$		
遇攝	$_1$素$_{模}^{D}$ $_1$蘇$_{模}^{L}$ $_1$須$_{虞}^{L}$ $_1$需$_{虞}^{L}$ $_1$祖$_{模}^{R}$ $_1$租$_{模}^{L}$ $_C$足$_{虞}$	$_C$書$_{魚}^{L}$ $_C$主$_{虞}$ $_C$朱$_{虞}^{R}$ $_C$諸$_{魚}^{L}$	$_1$怍$_{模}^{D}$ $_C$沮$_{魚}$	$_C$助$_{魚}^{D}$ $_C$雛$_{虞}$
效攝	$_1$掃$_{豪}^{R/D}$ $_{AB}$小$_{宵}^{R}$ $_{AB}$消$_{宵}^{L}$ $_{AB}$肖$_{宵}^{D}$ $_4$蕭$_{蕭}^{L}$	$_{AB}$少$_{宵}^{R/D}$ $_{AB}$昭$_{宵}^{D}$ $_{AB}$釗$_{宵}^{L}$	$_1$皂$_{豪}^{R}$	$_{AB}$召$_{宵}^{D}$
流攝	$_1$漱$_{侯}^{D}$ $_1$藪$_{侯}^{R}$ ($_C$鄒$_{尤}^{L}$)	$_C$收$_{尤}^{L}$ $_C$首$_{尤}^{R}$ $_C$守$_{尤}^{R}$ $_C$獸$_{尤}^{L}$ $_C$周$_{尤}^{L}$	$_C$就$_{尤}^{D}$	$_C$壽$_{尤}^{R}$

어서 이들 자음을 재구하기 어렵다. 엄익상(2015)에서 제시된 자료는 백제의 구지명 '上柒'과 이에 대응하는 신라의 신지명 '尙質'밖에 없다. 이 자료를 이용하여 마찰음 /*s/는 백제어의 음소로 인정하고, 파찰음 /*ʦ/는 음소 목록에서 제외했다. 파찰음 /*ʦ/를 제외한 것은 자료 부족에 일차 원인이 있을 것이다. 자료가 충분하다 하더라도 이러한 이표기 쌍은 논거로 삼을 수 없다. 앞에서 이미 말한 것처럼 '上'에는 백제어의 음운체계와 표기법이, '尙'에는 신라어의 음운체계와 표기법이 반영되어 있기 때문이다.

齒音＼攝	全清		全濁	
	心 s 精·莊 ts	書 ɕ 章 tɕ	邪 z 從 dz	常 ʑ 船·崇 dʑ
止攝	${}_{開AB}斯_支^{L}$ ${}_{開C}司_之^{L}$ ${}_{開C}思_之$ ${}_{開AB}四_脂^{D}$ ${}_{開AB}呰_支^{L/R}$ ${}_{開AB}子_之^{R}$ ${}_{開AB}咨_脂^{L}$ ${}_{開AB}資_脂^{L}$	${}_{開C}始_之^{R}$ ${}_{開C}尸_脂^{L}$ ${}_{開AB}矢_脂^{R}$ ${}_{開AB}支_支^{L}$ ${}_{開AB}只_支^{R}$ ${}_{開C}之_之^{L}$ ${}_{開C}芝_之^{L}$ ${}_{開C}志_之^{D}$ ${}_{開AB}底_脂^{R}$	${}_{合AB}遂_脂^{L}$ ${}_{合AB}隧_脂^{D}$ ${}_{開AB}自_脂^{D}$ ${}_{開C}慈_之^{L}$	${}_{開C}市_之^{R}$ ${}_{開C}恃_之^{D}$ ${}_{開C}士_之^{R}$ ${}_{開C}事_之^{D}$
蟹攝	${}_{開4}西_齊^{L}$ ${}_{開4}栖_齊^{L}$ ${}_{合1}簑_灰^{L}$ ${}_{開1}再_咍^{D}$ ${}_{開AB}祭_祭^{D}$		${}_{開1}才_咍^{L}$ ${}_{開4}齊_齊^{L}$	
梗攝	${}_{開AB}昔_清^{E}$ ${}_{開AB}省_清^{R}$ ${}_{開4}析_青^{E}$ ${}_{開AB}積_清^{E}$ ${}_{開2}笮_庚^{E}$ ${}_{2}幀_耕^{E}$	${}_{開AB}聖_清^{D}$ ${}_{開AB}正_清^{L/D}$	${}_{開AB}淨_清^{D}$	${}_{開AB}成_清^{L}$ ${}_{開AB}誠_清^{L}$ ${}_{開AB}碩_清^{E}$
咸攝	${}_{1}三_談^{L}$ ${}_{開AB}彡_鹽^{L}$ ${}_{2}斬_咸^{R}$	${}_{開AB}陝_鹽^{R}$	${}_{1}雜_覃^{E}$	
山攝	${}_{開1}散_寒^{D/R}$ ${}_{開1}薩_寒^{E}$ ${}_{開4}先_先^{L/D}$ ${}_{開4}屑_先^{E}$ ${}_{合AB}選_仙^{R}$ ${}_{開AB}鮮_仙^{L/R}$ ${}_{開AB}薛_仙^{E}$ ${}_{開AB}仙_仙^{L}$ ${}_{開4}節_先^{E}$	${}_{開AB}折_仙^{E}$ ${}_{合AB}拙_仙^{E}$	${}_{開AB}殘_寒^{L}$ ${}_{開AB}前_先^{L}$ ${}_{合AB}絕_仙^{E}$	${}_{開AB}蟬_仙^{L}$
宕攝	${}_{開C}相_陽^{L/D}$ ${}_{開C}襄_陽^{L}$ ${}_{開1}藏_唐^{L}$ ${}_{開C}將_陽^{L/D}$ ${}_{開C}莊_陽^{L}$	${}_{開C}灼_陽^{E}$ ${}_{開C}章_陽^{L}$	${}_{開C}象_陽^{R}$ ${}_{開1}藏_唐^{L/D}$	${}_{開C}上_陽^{R/D}$ ${}_{開C}尚_陽^{L/D}$
江攝				
深攝	${}_{開AB}心_侵^{L}$	${}_{開AB}深_侵^{L}$	${}_{開AB}習_侵^{E}$ ${}_{開AB}輯_侵^{E}$	${}_{開AB}十_侵^{E}$ ${}_{開AB}岑_侵^{L}$
臻攝	${}_{合1}孫_魂^{L/D}$ ${}_{開AB}辛_眞^{L}$ ${}_{開AB}信_眞^{D}$ ${}_{開AB}薪_眞^{L}$ ${}_{開AB}悉_眞^{E}$ ${}_{合AB}恤_諄^{L}$ ${}_{合1}卒_魂^{E}$ ${}_{合AB}卒_諄^{E}$ ${}_{合AB}俊_諄^{D}$	${}_{開AB}室_眞^{E}$ ${}_{合AB}舜_諄^{D}$ ${}_{開AB}眞_眞^{L}$ ${}_{開AB}質_眞^{E}$	${}_{1}捽_魂^{E}$	${}_{合AB}順_諄^{D}$ ${}_{開AB}臣_眞^{L}$ ${}_{開AB}愼_眞^{D}$ ${}_{開AB}神_眞^{L}$ ${}_{合AB}述_諄^{E}$

齒音	全清		全濁	
攝	心 s 精·莊 ts	書 ɕ 章 tɕ	邪 z 從 dz	常 z 船·崇 dz
曾攝	$^{開}_1$僧$_登^L$ $^{開}_C$息$_蒸^E$ $^{開}_1$增$_登^L$ $^{開}_1$曾$_登^L$	$^{開}_C$勝$_蒸^D$ $^{開}_C$升$_蒸^L$ $^{開}_C$式$_蒸^E$	$^{開}_1$曾$_登^L$	$^{開}_C$乘$_蒸^{L/D}$
通攝	$_1$速$_東^E$ $_C$肅$_東^E$ $_C$足$_鍾^E$	$_C$屬$_鍾^E$	$_C$松$_鍾^L$ $_C$從$_鍾^D$	$_C$屬$_鍾^E$

치음 마찰음과 치음 파찰음의 음운대립을 확인할 때에는 위의 분포 분석표에서 동일 칸에 온 마찰음 표음자와 파찰음 표음자를 서로 대비하면 된다. 동일 칸에 오면서 마찰음과 파찰음의 차이로 최소대립을 이루는 쌍을 찾아보면 다음과 같다.

(60) 치음의 마찰음 /*s/와 파찰음 /*ts/의 음운대립 쌍

 1. 遇攝의 書母 /*ɕ/와 章母 [*tɕ] − $_C$書$_魚^L$: $_C$諸$_魚^L$ {典書客(삼국), 中書令(구당)} : {諸兄(삼국, 당서, 사)}

 2. 宕攝의 心母 /*s/와 精母·莊母 /*ts/ − $^{開}_C$相$_陽^{L/D}$: $^{開}_C$將$_陽^{L/D}$ {相加(삼국, 후한, 양서, 남사, 사), 相主領(삼국), 相夫(평양성;해, 사, 유), 大相(고자묘, 일, 사), 乙相(일), 國相(사), 相國(사), 小相(사), 狄相(사), 從大相(사)} : {中郎將, 衛將軍(삼국), 郡將, 三軍大將軍(구당), 小將(사), 大將(유)}

 3. 果攝의 心母 /*s/와 精母·莊母 /*ts/ − $_1$蘇$_模^L$: $_1$租$_模^L$ {금석, 중국, 지리, 일본, 당서, 사기, 유사} : {지리, 사기}

 4. 止攝의 書母 /*ɕ/와 章母 [*tɕ] − $^{開}_{AB}$矢$_脂^R$: $^{開}_{AB}$底$_脂^R$ {사기} : {금석}

 5. 梗攝의 心母 /*s/와 精母·莊母 /*ts/ − $^{開}_{AB}$昔$_清^E$: $^{開}_{AB}$積$_清^E$ {지리} : {지리, 당서, 사기}

 6. 山攝의 心母 /*s/와 精母·莊母 /*ts/ − $^{開}_4$屑$_先^E$: $^{開}_4$節$_先^E$ {지리} : {당서}

 7. 宕攝의 心母 /*s/와 精母·莊母 /*ts/ − $^{開}_C$襄$_陽^L$: $^{開}_C$莊$_陽^L$ {사기} : {지리}

 8. 臻攝의 心母 /*s/와 精母·莊母 /*ts/ − $^{合}_{AB}$恤$_諄^E$: $^{合}_{AB}$卒$_諄^E$ {사기, 유사} : {사기, 유사}

9. 臻攝의 <u>書母</u> /*ɕ/와 章母 [*tɕ] − ^開_{AB}室_眞^E : ^開_{AB}質_眞^E {사기} : {사기}

10. 曾攝의 <u>心母</u> [*s]와 精母·莊母 /*ts/ − ^開₁僧_登^L : ^開₁增_登^L, ^開₁曾_登^L {일본} : {중국}, {사기}

(61) 치음의 마찰음 [*z]와 파찰음 [*dz]의 음운대립 쌍

1. 止攝의 <u>常母</u> [*z]와 船母·崇母 [dz] − ^開_C市_之^R : ^開_C士_之^R {지리, 당서, 사기, 유사} : {중국, 일본, 사기}

2. 止攝의 <u>常母</u> [*z]와 船母·崇母 [dz] − ^開_C侍_之^D : ^開_C事_之^D {유사} : {중국}

3. 深攝의 <u>邪母</u> [*z]와 從母 [dz] − _{AB}習_侵^E : _{AB}輯_侵^E {지리} : {중국}

4. 臻攝의 <u>常母</u> [*z]와 船母·崇母 [dz] − ^開_{AB}臣_眞^L : ^開_{AB}神_眞^L {유사} : {당서, 사기}

(60)의 10쌍에서 마찰음 /*s/와 파찰음 /*ts/의 음운대립이 성립한다. 이 중에서 (60.1~2)의 두 대립은 『삼국지』가 편찬된 3세기 후반에 이미 대립이 성립한다. 나머지는 모두 고구려 멸망 이후에 대립이 성립하므로 용례 대신에 텍스트 명만 밝혔다. (61)은 치음의 마찰음 [*z]와 파찰음 [*dz]의 최소대립 쌍이다. 이들은 모두 멸망 이후에 대립이 성립한다. 그렇다면 고구려어의 음운대립 쌍으로 유효한 것은 (60.1~2)의 두 쌍밖에 없다.

이제 (60.1)의 용례가 정확한 것인지 검토하기로 한다. 대립 항 '書'의 용례인 '典書客'은 "又有國子博士, 大學士, 舍人, 通事, 典書客, 皆以小兄以上爲之"(『한국고전용어사전』)에서 확인할 수 있듯이 고구려의 관명임이 분명하다. '典書客'이 차용어일 가능성을 검토해 보았으나, 중국에서는 이 관명이 사용된 적이 없다. 따라서 고구려어 항목으로 인정한다. 대립 항 '諸'의 용례인 '諸兄'도 '大兄, 小兄' 등과 더불어 고구려 관명임이 분명하다. 따라서 (60.1)의 최소대립 쌍을 믿을 수 있다.

(60.2)의 대립 항은 '相'과 '將'이다. '相'의 용례 중에서 '相加'와 '相夫'는 고구려 인명임이 확실하다. 대립 항 '將'의 용례 중에서 멸망 이전에 기록된 것은 '中郎將'과 '衛將軍'이다. 그런데 이 둘 다 차용어의 혐의가 있다. '中郎將'은 중국의 後漢 말에 이미 사용되었으므로(『한국고전용어사전』 참조) 차용어일 것이다. '衛將軍'은 중국 前漢 이후의 관직명이라 하고 이에 비견되는 고구려 관직명이 大模達

이라 한다.[46] 따라서 (60.2)의 최소대립 쌍은 논거에서 제외하는 것이 안전하다.

그렇다면 마찰음 /*s/와 파찰음 /*ts/가 음운론적으로 대립한다는 것을 증명해주는 최소대립 쌍은 (60.1) 하나뿐이다. 비록 하나의 예에 불과하지만 이것은 확실하므로 고구려어에 /*s/와 /*ts/의 음운대립이 있었다고 본다. 일부 학자들이 고대 한국어에서 치음 마찰음과 파찰음의 음운대립이 없었다고 주장하지만, 고구려어에 관한 한 우리는 정반대의 견해를 택한다.

마지막으로, 설음의 /*t/와 치음 파찰음의 /*ts/가 음운론적으로 대립했는지를 검토한다. (62)의 분포 분석표에서 설음 /*t/를 가지는 표음자에는 밑줄 '__'을 쳐서 치음 파찰음 /*ts/의 표음자와 구별하였다.

(62) 설음과 치음 파찰음의 전청·차청·전탁의 분포 분석표

齒音 \ 攝	全清		次清	全濁	
	端 t 精·莊 ts	知 t 章 tɕ	透·徹 tʰ 清·昌 tsʰ	定 d 從 dz	澄 d 船·崇 dz
果攝	$^{開}_{1}多^{L}_{歌}$ $^{開}_{1}佐^{D}_{歌}$ $^{開}_{1}左^{L}_{歌}$				
假攝		$^{開}_{AB}者^{R}_{麻}$	$I^{開}_{AB}車^{L}_{麻}$		$^{開}_{2}茶^{L}_{麻}$
遇攝	$_{1}都^{L}_{模}$ $_{1}賭^{R}_{模}$ $_{1}覩^{R}_{模}$ $_{1}祖^{R}_{模}$ $_{1}租^{L}_{模}$ $_{C}足^{D}_{虞}$	$_{C}主^{R}_{虞}$ $_{C}朱^{R}_{虞}$ $_{C}諸^{L}_{魚}$	$_{1}土^{R}_{模}$ $_{1}吐^{D}_{模}$ $_{1}沮^{L}_{魚}$ $_{1}錯^{D}_{模}$ $_{C}取^{R}_{虞}$ $_{C}趣^{D}_{虞}$ $_{IC}處^{R/D}_{魚}$	$_{1}杜^{R}_{模}$ $_{1}度^{D}_{模}$ $_{1}祚^{R}_{模}$ $_{C}沮^{R}_{魚}$	$_{C}助^{D}_{魚}$ $_{C}雛^{L}_{虞}$ $_{C}駒^{L}_{虞}$
效攝	$_{1}刀^{L}_{豪}$ $_{4}蔦^{R}_{蕭}$ $_{4}鳥^{R}_{蕭}$	$_{AB}朝^{L}_{宵}$ $_{AB}昭^{L}_{宵}$ $_{AB}釗^{L}_{宵}$		$_{1}道^{R}_{豪}$ $_{1}皂^{R}_{豪}$	$_{AB}朝^{L}_{宵}$

---

46 "前漢 이후의 관직명. 『續漢書』 백관지에 의하면 평시엔 공석으로 반란 발생 시에 임명되어 진압한다. 장군위로서는 대장군, 표기장군, 거기장군의 뒤를 잇는다"(위키 백과에서 인용함). "『翰苑』에 인용된 『고려기』에 따르면 대모달은 중국의 衛將軍에 비견된다고 한다"(『두산백과』에서 인용함).

齒音 攝	全清		次清	全濁	
	端 t 精·莊 ts	知 t 章 tɕ	透·徹 tʰ 清·昌 tsʰ	定 d 從 dz	澄 ɖ 船·崇 dʑ
流攝	$_1$斗$_侯^R$ $_C$鄒$_尤^L$	$_C$周$_尤^L$	$_C$楸$_尤^L$	$_1$頭$_侯^L$ $_1$豆$_侯^D$ $_C$就$_尤^D$	
止攝	開$_{AB}$呰$_支^{L/R}$ 開$_C$子$_之$ 開$_{AB}$咨$_脂^L$ 開$_{AB}$資$_脂^L$	開$_{AB}$知$_支^{L/D}$ 開$_{AB}$智$_支$ 開$_{AB}$致$_脂$ 開$_{AB}$支$_支^L$ 開$_{AB}$只$_支^R$ 開$_C$之$_之^L$ 開$_C$芝$_之^L$ 開$_C$志$_之^D$ 開$_{AB}$底$_脂^R$	開$_C$恥$_之^R$ 開$_{AB}$次$_脂$ 開$_{AB}$刺$_支^D$	開$_{AB}$地$_脂^D$ 開$_{AB}$自$_脂$ 開$_C$慈$_之^L$	開$_C$治$_之^{L/D}$ 開$_{AB}$雉$_脂^R$ 開$_C$士$_之^R$ 開$_C$事$_之^D$
蟹攝	開$_1$戴$_咍^D$ 開$_4$底$_齊^R$ 開$_4$弓$_齊^R$ 開$_4$帝$_齊^D$ 合$_1$對$_灰^D$ 開$_1$帶$_泰^D$ 開$_1$再$_咍^D$ 開$_{AB}$祭$_祭^D$		開$_1$台$_咍^L$ 開$_1$太$_泰^D$ 開$_1$泰$_泰^D$	開$_1$大$_泰^D$ 開$_1$提$_齊^L$ 開$_1$臺$_咍^L$ 開$_1$代$_咍^D$ 開$_1$才$_咍^L$ 開$_4$齊$_齊^L$	開$_{AB}$彘$_祭^D$
梗攝	開$_4$鼎$_青^R$ 開$_4$丁$_青^L$ 開$_{AB}$積$_清^E$ 開$_2$笮$_庚^E$ 開$_2$幘$_耕^E$	開$_{AB}$貞$_清^L$ 開$_{AB}$正$_清^{L/D}$	開$_4$青$_青^L$ | 開$_{AB}$赤$_清^E$	開$_4$狄$_青^E$ 開$_{AB}$淨$_清^D$	
咸攝	$_1$答$_覃^E$ $_2$斬$_咸^R$		$_1$參$_覃^L$ |	$_1$曇$_覃^L$ $_1$談$_談^L$ $_1$噉$_談^R$ $_1$雜$_覃^E$	
山攝	開$_1$旦$_寒^D$ 合$_1$端$_桓^L$ 合$_1$咄$_桓^L$	開$_{AB}$折$_仙^E$ 合$_{AB}$拙$_仙^E$	開$_4$天$_先^L$ 開$_4$鐵$_先^E$ 合$_1$湍$_桓^L$	開$_{AB}$檀$_寒^L$ 開$_{AB}$達$_寒^E$ 開$_4$田$_先^L$	合$_{AB}$瑑$_仙^D$ 合$_{AB}$椽$_仙^L$

齒音 攝	全清		次清	全濁	
	端 t ／ 精·莊 ts	知 ṭ ／ 章 tɕ	透·徹 tʰ ／ 清·昌 tsʰ	定 d ／ 從 dz	澄 ḍ ／ 船·崇 dʑ
山攝	${}_{4}^{開}典_{先}^{R}$ ${}_{4}^{開}節_{先}^{E}$		${}_{1}^{合}脫_{桓}^{E}$ ${}_{4}^{開}千_{先}^{L}$ ${}_{4}^{開}切_{先}^{E}$ │	${}_{1}^{合}脫_{桓}^{E}$ ${}_{4}^{開}跌_{先}^{E}$ ${}_{4}^{開}殘_{寒}^{L}$ ${}_{4}^{開}前_{先}^{L}$ ${}_{AB}^{合}絶_{仙}^{E}$	
宕攝	${}_{1}^{開}臧_{唐}^{L}$ ${}_{C}^{開}將_{陽}^{L/D}$ ${}_{C}^{開}莊_{陽}^{L}$	${}_{C}^{開}長_{陽}^{R}$ ${}_{C}^{開}灼_{陽}^{E}$ ${}_{C}^{開}章_{陽}^{L}$	${}_{1}^{開}託_{唐}^{E}$ ${}_{1}^{開}湯_{唐}^{L}$ ${}_{1}^{開}錯_{唐}^{E}$ │ ${}_{C}^{開}昌_{陽}^{L}$ ${}_{C}^{開}菖_{陽}^{L}$	${}_{1}^{開}藏_{唐}^{L/D}$	${}_{C}^{開}長_{陽}^{L}$
江攝		${}_{2}卓_{江}^{E}$			${}_{2}幢_{江}^{L}$
深攝				${}_{AB}輯_{侵}^{E}$	${}_{AB}岑_{侵}^{L}$
臻攝	${}_{1}^{合}敦_{魂}^{L}$ ${}_{1}^{合}頓_{魂}^{D}$ ${}_{1}咄_{魂}^{E}$ ${}_{1}^{合}卒_{魂}^{E}$ ${}_{AB}^{合}卒_{諄}^{E}$ ${}_{AB}^{合}俊_{諄}^{D}$	${}_{AB}^{開}鎭_{眞}^{D}$ ${}_{AB}^{開}眞_{眞}^{L}$ ${}_{AB}^{開}質_{眞}^{E}$	${}_{1}^{開}吞_{痕}^{L}$ ${}_{1}^{合}卒_{魂}^{E}$ │ ${}_{AB}^{合}春_{諄}^{L}$	${}_{1}^{合}突_{魂}^{E}$ ${}_{1}^{合}屯_{魂}^{L}$ ${}_{1}捽_{魂}^{E}$	${}_{AB}^{開}神_{眞}^{L}$ ${}_{AB}^{合}述_{諄}^{E}$
曾攝	${}_{1}^{開}德_{登}^{E}$ ${}_{1}^{開}得_{登}^{E}$ ${}_{1}^{開}增_{登}^{L}$ ${}_{1}^{開}曾_{登}^{L}$	${}_{C}^{開}徵_{蒸}^{L}$		${}_{1}^{開}騰_{登}^{L}$ ${}_{1}^{開}曾_{登}^{L}$	${}_{C}^{開}直_{蒸}^{E}$ ${}_{C}^{開}乘_{蒸}^{L/D}$
通攝	${}_{1}東_{東}^{L}$ ${}_{1}董_{東}^{R}$ ${}_{1}督_{冬}^{E}$ ${}_{1}冬_{冬}^{L}$ ${}_{C}足_{鍾}^{E}$	${}_{C}竹_{東}^{E}$ ${}_{C}中_{東}^{L/D}$ ${}_{C}忠_{東}^{L}$ ${}_{C}屬_{鍾}^{E}$	${}_{1}通_{東}^{L}$ ${}_{1}聰_{東}^{L}$ ${}_{C}趣_{鍾}^{E}$	${}_{1}童_{東}^{L}$ ${}_{C}從_{鍾}^{L}$	${}_{C}仲_{東}^{D}$ ${}_{C}蟲_{東}^{L}$

이 분포 분석표에서 설음과 치음 파찰음이 최소대립을 이루는 쌍을 찾아보면 다음과 같다.

(63) 설음과 치음 파찰음의 최소대립 쌍

1. 遇攝 模韻의 전청 – $_1$都$_模$^{L} : $_1$租$_模$^{L} {중국, 지리, 일본, 당서, 사기} : {사기}

2. 遇攝 模韻의 차청 – $_1$吐$_模$^{D} : $_1$錯$_模$^{D} {중국, 지리, 당서, 사기} : {당서, 사기}

3. 效攝 宵韻의 전청 – $_{AB}$朝$_宵$^{L} : $_{AB}$昭$_宵$^{L}, $_{AB}$釗$_宵$^{L} {금석, 중국, 당서, 사기} : {중국}, {중국, 당서, 사기, 유사}

4. 止攝 支韻의 전청 – $^開_{AB}$知$_支$$^{L/D}$: $^開_{AB}$支$_支$^{L} {지리} : {금석, 중국, 지리, 당서, 사기, 유사}

5. 止攝 脂韻의 전탁 – $^開_{AB}$地$_脂$^{D} : $^開_{AB}$自$_脂$^{D} {중국, 당서} : {사기}

6. 蟹攝 咍韻의 전청 – $^開_1$戴$_咍$^{D} : $^開_1$再$_咍$^{D} {중국, 사기} : {사기}

7. 蟹攝 咍韻의 전탁 – $^開_1$臺$_咍$^{L} : $^開_1$才$_咍$^{L} {사기} : {지리}

8. 蟹攝 齊韻의 전탁 – $^開_4$提$_齊$^{L} : $^開_4$齊$_齊$^{L} {중국, 사기} : {지리, 사기}

9. 梗攝 清韻의 전청 – $^開_{AB}$貞$_清$^{L} : $^開_{AB}$正$_清$$^{L/D}$ {당서} : {사기, 유사}

10. 山攝 先韻의 차청 – $^開_4$天$_先$^{L} : $^開_4$千$_先$^{L} {금석} : {중국, 일본}

11. 山攝 先韻의 차청 – $^開_4$鐵$_先$^{E} : $^開_4$切$_先$^{E} {지리, 사기, 유사} : {금석, 사기}

12. 山攝 寒韻의 전탁 – $^開_1$檀$_寒$^{L} : $^開_1$殘$_寒$^{L} {사기} : {금석}

13. 山攝 先韻의 전탁 – $^開_4$田$_先$^{L} : $^開_4$前$_先$^{L} {일본} : {금석, 중국, 일본, 당서}

14. 宕攝 唐韻의 차청 – $^開_1$託$_唐$^{E} : $^開_1$錯$_唐$^{E} {사기} : {당서, 사기}

15. 曾攝 登韻의 전탁 – $^開_1$騰$_登$^{L} : $^開_1$曾$_登$^{L} {중국} : {사기}

16. 通攝 東韻의 차청 – $_1$通$_東$^{L} : $_1$聰$_東$^{L} {중국} : {일본}

위의 최소대립 쌍 중에서 대립 성립의 시기가 멸망 이전인 것은 (63.3)의 두 쌍과 (63.10)의 한 쌍이다. 이들의 음가와 용례를 구체적으로 들어 보이면 다음과 같다.

(64) 설음과 치음 파찰음의 최소대립 쌍 (멸망 이전의 340자)

1. 朝[知中AB平宵]=됴^L {朝鮮(북사, 수서, 진서, 천비묘, 구당, 사), 朝服(사)}
   昭[章中AB平宵]=쇼^L {昭列帝(수서)}

2. 朝[知中AB平宵]=됴^L {위의 (64.1)과 동일(북사 등)}
   釗[章中AB平宵]=쇼, 죠 {釗(위서, 북사, 사, 유, 요사), 王釗(진서)}

3. 天[透開4平先]=텬ᴸ {仇天城⁶ᵖ(광개)}
   千[淸開4平先]=천ᴸ {領千(삼국, 성)}

(64.1)의 대립 항 '昭'는 용례가 '昭列帝' 하나뿐이므로 검토의 대상이다. '昭列帝'는 10대 山上王의 玄孫의 아들이다. 산상왕 位宮의 현손의 아들이면 15대 美川王으로 추정된다(장세경 2007: 480). 그는 慕容氏에게 패한 후 丸都에 들어와 궁실을 불 지르고 크게 약탈한 후에 돌아갔다고 한다. 이 記事에서는 '昭列帝'가 중국인이 붙인 인명이라는 단서를 찾을 수가 없다. 따라서 고구려 인명으로 간주한다.

(64.2)의 대립 항 '釗'는 多音字이지만 역사학계에서는 (64.2)의 음가를 택한다. '釗'는 고구려 16대 故國原王인데, 그의 諱인 '斯由'가 '釗'의 反切이라고 이해한다(『한국고대인명사전』참조). 여기에서 '釗'가 고구려어 표음자임을 알 수 있다.

그런데 (64.1~2)의 대립 항 '朝'의 용례에 문제가 있다. '朝'가 멸망 이전에 기록된 것은 '朝鮮' 하나뿐이다. 이 '朝鮮'을 고구려어 항목에 넣을 수 있을까? 이 國名은 古朝鮮에서 사용된 것이므로 엄격히 말하면 고구려에서 붙인 국명이 아니다. 기존의 국명을 그대로 수용한 것에 불과하다. 더욱이 樂浪郡의 치소 중에 '朝鮮縣'이 있었다. 그렇다면 '朝鮮'에 고구려어의 음운체계와 표기법이 반영되었다고 하기가 어렵다. 이 태도를 취하여 우리는 설음과 치음 파찰음의 최소대립 쌍에서 (64.1~2)를 제외한다.

(64.3)에서는 '仇天城⁶ᵖ'이 고구려 지명인가 백제 지명인가 하는 점이 문제가 된다. 이럴 때에 우리는 표기법으로 고구려 기원의 지명인지 백제 기원의 지명인지를 가린다. 즉, 문제의 대립 항이 여타의 고구려어 항목에 사용된 적이 있는지를 검토하고, 또한 이 표음자와 더불어 사용된 표음자가 여타의 고구려어 항목에 사용된 적이 있는지를 검토한다. 나아가서 이들 표음자가 멸망 이전에 기록된 백제어 항목에 나오는지도 검토한다. 그리하면 이들 표음자들이 고구려어 표기법으로 기록된 것인지 백제어 표기법으로 기록된 것인지를 판단할 수 있다.

(64.3)에서 참고가 되는 것은 앞에 온 '仇'이다. 백제 자료에서는 표음자 '仇'가 『삼국사기』지리지, 『삼국사기』, 『삼국유사』등 백제 멸망 이후의 텍스트에만 나

온다. 반면에 고구려 자료에서는 '味仇婁(광개), 高仇(송서, 남사)' 등 고구려 멸망 이전에 기록된 용례가 있다. 이에 따르면 광개토대왕비의 '仇天城^百'을 백제 지명이 아니라 고구려 지명이라고 할 수 있다. (64.3)의 대립 항 '千'도 '領千'에만 사용되었다. '領千'은 고구려 武官의 일종으로서 大模達과 末客 아래의 하급 무관을 가리킨다(『한국고전용어사전』참조). 따라서 이 용례도 고구려어 항목임이 틀림없다. 그렇다면 (64.3)의 최소대립 쌍을 신뢰할 수 있다.

(64.3)에서 설음과 치음 파찰음의 최소대립이 성립한다. 대립 성립의 시점은 광개토대왕비가 건립된 414년이다. 따라서 설음의 /*t/와 치음 파찰음의 /*ʦ/가 고구려어에서 음운론적으로 대립했다고 본다.

5.7. 牙喉音

訓民正音에서는 牙音과 喉音을 나누어서 문자를 제정했다. 그러나 이 둘을 하나로 묶어서 기술하는 것이 나을 때가 적지 않다. 예컨대 백제어에서는 아음의 群母와 후음의 匣母가 상보적 분포를 이루므로(이승재 2013나: 232) 이 둘을 하나의 음소로 합치게 된다. 아음과 후음을 하나로 묶을 때에는 그 명칭을 牙喉音이라고 붙인다.

아후음에는 (65)에서 볼 수 있듯이 여덟 개의 성모가 있다. 이 중에서 見母字는 66자에 달하여 고구려어 표음자 중에서 가장 큰 비중을 차지한다.

(65) 아후음의 성모와 고구려 표음자의 용례 수

		全淸	次淸	全濁	次濁
牙喉音	見組	見 k 66	溪 k^h 10	群 g 18/19	疑 ŋ 15
	曉組	曉 h 12/14		匣 ɦ 34/40	
	影組	影 ʔ 38/43			云 ɦ 14/15

아후음에서는 아음과 후음이 서로 구별되었는가, 유성음인 전탁이 음소로 설정되는가, 유기음인 차청이 음소로 설정되는가 하는 문제가 주요 논의 대상이

다. 나아가서 匣母가 群母와 상보적 분포를 이루는지, 云母와 상보적 분포를 이루는지도 아주 중요하다.

먼저, 아음의 見母와 群母를 서로 대비하고 후음의 曉母와 匣母를 서로 대비해 본다. 그런 다음에 아음과 후음이 구별되는지를 논의하기로 한다.

(66) 아음 見母·群母와 후음 曉母·匣母의 분포 분석표

牙喉 / 攝	全清 見 k 66	全濁 群 g 18/19	全清 曉 h 12/14	全濁 匣 ɦ 34/40
果攝	$^{開}_{1}$柯$_{歌}^{L}$ $^{開}_{1}$哥$_{歌}^{L}$ $^{合}_{1}$果$_{戈}^{R}$ $^{合}_{1}$過$_{戈}^{D}$			$^{開}_{1}$河$_{歌}^{L}$ $^{開}_{1}$賀$_{歌}^{D}$ $^{開}_{1}$何$_{歌}^{L}$ $^{合}_{1}$禾$_{戈}^{L}$ $^{合}_{1}$和$_{戈}^{L/D}$
假攝	$^{開}_{2}$加$_{麻}^{L}$ $^{開}_{2}$嘉$_{麻}^{L}$ $^{開}_{2}$賈$_{麻}^{D}$			$^{開}_{2}$下$_{麻}^{R/D}$
遇攝	$_{1}$古$_{模}^{R}$ $_{1}$固$_{模}^{D}$ $_{C}$居$_{魚}$ $_{C}$句$_{虞}^{D}$ $_{C}$拘$_{虞}^{L}$	$_{C}$駏$_{魚}^{R}$	$_{C}$許$_{魚}^{R}$	$_{1}$胡$_{模}^{L}$ $_{1}$護$_{模}^{D}$
效攝	$_{1}$高$_{豪}^{L}$ $_{2}$郊$_{肴}^{L}$ $_{4}$釗$_{蕭}$		$_{1}$好$_{豪}^{R/D}$	
流攝	$_{1}$溝$_{侯}^{L}$ $_{1}$苟$_{侯}^{R}$ $_{1}$垢$_{侯}^{L}$ $_{C}$九$_{尤}^{R}$ $_{C}$久$_{尤}^{L}$ $_{1}$狗$_{侯}^{R}$	$_{C}$臼$_{尤}^{R}$ $_{C}$仇$_{尤}^{L}$ $_{C}$求$_{尤}^{L}$		$_{1}$候$_{侯}^{D}$ $_{1}$候$_{侯}^{L}$ $_{1}$後$_{侯}^{R}$ $_{1}$后$_{侯}^{R}$
止攝	$^{開}_{A}$枳$_{支}^{R}$ $^{開}_{C}$姬$_{之}^{L}$ $^{合}_{C}$貴$_{微}^{D}$ $^{合}_{C}$鬼$_{微}^{R}$ $^{開}_{B}$祁$_{脂}^{L}$	$^{開}_{C}$其$_{之}^{L}$ $^{開}_{AB}$歧$_{支}^{L}$ $^{開}_{B}$奇$_{支}^{L}$		
蟹攝	$^{開}_{1}$改$_{咍}^{R}$ $^{開}_{1}$蓋$_{泰}^{D}$ $^{開}_{4}$契$_{齊}^{D}$ $^{合}_{4}$桂$_{齊}^{D}$ $^{開}_{AB}$劂$_{祭}$ $^{合}_{1}$卦$_{佳}^{D}$ $^{開}_{2}$皆$_{皆}^{L}$ $^{合}_{2}$怪$_{皆}^{D}$		$^{開}_{1}$海$_{咍}^{R}$ $^{合}_{1}$灰$_{灰}^{L}$	$^{合}_{4}$惠$_{齊}^{D}$ $^{合}_{4}$慧$_{齊}^{D}$ $^{開}_{4}$奚$_{齊}^{L}$ $^{開}_{4}$兮$_{齊}^{L}$ $^{開}_{1}$害$_{泰}^{D}$ $^{開}_{2}$解$_{佳}^{R}$
梗攝	$^{開}_{B}$竟$_{庚}^{D}$ $^{開}_{2}$耿$_{耕}^{R}$		$^{合}_{B}$兄$_{庚}^{L}$	^{開}行$_{庚}^{L/D}$ $^{合}_{4}$榮$_{青}^{L}$ $^{開}_{2}$幸$_{耕}^{R}$
咸攝	$_{1}$甘$_{談}^{L}$ $_{C}$劍$_{嚴}^{D}$ $_{2}$甲$_{銜}^{E}$ $_{4}$鵊$_{添}^{E}$	$_{B}$黔$_{鹽}^{L}$ $_{B}$儉$_{鹽}^{R}$ $_{B}$鉗$_{鹽}^{L}$	$_{B}$險$_{鹽}^{R}$	$_{1}$含$_{覃}^{L}$

362

牙喉 / 攝	全清 見k 66	全濁 群g 18/19	全清 曉h 12/14	全濁 匣ɦ 34/40
山攝	$_{開1}$幹$_{寒}^{D}$ $_{開}$干$_{寒}^{L}$ $_{開1}$葛$_{寒}^{E}$ $_{合4}$涓$_{先}^{L}$ $_{合1}$貫$_{桓}^{D}$ $_{合1}$灌$_{桓}^{D}$ $_{開C}$建$_{元}^{D}$ $_{2}$簡$_{山}^{R}$	$_{B}$權$_{仙}^{L}$ $_{開B}$桀$_{仙}^{L}$	$_{開}$漢$_{寒}^{D}$ $_{開C}$獻$_{元}^{D}$	$_{開1}$韓$_{寒}^{L}$ $_{開}$寒$_{寒}^{L}$ $_{開1}$汗$_{寒}^{D}$ $_{合1}$桓$_{桓}^{L}$ $_{合1}$丸$_{桓}^{L}$ $_{合1}$活$_{桓}^{E}$ $_{開4}$賢$_{先}^{L}$
宕攝	$_{開1}$各$_{唐}^{E}$ $_{開}$閣$_{唐}^{E}$ $_{開1}$岡$_{唐}^{L}$ $_{開1}$崗$_{唐}^{L}$ $_{合1}$光$_{唐}^{L}$ $_{合1}$郭$_{唐}^{L}$			$_{開1}$行$_{唐}^{L/D}$ $_{合1}$黃$_{唐}^{L}$
江攝				$_{2}$學$_{江}^{E}$
深攝	$_{B}$今$_{侵}^{L}$ $_{B}$金$_{侵}^{L}$ $_{B}$錦$_{侵}^{R}$	$_{B}$及$_{侵}^{E}$		
臻攝	$_{合}$骨$_{魂}^{E}$ $_{合1}$軍$_{文}^{L}$ $_{合C}$君$_{文}^{L}$ $_{開}$斤$_{欣}^{L}$ $_{開1}$根$_{痕}^{L}$	$_{合C}$群$_{文}^{L}$ $_{合C}$郡$_{文}^{D}$ $_{開C}$近$_{欣}^{R/D}$ $_{開C}$勤$_{欣}^{L}$	$_{合1}$忽$_{魂}^{E}$ $_{合1}$笏$_{魂}^{E}$ $_{開B}$肸$_{眞}^{E}$	$_{合1}$渾$_{魂}^{L/R}$ $_{開1}$紇$_{痕}^{E}$
曾攝	$_{合1}$國$_{登}^{E}$		$_{開}$興$_{蒸}^{L/D}$	$_{合1}$弘$_{登}^{L}$
通攝	$_{1}$功$_{東}^{L}$ $_{C}$宮$_{東}^{L}$ $_{1}$弓$_{東}^{L}$	$_{C}$窮$_{東}^{L}$		

　위의 분포 분석표에서 제일 먼저 지적해야 할 것은 群母가 항상 3等이라는 점이다. 이것은 한어 중고음에서 비롯된 것이므로 고구려어 특유의 분포 제약이 아니다. 반면에, 匣母는 항상 1·2·4等에 분포한다. 이것도 역시 한어 중고음에서의 분포 제약이다. 한어 중고음에서는 결국 群母와 匣母가 상보적 분포를 이루므로 이 두 운모를 하나의 운모로 합치게 된다. 이 상보적 분포를 중시하여, Karlgren(1940)과 李方桂(1980)은 한어 상고음에서 群母와 匣母가 서로 분리되지 않았다고 했다. 이승재(2013나: 232)도 백제어에서 群母와 匣母가 상보적 분포임을 들어 이 둘을 하나의 음소 群母·匣母 /*g/로 통합한 바 있다.

　그러나 고구려어에서는 상황이 그렇게 간단하지 않다. 匣母와 云母의 관계와 匣母와 曉母의 관계도 두루 고려해야 한다. 1·2·4등에 분포하는 匣母가 3등에만 분포하는 云母와도 상보적 분포를 이룬다. 이것은 한어에서 비롯된 것이므로 고구려어만의 특징이라고 할 수가 없다. 이 상보적 분포를 강조하여 董同龢 (1944), 王力(1980: 146, 李鍾振·李鴻鎭 역), 鄭張尙芳(2003) 등은 한어 상고음에서 匣母와 云母를 하나로 합친다.

그런데, 후술하겠지만 고구려어에서는 독특하게도 匣母가 曉母와도 상보적 분포를 이룬다. 이것은 한어 중고음에서는 발견할 수 없으므로 고구려어만의 독자적 특징이라 할 수 있다. 결국, 고구려어에서는 匣母가 群母, 云母, 曉母의 세 성모와 상보적 분포이다. 이것은 고구려어의 匣母를 섣불리 群母에 편입해서는 안 된다는 것을 말해 준다. 匣母를 어느 성모에 편입할 것인지는 고구려어의 아후음 체계를 두루 검토한 다음에 결정해야 한다.

분포 분석표 (66)에서 발견되는 분포상의 특징을 하나 더 덧붙여 둔다. 止攝, 深攝, 通攝 등의 앞에는 曉母와 匣母가 오지 않는다. 이것은 한어 중고음에는 없는 제약이므로 고구려어 특유의 분포 제약이라 할 수 있다. 이 분포 제약은 고구려어에서 曉母와 匣母가 음운론적으로 동일하게 행동한다는 것을 암시한다.

이제, 고구려 멸망 이전에 사용된 340자로 한정하면 다음과 같다.

(67) 아음 見母·群母와 후음 曉母·匣母의 분포 분석표 (멸망 이전)

牙喉 / 攝	全淸 見 k	全濁 群 g	全淸 曉 h	全濁 匣 ɦ
果攝	合1果戈R			開1河歌L 合1和戈L/D
假攝	開2加麻L 開2賈麻D			開2下麻R/D
遇攝	1古模R 1固模D C居魚L C句虞D			
效攝	1高豪L 4釗蕭L		1好豪R/D	
流攝	1溝侯L 1苟侯R 1垢侯R 1九尤R C久尤R	C臼尤R C仇尤L C求尤L		1候侯D 1侯侯L 1後侯R
止攝		開C其之L 開B奇支L		
蟹攝	開1改哈R 開1蓋泰D 合4桂齊D 合2卦佳D		開1海哈R 合1灰灰L	合4惠齊D 開4奚齊L

牙喉 / 攝	全清 / 見k	全濁 / 群g	全清 / 曉h	全濁 / 匣ɦ
梗攝	$^{開}_{B}竟^{D}_{庚}$		$^{合}_{B}兄^{L}_{庚}$	$^{合}_{4}榮^{L}_{青}$
咸攝			$_{B}險^{R}_{鹽}$	$_{1}合^{L}_{覃}$
山攝	$^{開}_{1}幹^{D}_{寒}$ $^{開}_{1}葛^{E}_{寒}$ $^{合}_{4}涓^{L}_{先}$ $^{合}_{1}貫^{D}_{桓}$ $^{合}_{1}灌^{L}_{桓}$ $^{開}_{C}建^{D}_{元}$		$^{開}_{1}漢^{D}_{寒}$ $^{開}_{C}獻^{D}_{元}$	$^{開}_{1}韓^{L}_{寒}$ $^{合}_{1}桓^{L}_{桓}$ $^{合}_{1}丸^{L}_{桓}$ $^{合}_{1}活^{L}_{桓}$ $^{開}_{4}賢^{L}_{先}$
宕攝	$^{開}_{1}各^{E}_{唐}$ $^{開}_{1}閣^{E}_{唐}$ $^{開}_{1}岡^{L}_{唐}$ $^{合}_{1}郭^{E}_{唐}$			
江攝				$_{2}學^{E}_{江}$
深攝	$_{B}錦^{R}_{侵}$			
臻攝	$^{合}_{1}骨^{E}_{魂}$ $^{合}_{C}軍^{L}_{文}$	$^{合}_{C}群^{L}_{文}$ $^{開}_{C}近^{R/D}_{欣}$	$^{合}_{1}忽^{E}_{魂}$	$^{合}_{1}渾^{L/R}_{魂}$ $^{開}_{C}紇^{E}_{痕}$
曾攝	$^{合}_{1}國^{E}_{登}$			
通攝	$_{C}宮^{L}_{東}$			

이 분포 분석표에서는 우선 曉母와 匣母의 분포가 더욱 한정된다. 위에서 지적한 止攝, 深攝, 通攝뿐만 아니라 遇攝, 宕攝, 曾攝의 앞에도 曉母와 匣母가 오지 않는다. 이것이 무엇을 의미할까? 우연한 일이라 할 수 없을 만큼 曉母와 匣母의 분포가 일치하므로, 고구려어에서는 匣母를 曉母에 편입할 수 있다.

고구려 멸망 이전의 표음자로 한정하면, 群母의 분포가 [–low]인 모음 앞으로 한정된다. 群母는 尤韻, 之韻, 支韻, 文韻, 欣韻 등의 앞에 오는데, 이 韻母의 운복은 한결같이 저모음이 아닌 것들의 집합이다.

위의 분포 분석표 (67)에서 아음인 見母와 群母의 최소대립 쌍을 찾아보면 아래의 3쌍이 나온다.

(68) 見母와 群母의 최소대립 쌍과 그 용례

1. 九[見中C上尤]=구$^{R/H}$, 규^{H} {九連城(삼국), 於九婁(태천), 丸九都(북사)}
   臼[群中C上尤]=구^{R} {臼模盧城^{百}(광개)}

2. 久[見中C上尤]=구^{R} {奴久(위서), 久禮志, 久禮波(일) 久留川麻乃意利佐, 久斯祁王(성)}

曰[群中C上尤]=구^R {曰模盧城^{百}(광개)}

3. 軍[見合C平文]=군^L {衛將軍(삼국), 中軍主活(천남산), 三軍大將軍(당서)}

群[群合C平文]=군^L {加群(평양성A)}

見母와 群母의 음운대립이 성립하는 시점은 (68.1)에서는 광개토대왕비가 건립된 414년, (68.2)에서는 『위서』가 편찬된 559년, (68.3)에서는 평양성A가 축조된 것으로 추정되는 566년이다.

(68.1~2)의 대립 항인 '曰'의 용례가 '曰模盧城^{百}' 하나밖에 없지만 이곳의 '曰'는 여러 학자들의 판독이 일치하므로 의심의 여지가 없다. 그러나 '曰模盧城^{百}'이 백제로부터 광개토대왕이 탈취한 城이라는 점이 문제가 된다. 이 城名을 백제에서 처음으로 사용하고 기록한 것이라면, (68.1~2)의 최소대립 쌍을 고구려어 음운대립의 논거에서 제외해야 한다.

그런데 표기법을 참고하면 백제 지명이라기보다 고구려 지명에 더 가깝다. 馬韓 55國名의 '曰斯烏旦'에 '曰'가 사용되었지만, 고구려 지명에는 '曰'의 용례가 없다. 이것을 강조하면 '曰模盧城^{百}'이 백제 지명이라 할 수 있다. 그런데 '曰模盧城^{百}'의 '模'에 문제 해결의 열쇠가 있다. '模'는 백제어 표음자로 사용된 적이 전혀 없지만 고구려에서는 관명 '大模達'(삼국, 당서)과 인명 '伊夷摸'(삼국, 양서, 북사, 사)에 사용되었다. 특히 '曰模盧'의 '模盧'에 대응하는 백제 표기는 馬韓 55國名의 '咨離牟盧'와 '牟盧卑離'에 나오는 '牟盧'이다. 이처럼 韓系에서는 '牟盧, 牟婁'로 표기한 것이 원칙이므로, 광개토대왕비의 '牟盧城^{百}, 牟婁城^{百}, 古牟婁城^{百}' 등은 韓系 지명일 것이라고 추측할 수 있다. 그러나 고구려 표기에서도 '牟'가 적잖이 사용되므로 이것은 절대적 기준이 아니다. 그런데 '牟'가 韓系의 '牟盧, 牟婁'에 사용되었다 하더라도 '牟盧, 牟婁'에 고구려의 표기법을 적용하여 '模盧'로 바꾸어 표기했을 가능성이 크다. '模'가 백제 자료에서는 전혀 보이지 않고 고구려 자료에서만 확인되기 때문이다. 이에 따르면, 광개토대왕비의 '各模盧城^{百}, 曰模盧城^{百}'은 고구려어 지명이 된다.

韓系에서는 '牟'이지만 고구려에서는 '模, 牟'라는[47] 차이를 중시하면, '曰模盧

---

47 고구려어에서 표음자 牟[明中C平尤]의 운복은 /*u/이고 模[明中1平模]의 운복은 /*o/이므로, 이

城^百'에 고구려인의 음운체계와 표기법이 반영되었다고 할 수 있다. '臼'가 백제어 표기에 사용된 바 있지만 고구려에서는 사용되지 않았다. 반면에 '模'는 고구려에서만 사용되었고 백제에서는 그 용례가 없다. 두 가지 기준이 충돌하는데, 이럴 때에는 대표자에서의 차이를 더 중시한다. 우리는 대표자 우선의 원칙을 좇아, (68.1~2)를 고구려어의 최소대립 쌍이라고 믿는다. 반면에, (68.3)은 신뢰도가 떨어진다. 대립 항 '軍'의 용례인 '衛將軍(삼국), 中軍(主活)(천남산)'이 차용어이기 때문이다. 따라서 이것은 최소대립의 논거에서 제외하기로 한다.

(68.1~2)의 최소대립 쌍에 따르면, 고구려어에서 見母 /*k/와 群母 /*g/가 음운론적으로 대립한 것은 분명하다. 대립 성립의 시점은 414년이다.

이번에는 분포 분석표 (67)에서 후음인 曉母와 匣母의 최소대립 쌍을 찾아본다. 앞에서 이미 예고했듯이, 희한하게도 최소대립 쌍이 보이지 않는다. 山攝에서 曉母인 '^開₁漢_寒^D'과 匣母인 '^開₁韓_寒^L'이 그 후보에 들지만, 이 쌍은 성조가 서로 다르므로 성모의 최소대립 쌍이 아니다. 臻攝에서 曉母인 '^合₁忽_魂^E'과 匣母인 '^合₁渾_魂^{L/R}'이 그 후보에 들지만, 역시 성조에서 차이가 난다. '忽'은 입성이므로 /*-t/ 운미를 가지는 데에 반하여 '渾'은 양성운미 /*-n/을 가진다. 결론적으로, 멸망 이전의 고구려어 표음자에서는 曉母와 匣母의 최소대립 쌍이 없다.[48] 이에 따라 고구려어에서는 曉母와 匣母를 하나의 단일 음소 曉母·匣母 /*h/로 묶을 수 있다.

다음으로, 분포 분석표 (67)에서 見母 /*k/가 曉母 /*h/가 음운론적으로 대립했는지를 검토한다. 이 둘의 최소대립 쌍을 찾아보면 다음과 같다.

(69) 아음인 見母 /*k/와 후음인 曉母 /*h/의 최소대립 쌍과 용례

1. 幹[見開1去寒]=간^R {幹弓利城^百(광개), 分幹(당서)}

   漢[曉開1去寒]=한^R {漢城(평양성B, 주서, 북사, 수서, 지리, 당서, 사), 北漢山郡,

둘은 음가가 다르다.

48 고구려 멸망 이후의 표음자를 전부 포함하더라도 曉母와 匣母의 최소대립 쌍은 아래의 한 쌍밖에 없다.

　　漢[曉開1去寒]=한^R {(69.1)과 동일(평양성B 등)}
　　汗[匣開1去寒]=한^{R/H} {可汗神(구당, 당서, 사)}
　　대립 항 '汗'이 당서와 삼국사기 텍스트에서 비로소 사용되었으므로 이 최소대립의 성립 시기는 당서 이후가 된다. 따라서 이 대립을 고구려어의 음운대립에서 제외했다.

漢忽(지리), 拜漢(당서)}

2. 建[見開C去元]=건^R {高建(북사), 男建(천헌성, 천남생, 구당, 당서, 사), 建安城, 高建武(구당, 당서), 勇建(구당), 南建(당서, 사), 建武王, 建安/建安城(사), 建成(사, 유)}

獻[曉開C去元]=헌^{R/H} {泉獻誠(천남생, 천헌성, 천비묘, 사), 獻忠(당서, 사)}

3. 骨[見合1入魂]=골 {丸骨都(삼국), 나머지 예는 3章의 '골/홀' 음절 참고}

忽[曉合1入魂]=홀 {忽本(광개), 나머지 예는 3章의 '골/홀' 음절 참고}

위의 최소대립 쌍에 대해서는 이미 3장의 2절에서 논의한 바 있다. (69.1)에서는 평양성B가 축조된 566년이, (69.2)에서는 7세기 중엽이, (69.3)에서는 광개토대왕비가 건립된 414년이 見母 /*k/와 曉母 /*h/가 음운론적으로 대립하는 시점이다. (69.1)의 대립 항 '幹'이 '幹弓利城^百'에만 사용되었으므로 검토할 필요가 있다. 그러나 앞에서 이미 지적한 바 있듯이, '利'로 끝나는 지명은 고구려 지명에 많고 백제 지명에는 거의 없다. (69.1)의 최소대립 쌍을 고구려어의 대립 쌍이라고 믿을 수 있으므로, 見母 /*k/와 曉母 /*h/를 각각 독자적인 음소로 설정한다.

마지막으로, 아음의 群母와 후음의 匣母가 음운대립을 이루는지 검토해 본다. 열심히 찾아보아도 이 둘의 최소대립 쌍이 없다. 위에서 이미 기술한 바와 같이, 群母와 匣母가 상보적 분포를 이루는 것은 한어 중고음의 분포 제약에 해당한다.

여기에서 문제가 발생한다. 위에서는 匣母 [*ɦ]를 曉母 /*h/에 편입한 바 있는데, 이와는 달리 群母 /*g/에 편입할 수도 있다. 조음위치가 후음이고 조음방식이 마찰음이라는 공통점을 강조하면 匣母 [*ɦ]를 曉母 /*h/에 편입하는 것이 맞다. 한국 중세음에서도 匣母의 대다수가 曉母로 편입되어 있다. 그런데 匣母 [*ɦ]가 群母 /*g/와 더불어 유성음이라는 사실을 강조하면 匣母 [*ɦ]를 群母 /*g/에 편입할 수도 있다. Karlgren(1940)과 李方桂(1980)은 한어 上古音에서 匣母와 群母가 구별되지 않았음을 들어 이 두 성모를 하나로 묶어 /*g/로 재구했다. 백제어의 자음체계를 분석하면서 우리도 匣母를 群母에 편입하여 群母·匣母 /*g/라고 한 바 있다(이승재 2013나: 232).

그러나 고구려어에서는 匣母 [*ɦ]를 曉母 /*h/에 편입한다. 고구려어 표음자 중에서 무성음인 曉母字는 12자에 불과한 데에 비하여 유성음인 匣母字는 34자나 된다. 이것은 무성자음이 유성자음에 우선한다는 언어 보편성에 비추어 보면 이상한 분포이다. 匣母를 曉母에 통합하게 되면 이 비정상적인 분포가 사라진다. 이 효과가 있기 때문에 匣母 [*ɦ]를 曉母 /*h/에 편입한다. 이보다 더 중요한 것은 고구려어의 마찰음에서는 유·무성 대립이 없다는 점이다. 치음 마찰음을 논의하면서 변이음인 邪母 [*z]를 음소 心母 /*s/에 편입한 바 있다. 유성음인 常母 [*ʑ]를 우선적으로 무성음인 書母 /*ɕ/에 편입하기도 했다. 이것과 마찬가지로 유성 마찰음인 匣母 [*ɦ]를 무성음인 曉母 /*h/에 편입하기로 한다. 그래야만 체계적인 기술이 가능해지기 때문이다.

　이제, 후음의 影母와 云母를 (67)의 분포 분석표에 추가하여 이들이 독자적인 음소인지를 확인하기로 한다.

(70) 전청인 見母·影母·曉母, 전탁인 群母·匣母, 차탁인 云母의 분포 분석표

牙喉 \ 攝	全清			全濁		次濁
	見 k 66	影 ? 38/43	曉 h 12/14	群 g 18/19	匣 ɦ 34/40	云 ɦ 14/15
果攝	開$_1$柯$_{歌}^{L}$ 開$_1$哥$_{歌}^{L}$ 合$_1$果$_{戈}^{R}$ 合$_1$過$_{戈}^{D}$	開$_1$阿$_{歌}^{L}$			開$_1$河$_{歌}^{L}$ 開$_1$賀$_{歌}^{D}$ 開$_1$何$_{歌}^{L}$ 合$_1$禾$_{戈}^{L}$ 合$_1$和$_{戈}^{L/D}$	
假攝	開$_2$加$_{麻}^{L}$ 開$_2$嘉$_{麻}^{L}$ 開$_2$賈$_{麻}^{D}$				開$_2$下$_{麻}^{R/D}$	
遇攝	$_1$古$_{模}^{R}$ $_1$固$_{模}^{D}$ C居$_{魚}^{L}$ C句$_{虞}^{L}$ C拘$_{虞}^{L}$	$_1$烏$_{模}^{L}$ $_1$於$_{模}^{L}$ C於$_{魚}^{L}$ C菸$_{魚}^{D}$	C許$_{魚}^{R}$	C駏$_{魚}^{R}$	$_1$胡$_{模}^{L}$ $_1$護$_{模}^{D}$	C羽$_{虞}^{R}$ C于$_{虞}^{L}$
效攝	$_1$高$_{豪}^{L}$ $_2$郊$_{肴}^{L}$ $_4$釖$_{蕭}^{L}$	奧$_{豪}^{D}$ A要$_{宵}^{L/D}$	$_1$好$_{豪}^{R/D}$			

牙喉	全清			全濁		次濁
攝	見k 66	影ʔ 38/43	曉h 12/14	群g 18/19	匣ɦ 34/40	云ɦ 14/15
流攝	$_1溝^L_侯$ $_1苟^R_侯$ $_1垢^R_侯$ $_C九^R_尤$ $_C久^R_尤$ $_1狗^R_侯$	$_C優^L_尤$ $_C憂^L_尤$		$_C臼^R_尤$ $_C仇^L_尤$ $_C求^L_尤$	$_1候^D_侯$ $_1侯^L_侯$ $_1後^R_侯$ $_1后^R_侯$	$_C友^R_尤$ $_C右^R_尤$ $_C有^R_尤$
止攝	$_{開A}枳^R_支$ $_開姬^L_之$ $_{合C}貴^D_微$ $_{合C}鬼^R_微$ $_開祁^L_脂$	$_{合C}尉^D_微$ $_開衣^D_微$ $_合畏^D_微$ $_開意^D_之$ $_開伊^L_脂$		$_{開C}其^R_之$ $_{開AB}歧^L_支$ $_開B奇^L_支$		$_{合C}韋^L_微$ $_合B位^D_脂$
蟹攝	$_{開1}改^R_咍$ $_{開1}蓋^D_泰$ $_{開4}契^D_齊$ $_{合4}桂^R_齊$ $_{開AB}劂^D_祭$ $_{合2}卦^D_佳$ $_{開2}皆^L_皆$ $_{合2}怪^D_皆$	$_{開1}愛^R_咍$ $_{合1}薉^D_廢$ $_{合C}穢^D_廢$	$_{開1}海^R_咍$ $_{合1}灰^L_灰$		$_合惠^D_齊$ $_合慧^D_齊$ $_開4奚^L_齊$ $_開4兮^L_齊$ $_開害^D_泰$ $_開2解^R_佳$	$_合B衛^D_祭$
梗攝	$_開B竟^D_庚$ $_開2耿^R_耕$	$_開B英^L_庚$ $_開A嬰^L_清$	$_合B兄^L_庚$		$_開行^{L/D}_庚$ $_合榮^L_青$ $_開2幸^R_耕$	$_合B榮^L_庚$ $_合B永^R_庚$
咸攝	$_1甘^L_談$ $_C劍^D_嚴$ $_2甲^E_銜$ $_4蛺^E_添$	$_1陰^L_鹽$ $_2押^E_銜$ $_2鴨^E_銜$	$_B險^R_鹽$	$_B黔^L_鹽$ $_B儉^R_鹽$ $_B鉗^L_鹽$	$_1含^L_覃$	
山攝	$_開1幹^D_寒$ $_開1干^L_寒$ $_開1葛^E_寒$ $_合4涓^L_先$ $_合1貫^D_桓$ $_合1灌^D_桓$ $_開建^L_元$ $_開2簡^R_山$	$_開1安^L_寒$ $_開4宴^D_先$ $_合4淵^L_先$ $_開2晏^D_刪$ $_開AB堰^D_仙$ $_開C堰^{R/D}_仙$ $_開C謁^D_元$	$_開1漢^D_寒$ $_開C獻^D_元$	$_合B權_仙$ $_開B桀^E_仙$	$_開1韓^L_寒$ $_開1寒^L_寒$ $_開1汗^D_寒$ $_合1桓^L_桓$ $_合1丸^L_桓$ $_合1活^E_桓$ $_開4賢^L_先$	$_合B圓^L_仙$

牙喉	全清			全濁		次濁
攝	見k 66	影? 38/43	曉h 12/14	群g 18/19	匣ɦ 34/40	云ɦ 14/15
宕攝	$^{開}_1$各$^E_唐$ $^{開}_1$閣$^E_唐$ $^{開}_1$岡$^L_唐$ $^{開}_1$崗$^L_唐$ $^{合}_1$光$^L_唐$ $^{合}_1$郭$^E_唐$				$^{開}_1$行$^{L/D}_唐$ $^{合}_1$黃$^L_唐$	$^{合}_C$王$^{L/D}_陽$
江攝					$_2$學$^E_江$	
深攝	$_B$今$^L_侵$ $_B$金$^L_侵$ $_B$錦$^R_侵$	$_B$音$^L_侵$ $_B$陰$^L_侵$ $_B$邑$^E_侵$		$_B$及$^E_侵$		
臻攝	$^{合}_1$骨$^E_魂$ $^{合}_C$軍$^L_文$ $^{合}_C$君$^L_文$ $^{開}_B$斤$^L_欣$ $^{開}_1$根$^L_痕$	$^{合}_1$溫$^L_魂$ $^{開}_1$隱$^R_欣$ $^{開}_A$壹$^E_眞$ $^{開}_B$乙$^E_眞$ $^{合}_C$鬱$^L_文$	$^{合}_1$忽$^E_魂$ $^{合}_1$勿$^E_魂$ $^{開}_B$肸$^E_眞$	$^{合}_C$群$^L_文$ $^{合}_C$郡$^D_文$ $^{開}_C$近$^{R/D}_欣$ $^{開}_C$勤$^L_欣$	$^{合}_1$渾$^{L/R}_魂$ $^{開}_1$紇$^E_痕$	$^{合}_1$雲$^L_文$ $^{合}_C$云$^L_文$
曾攝	$^{合}_1$國$^E_登$	$^{開}_C$億$^E_蒸$	$^{開}_C$興$^{L/D}_蒸$		$^{合}_1$弘$^L_登$	
通攝	$_1$功$^L_東$ $_C$宮$^L_東$ $_C$弓$^L_東$	$_1$屋$^E_東$ $_C$郁$^E_東$ $_1$沃$^E_冬$		$_C$窮$^L_東$		

분포 분석표 (70)에서 볼 수 있듯이, 影母는 宕攝이나 江攝의 바로 앞에 오지 않는다. 이것은 한어 중고음에는 없는 분포 제약이므로 고구려어 표음자에서만 성립하는 독특한 특징이다. 云母는 항상 3등인데, 이것은 한어 중고음에서 비롯된 것이다. 위에서 이미 거론했듯이 匣母는 항상 1·2·4等에 분포하므로 云母와 匣母의 분포가 상보적이다. 董同龢(1944), 王力(1980: 146, 李鍾振·李鴻鎭 역), 鄭張尙芳(2003) 등은 이것을 중시하여 한어 상고음에서 云母와 匣母의 구별이 없었다고 했다.

그런데 고구려어 표음자에서는 云母字가 대부분 合口이다. 流攝에서는 韻腹이 원순모음이므로 云母字의 개합이 중립이지만, 나머지 云母字는 모두 합구이다. 한어 중고음에서도 云母字가 대부분 합구이지만 그렇다고 항상 합구라고 할 수는 없다. 일부의 云母字는 개구이기 때문이다.

이제, 멸망 이전의 표음자로 한정한 분포 분석표 (67)에다 역시 멸망 이전에 사용된 적이 있는 影母와 云母를 덧붙여서 하나의 분포 분석표를 작성하면 다음과 같다.

(71) 전청인 見母·影母·曉母, 전탁인 群母·匣母, 차탁인 云母의 분포 분석표 (멸망 이전)

牙喉 攝	全清 見k	全濁 群g	全清 曉h	全清 影?	全濁 匣ɦ	次濁 云ɦ
果攝	$^{合}_{1}果^{R}_{戈}$			$^{開}_{1}阿^{L}_{歌}$	$^{開}_{1}河^{L}_{歌}$ $^{合}_{1}和^{L/D}_{戈}$	
假攝	$^{開}_{2}加^{L}_{麻}$ $^{開}_{2}賈^{D}_{麻}$				$^{開}_{2}下^{R/D}_{麻}$	
遇攝	$_{1}古^{R}_{模}$ $_{1}固^{D}_{模}$ $_{C}居^{L}_{魚}$ $_{C}句^{D}_{虞}$			$_{1}烏^{L}_{模}$ $_{1}於^{L}_{模}$ $_{C}於^{L}_{魚}$		$_{C}于^{L}_{虞}$
效攝	$_{1}高^{L}_{豪}$ $_{4}釗^{L}_{蕭}$		$好^{R/D}_{豪}$	$_{1}奧^{D}_{豪}$		
流攝	$_{1}溝^{L}_{侯}$ $_{1}苟^{R}_{侯}$ $_{1}垢_{侯}$ $_{C}九^{R}_{尤}$ $_{C}久^{R}_{尤}$	$_{C}臼^{R}_{尤}$ $_{C}仇^{L}_{尤}$ $_{C}求^{L}_{尤}$		$_{C}優^{L}_{尤}$	$_{1}候^{D}_{侯}$ $_{1}候^{L}_{侯}$ $_{1}後^{R}_{侯}$	$_{C}有^{R}_{尤}$
止攝		$^{開}_{C}其^{L}_{微}$ $^{開}_{B}奇^{L}_{支}$		$^{開}_{C}衣^{D}_{微}$ $^{開}_{C}意^{D}_{之}$ $^{開}_{A}伊^{L}_{脂}$		$^{合}_{B}位^{D}_{脂}$
蟹攝	$^{開}改^{R}_{咍}$ $^{開}_{1}蓋^{D}_{泰}$ $^{合}_{4}桂^{D}_{齊}$ $^{合}_{2}卦^{D}_{佳}$		$^{開}_{1}海^{R}_{咍}$ $^{合}_{1}灰^{L}_{灰}$	$^{合}滅^{D}_{廢}$ $^{合}穢^{D}_{廢}$	$^{合}_{4}惠^{D}_{齊}$ $^{開}_{4}奚^{L}_{齊}$	$^{合}_{B}衛^{D}_{祭}$
梗攝	$^{開}_{B}竟^{D}_{庚}$		$^{合}_{B}兄^{L}_{庚}$	$^{開}_{A}嬰^{L}_{清}$	$^{合}_{4}榮^{L}_{青}$	$^{合}_{B}榮^{L}_{庚}$ $^{合}_{B}永^{R}_{庚}$
咸攝			$_{B}險^{R}_{鹽}$	$_{2}鴨^{E}_{銜}$	$_{1}含^{L}_{覃}$	

牙喉 / 攝	全清 見 k	全濁 群 g	全清 曉 h	全清 影 ?	全濁 匣 ɦ	次濁 云 ɦ
山攝	$^{開}_{1}幹_{寒}^{D}$ $^{開}_{1}葛_{寒}^{E}$ $^{合}_{4}涓_{先}^{L}$ $^{合}_{1}貫_{桓}^{L}$ $^{合}_{1}灌_{桓}^{D}$ $^{開}_{C}建_{元}^{D}$		$^{開}_{1}漢_{寒}^{D}$ $^{開}_{C}獻_{元}^{D}$	$^{開}_{1}安_{寒}^{L}$ $^{開}_{C}謁_{元}^{E}$	$^{開}_{1}韓_{寒}^{L}$ $^{合}_{1}桓_{桓}^{L}$ $^{合}_{1}丸_{桓}^{L}$ $^{合}_{1}活_{桓}^{L}$ $^{開}_{4}賢_{先}^{L}$	
宕攝	$^{開}_{1}各_{唐}^{E}$ $^{開}_{1}閣_{唐}^{E}$ $^{開}_{1}岡_{唐}^{L}$ $^{合}_{1}郭_{唐}^{E}$					$^{合}_{C}王_{陽}^{L/D}$
江攝					$_{2}學_{江}^{E}$	
深攝	$_{B}錦_{侵}^{R}$					
臻攝	$^{合}_{1}骨_{魂}^{E}$ $^{合}_{C}軍_{文}^{L}$	$^{合}_{C}群_{文}^{L}$ $^{開}_{C}近_{欣}^{R/D}$	$^{合}_{1}忽_{魂}^{E}$	$^{開}_{A}壹_{眞}^{E}$ $^{開}_{B}乙_{眞}^{E}$ $^{合}_{C}鬱_{文}^{E}$	$^{合}_{1}渾_{魂}^{L/R}$ $^{開}_{1}紇_{痕}^{E}$	$^{合}_{C}雲_{文}^{L}$
曾攝	$^{合}_{1}國_{登}^{E}$					
通攝	$_{C}宮_{東}^{L}$			$_{1}沃_{冬}^{E}$		

분포 분석표 (71)에서 먼저 見母 /*k/와 影母 /*?/의 최소대립 쌍을 찾아보면 딱 한 쌍이 나온다.

(72) 아음인 見母 /*k/와 후음인 影母 /*?/의 최소대립 쌍과 그 용례

居[見中C平魚]=거$^{L/R}$ {優居(삼국, 사), 駮位居(삼국), 男居城(광개), 居尸押(지리), 默居, 憂位居(사)}

於[影中C平魚]=어^{L} 於[影中1平模]=오^{L} {於利城^{日}(광개), 於九婁(태천), 於乙買 串, 於斯內縣, 於斯買, 屈於岬, 古所於, 于冬於忽, 於支吞, 奈生於(지리), 明臨 於漱, 於卑留(사), 於只支(사, 유)}

대립 항 '居'는 『삼국지』에, 대립 항 '於'는 광개토대왕비에 처음 나오므로 見母 와 影母의 음운대립은 414년에 성립한다. 見母 /*k/와 影母 /*?/를 각각 독자적

인 음소로 설정한다.

그런데 (72)의 최소대립 쌍에 의문을 제기할 수 있다. 대립 항 '於'가 魚韻字에 속하지만 模韻字에도 속하는 多音字이기 때문이다. 그러나 '於'가 한어 상고음에 서 魚韻部에 속하고 模韻部에는 속하지 않으므로 고구려어에서는 '於'의 운모를 魚韻이라 하는 것이 바람직하다. 따라서 (72)의 최소대립 쌍을 믿을 수 있다.

이번에는 影母 /*ʔ/와 曉母 /*h/의 최소대립 쌍을 찾아본다. 아래의 (73)에서 볼 수 있듯이, 대립 항인 '奧'와 '好'가 각각 '奧利城^百(광개)'과 '好太王(광개, 호태, 모두)'에 처음 나온다. 따라서 광개토대왕비가 건립된 414년이 影母 /*ʔ/와 曉母 /*h/의 음운대립이 성립하는 시점이다.

(73) 影母 /*ʔ/와 曉母 /*h/의 최소대립 쌍과 그 용례

奧[影中1去豪]=오^{R/H} {奧利城^百(광개)}

好[曉中1去豪]=호^{R/H} 好[曉中1上豪]=호^{R/H} {好大王(삼국), 好太王(광개, 모두, 호 태, 일), 明治好王, 陽崗上好王, 平崗上好王(사), 明理好, 好禳(유)}

여기에서는 대립 항 '奧'가 문제가 된다. 그 용례인 '奧利城^百'은 광개토대왕이 백제로부터 탈취한 성이기 때문에 고구려의 城名이 아니라 백제의 성명일 가능 성이 있다. 표음자 '奧'는 여기에서만 사용되었고, 여타의 용례에는 나오지 않는 다. 백제어 어휘에서도 '奧'가 표음자로 사용된 적이 없다. 그런데 2章에서 이미 거론한 것처럼, 백제의 고유명사에서는 '-利'로 끝나는 것이 아주 드문 데에 반 해서 고구려의 고유명사에서는 '-利'로 끝나는 것이 아주 많다. 따라서 이 '奧利 城^百'을 고구려의 지명이라 간주하여 (73)의 최소대립을 신빙한다.

그런데 (73)의 대립 항 '好'가 多音字라서 다시 검토할 필요가 있다. '好'는 '善 也美也'의 뜻일 때에는 성조가 상성이고, '愛好'의 뜻일 때에는 성조가 거성이다. 그런데 4章에서 이미 논의한 것처럼, 고구려어에서는 상성과 거성이 사실은 변 별력이 없다. 대립 항 '好'의 상성과 거성을 仄聲으로 묶어 단일하게 기술할 수 있으므로 이 최소대립 쌍을 믿을 만하다. 이에 따라 影母 /*ʔ/와 曉母 /*h/를 각 각 독자적인 음소로 설정한다.

이제, 云母 [*ɦ]에 대한 논의로 넘어간다. 분포 분석표 (71)에서 云母와 群母 /*g/의 최소대립 쌍을 찾아보면 다음의 2쌍이 나온다. 대립 성립의 시점은 평양성A가 축조된 566년이다.

(74) 云母와 群母 /*g/의 최소대립 쌍과 그 출현 텍스트명

1. 有[云中C上尤]=유^R {冉有(천남생, 천헌성), 助有卦婁手切(일)}
   臼[群中C上尤]=구^R {臼模盧城^百(광개)}
2. 雲[云合C平文]=운^L {高雲(남제, 위서, 양서, 남사, 북사, 유), 雲(위서, 양서, 남사, 북사), 雲聰(일), 羅雲(사, 유)}
   群[群合C平文]=군^L {加群(평양성A)}

(74.1)의 '臼模盧城^百'(광개)이 백제의 城名이 아니라 고구려의 성명임을 위에서 이미 논의한 바 있다. (74.2)의 최소대립 쌍도 전혀 문제될 것이 없고, 대립 성립의 시점이 6세기 중엽이다. 위의 두 최소대립 쌍은 의심의 여지가 없으므로, 群母 /*g/와 云母는 서로 다른 음소라고 해야 한다. 이것은 云母를 群母에 편입해서는 안 된다는 것을 뜻한다. 이 두 운모는 독특하게도 3등에만 분포하는 특징을 공유하고 있다. 그렇다고 하여 이 두 운모를 하나의 운모로 묶어서는 안 된다는 것을 (74)의 최소대립 쌍이 잘 보여 주고 있다. 나아가서 백제어와는 달리, 고구려어에서는 牙音과 喉音이 구별되었음을 암시하기도 한다.

다음으로, 云母가 아래의 (75)에서 曉母 /*h/와 최소대립을 이룬다. 대립 항 '榮'의 용례가 '榮留王'뿐이지만 고구려의 왕명임이 확실하므로 이 최소대립 쌍을 신빙할 수 있다. 대립 성립의 시점은 『北史』가 편찬된 644년이다. 云母와 曉母 /*h/의 최소대립 쌍이 있으므로, 云母를 曉母에 편입해서도 안 된다.

(75) 云母와 曉母 /*h/의 최소대립 쌍과 그 용례

榮[云合B平庚]=영^L {榮留王(북사, 사, 유)}
兄[曉合B平庚]=형^L, 셩 {小兄(평양성A,B, 평양성;오,해, 삼국, 위서, 주서, 수서, 천남생, 천남산, 당서, 사), 大兄(삼국, 중원, 모두, 위서, 주서, 북사, 수서, 천남생, 고자묘,

천남산, 진묘, 일, 성, 구당, 당서, 사), 諸兄(삼국, 당서, 사), 太兄(위서)}

그렇다면 云母를 어느 성모에 편입해야 할까? 云母와 影母 /*ʔ/의 분포를 검토해 보면 그 답이 나온다. 이 두 성모의 최소대립 쌍을 분포 분석표 (71)에서 찾아 보면, 희한하게도 찾을 수가 없다. 流攝에서 影母字인 'C優尤ᴸ'가 云母字인 'C有尤ᴿ'와 최소대립을 이루는 것 같지만 성조가 서로 다르므로 이 쌍은 최소대립 쌍이 아니다. 臻攝의 影母字 '合C鬱文ᴱ'과 云母字 '合C雲文ᴸ'도 성조에서 차이가 나므로 최소대립 쌍이 아니다. 이처럼 최소대립 쌍을 찾을 수 없으므로, 멸망 이전의 고구려어 표음자에서는 云母와 影母가 상보적 분포라고 할 수 있다. 따라서 우리는 云母를 影母에 편입하여 음소 影母·云母 /*ʔ/를 설정한다.

이렇게 처리할 때에 우리는 두 가지 반론을 만나게 된다. 첫째, 멸망 이전의 고구려어 표음자는 양적으로 많지 않다. 340자에 지나지 않으므로 云母와 影母가 상보적 분포를 이루는 것은 우연히 일어난 일이라고 주장할 수 있다. 우연적 분포를 체계적 분포와 엄격히 구별해야 하므로 이 반론이 성립한다. 둘째, 한어 중고음에서는 분명히 云母가 3등에만 분포하고 匣母가 1·2·4등에 분포한다. 그런데도 왜 云母 [*ɦ]를 匣母 [*ɦ]와 하나로 묶지 않는가? 이 반론도 당연히 성립한다.

첫째의 반론에서는 云母가 影母와 상보적 분포를 보이는 것을 우연의 소치라고 간주했다. 멸망 이전의 고구려어 표음자가 340자이므로 자료가 부족한 것은 사실이다. 그렇더라도 성모 상호 간의 음운대립을 빠뜨리거나 누락한 적은 지금까지 별로 없었던 것 같다. 우리의 경험으로 보아 반드시 필요한 음운론적 대립은 이상할 정도로 꼭 성립했다.

대표적인 예로 (75)의 최소대립 쌍을 들 수 있다. 云母를 匣母에 편입하여 匣母·云母라 하면, 이 匣母·云母가 음운론적으로 曉母와 대립한다. 그런데 (75)의 최소대립 쌍은 이 편입이 잘못된 것임을 말해 준다. 편입하기 전에는 匣母와 曉母가 상보적 분포였는데, 云母를 匣母에 편입하면 기존의 상보적 분포가 무너지기 때문이다. 앞에서 우리는 편입의 방향을 결정할 때에 기존의 음운대립을 파괴하지 않는 쪽으로 편입한다고 했다. 이 조건을 위반하므로 云母를 匣母에 편입하는 것은 옳지 않다.

둘째의 반론에 대해 답해 보자. 둘째 반론이 제시한 대로, 匣母와 云母의 분포가 상보적임을 들어 이 두 성모를 匣母·云母 하나로 묶어 보자. 만약에 이 匣母·云母가 曉母와 상보적 분포를 이룬다면 당연히 이렇게 묶어야 한다. 그런데 실제로는 匣母·云母와 曉母가 상보적 분포가 아니다. (75)의 최소대립 쌍이 이것을 대변해 준다. 匣母·云母와 曉母의 최소대립 쌍이 있으므로, 曉母 /*h/에 음운론적으로 대립하는 匣母·云母 /*ɦ/를 독자적인 음소라고 할 수도 있다.

그런데 이때에는 재반론이 성립한다. 위의 치음 마찰음을 논의하면서 이미 강조한 것처럼, 고구려어에서는 무성 마찰음 /*s/가 음소로 설정되지만 그 유성음 짝인 [*z]는 음소가 아니라 변이음에 불과하다. 치음 파찰음에서도 무성음 /*ʦ/는 음소였지만 유성음 [*dz]는 변이음이었다. 치음 마찰음과 파찰음에서 무성음인 /*s/와 /*ʦ/밖에 없는데, 후음 마찰음에서 무성음 /*h/와 유성음 /*ɦ/의 두 가지 음소를 설정할 수 있을까? 이것은 언어 보편성에 어긋난다. 치음에서 유·무성 대립이 없는데도 후음에서 유성음 /*ɦ/를 음소로 가지는 언어가 거의 없기 때문이다. 또한 유성음 /*ɦ/를 음소로 설정하면 고구려어 자음체계에서 유성자음의 분포를 기술하기가 아주 어려워진다. 반면에, /*ɦ/을 자음체계에서 제외하면 유성자음의 분포가 아주 간단해진다. 즉, 폐쇄음에서는 유성자음이 있지만 파찰음과 마찰음에서는 유성자음이 없다고 아주 간단하게 기술할 수 있다.

유성자음의 분포를 이처럼 체계적이고도 간단하게 기술할 수 있다면, 云母를 影母에 편입하는 방법을 택할 수 있다. 고구려어 표음자에서는 이 두 성모가 상보적 분포를 보이므로, 云母를 影母에 편입하여 하나의 음소 影母·云母 /*ʔ/가 된다고 하더라도 잘못될 것이 전혀 없다. 이 방법은 오히려 고구려어의 특수성을 효과적으로 반영하는 방법이다.

한어 중고음에서 云母를 처리하는 방법은 고구려어와 다르다. 한어 중고음에서는 분포가 상보적인 云母와 匣母를 하나로 묶는 방법이 가장 바람직하다. 『世說新語』의 대화문에 나오는 2,266(2,521)자에서 이것을 확인할 수 있다. 『世說新語』는 중국 南朝의 宋人인 劉義慶(403~444년) 등이 편찬했으므로 5세기 전반기의 언어를 반영한다. 이 자료를 분석해 보면[49] 云母가 匣母뿐만 아니라 群母와도 상보적 분포를 이룬다. 그런데 云母와 匣母는 후음이지만 群母는 아음이다. 따라서 云母를 匣母에 편입하여 하나의 음소 匣母·云母 /*ɦ/를 설정하는 것이 가장 무난하다. 그래야만 匣母의 음가가 [*ɦ]이면서 동시에 云母의 음가도 [*ɦ]인[50] 모순을 해결할 수 있다. 5세기 전반기 자료인『世說新語』에서는 匣母·云母가 이처럼 미분화된 상태였는데, 후기 중고음 자료인 慧琳音義에서는 云母가 匣母로부터 구별되었다(魏國峰 2014: 49).

다음으로, 유기음인 차청의 溪母와 차탁의 疑母가 음소의 자격을 가지는지 논의하기로 한다.

(76) 아음 見母·溪母·群母·疑母의 분포 분석표

牙喉 \ 攝	全清 見 k 66	次清 溪 kʰ 10	全濁 群 g 18/19	次濁 疑 ŋ 15
果攝	${}^{開}_{1}柯^{L}_{歌}$ ${}^{開}_{1}哥^{L}_{歌}$ ${}^{合}_{1}果^{R}_{戈}$ ${}^{合}_{1}過^{D}_{戈}$	${}^{開}_{1}可^{R}_{歌}$		${}^{開}_{1}我^{R}_{歌}$
假攝	${}^{開}_{2}加^{L}_{麻}$ ${}^{開}_{2}嘉^{L}_{麻}$ ${}^{開}_{2}賈_{麻}$			${}^{開}_{2}牙^{L}_{麻}$
遇攝	${}_{1}古^{R}_{模}$ ${}_{1}固^{D}_{模}$ ${}_{C}居^{L}_{魚}$ ${}_{C}句^{D}_{虞}$ ${}_{C}拘_{虞}$	${}_{C}去^{D}_{魚}$	${}_{C}駏^{R}_{魚}$	${}_{1}五^{R}_{模}$ ${}_{1}吳^{L}_{模}$ ${}_{C}嵎_{虞}$
效攝	${}_{1}高^{L}_{豪}$ ${}_{2}郊_{肴}$ ${}_{4}釗_{蕭}$			
流攝	${}_{1}溝^{L}_{侯}$ ${}_{1}苟^{R}_{侯}$ ${}_{1}垢^{L}_{侯}$ ${}_{C}九^{R}_{尤}$ ${}_{C}久^{R}_{尤}$ ${}狗^{R}_{侯}$	${}_{C}丘^{L}_{尤}$	${}_{C}臼^{R}_{尤}$ ${}_{C}仇^{L}_{尤}$ ${}_{C}求^{L}_{尤}$	
止攝	${}_{A}枳^{R}_{支}$ ${}^{開}姬^{L}_{之}$ ${}^{合}_{C}貴^{D}_{微}$ ${}^{合}_{C}鬼^{R}_{微}$ ${}^{開}_{B}祁_{脂}$		${}^{開}_{C}其^{L}_{之}$ ${}^{開}_{AB}歧^{L}_{支}$ ${}^{開}_{B}奇^{L}_{支}$	${}^{開}_{B}義^{D}_{支}$

---

49 이 자료의 분석 결과에 대해서는 뒤에서 다시 거론한다.
50 이토 지유키(2007: 91)에서는 匣母의 음가뿐만 아니라 云母의 음가도 [*ɦ]로 추정했다.

攝＼牙喉	全淸	次淸	全濁	次濁
	見 k 66	溪 kʰ 10	群 g 18/19	疑 ŋ 15
蟹攝	$^{開}_{1}$改$_{咍}^{R}$ $^{開}_{1}$蓋$_{泰}^{D}$ $^{開}_{4}$契$_{齊}^{D}$ ^{合}桂$_{齊}^{D}$ $^{開}_{AB}$劂$_{祭}^{D}$ $^{合}_{2}$卦$_{佳}^{D}$ $^{開}_{2}$皆$_{皆}$ ^{合}怪$_{皆}$	^{開}開$_{咍}^{L}$		$^{開}_{2}$崖$_{佳}^{L}$ $^{開}_{4}$翳$_{齊}^{L}$ $^{合}_{1}$外$_{泰}^{D}$
梗攝	$^{開}_{B}$竟$_{庚}^{D}$ $^{開}_{2}$耿$_{耕}^{R}$	^{開}客$_{庚}^{E}$ $^{開}_{B}$卿$_{庚}^{L}$		$^{開}_{B}$迎$_{庚}^{L}$
咸攝	$_{1}$甘$_{談}^{L}$ $_{C}$劍$_{嚴}^{D}$ $_{2}$甲$_{銜}^{E}$ $_{4}$蛺$_{添}^{E}$		$^{黔}_{B}$$_{鹽}^{L}$ $_{B}$儉$_{鹽}^{R}$ $_{B}$鉗$_{鹽}^{L}$	$_{C}$嚴$_{嚴}^{L}$
山攝	$^{開}_{1}$幹$_{寒}^{D}$ $^{開}_{1}$干$_{寒}^{L}$ $^{開}_{1}$葛$_{寒}^{E}$ $^{合}_{4}$涓$_{先}^{L}$ $^{合}_{1}$貫$_{桓}^{D}$ $^{合}_{1}$灌$_{桓}^{D}$ $^{開}_{1}$建$_{元}^{D}$ $^{開}_{2}$簡$_{山}^{R}$	$^{合}_{C}$勸$_{元}^{D}$	$^{合}_{B}$權$_{仙}^{L}$ $^{開}_{B}$桀$_{仙}^{E}$	$^{合}_{C}$元$_{元}^{L}$ $^{合}_{C}$原$_{元}^{L}$
宕攝	$^{開}_{1}$各$_{唐}^{E}$ $^{開}_{1}$閣$_{唐}^{E}$ $^{開}_{1}$岡$_{唐}^{L}$ $^{開}_{1}$崗$_{唐}^{L}$ $^{合}_{1}$光$_{唐}^{L}$ $^{合}_{1}$郭$_{唐}^{E}$	$^{開}_{1}$康$_{唐}^{L}$		$^{開}_{1}$昂$_{唐}^{L}$
江攝				
深攝	$_{B}$今$_{侵}^{L}$ $_{B}$金$_{侵}^{L}$ $_{B}$錦$_{侵}^{R}$		$_{B}$及$_{侵}^{E}$	
臻攝	$^{合}_{1}$骨$_{魂}^{E}$ $^{合}_{C}$軍$_{文}^{L}$ $^{合}_{C}$君$_{文}^{L}$ $^{開}_{C}$斤$_{欣}^{L}$ $^{開}_{1}$根$_{痕}^{L}$	$^{合}_{C}$屈$_{文}^{E}$	$^{合}_{B}$群$_{文}^{L}$ $^{合}_{B}$郡$_{文}^{L}$ $^{開}_{C}$近$_{欣}^{R/D}$ $^{開}_{C}$勤$_{欣}^{L}$	$^{開}_{B}$銀$_{眞}^{L}$
曾攝	$^{合}_{1}$國$_{登}^{E}$	$^{開}_{1}$克$_{登}^{E}$		
通攝	$_{1}$功$_{東}^{L}$ $_{C}$宮$_{東}^{L}$ $_{C}$弓$_{東}^{L}$		$_{C}$窮$_{東}^{L}$	

위의 분포 분석표에서 溪母와 疑母의 분포상의 특징을 끄집어내기가 어렵다. 見母에 비하여 분포가 넓지 않다는 점만 지적해 둔다.

멸망 이전의 고구려 표음자로 한정하면 다음과 같다.

(77) 아음 見母·溪母·群母·疑母의 분포 분석표 (멸망 이전)

攝 ＼ 牙喉	全淸 見 k	次淸 溪 kʰ	全濁 群 g	次濁 疑 ŋ
果攝	$^{合}_{1}$果$_{戈}^{R}$			
假攝	$^{開}_{2}$加$_{麻}^{L}$ $^{開}_{2}$賈$_{麻}^{D}$			
遇攝	$_{1}$古$_{模}^{R}$ $_{1}$固$_{模}^{D}$ $_{C}$居$_{魚}^{L}$ $_{C}$句$_{虞}^{D}$	$_{C}$去$_{魚}^{D}$		$_{1}$五$_{模}^{R}$ $_{C}$峿$_{虞}^{L}$
效攝	$_{1}$高$_{豪}^{L}$ $_{4}$釗$_{蕭}^{L}$			
流攝	$_{1}$溝$_{侯}^{L}$ $_{1}$苟$_{侯}^{R}$ $_{1}$垢$_{侯}^{L}$ $_{C}$九$_{尤}^{R}$ $_{C}$久$_{尤}^{R}$	$_{C}$丘$_{尤}^{L}$	$_{C}$臼$_{尤}^{R}$ $_{C}$仇$_{尤}^{L}$ $_{C}$求$_{尤}^{L}$	
止攝			$^{開}_{C}$其$_{之}^{L}$ $^{開}_{B}$奇$_{支}^{L}$	
蟹攝	$^{開}_{1}$改$_{咍}^{R}$ $^{開}_{1}$蓋$_{泰}^{D}$ $^{合}_{4}$桂$_{齊}^{D}$ $^{合}_{2}$卦$_{佳}^{D}$	$^{開}_{1}$開$_{咍}^{L}$		$^{開}_{2}$崖$_{佳}^{L}$ $^{開}_{4}$翳$_{齊}^{D}$ $^{合}_{1}$外$_{泰}^{D}$
梗攝	$^{開}_{B}$竟$_{庚}^{D}$	$^{開}_{2}$客$_{庚}^{E}$		
咸攝				
山攝	$^{開}_{1}$幹$_{寒}^{D}$ $^{開}_{1}$葛$_{寒}^{E}$ $^{合}_{4}$涓$_{先}^{L}$ $^{合}_{1}$貫$_{桓}^{D}$ $^{合}_{1}$灌$_{桓}^{L}$ $^{開}_{C}$建$_{元}^{D}$			$^{合}_{1}$元$_{元}^{L}$ $^{合}_{1}$原$_{元}^{L}$
宕攝	$^{開}_{1}$各$_{唐}^{E}$ $^{開}_{1}$閣$_{唐}^{E}$ $^{開}_{1}$岡$_{唐}^{L}$ $^{合}_{1}$郭$_{唐}^{E}$	$^{開}_{1}$康$_{唐}^{L}$		
江攝				
深攝	$_{B}$錦$_{侵}^{R}$			
臻攝	$^{合}_{1}$骨$_{魂}^{E}$ $^{合}_{C}$軍$_{文}^{L}$		$^{合}_{C}$群$_{文}^{L}$ $^{開}_{C}$近$_{欣}^{R/D}$	
曾攝	$^{合}_{1}$國$_{登}^{E}$			
通攝	$_{C}$宮$_{東}^{L}$			

위의 분포 분석표에서 전청의 見母가 차청의 溪母와 최소대립을 이루는 것은 아래의 한 쌍이다. 이 최소대립은 『魏書』가 편찬된 559년에 성립한다. 이 최소대립 쌍을 신빙하여, 李丞宰(2015가)에서는 유기음인 溪母 /*kʰ/에 음소의 자격을 부여한 바 있다.

(78) 見母 /*k/와 溪母의 최소대립 쌍과 그 용례

　岡/剛[見開1平唐]=강ᴸ {國岡上(광개, 호태, 모두), □罡□太王(집안), 岡上王(일),
　　陽岡王, 平岡王(사), 龍岡縣(유)}

　康[溪開1平唐]=강ᴸ {康/康王(위서, 북사)}

　그런데 고구려어에서 유기음 /*kʰ/가 음소였다는 것을 믿을 수 있을까? 아무래도 의심스러워서 대립 항의 용례인 '康王'을 반추해 보니, 長壽王의 시호라 생각했던 '康王'이 고구려에서 명명한 것이 아니라 北魏에서 부여한 칭호였다. 장수왕의 사후에 北魏에서 사신을 보내어 장수왕에게 '車騎大將軍 … 高句麗王'이란 爵位를 부여하고, 장수왕을 '康王'이라 지칭한 것이다.[51] 이에 따르면 '康王'을 고구려 고유의 인명이라 할 수 없으므로 '康王'을 고구려어 항목에서 제외해야 한다. 이렇게 수정하면 대립 항 '康'이 고구려어 표음자에서 제외되고, 나아가서 見母와 음운론적으로 대립하는 溪母의 용례가 없어진다. 이 두 성모의 최소대립 쌍이 없으므로, 溪母 [*kʰ]를 見母 /*k/의 변이음이라 할 수 있다.

　申叔舟의 『東國正韻』序文에서 이미 언급된 바 있듯이, 한국 중세 한자음에는 'ㅋ'의 용례가 아주 적다. 이것을 들어 고구려어의 음소 /*kʰ/를 부정하려면 고구려어가 중세 한국어의 조상이 된다는 것을 먼저 증명해야 한다. 이것이 쉽게 증명되지 않으므로 중세 한국어를 들어 고구려어의 음소 /*kʰ/를 부정하는 것은 올바른 방법이 아니다. 그러나 (78)의 용례인 '國岡上'의 '岡'을 음독하지 않고 훈독했다는 것이 확인된다면 이 방법만으로도 음소 /*kʰ/를 부정할 수 있다. '岡'의 용례 중에서 고구려 멸망 이전의 용례는 '國岡上'이 유일하기 때문이다. '國岡上'을 음독하지 않고 '나라 언덕 위' 정도로 훈독했다고 가정하면 '岡'이 표음자에서 제외되므로 음소 /*kʰ/가 부정된다.

　위의 두 가지 문제가 제기되는데, 이 중에서도 첫 번째가 결정적이다. 고구려에서는 시호를 붙이는 관습이 없었으므로, '康王'이 고구려인이 사용한 명칭이 아니라 北魏人이 사용한 명칭이라는 것이 분명하다. 이에 따라 '康王'을 고구려

---

51 "고구려 왕의 호칭에 대해서"(김용만, 『인물로 보는 고구려사』, 2001, 도서출판 창해)를 참고하기 바란다. 네이버 지식백과에서 재인용했다.

어 항목에서 제외하면 대립 항 '康'의 용례가 없어진다. 따라서 우리는 (78)의 최소대립 쌍을 인정하지 않고, 나아가서 溪母 [*kʰ]를 見母 /*k/의 변이음으로 간주하는 태도를 택한다.

이번에는 (77)의 분포 분석표에서 차청인 溪母와 전탁인 群母가 대립하는 예를 찾아본다.

(79) 溪母와 群母의 최소대립 쌍과 그 용례

1. 丘[溪中C平尤]=구ᴸ {靑丘(천남생), 丘夫(사, 유), 丘德(사, 유)}
   仇[群中C平尤]=구ᴸ {昧仇婁, 仇天城ᴮ(광개), 高仇(송서, 남사, 사), 仇斯波衣(지리), 仇都, 師夫仇(사)}

2. 丘[溪中C平尤]=구ᴸ {위의 (79.1)과 동일}
   求[群中C平尤]=구ᴸ {求底韓ᴮ(광개), 焚求(사)}

'丘'는 (79.1)과 (79.2)에 공통되는 대립 항이고, 679년에 세워진 천남생비에 처음으로 사용되었다. 이 비문은 고구려가 멸망한 뒤에 작성되었지만, 대립 성립의 시점에는 문제가 없는 것으로 간주한다. 지명 '靑丘'가 고구려 말기에 사용되었고 이것이 679년에 세운 비석에 기록되었다고 볼 수 있기 때문이다. 이것을 논거로 삼아, 고구려 말기에 유기음인 溪母 [*kʰ]와 유성음인 群母 /*g/가 음운론적으로 대립했다고 할 수 있다.

그런데 여기에도 문제가 숨겨져 있다. (79.1)의 대립 항 '丘'의 용례 중에서 고구려 멸망 이전에 기록된 것은 '靑丘' 하나뿐이다. '靑丘'는 중국에서 한국을 가리킬 때에 사용한 별칭으로서 『山海經』에 이미 나온다.[52] '靑丘'를 고구려인이 제일 먼저 사용한 표기라고 할 수 없으므로, 이것을 고구려어 표음자에서 제외할 수 있다. 이 태도에 따르면 고구려 멸망 이전에 유기음인 溪母 [*kʰ]와 유성음인 群母 /*g/가 음운론적으로 대립하는 쌍이 없어진다. 따라서 우리는 溪母 [*kʰ]가 독자적인 음소가 아니라고 본다.

---

52 『山海經』(권9 청구국조)에서 "군자국 북쪽에 있으며 이 나라에는 아홉 개의 꼬리가 달린 여우인 九尾狐가 있다"고 했다(『한국민족문화대백과사전』 참조).

앞에서 논의된 바를 종합하여 아음의 見母 /*k/, 溪母 [*kʰ], 群母 /*g/의 음운대립을 정리해 보면 아래의 (80)과 같다. 見母 /*k/와 群母 /*g/의 음운대립은 5세기 초엽에 이미 성립하지만, 溪母 [*kʰ]는 고구려가 멸망할 때까지도 음소의 자격을 얻지 못했다. 따라서 고구려어 아후음에서는 무성음 見母 /*k/와 유성음 群母 /*g/가 二肢的 相關을 이룬다고 할 수 있다.

(80) 아음의 見母·溪母 /*k/와 群母 /*g/의 음운대립

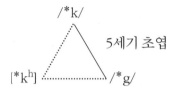

백제어에서는 曉母 [*h]가 見母 /*k/에 편입되고, 匣母 [*ɦ]가 群母 /*g/에 편입되는 체계였다(이승재 2013나). 따라서 백제어에서는 아음과 후음을 분리할 수 없었다. 그러나 고구려어에서는 아음과 후음을 분리할 수 있다. 고구려어에서는 아음에 見母·溪母 /*k/와 群母 /*g/가 있고, 후음에 曉母·匣母 /*h/와 影母·云母 /*ʔ/가 있는 체계이다. 이 체계에서는 아음과 후음을 엄격히 나눌 수 있다.

(81) 후음의 曉母·匣母 /*h/와 影母·云母 /*ʔ/의 음운대립

曉母·匣母 /*h/

| 5세기 초엽

影母·云母 /*ʔ/

5.8. 두음법칙

한국어에는 'ㄹ'이 단어의 첫머리에 오지 못하는 제약이 있다. 일반적으로 이것만을 지칭하여 頭音法則이라 하지만, 한국어에서는 /ŋ/도 어두에 오지 못하므로 이것도 두음법칙에 넣을 수 있다. 고구려어에서도 두음법칙이 있었는지 논의

하기로 한다.

/*ŋ/이 단어의 첫머리에 오지 못하는 제약과 관련되는 성모는 疑母이고, 이것은 중국 음운학에서 /*ŋ/으로 추정된다. 따라서 /*ŋ/이 단어의 첫머리에 오지 않는다는 두음법칙이 고구려어에도 있었는지 그 여부를 가릴 때에는 疑母가 고구려어에서 음소의 자격을 가졌는지를 검토하는 것이 첩경이다.

우선, 위의 분포 분석표 (77)에서 疑母를 여타의 성모와 대비해 보자. 次濁의 疑母를 전탁의 群母 /*g/와 대비해 보면 최소대립 쌍이 전혀 없다. 그렇다면 疑母 [*ŋ]이 群母 /*g/의 변이음일지도 모른다. 이번에는 疑母를 차청의 溪母와 대비해 본다. 역시 최소대립 쌍이 보이지 않는다. 그렇다면 疑母 [*ŋ]이 群母 /*g/의 변이음이었을 가능성이 더욱 커진다.

그런데 疑母를 다시 見母 /*k/와 대비하면 한 쌍의 최소대립 쌍을 찾을 수 있다. 대립이 성립하는 시점은 『隋書』가 편찬된 7세기 중엽이다.

(82) 見母와 疑母의 최소대립 쌍과 그 용례

古[見中1上模]=고^R {古鄒加(삼국, 중원, 양서, 남사), 古鄒大加(후한, 당서), 古牟婁城^{百}(광개, 중원), 古舍蔦城, 古利城^{百}, 古模耶羅城^{百}, □古盧城^{百}(광개), 古斯也忽次, 甲比古次(지리), 大古昻加(일), 古辛氏(사)}

五[疑中1上模]=오^R {五部(수서, 구당, 사), 五田子(일)}

(82)의 대립 항 '五'가 고구려 멸망 이전에 사용된 것은 '五部'밖에 없다. 이 '五部'는 소노부, 절노부, 순노부, 관노부, 계루부의 다섯 부족을 후대에 동부, 서부, 남부, 북부, 내부의 5부로 개편한 것이므로 의심할 바 없는 고구려어 단어이다. 따라서 (82)의 최소대립을 부정하기가 어렵다.

백제어에서는 疑母가 群母, 溪母, 見母와 각각 음운대립을 이루었으므로(이승재 2013나: 242~4) 疑母 /*ŋ/을 음소로 바로 인정할 수 있었다. 그러나 고구려어에서는 사정이 사뭇 다르다. 위에서 이미 거론한 것처럼, 疑母는 見母 /*k/와 음운론적으로 대립하지만, 溪母 [*kʰ] 또는 群母 /*g/와는 대립하지 않는다. 溪母 [*kʰ] 또는 群母 /*g/와 음운대립을 이루지 못하는 고구려어의 疑母를 고구려어의 음소라고 할 수 있을까?

이 질문에 답하기 위해 疑母를 후음의 분포 분석표에 넣어 다시 검토해 본다.

(83) 전청인 影母·曉母, 전탁인 匣母·云母, 차탁인 疑母의 분포 분석표 (멸망 이전)

牙喉 攝	全清		全濁	次濁	
	曉 h	影 ?	匣 ɦ	云 ɦ	疑 ŋ
果攝		${}^{開}_{1}$阿${}_{歌}^{L}$	${}^{開}_{1}$河${}_{歌}^{L}$ ${}^{合}_{1}$和${}_{戈}^{L/D}$		
假攝			${}^{開}_{2}$下${}_{麻}^{R/D}$		
遇攝		${}_{1}$烏${}_{模}^{L}$ ${}_{1}$於${}_{模}^{L}$ ${}_{C}$於${}_{魚}^{L}$		${}_{C}$于${}_{虞}^{L}$	${}_{1}$五${}_{模}^{R}$ ${}_{C}$嵎${}_{虞}^{L}$
效攝	${}_{1}$好${}_{豪}^{R/D}$	${}_{1}$奧${}_{豪}^{D}$			
流攝		${}_{C}$優${}_{尤}^{L}$	${}_{1}$候${}_{侯}^{D}$ ${}_{1}$侯${}_{侯}^{L}$ ${}_{1}$後${}_{侯}^{R}$	${}_{C}$有${}_{尤}^{R}$	
止攝		${}_{C}$優${}_{尤}^{L}$ ${}^{開}_{C}$意${}_{之}^{D}$ ${}^{開}_{A}$伊${}_{脂}$		${}^{合}_{B}$位${}_{脂}^{D}$	
蟹攝	${}^{開}_{1}$海${}_{咍}^{R}$ ${}^{合}_{1}$灰${}_{灰}^{L}$	${}^{合}_{C}$薉${}_{廢}^{D}$ ${}^{合}_{C}$穢${}_{廢}$	${}^{合}_{C}$惠${}_{齊}^{D}$ ${}^{開}_{4}$奚${}_{齊}^{L}$	${}^{合}_{B}$衛${}_{祭}^{D}$	${}^{開}_{2}$崖${}_{佳}^{L}$ ${}^{開}_{4}$齧${}_{齊}^{L}$ ${}^{合}_{1}$外${}_{泰}^{D}$
梗攝	${}^{合}_{B}$兄${}_{庚}^{L}$	${}^{開}_{A}$嬰${}_{清}^{L}$	${}^{合}_{4}$榮${}_{青}^{L}$	${}^{合}_{4}$榮${}_{庚}^{L}$ ${}^{合}_{B}$永${}_{庚}^{R}$	
咸攝	${}_{B}$險${}_{鹽}^{R}$	${}_{2}$鴨${}_{銜}^{E}$	${}_{1}$含${}_{覃}^{L}$		
山攝	${}^{開}_{1}$漢${}_{寒}^{D}$ ${}^{開}_{C}$獻${}_{元}^{D}$	${}^{開}_{1}$安${}_{寒}^{L}$ ${}^{開}_{C}$謁${}_{元}^{E}$	${}^{開}_{1}$韓${}_{寒}^{L}$ ${}^{合}_{1}$桓${}_{桓}^{L}$ ${}^{合}_{1}$丸${}_{桓}^{L}$ ${}^{合}_{1}$活${}_{桓}^{E}$ ${}^{開}_{4}$賢${}_{先}^{L}$		${}^{合}_{C}$元${}_{元}^{L}$ ${}^{合}_{C}$原${}_{元}^{L}$
宕攝				${}^{合}_{C}$王${}_{陽}^{L/D}$	
江攝			${}_{2}$學${}_{江}^{E}$		
深攝					

攝 \ 牙喉	全清		全濁	次濁	
	曉 h	影 ?	匣 ɦ	云 ɦ	疑 ŋ
臻攝	合$_1$忽$_{魂}^{E}$	開$_A$壹$_{眞}^{E}$ 開$_B$乙$_{眞}^{E}$ 合$_C$鬱$_{文}^{E}$	合$_1$渾$_{魂}^{L/R}$ 開$_1$紇$_{痕}^{E}$	合$_C$雲$_{文}^{L}$	
曾攝					
通攝		$_1$沃$_{冬}^{E}$			

멸망 이전에 기록된 340자의 분포 분석표에서, 疑母字와 개합·등·운모·성조가 동일한 표음자를 동일 행에서 찾아보자. 열심히 찾아보아도 그런 예가 없다. 이것은 疑母가 후음의 曉母, 影母, 匣母, 云母 등과 상보적 분포임을 뜻한다.

그렇다면, 疑母가 아후음의 7개 성모와 음운대립을 이루는 것은 위의 (82)에 제시한 見母 /*k/와 疑母의 음운대립밖에 없다는 결론이 나온다. 백제어에서는 疑母가 여러 성모와 음운론적으로 대립했지만 고구려어에서는 그렇지 않다. 이 차이를 중시하여 고구려어의 疑母가 변이음 [*ŋ]일 뿐이고, 음소의 자격을 가지는 /*ŋ/이 아니라는 가설이 성립한다.[53] 이에 따라 위에서와 달리 고구려어 자음 목록에서 疑母를 제외하는 방법을 모색해 보기로 한다.

(82)의 대립 항 '五'는 멸망 이전의 용례로 한정하면 '五部'에만 사용되었다. '五部'의 '五'를 달리 해석하는 방법이 없을까? 있다. '五'를 훈독하면 된다. '五'에 해당하는 고구려어 수사가 마침 『삼국사기』 지리지 권제37의 '五谷郡 一云于次云忽'에[54] 나온다. 이곳의 '于次'는 고대 일본어의 /*itu/에 대응하므로(Lee Ki-Moon 1963) 믿을 만하다. '五部'의 '五'를 훈독하면, 疑母가 아후음의 여타 성모와 음운대립을 이루는 예가 없어진다. 따라서 '五'를 훈독하여 疑母를 음소에서 제외하기로 한다.

그렇다면 변이음 疑母 [*ŋ]을 어느 음소에 편입할 것인가 하는 문제만 남는다. 이것과 음성학적으로 가장 가까운 것은 조음위치가 동일한 群母 /*g/이다. 고구

---

53 權仁瀚(2011: 235)에서도 疑母字가 "夫餘系에는 전혀 나타나지 않는 반면, 韓系에는 1.5의 수치로 나타난다"고 했다.

54 '于'를 '륵'으로도 판독한다.

려어에서는 群母 /*g/에 속하는 표음자가 양적으로 많지 않은 편이다. 이 두 가지를 고려하여 疑母 [*ŋ]을 群母 /*g/에 편입하기로 한다.

널리 알려져 있듯이, 현대 한국어에서는 단어의 첫머리에 음소 /ŋ/이 오지 못한다. 일종의 형태소 구조 제약이라고 할 수 있는데, 고구려어에서도 이 제약이 있었다. 중국 음운학에서는 疑母가 자음 음소 /*ŋ/으로 추정되지만, 고구려어에서는 疑母가 음소의 자격을 갖추지 못했으므로, 자동적으로 단어의 첫머리에 [*ŋ]이 오는 단어가 고구려어에 있을 수가 없다. 즉 [*ŋ]이 어두에 오지 못하는 두음법칙이 있었다.

그런데 위의 5.1에서 고구려어의 음절말 자음을 논의하면서 우리는 /*-ŋ/이 음절말 자음으로 사용되었다고 했다. 이것은 고구려어 음소에 /*ŋ/이 없다는 사실과 서로 모순되는 것은 아닌가? 그러나 현대 한국어에서와 마찬가지로 고구려어에서도 /*-ŋ/이 음절말 위치에 올 수 있었다고 본다. 이처럼 주장하려면 음절말 위치에 온 /*-ŋ/이 /*-n/ 또는 /*-m/과 음운대립을 이룬다는 사실을 논증할 필요가 있다. 이를 위해 음절말 자음 /*-ŋ/이 /*-n/과 음운대립을 이루는 쌍을 찾아보았다.

(84) 음절말 자음 /*-n/과 /*-ŋ/의 최소대립 쌍과 그 용례

1. 連[來開AB平仙]=련ᴸ {安夫連, □連(광개)}
   零[來開AB平淸]=령 {零星(삼국, 후한, 양서, 남사, 당서)}

2. 蟬[常開AB平仙]=션ᴸ {黏蟬(북사, 수서)}
   誠[常開AB平淸]=셩ᴸ {獻誠(천남생, 천헌성, 천비묘, 사), 信誠(구당, 당서, 사)}

3. 蟬[常開AB平仙]=션ᴸ {黏蟬(북사, 수서)}
   成[常開AB平淸]=셩ᴸ {成(위서, 북제, 주서, 남사, 북사), 遂成(후한, 삼국, 사), 安王成(속), 建成(사, 유), 湯成, 平成(사)}

4. 殘[從開1平寒]=잔ᴸ {百殘, 殘國(광개)}
   藏[從開1平唐]=장ᴸ {高藏(천남생, 천비묘, 구당, 당서, 사, 유), 高金藏(속), 藏(구당), 藏王(유)}

위의 여러 대립 쌍은 韻母에서만 차이가 나고, 나머지 음운론적 요소는 동일하다. 8쌍에서 모두 음절말 자음 /*-n/과 /*-ŋ/이 대립한다.

이 대립 쌍 중에서 대립 성립의 시점이 가장 이른 것은 (84.1)이다. 그런데 이곳의 대립 항인 '零'은 '零星'에만 사용되었고 '零星'은 '靈星'과 이표기 관계이다. 『삼국사기』에서는 『後漢書』를 인용하여 "고구려에서는 鬼神·社稷·零星에 제사 드리기를 좋아한다"고 했다.[55] 이것은 중국 漢나라 고조가 처음으로 靈星과 社稷 (土神과 穀神)에 제사 지내도록 제도를 만들어 국가의 농경 신으로 모셨다는[56] 기록과 관계가 있다. 즉 漢代의 '靈星'과 고구려의 '零星'은 이표기 관계인데, 중요한 것은 '靈'과 '零'이 둘 다 來母에 속하여 두음법칙을 위반한다는 점이다. 이것은 '靈星'과 '零星'이 고구려어 항목이 아닐 가능성이 큼을 말해 준다. 따라서 음절말 자음 /*-n/과 /*-ŋ/의 최소대립 쌍에서 (84.1)을 제외한다.

(84.2~3)도 대립 항 '蟬'의 용례가 '黏蟬' 하나뿐이므로 검토의 대상이다. '黏蟬'은 고구려 지명이 아니라 낙랑군의 지명이었다. "낙랑군 … 설치 당시의 屬縣은 朝鮮·염한·浿水·黏蟬·遂成·增地·駟望·屯有·鏤方·渾彌·吞列 등 11현이었다"는(『두산백과』 참조) 기록을 참고하면, 이것이 확인된다. 따라서 (84.2~3)의 대립 쌍을 음절말 자음 /*-n/과 /*-ŋ/의 최소대립 쌍에서 제외하는 것이 안전하다.

반면에, (84.4)는 /*-n/과 /*-ŋ/의 운미 최소대립 쌍임이 분명하다. 용례에서 잘못될 것이 전혀 없기 때문이다. 대립 성립의 시점이 7세기 중엽 이후이므로 대립 시점이 늦은 편이다. 그렇더라도 고구려어 표음자 상호 간의 음운대립임이 확실하므로, 음절말 자음에서 /*-n/과 /*-ŋ/이 음운론적으로 대립했다고 보아야 한다. 결론적으로, 어두 위치에서는 疑母 [*ŋ]이 오지 못하지만 음절말 위치에는 /*-ŋ/이 올 수 있었다.[57] 따라서 현대 한국어와 마찬가지로, 고구려어에서도 자음목록에 /*ŋ/을 넣는 것이 바람직하다.

---

55 後漢書云 高句麗好祠鬼神社稷零星 (『삼국사기』 권제32, 3장 뒤쪽, 잡지 1 제사)
56 『한국민족문화대백과사전』(한국학중앙연구원)의 '靈星' 항목을 참고했다.
57 鄭光(2011: 437)에서도 /*ŋ/이 음절 초에서는 음운으로 인정할 수 없으나 어중 또는 음절 말에서는 분명히 /*m, *n/과 구별된다고 했다.

이제, 'ㄹ' 두음법칙에 대한 논의로 넘어간다. 알타이 제어를 비롯하여 한국어와 일본어에서는 /*l/ 또는 /*r/이 단어의 첫머리에 오지 않는다. 이 법칙의 준수여부를 논의할 때에는 단어의 첫머리에 來母 /*l/이 오는 고구려어 항목이 있는지 일일이 확인해야 한다. 우선 이들을 모두 추출해 보면 다음과 같다.

(85) 來母字가 첫머리에 온 단어

1. 絡氏(성 사), 李氏(성 당서), 李文眞(인 사), 劉(인 양서, 북사), 劉屋句(인 사)

2. 量(인 고자묘), 璉(인 위서, 주서, 북사), 利(인 위서), 琉璃王(인 삼국, 사), 類利(인 사), 累利(인 유), 瑠璃王(인 유)

3. 零星(풍 삼국, 후한, 양서, 남사, 당서), 鏤方(지 북사, 수서, 요사, 사), 遼陽(지 천남산), 僚佐(관 구당, 구오)

4. 婁賣城^百, 婁城^百, 來□城(지 광개), 婁豆谷(지 사)

(85.1)은 성씨가 맨 앞에 온 예이다. 성씨 중에는 한국 고유의 성씨가 있는가 하면 중국으로부터 들어온 성씨도 있다. (85.1)의 '絡, 李, 劉' 등의 성씨가 중국에서 들어온 성씨이므로 (85.1)은 고구려어의 두음법칙에 대한 예외에서 제외할 수 있다. (85.2)의 '量, 璉, 利'는 인명이다. 姓名을 갖추어 적을 때에는 이들 앞에 성씨가 왔을 것이므로 이들도 두음법칙의 예외에서 제외할 수 있다. (85.3)의 '零星'도 앞에서 이미 논의한 바와 같이 漢代의 '靈星'을 차용한 것이므로 고구려어 항목에서 제외할 수 있다. (85.3)의 '鏤方'도 漢四郡의 하나인 樂浪郡의 치소였으므로 고구려의 지명이 아닌 것이 분명하다. (85.3)의 '遼陽'도 중국 遼寧省의 縣名이므로 애초에는 고구려 지명이 아니었을 것이다. (85.3)의 관명 '僚佐'도 차용어의 일종일 가능성이 있다.[58]

그렇다면 두음법칙에 대한 진정한 예외는 (85.4)의 4개로 한정된다. 지명 '婁

---

58 "지방에는 60여 성에 州와 縣을 두었다. 큰 성에는 傉薩 한 명을 두니 都督에 비견된다. 모든 성에는 道使를 두니 刺史에 비견된다. 그 아래에는 각기 僚佐가 있어서 일을 나누어 관장한다"(네이버 지식백과, 『舊唐書』 고려(고구려)에서 인용). 이 기술만으로는 '僚佐'가 고구려 관명인지 중국의 관명인지 불분명하다.

賣城^百, 婁城^百, 來□城, 婁豆谷' 등에서 來母字 '婁'와 '來'가 지명의 첫머리에 온
것은 두음법칙에 대한 분명한 예외이다. 그런데 (85.4)의 '婁賣城^百'은 아마도 '農
賣城'의 오독이 아닐까 한다. 둘 다 광개토대왕비에만 나오기 때문에 이 추론이
가능하다. 고구려어가 알타이어의 일종이라면 단어의 첫머리에 /*l/이 오는 일
이 없어야 한다. 알타이어에서는 /*l/이 語頭에 오지 않는다는 제약이 있기 때문
이다. 그런데도 이 두음법칙에 3~5개의 예외가 있다.

  그러나 이 예외가 전체적으로 보면 아주 적은 비율이라는 점을 강조해 둔다.
우리가 논의 대상으로 삼은 고구려어 전체 항목은 1,080개 정도인데, 여기에서
3~5개 정도의 예외라면 고구려어에도 두음법칙이 있었다고 해도 무방할 것이
다. 예외가 0.5% 이하라면 믿음직하기 때문이다. 權仁瀚 (2011: 236)도 우리와 같
은 방식으로 해석한 바 있다. 고구려어에 두음법칙이 있었다는 점을 기준으로
삼으면 고구려어가 알타이어족에 속할 가능성이 있다.

5.9. 자음체계

  이제, 지금까지의 논의를 종합하여 고구려의 자음체계를 논의하기로 한다.[59]
고구려어 전체 표음자는 690자이다.[60] 이 690자 중에서도 고구려 멸망 이전에 사
용된 표음자를 무엇보다도 중시했으므로 실질적으로는 340자가 주요 분석 대상
이었다. 그렇더라도 여기에서는 여타 언어와의 대비를 위하여 690자를 논의 대
상으로 삼았다.

---

59 중세 한국어에는 어두 자음군이 있지만, 우리의 연구 방법으로는 고구려어의 어두 자음군을 확
  인할 수 없다. 한어 상고음과는 달리, 한어 중고음에는 複聲母(즉 어두 자음군)를 가지는 성모가
  없기 때문이다.
60 『廣韻』에 나오지 않아서 음가를 제대로 알 수 없는 것이 7자이고, 논의의 편의를 위하여 고의적
  으로 포함한 표음자가 14자이다. 이들을 포함하면 모두 711자이다.

(86) 고구려어 표음자 690/762자의 성모 분석

고구려어 표음자 690/762자 성모 분포

		全淸	次淸	全濁	次濁
脣音	幇組	幇 p 16	滂 pʰ 4	並 b 17	明 m 42
	非組	非 f 16	敷 fʰ 3	奉 v 9	微 ɱ 11
舌音	端組	端 t 29	透 tʰ 13	定 d 23	泥 n 18
	來組				來 l 58
	知組	知 ţ 13	徹 ţʰ 1	澄 ɖ 13	娘 ɳ 2
齒音	精組	精 ʦ 23	淸 ʦʰ 15	從 dz 19	
		心 s 51		邪 z 5	
	莊組	莊 ʈʂ 4	初 ʈʂʰ 0	崇 dʐ 5	
		生 ʂ 16		俟 ʐ 0	
	章組	章 ʨ 22	昌 ʨʰ 7	船 dʑ 4	日 ɲ 25
		書 ɕ 19		常 ʑ 16	羊 j 24
牙音	見組	見 k 66	溪 kʰ 9	群 g 19	疑 ŋ 15
喉音	曉組	曉 h 14		匣 ɦ 39	
	影組	影 ʔ 43			云 ɦ 14
690/762		332	52	169	209
		43.6%	6.8%	22.2%	27.4%

그런데 이 690자 중에서 17자가 둘 이상의 聲母를 가지는 多音字이다. 이 다음자를 모두 들어 보면 다음과 같다.

(87) 고구려어 전체 표음자의 聲母 多音字 (17자)

勤[群, 溪] 女[日, 娘] 脫[透, 定] 長[澄, 知] 底[端, 章] 朝[知, 澄] 別[幇, 並] 父[奉, 非] 分[非, 奉] 彡[生, 心] 釗[章, 見] 屬[章, 常] 省[心, 生] 榮[匣, 云] 沮[淸, 從] 卒[精, 淸] 曾[精, 從]

17자가 늘어남에 따라 고구려어의 성모 분석 항목은 707자로 늘어난다. 이 수치를 690/707로 표시할 수 있다. 그런데 多音字 중에는 韻母나 聲調가 다른 것도 적지 않다. 그리하여 표음자 '不'은 세 가지, '行'은 네 가지의 음가를 가진다. 이런 것을 모두 포함하면 고구려어 표음자의 음가는 모두 762개로 늘어난다. 이것을 690/762자로 표시할 수 있다. 예컨대, (86)의 맨 밑에 적어 넣은 점유 비율은 모집단을 762자로 계산한 비율이다.

고구려어의 전청, 차청, 전탁, 차탁의 점유 비율은 각각 43.6%, 6.8%, 22.2%, 27.4%이다. 이것만으로는 고구려어 자음의 특징을 가려내기가 어려우므로 비교할 대상이 필요하다. 마침 우리는 백제어에서의 점유 비율을 이미 구해 본 바가 있고(이승재 2013나: 123), 중국 南北朝의 5세기 전반기 자료인 『世說新語』에서[61] 전청, 차청, 전탁, 차탁이 점유하는 비율을 구할 수 있었다.

(88) 『世說新語』에서의 전청, 차청, 전탁, 불청불탁의 점유 비율

세설신어 표음자 2,266/2,521자 성모 분포

		全清	次清	全濁	次濁
脣音	幫組	幫 p 70	滂 pʰ 25	並 b 67	明 m 92
	非組	非 f 33	敷 fʰ 22	奉 v 47	微 ɱ 27
舌音	端組	端 t 59	透 tʰ 41	定 d 94	泥 n 30
	來組				來 l 56
	知組	知 ʈ 42	徹 ʈʰ 13	澄 ɖ 67	娘 ɳ 8
齒音	精組	精 ʦ 78	淸 ʦʰ 44	從 dz 67	
		心 s 109		邪 z 28	
	莊組	莊 ʈʂ 18	初 ʈʂʰ 15	崇 ɖʐ 18	
		生 ʂ 45		俟 ʐ 0	
	章組	章 ʨ 67	昌 ʨʰ 28	船 dʑ 17	日 ɲ 37
		書 ɕ 63		常 ʑ 58	羊 j 102
牙音	見組	見 k 238	溪 kʰ 90	群 g 56	疑 ŋ 88
喉音	曉組	曉 h 71		匣 ɦ 126	
	影組	影 ʔ 109			云 ɦ 56
2,266/2,521		1002	278	645	596
		39.7%	11.0%	25.6%	23.6%

고구려어, 백제어, 『세설신어』의 점유 비율을 종합해 보이면 다음의 (89)와 같

---

61 (88)의 하단에 제시한 수치는 이 2,266자를 대상으로 삼아 (86)과 동일한 방법으로 계산하여 전청, 차청, 전탁, 차탁의 점유 비율을 제시한 것이다.

다. 『세설신어』 자료에서는 사용 빈도가 높은 670/771자에서의 점유 비율과 전체 2,266/2,521자일 때의 점유 비율 두 가지를 제시했다. 고구려어의 690/762자나 백제어의 694/753자와 균형을 맞추기 위하여 『세설신어』에서는 사용 빈도가 높은 670/771자로 한정한 점유 비율도 제시했다.

(89) 고구려어, 백제어, 『세설신어』의 전청, 차청, 전탁, 차탁의 점유 비율

언어 \ 자음	전청	차청	전탁	차탁
고구려어 (761)	43.6%	6.8%	22.2%	27.4%
백제어 (753)	42.7%	7.8%	23.6%	25.9%
世說新語 (771)	42.0%	9.2%	26.5%	22.3%
世說新語 (2,521)	39.7%	11.0%	25.6%	23.6%

고구려어(761항목)와 백제어(753항목)는 전반적으로는 점유 비율에서 별로 차이가 없다. 가장 큰 편차는 전탁과 차탁의 1.4%이다. 반면에, 고구려어(761항목)와 『세설신어』(2,521항목)를 대비해 보면 전청, 차청, 전탁, 차탁의 모든 부류에서 4% 안팎의 차이가 난다. 이 차이를 적극적으로 해석하여, 고구려어는 백제어와 유사하지만 중국의 南朝語와는 차이가 컸다고 말할 수 있다. 고구려어가 중국 南朝語보다 백제어와 훨씬 더 가까웠음을 실증해 준다는 점에서 이 점유 비율은 자못 의의가 크다.

비슷한 양의 글자를 비교해야만 대비의 정확도가 높아지기 때문에 이번에는 『세설신어』의 670/771자를 택하여 대비해 보았다. 이 방법을 택하더라도, 고구려어와 『세설신어』의 南朝語는 전탁에서 4.3%, 차탁에서 5.1%가 차이가 난다. 따라서 고구려어와 南朝語의 거리가 고구려어와 백제어의 거리보다 훨씬 멀다고 할 수 있다. 이러한 방법으로 고구려어가 漢語의 일종이 아니라 한반도의 언어 또는 알타이어의 일종임을 논의할 수 있을 것이다.

고구려어와 백제어를 대비해 보면, 고구려어의 전탁이 백제어에 비하여 1.4% 적다. 이것은 고구려어가 백제어에 비하여 유성자음이 적은 것을 암시한다. 고구려어에서 차탁의 비율이 높아진 것은 明母 /*m/와 來母 /*l/의 용례가 상대적으로 많기 때문일 것이다.

그러나 위의 계량적 분석만으로 고구려어의 비교언어학적 위상을 논의하는 것은 섣부른 감이 있다. 구조주의 음운론에서는 음운대립을 통해 등록되는 음소 목록과 음소 상호 간의 관계가 가장 중요하기 때문이다. 따라서 변이음에 지나지 않는 것을 음소의 자격을 가지는 음소에 편입하여 음소 목록을 확정하고 이어서 음소 상호 간의 관계를 논의하기로 한다. 우선, 변이음을 음소에 편입하면 (86)의 성모 분석표는 다음과 같이 바뀐다.

(90) 고구려어 표음자 690/762자의 성모 분석

<table>
<tr><th colspan="5" style="text-align:center">고구려어 표음자 690/762자 성모 분포</th></tr>
<tr><th></th><th>全淸</th><th>次淸</th><th>全濁</th><th>次濁</th></tr>
<tr><td>脣音</td><td>幇·非·滂·敷 /*p/
16+16+4+3=39</td><td></td><td>並·奉 /*b/
17+9=26</td><td>明·微 /*m/
42+11=53</td></tr>
<tr><td rowspan="2">舌音</td><td>端·知 /*t/
29+13=42</td><td>透·徹 /*tʰ/
13+1=14</td><td>定·澄 /*d/
23+13=36</td><td>泥·娘·日 /*n/
18+2+25=45</td></tr>
<tr><td></td><td></td><td></td><td>來 /*l/ = 58</td></tr>
<tr><td rowspan="4">齒音</td><td>精·莊·章·淸·昌·
從·崇·船 /*ts/
23+4+22+15+
7+19+5+4 =99</td><td></td><td></td><td></td></tr>
<tr><td>心·生·邪 /*s/
51+5+16= 72</td><td></td><td></td><td></td></tr>
<tr><td>書·常 /*sj/
19+16= 35</td><td></td><td></td><td></td></tr>
<tr><td></td><td></td><td></td><td>羊 /*j/ = 24</td></tr>
<tr><td>牙音</td><td>見·溪 /*k/
66+9=75</td><td></td><td>群·疑 /*g/
19+15=34</td><td>/*ŋ/
(운미에만)</td></tr>
<tr><td rowspan="2">喉音</td><td>影·云 /*ʔ/
43+14=57</td><td></td><td></td><td></td></tr>
<tr><td>(A)
曉·匣 /*h/
14+39=53</td><td>(B)
曉·匣 /*h/
14+39=53</td><td></td><td></td></tr>
<tr><td>762(A)</td><td>472(62.0%)</td><td>14(1.8%)</td><td>96(12.6%)</td><td>180(23.6%)</td></tr>
<tr><td>762(B)</td><td>419(55.0%)</td><td>67(8.8%)</td><td>96(12.6%)</td><td>180(23.6%)</td></tr>
</table>

음소 분석을 하지 않은 (86)에서는 전탁자가 전청자보다 더 많은 組가 있었다. 예컨대, 莊組에서 전청인 莊母가 4자인 데에 비하여 전탁인 崇母는 5자이고, 見組에서 전청인 曉母가 14자인 데에 비하여 전탁인 匣母는 40자이다. 이것은 무성자음이 유성자음보다 많다는 음운론적 보편성에 어긋난다. 그런데 (90)과 같이 변이음을 음소에 편입하게 되면 무성무기음인 전청의 용례가 무성유기음인 차청이나 유성무기음인 전탁의 용례보다 항상 많아지게 된다. 이처럼 변이음을 음소에 편입함으로써 언어 보편성을 회복할 수 있다.

(90)과 같이 음소 단위로 성모를 묶을 때에 가장 판단하기 어려웠던 것은 치음 파찰음이었다. 차청인 淸母·初母·昌母를 음소 /*ʦʰ/로 볼 것인가 변이음 [*ʦʰ]로 볼 것인가, 전탁인 從母·崇母·船母를 음소 /*dz/라 할 것인가 변이음 [*dz]라 할 것인가 하는 문제였다. 이승재(2015가)에서는 가능하면 최소대립을 인정하는 쪽으로 해석하여 이 둘을 음소로 보았다. 그런데 이들의 대립 항이 대부분 차용어나 의심스러운 항목에 사용된 것임을 깨닫고, 이들을 고구려어 항목에서 제외하는 것이 안전하다는 결론을 내렸다.

치음 파찰음에서 문제가 되었던 것들을 여기에서 다시 정리해 두기로 한다. 精母 /*ʦ/와 從母 [*dz]의 최소대립을 논의할 때에 결정적인 역할을 하는 대립 항은 '藏'과 '臧'이다. 이때에 '藏'의 용례 중에서 고구려 멸망 이전에 기록된 것은 '高藏'뿐인데, 이 용례가 '高臧'으로 표기되기도 한다는 문제가 발견되었다. '藏'과 '臧'이 通假字 관계인 것으로 이해하면, 精母 /*ʦ/와 從母 [*dz]의 최소대립 쌍이 사라진다. 章母 [*ʨ]와 船母 [*ʥ]의 최소대립에서는 '襚神'의 '神'이 대립 항이었다. 이 '神'은 차용어임이 확실하므로 음운대립의 논의에서 제외하는 것이 안전하다. 精母·莊母·章母 /*ʦ/와 從母·崇母·船母 [*dz]의 최소대립에서는 '士'가 대립 항인데, 차용어임이 확실한 '博士'에만 '士'가 사용되었다. 위의 세 가지를 모두 종합하면 精母·莊母·章母 /*ʦ/와 從母·崇母·船母 [*dz]의 최소대립이 성립하지 않는다.

전청과 차청의 최소대립에서는 '沃沮'와 '沮江/沮水'에 사용된 '沮'가 대립 항이다. 그런데 이것이 多音字라서 두 가지 이상의 음가에서 어느 하나를 택할 방법이 없었다. 의미를 따져서 음가를 선택하는 것은, 의미를 버리고 음가만 취한다는 표음자의 기본적 정의에 어긋나기 때문이다. 더욱이 '沮'의 한국 중세음을 고려하면 이 최소대립이 성립하지 않는다. 차청과 전탁의 최소대립에서는 대립 항 '前'이 '前部'에만 사용되어 문제가 된다. 이때의 '前'도 차용어의 일종임이 분명하기 때문에 이것을 음운대립의 논거에서 제외하면 치음 파찰음에서 차청과 전탁의 음운대립도 무너진다.

이제, (90)의 성모 분석표에서 주의해야 할 것을 정리해 보자. 치음 파찰음에서는 위에서 요약한 것처럼 /*ʦ/ 하나만이 음소의 자격을 가진다. 이것을 (90)에서 전청의 음소 精母·莊母·章母·淸母·昌母·從母·崇母·船母 /*ʦ/이라 했다. 치음 마찰음에서는 心母·生母·邪母 /*s/가 書母·常母 /*ɕ/와 음운론적으로 대립한다. 그런데 /*ɕ/를 /*sj/로 재분석했으므로 치음 마찰음에서 설정되는 자음 음소는 /*s/ 하나이다. 권설음인 生母 [*ʂ]를 치조음인 心母·邪母 /*s/에 편입하고 書母·常母 /*sj/에 편입하지 않는다는 점에 주의하기를 바란다. 후술하겠지만, 이두 가지 편입 방법에 따라 고구려어의 모음체계가 6모음체계가 되기도 하고 7모음체계가 되기도 한다.

중국 음운학에서는 漢語 /h/의 유기성이 아주 약하여 전청으로 분류하지만[62] 한국어에서는 한어보다 'ㅎ'의 유기성이 훨씬 강하므로 차청에 넣을 수도 있다.[63] 이에 따라 (90)의 맨 아래에서 점유 비율을 계산할 때에, 曉母·匣母 /*h/를 (A)에서는 전청에 넣고 (B)에서는 차청에 넣어서 두 가지 방법으로 계산했다.

이때에 (A)를 택하든 (B)를 택하든, (90)에서는 전청, 차청, 전탁의 用字가 항상 '전청 〉전탁 〉차청'의 순서로 많다. (A)에서는 차청 음소가 透母·徹母 /*tʰ/ 하나밖에 없으므로 전체 차청의 점유 비율이 1.8%에 불과하지만, (B)에서는 曉母·匣母 /*h/를 차청에 넣으므로 점유 비율이 8.8%로 높아진다. 그렇다 하더라도 전탁의 점유 비율보다 낮다.

(90)에 정리한 음소 단위는 모두 16개이다. 순음의 /*p/, /*b/, /*m/, 설음의

---

62 한어에서는 유기성의 존재는 인정하지만 그 정도가 아주 약하다. 그리하여 /h/를 전청에 넣고 유기성의 표시로 [ʰ]를 택하지 않고 [ʻ]를 택하기도 한다(王力 1957).

63 한국 중세 한자음에서 아음의 유기음인 /kʰ/의 발달이 늦은 것은 최희수(1986: 101)에서는 'ㆅ'이 존재했기 때문이라 했고, 宋基中(1995나: 460)는 후음의 유기음 /q/(우리의 /h/)가 음소로서 이미 자리를 잡고 있었기 때문이라고 했다.

/*t/, /*tʰ/, /*d/, /*n/, /*l/, 치음의 /*ʦ/, /*s/, /*j/, 아음의 /*k/, /*g/, /*ŋ/,
후음의 /*ʔ/, /*h/ 등이다.

고구려어에는 羊母 /*j/를 포함하여 모두 16개의 자음 음소가 있었다. 羊母 /*j/
는 현대 음운론에서는 활음이라 하여 순수자음에서 분리하는 것이 일반적이므로
현대의 관점에서는 15개의 자음이 된다.[64] 이 15개 자음에서 疑母 /*ŋ/은 현대 한
국어와 마찬가지로 語頭나 初聲 위치에 오지 못하고 終聲 위치에만 온다. 또한 來
母 /*l/이 어두에 오지 않으므로 고구려어에 두음법칙이 있었다고 할 수 있다.

이제 위의 (90)을 현대 음운론에 맞추어 기술해 보기로 한다.

(91) 고구려어 자음체계 A

방식＼위치	양순	치조	경구개	연구개	후두
무성무기음	/*p/	/*t/		/*k/	/*ʔ/
유성무기음	/*b/	/*d/		/*g/	
무성유기음		/*tʰ/			
파찰음		/*ʦ/			
마찰음		/*s/	[*ɕ]		/*h/
비음	/*m/	/*n/		/*ŋ/	
유음		/*l/			
활음			/*j/		

이 자음체계는 앞에서 거론한 (15)의 분석 틀을 그대로 적용한 것이다. 고구려
어 대표자 100자와 152자를 대상으로 유사 음절의 음운을 분석했을 때에는 /*ʦ,
*m, *n, *ŋ, *l/ 등이 누락되어 있었다. 고구려어 표음자 340자를 대상으로 음소
분석을 실시했더니, 이들이 고구려어의 음소로 추가되었다. 음절별 음운 분석의
한계를 우리의 연구 방법이 극복한 것이라 할 수 있다. 즉 우리의 구조주의 방법
에 따르면, 한자로 표음된 언어의 자음 음소를 빠짐없이 그리고 체계적으로 설정
할 수 있다.

---

64 兪昌均(1980: 270)에서는 /*k, *t, *p, *ɣ, *d, *b, *n, *m, *s, *l, *r/의 11개 자음이라고 했다.
최근의 연구인 鄭光(2011: 442)에서는 /*p, *b, *t, *d, *ʦ, *dz, *k, *g, *s, *m, *n, *ŋ, *r, *l/
의 14개 자음이라 했다.

이 자음체계 A에서 확인할 수 있듯이, 고구려어의 경구개 자음에는 [*ɕ]와 /*j/
밖에 없다. 이것은 현대의 西北(平安道) 방언에서 경구개 파찰음이 없는 것을 방
불케 한다는 점에서 무척 흥미롭다. 현대의 황해도 남부 지역에서도 'ㅈ, ㅊ'을
경구개음으로 발음하지 않고 치조음으로 발음한다. 고구려어에서 경구개 파찰
음이 없었던 것이 황해도 남부 지역 방언에 그대로 이어졌다는 가설이 성립하기
때문이다.

이 가설에 걸림돌이 되는 것이 고구려어의 무성 마찰음 [*ɕ]이다. 이 [*ɕ]가 정
말로 고구려어의 음소인지 다시 확인해 봤는데, 위의 (41)과 (42)에 예시한 것처
럼 /*ɕ/와 /*s/의 최소대립 쌍이 엄연히 존재하고 대립 성립의 시점도 이르다.
따라서 /*ɕ/를 고구려어의 자음 음소로 등록할 수 있다.

그런데 경구개 자음 /*ɕ/를 고구려어 자음에서 제외하는 방법이 있다. 음소를
재분석하는 재음소화의 방법이다. /*ɕ/가 고구려어에서는 항상 /*j/의 앞에 온다.
따라서 /*ɕ/가 음운론적으로 /*sj/와 동일한 값을 가진다고 해석할 수 있다. /ɕ/
가 /s/와 /j/의 동시적 결속에 가까운 데에 비하여 /sj/는 계기적 결합이라는 미세
한 차이가 있지만, 음운론적으로는 이 차이를 무시할 수 있다. 현대 한국어에서도
'샤, 셔, 쇼, 슈' 등의 'ㅅ'을 경구개음 [ɕ]로 발음하면서도 음운론적으로는 /sj/로 인
식하여 [ɕ]를 음소로 설정하지 않는다. 이 점을 중시하여 고구려어의 [*ɕ]를 재분
석하여 /*sj/로 간주한다. 이에 따르면 경구개음 계열의 자음이 고구려어에 존재
하지 않았다고 일반화할 수 있다.

고구려어에서는 장애음 즉 [+obstruent] 자음을 분류할 때에 폐쇄음을 파찰음·
마찰음에서 먼저 분석해 내는 자음체계였던 것 같다. 이처럼 분류하면 폐쇄음에
서는 무성음·유성음이 二肢的 相關束을 이루게 된다. /*p : *b/, /*t : *d/, /*k :
*g/의 음운대립이 바로 그것이다. 이 이지적 상관속이 잘 드러나면서 동시에 [*ɕ]
를 고구려어 음소 목록에서 제외하도록 위의 자음체계를 수정할 수 있다. 또한 중
국 음운학에서는 자음으로 간주되지만 일반언어학에서 활음이라고 부르는 /*j/를
순수자음에서 제외한다. 그리하면 고구려어는 15개의 순수자음이 음운론적으로
대립하는 자음체계를 가진다.

(92) 고구려어 자음체계 B

방식 　　　　 위치	양순	치조		연구개	후두
		설음	치음		
무성무기음	/*p/	/*t/	/*ʦ/	/*k/	/*ʔ/
유성무기음	/*b/	/*d/		/*g/	
무성유기음		/*tʰ/			
마찰음			/*s/		/*h/
비음	/*m/	/*n/		(/*ŋ/)	
유음		/*l/			

　자음체계 B에는 경구개음 계열이 없다. 경구개음 계열에 오는 [*ɕ]를 재분석하여 /*sj/로 해석하고 /*j/를 순수 자음에서 제외함으로써 경구개음 계열을 없앨 수 있다. 그 대신에 치조음을 설음과 치음의 둘로 나누어 배열하면 위와 같은 체계가 된다. 전체 15개의 자음인데, 현대 한국어와 약간 차이가 난다. 현대 한국어에서는 /ʔ/이 잘 인식되지 않아 음소에서 제외되는 반면에[65] /s/에 대립하는 경음(된소리)의 /s'/가 음소의 자격을 갖는다.

　이 차이보다 더 중요한 것은 유기음 계열이다. 현대 한국어에는 유기음이 /pʰ, tʰ, ʨʰ, kʰ/의 네 개가 있지만, 고구려어의 유기음은 /*tʰ/ 하나로 한정된다. 비록 유기음이 /*tʰ/ 하나뿐이지만, /*tʰ/는 고구려어에 유기음이 전혀 없었다는 논의가 옳지 않다는 것을 말해 준다. 여타의 유기음이 후대에 발달한 것이라는 점도 암시한다.

　자음체계 B에서 가장 크게 강조해야 할 것은 고구려어의 자음체계가 무성음과 유성음의 二肢的 相關束을 이룬다는 점이다. /*p, *t, *k/의 무성음이 /*b, *d, *g/의 유성음과 각각 음운대립을 이룬다. 이지적 상관속을 가지고 있다는 점에서는 고구려어와 백제어가 같다. 이것은 고구려어가 백제어와 더불어 알타이어에 속할 가능성을 높여 준다. 알타이 祖語에서는 무성자음과 유성자음이 음운론적으로 대립하면서 二肢的 相關束을 이룬다는 것이 통설이기 때문이다.[66]

---

65 현대의 북부 방언 특히 함경도 방언에서는 /ʔ/을 음소로 인정할 수 있다. 또한 일부의 음운론자들이 硬音化를 기술할 때에 형태음소 /ʔ/을 설정하기도 한다.

66 Ramstedt(1957)은 알타이 조어에서 /*p, *b, *t, *d, *k, *g, *č, *j, *s, *m, *n, *ŋ, *r¹, *r², *l¹,

그런데 이 통설이 사실은 서양인의 시각에서 비롯된 것임을 지적하면서, 알타이 조어에서 무기음과 유기음이 이지적 상관속을 이룬다는 견해가 제시된 바 있다. 성백인(1978)이 그것이다. 서양학자들이 알타이 조어에서 'lenis : fortis'의 대립이라 한 것은 서양어의 유·무성 대립에 그 바탕을 두고 있다. 반면에, 유·무성 대립이 없는 한국어나 현대 북경어와 같은 언어를 바탕으로 삼아 이 대립을 기술한다면 알타이 조어의 이지적 상관속은 유·무성 대립이 아니라 유·무기 대립일 가능성이 있다. 따라서 알타이어에서 /*p, *t, *k/와 /*b, *d, *g/가 음운론적으로 대립하는 것을 곧이곧대로 유·무성 대립이라 단정하는 것을 지양해야 한다. 알타이어의 자음 대립이 유·무성 대립일지 유·무기 대립일지 아직은 결정하기 어렵다.

한어 중고음의 全濁은 거의 대부분의 학자들이 유성음이라 추정한다. 漢語 濁音(全濁音)의 본질에 대한 음성학적·음운론적 연구는 姜信沆(2015)에 잘 요약되어 있다. 趙元任 이래로 濁音이 유성음이라는 주장이 대세이지만 확실치 않다고 보는 소수 견해도 있다. 현대 한어의 방언에서는 吳方言에서만 濁音이 유성음으로 실현된다. 그러나 이 지리적 분포는 古代로 거슬러 올라갈수록 점점 더 넓어진다고 보는 것이 일반적이다.

이 전탁이 전청과 음운론적으로 대립하므로 고구려어가 유·무성 대립을 가지고 있었다는 것만은 분명하다. 고구려어의 순음에서는 /*p : *b/의 음운대립이 6세기 중엽에 성립하고, 아음에서는 /*k : *g/의 대립이 5세기 초엽에 성립한다. 반면에 설음 /*t : *d/의 음운대립은 3세기 후반에 이미 성립한다. 이처럼 대립 성립의 시점이 차이가 나지만, 멸망 이전의 고구려어에서 이들이 二肢的 상관속을 이룬다는 것은 분명하다. 백제어에서는 /*p : *b/의 대립이 6세기 3/4분기에, /*k : *g/의 대립이 7세기 초엽에 성립한다. 반면에 설음 /*t : *d/의 대립은 5세기 말엽에, 치음 /*ts : *dz/의 대립은 7세기 전반기에 성립한다(이승재 2013나 참조). 이처럼 고구려어와 백제어에서 음운대립의 성립 시점이 차이가 난다. 그러나 이것은 자료의 부족이나 편중에서 비롯된 것이므로 그리 중시할 필요가 없을 것이다.

---

*l²/의 16개 자음을 재구한 바 있다.

고구려어의 유·무성 대립과 관련하여 오히려 눈길을 끄는 것은 무성 마찰음 /*s/의 대립 짝인 유성 마찰음 [*z]가 음소가 아니라는 사실이다. 무성 파찰음 /*ʦ/의 대립 짝인 유성 파찰음 [*ʣ]도 음소가 아니다. 나아가서 후음 /*h/의 유성음 짝인 [*ɦ]도 음소가 아니다. 이것은 고구려어에서 유·무성 대립이 폐쇄음에서만 성립한다는 것을 말해 준다. 이와는 달리, 백제어에서는 폐쇄음뿐만 아니라 파찰음과 마찰음에서도 유·무성 대립이 성립했다(이승재 2013나: 262).

유성 파찰음과 유성 마찰음의 유무에서 백제어와 고구려어는 크게 차이가 난다. 이 차이 탓으로, 백제어의 순수자음이 21개인 데에 비하여 고구려어의 순수자음은 15개밖에 되지 않는다. 따라서 고구려어와 백제어의 자음체계를 대비할 때에 가장 먼저 언급해야 할 것은 유·무성 대립의 차이이다. 고구려어와는 달리 백제어에서는 파찰음과 마찰음에서도 유성음이 있었으므로 /*ʣ, *z, *z, *ɦ/의 4개 자음이 음소의 자격을 가졌다. 그러나 고구려어에서는 이들이 음소가 아니다.

기존의 고대어 연구에서는 유성자음의 유무에 대한 견해가 일치하지 않는다. 박동규(1991), 김무림(1992), 김동소(1998), 김영황(2006), Vovin(2010: 15), 엄익상(2015) 등을 비롯하여 많은 학자들이 고대어에 유성자음이 없다고 했다. 이와는 달리 金完鎭(1957), 兪昌均(1980, 1991), 都守熙(2008), 鄭光(2011), 이승재(2013나) 등은 고대어에 유성자음이 있다고 했다.

그런데 고구려어에 유성자음이 있다고 기술한 논의를 잘 살펴보면, 漢語音을 그대로 代入한 것임이 드러난다. 예컨대, 鄭光(2011: 429)에서는 Beckwith(2004)의 재구음을 이용하여 '深川縣一云伏斯買'의 '伏'을 /*buk/으로 재구한다. 그런 다음에 /*buk/에 유성음 /*b/가 있으므로 고구려어에 음소 /*b/가 있다고 기술한다. 이러한 기술은 兪昌均(1980, 1991)과 都守熙(2008)에서도 볼 수 있는데, 우리는 이런 代入法에 동의하지 않는다. 비유하면, 이 방법론은 영어 'zero'의 첫째 자음이 /z/이므로 이것을 차용한 한국어 단어 '제로'의 'ㅈ' 즉 /ʨ/도 /z/라고 말하는 것과 다를 바가 없다. 한국어에는 /f/가 음소가 아니므로 영어의 'fund'를 수용할 때에 'f'를 'ㅍ'으로 대체하여 수용한다. 이 대체 수용을 고려하지 않고, 原語의 음소에 /f/가 있으므로 한국어의 자음체계에도 /f/가 있다고 그대로 代入하는 것은 명백한 오류이다.

이런 오류에서 벗어나기 위해서 우리는 최소대립 쌍의 유무를 가장 중요한 음소설정 기준으로 삼는다. /*buk/의 /*b/를 고구려어 자음으로 등록하려면, 이 /*buk/에 음운론적으로 대립하는 /*puk/이 고구려어 표음자에서 확인되어야 한다는 기준이다. 그런데 고구려어 표음자 전체를 대상으로 삼아도, /*buk/과 /*puk/의 최소대립 쌍이 없다. 따라서 /*buk/의 /*b/를 음소 설정의 근거로 삼을 수가 없다. 반면에, 우리는 /*p/와 /*b/의 최소대립 쌍으로 夫[非中C平虞]와 扶[奉中C平虞]를 제시한 바 있다. 이 최소대립 쌍이 확인되므로, 幇母·非母 /*p/에 음운론적으로 대립하는 並母·奉母 /*b/를 고구려어 음소로 설정했다. 우리의 음소설정 방법은 기존의 代入法과 이 점에서 결정적으로 차이가 난다.

고유명사의 異表記 자료를 논거로 삼아, 朴昌遠(1996)과 權仁瀚(1999)에서는 치음의 유성자음 /*dz, *z/가 있다고 했다. 그런데 고구려어로 한정해서 말한다면, 유성음 /*dz/와 무성음 /*ts/의 최소대립 쌍도 없고,[67] 유성음 /*z/와 무성음 /*s/의 최소대립 쌍도 없다. 현대 한국 한자음에서 /ㅋ/을 음소에 넣을 수 있는 것은 '卦, 掛 : 快, 夬'에서 'ㄱ'과 'ㅋ'이 최소대립을 이루기 때문이다. 만약에 '쾌'로 읽히는 '卦, 掛' 등이 한국 한자음에 없다면 [ㅋ]을 음소 목록에 넣을 수가 없다. '快, 夬'에 [ㅋ]이 있더라도 그것은 /ㄱ/의 변이음에 불과하다. 이와 마찬가지로, 고구려어 표음자에서 [*z]와 /*s/의 최소대립 쌍이 없으므로, [*z]는 /*s/의 변이음에 불과하다.

고구려어에 /*z/가 없다는 것은 중세 한국어의 'ㅿ'에 해당하는 자음이 고대의 평안도 지역에 없었다는 뜻이므로, 이것은 方言音韻史와 관련하여 중요한 의미를 가진다. 현대 방언을 크게 서북, 동북, 중부, 서남, 동남, 제주의 6개 大方言으로 구획할 때에 'ㅿ'의 흔적이 가장 적은 방언은 서북 방언이다. 李丞宰(1983)의 방언 지도를 참고하면 유난히도 평안도 지역에서 'ㅿ'의 흔적을 찾을 수 없다.[68] 황해도 남부의 海州와 경기도 서북단의 開城 지역도 마찬가지이다. 이 방언적 특징이 고구려어에 /*z/가 없었다는 데에서 비롯된 것 같아 무척 흥미롭다.

---

67 앞에서 이미 논의한 것처럼, 차용어를 포함하면 이 최소대립이 성립한다.
68 반면에 경주 중심의 동남 방언은 'ㅿ'이 'ㅈ'으로 변화한 예들이 있으므로(崔明玉 1978) 'ㅿ'의 흔적이 많이 남아 있다.

고구려어와 백제어의 차이를 논의할 때에 두 번째로 거론해야 할 것은 백제어에서 경구개음 /*ʨ, *ɕ, *ʑ/ 등이 음소인 데에 반하여 고구려어에서는 이들이 음소가 아니라는 점이다. 여기에서 /*ʨ, *ɕ/가 줄어들어 결국 고구려어와 백제어의 자음이 6개나 차이가 난다.

현대의 서북방언에서는 'ㅈ, ㅊ' 등이 경구개음 /ʨ, ʨʰ/가 아니라 치조음 /ts, tsʰ/이고(李基文 1972/77, 崔明玉 1985, 金英培 1997: 204~5), 동북방언의 육진방언도 마찬가지이다(郭忠求 1994: 319~24). 특히 李基文(1972/77)에서는 중세 한국어의 'ㅈ, ㅊ'도 경구개음이 아니라 치조음이라고 한 바 있다. 이에 따르면 고구려어의 치조음 /*ts/가 중세 한국어의 'ㅈ'으로 이어지고 이것이 현대 서북방언에 그 흔적을 남겼다고 할 수 있다. 이 방언적 특징은 황해도 남부 지역까지 이어진다. 그렇다면 황해도 남부 지역의 치조음 /ts, tsʰ/가 고구려어의 치조음을 그대로 이어받은 것이라는 가정이 성립한다.

그런데 현대의 서북 방언이 형성되어 온 과정을 고려하면 고구려어의 음운론적 특징을 현대의 서북 방언과 바로 연결하여 기술할 수가 없다. 평안도 지역은 고구려 멸망 이후에 唐의 치하에 들어갔지만 곧 渤海의 통치하에 들어간다. 발해 멸망 이후에는 이 지역이 단계적으로 高麗에 편입되었다. 고려에 편입되기 이전에는 평안도 지역에서 어느 언어가 사용되었는지 아직 알려진 바가 없다. 조선의 세종대에는 四郡과 六鎭까지도 개척했다. 압록강 유역의 四郡과 두만강 유역의 六鎭은 세종조 이후에만 그 의미를 갖는다.

이처럼 고구려 멸망 이후에 다시 우리 영토로 회복될 때까지 평안도나 함경도 지역의 언어 상황은 무척 불투명하다. 그러나 경기도 서북단의 開城과 황해도 남부의 海州 지역 등은 고구려 멸망 이후에 신라의 통치하에 있었음이 분명하다. 신라의 통치하에 들어가기 전까지 이 지역은 고구려어를 사용했다. 신라가 망하고 高麗가 건국한 이후에는 開城이 중심지가 되는데, 이때의 開城 지역어는 신라어의 서북 방언에 해당한다(李基文 1972).

이 開城 지역이 신라의 통치하에 있을 때에 慶州 중심의 신라어로부터 언어적 영향을 얼마나 많이 받았는지가 새로운 연구 과제로 떠오른다. 만약 신라어의 영향이 아주 컸다면 황해도 남부 지역에서 'ㅈ, ㅊ'을 치조음으로 발음하는 현상이 신라어의 영향이라고 말할 수 있다. 그러나 그 영향이 미미했다면 이 지역의 치조음은 고구려어의 흔적이라고 말할 수 있다. 우리는 둘째 견해에 선다. 경주의 신라어가 황해도 남부의 개성 지역에 큰 영향을 미쳤다는 적극적 증거가 아직은 제시된 바 없기 때문이다. 따라서 무척 막연하지만 고구려어의 치조음이 고려의 開城 지역어에 이어지고 이것이 세종대의 치조음 'ㅈ, ㅊ'에 이어진다고 가정한다.

이제, 漢語의 유성자음 소멸에 대한 논의로 넘어간다. 중국 음운학에서 한어의 濁音淸化 현상 즉 유성자음이 무성무기음이나 무성유기음으로 변하는 현상은 한어 音韻史에서 핵심적인 연구 대상이다. 성조가 平聲인 전탁음은 무성유기음으로, 仄聲인 전탁음은 무성무기음으로 바뀌었지만, 예외도 적지 않다.

이와 관련하여, 중국 음운학에서 새로운 학설이 제기되어 우리의 눈길을 끈다. 周長楫(1994)에 따르면, 이 탁음청화가 上古音 단계에서 이미 보일 뿐만 아니라 閩南 방언에서는 이 변화가 『切韻』이전 시기에 이미 완성되었다고 한다. 이 주장에 따르면 고구려어나 백제어에 유성자음 계열이 있었다는 논의가 사실은 무의미해진다. 우리가 전거로 삼은 『切韻』의 음운체계에서 이미 유·무성 대립이 없었다는 주장이기 때문이다.

그러나 이 주장은 중국의 특정 방언에 한정된 견해이거나 착오가 있는 견해일 것이다. 王力(1980: 129, 李鍾振·李鴻鎭 역)은 1324년에 편찬된 『中原音韻』에서 탁음청화가 일어난 것으로 보았다. 姜信沆(2015)에서는 "初唐과 中唐에 걸친 몇 世紀間"에 일어났고, "唐代 中期부터 현대 漢語의 各 方言에 이르기까지 일천 년간에 걸쳐서 일어났다"고 하였다. 우리는 최근 견해인 姜信沆(2015)에 동의한다.

한어의 濁音淸化에 관한 한, 일본의 吳音과 漢音에서 그 변화 시기를 구하는 것이 일반적인데, "初唐과 中唐에 걸친 몇 世紀間"이 바로 이 시기이기 때문이다. 즉 일본의 吳音에서는 유·무성의 대립이 있었는데, 일본의 漢音에서는 이 대립이 사라진다. 吳音은 魏晉南北朝 시기의 한자음이 백제를 거쳐 일본에 들어간 것이고 漢音은 唐代의 한자음이 일본에 직접 들어간 것이므로, 이들은 각각 한어의 전기 중고음과 후기 중고음에 해당한다. 따라서 한어의 濁音淸化는 黃笑山(1995: 122~3), 范淑玲(2009: 43~4), 魏國峰(2014: 52)의 논의처럼 8세기 이후에 완성되었다고 보아야 한다. 이에 따르면 고구려어에 유성자음 계열이 존재했다는 우리의 주장에 문제될 것이 전혀 없다. 우리는 8세기 이전에 기록된 백제어나 고구려어 자료만을 주요 분석 대상으로 삼았기 때문이다.

하나의 방증 자료로서 『世說新語』 자료의 자음체계를 들 수 있다. 『世說新語』는 5세기 전반기의 중국 南朝語를 반영하는데, 이 자료의 대화문에 사용된 用字를 모아 고구려어 분석 방법과 동일한 방법으로 자음체계를 재구해 보았다.

(93) 『세설신어』 대화문 2,266/2,521자의 성모 분석 (/*j/ 포함하여 29자음)

『세설신어』의 성모 분석 결과

	全淸	次淸	全濁	次濁
脣音	幇·非 /*p/	滂·敷 /*pʰ/	並·奉 /*b/	明·微 /*m/
舌音	端·知 /*t/	透·徹 /*tʰ/	定·澄 /*d/	泥·娘·日 /*n/
齒音	心 /*s/		邪 /*z/	來 /*l/
	生 /*ʂ/			
	書 /*ɕ/		常 /*ʑ/	羊 /*j/
	精 /*ts/	淸·初 /*tsʰ/	從 /*dz/	
	莊 /*tʂ/		崇·船 /*dʐ/	
	章 /*tɕ/	昌 /*tɕʰ/		
牙音	見 /*k/	溪 /*kʰ/	群 /*g/	疑 /*ŋ/
喉音	曉 /*h/		匣·云 /*ɦ/	
	影 /*ʔ/			

위의 분석표에서 볼 수 있듯이, 『세설신어』의 2,266/2,521자에서도 脣重音과 脣輕音의 구별이 없고 舌頭音과 舌上音의 구별이 없다. 그러나 전청과 차청의 음운대립뿐만 아니라 전청과 전탁의 음운대립이 계열을 이루어 성립한다. 모든 서열에서 이들의 최소대립 쌍이 다수 발견된다. 차청과 전탁의 음운대립도 마찬가지이다. 따라서 周長楫(1994)의 주장과는 달리, 5세기 전반기의 중국 南朝語에서는 全濁音 즉 유성자음이 독자적인 음소였다고 보아야 한다.

『세설신어』에서 분석 대상이 되는 글자를 670/771자로 한정하여 동일한 방법으로 분석해 보았다. 우리의 연구 방법에 따르면, 분석 대상인 표음자의 수가 늘어날수록 음운대립 쌍도 많아지고 덩달아서 음소의 수도 많아진다. 반대로 분석 대상인 표음자의 수가 줄어들수록 음운대립 쌍도 적어지고 음소의 수도 줄어든다. 이러한 문제가 있기 때문에『세설신어』의 전체 2,266/2,521자에서 사용 빈도가 높은 670/771자를 따로 선정했다. 앞에서 이미 지적했듯이, 고구려어나 백제어와 대비할 때에는 이 670/771자의 음운체계를 기준으로 삼는 것이 적절하다.

(94)『세설신어』대화문 670/771자의 성모 분석 (/*j/ 포함하여 27자음)

		『세설신어』의 성모 분석 결과		
	全淸	次淸	全濁	次濁
脣音	幫·非 /*p/	滂·敷 /*pʰ/	並·奉 /*b/	明·微 /*m/
舌音	端·知 /*t/	透·徹 /*tʰ/	定·澄 /*d/	泥·娘·日 /*n/
齒音	心 /*s/		邪 /*z/	來 /*l/
	生 /*ʂ/			
	書 /*ɕ/		常 /*ʑ/	羊 /*j/
	精 /*ʦ/	淸·初·昌 /*ʦʰ/	從 /*dz/	
	章·莊 /*ʨ/		崇·船 /*dʑ/	
牙音	見 /*k/	溪 /*kʰ/	群 /*g/	疑 /*ŋ/
喉音	曉 /*h/		匣·云 /*ɦ/	
	影 /*ʔ/			

670/771자를 대상으로 분석했더니, 27개의 자음이 음소로 등록된다. 羊母 /*j/를 순수자음에서 제외하면 모두 26개이다. 2,266/2,521자를 대상으로 했을 때에는 昌母 /*ʨʰ/가 독자적인 음소였고, 莊母 /*ʦ/도 음소였다. 분석 대상을 670/771자로 한정하면, 이 두 음소가 자음체계에서 제외된다. 그러나 전탁음 즉 유성자음은 전혀 줄어들지 않았다.

(93)과 (94)의 성모 분석표에 따르면, 魏晉南北朝 시기의 前期 중고음에 全濁音(즉 유성자음)이 분명히 있었다. 이것은 周長楫(1994)의 견해가 옳지 않음을 증명해 준다.

한편, 한어 중고음에서 무기음과 유기음의 음운대립이 없었다는 주장도 옳지 않다. (93)과 (94)에서 볼 수 있듯이, 차청이 역시 계열을 이루어 전청이나 전탁

과 음운론적으로 대립한다. 莊組를 제외한 모든 서열에서 최소대립 쌍을 역시 찾아낼 수 있다.[69]

이와 비슷하게, (92)의 고구려어 자음체계에도 유기음 /*tʰ/가 있다. 이 자음으로 말미암아 설음에서는 /*t, *d, *tʰ/의 三肢的 相關이 성립한다. 고구려어에서 유기자음 /*tʰ/는 3세기 후반에 음소로 자리를 잡는다. 백제어에서는 7세기 중엽에 비로소 이들이 음소의 자격을 가지지만(이승재 2013나: 259) 고구려어의 /*tʰ/는 이보다 훨씬 이른 시기에 음소로 등록된다. 이처럼 대립 성립의 시점이 서로 다르기는 하지만 고구려와 백제에서 /*tʰ/가 공히 음소의 자격을 가진다는 점이 자못 흥미롭다.

백제어에서는 /*tʰ/뿐만 아니라 파찰음 /*tsʰ/도 음소였다. 이것을 고구려어의 유기음 /*tʰ/나 한국 중세음의 유기음 /pʰ/, /kʰ/ 등과 종합해 보면 흥미로운 결과가 나온다. 유기음의 발달 과정이 단계적이라는 사실이다. 첫째 단계에서 /*tʰ/가 발생하고, 이어서 /*tsʰ/가 발달한다. 그 다음에 /*pʰ/가 발달하고 맨 마지막에 /*kʰ/가 발달한다. 이 단계적 발달 과정을 암시하고 있다는 점에서 고구려어의 유기음 /*tʰ/와 백제어의 유기음 /*tʰ, *tsʰ/는 음운사적 의의가 크다. 이것은 고대어에 /*kʰ/가 없다고 하여 /*tʰ, *tsʰ/도 없다고 일반화하거나, 고대어에 /*tʰ/가 있다고 하여 /*pʰ, *kʰ/도 있다고 일반화하는 것이 모두 잘못임을 암시한다.

마지막으로, 중국 음운학의 분류 안에서 고구려어의 자음체계를 정리해 보기로 한다. 이때에는 (90)의 성모 분석표를 그대로 활용하면 된다.

---

69 여기에 흥미로운 것 하나를 덧붙여 둔다. (93)의 분석표에 제시한 것처럼, 淸母와 初母의 최소대립 쌍이 없는 반면에 淸母와 昌母의 최소대립 쌍이 존재한다는 사실이다. 이에 따라 淸母와 初母를 음소 /*tsʰ/로 묶을 수 있다. 이와는 달리, 전탁에서는 崇母와 船母의 최소대립 쌍이 없는 대신에 船母와 從母의 최소대립 쌍이 존재한다. 이것은 莊組가 차청에서는 精組에 편입되는 데에 반하여 전탁에서는 章組에 편입된다는 것을 의미한다. 이것은 거꾸로 말하면, 莊組(즉 권설음)가 분화되어 음소의 지위를 얻을 때에 精組(즉 치조음)에서 분리되어 나온 권설음뿐만 아니라 章組(즉 경구개음)에서 분리되어 나온 권설음도 있다는 것을 암시한다. 前者는 莊組가 淸音에서 분리되어 나온 데에 반하여, 後者는 濁音에서 분리되어 나왔다고 할 수 있다.

(95) 고구려어 자음체계 C (/*j/ 포함하여 16자음)

고구려어 자음체계 C

	全淸	次淸	全濁	次濁
脣音	幇·非·滂·敷 /*p/		並·奉 /*b/	明·微 /*m/
舌音	端·知 /*t/	透·徹 /*tʰ/	定·澄 /*d/	泥·娘·日 /*n/
				來 /*l/
齒音	精·莊·章·淸·初·昌·從·崇·船 /*ʦ/			
	心·生·邪 /*s/			
	書·常 /*sj/			羊 /*j/
牙音	見·溪 /*k/		群·疑 /*g/	(종성 /*ŋ/)
喉音	影·云 /*ʔ/	曉·匣 /*h/		

이 자음체계에서는 書母·常母 [*ɕ]를 /*sj/로 재분석하여 치음 마찰음의 書母·常母 [*ɕ]를 음소에서 제외했다. 또한 疑母를 群母에 편입하여 群母·疑母 /*g/라고 했으므로, /*ŋ/에는 성모를 표시하지 않고 '종성'에서 사용된다고 밝혔다. 고구려어에서는 /*ŋ/이 음절말 위치에만 분포하므로 성모 이름을 붙이기 어렵다. 후음의 曉母·匣母 /*h/가 고구려어에서는 유기성이 강하다고 보아 차청 열에 배열했다.

408

6. 母音

고구려어의 모음체계를 연구할 때에는 고구려어 표음자의 韻母가 연구 대상이다. 운모는 韻腹뿐만 아니라 開合·等·韻尾 등을 포괄하므로, 분석하기가 아주 어렵다. 그러나 운모의 음운대립 쌍을 찾아낸 다음에, 개합의 최소대립 쌍이나 等의 최소대립 쌍을 제외하고 운복의 최소대립 쌍을 찾아낼 수 있다. 이 운복의 최소대립 쌍에서 어떤 모음이 음운론적으로 서로 대립했는지를 논의할 수 있다.

5장의 聲母 분석을 통하여 우리는 15개의 고구려어 자음과 羊母 /*j/를 음소로 확정했다. 한자음의 구성요소는 크게 보면 聲母, 聲調, 韻母의 셋이다. 운모를 분석할 때에는 당연히 성모와 성조가 음운론적 환경이 된다.

성조는 한어 중고음의 平上去入의 四聲을 바로 이용하지만, 성모를 음운론적 환경으로 활용할 때에는 성모를 음성 단위로 분석할 것인지 음소 단위로 분석할 것인지를 먼저 확정할 필요가 있다. 한어 중고음의 성모를 음성 단위로 분석하면 36~42개가 된다. 그런데 고구려어의 자음 음소 15개와 羊母 /*j/를 제외한 나머지 성모는 타 음소의 변이음이거나 고구려어에 아예 없는 음성이다. 따라서 운모를 분석할 때의 환경으로는 음성 단위보다는 음소 단위를 택하기로 한다.

고구려어의 書母·常母 [*ɕ]는 아주 독특하다. [*ɕ]를 음운론적으로 /*sj/로 재분석할 수 있지만, 이것이 心母·生母·邪母 /*s/와 음가가 같지 않다. 즉 구개 개음 /*j/의 유무에서 書母·常母 /*sj/와 心母·生母·邪母 /*s/는 차이가 난다. 따라서 이 둘을 별개의 음소로 나누어 기술하는 것이 바람직하다. 그리하여 羊母 /*j/와 書母·常母 /*sj/에다 자음 음소 15개를 합하여 모두 17개 단위가 음운론적 환경이 된다. 그런데 疑母 [*ŋ]가 群母 /*g/에 편입된다는 점에 유의할 필요가 있다. 이에 따라 疑母 [*ŋ]와 群母 /*g/를 하나로 합쳐서 음운대립을 검토해 보기도 하고, 이 둘을 분리하여 검토해 보기도 했다. 두 방법 중에서 어느 것을 택하든 운모의 음운대립에 영향을 주지 않았다. 이것은 이 둘을 하나로 합쳐서 群母·疑母 /*g/라고 기술하는 것이 올바른 것임을 말해 준다. 이에 따라 우리는 고구려어에서 자음의 음운론적 환경이 실질적으로 16가지라고 본다.

이들 16종의 자음 환경의 뒤에 어느 韻母가 오고 어느 운모가 오지 못하는지를 검토함으로써 운모의 분포를 분석할 수 있다. 다음부터는 번거로움을 피하여 음운론적 환경으로 활용하는 16종의 자음을 다음과 같이 약칭하기로 한다.

(1) 고구려어 자음의 약칭

1. 幫母·非母·滂母·敷母 /*p/ → 幫母 /*p/

2. 並母·奉母 /*b/ → 並母 /*b/

3. 明母·微母 /*m/ → 明母 /*m/

4. 端母·知母 /*t/ → 端母 /*t/

5. 透母·徹母 /*tʰ/ → 透母 /*tʰ/

6. 定母·澄母 /*d/ → 定母 /*d/

7. 泥母·娘母·日母 /*n/ → 泥母 /*n/

8. 來母 /*l/

9. 心母·生母·邪母 /*s/ → 心母 /*s/

10. 書母·常母 /*sj/ → 書母 /*sj/

11. 精母·莊母·章母·清母·昌母·從母·崇母·船母 /*ts/ → 精母 /*ts/

12. 羊母 /*j/

13. 見母·溪母 /*k/ → 見母 /*k/

14. 群母·疑母 /*g/ → 群母 /*g/

410

15. 曉母·匣母 /*h/ → 曉母 /*h/

16. 影母·云母 /*ʔ/ → 影母 /*ʔ/

    (1.9)의 心母 /*s/와 (1.10)의 書母 /*sj/는 독특한 관계를 맺고 있다. 여기에서
는 서로 다른 음운론적 환경으로 간주하여 이 둘을 나누었지만, 이 둘을 하나로
합칠 때에는 운모의 음운대립에서 어떤 변화가 나타나는지를 수시로 점검할 것
이다. 둘 중에서 어느 방법을 택하느냐에 따라 운모의 음운대립이 수시로 달라
지기 때문이다.

    (1)의 聲母가 뒤에 오는 운모의 음운론적 환경이 되지만, 이에 못잖은 음운론
적 기능을 聲調가 담당한다. 따라서 운모를 분석할 때에는 聲母와 聲調를 음운
론적 환경으로 잘 활용하는 것이 필수적이다. 開合과 等은 운모에 연동될 때가
많으므로 한자음에서는 기능 부담량이 상대적으로 적은 편이다. 이에 따라 行에
는 성모를 배열하고 列에는 성조를 배열하여 운모의 분포 분석표를 작성하기로
한다.

    중국 음운학에서는 攝을 기준으로 운모를 분류하는 것이 일반적이다. 韻腹(주
모음, 핵모음)이 비슷하고 韻尾(음절말음)가 동일한 것을 한 덩어리로 묶어 攝이라
고 하는데, 攝은 16가지로 나누는 것이 보통이다.

    그러나 한국 한자음을 연구할 때에는 여러 개의 攝을 한 덩어리로 뭉쳐서 분석
하는 것이 바람직하다. 우리는 韻尾가 동일한 攝을 하나로 묶어서 한꺼번에 분석
하기로 한다. 한국 한자음에는 입성운미와 양성운미가 특히 잘 보존되어 있기 때
문에, 운미의 종류를 기준으로 삼아 16개의 攝을 6개의 부류로 재분류할 수 있다.

    예컨대, 果攝·假攝·遇攝·止攝 등의 攝은 운미가 없다는 점에서 공통된다. 운
미가 없다는 것을 흔히 /*-ø/ 운미로 표기한다. 또한 通攝·江攝·宕攝·梗攝·曾
攝의 5개 攝은 운미 /*-ŋ, *-k/를 가진다는 점에서 공통된다. /*-ŋ/은 성조가
평성·상성·거성일 때의 운미이고, /*-k/는 입성일 때의 운미이다. 이 공통점을
활용하여 /*-ŋ, *-k/ 운미의 바로 앞에 오는 모음에 어떤 것이 있었는지를 논
의할 수 있다. 이와 같은 방법으로 운미가 동일한 攝을 한 덩어리로 묶으면, 16개
攝이 다음의 6개 부류로 줄어든다.

(2) 운미별 攝의 분류

  1. /*−ø/ : 果攝, 假攝, 遇攝, 止攝

  2. /*−u/ : 效攝, 流攝

  3. /*−i/ : 蟹攝, (止攝)

  4. /*−ŋ, *−k/ : 通攝, 江攝, 宕攝, 曾攝, 梗攝

  5. /*−n, *−t/ : 山攝, 臻攝

  6. /*−m, *−p/ : 咸攝, 深攝

韻尾를 위의 6가지로 나누는 것은 중국 음운학의 연구 결과를 참고한 것이다. (2.1)은 운미가 없는 것이고, (2.2~3)은 운미에 /*−u/나 /*−i/의 고모음이 오는 것이다. 이 둘을 중국 음운학에서는 陰聲韻尾라고 지칭한다. 이 고모음은 독립하지 못하므로 사실은 현대 음운론의 활음 /w/나 /j/에 해당한다. 그런데도 굳이 /*−u/나 /*−i/로 표기한 것은 介音의 표기에 사용한 /w/나 /j/와 구별하기 위해서이다. (2.4~6)의 운미는 자음운미에 해당한다. (2.4)의 /*−ŋ, *−k/ 운미에서 /*ŋ/와 /*k/는 조음위치가 같은데, 이를 喉內라고 지칭한다. 이와 마찬가지로 (2.5)는 조음위치가 舌內이고, (2.6)은 脣內라고 한다. /*−m, *−n, *−ŋ/의 셋을 지칭할 때에는 陽聲韻尾라는 용어를 사용하고, /*−p, *−t, *−k/의 세 운미를 지칭할 때에는 入聲韻尾라고 한다.

  이토 지유키(2007: 190)에서는 賴惟勤(1953)을 좇아서 /*−uŋ/을 운미의 일종으로 보고 平山久雄(1967)을 좇아서 /*−ɯ/도 운미의 일종으로 보았으나, 우리는 이것을 따르지 않는다. 우리는 /*−uŋ/ 운미를 (2.4)의 /*−ŋ/ 운미에 넣고, /*−ɯ/ 운미를 (2.3)의 /*−i/ 운미에 넣는다. 이처럼 운미의 종류를 한정하는 까닭은 다음의 두 가지이다. 첫째, 운미에는 하나의 음소만 올 수 있다. 한국 중세 한자음에서 'ㅢ, ㅐ, ㅖ, ㅟ, ㅚ, ㅐ' 등의 뒤에는 자음운미가 오지 못할 때가 많다. 이것은 /*−i/ 운미의 바로 뒤에 다시 자음운미가 오는 것을 회피하는 제약이 있음을 말해 준다. 따라서 두 개의 음소가 온 /*−uŋ/과 같은 운미를 인정하지 않는다. 둘째, 모음 중에서 활음이 될 수 있는 것만 운미로 인정한다. /*u/나 /*i/ 모음은 특정 위치에서 곧잘 활음이 된다. 반면에 /*ɯ/ 모음이 활음이 되는 것은 흔한 일이 아니므로, /*-ɯ/운미를 인정하지 않는다.

　고구려어 표음자의 韻母를 분석하는 목적은 여러 가지이다. 우리는 그 목적을 한정하여, 고구려어의 모음 음소에 어떤 것이 있었는지와 이들의 대립 관계가 어떤 것이었는지를 밝히는 데에 목적을 둔다. 만약에 고구려어의 모음 음소가 5가지였다면 아마도 그 모음은 /a, i, u, e, o/의 다섯일 가능성이 가장 크다. 5모음 체계를 대표하는 가장 보편적인 모음은 이 5개이기 때문이다. 여기에 두어 개의 모음이 추가된다면 /ɨ, ə, ʌ, ɔ, ɛ/ 등이 그 후보가 될 것이다.

　그런데 기존의 古代 한자음 연구에서는 기본모음보다 우선순위가 낮은 /ï, ɪ, ĕ, ă, ʋ, ü, ö/ 등을 고대어의 모음체계에 넣으면서도 보편성이 큰 /i, u/ 또는 /e/를 제외하기도 했다. 이것은 바람직한 태도가 아니다. 음성적 정밀성을 추구하다 보면 [ï, ɪ, ĕ, ă, ʋ, ü, ö] 등의 음성 기호를 사용하게 되지만, 독자들은 대부분 이들 정밀음성기호를 잘 이해하지 못한다. 동일한 음운론적 단위를 지시하는 것인데도 학자마다 서로 다른 음성 기호를 사용함으로써 혼란을 야기하기도 한다. 우리는 음운대립을 기초로 음소 단위를 설정하고 이들의 상호관계를 파악하는 데에 목표를 둘 뿐, 음성적 정밀성을 추구하지 않는다. 음성적 정밀성을 추구하다 보면 오히려 음운대립의 본질을 왜곡할 가능성도 커진다. 따라서 음운론적 대립에 의해 모음 음소가 설정될 때마다 보편성이 큰 기본모음을 우선적으로 배정할 것이다.

　우리의 연구 결과에 따르면 高句麗語의 母音 音素는 6개이다. 기본모음 /*a, *i, *u, *e, *o/에 /*ə/가 추가된 6모음체계이다.[1] /*a, *i, *u, *e, *o/의 5개 모음은 중세 한국어의 'ㅏ, ㅣ, ㅜ, ㅓ, ㅗ'에 각각 대응하고, /*ə/ 모음은 중세 한국어의 'ㅡ'와 'ㆍ'를 포괄하는 모음이다. 중세어의 'ㅓ'가 현대 한국어와는 달리 전설모음 /*e/에 가깝다는[2] 점과 고구려어의 /*ə/가 중세 한국어의 'ㅡ'와 'ㆍ'

---

1 兪昌均(1980: 232)에서는 아래의 (1)에 제시한 5모음체계라고 했다. 우리의 연구 결과는 (2)의 6 모음체계이다.

　　(1) *i　*ɜ　*u　　(2) *i　　　*u
　　　　*a　*ə　　　　　　*e　*ə　*o
　　　　　　　　　　　　　　　　*a

2 이것은 중세 한국어 연구자들이 널리 인정하고 있다.

를 포괄한다는 점에 유의하기를 바란다.

그렇다고 하여 기타의 정밀음성기호를 사용하지 않는다는 뜻은 아니다. 중국 음운학에서 자주 사용하는 /*ə, *ɛ, *ɑ, *ɔ/는 물론이요, 기술의 편의를 위하여 前舌 圓脣 滑音 /*ɥ/도 자주 사용할 것이다. /*ɥ/는 漢語 倂音表記의 'yu'에 대응하는 것으로서 그 음가는 독일어의 전설 원순 모음 /ü/를 활음(반모음)으로 발음하는 것과 같다. 한어에서는 이 전설 원순 활음 /ɥ/가 자주 사용되므로[3] /j/나 /w/와 더불어 활음 목록에 들어간다. 이 활음 /ɥ, j, w/ 등을 중국 음운학에서는 각각 /iu, i, u/로 표기하기도 하는데, 이 표기는 韻腹을 표기하는 /i, u/ 등과 혼동될 때가 많아 불편하다. 우리는 운복에 중점을 두어 논의하게 되므로, 한어의 활음 표기에는 IPA를 좇아 /*ɥ, *j, *w/ 등을 사용하고 /iu, i, u/ 등은 사용하지 않는다. 고구려어의 활음에는 전설 평순 개음 /*j/와[4] 후설 원순 개음 /*w/의 둘이 있고, 일부의 특수 환경에서 후설 평순 개음 /*ɰ/가 설정된다. 전설 원순 활음 /*ɥ/가 고구려어에 없다는 점을 우선 강조해 둔다.

1章의 서론에서도 강조한 바 있지만, 우리가 사용하는 韻母라는 용어는 사실은 韻目에 해당할 때가 많다. 성조나 등까지도 고려하여 운을 잘게 쪼갤 때에 韻母라는 명칭을 사용하는 것이 원칙이다. 예컨대, 동일 운목에 속하는 운 중에서, 성조가 평성이면 咍韻이라 하고 거성이면 代韻이라 하는 것이 원칙이다. 그러나 우리는 모든 표음자에 성조를 일일이 밝혀서 달기 때문에 굳이 代韻이라는 명칭을 사용할 필요가 없다. 즉, 代韻이라는 운모 명칭 대신에 '咍韻 거성'이라 하여 韻目 단위의 명칭만 사용한다. 麻韻에서도 麻韻 2등과 麻韻 3등은 서로 다른 운모이다. 이때에도 2등인지 3등인지를 항상 명시하기 때문에 세분화된 운모 명칭을 사용하지 않는다. 이처럼 운목 단위에다 성조와 등을 명시적으로 표시하면서 지칭할 것이므로, 代韻과 같이 세분화된 운모 명칭을 사용할 필요가 없다. 우리가 사용하는 용어는 세분화된 운모 단위가 아니라, 운목 단위의 麻韻이요 咍韻임을 다시 한 번 강조해 둔다.

---

3 이것은 /jw/ 또는 /wj/로 표기되는 개음이다. 이것이 3등 A에서는 /j/로 실현되고 3등 合口일 때에는 /w/로 실현될 때가 많다.

4 이 활음을 미국 언어학계에서는 'y'로 전사할 때가 많다.

6.1. /*-ø/ 韻尾인 攝

한어 중고음의 果攝·假攝·遇攝·止攝은 운미가 없는 攝이다. 이 공통점을 기호로 나타내면 (2.1)의 /*-ø/ 운미가 된다. 이 네 가지 攝 중에서 止攝이 운미를 가지는지의 여부에 대해서는 학자들의 견해가 다르다. 예컨대, 이토 지유키(2007: 190)은 止攝의 微韻과 脂韻이 운미 /*-i/를 가지고, 支韻과 之韻이 운미 /*-ɯ/를 가진다고 해석했다. 반면에 魏國峰(2014: 93~4)는 微韻이 운미 /*-i/를 가진다고 했지만 支韻, 脂韻, 之韻 등에는 운미가 없다고 했다. 이 두 견해는 한어 중고음에 대한 기술이므로 고구려어에서는 어느 견해가 옳은지 함부로 말할 수 없다. 따라서 우리는 止攝의 네 운모를 /*-ø/ 운미에서 다루되, 之韻과 微韻은 /*-i/ 운미에서도 거론할 것이다.

6.1.1. 果攝과 假攝

고구려어 표음자 전체를 대상으로 했을 때에, 果攝에는 歌韻 1등(14자), 戈韻 1등(8/10자), 戈韻 3등(없음) 등의 운모가 있고,[5] 假攝에는 麻韻 2등(10/11자), 麻韻 3등의 AB(9자)가 있다. 한어 중고음의 歌韻 1등은 /*ɑ/로, 戈韻 1등은 /*wɑ/로, 麻韻 2등은 /*a/로 추정하는 것이 일반적이다.[6] 한어 중고음에는 후설 저모음 /*ɑ/와 전설 저모음 /*a/가 있었다. 이 두 모음이 고구려어 표음자에서 구별되었는지, /*wɑ/가 모든 자음 뒤에 올 수 있었는지 등이 우리의 주요 관심사이다.

고구려어에서는 표음자 전체를 통틀어도[7] 戈韻 3등자가 없다. 3등은 Karlgren

---

5 戈韻에 1등과 3등의 두 가지가 있듯이, 董同龢(1972)는 歌韻에도 3등이 있다고 추정하여 歌韻을 1등과 3등의 합운이라 했다.

6 중고음의 歌韻 운복을 王力(1957)은 [*ɑ], 董同龢(1972)는 [*ɑ, *(j)ɑ], 李方桂(1980)은 [*â]라고 했다. 중고음의 戈韻 운복은 각각 [*ɑ], [*ɑ], [*â]라고 했고, 麻韻 운복은 모두 [*a]라고 했다.

7 고구려어 표음자는 모두 690자인데, 704자라고 말할 때도 있다. 이것은 690자에 논의의 편의를 위하여 14자를 더한 것이다. 이 14자는 고구려어 표음자에서 제외해야 하지만, 우리의 논지가 분명히 드러나도록 기술할 때에 편리하므로 임시방편으로 논의에 포함한 표음자이다. 690자 중에는 운모가 둘 이상인 것이 17자이다. 따라서 운모를 기준으로 분석할 때에는 17개 항목이 더 늘어나서 707자인 것처럼 기술할 때도 있다. 이럴 때에는 690/707자로 표기하였다.

(1954/92)가 이미 논의한 것처럼 항상 介音(현대 언어학의 활음)을 가진다. 따라서 戈韻 3등은 이론적으로 戈韻 1등의 /*wɑ/에 개음 /*j/가 덧붙은 /*jwɑ/의 음가이다. /*jwɑ/는 운복 /*ɑ/의 앞에서 전설성을 가지는 /*j/와 원순성을 가지는 /*w/가 동시에 조음되는 것을 뜻한다. 따라서 이 /*jw/는 IPA의 전설 원순 활음 /ɥ/에 대응하고, 더 쉽게 말하면 활음으로 발음되는 독일어의 /ü/에 해당한다. 이 전설 원순 활음을 중국의 淸代에 撮口呼 /ɥ/라고 불러 開口呼 /ø/, 合口呼 /w/, 齊齒呼 /j/와 구별한다. 현대 음운론의 용어로 말하면, 한어 중고음의 활음에는 전설 원순 활음 /*ɥ/, 후설 원순 활음 /*w/, 전설 평순 활음 /*j/의 세 가지가 있다. 한어 上古音과 中古音에서 /*r/, /*ɹ/ 등의 개음을 더 설정하기도 한다. /*r/은 流音이 약화되어 [*ɹ], [*ɻ] 등의 활음(또는 approximant)으로 발음되는 것을 뜻하는데, 표기의 편의상 /*r/로 적기로 한다. /*ɹ/는 後舌 平脣 활음으로 이해하면 된다. 이처럼 중국 음운학에서는 적게는 3개, 많게는 5개의 개음을 설정한다.[8] 그러나 고구려어에서는 戈韻 3등자가 전혀 사용되지 않았으므로, 고구려어에 전설 원순 활음 /*ɥ/가 없었다고 할 수 있다.

　3章에서 이미 歌韻 1등과 麻韻 2등의 음운론적 대립이 고구려어에서는 없었다고 한 바가 있지만 여기에서 다시 확인해 보기로 한다. 먼저, 고구려어 표음자 전체를 대상으로 果攝과 假攝에 속하는 것을 골라 (3)의 분포 분석표에 집어넣는다. 예컨대, [見開2平麻]의 음가를 가지는 '加'는 見母 /*k/ 행의 평성 열에 넣는다. 넣을 때에는 加[見開2平麻]를 '開₂加麻ᴸ'과 같은 방식으로 고쳐서 넣는다. 이때에 '加'는 見母 행의 평성 열에 넣게 되므로 성모 '見'과 성조 'ᴸ'은 생략한다. 이렇게 표시하면 '開₂加麻'가 되므로, 표음자에 개합·등·운모만이 남게 된다. 이처럼 표시하면, 표음자 상호 간의 음가 차이가 운복의 차이인지 개합이나 등의 차이인지 금방 확인할 수 있다.

---

8 /*j/, /*w/, /*ɥ/의 셋은 누구나 인정하지만, /*ɹ/나 /*r/의 음소 설정 여부는 학자에 따라 견해가 다르다.

(3) 果攝字와 假攝字의 분포 분석표 (704자 기준)

성모	성조	평성^L	상성^R	거성^D	입성^E
순음	幇母 /*p/	$_1$波$_戈$ $_2$巴$_麻$			
	並母 /*b/				
	明母 /*m/	$_1$磨$_戈$ $_1$摩$_戈$ $_2$麻$_麻$	$_2$馬$_麻$	$_1$磨$_戈$	
설음	端母 /*t/	$^開_1$多$_歌$			
	透母 /*tʰ/				
	定母 /*d/	$^開_2$茶$_麻$			
	泥母 /*n/	$^開_1$那$_歌$	$^開_{AB}$若$_麻$		
	來母 /*l/	$^開_1$羅$_歌$		$^開_1$邏$_歌$	
치음	精母 /*ts/	$^開_{AB}$車$_麻$	$^開_1$左$_歌$ $^開_{AB}$者$_麻$	$^開_1$佐$_歌$	
	心母 /*s/	$^合_1$簑$_戈$ $^開_2$沙$_麻$			
	書母 /*sj/	$^開_{AB}$奢$_麻$		$^開_{AB}$舍$_麻$	
	羊母 /*j/	$^開_{AB}$耶$_麻$	$^開_{AB}$也$_麻$ $^開_{AB}$野$_麻$	$^開_{AB}$夜$_麻$	
아음	見母 /*k/	$^開_1$柯$_歌$ $^開_1$哥$_歌$ $^開_2$加$_麻$ $^開_2$嘉$_麻$	$^合_1$果$_戈$ $^開_1$可$_歌$	$^合_1$過$_戈$ $^開_2$賈$_麻$	
	群母 /*g/	$^開_2$牙$_麻$	$^開_1$我$_歌$		
후음	曉母 /*h/	$^開_1$河$_歌$ $^開_1$何$_歌$ $^合_1$和$_戈$ $^合_1$禾$_戈$	$^開_2$下$_麻$	$^開_1$賀$_歌$ $^合_1$和$_戈$ $^開_2$下$_麻$	
	影母 /*ʔ/	$^開_1$阿$_歌$			

위와 같이 표음자를 분포 분석표에 집어넣었을 때에, 동일 칸에 온 표음자 상호 간의 음가 차이를 논의의 대상으로 삼는다. 분포 분석표 (3)의 순음 幇母 /*p/ 행에서 동일 칸에 온 '$_1$波$_戈$'와 '$_2$巴$_麻$'는 聲母에서도 차이가 나고 운모에서도 차이가 난다. 그런데 '波'와 '巴'는 의미가 서로 다른 한자이고, 문자론의 관점에서는 자형이 서로 다른 글자이다. 이 차이를 바탕으로 '波'의 음가인 戈韻 1등과 '巴'의 음가인 麻韻 2등이 음운론적으로 대립한다고 할 수 있다. 예컨대, 영어의 'two[tuː]'와 'tow[toʊ]'가 동일 칸에 왔다고 가정하면, 두 단어의 의미가 분화되는 원인을 [uː]와 [oʊ]의 음가 차이에서 찾을 수 있다. 이때에 [uː]와 [oʊ]가 음운론적으로 대립한

6. 母音 417

다고 말한다. 이와 마찬가지로 戈韻 1등자 '波'와 麻韻 2등자 '巴'가 운모의 차이로 말미암아 '波'와 '巴'의 의미가 구별된다고 말할 수 있다.

이와는 달리, 동일 칸에 온 두 표음자가 어떤 때에는 음가 차이가 전혀 없을 때도 있다. 예컨대, 분포 분석표 (3)에서 순음 明母 /*m/의 평성 칸에 온 '$_1$磨$_戈$'와 '$_1$摩$_戈$'는 음가가 동일하다. 이처럼 음가가 동일한 것은 異體字 관계이거나 同音異義字 또는 同音通假字 관계이다. 이체자는 동일한 의미와 동일한 음가를 가지므로 당연히 음운대립의 자료에서 제외한다. '$_1$磨$_戈$'와 '$_1$摩$_戈$'가 대표적인 예이다. 동음이의자와 통가자도 비록 의미는 다르다 하더라도 음가가 동일하므로 음운대립을 연구할 때에는 논의 대상에서 제외한다. 어느 언어에나 동음이의어가 있기 마련이고, 이것을 음운대립의 논거로 삼는 일이 없다. 예컨대, (3)의 치음 마찰음 행에서 羊母 /*j/의 상성 열에 온 '$^開_{AB}$也$_麻$'와 '$^開_{AB}$野$_麻$'는 개합·등·운모가 완전히 같으므로 동음이의자이다. 이처럼 음가가 완전히 동일한 것은 음운대립의 논거에서 제외한다. 비유컨대, 영어에서 동음이의어인 'two'와 'too'를 음운대립의 논거에서 제외하는 것과 같다. 반면에, 'two'와 'tow'는 음운대립의 논거가 된다.

이제, 분포 분석으로 넘어간다. (3)의 분포 분석표를 통하여 다음과 같은 사실을 알 수 있다. 첫째, 脣音 뒤에는 歌韻 1등이 오지 않는다. 이것은 한어 중고음에서 비롯된 것이므로 고구려어 특유의 분포 제약이라고 할 수 없다. 둘째, 戈韻 1등은 舌齒音[9] 뒤에 오지 않는다. 이것은 한어 중고음에는 없는 제약이므로 고구려어 특유의 분포 제약이다. 다만, 心母 /*s/ 행의 '$^合_1$簑$_戈^{L}$'는 예외이다. 歌韻 1등과 戈韻 1등에 이런 분포 제약이 있는 데에 반하여, 麻韻에는 분포 제약이 없다.

첫째의 분포 제약에 따르면 고구려어에는 [*pɑ, *bɑ] 등의 음절이 없었다. 현대 한국어에서 양순 자음 바로 뒤에서 후설 저모음 [ɑ]을 발음하는 것은 아주 어렵다. [ɑ]는 입술에서 가장 멀리 떨어진 위치에서 조음되기 때문이다. 반면에 양순 자음 바로 뒤에서 중설 저모음 [ɐ] 또는 전설 저모음 [a]를 발음하는 것은 상대

---

9 舌音과 齒音이 동일한 행동을 보일 때가 많다. 이때에는 이 둘을 하나로 묶어서 舌齒音이라 지칭하기로 한다. 이와 마찬가지로 牙音과 喉音이 동일한 행동을 보일 때가 많으므로 이 둘을 하나로 묶어서 지칭할 때에는 牙喉音이라는 용어를 사용한다.

적으로 더 쉽다. 이들 모음과 두 입술의 조음위치가 상대적으로 가깝기 때문이다. 이 점에서 순음 뒤의 분포 제약은 어느 정도 음성학적 타당성을 갖는다.

둘째의 분포 제약은 /*twɑ, *tʰwɑ, *nwɑ, *lwɑ, *ʦwɑ, *swɑ/ 등의 음절이 고구려어에 없었음을 말해 준다. 이것은 한국 중세음에서도 '돠, 톼, 놔, 롸, 촤' 등의 음절이 없으므로[10] 戈韻의 이 분포 제약은 믿을 만하다. 문제가 되는 것은 心母 /*s/ 평성의 '$_1$簔ᄯᆞᆫ'이다. 이것은 고구려어에 '솨' 정도의 음절이 있었다는 것을 의미하는데, 이것을 믿을 수 있을까? 아마도 다른 음절로 대체하여 수용했을 가능성이 있다. 한국 중세음에서는 麻韻의 분포 제약이 없고, 실제로 고구려어 표음자에서도 麻韻의 분포 제약이 없다. 그러나 戈韻은 이와 다르다. 戈韻은 '봐, 퐈, 돠, 놔, 롸, 촤' 등의 한자음이 없으므로 분포 제약이 아주 심한 편이다. 따라서 고구려어에서 '$_1$簔ᄯᆞᆫ'와 같은 음절이 있었다는 것은 얼른 믿을 수가 없다.

여기에서 고구려어 표음자에 문제가 있는 것은 아닌지 되돌아보게 된다. '簔'는 『新撰姓氏錄』의 '簔古君'에 딱 한 번 사용되었다. (3)의 분포 분석표는 고구려 멸망 이후에 사용된 표음자도 다 포함하고 있다. 그런데 고구려 멸망 이전에 사용된 340자가 핵심적인 자료이고 멸망 이후에 기록된 표음자는 신빙성이 떨어진다는 사실이 경험적으로 확인된다.[11] 만약 고구려 멸망 이전의 표음자 340자로 자료를 한정하게 되면 '簔'가 자료에서 제외되기 때문에, '簔'가 제기하는 문제를 말끔히 해소할 수 있다. 따라서 고구려 멸망 이후에 사용된 표음자를 위의 분포 분석표에서 제외하기로 한다.

표음자 수가 줄어듦에 따라 아래의 (4)에서는 戈韻이 牙喉音 뒤에만 분포한다. 이것이 고구려어의 실제 상황이라고 본다.[12] 고구려어와 한국 중세음에 차이가 있다면 중세음에서는 '솨' 음절이 가능한 데에 반하여 고구려어에서는 이것이 불가능하다는 것뿐이다.

---

10 다만, '솨'는 독특하다. 한국 중세음에서는 '솨'로 표음되는 한자에 '左, 佐, 坐, 座' 등이 있다. 고구려어의 분포 제약에 따르면 이들의 표음 '솨'는 예외적인 존재가 된다.
11 이것은 백제어를 대상으로 한 이승재(2013나)에서 확인된 바 있다.
12 한국 중세 한자음에서 '과, 화, 와' 등의 음절이 허용되는 것과 같다.

(4) 果攝字와 假攝字의 분포 분석표 (340자 기준)

성모	성조	평성^L	상성^R	거성^D	입성^E
순음	幫母 /*p/	$_2$巴$_麻$			
	並母 /*b/				
	明母 /*m/		$_2$馬$_麻$		
설음	端母 /*t/	$^開_1$多$_歌$			
	透母 /*t^h/				
	定母 /*d/				
	泥母 /*n/	$^開_1$那$_歌$	$^開_{AB}$若$_麻$		
	來母 /*l/	$^開_1$羅$_歌$			
치음	精母 /*ts/		$^開_1$左$_歌$ $^開_{AB}$者$_麻$		
	心母 /*s/	$^開_2$沙$_麻$			
	書母 /*sj/	$^開_{AB}$奢$_麻$		$^開_{AB}$舍$_麻$	
	羊母 /*j/	$^開_{AB}$耶$_麻$	$^開_{AB}$也$_麻$		
아음	見母 /*k/	$^開_2$加$_麻$	$^合_1$果$_戈$	$^開_2$賈$_麻$	
	群母 /*g/				
후음	曉母 /*h/	$^開_1$河$_歌$ $^合_1$和$_戈$	$^開_2$下$_麻$	$^開_2$下$_麻$ $^合_1$和$_戈$	
	影母 /*ʔ/	$^開_1$阿$_歌$			

하나의 운모가 한 가지의 等으로 고정되는가 하면 둘 이상의 等을 가지기도 한다. 예컨대, 歌韻은 항상 1등이지만, 麻韻에는 2등 개구와 합구가 있고 3등 개구인 3등 AB도 있다. 이들에 각각 서로 다른 운모 이름을 부여할 수도 있다. 그러나 우리는 이들 모두를 한 덩어리로 보아 麻韻이라고 지칭한다. 즉 우리의 麻韻이 운모 단위가 아니라 韻目 단위라는 점을 앞에서 이미 강조한 바 있다.[13]

본격적인 분석에 들어가기 전에, 心母 /*s/ 행과 書母 /*sj/ 행의 차이를 밝혀두기로 한다. 분포 분석표 (4)의 心母 /*s/의 평성 열에는 麻韻 2등인 '$^開_2$沙$_麻$'가 오고 書母 /*sj/의 평성 열에는 麻韻 3등 AB인 '$^開_{AB}$奢$_麻$'가[14] 온다. 만약에 이 두

---

13 이토 지유키(2011)의 자료편이 이 운목 단위로 기술되어 있으므로 우리도 이것을 따른다.

14 等을 A, B, C 등으로 표기한 것은 항상 3等의 하위 분류이다. 따라서 A, B, C만 표시한 것은 '3等'

행을 하나로 합치면 이 두 표음자가 동일 칸에 온다. 그러나 우리는 心母 /*s/와 書母 /*sj/의 음가를 엄격히 구별하는 태도를 택한다. 이 둘은 분명히 고구려어 자음체계에서 음운론적으로 대립했기 때문이다. 이에 따라 心母 /*s/ 행과 書母 /*sj/ 행을 구별하여 별개의 음운론적 환경으로 간주하였다.

그런데 표음자 '沙'는 麻韻 2등이고, '奢'는 麻韻 3등 AB이다. 이 두 표음자는 등에서만 차이가 나는 등의 최소대립 쌍이다. 이 '$^{開}_{2}沙_{麻}$'와 '$^{開}_{AB}奢_{麻}$'는 聲母·開合·等·聲調·韻母 등의 다섯 가지 음운론적 요소 중에서 오직 등에서만 차이가 나기 때문이다.[15] 서론에서 이미 논의한 바 있듯이, 3등은 항상 介音(또는 韻頭, 현대 음운론의 활음)을 갖는다(Karlgren 1954/92). 따라서 麻韻 2등은 개음이 없지만 麻韻 3등은 개음을 갖는다고 말할 수 있다. 이와 더불어서 등이 운모에 연동될 때가 많다는 점에도 주의할 필요가 있다. 달리 말하면, 두 표음자의 운모가 다르다면 덩달아서 등도 다를 때가 많다. 이러한 예로는 아래의 (6)을 들수 있다.

韻母의 開合은 일반적으로 開口와 合口의 둘로 나뉜다. 개구는 원순 활음 /*w/나 /*ɥ/가 없음을 뜻하고, 합구는 원순 활음을 가진다는 것을 뜻한다. 漢語에서는 이 /*w/나 /*ɥ/가 脣子音 뒤에 오지 않고 圓脣母音 앞에도 오지 않는데, 이것을 일본학자들은 개합에 대해 中立이라고 기술한다. 분포 분석표 (4)의 첫째 예인 '$_{2}巴_{麻}$'에서 볼 수 있는 것처럼, 우리는 원순성에 대해 중립인 것을 표기하지 않고 개합의 자리를 비워 둔다.

그렇다면 (4)의 마지막 예인 '$^{開}_{1}阿_{歌}$'에서 '開'는 무엇을 뜻하는가? 이것은 口蓋 介音 /*j/가 있다는 것을 뜻하지만, 이 개음이 없다는 것도 지칭한다. 우리는 '開'라고 표시한 것 중에서 3등자에만 구개 개음 /*j/가 있었다고 본다. 1·2·4 등자가 개구라 하더라도 이때에는 개음 /*j/가 없었다고 본다. 이것은 물론 한어 중고음에서의 상황이므로 한자음을 차용하는 언어에 따라 조금씩 달라질수 있다.

고구려어의 표음자 340자 세트를 대상으로 운모를 분석해 보면, 아주 중요

을 편의상 생략한 것으로 이해하면 된다.

15 아래의 (5)를 참고하기 바란다.

한 결론이 나온다. 한어 중고음에서 1·2·4등자의 개구음인 것을 고구려어에서 는 항상 개음 /*j/가 없는 것으로 수용했다. 반면에 3등자는 항상 개음이 있는 것으로 수용했다. 따라서 구개 개음의 수용에 관한 한, 고구려어 표음자에서는 1·2·4등과 3등의 차이가 뚜렷하다. 예컨대, 書母 /*sj/의 평성인 '開_AB奢_麻'는 3 등 AB이므로 개음 /*j/를 갖는다. 반면에, 心母 /*s/의 평성인 '開_2沙_麻'는 2등이 므로 개음 /*j/가 없다.

고구려어에서는 한어 중고음의 합구음을 후설 원순 개음 /*w/로 수용하는 것이 원칙이다. 예컨대, '合_1和_戈'처럼 '合'이라고 표시한 것은 항상 후설 원순 개음 /*w/ 를 갖는다. 그런데 한어 중고음의 개음이 전설 원순 개음 /*ɥ/일 때에는 상황이 달 라서 두 가지로 나누어 수용한다. 순음이나 아후음 뒤에서는 후설 원순 개음 /*w/ 로 수용하고, 설치음 뒤에서는 전설 구개 개음 /*j/로 수용한다. 이처럼 /*ɥ/를 둘 로 나누어 수용한 것은 고구려어에 전설 원순 개음 /*ɥ/가 없었기 때문이다. 이 후 설 원순 개음 /*w/는 3등에만 개입하는 것이 아니라 1·2·4등일 때에도 개입한다. 이 점에서 원순 개음 /*w/는 구개 개음 /*j/와 차이가 난다.

중요한 것은 어느 때에 開合의 최소대립 쌍이라고 할 것인가 하는 점이다. 만 약에 동일 칸에 온 두 표음자가 聲母·等·聲調·韻母는 동일하고 개합에서만 차 이가 난다면 그 두 표음자는 항상 개합의 최소대립 쌍이다.

분포 분석표 (4)에서 精母 /*ts/의 상성 열에 온 표음자 '左'와 '者'는 동일 칸에 왔으므로 성모와 성조가 동일하다. 차이가 나는 것은 '左'가 歌韻 1등인 데에 비 하여 '者'는 麻韻 3등 AB이다. 따라서 이 예에서는 歌韻과 麻韻의 운복이 음운론 적으로 대립하는 동시에, 等에서 1등과 3등이 음운론적으로 대립한다.

聲母·開合·等·聲調·韻母의 다섯 가지 음운론적 요소 중에서 이처럼 두 가 지 이상의 요소가 서로 다르다면 '최소대립'이라는 용어를 사용할 수 없다. 최소 대립이라는 용어는 단 하나의 음운론적 요소에서만 차이가 날 때에 사용하기 때 문이다. 그렇더라도 '左'와 '者'가 음운론적으로 대립한다는 것은 분명하다. 이럴 때에 우리는 '음운대립'이라는 용어를 사용한다. 현대 한국어의 모음 'ㅏ'와 'ㅠ' 는 둘 이상의 음운론적 요소에서 차이가 나므로 '간(干)'과 '균(均)'을 최소대립 쌍 이라고 하지 않는다. 그렇지만 '간'과 '균'의 모음 'ㅏ'와 'ㅠ'가 음운론적으로 대립한다고 말할 수는 있다. 이 음운대립은 활음 /j/의 유무에서 비롯된 것이기도 하고 동시에 'ㅏ'와 'ㅗ'의 모음 음가 차이에서 비롯된 것이기도 하다. 이처럼 대립하는 음운론적 요소가 두 가지 이상일 때에는 '음운대립'이라는 용어를 사용하기로 한다.

이런 방법으로 (4)의 분포 분석표에서 음운대립 쌍을 찾아내고, 대립 항의 용례를 들어 보기로 한다. 음운대립 쌍을 가장 쉽게 찾아내는 방법은 동일 칸에 온 두 표음자를 대비하는 방법이다. 동일 칸에 왔다는 것은 운모만 다르고 성모와 성조는 동일하다는 것을 의미하기 때문이다.

동일 칸에 오지 않았지만 예외적으로 논의의 대상으로 삼는 것이 있다면 心母 /*s/ 행과 書母 /*sj/ 행에 온 표음자 쌍이다.

(5) 麻韻 2등과 麻韻 3등 AB의 음운대립 쌍과 그 용례

心母 /*s/와 書母 /*sj/의 평성 – $^{開}_2$沙$_麻$: $^{開}_{AB}$奢$_麻$

{沙水城, 彌沙城^百, 沙溝城^百(광개), 沙伏忽, 泥沙波忽, 沙熱伊縣, 沙非斤乙(지리), 達沙仁德(속), 沙卑城(구당, 당서, 요사), 溫沙門/溫沙多門(구당, 당서, 사), 突沙城, 卑沙, 沙勿, 沙勿澤, 烏沙(사)} : {謁奢, 太奢(위서), 褥奢(주서, 북사, 수서, 사), 竟候奢(북사), 卑奢城(수서, 사), 奢卑城(북사), 意候奢(주서, 수서, 사), 奢句(유)}

앞에서 이미 거론한 것처럼, (5)의 대립 항 '$^{開}_2$沙$_麻$^{L}'와 '$^{開}_{AB}$奢$_麻$^{L}'는 等의 최소 대립 쌍이고, 대립 성립의 시점은 『魏書』가 편찬된 559년이다. 그런데 2등에는 개음이 없지만,[16] 3등 AB는 운복 앞에 /*j/가 개재한다. 따라서 대립 항 '沙'의 음가는 /*sa/로, '奢'는 /*sja/로 추정된다. 이 예를 통하여 고구려어에서 개음 /*j/의 유무가 음운론적 대립 기능을 담당했음을 알 수 있다.

---

16 그런데 한어 상고음의 연구가 활발해짐에 따라 2등에도 개음이 있다는 학설이 점점 힘을 얻고 있다. 상고음에는 *Cr의 複聲母가 있었고 이때의 /*r/이 개음으로 바뀌는 변화가 있었다고 한다. 그리하여 黃笑山(2006)은 2등이 /*r/이나 /*ur/의 개음을 갖는다고 했다. 앞에서 간단히 말한 것처럼 고구려어 표음자의 2등자에는 원칙적으로 개음이 없었다고 본다.

이제, 본격적으로 동일 칸에 온 것을 대비해 보기로 한다. (4)의 분포 분석표에서 歌韻과 麻韻이 항상 서로 다른 칸에 온다면 이 둘이 상보적 분포를 이루는 것이므로, 이 두 운모를 하나로 합칠 수 있다. 그런데 실제로는 동일 칸에 온 것이 있다. 비록 한 쌍에 불과하지만, (6)의 대립 항 '$開_1左_歌^R$'와 '$開_{AB}者_麻^R$'가 그것이다. 이것은 음운대립 쌍임이 분명하므로 고구려어에서 歌韻 1등과 麻韻 3등이[17] 일단 음운론적으로 대립했다고 보아야 한다. 대립 성립의 시점은 『三國志』가 편찬된 3세기 후반이다.

(6) 歌韻 1등과 麻韻 3등의 음운대립 쌍과 그 용례

精母 /*ʦ/의 상성 – $開_1左_歌$: $開_{AB}者_麻$

{左部(삼국, 당서), 左可慮, 左勿村, 左輔(사)} : {沛者(삼국, 후한, 양서, 남사, 사), 大使者(삼국, 주서, 북사, 수서, 당서), 上位使者(삼국, 당서, 사), 大夫使者, 收位使者, 優台使者, 太大夫使者(삼국), 大使者(모두, 중원, 사), 前部大使者(중원), 小大使者(태천), 小使者(주서, 북사, 수서, 당서, 사), 太大使者(주서, 북사, 수서, 당서, 사), 謁者(남사), 九使者, 評者(사)}

麻韻에는 3등 AB와 2등의 두 가지가 있다. 마침 (6)의 대립 항 '者'는 3등자이므로 운복 /*a/의 앞에 개음 /*j/가 온다. 더 구체적으로 설명하면 '左'는 1등자이므로 /*j/가 없는 /*ʦɑ/이고, '者'는 3등자이므로 /*j/가 개재하는 /*ʦja/이다. 따라서 (6)의 음운대립은 이 介音의 유무를 기반으로 성립한다고 할 수 있다.

그런데 歌韻과 麻韻은 서로 다른 운모이므로 운복의 차이가 중요할 수도 있다. 이 둘의 음운대립이 後舌 低母音 /*ɑ/와 前舌 低母音 /*a/의 차이에서 비롯된 것일 수도 있다. 한어 중고음에서는 전설 저모음과 후설 저모음이 음운론적으로 대립하기 때문이다. 운모를 분석하다 보면 이처럼 둘 이상의 차이를 기반으로 음운대립이 성립할 때가 많다. 앞에서 이미 예고했듯이, 이럴 때에는 최소대립이라는 용어를 사용하지 않고 음운대립이라는 용어만 사용한다.

---

17 麻韻 3등을 정확하게는 '麻韻 3등 AB'라고 하여 3등의 하위 분류인 'A, B, AB, C' 등을 명시해야 한다. 그러나 하위 분류가 무의미할 때에는 'A, B, AB, C' 등을 생략하기로 한다.

둘 이상의 음가 차이를 바탕으로 음운대립이 성립할 때에 음운론적으로 중요한 차이가 있는가 하면 상대적으로 중요성이 떨어지는 차이가 있다. 위의 예에서는 介音 /*j/의 유무 차이가 後舌 低母音 [*ɑ]와 前舌 低母音 [*a]의 차이보다 훨씬 더 중요하다. 개음 /*j/도 음소의 일종이므로[18] 음소가 있는 것과 없는 것의 차이는 韻腹이 전설인가 후설인가 하는 차이보다 우선한다. 이것을 '介音 차이 우선의 원칙'이라 지칭할 수 있다. 이에 따르면 (6)에서는 개음 /*j/의 유무가 음운대립의 핵심이 되고, /*j/의 유무로 대립이 성립하는 시점은 『三國志』가 편찬된 3세기 후반이 된다.

이 개음 차이 우선의 원칙은 운모의 명칭과도 관련된다. 『廣韻』에 나오는 反切을 系連法으로 분석하면 206개의[19] 운모가 나온다고 한다. 이때의 206개는 聲調에서 차이가 나는 것과 等에서 차이가 나는 것을 모두 개별적으로 나누어서 계산한 것이다. 예컨대, (6)의 대립 항 '者'는 麻韻 3등운인데, '麻韻 3등운'이 바로 운모의 명칭이 되기도 한다. 이처럼 세분하게 되면 '麻韻 3등운'과 '麻韻 2등운'은 각각 별개의 독자적인 운모가 된다. 그런데 이 둘은 바로 개음 /*j/의 유무에서만 차이가 난다. 그렇다면 우리의 개음 차이 우선의 원칙은 等의 차이까지도 세분한 운모를 분석의 기준으로 삼는 것과 같다.

(6)의 歌韻 1등과 麻韻 3등의 음운대립에서 개음의 유무 차이는 대단히 중요하지만, 歌韻 1등의 운복 [*ɑ]가 麻韻 3등의 운복 [*a]와 음운론적으로 대립하는 것은 중요성이 떨어지고 잉여적이다. [*tsɑ]에는 모음을 전설로 이끌 만한 음소가 없지만, [*tsja]의 구개 개음 /*j/는 음성학적으로 후행하는 모음을 전설화하는 힘을 가진다. 그리하여 '左'의 [*tsɑ]는 후설모음을 가지지만, '者'의 [*tsja]는 전설모음을 가지게 되었다고 기술할 수 있다.

이 음성학적 기술에 따르면 고구려어에서 후설모음 [*ɑ]와 전설모음 [*a]를 구태여 구별할 필요가 없다. [*ɑ]는 보통의 자음 뒤에 분포하지만 [*a]는 개음 /*j/ 뒤에 분포하여 분포가 서로 달라진다. 假攝과 果攝에서는 이 분포가 상보적 분포이기 때문에 [*ɑ]와 [*a]를 하나의 음소로 묶을 수 있다. 한어 중고음에서는 후

---

18 5.5의 치음 마찰음에서 이미 羊母 /*j/를 음소로 설정한 바 있다.
19 이에 대한 자세한 설명은 이재돈(2007: 118~9)을 참고하기 바란다.

설의 [*ɑ]와 전설의 [*a]가 음운론적으로 대립하지만, 한국 중세 한자음이나 고구려어에서는 이 차이가 부차적 대립에 불과하거나 잉여적 대립이다. 고구려어의 저모음에서 전설과 후설의 음운대립이 없었다는 것은 뒤의 논의에서도 두루 확인할 수 있다. 따라서 (6)의 음운대립은 사실상 /*j/의 유무만을 기반으로 한다고 해도 틀린 말이 아니다.

(7) 歌韻 1등과 戈韻 1등의 음운대립 쌍과 그 용례

　曉母 /*h/의 평성 – $^{開}_1$河$_歌$: $^{合}_1$和$_戈$

　　{河伯女娘(광개), 河伯(집안), 河泊(모두), 河西良(지리), 生河內(속), 河于(일)} :
　　{和龍城(위서), 和興(성), 阿弗和度加(사)}

(8) 麻韻 2등과 戈韻 1등의 음운대립 쌍과 그 용례

　曉母 /*h/의 거성 – $^{開}_2$下$_麻$: $^{合}_1$和$_戈$

　　{果下馬(위서, 북사), 下部(사)} : {위의 (7)과 동일(위서 등)}

　　후음에서도 (7)의 대립 항 '$^{開}_1$河$_歌$^{L}'와 '$^{合}_1$和$_戈$^{L}'가 동일 칸에 오고 (8)의 대립 항 '$^{開}_2$下$_麻$^{D}'와 '$^{合}_1$和$_戈$^{D}'가 역시 동일 칸에 온다. '和'는 평성과 거성의 두 가지 성조를 가지는 多音字이다. 중요한 것은 고구려어 표음자에서 戈韻 1등은 항상 합구이지만 歌韻 1등과 麻韻 2등은 항상 개구라는 점이다. 위의 분포 분석표 (3)에서 이것을 확인할 수 있다. 歌韻 1등과 戈韻 2등의 음가 차이는 현대 음운론으로 돌려 말하면 [*ɑ]와 [*wɑ]의 차이 즉 /*w/의 유무 차이이다. 여기에서도 후설 원순 개음 /*w/의 유무는 운복의 음가 차이보다 중요하다. 따라서 歌韻 1등과 戈韻 1등의 운복이 약간 차이가 있다 하더라도 이것은 부차적이거나 잉여적인 차이이다. 고구려어에서 /*w/의 유무로 음운대립이 성립하는 시점은 『魏書』가 편찬된 559년이다. 이것은 후설 원순 활음 /*w/가 고구려어에서 음소의 자격을 가졌음을 의미한다.
　　그런데 위의 음운대립 쌍보다 더 중요한 것이 있다. 고구려 멸망 이전의 표음자 중에서 歌韻 1등과 麻韻 2등이 동일 칸에 온 예가 없다는 사실이다. 이것은 歌

韻 1등과 麻韻 2등이 상보적 분포를 이루어, 운복에서만 차이가 나는 최소대립 쌍이 없음을 뜻한다. 이것은 달리 말하면 고구려어에서 후설 저모음과 전설 저모음의 구별이 없었음을 뜻한다. 따라서 고구려어에서 歌韻 1등과 麻韻 2등의 운복이 음운론적으로 대립하지 않았다고 할 수 있다.[20]

이 결론에 따라 이제 이 둘을 歌韻 1등·麻韻 2등 하나로 합치고 그 운복에 /*a/ 를 배당한다. 중국 음운학에서는 /*a/가 전설 저모음을 표기하지만, 고구려어에서는 이것을 중설 저모음 표기에 배당한다. 歌韻 1등·麻韻 2등은 항상 개구인 데에 반하여 戈韻 1등은 항상 합구이다. 따라서 戈韻 1등의 음가는 /*wa/로 재구할 수 있다. 麻韻 3등은 개음 /*j/를 가지므로 /*ja/로 재구한다.

지금까지의 논의를 종합하여 음운대립 관계를 정리하면 아래의 (9)와 같다. 음운대립 관계는 직선으로 표시한다. 직선으로 대립관계를 표시하되, 대립관계가 확인되지 않을 때에는 직선을 긋지 않는다. 果攝과 假攝에서 설정되는 운복 모음은 /*a/ 하나뿐이라는 점을 (9)에서 확인할 수 있다.

(9) **果攝·假攝** 운모의 음운대립

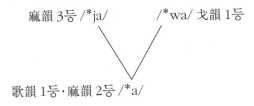

麻韻 3등 /*ja/   /*wa/ 戈韻 1등

歌韻 1등·麻韻 2등 /*a/

6.1.2. 遇攝

遇攝에는 模韻 1등(32자), 魚韻 3등 C(19/22자), 虞韻 3등 C(27/28자)의 세 운모가 있다. 한어 중고음에서 이들 세 운모가 어떤 음가였는지에 대해서는 의견이 통일되지 않았다. 한국 한자음에 익숙한 한국인에게는 이 세 운모를 하나의 攝으로 묶은 것 자체가 이상하게 느껴진다. 운복만 고려한다면 模韻 1등은 중세 한

---

20 한어 중고음에서는 歌韻 1등과 麻韻 2등이 상보적 분포가 아니다.

국어의 'ㅗ'에, 魚韻 3등은 'ㅓ'에, 虞韻 3등은 'ㅜ'에 가까울 것이므로 한국인은 이 셋 상호 간의 음가 차이가 아주 크다고 느낀다. 3章에서 이미 거론한 바 있듯이, 한국 중세음에서는 虞韻 3등이 尤韻 3등이나 侯韻 1등과 더불어 유사 음절을 이룰 때가 많지만, 虞韻 3등이 模韻 1등이나 魚韻 3등과 더불어 유사 음절을 이루는 일은 거의 없다. 그런데 한어에서는 虞韻 3등을 模韻 1등이나 魚韻 3등과 더불어 遇攝 하나로 묶었으니, 한국인의 음운 인식과 크게 차이가 난다.

그러나 현대 한어의 여러 방언과 현대 북경어의 발음을 참고하면 이들을 遇攝 하나로 묶은 것을 이해할 수 있다. 한어의 관점에서는 模韻 1등·魚韻 3등·虞韻 3등이 비슷한 음가이기 때문이다. 여기에서 한국 한자음의 음절 중심의 분석과 한어의 攝 중심의 분석이 서로 달라질 수 있음을 알 수 있다. 이럴 때에 우리는 한어 중고음의 분류를 중시한다. 고구려어 표음자가 전기 중고음 시기에 기록되었기 때문이다. 또한 한국 중세 한자음이 고구려 한자음의 후예라는 보장이 아직은 없기 때문이다.

아래의 분포 분석표 (10)에서 볼 수 있듯이, 遇攝에 속하는 模韻 1등·魚韻 3등·虞韻 3등에는 공통적으로 개구음이나 합구음이 없다. 일본 학자들이 이것을 개합에 대해 中立이라 부른 바 있는데, 후술할 通攝의 東韻 1등·東韻 3등·冬韻 1등·鍾韻 3등뿐만 아니라 臻攝의 文韻 3등·諄韻 3등에서도 개합의 구별이 없다. 이것은 文韻 3등·諄韻 3등뿐만 아니라 遇攝과 通攝에 속하는 여러 운모의 운복이 원순모음임을 뜻한다. 따라서 模韻 1등·魚韻 3등·虞韻 3등의 운복도 원순모음이라 유추할 수 있다. 원순모음 앞에서는 개합을 구별하지 않는 것이 한어에 통용되는 기본 원칙이다.

遇攝과 通攝은 실제로 공통점이 많다. 첫째, 운복은 원순모음인 /*o/ 또는 /*u/이다. 둘째, 虞韻 3등과 鍾韻 3등의 개음이 한국 중세음이나 고구려어에서 두 가지로 반영된다. 舌齒音 뒤에서는 /*j/이고 脣音이나 牙喉音 뒤에서는 /*w/이다. 셋째, 脣音 뒤에는 合口音이 올 수 없으므로 虞韻 3등과 鍾韻 3등의 /*w/가 삭제되고, 牙喉音 뒤에서는 한국 중세어나 고구려어의 음절구조제약 때문에 3등의 /*w/가 삭제된다. 遇攝과 通攝은 이 세 가지가 공통된다.

(10) 遇攝字의 분포 분석표 (704자 기준)

성모	성조	평성L	상성R	거성D	입성E
순음	幫母 /*p/	C夫虞	C父虞 1普模	C傅虞 C付虞	
	並母 /*b/	1菩模 C扶虞	1簿模 C輔虞 C父虞		
	明母 /*m/	1模模 1摸模 1謨模 C蕪虞 C無虞	C武虞	1莫模 1慕模 C霧虞	
설음	端母 /*t/	1都模	1睹模 1覩模		
	透母 /*tʰ/		1土模	1吐模	
	定母 /*d/		1杜模	1度模	
	泥母 /*n/	1奴模 1孥模 C如魚 C儒虞	C女魚	C孺虞	
	來母 /*l/	1盧模 C閭魚	1魯模 C呂魚 C褸虞		
치음	精母 /*ts/	1租模 C諸魚 C朱虞 C沮魚 C雛虞	1祖模 C主虞 處魚 C取虞 C沮魚	C足虞 1錯模 C處魚 C趣虞 1胙模 C助魚	
	心母 /*s/	1蘇模 C須虞 C需虞	C所魚	1素模	
	書母 /*sj/	C書魚			
	羊母 /*j/	C餘魚 C余魚		C預魚 C裕虞	
아음	見母 /*k/	C居魚 C拘虞	1古模	1固模 C句虞 C去魚	
	群母 /*g/	1吳模 C嵎虞	C駏魚 1五模		
후음	曉母 /*h/	1胡模	C許魚	1護模	
	影母 /*ʔ/	1於模 1烏模 C於魚 C于虞	C羽虞	C菸魚	

중요한 것은 둘째의 /*j/와 /*w/의 차이가 상보적 분포에서 말미암는다는 점이다. 이것은 한어 중고음에서 虞韻 3등과 鍾韻 3등의 개음이 전설 원순 활음 /*ɥ/였음을 암시한다. 한국 중세어나 고구려어에서는 이 전설 원순 활음 /*ɥ/가 없었으므로 이것을 다른 음소로 대체하여 수용할 수밖에 없다. 舌齒音 뒤에서는 /*ɥ/

의 전설성을 의식하여 /*j/로 대체하여 수용하고, 脣音이나 牙喉音 뒤에서는 /*ɥ/의 원순성을 의식하여 /*w/로 대체하여 수용한다. 그런데 이 /*w/가 셋째의 음절구조제약 탓으로 삭제될 때가 많다.

설치음이 순음·아후음과 상보적 분포를 이루는 대표적인 예는 아마도 諄韻 3등과 文韻 3등일 것이다. 諄韻 3등은 항상 설치음 뒤에만 오고, 文韻 3등은 항상 순음 또는 아후음의 뒤에 온다. 후술하겠지만, 이 상보적 분포에 따라 /*−n, *−t/ 운미에서는 '諄韻 3등'과 '文韻 3등'이라고 아예 운모의 명칭을 다르게 붙였다. 한어 상고음에서는 이 두 운모가 분화되지 않았고 개음 /*ɥ/를 가졌을 가능성이 아주 크다. 따라서 설치음과 순음·아후음을 구별하는 것이 고구려어 표음자를 분석할 때뿐만 아니라 한어의 상고음이나 중고음을 분석할 때에도 아주 중요하다고 할 수 있다.[21]

遇攝에 속하는 세 韻母의 고구려어 표음자를 분포 분석표에 넣어 보면 위의 (10)과 같다.

위의 분포 분석표에서 脣音 뒤에는 魚韻 3등이 오지 않는다는 사실을 알 수 있다. 이것은 한어 중고음에서 비롯된 것이므로[22] 고구려어 특유의 제약이라고 할 수 없다. 한국 중세 한자음에서도 '버/벼/붜, 퍼/펴/풔, 머/며/뭐' 등의 음절이 없다. 한어 중고음에서 비롯된 제약이기는 하지만 순음 뒤에 魚韻 3등이 오지 않는다는 제약은 아주 중요한 음절구조제약임에 틀림없다. 虞韻 3등이나 模韻 1등에는 이 제약이 없기 때문이다.

魚韻은 항상 3등 C이다. 한국 중세음에서는 한어 중고음의 魚韻 3등 C가 다음과 같이 반영되었다. 아후음 뒤에서는 'ㅓ'이고, 설음 뒤에서는 'ㅕ'이다. 치음 뒤에서는 상황이 약간 복잡하여 生母, 莊母, 初母, 崇母의[23] 뒤에서는 'ㅗ'로, 나머지 치음 뒤에서는 'ㅕ'로 반영되었다.

---

21 이와는 다른 해석도 가능하다. 虞韻은 3등운과 4등운의 합운이지만, 원래는 상고음에서부터 서로 다른 음이었다(李新魁 1983: 28). 한국 중세음에서 虞韻 4등운이 'ㅠ'로 반영되고 3등운이 'ㅜ'로 반영된다고 할 수 있다(최희수 1986: 150).

22 이토 지유키(2011)의 자료편에서 이것을 확인할 수 있다.

23 '鋤'는 예외적이다. 鋤[崇中C平魚]=서ᴸ

430

(11) 치음 뒤의 魚韻에 대한 한국 중세음

1. 'ㅗ' : 疎·蔬·疏·梳[生中C平 魚]=소^L, 所[生中C上 魚]=소^R, 疏·疎[生中C去 魚]=소^R

   菹[莊中C平 魚]=조^L, 阻·俎[莊中C上 魚]=조$^{R/H}$

   初[初中C平 魚]=초^L, 楚·礎[初中C上 魚]=초^H

   助[崇中C去 魚]=조$^{R/H}$

2. 'ㅕ' : 書·舒·鵨[書中C平 魚]=셔^L, 鼠·黍[書中C上 魚]=셔^R, 恕·庶[書中C去 魚]=셔^R

   疽·疸·沮·雎·鴡[清中C平 魚]=져^L

   蛆[精中C平 魚]=져^L

   沮[從中C上 魚]=져^R

그런데 (11.1)의 음운론적 환경인 生母 [*ʂ], 莊母 [*tʂ], 初母 [*tʂʰ], 崇母 [*dʐ] 등은 모두 莊組 즉 권설음 계통에 속한다. 반면에, (11.2)의 書母 /*ɕ/는 章組 즉 경구개음이고, 파찰음인 精母 /*ts/, 清母 [*tsʰ], 從母 [*dz] 등은 精組 즉 치조음 이다. 따라서 한국 중세음에서는 한어 중고음의 莊組(권설음)인 치음 뒤에서는 魚韻이 'ㅗ'로 반영되고,[24] 그 밖의 치음 뒤에서는 'ㅕ'로 반영된다고 할 수 있다.

그러나 이것은 한국 중세음에서의 상황이므로 고구려어에 그대로 적용할 수 없다. 한국 중세 한자음이 고구려어 한자음을 그대로 이어받은 것이라는 점이 아직 논증된 바 없기 때문이다. 따라서 한어 중고음을 적극적으로 참고하는 것 이 우리의 기본적 태도이다. 『切韻』시대의 전기 중고음에서는 魚韻 3등의 운복 을 /*o/로 재구하는 것이 일반적이다.[25] 따라서 고구려어에서 魚韻 3등의 운복을 한국 중세음을 좇아 /*e/(즉 'ㅕ')로 재구하기보다는 한어 중고음을 좇아 /*o/로 재구하는 것이 더 나을 것이다. 이것을 뒤에서 다시 논의하기로 한다.

---

24 한국 중세음에서 魚韻 3등의 운복이 'ㅗ'인 것을 有坂秀世(1957)은 宋代의 開封音 /*u/를 수용한 것이라고 했다.

25 王力(1957), 董同龢(1972), 李方桂(1980)에서 공통적으로 중고음의 魚韻 운복을 [*o]라 했다. 상고음에서는 공통적으로 [*a]이다.

고구려 멸망 이전의 표음자 340자로 한정하더라도 분포 제약이 추가되는 것은 없다. 韻母와 等의 상관관계가 더욱 뚜렷해질 뿐이다.

(12) **遇攝字의 분포 분석표** (340자 기준)

성모	성조	평성^L	상성^R	거성^D	입성^E
순음	幫母 /*p/	$_C$夫$_虞$	$_1$普$_模$		
	並母 /*b/	$_C$扶$_虞$	$_1$簿$_模$	$_C$傅$_虞$	
	明母 /*m/	$_1$模$_模$ $_1$摸$_模$	$_C$武$_虞$	$_1$莫$_模$	
설음	端母 /*t/	$_1$都$_模$	$_1$賭$_模$		
	透母 /*tʰ/		$_1$土$_模$	$_1$吐$_模$	
	定母 /*d/				
	泥母 /*n/	$_1$奴$_模$ $_C$如$_魚$ $_C$儒$_虞$			
	來母 /*l/	$_1$盧$_模$ $_C$閭$_魚$	$_C$婁$_虞$		
치음	精母 /*ts/	$_C$諸$_魚$ $_C$朱$_虞$ $_C$沮$_魚$ $_C$雛$_虞$	$_C$主$_虞$ $_C$處$_魚$ $_C$沮$_魚$	$_C$處$_魚$ $_1$祚$_模$	
	心母 /*s/	$_1$蘇$_模$ $_C$須$_虞$			
	書母 /*sj/	$_C$書$_魚$			
	羊母 /*j/	$_C$餘$_魚$ $_C$余$_魚$			
아음	見母 /*k/	$_C$居$_魚$	$_1$古$_模$	$_1$固$_模$ $_C$句$_虞$	
	群母 /*g/	$_C$㟢$_虞$	$_1$五$_模$		
후음	曉母 /*h/				
	影母 /*ʔ/	$_1$於$_模$ $_1$烏$_模$ $_C$於$_魚$ $_C$于$_虞$			

模韻은 항상 1등이므로 개음 /*j/를 가지지 않는다. 한국 중세음에서도 模韻 1 등이 개음을 가지는 예가 없다.[26] 그런데 虞韻은 항상 3등 C이다. 3등은 개음을 가지는 것이 원칙이고 虞韻 3등도 이를 따른다. 한어에서는 그 개음이 전설 원순 개음 /*ц/였으리라고 앞에서 이미 추정한 바 있다. 만약에 한어 중고음에서 模 韻 1등의 운복에 /*o/를 배당한다면 虞韻 3등 C의 음가는 일단 /*цo/라고 할 수

---

26 '墓'만 예외적이다. 墓[明中1去模]=묘^R

있다. 이 /*ɥo/가 뒤에서 다시 /*ɥu/로 수정된다.[27]

魚韻도 항상 3등 C이다. 3등은 항상 개음을 가지므로 魚韻 3등은 운복 앞에 개음 /*j/가 온 운모일 가능성이 크다. 한국 중세음에서는 魚韻 3등이 아후음 뒤에서는 'ㅓ'로 표음되고, 설치음 뒤에서는 'ㅕ'로 표음된다.[28] 이것을 고려하면 고구려어 魚韻 3등의 운복을 일단 /*e/로 재구할 수도 있다. 그러나 한어 중고음 연구에서는 魚韻 3등의 운복을 /*o/라고 하는 견해가 우세하다. 이 견해에 따르되 魚韻이 항상 3등이라는 점을 감안하여, /*jo/의 음가를 가진다고 추정할 수 있다. 魚韻 3등의 개음은 구개 개음 /*j/임이 분명하기 때문이다.

위에서 模韻 1등은 /*o/, 虞韻 3등 C는 /*ɥo/, 魚韻 3등 C는 /*jo/의 음가를 가진다고 추정해 보았다. 그러나 이러한 추정에 앞서서 세 운모가 음운론적으로 대립했는지를 먼저 검토해야 한다.

분포 분석표 (12)를 살펴보면, 동일 칸에 온 두 표음자가 음가가 완전히 같은 것이 있다. 明母 /*m/의 평성인 '₁模模'와 '₁摸模'는 사실은 동일자의 이체자에 해당한다. 마찬가지로 羊母 /*j/의 평성인 'C餘魚'와 'C余魚'도 略字 또는 通假字 관계이다. 앞에서 이미 논의한 것처럼 이들은 음운대립의 논거에서 제외한다. 精母 /*ts/의 평성인 'C雛虞'와 'C騶虞'는 각각 고구려 표음자와 중국 표음자로 구별할 수 있다. '雛'는 한국의 사서에서는 '鄒'로 표기되는 것이 일반적이다. 이 둘은 의미가 전혀 다른 한자일 뿐만 아니라 음가도 서로 다르다. '雛'는 [崇中C平虞]의 음가이고, '鄒'는 [莊開C平尤]의 음가이다. 가장 정확한 자료인 금석문에서는 주로 '鄒'를 사용하므로 이것을 택하고 '雛'를 버리기로 한다. '騶'는 『한서』, 『후한서』, 『양서』, 『북사』 등의 중국 사서에만 나오고 고구려 금석문에는 나오지 않는다. 金完鎭(2012)의 논의에 따르면, '馬' 또는 'ɣ' 등의 편방은 중국 쪽에서 한국을 얕잡아 볼 때의 卑稱에 붙인다. 漢語의 음운체계와 표기법이 반영되어 있으므로, '騶'를 순수 고구려어 표음자에서 제외하는 것이 안전하다.

---

27 王力(1957), 董同龢(1972), 李方桂(1980)에서 공통적으로 중고음의 模韻과 虞韻 운복을 [*u]라 했다. 개음의 유무에서 이 둘은 물론 차이가 난다. 상고음의 模韻 운복 [*ɑ]가 중고음에서 [*u]까지 상승한다는 점을 들어 최희수(1986: 146)에서는 한국 중세 한자음의 'ㅗ'가 그 중간 단계를 반영한다고 보았다.

28 (11.1)에서 이미 열거한 것처럼, 莊組 뒤에서는 'ㅗ'로 표음된다.

두 韻母가 동일 칸에 왔다는 것은 두 운모가 최소대립 또는 음운대립을 이룬다는 것을 의미한다. 따라서 이들에 대해서는 반드시 기술해야 한다. 模韻 1등과 虞韻 3등이 동일 칸에 온 것으로는 다음의 예가 있다.

(13) 模韻 1등과 虞韻 3등의 음운대립 쌍과 그 용례

1. 泥母 /*n/의 평성 − $_1$奴$_模$: $_C$儒$_虞$

   {灌奴部, 消奴部, 順奴部, 絶奴部(삼국, 후한, 양서, 남사), 涓奴部(삼국, 후한), 貫奴城^百, 豆奴城^百, 閏奴城^百, 巴奴城^百(광개), 多亏桓奴(중원), 賭奴(삼존불), 奴久(위서), 愼奴部(양서, 남사), 今勿奴郡, 奴音竹縣, 仍伐奴縣, 骨衣奴縣(지리), 奴流枳(일본), 灌奴部, 伐奴城, 消奴部, 順奴部, 絶奴部(당서), 高奴子, 民奴各, 扶芬奴, 消奴加, 召西奴, 餘奴(사)} : {儒留王(광개), 彌儒, 薛儒, 平儒原(사)}

2. 心母 /*s/의 평성 − $_1$蘇$_模$: $_C$須$_虞$

   {南蘇(한서, 광개, 구당, 당서, 사), 蘇灰城^百(광개), 骨蘇(주서), 蘇骨(주서, 북사, 사), 蓋蘇文(유인원, 구당, 당서), 扶蘇岬(지리), 蘇我稻目宿禰(일)} : {須鄒城(광개), 俳須(평양성;오), 伊利柯須彌(일), 須牟祁王, 伊利須使主(성), 閭須, 尙須, 尉須, 祭須(사)}

3. 見母 /*k/의 거성 − $_1$固$_模$: $_C$句$_虞$

   {伯固(삼국, 후한, 양서, 북사, 사), 帶固(삼국), 呷固, 安固(사)} : {高句驪(한서, 무구, 천헌성, 구당, 사), 賣句余, 句牟城^百(광개), 句驪(무구, 천남산, 요사), 骨句川, 句茶國, 劉屋句, 伯句, 松屋句(사), 奢句(유)}

4. 影母 /*ʔ/의 평성 − $_1$於$_模$, $_1$烏$_模$: $_C$于$_虞$

   {於利城^百(광개), 於九婁(태천), 於乙買串, 於斯內縣, 屈於岬, 古所於, 于冬於忽, 於斯買, 於支呑, 奈生於(지리), 於只支(사, 유), 明臨於漱, 於卑留(사)}, {烏拙(주서, 북사, 수서, 사), 烏骨/烏骨城(천남생, 구당, 당서, 사), 滅烏, 烏斯含達, 烏阿忽, 烏根乃, 烏斯逈, 烏生波衣, 郁烏縣, 于烏縣, 烏斯押, 烏列忽(지리), 烏海城(당서), 烏伊(사)} : {于城, 亏婁城^百(광개), 于伐城, 多亏桓奴(중원), 升于(북사), 于冬於忽, 于尸郡, 于珍也縣, 于烏縣(지리), 富于, 河于(일), 升

<u>于</u>, <u>于刀</u>, <u>于素</u>, <u>于漱</u>, <u>于氏</u>, <u>于台</u>, <u>齊于</u>(사)}

고구려 멸망 이전에 성립하는 模韻 1등과 虞韻 3등의 음운대립 쌍이 5쌍이나 된다. 광개토대왕비가 건립된 414년에 이 음운대립이 성립하고 7세기 중엽까지 지속된다. 따라서 고구려어에서 模韻 1등과 虞韻 3등의 음가가 서로 달랐다고 할 수 있다.

대부분의 중고음 연구자들이 模韻 1등의 음가를 /*o/라고 한다. 반면에 虞韻 은 항상 3등 C이므로 개음을 가진다. 그런데 앞에서 설정한 개음 차이 우선의 원 칙에 따르면 개음의 유무가 模韻과 虞韻의 운복 차이보다 우선한다. 따라서 虞 韻 3등의 운복도 模韻 1등처럼 /*o/이고, 虞韻 3등이 模韻 1등과 달리 개음을 가 진다고 할 수 있다. 이에 따르면 한어 중고음에서 虞韻 3등의 음가는 /*ɥo/라고 할 수 있다.

그런데 고구려어에는 전설 원순 개음 /*ɥ/가 없다. /*ɥ/가 음소가 아니므로 고 구려어에서는 이것을 다른 음소로 대체하여 수용하게 된다. 고구려어 자료로는 이 대체 수용 과정을 기술할 수 없지만, 한국 중세음 자료로는 기술할 수 있다. 한국 중세음에서는 虞韻 3등을 다음과 같이 수용한다.

(14) 한국 중세음의 **虞韻** 수용 양상
1. 순음 뒤 – 'ㅜ'가 다수, 'ㅗ'가 소수
2. 설음 뒤 – 'ㅠ'가 다수, 來母 뒤에서는 'ㅜ'
3. 치음 뒤 – 'ㅠ'가 다수, 'ㅜ'가 소수 (다만, 羊母 뒤에서는 항상 'ㅠ')
4. 아음 뒤 – 'ㅜ'가 대다수
5. 후음 뒤 – 'ㅜ'가 다수, 'ㅗ'가 소수

이 분포에서 설치음 뒤에서는 虞韻 3등이 'ㅠ'로 반영되고, 순음과 아후음 뒤에 서는 'ㅜ'로 반영되었음을 알 수 있다. 이 'ㅠ'와 'ㅜ'의 차이에서 虞韻 3등이 개음 /*j/를 가진다고 추정할 수 있다. 그런데 虞韻 3등의 음가를 추정할 때에 설치음 환경만을 고려하여 개음 /*j/만을 설정하는 것은 옳지 않다. 순음과 아후음의 음운론적 환경을 고려해야 하고 나아가서 소수의 虞韻字가 'ㅗ'로 반영되는 현상도 기술할 수 있어야 한다.

만약에 순음이나 아후음 뒤에서는 虞韻 3등이 개음을 가지지 않는다고 기술한 다면 虞韻에 3등뿐만 아니라 1등도 있다는 논리가 된다. 그런데 虞韻에는 1등이 없고 항상 3등 C이므로 이 논리는 옳지 않다. 따라서 순음과 아후음 뒤에도 개음 이 있다고 보는 것이 합리적이다. 다만, 그 개음이 전설 평순 개음 /*j/가 아니라 후설 원순 개음 /*w/로 추정된다. 이와 같이 추정하면 虞韻이 항상 3등 C라는 사실을 유지할 수 있고, 3등은 항상 개음을 가진다는 원칙도 유지할 수 있다. 결 론적으로, 설치음 뒤의 개음은 /*j/로, 순음이나 아후음 뒤의 개음은 /*w/로 추 정한다. 이처럼 두 가지 개음으로 반영되는 虞韻 3등의 특수성을 참고하면, 한어 중고음에서 虞韻 3등이 전설 원순 개음 /*ɥ/를 가졌으리라 추정할 수 있다.

이와 같이 추정하고 한어의 虞韻 3등 /*ɥo/를 한국 중세음에서 수용하는 과정 을 기술해 보면 다음과 같다.

(15) 虞韻 3등 /*ɥo/의 음가 수용 과정

	脣音, 牙喉音	舌齒音
1. 한어 중고음 :	/*kɥo/ (拘)	/*sɥo/ (須)
2. 고모음화 :	/*kɥu/	/*sɥu/
3. 한국적 수용 :	/*kwu/	/*sju/
4. /w/ 삭제 :	ku	—
5. 한국 중세음 :	[구]	[슈]

(15.1)은 한어 중고음의 음가이다. 이때의 /*ɥ/는 전설성과 高音性 [+high]를 갖는다. 이 고음성에 이끌려 운복의 /*o/에 (15.2)의 高母音化가 일어난다. 활음 /*ɥ/에 이끌려 후행하는 모음의 조음 위치가 위로 올라가는 것은 현대 음운론의 관점에서도 매우 자연스러운 현상이다. 한국 중세음에서 虞韻 3등이 'ㅗ'로 반영 된 것은 /*ɥ/가 먼저 탈락함으로써 이 고모음화가 적용되지 않은 예외에 해당한 다. (15.2)의 /*ɥu/를 한국에서 수용할 때에는 전설 원순 개음 /*ɥ/를 음운론적

환경에 따라 /*w/와 /*j/의 두 가지로 나누어 수용한다. 순음과 아후음 뒤에서는 /*w/로, 설치음 뒤에서는 /*j/로 수용한다. 이것을 보인 것이 (15.3)이다. (15.3) 의 /*kwu/에서는 한국어의 음절구조제약에 따라 /*w/가 삭제되지만, /*sju/에 는 이 음절구조제약이 적용되지 않는다. 이처럼 기술하면 虞韻 3등의 수용 양상 을 간단하고도 정확하게 기술할 수 있다.

우리의 견해와 달리, 한어 중고음의 虞韻 운복을 /*u/로 가정하면 虞韻 3등이 소수의 예에서 'ㅗ'로 반영되는 현상을 기술할 수 없다. 개음 /*w/와 /*j/의 바로 뒤에 오는 /*u/가 低母音化(Vowel Lowering)를 겪어 소수의 예에서 'ㅗ'가 되었 다고 기술해야 하는데, 이 저모음화의 음운론적 동기를 찾을 수 없다. 따라서 한 어 중고음에서 虞韻 3등의 음가를 /*ɥu/로 추정하면 안 되고 /*ɥo/로 추정해야 한다.

위와 같은 논의가 가능하므로 漢語의 전기 중고음에서는 虞韻 3등이 /*ɥo/였 고, 이것을 고구려에서 /*wu/나 /*ju/로 수용했다고 추정한다. /*wu/는 중세 한국어와 마찬가지로 고구려어에서도 허용되지 않는 음소 결합이었을 것이다. 다만, (15.3)의 한국적 수용이 (15.2)의 고모음화보다 먼저 일어났을 가능성을 배제할 수 없다. 이에 대해서는 뒤에서 다시 거론하기로 한다.

다음으로, 模韻 1등과 魚韻 3등의 음운대립 쌍을 찾아본다.

(16) 模韻 1등과 魚韻 3등의 음운대립 쌍과 그 용례

1. 泥母 /*n/의 평성 – ₁奴模 : c如魚

   {위의 (13.1)과 동일(삼국 등)} : {如栗(위서, 북사), 如海(唐大和上東征傳), 如 孥(사)}

2. 來母 /*l/의 평성 – ₁盧模 : c閭魚

   {對盧(삼국, 후한, 양서, 남사, 수서, 천남산, 사), 大對盧(삼국, 주서, 북사, 구당, 당 서, 구오, 당오, 사), 鴨盧, 各模盧城[百], 曰模盧城[百], 牟盧城[百], □古盧[百](광개), 葛蔓盧(위서, 북사), 葛盧(위서), 葛尾盧(북사), 瓠盧水(김인문, 구당), 太大對 盧(천남생, 천헌성, 사), 發盧河(당서), 藥盧(사, 유), 葛盧孟光, 檀盧城, 麻盧 (사)} : {處閭近支(삼국, 당서)}

3. 精母·清母·從母[29] /*ʦ/의 거성 — ₁胙模 : C處魚

  {大胙(천헌성)} : {處闆近支(삼국, 당서)}

4. 心母·書母의[30] 평성 — ₁蘇模 : C書魚

  {南蘇(한서, 광개, 구당, 당서, 사), 蘇灰城ᵇ(광개), 骨蘇(주서), 蘇骨(주서, 북사,

  사), 蓋蘇文(유인원, 구당, 당서), 扶蘇岬(지리), 蘇我稻目宿禰(일)} : {典書客(삼

  국), 中書令(구당)}

5. 影母 /*ʔ/의 평성 — ₁烏模 : C於魚

  {위의 (13.4)와 동일(주서, 북사, 수서 등)} : {위의 (13.4)와 동일(광개 등)}

6. 影母 /*ʔ/의 평성 — ₁於模 : C於魚

  {위의 (13.4)와 동일(광개 등)}

  模韻 1등과 魚韻 3등의 음운대립 쌍은 위의 6쌍이고, 『삼국지』가 편찬된 3세기 후반에 대립이 성립하여 7세기 중엽까지 이어진다. (16.6)은 '於'가 模韻 1등이기도 하고 魚韻 3등이기도 하여 성립하는 동일 최소대립 쌍이다. 이 동일 최소대립 쌍을 음운대립의 논거에서 제외한다 하더라도 나머지 5쌍에서 模韻 1등과 魚韻 3등이 대립한다.

  문제가 되는 것은 이들의 음가 추정이다. 黃笑山(1995: 88~9)는 模韻 1등과 魚韻 3등이 개음을 가지는 것으로 보아 이들의 전기 중고음을 각각 /*wo/와 /*jo/로 재구하였다. 이 재구에서는 模韻 1등과 魚韻 3등이 운복은 같고 개음에서만 차이가 난다. 그리고 魚韻 3등의 전기 중고음 /*jo/가 후기 중고음에서 /*jə/로 변했다고 보았다. 이것을 수용하여 魏國峰(2014: 85)는 한국 중세음에서 魚韻 3등을 'ㅓ/ㅕ'로 반영하되 莊組의 魚韻 3등만 'ㅗ'로 반영한 것은 후기 중고음을 수용한 것이라고 했다.

  우리는 黃笑山(1995)가 模韻 1등의 음가를 /*wo/로 재구한 것에 동의하지 않는다. 模韻은 항상 1등이고 1등은 고구려어에서 개음을 가지지 않는 것이 원칙

---

29 이 음운대립은 변이음인 淸母와 從母를 精母에 편입했을 때에 성립한다.
30 이것은 書母 /*sj/를 心母 /*s/에 합쳤을 때에 성립하는 음운대립 쌍이다.

이다. 이 원칙을 고수하여 우리는 模韻 1등의 음가를 獨韻[31] /*o/라고 추정한다. 반면에, 魚韻 3등의 음가를 /*jo/라고 추정한 것에는 동의한다. 魚韻은 항상 3등이므로 개음을 가져야 하기 때문이다.

한어에서는 /*wo/처럼 /*o/ 모음 앞에 합구음 /*w/가 올 수 있다고 보는 견해가 있다. 그러나 알타이 계통의 언어는 漢藏 계통의 언어와 달리 이러한 이중모음을 허용하지 않는다. 고구려어나 한국어가 알타이어의 일종일지 확실하지 않지만, /*wo/와 같은 이중모음을 허용했을 가능성이 거의 없다. 따라서 한어에서 模韻 1등이 /*wo/였다 하더라도, 고구려어에서는 이것을 獨韻 /*o/로 수용할 수밖에 없다.

고구려어에서 模韻 1등을 /*o/로 수용했다면 고구려어의 魚韻 3등을 /*jo/로 재구할 수 있다. (16.1)의 대립 쌍 '₁奴模 : c如魚'와 (16.2)의 대립 쌍 '₁盧模 : c閭魚'에서 模韻 1등과는 달리 魚韻 3등이 개음 /*j/를 가진다. 특히 중요한 것은 (16.6)에 제시한 模韻 1등과 魚韻 3등의 동일 최소대립 쌍이다. '於'는 模韻 1등에 속하면서 동시에 魚韻 3등에도 속한다.[32] 그런데 이 동일 최소대립 쌍은 운복의 차이를 반영한 것이라기보다는 1등과 3등의 차이에서 비롯된 것이라고 해석할 수 있다. 3등은 개음을 가지는 것이 원칙이므로 魚韻의 'c於魚'는 어차피 /*j/를 가진다. 반면에 模韻의 '₁於模'는 1등이기 때문에 /*j/를 가질 수 없다. 바로 이 차이가 중요한 것이라면 模韻 1등과 魚韻 3등의 음가 차이를 구태여 운복에서 구할 필요가 없다. 따라서 앞에서 설정한 개음 차이 우선의 원칙에 따라 模韻 1등과 魚韻 3등의 음가 차이를 개음 /*j/의 유무 차이로 기술한다. 이에 따르면 고구려어의 模韻 1등과 魚韻 3등의 음가가 각각 /*o/와 /*jo/로 추정된다.

魚韻 3등과 虞韻 3등의 음운대립 쌍은 아래의 7쌍이다. 이들을 논거로 삼아 고구려어에서 魚韻과 虞韻이 음운론적으로 대립했다고 할 수 있다. 대립 성립의 시점은 『삼국지』가 편찬된 3세기 후반에서 7세기 중엽까지 이어진다.

---

31 獨韻은 운복만 있고 개음이 없는 韻을 가리킨다.
32 '於'의 한국 중세음에는 '어'뿐만 아니라 '오'도 있다.

(17) 魚韻 3등과 虞韻 3등의 음운대립 쌍과 그 용례

　1. 泥母 /*n/의 평성 − _C如_魚 : _C儒_虞

　　　{如栗(위서, 북사), 如海(唐大和上東征傳), 如孥(사)} : {儒留王(광개), 彌儒(사),

　　　薛儒, 平儒原(사)}

　2. 精母 /*ts/의 평성 − _C諸_魚, _C沮_魚 : _C朱_虞

　　　{諸兄(삼국, 당서, 사)}, {沃沮(북사, 수서, 사), 沮江/沮水(수서, 당서/ 북사, 수서)}

　　　: {朱蒙(삼국, 위서, 주서, 북사, 수서, 고자묘, 천헌성, 천남산, 송사, 사, 유), 大解

　　　朱留王, 大朱留王(광개), 高朱利, 朱理, 解色朱(사), 色朱(유)}

　3. 精母 /*ts/의 상성 − _C處_魚, _C沮_魚 : _C主_虞

　　　{處閭近支(삼국, 당서)}, {위의 (17.2)와 동일(북사 등)} : {主簿(삼국, 후한, 중원,

　　　양서, 남사, 일본, 사), 相主領(삼국), 幢主(중원), 中軍主活(천남산), 主夫吐郡

　　　(지리), 使主(성)}

　4. 心母·書母의 평성[33] − _C書_魚 : _C須_虞

　　　{典書客(삼국), 中書令(구당)} : {위의 (13.2)와 동일(광개 등)}

　5. 影母 /*ʔ/의 평성 − _C於_魚 : _C于_虞

　　　{위의 (13.4)와 동일(광개 등)} : {위의 (13.4)와 동일(광개 등)}

　　魚韻과 虞韻은 둘 다 3등 C이므로 (17)의 대립 쌍은 운복의 최소대립 쌍이다.
이것은 魚韻 3등과 虞韻 3등의 운복이 서로 달랐음을 암시한다. 앞에서 이미
논의한 것처럼 전기 중고음에서 魚韻 3등의 개음은 /*j/이고 虞韻 3등의 개음
은 /*ɥ/이다. 전설 원순 개음 /*ɥ/는 고구려어 설치음의 뒤에서는 /*j/로 수용
되었을 것이므로, (17.1∼4)는 실질적으로 운복의 최소대립 쌍이다. 따라서 魚
韻 3등과 虞韻 3등의 운복이 서로 달랐다고 해야 한다. 반면에 (17.5)에서는 대
립 항 '于'가 아후음의 뒤에 虞韻 3등이 온 것이므로 개음이 /*w/였을 것이다.
(17.5)는 언뜻 보기에 운복의 최소대립 쌍이지만, 개음 차이 우선의 원칙에 따
르면 실질적으로는 개음 /*j/와 /*w/의 대립 쌍이다. 한어 중고음에서 표음자

---

33 이것은 心母와 書母를 통합할 때에 성립한다.

440

'於'의 魚韻 3등은 /*jo/로, 표음자 '于'의 虞韻 3등은 /*wo/로 추정되어 개음이 서로 다르기 때문이다.

위의 (17.1~4)는 운복의 최소대립 쌍이 분명하므로 魚韻 3등과 虞韻 3등의 운복이 서로 달랐다고 보아야 한다. 그런데 앞에서 우리는 魚韻 3등을 /*jo/로, 虞韻 3등을 /*wu(순음, 아후음 뒤), *ju(설치음 뒤)/로 추정했으므로, 이 요구에 부합한다.

후술하겠지만 遇攝의 虞韻 3등은 고구려어에서 流攝의 侯韻 1등과 음운론적으로 대립하지 않는다. 이에 따르면 고구려어에서는 일찍부터 (15.2)의 고모음화가 일어나 虞韻 3등의 운복이 이미 /*u/로 바뀐 상태라고 할 수 있다. 즉 한어 중고음의 虞韻 3등 /*wo/는 고구려어의 순음이나 아후음 뒤에서 /*wu/를 거쳐 이미 /*u/로 바뀌었고, 설치음 뒤에서도 고모음화를 겪어 이미 /*ju/로 바뀌었다. 이 변화가 일어난 뒤에는 魚韻 3등의 운복 /*o/와 虞韻 3등의 운복 /*u/가 음운론적으로 대립한다.

그렇다면 고모음화가 언제 일어났는지가 아주 중요한 연구 주제로 부상한다. 한국 중세음에는 위의 (14)에 정리한 것처럼 고모음화가 다 반영되어 있다. 한국 중세음이 8세기 말엽과 9세기 초엽의 『慧琳音義』에 반영된 長安音을 수용한 것이라는 주장에 따르면(河野六郎 1968/79), 후기 중고음 시기에 이미 虞韻 3등의 운복이 고모음화를 경험했다고 할 수 있다. 고구려어에서는 이 시기보다 훨씬 이른 시기에, 구체적으로는 3세기 후반기에 이미 고모음화가 일어났으리라 추정된다. (17.2)의 대립 항 '_C諸_魚'와 '_C朱_虞'에서 음운대립이 성립하는 시점이 『삼국지』가 편찬된 때이기 때문이다. 이때에는 이미 虞韻 3등의 음가가 /*wu(순음, 아후음 뒤), *ju(설치음 뒤)/였다고 할 수 있다. 달리 말하면, 고구려어에서 虞韻 3등을 수용할 때에 처음부터 고모음화가 이미 일어난 음가로, 즉 /*wu(순음, 아후음 뒤), *ju(설치음 뒤)/로 수용했을 것이다. 이 음가 추정에서는 虞韻 3등의 /*ju/가 魚韻 3등의 /*jo/와 음운론적으로 자연스럽게 대립한다.

결론적으로, 고구려어의 遇攝에서는 模韻 1등, 虞韻 3등, 魚韻 3등이 음운론적으로 대립했다고 할 수 있다. 이들의 음가를 우리는 각각 /*o/, /*wu(순음, 아후음 뒤), *ju(설치음 뒤)/, /*jo/로 추정한다. 이 세 운모의 대립관계를 표시해 보면 다음과 같다.

(18) 遇攝 운모의 음운대립

6.1.3. 止攝

한어 중고음의 止攝은 현대 음운론의 /i/에 가까운 음가를 가진다. 고구려어 표음자 중에서 止攝에 속하는 것이 支韻 3등 A, AB, B(18/21자), 脂韻 3등 A, AB, B(25자), 之韻 3등 C(26/28자), 微韻 3등 C(11자)의 4종이다. 이들이 음운론적으로 대립했는지가 우리의 주요 관심사이다.

支韻 3등은 A, AB, B의 셋으로, 脂韻 3등은 A, AB, B의 셋으로 하위분류한다. 반면에 之韻과 微韻은 항상 3등 C이다. 따라서 이 네 운모를 일단 둘로 나눈다면 支韻과 脂韻을 하나로 묶고 之韻과 微韻을 하나로 묶게 된다.

고구려어 표음자의 支韻 3등은 후음 뒤에는 오지 않는다. 또한 고구려의 支韻字는 대부분 개구이다. 합구인 것은 '合AB累ㅎ'뿐이다. 반면에 脂韻 3등에서는 개합에서의 특징을 찾기가 어렵다.

之韻 3등은 순음 뒤에는 오지 않고 항상 개구이다. 반면에 微韻 3등은 순음과 아후음의 뒤에만 온다. 순음 뒤에서는 之韻과 微韻의 분포가 배타적이다. 微韻 3등은 또한 '開C衣微'를 제외하면 모두 합구이다. 이것도 之韻 3등 C와 微韻 3등 C가 상보적 분포일 가능성을 높여 준다.

(19) 止攝字의 분포 분석표 (704자 기준)

성모	성조	평성L	상성R	거성D	입성E
순음	幫母 /*p/	A卑支 B碑支 C非微 B丕脂		A比脂 B祕脂 C沸微	
	並母 /*b/				
	明母 /*m/	A彌支	B美脂 C尾微	A寐脂 C未微 C味微	
설음	端母 /*t/	開AB知支		開AB知支 開AB智支 開AB致脂	
	透母 /*tʰ/		開C耻之		
	定母 /*d/	開C治之	開AB雉脂	開C治之 開AB地脂	
	泥母 /*n/	開C而之	開AB爾支		
	來母 /*l/	開AB離支 開AB璃支	開C裏之 開C里之 開C理之 開C李之	合AB累支 開AB離支 開C吏之 合AB類脂 開AB利脂	
치음	精母 /*ts/	開AB支支 開AB呰支 開C芝之 開C之之 開AB咨脂 開AB資脂 開C慈之	開AB只支 開AB呰支 開C子之 開AB底脂 開C士之	開C志之 開AB刺支 開AB次脂 開C事之 開AB自脂	
	心母 /*s/	開AB斯支 開C司之 開C思之 開AB師脂	開C史之 開C使之	合AB隧脂 合AB邃脂 開AB四脂 開C使之	
	書母 /*sj/	開AB尸脂	開C市之 開C始之 開AB矢脂	開C侍之	
	羊母 /*j/	開AB夷脂	開C已之		
아음	見母 /*k/	開C姬之 開B祁脂	開A枳支 開C鬼微	合C貴微	
	群母 /*g/	開B奇支 開AB歧支 開C其之		開B義支	
후음	曉母 /*h/				
	影母 /*ʔ/	開A伊脂 合C韋微		開C意之 合B位脂 合C畏微 合C尉微 開C衣微	

이제, 표음자를 고구려 멸망 이전에 기록된 340자로 한정해 보자.

(20) 止攝字의 분포 분석표 (340자 기준)

성모	성조	평성L	상성R	거성D	입성E
순음	幫母 /*p/	$_A$卑$_支$ $_B$碑$_支$		$_A$比$_脂$ $_B$㲋$_脂$ $_C$沸$_微$	
	並母 /*b/				
	明母 /*m/	$_A$彌$_支$	$_C$尾$_微$	$_A$寐$_脂$ $_C$未$_微$	
설음	端母 /*t/				
	透母 /*tʰ/				
	定母 /*d/			$^{開}_{AB}$地$_脂$	
	泥母 /*n/	$^{開}_C$而$_之$	$^{開}_{AB}$爾$_支$		
	來母 /*l/	$^{開}_{AB}$離$_支$ $^{開}_{AB}$璃$_支$	$^{開}_C$裏$_之$	$^{開}_{AB}$離$_支$ $^{開}_{AB}$利$_脂$	
치음	精母 /*ts/	$^{開}_{AB}$支$_支$ $^{開}_{AB}$眥$_支$ $^{開}_C$芝$_之$ $_{AB}$咨$_脂$ $^{開}_{AB}$資$_脂$ $^{開}_C$慈$_之$	$^{開}_{AB}$底$_脂$ $^{開}_{AB}$眥$_支$ $^{開}_C$子$_之$ $^{開}_C$士$_之$	$^{開}_{AB}$刺$_支$ $^{開}_{AB}$次$_脂$ $^{開}_C$事$_之$	
	心母 /*s/	$^{開}_{AB}$斯$_支$ $^{開}_C$司$_之$	$^{開}_C$史$_之$ $^{開}_C$使$_之$	$^{合}_{AB}$隧$_脂$ $^{合}_{AB}$遂$_脂$ $^{開}_C$使$_之$	
	書母 /*sj/				
	羊母 /*j/	$^{開}_{AB}$夷$_脂$			
아음	見母 /*k/				
	群母 /*g/	$^{開}_B$奇$_支$ $^{開}_C$其$_之$			
후음	曉母 /*h/				
	影母 /*ʔ/	$^{開}_A$伊$_脂$		$^{開}_C$意$_之$ $^{合}_B$位$_脂$ $^{開}_C$衣$_微$	

위의 분포 분석표 (20)에서는 멸망 이후에 사용된 來母 /*l/ 행, 거성 열의 '$^{合}_{AB}$絫$_支$' 가 제외된다. 이에 따라 支韻 3등은 항상 개구라는 제약이 새로 추가된다. 脂韻 3등에 대해서는 아음 뒤에 오지 않는다는 제약이 새로이 추가된다. 脂韻 3등의 제약은 의미가 없을지도 모른다. 전체 止攝字 중에서 아음 뒤에 오는 것은 어차피 용례가 적어 '$^{開}_B$奇$_支$'와 '$^{開}_C$其$_之$'의 둘뿐이기 때문이다.

之韻 3등의 분포는 치음 뒤로 집중된다. 설음 來母의 '開_C裏_之', 아음 群母의 '開_C其_之', 후음 影母의 '開_C意_之' 등이 예외이고 나머지 之韻 3등은 모두 치음 뒤에 온다. 멸망 이전의 微韻字는 순음 뒤의 '_C沸_微, _C尾_微, _C未_微'와 후음 뒤의 '開_C衣_微'로 한정된다. 따라서 고구려어에서 之韻 3등과 微韻 3등이 상보적 분포였을 가능성이 더욱 커진다.

止攝의 음운대립에서는 微韻 3등이 독자적 운모인지가 논의의 출발점이 된다. 고구려 멸망 이전의 표음자로 한정한 (20)에서는 微韻 3등이 支韻 3등과 더불어 동일 칸에 오지 않는다. 이것은 微韻과 支韻이 상보적 분포임을 뜻하므로 두 운모를 하나로 묶어서 支韻 3등·微韻 3등이라 할 수 있다.

그런데 微韻은 3등 C인 데에 비하여 支韻은 3등 A, AB, B라서 等에서 세부적으로 차이가 난다. 3등 C가 3등 A, AB, B와 다르게 행동하는 경우가 적지 않기 때문이다. 따라서 고구려어에서 微韻 3등을 支韻 3등에 편입하여 支韻 3등·微韻 3등이라 하기가 어렵다. 중국 음운학에서도 脂韻 3등에서 微韻 3등을 갈라낸 견해가 있지만,[34] 支韻 3등에서 微韻 3등을 분리한 견해는 없다. 따라서 支韻과 微韻을 하나의 운모 支韻 3등·微韻 3등으로 묶을 수가 없다.

이에 따라, 微韻 3등 C가 等에서 역시 3등 C인 之韻과 상보적 분포가 아닐지 검토해 보았다. (20)의 분포 분석표에서 之韻 3등과 微韻 3등이 동일 칸에 온 것으로 후음 影母 /*ʔ/ 행의 거성 열에 온 '開_C意_之'와 '開_C衣_微'가 있다.[35] 이것은 之韻 3등과 微韻 3등의 운복 최소대립 쌍임이 분명하다. 아래의 용례에서 볼 수 있듯이, 대립 항의 용례도 적은 편이 아니다. 대립 성립의 시점은『周書』,『隋書』가 편찬된 7세기 중엽이다.

(21) 之韻 3등과 微韻 3등의 최소대립 쌍과 그 용례

　影母 /*ʔ/의 거성 – 開_C意_之 : 開_C衣_微

---

34 이것은 淸代의 章炳麟(1869~1936년)의 견해이다(王力 1980: 242, 李鍾振·李鴻鑛 역). 王力도 이에 동의했다.
35 書母를 心母 /*s/로 통합하고 淸母와 從母를 精母 /*ʦ/로 통합하더라도, 之韻과 微韻의 최소대립 쌍은 이것 하나뿐이다.

{意侯奢(주서, 수서, 사), 意斯(일), 久留川麻乃意利佐(성)} : {皂衣(삼국, 남사), 皂衣頭大兄(삼국), 皂衣先人(삼국, 양서), 古衣浦, 骨衣內縣, 骨衣奴縣, 仇斯波衣, 別史波衣, 夫斯波衣縣, 齊次巴衣縣(지리)}

그런데도 之韻 3등 C와 微韻 3등 C가 상보적 분포일 가능성을 배제할 수 없다. 아후음 뒤의 微韻 3등은 분포 분석표 (19)에서 확인할 수 있듯이 대부분 합구이다.[36] 그런데 (21)의 대립 쌍 '開C衣微'만 유독 개구이다. 이것은 '衣'가 모종의 특수성을 가지고 있는 표음자임을 말해 준다. 달리 말하면 '衣'가 개구의 음가를 가지는 것은 아주 독특한 예외라는 뜻이다. 대립 항 '開C意之'에도 문제가 있다. '意'는 한어 상고음에서는 子音 운미를 가지는 한자에 속하여 韻部가 '代'였다.[37] 상고음의 代部는 중고음에서는 止攝이 아니라 蟹攝의 咍韻에 해당한다. 반면에 대립 항 '衣'는 상고음에서 중고음에 이르기까지 줄곧 微韻이었다. 위의 두 가지를 강조하면 (21)의 최소대립 쌍을 의심하게 된다. 이 의심을 논거로 삼아 우리는 之韻 3등 C의 운복이 고구려어에서 微韻 3등 C의 운복과 음운론적으로 대립하지 않았다고 본다. 즉 微韻 3등을 之韻 3등의 합구운으로 보아, 이 둘의 운복이 동일하다고 본다. 이 둘을 하나로 합칠 때에는 '之韻 (·微韻) 3등'과 같이 표기한다.

요컨대, 微韻 3등이 支韻 3등과 상보적 분포를 보인다는 사실을 중시하여 微韻을 支韻과 합칠 수도 있고, 微韻 3등 C와 之韻 3등 C의 운복 최소대립 쌍 (21)을 의심하여 微韻을 之韻과 합칠 수도 있다. 우리는 둘째 방법을 택한다. 微韻과 支韻이 상보적 분포를 보임은 우연의 소치이지만, 微韻과 之韻이 개합의 짝임은 체계적인 차이라고 해석한다.

之韻 (·微韻)은 항상 3등 C이고, 支韻과 脂韻은 대부분 3등 AB이다.[38] 이 점에서 之韻 (·微韻)과 支韻이, 之韻 (·微韻)과 脂韻이 각각 음운대립을 이룰 것이라고 예측할 수 있다.

---

36 微韻은 순음과 아후음 뒤에만 분포하는데, 순음 뒤에서는 개합의 구별이 없다. 따라서 微韻의 개합은 아후음 뒤에서만 확인할 수 있다.

37 http://ytenx.org/의 '意'를 참고하였다.

38 3등의 A와 B는 순음과 아후음의 뒤에 오고, 3등의 AB는 설치음 뒤에 온다.

(22) 之韻 (·微韻) 3등과 支韻 3등의 음운대립 쌍과 그 용례

1. 精母 /*ʦ/의 평성 – $^{開}_C$芝$_之$, $^{開}_C$慈$_之$: $^{開}_{AB}$支$_支$, $^{開}_{AB}$眥$_支$

   {芝栖(수서)}, {慈惠(모두), 慈(고자묘), 慧慈(일)} : {處閭近支(삼국, 당서), 析支
   利城^{百}(광개), 莫離支(천남생, 천헌성, 고자묘, 천남산, 구당, 당서, 사, 유), 乙支
   文德(북사, 수서, 사), 伊伐支縣, 自伐支, 加支達縣, 於支呑, 支山縣(지리), 莫
   支(구당), 於只支(사, 유), 薛支, 菸支留(사)}, {馬眥水(삼국, 후한, 당서)}

2. 精母 /*ʦ/의 상성 – $^{開}_C$子$_之$, $^{開}_C$士$_之$: $^{開}_{AB}$眥$_支$

   {國子博士(삼국), 太子河(후한), 子遊(천남생), 童子忽縣, 蕪子忽(지리), 宴子
   拔, 五田子(일본), 高莊子(속), 高奴子, 墨胡子, 胡子(사)}, {國子博士(삼국),
   太學博士(삼국, 사), 高道士(성)} : {위의 (22.1)과 동일(삼국 등)}

3. 精母 /*ʦ/의 거성 – $^{開}_C$事$_之$: $^{開}_{AB}$刺$_支$

   {通事(삼국)} : {刺史(삼국, 구당)}

4. 心母 /*s/의 평성 – $^{開}_C$司$_之$: $^{開}_{AB}$斯$_支$

   {司馬(양서, 북사)} : {肅斯舍(광개), 去斯斬, 古斯也忽次, 古斯馬縣, 仇斯波衣,
   冬斯肹, 伏斯買, 夫斯波衣縣, 夫斯達縣, 於斯內縣, 於斯買, 烏斯含達, 烏斯
   押, 烏斯迵,(지리), 久斯祁王(성), 意斯(일), 斯卑, 斯劉(사), 斯由(사, 유)}

5. 群母 /*g/의 평성 – $^{開}_C$其$_之$: $^{開}_B$奇$_支$

   {其國城^{百}(광개)} : {拔奇(삼국, 사)}

(23) 之韻 (·微韻)과 脂韻의 음운대립 쌍과 그 용례

1. 幇母 /*p/의 거성 – $_C$沸$_微$: $_A$比$_脂$, $_B$毖$_脂$

   {沸流江/沸流水(삼국, 후한, 양서, 북사, 사), 沸水(삼국), 沸流谷, 沸□□利城
   ^{百}(광개), 沸流王(사)} : {比利城, 豆比鴨岑韓^{百}(광개), 冬比忽, 甲比古次, 比列
   忽, 習比谷(지리)}, {毖(천비묘)}

2. 明母 /*m/의 거성 – $_C$未$_微$: $_A$寐$_脂$

   {未夷(천남생), 未乙省(지리)} : {寐錦(광개, 중원), 東夷寐錦(중원)}

3. 精母 /*ʦ/의 평성 – $^{開}_C$芝$_之$, $^{開}_C$慈$_之$: $^{開}_{AB}$咨$_脂$

   {芝栖(수서)}, {慈惠(모두), 慈(고자묘), 慧慈(일)} : {笮咨(삼국), 就咨城(광개),

文咨王(위서, 남사, 북사, 사), 文咨明王(유)}

4. 精母 /*ʦ/의 상성 – $^{開}_{C}$子$_之$, $^{開}_{C}$士$_之$: $^{開}_{AB}$底$_脂$

   {위의 (22.2)와 동일(삼국 등)}, {博士(삼국, 사), 高道士(성)} : {求底韓^{百}(광개)}

5. 精母 /*ʦ/의 거성 – $^{開}_{C}$事$_之$: $^{開}_{AB}$次$_脂$

   {通事(삼국)} : {次大王(삼국, 사, 유), 皆次山郡, 齊次巴衣縣, 古斯也忽次, 甲
   比古次, 弓次云忽, 首次若, 要隱忽次, 皆次丁, 也次忽, 仇次忽(지리)}

6. 影母 /*ʔ/의 거성 – $^{開}_{C}$意$_之$, $^{開}_{C}$衣$_微$: $^{合}_{B}$位$_脂$

   {意侯奢(주서, 수서, 사), 意斯(일), 久留川麻乃意利佐(성)}, {皀衣(삼국, 양서),
   *卓衣(남사), 齊次巴衣縣, 仇斯波衣, 骨衣內縣, 首知衣, 古衣浦(지리)} : {位
   宮(삼국, 양서, 위서, 북사, 수서, 사), 上位使者(삼국, 당서, 사), 駮位居, 收位使
   者(삼국), 位頭大兄(천남생, 고자묘, 천남산, 사), 位氏(성), 憂位居, 自位(사)}

위에서 볼 수 있듯이, 실제로 之韻 (· 微韻) 3등이 支韻 3등이나 脂韻 3등과 음
운대립을 이루는 예가 많다. 之韻 (· 微韻) 3등과 支韻 3등의 음운대립은 『삼국
지』가 편찬된 3세기 후반에 성립하여 7세기 중엽까지 유지된다. 之韻 (· 微韻) 3
등과 脂韻 3등의 음운대립도 마찬가지이다. 다만, (23.6)의 대립 쌍에는 개음 차
이 우선의 원칙이 적용되므로, 이것은 운복의 최소대립 쌍에서 제외해야 한다.

다음으로, 支韻 3등과 脂韻 3등이 동일 칸에 와서 최소대립을 이루는 것은 아
래의 일곱 쌍이다. 대립 성립의 시점은 『삼국지』가 편찬된 3세기 후반이고 7세기
중엽까지 대립이 유지된다. 따라서 고구려어에서는 일찍부터 支韻 3등과 脂韻 3
등이 변별되었다고 보아야 한다.

(24) 支韻 3등과 脂韻 3등의 최소대립 쌍과 그 용례

1. 來母 /*l/의 거성 – $^{開}_{AB}$離$_支$: $^{開}_{AB}$利$_脂$

   {莫離支(천남생, 천헌성, 천남산, 고자묘, 구당, 당서, 사, 유), 太大莫離支(천헌성,
   천남산), 摩離(사)} : {比利城, 碑利城, 幹弓利城^{百}, 古利城^{百}, 析支利城^{百}, 阿
   利水^{百}, 也利城^{百}, 於利城^{百}, 奧利城^{百}(광개), 若侔利(평양성;해), 乙弗利(양서,
   위서, 북사), 波利縣, 助利非西, 肖利巴利忽, 伊利柯須彌, 伊利之(일본), 久留

川麻乃意利佐, 伊利須使主, 許利都(성), 積利(구당, 당서), 高朱利, 類利, 積

利城, 助利, 託利(사), 累利(유)}

2. 精母 /*ʦ/의 평성 – $^{開}_{AB}$支_支, $^{開}_{AB}$訾_支 : $^{開}_{AB}$咨_脂

{위의 (22.1)과 동일(삼국 등)}, {위의 (22.1)과 동일(삼국 등)} : {위의 (23.3)

과 동일(삼국 등)}

3. 精母 /*ʦ/의 상성 – $^{開}_{AB}$訾_支 : $^{開}_{AB}$底_脂

{위의 (22.1)과 동일(삼국 등)} : {求底韓^{百}(광개)}

4. 精母 /*ʦ/의 거성 – $^{開}_{AB}$刺_支 : $^{開}_{AB}$次_脂

{刺史(삼국, 구당)} : {次大王(삼국, 사, 유), 皆次山郡, 齊次巴衣縣, 古斯也忽

次, 甲比古次, 弓次云忽, 首次若, 要隱忽次, 皆次丁, 也次忽, 仇次忽(지리)}

그렇다면, 결론적으로 고구려어의 止攝에서는 之韻 (·微韻) 3등, 支韻 3등, 脂

韻 3등의 세 가지 운모가 음운론적으로 대립했다고 할 수 있다.

그런데 支韻과 脂韻에서는 3등 A와 3등 B가 동일 칸에 온 것이 아래의 두 쌍이

나 되어 주목된다.

(25) 支韻 3등 A와 3등 B의 음운대립 쌍

幇母 /*p/의 평성 – $_A$卑_支 : $_B$碑_支

{卑奢城(수서, 사), 奢卑城(북사), 沙卑城(구당, 당서, 요사), 卑沙, 卑列, 斯卑, 於

卑留(사)} : {碑麗, 碑利城(광개)}

(26) 脂韻 3등 A와 3등 B의 음운대립 쌍

幇母 /*p/의 평성 – $_A$比_脂 : $_B$悲_脂

{比利城, 豆比鴨岑韓^{百}(광개), 冬比忽, 甲比古次, 比列忽, 習比谷(지리)} : {悲(천

비묘)}

(25)는 支韻 3등 A와 3등 B의 예이고 (26)은 脂韻 3등 A와 3등 B의 예인데, 이

들은 等의 최소대립 쌍임이 분명하다. 대립 항의 용례에서도 문제될 것이 전혀

없다. 이 대립의 성립 시점은 7세기 중엽이다. 대립 성립의 시기가 아주 늦은 편이지만, 고구려 멸망 무렵에 止攝의 3등 A와 3등 B가 음운론적으로 대립했다는 사실을 보여 주는 데에는 손색이 없다. 따라서 支韻 3등 A와 3등 B의 음가를 구별해야 하고, 脂韻 3등 A와 3등 B도 서로 음가가 달랐다고 보아야 한다.

여기에서 支韻 3등 A와 脂韻 3등 A가 동일 칸에 오거나 支韻 3등 B와 脂韻 3등 B가 동일 칸에 오는 예가 있는지 다시 살펴볼 필요가 있다. 고구려 멸망 이전의 표음자로 한정하면 그런 예가 없다. 이것은 支韻 3등과 脂韻 3등의 운복이 서로 다르다 하더라도 이들의 A와 B는 운복의 차이가 아니라 介音에서의 차이일 가능성을 암시한다.

이상의 논의를 종합하면, 止攝에서는 일단 之韻 (・微韻) 3등, 支韻 3등, 脂韻 3등의 세 가지가 음운론적으로 대립했는데, 支韻 3등과 脂韻 3등에서는 다시 3등 A와 3등 B의 음가가 각각 달랐다고 정리할 수 있다. 3등 A와 3등 B가 구별되었다는 것은 고구려어의 止攝에 이른바 重紐가 있었음을 뜻한다. 중뉴는 성모가 동일한 유형이지만 운모가 조금씩 다른 것을 의미한다. 중뉴에 속한 글자들을 韻圖에서는 3등과 4등으로 갈라놓았는데, 支韻, 脂韻, 眞韻, 仙韻, 宵韻, 侵韻, 鹽韻, 祭韻 등이 이에 속한다. 중뉴에 속하는 성모는 순음, 아음, 후음의 글자들이다(최희수 1986: 134~5).

이 重紐의 차이는 대부분의 학자들이 介音 종류의 차이로 해석한다. 결국, 고구려어의 止攝은 크게 보면 三元對立이요, 세분하면 五元對立이다. 우리는 3원 대립을 운복의 차이로 해석하고, 5원 대립에 추가되는 重紐를 介音 종류의 차이로 해석한다.

고구려어의 이 5항에 음가를 배당하기 전에 편의상 한어 중고음의 止攝에서 여러 운모의 음가가 어떻게 추정되는지를 먼저 참고하기로 한다. 魏國峰(2014: 93~4)에 따르면, 『切韻』 시기의 한어에서 止攝의 음가는 아래의 (27)과 같이 추정된다.[39]

---

39 이것은 黃笑山(1995)와 麥耘(1995)를 종합하여 魏國峰(2014)가 독자적으로 작성한 것이다. 그러나 止攝의 여러 음가는 이미 南北朝 시기의 많은 한어 방언에서 脂韻 /*(r)i/ 하나로 합류했다고 한다(魏國峰 2014: 99).

(27) 한어 중고음의 止攝 음가 추정

운모＼등	3等 A	3等 B	3等 C	韻尾
支韻	*(w)iɛ	*(w)riɛ		−ø
脂韻	*(w)i	*(w)ri		−ø
之韻			*ɨ (=*ri)	−ø
微韻			*(w)riəi	−i

이 표의 /*r/은 黃笑山(2002), 鄭張尚芳(2003) 등이 추정한 것으로서 介音의 일종이다. 이것은 上古音의 *Cr 複聲母에서 /*r/이 약화되어 개음으로 바뀐 것이라고 한다. 그런데 우리는 이 /*r/ 개음을 고구려어의 음소로 인정하지 않는다. 고구려어가 알타이어에 속하는지 아직 확실하지 않지만 알타이어에는 語頭 子音群이 없기 때문이다. 또한 중세 한국어에서도 *Cr과 같은 어두 자음군이 없다. 따라서 위의 음가를 고구려에서 수용할 때에는 /*r/을 다른 음가로 수용했을 가능성이 크다. 魏國峰(2014: 93, 각주 124)이 (27)의 之韻 /*ri/를 /*ɨ/로 재해석했듯이, 고구려인들도 /*r/을 모음 요소의 일부인 것처럼 재해석했을 가능성이 있다.

위의 표에서 支韻 3등, 脂韻 3등, 之韻 3등, 微韻 3등의 운복은 각각 /*ɛ/, /*i/, /*ɨ/, /*ə/이다. 고구려어에는 전설 저모음 [*ɛ]와 전설 중모음 [*e]의 구별이 없다. 따라서 고구려어에서는 支韻 3등의 운복을 /*e/로 표기한다.[40] 그런데 앞에서 이미 논의했듯이, 고구려어에서는 之韻 3등과 微韻 3등의 구별이 없다. 이 두 운모를 하나의 운모 之韻 (・微韻) 3등으로 합칠 때에, 그 운복으로 之韻 3등의 /*ɨ/를 택해야 할지 微韻 3등의 /*ə/를 택해야 할지 머뭇거려진다.[41] 뒤에서 논의하겠지만, 운미 /*-ŋ, *-k/를 공통적으로 가지는 通攝・江攝・宕攝・曾攝・梗攝의 운복에서도 [*ɨ]와 [*ə]가 구별되지 않는다. 이 점을 고려하여, 之韻 (・微韻) 3등의 운복으로 /*ə/를 택하기로 한다. 이 /*ə/가 중세 한국어의 '一'와 '·'에 대응한다고 하면 이해하기 쉽다.

之韻 (・微韻) 3등의 운복보다 더 중요한 것은 운미이다. 魏國峰(2014: 93~4)에

---

40 王力(1957)은 [*e]를, 董同龢(1972)는 [*e, *ĭə]를, 李方桂(1980)은 [*ĭə]를 택했다.
41 魏國峰(2014)의 /*ə/에는 중세 한국어의 '·'가 대응한다. 이 점에 착오 없기를 바란다.

서는 (27)에 제시한 것처럼 之韻 3등에는 운미가 없지만 微韻 3등에는 운미 /*−i/
가 있다고 보았다. 반면에, 이토 지유키(2007: 190)에서는 止攝에 속하는 支韻 3등,
脂韻 3등, 之韻 3등, 微韻 3등의 네 가지에 모두 운미가 있다고 했다. 微韻 3등과
脂韻 3등에는 /*−i/ 운미가 있고 之韻 3등과 支韻 3등에는 /*−ɯ/ 운미가 있다고
했다. 이처럼 止攝의 운미에 대한 해석이 학자마다 다르다.

우리는 일단 고구려어의 止攝에 운미가 없다고 가정하고, 고구려어의 음운대
립에 알맞게 (27)을 수정해 본다. (27)에서 'w'로 표기한 것은 합구음 짝을 표시
하기 위한 것인데, (28)에서는 번거로움을 피하여 이 'w'를 생략한다.

(28) 고구려어 止攝 운모의 음가 추정 (단, /*r〉*ɪ/, /*ri〉*ɪ/)

운모 \ 등	3등 A	3등 B	3등 C	韻尾
支韻	*je	*ɪe, *e		−ø
脂韻	*i	*ɪi, *i		−ø
微韻·之韻			*ɪə, *ə	−ø

(27)을 (28)과 같이 수정할 때에 두 가지 가능성을 고려하였다. 첫째, 한어 중
고음의 /*r/뿐만 아니라 /*ri/도 고구려어에서 후설 평순 개음 /*ɪ/로 수용했다
고 가정한다.[42] 둘째, 한어의 개음 /*r/과 /*ri/가 고구려어에 수용될 때에 탈락
했다는 가정도 성립한다. (28)에서는 첫째의 가정에 따른 것을 앞에 놓고, 둘째
의 가정에 따른 것을 뒤에 놓았다. 중요한 것은 첫째 가정을 택하든 둘째 가정을
택하든, 항상 支韻 3등, 脂韻 3등, 之韻 (·微韻) 3등 상호 간의 음가 차이가 유지
된다는 점이다. 이 세 운모의 운복이 각각 /*e/, /*i/, /*ə/이므로,[43] 운복에서 이
미 이들 상호 간의 음운대립이 유지된다. 之韻과 微韻의 상고음 운복으로 王力
(1957), 李方桂(1980), 董同龢(1972) 등이 모두 [*ə]를 택했다는 점을 강조해 둔다.

---

42 이에 대한 논거를 현재로서는 제시하기가 어렵다.

43 중고음의 脂韻 운복으로 王力(1957)과 李方桂(1980)은 [*i]를 택했고, 董同龢(1972)는 [*e, *ə]를
택했다. 之韻의 운복으로 王力(1957)은 [*ə]를, 董同龢(1972)는 [*i]를, 李方桂(1980)은 [*i]를 택
했다. 微韻의 운복으로 王力(1957)과 董同龢(1972)는 [*ə]를, 李方桂(1980)은 [*ə]를 택했다. 이
들은 모두 之韻은 운미가 없으나 微韻에는 운미 [*−i]가 있다고 보았다.

개음의 차이로 重紐를 구별한다면 (28)에서 볼 수 있듯이, 支韻 3등 A는 개음이 /*j/이고 支韻 3등 B의 개음은 한어의 /*r/에서 비롯된 /*ɪ/이다. 따라서 이 둘의 음가 차이는 개음 /*j/와 개음 /*ɪ/의 음가 차이라고 할 수 있다. 반면에, 脂韻의 3등 A에서는 개음이 없는 데에 반하여 3등 B에서는 개음 /*ɪ/가 있다. 따라서 脂韻에서는 A와 B의 음가 차이가 개음 /*ɪ/의 유무에 기반을 둔다고 할 수 있다.

그런데 3등은 항상 개음을 가진다는 원칙에 따르면 脂韻 3등 A의 추정음 /*i/는 옳지 않다. 이 문제를 해결할 방법이 없지 않다. 이 /*i/를 기저형에서는 개음 /*j/가 있는 /*ji/라고 재구하면 된다. 이 재구형 /*ji/에서 /*i/ 앞에 온 /*j/가 탈락한다고 기술할 수 있기 때문이다. /*ji/의 개음 /*j/가 모음 /*i/ 앞에서 탈락하는 것은 보편적인 현상이므로 전혀 문제될 것이 없다. 이처럼 기술하면, 支韻 3등뿐만 아니라 脂韻 3등에서도 개음의 종류에 따라 A와 B의 음가가 달라진다고 할 수 있다. 즉 3등 A의 개음은 /*j/이고, 3등 B의 개음은 /*ɪ/이다.

이제, 고구려어에서 후설 평순 개음 /*ɪ/를 음소로 인정할 것인가 하는 문제만 남는다. /*ɪ/ 개음을 인정하는 태도에서는 3등 A에는 전설 개음 /*j/를 배당하고, 3등 B에는 후설 개음 /*ɪ/를 배당한다. 그리하여 A와 B의 음운대립을 유지한다. 반면에, /*ɪ/ 개음을 인정하지 않는 태도에서는 (28)에서 볼 수 있듯이 脂韻 3등 A와 3등 B의 음가가 둘 다 /*i/가 된다. 그리하여 脂韻 3등 A와 3등 B의 음운대립이 무너진다. 반면에, 3등은 항상 개음을 가진다는 원칙에 따라 脂韻 3등 A를 /*ji/로 재구하면 脂韻 3등 A와 3등 B의 음운대립을 유지할 수 있다. 그런데 /*ɪ/ 개음을 인정하지 않으면 支韻 3등 B의 음가 /*e/와 脂韻 3등 B의 음가 /*i/가 새로 문제가 된다. 이들은 3등인데도 개음이 없기 때문에 자기모순에 빠진다. 이처럼 /*ɪ/ 개음을 인정하지 않는 태도를 따르면 항상 자가당착에 빠질 수밖에 없다. 따라서 우리는 /*ɪ/ 개음을 인정하는 태도를 택한다. 결론적으로, 고구려어의 개음은 3개이다. 전설 평순 개음 /*j/와 후설 원순 개음 /*w/에다 새로이 후설 평순 개음 /*ɪ/를 추가한다.

이제 支韻 3등, 脂韻 3등, 之韻 (· 微韻) 3등의 운복이 각각 /*e/, /*i/, /*ə/라는 논거를 더 자세하게 제시할 차례이다. 앞에서 이미 논의한 것처럼, 고구려어에서는 之韻 3등과 微韻 3등이 하나로 합쳐져서 之韻 (· 微韻) 3등이 된다. 한어 중고음의 음가인 (27)에서 之韻 3등의 음가 /*i/와 微韻 3등의 음가 /*jəi/를 참고하여 之韻(·微韻) 3등의 음가를 /*ɪə/ 정도로 추정할 수 있다. /*ɪə/는 운복 /*ə/의 앞에 후설 평순 개음 /*ɪ/가 온 것이다. 之韻·微韻이 항상 3등이기 때문에 이 개음을 반드시 가정해야만 우리의 논리에 맞는다.

그런데 한어 중고음에서는 微韻 3등과 之韻 3등이 陰聲韻尾 /*-i/를 가졌을 가능성이 있다. 이토 지유키(2007: 190)에서는 之韻 3등이 /*-ɯ/ 운미를 가지고 微韻 3등은 /*-i/ 운미를 가진다고 했다. 반면에, 魏國峰(2014: 93~4)에서는 之韻 3등에는 운미가 없고, 微韻 3등에는 /*-i/가 있다고 했다. 이 두 견해에서 공통되는 것은 微韻 3등의 운미 /*-i/이다. 우리는 이것을 따라 고구려어의 之韻(·微韻) 3등이 /*-i/ 운미를 가졌으리라 추정한다.

이 추정에 따르면 고구려어 之韻(·微韻) 3등의 음가가 /*ɪəi/가 된다. 이때의 운복 /*ə/는 음성 [*ə]와 [*ɨ]를 아우르는 음소이므로, 고구려어의 /*ɪəi/는 개음 /*ɪ/를 논외로 하면 실질적으로 중세 한국어의 'ᅴ' 또는 'ᆞᅵ'에 대응한다. 널리 알려져 있듯이, 중세 한국어에서는 아후음 뒤의 之韻 3등과 微韻 3등을 'ᅴ'로 수용한다. 이 점에서 고구려어의 之韻(·微韻) 3등이 /*-i/ 운미를 가졌으리라는 추정이 설득력을 갖는다.

다음으로, 支韻 3등과 脂韻 3등의 음가를 논의한다. 支韻 3등과 脂韻 3등의 음가를 추정할 때에는 이들이 3등 A, AB, B에 속하므로 개음을 가진다는 점, 운복이 전설 모음이라는 점, 支韻 3등과 脂韻 3등의 분포상의 특징 정도밖에 참고할 것이 없다. 앞에서 정리한 것처럼 支韻 3등은 고구려어 표음자에서 항상 개구이지만 脂韻 3등에는 합구도 있다. 支韻 3등과 脂韻 3등의 음가를 추정할 때에 이 차이밖에 눈에 띄는 것이 없다.

일반적으로 전설성이 강할수록 원순성은 상대적으로 떨어진다. 이것은 한어에는 잘 적용되지 않지만 여타의 언어에서는 보편적이다. 이와 관련하여 고구려어에서는 한어와 달리 전설 원순 개음 /*ɥ/을 설정하기가 어렵다는 점이 중요하다. 이 점을 감안하면 支韻 3등의 운복은 (27)의 /*ɛ/ 또는 (28)의 /*e/였을 가능성이 커진다. 支韻 3등이 합구인 예가 거의 없기 때문이다. 고구려어에서는 [*ɛ]와 [*e]의 음운대립이 없으므로 支韻의 음가를 /*je/로 추정하기로 한다. 반면에 脂韻에

는 합구 제약이 없으므로 그 운복이 (27)과 (28)의 /*i/였을 가능성이 커진다.[44]

고구려어의 支韻 3등은 항상 開口이므로 여기에는 원순성을 더할 수 없다. 支韻을 /*je/로 추정하면서 만약에 여기에 合口를 더하면 이론적으로 /*wje/(또는 /*jwe/)가 된다. 이것을 알기 쉽게 IPA로 표기하면 /*ɥe/가 되는데, 고구려어에는 한어와는 달리 전설 원순 활음 /*ɥ/가 없다. 중국 淸代의 음운학 용어로 말한다면, 한어에서는 撮口呼가 두루 허용되지만 고구려어에서는 촬구호를 허용하지 않는다고 말할 수 있다. 따라서 고구려어에서는 支韻 3등의 합구음이 기원적이고도 체계적으로 배제된다고 할 수 있다. 이 제약에 따라 고구려어의 支韻 3등에는 합구가 없다. 이것을 설명할 때에 支韻 3등의 음가를 /*je/로 추정하면 안성맞춤이다.

이와는 달리, 고구려어의 脂韻 3등에는 합구 제약이 없다. 우리의 추정처럼 脂韻 3등이 /*i/의 음가를 가진다면, 脂韻 3등의 합구음은 /*w/를 더한 /*wi/가 된다.[45] 이것은 撮口呼가 아니라 合口呼이므로 고구려어의 음운구조에서 얼마든지 허용된다. 脂韻 3등의 음가를 /*ji/라 하더라도 문제될 것이 없다. /*ji/의 합구음은 /*wji/일 텐데, /*wji/에서는 모음 /*i/ 앞에서 개음 /*j/가 탈락하는 규칙이 /*wj/가 전설 원순 개음 /*ɥ/로 실현되는 규칙보다 먼저 적용된다고 기술하면 된다. 따라서 고구려어에서 脂韻 3등의 음가를 /*i/ 또는 /*ji/로 추정하면 脂韻 3등의 개구와 합구를 두루 충족할 수 있다. 이에 따라 支韻 3등의 음가를 /*je/로, 脂韻 3등의 개구음을 /*ji/로, 脂韻 3등의 합구음을 /*wi/로 추정한다.

결론적으로, 고구려어의 止攝에는 之韻 (ㆍ 微韻) 3등, 支韻 3등, 脂韻 3등의 세 운모가 음운론적으로 대립했고, 支韻 3등과 脂韻 3등에서는 3등 A와 3등 B의 음가가 서로 달랐다. 之韻 (ㆍ 微韻) 3등의 음가는 /*ɪəi/로, 支韻 3등 A는 /*je/로,

---

44 魏國峰(2014: 101)에서는 『切韻』 시기의 脂韻 운복을 /*i/, 支韻 운복을 /*ɛ/, 之韻 운복을 /*ɨ/라고 했다.

45 한국 중세음에서는 脂韻 合口가 'ㅠ'로 표음된 것이 많다. 이것은 脂韻 /*i/의 뒤에 合口 /*w/가 부가된 것이라고 해석할 수 있을지 모르겠다. 魏國峰(2014: 113)에서는 'ㅠ'로 표음된 것을 'ㅣ'와 원순성 대립을 이루는 음소나 상승 이중모음 'wi'가 고대 한국어에 존재하지 않았던 것으로 해석했다. 그러면서도 요약할 때에 /*i/의 合口音의 반영 양상은 복잡하여 규칙성을 찾을 수 없다고 했다.

支韻 3등 B는 /*ɪe/로, 脂韻 3등 A는 /*ji~*i/로, 脂韻 3등 B는 /*ɪi/로 추정된다. 이렇게 추정하면 한어의 후기 중고음에서 支韻 3등이 蟹攝의 齊韻 4등과 합류하는 현상을 기술할 때에도 효과적이다. 齊韻 4등은 그 음가가 /*ei/로 추정되기 때문이다.

한국 중세 한자음에서는 '斯[ᄉᆞ], 慈[ᄌᆞ], 次[ᄎᆞ]'의 'ᆞ'에서 볼 수 있듯이, 止攝이 치음 뒤의 환경에서 'ᆞ' 즉 /ʌ/로 표기된다. 그 음운론적 환경은 한마디로 요약하면 支韻, 脂韻, 之韻의 齒音 뒤이고,[46] 치음 중에서도 경구개음은 제외되고 치조음만 포함된다. 즉 치조음으로 분류되는 心母·邪母·生母·精母·淸母·從母 뒤에서는 止攝이 'ᆞ'로 반영되고, 경구개음인 書母·常母·船母·章母·昌母·羊母 뒤에서는 'ㅣ'로 반영된다.[47] 止攝이 'ᆞ'로 반영된 것에 대해서는[48] 일찍부터 논의가 이어져 왔다. 우리도 고구려어의 止攝字 중에 운복이 /*ʌ/인 것, 즉 한국 중세음의 'ᆞ'에 해당하는 것은 없었을까 하는 질문을 던진다.

고구려어에서 止攝의 운복은 之韻(·微韻) 3등의 /*ə/, 支韻 3등의 /*e/, 脂韻 3등의 /*i/ 등의 세 가지이다. 이 三元對立에서 중세 한국어의 'ᆞ' 즉 /ʌ/에 가장 가까운 것은 之韻(·微韻) 3등의 /*ə/이다. 그런데 한국 중세음에서는 之韻(·微韻) 3등뿐만 아니라 支韻 3등과 脂韻 3등도 'ᆞ'로 표음된다. 이것은 止攝에 관한 한, 한국 중세음의 'ᆞ'가 고구려어의 之韻(·微韻) 3등 운복을 그대로 이어받은 것이 아님을 암시한다. 오히려 之韻(·微韻) 3등, 支韻 3등, 脂韻 3등의 세 운모가 하나의 운모로 합류한 한자음을 이어받은 것이라고 해야 한다.

漢語 音韻史에서는 전기 중고음 시기에는 이들 운모가 구별되었다고 본다. 후기 중고음 시기에 들어서서 비로소 이들의 합류가 일어나고 支韻 3등과 齊韻 4

---

46 微韻은 齒音 뒤에 오지 않는다.
47 이에 따르면 日母 뒤에서는 'ㅣ'가 예상되지만, 이 예상과 달리 'ᆞ'로 반영된 것이 적지 않다.
48 止攝이 한국 중세음에서 'ᆞ'로 반영된 것은 한국 한자음에서만 독특하게 일어난 변화가 아니다. 王力(1957: 163)에 따르면 한어 자체에서 이와 비슷한 변화가 먼저 있었다. 이토 지유키(2007: 246~251)은 한어에서 이미 止攝의 음가가 바뀌었다는 것을 여러 對譯 자료를 통하여 자세히 논의한 바 있다. 그런데 최희수(1986: 142)에서 이러한 견해를 비판한 바 있어 주목된다. 'ᆞ'가 齒音 뒤에서 일어난 한어 중고음 이후의 변화를 반영한 것이라면 精組와 莊組뿐만 아니라 章組의 뒤에서도 'ᆞ'가 되어야 한다. 그런데 章組 뒤에서는 止攝이 항상 'ㅣ'로 반영되므로 한어 중고음 이후의 止攝 음가 변화로는 이 'ㅣ'를 설명할 수 없다는 것이다. 그리하여 한국 중세음의 'ᆞ'가 상고음에서 중고음으로 변화하는 과정에 있는 음이라 하였다.

등의 합류도 일어난다. 따라서 한국 중세음의 ' ㆍ '에 해당하는 음가는 中唐 이후의 止攝에서 찾아야 하고, 이것을 고구려어 止攝에서 찾는 것은 시기적으로 맞지 않다.

止攝에서 논의한 바를 음운대립을 중심으로 요약하면 다음과 같다.

(29) 止攝 운모의 음운대립

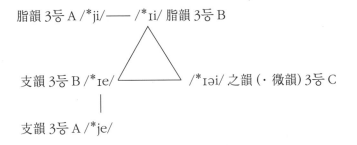

6.1.4. /*-ø/ 韻尾 종합

지금까지 /*-ø/ 韻尾에 속하는 운모 상호 간의 음운론적 대립관계를 통하여 운복의 음가를 추정해 보았다. 이 추정 음가를 한군데에 모아 보면 다음과 같다.

(30) 果攝·假攝, 遇攝, 止攝 운모의 음가 추정

1. 歌韻 1등·麻韻 2등 = /*a/
2. 戈韻 1등 = /*wa/
3. 麻韻 3등 = /*ja/
4. 模韻 1등 = /*o/
5. 魚韻 3등 = /*jo/
6. 虞韻 3등 = /*wu~*u, *ju/
7. 脂韻 3등 A = /*ji~*i/
8. 脂韻 3등 B = /*ɹi/
9. 支韻 3등 A = /*je/

10. 支韻 3등 B = /*ɪe/

11. 之韻 (· 微韻) 3등 = /*ɪəi/

(30.11)의 之韻 (· 微韻) 3등은 /*-ø/ 운미가 아니라 /*-i/ 운미이다. 따라서 /*-ø/ 운미의 운복에서는 之韻 (· 微韻) 3등의 운복 /*ə/가 제외된다. 이것을 제외하면, /*-ø/ 운미에서 확인되는 운복 모음은 /*a, *i, *u, *e, *o/의 5개이다. 이 5개가 모두 기본모음이라는 점이 무척 흥미롭다. 우리의 연구 방법이 보편성을 갖는다는 것을 암시하기 때문이다. 이것을 고려하여, 고구려어 음절은 /*-a, *-i, *-u, *-e, *-o/ 등의 기본모음으로 끝날 수 있다고 일반화할 수 있다. 반면에, /*-ə/로 끝나는 음절은 없다.

그런데 이들 5개 모음이 음운론적으로 대립했는지를 아직 논의하지 않은 것이 있다. 예컨대 假攝·果攝의 麻韻 3등 /*ja/가 遇攝의 魚韻 3등 /*jo/와 음운대립을 이루는지는 아직 검토하지 않았다. 이것을 논의하기 위하여 (30)의 여러 운모를 한군데로 종합하여 음운대립 관계를 다시 살펴볼 필요가 있다. /*-ø/ 운미를 한군데로 모아 분포 분석표를 만들 때에는 번거로움을 피하여 고구려 멸망 이전의 표음자 340자로 한정한다. 멸망 이후에 기록된 표음자는 신라나 고려의 표기법으로 굴절되거나 오염되었을 가능성이 있기 때문이다. 또한 止攝의 支韻 (· 微韻) 3등은 /*-ø/ 운미에서 제외한다. 이것은 /*-i/ 운미에 속하기 때문이다.

(31) /*-ø/ 운미인 **果攝字·假攝字, 遇攝字, 止攝字의 분포 분석표** (340자 기준)

성모 \ 성조		평성L	상성R	거성D	입성E
순음	帮母 /*p/	₂巴麻 ᴄ夫虞 ᴀ卑支 ʙ碑支	₁普模	ᴀ比脂 ʙ毖脂	
	並母 /*b/	ᴄ扶虞	₁簿模	ᴄ傅虞	
	明母 /*m/	₁模模 ₁摸模 ᴀ彌支	₂馬麻 ᴄ武虞	₁莫模 ᴀ寐脂	
설음	端母 /*t/	開₁多歌 ₁都模	₁賭模		
	透母 /*tʰ/		₁土模	₁吐模	
	定母 /*d/			開ᴀʙ地脂	

성모 \ 성조		평성^{L}	상성^{R}	거성^{D}	입성^{E}
설음	泥母 /*n/	$^{開}_{1}$那$_{歌}$ $_{1}$奴$_{模}$ $_{C}$如$_{魚}$ $_{C}$儒$_{虞}$	$^{開}_{AB}$若$_{麻}$ $^{開}_{AB}$爾$_{支}$		
	來母 /*l/	$^{開}_{1}$羅$_{歌}$ $_{1}$盧$_{模}$ $_{C}$閭$_{魚}$ $^{開}_{AB}$離$_{支}$ $^{開}_{AB}$璃$_{支}$	$_{C}$漊$_{虞}$	$^{開}_{AB}$離$_{支}$ $^{開}_{AB}$利$_{脂}$	
치음	精母 /*ʦ/	$_{C}$諸$_{魚}$ $_{C}$朱$_{虞}$ $_{C}$雛$_{虞}$ $_{C}$沮$_{魚}$ $^{開}_{AB}$支$_{支}$ $^{開}_{AB}$呰$_{支}$ $^{開}_{AB}$咨$_{脂}$ $^{開}_{AB}$資$_{脂}$	$^{開}_{1}$左$_{歌}$ $^{開}_{AB}$者$_{麻}$ $_{C}$主$_{虞}$ $^{開}_{AB}$底$_{脂}$ $_{C}$處$_{魚}$ $_{C}$沮$_{魚}$ $^{開}_{AB}$呰$_{支}$	$_{1}$祚$_{模}$ $_{C}$處$_{魚}$ $^{開}_{AB}$刺$_{支}$ $^{開}_{AB}$次$_{脂}$	
	心母 /*s/	$^{開}_{2}$沙$_{麻}$ $_{1}$蘇$_{模}$ $_{C}$須$_{虞}$ $^{開}_{AB}$斯$_{支}$		$^{合}_{AB}$隧$_{脂}$ $^{合}_{AB}$遂$_{脂}$	
	書母 /*sj/	$^{開}_{AB}$奢$_{麻}$ $_{C}$書$_{魚}$		$^{開}_{AB}$舍$_{麻}$	
	羊母 /*j/	$^{開}_{AB}$耶$_{麻}$ $_{C}$餘$_{魚}$ $_{C}$余$_{魚}$ $^{開}_{AB}$夷$_{脂}$	$^{開}_{AB}$也$_{麻}$		
아음	見母 /*k/	$^{開}_{2}$加$_{麻}$ $_{C}$居$_{魚}$	$^{合}_{1}$果$_{戈}$ $_{1}$古$_{模}$	$^{開}_{2}$賈$_{麻}$ $_{1}$固$_{模}$ $_{C}$句$_{虞}$	
	群母 /*g/	$^{開}_{B}$奇$_{支}$ $_{C}$嵎$_{虞}$	$_{1}$五$_{模}$		
후음	曉母 /*h/	$^{開}_{1}$河$_{歌}$ $^{合}_{1}$和$_{戈}$	$^{開}_{2}$下$_{麻}$	$^{開}_{2}$下$_{麻}$ $^{合}_{1}$和$_{戈}$	
	影母 /*ʔ/	$^{開}_{1}$阿$_{歌}$ $_{1}$於$_{模}$ $_{1}$烏$_{模}$ $_{C}$於$_{魚}$ $_{C}$于$_{虞}$ $^{開}_{A}$伊$_{脂}$		$^{合}_{B}$位$_{脂}$	

果攝·假攝, 遇攝, 止攝으로 나누어 정리했던 표음자를 하나의 분포분석표로 합쳐 보면 위와 같다. 여기에서 /*-ø/ 운미의 앞에 온 모음이 음운론적으로 대립하는지를 모두 확인할 수 있다.

분포 분석표 (31)에서 먼저 /*a/ 모음과 /*o/ 모음이 음운론적으로 대립했는지를 확인하기로 한다. 이때에는 歌韻 1등·麻韻 2등이 模韻 1등과 더불어 동일 칸에 온 것을 찾아보면 된다. 아래의 6쌍에서 歌韻 1등·麻韻 2등과 模韻 1등이 음운론적으로 대립한다. 이들은 운복의 최소대립 쌍임이 분명하므로 /*a/ 모음과 /*o/ 모음을 각각 독자적인 음소로 등록한다.

(32) 歌韻 1등·麻韻 2등 /*a/와 模韻 1등 /*o/의 음운대립 쌍과 그 용례 (6쌍)

  1. 端母 /*t/의 평성 – $^開_1$多$_歌$: $_1$都$_模$

    {多亏桓奴(중원), 多知忽, 多伐嶽州(지리), 多武(일본), 溫沙多門(당서, 요사), 多勿, 多勿都, 多勿候, 多式, 多優, 助多(사) : {都督(삼국, 구당, 당서, 사), 丸骨都(삼국), 丸都/丸都山(삼국, 진서, 양서, 위서, 남사, 북사, 수서, 지리, 사), 都盆(지리), 許利都(성), 中都城(요사), 仇都, 多勿都, 都頭, 都切, 都祖(사)}

  2. 泥母 /*n/의 평성 – $^開_1$那$_歌$: $_1$奴$_模$

    {那旦城^百, 散那城^百(광개), 那婁(삼존불), 尉那嵒城(지리), 那河(당서), 貫那/貫那部, 貫那夫人, 沸流那/沸流那部, 掾那/掾那部/椽那, 尉那巖, 提那部, 桓那/桓那部(사) : {灌奴部, 消奴部, 順奴部, 絶奴部(삼국, 후한, 양서, 남사), 涓奴部(삼국, 후한), 貫奴城^百, 豆奴城^百, 閏奴城^百, 巴奴城^百(광개), 多亏桓奴(중원), 賭奴(삼존불), 奴久(위서), 愼奴部(양서, 남사), 今勿奴郡, 奴音竹縣, 仍伐奴縣, 骨衣奴縣(지리), 奴流枳(일), 灌奴部, 伐奴城, 消奴部, 順奴部, 絶奴部(당서), 高奴子, 民奴各, 扶芬奴, 消奴加, 召西奴, 餘奴(사)}

  3. 來母 /*l/의 평성 – $^開_1$羅$_歌$: $_1$盧$_模$

    {加太羅谷, 古模耶羅城^百, 芬而耶羅城^百, 莫□羅城^百(광개), 延爾普羅(유인원), 何瑟羅州(지리), 羅雲(사) : {對盧(삼국, 후한, 양서, 남사, 수서, 천남산, 사), 大對盧(삼국, 주서, 북사, 구당, 당서, 구오, 당오, 사), 鴨盧, 各模盧城^百, 臼模盧城^百, 牟盧城^百, □古盧^百(광개), 葛蔓盧(위서, 북사), 葛盧(위서), 葛尾盧(북사), 瓠盧水(김인문, 구당), 太大對盧(천남생, 천헌성, 사), 發盧河(당서), 藥盧(사, 유), 葛盧孟光, 檀盧城, 麻盧(사)}

  4. 心母 /*s/의 평성 – $^開_2$沙$_麻$: $_1$蘇$_模$

    {彌沙城^百, 沙溝城^百, 沙水城(광개), 沙伏忽, 泥沙波忽, 沙熱伊縣, 沙非斤乙(지리), 達沙仁德(속), 沙卑城(구당, 당서, 요사, 사), 溫沙門/溫沙多門(구당, 당

서, 요사, 사), 突沙城, 沙勿, 沙勿澤, 沙城, 烏沙(사)} : {南蘇(한서, 광개, 구당, 당서, 사), 蘇灰城^百(광개), 骨蘇(주서), 蘇骨(주서, 북사, 사), 蓋蘇文(유인원, 구당, 당서), 扶蘇岬(지리), 蘇我稻目宿禰(일)}

5. 見母 /*k/의 거성 – ^開₂賈_麻 : ^開₁固_模

{東海賈(광개), 達賈, 賈(사)} : {伯固(삼국, 후한, 양서, 북사, 사), 帶固(삼국), 咄固, 安固(사)}

6. 影母 /*ʔ/의 평성 – ^開₁阿_歌 : ₁於_模, ₁烏_模

{阿旦城^百, 阿利水^百(광개), 阿垢(삼존불), 阿珍押縣, 烏阿忽, 阿兮縣, 乙阿旦縣^百, 加阿忽(지리), 阿達兮, 阿弗和度加(사), 阿道(사, 유)} : {於利城^百(광개), 於九婁(태천), 於乙買串, 於斯內縣, 屈於岬, 古所於, 于冬於忽, 於斯買, 於支呑, 奈生於(지리), 於只支(사, 유), 明臨於漱, 於卑留(사)}, {烏拙(주서, 북사, 수서, 사), 烏骨/烏骨城(천남생, 구당, 당서, 사), 滅烏, 烏斯含達, 烏阿忽, 烏根乃, 烏斯逈, 烏生波衣, 郁烏縣, 于烏縣, 烏斯押, 烏列忽(지리), 烏海城(당서), 烏伊(사)}

위의 대립 항은 대부분 고구려 대표자의 범주에 든다. 따라서 常用字 중심으로 음운대립을 기술한다는 우리의 연구 방향에 잘 어울린다. 대립 성립의 시점이 가장 이른 것은 광개토대왕비의 414년이고 이 대립이 7세기 중엽까지 이어진다.

이번에는 /*a/ 모음이 /*e/ 모음과 음운론적으로 대립했는지를 검토한다. 이 때에는 麻韻 3등의 /*ja/와 支韻 3등의 /*je/가 동일 칸에 오는지를 살피면 된다. 아래에서 麻韻 3등과 支韻 3등의 운복이 최소대립을 이룬다. 따라서 고구려어에서 /*a/ 모음과 /*e/ 모음이 변별되었다.

(33) 麻韻 3등 /*ja/와 支韻 3등 /*je/의 음운대립 쌍

1. 泥母 /*n/의 상성 – ^開AB若_麻 : ^開AB爾_支

{若侔利(평양성;해), 若豆耻縣, 若只頭耻縣, 首次若, 滿若縣(지리), 若光, 若德(일), 若友(사, 유), 波若(유)} : {延爾普羅(유인원), 首尒忽, 述尒忽縣, 內尒米(지리)}

2. 精母 /*ʦ/의 상성 – $^{開}_{AB}$者$_麻$: $^{開}_{AB}$訾$_支$

　　{大夫使者, 上位使者, 收位使者, 優台使者, 太大夫使者(삼국), 沛者(삼국, 후한, 양서, 남사, 사), 大使者(삼국, 모두, 중원, 태천, 주서, 북사, 수서, 당서, 사), 太大使者, 小使者(주서, 북사, 수서), 謁者(남사), 上位使者, 小使者(당서, 사), 太大使者, 九使者, 評者(사)} : {馬訾水(삼국, 후한, 당서)}

3. 心母·書母의 평성[49] – $^{開}_{AB}$奢$_麻$: $^{開}_{AB}$斯$_支$

　　{謁奢, 太奢(위서), 褥奢(주서, 북사, 수서), 意侯奢(주서, 수서, 사), 竟候奢, 奢卑城(북사), 卑奢城(수서, 사), 奢句(유)} : {肅斯舍(광개), 去斯斬, 古斯也忽次, 古斯馬縣, 仇斯波衣, 冬斯肹, 伏斯買, 夫斯波衣縣, 夫斯達縣, 於斯內縣, 於斯買, 烏斯含達, 烏斯押, 烏斯迥(지리), 久斯祁王(성), 意斯(일), 斯卑, 斯劉(사), 斯由(사, 유)}

　　(33.1)의 대립 항 '若'는 상성과 입성의 두 가지 성조를 가지고, (33.2)의 대립 항 '訾'는 평성과 상성의 두 가지 성조를 가지는 다음자이다. 따라서 (33.1~2)를 논거에서 제외하는 것이 안전할 것이다. 그렇다 하더라도 (33.3)의 '$^{開}_{AB}$奢$_麻$: $^{開}_{AB}$斯$_支$'에서 麻韻 3등과 支韻 3등의 최소대립이 성립한다. 이에 따르면 /*a/ 모음과 /*e/ 모음의 대립이 성립하는 시점은 『위서』가 편찬된 6세기 중엽이다.
　　다음으로, /*a/ 모음과 /*u/ 모음의 음운대립을 검토한다. 이때에는 麻韻 3등의 /*ja/와 虞韻 3등의 /*ju/를 대비하면 된다. 아래의 한 쌍에서 /*a/ 모음과 /*u/ 모음의 음운대립이 성립한다. 대립 항 '主'는 설치음 뒤에 虞韻 3등이 온 것이므로 성모를 제외한 음가가 /*ju/이다. 이것이 麻韻 3등의 /*ja/와 음운론적으로 대립하므로 /*a/와 /*u/를 각각 독자적인 음소로 설정한다. 대립 성립의 시점은 3세기 후반이다.

(34) 麻韻 3등 /*ja/와 虞韻 3등 /*ju/의 음운대립 쌍

1. 精母 /*ʦ/의 상성 – $^{開}_{AB}$者$_麻$: $_C$主$_虞$

---

49 이 대립 쌍은 心母와 書母를 하나로 합쳤을 때에 성립한다.

{위의 (33.2)와 동일(삼국 등)} : {위의 (17.3)과 동일(삼국 등)}

2. 心母·書母의 평성[50] – 開AB奢麻 : C須虞

　　{위의 (33.3)과 동일(위서 등)} : {위의 (13.2)와 동일(광개 등)}

　다음으로, /*a/ 모음과 /*i/ 모음의 음운대립을 검토한다. 이때에는 歌韻 1등·麻韻 2등을 脂韻 3등과 대비하면 된다. 脂韻 3등의 음가를 /*i/ 또는 /*ji/로 간주하면 아래의 4쌍에서 /*a/ 모음과 /*i/ 모음이 음운론적으로 대립한다. 대립 성립의 시점은 광개토대왕비가 건립된 5세기 초엽이다.

(35) 歌韻 1등·麻韻 2등의 /*a/와 脂韻 3등 /*ji~*i/의 음운대립 쌍과 그 용례 (4쌍)

1. 精母 /*ʦ/의 상성 – 開1左歌, 開AB者麻 : 開AB底脂

　　{左部(삼국, 당서), 左可慮, 左勿村, 左輔(사)}, {위의 (33.2)와 동일(삼국 등)} : {求底韓百(광개)}

2. 羊母 /*j/의 평성 – 開AB耶麻 : 開AB夷脂

　　{古模耶羅城百, 芬而耶羅城百(광개)} : {伊夷摸(삼국, 양서, 북사, 사), 未夷, 禑夷(천남생), 㠀夷(천남산, 사, 유), 辱夷城(당서, 사), 夷謨(유)}

3. 影母 /*ʔ/의 평성 – 開1阿歌 : 開A伊脂

　　{阿旦城百, 阿利水百(광개), 阿垢(삼존불), 阿珍押縣, 烏阿忽, 阿兮縣, 乙阿旦縣, 加阿忽(지리), 阿達兮, 阿弗和度加(사), 阿道(사, 유)} : {伊夷摸(삼국, 양서, 북사, 사), 伊珍買縣, 沙熱伊縣, 伊伐支縣, 買伊縣, 伊火兮縣, 伊文縣, 熊閑伊, 付珍伊, 甘勿伊忽(지리), 伊利柯須彌, 伊利之(일본), 伊利須使主(성), 伊弗蘭寺(사, 유), 烏伊(사), 伊速(유)}

　그런데 (35)에서 대립 항의 여러 용례가 광개토대왕이 백제로부터 탈취한 城名이라서 문제가 된다. (35.1)의 대립 항 ‘底’는 고구려어에서 ‘求底韓百’에만 사용되었다. 멸망 이전에 기록된 고구려어와 백제어에서는 이 용례의 ‘底’밖에 없

---

50 이 대립 쌍은 心母와 書母를 하나로 합쳤을 때에 성립한다.

다. '底'의 앞에 온 '求'도 마찬가지이다. 따라서 '底'가 고구려어 표음자일지 백제어 표음자일지 확인할 수 없다. 우리는 이런 城名을 일단 고구려 지명으로 간주한다. 백제 지명이라는 적극적 증거는 없지만, 고구려에서 기록했다는 것만은 분명하기 때문이다.

(35.2)의 대립 항인 '耶'는 고구려 멸망 이전의 용례로는 '古模耶羅城^百, 芬而耶羅城^百'(광개)뿐이다. 멸망 이전에 기록된 '耶'의 백제어 자료로는 '彌耶方, 殳耶'(목간 능산 25)의 예가 있다. 이것을 강조하면 '古模耶羅城^百, 芬而耶羅城^百'는 백제 지명이 된다. 그런데 '古模耶羅城^百'의 '模'는 고구려어의 용례로 '大模達'(삼국)과 '伊夷摸'(삼국, 양서, 북사, 사)가 있지만 백제어 용례는 없다. 더불어 사용된 '古'와 '羅'는 고구려와 백제에서 공통적으로 사용되었지만,[51] '芬'과 '而'의 용례는 멸망 이전의 고구려어와 백제어에서 사용된 적이 없다. 따라서 '芬而耶羅城^百'이 백제 지명일 가능성이 크지만 '古模耶羅城^百'은 고구려 지명일 가능성을 배제할 수 없다. (35.2)의 용례가 모두 백제 지명이라 하더라도, 여타의 대립 쌍에서 /*a/와 /*i/의 음운대립이 성립한다.

(35.3)의 대립 항 '阿'의 용례인 '阿垢'(삼존불)와 대립 항 '伊'의 용례인 '伊夷摸'(삼국, 양서, 북사, 사)가 중요한 용례가 된다. 이들의 '阿'와 '伊'는 고구려어에서 /*a/와 /*i/가 음운론적으로 대립했음을 보여 주는 결정적인 예이다. 대립 성립의 시점이 571년이다.

이제, /*o/ 모음과 /*e/ 모음이 음운론적으로 대립했는지를 검토한다. 이때에는 魚韻 3등의 /*jo/와 支韻 3등의 /*je/를 대비하면 된다. 아래의 6쌍에서 음운

---

51 (1) '古'의 용례
  1. 고구려 – <u>古</u>鄒加(삼국, 중원, 양서, 남사), <u>古</u>舍蔦城(광개), <u>古</u>牟婁城(중원), <u>古</u>鄒大加(후한, 당서)
  2. 백제 – <u>古</u>誕者, <u>古</u>離, <u>古</u>奚, <u>古</u>蒲, <u>古</u>臘(마한 국명), 餘<u>古</u>(남제), <u>古</u>沙城(주서, 북사), 烏<u>古</u>滿(목간 구아 8)
  (2) '羅'의 용례
  1. 고구려 – 加太<u>羅</u>谷(광개)
  2. 백제 – 涉<u>羅</u>(후한, 북사), 邁<u>羅</u>王(남제), 於<u>羅</u>瑕/於<u>羅</u>暇(북사, 주서), 毛<u>羅</u>(목간 나주 3), 邁<u>羅</u>城(목간 궁남 1)
  (2)의 백제어 용례 중에서 '於羅瑕/於羅暇'는 고구려에서 남하한 백제 상층부의 언어이므로 그 기원이 고구려에 있을 것이다.

464

대립이 성립하므로 /*o/와 /*e/는 각각 독자적인 음소임이 분명하다. (36.3~4) 에서는 대립 항 '處'가 상성과 거성의 두 가지 성조를 가진다. 상성과 거성은 고구려어에서 仄聲 하나로 묶이므로 하나의 대립으로 계산했다. 『삼국지』가 편찬된 3세기 후반에 대립이 성립하여 7세기 중엽까지 대립이 이어진다.

(36) 魚韻 3등 /*jo/와 支韻 3등 /*je/의 음운대립 쌍 (6쌍)

1. 來母 /*l/의 평성 – $_C$閭$_魚$: $^開_{AB}$離$_支$, $^開_{AB}$璃$_支$

   {處閭近支(삼국, 당서)} : {莫離支(천남생, 천헌성, 천남산, 고자묘, 구당, 당서, 사, 유), 太大莫離支(천헌성, 천남산), 摩離(사)}, {琉璃王(삼국, 사), 琉璃明王(사), 瑠璃王(유)}

2. 精母 /*ts/의 평성 – $_C$諸$_魚$: $^開_{AB}$支$_支$, $^開_{AB}$訾$_支$

   {諸兄(삼국, 당서, 사)} : {위의 (22.1)과 동일(삼국 등)}, {馬訾水(삼국, 후한, 당서)}

3. 清母 /*tsʰ/의 상성 – $_C$處$_魚$: $^開_{AB}$訾$_支$

   {處閭近支(삼국, 당서)} : {馬訾水(삼국, 후한, 당서)}

4. 清母 /*tsʰ/의 거성 – $_C$處$_魚$: $^開_{AB}$刺$_支$

   {處閭近支(삼국, 당서)} : {刺史(삼국, 구당)}

5. 心母·書母의 평성[52] – $_C$書$_魚$: $^開_{AB}$斯$_支$

   {典書客(삼국), 中書令(구당)} : {위의 (33.3)과 동일(광개 등)}

다음으로, /*o/ 모음과 /*i/ 모음의 음운대립을 논의한다. 이때에는 模韻 1등 /*o/나 魚韻 3등 /*jo/가 脂韻 3등의 /*ji~*i/와 더불어 동일 칸에 온 것을 찾으면 된다. 모두 12쌍의 음운대립 쌍을 찾을 수 있으므로 의심의 여지 없이 /*o/와 /*i/ 모음은 독자적인 음소이다. 대립 쌍이 많을 뿐만 아니라 이미 앞에서 거론된 대립 항이 많으므로 용례와 출전을 생략한다.

(37) 模韻 1等·魚韻 3等과 脂韻 3等의 음운대립 쌍 (13쌍)

1. 明母 /*m/의 거성 – $_1$莫$_模$: $_A$寐$_脂$

---

52 心母와 書母를 하나로 합쳤을 때에 대립이 성립한다.

2. 羊母 /*j/의 평성 – _C餘_魚, _C余_魚 : ^開_{AB}夷_脂

3. 精母 /*ʦ/의 평성 – _C諸_魚, _C沮_魚 : ^開_{AB}咨_脂, ^開_{AB}資_脂

4. 精母 /*ʦ/의 상성 – _C處_魚, ₁祚_模 : ^開_{AB}底_脂

5. 精母 /*ʦ/의 거성 – _C處_魚, ₁祚_模 : ^開_{AB}次_脂

6. 影母 /*ʔ/의 평성 – ₁於_模, ₁烏_模, _C於_魚 : ^開_A伊_脂

다음으로, /*u/ 모음이 /*e/ 모음과 음운론적으로 대립한 예를 찾아본다. 이때에는 虞韻 3등의 /*ju/와 支韻 3등의 /*je/를 대비하면 된다. 아래의 虞韻字들은 모두 설치음 뒤에 虞韻이 온 것이므로 이들의 虞韻은 /*ju/의 음가를 갖는다. 이 /*ju/가 支韻 3등의 /*je/와 음운대립을 이루므로, /*u/와 /*e/ 모음을 각각 독자적인 음소로 등록한다. 대립 성립의 시점은 『삼국지』가 편찬된 3세기 후반이다.

(38) 虞韻 3等 /*ju/와 支韻 3等 /*je/의 음운대립 쌍 (4쌍)

1. 心母 /*s/의 평성 – _C須_虞 : ^開_{AB}斯_支

{위의 (13.2)와 동일(광개 등)} : {위의 (33.3)과 동일(광개 등)}

2. 精母 /*ʦ/의 평성 – _C朱_虞 : ^開_{AB}支_支, ^開_{AB}觜_支

{위의 (17.2)와 동일(삼국 등)} : {위의 (22.1)와 동일(삼국 등)}, {馬<u>觜</u>水(삼국, 후한, 당서)}

3. 精母 /*ʦ/의 상성 – _C主_虞 : ^開_{AB}觜_支

{위의 (17.3)과 동일(삼국 등)} : {馬<u>觜</u>水(삼국, 후한, 당서)}

마지막으로, /*u/ 모음이 /*i/ 모음과 음운론적으로 대립하는 예를 찾아본다. 이때에는 虞韻 3등의 /*wu~*u/, *ju/를 脂韻 3등의 /*ji/와 대비하면 된다. 이 두 운모의 대립이 성립하는 시점은 3세기 후반이다.

(39) 虞韻 3等 /*ju, *wu~*u/와 脂韻 3等 /*ji/의 음운대립 쌍

1. 精母 /*ʦ/의 평성 – _C朱_虞 : ^開_{AB}咨_脂

{위의 (17.2)와 동일(삼국 등)} : {위의 (23.3)과 동일(삼국 등)}

2. 精母 /*ʦ/의 상성 – _C主_虞 : ^開_{AB}底_脂

{위의 (17.3)과 동일(삼국 등)} : {求底韓^百(광개)}

3. 影母 /*ʔ/의 평성 – _C于_虞 : ^開_A伊_脂

{위의 (13.4)와 동일(광개 등)} : {위의 (35.3)과 동일(삼국 등)}

(39.1)과 (39.2)의 대립 항 '朱'와 '主'는 설치음 뒤에 虞韻 3등이 온 것이므로 이곳의 虞韻은 /*ju/의 음가를 갖는다. 이것이 脂韻 3등의 음가인 /*ji~*i/와 음운대립을 이룬다. 따라서 /*u/와 /*i/ 모음은 독자적인 음소이다. (39.3)에서는 /*wu~*u/와 /*ji/가 음운대립을 이룬다. 虞韻 3등의 음가는 아후음 뒤의 환경이므로 /*wu~*u/를 택해야 한다. 이것이 脂韻 3등의 /*ji~*i/와 음운대립을 이루므로, 이 대립 쌍도 /*u/ 모음과 /*i/ 모음의 음운대립 쌍에 넣을 수 있다. 이에 따르면 /*u/ 모음이 /*i/ 모음과 음운론적으로 대립하는 시점이 3세기 후반기가 된다.

위에서 논의한 것보다 더 중요한 것은 /*u/ 모음과 /*o/ 모음 간의 음운대립과 /*i/ 모음과 /*e/ 모음 간의 음운대립이다. 이들은 바로 인접해 있는 모음 쌍이기 때문이다. 그러나 /*u/와 /*o/의 음운대립에 대해서는 위의 (13)에서 模韻 1등과 虞韻 3등이 음운론적으로 대립하는 쌍과 (17)에서 魚韻 3등과 虞韻 3등이 음운론적으로 대립하는 쌍을 들어 이미 논의했고, 이것을 (18)로 정리한 바 있다. 또한 /*i/와 /*e/의 음운대립에 대해서는 (24)에서 脂韻 3등의 운복 /*i/와 支韻 3등의 운복 /*e/가 최소대립을 이룬다는 것을 논의했고, 이것을 (29)에서 다시 정리한 바 있다. 따라서 이들의 음운대립은 의심의 여지가 없다.

지금까지, 장황하게 /*a, *i, *u, *e, *o/의 5개 모음 상호 간에 음운대립이 성립하는지를 논의하였다. 그 결과, 이들 상호 간의 음운대립이 두루 성립한다. 따라서 고구려어에 이 5개 모음이 음소로서 자리를 잡았다고 결론짓는다.

(40) /*a, *i, *u, *e, *o/ 상호 간의 음운대립

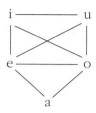

　이들 상호 간에 성립하는 음운대립을 직선으로 그어 보면 위와 같다. 멀리 떨어져 있는 /*a/와 /*i/의 사이와, /*a/와 /*u/의 사이에는 직선을 긋지 않았다. 이 두 쌍에서도 분명히 음운대립이 성립하므로, 5개 모음 상호 간에는 항상 음운대립이 성립한다고 결론지을 수 있다.

6.2. /*-u/ 韻尾인 攝

　한어 중고음에서 운미가 /*-u/인 攝에는 效攝과 流攝이 있다. 한국 중세의 현실 한자음에서는 이 운미를 그대로 수용하지 않는다. 음절말(또는 coda) 위치에 하향 활음 /w/가 오지 못한다는 제약에 맞추어 한어의 /*-u/ 운미를 대체하여 수용하는데, 고구려어에서도 마찬가지였는지 궁금해진다.

6.2.1. 效攝

　效攝에 속하는 운모 중에서 고구려어 표음자로 사용된 것에는 豪韻 1등(12/14자), 肴韻 2등(2자), 宵韻 3등(9/12자), 蕭韻 4등(6자) 등이 있다. 이들의 等은 각각 1등, 2등, 3등, 4등이므로 等의 차이는 네 운모의 차이와 항상 연동되어 있다. 현대 북경어에서는 效攝字가 [ao]를 공통적으로 가지는데, [ao]의 [o]가 한어 중고음의 陰聲韻尾 /*-u/에 해당한다. 效攝을 한마디로 정의하면 음성운미 /*-u/를 가지는 한자음의 집합이다.
　고구려어 표음자 중에서 效攝字를 골라 분포 분석표에 넣어 보면 다음과 같다.

(41) 效攝字의 분포 분석표 (704자 기준)

성모 \ 성조	평성L	상성R	거성D	입성E
순음 幫母 /*p/		1寶豪	1報豪	
순음 並母 /*b/				
순음 明母 /*m/	1毛豪	2卯肴		
설음 端母 /*t/	1刀豪 AB朝宵	4蔦蕭 4鳥蕭		
설음 透母 /*tʰ/				
설음 定母 /*d/	AB朝宵	1道豪		
설음 泥母 /*n/		1惱豪		
설음 來母 /*l/	4遼蕭 4僚蕭	1老豪		
치음 精母 /*ts/	AB釗宵 AB昭宵	1皂豪		
치음 心母 /*s/	AB消宵 4蕭蕭	1掃豪 AB小宵	1掃豪 AB肖宵	
치음 書母 /*sj/		AB少宵	AB召宵 AB少宵	
치음 羊母 /*j/				
아음 見母 /*k/	1高豪 2郊肴 4釗蕭			
아음 群母 /*g/				
후음 曉母 /*h/		1好豪	1好豪	
후음 影母 /*ʔ/	A要宵		1奧豪 A要宵	

이 분포 분석표에 따르면, 순음 뒤에는 宵韻 3등과 蕭韻 4등이 오지 않는다. 蕭韻 4등은 한국 중세음에서도 순음 뒤에 오는 예가 없으므로 이것은 체계적인 공백이라 할 수 있다. 그러나 고구려어 표음자에서 순음 뒤에 宵韻 3등이 오지 않은 것은 우연한 공백일지도 모른다. 한국 중세음에서는 순음 뒤에 宵韻 3등이 올 수 있기 때문이다.

그런데, 위의 분포 분석표에서 고구려 멸망 이전에 기록된 표음자만 남기고 멸망 이후에 기록된 것을 제외하면 새로운 분포 제약이 발견된다.

아래의 표에서 볼 수 있듯이, 이번에는 脣音 뒤에 오는 效攝字가 하나도 없다. 이것을 감안하여 고구려어에서는 순음 뒤에 效攝이 오는 일이 없다고 일반화할 수 있다. 비유해서 말하면, 고구려어에는 '닥/단, 삭/산, 쟉/쟌, 각/간, 확/환' 등의 음절은 있을 수 있지만 '박/반, 퍅/퍈, 막/만' 등의 음절이 없었다는 뜻이다. 널리 알려져 있듯이 한자음에는 '맘, 맙, 밤, 밥' 등의 음절이 없는데, '박/받, 팍/팓, 막/맏' 등의 음성운미 /*-u/가 이들의 종성 'ㅁ, ㅂ'과 유사한 것처럼 행동한다. 15세기의 『東國正韻』에서 /*-u/ 운미를 '-ㅱ'으로 표기한 것이 참고가 된다.[53] 따라서 이 음절구조제약은 초성과 종성 위치에 동시에 양순 자음이 오지 못한다는 제약과 비슷하다.

(42) 效攝字의 분포 분석표 (340자 기준)

성모 \ 성조		평성^L	상성^R	거성^D	입성^E
순음	幫母 /*p/				
	並母 /*b/				
	明母 /*m/				
설음	端母 /*t/	$_{AB}$朝$_{宵}$	$_4$蔿$_{蕭}$		
	透母 /*tʰ/				
	定母 /*d/	$_{AB}$朝$_{宵}$	$_1$道$_{豪}$		
	泥母 /*n/				
	來母 /*l/	$_4$遼$_{蕭}$			
치음	精母 /*ts/	$_{AB}$釗$_{宵}$ $_{AB}$昭$_{宵}$	$_1$皂$_{豪}$		
	心母 /*s/	$_{AB}$消$_{宵}$	$_1$掃$_{豪}$ $_{AB}$小$_{宵}$	$_1$掃$_{豪}$	
	書母 /*sj/				
	羊母 /*j/				
아음	見母 /*k/	$_1$高$_{豪}$ $_4$釗$_{蕭}$			
	群母 /*g/				
후음	曉母 /*h/		$_1$好$_{豪}$	$_1$好$_{豪}$	
	影母 /*ʔ/			$_1$奧$_{豪}$	

멸망 이전의 표음자 340자로 한정함으로써 새로 드러난 것이 또 하나 있다. 분포 분석표 (41)에서 확인할 수 있듯이, 肴韻字가 없다는 점이다. 이것은 1등의 豪韻과 2등의 肴韻이 고구려어에서 구별되지 않았음을 말해 준다. 한어 중고음에

---

53 리득춘(1994)에 수록된 「미모종성을 재차 론함」에서 미모 종성 즉 '-ㅱ'이 流攝·效攝의 운미에 해당하며, 流攝·效攝을 운미가 없는 운모와 구별하기 위하여 사용한 복고적·운서적 표시라고 했다. 申叔舟는 당시의 漢語 藥韻의 운미를 독특하게도 '-ㅸ'으로 표기했는데, 이것은 '-ㅸ'이 '-ㅱ'의 入聲 짝임을 나타내기 위한 표기법상의 처치였다(Handel 2014).

서는 豪韻 1등의 운복이 후설 저모음이라 하여 /*ɑu/로 재구하고, 肴韻 2등의 운복은 전설 저모음이라 하여 /*au/로 재구한다.[54] 그러나 고구려어에서는 이 둘의 음운대립이 성립하지 않으므로, 후설 저모음과 전설 저모음의 구별이 없다. 果攝의 歌韻 1등과 假攝의 麻韻 2등이 고구려어에서 구별되지 않았는데, 이 점에서는 果攝·假攝과 效攝이 동궤를 달린다. 이 둘을 종합하여, 고구려어에서는 1등과 2등이 비변별적이었다고 일반화할 수 있다.

그런데 고구려어 표음자 340자 세트에 肴韻字가 없다는 공백이 자료의 불충분에서 비롯된 것이므로 이 공백을 우연한 일로 해석해야 한다고 비판할 수 있다. 용례가 없으므로 체계적 논의가 불가능하다는 비판이다. 그러나 용례의 공백은 대개 체계적인 원인이 있다. 고구려어에 '박/밬, 막/맠, 뱍/뱩, 먁/먘' 등과 '밥/밤, 맙/맘, 뱝/뱜, 먑/먐' 등의 음절이 없다는 것이 그 대표적인 예이다. 용례가 없다는 것이 거꾸로 음절구조에 대해 말해 주는 바가 적지 않으므로, 음절구조를 기술할 때에는 이 공백을 반드시 거론해야 마땅하다. 이것을 비유하여 '無用例의 逆說'이라고 부를 수 있다.

(42)의 분포 분석표에서 동일 칸에 온 것은 다음의 두 쌍에 불과하다.[55] 豪韻 1등과 宵韻 3등의 음운대립은 광개토대왕비가 건립된 414년에 성립하고, 豪韻 1등과 蕭韻 4등의 음운대립은 『魏書』가 편찬된 559년에 성립한다.

(43) 豪韻 1등과 宵韻 3등의 음운대립 쌍과 그 용례

心母 /*s/의 거성 – $_1$掃$_豪$: $_{AB}$小$_宵$

{掃加城^{百}(광개)} : {小加(삼국, 후한, 양서, 남사, 사), 小兄(삼국, 평양성A,B, 평양성; 오·해, 위서, 주서, 천남생, 천남산, 당서, 사), 小大兄(진묘), 小大使者(태천), 小使者(주서, 북사, 수서, 당서, 사), 小貊(천남생, 천헌성), 小獸林王(사, 유), 小相, 小將, 小解味留王(사)}

---

54 중고음의 豪韻 운복으로 王力(1957)은 [*ɑ], 董同龢(1972)는 [*a], 李方桂(1980)은 [*â]를 택했다. 중고음의 肴韻 운복으로 王力(1957), 董同龢(1972), 李方桂(1980) 모두 [*a]를 택했다.

55 精母 /*ʦ/의 평성 칸에 온 '$_{AB}$釗$_宵$'와 '$_{AB}$昭$_宵$'는 同音異義字로 간주한다.

(44) 豪韻 1등과 蕭韻 4등의 음운대립 쌍과 그 용례

見母 /*k/의 평성 – $_1$高$_豪$: $_4$釗$_蕭$

{高麗(중원, 연가, 유인원, 고자묘), 高句驪(무구, 천헌성, 구당, 사), 高(송서, 진서, 수
사, 고자묘, 송사, 사, 유)} : {釗(위서, 북사, 요사, 사, 유), 王釗(진서)}

　(43)의 대립 항 '掃'는 '掃加城^百'(광개)에만 사용되었으므로 검토의 대상이다.
이 城은 광개토대왕이 백제로부터 탈취한 것이므로 이 城名이 백제 기원인지 고
구려 기원인지를 논의할 필요가 있다. 이것을 판단할 때에 우리는 대립 항(여기서
는 '掃')뿐만 아니라 더불어 사용된 표음자(여기서는 '加')를 논거로 삼아 왔다. '掃'
는 고구려뿐만 아니라 백제에서도 사용된 적이 없고, '加'는 고구려뿐만 아니라
백제에서도 두루 사용된 표음자이다. 따라서 이 지명이 백제 지명인지 고구려
지명인지 가릴 수가 없다. 이럴 때에 우리는 고구려 지명으로 판단한다. 백제 지
명이라는 적극적 증거가 없기 때문이다.
　항상 1등인 豪韻이 (44)에서는 항상 4등인 蕭韻과 대립한다. 그런데 대립 항
'釗'가 多音字이다. 여기에서는 釗[見中4平蕭]의 음가이지만, 고구려의 인명 '釗'
는 釗[章中AB平宵]의 음가인 것으로 이해하는 것이 일반적이다. 5장의 (64.2)에
서 이미 거론했듯이, '釗'는 고구려 16대 故國原王인데, 그의 諱인 '斯由'가 '釗'의
反切이라고 이해한다(『한국고대인명사전』 참조). 이것은 '釗'의 음가로 [章中AB平
宵]를 택해야 함을 뜻한다. 그런데 (44)에서는 [見中4平蕭]을 택한 것이므로, 이것
은 잘못이다. 따라서 (44)의 최소대립 쌍을 음운대립의 논거에서 제외해야 한다.
　그렇다면 效攝에서는 豪韻 1등, 肴韻 2등, 宵韻 3등, 蕭韻 4등 상호 간에 음운
론적으로 대립하는 쌍은 (43)에서 豪韻 1등과 宵韻 3등이 대립하는 쌍밖에 없다
는 결론이 나온다. 따라서 고구려어의 效攝에서는 豪韻 1등·肴韻 2등이 음운론
적으로 宵韻 3등·蕭韻 4등과 대립한다고 할 수 있다. 豪韻 1등·肴韻 2등은 항상
개음이 없지만, 宵韻 3등과 蕭韻 4등은 하나로 합쳐져서 개음 /*j/를 가졌을 가능
성이 있다.
　『切韻』 시기에는 3등이 개음을 가지는 것이 원칙이므로 宵韻은 운복 앞에 /*j/가
온다. 반면에 4등은 『切韻』의 전기 중고음 시기에는 개음이 없었는데(李榮 1956),

472

『慧琳音義』의 후기 중고음 시기에 개음 /*j/가 새로 발생하여 3등과 합류하기 시작한다. 그렇다면, 고구려어에서 3등인 宵韻과 4등인 蕭韻의 차이는 어떤 것이었을까? 고구려어 표음자 '釗'가[56] 이 의문을 해소해 준다. '釗'는 多音字로서 蕭韻 4등에도 속하지만 宵韻 3등에도 속한다. 이것을 감안하면 고구려어에서 宵韻 3등과 蕭韻 4등의 구별이 없었다고 할 수 있다. 아니나 다를까, 분포 분석표 (42)에서 이두 운이 동일 칸에 온 예가 없다. 상보적 분포라 할 수 있으므로 이 둘을 하나로 묶어서 宵韻 3등·蕭韻 4등으로 합친다.

하나로 합쳐진 宵韻·蕭韻은 개음 /*j/를 가졌을 것이다. 3등은 항상 개음을 가진다는 사실이 지금까지의 논의에서 경험적으로 확인되기 때문이다. 이에 따르면, 豪韻 1등·肴韻 2등과 宵韻 3등·蕭韻 4등은 개음 /*j/의 유무에서만 차이가 난다고 할 수 있다.

문제는 음가 추정이다. 豪韻 1등·肴韻 2등의 음가를 일단 /*o/ 또는 /*au/의 두 가지로 추정한다. 宵韻 3등·蕭韻 4등도 그 음가를 /*jo/ 또는 /*jau/의 두 가지로 추정한다.[57] 한국 중세음에서는 豪韻·肴韻과 宵韻·蕭韻이 대부분 'ㅗ'와 'ㅛ'로 각각 반영되었으나, 한어 중고음에서는 이들의 음가를 각각 /*au/와 /*jau/로 추정하는 것이 일반적이다. 운미가 없는 'ㅗ'와 'ㅛ'를 택할 것인지, 운미 /*-u/가 있는 것을 택할 것인지 다시 논의할 필요가 있다.

중국 음운학에서는 豪韻 1등을 模韻 1등과 대비하지 않는다. 豪韻 1등은 效攝에 속하고 模韻 1등은 遇攝에 속하여, 운미 /*-u/의 유무에서 이미 음가 차이가 나기 때문이다. 그러나 3章의 음절별 음운 분석에서 이미 논의한 것처럼, 한국 한자음에서는 豪韻 1등과 模韻 1등이 유사 음절일 때가 많다. 또한 한국 중세음과 마찬가지로 고구려어에서도 /*-u/ 운미를 곧이곧대로 수용하지는 않았을 것이다. 따라서 여기에서 豪韻 1등과 模韻 1등을 특별히 대비해 보기로 한다.

---

56 '釗'가 고구려어 표음자임이 분명하다는 사실은 5章의 (64.2)에서 이미 거론한 바 있다.

57 중고음의 宵韻 운복으로 王力(1957)은 [*ɛ], 董同龢(1972)는 [*æ], 李方桂(1980)은 [*a]를 택했다. 중고음의 蕭韻 운복으로 王力(1957)과 李方桂(1980)은 [*e]를 택했고, 董同龢(1972)는 [*ɛ]를 택했다.

(45) 遇攝의 模韻과 效攝의 豪韻·肴韻의 분포 분석표 (704자 기준)

성모 \ 성조		평성^L	상성^R	거성^D	입성^E
순음	幫母 /*p/		$_1$普$_模$ $_1$寶$_豪$	$_1$報$_豪$	
	並母 /*b/	$_1$菩$_模$	$_1$簿$_模$		
	明母 /*m/	$_1$模$_模$ $_1$謨$_模$ $_1$摸$_模$ $_1$毛$_豪$	$_2$卯$_肴$	$_1$莫$_模$ $_1$慕$_模$	
설음	端母 /*t/	$_1$都$_模$ $_1$刀$_豪$	$_1$睹$_模$ $_1$覩$_模$		
	透母 /*tʰ/		$_1$土$_模$	$_1$吐$_模$	
	定母 /*d/		$_1$杜$_模$ $_1$道$_豪$	$_1$度$_模$	
	泥母 /*n/	$_1$奴$_模$ $_1$孥$_模$	$_1$惱$_豪$		
	來母 /*l/	$_1$盧$_模$	$_1$魯$_模$ $_1$老$_豪$		
치음	精母 /*ts/	$_1$租$_模$	$_1$祖$_模$ $_1$皂$_豪$	$_1$錯$_模$ $_1$酢$_模$	
	心母 /*s/	$_1$蘇$_模$	$_1$掃$_豪$	$_1$素$_模$ $_1$掃$_豪$	
	書母 /*sj/				
	羊母 /*j/				
아음	見母 /*k/	$_1$高$_豪$ $_2$郊$_肴$	$_1$古$_模$	$_1$固$_模$	
	群母 /*g/	$_1$吳$_模$	$_1$五$_模$		
후음	曉母 /*h/	$_1$胡$_模$	$_1$好$_豪$	$_1$護$_模$ $_1$好$_豪$	
	影母 /*ʔ/	$_1$於$_模$ $_1$烏$_模$		$_1$奧$_豪$	

분포 분석표 (45)에 따르면 다음의 예들이 동일 칸에 옴으로써 음운대립을 이룬다. 번거로움을 피하여 용례와 출전은 텍스트명으로 대신했다.

(46) 模韻 1등과 豪韻 1등·肴韻 2등의 음운대립 쌍과 그 출전

1. 明母 /*m/의 평성 − $_1$模/摸$_模$: $_1$毛$_豪$ {금석, 중국, 당서} : {일본, 사기}

2. 明母 /*m/의 평성 − $_1$謨$_模$: $_1$毛$_豪$ {유사} : {일본, 사기}

3. 端母 /*t/의 평성 − $_1$都$_模$: $_1$刀$_豪$ {중국, 지리, 일본, 당서, 사기} : {사기}

4. 定母 /*d/의 상성 − $_1$杜$_模$: $_1$道$_豪$ {사기} : {금석, 중국, 일본, 당서, 사기, 유사}

5. 來母 /*l/의 상성 − $_1$魯$_模$: $_1$老$_豪$ {사기} : {사기}

6. 心母 /*s/의 거성 − $_1$素$_模$: $_1$掃$_豪$ {사기} : {금석}

7. 精母 /*ts/의 상성 − $_1$祖$_模$: $_1$皂$_豪$ {사기} : {중국}

8. 精母 /*ʦ/의 거성 – $_1$錯$_模$: $_1$酢$_模$ {당서, 사기} : {금석}

9. 曉母 /*h/의 거성 – $_1$護$_模$: $_1$好$_豪$ {당서} : {금석, 중국, 일본, 사기, 유사}

(45)의 분포 분석표는 6장 1.2절의 遇攝 분포 분석표 (10)에 나오는 模韻과 6장 2.1절의 效攝 분포 분석표 (41)에 나오는 豪韻을 한군데로 합친 것이다. 이 둘은 고구려어 표음자 전체를 대상으로 삼은 것인데, (46)에서 볼 수 있듯이, 여기에서 는 9쌍의 음운대립 쌍을 찾을 수 있다. 따라서 模韻과 豪韻이 마치 음운론적으로 대립했던 것처럼 보인다.

(47) 遇攝의 模韻과 效攝의 豪韻·肴韻의 분포 분석표 (340자 기준)

성모	성조	평성^L	상성^R	거성^D	입성^E
순음	幫母 /*p/		$_1$普$_模$		
	並母 /*b/		$_1$簿$_模$		
	明母 /*m/	$_1$模/摸$_模$		$_1$莫$_模$	
설음	端母 /*t/	$_1$都$_模$	$_1$睹$_模$		
	透母 /*tʰ/		$_1$土$_模$	$_1$吐$_模$	
	定母 /*d/		$_1$道$_豪$		
	泥母 /*n/	$_1$奴$_模$			
	來母 /*l/	$_1$盧$_模$			
치음	精母 /*ʦ/		$_1$皂$_豪$	$_1$酢$_模$	
	心母 /*s/	$_1$蘇$_模$	$_1$掃$_豪$	$_1$掃$_豪$	
	書母 /*sj/				
	羊母 /*j/				
아음	見母 /*k/	$_1$高$_豪$	$_1$古$_模$	$_1$固$_模$	
	群母 /*g/		$_1$五$_模$		
후음	曉母 /*h/		$_1$好$_豪$	$_1$好$_豪$	
	影母 /*ʔ/	$_1$於$_模$ $_1$烏$_模$		$_1$奧$_豪$	

그런데 이 음운대립의 성립 시점이 문제가 된다. (46.1)의 대립 항인 '毛'는 '毛 治'(일 백치1.2)에 처음 나온다. 『日本書紀』는 720년에 편찬되었으므로 (46.1)의 음운대립은 720년에 와서야 비로소 성립한다. (46.9)의 음운대립에서는 '吐護眞

水'(구당)의 '護'가 대립 항인데, 이것은 945년에 편찬된 『舊唐書』에 처음 기록되었다. 대립 성립의 시점이 10세기 중엽이다. (46)의 나머지 음운대립은 12세기 중엽의 『三國史記』와 13세기 중엽의 『三國遺事』가 대립 성립의 시점이다. 결론적으로, 고구려 멸망 이전에 성립하는 음운대립이 하나도 없다.

멸망 이전의 표음자만을 분석한 6장 1.2절의 (12)와 6장 2.1절의 (42)를 기준으로 삼으면 분포 분석표(47)에서 확인할 수 있듯이 (46)의 음운대립 쌍이 모두 사라진다.

음운대립의 성립 시점이 고구려 멸망 이후인 것은 고구려의 음운대립에서 제외하는 것이 우리의 일관된 태도이다. 이 태도에 따라 고구려어에서는 模韻 1등과 豪韻 1등의 음운대립이 없었다고 결론짓는다.

(48) 魚韻 3등과 宵韻 3등·蕭韻 4등의 분포 분석표 (340자 기준)

성모	성조	평성^L	상성^R	거성^D	입성^E
순음	幫母 /*p/				
	並母 /*b/				
	明母 /*m/				
설음	端母 /*t/	$_{AB}$朝$_{宵}$	$_4$蔦$_{蕭}$		
	透母 /*tʰ/				
	定母 /*d/	$_{AB}$朝$_{宵}$			
	泥母 /*n/	$_C$如$_{魚}$			
	來母 /*l/	$_4$遼$_{蕭}$ $_C$閭$_{魚}$			
치음 마찰	精母 /*ts/	$_{AB}$釗$_{宵}$ $_{AB}$昭$_{宵}$ $_C$諸$_{魚}$ $_C$沮$_{魚}$	$_C$處$_{魚}$ $_C$沮$_{魚}$	$_C$處$_{魚}$	
	心母 /*s/	$_{AB}$消$_{宵}$	$_{AB}$小$_{宵}$		
	書母 /*sj/	$_C$書$_{魚}$			
	羊母 /*j/	$_C$餘$_{魚}$ $_C$余$_{魚}$			
아음	見母 /*k/	$_4$釗$_{蕭}$ $_C$居$_{魚}$			
	群母 /*g/				
후음	曉母 /*h/				
	影母 /*ʔ/	$_C$於$_{魚}$			

이 결론은 아주 중요하다. 豪韻 1등·肴韻 2등의 음가를 구태여 /*au/라고 할 필요가 없고, /*o/라고 해도 무방하기 때문이다.[58] 따라서 우리는 고구려어의 模韻 1등과 豪韻 1등·肴韻 2등을 하나로 합쳐서 模韻 1등·豪韻 1등·肴韻 2등이라 하고 그 음가에 /*o/를 배정한다. 이에 따르면 宵韻 3등·蕭韻 4등의 음가는 개음 /*j/가 있는 /*jo/라고 할 수 있다.

그런데 우리는 위에서 遇攝의 魚韻 3등도 그 음가를 /*jo/로 추정한 바 있으므로 遇攝의 魚韻 3등 /*jo/가 效攝의 宵韻 3등·蕭韻 4등의 /*jo/와 어떤 관계인지 다시 논의할 필요가 있다. 고구려 멸망 이전의 표음자 340자로 한정하여 魚韻 3등과 宵韻 3등·蕭韻 4등의 분포를 분석해 보면 분포 분석표 (48)과 같다.

이 분석표에서 다음과 같은 음운대립 쌍을 찾을 수 있다.

(49) 魚韻 3등과 宵韻 3등·蕭韻 4등의 음운대립 쌍과 그 용례

  1. 來母 /*l/의 평성 - $_C$閭$_魚$: $_4$遼$_蕭$

    {閭達(위서, 북사, 수서)} : {遼陽(천남산)}

  2. 精母 /*ʦ/의 평성 - $_C$諸$_魚$, $_C$沮$_魚$: $_{AB}$釗$_宵$, $_{AB}$昭$_宵$

    {諸兄(삼국, 당서, 사)}, {沃沮(북사, 수서, 사)}, 沮江/沮水(수서, 당서/ 북사, 수서)}

    : {釗(위서, 북사, 요사, 사, 유) 王釗(진서)}, {昭列帝(수서)}

  3. 心母·書母의 평성[59] - $_C$書$_魚$: $_{AB}$消$_宵$

    {典書客(삼국), 中書令(구당)} : {消奴部(삼국, 후한, 양서, 남사, 당서), 消奴加 (사)}

그런데 (49.1)의 대립 항 '遼'는 중국에서 들어온 지명 '遼東城, 遼城, 大遼水' 등을 고구려어 항목에서 제외할 때에 머뭇거렸던 표음자이다. 이들 지명과 더불어 인명 '遼陽'도 제외하면 魚韻 3등과 宵韻 3등·蕭韻 4등의 음운대립 쌍에서 (49.1)을 제외할 수 있다.

---

58 姜信沆(1996: 208)에서는 한어 상고음의 豪韻 /*-ôg/과 肴韻 /*-og/이 唐代의 /*-au/와 /*-əu/를 거쳐 한국 중세 한자음에서 'ㅗ'와 'ㅜ'가 되었다는 기존의 학설을 비판한 바 있다. 상고음의 운복 /*ô/와 /*o/가 한국의 전승음에 바로 전해졌다는 견해이다.

59 이 대립 쌍은 心母와 書母를 하나로 합칠 때에 성립한다.

(49.2)의 대립 항 중에는 '釗'가 있다. 앞에서 이미 기술한 것처럼 多音字인 이것을 精母字로 이해해야 하므로[60] 이 음운대립 쌍을 믿을 수 있다. (49.2)의 대립 항 '昭'도 그 용례가 '昭列帝' 하나뿐이므로 검토의 대상이다. '昭列帝'는 10대 山上王의 玄孫의 아들이다. 산상왕 位宮의 현손의 아들이면 15대 美川王으로 추정된다(장세경 2007: 480). 고구려 인명이 분명하므로 대립 항 '昭'를 신뢰할 수 있다. 대립 성립의 시점은 『魏書』가 편찬된 6세기 중엽이다.

(49.3)의 대립 항 '書'는 멸망 이전의 용례가 '典書客' 하나뿐이다. 그러나 앞에서 이미 말한 것처럼, '典書客'은 중국의 관명에서는 확인되지 않으므로 고구려 고유의 관명이라 할 수 있다. 따라서 이 음운대립 쌍을 신뢰할 수 있다. 그런데 이 대립은 心母 /*s/와 書母 /*sj/를 하나로 합칠 때에 성립한다. 대립 항 '書'는 성모가 書母 /*sj/이고 운모가 魚韻 3등 /*jo/이므로 그 음가가 /*sjo/로 추정된다. 대립 항 '消'는 心母 /*s/의 바로 뒤에 宵韻 3등의 /*jau/ 또는 /*jo/가 온 것이다. 여기에서 宵韻 3등의 음가를 /*jo/로 택하면 (49.3)의 두 대립 항이 同音이 되어 음운대립이 무너진다. 따라서 고구려어에서 宵韻 3등의 음가는 /*jo/가 아니라 /*jau/이다.

결론적으로, (49.2~3)의 두 쌍에서 魚韻 3등과 宵韻 3등·蕭韻 4등의 음운대립이 성립한다. 대립 성립의 시점은 『삼국지』가 편찬된 3세기 후반이고, 이 대립이 7세기 중엽까지 이어진다. 이 두 운모가 음운론적으로 대립하므로 음가가 서로 달라야 한다. 그렇다면 魚韻 3등의 음가를 /*jo/로 추정하면서 동시에 宵韻 3등·蕭韻 4등도 /*jo/라고 추정할 수 없다. 따라서 宵韻 3등·蕭韻 4등을 /*jau/로 추정한다.

한어에서는 현재까지도 음성운미 /*-u/가 效攝 [ao, jao]의 [o]에 유지된다. 그러나 한국 중세음에서는 한어 중고음의 豪韻 1등 /*ɑu/가 'ㅗ'로 반영되고 宵韻 3등·蕭韻 4등 /*jau/가 'ㅛ'로 반영되는 것이 원칙이다. 따라서 '/*au〉*o/'의 변화가 있었음은 분명한데, 이 변화가 왜 일어났는지 언제 일어났는지를 논의할 필요가 있다.

---

60 정확히 말하면 章母인데, 고구려어에서는 章母가 精母에 편입되기 때문에 精母라 하였다.

478

한국 중세음이나 고구려어에서는 음성운미 /*-u/를 허용하지 않는다. 이것은 한어와 달리 중세 한국어나 고구려어에만 적용되는 음절구조제약이다. 이 제약은 현대 음운론의 술어로 돌려 말하면 음절말 위치에서 하향 활음(off-glide) /-w/를 허용하지 않는 제약이다. 이 제약에 따라 고구려에서는 /*au/를 마치 음성학적으로 [*o]인 것처럼 들었을 것이다. 이것이 원인이 되어 '/*au ﹥*o/'의 변화가 나타났다고 본다.

上古音 이래로 현재에 이르기까지 한어에서는 /*au/의 운미 /*-u/가 여전히 유지된다. 따라서 '/*au ﹥*o/'의 변화 시기에 관한 한, 漢語 音韻史를 참고하는 것은 무의미하다. 한국 중세음이 慧琳音義의 長安音을 모태로 형성되었다는(河野六郎 1968/79) 논의에 따르면, 한반도에서는 8세기 말엽 이전에 음성운미 /*-u/가 사라졌다고 할 수 있다. 이 장안음을 반영한 한국 중세음에서 /*au/가 대부분 'ㅗ'로 나타나기 때문이다. 이것만이 유일한 참고 사항이다.

그렇다면 '/*au ﹥*o/'의 변화 시기를 고구려어 내부에서 찾을 수밖에 없다. 고구려의 전 시기를 통하여 豪韻 1등과 模韻 1등이 구별되지 않는다. 이것은 전 시기에 걸쳐 豪韻 1등·模韻 1등의 음가가 줄곧 /*o/였음을 뜻한다. 이와는 달리, 宵韻 3등·蕭韻 4등은 전 시기에 걸쳐 魚韻 3등과 음운론적으로 대립한다. 고구려의 전 시기를 통하여 豪韻 1등과 模韻 1등이 구별되지 않으면서도 그 개구음 짝인 宵韻 3등·蕭韻 4등과 魚韻 3등의 음운대립은 줄곧 성립한다는 것은 무엇을 의미할까? 이 질문에 대한 답변은 宵韻 3등·蕭韻 4등과 魚韻 3등의 음가 변화와 긴밀하게 연동되어 있다는 사실에서 찾을 수 있다.

그 변화 단계를 우리는 다음과 같이 추정한다. 첫째, 고구려 전 시기를 통하여 豪韻 1등과 模韻 1등의 음가는 /*o/이다. 이것은 한어 상고음의 /*au/가 고구려어에서 일찍부터 /*o/로 수용되었음을 의미한다. 둘째, 宵韻 3등·蕭韻 4등의 음가가 고구려 멸망 이후에 크게 달라진다. 한어 상고음에서는 宵韻 3등·蕭韻 4등을 /*jau/로 재구하는 것이 일반적인데, 고구려어에서도 7세기 중엽까지는 /*jau/의 음가를 유지했을 것이다. 그런데 '/*au ﹥*o/'의 변화에 따라 고구려 멸망 이후에 宵韻 3등·蕭韻 4등의 음가가 /*jo/로 바뀐다. 셋째, 멸망 이후에 宵韻 3등·蕭韻 4등의 음가가 /*jo/로 바뀜에 따라 魚韻 3등의 음가 /*jo/와 같아진다. 그런데 이때에도 宵韻 3등·蕭韻 4등과 魚韻 3등이 음운론적으로 대립하므로, 魚韻 3등의 음가가 /*jo/가 아니라 다른 것으로 바뀌어야만 한다. 그래야만 이 음운대립이 유지되기 때문이다. 이것이 魚韻 3등에서 음가 변화가 일어난 원인이라 할 수 있다. 즉 고구려 멸망 이후에 宵韻 3등·蕭韻 4등의 음가가 /*jo/로 변함에 따라 魚韻 3등의 음가 /*jo/와 충돌하게 되고, 이 두 운모의 음운대립을 유지하기 위하여 魚韻 3등의 음가가 /*je/로 바뀐다. 이 연쇄 변화의 결과는 후기 중고음에 기원을 두고 있는 한국 중세 한자음의 宵韻·蕭韻 음가 'ㅛ'와 魚韻 음가 'ㅓ, ㅕ'에서 확인된다.

　지금까지 논의한 내용을 대립관계를 중심으로 정리해 보면 다음과 같다.

(50) 遇攝·效攝 운모의 음운대립

　1. 고구려 멸망 이전

　　模韻 1등·豪韻 1등·肴韻 2등 /*o/

　　宵韻 3등·蕭韻 4등 /*jau/　　　　　　/*jo/ 魚韻 3등

　2. 고구려 멸망 이후

　　模韻 1등·豪韻 1등·肴韻 2등 /*o/

　　宵韻 3등·蕭韻 4등 /*jo/　　　　　　/*je/ 魚韻 3등

　(50.1)은 模韻 1등과 豪韻 1등·肴韻 2등이 /*o/ 하나로 합류했지만 宵韻 3등·蕭韻 4등이 고구려 멸망 이전에 /*jau/의 음가를 유지하던 대립관계이다. 3세기 후반부터 고구려 멸망에 이르기까지 宵韻 3등·蕭韻 4등과 魚韻 3등의 음운대립 관계가 확인된다. 따라서 둘 사이에 직선을 그었다. 그런데 (50.2)에서 볼 수 있듯이, 고구려 멸망 이후에 '/*jau 〉*jo/'의 변화가 일어났다. 이때에도 宵韻 3등·蕭韻 4등과 魚韻 3등의 음운대립이 유지되었으므로 이때에는 魚韻 3등의 음가가 /*jo/가 아니어야 한다. 그래야만 魚韻 3등이 지속적으로 宵韻 3등·蕭韻 4등의 /*jo/와 음

운론적으로 대립할 수 있기 때문이다. 이 음운대립을 유지하기 위하여 魚韻 3등의 음가가 /*jo/에서 /*je/로 바뀌는 연쇄 변화가 일어났을 것이다.

널리 알려져 있듯이, 한국 한자음 연구에서 아주 중요한 것 중의 하나가 魚韻 3등의 음가 문제이다. 한어 중고음에서는 /*o/ 또는 /*jo/로 추정되는 음가인데,[61] 한국 중세음에서는 이것이 독특하게도 대부분 'ㅓ, ㅕ'로 반영된다. 이 특수성을 자연스럽게 설명하는 방법이 지금까지는 제시된 바 없다. 우리는 이 변화의 원인을 宵韻 3등·蕭韻 4등에서 '/*jau >*jo/'의 변화가 일어난 데에서 찾는다. 이것이 원인이 되어 魚韻 3등에서 '/*jo >*je/'의 변화가 일어났다고 본다. 이처럼 두 가지 변화가 연쇄적으로 일어났다는 점에서 우리의 가설이 설득력을 갖는다. (50.1)에서는 魚韻 3등과 模韻 1등이 개음 /*j/의 유무에 의한 음운대립이었지만 (50.2)에서는 운복에서의 대립이 추가된다. 이것은 두 운모의 음운대립을 강화하기 위한 하나의 조치라고 해석할 수 있다.

고구려어에서는 3세기 후반 이전부터 '/*au >*o/'의 변화를 적용하여 豪韻 1등을 수용했다. 그런데 宵韻 3등·蕭韻 4등에서는 7세기 중엽까지도 이 변화를 거부했다. 그 원인은 무엇일까? 이 둘의 음운론적 차이는 개음 /*j/의 유무뿐이다. 따라서 이 개음이 '/*au >*o/'의 변화를 오랫동안 방해하거나 저지했다고 기술하는 방법밖에 없다. 그러나 이것만으로는 설명이 부족하다. 더 근본적인 원인은 음운대립의 유지에서 찾을 수 있다. 만약에 宵韻 3등·蕭韻 4등에서 '/*jau >*jo/' 변화가 일어나면 魚韻 3등 /*jo/와의 음운대립이 곧바로 무너진다. 따라서 宵韻 3등·蕭韻 4등과 魚韻 3등의 음운대립을 유지하려는 힘에 밀려 '/*jau >*jo/'의 변화가 아주 늦게 일어났다는 설명을 덧붙일 필요가 있다.

6.2.2. 流攝

流攝에는 1등인 侯韻(16자), 3등 C인 尤韻(32/33자)이 있다.[62] 侯韻 1등은 현대 북경어에서 [ou] 또는 [u]로 발음되고, 尤韻 3등은 [iu], [ou], [u] 등으로 다양하게

---

61 王力(1987: 139 이하)에서는 이와는 달리 [*ɔ]로 추정했다.
62 幽韻도 流攝에 속하지만, 고구려어 표음자에는 幽韻字가 없다.

발음된다. 중국 음운학에서는 일반적으로 侯韻 1등을 /*u/로, 尤韻 3등을 /*ju/로 재구한다(魏國峰 2014: 116).

그러나 平山久雄(1967a: 146~8)와 이토 지유키(2007: 190)에서는 侯韻 1등과 尤韻 3등의 두 운모가 /*-u/ 운미를 가진다고 했다. 이 학설에서는 /*nVu, *tVu/ 등의 음절에서 /*-u/를 당연히 운미라고 보게 된다. 그런데 운복이 [+high]인 모음일 때에 문제가 제기된다. 예컨대, /*niu, *tiu/ 등의 음절에서 /*i/가 운복인지 /*u/가 운복인지를 질문하면 두 가지 대답이 가능하다. /*i/가 운복이라고 답할 수도 있지만, 운복이 /*u/이고 그 앞에 온 /*i/는 개음이라고 답할 수도 있다.

그런데 平山久雄(1967a: 146~8)에서는 이 질문이 처음부터 봉쇄되어 있다. 侯韻 1등의 한어 중고음 음가를 [*əu]로, 尤韻의 음가를 [*ɪəu]로 재구함으로써, 애초부터 [+high]인 /*i/나 /*u/를 운복 모음에서 배제했기 때문이다. 그리하여 운복 모음에 /*ɑ, *ɐ, *a, *ɛ, *ʌ, *ə, *ɔ, *ɛ̌/ 등을 배정하면서도 끝내 /*i/와 /*u/는 운복 모음에서 제외했다.[63] 2차 모음을 이렇게나 많이 운복에 배당하면서도, 가장 기본적인 모음인 /*i/나 /*u/를 운복에서 제외할 수 있을까? 이것은 보편성이 없으므로 신빙하지 않는다. 우리는 기본모음 /*a, *i, *u, *e, *o/를 우선적으로 운복에 배당하는 방법으로 일관한다.

우리는 한어 중고음의 侯韻 1등 음가가 /*uu/ 또는 /*uw/였고[64] 이것이 고구려어에 수용될 때에는 운미 /*-u/(또는 /*-w/)가 없는 /*u/로 수용되었다고 본다. 尤韻은 항상 3등이므로 한어 중고음이 /*juu/(또는 /*juw/)였고,[65] 이것을 고구려어에서는 /*ju/로 수용했다고 추정한다. 이 방법은 侯韻 1등이나 尤韻 3등의 운복을 /*u/로 추정한 것이므로 平山久雄(1967a)의 기술 방법과 크게 차이가 난다.

이제, 고구려어 표음자 전체에서 侯韻字와 尤韻字를 골라 분포 분석표에 넣어 보면 다음과 같다.

---

63 예외적으로, 脂韻의 운복에만 /*i/를 배정했다.
64 중고음의 侯韻을 王力(1957)과 李方桂(1980)은 [*əu]라 재구하고, 董同龢(1972)는 [*u]로 재구했다.
65 중고음의 尤韻 운복을 王力(1957)과 李方桂(1980)은 [*ə]라 하고, 董同龢(1972)는 [*u]라고 했다.

(51) 流攝字의 분포 분석표 (704자 기준)

성모 \ 성조		평성L	상성R	거성D	입성E
순음	幫母 /*p/	c不尤	c不尤	c富尤	
	並母 /*b/		1部侯 c負尤		
	明母 /*m/	c牟尤 c侔尤			
설음	端母 /*t/		1斗侯		
	透母 /*tʰ/				
	定母 /*d/	1頭侯		1豆侯	
	泥母 /*n/		c紐尤		
	來母 /*l/	1婁侯 c漊侯 c留尤 c流尤 c劉尤 c琉尤 c瑠尤			
치음	精母 /*ts/	章c周尤 清c楸尤 莊c鄒尤		從c就尤	
	心母 /*s/		心1藪侯	心1漱侯	
	書母 /*sj/	書c收尤	常c壽尤 書c首尤 書c守尤	書c獸尤	
	羊母 /*j/	c遊尤 c由尤			
아음	見母 /*k/	1溝侯 c丘尤	1苟侯 1垢侯 1狗侯 c九尤 c久尤		
	群母 /*g/	c仇尤 c求尤	c臼尤		
후음	曉母 /*h/	1侯侯	1後侯 1后侯	1候侯	
	影母 /*ʔ/	c優尤 c憂尤	c友尤 c右尤 c有尤		

이 분석표에서 치음의 心母 /*s/ 뒤에는 侯韻이 오지만 치음의 나머지 환경에서는 尤韻이 온다는 점이 우선 눈에 띈다. 群母 /*g/의 뒤에도 尤韻만 온다. 이들은 고구려어 표음자만의 독특한 특징이다. 여기에서 치조음인 /*s/ 뒤에는 侯韻 /*u/가 오고, 경구개음인 書母 /*sj/나 개음 /*j/ 뒤에는 尤韻 /*ju/가 온다고 말할 수 있다. 이것은 고구려어 표음자 특유의 제약이므로 侯韻의 고구려어 음가가 /*u/이고 尤韻의 음가가 /*ju/임을 확인해 준다. 3章과 5章에서 이미 논의

한 것처럼, 이 배타적 분포를 논거로 삼아 고구려어의 경구개음인 書母 /*ɕ/를 心母 /*s/와 개음 /*j/의 계기적 결속체로 재분석한 바 있다.

이제, 流攝字 중에서 고구려 멸망 이전에 사용된 것만 골라 음운대립을 확인해 본다. 그런데 이때에는 遇攝의 虞韻字도 함께 다루는 것이 좋다. 3章에서 이미 논의한 것처럼, 한국 중세음에서는 遇攝의 虞韻字가 流攝의 侯韻字나 尤韻字와 유사 음절일 때가 많기 때문이다.

(52) 遇攝의 虞韻字와 流攝의 侯韻字·尤韻字의 분포 분석표 (340자 기준)

성모＼성조	평성^L	상성^R	거성^D	입성^E
幫母 /*p/	$_C$夫$_虞$ $_C$不$_尤$	$_C$不$_尤$	$_C$傅$_虞$ $_C$富$_尤$	
並母 /*b/	$_C$扶$_虞$	$_1$部$_侯$		
明母 /*m/	$_C$牟$_尤$ $_C$侔$_尤$	$_C$武$_虞$		
端母 /*t/		$_1$斗$_侯$		
透母 /*tʰ/				
定母 /*d/	$_1$頭$_侯$		$_1$豆$_侯$	
泥母 /*n/	$_C$儒$_虞$			
來母 /*l/	$_1$婁$_侯$ $_1$漊$_侯$ $_C$留$_尤$ $_C$流$_尤$ $_C$劉$_尤$ $_C$琉$_尤$	$_C$漊$_虞$		
精母 /*ts/	^章_C朱$_虞$ ^崇_C雛$_虞$ ^莊_C鄒$_尤$	$_C$主$_虞$	$_C$就$_尤$	
心母 /*s/	$_C$須$_虞$		$_1$漱$_侯$	
書母 /*sj/	$_C$收$_尤$	$_C$壽$_尤$		
羊母 /*j/	遊$_尤$			
見母 /*k/	$_1$溝$_侯$ $_C$丘$_尤$	$_1$苟$_侯$ $_1$垢$_侯$ $_C$九$_尤$ $_C$久$_尤$	$_C$句$_虞$	
群母 /*g/	$_C$仇$_尤$ $_C$求$_尤$ $_C$嶇$_虞$	$_C$臼$_尤$		
曉母 /*h/	$_1$侯$_侯$	$_1$後$_侯$	$_1$候$_侯$	
影母 /*ʔ/	$_C$于$_虞$ $_C$優$_尤$	$_C$有$_尤$		

고구려어 표음자 340자로 한정한 위의 분석표에서 동일 칸에 온 것을 하나씩 정리해 보자. 먼저 侯韻 1등과 尤韻 3등의 음운대립 쌍을 들어 보면 다음과 같다.

(53) 侯韻 1등과 尤韻 3등의 음운대립 쌍과 그 용례

1. 來母 /*l/의 평성 - ₁婁侯, ₁漊侯 : c留尤, c流尤, c劉尤, c琉尤

   {古牟婁城百(광개, 중원), 味仇婁, 婁賣城百, 牟婁城百, 婁城百, 燕婁城百, 亐婁城百(광개), 牟頭婁(모두), 卦婁(평양성A), 於九婁(태천), 那婁(삼존불), 桂婁部(삼국, 후한, 양서, 천남산, 천남생, 당서), 幘溝婁(삼국, 양서), 馬婁(송서, 남사), 溝婁(양서), 屑夫婁城(지리), 可婁, 能婁, 師需婁, 助有卦婁手切(일), 婁豆谷, 穆度婁, 歃矢婁, 尙婁, 再曾桀婁, 海愛婁(사)}, {溝漊(삼국), 幘溝漊(북사)} : {儒留王, 大朱留王(광개), 榮留王(북사, 사, 유), 久留川麻乃意利佐(성), 孺留, 大解朱留王, 小解味留王, 晏留, 於卑留(사), 味留, 愛留(유)}, {沸流谷/沸流江/沸流水(삼국, 후한, 광개, 양서, 북사, 사), 奴流枳(일), 沸流王(사)}, {劉(양서, 북사), 能劉王(성), 劉屋句, 斯劉(사)}, {琉璃王(삼국), 琉璃明王/琉璃王(사)}

2. 見母 /*k/의 평성 - ₁溝侯 : c丘尤

   {幘溝漊(삼국, 양서, 북사), 買溝(삼국, 사), 溝漊, 溝婁(삼국, 양서), 沙溝城百(광개)} : {靑丘(천남생), 丘德, 丘夫(사, 유)}

3. 見母 /*k/의 상성 - ₁苟侯, ₁垢侯 : c九尤, c久尤

   {物苟(평양성;오), 逸苟(사)}, {阿垢(삼존불)} : {九連城(삼국), 於九婁(태천), 丸九都(북사)}, {奴久(위서), 久禮志, 久禮波(일), 久留川麻乃意利佐, 久斯祁王(성)}

侯韻 1등과 尤韻 3등의 음운대립 쌍은 (53.1)에서 8쌍, (53.2)에서 1쌍, (53.3)에서 4쌍이므로 아주 많은 편이다. (53.2)의 대립 항 '丘'는 고구려 멸망 이전의 용례가 '靑丘' 하나뿐이므로 문제가 된다. '靑丘'는 고구려어에서 붙인 지명이 아니라 중국에서 붙인 지명이므로 (53.2)는 음운대립의 논거에서 제외하는 것이 안전하다. 그러나 (53.1)과 (53.3)의 대립 쌍에는 전혀 문제될 것이 없고, 이 중에서 대립 성립의 시점이 가장 이른 것은 '桂婁部(삼국), 溝漊(삼국)'의 '婁, 漊'가 '沸

流(삼국), 琉璃王(삼국)'의 '流, 琉'와 대립하는 쌍이다. 이 음운대립 쌍을 논거로 삼아 3세기 후반에 이미 고구려어에서 侯韻 1등의 /*u/와 尤韻 3등의 /*ju/가 구별되었다고 할 수 있다.

虞韻 3등과 尤韻 3등의 음운대립 쌍은 (54)의 여러 쌍이다. 이 음운대립은 3세기 후반에 편찬된『三國志』에서 이미 성립한다. 이 대립 쌍을 논거로 삼아 고구려어에서 虞韻 3등과 尤韻 3등이 음운론적으로 대립했다고 일단은 말할 수 있다.

(54) 虞韻 3등과 尤韻 3등의 음운대립 쌍

1. 幫母 /*p/의 평성 – $_C$夫$_虞$: $_C$不$_尤$

   {大夫(삼국, 사), 夫餘(광개, 수서, 당서), 安夫連(광개), 相夫(평양성;해, 사, 유), 主夫吐郡, 夫如郡, 夫斯波衣縣, 夫斯達縣, 屑夫婁城(지리), 所夫孫(구당, 당서, 사), 丘夫(사, 유), 答夫, 師夫仇(사)} : {不耐/不耐城(삼국, 양서, 북사, 지리, 사), 不而城(유)}

2. 幫母 /*p/의 거성 – $_C$傅$_虞$: $_C$富$_尤$

   {太傅(양서)} : {富山(광개, 사), 富加抃, 富于(일)}

3. 精母 /*ʦ/의 평성 – ^章_C朱$_虞$, ^崇_C雛$_虞$: ^莊_C鄒$_尤$

   {위의 (17.2)와 동일(삼국 등)}, {古雛加(삼국, 중원, 양서, 남사, 사)} : {鄒牟王(광개, 집안), 須鄒城, 彌鄒城^百, 就鄒城^百(광개), 古鄒大加(후한, 당서, 사), 彌鄒忽(지리), 奄鄒(일), 鄒牟, 鄒敎素, 鄒安(사), 鄒蒙(유)}

4. 心母·書母의 평성[66] – $_C$須$_虞$: $_C$收$_尤$

   {위의 (13.2)와 동일(광개 등)} : {收位使者(삼국), 思收村(사)}

5. 群母 /*g/의 평성 – $_C$嵎$_虞$: $_C$仇$_尤$, $_C$求$_尤$

   {嵎夷(천남산, 사, 유)} : {仇天城^百, 味仇婁(광개), 高仇(송서, 남사, 사), 仇斯波衣(지리), 仇都, 師夫仇(사)}, {求底韓^百(광개), 焚求(사)}

6. 影母 /*ʔ/의 평성 – $_C$于$_虞$: $_C$優$_尤$

   {위의 (13.4)와 동일(광개 등)} : {優台(삼국, 후한, 양서, 남사, 사), 優居(삼국,

---

[66] 이 대립 쌍은 心母와 書母을 하나로 합칠 때에 성립한다.

486

사), 延優(삼국, 사), 高優婁, 多優, 優(사, 유)}

그런데 (54.1)의 대립 항 '不'에 문제가 있다. '不'은 '[非中C平尤]=부, 不[非中C上尤]=부, [幫微中C入文]=블' 등의 음가를 가지는 多音字이다. 문제는 '不'의 용례인 '不耐城'을 어떻게 읽느냐에 달려 있다. 고구려의 '不耐城'을 대부분의 학자들이 '불내성'으로 읽지 '부내성'으로 읽지 않는다. 이에 따르면 '不'의 음가로 '[幫微中C入文]=블'을 택해야 하고, 결과적으로 (54.1)의 음운대립 쌍이 사라진다. 또한, 우리는 多音字인 것을 음운대립의 논거에서 대부분 제외해 왔다. 따라서 여기에서도 (54.1)을 음운대립의 논거에서 제외한다.

(54.2)의 대립 쌍에도 문제가 있다. 대립 항 '傅'가 '太傅'(양서)에만 사용되었는데, 이것은 중국 周나라 때에 三公의 하나이다(『한국고전용어사전』 참조). 차용어의 혐의가 있으므로, '太傅'를 고구려어 항목에서 제외하는 것이 안전하다. (54.3)은 음운대립 쌍이 분명하지만 논란의 여지가 있으므로 뒤에서 자세히 논의하기로 한다.

(54.4)의 대립 쌍 '收'는 書母 /*sj/에 속하고 그 뒤에 尤韻 3등 /*ju/가 오므로 그 음가는 /*sju/로 추정된다. 이것에 대립하는 '須'는 心母 /*s/에 속하고 이 설치음 뒤에서 虞韻 3등이 /*ju/의 음가를 가지므로, '須'도 역시 /*sju/의 음가를 갖는다. 이에 따르면 '收'와 '須'가 同音異義字가 되어 문제가 된다. 동음이의자는 음운대립의 논거에서 제외해야 마땅하다.

그런데 실제로 대립 항 '收'에 문제가 있다. 고구려 멸망 이전에 기록된 '收'의 용례가 '收位使者'(삼국) 하나뿐이고 이곳의 '收'가 '拔'의 오자일 가능성이 크다는 점이다.

(55) 고구려 관명 '收位使者'와 '拔位使者'의 관계

1. 종래에는 『翰苑』의 인용기사에 보이는 拔位使者를 收位使者로 보는 견해가 있었다. 그러나 1979년에 조사된 中原高句麗碑에 의하면, 신라 영토 내에서 활동하던 고구려 幢主가 바로 이 발위사자의 직위를 가지고 있었다. 따라서 발위사자는 늦어도 중원고구려비의 건립시기로 추정되는 5세기 후반에는

확실히 존재했으며, 그 연원은 더욱 앞선 시대로 올라갈 수 있겠다. (『한국민
족문화대백과사전』에서 인용)

2. 『翰苑』고(구)려조의 雍氏注에서 인용한 고려기에도 제8위의 관등인 拔位使
者가 일명 儒奢라는 명칭으로 기록되어 있는데, 종래에는 이를 收位使者로
수정해보기도 하였다. (『두산백과』에서 인용)

위의 두 인용문에서 '收位使者'와 '拔位使者'의 관계를 알 수 있다. 종래에는 '收
位使者'로 알려졌던 것이 중원고구려비의 발견을 통하여 '拔位使者'가 올바른 것
임이 확인된 것이다. 따라서 (54.4)도 虞韻 3등과 尤韻 3등의 음운대립 쌍에서
제외한다.

(54.5)로 넘어간다. 대립 항 '$_C$于$_虞$'는 아후음 뒤에 虞韻 3등이 온 것이므로 그
음가가 /*ʔwu~*ʔu/로 추정된다. 반면에 대립 항 '$_C$優$_尤$'는 尤韻 3등이므로 그
음가가 /*ʔju/로 추정된다. 따라서 (54.5)의 대립 쌍은 /*j/의 유무 차이로 음운
대립을 이룬다고 말할 수 있다.

위의 예들에서 虞韻 3등의 운복과 尤韻 3등의 운복이 최소대립을 이루는 예가
없다. 그렇다면 이 두 운모의 운복에 동일한 모음 /*u/를 배당해도 된다.

이것을 확인하기 위하여 (54.3)의 대립 항 음가를 추정해 보자. 대립 항 '^章_C朱$_虞$,
^崇_C雛$_虞$'는 章母 [*tɕ]와 崇母 [*dz]인 설치음 뒤에 虞韻 /*ju/가 온 것이므로 이들
의 음가는 /*tsju/로 추정된다. 章母 [*tɕ]와 崇母 [*dz]는 고구려어에서 精母 /*ts/
에 편입되기 때문이다. 그런데 이들의 대립 항 '^莊_C鄒$_尤$'도 역시 /*tsju/의 음가를
갖는다. 莊母 [*tʂ]도 精母 /*ts/에 편입되는데, 그 뒤에 온 尤韻이 /*ju/의 음가를
가지기 때문이다. 따라서 (54.3)의 대립 항 '^章_C朱$_虞$, ^崇_C雛$_虞$'는 고구려어에서 대립
항 '^莊_C鄒$_尤$'와 사실은 음가가 동일하다.

여기에서 문제가 발생한다. 우리는 동일 칸에 온 두 표음자가 음운론적으로
대립한다고 기술해 왔으므로, (54.3)의 '朱, 雛'와 '鄒'에서도 두 대립 항의 음가
가 음운론적으로 대립한다고 보아야 한다. 우리의 기술 방식에 따르면 '朱, 雛'와
'鄒'의 음가가 서로 다르다고 보는 것이 맞다. 이에 따라 '朱, 雛'와 '鄒'의 음가 차
이를 虞韻 3등과 尤韻 3등의 차이에서 구할 수 있다. 이 방법을 택하면 尤韻 3등

의 음가는 虞韻 3등의 /*wu~*u(순음, 아후음 뒤), *ju(설치음 뒤)/와 달라야 한다. 이 기술 방식에 따르면 설치음 뒤에 온 尤韻 3등의 음가를 /*juu~*juw/라고 하여, 虞韻 3등에 운미 /*-u/(또는 /*-w/)가 있다고 할 수 있다. 즉, 尤韻 3등과 虞韻 3등의 음가 차이를 운미 /*-u/(또는 /*-w/)의 유무에서 구할 수 있다.

그런데 앞에서 이미 거론한 바 있듯이, 동일 칸에 온 두 표음자 중에는 異體字, 同音異義字, 同音通假字 등이 있을 수 있다. 지금까지 이들에는 음운대립을 적용하지 않았다. 이와 마찬가지로, '朱'와 '鄒'가 동음이의자 관계이고 '雛'와 '鄒'는 통가자 관계라고 해석할 수 있다. '朱蒙'(삼국, 위서, 주서, 북사, 수서, 고자묘, 천헌성, 천남산, 송사, 사, 유)을 '鄒牟'(광개, 집안, 사)나 '鄒蒙'(유)으로도 표기했고, 왕족이나 고위 귀족의 칭호인 '古雛加'를 '古鄒加'라고 표기하기도 했다. 따라서 '朱'와 '鄒, 雛'가 동음이의자 관계이고, '鄒'와 '雛'가 통가자 관계였다고 해석할 수 있다. 이 해석에 따르면 '朱, 鄒, 雛'의 세 표음자의 음가가 동일해야 하는데, 우리의 재구에 따르면 실제로 그 음가가 /*tsju/로 동일하다. 이것은 虞韻 3등을 /*wu~*u(순음, 아후음의 뒤), *ju(설치음 뒤)/로 재구하고, 尤韻 3등을 /*ju/로 재구한 우리의 논의가 오히려 정확한 것이었음을 말해 준다.

대립 항 '朱, 雛'의 虞韻 3등은 遇攝에 속하므로 운미가 없는 반면에, 대립 항 '鄒'의 尤韻 3등은 流攝에 속하므로 운미 /*-u/가 있다. 달리 말하면, 설치음 뒤에 온 虞韻 3등은 한어 중고음에서 이미 /*ju/이지만, 尤韻 3등은 기저에서는 운미가 있는 /*juu/(또는 /*juw/)로 추정된다. 그런데 고구려어에서 尤韻 3등을 수용할 때에는 운미 /*-u/를 허용하지 않는 음절구조제약 때문에 /*juu/를 /*ju/로 수용한다. 그 결과로 '朱, 鄒, 雛'의 세 표음자가 음가가 동일하게 인식되었다고 본다.

마지막으로, 분포 분석표 (52)에서 虞韻 3등과 侯韻 1등의 음운대립 쌍을 찾아보자. 이 음운대립 쌍은 찾을 수가 없다. 고구려 멸망 이후에 사용된 표음자를 기준으로 하면 '_C父_虞^R'와 '₁部_侯^R'의 음운대립 쌍을 찾을 수 있으나,[67] 고구려 멸망

---

[67] 並母 /*b/의 상성 − _C父_虞 : ₁部_侯
{桓父(일본), 陜父(사)} : {灌奴部, 消奴部, 順奴部, 絶奴部(삼국, 후한, 양서, 남사), 桂婁部(삼국, 후한, 양서, 당서), 涓奴部, 東部(삼국, 후한), 北部, 西部, 前部, 左部(삼국), 後部(삼국, 평양성B, 성), 前部(태천, 중원, 속), 愼奴部(양서, 남사), 五部(수서, 구당), 上部(속), 鬼部(일), 內部(당서), 部長, 沸流部, 掾那部, 提那部, 桓那部(사)}

이전에는 '父'가 사용되지 않았다. 멸망 이전의 고구려어 표음자에서 虞韻과 侯韻의 음운대립 쌍을 찾을 수 없으므로 고구려어에서는 虞韻 3등과 侯韻 1등의 음운대립이 없었다고 보아야 한다.

3章에서 이미 우리는 侯韻 1등의 음가를 /*u/로, 尤韻 3등을 /*ju/로 추정한 바 있다. 그런데 虞韻 3등의 음가 추정에서는 두 가지 기준이 충돌하고 있어서 잠시 머뭇거려진다. 侯韻 1등과 虞韻 3등의 음운대립이 없었다는 점을 강조하면 虞韻 3등을 侯韻 1등과 하나로 묶어야 하고 그 음가를 /*u/로 추정해야 한다. 그런데 侯韻이 항상 1등인 데에 비하여 虞韻이 항상 3등 C라는 차이를 강조하면 虞韻 3등이 개음을 가지고 있어야 한다.

앞의 遇攝에서 이미 논의한 것처럼, 虞韻 3등은 한어 상고음에서 /*ɥo/의 음가를 갖는다. 虞韻 3등의 운복이 魚韻 3등의 운복과 더불어 /*o/였던 것은 陸法言이 『切韻』序에서 "支와 脂, 魚와 虞가 함께 운이 된다"고[68] 한 것에서 확인된다. 그러나 고구려어에서는 /*ɥo/에 고모음화가 일어나 /*ɥu/가 되었고, 이 /*ɥu/를 음운론적 환경에 따라 /*wu~*u/ 또는 /*ju/로 수용하였다. 脣音이나 牙喉音 뒤에서는 /*wu~*u/로, 舌齒音 뒤에서는 /*ju/로 수용한 것이다. 이때의 개음 /*w/와 /*j/는 한어 중고음의 전설 원순 개음 /*ɥ/를 고구려어의 활음 체계에 맞게 대체하여 수용한 것이다. 이처럼 고구려어의 虞韻 3등의 음가를 /*wu~*u/ 또는 /*ju/로 추정하게 되면, 虞韻 3등과 侯韻 1등이 비변별적인 것을 자연스럽게 기술할 수 있다. /*wu/와 /*ju/는 개음을 가지고 있으므로 虞韻이 항상 3등 C라는 것에 부합한다. 이 /*wu/가 侯韻 1등의 /*u/와 실제로는 변별되지 않았을 것이므로 3등과 1등이 구별되지 않은 까닭도 자연스럽게 기술할 수 있다.

이제, 流攝에서 논의된 바를 정리해 보자. 侯韻 1등과 尤韻 3등은 음운대립을 이루고, 이들의 음가는 각각 /*u/와 /*ju/로 추정된다. 한국 중세음에서 이들과 더불어 유사 음절을 이루는 것으로 遇攝의 虞韻 3등이 있다. 虞韻 3등은 한어 상고음에서는 그 음가가 /*ɥo/로 추정되지만 고구려어에서는 전설 원순 개음 /*ɥ/의 영향

---

68 又支脂 魚虞 共爲一韻

490

으로 운복이 고모음 /*u/로 바뀐다. 또한 고구려어에는 전설 원순 개음이 없으므로 /*ɥ/를 순음이나 아후음 뒤에서는 /*w/로 수용하고 설치음 뒤에서는 /*j/로 수용한다. 즉, 고구려어에서는 虞韻 3등을 일찍부터 /*wu~*u/ 또는 /*ju/로 수용했다. 그리하여 虞韻 3등의 /*wu~*u/가 侯韻 1등의 /*u/와 음운대립을 이루지 못하고 虞韻 3등의 /*ju/도 尤韻 3등의 /*ju/와 변별되지 않는다.

대립관계를 중심으로 하여, 지금까지의 논의를 요약해 보면 다음과 같다.

(56) 遇攝의 虞韻과 流攝 운모의 음운대립

1. 상고음 시기의 한어

侯韻 1등 /*u/

尤韻 3등 /*ju/　　　　　/*ɥo/ 虞韻 3등

2. 전기 중고음 시기의 고구려어

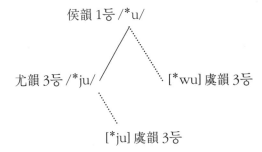

侯韻 1등 /*u/

尤韻 3등 /*ju/　　　　[*wu] 虞韻 3등

[*ju] 虞韻 3등

(56.1)에서 볼 수 있는 것처럼, 한어 상고음에서는 侯韻 1등, 尤韻 3등, 虞韻 3등이 음운론적으로 대립했다. 이 시기에는 虞韻 3등의 운복이 /*o/였기 때문에 운복이 /*u/인 侯韻 1등이나 尤韻 3등과 자연스럽게 음운대립을 이루었다. 그러나 고구려어에서는 虞韻 3등이 /*wu~*u, *ju/로 그 음가가 바뀌었다. (56.2)에 제시한 것처럼, 虞韻 3등의 /*wu~*u/는 侯韻 1등의 /*u/와 음운론적으로 구별되지 않았고, 虞韻 3등의 /*ju/는 尤韻 3등의 /*ju/와 구별되지 않는다. 결과적으로 고구려어에서는 아주 일찍부터 순음과 아후음 뒤의 虞韻 3등이 侯韻 1등과 합류

하고, 설치음 뒤의 虞韻 3등이 尤韻 3등과 합류했다고 할 수 있다. 이것은 虞韻 3등과 侯韻 1등의 음운대립 쌍도 없고 虞韻 3등과 尤韻 3등의 음운대립 쌍도 없다는 사실로 증명된다. 이에 따라 (56.2)에서는 虞韻 3등의 음가에 음소 표시 / / 대신에 변이음 표시 [ ]를 사용했고, 변이음 관계를 나타내기 위해 직선이 아니라 점선을 그었다.

6.2.3. /*-u/ 운미 종합

效攝과 流攝에서 논의한 결과를 한군데로 모아보면 다음과 같다. 참고할 수 있도록, 遇攝의 여러 운모 음가도 { }에 넣어 제시한다.

(57) 效攝, 流攝 운모의 음가 추정

1. 豪韻 1등·肴韻 2등 = /*o/ {模韻 = /*o/}

2. 宵韻 3등·蕭韻 4등 = /*jau/ (고구려 멸망 이전) {魚韻 = /*jo/}

   {宵韻 3등·蕭韻 4등 = /*jo/ (고구려 멸망 이후)} {魚韻 = /*je/}

3. 侯韻 1등 = /*u/ {虞韻 3등 = /*wu~*u/ (순음, 아후음의 뒤)}

4. 尤韻 3등 = /*ju/ {虞韻 3등 = /*ju/ (설치음의 뒤)}

고구려어에서는 /*-u/ 운미를 회피한다. 그리하여 한어의 豪韻 1등 /*au/는 3세기 후반의 고구려어에서 이미 /*o/로 변했고, 宵韻 3등·蕭韻 4등의 /*jau/는 고구려 멸망 이후에 /*jo/로 바뀌었다. 流攝의 侯韻 1등과 尤韻 3등에는 /*-u/ 운미가 있었다 하더라도 음운론적 의미가 거의 없었다. 이들의 운복 /*u/에 운미 /*-u/가 덧붙으면 /*uu/가 되는데, 이 /*uu/를 고구려어에서는 /*u/로 수용할 수밖에 없다. 고구려어에서는 하향 활음(off-glide) /*w/가 음절말 위치에 오는 구조를 허용하지 않기 때문이다.

/*-u/ 운미를 회피하는 변화로 말미암아, 遇攝 3등의 /*wu~*u, *ju/가 순음이나 아후음 뒤에서는 侯韻 1등의 /*u/와 구별되지 않았고 설치음 뒤에서는 尤韻 3등 /*ju/와 구별되지 않았다. 豪韻 1등·肴韻 2등이 模韻 1등에 합류하여 模

韻·豪韻·肴韻 /*o/ 하나가 되고, /*jau/의 음가를 가지던 宵韻 3등·蕭韻 4등이 고구려 멸망 이후에 /*jo/의 음가를 가짐에 따라 魚韻 3등의 /*jo/와 충돌하였다. 宵韻 3등·蕭韻 4등과 魚韻 3등의 음운대립을 유지하기 위하여, 고구려 멸망 이후에는 魚韻 3등의 음가가 /*je/로 바뀌는 연쇄 변화가 일어났다. 지금까지 魚韻 3등을 한국 한자음에서 'ㅓ, ㅕ'로 수용한 원인을 제시하지 못했는데, 그 근본적인 원인은 宵韻 3등·蕭韻 4등과 魚韻 3등의 음운대립을 유지하려는 데에서 찾을 수 있다.

(58) 效攝字와 流攝字의 분포 분석표(遇攝의 魚韻 추가) (340자 기준)

성모 \ 성조	평성L	상성R	거성D	입성E
幫母 /*p/	C不尤	C不尤	C富尤	
並母 /*b/		1部侯		
明母 /*m/	C牟尤 C侔尤			
端母 /*t/	AB朝宵	1斗侯 4蔦蕭		
透母 /*tʰ/				
定母 /*d/	1頭侯 AB朝宵	1道豪	1豆侯	
泥母 /*n/	C如魚			
來母 /*l/	1婁侯 1漊侯 C留尤 C流尤 C劉尤 C琉尤 C閭魚 4遼蕭			
精母 /*ts/	C諸魚 AB釗宵 AB昭宵 C沮魚 C鄒尤	C處魚 C沮魚 1皂豪	C處魚 C就尤	
心母 /*s/	AB消宵	1掃豪 AB小宵	1掃豪 1漱侯	
書母 /*sj/	C書魚	C壽尤		
羊母 /*j/	C遊尤 C餘魚 C余魚			
見母 /*k/	1高豪 1溝侯 C居魚 4釗蕭 C丘尤	1苟侯 1垢侯 C九尤 C久尤		
群母 /*g/	C仇尤 C求尤	C臼尤		
曉母 /*h/	1侯侯	1好豪 1後侯	1好豪 1候侯	
影母 /*ʔ/	C於魚 C優尤	C有尤	1奧豪	

/*-ø/ 운미에서 이미 /*a, *i, *u, *e, *o/의 5개 모음을 고구려어 모음으로 등록한 바 있다. /*-u/ 운미에서 새로 추가되는 모음은 없다. 그렇더라도 豪韻 1등·肴韻 2등의 운복 /*o/가 侯韻 1등의 운복 /*u/와 음운론적으로 대립하는지, 宵韻 3등·蕭韻 4등의 /*jau/와 尤韻 3등의 /*ju/가 음운대립을 이루는지 등을 확인할 필요가 있다. 魚韻 3등의 /*jo/가 尤韻 3등의 /*ju/와 음운론적으로 대립하는지도 물론 검토해야 한다.

분포 분석표 (58)에서 豪韻 1등·肴韻 2등 /*o/와 侯韻 1등 /*u/가 동일 칸에 온 것으로는 아래의 세 쌍이 있다.[69] 이들은 모두 운복의 최소대립 쌍이므로, 豪韻 1등·肴韻 2등과 侯韻 1등의 운복은 서로 달라야 한다. 이들에 각각 /*o/와 /*u/를 배당했으므로 우리의 결론과 부합한다.

(59) 豪韻 1등 /*o/와 侯韻 1등 /*u/의 음운대립 쌍 (3쌍)

1. 心母 /*s/의 거성 − ₁掃豪 : ₁漱侯

   {掃加城百(광개)} : {孫漱(송서, 남사, 사), 明臨於漱, 漱, 于漱(사)}

2. 見母 /*k/의 평성 − ₁高豪 : ₁溝侯

   {高麗(중원, 연가, 유인원, 고자묘), 高句驪(무구, 천헌성, 구당, 사), 高(송서, 진서, 수사, 고자묘, 송사, 사, 유)} : {幘溝瘻(삼국, 양서, 북사), 買溝(삼국, 사), 溝瘻, 溝婁(삼국, 양서), 沙溝城百(광개)}

3. 曉母 /*h/의 상성 − ₁好豪 : ₁後侯

   {好大王(삼국), 好太王(광개, 모두, 호태, 일본), 明治好王, 陽崗上好王, 平崗上好王(사), 明理好, 好攘(유)} : {後部(삼국, 평양성B, 성, 당서)}

4. 曉母 /*h/의 거성 − ₁好豪 : ₁候侯

   {위의 (59.3)과 동일(삼국 등)} : {竟候奢, 候(북사), 候城(북사, 수서, 사), 多勿候(사)}

다음으로, 尤韻 3등 /*ju/가 宵韻 3등·蕭韻 4등 /*jau/와 동일 칸에 온 것을 찾

---

69 (59.3)과 (59.4)의 대립 항에는 '好'가 온다. 이 '好'는 多音字이므로 둘 중에서 하나만을 택하여 세 쌍이라 했다.

아보면 다음과 같다.

(60) 尤韻 3등 /*ju/와 宵韻 3등·蕭韻 4등 /*jau/의 음운대립 쌍

1. 來母 /*l/의 평성 - $_C$留$_尤$, $_C$流$_尤$, $_C$劉$_尤$, $_C$琉$_尤$: $_4$遼$_蕭$

   {儒留王, 大朱留王(광개), 榮留王(북사, 사, 유), 久留川麻乃意利佐(성), 孺留, 大解朱留王, 小解味留王, 晏留, 於卑留(사), 味留, 愛留(유)}, {沸流谷/沸流江/沸流水(광개, 삼국, 후한, 양서, 북사, 사), 奴流枳(일), 沸流王(사)}, {劉(양서, 북사), 能劉王(성), 劉屋句, 斯劉(사)}, {琉璃王(삼국), 琉璃明王/琉璃王(사)} : {遼陽(천남산)}

2. 心母·書母의 상성[70] - $_C$壽$_尤$: $_{AB}$小$_宵$

   {牟壽(모두), 長壽王(위서, 북사, 사, 유), 延壽(유인원, 사), 高延壽(구당, 당서, 사)} : {위의 (43)과 동일(삼국 등)}

3. 精母 /*ts/의 평성 - $_C$鄒$_尤$: $_{AB}$釗$_宵$, $_{AB}$昭$_宵$

   {위의 (54.3)과 동일(광개 등)} : {釗(위서, 북사, 요사, 사, 유) 王釗(진서)}, {昭列帝(수서)}

위의 (49.1)에서 이미 논의한 것처럼, (60.1)의 대립 항 '遼'는 중국에서 들어온 지명 '遼東城, 遼城, 大遼水' 등과 인명 '遼陽'에 사용되었다. 고구려어에는 두음법칙이 있는데, 이에 대한 예외가 되기도 한다. 따라서 (60.1)은 음운대립 쌍에서 제외한다. 반면에, (60.2)는 尤韻 3등과 宵韻 3등의 음운대립 쌍이고 용례에서도 문제될 것이 없다. 대립 성립의 시점은 5세기 중엽이다. 대립 항 '$_C$壽$_尤$'의 음가가 /*sju/로 추정되므로 대립 항 '$_{AB}$小$_宵$'의 음가는 /*sju/가 아니라 /*sjau/로 추정된다. (60.3)에서도 음운대립이 성립하고 대립 성립의 시점은 6세기 중엽이다. 이처럼 宵韻 3등·蕭韻 4등과 尤韻 3등의 음운대립이 성립하므로 宵韻 3등·蕭韻 4등의 음가는 /*ju/가 아니라 /*jau/이다.

---

70 이 대립 쌍은 心母·邪母와 書母·常母를 하나로 합칠 때에 성립한다.

(61) 魚韻 3등 /*jo/와 尤韻 3등 /*ju/의 음운대립 쌍

  1. 來母 /*l/의 평성 – _C閭_魚 : _C留_尤, _C流_尤, _C劉_尤, _C琉_尤

    {處<u>閭</u>近支(삼국, 당서)} : {위의 (60.1)과 동일(삼국, 광개 등)}

  2. 精母 /*ʦ/의 거성 – _C處_魚 : _C就_尤

    {<u>處</u>閭近支(삼국, 당서)} : {<u>就</u>咨城, <u>就</u>鄒城^百(광개)}

  3. 精母 /*ʦ/의 평성 – _C諸_魚, _C沮_魚 : _C鄒_尤

    {<u>諸</u>兄(삼국, 당서, 사)}, {沃<u>沮</u>(북사, 수서, 사), <u>沮</u>江/<u>沮</u>水(수서, 당서/ 북사, 수서)}

    : {위의 (54.3)과 동일(광개 등)}

  4. 羊母 /*j/의 평성 – _C餘_魚, _C余_魚 : _C遊_尤

    {夫<u>餘</u>(광개, 모두, 수서) 扶<u>餘</u>(북사, 구당, 당서, 사), <u>餘</u>奴(사)}, {賣句<u>余</u>(광개)} :

    {子<u>遊</u>(천남생)}

  5. 影母 /*ʔ/의 평성 – _C於_魚 : _C優_尤

    {위의 (13.4)와 동일(광개 등)} : {위의 (54.5)와 동일(삼국 등)}

    한편, (61)에서 볼 수 있듯이, 魚韻 3등 /*jo/와 尤韻 3등 /*ju/가 음운론적으로 대립한다. 대립 성립의 시점은 3세기 후반에서 고구려 멸망기까지 이어진다. (61.1~2)는 대립 항 '閭'의 용례가 '處閭近支' 하나뿐이지만, 이것은 고구려의 지방관으로서 중국의 刺史에 비견되는 관직이었다. 따라서 (61.1~2)의 음운대립을 믿을 만하다. (61.3)의 대립 항 '諸'는 용례가 '諸兄' 하나뿐이지만, '諸兄'이 고구려 관명의 일종임은 분명하다. 대립 성립의 시점이 늦지만, (61.4)도 믿을 만한 대립 쌍이다.

    (61)의 대립 쌍은 모두 운복의 최소대립 쌍이라 할 수 있다. 대립 항이 모두 3등 C이므로 개음에서는 차이가 나지 않는다. 이 최소대립 쌍을 신빙하여, 고구려어에서 魚韻 3등의 운복 /*o/ 모음과 尤韻 3등의 운복 /*u/ 모음이 일찍부터 음운론적으로 대립했다고 본다.

6.3. /*-i/ 韻尾인 攝

/*-i/ 운미인 攝에는 蟹攝이 있다. 위에서 이미 논의한 것처럼 止攝의 之韻 (· 微韻) 3등도 운미 /*-i/를 가지므로, 之韻 (· 微韻) 3등도 蟹攝에 넣어서 한꺼번에 논의한다.

6.3.1. 蟹攝

蟹攝은 陰聲韻尾 /*-i/를 가지는 한자음의 집합이다. 이 韻尾는 운복 뒤에 오므로 현대 음운론의 하향 활음(off-glide) /-j/에 해당한다. 그런데 이 음성운미 /*-i/의 일부가 한어 상고음에서는 유성자음이었다고 한다(Karlgren 1954/92). 유성자음인가 무성자음인가, 구체적으로 어느 자음인가 하는 문제에서 여러 학자의 견해가 갈린다.[71] 그러나 상고음 시기의 자음운미가 중고음 시기에 들어 음성운미 /*-i/로 변했다고 보는 데에는 異見이 없다.[72] 고구려어 표음자는 주로 전기 중고음 시기에 기록된 것이므로 蟹攝의 운미를 자음운미보다는 음성운미로 재구하게 된다.

고구려어 표음자 중에서 蟹攝에 속하는 것은 齊韻 4등의 19/20자, 咍韻 1등의 13자, 泰韻 1등의 10자, 祭韻 3등 AB와 B의 5자, 皆韻 2등의 5자, 佳韻 2등의 5자,[73] 灰韻 1등의 4자, 廢韻 3등 C의 2자이다.

---

71 이에 대한 자세한 내용은 李敦柱(1995)를 참고하기 바란다.

72 이와는 달리, 王力(1957: 64)은 중고음의 음성운미 /*-i/가 상고음의 자음운미에서 비롯된 것이라는 견해를 부정하였다. 그러면서도 王力(1957)은 한어 상고음에는 去聲이 없었고 중고음의 거성은 대부분 상성이나 입성이 변한 것이라 하였다. 반면에 唐作藩(1982)는 상고음에 이미 거성이 있다고 했다.

73 王力(1957), 董同龢(1972), 李方桂(1980) 등이 모두 중고음의 佳韻에 운미 [*-i] 또는 [*-ɪ]가 있다고 했다.

(62) **蟹攝字의 분포 분석표** (704자 기준)

성모	성조	평성^L	상성^R	거성^D	입성^E
순음	幫母 /*p/			$_1$沛$_泰$ $_1$湏$_泰$ $_2$湏$_皆$	
	並母 /*b/	$_2$排$_皆$ $_2$俳$_皆$	$_4$陛$_齊$		
	明母 /*m/		$_4$米$_齊$ $_2$買$_佳$	$_2$賣$_佳$	
설음	端母 /*t/		$^{開}_4$底$_齊$ $^{開}_4$弓$_齊$	$^{開}_4$帝$_齊$ $^{開}_4$戴$_咍$ $^{開}_1$帶$_泰$ $^{合}_1$對$_灰$	
	透母 /*tʰ/	$^{開}_1$台$_咍$		$^{開}_1$太$_泰$ $^{開}_1$泰$_泰$	
	定母 /*d/	$^{開}_4$提$_齊$ $^{開}_1$臺$_咍$		$^{開}_1$代$_咍$ $^{開}_1$大$_泰$ $^{開}_{AB}$弚$_祭$	
	泥母 /*n/	$^{開}_4$泥$_齊$	$^{開}_1$乃$_咍$	$^{開}_4$泥$_齊$ $^{開}_1$耐$_咍$ $^{開}_1$奈$_泰$ $^{合}_1$內$_灰$ $^{合}_{AB}$芮$_祭$	
	來母 /*l/	$^{開}_1$來$_咍$	$^{開}_4$禮$_齊$	$^{開}_4$麗$_齊$ $^{開}_{AB}$厲$_祭$	
치음	精母 /*ts/	$^{開}_1$才$_咍$ $^{開}_4$齊$_齊$		$^{開}_1$再$_咍$ $_{AB}$祭$_祭$	
	心母 /*s/	$^{開}_4$西$_齊$ $^{開}_4$栖$_齊$ $^{合}_1$簑$_灰$			
	書母 /*sj/				
	羊母 /*j/				
아음	見母 /*k/	$^{開}_2$皆$_皆$ $^{開}_1$開$_咍$	$^{開}_1$改$_咍$	$^{開}_4$契$_齊$ $^{合}_4$桂$_齊$ $^{開}_1$蓋$_泰$ $^{開}_{AB}$闕$_祭$ $^{合}_2$卦$_佳$ $^{合}_2$怪$_皆$	
	群母 /*g/	$^{開}_2$崖$_佳$		$^{開}_4$翳$_齊$ $^{合}_1$外$_泰$	
후음	曉母 /*h/	$^{開}_4$奚$_齊$ $^{開}_4$兮$_齊$ $^{合}_1$灰$_灰$	$^{開}_1$海$_咍$ $^{開}_2$解$_佳$	$^{合}_4$惠$_齊$ $^{合}_4$慧$_齊$ $^{開}_1$害$_泰$	
	影母 /*ʔ/			$^{開}_1$愛$_咍$ $^{開}_B$衛$_祭$ $^{合}_C$濊$_廢$ $^{合}_C$穢$_廢$	

蟹攝 중에서 용례가 적은 운모는 泰韻 1등, 灰韻 1등, 佳韻 2등, 祭韻 3등, 皆韻 2등, 廢韻 3등 등이다. 그런데 분포 분석표 (62)를 잘 살펴보면 여러 운모 중에서 泰韻 1등, 祭韻 3등, 廢韻 3등은 독특하게도 성조가 항상 去聲이다.[74] 이처럼 어

느 하나의 성조에만 분포하는 운모가 많지 않다는 점에서 이들은 독특하다.

한어 상고음을 재구할 때에 Karlgren(1954/92)는 祭韻 3등, 歌韻 1등, 魚韻 3등 등이 각각 /*-d, *-r, *-g/의 자음 운미를 가진다고 했다. 반면에, 王力(1957: 64)은 입성운미 /*-p, *-t, *-k/와 양성운미 /*-m, *-n, *-ŋ/만을 인정하고 /*-d, *-r, *-g/ 등의 자음운미를 부정했다. 현재는 자음운미를 인정하는 것 이 대세이지만, 고구려어의 음운체계를 재구할 때에는 혼란을 불러일으킨다.[75] 따라서 우리는 중고음에서 성조가 한 가지로 고정되는 운모에만 자음운미를 인 정하기로 한다. 泰韻 1등, 祭韻 3등, 廢韻 3등은 중고음에서 성조가 항상 거성이 므로, 이들에 한해서만 상고음에서 자음운미를 가졌을 것이라고 추정한다.

灰韻은 항상 1등 합구라는 특징을 가진다. 개구는 없고 합구만 있는 운모도 역 시 희소하므로 灰韻 1등도 아주 독특한 운모이다. 여기에서 灰韻 1등이 咍韻 1 등의 합구운이라는 주장이 성립한다.

皆韻과 佳韻은 항상 2등이다. 皆韻 2등은 순음·아음 뒤에만 오고, 佳韻 2등은 순음·아후음의 뒤에 온다. 이들 분포 제약은 한어 중고음에는 없는 것이므로 이 두 가지 제약은 고구려어 특유의 제약이다.

그런데 고구려 멸망 이전의 표음자로 한정하면 다음의 분포 분석표 (63)에서 볼 수 있듯이 이들 상호 간의 관계가 더 선명해진다. 泰韻 1등, 灰韻 1등, 佳韻 2 등, 祭韻 3등, 皆韻 2등, 廢韻 3등 등은 용례가 많지 않으므로 이들 상호 간에 음 운대립이 성립하지 않았을 가능성이 더욱 커진다. 이에 대해서는 뒤에서 자세히 다루기로 한다.

皆韻 2등은 순음 뒤에만 오고 佳韻 2등은 순음이나 아음 뒤에만 온다. 皆韻과 佳韻은 항상 2등이라는 점에서 공통되지만, 동일 칸에 옴으로써 음운대립을 이 루는 예가 없다. 따라서 이 두 운모를 皆韻 2등·佳韻 2등 하나로 합칠 수 있다. 皆韻 2등·佳韻 2등과는 달리 灰韻 1등은 항상 설음이나 후음의 뒤에 온다. 皆韻 2등·佳韻 2등이 灰韻 1등과 상보적 분포를 보이므로[76] 이 둘을 다시 하나로 묶어

---

74 夬韻도 이 부류에 들지만, 고구려어 표음자에는 夬韻字가 없다.
75 兪昌均(1980)에서는 이들 자음 운미를 적극적으로 수용하여 고구려어를 재구하였다.
76 이 제약을 用字가 부족한 데에서 비롯된 우연한 일로 해석하려는 견해가 있다. 그러나 우리는 全

일단 皆韻 2등·佳韻 2등 (·灰韻 1등)이라 부를 수 있다. 灰韻 1등은 항상 합구이므로 ( )를 쳐서 이것을 표기하였다.

(63) 蟹攝字의 분포 분석표 (340자 기준, 중고음 시기)

성모	성조	평성^L	상성^R	거성^D	입성^E
순음	幫母 /*p/			$_1$沛$_泰$ $_2$浿$_皆$ $_1$浿$_泰$	
	並母 /*b/	$_2$排$_皆$ $_2$俳$_皆$			
	明母 /*m/		$_2$買$_佳$	$_2$賣$_佳$	
설음	端母 /*t/		$^開_4$底$_齊$ $^開_4$弓$_齊$	$^開_4$帝$_齊$ $^開_1$戴$_哈$ $^開_1$帶$_泰$ $^合_1$對$_灰$	
	透母 /*tʰ/	$^開_1$台$_哈$		$^開_1$太$_泰$	
	定母 /*d/	$^開_4$提$_齊$		$^開_1$大$_泰$	
	泥母 /*n/			$^開_1$耐$_哈$ $^合_1$內$_灰$ $^合_{AB}$芮$_祭$	
	來母 /*l/	$^開_1$來$_哈$		$^開_4$麗$_齊$ $^開_{AB}$厲$_祭$	
치음	精母 /*ts/				
	心母 /*s/	$^開_4$西$_齊$ $^開_4$栖$_齊$			
	書母 /*sj/				
	羊母 /*j/				
아음	見母 /*k/	$^開_1$開$_哈$	$^開_1$改$_哈$	$^合_4$桂$_齊$ $^開_1$蓋$_泰$ $^合_2$卦$_佳$	
	群母 /*g/			$^開_4$翳$_齊$ $^合_1$外$_泰$	
후음	曉母 /*h/	$^開_4$奚$_齊$ $^合_1$灰$_灰$		$^合_4$惠$_齊$	
	影母 /*ʔ/			^合_B衛$_祭$ ^合_C濊$_廢$ ^合_C穢$_廢$	

數調査를 통하여 고구려어 표음자가 보여 주는 사실을 있는 그대로 기술하므로 이 견해에 동의하지 않는다. 6장 1.2절의 遇攝에서 이미 논의한 바 있듯이, 고구려어 虞韻 3등은 순음·아후음의 뒤에 올 때와 설치음의 뒤에 올 때에 음운론적 행동이 서로 다르다. 현대 음운론의 음운자질로 기술하면, 순음은 [+ant, −cor]이고 아후음은 [−ant, −cor]이며, 설치음은 [+ant, +cor]이다. 이처럼 자음의 조음 위치가 자연부류를 이루는 것은 보편적인데, 고구려어의 皆韻 2등, 佳韻 2등, 灰韻 1등의 분포 제약이 이 보편성을 따른 것이라고 본다.

(64) 蟹攝字의 분포 분석표 (340자 기준, 上古音 시기)

성모 \ 성조	평성ᴸ	상성ᴿ	거성ᴰ	입성ᴱ
순음 幫母 /*p/			₁浿泰 ₂浿皆	₁沛泰
並母 /*b/	₂排皆 ₂俳皆			
明母 /*m/		₂買佳	₂賣佳	
설음 端母 /*t/		開₄底齊 開₄弖齊	開₄帝齊 開₄戴哈 合₁對灰	開₁帶泰
透母 /*tʰ/	開₁台哈			開₁太泰
定母 /*d/	開₄提齊			開₁大泰
泥母 /*n/			開₁耐哈 合₁內灰	合AB芮祭
來母 /*l/	開₁來哈		開₁麗齊	開AB厲祭
치음 精母 /*ts/				
心母 /*s/	開₄西齊 開₄栖齊			
書母 /*sj/				
羊母 /*j/				
아음 見母 /*k/	開₁開哈	開₁改哈	合₄桂齊 合₂卦佳	開₁蓋泰
群母 /*g/			開₄翳齊	合₁外泰
후음 曉母 /*h/	開₄奚齊 合₁灰灰		合₄惠齊	
影母 /*ʔ/				合B衛祭 合C濊廢 合C穢廢

우리는 앞에서 泰韻 1등, 祭韻 3등, 廢韻 3등의 성조가 독특하게도 항상 去聲임을 지적하고 이 특징이 한어 상고음의 자음운미에서 비롯된 것이라고 했다. 泰韻 1등, 祭韻 3등, 廢韻 3등처럼 거성에만 분포하는 운모를 '거성운모'라고 지칭한다면,[77] 蟹攝에 속하는 여러 운모의 분포 분석표를 두 가지로 작성할 수 있다. Karlgren(1954/92), 藤堂明保(1957), 董同龢(1972), 周法高(主編)(1973), 鄭張尙芳(2003: 165) 등의 논의처럼 거성운모가 자음 운미를 가지는 것이라면 泰韻 1등,

---

[77] 이것을 처음 발견한 것은 淸代의 段玉裁(1735~1815년)이다(王力 1980: 236, 李鍾振·李鴻鎭 역). '古無去聲'이라 하여 '祭, 泰, 夬, 廢'의 네 운모가 상고음에서는 /*-p, *-t, *-k/의 운미를 가졌는데, 이것이 중고음에서 거성으로 바뀌었다고 하였다. 고구러어 표음자에는 夬韻字가 없다.

祭韻 3등, 廢韻 3등은 상고음 시기에 聲調가 항상 入聲이다. 이에 따르면 분포 분석표에서 泰韻字, 祭韻字, 廢韻字를 모두 입성 열에 배열하는 방법도 있을 수 있다.[78] 위의 (64)는 이들 운모가 자음운미를 가지는 상고음 시기의 분포 분석표이다. 이와는 반대로, 거성운모의 자음운미가 이미 음성운미 /*-i/로 바뀌었다고 보고 분포 분석표를 작성할 수도 있다. 위의 (63)은 거성운모의 운미가 /*-i/로 바뀐 중고음 시기의 분포 분석표이다.

먼저, 거성운모의 운미가 자음운미인 것으로 보아 거성운모자를 입성 열에 넣어 蟹攝의 음운대립 관계를 기술하고, 이에 이어서 거성운모의 운미가 음성운미 /*-i/인 것으로 보아 거성 열에 넣어 그 관계를 기술할 것이다. 이처럼 두 가지 방법으로 검토하는 까닭은 둘 중에서 어느 방법을 택하느냐에 따라 음운대립은 물론이요 등록되는 모음의 수가 달라지기 때문이다.

먼저 거성운모를 입성 열에 넣는 방법에 따라 고구려어 표음자의 음운대립 관계를 기술하기로 한다. 위의 분포 분석표 (64)에서 동일 칸에 온 것으로는 咍韻 1등과 灰韻 1등이 있다.

(65) 咍韻 1등과 灰韻 1등의 음운대립 쌍과 그 용례

1. 端母 /*t/의 거성 – $^{開}_1$戴$_咍$: $^{合}_1$對$_灰$

   {戴升(삼국, 후한, 사)} : {對盧(삼국, 후한, 양서, 남사, 수서, 천남산, 구당, 당오, 사), 大對盧(삼국, 주서, 북사, 구당, 당서, 구오, 사), 太大對盧(천남생, 천헌성, 사)}

2. 泥母 /*n/의 거성 – $^{開}_1$耐$_咍$: $^{合}_1$內$_灰$

   {不耐/不耐城(삼국, 양서, 북사, 사), 不耐(지리)} : {內部(삼국, 당서), 內平(북사, 수서, 사), 仍斤內郡, 今勿內郡, 骨衣內縣, 內乙買, 內尒米, 於斯內縣, 內米忽(지리), 生河內(속)}

---

78 한국 중세의 泰韻字 중에서 '-ㄹ'을 가지는 것으로 '害[할], 靄[알], 蔡[살]' 등이 있다. 祭韻字 중에서 '-ㄹ'을 가지는 것으로는 '揭[갈, 걸], 偈[걸], 稅[탈], 綴[철]' 등이 있다. 이들은 한어 상고음의 잔재라고 할 수 있다(최희수 1986: 155~7).

502

(65.1)의 대립 항 '戴'는 '戴升'에만 사용되었으므로 검토의 대상이다. '戴升'은 47년(민중왕 4)에 蠶支落의 大加로서 종족 1만여 인과 더불어 낙랑군에 투항한 부족장의 이름이다. 따라서 고구려 인명임이 분명하다. 이 대립 항 '戴'는 아래의 (66)과 (76)에서도 대립 항이므로, 고구려어에서 아주 중요한 표음자이다.

위의 두 쌍은 咍韻 1등이 灰韻 1등과 음운론적으로 대립하는 예이다. 이 음운 대립의 성립 시기는 『삼국지』가 편찬된 3세기 후반부터 고구려 멸망까지 이어진다. 그런데 咍韻 1등은 항상 개구인 데에 반하여 灰韻 1등은 항상 합구이다. 따라서 咍韻 1등과 灰韻 1등은 개합에서 상보적 분포를 이루고, 咍韻 1등의 합구운이 灰韻 1등이라고 할 수 있다. 만약에 咍韻 1등의 음가를 /*ai/로 추정한다면 灰韻 1등의 음가는 /*w/가 덧붙은 /*wai/가 된다.[79] 즉 咍韻 1등과 灰韻 1등은 운복이 같다고 할 수 있다.

咍韻과 灰韻은 항상 1등이다. 항상 1등인 운모로는 泰韻이 있다. 그런데 이 泰韻 1등이 咍韻 1등이나 灰韻 1등과 더불어 동일 칸에 온 예가 없다. 분포 분석표 (64)에서는 泰韻 1등이 입성 열에만 분포하고, 咍韻 1등과 灰韻 1등은 평성·상성·거성 열에만 분포하기 때문이다. 이처럼 동일 칸에 오지 않는 운모는 항상 상보적 분포를 이룬다.

그런데 여기에서는 상황이 약간 다르다. 泰韻 1등이 입성이라는 것은 자음운미를 가진다는 뜻이다. 이러한 특수성 탓으로 비록 상보적 분포를 이룬다 하더라도 泰韻 1등을 咍韻 (·灰韻) 1등과 하나로 묶을 수가 없다. 泰韻 1등은 운미가 자음운미 /*-C/이므로, 咍韻 1등과 灰韻 1등의 음성운미 /*-i/와 차이가 난다.

그렇다면 이 두 운모의 운복이 서로 같아도 된다. 운미에서 이미 음가 차이가 나므로, 이 두 운모의 운복이 서로 같아질 확률이 거꾸로 더 커진다. 이에 따라, 泰韻 1등과 咍韻 (· 灰韻) 1등의 운복에 /*a/를 배당하여 그 음가를 각각 /*aC/와 /*ai/로 추정한다.[80] 이처럼 추정하면, 灰韻 1등은 咍韻 1등의 합구운이므로 그 음가가 /*wai/가 된다.

---

79 중고음의 咍韻과 灰韻 운복을 王力(1957)은 [*ɒ], 董同龢(1972)는 [*ʌ], 李方桂(1980)은 [*ə]라 했다.
80 중고음의 泰韻 운복을 王力(1957)과 董同龢(1972)는 [*ɑ]라 하고, 李方桂(1980)은 [*ɑ]라 했다.

그런데 이때에 주의할 것이 있다. 앞에서 이미 기술한 것처럼 灰韻 1등은 皆韻 2등·佳韻 2등과도 분포가 상보적이다. 따라서 灰韻 1등을 咍韻 1등의 합구운이라 해야 할지, 皆韻 2등·佳韻 2등의 합구운이라 해야 할지 머뭇거려진다. 이때에는 等이 중요한 역할을 담당한다. 灰韻은 咍韻과 더불어 1등인 데에 비하여 皆韻·佳韻은 항상 2등이다. 따라서 灰韻 1등을 等이 동일한 咍韻 1등의 합구운이라고 하는 것이 바람직하다.

이번에는 항상 1등인 咍韻 (·灰韻)과 泰韻이 항상 2등인 皆韻이나 佳韻과 동일 칸에 오는지 찾아보자. 분포 분석표 (64)에는 그런 예가 없다. 이것은 고구려어에서 1등과 2등이 구별되지 않았음을 의미한다. 구체적으로 말하면 1등인 咍韻·泰韻과 2등인 皆韻·佳韻의 운복 음가가 음운론적으로 대립하지 않았다는 뜻이다. 이에 따라 이들의 운복에 두루 /*a/를 배당하기로 한다.[81]

咍韻 (·灰韻) 1등·皆韻 2등·佳韻 2등과 동일 칸에 온 쌍 중에는 咍韻 1등과 齊韻 4등, 佳韻 2등과 齊韻 4등, 灰韻 1등과 齊韻 4등 등이 있다.

(66) 咍韻 1등과 齊韻 4등의 음운대립 쌍과 그 용례

端母 /*t/의 거성 – $^{開}_1$戴$_{咍}$: $^{開}_4$帝$_{齊}$

{위의 (65.1)과 동일(삼국 등)} : {昭列帝(수서)}

(66)에서 咍韻 1등과 齊韻 4등이 음운대립을 이룬다. 대립 성립 시점은 『隋書』가 편찬된 7세기 중엽이므로 아주 늦은 편이다. 그런데 (66)의 대립 항 '$^{開}_4$帝$_{齊}$'는 용례가 '昭列帝'뿐이므로 의심의 대상이 된다. 그러나 (49.2)에서 이미 논의한 것처럼 '昭列帝'가 중국인이 붙인 인명이라는 단서를 찾을 수가 없다. 따라서 '昭列帝'를 고구려인이 지은 인명이라고 간주하고, (66)의 음운대립을 신뢰하기로 한다. 후술할 (68)과 (75.1)에서도 '$^{開}_4$帝$_{齊}$'가 대립 항으로 등장하므로, '帝'는 고구려어 음운대립을 논의할 때에 아주 중요한 표음자이다.

齊韻은 항상 4등이고, 4등은 개음이 없다(李榮 1956). 나아가서 1등과 4등은 운

---

81 중고음의 皆韻 운복을 王力(1957)과 董同龢(1972)는 [*ɐ]라 하고, 李方桂(1980)은 [*ăi]라 했다. 중고음의 佳韻 운복을 王力(1957)과 李方桂(1980)은 [*a]라 하고, 董同龢(1972)는 [*æ]라 했다.

복이 항상 서로 다르다. 1등의 운복은 항상 후설 또는 중설 모음이고, 4등의 운복은 전설 모음이다. 앞에서 咍韻 1등의 운복에 /*a/를 배당했으므로 齊韻 4등의 운복은 /*a/가 아니다. 한어 중고음에서 齊韻 4등의 운복을 /*e/라고 하는 학자들이 많으므로[82] 우리도 이것을 따라 齊韻 4등의 음가를 /*ei/로 추정한다. 齊韻 4등의 운복에 /*e/를 배당하는 것은 기본모음 /*a, *i, *u, *e, *o/ 등을 우선적으로 배당하는 우리의 태도에도 부합한다. 이에 따르면 (66)의 음운대립은 咍韻 1등의 운복 /*a/와 齊韻 4등의 운복 /*e/의 대립이라고 할 수 있다. 따라서 고구려어의 모음 목록을 작성할 때에 이 음운대립은 아주 중요하다.

齊韻 4등은 咍韻 1등과 대립하지만 佳韻 2등과도 대립한다. 아래의 예에서 볼 수 있듯이, 佳韻 2등과 齊韻 4등의 대립은 평양성A가 축조된 566년에 성립한다.

(67) 佳韻 2등과 齊韻 4등의 음운대립 쌍과 그 용례

見母 /*k/의 거성 – $^{合}_2$卦$_佳$: $^{合}_4$桂$_齊$

{卦婁(평양성A), 助有卦婁手切(일)} : {桂婁/桂婁部(삼국, 후한, 양서, 천남산, 천남생, 당서)}

(67)의 대립 항은 둘 다 합구이기 때문에 佳韻 2등과 齊韻 4등이 운복에서 음운론적으로 대립하는 쌍임이 분명하다. 齊韻은 항상 4등이므로 개음이 없고 운복이 전설모음이다. 따라서 앞에서처럼 齊韻 4등의 음가를 /*ei/로 추정한다. 이와는 반대로 2등인 佳韻은 1등인 咍韻과 더불어 하나의 운모인 咍韻 1등·皆韻 2등·佳韻 2등으로 묶이므로 그 음가를 /*ai/로 추정한다. 이에 따르면, 佳韻 2등과 齊韻 4등은 역시 운복의 차이로 대립한다. 여기에서도 운복 /*a/와 /*e/의 음운대립을 확인할 수 있다.

齊韻 4등은 灰韻 1등과도 음운론적으로 대립한다. 이 음운대립은 『隋書』와 『北史』가 편찬된 7세기 중엽에 와서야 비로소 성립한다.

---

82 王力(1957), 董同龢(1972), 李方桂(1980)에서 공통적으로 중고음의 齊韻 운복을 [*e]라 했다.

(68) 灰韻 1등과 齊韻 4등의 음운대립 쌍과 그 용례

　　端母 /*t/의 거성 – $^合_1對_灰$: $^開_4帝_齊$

　　　{위의 (65.1)과 동일(삼국 등)} : {昭列帝(수서)}

　　灰韻 1등과 齊韻 4등의 음운대립 쌍은 운복의 대립 쌍일 수도 있고, 합구와 개구의 대립 쌍일 수도 있다. 齊韻 4등의 개구음은 /*ei/이다. 이것이 灰韻 1등의 음가 /*wai/와 음운론적으로 대립한다. 따라서 (68)의 음운대립은 개음의 유무에서 비롯된 음운대립일 수도 있고, 운복 /*a/와 /*e/의 대립일 수도 있다. 앞에서 우리는 개음 차이 우선의 원칙을 세웠으므로 모음 /*a/와 /*e/의 음운대립을 논의할 때에는 (68)을 논거에서 제외한다.

　　(64)의 분포 분석표에서 동일 칸에 왔지만 아직 거론하지 않은 것으로는 祭韻 3등과 廢韻 3등이 있다. 廢韻 3등에 속하는 고구려어 표음자는 '滅'와 '穢'의 둘뿐인데,[83] 희한하게도 이들이 祭韻 3등의 '衛'와 음운대립을 이룬다. 대립 성립의 시기는 각각 모두루비가 건립된 5세기 중엽과 광개토대왕비가 건립된 5세기 초엽이다.

(69) 祭韻 3등과 廢韻 3등의 음운대립 쌍과 그 용례

　　影母 /*ʔ/의 거성 – $^合_B衛_祭$: $^合_C滅_廢$, $^合_C穢_廢$

　　　{衛將軍(삼국)} : {滅(모두)}, {韓穢(광개)}

　　위에서 祭韻 3등 B인 '衛'가 廢韻 3등 C인 '滅, 穢'와 동일 칸에 옴으로써 음운대립을 이룬다. 그런데 앞에서 거론한 것처럼 祭韻 3등과 廢韻 3등은 거성에만 분포한다. 상고음으로 돌려 말한다면 '衛'뿐만 아니라 '滅, 穢'도 입성 열에 오는데, 이때에도 이 둘이 동일 칸에 온다.[84] 따라서 고구려어에서 祭韻 3등과 廢韻 3등이 음운론적으로 대립했다고 보아야 한다.

---

83 '滅'와 '穢'는 동일 부족명이므로 사실은 통가자 관계이다.
84 상고음의 /*-s/ 운미가 중고음에서 /*-i/로 변함에 따라 중고음에서 이들의 성조가 동시에 거성으로 바뀌었을 뿐이다.

그런데 (69)의 대립 항 '衛'가 오직 '衛將軍'에만 사용되었다는 점이 문제가 된다. 이 '衛將軍'은 언뜻 보아도 차용어일 것 같은 느낌이 드는데, 5장의 (60.2)에서 이미 거론한 것처럼 중국 前漢 이후의 관직명이고 이에 비견되는 고구려 관명이 '大模達'이다. 그렇다면 이 '衛'를 고구려 표음자에서 제외할 수 있다. 이 태도를 취하면 祭韻 3등과 廢韻 3등의 음운대립 쌍이 없어진다. 따라서 祭韻 3등과 廢韻 3등을 하나로 묶어 祭韻 3등·廢韻 3등이라 부르기로 한다.

이 祭韻 3등·廢韻 3등의 음가를 어떻게 추정해야 할까? 고구려 표음자에서는 祭韻 3등·廢韻 3등과 음운대립을 이루는 운모가 없기 때문에 그 음가를 추정하기가 아주 어렵다. 祭韻·廢韻이 3등이라는 점을 고려하면 전설 평순 개음 /*j/를 가지고 운미가 자음운미 /*-C/임은 분명하지만 그 운복이 /*a/일지 /*e/일지 알 수가 없다.

그 운복이 /*a/나 /*e/가 아니라 제3의 모음일 가능성은 처음부터 배제한다. 우리는 음운대립 쌍이 존재하고 나아가서 운복의 대립임이 확인될 때에만 모음 음소를 설정한다.[85] 분포 분석표 (64)에서는 祭韻 3등·廢韻 3등이 여타의 운모와 음운대립을 이루지 못하므로, 그 운복에 제3의 모음을 배당하지 않고 그 운복이 기본모음인 /*a/나 /*e/의 둘 중 하나라고 추정한다. 이에 따르면 祭韻 3등·廢韻 3등의 음가는 /*jaC/와 /*jeC/의 둘 중 하나일 것이다.[86]

지금까지의 논의를 요약해 보자. 거성운모의 성조가 입성인 것으로 처리하면, 고구려어 표음자의 蟹攝에서는 咍韻(·灰韻) 1등·皆韻 2등·佳韻 2등의 운복과 齊韻 4등의 운복이 음운론적으로 대립한다. 蟹攝에서는 이 二元對立만 확인되므로 두 개의 모음 음소만 등록하면 된다. 이에 따라 咍韻(·灰韻) 1등·皆韻 2등·佳韻 2등에 기본모음인 /*a/를 배정하고 齊韻 4등의 운복에 /*e/를 배당한다. 泰韻 1등과 祭韻 3등·廢韻 3등은 음운대립 쌍이 없어서 운복을 결정할 수 없다. 蟹攝에서의 음운대립을 표로 제시하면 다음과 같다. 관례에 따라 음운대립이 성립하는 두 운모에는 직선을 그었다. 반면에, 泰韻 1등과 祭韻 3등·廢韻 3등은 음

---

85 이것은 이승재(2013나)에서 자음 음소를 설정할 때에도 일관되게 지켜온 태도이다.

86 중고음의 祭韻 운복을 王力(1957)은 [*ɛ], 董同龢(1972)는 [*æ], 李方桂(1980)은 [*ä]라 했다. 그러나 상고음의 운복은 [*a]로 공통되는데, 董同龢(1972)는 여기에다 [*æ]를 추가했다.

가도 분명하지 않고, 상호 간의 대립관계도 분명하지 않으므로 점선을 그었다.

(70) 蟹攝 운모의 음운대립

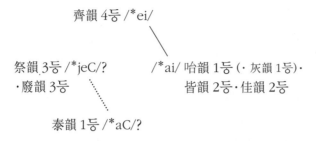

이제, 거성운모의 성조를 거성으로 처리할 때의 음운대립을 논의하기로 한다. 이 방법은 한어 중고음 시기에 해당하는 방법이므로 고구려어의 현실에 다가가 고자 할 때에는 훨씬 더 중요하다. 고구려어 표음자는 대부분 전기 중고음 시기에 기록되었기 때문이다.

거성운모의 성조를 거성으로 간주할 때에도 위에서 논의한 음운대립은 그대로 유지된다. 그런데 거성운모의 배열 위치를 분포 분석표 (64)의 入聲 열에서 분포 분석표 (63)의 去聲 열로 바꾸면, 동일 칸에 온 음운대립 쌍이 추가된다. 먼저, 새로 추가된 대립 쌍에서 성립하는 음운대립을 논의하고, 그런 다음에 이것을 위에서 논의한 음운대립과 합하여 蟹攝 전체의 음운대립을 기술하기로 한다.

거성운모는 泰韻 1등, 祭韻 3등, 廢韻 3등의 순서로 용례가 많다. 먼저, 泰韻 1등을 거성 열로 옮김으로써 새로이 동일 칸에 오게 된 음운대립 쌍에는 泰韻 1등과 皆韻 2등, 泰韻 1등과 佳韻 2등, 泰韻 1등과 咍韻 1등, 泰韻 1등과 灰韻 1등, 泰韻 1등과 齊韻 4등 등이 있다.

(71) 泰韻 1등과 皆韻 2등의 음운대립 쌍과 그 용례

幫母 /*p/의 거성 － $_1$沛$_泰$: $_2$浿$_皆$

{沛者(삼국, 후한, 양서, 남사, 사)} : {浿水/浿江(삼국, 주서, 북사, 수서, 천남산, 구당, 당서, 요사, 사)}

대립 항 '沛'의 용례인 '沛者'는 고구려의 10관등 중에서 相加·對盧에 이은 셋째의 관등이므로 고구려 관명임이 분명하다. 대립 항 '浿'의 용례도 '浿水/浿江' 하나뿐이므로 검토의 대상이다. 古朝鮮 시기에는 이 강이 요동과 고조선과의 경계가 되고, 그 이후의 시기에는 학설에 따라 鴨綠江, 淸川江, 大同江, 禮成江 등을 지칭한다(『한국민족문화대백과사전』 참조). 따라서 대립 항 '浿'도 고구려어 표음자임을 알 수 있고, (71)의 대립 쌍을 신빙할 수 있다.

(71)의 泰韻은 항상 1등이고 皆韻은 항상 2등이다. 고구려어에서는 果攝의 1등인 歌韻과 假攝의 2등인 麻韻이 음운론적으로 대립하지 않는다. 效攝에서도 1등인 豪韻과 2등인 肴韻이 대립하지 않는다. 반면에 蟹攝에서는 (71)에서 볼 수 있듯이 1등인 泰韻과 2등인 皆韻이 음운론적으로 대립한다.

이 차이를 어떻게 기술해야 할지 망설여진다. 고구려어 표음자에서 1등과 2등의 대립이 일괄적으로 없었다고 할 것인가, 그렇지 않으면 1등과 2등의 음운대립을 부분적으로 인정할 것인가? 고구려어에서는 1등과 2등이 대립하지 않는 것이 원칙이지만, (71)의 음운대립을 인정하게 되면 독특하게도 蟹攝에서는 1등과 2등이 대립한다고 기술해야 한다.

여기에서는 일단 泰韻 1등과 皆韻 2등의 음운대립을 인정하기로 한다. 이 견해에 서면 泰韻 1등과 皆韻 2등의 운복 음가가 서로 다르다고 보아야 한다. 한어 중고음에서는 泰韻 1등을 /*ɑi/로, 皆韻 2등을 /*ɐi/로 재구하는 것이 일반적이다(이토 지유키 2011: 365, 魏國峰 2014: 93~94). /*ɑ/는 후설 저모음이고 /*ɐ/는 중설 저모음이다. 만약 (71)의 대립 쌍 '₁沛泰 : ₂浿皆'를 음운대립 쌍으로 인정한다면 고구려어에서는 이 두 가지 저모음이 음운론적으로 대립했다고 기술하게 된다.

그런데 (71)에서 대립 항 '浿'의 음가를 皆韻 2등이라 재구한 데에 문제가 있다.

(72) '浿'에 대한 『廣韻』의 음가 기술

1. 浿, 水名在樂浪 (去聲, 怪韻, 湃小韻, 滂湃普拜切)

2. 浿, 水在樂浪 (去聲, 泰韻, 霈小韻, 霶霈普蓋切)

(72.1)에서는 '浿'가 怪韻에[87] 속하고 '浿'의 운모는 반절하자 '拜'의 운모와 동일하다. '拜'의 운모는 皆韻 2등이므로 (71)에서는 이것을 이용하여 '浿'의 음가를 [滂中2去皆]로 재구했다. 그런데 이것이 실수였다. 다시 확인해 보니 '浿'가 多音字로서 (72.1)에서는 怪韻에 속하지만 동시에 (72.2)에서는 泰韻 1등에 속한다. 고구려어 표음자에는 怪韻의 예가 (72.1)뿐이므로, (72.1)의 음가를 이용하여 '浿'의 음가를 재구한 것은 잘못이다. '浿'의 음가는 오히려 (72.2)의 泰韻 1등과 반절하자 '蓋'를 이용하여 재구하는 것이 맞다. 泰韻 1등에 속하는 고구려어 표음자가 적지 않기 때문이다.

반절하자 '蓋'의 음가는 [見開1去泰]이므로 이번에는 '浿'의 운모가 泰韻 1등이된다. '浿'의 음가를 [滂中2去皆]에서 [見開1去泰]로 수정하면 (71)의 음운대립 쌍이 없어지고, 덩달아서 고구려어 표음자에서 泰韻 1등 [*ɑi]와 皆韻 2등 [*ɐil]가음운론적으로 대립하는 예도 없어진다. 우리는 이 수정을 취하여 고구려어에서泰韻 1등과 皆韻 2등의 음운대립이 없었다고 본다. 즉 이 두 운모를 하나로 묶어서 泰韻 1등·皆韻 2등이라 하고 그 음가를 /*ai/로 추정한다.

1등과 2등이 동일 칸에 옴으로써 음운대립을 보이는 것으로 泰韻 1등과 佳韻 2등의 대립 쌍도 있다. 아래의 용례에서 볼 수 있듯이, 대립 성립의 시점은 평양성A가 축조된 566년이다.

(73) 泰韻 1등과 佳韻 2등의 음운대립 쌍과 그 용례

見母 /*k/의 거성 – 開₁蓋泰 : 合₂卦佳

　{蓋馬/蓋馬大山(삼국, 한서, 후한, 북사, 수서), 蓋牟/盖牟城(수서, 구당, 당서, 사),
　蓋蘇文(유인원, 구당, 당서, 사, 유), 蓋金(당서, 사), 蓋氏(유)} : {卦婁(평양성A), 助
　有卦婁手切(일)}

(73)의 '開₁蓋泰 : 合₂卦佳'에서는 泰韻 1등과 佳韻 2등이 음운론적으로 대립한다.
그런데 이 대립이 운복의 차이를 기반으로 한다고 할 수도 있지만 개구와 합구의

---

87 怪韻은 韻目 단위가 아니라 평·상·거·입의 성조를 일일이 나눈 다음에 붙인 韻母 단위이다. 怪
　韻은 성조가 거성인 皆韻을 가리킨다(이재돈 2007: 104).

차이를 기반으로 한다고 기술할 수도 있다. 개음 차이 우선의 원칙에 따르면 泰韻 1등과 佳韻 2등의 운복이 차이가 나더라도 그 차이는 중요하지 않다. 반면에, 대립 항 '蓋'가 개구인 데에 반하여 '卦'가 합구라는 차이는 합구음 /*w/의 유무 차이이므로 아주 중요하다.

우리는 개음 차이 우선의 원칙에 따라 (73)을 운복의 최소대립 쌍에서 제외한다. 이 원칙에 따르면 泰韻이 항상 1등인 데에 반하여 佳韻이 항상 2등이라는 차이도 음운론적 가치가 없어진다. 고구려어 표음자 340자 세트에서는 泰韻 1등과 佳韻 2등의 운복 음운대립 쌍이 전혀 없기 때문이다. 따라서 이 두 운을 하나로 묶어서 泰韻 1등·佳韻 2등이라 칭하고 그 음가를 /*ai/로 추정한다.

泰韻 1등과 佳韻 2등의 운복 음가가 음운론적으로 변별되었다고 보는 견해에서는 한어 중고음을 좇아서 음가를 구별하게 된다. 이 두 운모는 각각 /*ɑi/와 /*ai/로 재구하는 것이 일반적이다. /*ɑ/가 후설 저모음인 데에 반하여 /*a/는 전설 저모음이다. 이 견해에서는 고구려어에서 후설 저모음과 전설 저모음이 음운론적으로 대립했다고 보게 된다. 우리는 이 견해에 동의하지 않는다. 고구려어에서는 여타의 攝에서도 후설 저모음과 전설 저모음의 음운대립이 없기 때문이다. 우리가 재구한 泰韻 1등·佳韻 2등의 음가 /*ai/에서는 /*a/가 전설, 중설, 후설 저모음을 두루 아우른다.

(71)과 (72)에서 泰韻 1등과 皆韻 2등의 운복 최소대립이 부정되고, (73)에서 泰韻 1등과 佳韻 2등의 운복 최소대립이 역시 부정된다. 이것은 고구려어의 果攝·假攝, 效攝뿐만 아니라 蟹攝에서도 1등과 2등의 음운대립이 없었음을 말해 준다.

이제, 분포 분석표 (63)에서 泰韻 1등과 灰韻 1등이 동일 칸에 온 것을 찾아보기로 한다.

(74) 泰韻 1등과 灰韻 1등의 음운대립 쌍과 그 용례

端母 /*t/의 거성 – $^{開}_1$帶$_泰$: $^{合}_1$對$_灰$

{帶固(삼국)} : {위의 (65.1)과 동일(삼국 등)}

그런데 대립 항 '$^{開}_1$帶$_泰$'의 용례가 '帶固' 하나뿐이므로, 이 대립 항을 의심할 수 있다. 그러나 5장의 (30.3)에서 이미 거론한 것처럼 '主簿' 관직이었던 '帶固'는 고구려 인명임이 분명하다. 따라서 용례 '帶固'를 믿을 수 있고 나아가서 (74)의 음운대립을 신뢰할 수 있다.

(74)의 '$^{開}_1$帶$_泰$: $^{合}_1$對$_灰$'에서 1등인 泰韻과 灰韻이 음운대립을 이룬다. 그런데 이 泰韻과 灰韻의 음운대립은 운복의 차이가 아니라 개합의 차이를 기반으로 한다. 더욱이 고구려어 표음자로 한정하면 泰韻 1등은 항상 개구이고, 灰韻 1등은 항상 합구이다.[88] 따라서 泰韻과 灰韻은 운복의 차이로 대립하는 것이 아니라 개구와 합구의 차이로 대립한다고 본다. 泰韻 1등의 음가를 /*ai/로 추정한다면 灰韻 1등의 음가는 여기에 /*w/가 계기적으로 더해진 /*wai/가 된다.

(63)의 분포 분석표에서 泰韻 1등이 齊韻 4등과 더불어 동일 칸에 온 것을 찾아보면 다음과 같다. 泰韻 1등과 齊韻 4등의 대립이 성립하는 시점은 3세기 후반과 7세기 중엽이다.

(75) 泰韻 1등과 齊韻 4등의 음운대립 쌍과 그 용례

1. 端母 /*t/의 거성 – $^{開}_1$帶$_泰$: $^{開}_4$帝$_齊$
   {帶固(삼국)} : {昭列帝(수서)}
2. 見母 /*k/의 거성 – $^{開}_1$蓋$_泰$: $^{合}_4$桂$_齊$
   {위의 (73)과 동일(삼국 등)} : {위의 (67)과 동일(삼국 등)}
3. 疑母 /*ŋ/의 거성 – $^{合}_1$外$_泰$: $^{開}_4$瞖$_齊$
   {外平(수서, 사), 外評(북사)} : {瞖屬(주서, 북사, 수서, 사)}

(75.2~3)에서는 1등인 泰韻이 4등인 齊韻과 음운론적으로 대립하지만, 개음 차이 우선의 원칙에 따르면 이들의 대립은 개합의 차이를 기반으로 성립한다. 공통적으로 개구인 泰韻 1등과 齊韻 4등이 운복에서 음운대립을 이루는 것은 (75.1)의 하나뿐이다. 이것을 기준으로 하면 泰韻 1등과 齊韻 4등의 음운대립은

---

88 '$^{合}_1$外$_泰$'는 예외이다.

512

『隋書』가 편찬된 7세기 중엽에 성립한다.

(75.1)의 대립 쌍 '$開_1帶_泰$: $開_4帝_齊$'에서는 그 음가 차이를 개합의 차이로 기술할 수가 없다. 그 음가 차이를 1등과 4등의 차이 또는 운복의 음가 차이에서 구해야 한다. 1등은 항상 후설 또는 중설 모음인 데에 반하여 4등은 항상 전설모음이다. 따라서 泰韻 1등의 음가를 /*ai/로 추정하고, 齊韻 4등의 음가를 /*ei/로 추정한다.

齊韻 4등은 운복뿐만 아니라 等에서도 泰韻 1등과 차이가 난다. 한어 중고음에서도 齊韻 4등의 음가를 /*ei/로 재구하는 것이 일반적이다. 이 두 가지를 고려하여 齊韻 4등의 음가를 /*ei/로 추정한다. 또한 泰韻 1등의 운복에 기본모음 /*a/를 이미 배정했으므로 나머지 기본모음 /*i, *u, *e, *o/ 중에서 /*e/를 택한 것이기도 하다. 齊韻 4등의 음가를 /*ei/로 추정하면 그 합구음은 /*wei/가 된다.

이제, 泰韻 1등과 咍韻 1등의 대립 쌍에 대한 논의로 넘어간다. 아래의 대립 쌍 '$開_1帶_泰$: $開_1戴_咍$'에서 咍韻 1등과 泰韻 1등의 최소대립이 성립하고, 대립 성립의 시점은 『삼국지』가 편찬된 3세기 후반이다. 위에서 이미 거론한 바 있듯이, 대립 항 '帶'와 '戴'의 용례인 '帶固'와 '戴升'이 고구려 인명이었다. 이 두 인명이 고구려 인명임이 분명하므로 아래의 음운대립을 믿을 수 있다.

(76) 泰韻 1등과 咍韻 1등의 음운대립 쌍과 그 용례

端母 /*t/의 거성 – $開_1帶_泰$: $開_1戴_咍$

{帶固(삼국)} : {戴升(삼국, 후한, 사)}

이 대립 쌍에서는 聲母·開合·等·聲調가 모두 동일하고 오직 韻母에서만 차이가 난다. 따라서 이 대립 쌍은 운복의 최소대립 쌍이다. 이 최소대립이 성립하므로 泰韻 1등과 咍韻 1등의 운복이 서로 달랐다고 보아야 한다.

여기에서, 咍韻 1등의 운복에 어느 모음을 배당할 것인가 하는 문제가 새로이 제기된다. 기본모음 /*a, *i, *u, *e, *o/ 중에서 泰韻 1등의 운복에 /*a/를 배당하고 齊韻 4등의 운복에 /*e/를 이미 배당한 바 있다. 따라서 咍韻 1등의 운복에는 /*a/나 /*e/를 배당할 수가 없다.

이것은 아주 중요하므로 더 자세히 설명할 필요가 있다. 첫째로, (66)의 대립 쌍 '開₁戴_咍 : 開₄帝_齊'에서 咍韻 1등과 齊韻 4등의 운복이 음운론적으로 대립한다. 둘째로, (75.1)의 대립 쌍 '開₁帶_泰 : 開₄帝_齊'에서 泰韻 1등과 齊韻 4등의 운복이 음운대립을 이룬다. 셋째로, (76)의 대립 쌍 '開₁帶_泰 : 開₁戴_咍'에서 泰韻 1등과 咍韻 1등의 운복이 음운론적으로 대립한다. 운복에 대한 이 세 가지 음운대립에서 '泰韻 1등 : 齊韻 4등 : 咍韻 1등'의 三項이 음운론적으로 대립함을 알 수 있다. 그런데 이미 泰韻 1등의 운복에 /*a/를 배당하고 齊韻 4등에 /*e/를 배당한 상태이므로, 咍韻 1등의 운복에 다시 /*a/나 /*e/를 배당할 수가 없다.

기본모음 중에서 아직 운모에 배당하지 않은 것으로는 /*i, *u, *o/의 세 모음이 있는데, 이 셋 중에서 어느 하나를 택하여 咍韻 1등의 운복에 배당할 수가 있을까? 咍韻이 항상 1등이라는 점과 咍韻 1등의 합구운에 灰韻 1등이 있다는 사실을 감안하면 그 가능성이 거의 없다. 1등은 항상 후설 또는 중설 모음이므로 咍韻 1등의 운복에 전설모음인 /*i/를 배당할 수가 없고, 咍韻 1등의 합구운인 灰韻 1등이 따로 존재하므로 咍韻 1등에 원순모음인 /*u/나 /*o/를 배당할 수가 없다. 그렇다면 咍韻 1등의 운복은 기본모음이 아니라 2차 모음인 /*ə, *ʌ, *ɔ/ 등에서 골라야 할 것이다.[89] 이 셋 중에서 어느 것을 택하든 사실은 관계가 없지만, 우리는 일단 /*ə/를 택하고 이것을 제3의 모음이라 지칭하기로 한다. 결론적으로, 咍韻 1등의 운복에 /*ə/를 배당하고, 咍韻 1등의 음가를 /*əi/로 추정한다.

한국 한자음 연구에서는 泰韻 1등과 咍韻 1등의 변별 여부가 아주 중요한 관심사이다. 河野六郎(1968)은 한국 중세 한자음의 모태가 8세기 말과 9세기 초에 편찬된 慧琳의 『一切經音義』에 있다고 했다. 唐의 長安音을 반영하는 慧琳音義에서 咍韻 1등과 泰韻 1등이 합류했다고 보고, 한국 중세음에서 'ㆎ'로 반영된 것은 b층의 한자음이고 'ㅐ'로 반영된 것은 c층의 한자음이라 했다. 이와는 달리, 朴炳采(1971: 129)은 7세기 초에 편찬된 『切韻』에서 咍韻 1등과 泰韻 1등이 변별되었고 이것이 한국 중세음에서 각각 'ㆎ'와 'ㅐ'로 서로 다르게 반영되었다고 했다. 魏國峰(2014: 121)에 따르면 咍韻 1등과 泰韻 1등이 합류한 것은 8세기 중엽 정도

---

[89] 이 배당 과정에서 비로소 중국의 여러 방언음, 한국 중세 한자음, 일본의 吳音과 漢音, 越南 한자음, 漢藏對音 등을 참고하게 된다.

의 시기임이 분명하다. 따라서 이 두 운모의 음운대립과 합류의 시기에 관한 한, 朴炳采(1971)의 『切韻』音 모태설이 설득력을 갖는다. 고구려어 표음자를 대상으로 분석해 보아도 동일한 결론이 나온다. 즉 (76)에서 볼 수 있듯이, 멸망 이전의 고구려어 표음자에서 咍韻 1등과 泰韻 1등이 음운론적으로 변별되었다.

지금까지, 泰韻 1등의 성조를 입성이 아니라 거성으로 보았을 때에 새로 추가되는 음운대립 쌍을 논의하였다. 이제, 역시 거성운모의 하나인 祭韻 3등을 거성으로 처리했을 때에 추가되는 음운대립 쌍을 논의하기로 한다.

(69)에서 이미 논의한 것처럼, 祭韻 3등과 廢韻 3등이 동일 칸에 오지만 대립항의 용례 '衛將軍'이 차용어임을 들어 이 두 운모의 음운대립을 인정하지 않았다. 이 두 운모는 둘 다 거성운모이므로 거성운모를 입성 열에서 거성 열로 옮기더라도 여전히 동일 칸에 오게 된다. 이때에도 위의 논의가 그대로 유지되므로 이 두 운모를 하나로 묶어서 祭韻 3등·廢韻 3등이라 한다.

이 祭韻 3등·廢韻 3등이 泰韻 1등과 더불어 동일 칸에 오는지를 분포 분석표 (63)과 (64)에서 살펴보았다. 그랬더니, 아니나 다를까 이 두 운모가 동일 칸에 오지 않는다. 祭韻·廢韻은 3등인 데에 비하여 泰韻은 1등이라는 차이가 있다. 이 차이에 주목하면 祭韻 3등·廢韻 3등의 음가를 추정할 수 있다. 즉 泰韻 1등의 음가를 /*ai/로 추정한 바 있는데, 祭韻·廢韻은 3등이므로 泰韻 1등과 달리 개음을 가진다. 이에 따르면 祭韻 3등·廢韻 3등의 음가를 /*jai/라고 추정할 수 있다.

거성운모를 입성 열에서 거성 열로 옮기면, 아래의 예에서 祭韻 3등과 齊韻 4등이 동일 칸에 오게 된다. 祭韻 3등과 齊韻 4등의 음운대립이 성립하는 시점은 『隋書』가 편찬된 7세기 중엽이다.

(77) 齊韻 4등과 祭韻 3등의 음운대립 쌍

來母 /*l/의 거성 – $^{開}_{4}$麗$_{齊}$: $^{開}_{AB}$厲$_{祭}$

　{高句麗縣(한서, 구당, 사), 碑麗(광개), 高麗(중원, 연가, 유인원, 고자묘), 句麗縣 (요사)} : {武厲城(수서), 武厲邏(사)}

祭韻은 3등 AB 또는 B인 반면에 齊韻은 항상 4등이다. 齊韻은 4등이므로 개음이 없지만, 祭韻은 3등이므로 개음 /*j/를 가진다. 그런데 마침 (77)의 대립 쌍 '麗'가 4등이면서 개구이므로, '麗'의 운모는 /*ei/일 가능성이 크다. 그렇다면 이에 대립하는 '厲'의 운모는 /*ei/가 아니어야 한다. 이 점을 강조하면 祭韻 3등의 음가는 /*jei/일 가능성보다 /*jai/일 가능성이 더 크다.

거성운모의 성조를 입성으로 처리할 때에는 祭韻 3등·廢韻 3등의 음가를 결정할 수가 없었다. 그런데 (77)의 음운대립 쌍을 고려하면 그 음가가 /*jei/가 아니라 /*jai/일 가능성이 커진다. 이 논의에 따르면 앞에서 예상한 대로 祭韻·廢韻이 고구려어에서는 1등인 泰韻의 3등 짝이 된다.

그러나 이것으로 祭韻 3등·廢韻 3등에 대한 의문이 완전히 풀린 것은 아니다. 이 운모의 음가가 /*jai/가 아니라 /*jəi/일 가능성이 새로이 제기된다. 蟹攝에서는 '泰韻 : 齊韻 : 咍韻'이 三元對立을 이루고, 咍韻 1등의 운복을 제3의 모음 /*ə/로 추정했기 때문이다. 祭韻 3등·廢韻 3등의 음가를 /*jəi/라고 하면 이번에는 3등인 祭韻·廢韻이 1등인 咍韻의 개구운이 된다. 이 가능성 여부를 다시 검토해야 한다.

祭韻 3등과 咍韻 1등이 동일 칸에 온 것으로 아래의 예가 있다. 대립 성립의 시점은 『北史』가 편찬된 7세기 중엽이다. 대립 항 '芮'의 용례가 '芮悉弗' 하나뿐이지만, '芮悉弗'은 486년에 北魏에 파견된 고구려 외교관임이 분명하다.

(78) 祭韻 3등과 咍韻 1등의 음운대립 쌍과 그 용례

泥母 /*n/의 거성 – 合_{AB}芮_祭 : 開₁耐_咍

  {芮悉弗(북사, 사)} : {不耐/不耐城(삼국, 양서, 북사, 사), 不耐(지리)}

3등은 개음을 가지는 것이 원칙이므로 (78)의 대립 쌍 '合_{AB}芮_祭 : 開₁耐_咍'에서 祭韻 3등과 咍韻 1등이 음운론적으로 대립하는 것은 일단 개음 차이로 기술할 수 있다. 祭韻은 3등이므로 개음을 가지는데, 이곳의 대립 항 '芮'는 독특하게도 개구가 아니라 합구이다. 따라서 (78)의 음운대립은 개음 /*w/의 유무 차이를 기반으로 한다고 할 수 있다. 앞에서 우리는 咍韻 1등의 음가를 /*əi/로 추정한 바 있다. '開₁耐_咍'에 대립하는 '合_{AB}芮_祭'의 음가는 3등 합구이므로 /*wai/ 또는 /*wəi/

가 된다. /*wəi/일 가능성이 여전히 배제되지 않으므로, 여기에서도 祭韻 3등의 운복이 /*a/가 아니라 /*ə/일지도 모른다.

祭韻 3등은 灰韻 1등과도 동일 칸에 온다. 대립 성립의 시점은 역시 『北史』가 편찬된 7세기 중엽이다.

(79) 祭韻 3등과 灰韻 1등의 음운대립 쌍과 그 용례

泥母 /*n/의 거성 – $^{合}_{AB}$芮$_{祭}$: $^{合}_{1}$內$_{灰}$

　{芮悉弗(북사, 사)} : {위의 (65.2)와 동일(삼국 등)}

(79)의 대립 항 '$^{合}_{AB}$芮$_{祭}$: $^{合}_{1}$內$_{灰}$'에서 볼 수 있듯이, 祭韻 3등은 灰韻 1등과도 음운론적으로 대립한다. 이곳의 대립 쌍은 둘 다 합구이므로 (79)는 운복의 음운 대립 쌍임이 분명하다. 灰韻 1등은 咍韻 1등의 합구운이므로, 대립 항 '$^{合}_{1}$內$_{灰}$'의 운모는 /*wəi/가 된다. 이 음가가 대립 항 '$^{合}_{AB}$芮$_{祭}$'의 음가와 대립하므로 여기에서 祭韻 3등의 운복이 /*ə/가 아니라는 사실을 알 수 있다.

만약에 祭韻 3등의 운복을 /*ə/라고 하면 대립 항 '$^{合}_{AB}$芮$_{祭}$'는 /*wəi/의 음가를 갖는다. 이때에는 대립 항 '$^{合}_{AB}$芮$_{祭}$'와 '$^{合}_{1}$內$_{灰}$'의 음가가 같아지므로 祭韻 3등과 灰韻 1등의 음운대립이 무너진다. 따라서 祭韻 3등의 운복을 /*ə/라고 할 수가 없다. 만약에 祭韻 3등의 운복을 /*a/라고 하면 대립 항 '$^{合}_{AB}$芮$_{祭}$'가 /*wai/의 음가를 갖는다. 이때에는 대립 항 '芮'와 '內'의 운복이 각각 /*a/와 /*ə/이므로 祭韻 3등과 灰韻 1등의 음운대립이 성립한다. 이 두 가지 가정에서 둘째 가정이 올바른 것임이 드러나므로 우리는 祭韻 3등의 운복을 /*a/라고 추정한다. 즉 祭韻 3등의 음가를 /*jai/로 추정한다. 이 추정은 祭韻이 泰韻 1등의 3등 짝일 것이라는 우리의 예상과도 부합한다.

우리는 (65)에서 灰韻 1등이 咍韻 1등의 합구운이라 하여 그 음가를 /*wai/라 했고, (74)에서도 泰韻 1등의 합구운이라 하여 그 음가를 /*wai/라 했다. 그런데 (79)에서 祭韻 3등과 灰韻 1등의 음운대립 관계를 논의할 때에는 灰韻 1등의 음가를 /*wəi/라고 가정했다. 이 두 가지는 서로 모순되는 기술임에 틀림없다. 그러나 (76)에서 泰韻 1등과 咍韻 1등이 음운론적으로 대립한다는 사실을 확

인하기 이전과 이후의 기술이 서로 달라진다는 것을 강조하면 이 모순이 해결된다. 泰韻 1등과 咍韻 1등의 음운대립을 확인하기 이전에는 蟹攝의 운복에 /*a/와 /*e/만 있으면 충분했다. 蟹攝 전체에서 운복이 二元對立을 이루기 때문이다. 그러나 (76)에서 泰韻 1등과 咍韻 1등의 음운대립이 확인된 이후에는 제3의 모음 /*ə/를 추가해야만 한다. 蟹攝 운모의 운복이 /*a : *e : *ə/의 三元對立을 이루면, 咍韻 1등과 灰韻 1등의 운복이 /*a/가 아니라 /*ə/로 추정된다. 결국, (65)와 (74)에서 灰韻 1등의 음가를 /*wai/라 한 것은 二元對立일 때의 추정이고, (79)에서 /*wəi/이라 한 것은 三元對立일 때의 추정이다. 따라서 위의 두 가지 음가 추정은 서로 모순되지 않는다.

  지금까지 논의한 것을 종합하여 정리해 보자. 蟹攝에는 8개의 운모가 있는데, 이들의 상호 대립관계를 표로 정리해 보면 다음과 같다. 음운대립이 성립하지 않는 운모는 하나로 묶고, 음운대립이 성립하는 운모 사이에는 직선 '─'을 그었다.

(80) 蟹攝 운모의 음운대립

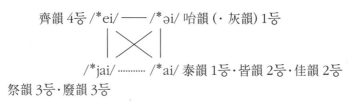

(71)에서 泰韻 1등과 皆韻 2등이 음운대립을 이루는 것처럼 보였지만, 대립 항 '₂湨皆'의 음가 재구가 잘못된 것임을 들어 이 음운대립을 부정했다. (73)의 대립 항 '開₁蓋泰 : 合₂卦佳'에서 泰韻 1등과 佳韻 2등이 대립하지만 이 대립은 운복의 음가 차이에서 비롯된 것이 아니라 開合의 차이에 기반을 두고 있다. 이 두 가지를 종합하여 泰韻 1등·皆韻 2등·佳韻 2등을 하나의 운모로 묶고 그 운복에 기본모음 /*a/를 배당한다.

  그런데 (75.1)의 대립 쌍 '開₁帶泰 : 開₄帝齊'에서 泰韻 1등과 齊韻 4등의 음운대립이 성립하므로 齊韻 4등의 운복에는 기본모음 /*e/를 배당한다. (76)의 대립 쌍 '開₁帶泰 : 開₁戴咍'에서는 泰韻 1등과 咍韻 1등의 음운대립이 성립한다. 이 咍韻

1등은 또한 (66)의 대립 쌍 '^開₁戴_咍 : ^開₄帝_齊'에서 齊韻 4등과도 음운대립을 이룬다. 따라서 咍韻 1등의 운복은 /*a/나 /*e/가 아니라 제3의 모음이다. 제3의 모음 후보에 /*ə, *ʌ, *ɔ/ 등이 있으나 우리는 일단 /*ə/를 택한다. 祭韻 3등은 泰韻 1등 /*ai/의 개구운으로 보아 그 음가를 /*jai/로 추정하고, 灰韻 1등은 咍韻 1등 /*əi/의 합구운이므로 그 음가를 /*wəi/로 추정한다.

(80)에서 泰韻 1등·皆韻 2등·佳韻 2등의 /*ai/와 齊韻 4등의 /*ei/가 대립하고, 泰韻 1등·皆韻 2등·佳韻 2등의 /*ai/와 咍韻 (·灰韻) 1등의 /*əi/가 대립한다. 齊韻 4등의 /*ei/와 咍韻 (·灰韻) 1등의 /*əi/가 대립한다. 이 세 가지 대립은 상관적 대립이다. 고립적 대립 항은 음소로 설정될 가능성이 상대적으로 낮지만, 상관적 대립 항은 음소로 설정될 가능성이 크다. 상관적 대립을 이루는 것만을 음소로 설정한다 해도, 고구려어 蟹攝 운모의 운복에서 /*a : *e : *ə/가 三元對立을 이룬다. 이때의 /*a/는 전설 저모음이 아니라, 전설·중설·후설의 저모음 전체를 아우르는 중설 저모음이다. 이것이 전설 중모음 /*e/나 중설 중모음 /*ə/와 음운론적으로 대립한다.

(80)의 음운대립에서 음소의 자격을 가지는 모음은 /*a, *e, *ə/의 셋이다. 고구려어 蟹攝에서는 이 세 가지 모음이 三元對立을 이룬다. 이 삼원대립은 한국 중세 한자음에서 'ㅏ, ㅓ, ㆍ'의 세 모음이 아래의 (81.1)처럼 음운대립을 이루는 것과 같다.

(81) 한국 중세 한자음의 음운대립

(81.1)을 참고하면 고구려어에 중세 한국어의 'ㆍ'에 해당하는 모음이 있었다고 말할 수 있다. 그런데 중세 한국어에서는 (81.2)처럼 'ㆍ' 자리에 'ㅡ'를 넣을 수도 있다. 'ㅏ, ㅓ, ㅡ'의 세 모음이 역시 음운론적으로 대립하기 때문이다. 따라서 제3의 모음이 반드시 중세 한국어의 'ㆍ'에 대응한다고 말하기가 어렵다. 여기에서

고구려어의 /*ə/가 중세 한국어의 'ㆍ'뿐만 아니라 'ㅡ'에도 대응한다는 논의가 성립한다. 이것이 올바른 결론인지는 후술할 /*-ŋ, *-k/ 운미, /*-n, *-t/ 운미, /*-m, *-p/ 운미 등을 모두 논의한 다음에 판단하기로 한다.

우리는 먼저 거성운모를 입성 열에 넣는 방법을 취해 보았다. 이 분석 방법에서는 고구려어 모음으로 /*a/와 /*e/의 두 모음만 설정해도 충분하다. 蟹攝 운모의 운복이 二元對立인 것이다. 이와는 반대로 거성운모를 거성 열에 넣는 방법으로도 분석해 보았다. 이 방법에서는 /*a, *e/뿐만 아니라 제3의 모음인 /*ə/가 반드시 필요하다. 蟹攝 운모의 운복이 三元對立을 이루기 때문이다.

이 두 가지 분석 방법 중에서 우리는 둘째 방법을 택한다. 우리가 고구려어 표음자라고 한 것은 3세기 후반부터 7세기 말엽까지의 시기에 기록되었다. 이 시기는 한어의 전기 중고음 시기이다. 따라서 기록 시기를 기준으로 하면 둘째 방법을 택하는 것이 맞다. 다만 문제가 되는 것은 『삼국지』에 기록된 고구려어 항목이다. 『삼국지』가 편찬된 것은 3세기 후반이므로, 이때까지는 상고음의 관습이 적잖이 남아 있었을 것이다.

이제, 蟹攝에 대한 논의를 마무리하면서 미진한 점 두어 가지를 부기해 두기로 한다.

우선, 灰韻 1등의 음가 추정에 사실은 자체 모순이 남아 있다. 둘째 방법에 따르면, 灰韻 1등은 咍韻 1등의 합구운韻이면서 동시에 泰韻 1등과도 분포가 상보적이다. 이것은 灰韻 1등의 음가를 /*wəi/로 추정하면서 동시에 /*wai/로 추정할 수도 있다는 뜻이다. 따라서 이 자체 모순을 해결할 필요가 있다. 이때에는 泰韻 1등의 합구음이 있는지 여부를 확인하면 된다. 마침 群母·疑母 /*g/의 거성 열에 온 고구려어 표음자로 '씀₁外泰'가 있다. 이 표음자의 운모는 분명히 /*wai/로 추정된다. 그런데 이것이 灰韻 1등의 음가 /*wəi/와 음운론적으로 대립했는지를 확인할 수가 없다. 泰韻 1등의 합구와 灰韻 1등이 동일 칸에 온 예가 없기 때문이다. 이 문제를 해결하는 방안의 하나로 /*w/ 뒤에서 /*ə/와 /*a/의 음운대립이 中和를 일으켰다고 할 수 있으나 이것은 자의적인 해석인 듯하다. 한국 중세음에서는 灰韻 1등이 개구일 때에는 'ㆍㅣ'로, 합구일 때에는 'ㅚ'로 반영되었다는 점을 참고삼아 덧붙여 둔다.

蟹攝 운모의 운복이 三元對立을 이룬다는 점에서 고구려어 표음자와 한국 중세 한자음은 동일하다. 그러나 자세히 들여다보면 미세한 차이가 발견된다. 첫째, 고구려어 표음자에는 夬韻字가 없지만 중세 한국어에는 夬韻字가 있다. 둘째, 고구려어 표음자에서는 皆韻 2등의 운복이 /*a/로 추정되지만 한국 중세음에서는 'ㆍ'가 원칙이다. 셋째, 고구려어에서는 祭韻 3등과 廢韻 3등의 운복이 /*a/로 추정되지만 한국 중세음에서는 'ㅓ'가 원칙이다. 이 미세한 차이가 무엇을 의미하는지 더 연구할 필요가 있다.

6.3.2. /*-i/ 운미 종합

지금까지 蟹攝에 속하는 운모의 음가를 추정해 보았다. 이들을 정리하면 (82)와 같다. 蟹攝에서 새로 등록된 모음으로 /*ə/가 있다. 이것은 /*a/ 모음이나 /*e/ 모음과 음운론적으로 대립하고 咍韻 1등과 灰韻 1등에 분포한다.

(82) **蟹攝** 운모의 음가 추정

1. 泰韻 1등·皆韻 2등·佳韻 2등 = /*ai/
2. 祭韻 3등·廢韻 3등 = /*jai/
3. 咍韻 1등 = /*əi/
4. 灰韻 1등 = /*wəi/
5. 齊韻 4등 = /*ei/

/*-ø/ 운미에서 이미 논의했던 止攝 중에도 /*-i/ 운미를 가지는 것이 있다. 之韻(·微韻) 3등이 바로 그것이다. 또한 支韻 3등은 후기 중고음에서 蟹攝의 齊韻 4등과 합류하기도 한다. 여기에서는 이것을 덧붙여 논의하기로 한다.

齊韻 4등의 음가가 /*ei/라는 것은 止攝의 支韻 3등과 蟹攝의 齊韻 4등을 대비해 보면 다시 확인된다. 周傲生(2008: 147)에 따르면 한어의 支韻 3등과 齊韻 4등은 南北朝 시기부터 혼동되었다고 한다. 그런데 고구려어 표음자에서는 이 두 운모가 동일 칸에 옴으로써 변별된다.

(83) 支韻 3등과 齊韻 4등의 음운대립 쌍과 그 용례 (340자 기준)

1. 來母 /*l/의 거성 – $^{開}_{AB}$離支 : $^{開}_4$麗齊

{莫離支(천남생, 천헌성, 천남산, 고자묘, 구당, 당서, 사, 유), 太大莫離支(천헌성, 천남산), 摩離(사)} : {碑麗(광개), 高句麗縣(한서, 구당, 사), 高麗(중원, 연가, 유인원, 고자묘), 句麗縣(요사)}

2. 心母 /*s/의 평성 – $^{開}_{AB}$斯支 : $^{開}_4$西齊, $^{開}_4$栖齊

{肅斯舍(광개), 去斯斬, 古斯也忽次, 古斯馬縣, 仇斯波衣, 冬斯肹, 伏斯買, 夫斯波衣縣, 夫斯達縣, 於斯內縣, 於斯買, 烏斯含達, 烏斯押, 烏斯逈(지리), 久斯祁王(성), 意斯(일본), 斯卑, 斯劉(사), 斯由(사, 유)} : {西部(삼국, 당서, 사), 西安平(한서), 西城山(광개), 河西良, 助利非西(지리), 西壤, 召西奴(사)}, {芝栖(수서)}

위의 자료에 따르면 支韻 3등과 齊韻 4등은 광개토대왕비가 건립된 414년부터 고구려 멸망에 이르기까지 음운론적으로 대립한다. 따라서 고구려어에서는 支韻 3등과 齊韻 4등이 혼동되지 않았다고 보아야 한다. 이 음운론적 차이는 支韻 3등 A의 음가가 /*je/인 데에 비하여 齊韻 4등의 음가는 /*ei/였던 데에서 비롯되었을 것이다. 支韻 3등의 /*j-/는 전설 평순 개음에 해당하고, 齊韻 4등의 /*-i/는 음성운미에 해당한다. 이 둘은 그 기원이 다르므로 고구려어에서 支韻 3등과 齊韻 4등이 음운론적으로 대립했다고 보아야 할 것이다. 그러나 한어의 후기 중고음에서는 이 두 운모가 하나로 합류한다.

/*-ø/ 운미에서 다루었지만 사실은 /*-i/ 운미에 넣어야 할 것으로 之韻 3등 C·微韻 3등 C가 있다. 平山久雄(1967: 146~8)에서는 之韻과 微韻의 음가를 각각 [*ɪəɪ]와 [*ɪəi]로 추정했고, 이토 지유키(2007: 190)은 각각 /*iʌɯ/와 /*iʌi/로 추정했다. 우리는 /*-ɪ/ 운미나 /*-ɯ/ 운미를 수용하지 않지만, 之韻 3등과 微韻 3등이 운미를 가진다는 점에는 동의한다.

우리는 그 운미를 /*-i/라고 본다. 이것을 강조하면 之韻 (·微韻) 3등의 표음자를 /*-i/ 운미를 가지는 蟹攝의 분포 분석표에 넣어서 음운대립 관계를 다시 확인할 필요가 있다. 之韻 (·微韻) 3등의 표음자는 분포 분석표 (20)에서 가져오고, 蟹攝의 분포 분석표로는 거성운모를 거성으로 분류하는 분포 분석표 (63)을 택한다. 거성운모를 입성으로 분류하는 분석표 (64)를 택하면 동등 비교가 되지 않기 때문이다.

(84) 之韻 (·微韻) 3등을 포함한 **蟹攝字**의 분포 분석표 (340자 기준)

성모	성조	평성^L	상성^R	거성^D	입성^E
순음	幫母 /*p/			$_1$沛$_泰$ $_2$浿$_皆$ $_1$浿$_泰$ $_C$沸$_微$	
	並母 /*b/	$_2$排$_皆$ $_2$俳$_皆$			
	明母 /*m/		$_2$買$_佳$ $_C$尾$_微$	$_2$賣$_佳$ $_C$未$_微$	
설음	端母 /*t/		$^{開}_4$底$_齊$ $^{開}_4$弓$_齊$	$^{開}_4$帝$_齊$ $^{開}_1$戴$_咍$ $^{開}_1$帶$_泰$ $^{合}_1$對$_灰$	
	透母 /*tʰ/	$^{開}_1$台$_咍$		$^{開}_1$太$_泰$	
	定母 /*d/	$^{開}_4$提$_齊$		$^{開}_1$大$_泰$	
	泥母 /*n/	$^{開}_C$而$_之$		$^{開}_1$耐$_咍$ $^{合}_1$內$_灰$ $^{合}_{AB}$芮$_祭$	
	來母 /*l/	$^{開}_1$來$_咍$	$^{開}_C$裏$_之$	$^{開}_4$麗$_齊$ $^{開}_{AB}$厲$_祭$	
치음	精母 /*ts/	$^{開}_C$芝$_之$ $^{開}_C$慈$_之$	$^{開}_C$子$_之$ $^{開}_C$士$_之$	$^{開}_C$事$_之$	
	心母 /*s/	$^{開}_C$司$_之$ $^{開}_4$西$_齊$ $^{開}_4$栖$_齊$	$^{開}_C$史$_之$ $^{開}_C$使$_之$	$^{開}_C$使$_之$	
	書母 /*sj/				
	羊母 /*j/				
아음	見母 /*k/	$^{開}_1$開$_咍$	$^{開}_1$改$_咍$	$^{合}_4$桂$_齊$ $^{開}_1$蓋$_泰$ $^{合}_2$卦$_佳$	
	群母 /*g/	$^{開}_C$其$_之$		$^{開}_4$翳$_齊$ $^{合}_1$外$_泰$	
후음	曉母 /*h/	$^{開}_4$奚$_齊$ $^{合}_1$灰$_灰$		$^{合}_4$惠$_齊$	
	影母 /*ʔ/			$^{開}_C$意$_之$ $^{開}_C$衣$_微$ $^{合}_C$濊$_廢$ $^{合}_C$穢$_廢$	

之韻 (·微韻) 3등의 표음자를 蟹攝의 분포 분석표 (63)에 옮겨 넣음으로써 새로이 음운대립을 이루는 것을 찾아보면 다음과 같다.

(85) 微韻 3등과 泰韻 1등·皆韻 2등·佳韻 2등의 음운대립 쌍과 그 용례 (4쌍)

  1. 幫母 /*p/의 거성 − $_C$沸$_微$: $_1$沛$_泰$, $_1$浿$_泰$

    {沸流江/沸流水(삼국, 후한, 양서, 북사, 사), 沸水(삼국), 沸流谷, 沸□□利城^{百}
    (광개), 沸流王(사)} : {沛者(삼국, 후한, 양서, 남사, 사)}, {浿江/浿水(삼국, 주서,
    북사, 수서, 천남산, 구당, 당서, 사, 요사)}

  2. 明母 /*m/의 상성 − $_C$尾$_微$: $_2$買$_佳$

    {葛尾盧(북사)} : {買溝(삼국, 사) 南買, 省知買, 買忽, 買召忽, 買省, 於乙買串,
    內乙買, 伊珍買縣, 買旦忽, 於斯買, 買谷縣, 伏斯買, 也尸買, 買伊縣, 於乙
    買, 買尸達, 乃買縣(지리)}

  3. 明母 /*m/의 거성 − $_C$未$_微$: $_2$賣$_佳$

    {未夷(천남생), 未乙省(지리)} : {賣句余, 農賣城, 婁賣城^{百}(광개)}

(86) 之韻 3등과 齊韻 4등의 음운대립 쌍과 그 용례 (2쌍)

  心母 /*s/의 평성 − $^{開}_C$司$_之$: $^{開}_4$西$_齊$, $^{開}_4$栖$_齊$

    {司馬(양서, 북사)} : {西部(삼국, 당서, 사), 西安平(한서), 西城山(광개), 河西良,
    助利非西(지리), 西壤, 召西奴(사)}, {芝栖(수서)}

(87) 之韻 (· 微韻) 3등과 祭韻 3등·廢韻 3등의 음운대립 쌍과 그 용례 (4쌍)

  影母 /*ʔ/의 거성 − $^{開}_C$意$_之$, $^{開}_C$衣$_微$: $^{合}_C$穢$_廢$, $^{合}_C$濊$_廢$

    {意侯奢(주서, 수서, 사), 意斯(일본), 久留川麻乃意利佐(성)}, {皀衣(삼국, 양서), 齊
    次巴衣縣, 仇斯波衣,[90] 骨衣內縣, 首知衣, 古衣浦(지리)} : {韓穢(광개)}, {濊(모두)}

  (85)에서 微韻 3등의 /*ɪəi/가 泰韻 1등의 /*ai/와 음운대립을 이룬다. 대립 성
립의 시점은 3세기 후반이다. 이들은 운복의 최소대립 쌍이 아니다. 개음 /*ɪ/의
유무에서 이미 차이가 나므로 운복 /*ə/와 /*a/의 차이는 부차적이다. 『梁書』(636
년)에서 대립이 성립하는 (86)에서도 마찬가지이다. 之韻 3등의 /*ɪəi/와 齊韻 4

---

90 '波衣'가 붙은 지명은 이 밖에도 많지만 여기서는 모두 생략했다.

등의 /*ei/가 대립한다 하더라도 역시 개음 차이 우선의 원칙에 따라 운복 /*ə/와 /*e/의 차이는 부차적이다. (87)은 광개토대왕비가 건립된 5세기 초엽에 대립이 성립한다. 이곳의 之韻 (·微韻) 3등의 대립 항은 모두 開口이지만 廢韻 3등의 대립 항은 모두 合口이다. 여기에서도 개음 차이 우선의 원칙이 적용되므로 之韻 (·微韻) 3등의 운복이 /*ə/이고 廢韻 3등의 운복이 /*a/라는 차이는 중요하지 않다. 결국 (85~87)의 모든 예에서 운복의 최소대립 쌍을 찾을 수 없다.

그런데 위의 음운대립보다 훨씬 중요한 사실이 있다. 之韻 (·微韻) 3등이 咍韻 (·灰韻) 1등과 더불어 동일 칸에 온 예가 없다는 사실이다. 이것은 두 운모의 운복이 같을 수도 있음을 암시한다. 더욱이 이 둘은 개음 /*ɪ/의 유무에서 이미 음가가 다르므로, 운복은 서로 같아도 무방하다.

/*-ø/ 운미에서 之韻 (·微韻) 3등의 운복에 /*ə/를 배당한 과정과 /*-i/ 운미에서 咍韻 (·灰韻) 1등의 운복에 /*ə/를 배당했던 과정은 각각 별개의 과정이었다. 즉 /*-ø/ 운미와 /*-i/ 운미로 나누어 각각의 음가를 배정했다. 그런데 之韻 (·微韻) 3등이 /*-i/ 운미를 가진 것으로 보아 蟹攝의 일종이라 분류할 때에 之韻 (·微韻) 3등과 咍韻 (·灰韻) 1등이 동일 칸에 온다면, 이 두 운모의 운복이 서로 다르다고 보아야 한다. 그러나 그런 예가 없으므로 이 두 운모의 운복이 동일하다고 해도 무방하다. 더욱이 之韻·微韻은 항상 3등이고 咍韻은 항상 1등이므로 개음의 유무에서만 음가가 서로 다르다고 할 수 있다. 따라서 之韻 (·微韻) 3등을 /*ɪəi/로 추정하고 咍韻 (·灰韻) 1등을 /*əi/로 추정하면 안성맞춤이다.

여기에서, 之韻 (·微韻) 3등과 咍韻 (·灰韻) 1등의 운복으로 /*ə/를 택하는 대신에 [*ɨ]와 [*ʌ]를 버린 까닭을 잠깐 말해 두기로 한다. /*ə/는 고모음인 [*ɨ]와 중모음인 [*ʌ]의 중간 정도에 오는 모음으로 정의한다. 이처럼 정의하면 중세 한국어의 'ㅡ'와 'ㆍ'를 포괄할 때에 편리하다. 일부의 之韻 (·微韻) 3등과 咍韻 1등이 한국 중세음에서 실제로 'ㅢ'로 표음되기도 하고 'ㆎ'로 표음되기도 한다. 또한 백제 출신의 僧侶인 憬興이 베푼 반절을 이해할 때에도 편리하다. 경흥이 7세기 말엽에서 8세기 초엽에 저술한『無量壽經連義述文賛』에 독자적으로 베푼 反切이 나오는데(李丞宰 2008), 특히 '之'가 저모음 'ㅏ'를 표기한 것처럼 해석해야 하는 반절이 나온다[이토 다카요시(伊藤貴祥) 2014: 381~2]. 이것은 之韻 3등

의 음역이 아주 넓었음을 암시한다. 이 점을 염두에 두고 그 운복으로 /*ə/를 택
했다.

6.4. /*-ŋ, *-k/ 韻尾인 攝

/*-ŋ, *-k/ 운미를 가지는 攝에는 通攝, 宕攝, 曾攝, 梗攝, 江攝의 5종이 있다.
이 攝에 속하는 운모는 성조가 평성·상성·거성일 때에는 양성운미 /*-ŋ/를 가
지고, 입성일 때에는 입성운미 /*-k/를 가진다. 이 운미 앞에 온 모음 중에서 음
운론적으로 대립하는 모음이 몇 개였는지를 밝히면 고구려의 모음체계에 쉽
게 다가갈 수 있다.

6.4.1. 通攝

通攝은 양성운미 /*-ŋ/이나 입성운미 /*-k/를 가지면서 운복이 원순모음인
한자음의 집합이다. 通攝에는 東韻 1등(11자)과 東韻 3등 C(18/19자), 鍾韻 3등
C(13/14자), 冬韻 1등(3자)이 포함된다. 江攝에 속하는 운모는 江韻 2등(3자) 하나
뿐이다. 이 江韻의 음가를 Karlgren, 王力, 董同龢 등이 /*ɔŋ, *ɔk/으로 재구한
바 있으므로, 江攝을 通攝과 함께 다루는 것이 좋지만, 논의의 편의상 江攝에 대
해서는 뒤에서 따로 다룬다. 通攝에서는 東韻 1등, 東韻 3등, 鍾韻 3등, 冬韻 1등
이 서로 변별되었는지 여부와 더불어 이들의 운복이 /*o/, /*u/, /*ɔ/ 중에서 어
느 것이었는지가 주요 관심사이다.

다음의 분포 분석표 (88)에서 알 수 있듯이, 東韻 1등과 東韻 3등 C는 모든 성모
뒤에 두루 올 수 있지만 鍾韻 3등 C는 舌齒音 뒤에만 온다. 이 제약은 한어에서
鍾韻 3등이 전설 원순 개음 /*ɥ/를 가진다는 것을 암시한다. 실제로 王力(1957),
董同龢(1972), 李方桂(1980) 등이 모두 鍾韻 3등이 전설 원순 개음, 즉 우리의 /*ɥ/
를 가진다고 했다. 이 개음이 고구려의 설치음 뒤에서는 구개 개음 /*j/로 반영
되는데, 순음이나 아후음의 뒤에 鍾韻 3등이 온 표음자가 없다. 한어 중고음에서

는 이 분포 제약이 없으므로 이 제약은 고구려어의 독자적 특징이라 할 수 있다. 冬韻 1등은 용례가 3자뿐이라서 분포 제약을 말하기가 어렵다.

(88) 通攝字의 분포 분석표 (704자 기준)

성모	성조	평성^L	상성^R	거성^D	입성^E
순음	幇母 /*p/	$_1$豊$_東$			$_C$福$_東$
	並母 /*b/				$_C$伏$_東$ $_C$服$_東$
	明母 /*m/	$_1$蒙$_東$			$_1$木$_東$ $_C$穆$_東$
설음	端母 /*t/	$_1$東$_東$ $_C$中$_東$ $_C$忠$_東$ $_1$冬$_冬$	$_1$董$_東$	$_C$中$_東$	$_C$竹$_東$
	透母 /*tʰ/	$_1$通$_東$			
	定母 /*d/	$_1$童$_東$ $_C$蟲$_東$		$_C$仲$_東$	
	泥母 /*n/	$_1$農$_冬$			$_C$褥$_鍾$ $_C$傉$_鍾$ $_C$辱$_鍾$
	來母 /*l/	$_C$隆$_東$ $_C$龍$_鍾$			$_C$淥$_東$ $_C$綠$_鍾$ $_C$漉$_東$
치음	精母 /*ts/	$_1$聰$_東$		$_C$從$_鍾$	$_C$屬$_鍾$ $_C$足$_鍾$ $_C$趣$_鍾$
	心母 /*s/	$_C$松$_鍾$			$_C$速$_東$ $_C$肅$_東$
	書母 /*sj/				$_C$屬$_鍾$
	羊母 /*j/	$_C$融$_東$ $_C$容$_鍾$	$_C$勇$_鍾$		$_C$育$_東$
아음	見母 /*k/	$_1$功$_東$ $_C$宮$_東$ $_C$弓$_東$			
	群母 /*g/	$_C$窮$_東$			
후음	曉母 /*h/				
	影母 /*ʔ/				$_1$屋$_東$ $_C$郁$_東$ $_1$沃$_冬$

　이러한 분포 제약을 논의할 때에 鍾韻 3등 C와 東韻 3등 C가 고구려어에서 음운론적으로 대립했는지를 먼저 논의할 필요가 있다. 고구려 멸망 이전의 표음자로 한정하여 이 둘이 동일 칸에 오는지 검토해 보자.

　다음의 분포 분석표 (89)에서 먼저 東韻 3등 C와 鍾韻의 3등 C가 동일 칸에 오는 예를 찾아본다. 그런 예가 없다. 그런데 心母 /*s/와 書母 /*sj/의 행을 하나로 합치면, 다음의 한 쌍에서 운복의 최소대립이 성립한다. 대립 성립의 시점은 7세기 중엽이다.

(89) 通攝字의 분포 분석표 (340자 기준)

성모 \ 성조		평성^L	상성^R	거성^D	입성^E
순음	幫母 /*p/	$_1$豊$_東$			
	並母 /*b/				
	明母 /*m/	$_1$蒙$_東$			$_1$木$_東$
설음	端母 /*t/	$_1$東$_東$ $_C$中$_東$ $_1$冬$_冬$	$_1$董$_東$	$_C$中$_東$	
	透母 /*tʰ/	$_1$通$_東$			
	定母 /*d/				
	泥母 /*n/	$_1$農$_冬$			$_C$褥$_鍾$ $_C$傉$_鍾$
	來母 /*l/	$_C$龍$_鍾$			$_1$淥$_東$ $_C$綠$_鍾$ $_C$淥$_鍾$
치음	精母 /*ts/			$_C$從$_鍾$	$_C$屬$_鍾$
	心母 /*s/				$_C$肅$_東$
	書母 /*sj/				$_C$屬$_鍾$
	羊母 /*j/	$_C$容$_鍾$			
아음	見母 /*k/	$_C$宮$_東$			
	群母 /*g/				
후음	曉母 /*h/				
	影母 /*ʔ/				$_1$沃$_冬$

(90) 東韻 3등과 鍾韻 3등의 최소대립 쌍과 그 용례

心母·書母의 입성 − $_C$肅$_東$: $_C$屬$_鍾$

{肅斯舍(광개)} : {翳屬(주서, 북사, 수서, 사)}

(90)의 대립 항 '肅'은 용례가 '肅斯舍' 하나뿐이지만, '肅斯舍'가 광개토대왕의 은덕을 흠모하여 내항한 여러 鴨盧 중의 하나임은 분명하다. (90)의 대립 항 '屬' 의 용례도 '翳屬' 하나뿐이다. 그러나 '翳屬'은 고구려 관등의 11등 또는 12등에 해당하는 관명임이 분명하다. 따라서 위의 최소대립을 믿을 수 있다.

위의 대립 쌍은 운복의 최소대립 쌍임이 분명하다. 대립 항 '$_C$肅$_東$'은 입성자이 므로 心母 /*s/의 바로 뒤에 東韻 3등의 /*jVk/이 온 것이고, 대립 항 '$_C$屬$_鍾$'도 입

528

성자이므로 書母·常母 /*sj/의 바로 뒤에 鍾韻 3등의 /*jVk/이 온 것이다. 한어 중고음에서 東韻 3등의 개음은 /*j/이므로 '$_c$肅$_東$'의 음가는 /*sjVk/이다. 한어 중고음의 鍾韻 3등은 전설 원순 개음 /*u/를 가지지만, 고구려어의 설치음 뒤에서는 이것이 /*j/로 반영된다. 따라서 '$_c$屬$_鍾$'의 음가도 /*sjVk/이다. 이 두 표음자가 음운론적으로 대립하므로 東韻 3등과 鍾韻 3등의 운복에 서로 다른 모음을 배당해야 한다. 뒤에서 다시 거론하겠지만 東韻 3등의 운복에는 /*u/를 배당하고, 鍾韻 3등의 운복에는 /*o/를 배당한다.[91] 그리하면 東韻 3등 C는 /*juŋ, *juk/의 음가를 가지고, 鍾韻 3등 C는 설치음 뒤에만 분포하므로 /*joŋ, *jok/의 음가를 갖는다고 할 수 있다.

東韻 3등이 東韻 1등과 더불어 동일 칸에 온 것으로는 아래의 한 쌍을 들 수 있다. 이 쌍은 등의 최소대립 쌍이고, 대립 성립의 시점은 3세기 후반이다. 만약에 東韻 1등의 음가가 /*uŋ, *uk/이라면, 東韻 3등 C의 음가는 개음 /*j/가 있는 /*juŋ, *juk/이다.[92]

(91) 東韻 1등과 東韻 3등의 음운대립 쌍과 그 용례

端母 /*t/의 평성 － $_1$東$_東$: $_c$中$_東$

{東部(삼국, 후한, 당서, 사), 東盟(삼국, 후한), 東夫餘(광개), 東明/東明王(삼국, 양서, 북사, 수서, 사, 유), 東吐縣(지리), 東襄, 東沃沮, 東暆, 東黃城(사)} : {中郎將(삼국), 中裏(천남생, 천남산, 당서, 사), 中軍主活(천남산), 中書令(구당), 閔中王, 尉中, 中牟王, 中畏大夫(사), 侍中(유), 中都城(요사)}

아래의 (92)에서 東韻 1등은 鍾韻 3등 C와도 동일 칸에 온다. 그런데 흥미롭게도 대립 항 '淥'이 東韻 1등이면서 동시에 鍾韻 3등 C이다. 동일 음운대립 쌍인데, 이것을 제외하더라도 3세기 후반에 이미 東韻 1등의 '$_1$淥$_東$'과 鍾韻 3등의 '$_c$綠$_鍾$'이 음운론적으로 대립한다.

---

91 이것은 王力(1957), 董同龢(1972), 李方桂(1980) 등의 음가 배당과 같다.
92 『慧琳音義』에서는 순음 뒤에서 東韻 1等과 東韻 3等이 구별되지 않았다고 한다(周傲生 2008: 157). 魏國峰(2014: 117)가 이것을 인용하면서, 파열음 성모 뒤에서도 이 둘의 구별이 없다고 했다.

(92) 東韻 1등과 鍾韻 3등 C의 음운대립 쌍과 그 용례

來母 /*l/의 입성 − ₁淥東 : c綠鍾, c淥鍾

{鴨淥江/鴨淥水(삼국, 한서, 북사, 당서, 요사, 사)} : {鴨綠江/鴨綠水(삼국, 한서, 후한, 수서, 고자묘, 구당, 당서, 사)}

그러나 (92)의 대립 항 '淥'과 '綠'이 동일 지명 '鴨淥江'과 '鴨綠江'의 표기에 사용된 것이라서 문제가 된다. 이것은 '綠'의 '糸'를 행서체로 쓴 것이 '淥'으로 판독되었음을 암시한다. 그렇다면 (92)를 음운대립 쌍에서 제외하는 것이 안전하다.

흥미롭게도 3자의 용자밖에 없는 冬韻 1등이 다음의 예에서 東韻 1등과 동일 칸에 온다. 동일 칸에 왔으므로 '東'과 '冬'의 음운대립을 인정하는 것이 원칙이지만 '冬'의 용례에 문제가 있다.

(93) 東韻 1등과 冬韻 1등의 음운대립 쌍과 그 용례

端母 /*t/의 평성 − ₁東東 : ₁冬冬

{위의 (91)과 동일(삼국 등)} : {冬壽(동수), 冬斯肹, 毛乙冬非, 冬比忽, 冬音奈縣, 冬音忽, 冬忽, 于冬於忽, 冬斯忽(지리)}

차자표기에서 '冬'이 독특하게 '들'로 읽힌다는 점을 들어 우리는 음운체계 논의에서 '冬'을 제외한 바 있다(3章의 2.28절 참조). 高句麗冬壽墓誌(357년 추정)에 '冬'의 용례가 처음으로 등장하지만, 이 묘지를 고구려인이 직접 작성했을지 의문이다. 고구려인이 직접 작성한 碑銘으로는 광개토대왕비를 첫 번째 사례로 보는 것이 통설이기 때문이다. 또한 冬壽墓誌의 용례를 제외하면 '冬'의 예가 『삼국사기』 지리지의 예로 한정된다. 그런데 이 지리지의 고구려 지명에 나오는 '冬'은 신라 표기법의 영향을 받은 것일 가능성이 크다. 이 몇 가지를 논거로 삼아 '冬'을 고구려어의 음운체계 분석 대상에서 제외하기로 한다.

결론적으로, 고구려어에는 東韻 1등과 冬韻 1등의 음운대립이 없었다.[93] 이 둘

---

93 河野六郎(1968/79: 469~470, 488~489)에 따르면 『切韻』에서는 이 둘이 구별되었다고 한다. 唐末의 李涪라는 이가 『刊誤』에서 "어찌 꼭 東과 冬, 中과 終으로 聲律을 멋대로 구분해야 하는

을 하나로 합쳐서 東韻 1등·冬韻 1등이라 부르기로 한다. 그렇다면 通攝에서 음
운대립이 성립하는 것은 東韻 1등·冬韻 1등, 東韻 3등 C, 鍾韻 3등 C의 3항이다.

이제, 東韻 1등의 운복을 /*o/라고 할 것인가 /*u/라고 할 것인가 하는 문제만
남았다. 우리의 예상과 달리, 한어 중고음에서 東韻 1등의 음가를 /*oŋ, *ok/으
로 재구한 견해보다는 /*uŋ, *uk/으로 재구한 견해가 더 많다. Karlgren(1954/92)
가 /*uŋ, *uk/으로 재구한 이래로 王力(1957), 平山久雄(1967a: 154), 河野六郎
(1968: 467~470), 董同龢(1972), 李方桂(1980), 魏國峰(2014: 116~7) 등이 이 견해를
따르고 있다.

그러나 한국 중세 한자음에서는 東韻 1등·冬韻 1등이 모두 'ㅗㆁ, ㅗㄱ'으로 전사
되고, 여기에는 예외가 없다. 東韻 3등은 'ㅜㆁ, ㅠㄱ'이 원칙이다. 越南 한자음에서도
東韻 1등과 冬韻 1등이 /*oŋ, *ok/이고, 東韻 3등은 /*uŋ, *uk/이다(三根谷徹
1972: 338, 341, 355). 또한 藏漢對音에서는 東韻 1등이 /*oŋ, *ok/으로 나오고 東
韻 3등은 /*uŋ/으로 나온다(高田時雄 1988: 176~7). 이들은 한국 중세음의 상황
과 거의 일치한다. 이것을 논거로 삼아 이토 지유키(2011: 355)은 한국 중세음에
서 東韻 1등의 운복이 [*o]에 가깝다고 했다. 결국 漢語 중심의 연구에서는 東韻
1등을 /*uŋ, *uk/으로 재구하는 경우가 많지만, 對音 자료를 중시하는 연구에서
는 /*oŋ, *ok/으로 재구할 때가 많다.

우리는 고구려어 내부에서의 음운대립을 가장 중시한다. 고구려어 내부에서
는 東韻 1등·冬韻 1등, 東韻 3등, 鍾韻 3등의 3항이 음운론적으로 대립한다. 만
약에 東韻 1등·冬韻 1등의 운복에 /*o/를 배당한다면 東韻 3등의 음가를 /*joŋ,
*jok/이라 해야 한다. 그런데 이때에는 鍾韻 3등의 음가를 /*joŋ, *jok/이라 할
수 없다. (90)에서 보았듯이, 東韻 3등과 鍾韻 3등이 최소대립을 이루기 때문이
다. 이 대립을 중시하여 鍾韻 3등의 음가를 /*juŋ, *juk/이라 할 수 있으나, 이때
에는 한국 중세음과 상반된다는 문제가 제기된다. 한국 중세음에서는 鍾韻 3등
의 운복이 대부분 'ㅗ'이기 때문이다. 따라서 여기에서는 일단 고구려어에서 東
韻 1등·冬韻 1등의 운복에 /*o/를 배당할 수도 있지만 /*u/를 배당할 수도 있다

가?(何須 東冬 中終 妄別聲律?)"라고 했다. 이것은 唐末에 이 구별이 없었음을 뜻한다.

고 정리해 둔다. 이 둘 중에서 굳이 하나를 택하라면 우리는 /*u/를 택한다. 이것이 옳다는 것을 뒤에서 다시 논증할 것이다.

通攝에서의 음운대립 관계를 그림으로 나타내면 다음과 같다.

(94) 通攝 운모의 음운대립

東韻 3등 /*juŋ, *juk/ —— /*joŋ, *jok/ 鍾韻 3등

            │

   /*uŋ, *uk/ 東韻 1등·冬韻 1등

東韻 3등과 鍾韻 3등의 음운대립은 운복의 차이를 기반으로 성립한다. 그런데 鍾韻 3등의 중고음 운복을 王力(1957), 董同龢(1972), 李方桂(1980) 등이 모두 [*o]라고 했다. 고구려어에서도 이와 같았다고 본다.

6.4.2. 宕攝

宕攝은 通攝과 마찬가지로 韻尾에 /*-ŋ, *-k/가 오되, 운복이 'ㅏ'에 가까운 한자음의 집합이다. 宕攝에는 唐韻 1등(20/22자)과 陽韻 3등 C(26/34자)가 있다. 唐韻은 항상 1등이고 陽韻은 항상 3등 C이므로 이 두 운모의 음가는 개음 /*j/의 유무에서 차이가 난다.

고구려어 표음자 전체를 대상으로 唐韻, 陽韻의 분포를 검토해 보면 아래의 (95)와 같다. 첫째, 치음 마찰음 뒤에는 唐韻이 오지 않고 陽韻만 온다. 이것은 唐韻에는 개음 /*j/가 없고 陽韻은 /*j/를 가진다는 것을 암시한다. 둘째, 아음 뒤에는 陽韻이 오지 않고 唐韻만 온다. 이것은 쉽게 말하면 '걍, 걕' 등의 음절이 고구려어에 없었음을 의미한다. 한어 중고음에서는 위의 두 가지 분포 제약이 없으므로 이들은 고구려어 특유의 음절구조제약이라고 할 수 있다.

(95) 宕攝字의 분포 분석표 (704자 기준)

성모 \ 성조	평성^L	상성^R	거성^D	입성^E
순음 幫母 /*p/	$_C$方$_陽$			$_1$博$_唐$
並母 /*b/				$_1$簿$_唐$
明母 /*m/				$_1$莫$_唐$
설음 端母 /*t/		^開_C長$_陽$		
透母 /*tʰ/	$^開_1$湯$_唐$			$^開_1$託$_唐$
定母 /*d/	^開_C長$_陽$			
泥母 /*n/	^開_C穰$_陽$ ^開_C禳$_陽$	^開_C壤$_陽$	^開_C讓$_陽$	^開_C若$_陽$
來母 /*l/	$^開_1$郞$_唐$ ^開_C量$_陽$ ^開_C良$_陽$		^開_C量$_陽$ ^開_C亮$_陽$	$^開_1$樂$_唐$ $^開_1$絡$_唐$
치음 精母 /*ts/	$^開_1$臧$_唐$ ^開_C莊$_陽$ $^開_1$將$_陽$ ^開_C章$_陽$ ^開_C昌$_陽$ ^開_C菖$_陽$ $^開_1$藏$_唐$		^開_C將$_陽$ $^開_1$藏$_唐$	^開_C灼$_陽$ $^開_1$錯$_唐$
心母 /*s/	^開_C相$_陽$ ^開_C襄$_陽$ ^開_C媚$_陽$	^開_C象$_陽$	^開_C相$_陽$	
書母 /*sj/	^開_C尙$_陽$	^開_C上$_陽$	^開_C上$_陽$ ^開_C尙$_陽$	
羊母 /*j/	^開_C陽$_陽$	^開_C養$_陽$	^開_C養$_陽$	^開_C藥$_陽$
아음 見母 /*k/	$^開_1$岡$_唐$ $^開_1$崗$_唐$ $^合_1$光$_唐$ $^開_1$康$_唐$			$^開_1$各$_唐$ $^開_1$閣$_唐$ $^合_1$郭$_唐$
群母 /*g/	$^開_1$昂$_唐$			
후음 曉母 /*h/	$^開_1$行$_唐$ $^合_1$黃$_唐$		$^開_1$行$_唐$	
影母 /*ʔ/	^合_C王$_陽$		^合_C王$_陽$	

위의 분석표에서 고구려 멸망 이전에 사용된 340자로 한정하면 아래의 (96)과 같다. 이와 같이 한정하면 후음 뒤에 唐韻이 오지 않는다는 제약이 추가된다. 그러나 이것은 우연한 공백일 가능성이 크다. 고구려어에 '항, 학' 등의 음절이 없었다는 것은 믿기가 어렵다. 실제로 江攝의 江韻字 '$_2$學$_江$'에서 曉母 /*h/의 뒤에 江韻 2등이 온다. 이것은 曉母 뒤에 唐韻도 올 수 있음을 암시한다.

(96) 宕攝字의 분포 분석표 (340자 기준)

성모	성조	평성L	상성R	거성D	입성E
순음	幫母 /*p/	$_C$方$_陽$			$_1$博$_唐$
	並母 /*b/				$_1$簿$_唐$
	明母 /*m/				$_1$莫$_唐$
설음	端母 /*t/		$^{開}_C$長$_陽$		
	透母 /*tʰ/	$^{開}_1$湯$_唐$			
	定母 /*d/	$^{開}_C$長$_陽$			
	泥母 /*n/	$^{開}_C$穰$_陽$	$^{開}_C$壤$_陽$		$^{開}_C$若$_陽$
	來母 /*l/	$^{開}_1$郎$_唐$ $^{開}_C$量$_陽$		$^{開}_C$量$_陽$	$^{開}_1$樂$_唐$
치음	精母 /*ts/	$^{開}_1$臧$_唐$ $^{開}_C$將$_陽$ $^{開}_1$藏$_唐$		$^{開}_C$將$_陽$ $^{開}_1$藏$_唐$	$^{開}_C$灼$_陽$
	心母 /*s/	$^{開}_C$相$_陽$		$^{開}_C$相$_陽$	
	書母 /*sj/		$^{開}_C$上$_陽$	$^{開}_C$上$_陽$	
	羊母 /*j/	$^{開}_C$陽$_陽$			
아음	見母 /*k/	$^{開}_1$岡$_唐$			$^{開}_1$各$_唐$ $^{開}_1$閣$_唐$ $^{合}_1$郭$_唐$
	群母 /*g/				
후음	曉母 /*h/				
	影母 /*ʔ/	$^{合}_C$王$_陽$		$^{合}_C$王$_陽$	

(96)의 분포 분석표에서 唐韻 1등과 陽韻 3등 C가 동일 칸에 오는 것을 찾아보면 다음과 같다. 음운대립의 성립 시기가 『남사』(636년)가 편찬된 시기이므로 이상하게도 늦다.

(97) 唐韻 1등과 陽韻 3등의 음운대립 쌍과 그 용례

1. 來母 /*l/의 평성 – $^{開}_1$郎$_唐$: $^{開}_C$量$_陽$

  {中郎將(삼국)} : {量(고자묘)}

2. 精母 /*ts/의 평성 – $^{開}_1$藏$_唐$, $^{開}_1$臧$_唐$: $^{開}_C$將$_陽$

  {高藏(천남생, 천비묘, 구당, 당서, 사, 유), 高金藏(속), 藏(구당), 藏王(유)}, {安藏王(남사, 사, 유), 寶臧王(사, 유)} : {中郎將(삼국), 郡將(구당), 三軍大將軍(당

534

서), 小將(사), 大將(유)}

3. 精母 /*ʦ/의 상성 – $^{開}_1$藏$_{唐}$: $^{開}_C$將$_{陽}$

{위의 (97.2)와 동일(천남생 등)} : {위의 (97.2)와 동일(삼국 등)}

위의 음운대립 쌍에서 '中郞將'(삼국)은 대단히 중요한 용례이다. (97.1)과 (97.2~3)의 여러 용례 중에서 시기적으로 최초인 용례이기 때문이다. 그런데 이 '中郞將'은 차용어일 가능성이 크다. 後漢 말에 동·서·남·북 中郞將을 증설하여 배치했을 뿐만 아니라 虎賁中郞將 및 使匈奴中郞將 등의 관직명이 있었기 때문이다(『한국고전용어사전』참조). 이에 따라 '中郞將'을 고구려어 항목에서 제외하면, 고구려 멸망 이전에는 唐韻 1등과 陽韻 3등의 음운대립이 성립하지 않는다.

그렇다 하더라도 唐韻 1등과 陽韻 3등은 음운론적으로 대립했을 것이다. 陽韻은 항상 3등 C이므로 唐韻 1등과 달리 개음 /*j/를 가지기 때문이다. 따라서 이 둘을 동일 운모의 개음 유무 짝이라 할 수 있다. 唐韻 1등과 陽韻 3등은 상고음에서 현재에 이르기까지 운복에 변화가 없다. 대부분의 학자들이 이들의 음가를 각각 /*aŋ, *ak/과 /*jaŋ, *jak/으로 추정하므로[94] 우리도 이를 따른다.

宕攝에서 확인된 음운대립을 정리하면 다음과 같다. 陽韻 3등과 唐韻 1등이 동일 칸에 오기는 하지만, 용례에 문제가 있으므로 실제로는 이 두 운모의 음운대립을 확인하지 못했다. 따라서 운모 사이에 직선 대신에 점선을 긋는다.

(98) 宕攝 운모의 음운대립

陽韻 3등 /*jaŋ, *jak/ …… /*aŋ, *ak/ 唐韻 1등

6.4.3. 梗攝

梗攝은 양성운미 /*-ŋ/이나 입성운미 /*-k/를 가지면서 운복이 고모음이 아닌 한자음의 집합이다. /*-ŋ/은 평성·상성·거성의 성조에 분포하고 /*-k/는

---

94 중고음의 唐韻 운복을 王力(1957)과 董同龢(1972)는 [*ɑ]라 하고, 李方桂(1980)은 [*ɑ]라고 했다.
중고음의 陽韻 운복을 王力(1957)과 董同龢(1972)는 [*ɑ]라 하고, 李方桂(1980)은 [*ɑ]라고 했다.

입성에 분포한다. 梗攝에는 庚韻 2등(10/11자)과 庚韻 3등 B(11자), 淸韻 3등 A와 AB(14/15자), 靑韻 4등(8자), 耕韻 2등(2자) 등이 있다.

(99) 梗攝의 분포 분석표 (704자 기준)

성모	성조	평성ᴸ	상성ᴿ	거성ᴰ	입성ᴱ
순음	幫母 /*p/				₂伯庚 ₂泊庚
	並母 /*b/	B平庚 B評庚			
	明母 /*m/	B明庚 B盟庚 ₂孟庚 ₄冥青 ₄溟青			₂貊庚 ₂陌庚 ₄覓青
설음	端母 /*t/	開AB貞清 開₄丁青	開₄鼎青		
	透母 /*tʰ/				
	定母 /*d/				開₄狄青
	泥母 /*n/	開₄寧青			
	來母 /*l/	開AB零清 開₄零青 開AB令清	開AB領清		
치음	精母 /*ts/	開AB正清 開₄青青		開AB正清 開AB淨清	開₂笮庚 開AB積清 開₂幘耕 開AB赤清
	心母 /*s/	開₂生庚	開AB省清 開₂省庚		開AB昔清 開₄析青
	書母 /*sj/	開AB誠清 開AB成清		開AB聖清	開AB碩清
	羊母 /*j/				
아음	見母 /*k/	開B卿庚	開₂耿耕	開B竟庚	開₂客庚
	群母 /*g/	開B迎庚			
후음	曉母 /*h/	合B兄庚 開₂行庚	開₂幸耕	開₂行庚	
	影母 /*ʔ/	合B榮庚 開B英庚 開A要清	合B永庚		

고구려 표음자 중에는[95] 설음의 뒤에 庚韻 2등이나 庚韻 3등이 오는 예가 없다. 한어 중고음에서는 이 분포 제약이 없으므로, 이것은 고구려어 특유의 제약이다. 고구려어 표음자의 淸韻 3등은 순음과 아음의 뒤에 오지 않고, 靑韻 4등은

---

95 고구려어 표음자에서 제외해야 하는 '冥, 零, 幘' 등을 여기에서는 논의의 편의상 포함하였다.

아음 뒤에 오지 않는다. 이들도 한어 중고음에서는 볼 수 없는 특징이다. 耕韻 2
등은 용례가 둘뿐이라서 분포 제약을 기술할 수 없다. 위의 분포 분석표는 고구
려어 표음자 전체를 대상으로 삼아 작성한 것인데, 고구려 멸망 이전의 표음자로
한정하더라도 새로운 제약이 추가되지는 않는다.

(100) **梗攝** 운모의 분포 분석표 (340자 기준)

성모 \ 성조		평성^L	상성^R	거성^D	입성^E
순음	幫母 /*p/				$_2$伯$_庚$ $_2$泊$_庚$
	並母 /*b/	$_B$平$_庚$ $_B$評$_庚$			
	明母 /*m/	$_B$明$_庚$ $_B$盟$_庚$ $_4$冥$_青$			$_2$貊$_庚$
설음	端母 /*t/				
	透母 /*tʰ/				
	定母 /*d/				
	泥母 /*n/				
	來母 /*l/	$^{開}_{AB}$零$_清$ $^{開}_4$零$_青$	$^{開}_{AB}$領$_清$		
치음	精母 /*ts/	$^{開}_4$青$_青$			$^{開}_2$笮$_庚$ $^{開}_2$幘$_耕$
	心母 /*s/	$^{開}_2$生$_庚$			$^{開}_4$析$_青$
	書母 /*sj/	$^{開}_{AB}$誠$_清$ $^{開}_{AB}$成$_清$			
	羊母 /*j/				
아음	見母 /*k/			$^{開}_B$竟$_庚$	$^{開}_2$客$_庚$
	群母 /*g/				
후음	曉母 /*h/	$^{合}_B$兄$_庚$			
	影母 /*ʔ/	$^{合}_B$榮$_庚$ $^{開}_A$嫛$_清$	$^{合}_B$永$_庚$		

이제, 분포 분석표 (100)에서 동일 칸에 온 운모를 중심으로 음운대립을 논의
하기로 한다. 幫母 /*p/ 행의 입성 열에는 '$_2$伯$_庚$'과 '$_2$泊$_庚$'이 온다. 3장의 2.39절
에서 이미 논의한 것처럼, '伯'과 '泊'은 동일 한자의 異體字로 간주한다. 동일 인
명의 표기에 이 두 표음자가 사용되었기 때문이다. 이처럼 이체자 관계인 것은
聲母·開合·等·聲調·韻母의 5가지 음운론적 요소가 항상 동일하므로 음운분석

의 대상에서 제외한다.

(100)의 분포 분석표에서 庚韻 2등과 庚韻 3등 B가 동일 칸에 오는지를 검토해 보았더니, 그런 예가 전혀 눈에 띄지 않는다. 대부분의 경우에 1·2등의 3등 짝은 동일 칸에 오지 않는다. 3등은 개음을 가지는 데에 반하여 1·2등은 개음이 없기 때문이다. 한국 중세음에서는 庚韻 2등이 '닝, 닉'으로, 庚韻 3등 B는 '녕, 녁'으로 표음되는 것이 일반적인데[96] '닝, 닉'의 하향 활음 /*j/는 개음이 아니지만 '녕, 녁'의 상향 활음 /*j/는 개음의 일종이다. 따라서 만약에 庚韻 2등의 음가를 /*eŋ, *ek/이라 하면 庚韻 3등의 음가는 /*jeŋ, *jek/이다.[97] 蟹攝을 논의하면서 고구려어에 中舌 중모음 /*ə/와 前舌 중모음 /*e/의 음운대립이 있다고 한 바 있는데, 여기에서는 논의의 편의상 庚韻 2등의 운복을 /*e/인[98] 것처럼 전제하고 기술하기로 한다. 이것이 옳다는 것을 뒤에서 다시 논증할 것이다.

이번에는 (100)의 분포 분석표에서 庚韻 2등과 耕韻 2등의 대립 쌍을 찾아본다.

(101) 庚韻 2등과 耕韻 2등의 최소대립 쌍과 그 용례

精母 /*ts/의 입성 – 開2筰庚 : 開2幘耕

{筰沓(삼국)} : {幘溝婁(삼국, 양서)}

고구려어 표음자 중에서 耕韻 2등에 속하는 것은 '耿, 幸'의 둘뿐인데, (101)의 대립 항 '幘'은 논의의 편의상 고의적으로 포함한 것이다. 이 '幘'이 庚韻 2등의 '筰'과 최소대립을 이룬다. 대립 성립의 시점이 『三國志』가 편찬된 3세기 후반이므로 아주 이르다. 이것은 운복의 최소대립 쌍이 분명하므로 庚韻 2등과 耕韻 2등이 서로 다른 운복을 가지고 있었다고 해야 한다.

그런데 대립 항의 용례가 유일하므로, 믿을 만한지 자세히 검토할 필요가 있

---

96 이토 지유키(2011: 340~353)에서도 이 둘을 구별하여 기술하고 있다.

97 중고음의 庚韻 운복을 王力(1957), 董同龢(1972), 李方桂(1980) 모두 [*ɐ]라고 했다. 李方桂(1980)은 상고음의 庚韻 2등이 개음 [*r]을 가진다고 했다.

98 고구려 표음자에서는 庚韻 2等과 庚韻 3等 B의 대립이 없으므로 이것만 재구한다.

다. '笮'의 용례인 '笮咨'는 "宮遣主簿笮咨,帶固等 出安平, 与宏相見"의 문맥에
나온다. 이것은 "宮이 主簿인 笮咨와 帶固 등을 보내어 安平(城)을 나와 宏과 만
났다" 정도로 번역할 수 있다. 이곳의 '宮'은 '(高)句驪王宮'을 줄인 것이고 '宏'은
魏의 장수이므로, '主簿' 관직이었던 '笮咨'와 '帶固'는 고구려 인명임이 분명하
다. 따라서 대립 항 '笮'의 용례인 '笮咨'를 믿을 수 있다.

한편, 대립 항 '�‍幘'의 용례인 '幘溝婁'는 '幘'과 '溝婁'의 복합어이다. '幘'은 고깔
모양의 쓰개를 가리키고, '溝婁'는 고구려어에서 '城'을 뜻하는 단어이다. 따라서
'幘溝婁'라는 城名은 '모양이 幘과 비슷한 城'에서 유래했다고 할 수 있다. 順川
東岩里壁畵古墳(4세기 말엽)[99] 벽화에는 幘·折風·패랭이 등의 모자를 쓴 인물이
그려져 있다(『한국민족문화대백과사전』 참조). 따라서 '幘'이 쓰개의 일종임이 분명
하다. 그런데 '幘'이 고구려 단어인가 중국에서 차용한 단어인가 하는 것이 무엇
보다도 중요하다. '幘'은 고대 중국에서 남자가 쓰던 모자의 일종이고 漢代에서
六朝시대까지 사용되었으므로(『미술대사전』 참조) 차용어일 가능성이 크다. '幘溝
婁'가 『삼국지』와 『양서』 등의 중국 사서에만 기록되었다는 점에서도 '幘'을 漢語
의 일종이라 할 수 있다. 더군다나 이에 대응하는 고구려어에 '蘇骨' 또는 '骨蘇'
가 있기 때문에, '幘'을 고구려어 표음자에서 제외하는 것이 좋다.

이 결론에 따르면 (101)의 최소대립이 무너지므로, 庚韻 2등과 耕韻 2등을 하
나의 단위로 합쳐 庚韻·耕韻 2등이라 지칭할 수 있다. 그런데 논의의 편의상 포
함했던 耕韻字 '幘'을 고구려어 표음자에서 제외하면, 고구려 멸망 이전에 사용
된 耕韻字가 하나도 없다. 따라서 耕韻을 논의 대상에서 아예 제외하는 것이 가
장 정확할 것이다.[100]

분포 분석표 (100)에서 동일 칸에 왔지만 아직 거론하지 않은 것이 있다. 먼저,
淸韻 3등 A, AB와 靑韻 4등의 음운대립 쌍을 검토해 보자.

---

99 1987년 9월 말~10월 초에 걸쳐 북한의 사회과학원 고고학연구소에서 발굴하였고, 평안남도
　 순천시 동암리 방촌마을에 소재한다(『한국민족문화대백과사전』 참조).
100 중고음의 耕韻 운복을 王力(1957)과 董同龢(1972)는 [*æ]라 하고, 李方桂(1980)은 [*ɛ]라고
　 했다.

(102) 淸韻 3등과 靑韻 4등의 음운대립 쌍과 그 용례

　來母 /*l/의 평성 – $^{開}_{AB}$零淸 : $^{開}_{4}$零靑

　　{零星(삼국, 후한, 양서, 남사, 당서)} : {左同}

　　(102)의 음운대립은 多音字 '零'이 두 가지 운모를 가짐으로써 성립한다. 우리
는 이와 같은 음운대립 쌍을 동일 최소대립 쌍이라고 지칭하면서 음운대립의 논
거에서 제외한 바 있다(이승재 2013나: 175~6). 뿐만 아니라 그 용례인 '零星'이
두음법칙을 위반한다는 점에서도 이것이 고구려어 단어일지 의심스럽다. 따라
서 이곳의 동일 최소대립 쌍도 음운대립의 논거에서 제외한다. 이에 따르면 고
구려어 표음자에서 淸韻 3등과 靑韻 4등이 음운론적으로 대립하는 쌍이 없어진
다. 따라서 이 둘을 淸韻 3등·靑韻 4등으로 묶고 그 음가를 /*jeŋ, *jek/으로 추
정한다.[101]

　　다음으로, 庚韻이 淸韻 3등·靑韻 4등과 대립하는 쌍을 찾아본다. 다음의 세 쌍
에서 이 두 운모가 음운대립을 이루고, 대립 성립의 시점은 공통적으로 7세기 중
엽 즉 고구려 멸망 직전이다.

(103) 庚韻과 淸韻·靑韻의 음운대립 쌍과 그 용례

　1. 影母 /*ʔ/의 평성 – $^{合}_{B}$榮庚 : $^{開}_{A}$嬰淸

　　　{榮留王(북사)} : {嬰陽王(북사, 수서, 사)}

　2. 明母 /*m/의 평성 – $_{B}$明庚, $_{B}$盟庚 : $_{4}$冥靑

　　　{東明/東明王(삼국, 양서, 북사, 수서, 사, 유), 明德, 文咨明王(사, 유), 琉璃明
　　　王, 明臨答夫, 明治好王, 解明(사), 明理好, 普明(유)}, {東盟(삼국, 후한, 사)} :
　　　{海冥(북사, 수서)}

　3. 心母·書母의 평성 – $^{開}_{2}$生庚 : $^{開}_{AB}$成淸, $^{開}_{AB}$誠淸

　　　{男生(천남생, 천헌성, 천비묘, 구당, 당서, 사), 烏生波衣, 奈生郡, 奈生於(지리),
　　　生河內(속)} : {遂成(삼국, 후한, 사), 成(위서, 북제, 주서, 남사, 북사), 安王成

---

101 중고음의 淸韻 운복을 王力(1957), 董同龢(1972), 李方桂(1980) 모두 [*ɛ]라고 했다. 반면에 靑
　韻 운복은 모두 [*e]라고 했다.

(속), 建成(사, 유), 湯成, 平成(사)}, {獻誠(천남생, 천헌성, 천비묘, 사), 信誠(구
당, 당서, 사)}

(103.1)의 대립은 간단히 개합의 대립으로 이해할 수 있다. 따라서 (103.1)은
庚韻 3등과 清韻 3등의 운복에 대한 논의에서 제외한다. (103.2)에서는 대립 항
'冥'의 용례가 '海冥' 하나뿐이라서 문제가 된다. '海冥'은 漢四郡의 하나였던 眞
番郡에 속했던 縣名이므로[102] 고구려에서 지은 지명이 아니다. 이 '海冥'을 고구
려 지명에서 제외하면 (103.2)에서 庚韻 3등과 青韻 4등의 음운대립 쌍이 모두
없어진다. 위의 (103.1~2)는 庚韻과 清韻·青韻이 고구려어에서 음운론적으로
대립하지 않았음을 말해 준다. 따라서 庚韻의 운복과 青韻의 운복에 동일한 모
음을 배당해도 된다.

문제는 (103.3)의 대립 쌍이다. 용례에 전혀 문제가 없으므로 이것은 분명히
庚韻 2등과 清韻 3등의 음운대립 쌍이다. (103.3)의 대립 쌍 '成, 誠'은 한어 중고
음에서 [常開AB平清]의 음가이다. 常母 [*z]는 경구개음이지만 고구려어 마찰음
에서는 유·무성 대립이 없으므로 書母 /*ɕ/에 편입되고 이 書母·常母 /*ɕ/는 음
운론적으로 /*sj/로 재분석된다. 이 성모 뒤에 清韻 3등의 /*jeŋ/이 오므로 대립
항 '成, 誠'의 음가는 /*sjeŋ/임이 분명하다. 반면에 (103.3)의 대립 항 '生'은 [生
開2平庚]의 음가이다. 5章에서 우리는 권설음인 生母 [*ʂ]가 음소의 자격을 갖추
지 못했음을 논의하고, 이것을 書母 /*ɕ/에 편입해야 할지 心母 /*s/에 편입해야
할지 망설인 적이 있다.

대립 항 '生'의 음가는 두 가지로 추정할 수 있다. '生'의 성모인 生母 [*ʂ]가 書
母 /*ɕ/와 가깝다고 보는 방법과 心母 /*s/와 가깝다고 보는 방법의 두 가지이
다. 이 둘 중에서 어느 것을 택하느냐에 따라 고구려어 모음체계에서 /*ʌ/(중세
한국어의 'ㆍ')를 음소로 인정할 수도 있고 부정할 수도 있다. 즉, 권설음인 生母를
어떻게 해석하느냐에 따라 고구려어 모음체계가 완전히 달라지므로 자세히 논
의할 필요가 있다.

---

102 昭明·列口·長岑·帶方·含資·海冥·提奚 등 7현이 眞番郡에 속했다.

첫째는 권설음인 生母 [*ʂ]를 경구개음인 書母 /*ɕ/에 편입하는 방법이다. 중국 음운학에서는 이 둘을 합하여 正齒音 하나로 묶는 것이 일반적이다. 이때에는 生母 [*ʂ]도 書母 /*ɕ/와 마찬가지로 음운론적으로 /*sj/라고 해석하게 된다. 대립 항 '生'은 /*sj/의 바로 뒤에 庚韻 2등이 온 것이므로 그 음가가 /*sjVŋ/이 된다. 그런데 위에서 이미 논의한 것처럼, 이의 대립 항인 '開_{AB}成_清, 開_{AB}誠_清'은 清韻 3등 개구음이므로 그 음가가 /*sjeŋ/이다. 이 /*sjeŋ/과 대립 항 '生'의 음가 /*sjVŋ/이 음운론적으로 대립하므로 庚韻 2등의 운복 V는 /*e/가 아니다. 이 논리에 따라 V에 /*ʌ/를 배당하고 이것이 중세 한국어의 'ㆍ'에 대응한다고 할 수 있다. 이러한 태도로 고구려어에 /*ʌ/가 있었다고 한 것이 李丞宰(2016나)이다.

李丞宰(2016나)에서는 梗攝의 庚韻 2등의 운복 /*ʌ/가 확인되므로 蟹攝의 咍韻(ㆍ 灰韻) 1등도 그 운복이 /*ʌ/라고 하였다. 이처럼 /*ʌ/를 음소로 인정한 것은 다음의 四元對立에 근거한 것이다. 첫째, 庚韻 2등과 唐韻 1등ㆍ陽韻 3등의 운복 최소대립 쌍이 있다. 둘째, 庚韻 2등과 登韻 1등ㆍ蒸韻 3등의 운복 최소대립 쌍이 있다. 셋째, 庚韻 2등ㆍ3등과 清韻 3등ㆍ青韻 4등의 운복 최소대립 쌍이 있다. 넷째, 登韻 1등ㆍ蒸韻 3등과 唐韻 1등ㆍ陽韻 3등의 운복 최소대립 쌍이 있다. 다섯째, 登韻 1등ㆍ蒸韻 3등과 清韻 3등ㆍ青韻 4등의 운복 최소대립 쌍이 있다. 여섯째, 清韻 3등ㆍ青韻 4등과 唐韻 1등ㆍ陽韻 3등의 운복 최소대립 쌍이 있다.[103] 이것을 표로 나타내면 다음과 같다.

(104) /*-ŋ, *-k/ 운미를 가지는 운모의 운복 최소대립

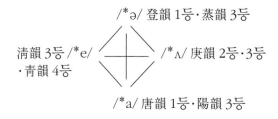

/*ə/ 登韻 1등ㆍ蒸韻 3등

清韻 3등 /*e/ ㆍ青韻 4등

/*ʌ/ 庚韻 2등ㆍ3등

/*a/ 唐韻 1등ㆍ陽韻 3등

---

103 아직 거론하지 않은 운복 최소대립 쌍에 대해서는 뒤에서 詳論한다.

이 4원 대립에서 唐韻 1등의 운복에 /*a/를, 庚韻 2등의 운복에 /*ʌ/를, 淸韻 3등의 운복에 /*e/를, 登韻 1등의 운복에 /*ə/를 배정할 수 있다. 이 방법에 따르면 한국 중세음의 'ㆍ'에 해당하는 모음 /*ʌ/가 고구려어에도 있었다는 결론이 나온다(李丞宰 2016나).

그런데 이 결론은 庚韻 2등의 운복 V가 /*e/가 아닐 때에만 성립한다. 만약에 庚韻 2등과 淸韻 3등·靑韻 4등의 운복 최소대립 쌍이 없다면, 庚韻 2등의 운복을 /*ʌ/가 아니라 /*e/라고 해야 한다. 우리는 운복의 최소대립 쌍이 없을 때에는 두 대립 항에 동일한 모음을 배당하기 때문이다. 그런데 (103.3)의 대립 쌍에서 生母 [*ʂ]를 心母 /*s/에 편입하면, 실제로 庚韻 2등과 淸韻 3등·靑韻 4등의 운복 최소대립 쌍이 없어진다. 따라서 이 편입 방법에 따라 庚韻 2등의 음가를 기술해 볼 필요가 있다.

이제, 둘째 방법을 택하여 권설음인 生母 [*ʂ]를 치두음인 心母 /*s/에 편입해 보자. 한국 중세음에서 止攝이 心母와 生母의 뒤에서는 'ㆍ'로 반영되고 書母의 뒤에서는 'ㅣ'로 반영된다는[104] 점을 감안하면 이 편입을 택할 수 있다.

이때에는 生母 [*ʂ]가 心母 /*s/에 편입되므로 (103.3)의 대립 항 '生'이 /*sVŋ/의 음가를 갖게 된다. 이것이 대립 항 '成, 誠'의 음가 /*sjeŋ/과 음운론적으로 대립한다. 이 음운대립에서는 '生'의 운복 V가 /*e/라고 해도 무방하다. /*sVŋ/과 /*sjeŋ/에서는 개음 /*j/의 유무에서 이미 음가 차이가 나므로 운복은 서로 같아도 된다. 즉 대립 항 '生'이 /*seŋ/의 음가를 가진다고 해도 이것이 대립 항 '成, 誠'의 음가 /*sjeŋ/과 음운대립을 이룰 수 있다. 이 둘째 방법을 택하면 庚韻 2등의 운복이 淸韻 3등·靑韻 4등의 운복과 같다고 할 수 있다. 이 방법에서는 梗攝 전체의 운복 모음으로 /*e/ 하나만 설정해도 된다.

따라서 우리는 生母 [*ʂ]를 書母 /*sj/에 편입할 것인가 心母 /*s/에 편입할 것인가 하는 갈림길 앞에 섰다. 두 갈래 길에서 어느 길을 택해야 할까? 李丞宰 (2016나)에서는 첫째 길을 택하여 고구려어 모음에 (104)의 /*ʌ/가 있다고 했다. 방향을 반대로 잡아서 둘째 길을 택하면 /*ʌ/를 부정할 수 있다. 그야말로 중대

---

104 이 반영에 대한 諸家의 학설을 소개하고 비판한 것으로는 魏國峰(2014: 96~114)를 참고하기 바란다.

기로임을 직감할 수 있다.

여기에서 권설음인 生母 [*ʂ]의 음운론적 지위를 고구려어뿐만 아니라 전기 중고음에서 어떻게 규정할 것인가 하는 근본적인 문제를 만나게 된다. 쉽게 말하면 전기 중고음 시기의 生母 [*ʂ]가 心母 /*s/에 가까웠는지, 그렇지 않고 書母 /*sj/에 가까웠는지를 논의할 필요가 있다는 뜻이다. 이때에는 生母와 書母가 正齒音으로 묶인다든지 止攝 生母字가 한국 중세음에서 心母字와 더불어 동일한 행동을 보인다든지 하는 기준은 부적절한 기준이다. 이 두 가지 기준은 후기 중고음 이후의 변화를 기술할 때에는 아주 객관적이고도 중요하지만, 전기 중고음에는 적용하기 어려운 기준이기 때문이다.

이 점에서 우리는 전기 중고음 시기에 편찬된 『世說新語』의 상황에 주목한 바 있다. 5章의 (38)에서 이미 논의한 바 있듯이, 『世說新語』의 대화문 用字는 5세기 전반기의 南朝語를 반영하므로 고구려어의 상황을 기술할 때에 시기적으로 가장 적합한 참고 자료이다. 이 대화문 용자 2,266자 중에는 心母字가 101/109자, 生母字가 38/45자, 書母字가 60/63자 포함되어 있다. 우리의 방법대로 세 성모 상호 간의 음운대립 관계를 따져 보았더니, 生母 [*ʂ]가 心母 /*s/에서 분리되어 나왔다는 것이 확인된다.

이에 따라 우리는 生母 [*ʂ]를 書母 /*sj/에 편입하는 것을 버리고 새로이 心母 /*s/에 편입하기로 한다. 이처럼 수정하면 (103.3)에서 '開₂生庚'과 '開_{AB}成清, 開_{AB}誠清'이 대립하는 것은 운복의 최소대립이 아니라 개음 /*j/의 유무를 기반으로 하는 음운대립으로 바뀌게 된다. 결론적으로, 멸망 이전의 고구려어 표음자에서 庚韻 2등·庚韻 3등의 운복이 清韻 3등·靑韻 4등의 운복과 최소대립을 이루는 쌍을 찾을 수 없다. 이 두 운모의 대립 쌍에서는 개음에서 이미 음가 차이가 나므로, 운복은 서로 같아도 된다. 이에 따라 庚韻 2등에 /*-eŋ, *-ek/의 음가를 배정하고, 清韻 3등·靑韻 4등에 /*-jeŋ, *-jek/의 음가를 배정한다.

그런데 이 수정이 미치는 파급 효과가 엄청나다는 점에 주의할 필요가 있다. 중세 한국어의 'ㆍ'에 대응하는 모음 /*ʌ/를 모음체계에서 제외해야 하기 때문이다. 李丞宰(2016나)에서는 庚韻 2등의 운복에 /*ʌ/를 배당하고, 고구려어의 모음체계가 /*ʌ/를 포함한 7모음체계라고 했다. 그러나 이 책을 마무리하는 시점에서 비로소 生母 [*ṣ]가 제기하는 문제를 새로 인식하였고, 결국은 권설음인 生母 [*ṣ]를 치조음인 心母 /*s/에 편입하는 방향으로 수정했다. 王力(1980: 244, 李鍾振·李鴻鎭 역)이 한어 상고음에서는 莊組(권설음)가 精組(치조음)와 병합되어 있었거나 서로 가까웠다고 이미 말한 바 있지만, 우리는 독자적으로 그 논거를 『世說新語』의 대화문 용자에서 새로 찾아냈다(5장 5절의 치음 마찰음에서 (38)을 참조). 이 논거를 바탕으로 生母 [*ṣ]를 새로이 心母 /*s/에 편입한다. 이것을 좇아서 이 책에서는 고구려어가 6모음체계라고 기술하므로, 李丞宰(2016나)의 7모음체계는 이제 폐기하도록 한다. 다만, 6모음체계와 7모음체계의 차이를 대비할 때로 한정하여 李丞宰(2016나)의 논의를 참고하기 바란다.

이제, 梗攝에 대한 논의를 마무리하기로 한다. (100)의 분포 분석표에서 梗攝 운모의 운복이 음운론적으로 대립하는 쌍을 찾아보았으나 결국 실패했다. (103.3)에서 庚韻 2등의 '生'과 淸韻 3등의 '成, 誠'이 마치 운복의 최소대립 쌍인 것처럼 보였으나 生母 [*ṣ]를 書母 /*sj/에 편입하지 않고 心母 /*s/에 편입하면 이 대립이 무너진다. 결국, 梗攝에서는 庚韻 2등, 淸韻 3등, 靑韻 4등 상호 간에 운복의 최소대립 쌍이 없다. 이들을 하나로 묶어서 梗攝 운모의 운복에 모두 /*e/를 배당한다. 즉, 庚韻 2등은 /*eŋ, *ek/으로 재구하고 淸韻 3등·靑韻 4등은 /*jeŋ, *jek/으로 재구한다. 淸韻 3등·靑韻 4등에 개음 /*j/를 넣은 것은 3등은 개음을 가진다는 원칙에 따른 것이므로 (105)에서는 직선 대신에 점선을 사용했다.

(105) 梗攝 운모의 음운대립

庚韻 2등 /*eŋ, *ek/ …… /*jeŋ, *jek/ 淸韻 3등·靑韻 4등

그런데 (105)의 결론을 바로 수용할 수 있을까? 梗攝에만 한정했을 때에는 이 결론에 잘못될 것이 없다. 그러나 우리의 음소 등록 태도에 따르면 梗攝의 운복 /*e/가 여타의 모음과 최소대립을 이루어야만 한다. 예컨대 庚韻 2등의 /*eŋ, *ek/이 唐韻 1등의 /*aŋ, *ak/과 음운대립을 이루어야만 庚韻 2등의 운복 /*e/를 신빙할 수 있다. 이것을 검토하기 위하여 梗攝의 분포 분석표인 (100)에다 宕攝의 분포 분석표인 (96)을 합쳐 보기로 한다. 표음자 세트는 멸망

이전의 340자 세트를 택한다.

(106) 宕攝과 梗攝의 분포 분석표 (340자 기준)

성모 \ 성조		평성^L	상성^R	거성^D	입성^E
순음	幫母 /*p/	$_C$方$_陽$			$_1$博$_唐$ $_2$伯$_庚$ $_2$泊$_庚$
	並母 /*b/	$_B$平$_庚$ $_B$評$_庚$			$_1$簿$_唐$
	明母 /*m/	$_B$明$_庚$ $_B$盟$_庚$			$_1$莫$_唐$ $_2$貊$_庚$
설음	端母 /*t/		^開_C長$_陽$		
	透母 /*tʰ/	$^開_1$湯$_唐$			
	定母 /*d/	^開_C長$_陽$			
	泥母 /*n/	^開_C穰$_陽$	^開_C壤$_陽$		^開_C若$_陽$
	來母 /*l/	$^開_1$郎$_唐$ ^開_C量$_陽$	$^開_{AB}$領$_清$	^開_C量$_陽$	$^開_1$樂$_唐$
치음	精母 /*ts/	$^開_1$臧$_唐$ ^開_C將$_陽$ $^開_4$青$_青$ $^開_1$藏$_唐$		^開_C將$_陽$ $^開_1$藏$_唐$	^開_C灼$_陽$ $^開_2$笮$_庚$
	心母 /*s/	^開_C相$_陽$ $^開_2$生$_庚$		^開_C相$_陽$	$^開_4$析$_青$
	書母 /*sj/	$^開_{AB}$誠$_清$ $^開_{AB}$成$_清$	^開_C上$_陽$	^開_C上$_陽$	
	羊母 /*j/	^開_C陽$_陽$			
아음	見母 /*k/	$^開_1$岡$_唐$		$_B$竟$_庚$	$^開_1$各$_唐$ $^開_1$閣$_唐$ $^合_1$郭$_唐$ $^開_2$客$_庚$
	群母 /*g/				
후음	曉母 /*h/	^合_B兄$_庚$			
	影母 /*ʔ/	^合_C王$_陽$ ^合_B榮$_庚$ ^開_A嬰$_清$	^合_B永$_庚$	^合_C王$_陽$	

梗攝과 宕攝의 분포 분석표를 하나로 뭉쳐서 동일 칸에 온 唐韻 1등·陽韻 3등과 庚韻 2등·庚韻 3등을 찾아보면 이들의 음운대립 쌍이 적지 않다.

먼저, 唐韻 1등과 庚韻 2등의 대립 쌍을 찾아본다. 아래의 대립 쌍 중에서 (107.3)의 대립 쌍 '$^合_1$郭$_唐$: $^開_2$客$_庚$'은 논의 대상에서 제외한다. 이것은 개합의 차이로 이미 음운대립을 이루기 때문이다.

(107) 唐韻 1등과 庚韻 2등의 음운대립 쌍과 그 용례

1. 幫母 /*p/의 입성 – $_1$博$_唐$: $_2$伯$_庚$, $_2$泊$_庚$

   {國子博士(삼국), 太學博士(삼국, 사)} : {伯固(삼국, 후한, 양서, 북사, 사), 河伯
   女娘(광개), 河伯(집안), 皆伯縣(지리), 伯句(사, 유)}, {泊灼城(삼국, 구당, 당서,
   사), 河泊(모두)}

2. 明母 /*m/의 입성 – $_1$莫$_唐$: $_2$貊$_庚$

   {莫□羅城^{百}(광개), 莫來(위서, 주서, 북사, 수서), 莫離支(천남생, 고자묘, 천헌
   성, 천남산, 구당, 당서, 사, 유), 莫支(구당), 莫勤, 莫德(사)} : 貊(천남산), 小貊
   (천남생, 천헌성), 梁貊/梁貊部落(사)}

3. 見母 /*k/의 입성 – $^{開}_1$各$_唐$, $^{開}_1$閣$_唐$, $^{合}_1$郭$_唐$: $^{開}_2$客$_庚$

   {各模盧城^{百}(광개), 民奴各(사)}, {閣彌城^{百}(광개)}, {平郭(위서, 북사)} : {末客(삼
   국, 구당), 典書客(삼국), 客賢韓^{百}(광개)}

　　唐韻 1등과 庚韻 2등의 음운대립 쌍은 (107.1~2)의 두 쌍과 (107.3)의 두 쌍이
다. 이 중에서 (107.1)의 대립 항인 '博'은 용례가 '博士' 하나뿐이다. '博士'는 차
용어가 분명하므로 고구려어 항목에서 제외하는 것이 안전하다. 반면에 (107.2)
의 한 쌍과 (107.3)의 두 쌍은 용례에서도 문제될 것이 전혀 없다. 이들에서는 개
음의 유무와 종류도 일치하므로 唐韻 1등과 庚韻 2등의 운복이 최소대립을 이룬
다. 대립 성립의 시점도 광개토대왕비의 414년에서 고구려 멸망 이후의 泉男山
墓誌(702년)까지 아우른다. 따라서 고구려어에서 唐韻 1등과 庚韻 2등의 운복이
음운론적으로 대립했다고 보아야 한다.
　　다음으로, 庚韻이 陽韻 3등과 대립하는 쌍을 들어 본다.

(108) 陽韻 3등과 庚韻의 음운대립 쌍과 그 용례

1. 心母 /*s/의 평성 – $^{開}_C$相$_陽$: $^{開}_2$生$_庚$

   {相加(삼국, 후한, 양서, 남사, 사), 相主領(삼국), 相夫(평양성;해, 사, 유), 大相
   (고자묘, 일, 사), 乙相(일), 國相(사), 相國(사), 小相(사), 狄相(사), 從大相(사)}
   : {위의 (103.3)과 동일(천남생 등)}

2. 精母 /*ʦ/의 입성 – $^{開}_C$灼$_陽$: $^{開}_2$筰$_庚$

{泊灼城(삼국, 구당, 당서, 사)} : {筰冾(삼국)}

3. 影母 /*ʔ/의 평성 – $^{合}_C$王$_陽$: $^{合}_B$榮$_庚$

{王險城(삼국, 한서), 王釗(진서), 安王成, 王彌夜大理, 王仲文, 王蟲麻呂(속),
王儉, 王臺(사)} : {榮留王(북사)}

(108)의 세 쌍에서 陽韻 3등 C와 庚韻이 대립한다. (108.1~2)의 대립 항은 개
음 차이 우선의 원칙에 따라 陽韻 3등과 庚韻 2등이 구별되므로, 운복의 음운대
립을 논의할 때에는 부적절하다. 그러나 (108.3)에서는 陽韻 3등과 庚韻 3등의
운복이 최소대립을 이룬다. 대립 성립의 시점은 7세기 중엽이다. 두 운모의 운복
이 서로 달라야 하므로 庚韻 3등의 운복은 /*a/가 아니다.

다음으로, 淸韻 3등·靑韻 4등이 陽韻 3등과 더불어 동일 칸에 온 것을 찾아
보자.[105]

(109) 淸韻·靑韻과 陽韻 3등의 음운대립 쌍과 그 용례

1. 心母·書母의 평성 – $^{開}_{AB}$成$_淸$, $^{開}_{AB}$誠$_淸$: $^{開}_C$相$_陽$

{위의 (103.3)과 동일(삼국 등)}, {위의 (103.3)과 동일(천남생 등)} : {위의
(108.1)과 동일(삼국 등)}

2. 影母 /*ʔ/의 평성 – $^{開}_A$嬰$_淸$: $^{合}_C$王$_陽$

{嬰陽王(북사, 수서, 사)} : {王險城(한서, 삼국), 王釗(진서), 安王成, 王彌夜大
理, 王仲文, 王蟲麻呂(속), 王儉, 王臺(사)}

위에서 이미 논의한 것처럼, (109.1)의 대립 쌍 '成, 誠'은 /*sjeŋ/의 음가를 갖

---

[105] 來母 /*l/의 평성 열에서 '$^{開}_{AB}$零$_淸$, $^{開}_4$零$_靑$'과 '$^{開}_C$量$_陽$'이 동일 칸에 오지만, 대립 항 '零'을 고구려
어 표음자에서 제외한 바 있으므로(5장 8절 두음법칙의 (84.1) 참조), 이 대립 쌍을 거론하지 않
는다. 또한 精母 /*ʦ/의 평성 열에서 '$^{開}_4$靑$_靑$'과 '$^{開}_C$將$_陽$'이 동일 칸에 온다. 그러나 '靑'의 용례인
'靑丘'를 고구려어 항목에서 제외한 바 있으므로(3장 2.11절의 '구/후' 음절 참조) 이 대립 쌍도
거론하지 않는다.

는다. 이것이 대립 항 '$^{開}_{C}相_{陽}$'의 /*sjaŋ/과 음운론적으로 대립한다. 이 쌍은 고구려어 표음자에서 淸韻 3등과 陽韻 3등의 운복이 최소대립을 이룸을 말해 준다. 대립 성립의 시점은 3세기 후반이다. 반면에, (109.2)의 대립 쌍은 개합에서 이미 차이가 나므로, 이 음운대립의 논거에서 제외한다.

淸韻 3등·靑韻 4등과 唐韻 1등의 음운대립 쌍은 찾을 필요가 없다. 淸韻 3등은 개음 /*j/가 있지만 唐韻 1등은 이 개음이 없으므로, 개음 차이 우선의 원칙을 적용하면 淸韻 3등과 唐韻 1등의 운복 최소대립 쌍은 원천적으로 제시할 수가 없다. 실제로도 고구려어 표음자에서 淸韻 3등과 唐韻 1등이 동일 칸에 오지 않는다. 반면에 淸韻 4등은 개음이 없으므로 唐韻 1등과 음운대립을 이룰 수 있다.

(110) 靑韻 4등과 唐韻 1등의 음운대립 쌍과 그 용례

精母 /*ʦ/의 평성 − $^{開}_{4}靑$: $^{開}_{1}臧_{唐}$, $^{開}_{1}藏_{唐}$

{靑丘(천남생), 靑已縣(지리), 靑光菩薩(사)} : {위의 (97.2)와 동일(남사 등)}, {위의 (97.2)와 동일(천남생 등)},

(110)에서 靑韻 4등과 唐韻 1등이 음운대립을 이룬다. 그런데 대립 항 '靑'의 용례 중에서 고구려 멸망 이전에 사용된 것은 '靑丘' 하나뿐이다. 이것은 중국에서 한반도를 가리킬 때의 지칭이므로 고구려인이 사용한 지명이라 할 수 없다. 이것을 고구려어 항목에서 제외하면 고구려 멸망 이전에 靑韻 4등과 唐韻 1등이 음운론적으로 대립하는 예가 없어진다.

지금까지의 논의를 요약해 보자. 梗攝과 宕攝을 아울러서 기술하다 보면 庚韻 2등이 唐韻 1등과 음운대립을 이루고, 庚韻 3등이 陽韻 3등과 최소대립을 이룬다. 또한 淸韻 3등·靑韻 4등이 陽韻 3등과 음운대립을 이룬다. 이것을 표로 나타내면 다음과 같다.

(111) 梗攝 및 宕攝 운모의 음운대립

庚韻 3등·淸韻 3등·靑韻 4등   庚韻 2등
/*jeŋ, *jek/ ⋯⋯⋯⋯ /*eŋ, *ek/

陽韻 3등 /*jaŋ, *jak/ ⋯⋯⋯⋯ /*aŋ, *ak/ 唐韻 1등

宕攝과 梗攝 운모의 운복은 모두 [−high]인 모음인데, 이들의 운복이 (111)에서 볼 수 있듯이 '唐韻·陽韻 : 庚韻·淸韻·靑韻'의 二元對立을 이룬다. 이제, 이들의 운복에 각각 /*a/와 /*e/를 배당한 이유를 설명해 보기로 한다.

중국 음운학에서는 唐韻 1등과 陽韻 3등을 각각 /*aŋ, *ak/과 /*jaŋ, *jak/으로 보아 운복을 後舌 저모음 /*ɑ/로 재구한다. 반면에 庚韻 2등은 /*aŋ, *ak/으로 보아 운복을 前舌 저모음 /*a/로 재구한다. 耕韻 2등의 운복은 中舌 저모음 /*ɐ/라고 하여 唐韻 1등이나 庚韻 2등의 음가와 구별한다. 黃笑山(1995)의 9모음체계에 따르면 한어 중고음에서 전설의 /*a/인 庚韻 운복, 중설의 /*ɐ/인 耕韻 운복, 후설의 /*ɑ/인 唐韻 운복이 음운론적으로 대립한다.[106]

이 일반론을 고구려어에 그대로 대입하여 唐韻 1등의 운복은 후설의 /*ɑ/이고 庚韻 2등의 운복은 전설의 /*a/라고 할 수 있을까? 앞에서 여러 차례 강조했듯이, 고구려어에서는 저모음에서 전설과 후설의 음운대립이 없다. 果攝의 歌韻 1등은 假攝의 麻韻 2등과 구별되지 않고, 效攝의 豪韻 1등과 肴韻 2등의 운복도 구별되지 않는다. 蟹攝에서도 1등인 泰韻과 2등인 皆韻·佳韻의 운복이 서로 같다. 이처럼 고구려에서는 1등과 2등의 운복이 동일하다고 보는 것이 좋다.

그런데 독특하게도 /*−ŋ, *−k/ 운미에서는 庚韻 2등의 운복이 唐韻 1등의 운복과 음운론적으로 대립한다. 만약에 庚韻 2등의 운복에 중설 저모음 /*a/를 배정하면 唐韻 1등의 /*a/와 庚韻 2등의 음운대립을 무시하게 된다. 따라서 庚韻 2등의 운복에 /*a/를 배당할 수가 없다. 그렇다고 하여 한어 중고음처럼 庚韻 2등

---

106 개음 /*r/을 설정하는 논의에서는 庚韻 2등과 耕韻 2등의 음가 차이가 운복에서 비롯된 것이 아니라 /*r/의 유무에서 비롯된다고 본다. 이렇게 처리하면 麥耘(1995)처럼 전설의 /*a/만 설정하고 중설의 /*ɐ/를 음소목록에서 제외할 수 있다.

의 운복에 전설 저모음 /*a/을 배당하여 唐韻 1등의 후설 저모음 /*ɑ/와 대립시킬 수도 없다. 반면에 庚韻 2등에 전설 중모음 /*e/를 배당하는 것은 가능하다. 멸망 이전의 고구려어 표음자에서는 庚韻 2등·庚韻 3등과 淸韻 3등·靑韻 4등의 음운대립이 없기 때문에 이 둘의 운복에다 /*e/를 두루 배당할 수 있다.

이때에 庚韻 2등에 /*e/를 배당하지 않고 /*ə/를 배당해도 되지 않는가 하고 의문을 제기할 수 있다. 그런데 우리는 기본모음 /*a, *i, *u, *e, *o/를 먼저 배당하고 이것으로 부족할 때에만 2차모음 /*ə, *ʌ, *ɔ, *ɛ/ 등을 배당한다고 했다. 또한 庚韻 2등과 淸韻 3등·靑韻 4등의 운복이 음운론적으로 대립하지 않는데도 이 두 운모의 운복에 서로 다른 모음을 배당하는 것은 옳지 않다. 뿐만 아니라 후술할 曾攝의 登韻 1등이 운복 /*ə/를 가지는데, 이 운복이 庚韻 2등의 운복과 최소대립을 이룬다. 따라서 원천적으로 庚韻 2등의 운복에 /*ə/를 배당할 수가 없다.

또한, 庚韻 2등의 운복을 /*e/라고 한 것은 물론 한국 중세음을 참고한 것이다. 한국 중세음에서 庚韻 2등은 'ㆎ'로 반영되고 庚韻 3등은 'ㅕ'로 반영되는 것이 원칙이다. 庚韻 2등의 운복을 'ㆍ'라 하면서도 하향 활음 /j/를 덧붙인 것은 庚韻 2등이 전설 모음에 가까운 것임을 암시한다. 뿐만 아니라 庚韻 3등의 'ㅕ'도 상향 활음 /j/를 가지고 있으므로 이때의 'ㅓ'도 전설 쪽으로 이끌린 모음 즉 전설 중모음일 가능성이 크다.

한국 중세음의 庚韻 2등은 耕韻 2등과 표음 양상이 약간 차이가 나지만 대동소이하다. 이토 지유키(2011)에 정리되어 있는 庚韻 2등자는 모두 77자인데, 이 중에서 운복이 'ㆍ'인 것은 49자(63.6%)이고 'ㅓ'인 것은 13자(16.9%)이다. 반면에 耕韻 2등자는 모두 46자인데, 운복이 'ㆍ'인 것은 24자(52.2%)이고 'ㅓ'인 것은 13자(28.3%)이다.[107] 극소수의 庚韻字와 耕韻字가 'ㅏ' 또는 'ㅡ, ㅜ'로 반영되기도 하지만, 이들은 대개 聲符에 유추된 것이므로[108] 예외적인 존재이다.

---

107 이 통계는 모두 이토 지유키(2011)의 자료편을 이용했다. 申雅莎(2006: 102)이 한어 중고음의 耕韻 음가를 [æŋ, æk]이라 하고 庚韻 음가를 [ʌŋ, ʌk]이라 한 것도 이 통계와 일맥상통한다.
108 이러한 예외에 대해서는 이토 지유키(2007: 340~50)에 자세히 기술되어 있다.

(112) 한국 중세음에서 소수의 음가로 표음된 庚韻字와 耕韻字

1. 瞠[徹開2平庚]=당　　　　2. 鐺[初開2平庚]=팅ᴸ, 당ᴸ

3. 骼[見開2入庚]=각　　　　4. 拆[徹開2入庚]=탁

5. 迫[幇中2入庚]=박　　　　6. 泊[滂中2入庚]=박

7. 棚[並中2平庚]=붕ᴸ　　　　8. 繃[幇中2平耕]=붕ᴸ

9. 膕[見合2入耕]=국　　　　10. 蟈[見合2入耕]=국

(112)의 한국 중세음은 庚韻 2등·耕韻 2등의 음가에 관한 한 예외에 속한다.[109]
庚韻 2등·耕韻 2등의 운복은 한국 중세음에서 대부분 ‘ㆍ’ 즉 /ʌ/로 반영되지만
일부에서는 ‘ㅓ’ 즉 /e/로 반영된다. 이것은 한국 중세음의 상황이므로 이것을 고
구려어에 그대로 대입할 수는 없다. 그렇더라도 庚韻 2등의 운복에 /*e/를 배당
할 때에 참고가 된다.

　庚韻 2등의 운복에 /*e/를 배당하면 고구려어의 모음체계는 아래의 6모음체
계가 된다. 뒤에서 다시 논의하겠지만 우리는 고구려어 모음체계가 (113.1)과 같
다고 본다.

(113) 고구려어 모음체계와 그 이후의 변화

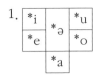　　　　

　庚韻 2등의 운복은 고구려어 모음체계에서 아주 독특한 존재이다. 고구려어에
서는 1등과 2등이 구별되지 않는데, (107.2~3)에서 보았듯이 독특하게도 庚韻
2등은 唐韻 1등과 구별된다. 또한 고구려어에서 여타의 2등 운복은 모두 중설 또
는 후설 모음인데, 庚韻 2등의 운복만 독특하게도 전설모음 /*e/이다.

---

109 河野六郎(1968/79)를 비롯한 대부분의 한국 한자음 연구자들이 이러한 예외를 강조하다 보니
　　한자음 연구가 마치 예외에 대한 연구인 것 같은 느낌을 준다.

이 특수성 탓으로 庚韻 2등의 운복 /*e/가 中舌化하는 변화가 일어났으리라 추측할 수 있다. (113.1)의 고구려어 모음체계에서 /*e/의 중설화가 일어나면 庚韻 2등의 운복은 (113.2)의 /*ʌ/의 위치로 자리를 옮기게 되고, 庚韻 2등과 음운론적으로 대립하는 登韻 1등이 (113.1)의 /*ə/에서 (113.2)의 /*ɨ/로 위치가 바뀐다. 이 변화가 일어나면 중설 고모음 /*ɨ/와 중설 중모음 /*ʌ/의 음운대립이 새로이 발생한다.

庚韻 2등의 /*e/가 (113.2)의 /*ʌ/로 중설화하고 登韻 1등의 /*ə/가 (113.2)의 /*ɨ/로 위치를 바꾸는 현상을 모음추이라고 할 수 없다. 운복이 /*e/인 여러 운모 중에서 오로지 庚韻에서만 이 중설화가 일어나기 때문이다. 모음추이라는 용어는 모든 환경에서 두루 일어날 때에 사용하므로 이 중설화를 모음추이라고 부르지 않는다.

6.4.4. 曾攝

曾攝은 韻尾가 /*-ŋ/이나 /*-k/이면서 운복이 고모음 '一, ㅣ'에 가까운 한자음의 집합이다. 고구려어 표음자 중에서 登韻 1등(13/14자)과 蒸韻 3등 C(14/16자)가 이에 속한다. 登韻은 항상 1등이고 蒸韻은 항상 3등 C이다. 이처럼 等에서 차이가 나기 때문에 登韻字와 蒸韻字가 동일 칸에 온다 하더라도 그 음가는 개음 /*j/의 유무로 구별할 수 있다. 고구려 표음자 중에서 曾攝字를 모아 그 분포를 분석해 보면 (114)와 같다.

아래의 분석표에서 흥미롭게도 曾攝字의 성조가 上聲인 것이 전혀 없다. 한어 중고음에서도 曾攝字가 상성인 것은 登韻 1등의 '肯, 等'과 蒸韻 3등의 '拯' 정도에 지나지 않는다. 따라서 이 상성의 공백은 한어 중고음에서 비롯된 것이라 할 수 있다.

(114) 曾攝字의 분포 분석표 (704자 기준)

성모	성조	평성^L	상성^R	거성^D	입성^E
순음	幫母 /*p/				$_1$北$_登$
	並母 /*b/				
	明母 /*m/				$_1$墨$_登$ $_1$默$_登$
설음	端母 /*t/	^開_C徵$_蒸$			$^開_1$德$_登$ $^開_1$得$_登$
	透母 /*tʰ/				
	定母 /*d/	$^開_1$騰$_登$			^開_C直$_蒸$
	泥母 /*n/	$^開_1$能$_登$ ^開_C仍$_蒸$			
	來母 /*l/				^開_C力$_蒸$
치음	精母 /*ts/	$^開_1$增$_登$ $^開_1$曾$_登$ ^開_C乘$_蒸$		^開_C乘$_蒸$	
	心母 /*s/	$^開_1$僧$_登$			^開_C息$_蒸$ ^開_B色$_蒸$
	書母 /*sj/	^開_C升$_蒸$		^開_C勝$_蒸$	^開_C式$_蒸$
	羊母 /*j/				^開_C翼$_蒸$ ^開_C翊$_蒸$
아음	見母 /*k/				$^合_1$國$_登$ $^開_1$克$_登$
	群母 /*g/				
후음	曉母 /*h/	$^合_1$弘$_登$ ^開_C興$_蒸$		^開_C興$_蒸$	
	影母 /*ʔ/				^開_C億$_蒸$

그런데 고구려 멸망 이전의 표음자로 한정하게 되면 다음의 분포 분석표 (115)에서 확인할 수 있듯이 성조가 去聲인 표음자도 없다. 한어 중고음의 曾攝에서는 거성자가 적지 않으므로 이것은 고구려어 특유의 분포 제약이라고 할 수 있다.

분포 분석표 (115)에서 동일 칸에 온 것은 端母 /*t/의 입성 열에 온 '$^開_1$德$_登$: $^開_1$得$_登$' 하나뿐이다. 한국 중세음에서는 '德'과 '得'이 각각 '덕'과 '득'으로 표기되므로 음가가 서로 다르지만, 한어 중고음에서는 이 둘의 음가가 동일하다. 달리 말하면 이 둘은 同音異義字 관계이다. 그런데 心母 /*s/ 행과 書母 /*sj/ 행을 하나로 합치면, '^開_C息$_蒸$'과 '^開_C式$_蒸$'이 동일 칸에 온다. 이 두 대립 항은 蒸韻 3등에 속하므로 개음 /*j/를 공통적으로 가진다. 心母 /*s/와 書母 /*sj/가 개음 /*j/의 앞에서는 중화되므로, 이 쌍에서도 대립 항의 음가가 동일하다. 즉 이 쌍도 同音異義字 쌍이므로, 음운대립의 논거에서 제외한다.

554

(115) 曾攝字의 분포 분석표 (340자 기준)

성모	성조	평성^L	상성^R	거성^D	입성^E
순음	幫母 /*p/				$_1$北등
	並母 /*b/				
	明母 /*m/				
설음	端母 /*t/				$^{開}_1$德등 $^{開}_1$得등
	透母 /*tʰ/				
	定母 /*d/	$^{開}_1$騰등			
	泥母 /*n/				
	來母 /*l/				
치음	精母 /*ts/	$^{開}_1$增등			
	心母 /*s/				$^{開}_C$息蒸
	書母 /*sj/	$^{開}_C$升蒸			$^{開}_C$式蒸
	羊母 /*j/				$^{開}_C$翼蒸
아음	見母 /*k/				$^{合}_1$國등
	群母 /*g/				
후음	曉母 /*h/				
	影母 /*ʔ/				

登韻 1등과 蒸韻 3등이 동일 칸에 온 예가 없으므로 고구려어에서는 이 두 운모의 분포가 상보적이다. 이에 따르면 이 두 운모를 하나의 운모로 묶어야 한다. 그런데 登韻은 항상 1등이고 蒸韻은 항상 3등 C이기 때문에 이 두 운모는 개음의 유무에서 분명한 차이가 있다. 즉, 登韻 1등에 개음 /*j/가 덧붙은 것이 蒸韻 3등이라고 말할 수 있다.

그런데 (115)의 분포 분석표만으로는 登韻 1등과 蒸韻 3등의 운복이 무엇인지 전혀 논의할 수 없다. 운복에서 음운대립을 이루는 쌍이 (115)에는 전혀 없기 때문이다. 따라서 曾攝을 앞에서 논의한 通攝, 宕攝, 梗攝 등과 더불어 동일한 분포 분석표에 넣어서 음운대립 관계를 확인하기로 한다. 이들 攝은 운미가 /*-ŋ, *-k/라는 점에서 공통된다.

(116) 通攝, 宕攝, 梗攝, 曾攝 운모의 분포 분석표 (340자 기준)

성모	성조	평성L	상성R	거성D	입성E
순음	幫母 /*p/	$_{C}$方$_{陽}$ $_{1}$豊$_{東}$			$_{1}$博$_{唐}$ $_{2}$伯$_{庚}$ $_{2}$泊$_{庚}$ $_{1}$北$_{登}$
	並母 /*b/	$_{B}$平$_{庚}$ $_{B}$評$_{庚}$			$_{1}$簿$_{唐}$
	明母 /*m/	$_{B}$明$_{庚}$ $_{B}$盟$_{庚}$ $_{1}$蒙$_{東}$			$_{1}$莫$_{唐}$ $_{2}$貊$_{庚}$ $_{1}$木$_{東}$
설음	端母 /*t/	$_{1}$東$_{東}$ $_{C}$中$_{東}$	$^{開}_{C}$長$_{陽}$ $_{1}$董$_{東}$	$_{C}$中$_{東}$	$^{開}_{1}$德$_{登}$ $^{開}_{1}$得$_{登}$ $_{1}$督$_{冬}$
	透母 /*tʰ/	$^{開}_{1}$湯$_{唐}$ $_{1}$通$_{東}$			
	定母 /*d/	$^{開}_{C}$長$_{陽}$ $^{開}_{1}$騰$_{登}$			
	泥母 /*n/	$^{開}_{C}$穰$_{陽}$ $_{1}$農$_{冬}$	$^{開}_{C}$壤$_{陽}$		$^{開}_{C}$若$_{陽}$ $_{C}$褥$_{鍾}$ $_{C}$傉$_{鍾}$
	來母 /*l/	$^{開}_{1}$郎$_{唐}$ $^{開}_{C}$量$_{陽}$ $_{C}$龍$_{鍾}$	$^{開}_{AB}$領$_{清}$	$^{開}_{C}$量$_{陽}$	$^{開}_{1}$樂$_{唐}$ $_{C}$淥$_{東}$ $_{C}$綠$_{鍾}$ $_{C}$淥$_{鍾}$
치음	精母 /*ts/	$^{開}_{1}$臧$_{唐}$ $^{開}_{C}$將$_{陽}$ $^{開}_{1}$增$_{登}$ $^{開}_{4}$青$_{青}$ $^{開}_{1}$藏$_{唐}$		$^{開}_{C}$將$_{陽}$ $^{開}_{1}$藏$_{唐}$ $_{C}$從$_{鍾}$	$^{開}_{C}$灼$_{陽}$ $^{開}_{2}$笮$_{庚}$ $_{C}$屬$_{鍾}$
	心母 /*s/	$^{開}_{C}$相$_{陽}$ $^{開}_{2}$生$_{庚}$		$^{開}_{C}$相$_{陽}$	$^{開}_{4}$析$_{青}$ $^{開}_{C}$息$_{蒸}$ $_{C}$蕭$_{東}$
	書母 /*sj/	$^{開}_{AB}$誠$_{清}$ $^{開}_{C}$升$_{蒸}$ $^{開}_{AB}$成$_{清}$	$^{開}_{C}$上$_{陽}$	$^{開}_{C}$上$_{陽}$	$_{C}$屬$_{鍾}$ $^{開}_{C}$式$_{蒸}$
	羊母 /*j/	$^{開}_{C}$陽$_{陽}$ $_{C}$容$_{鍾}$			$^{開}_{C}$翼$_{蒸}$
아음	見母 /*k/	$^{開}_{1}$岡$_{唐}$ $_{C}$宮$_{東}$		$^{開}_{B}$竟$_{庚}$	$^{開}_{1}$各$_{唐}$ $^{開}_{1}$閣$_{唐}$ $^{合}_{1}$郭$_{唐}$ $^{開}_{2}$客$_{庚}$ $^{合}_{1}$國$_{登}$
	群母 /*g/				
후음	曉母 /*h/	$^{合}_{B}$兄$_{庚}$			
	影母 /*ʔ/	$^{合}_{B}$王$_{陽}$ $^{合}_{B}$榮$_{庚}$ $^{開}_{A}$嬰$_{清}$	$^{合}_{B}$永$_{庚}$	$^{合}_{C}$王$_{陽}$	$_{1}$沃$_{冬}$

　고구려어 표음자 340자로 한정한 이 분포 분석표에서 登韻 1등이 여타의 운모와 동일 칸에 온 것을 정리하기로 한다. 먼저, 登韻 1등과 唐韻 1등의 음운대립 쌍을 찾아보면 다음과 같다.

(117) 登韻 1等과 唐韻 1等의 음운대립 쌍과 그 용례[110]

1. 幫母 /*p/의 입성 – $_1$北$_登$: $_1$博$_唐$

　　{北豊/北豊城(광개, 위서, 송서, 북사, 남사, 사), 北部(삼국, 구당, 당서, 사), 北夫
　　餘(광개, 모두), 北漢山郡, 北扶餘城(지리), 北溟/北溟山(사), 北原(유)} : {위의
　　(106.1)과 동일(삼국 등)}

2. 精母 /*ʦ/의 평성 – $^{開}_1$增$_登$: $^{開}_1$藏$_唐$, $^{開}_1$臧$_唐$

　　{增地(한서, 북사)} : {高藏(천남생, 천비묘, 구당, 당서, 사, 유), 高金藏(속), 藏(구
　　당), 藏王(유)}, {安臧王(남사, 사, 유), 寶臧/寶臧王(사, 유), 臧(사)}

3. 見母 /*k/의 입성 – $^{合}_1$國$_登$: $^{合}_1$郭$_唐$

　　{國子博士(삼국), 國岡上(광개, 모두, 호태), 其國城^{百}(광개), 卞國公(천남생),
　　國相, 相國, 安國君(사)} : {平郭(위서, 북사)}

위의 여러 예에서 登韻 1등과 唐韻 1등이 동일 칸에 온다. 그런데 (117.1)은 음
운대립의 논거에서 제외하는 것이 안전하다. 대립 항인 '博'이 '博士'에만 사용되
었고, 이 '博士'가 차용어이기 때문이다. (117.2)의 대립 항 '增'은 지명 '增地'에
만 사용되었으므로 검토의 대상이다. "王莽이 前漢을 무너뜨리고 新을 세우자
樂浪郡은 樂鮮郡, 浿水縣을 樂鮮亭, 增地縣을 增土縣 등으로 고쳤다"(『漢書』지리
지 낙랑군조). 이 기사에 따르면 '增地'는 고구려의 지명이 아니라 漢나라의 지명
이다. 이에 따라 '增地'를 고구려어 항목에서 제외하면 (117.2)의 음운대립이 무
너진다.

반면에, (117.3)의 음운대립은 확실하다. 대립 항 '郭'이 '平郭'에만 사용되었지
만, 이 '平郭'은 장수왕 때의 고구려 지명임이 분명하다. "(장수왕은) 馮弘을 平郭
에 있게 하다가, 얼마 뒤에 다시 北豊으로 옮기도록 하였다"(『삼국사기』제18권 고
구려본기 제6). 이 기사에 나오는 '平郭'이 고구려 지명임이 확실하므로, (117.3)의
대립 쌍 '$^{合}_1$國$_登$: $^{合}_1$郭$_唐$'을 믿을 수 있다. 대립 성립의 시점은 『위서』가 편찬된 6
세기 중엽이다. 이 대립 쌍은 登韻 1등과 唐韻 1등의 운복 최소대립 쌍이다. 唐

---

110 登韻 1等이 陽韻 3等 C와 음운대립을 이루는 것도 있지만, 이것은 잉여적이라서 생략했다.

韻 1등의 운복이 /*a/이므로 登韻 1등의 운복은 /*a/가 아니다.

다음으로, 登韻 1등과 東韻 1등·冬韻 1등이 동일 칸에 온 것을 찾아본다. 고의적으로 고구려어 표음자에 '督'을 포함하면, 端母 /*t/의 입성에서 '開₁得登, 開₁德登'과 '₁督冬'이 운복의 최소대립을 이룬다. 그런데 대립 항 '督'의 용례가 '都督' 하나뿐이다. 이 '都督'은 중국의 後漢 시대에 설치된 外職이므로 고구려에서 이것을 차용했을 것이다. 그렇다면 이 대립 쌍은 음운대립의 논거에서 제외하는 것이 안전하다. 결국, 고구려어에서는 登韻 1등과 東韻 1등·冬韻 1등의 음운대립 쌍을 찾을 수 없다.

그런데 蒸韻 3등 C와 東韻 3등 C가 동일 칸에 오는지의 여부, 蒸韻 3등 C와 鍾韻 3등 C가 동일 칸에 오는지의 여부를 확인할 필요가 있다. 蒸韻 3등은 登韻 1등의 개구음 짝이고 東韻 3등은 東韻·冬韻 1등의 개구음 짝이므로, 登韻 1등의 음운대립을 논의할 때에 보조 자료가 된다.

(118) 蒸韻 3등과 東韻 3등의 음운대립 쌍과 그 용례

　　心母 /*s/의 입성 – 開ᴄ息蒸 : ᴄ肅東

　　　{息愼(광개), 息達(지리)} : {肅斯舍(광개)}

(119) 蒸韻 3등과 鍾韻 3등의 음운대립 쌍과 그 용례

　　書母 /*sj/의 입성 – 開ᴄ式蒸 : ᴄ屬鍾

　　　{式(고자묘), 多式(사)} : {翳屬(주서, 북사, 수서, 사)}

(118)은 蒸韻 3등과 東韻 3등의 운복 최소대립 쌍이다. 대립 성립의 시점은 5세기 초엽이다. 대립 항 '肅'의 용례가 '肅斯舍' 하나뿐이라서 반추의 대상이다. '肅斯舍'는 광개토대왕의 은덕을 흠모하여 내항한 여러 鴨盧 중의 하나이므로 대립 항 '肅'을 믿을 수 있다. 東韻 3등의 운복은 /*u/이므로 蒸韻 3등의 운복은 /*u/가 아니다. 따라서 登韻 1등의 운복도 /*u/가 아니다.

(119)는 蒸韻 3등과 鍾韻 3등의 최소대립 쌍이다. 대립 성립의 시기가 7세기 중엽이다. 대립 항 '屬'의 용례가 '翳屬' 하나뿐이지만, '翳屬'은 고구려 14관등 중

제12위의 관등이며『주서』와『册府元龜』등에서는 제11 관등이다. 고구려어 항목임이 분명하므로 蒸韻 3등과 鍾韻 3등의 음운대립을 믿을 만하다. 鍾韻 3등의 운복이 /*o/로 추정되므로 蒸韻 3등의 운복은 /*o/가 아니다. 따라서 登韻 1등의 운복도 /*o/가 아니다.

다음으로, 登韻 1등과 庚韻 2등이 동일 칸에 온 것을 찾아본다.

(120) 登韻 1등과 庚韻 2등의 음운대립 쌍과 용례

1. 幇母 /*p/의 입성 − $_1$北$_登$: $_2$伯$_庚$, $_2$泊$_庚$

   {北豊/北豊城(광개, 위서, 송서, 북사, 남사, 사), 北部(삼국, 구당, 당서, 사), 北夫餘(광개, 모두), 北漢山郡, 北扶餘城(지리), 北溟/北溟山(사), 北原(유)} : {伯固(삼국, 후한, 양서, 북사, 사), 河伯女娘(광개), 河伯(집안), 皆伯縣(지리), 伯句(사, 유)}, {泊灼城(삼국, 구당, 당서, 사), 河泊(모두)}

2. 見母 /*k/의 입성 − $^合_1$國$_登$: $^開_2$客$_庚$

   {國子博士(삼국), 國岡上(광개, 모두, 호태), 其國城^百(광개), 卞國公(천남생), 國相, 相國, 安國君(사)} : {末客(삼국, 구당), 典書客(삼국) 客賢韓^百(광개)}

(120.2)의 대립 쌍은 개합에서 차이가 나므로 운복의 최소대립 쌍이 아니다. 따라서 이것은 登韻 1등과 庚韻 2등의 운복을 논의할 때에는 제외하는 것이 안전하다. 그러나 (120.1)은 실질적으로 登韻 1등과 庚韻 2등의 운복 최소대립 쌍이다. 登韻은 항상 1등이고 庚韻은 기본적으로 2등이기 때문이다. 대립 성립의 시점은 3세기 후반이다. 庚韻 2등의 운복에 /*e/를 이미 배당한 바 있으므로 登韻 1등의 운복은 /*e/가 아니다.

(117∼120)의 논의를 종합하면, 登韻 1등의 운복은 /*a/, /*o/, /*u/, /*e/ 등의 모음이 아니다. 기본모음을 우선적으로 배당하는 원칙에 따라, 그 모음 후보에 전설모음 /*i/를 올릴 수 있을까? 그렇지 않다. 登韻은 항상 1등인데, 1등인 운복에는 전설 모음이 없기 때문이다. 따라서 그 후보를 2차모음인 /*ɔ/, /*ɨ/, /*ə/ 등의 후설 또는 중설 모음에서 찾아야 한다. /*ɔ/, /*ɨ/, /*ə/의 셋 중에서 /*ɔ/는 우선적으로 배제된다. /*ɔ/는 후설 원순 모음인데, 登韻 1등의 운복이

후설모음이라면 東韻 1등·冬韻 1등의 운복 /*u/, 鍾韻 3등의 운복 /*o/, 唐韻 1등의 운복 /*a/를 피하여 저모음에 두어야 한다. 그런데 고구려어 /*-ŋ, *-k/ 운미에서는 저모음에 唐韻 1등·陽韻 3등의 /*a/ 하나밖에 없으므로 登韻 1등에 후설 저모음 /*ɔ/를 배당할 수 없다.

그렇다면 남은 후보는 /*ɨ/와 /*ə/의 둘이다. 중국 음운학에서는 登韻 1등의 음가를 /*əŋ, *ək/으로 추정하는 것이 일반적이다.[111] 우리도 이것을 좇아 登韻 1등의 운복에 /*ə/를 배당하되, 이 음소가 [*ə]와 [*ɨ]의 음역을 두루 포괄한다고 기술한다. 이 /*ə/는 止攝의 之韻 (·微韻) 3등의 운복과 蟹攝의 咍韻 (·灰韻) 1등의 운복에도 이미 배당한 바 있으므로, 낯선 모음이 아니다.

登韻 1등의 운복에 /*ə/를 배당할 때에 아주 중요한 최소대립 쌍은 (120.1)이다. 登韻 1등인 대립 항 '北'의 용례는 '北部, 北夫餘, 北豊/北豊城, 北漢山郡, 北扶餘城, 北溟/北溟山, 北原' 등 아주 많을 뿐만 아니라, 3세기 후반의『삼국지』에서 7세기 중엽의『북사』와『남사』에 이르기까지 여러 텍스트에 두루 출현한다. 庚韻 2등인 대립 항 '伯/泊'도 마찬가지이다. 따라서 이 대립 항에서 登韻 1등의 운복 /*ə/와 庚韻 2등의 운복 /*e/(중세 한국어의 'ㅓ')가 음운론적으로 대립했음이 분명하다.

이제, 蒸韻 3등 C에 대한 논의로 넘어간다. 蒸韻 3등 C가 여타의 운모와 음운대립을 이루는 예를 모아 蒸韻 3등 C의 운복이 무엇인지 논의하기로 한다. 다음은 蒸韻 3등과 淸韻 3등·靑韻 4등의 음운대립 쌍이다.

(121) 蒸韻 3등과 淸韻 3등·靑韻 4등의 음운대립 쌍과 그 용례

1. 心母 /*s/의 입성 – 開C息蒸 : 開4析靑

   {息愼(광개), 息達(지리)} : {析支利城 高(광개)}

2. 書母 /*sj/의 평성 – 開C升蒸 : 開AB成淸, 開AB誠淸

   {戴升(삼국, 후한, 사), 升于(북사)} : {逮成(삼국, 후한, 사), 成(위서, 북제, 주서, 남사, 북사), 安王成(속), 建成(사, 유), 湯成, 平成(사)}, {獻誠(천남생, 천헌성, 천비묘, 사), 信誠(구당, 당서, 사)}

(121.1)의 대립 항 '析'은 그 용례가 '析支利城^百' 하나뿐이다. 이 지명은 '−利'로 끝나므로 백제의 지명일 가능성보다 고구려의 지명일 가능성이 훨씬 크다. 따라서 (121.1)의 음운대립을 믿을 수 있다. 대립 성립의 시점은 3세기 후반이다. (121.2)는 蒸韻 3등과 淸韻 3등의 음운대립 쌍이다. 이 두 운모는 개음 /*j/를 공통적으로 가지므로, (121.2)는 운복의 최소대립 쌍이다. 淸韻 3등의 운복에 이미 /*e/를 배당했으므로 蒸韻 3등 C의 운복은 /*e/가 아니다.

다음으로, 蒸韻 3등과 陽韻 3등이 동일 칸에 온 것을 찾아본다. 동일 칸에 온 것이 없지만, 心母 행과 書母 행을 하나로 합치면 다음의 음운대립 쌍이 나온다.

(122) 蒸韻 3등과 陽韻 3등의 최소대립 쌍과 그 용례

心母・書母의 평성 − ^開C升_蒸 : ^開C相_陽

  {戴<u>升</u>(삼국, 후한, 사), <u>升</u>于(북사)} : {위의 (108.1)과 동일(삼국 등)}

대립 항 '^開C相_陽'은 心母 /*s/의 바로 뒤에 陽韻 3등 /*jaŋ/이 온 것이므로 그 음가가 /*sjaŋ/이다. 반면에, 대립 항 '^開C升_蒸'은 書母 /*sj/의 바로 뒤에 蒸韻 3등이 온 것이므로 그 음가가 /*sjjVŋ~*sjVŋ/이다. /*sjaŋ/과 /*sjjVŋ~*sjVŋ/은 실질적으로 운복의 최소대립 쌍이므로, 蒸韻 3등의 운복 V는 /*a/가 아니다.

그렇다면 蒸韻 3등의 운복은 /*u, *o, *e, *a/ 등의 모음이 아니다. (118)에서 蒸韻 3등과 東韻 3등이 운복의 최소대립 쌍이므로, 蒸韻 3등의 운복은 /*u/가 아니다. (119)에서 蒸韻 3등과 鍾韻 3등이 운복의 최소대립 쌍이므로, 蒸韻 3등의 운복은 /*o/가 아니다. (121)에서 蒸韻 3등과 淸韻 3등・靑韻 4등이 운복의 최소대립을 이루므로, 蒸韻 3등의 운복은 /*e/가 아니다. (122)에서 蒸韻 3등의 운복이 /*a/가 아님이 드러난다.

결국은 蒸韻 3등의 후보로 /*ə/, /*i/의 둘만 남는다.[112] 登韻 1등과 蒸韻 3등이 개음 유무의 짝일 가능성에 무게를 둔다면 蒸韻의 운복은 /*ə/라 할 수 있다. 蒸

---

112 河野六郎(1968/79)에서는 蒸韻 운복이 한국 중세음에서 'ㅡ'로도 반영되고 'ㅣ'로도 반영되는 원인을 蒸韻이 3등운과 4등운의 합운이라는 데에서 찾았다. 3등운은 'ㅡ'로, 4등운은 'ㅣ'로 반영되었다고 한다.

韻이 항상 3등이라서 개음을 가지므로 蒸韻은 /*jəŋ, *jək/의 음가를 가진다. 이 음가의 /*ə/는 중세 한국어의 'ㅡ'와 'ㆍ'를 아우르는 모음이다.

平山久雄(2013)에 따르면 登韻 1등의 음가가 /*əŋ, *ək/이고, 蒸韻 3등은 /*ɪðŋ, *ɪðk/이다. 후설 평순 개음 /*ɪ/의 유무에서 이 두 운모의 음가가 차이가 난다. 申雅莎(2006: 104)도 이와 거의 같다. 그런데 黃笑山(1995)의 9모음 체계와 黃笑山(2002, 2006)의 介音 新説을 종합하여 魏國峰(2014: 93)가 세운 음가 추정표에 따르면[113] 登韻 1등은 /*əŋ, *ək/이고 蒸韻 3등은 /*riŋ, *urik/이다. 여기에서는 登韻 1등과 蒸韻 3등이 개음 /*(w)r/뿐만 아니라 운복에서도 차이가 난다. 요컨대, 登韻 1등과 蒸韻 3등의 운복을 동일하게 /*ə/로 추정하는 견해가 있는가 하면, 이 둘의 운복을 각각 /*ə/와 /*i/라 하여 구별하는 견해가 있다.

그런데 앞에서 논의한 음운대립 쌍을 기준으로 하면 고구려어에서는 登韻 1등과 蒸韻 3등의 운복이 둘 다 /*ə/일 것이다. 蒸韻은 登韻 1등의 3등 짝일 가능성이 크므로, 이 두 운모의 운복에 /*ə/를 배당하기로 한다. 黃笑山(2002, 2006)처럼 登韻 1등의 운복에 /*ə/를 배당하고 蒸韻 3등의 운복에 /*i/를 배당하면 登韻 1등과 蒸韻 3등의 상관관계가 뚜렷해지지 않으므로, 이 학설을 따르지 않는다.

蒸韻 3등의 운복은 登韻 1등과 마찬가지로 /*ə/나 /*i/의 둘 중 하나이다. 여기에서 잠깐 /*ə/가 아니라 /*i/일 가능성을 논의해 보기로 한다.

한국 중세음에서는 登韻 1등인 '北, 得, 騰, 增' 등이 각각 '븍, 득, 등, 증' 등으로 표음되므로 登韻 1등의 운복이 [*ə]보다는 [*i]에 가깝다. 그러나 이 중세음을 고구려어에 그대로 대입하는 것은 바람직하지 않다. 한국 중세음에서 登韻 1등인 '德'의 중성이 'ㅡ'가 아니라 'ㅓ'로 표기된 것은 바로 登韻 1등의 상고음이나 중고음의 음가를 암시한다.[114]

고구려어 표음자 중에서 멸망 이전의 표음자로 한정하면 蒸韻 3등은 치음 마찰음 또는 羊母 /*j/의 뒤에만 온다. '升, 息, 式, 翼' 등이 그 예인데, 이들의 한국 중

---

113 이 추정표에서는 蒸韻이 3등 C가 아니라 3등 B이다.
114 이것을 중시하여 河野六郎(1968/79)는 '開₁德증'이 '덕'으로 표음된 것을 a층 즉 상고음이 반영된 것이라고 했다.

세음은 각각 '승, 식, 식, 익'이다. 한국 중세음에서는 蒸韻 3등의 운복이 [*ə]보다
는 [*ɨ]에 가까우므로, 蒸韻 3등의 운복을 /*ɨ/라고 할 수 있다. 蒸韻은 항상 3등이
므로 /*ɨ/ 모음 앞에 개음 /*j/가 온다. 즉 /*jiŋ, *jik/의 음가를 가지는데, 한국 중
세음에서는 二重母音 /*ji/를 허용하지 않는다.『훈민정음』해례본에서 兒童之言
과 邊野之語에 'ㅣ'가 있다고 했으나 현실 한자음에는 이 이중모음이 없다. 따라
서 書母, 常母, 羊母 등의 경구개 자음 뒤에서는 /*ji/가 'ㅣ'로 반영되고[115] 나머지
환경에서는 'ㅡ'로 반영되었다고 할 수 있다.

　중요한 것은 고구려어 표음자에서 [*ə]와 [*ɨ]가 음운대립을 이루는 쌍을 찾을
수 없다는 점이다. 한어 중고음 연구자들이 /*ə/와 /*ɨ/를 구별하기도 하지만 麥
耘(1995)의 7모음체계에 따르면 한어 중고음에서도 [*ə]와 [*ɨ]의 음운대립이 없
다. 하나의 예로 인명 '鄧小平'의 '鄧'을 들 수 있다. 중국인들은 '鄧'의 운복을 /ə/
로 인식하고 倂音 표기에서 'dèng'의 'e'로 적는다. 반면에, 한국 한자음에서는
이것을 /ɨ/로 인식하여 'ㅡ'로 적는다. 그렇다면 登韻 1등과 蒸韻 3등의 운복을 한
자음 연구자들이 /*ə/로 보든 한국 한자음을 중시하여 /*ɨ/로 보든, 사실은 음운
론적으로 차이가 없다. 따라서 [*ə]와 [*ɨ]를 하나의 음소 /*ə/로 묶되, 이 /*ə/를
후설 평순 중모음이라 정의한다. 이것이 후설 평순 저모음인 /*a/와 음운론적으
로 대립한다.

(123) 宕攝, 梗攝, 曾攝 운모의 음운대립

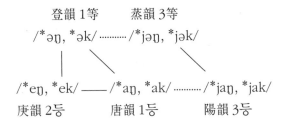

(123)에서는 登韻 1등과 蒸韻 3등 사이에 직선을 긋지 않고 점선을 그었다. 몇

---

115 '昇[書開C平蒸]=승, 丞[常開C平蒸]=승' 등의 '승'은 예외적이다.

망 이전의 고구려어 표음자에서는 이 두 운모의 음운대립 쌍을 찾을 수 없기 때문이다. 음운대립 쌍이 없다는 것은 두 운모의 운복이 동일하다는 것을 암시한다. 또한 (123)에서는 蒸韻 3등의 개음으로 후설 평순 개음 /*ɪ/를 택하지 않고 전설 평순 개음 /*j/를 택했다. 曾攝에서는 /*ɪ/와 /*j/의 최소대립이 보이지 않기 때문이다. 우리는 전설 평순 개음 /*j/와 후설 평순 개음 /*ɪ/의 최소대립이 확인될 때에만 /*ɪ/를 인정하는 태도를 줄곧 유지해 왔다.

6.4.5. 江攝

이제, 江攝에 대한 논의로 넘어간다. 江攝에는 江韻 2등뿐이다. 중국 음운학에서는 이 江韻의 운복을 /*o/, /*ɔ/, /*ɑ/ 등으로 추정한다. 간단히 말하면 운미가 /*-ŋ, *-k/이고 운복이 'ㅗ'나 'ㅏ'에 가까운 모음의 집합이 江攝이다. 고구려어 표음자 중에서 江韻 2등자는 3자에 불과하지만, 이 3자가 모두 고구려 멸망 이전에 기록되었다.

江攝에는 하나의 운모뿐이기 때문에 자체적으로는 운복의 음가를 추정할 수 없다. 따라서 通攝, 宕攝, 梗攝, 曾攝의 고구려어 표음자를 한꺼번에 분석한 (116)의 분포 분석표에 江韻 2등의 3자를 추가하여 江韻 2등의 운복이 어느 모음인지 논의하기로 한다. 아래의 분포 분석표 (124)는 /*-ŋ, *-k/ 운미를 가지는 고구려어 표음자의 總和이다. 물론 이것은 고구려 멸망 이전의 340자로 한정한 분포 분석표이다.

(124) 通攝, 宕攝, 梗攝, 曾攝, 江攝 운모의 분포 분석표 (340자 기준)

성모 \ 성조		평성^L	상성^R	거성^D	입성^E
순음	幫母 /*p/	c方_陽 1豊_東			1博_唐 2伯_庚 2泊_唐 1北_登 2駮_江
	並母 /*b/	B平_庚 B評_庚			1簿_唐
	明母 /*m/	B明_庚 B盟_庚 1蒙_東			1莫_唐 2貊_庚 1木_東

564

성모	성조	평성ᴸ	상성ᴿ	거성ᴰ	입성ᴱ
설음	端母 /*t/	$_1$東$_東$ $_C$中$_東$	$^{開}_C$長$_陽$ $_1$董$_東$	$_C$中$_東$	$^{開}_1$德$_登$ $^{開}_1$得$_登$
	透母 /*tʰ/	$^{開}_1$湯$_唐$ $_1$通$_東$			
	定母 /*d/	$^{開}_C$長$_陽$ $^{開}_1$騰$_登$ $_2$幢$_江$			
	泥母 /*n/	$^{開}_C$穰$_陽$ $_1$農$_冬$	$^{開}_C$壤$_陽$		$^{開}_C$若$_陽$ $_C$褥$_鍾$ $_C$傉$_鍾$
	來母 /*l/	$^{開}_1$郎$_唐$ $^{開}_C$量$_陽$ $_C$龍$_鍾$	$^{開}_{AB}$領$_清$	$^{開}_C$量$_陽$	$^{開}_1$樂$_唐$ $_1$淥$_東$ $_綠鍾$ $_淥鍾$
치음	精母 /*ts/	$^{開}_1$藏$_唐$ $^{開}_C$將$_陽$ $^{開}_1$增$_登$ $^{開}_4$青$_青$ $^{開}_1$藏$_唐$		$^{開}_C$將$_陽$ $^{開}_C$藏$_唐$ $_C$從$_鍾$	$^{開}_C$灼$_陽$ $^{開}_2$笮$_庚$ $_C$屬$_鍾$
	心母 /*s/	$^{開}_C$相$_陽$ $^{開}_2$生$_庚$		$^{開}_C$相$_陽$	$^{開}_4$析$_青$ $^{開}_C$息$_蒸$ $_C$肅$_東$
	書母 /*sj/	$^{開}_{AB}$誠$_清$ $^{開}_C$升$_蒸$ $^{開}_{AB}$成$_清$	$^{開}_C$上$_陽$	$^{開}_C$上$_陽$	$_C$屬$_鍾$ $^{開}_C$式$_蒸$
	羊母 /*j/	$^{開}_陽$陽$_陽$ $_C$容$_鍾$			$^{開}_C$翼$_蒸$
아음	見母 /*k/	$^{開}_1$岡$_唐$ $_C$宮$_東$		$_B$竟$_庚$	$^{開}_1$各$_唐$ $^{開}_1$閣$_唐$ $^{合}_1$郭$_唐$ $^{開}_2$客$_庚$ $^{合}_1$國$_登$
	群母 /*g/				
후음	曉母 /*h/	$^{合}_B$兄$_庚$			$_2$學$_江$
	影母 /*ʔ/	$^{合}_C$王$_陽$ $_B$榮$_庚$ $^{開}_A$嬰$_清$	$^{合}_B$永$_庚$	$^{合}_C$王$_陽$	$_1$沃$_冬$

먼저, 江攝의 江韻 2등과 曾攝의 登韻 1등이 동일 칸에 온 것을 찾아본다.

(125) 江韻 2등과 登韻 1등의 음운대립 쌍과 그 용례

1. 幇母 /*p/의 입성 – $_2$駁$_江$: $_1$北$_登$

{駁位居(삼국)} : {위의 (117.1)과 동일(삼국 등)}

2. 定母 /*d/의 평성 – $_2$幢$_江$: $^{開}_1$騰$_登$

{幢主(중원)} : {董騰(송서, 남사)}

3. 端母 /*t/의 입성 − ₂卓_江 : $^{開}_1$得_登, $^{開}_1$德_登

{卓衣(남사)} : {得來(삼국, 사)}, {乙支文德(북사, 수서, 사), 弗德(천남생), 德勿縣, 德頓忽(지리), 若德, 俊德(일본), 大兄億德(성), 達沙仁德(속), 丘德, 談德, 明德, 普德和尙(사, 유), 德男, 德昌, 莫德, 文德, 報德城, 首德皆(사)}

(125.1)의 대립 항 '駮'는 '駮位居'에만 사용되었다. '駮位居'는 山上王의 형이었던 '發岐(또는 拔奇)'의 아들이다. 용례에 문제가 없으므로 (125.1)은 登韻 1등과 江韻 2등의 운복 최소대립 쌍이다.

(125.2)의 용례인 '董騰'은 451년(장수왕 40년)에 사신으로 宋나라에 갔던 고구려의 외교관이다. 그런데 (125.2)의 대립 항 '幢'의 용례가 '幢主'뿐이라서, 이 용례가 혹시 차용어가 아닐까 검토해 보았다. 각종 사전을 참고해 보았더라도, 중국에서 먼저 '幢主'를 사용한 것 같지 않다. 1979년에 조사된 中原高句麗碑에서는 신라 영토 내에서 활동하던 고구려 '幢主'가 '拔位使者'의 직위를 가지고 있었다(『한국민족문화대백과사전』 참조). 따라서 '幢主'를 고구려어 항목에 넣어 (125.2)의 음운대립을 신빙하기로 한다.

(125.3)의 '得來'는 東川王 20년(246년)에 沛者 관직에 있었던 신하이다. 따라서 이것을 믿을 수 있으나, (125.3)의 용례인 '卓衣'는 믿을 수 없다. 고구려의 관명에 '卓衣'가 없기 때문이다. 후술하겠지만, 이것은 '皁衣' 또는 '皀衣'가 옳다. 대립 항 '卓'을 '皁' 또는 '皀'로 수정해야 하므로 (125.3)을 음운대립의 논거에서 제외한다.

그렇더라도 (125.1)과 (125.2)는 실질적으로 登韻 1등과 江韻 2등의 운복 최소대립 쌍이다. 따라서 江韻 2등의 운복은 登韻 1등의 운복 /*ə/와 음가가 달라야 한다. 즉, 登韻 1등의 운복을 /*ə/라 했으므로, 江韻 2등의 운복은 /*ə/가 아니다.

다음으로, 江攝의 江韻 2등이 東韻 1등·冬韻 1등과 음운론적으로 대립하는지를 검토한다. 여기에서는 논의의 편의상 고구려어 표음자에서 제외된 '卓'과 '督'의 음운대립 쌍을 제시하기로 한다.

566

(126) 江韻 2등과 東韻 1등·冬韻 1등의 음운대립 쌍과 용례 (1쌍)

端母 /*t/의 입성 − ₂卓江 : ₁督冬

{卓衣(남사)} : {都督(삼국, 구당, 당서, 사)}

(126)의 대립 항 '卓'은 단 하나의 용례뿐이므로 자세히 검토할 필요가 있다. 宋基中·南豊鉉·金永鎭(1994: 183)에서는『南史』에 기록된 '卓衣'를 고구려 관명이라고 했다. 그런데 고구려 관명에는 '卓衣'가 없으므로 이것은 '皂衣' 또는 '帛衣'의 착오일 가능성이 크다. 고구려 관명에서 '皂衣'와 '帛衣'는[116] '小使者'와 같은 관등으로서 여러 자료에 두루 나오지만 '卓衣'는『南史』에만 나오기 때문이다. 이에 따라 '卓衣'를 '帛衣'로 수정하면 (126)의 음운대립 쌍이 없어진다. 더욱이 대립 항 '督'이 '都督'에만 사용되었다는 점도 문제가 된다. 위에서 논의한 바 있듯이, '都督'은 한어를 차용한 것이기 때문이다. (126)의 대립 쌍을 제외하면 江韻 2등과 東韻 1등·冬韻 1등의 음운대립 쌍이 보이지 않는다. 따라서 이들의 운복이 음운론적으로 대립했다고 말할 수가 없다.

다음으로, 唐韻 1등이 江韻 2등과 동일 칸에 온 것을 (124)의 분포 분석표에서 찾아본다.

(127) 江韻 2등과 唐韻 1등의 음운대립 쌍과 용례

幫母 /*p/의 입성 − ₂駁江 : ₁博唐

{駁位居(삼국)} : {國子博士(삼국), 太學博士(삼국, 사)}

위의 (127)은 唐韻 1등과 江韻 2등의 음운대립 쌍이다. 唐韻은 항상 1등이고 江韻은 항상 2등인데, 고구려어 표음자에서는 1등과 2등의 구별이 없으므로 실제로는 이것이 운복의 최소대립 쌍이다. 唐韻 1등은 상고음에서 현대에 이르기까지 운복 음가에 변화가 없으므로, 고구려어 唐韻 1등의 운복에 /*a/를 배당했었다. 이에 따르면 江韻 2등의 운복은 /*a/가 아니다.

---

116 이 '卓'는『廣韻』에는 나오지 않고『中原音韻』에 비로소 등장한다. 이 운서에서는 '卓'와 동일한 한자인 '帛'의 음가를 精母 蕭豪韻 去聲 竉小韻이라 했다(http://ytenx.org 참조).

그런데 (127)의 대립 항인 '博'의 용례가 '博士'뿐이라는 데에 문제가 있다. '博士'는 문화어의 일종이므로 차용어가 분명하다. '博士'는 중국의 秦나라 때 학문을 맡은 관직으로서 처음 설치되었다. 漢나라에서는 五經博士가 교육을 담당했다(『두산백과』참조). 이것을 차용한 것이므로 '博士'를 고구려어 항목에서 제외하는 것이 안전하다. 이에 따르면 고구려어에서 江韻 2등과 唐韻 1등의 음운대립이 성립하지 않는다. 따라서 (127)만으로는 江韻 2등의 운복 음가를 추정할 수 없다.

이번에는 江韻 2등이 陽韻 3등 C와 동일 칸에 오는 것을 찾아본다. 아래의 (128)에서 이 두 운모의 음운대립이 성립한다. (128)의 대립 항 '幢'의 용례가 '幢主'뿐이지만, '幢主'가 중국의 관명으로 사용된 것 같지 않다. 따라서 '幢主'를 고구려어 항목에 넣어 (128)의 음운대립을 신빙하기로 한다. 대립 성립의 시점은 『宋書』가 편찬된 488년이다.

(128) 江韻 2등과 陽韻 3등의 음운대립 쌍과 그 용례

定母 /*d/의 평성 - ₂幢ᴊ : ⁽開⁾C長陽

{幢主(중원)} : {長史(송서, 양서, 남사, 북사, 사), 長壽王(위서, 북사, 사, 유), 長安城(북사, 수서, 당서, 사), 部長, 長屋澤(사)}

그런데 이 대립 쌍에는 개음 차이 우선의 원칙을 적용하는 것이 좋다. 陽韻은 항상 3등이므로 개음 /*j/를 가지지만 江韻 2등에는 이 개음이 없기 때문이다. 따라서 이 대립 쌍은 江韻 2등의 운복 모음을 추정할 때에 논거에서 제외하기로 한다.

다음으로, 江韻 2등이 庚韻 2등과 동일 칸에 온 것을 찾아본다.

(129) 江韻 2등과 庚韻 2등의 음운대립 쌍과 용례

幇母 /*p/의 입성 - ₂駁ᴊ : ₂伯庚, ₂泊庚

{駁位居(삼국)} : {伯固(삼국, 후한, 양서, 북사, 사), 河伯女娘(광개), 河伯(집안), 皆伯縣(지리), 伯句(사, 유)}, {泊灼城(삼국, 구당, 당서, 사), 河泊(모두)}

(129)의 대립 항 '駮'도 용례가 하나뿐이다. 그 용례인 '駮位居'는 古鄒加의 직위에 있었던 인명으로서 拔奇(또는 發岐)의 아들이다. 拔奇는 8대 新大王 伯固의 큰아들이었으나 왕위에 오르지는 못하였다. 즉 '駮位居'는 신대왕의 손자이므로 고구려 인명임이 분명하다. 그렇다면 (129)의 음운대립을 믿을 만하다. 庚韻 2등의 운복을 /*e/라 했으므로, 江韻 2등의 운복은 /*e/가 아니다.

위에서 논의한 바를 종합하면 江韻 2등의 운복은 /*ə/나 /*e/가 아니다. 음운대립으로 확인되는 것은 이것뿐이다.

그렇다면 /*u/, /*o/, /*a/, /*i/의 4개 모음 중에서 하나를 골라 江韻 2등의 운복에 배당하기로 한다. 그런데 우리는 이미 東韻 1등·冬韻 1등의 운복에 /*u/를, 唐韻 1등의 운복에 /*a/를, 庚韻·淸韻·靑韻의 운복에 /*e/를 배당한 바 있다. 따라서 남은 후보는 /*o/와 /*i/의 둘뿐이다. 이 중에서 /*i/를 江韻 2등의 운복에 배당할 수 없다. 한어 중고음뿐만 아니라 고구려어 표음자에서도 2등은 항상 [-high]인 모음이기 때문이다. 그렇다면 江韻 2등의 운복에 /*o/를 배당하는 방법만 남는다.

通攝을 논의하면서 우리는 東韻 1등·冬韻 1등에 /*o/를 배당할 수도 있고, /*u/를 배당할 수도 있다고 했다. 東韻 1등·冬韻 1등과 江韻 2등의 음운대립 쌍을 고구려어 표음자에서는 찾을 수 없기 때문이다. 우리는 이럴 때에 이들을 하나로 묶어 東韻·冬韻·江韻이라 하고 하나의 모음을 배당해 왔다. 이 태도에 따라 이들 운모의 운복에 /*u/ 또는 /*o/를 배당할 수 있다. 그리하여 이 모음이 唐韻 1등의 /*a/나 庚韻 2등의 /*e/와 음운론적으로 대립한다고 기술해 왔다. 이것을 그림으로 나타낸 것이 아래의 (130)이다.

(130) 東韻 1등·冬韻 1등과 江韻 2등의 운복 대립

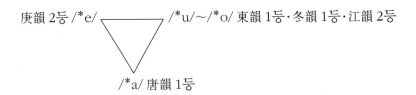

그런데 위와 같이 정리할 때에 두 가지 문제를 만나게 된다. 첫째는 東韻 1등·冬韻 1등·江韻 2등의 운복 모음을 한 가지로 확정해 달라고 요청할 수 있다. 즉 /*u/가 되든 /*o/가 되든, 또는 그 중간의 음가인 /*ʊ/가 되든 어느 하나로 확정해 달라는 요청이다. 둘째, 위의 (90)에서 이미 논의한 것처럼 東韻 3등과 鍾韻 3등은 운복에서 최소대립을 이루므로 이 두 운모의 운복 모음은 서로 달라야 한다. 여기에서 우리는 첫째와 둘째의 요청이 서로 모순된다는 것을 알 수 있다.

이 모순을 해결하는 유일한 방법은 東韻 1등·冬韻 1등과 江韻 2등의 음운대립 쌍을 찾을 수 없었던 것을 우연의 소치로 돌리는 방법이다. 실제로 江韻 2등자는 고구려어 표음자에서 3자뿐이다. 이 희소성 탓으로 東韻 1등·冬韻 1등과 江韻 2등의 음운대립 쌍을 찾을 수 없지만, 실제로 두 운모가 음운론적으로 대립했다고 가정하는 방법이다. 이 가정을 전제로 東韻 1등·冬韻 1등의 운복에 /*u/를 배당하기로 결정하면, /*o/가 주인이 없는 것처럼 남는다. 이 남는 /*o/에 江韻 2등의 운복을 배당할 수 있다.[117] 王力(1957)과 董同龢(1972)는 중고음의 江韻 2등 운복에 [*ɔ]를 배당했으나, 고구려어에서는 후설 원순 저모음이 없으므로 이것을 취하지 않는다.

그런데 江韻 2등의 운복에 /*o/를 배당한 것이 한국 중세 한자음과 맞지 않아서 이 결론이 의아하게 느껴질지도 모른다. 그러나 江韻 2등의 운복이 한어 중고음에서 /*o/ 또는 /*ɔ/로 추정된다는 것과 한국 중세음을 감안하면 의심이 풀릴 것이다. 한국 중세음에서도 '江, 缸' 등은 /강, 항/의 음가를 갖지만 '空, 紅' 등은 /공, 홍/의 음가를 갖는다. 이 네 한자는 동일 聲符 '工'을 가지는 것으로서, 한어의 전기 중고음에서는 이 성부의 음가가 /*oŋ/(또는 /*ɔŋ/)이었다. 그 흔적을 '空, 紅'의 /공, 홍/에서 찾을 수 있고, '江, 缸'의 /강, 항/은 후대에 음운변화를 겪어서 /*oŋ/이 /*aŋ/으로 바뀐 것이다.

江韻 2등의 운복에 /*o/를 배당함에 따라, 여러 운모의 운복이 최소대립을 이루는 상황을 그려 보면 다음과 같다.

---

117 전기 중고음에서 江韻의 운복이 /*o/였다고 하는 견해가 대부분이다. 이것이 후기 중고음에서 /*a/로 바뀌었다(權仁瀚 1997: 316, 김무림 2007: 117).

(131) **通攝, 宕攝, 梗攝, 江攝** 운복의 음운대립 (東韻 1등·冬韻 1등과 江韻 2등의 운복
  이 서로 다름)

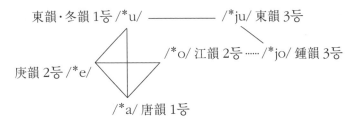

이 표의 직선은 음운대립이 성립한다는 것을 의미하는데, 東韻 1등·冬韻 1등
의 /*u/ 모음과 江韻 2등의 /*o/ 모음 사이에는 직선을 긋지 않았다. 이것은 두
운모에서 운복의 최소대립 쌍을 찾을 수 없다는 것을 의미한다.

우리는 지금까지 음운대립이 확인될 때에만 운복에 각각 별개의 모음을 배당
해 왔다. 이 원칙을 어긴다는 점에서 위의 가정은 분명히 정도에서 벗어난 것이
다. 그런데도 東韻 1등·冬韻 1등의 운복에 /*u/를 배당하고 江韻 2등의 운복에
/*o/를 배당하게 된 것은 다음의 세 가지 논거에 바탕을 둔다.

첫째, 중국 음운학에서 東韻 1등의 운복에는 /*u/ 또는 /*o/를 배당하고 江韻 2
등에는 /*o/, /*ɔ/, /*ɑ/ 중에서 하나를 배당함으로써 두 운복의 음가를 구별한다.
둘째, 고구려어의 /*-ø/ 韻尾에서 이미 /*u/ 모음과 /*o/ 모음의 음운대립이 확
인되었다는 점이다. 模韻 1등의 /*o/가 虞韻 3등의 /*wu~*u/(순음, 아후음 뒤)와
음운론적으로 대립하고, 魚韻 3등의 /*jo/가 虞韻 3등의 /*ju/(설치음 뒤)와 음운론
적으로 대립한다. /*u/와 /*o/ 모음은 고구려어 모음체계에서 어차피 설정되는
모음이므로 /*-ŋ, *-k/ 운미에서도 이 두 모음을 활용할 수 있다. 셋째, (90)에서
이미 보았던 것처럼, 東韻 3등과 鍾韻 3등이 운모에서 최소대립을 이루므로 어차
피 이 두 운모의 운복에 서로 다른 모음을 배당해야 한다. 이에 따라 /*-ŋ, *-k/
운미의 바로 앞에 /*u/와 /*o/의 두 모음이 올 수 있다고 기술하는 것이 가장 자
연스럽다. 東韻 3등과 鍾韻 3등의 운복은 원순모음임이 분명하기 때문이다.

위의 세 가지 논거 중에서도 셋째 논거가 가장 중요한 것임은 두말할 필요도
없다. 이것을 중시하여 通攝과 江攝의 운모에서 성립하는 음운대립만을 따로 정

리하면 다음과 같다.

(132) 通攝과 江攝 운모의 음운대립

東韻 3等 /*juŋ, *juk/ ── /*uŋ, *uk/ 東韻 1등·冬韻 1等
           │   ⋮
鍾韻 3等 /*joŋ, *jok/ ⋯⋯⋯ /*oŋ, *ok/ 江韻 2等

(132)와 같이 정리하면 鍾韻 3등에 어느 음가를 부여해야 하는지가 자동적으로 결정된다. 東韻 3등의 운복에 /*u/를 배정하면 鍾韻 3등의 운복에는 /*u/를 배정할 수 없다. 이 두 운모가 음운론적으로 대립하기 때문이다. 마침, 東韻 1등에는 3등 짝인 東韻 3등이 있는데, 江韻 2등에는 3등 짝이 없다. 고구려어에서 鍾韻 3등을 江韻 2등의 3등 짝이라고 하면 鍾韻 3등에 /*joŋ, *jok/의 음가를 부여할 수 있다.[118] 이것이 東韻 3등의 /*juŋ, *juk/과 음운론적으로 대립한다. 이와 같이 東韻 1등의 운복에 /*u/를 배정하고 江韻 2등에 /*o/를 배정하면 (132)의 네 운모 상호 간의 대립관계가 아주 선명해진다. 東韻 1등과 江韻 2등의 음운대립 쌍이 없으므로 江韻 2등의 운복 모음은 원칙적으로 음소 표시 /*o/ 대신에 음성 표시 [*o]를 택해야 한다. 그러나 음운대립 쌍이 보이지 않는 것을 우연의 소치라고 가정했으므로 (132)에서는 음소 표시 /*o/를 택했다.

6.4.6. /*-ŋ, *-k/ 韻尾 종합

지금까지 /*-ŋ, *-k/ 운미를 가지는 通攝, 宕攝, 梗攝, 曾攝, 江攝을 분석해 보았다. 이들에 속하는 운모의 음가를 정리해 보면 다음과 같다.

(133) 通攝, 宕攝, 梗攝, 曾攝, 江攝 운모의 음가 추정

1. 東韻 1등·冬韻 1等 = /*uŋ, *uk/

2. 東韻 3等 = /*juŋ, *juk/

---

118 위의 분포 분석표 (88)에서 이미 살펴본 것처럼, 고구려어의 鍾韻 3등은 설치음 뒤에만 온다.

3. 鍾韻 3等 = /*joŋ, *jok/ (설치음 뒤)

4. 江韻 2等 = /*oŋ, *ok/

5. 唐韻 1等 = /*aŋ, *ak/

6. 陽韻 3等 = /*jaŋ, *jak/

7. 庚韻 2等 = /*eŋ, *ek/

8. 庚韻 3등·清韻 3등·青韻 4등 = /*jeŋ, *jek/

9. 登韻 1等 = /*əŋ, *ək/

10. 蒸韻 3等 = /*jəŋ, *jək/

위의 여러 운모에서 운복에 오는 모음은 /*u, *o, *a, *e, *ə/의 5개이다. /*u, *o, *a, *e/의 4개는 기본모음이고 /*ə/는 2차 모음이다. 기본모음 /*i/가 /*-ŋ, *-k/ 운미의 바로 앞에서는 확인되지 않는다. 그렇다 하더라도 止攝, 臻攝, 深攝의 여러 운모에서 /*i/ 모음이 확인되므로 /*i/가 고구려어의 모음목록에 당연히 포함된다.

이 /*i/ 모음과 (133)에 나오는 모음 /*u, *o, *a, *e, *ə/를 합하면 고구려어 전체 모음목록이 된다. 결론적으로, 고구려어는 6모음체계를 가진다. 이것을 母音圖로 그려 보면 아래의 (134)와 같다.

(134) 고구려어의 모음체계

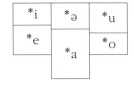

(135) 중세 한국어의 모음체계

ㅣ	ㅡ	ㅜ
ㅓ	ㆍ	ㅗ
	ㅏ	

위의 (113.1)에서는 고구려어의 모음체계를 그릴 때에 각각의 모음이 동등한 공간을 차지하게 그렸으나 (134)에서는 고구려어의 현실에 맞게 칸의 크기를 약간씩 조정하였다.[119] 고구려어에서는 /*i/의 분포가 아주 좁은 데에 비하여 /*e/

---

119 이것은 (135)의 중세 한국어의 모음체계에서도 마찬가지이다.

의 분포는 상대적으로 넓은 편이다. 마찬가지로 /*u/의 분포는 넓고 상대적으로 /*o/의 분포는 좁다. 역시 마찬가지로, /*a/의 분포는 넓고 상대적으로 /*ə/는 좁다. 이러한 차이를 반영하여 그렸다는 점에서 (134)가 (113.1)보다 현실에 더 가깝다고 할 수 있다.

庚韻 2등의 운복은 고구려어에서 독특하게도 전설모음 /*e/이다. 여타의 2등 운이 모두 중설 또는 후설 모음이라는 데에 이끌려 庚韻 2등의 /*e/가 中舌化한다. 이 중설화의 결과로 (135)의 'ㆍ' 위치에 새로운 모음이 하나 추가된다. 그리하면 6모음체계가 7모음체계가 되어, (135)와 같은 모음체계가 된다. 이토 지유키(2007: 420)은 한국 한자음이 도입될 당시(구체적으로는 唐末)의 모음체계를 (135)처럼 그렸는데, 우리의 음가 배정과 약간 차이가 난다. 'ㅓ'의 음가를 [ɛ]로, 'ㅡ'를 [i]로, 'ㆍ'를 [ə]로 보았으나, 음운론적 대립관계에서는 우리와 차이가 없다.

그런데 /*e/의 일부가 중설화한다는 논의는 한국 중세 한자음에서 庚韻 2등을 'ㆎ'로 표음하고 庚韻 3등을 'ㅕ'로 표음한 것에 기초를 두고 있다. 이것은 고구려어 표음자의 음가가 한국 중세 한자음으로 이어진다는 것을 함의하는데, 이것을 신빙할 수 있을까? 중세 한국어의 조상이 新羅語라는 학설은 일찍부터 제시되었지만(李基文 1972), 고구려어라는 학설은 여태껏 듣지 못했다. 따라서 (134)의 모음체계가 (135)와 같이 변화했다는 것은 이해의 편의를 위한 하나의 가설일 뿐이고, 한국어사에 관련된 실제 상황이 아니라는 점에 주의하기를 바란다.

마지막으로, 우리가 확인한 음운대립 또는 최소대립 관계를 모음 사이에 직선을 그어 표시해 보기로 한다.

(136) /*-ŋ, *-k/ 운미 앞에 온 5개 모음 상호 간의 음운대립 관계

/*-ŋ, *-k/ 운미에서 고구려어의 모음 음소 상호 간의 대립관계를 위와 같이 그릴 수 있다. 이것은 고구려어의 모음체계가 기본모음 /*i/를 포함하면 6모음 체계였음을 확인해 준다. (136)에서 두 음소가 멀리 떨어져 있어서 직선을 긋지 않은 것이 있다. /*e : *u/, /*e : *o/, /*u : *a/ 등의 음운대립 관계이다. 이들을 포함하면 6모음체계가 더욱 공고해진다.

6.5. /*-n, *-t/ 韻尾인 攝

위에서 논의한 通攝, 宕攝, 梗攝, 曾攝, 江攝 등은 운미가 /*-ŋ/이나 /*-k/라 는 점에서 공통된다. 이제, 운미가 양성운미 /*-n/이나 입성운미 /*-t/인 攝에 대한 기술로 넘어간다. /*-n, *-t/ 운미를 가지는 섭에는 山攝과 臻攝이 있다.

6.5.1. 山攝

山攝은 양성운미 /*-n/이나 입성운미 /*-t/를 가지면서 운복이 [-high]인 한자음의 집합이다. 고구려 표음자 중에서 山攝에 속하는 것은 寒韻 1등(16/18 자), 桓韻 1등(12/13자), 先韻 4등(15/16자), 仙韻 3등 A, AB, B(25/28자), 元韻 3등 C(9/10자), 山韻 2등(4자), 刪韻 2등(2자) 등이 있다.

고구려어 표음자 전체를 대상으로 이들 운모의 분포 제약을 기술해 보자. 刪韻 2등과 山韻 2등은 용례가 적으므로 분포 제약을 확인하기 어렵다.[120] 그러나 이 들이 2등운이라는 점을 기억할 필요가 있다. 고구려어 표음자에서는 2등운은 1 등운과 구별되지 않을 때가 많으므로, /*-n, *-t/ 운미에서도 그러한지 확인해 볼 필요가 있다.

---

120 唐人인 封演이 쓴 『聞見記』에 "(陸法言 등이) 先과 仙, 刪과 山 등의 類를 다른 韻으로 나누었으 므로 글 짓는 선비가 모두 그 지나친 세분에 괴로워한다"는 내용이 나온다(王力 1980: 124, 李 鍾振·李鴻鑛 역). 이깃은 唐末에는 刪韻과 山韻의 구별이 없었음을 말해 준다.

(137) 山攝字의 분포 분석표 (704자 기준)

성모	성조	평성L	상성R	거성D	입성E
순음	幫母 /*p/				${}_{B}$別${}_{仙}$ ${}_{C}$發${}_{元}$ ${}_{2}$八${}_{山}$
	並母 /*b/	${}_{A}$便${}_{仙}$		${}_{B}$卞${}_{仙}$	${}_{B}$別${}_{仙}$ ${}_{C}$伐${}_{元}$ ${}_{2}$拔${}_{刪}$
	明母 /*m/	${}_{1}$蔓${}_{桓}$	${}_{1}$滿${}_{桓}$ ${}^{合}_{AB}$沔${}_{仙}$	${}^{合}_{AB}$沔${}_{仙}$	${}_{1}$末${}_{桓}$ ${}_{A}$滅${}_{仙}$
설음	端母 /*t/	${}^{合}_{1}$端${}_{桓}$	${}^{開}_{4}$典${}_{先}$	${}^{開}_{1}$旦${}_{寒}$	${}^{合}_{1}$呾${}_{桓}$
	透母 /*tʰ/	${}^{合}_{1}$湍${}_{桓}$ ${}^{開}_{4}$天${}_{先}$			${}^{合}_{1}$脫${}_{桓}$ ${}^{開}_{4}$鐵${}_{先}$
	定母 /*d/	${}^{開}_{1}$檀${}_{寒}$ ${}^{開}_{4}$田${}_{先}$ ${}^{合}_{AB}$椽${}_{仙}$		${}^{合}_{AB}$瑑${}_{仙}$	${}^{開}_{1}$達${}_{寒}$ ${}_{1}$脫${}_{桓}$ ${}^{開}_{4}$跌${}_{先}$
	泥母 /*n/	${}^{開}_{1}$難${}_{寒}$ ${}^{開}_{AB}$然${}_{仙}$		${}^{開}_{1}$難${}_{寒}$	${}^{開}_{AB}$熱${}_{仙}$
	來母 /*l/	${}^{開}_{1}$蘭${}_{寒}$ ${}^{開}_{AB}$連${}_{仙}$	${}^{開}_{AB}$璉${}_{仙}$		${}^{開}_{AB}$列${}_{仙}$
치음	精母 /*ts/	${}^{開}_{1}$千${}_{先}$ ${}^{開}_{1}$殘${}_{寒}$ ${}^{開}_{4}$前${}_{先}$			${}^{開}_{4}$節${}_{先}$ ${}_{AB}$折${}_{仙}$ ${}^{開}_{AB}$拙${}_{仙}$ ${}^{開}_{4}$切${}_{先}$ ${}^{合}_{AB}$絶${}_{仙}$
	心母 /*s/	${}^{開}_{4}$先${}_{先}$ ${}^{開}_{AB}$鮮${}_{仙}$ ${}^{開}_{AB}$仙${}_{仙}$ ${}^{開}_{2}$山${}_{山}$	${}^{開}_{1}$散${}_{寒}$ ${}^{開}_{AB}$鮮${}_{仙}$ ${}^{合}_{AB}$選${}_{仙}$ ${}^{開}_{2}$產${}_{山}$	${}^{開}_{1}$散${}_{寒}$ ${}^{開}_{4}$先${}_{先}$	${}^{開}_{1}$薩${}_{寒}$ ${}^{開}_{4}$屑${}_{先}$ ${}^{開}_{AB}$薛${}_{仙}$
	書母 /*sj/	${}^{開}_{AB}$蟬${}_{仙}$			
	羊母 /*j/	${}^{開}_{AB}$延${}_{仙}$			
아음	見母 /*k/	${}^{開}_{1}$干${}_{寒}$ ${}^{合}_{4}$涓${}_{先}$	${}^{開}_{2}$簡${}_{山}$	${}^{開}_{1}$幹${}_{寒}$ ${}^{合}_{1}$貫${}_{桓}$ ${}^{合}_{1}$灌${}_{桓}$ ${}^{開}_{C}$建${}_{元}$ ${}^{合}_{C}$勤${}_{元}$	${}^{開}_{1}$葛${}_{寒}$
	群母 /*g/	${}^{合}_{B}$權${}_{仙}$ ${}^{合}_{C}$元${}_{元}$ ${}^{合}_{C}$原${}_{元}$			${}^{開}_{B}$桀${}_{仙}$
후음	曉母 /*h/	${}^{開}_{1}$韓${}_{寒}$ ${}^{開}_{1}$寒${}_{寒}$ ${}^{合}_{1}$桓${}_{桓}$ ${}^{合}_{1}$丸${}_{桓}$ ${}^{開}_{4}$賢${}_{先}$		${}^{開}_{1}$漢${}_{寒}$ ${}^{開}_{1}$汗${}_{寒}$ ${}^{開}_{C}$獻${}_{元}$	${}^{合}_{1}$活${}_{桓}$
	影母 /*ʔ/	${}^{開}_{1}$安${}_{寒}$ ${}^{合}_{4}$淵${}_{先}$ ${}^{合}_{B}$圓${}_{仙}$	${}^{開}_{C}$堰${}_{元}$	${}^{開}_{4}$宴${}_{先}$ ${}^{開}_{AB}$堰${}_{仙}$ ${}^{合}_{C}$堰${}_{元}$ ${}^{開}_{2}$晏${}_{刪}$	${}^{開}_{C}$謁${}_{元}$

위의 분포 분석표에서 확인할 수 있듯이, 元韻 3등이 舌齒音 뒤에는 오지 않는
다. 이것은 한어 중고음에서 비롯된 제약이므로 고구려어 특유의 제약이라고 할
수가 없다. 先韻 4등은 순음 뒤에 오지 않는다. 이것은 한어 중고음에서는 볼 수
없으므로 고구려 표음자만의 독특한 특징이다. 仙韻 3등에는 특별한 분포 제
약이 없다.[121] 그런데 아래의 분포 분석표 (139)에서 확인할 수 있듯이, 고구려 멸
망 이전의 표음자로 한정하면 仙韻 3등이 牙喉音의 뒤에 오는 예가 없다.

元韻 3등, 先韻 4등, 仙韻 3등의 분포 제약을 합쳐 놓고 보면 (138)과 같이 매우
흥미로운 결과가 나온다.

(138) 元韻, 先韻, 仙韻의 분포

韻＼聲母	순음	설음	치음	아음	후음
元韻	O	X	X	O	O
先韻	X	O	O	O	O
仙韻	O	O	O	X	X

元韻 3등은 舌齒音의 뒤에, 先韻 4등은 脣音의 뒤에, 仙韻 3등은 牙喉音의 뒤
에 오지 않는다. 이 부정적 환경을 모두 합하면 설음, 치음, 순음, 아음, 후음이 되
므로 흥미롭게도 聲母의 전체 집합이 된다. 이 분포 제약을 보고 세 운모가 상보
적 분포를 이룬다고 말할 수는 없다. 긍정적 분포가 아니라 부정적 분포이기 때
문에 이 세 운모의 분포가 (138)에서 볼 수 있듯이 서로 겹칠 수 있다. 그렇더라
도 부정적 분포의 전체 집합이 성모의 전체 집합이 된다는 점에서 元韻 3등, 先
韻 4등, 仙韻 3등의 세 운모가 고구려어에서 매우 긴밀한 관계였다는 것을 부정
할 수 없다. 나아가서 멸망 이전의 표음자만을 대상으로 분포 분석표를 작성해
보면 세 운모가 음운론적으로 대립하지 않았을 가능성도 없지 않다.

---

121 仙韻은 3등운과 4등운의 합운인데, 한국 중세음에서 3등운 앞의 脣音은 'ㅂ'으로 반영되고 4등
   운 앞의 순음은 'ㅍ'으로 반영된다고 한다(최희수 1986: 189).

(139) 山攝字의 분포 분석표 (멸망 이전)

성모	성조	평성L	상성R	거성D	입성E
순음	幇母 /*p/				$_{2}$八$_{山}$
	並母 /*b/			^{B}下$_{仙}$	^{C}伐$_{元}$ $_{2}$拔$_{刪}$
	明母 /*m/	$_{1}$蔓$_{桓}$			$_{1}$末$_{桓}$
설음	端母 /*t/		$^{開}_{4}$典$_{先}$	$^{開}_{1}$旦$_{寒}$	
	透母 /*tʰ/	$^{開}_{4}$天$_{先}$			
	定母 /*d/			$^{合}_{AB}$瑑$_{仙}$	$^{開}_{1}$達$_{寒}$
	泥母 /*n/	$^{開}_{AB}$然$_{仙}$			
	來母 /*l/	$^{開}_{4}$零$_{先}$ $^{開}_{AB}$連$_{仙}$	$^{開}_{AB}$璉$_{仙}$		$^{開}_{AB}$列$_{仙}$
치음	精母 /*ts/	$^{開}_{4}$千$_{先}$ $^{開}_{1}$殘$_{寒}$ $^{開}_{4}$前$_{先}$			$^{開}_{AB}$折$_{仙}$ $^{開}_{AB}$拙$_{仙}$ $^{開}_{4}$切$_{先}$ $^{合}_{AB}$絶$_{仙}$
	心母 /*s/	$^{開}_{4}$先$_{先}$ $^{開}_{AB}$鮮$_{仙}$ $^{開}_{AB}$仙$_{仙}$ $^{開}_{2}$山$_{山}$	$^{開}_{1}$散$_{寒}$ $^{開}_{AB}$鮮$_{仙}$ $^{開}_{2}$産$_{山}$	$^{開}_{1}$散$_{寒}$ $^{開}_{4}$先$_{先}$	$^{開}_{1}$薩$_{寒}$
	書母 /*sj/	$^{開}_{AB}$蟬$_{仙}$			
	羊母 /*j/	$^{開}_{AB}$延$_{仙}$			
아음	見母 /*k/	$^{合}_{4}$涓$_{先}$		$^{開}_{1}$幹$_{寒}$ $^{合}_{1}$貫$_{桓}$ $^{合}_{1}$灌$_{桓}$ $^{開}_{C}$建$_{元}$	$^{開}_{1}$葛$_{寒}$
	群母 /*g/	$^{合}_{C}$元$_{元}$ $^{合}_{C}$原$_{元}$			
후음	曉母 /*h/	$^{開}_{1}$韓$_{寒}$ $^{合}_{1}$桓$_{桓}$ $^{合}_{1}$丸$_{桓}$ $^{開}_{4}$賢$_{先}$		$^{開}_{1}$漢$_{寒}$ $^{開}_{C}$獻$_{元}$	$^{合}_{1}$活$_{桓}$
	影母 /*ʔ/	$^{開}_{1}$安$_{寒}$			$^{開}_{C}$謁$_{元}$

고구려어의 전체 표음자에서는 桓韻 1등이 치음의 뒤에 오는 예가 없다. 한어 중고음에는 이 제약이 없으므로 이것도 고구려어의 특징이다. 그런데 위의 (139)에서 볼 수 있듯이, 고구려 멸망 이전의 340자로 한정하면 치음뿐만 아니라 설음 뒤에도 桓韻 1등이 오지 않는다. 이것은 桓韻 1등이 기본적으로 합구운이라는 사실과 관련된다. 한어 중고음의 桓韻 1등은 순음 뒤에 합구가 오지 않는다는 일반적인 제약을 따르지만 나머지 환경에서는 항상 합구이다. 이것에다 고구

려어 표음자에서 桓韻 1등이 舌齒音 뒤에 오지 않는다는 특징을 더하면 결국 고구려어에는 '*돤/둿, *돨/뒬, *놘/뉜, *놜/뉠, *솬/숸, *솰/숼, *좐/줸, *좔/줼' 등의 음절이 없었다는 뜻이 된다. 이 음절구조제약은 한국 중세음에서도 발견되므로[122] 아주 흥미롭다.

寒韻 1등은 순음의 뒤에 오지 않는다. 이것은 한어 중고음에서 비롯된 것이므로 고구려어 특유의 제약이 아니다. 寒韻 1등은 桓韻 1등과는 정반대로 항상 개구이다. 이것은 寒韻 1등과 桓韻 1등의 개합이 상보적임을 뜻하므로, 桓韻 1등은 寒韻 1등의 합구운이라 할 수 있다.

이제, (139)의 분포 분석표에서 1등인 寒韻이 2등인 山韻이나 删韻과 동일 칸에 오는지 살펴보자. 心母 /*s/의 상성 열에 '開₁散寒'과 '開₂產山'이 동일 칸에 온다. 고구려어 전체 표음자 중에서 1등인 寒韻에 속하는 것은 16/18자나 되지만, 2등인 山韻은 4자, 删韻은 2자에 불과하다. 이처럼 2등자의 용례가 적으므로 고구려어에서 1등과 2등의 구별이 없었을 가능성이 크다. 그런데도, 山攝에서는 실제로 1등자와 2등자가 동일 칸에 온다.

(140) 寒韻 1등과 山韻 2등의 최소대립 쌍과 용례

心母 /*s/의 상성 – $^{開}_1$散寒 : $^{開}_2$產山

{散那城^{百}(광개)} : {男產(천헌성, 천남산)}

(140)의 대립 항 '散'은 용례가 '散那城^{百}' 하나뿐이고, 이것이 광개토대왕이 탈취한 城이라는 점이 문제가 된다. '散'은 고구려와 백제에서 여타의 용례가 없고 '那'는 멸망 이전의 고구려어와 백제어 표기에 두루 사용되었다. 따라서 '散那城^{百}'이 고구려 지명일지 백제 지명일지 분명하지 않다. 이럴 때에 우리는 일단 고구려 지명으로 간주한다. 고구려 지명이 아니라 백제 지명이라는 뚜렷한 증거가 아직은 없기 때문이다.

이 대립 항 '散'은 [心開1去寒]과 [心開1上寒]의 음가를 가지는 多音字이다. 그런

---

122 한국 중세음에서 攝[清合1入桓]을 '촬'로 표음한 것은 예외에 속한다.

데 고구려어에서는 성조가 상성이든 거성이든 큰 차이가 없다. 상성과 거성이 모두 仄聲으로 포괄되기 때문이다. 대립 항 '産'은 [生開2上山]의 음가인데, 앞에서 이미 논의한 것처럼 生母 [*ʂ]는 書母 /*sj/에 편입되는 것이 아니라 心母 /*s/에 편입된다. 따라서 (140)의 대립 쌍에서 寒韻 1등과 山韻 2등의 운복이 최소대립을 이룬다. 寒韻은 항상 1등이고 山韻은 항상 2등이므로 등의 차이는 운모에 연동되어 있다. 대립 성립의 시점이 고구려 말기이므로 이때에는 寒韻 1등의 운복과 山韻 2등의 운복이 서로 달랐다고 할 수 있다. 따라서 寒韻 1등의 운복이 /*a/라면, 山韻 2등의 운복은 /*a/가 아니다.

1등인 寒韻과 역시 1등인 桓韻도 동일 칸에 오는 예가 있으므로 寒韻 1등과 桓韻 1등은 고구려어에서 음운론적으로 대립한다. 음운대립이 성립하는 시점은 광개토대왕비가 건립된 414년이다.

(141) 寒韻과 桓韻의 음운대립 쌍과 그 용례

1. 見母 /*k/의 거성 – $^{開}_1$幹$_寒$: $^{合}_1$灌$_桓$, $^{合}_1$貫$_桓$

   {幹弓利城^{百}(광개), 分幹(당서)} : {灌奴部(삼국, 후한, 양서, 남사, 당서), 惠灌(일)}, {貫奴城^{百}(광개), 貫那/貫那部, 貫那夫人(사)}

2. 曉母 /*h/의 평성 – $^{開}_1$韓$_寒$: $^{合}_1$丸$_桓$, $^{合}_1$桓$_桓$

   {韓, 韓穢, 客賢韓^{百}, 求底韓^{百}, 大山韓城^{百}(광개), 三韓(천남생, 고자묘, 천헌성), 韓始城(사)} : {丸骨都(삼국), 丸都/丸都山(삼국, 진서, 양서, 위서, 북사, 남사, 수서, 지리, 사), 丸九都(북사)}, {多亏桓奴(중원), 桓父(일), 桓權(구당, 사), 桓那/桓那部(사)}

위의 예에서 볼 수 있듯이, 이들 대립 쌍은 모두 개구와 합구의 음운대립 쌍이다. 따라서 寒韻 1등과 桓韻 1등은 개합에서만 차이가 나고 나머지 음운론적 요소는 동일하다고 할 수 있다. 이에 따라 寒韻 1등의 음가를 /*an, *at/이라고 하면, 桓韻 1등의 음가는 /*wan, *wat/이 된다.[123] 달리 말하면 桓韻 1등은 寒韻 1

---

123 중고음의 寒韻과 桓韻 운복을 王力(1957)과 董同龢(1972)는 [*ɑ]라 했고, 李方桂(1980)은 [*â]라 했다.

등의 합구운이다.

　다음으로, 仙韻 3등, 元韻 3등, 先韻 4등의 상호 관계를 기술하기로 한다. 이 세 운모는 앞에서 이미 거론한 것처럼 독특한 관계를 맺고 있다. 이들이 오지 못하는 부정적 환경을 모두 합하면 聲母의 전체 집합이 된다. 이 점을 강조하면 이 세 운모가 상보적 분포를 이룰 가능성이 있지만, 긍정적 환경에서도 이들이 상보적 분포인지 확인할 필요가 있다.

　고구려 멸망 이전의 표음자 340자에서 이들 세 운모의 분포를 확인해 보면 다음과 같다. 첫째, 仙韻 3등에는 A, AB, B의 세 가지가 있는데, 이 셋이 동일 칸에 옴으로써 음운론적으로 대립하는 예가 없다. 따라서 等의 하위 부류인 A, AB, B의 차이를 무시하고 이들을 모두 仙韻 3등으로 지칭한다. 둘째, 仙韻 3등과 元韻 3등 C가 동일 칸에 오지 않는다. 이것은 고구려어에서 仙韻 3등과 元韻 3등의 운복이 음운론적으로 대립하지 않았음을 뜻한다. 셋째, 元韻 3등은 또한 先韻 4등과도 동일 칸에 오지 않는다. 따라서 고구려어에서 元韻의 운복이 독자적인 모음으로 설정될 가능성은 크지 않다. 넷째, 4등인 先韻과 3등인 仙韻이 동일 칸에 온 것을 찾아보았더니, 다음의 8쌍이 나온다.

(142) 先韻 4등과 仙韻 3등의 음운대립 쌍과 그 용례

1. 來母 /*l/의 평성 – $^{開}_{4}$零$_{先}$: $^{開}_{AB}$連$_{仙}$

　　{零星(삼국, 후한, 양서, 남사, 당서)} : {安夫連, □連(광개)}

2. 精母 /*ts/의 입성 – $^{開}_{4}$切$_{先}$: $^{開}_{AB}$折$_{仙}$, $^{開}_{AB}$拙$_{仙}$, $^{合}_{AB}$絶$_{仙}$

　　{盖切(평양성A), 都切(사)} : {鬱折(삼국, 당서, 사), *折風(후한, 삼국, 남제, 양서, 위서, 남사, 북사, 사), 折忽(지리)}, {烏拙(주서, 북사, 수서, 사)}, {絶奴部(삼국, 후한, 양서, 남사, 당서)}

3. 心母 /*s/의 평성 – $^{開}_{4}$先$_{先}$: $^{開}_{AB}$鮮$_{仙}$, $^{開}_{AB}$仙$_{仙}$

　　{帛衣先人(삼국, 후한, 양서), 先人(삼국, 남사, 당서, 사), 先道解(사)} : {朝鮮(진서, 북사, 수서, 천비묘, 구당, 사)}, {仙人(주서, 북사, 사)}

　위의 (142.1)은 先韻과 仙韻의 음운대립 쌍에서 제외하는 것이 맞다. 대립 항인 '霝'이 『廣韻』에 나오지 않으므로 우리는 후대의 반절을 활용하여 '霝'의 음가를 [來開4平靑], [來開AB平淸], [來開4平先] 등으로 재구한 바 있다. 이 중에서 첫째의 [來開4平靑]은 믿을 만하지만 나머지는 신빙성이 떨어진다. 특히 셋째의 [來開4平先]은 운미가 /*-n/인데, 이것은 한국 중세음의 운미 '-ㅇ'과 어긋난다. 이 것뿐만이 아니다. 5章의 (84.1)에서 이미 언급한 바 있듯이, 漢代의 '靈星'과 고구려의 '霝星'은 이표기 관계이다. 중요한 것은 '靈'과 '霝'이 둘 다 來母에 속하여 두음법칙을 위반한다는 점이다. 이것은 '靈星'과 '霝星'이 고구려어 항목이 아닐 가능성이 큼을 말해 주므로, (142.1)의 대립 쌍을 음운대립의 논거에서 제외할 수 있다.

(142.2)의 대립 쌍 '^{開}₄切$_{先}$: ^{開}$_{AB}$折$_{仙}$, ^{開}$_{AB}$拙$_{仙}$'도 先韻 4등과 仙韻 3등의 음운대립 쌍이다. 대립 성립의 시점은 평양성A가 축조된 566년이다. 그런데 여기에는 개음 차이 우선의 원칙을 적용할 수 있다. 先韻은 항상 4등이므로 개음 /*j/가 없지만, 仙韻은 항상 3등이므로 /*j/가 있다. 이 /*j/의 유무 차이가 우선하므로 先韻 4등과 仙韻 3등의 운복은 같아도 된다.

(142.3)의 음운대립 쌍도 사실은 의심의 대상이다. 대립 항 '先'이 사용된 '先人'은 고구려 후기의 14관등 중 제13위의 관등인데, 이것이 '仙人'으로도 표기된다. '先人'과 '仙人'이 동일 관명의 異表記 관계이므로 고구려어에서 '先'과 '仙'이 음운론적으로 대립하지 않았다고 말할 수 있다. 또한 대립 항인 '鮮'은 '朝鮮'에만 사용되었는데, '朝鮮'은 고구려에서 지은 국명이 아니다. 국명의 표기에 '鮮'을 사용한 것은 '鮮卑'의 '鮮'이 아마도 최초일 것이다. 고대 중국 사서에 이 '鮮卑'가 이미 나오고,[124] '朝鮮'이 고구려에서 지은 국명이라는 증거가 없다. 또한 樂浪郡의 치소에 '朝鮮縣'이 있었다. 따라서 이 '鮮'을 고구려 고유의 표음자에서 제외할 수 있다.

그렇다면 先韻 4등과 仙韻 3등이 음운론적으로 대립했다는 것을 보여 주는 적극적인 증거가 없다. 陸法言이 『切韻』序에서 "先과 仙, 尤와 侯가 함께 같은 反切을 쓴다"고[125] 한 것도 참고가 된다.

---

124 鮮 潔也善也 又鮮卑山因爲國号 亦水名水經曰北鮮之山鮮水出焉 … 又漢複姓鮮于氏(廣韻)
125 先仙 尤侯 具論是切

위의 논의에 따르면 고구려어에서 仙韻 3등, 先韻 4등, 元韻 3등의 운복이 동일했을 것으로 추측된다. 仙韻은 항상 3등 A, AB, B이므로 개음 /*j/를 가진다. 이에 따라 仙韻의 음가를 /*jen, *jet/으로 재구할 수 있다.[126] 先韻은 항상 4등이고 仙韻은 항상 3등이므로 개음의 유무에서 이 두 운모는 차이가 난다. 따라서 先韻에는 /*en, *et/의 음가를 배당할 수 있다. 元韻은 항상 3등 C이므로 개음을 가진다. 그런데 한어 중고음에서는 元韻 3등의 개음이 전설 원순 개음 /*ɥ/였을 가능성이 크다.[127] 고구려어에서는 전설 원순 활음 /*ɥ/가 없으므로 이 개음이 /*j/나 /*w/의 두 가지로 수용한다.

고구려어 표음자에서 元韻 3등의 음가를 추정하는 방법은 여러 가지이다. 개구인 /*jen, *jet/에 대응하는 합구 짝은 이론적으로 세 가지가 가능하다. /*jwen, *jwet/, /*jon, *jot/, /*wen, *wet/ 등이 그것이다. 첫째 후보인 /*jwen, *jwet/의 'jw'는 현대 음운론의 전설 원순 활음 /ɥ/와 한어 병음 표기의 'yu'에 해당한다. 앞에서 이미 논의한 것처럼 고구려어에는 전설 원순 활음 /*ɥ/가 없으므로 元韻 3등을 /*jwen, *jwet/으로 재구할 수가 없다. 元韻 3등의 음가를 둘째 후보인 /*jon, *jot/으로 재구하고, 元韻 3등의 개구가 仙韻 3등·先韻 4등과 음가가 같은 것으로 보는 방법도 있다. 그런데 이 방법은 운복을 /*o/로 가정한다는 데에 문제가 있다. 현대 북경어에서 元韻 3등의 운복은 [o]가 아니다. 또한 한국 중세음에서도 '*곤/곧, *논/놑, *돈/돋, *룐/룔, *폰/폴, *본/볼, *숀/숕, *욘/욜, *죤/죨, *춘/춛, *톤/톹, *폰/폴, *콘/콜, *횬/횰' 등의 음절이 없는데, 이것은 우연한 공백이 아니라 체계적인 공백이다.[128] 따라서 元韻 3등을 /*jon, *jot/으로 재구하기가 어렵다. 반면에, 元韻 3등을 셋째 후보인 /*wen, *wet/으로 재구하면 한국 중세음과 잘 통한다는 점에서 바람직하다. 셋째 후보는 전설 원순 활음 /*ɥ/의 前舌性을 제대로 반영하지 않았다는 점에서 불만이지만, 이것은 설치음 뒤에 오

---

126 중고음의 仙韻 운복을 王力(1957)은 [*ɛ], 董同龢(1972)는 [*æ], 李方桂(1980)은 [*ä]라 했다.

127 이것은 王力(1957), 董同龢(1972), 李方桂(1980) 등에서 모두 확인된다. 이들 모두 중고음의 元韻 운복을 [*ɐ]라 했다.

128 한국 중세음에서 운복이 'ㅜ'인 '균/귤, 튤, 륜/률, 슌/슐, 윤/율, 쥰, 춘/츌, 휼' 등은 허용되지만, '*뉸/뉼, *듄/듈, *뮨/뮬, *뷴/뷸, *쥴, *튠, *퓬/퓰, *큔/큘' 등의 음절은 허용되지 않는다. 이 공백은 운복이 'ㅗ'일 때와는 달리 우연한 공백이다.

는 元韻이 없다는 점에서 오히려 정확한 것이다. 또한 고구려어에서 /*u/를 순음이나 아후음 뒤에서 후설 원순 활음 /*w/로 수용했다는 것을 정확히 보여 준다는 점에서도 오히려 설득력을 갖는다. 이 점에서 元韻 3등의 음가를 셋째 후보인 /*wen, *wet/으로 추정한다.[129]

이제, (139)의 분포 분석표에서 동일 칸에 왔지만 아직 거론하지 않은 것을 정리하기로 한다. 이들은 모두 寒韻 (· 桓韻) 1등과 仙韻 (· 元韻) 3등·先韻 4등의 음운대립 쌍이다. 寒韻 (· 桓韻) 1등의 운복은 /*a/로 추정되고 仙韻 (· 元韻) 3등·先韻 4등의 운복은 /*e/로 추정되므로, 이들은 운복만으로도 음가가 변별된다고 할 수 있다.

(143) 寒韻 (· 桓韻) 1등과 仙韻 (· 元韻) 3등 · 先韻 4등의 음운대립 쌍과 그 용례

1. 心母 /*s/의 상성 – $^{開}_1$散$_寒$: $^{開}_{AB}$鮮$_仙$

   {散那城^{百}(광개)} : {위의 (142.3)과 동일(진서 등)}

2. 心母 /*s/의 거성 – $^{開}_1$散$_寒$: $^{開}_4$先$_先$

   {散那城^{百}(광개)} : {위의 (142.3)과 동일(삼국 등)}

3. 精母 /*ʦ/의 평성 – $^{開}_1$殘$_寒$: $^{開}_4$前$_先$, $^{開}_4$千$_先$

   {百殘, 殘國(광개)} : {前部(삼국, 중원, 태천, 속, 당서)}, {領千(삼국, 성)}

4. 見母 /*k/의 거성 – $^{開}_1$幹$_寒$, $^{合}_1$灌$_桓$, $^{合}_1$貫$_桓$: $^{開}_C$建$_元$

   {幹弓利城^{百}(광개), 分幹(당서)}, {灌奴部(삼국, 후한, 양서, 남사, 당서), 惠灌(일)}, {貫奴城^{百}(광개), 貫那/貫那部, 貫那夫人(사)} : {高建(북사), 男建(천헌성, 천남생, 구당, 당서, 사), 建安城, 高建武(구당, 당서), 勇建(구당), 南建(당서, 사), 建武王, 建安/建安城(사), 建成(사, 유)}

5. 曉母 /*h/의 평성 – $^{開}_1$韓$_寒$: $^{開}_4$賢$_先$

   {韓, 韓穢, 客賢韓^{百}, 求底韓^{百}, 大山韓城^{百}(광개), 三韓(천남생, 고자묘, 천헌성), 韓始城(사)} : {客賢韓^{百}(광개)}

6. 曉母 /*h/의 평성 – $^{合}_1$丸$_桓$, $^{合}_1$桓$_桓$: $^{開}_4$賢$_先$

---

129 이와는 달리, 申雅莎(2006: 107)은 元韻의 중고음을 [iʌn, iʌt]이라 하였다. 이것은 Karlgren의 음가 추정을 따른 것이다.

{위의 (141.2)와 동일(삼국 등)}, {위의 (141.2)와 동일(광개 등)} : {客賢韓^{百}
(광개)}

7. 曉母 /*h/의 거성 – $^{開}_1$漢$_寒$: $^{開}_C$獻$_元$

{漢城(평양성B, 주서, 북사, 수서, 지리, 당서, 사), 北漢山郡, 漢忽(지리), 拜漢
(당서)} : {泉獻誠(천남생, 천헌성, 천비묘, 사), 獻忠(당서, 사)}

(143.1)은 운복의 음운대립을 논의할 때에는 논거에서 제외하는 것이 안전하
다. 대립 항 '$^{開}_1$散$_寒$'에는 개음 /*j/가 없지만 대립 항 '$^{開}_{AB}$鮮$_仙$'에는 이 개음이 있
기 때문에, 이 대립 쌍은 운복의 최소대립 쌍이 아니다.

반면에, (143.2)의 '$^{開}_1$散$_寒$'과 '$^{開}_4$先$_先$'은 운복의 최소대립 쌍이다. (143.3)의
'$^{開}_1$殘$_寒$'과 '$^{開}_4$前$_先$, $^{開}_4$千$_先$'도 운복의 최소대립 쌍이다. (143.5)도 寒韻 1등과 先
韻 4등의 운복 최소대립 쌍이다. 이들의 대립 성립 시점은 모두 414년이다. 따라
서 일찍부터 寒韻 1등과 先韻 4등의 운복이 음운론적으로 대립했다고 할 수 있
다. 寒韻 1등의 음가를 /*an, *at/이라고 하면 先韻 4등의 음가는 /*en, *et/이
라고 할 수 있다.[130]

다음으로, 山韻 2등·删韻 2등과 仙韻 (·元韻) 3등·先韻 4등이 동일 칸에 온
것을 찾아본다.

(144) 山韻 2등·删韻 2등과 仙韻 (·元韻) 3등·先韻 4등의 음운대립 쌍과 그 용례

1. 並母 /*b/의 입성 – $_2$拔$_删$: $_C$伐$_元$

    {拔奇(삼국, 사), □拔城(광개), 宴子拔(일)} : {于伐城(중원), 仍伐奴縣, 伐力川
    縣, 及伐山郡, 伊伐支縣, 多伐嶽州(지리), 孫伐音(구당, 당서), 伐奴城(당서)}

2. 心母 /*s/의 평성 – $^{開}_2$山$_山$: $^{開}_4$先$_先$

    {山上王(삼국)} : {위의 (142.3)과 동일(삼국 등)}

3. 心母 /*s/의 평성 – $^{開}_2$山$_山$: $^{開}_{AB}$仙$_仙$

    {山上王(삼국)} : {仙人(주서, 북사, 사)}

130 중고음의 先韻 운복을 王力(1957)과 李方桂(1980)은 [*e]라 하고, 董同龢(1972)는 [*ɛ]라 했다.

4. 心母 /*s/의 상성 — ^開₂產_山 : ^開_{AB}鮮_仙

{男產(천헌성, 천남산)} : {위의 (142.3)과 동일(진서 등)}

(144.1)은 개음이 없는 2등자와 개음 /*w/를 가지는 3등자의 대립이므로 원칙적으로는 개음 차이 우선의 원칙을 적용할 수 있다. 대립 항 '₂拔_刪'은 입성자이므로 /*bVt/의 음가를 가지지만, '_C伐_元'은 /*bwet/의 음가이기 때문이다. 그러나 /*w/의 유무가 脣音 뒤에서는 중화된다는 점을 고려하면 /*bVt/과 /*bwet/은 실질적으로는 운복의 최소대립 쌍이다. 대립 성립의 시점은 6세기 중엽이다. 여기에서 刪韻 2등의 운복이 /*e/가 아님을 알 수 있다.

(144.2~3)의 대립 항 '山'은 生母字이다. 生母 [*ʂ]는 心母 /*s/에 편입되므로 '山'의 음가는 /*sVn/으로 추정된다. (144.2)의 대립 항 '^開₄先_先'은 心母字이므로 그 음가가 /*sen/으로 추정된다. 이 대립의 성립 시점은 3세기 후반이다. 여기에서 山韻 2등의 운복이 /*e/가 아님을 알 수 있다. (144.3~4)의 대립 쌍은 개음 /j/의 유무 차이로 기술할 수 있으므로 음운대립의 논거에서 제외한다.

山韻 2등과 刪韻 2등의 운복이 /*a/가 아니라는 것은 (140)에서 확인되고, /*e/도 아니라는 것은 (144.1~2)에서 확인된다. 그렇다면, 山攝의 운복은 모두 [−high]인 모음이므로, 山韻 2등·刪韻 2등의 운복은 /*ə/일 가능성이 가장 크다.[131]

결론적으로, 山攝에서는 운복이 寒韻 (·桓韻) 1등, 山韻 2등·刪韻 2등, 仙韻 (·元韻) 3등·先韻 4등의 三元對立을 이룬다. 이것을 그림으로 나타내면 아래와 같다.

(145) 山攝 운복의 음운대립

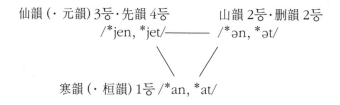

仙韻 (·元韻) 3등·先韻 4등   山韻 2등·刪韻 2등
　　/*jen, *jet/——— /*ən, *ət/

　　寒韻 (·桓韻) 1등 /*an, *at/

---

[131] 중고음의 山韻 운복을 王力(1957)과 董同龢(1972)는 [*æ]라 하고, 李方桂(1980)은 [*a]라 했다. 중고음의 刪韻 운복을 王力(1957), 董同龢(1972), 李方桂(1980) 등이 모두 [*a]라 했다.

한국 중세음에서는 山攝의 입성운미 /*-t/가 모두 '-ㄹ'로 반영된다. 이 舌內 입성운미가 고구려어에서 /*-t/였을지 /*-l/이었을지를 논의할 필요가 있다. 백제어 자음체계를 논의하면서 우리는 한어 중고음의 /*-t/가 백제어에서도 그대로 /*-t/였으리라 추정한 바 있다(이승재 2013나: 152~5). 고구려어에서도 이 변화가 아직 일어나지 않았다. 이에 대한 자세한 논의는 5장 1절의 음절말 자음을 참고하기 바란다.

6.5.2. 臻攝

臻攝은 운미에 /*-n/이나 /*-t/를 가지면서 운복이 [-low]인 한자음의 집합이다. 여기에는 眞韻 3등 A, AB, B(24자), 魂韻 1등(21/24자), 文韻 3등 C(17/18자), 諄韻 3등 A, AB(9자), 欣韻 3등 C(4/5자), 痕韻 1등(3자), 臻韻 3등 AB(1자) 등이 있다.

고구려어 표음자에서 臻韻 3등에 속하는 것은 '瑟'뿐이다. 그런데 이것은 고구려 멸망 이후에 사용되었으므로 고구려어 모음체계를 논의할 때에는 제외해도 무방하다.[132]

(146) 臻攝字의 분포 분석표 (704자 기준)

성모	성조	평성^L	상성^R	거성^D	입성^E
순음	幫母 /*p/	$_1$盆$_魂$ $_C$分$_文$ $_C$芬$_文$	$_1$本$_魂$		$_C$弗$_文$ $_C$不$_文$
	並母 /*b/	$_C$焚$_文$		$_C$分$_文$	$_1$激$_魂$ $_1$敦$_魂$ $_1$勃$_魂$ $_1$渤$_魂$
	明母 /*m/	$_A$民$_眞$ $_1$門$_魂$ $_C$文$_文$	$_B$閔$_眞$	$_C$問$_文$	$_B$密$_眞$ $_C$物$_文$ $_C$勿$_文$
설음	端母 /*t/	$_1^合$敦$_魂$		$_{AB}^開$鎭$_眞$ $_1^合$頓$_魂$	$_1$咄$_魂$
	透母 /*tʰ/	$_1^開$呑$_痕$			
	定母 /*d/	$_1^合$屯$_魂$			$_1^合$突$_魂$
	泥母 /*n/	$_{AB}^開$人$_眞$ $_{AB}^開$仁$_眞$		$_{AB}^合$閏$_諄$	$_{AB}^開$日$_眞$ $_1^合$訥$_魂$
	來母 /*l/	$_{AB}^合$輪$_諄$			$_{AB}^開$栗$_眞$

---

132 臻韻은 한어의 전기 중고음에서 眞韻과 상보적 분포를 이루므로(魏國峰 2014: 114) 독자적 운모라고 하기가 어렵다.

성모 \ 성조		평성^L	상성^R	거성^D	입성^E
치음	精母 /*ts/	$^{開}_{AB}$眞$_{眞}$ $^{合}_{AB}$春$_{諄}$ $^{開}_{AB}$神$_{眞}$		$^{合}_{AB}$俊$_{諄}$	$^{開}_{AB}$質$_{眞}$ $^{合}_{1}$卒$_{魂}$ $^{合}_{1}$捽$_{魂}$ $^{合}_{AB}$卒$_{諄}$ $^{合}_{AB}$述$_{諄}$
	心母 /*s/	$^{開}_{AB}$薪$_{眞}$ $^{開}_{AB}$辛$_{眞}$ $^{合}_{1}$孫$_{魂}$		$^{開}_{AB}$信$_{眞}$ $^{合}_{1}$孫$_{魂}$	$^{開}_{AB}$悉$_{眞}$ $^{合}_{AB}$恤$_{諄}$ $^{合}_{AB}$率$_{眞}$ $^{開}_{AB}$瑟$_{臻}$
	書母 /*sj/	$^{開}_{AB}$臣$_{眞}$		$^{合}_{AB}$順$_{諄}$ $^{開}_{AB}$愼$_{眞}$ $^{合}_{AB}$舜$_{諄}$	$^{開}_{AB}$室$_{眞}$
	羊母 /*j/				$^{開}_{AB}$逸$_{眞}$
아음	見母 /*k/	$^{合}_{C}$軍$_{文}$ $^{合}_{C}$君$_{文}$ $^{開}_{C}$斤$_{欣}$ $^{開}_{C}$根$_{痕}$			$^{合}_{1}$骨$_{魂}$ $^{合}_{C}$屈$_{文}$
	群母 /*g/	$^{合}_{C}$群$_{文}$ $^{開}_{C}$勤$_{欣}$ $^{開}_{B}$銀$_{眞}$	$^{開}_{C}$近$_{欣}$	$^{合}_{C}$郡$_{文}$ $^{開}_{C}$近$_{欣}$	
후음	曉母 /*h/	$^{合}_{1}$渾$_{魂}$	$^{合}_{1}$渾$_{魂}$		$^{開}_{B}$肹$_{眞}$ $^{合}_{1}$忽$_{魂}$ $^{合}_{1}$笏$_{魂}$ $^{開}_{1}$紇$_{痕}$
	影母 /*ʔ/	$^{合}_{1}$溫$_{魂}$ $^{合}_{C}$雲$_{文}$ $^{合}_{C}$云$_{文}$	$^{開}_{C}$隱$_{欣}$		$^{開}_{B}$乙$_{眞}$ $^{開}_{A}$壹$_{眞}$ $^{合}_{C}$鬱$_{文}$

欣韻 3등은 牙喉音의 뒤에만 온다. 이것은 한어 중고음의 분포 제약에서 비롯된 것이다. 痕韻 1등의 분포도 이와 마찬가지인데, '呑'은 예외이다. 欣韻은 항상 3등 C인 데에 비하여 痕韻은 항상 1등이므로, 이 두 운모의 음가 차이는 개음의 유무에서 구할 수 있다.

魂韻 1등은 특별한 분포 제약이 없다. 그런데 魂韻 1등은 순음 뒤에서는 개음이 없지만 나머지 환경에서는 항상 합구이다. 이것은 한어 중고음에서 비롯된 것이므로 고구려어 표음자 특유의 제약이 아니다.

文韻 3등도 순음을 제외한 환경에서는 항상 합구이다. 文韻 3등은 또한 설치음 뒤에는 오지 않는다. 항상 합구인 諄韻 3등은 文韻 3등과 정반대로 설치음 뒤에만 온다. 이것은 文韻 3등과 諄韻 3등의 분포가 상보적임을 뜻하므로, 이 두 운모를 文韻 3등·諄韻 3등 하나로 묶을 수 있다.

眞韻 3등에는 특별한 분포 제약이 없다. 그런데 고구려 멸망 이전의 표음자로 한정하면 다음의 분포 분석표에서 확인할 수 있듯이 眞韻 3등은 모두 開口이다.

이것은 고구려어에 전설 원순 활음 /*ɥ/나 전설 원순 고모음 /*ü/가 없었음을 암시한다.

(147) 臻攝字의 분포 분석표 (340자 기준)

성모 / 성조		평성L	상성R	거성D	입성E
순음	幫母 /*p/	$_C$芬$_文$			$_C$弗$_文$ $_C$不$_文$
	並母 /*b/				$_1$渤$_魂$
	明母 /*m/	$_C$文$_文$			$_B$密$_眞$ $_C$物$_文$
설음	端母 /*t/	$^合_1$敦$_魂$		$^開_{AB}$鎭$_眞$	
	透母 /*tʰ/				
	定母 /*d/				
	泥母 /*n/	$^開_{AB}$人$_眞$		$^合_{AB}$閏$_諄$	
	來母 /*l/				$^開_{AB}$栗$_眞$
치음	精母 /*ts/	$^開_{AB}$眞$_眞$			$^合_1$崒$_魂$ $^合_{AB}$述$_諄$
	心母 /*s/	$^合_1$孫$_魂$		$^合_1$孫$_魂$	$^開_{AB}$悉$_眞$
	書母 /*sj/			$^合_{AB}$順$_諄$ $^開_{AB}$愼$_眞$	
	羊母 /*j/				
아음	見母 /*k/	^合_C軍$_文$			$^合_1$骨$_魂$
	群母 /*g/	^合_C群$_文$	^開_C近$_欣$	^開_C近$_欣$	
후음	曉母 /*h/	$^合_1$渾$_魂$	$^合_1$渾$_魂$		$^合_1$忽$_魂$ $^開_1$紇$_痕$
	影母 /*ʔ/	^合_C雲$_文$			^開_B乙$_眞$ ^開_A壹$_眞$ ^合_C鬱$_文$

위의 분포 분석표에서 1등인 魂韻과 痕韻이 동일 칸에 온 것으로 아래의 예가 있다. 痕韻 1등인 고구려어 표음자는 3자뿐인데, 희한하게도 魂韻 1등과 痕韻 1등의 음운대립 쌍이 존재한다. 이 대립의 성립 시점은 『魏書』가 편찬된 559년이다.

(148) 魂韻 1등과 痕韻 1등의 음운대립 쌍과 그 용례

曉母 /*h/의 입성 – $^合_1$忽$_魂$: $^開_1$紇$_痕$

{忽本(광개, 나머지 예는 3章의 '골/홀' 음절 참고)} : {紇升骨城(위서, 주서, 북사, 사),

絁斗骨城(주서), 高絁(사)]

　이 魂韻 1등과 痕韻 1등의 음운대립 쌍은 합구와 개구의 대립에 기초를 두고 있다. 위의 분포 분석표에서 확인할 수 있듯이, 魂韻 1등이 항상 합구인 데에 반하여 痕韻 1등은 항상 개구이기 때문이다.

　한어 중고음의 魂韻 운복을 王力(1957), 董同龢(1972), 李方桂(1980) 등이 모두 [*ə]라 했다. 우리는 기본모음부터 배정하므로 魂韻 1등의 운복에 2차모음 /*ə/를 배정한 것을 따르지 않는다. /*ə/를 따른다 하더라도 魂韻은 항상 합구이므로 魂韻의 음가가 한어 중고음에서 /*wən, *wət/이 된다. 고구려어에서는 이것을 /*on, *ot/으로 수용했을 가능성이 있다.

　魂韻 1등의 음가를 /*wən, *wət/이라 하면 고구려어에서는 이것이 山韻 2등 합구음인 /*wən, *wət/과 충돌하게 된다. 뒤에서 논의하겠지만, 痕韻 1등과 山韻 2등·刪韻 2등의 운복은 /*ən, *ət/으로 추정된다. 그런데 山韻 2등 중에는 합구음인 幻[匣合2去山], 滑[匣合2入山], 刷[生合2入山] 등이 있고,[133] 우리는 이것을 /*wən, *wət/으로 재구한다. 따라서 魂韻 1등의 음가를 /*wən, *wət/으로 추정하면 山韻 2등 합구음과 음가가 같아진다. 이것을 피하기 위하여 우리는 魂韻 1등을 /*on, *ot/으로 추정한다.

　痕韻은 항상 개구 1등이므로, 개음이 없다. 항상 개구이므로 그 운복이 /*o/나 /*u/일 가능성이 없다. 따라서 痕韻 1등의 운복은 2차모음일 가능성이 크다. 즉 痕韻 1등의 음가를 /*ən, *ət/이라고 가정할 수 있다.[134] 이것은 /*-ŋ, *-k/ 운미에서 登韻 1등 음가를 /*əŋ, *ək/이라 한 것과 평행적이다.

　痕韻 1등을 /*ən, *ət/으로 추정할 때에 痕韻 1등과 欣韻 3등의 관계가 어떤 것인지 궁금해진다. (147)의 분포 분석표에서 痕韻 1등과 欣韻 3등이 동일 칸에 오는지 살펴보았더니, 동일 칸에 온 예가 없다. 이것은 痕韻 1등과 欣韻 3등이 상보적 분포임을 뜻하므로 이 둘의 운복을 하나로 묶을 수 있다. 그런데 痕韻이 항

133　刪韻 2등에도 합구음이 있는데 關[見合2平刪], 還[匣合2平刪], 撰[崇合2上刪], 患[見合2去刪], 刮[見合2入刪] 등을 그 예로 들 수 있다.
134　중고음의 痕韻 운복을 王力(1957), 董同龢(1972), 李方桂(1980)이 모두 [*ə]라 했다.

상 1등인 데에 비하여 欣韻은 항상 3등 C이다. 이것을 감안하여 欣韻 3등은 개음 /*j/가 있는 /*jən, *jət/이라 추정해 둔다.[135]

1등인 魂韻은 3등 AB인 諄韻과도 동일 칸에 온다. 魂韻 1등과 諄韻 3등의 음운대립은 『魏書』가 편찬된 559년에 성립한다. (149.2)의 대립 항 '捽'의 용례가 '吐捽' 하나뿐이지만 '吐捽'이 首相 관직에 해당하는 大對盧의 별칭이라는 것은 분명하다. 따라서 이 대립 쌍을 믿기로 한다.

(149) 魂韻 1등과 諄韻 3등의 음운대립 쌍과 그 용례

1. 心母 /*s/의 거성 – $^{合}_1$孫$_魂$: $^{合}_{AB}$順$_諄$

   {孫漱(송서, 남사, 사), 所夫孫(구당, 당서, 사), 孫伐音(구당, 당서, 사)} : {順奴部 (삼국, 후한, 양서, 남사, 당서), 順道(유)}

2. 精母 /*ʦ/의 입성 – $^{合}_1$捽$_魂$: $^{合}_{AB}$述$_諄$

   {吐捽(삼국, 당서, 사)} : {普述水(위서, 북사), 述尒忽縣(지리), 述脫, 音述水(사)}

위의 음운대립 쌍을 논거로 삼아 魂韻 1등과 諄韻 3등의 음가가 고구려에서 서로 달랐다고 할 수 있다. 그런데 이 둘이 운복에서 최소대립을 이루는 것은 아니다. 魂韻 1등에는 개음이 없지만, 諄韻 3등에는 개음 /*j/가 있기 때문이다. 앞에서 잠깐 언급했듯이, 한어 상고음에서 諄韻 3등은 虞韻 3등과 마찬가지로 전설 원순 개음 /*ɥ/를 갖는다. 이 /*ɥ/가 고구려어에서는 설치음 뒤에서 /*j/로 수용되므로, 대립 항 '$^{合}_{AB}$順$_諄$'과 '$^{合}_{AB}$述$_諄$'은 각각 /*ʦjVn/과 /*ʦjVt/의 음가를 갖는다. 이때의 V는 물론 원순모음이어야 한다. 이들 대립 항이 합구이기 때문이다. 반면에 魂韻 1등에는 개음 /*j/가 없다. 그렇다면 개음 차이 우선의 원칙에 따라 魂韻 1등과 諄韻 3등의 운복이 같아도 된다.

그런데도 우리는 魂韻 1등의 운복이 文韻 3등·諄韻 3등의 운복과 달랐다고 본다. 1등인 魂韻의 음가를 /*on, *ot/으로 재구하고, 3등인 諄韻의 음가는 /*jun, *jut/으로 추정한다. 3등은 개음 /*j/를 가지고, 이 개음의 영향으로 高母音化가

---

135 중고음의 欣韻 운복을 王力(1957), 董同龢(1972), 李方桂(1980)이 모두 [*ə]라 했다.

일어났다고 할 수 있기 때문이다. 遇攝의 虞韻 3등에서 이미 이 고모음화를 기술한 바 있는데, 臻攝의 諄韻 3등과 文韻 3등에도 동일한 규칙을 적용한다.

이것은 諄韻 3등이 文韻 3등과 상보적 분포를 이룬다는 점에서 확인된다. 文韻 3등은 순음이나 아후음의 뒤에 분포하고, 諄韻 3등은 설치음의 뒤에 분포한다. 이 분포는 遇攝의 虞韻 3등을 순음이나 아후음의 뒤에서는 /*wu~*u/로 수용하면서도, 설치음 뒤에서는 /*ju/로 수용했던 것과 같은 분포이다. 이때에 일어났던 고모음화가 文韻 3등과 諄韻 3등에서도 동일하게 일어났다고 본다. 文韻 3등과 諄韻 3등이 상보적 분포이므로 이 둘을 하나로 묶게 되는데, 文韻에는 /*wun~*un, *wut~*ut/[136] 음가를 배당하고 諄韻에는 /*jun, *jut/ 음가를 배당한다. 이에 따르면 (149)의 대립 쌍에서 魂韻 1등의 음가를 /*on, *ot/이라 하되, 諄韻 3등의 음가는 /*jun, *jut/이라 할 수 있다.

한어 중고음에서는 운모 명칭에서 이미 文韻 3등과 諄韻 3등으로 구별하지만, 상고음에서는 이 두 운모가 전설 원순 개음 /*ɥ/를 가지는 하나의 韻部였을 것이다.[137] 실제로 諄韻字 '閏, 輪, 諄, 順, 順, 舜, 俊, 春' 등은 한어 상고음에서 文部에 속하고 입성운미를 가지는 '述' 등은 物部에 속하는데, 文部와 物部는 성조만 다를 뿐이고 사실은 동일 운부이다(王力 1957).

동일 칸에 온 대립 쌍 중에서 이제 남은 것은 모두 眞韻 3등과 文韻 3등·諄韻 3등의 대립 쌍이다. 대립 성립의 시기가 이른 것은 광개토대왕비의 414년이고, 늦은 것은 고구려 멸망 직전이다. (150.3)의 대립 항 '鬱'은 관명 '鬱折'에만 사용되었지만, '鬱折'이 太大兄이나 沛者에 대응하는 고구려 관명임이 분명하다.

(150) 眞韻 3등과 文韻 3등·諄韻 3등의 음운대립 쌍과 그 용례

1. 明母 /*m/의 입성 – ₈密眞 : ᴄ物文

   {高密(고자묘), 密波兮(지리), 密友(사)} : {物苟(평양성;오), 預物(사)}

2. 書母 /*sj/의 거성 – ᴼᵖᵉⁿ_AB愼眞 : ᶜˡᵒˢᵉ_AB順諄

---

[136] 文韻의 /*un, *ut/은 /*wun, *wut/에서 음절구조제약에 따라 /*w/가 삭제된 음가이다.

[137] 王力(1957), 董同龢(1972), 李方桂(1980) 등의 諄韻 상고음에는 모두 우리의 /*ɥ/에 해당하는 개음이 있다. 이들의 文韻 중고음에서도 이 /*ɥ/가 공통된다.

{息愼(광개), 愼奴部(양서, 남사)} : {順奴部(삼국, 후한, 양서, 남사, 당서), 順道(유)}

3. 影母 /*ʔ/의 입성 – $^{開}_A$壹$_{眞}$, $^{開}_B$乙$_{眞}$: $^{合}_C$鬱$_文$

{壹八城^{百}(광개)}, {乙弗利(위서, 양서, 북사), 乙支文德(북사, 수서, 사), 未乙省, 於乙買串, 達乙省縣, 內乙買, 毛乙冬非, 達乙斬, 沙非斤乙, 首乙呑, 乙阿旦縣, 助乙浦, 仇乙峴(지리), 乙相(일), 乙牟(성), 乙豆智, 乙弗, 乙素, 乙音, 乙巴素(사), 乙弗(유)} : {鬱折(삼국, 당서, 사)}

멸망 이전의 표음자로 한정하면 眞韻 3등은 항상 개구이고 文韻 3등·諄韻 3등은 항상 합구이다. 따라서 이 두 운모의 음가 차이를 바로 개합의 차이에서 구하는 것이 옳다.[138] 앞에서 文韻 3등의 음가를 /*wun~*un, *wut~*ut/으로,[139] 諄韻 3등의 음가를 /*jun, *jut/으로 추정했으므로[140] 眞韻 3등의 음가는 /*jin, *jit/ 또는 /*jən, *jət/으로 추정할 수 있다.[141] 文韻 3등·諄韻 3등의 운복 /*u/의 비원순 짝은 /*i/와 /*ə/의 두 가지가 있다. 따라서 眞韻 3등의 운복을 /*i/로 볼 것인가 /*ə/로 볼 것인가 하는 문제가 남는다.

이 문제를 해결하기 전에 먼저 眞韻 3등 A와 眞韻 3등 B가 음운론적으로 대립하는지를 알아본다. 음운대립이 성립하는데, 그 시점은 『魏書』가 편찬된 559년이다.

(151) 眞韻 3등 A와 3등 B의 음운대립 쌍과 그 용례

影母 /*ʔ/의 입성 – $^{開}_A$壹$_{眞}$: $^{開}_B$乙$_{眞}$

{壹八城^{百}(광개)} : {위의 (150.3)과 동일(위서 등)}

---

138 『切韻』에서는 諄韻이 眞韻의 合口韻이었는데, 『廣韻』에서는 이것이 독자적인 두 韻으로 분리되었다(魏國峰 2014: 112).

139 중고음의 文韻 운복을 王力(1957), 董同龢(1972), 李方桂(1980)이 모두 [*ə]라 했다. 이 운복 앞에는 전설 원순 개음, 즉 우리의 /*u/를 두었다.

140 중고음의 諄韻 운복을 王力(1957)과 董同龢(1972)는 [*e]라 하고, 李方桂(1980)은 [*ḙ]라 했다. 이 운복 앞에는 전설 원순 개음, 즉 우리의 /*u/를 두었다.

141 중고음의 眞韻 운복을 王力(1957)은 [*e], 董同龢(1972)는 [*e, *ḙ], 李方桂(1980)은 [*ḙ]라 했다.

3등 A와 3등 B는 止攝을 제외한 여타의 음운론적 환경에서는 음운론적으로 대립하지 않는다. 이 점을 고려하면 (151)의 음운대립 쌍을 의심할 수 있다. 그러나 일반언어학의 음운대립 이론에서는 특수한 환경에서만 성립하는 음운대립도 정상적인 음운대립으로 인정한다. 예컨대, 한국 현대 한자음에서 'ㄱ'과 'ㅋ'의 음운대립은 'ㅙ' 앞에서만 성립하고 나머지 음운론적 환경에서는 성립하지 않는다. 그런데도 /ㄱ/과 /ㅋ/을 각각 독자적인 자음 음소로 설정한다. 이와 마찬가지로 (151)에서 '壹'과 '乙'의 음운대립을 인정할 수 있다.

　　그런데 대립 항 '壹'의 용례가 '壹八城^百'에 딱 한 번 사용되었다는 점이 다시 문제가 된다. 이 '壹八城^百'은 광개토대왕이 남하하여 취한 60여 성의 하나이므로 기원적으로는 百濟의 城名이었을 가능성이 없지 않다. 고구려어 항목에서는 '八'의 용례가 없다. 반면에 백제어 항목에서는 표음자 '八'이 '■八(목간 능산 4), 八須夫人, 八坤城(사기)' 등에 사용되었다. 이 점을 강조하면 '八'의 앞에 온 '壹'도 백제어 표음자의 일종이라 할 수 있다.[142] 이 점을 논거로 삼아 '壹'을 고구려어 표음자에서 제외하면 眞韻 3등 A와 3등 B의 음운대립 쌍이 없어진다.

　　위에서 논의한 止攝의 支韻과 脂韻에서는 3등 A와 3등 B가 각각 음운론적으로 대립했었다.[143] 따라서 臻攝의 眞韻에서도 3등 A와 3등 B가 음운론적으로 대립했다고 가정할 수 있다. 止攝과 臻攝은 특히 공통적으로 'ㅣ, ㅡ'에 가까운 모음을 가지므로 이른바 重紐에서도 공통된다고 가정할 수 있다. 그러나 고구려어 표음자에서는 臻攝의 眞韻에서 3등 A와 3등 B의 최소대립 쌍이 없다. 따라서 이 음운론적 환경에서 3등 A와 3등 B가 대립하지 않은 것을 3등 A와 3등 B의 음운

---

142 '壹八城^百'은 광개토대왕이 攻取한 城名에는 나오지만 광개토대왕비의 守墓人 烟戶 명단에는 나오지 않는다. 韓系에서 탈취한 城의 대부분이 수묘인 연호에 다시 등장한다는 점을 고려하면 '壹八城^百'이 특별 대우를 받은 것이라 할 수 있다. 여기에서 두 가지 추정이 가능하다. 첫째, 攻取한 城 중에서 '壹八城^百'이 가장 먼저 나오므로 60여 성 중에서 이 성이 고구려에 가장 인접한 城이었을 것이다. 그러나 '壹八城^百'의 위치가 현재까지는 不明이다. 어느 누구도 그 위치를 批正한 적이 없으므로 고구려와 인접한 城이라는 점이 실증되지 않는다. 둘째, 수묘인 연호에서 독특하게도 제외되었으므로 여타의 城에 비하여 '壹八城^百'은 고구려와의 친분 관계가 상대적으로 훨씬 돈독했을 것이다. 이 추정은 의미가 있을 것이다. 그러나 우리는 음운체계와 표기법을 기준으로 고구려 지명인지 백제 지명인지를 가리기로 했으므로 '壹八城^百'을 백제 지명으로 간주한다. 이렇게 처리해야만 일관성을 유지할 수 있다.
143 6장 1.3절 止攝의 (25)'와 (26)의 음운대립 쌍을 참고하기 바란다.

대립이 中和된 것으로 이해한다.

만약에, 眞韻 3등 A와 3등 B의 최소대립 쌍이 존재한다고 가정하면, 이 음운대립을 두 가지 방법으로 기술할 수 있다. 첫째는 운복 모음의 차이로 이 대립을 기술하는 방법이고, 둘째는 개음 종류의 차이로 기술하는 방법이다. (150.3)에서 볼 수 있듯이, 이 두 운모는 공통적으로 文韻 3等 C와 음운론적으로 대립한다. 文韻의 운복은 /*wu~*u/인데, 이에 대립하는 모음에는 /*i/뿐만 아니라 /*ə/도 있다.

먼저, 운복 모음의 차이로 기술하는 방법을 검토해 보자. 3등의 A, B, C 중에서 전설의 [*i]에 가장 가까운 것은 3등 A이고, C는 오히려 중설의 [*ə]에 가까울 때가 있다. 이 점을 고려하면 3등 A인 眞韻의 운복을 /*i/로 추정하고, 3등 B인 眞韻의 운복을 /*ə/로 추정할 수 있다. 이 운복 모음의 차이로 말미암아 (151)의 대립 항 '壹'과 '乙'이 음운론적으로 대립했다고 기술하면 정확하게 맞아떨어진다. 이 둘의 한국 중세음이 각각 '일'과 '을'이라는 점이 참고가 된다.[144] 따라서 眞韻 3등 A의 음가를 /*jin, *jit/으로, 眞韻 3등 B의 음가를 /*jən, *jət/으로 추정하여, 3등 A와 3등 B의 음가 차이를 운복 모음에서 구할 수 있다.

그런데 앞에서 이미 1등인 痕韻을 /*ən, *ət/으로 추정하고 3등인 欣韻을 /*jən, *jət/으로 추정한 바 있다. 위의 첫째 방법에 따르면 欣韻 3등 C의 추정음인 /*jən, *jət/이 眞韻 3등 B의 /*jən, *jət/과 음가가 동일하다. 이 점에서 眞韻 3등 B의 운복에 /*ə/를 배당하는 방법이 옳지 않음을 알 수 있다. 더욱이 하나의 韻에는 하나의 운복 음가를 배당하는 것이 원칙인데, 이것을 어긴다는 문제도 감안해야 한다. 眞韻 3등 A의 운복에는 /*i/를 배당하고 眞韻 3등 B에는 /*ə/를 배당하면, 동일 운모의 운복 모음은 서로 동일해야 한다는 원칙을 위반한다. 따라서 운복의 음가를 하나로 고정하고 3등 A와 3등 B의 음가 차이를 개음에서 구해야 할 것이다.

둘째 방법에서는 3등 A의 개음은 /*j/이지만 3등 B의 개음은 /*ɪ/라 하여, 이 둘의 음가 차이로 重紐를 기술한다. 이 기술에서는 眞韻 3등의 운복을 /*i/ 하나로 고정할 수 있다는 장점이 있다. 眞韻 3등 A는 /*jin, *jit/이고 眞韻 3등 B는 /*ɪin,

---

144 眞韻이 원래 3등운과 4등운의 합운이라는 데에서 이 음가 차이의 원인을 찾는 견해가 있다(최희수 1986: 167). 3등은 'ㅡ'로, 4등은 'ㅣ'로 반영된다는 견해이다.

*ɪit/이므로, 이 두 운모의 음가는 개음에서만 차이가 난다. 止攝에서도 개음 종류의 차이로 3등 A와 3등 B의 차이를 기술한 바 있다. 우리는 이 기술 방법을 택한다. 그리하여 眞韻의 3등 A와 3등 B가 최소대립을 이룬다면 그 음가를 각각 /*jin, *jit/과 /*ɪin, *ɪit/으로 추정한다.

이렇게 기술하면, (151)의 대립 항인 '壹'과 '乙'의 한국 중세음을 무리 없이 기술할 수 있다. 한국 중세음에서 '壹'의 운복은 'ㅣ'인데 이것은 /*jit/의 /*ji/에 대응한다. 반면에 '乙'의 운복은 'ㅡ'이고, 이것은 /*ɪit/의 /*ɪi/에 대응한다. 이때의 /*ɪ/는 후설 평순 개음이므로 /*ɪi/는 중세음 표기의 'ㅢ'에 대응한다. 이 'ㅢ'가 방언에 따라 'ㅣ'로 반영되기도 하고 'ㅡ'로 반영되기도 한다. 따라서 眞韻 3등 A의 음가를 /*jin, *jit/이라 하고 眞韻 3등 B를 /*ɪin, *ɪit/이라 하면 후대의 음가와 부합한다. 또한 止攝에서도 개음 /*ɪ/를 설정한 바 있으므로 이와 평행적으로 眞韻 3등 B의 음가를 /*ɪin, *ɪit/이라고 추정할 수 있다.

그런데 고구려어에서는 (151)이 眞韻 3등 A와 3등 B의 최소대립 쌍이 아니다. 대립 항 '壹'이 '壹八城^百'에만 사용되었는데, 이 城名이 표기법상으로 고구려 지명이 아니라 백제 지명일 가능성이 더 크기 때문이다. 따라서 고구려어에서는 眞韻의 3등 A와 3등 B를 하나로 합쳐서 眞韻 3등이라 통칭하고, 그 음가를 /*jin, *jit/으로 추정한다. 重紐가 확인되지 않으면 후설 평순 개음 /*ɪ/를 설정하지 않으므로 /*ɪin, *ɪit/를 버린다.

지금까지 논의한 臻攝 운모의 음운대립 관계를 표로 그려 보면 다음과 같다.

(152) 臻攝 운모의 음운대립

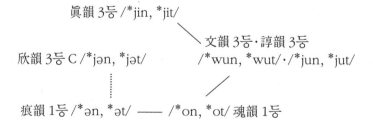

위에서 欣韻 3등 C와 痕韻 1등 사이에 직선이 아니라 점선을 그었다는 점에 주

596

의하기를 바란다. 멸망 이전의 표음자로 한정하면 欣韻 3등 C에 속하는 것은 2자밖에 없다. 이 2자가 여타의 운모와 더불어 동일 칸에 오지 않는다. 따라서 欣韻 3등 C의 음가는 음운대립으로는 추정할 수 없다. 痕韻 1등의 개구음 짝이 欣韻 3등 C라고 보아, 欣韻 3등 C의 음가를 /*jən, *jət/으로 추정했다는 점을 다시 강조해 둔다.

6.5.3. /*-n, *-t/ 韻尾 종합

이제, /*-n, *-t/ 韻尾를 가지는 山攝과 臻攝에 속하는 여러 운모의 음가를 한 군데로 모아 정리하기로 한다.

(153) 山攝과 臻攝 운모의 음가 추정

1. 寒韻 1등 = /*an, *at/

2. 桓韻 1등 = /*wan, *wat/

3. 痕韻 1등·山韻 2등·删韻 2등 = /*ən, *ət/

4. 欣韻 3等 = /*jən, *jət/

5. 仙韻 3등·先韻 4등 = /*jen, *jet/

6. 元韻 3等 = /*wen, *wet/

7. 魂韻 1等 = /*on, *ot/

8. 文韻 3등 = /*wun~*un, *wut~*ut/ (순음, 아후음 뒤)

9. 諄韻 3等 = /*jun, *jut/ (설치음 뒤)

10. 眞韻 3等 = /*jin, *jit/

위와 같이 정리할 때에, 반드시 거론해야 할 것이 있다. 山攝을 논의할 때에 山韻 2등·删韻 2등의 음가를 /*ən, *ət/이라 추정하면서, 동시에 臻攝을 논의할 때에 痕韻 1등의 음가도 /*ən, *ət/이라 했다는 점이다. 이 음가 추정에 따르면, 멸망 이전의 고구려어 표음자에서 山韻 2등·删韻 2등과 痕韻 1등이 동일 칸에 오지 않아야 한다. 그런데 실제로 아래의 분포 분석표 (154)에서 확인할 수 있듯이 이 두 운모가 동일 칸에 오지 않는다. 상보적 분포이므로 이 둘을 하나로 묶어서 痕韻 1등·山韻 2등·删韻 2등이라 하고 여기에 /*ən, *ət/의 음가를 배당할 수 있다. 이것도 고구려어에서 1등과 2등이 구별되지 않은 예에 속한다.

山攝과 臻攝의 논의에서 확인된 모음은 /*a, *e, *i, *o, *u, *ə/의 6개 모음이다. 이들은 모두 /*-n, *-t/ 운미 앞에 올 수 있다. 6장 4절의 /*-ŋ, *-k/ 운미에서는 모음 /*i/를 제외한 5개 모음이 확인되었다. 따라서 이 /*-ŋ, *-k/ 운미와 6장 5절의 /*-n, *-t/ 운미에 대한 논의를 종합하면 고구려어의 전체 모음은 /*a, *e, *i, *o, *u, *ə/의 6개가 된다.

臻攝의 眞韻에서는 3등 A와 3등 B의 구별이 없다. 그렇다면 3등 A와 3등 B의 구별은 止攝의 支韻 3등과 脂韻 3등에서만 확인되는 셈이다. 따라서 후설 평순 개음 /*ɪ/도 止攝에서만 설정된다. 고구려어의 여타 攝에서는 重紐를 찾을 수 없으므로 특별히 기록해 둔다.

山攝과 臻攝은 /*-n, *-t/ 韻尾를 가진다는 점에서 공통되므로, 이들을 한군데에 모아서 이들의 음운대립 쌍을 찾아보기로 한다. 번거로움을 피하여, 멸망 이전의 340자를 기준으로 삼는다.

(154) 山攝字와 臻攝字의 분포 분석표 (340자 기준)

성모 / 성조		평성^L	상성^R	거성^D	입성^E
순음	幇母 /*p/	$_C$芬$_文$			$_2$八$_山$ $_C$弗$_文$ $_C$不$_文$
	並母 /*b/			$_B$卞$_仙$	$_C$伐$_元$ $_2$拔$_删$ $_1$渤$_魂$
	明母 /*m/	$_1$蔓$_桓$ $_C$文$_文$			$_1$末$_桓$ $_B$密$_眞$ $_C$物$_文$
설음	端母 /*t/	$^合_1$敦$_魂$	$^開_4$典$_先$	$^開_1$旦$_寒$ $^開_{AB}$鎭$_眞$	
	透母 /*tʰ/	$^開_4$天$_先$			
	定母 /*d/			$^合_{AB}$瑑$_仙$	$^開_1$達$_寒$
	泥母 /*n/	$^開_{AB}$然$_仙$ $^開_{AB}$人$_眞$		$^合_{AB}$閏$_諄$	
	來母 /*l/	$^開_4$零$_先$ $^開_{AB}$連$_仙$	$^開_{AB}$璉$_仙$		$^開_{AB}$列$_仙$ $^開_{AB}$栗$_眞$
치음	精母 /*ts/	$^開_{AB}$眞$_眞$ $^開_4$千$_先$ $^開_1$殘$_寒$ $^開_4$前$_先$			$^開_{AB}$折$_仙$ $^開_{AB}$拙$_仙$ $^開_4$切$_先$ $^合_{AB}$絶$_仙$ $^合_1$捽$_魂$ $^合_{AB}$述$_諄$

성모＼성조		평성L	상성R	거성D	입성E
치음	心母 /*s/	$^開_4$先$_先$ $^開_{AB}$鮮$_仙$ $^開_{AB}$仙$_仙$ $^合_1$孫$_魂$ $^開_2$山$_山$	$^開_1$散$_寒$ $^開_{AB}$鮮$_仙$ $^開_2$産$_山$	$^開_1$散$_寒$ $^開_4$先$_先$ $^合_1$孫$_魂$	$^開_1$薩$_寒$ $^開_{AB}$悉$_眞$
	書母 /*sj/	$^開_{AB}$蟬$_仙$		$^合_{AB}$順$_諄$ $^開_{AB}$愼$_眞$	
	羊母 /*j/	$^開_{AB}$延$_仙$			
아음	見母 /*k/	$^合_4$涓$_先$ ^合_C軍$_文$		$^開_1$幹$_寒$ $^合_1$貫$_桓$ $^合_1$灌$_桓$ ^開_C建$_元$	$^開_1$葛$_寒$ $^合_1$骨$_魂$
	群母 /*g/	^合_C群$_文$ ^合_C元$_元$ ^合_C原$_元$	^開_C近$_欣$	^開_C近$_欣$	
후음	曉母 /*h/	$^開_1$韓$_寒$ $^合_1$桓$_桓$ $^合_1$丸$_桓$ $^開_4$賢$_先$ $^合_1$渾$_魂$	$^開_1$渾$_魂$	$^開_1$漢$_寒$ ^開_C獻$_元$	$^合_1$活$_桓$ $^合_1$忽$_魂$ $^開_1$紇$_痕$
	影母 /*ʔ/	$^開_1$安$_寒$ ^合_C雲$_文$			^開_C謁$_元$ ^開_B乙$_眞$ ^開_A壹$_眞$ ^合_C鬱$_文$

山攝의 寒韻(·桓韻) 1등은 운복이 /*a/이고, 山韻 2등·删韻 2등은 운복이 /*ə/이며, 仙韻(·元韻) 3등·先韻 4등은 운복이 /*e/이다. 臻攝의 魂韻 1등은 운복이 /*o/이고, 痕韻 1등은 운복이 /*ə/이다. 文韻 3등·諄韻 3등의 운복은 /*u/이고, 眞韻 3등은 운복은 /*i/이다. 한국 중세음의 '·'에 해당하는 /*ʌ/가 확인되지 않는데, /*ʌ/의 존재 여부를 논의할 때에는 분포 분석표 (154)의 동일 칸에서 3항 이상의 대립을 이루는 예를 검토하는 것이 지름길이다.

(155) 山攝과 臻攝 운모의 三項 이상의 對立과[145] 그 운복

1. 並母 /*b/의 입성 – {$_2$拔$_删$} : {$_1$渤$_魂$} : {$_C$伐$_元$} → /*ə/ : /*o/ : /*e/

2. 明母 /*m/의 입성 – {$_1$末$_桓$} : {$_C$物$_文$} : {$_B$密$_眞$} → /*a/ : /*u/ : /*i/

3. 精母 /*ts/의 평성 – {$^開_1$殘$_寒$} : {$^開_4$千$_先$, $^開_4$前$_先$} : {$^開_{AB}$眞$_眞$} → /*a/ : /*e/ :

---

145 다음의 예는 실제로는 이원대립의 예이므로, 삼원대립의 예에서 제외했다.
　　見母 /*k/의 거성 – $^開_1$幹$_寒$, $^合_1$貫$_桓$, $^合_1$灌$_桓$: ^開_C建$_元$ → /*a/ : /*e/

/*i/

4. 精母 /*ts/의 입성 – $\{^{合}_{1}捽_{魂}\}$: $\{^{開}_{AB}折_{仙}, ^{開}_{AB}拙_{仙}, ^{合}_{AB}絶_{仙}, ^{開}_{4}切_{先}\}$: $\{^{合}_{AB}述_{諄}\}$ → /*o/ : /*e/ : /*u/

5. 心母 /*s/의 평성 – $\{^{開}_{2}山_{山}\}$: $\{^{合}_{1}孫_{魂}\}$: $\{^{開}_{AB}鮮_{仙}, ^{開}_{AB}仙_{仙}, ^{開}_{4}先_{先}\}$ → /*ə/ : /*o/ : /*e/

6. 心母 /*s/의 상성 – $\{^{開}_{1}散_{寒}\}$: $\{^{開}_{2}産_{山}\}$: $\{^{開}_{AB}鮮_{仙}\}$ → /*a/ : /*ə/ : /*e/

7. 心母 /*s/의 거성 – $\{^{開}_{1}散_{寒}\}$: $\{^{合}_{1}孫_{魂}\}$: $\{^{開}_{4}先_{先}\}$ → /*a/ : /*o/ : /*e/

8. 曉母 /*h/의 평성 – $\{^{開}_{1}韓_{寒}, ^{合}_{1}桓_{桓}, ^{合}_{1}丸_{桓}\}$: $\{^{合}_{1}渾_{魂}\}$: $\{^{開}_{4}賢_{先}\}$ → /*a/ : /*o/ : /*e/

9. 曉母 /*h/의 입성 – $\{^{合}_{1}活_{桓}\}$: $\{^{合}_{1}忽_{魂}\}$: $\{^{開}_{1}紇_{痕}\}$ → /*a/ : /*o/ : /*ə/

10. 影母 /*ʔ/의 입성 – $\{^{開}_{C}謁_{元}\}$: $\{^{合}_{C}鬱_{文}\}$: $\{^{開}_{B}乙_{眞}, ^{開}_{A}壹_{眞}\}$ → /*e/ : /*u/ : /*i/

위에 정리한 3항 대립의 예에서 볼 수 있듯이, /*a, *e, *i, *o, *u, *ə/의 6개 모음만으로도 이들의 대립관계를 모두 기술할 수 있다. 따라서 구태여 ‘ㆍ’에 해당하는 모음 /*ʌ/를 설정할 필요가 없다.

6.6. /*-m, *-p/ 韻尾인 攝

마지막으로, 운미가 /*-m, *-p/인 攝에 대한 논의로 넘어간다. 여기에는 咸攝과 深攝이 있다. 그런데 이 둘에 속하는 표음자가 많지 않으므로 이 둘을 한꺼번에 다루기로 한다.

6.6.1. 咸攝과 深攝

咸攝은 양성운미 /*-m/이나 입성운미 /*-p/를 가지면서 운복이 [-high]인 한자음의 집합이다. 深攝은 /*-m/이나 /*-p/를 가지면서 운복이 [+high]인 ‘ㅣ, ㅡ’에 가까운 한자음의 집합이다. 咸攝과 深攝은 운미가 동일하고 운복에서만 차이가 나므로, 이 둘을 한꺼번에 논의하기로 한다. 특히 深攝에 속하는 운모는 侵韻 3등 하나뿐이므로 咸攝과 한꺼번에 분석하는 것이 효율적이다.

深攝의 侵韻은 항상 3등 AB, B(17/18자)이다. 咸攝에는 覃韻 1등(8자), 談韻 1등(5자), 銜韻 2등(4자), 咸韻 2등(2자), 鹽韻 3등 AB, B(8자), 嚴韻 3등 C(2자), 凡韻 3등 C(1자), 添韻 4등(1자) 등이 있다. 이들 운모의 분포 제약을 (156)의 분포 분석표에서 찾아보기로 한다.

(156) 深攝字와 咸攝字의 분포 분석표 (704자 기준)

성모＼성조		평성^L	상성^R	거성^D	입성^E
순음	幫母 /*p/				$_C$法$_凡$
	並母 /*b/				
	明母 /*m/				
설음	端母 /*t/				$_1$答$_覃$
	透母 /*tʰ/				
	定母 /*d/	$_1$曇$_覃$ $_1$談$_談$	$_1$噉$_談$		
	泥母 /*n/	$_1$南$_覃$ $_1$男$_覃$ $_{AB}$黏$_鹽$	$_{AB}$冉$_鹽$	$_{AB}$任$_侵$	
	來母 /*l/	$_{AB}$林$_侵$ $_{AB}$琳$_侵$ $_{AB}$臨$_侵$	$_1$攬$_談$		$_{AB}$臨$_侵$
치음	精母 /*ts/	$_1$參$_覃$ $_{AB}$岑$_侵$	$_2$斬$_咸$		$_{AB}$輯$_侵$ $_1$雜$_覃$
	心母 /*s/	$_{AB}$心$_侵$ $_1$三$_談$ $_{AB}$彡$_鹽$ $_2$彡$_銜$			$_{AB}$習$_侵$ $_2$歃$_咸$
	書母 /*sj/	$_{AB}$深$_侵$	$_{AB}$陝$_鹽$		$_{AB}$十$_侵$
	羊母 /*j/				
아음	見母 /*k/	$_B$今$_侵$ $_B$金$_侵$ $_1$甘$_談$	$_B$錦$_侵$	$_C$劍$_嚴$	$_2$甲$_銜$ $_4$蛺$_添$
	群母 /*g/	$_B$黔$_鹽$ $_B$鉗$_鹽$ $_C$嚴$_嚴$	$_B$儉$_鹽$		$_B$及$_侵$
후음	曉母 /*h/	$_1$含$_覃$	$_B$險$_鹽$		
	影母 /*ʔ/	$_B$音$_侵$ $_B$陰$_侵$ $_1$陰$_覃$			$_B$邑$_侵$ $_2$鴨$_銜$ $_2$押$_銜$

侵韻 3등은 순음 뒤에는 오지 않는다. 이것은 한어 중고음에서도 찾을 수 있는 제약이므로[146] 고구려어 특유의 제약은 아니다. 이 제약 탓으로 '*빔/븜, *밈/믐, *빕/븝, *밉/믑' 등의 음절이 한국 한자음에도 없다. 이 음절구조제약을 한국 한자음으로 돌려 말하면 초성 위치에 순음이 오면서 동시에 종성 위치에 순음이 오는 예가 없다는 제약이다. 이 제약은 아래의 여러 韻에서도 두루 확인된다.

覃韻 1등은 순음, 아음의 뒤에 오지 않는다. 한어 중고음에서는 순음이나 치음의 뒤에 覃韻 1등이 오는 예가 없지만, 아음 뒤에 覃韻 1등이 온 예가 있다. 따라서 아음 뒤에 覃韻 1등이 오지 않는 것은 고구려어 특유의 제약일 가능성이 있다. 이것이 체계적인 공백이 아니라 覃韻字가 8자에 지나지 않은 데에서 비롯된 우연한 공백일 가능성도 있다.

談韻 1등은 순음과 후음 뒤에는 오지 않는다. 한어 중고음에서도 순음 뒤에는 談韻 1등이 오지 않는다. 이것은 '*밤, *맘, *밥, *맙' 등의 등의 음절이 한어 중고음에서 허용되지 않는다는 뜻이다. 반면에, 談韻 1등이 후음 뒤에 올 수 있지만 그런 용례가 보이지 않는 것은 談韻字가 5자에 지나지 않은 데에서 비롯된 우연한 공백일 것이다.

銜韻 2등은 순음, 설음의 뒤에 오지 않는다. 한어 중고음에서도 銜韻字가 많지 않아서 그 분포를 정확히 말할 수 없지만, 순음 뒤에 銜韻 2등이 오지 않는다는 것만은 분명하다.

鹽韻 3등도 순음 뒤에 오지 않는다. 이것도 한어 중고음에서 비롯된 제약이다. 한어 중고음에서는 '*범, *펌, *멈, *법, *펍, *멥' 등의 음절이 없다는 뜻이다. 한국 중세음에는 '펌' 음절에 속하는 '貶, 砭, 窆' 등이 있다. 이들의 'ㅍ'은 이토 지유키(2007: 107)이 추측한 것처럼 奉母인 'ꙁ' 聲符의 '핍'에 감염된 것이겠지만, 'ㅍ'의 뒤에 鹽韻 3등이 온 것은 독특한 음절임에 틀림없다.

위의 여러 운에 공통되는 분포 제약은 脣音 뒤에 侵韻 3등, 覃韻 1등, 談韻 1등, 銜韻 2등, 鹽韻 3등 등의 운모가 오지 않는다는 제약이다. 이것은 기본적으로 한어 중고음에서 비롯된다. 이토 지유키(2007)의 咸攝과 深攝의 음절 분석표에는

---

146 '稟, 品' 등은 예외에 속한다.

성모의 음운론적 환경에서 脣音이 모조리 빠져 있다.[147] 이처럼 이 음절구조제약은 아주 강력한 것이다. 이 제약은 훈민정음의 용어로 알기 쉽게 말하면, "초성이 양순 자음이면서 동시에 종성이 양순 자음인 음절은 없다"는 제약이다. 한국 중세음에서도 '*빔, *밈, *빕, *밉'은 물론이요 '*밤, *밥, *맘, *맙, *범, *멈, *멉' 등의 음절이 없다. '법'으로 반영된 '法'이 있지만, 이것은 예외에 속한다.

 '法'처럼 예외적인 한자를 위하여 따로 설정한 운모가 凡韻 3등이다. 한어 중고음의 凡韻 3등은 대개 非母 [*f]와 奉母 [*v] 뒤에만 분포한다.[148] 그런데 非母와 奉母 등의 脣輕音은 고구려어에서 음소가 아니었다. 따라서 (156)에서 幫母 /*p/의 입성 열에 온 '法'은 진정한 의미의 고구려 표음자라고 할 수가 없다. 아니나 다를까, 이 '法'은 고구려가 멸망한 이후에야 비로소 기록되었다. 고구려 멸망 이전의 표음자로 한정하면 아래의 분석표에서 볼 수 있듯이 순음 뒤에 深攝이나 咸攝이 온 예가 완전히 사라진다.

(157) 深攝字와 咸攝字의 분포 분석표 (340자 기준)

성모	성조	평성L	상성R	거성D	입성E
순음	幫母 /*p/				
	並母 /*b/				
	明母 /*m/				
설음	端母 /*t/				
	透母 /*tʰ/				
	定母 /*d/				
	泥母 /*n/	1南覃 1男覃 AB黏鹽	AB冉鹽		
	來母 /*l/				
치음	精母 /*ts/				AB輯侵 1雜覃
	心母 /*s/	1三談 AB彡鹽 2彡衙			

---

147 凡韻만 예외적이다.

148 王力(1957), 董同龢(1972), 李方桂(1980) 등이 공통적으로 凡韻에는 우리의 개음 /*u/에 해당하는 것이 있다고 했다.

성모 \\ 성조	평성^L	상성^R	거성^D	입성^E
치음 — 書母 /*ɕ/				
치음 — 羊母 /*j/				
아음 — 見母 /*k/		$_B$錦侵		
아음 — 群母 /*g/				
후음 — 曉母 /*h/	$_1$含覃	$_B$險鹽		
후음 — 影母 /*ʔ/				$_2$鴨銜

이 분석표에서 볼 수 있듯이 고구려 멸망 이전에 사용된 深攝字와 咸攝字는 소수에 불과하다. 그리하여 성조가 거성인 深攝字와 咸攝字가 고구려어에는 없는 것처럼 보인다.

그런데도 동일 칸에 옴으로써 음운대립을 이루는 쌍이 있다. 이들을 논의하기 이전에 먼저 분명히 해 둘 것이 있다. 咸攝의 1등에는 覃韻 1등과 談韻 1등이 있고 2등에는 銜韻 2등과 咸韻 2등이 있다. 그런데 분포 분석표 (157)에서 談韻 1등과 銜韻 2등이 동일 칸에 온다. 대립 성립의 시점은 고구려 말기이다.

(158) 談韻 1등과 銜韻 2등의 음운대립 쌍과 그 용례

心母 /*s/의 평성 – $_1$三談 : $_{AB}$彡鹽/$_2$彡銜

{三韓(천남생, 고자묘, 천헌성), 三軍大將軍(당서)} : {彡穰城^百(광개)}

이 음운대립 쌍에서 대립 항 '彡'의 용례가 하나뿐이고 더욱이 광개토대왕이 탈취한 城名에 사용되어 자세히 검토할 필요가 있다. '彡'은 멸망 이전의 고구려어 항목이나 백제어 항목에서 사용된 적이 없다. 따라서 어울려 사용된 '穰'을 기준으로 고구려 지명인지 백제 지명인지를 판단하기로 한다. '彡穰城'의 '穰'은 고구려 지명 '平壤'을 표기할 때에 사용되었다.[149] 반면에, 백제어 항목에서는 '穰'이 사용된 적이 전혀 없다. 이것은 백제어가 아니라 고구려어의 음운체계와 표기법이 '彡穰城'에 반영되었음을 말해 준다. 따라서 (158)을 고구려어의 음운대립이라고 믿기로 한다.

---

149 平穰/平壤(광개, 한서, 삼국, 후한, 위서, 주서, 북사, 수서, 구당, 당서, 구오, 오대, 송사, 사, 유)

(158)에서 談韻 1등과 銜韻 2등이 음운론적으로 대립한다. 그런데 대립 항 '彡'이 多音字라서 주의할 필요가 있다. 多音字는 음운대립의 논거에서 제외해 왔지만, 이 경우에는 특수하다. '彡'의 두 가지 발음이 운모의 차이이면서도 동일 칸에 오기 때문에, 둘 중에서 어느 하나를 택할 수 있다.

'彡'이 鹽韻 3등일 때에는 [心中AB平鹽]의 음가이므로 /*sjVm/으로 재구된다. 3등은 항상 개음을 가지기 때문이다. 반면에, 銜韻 2등일 때에는 [生中2平銜]의 음가이므로 /*sVm/으로 재구된다. 生母 [*ʂ]는 心母 /*s/에 편입되고 2등에는 개음이 없기 때문이다. 만약에 이 둘 중에서 첫째의 /*sjVm/을 택한다면 이것이 대립 항 '三'의 음가인 [心中1平談] 즉 /*sVm/과 음운론적으로 대립한다. 이때에는 개음 /*j/의 유무 차이로 '三'과 '彡'의 음운대립을 기술할 수 있으므로 '三'과 '彡'의 운복이 동일해도 된다. 반면에, '彡'의 음가로 둘째의 /*sVm/을 택한다면, 이때에는 '三'의 /*sVm/과 '彡'의 /*sVm/이 운복에서 음운대립을 이룬다. 이것은 談韻 1등과 銜韻 2등의 운복이 서로 달랐음을 뜻한다.

그런데 이러한 논의와 전혀 관계없이, (158)의 대립 항 '三'이 차용어의 일종이라는 점을 감안할 필요가 있다. '三'의 용례인 '三韓'과 '三軍'은 분명히 수사 '3, 셋'의 의미를 가지고 있으므로 차용어로 분류할 수 있다. 차용어는 철저하게 음운대립의 논거에서 배제하는 것이 우리의 일관된 태도이다. 위에서 우리는 '五部'의 '五'를 차용어의 일종으로 보아 고구려어 표음자에서 제외한 적이 있다. 이때에 數詞 '五'가 훈독되었으리라 추정했는데, '三韓, 三軍'의 '三'도 훈독이 가능하다. 『삼국사기』 권37에서 '三峴縣一云密波兮'라 했으므로 여기에서 '三'의 고구려어 '密'을 찾을 수 있다. 따라서 '三'을 훈독한 것으로 보아 (158)의 대립 쌍을 음운대립의 논거에서 제외하기로 한다. 이에 따르면, 談韻 1등과 銜韻 2등의 운복이 음운론적으로 대립하지 않은 것이 된다.

앞에서도 언급한 바 있듯이, 고구려어 표음자에서는 1등과 2등이 변별되지 않을 때가 많다. 따라서 覃韻 1등·談韻 1등·銜韻 2등·咸韻 2등을 하나로 묶고, 이들의 음가를 /*am, *ap/으로 추정한다.[150] 이들 운모의 운복에 /*a/를 배당하는

---

150 중고음의 覃韻 운복을 王力(1957)은 [*ɒ], 董同龢(1972)는 [*A]라 하고, 李方桂(1980)은 [*ə]라 했다. 咸韻에는 각각 [*ɐ], [*ɐ], [*ə]를 배당하고 談韻에는 각각 [*ɑ], [*ɑ], [*ə]를 배당했다. 銜韻

것은 현대 한어의 여러 방언, 한국 한자음, 일본의 吳音과 漢音 등을 두루 고려한 것이다.

다음으로, 覃韻 1등·談韻 1등이 鹽韻 3등과 동일 칸에 옴으로써 음운대립을 이루는 것에는 다음의 3쌍이 있다. 이들의 음운대립은 모두 7세기 중엽 이후에 성립하므로 대립 성립의 시점이 늦은 편이다.

(159) 覃韻 1등·談韻 1등과 鹽韻 3등의 음운대립 쌍과 그 용례

　1. 泥母 /*n/의 평성 – ₁男覃, ₁南覃 : AB黏鹽

　　　{男武(삼국, 사), 男居城(광개), 男建(천남생, 천헌성, 구당, 사), 男產, 男生(천헌성, 천남산, 구당, 사), 泉男生(천남생), 高男福/高福男(구당, 당서, 사), 德男(사)}, {南蘇城(광개, 한서, 구당, 당서, 사), 南買(지리), 南建(구당, 당서, 사), 泉南生(구당, 당서, 사), 南部褥薩(사), 南沃沮(사), 泉南產(사), 楸南(유), 春南(유)} : {黏蟬(북사, 수서)}

　2. 心母 /*s/의 평성 – ₁三談 : AB彡鹽

　　　{三韓(천남생, 고자묘, 천헌성), 三軍大將軍(당서)} : {彡穰城^百(광개)}

앞에서 우리는 (159.2)의 대립 항 '三'이 차용어임을 들어 음운대립의 논거에서 제외한 바 있다. 그런데 (159.1)의 대립 쌍도 고구려어 음운대립 쌍이라고 하기가 어렵다. 대립 항인 '黏'이 '黏蟬'에만 사용되었는데, 이것이 樂浪郡의 치소였다. 낙랑군에는 朝鮮·염한·浿水·黏蟬·遂成·增地·駟望·屯有·鏤方·渾彌·呑列 등 11현이 있었고(『두산백과』 참조), '黏蟬'은 그중의 하나인 것이다. 그렇다면 '黏蟬'은 漢四郡의 일종이었던 낙랑군에서 작명한 지명이고, 여기에는 漢語의 음운체계와 표기법이 반영되어 있다고 보아야 한다. 이에 따르면 고구려어 표음자에서 覃韻 1등·談韻 1등과 鹽韻 3등이 음운론적으로 대립하는 쌍이 모두 없어진다.

그렇다면 覃韻 1등·談韻 1등과 鹽韻 3등이 운복에서 대립했다고 할 수가 없다. 覃韻 1등·談韻 1등의 음가를 앞에서 이미 /*am, *ap/으로 추정했으므로, 鹽

에는 모두 [*a]를 배당했다. 한편, 李方桂(1980)은 咸韻 2등에 개음 [*r]이 있다고 보았다.

韻 3등의 음가는 개음 /*j/가 개입한 /*jam, *jap/이라 할 수 있다.[151] 3등은 항상 개음을 가지는데, 鹽韻 3등의 개음은 /*j/로 추정되기 때문이다.

3등인 鹽韻·嚴韻·凡韻과 4등인 添韻이 동일 칸에 오는지 살펴보았더니, 그런 예가 없다. 3등인 嚴韻·凡韻과 4등인 添韻은 멸망 이전의 고구려어 표음자에서는 그 용례가 하나도 없다. 따라서 /*-m, *-p/ 운미의 3등과 4등에서는 鹽韻 3등 한 가지만 사용되었다고 해도 틀린 말이 아니다.

그런데 鹽韻 3등의 음가를 /*jam, *jap/으로 추정하는 것이 의아하게 느껴질 것이다. 한국 중세음에서는 鹽韻의 운복이 'ㅏ'가 아니라 'ㅓ'이기 때문이다. 그러나 우리는 한국 중세음의 상황을 고구려어에 그대로 대입하는 태도를 지양해 왔다. 고구려어 표음자 내부에서 성립하는 음운대립만을 논거로 채택해 온 것이다. 고구려어 표음자에서는 鹽韻 3등이 여타의 운모와 음운대립을 이루지 않으므로, 그 음가를 /*jam, *jap/으로 추정해야만 일관성을 유지할 수 있다. 더욱이 현대 북경어에서 鹽韻 3등에 속하는 '黏'이 [nián]으로, '冉'이 [rǎn]으로 발음된다는 사실을 감안하면, 鹽韻 3등의 운복을 /*a/로 재구할 수 있다.

마지막으로, 深攝의 侵韻 3등에 대한 논의로 넘어간다. 아래의 예에서 侵韻 3등이 覃韻 1등과 동일 칸에 온다. 대립 성립의 시점은 광개토대왕비가 건립된 414년이다.

(160) 侵韻 3등과 覃韻 1등의 음운대립 쌍과 그 용례

精母 /*ts/의 입성 − $_{AB}$輯$_侵$: $_1$雜$_覃$

{輯安(삼국)} : {雜珍城^百(광개)}

대립 항 '輯'과 '雜'의 용례는 각각 하나뿐이다. 그러나 '輯'의 용례 '輯安'과 '雜'의 용례 '雜珍城'을 믿을 수 있다. 광개토대왕이 탈취한 성이라는 점에서 '雜珍城'이 고구려 지명일지 백제 지명일지 다시 논의할 필요가 있다. 표음자 '雜'은 멸망 이전의 고구려어와 백제어에서 이 용례뿐이다. 더불어 사용된 '珍'은 고구려 지

---

151 중고음의 鹽韻 운복을 王力(1957)은 [*ɛ], 董同龢(1972)는 [*æ]라 하고, 李方桂(1980)은 [*ä]라 했다.

명뿐만 아니라 백제 지명에서도 자주 사용되었다. 고구려 지명에는 '阿珍押縣, 伊珍買縣, 于珍也郡, 平珍波衣, 付珍伊' 등이 사용되었고, 백제 지명에는 '珍惡山, 難珍阿, 馬珍, 武珍州, 丘斯珍兮, 因珍島, 仇斯珍兮' 등이 사용되었다. 따라서 '雜珍城'이 고구려에서 먼저 사용한 것인지 백제에서 먼저 사용한 것인지를 말해 주는 객관적 증거가 없다. 이럴 때에는 우리는 일단 고구려 지명으로 간주하는 태도를 취한다.

(160)의 음운대립 쌍을 논거로 삼아 고구려어에서 侵韻 3등을 독자적 운모로 설정할 수 있다. 그런데 侵韻 3등의 음가를 어떻게 재구할 것인가? 우리가 참고할 수 있는 것은 (160)의 음운대립 쌍뿐이다. 이 대립 쌍으로 侵韻 3등의 운복이 /*a/가 아닐 것이라고 짐작할 수 있으나 그 밖의 것은 전혀 알 수 없다.

고구려 표음자에서는 (160)의 예를 제외하면, 深攝에 속하는 侵韻 3등이 咸攝의 여러 운과 더불어 동일 칸에 온 예가 없다. 자료의 부족에 그 원인이 있으리라 예상하기 쉽다. 그러나 칼그렌(1985: 80~1)도 侵韻 3등의 운복을 전설의 [*ḙ]로 보아야 할지 후설의 [*ə]로 보아야 할지 한어 중고음에서는 그 논거를 찾기가 어렵다고 했다. 그러면서도 결국에는 일본 吳音에서 侵韻 3등이 [on]과 [in]으로 나타나는 것을 들어, 侵韻 3등의 운복으로 후설의 [*ə]를 택했다.[152] 이와 마찬가지로 고구려어에서도 侵韻 3등이 咸攝의 여러 운과 음운대립을 이룬다는 논거를 제시하기가 어렵다.

이럴 때에는 侵韻 3등의 음가에 대한 기존의 논의, 현대 한어의 여러 방언, 한국 중세 한자음 등의 보조 자료 등을 참고할 수밖에 없다. 平山久雄(1991)과 이를 토대로 한 이토 지유키(2007: 190)에서는 한어 중고음의 侵韻 3등이 운복 /*e/를 가진다고 했다. 그런데 이 재구 체계에는 운복에 /*i/ 모음을 배당한 운모가 전혀 없다는 점에 주의할 필요가 있다. 반면에, 黃笑山(2006)과 이를 토대로 한 魏國峰 (2014: 95)에서는 侵韻 3등의 운복에 /*i/ 모음을 배당했다. 현대 북경어의 侵韻 3등은 운복이 [i]인 데에 비하여 鹽韻 3등·嚴韻 3등·凡韻 3등·添韻 4등의 운복은 전설 저모음 [a]이다. 한국 중세음에서 侵韻 3등은 'ㅣ'나 'ㅡ'로[153] 전사되는 데

---

152 중고음의 侵韻 운복을 王力(1957)과 董同龢(1972)는 [*e]라 하고, 李方桂(1980)은 [*ə]라 했다.
153 侵韻은 3등운과 4등운의 합운인데, 3등운이 'ㅡ'로 반영되고 4등운이 'ㅣ'로 반영되는 것이

에 비하여, 鹽韻 3등·嚴韻 3등·凡韻 3등·添韻 4등의 운복은 대개가 'ㅓ'이다. 이러한 차이를 논거로 삼아 侵韻 3등의 음가를 /*jim, *jip/이라고 추정할 수 있다. 여기에서 개음 /*j/를 넣은 것은 3등의 AB, B가 일반적으로 개음 /*j/를 가진다는 점을 참고한 것이다.

한국 중세음에서는 侵韻 3등 A의 운복이 'ㅣ'로 표음되고 3등 B의 운복이 'ㅡ'로 표음되는 것이 원칙이다. 3등 B는 항상 'ㅡ'로 반영되지만, 3등 AB는 다수에서 'ㅣ'로 반영되고 소수에서 'ㅡ'로 반영된다. 이것은 앞에서 이미 논의한 眞韻 3등의 상황과 거의 같다. 그렇다면 앞에서 眞韻 3등 A의 음가를 /*jin, *jit/이라 하고 眞韻 3등 B의 음가를 /*ɪin, *ɪit/이라고 가정할 수 있다고 했던 것처럼, 侵韻 3등 A의 음가를 /*jim, *jip/이라 하고 侵韻 3등 B의 음가를 /*ɪim, *ɪip/이라고 가정할 수 있다. /*ɪim, *ɪip/은 후설 평순 개음 /*ɪ/를 가지는데, 한국 중세음에서는 이 개음의 영향으로 侵韻 3등 B의 운복을 'ㅡ'로 수용했다고 기술할 수 있다.

그러나 이처럼 重紐를 인정하여 후설 평순 개음 /*ɪ/를 설정하려면 3등 A와 3등 B가 최소대립을 이루어야 한다. 한어 중고음에서 侵韻 3등 B와 3등 AB의 분포를 유심히 검토해 보면 중요한 차이가 드러난다. 3등의 AB는 舌齒音의 뒤에 오지만, 3등의 B는 脣音이나 牙喉音의 뒤에 온다. 즉 3등 AB와 3등 B가 상보적 분포를 이룬다. 이것이 고구려어 표음자에도 그대로 반영되어 侵韻 3등의 AB와 B가 음운론적으로 대립하지 않았다고 해석할 수 있다.

그렇다면, 眞韻 3등에서 그랬던 것처럼, 侵韻 3등에서도 3등 A와 3등 B의 음운 대립을 인정할 수 없다. 다만, 眞韻 3등의 운복을 /*i/로 추정했듯이, 侵韻 3등의 운복도 /*i/로 추정하는 것이 좋다. 이 두 운모는 평행 관계에 있기 때문이다.

이제, 咸攝과 深攝 운모의 대립 관계를 종합하여 표로 나타내면 다음과 같다. 鹽韻 3等과 覃韻 1등·談韻 1등·銜韻 2등의 음운대립 쌍이 없으므로 이 둘 사이에는 직선 대신에 점선을 그었다.

일반적이다.

(161) 咸攝과 深攝 운모의 음운대립

侵韻 3등 /*jim, *jip/

鹽韻 3等 /*jam, *jap/ ┄┄┄ /*am, *ap/ 覃韻 1등·談韻 1등·銜韻 2등

6.6.2. /*-m, *-p/ 韻尾 종합

지금까지, /*-m, *-p/ 韻尾를 가지는 운모를 논의하였다. 이것을 종합하면 다음과 같다.

(162) 咸攝과 深攝 운모의 음가 추정

1. 覃韻 1등·談韻 1등·銜韻 2등·咸韻 2등 = /*am, *ap/
2. 鹽韻 3등 = /*jam, *jap/
3. 侵韻 3등 = /*jim, *jip/

/*-m, *-p/ 韻尾에서 설정되는 운복은 /*a, *i/의 두 모음에 불과하다. 이들은 모두 앞에서 논의한 /*a, *e, *i, *o, *u, *ə/의 6개 모음에 속한다. 기본모음 /*o, *u/가 /*-m, *-p/ 운미 앞에서는 확인되지 않는데, 이것은 앞에서 말한 것처럼 체계적인 빈칸이다. 한어 중고음뿐만 아니라 한국 중세음에서도 원순 모음 /*o, *u/의 바로 뒤에 양순 자음 /*m, *p/가 오지 않기 때문이다.

6.7. 자음 운미의 음운대립

지금까지 韻尾를 6종으로 나누어 고구려어 표음자의 운모를 분석해 보았다. 우리는 운미를 독자적인 음운론적 요소로 보지 않는 대신에 성조와 운모에 의해서 자동적으로 결정되는 것으로 보았다. 그렇다고 하여 운미를 논의 대상에서 제외하면 고구려어의 음절말 자음에 어떤 것이 있었는지를 밝히지 않은 채 넘어가게 된다. 이것은 옳지 않으므로 자음 운미 상호 간에 성립하는 음운대립을 여

기에서 기술하기로 한다.

5장 1절에서 이미 고구려어에 음절말 자음이 있다고 했지만, 입성운미 /*-p, *-t, *-k/의 상호 간에 음운대립이 성립하는지와 양성운미 /*-m, *-n, *-ŋ/의 상호 간에 음운대립이 성립하는지를 자세히 논의하지는 않았다. 5장의 (84)에서 음절말 자음 /*-n/과 /*-ŋ/이 음운론적으로 대립한다고 했지만, 체계적이고도 전반적으로 운미에서의 음운대립을 거론한 것은 아니었다.

자음 운미 상호 간의 음운대립을 논의할 때에는 6.4의 /*-ŋ, *-k/ 운미, 6.5의 /*-n, *-t/ 운미, 6.6의 /*-m, *-p/ 운미 등의 분포 분석표를 하나로 종합하여 대비하면 된다. 이 종합 분석표에서 동일 칸에 온 표음자를 논의 대상으로 삼아, 韻尾 最小對立 쌍을 찾아낼 수 있다. 고구려 멸망 이전의 표음자가 신뢰도가 높으므로 이때에도 340자 세트를 대상으로 논의하기로 한다. 아래의 종합 분석표에서 '‖'의 앞에 둔 것은 /*-ŋ, *-k/ 운미이고, '‖'의 뒤에 둔 것은 /*-n, *-t/ 운미이며, '∥'의 뒤에 둔 것은 /*-m, *-p/ 운미이다.

(163) 자음 운미의 분포 분석표 종합 (340자 기준)

성모 ＼ 성조		평성ᴸ	상성ᴿ	거성ᴰ	입성ᴱ
순음	帮母 /*p/	$_C$方$_陽$ $_1$豊$_東$ ‖ $_C$芬$_文$			$_1$博$_唐$ $_2$駁$_江$ $_2$伯$_庚$ $_2$泊$_庚$ $_1$北$_登$ ‖ $_2$八$_山$ $_C$弗$_文$ $_C$不$_文$
	並母 /*b/	$_B$平$_庚$ $_B$評$_庚$ ‖		‖ $_B$卞$_仙$	$_2$簿$_唐$ ‖ $_C$伐$_元$ $_2$拔$_刪$ $_1$渤$_魂$
	明母 /*m/	$_B$明$_庚$ $_B$盟$_庚$ $_1$蒙$_東$ ‖ $_1$蔓$_桓$ $_C$文$_文$			$_1$莫$_唐$ $_2$貊$_庚$ $_1$木$_東$ ‖ $_1$末$_桓$ $_B$密$_眞$ $_C$物$_文$
설음	端母 /*t/	$_1$東$_東$ $_C$中$_東$ ‖ $_合1$敦$_魂$	$_{開C}$長$_陽$ $_1$董$_東$ ‖ $_{開4}$典$_先$	$_C$中$_東$ ‖ $_{開1}$旦$_寒$ $_{開AB}$鎮$_眞$	$_{開1}$德$_登$ $_{開1}$得$_登$ ‖
	透母 /*tʰ/	$_{開1}$湯$_唐$ $_1$通$_東$ ‖ $_{開4}$天$_先$			
	定母 /*d/	$_2$幢$_江$ $_{開C}$長$_陽$ $_{開1}$騰$_登$ ‖		‖ $_{合AB}$瑑$_仙$	‖ $_{開1}$達$_寒$

성모	성조	평성^L	상성^R	거성^D	입성^E
설음	泥母 /*n/	$^{開}_C$穰$_陽$ $_1$農$_冬$ ‖ $_{AB}$然$_仙$ $^{開}_{AB}$人$_眞$ ‖$_1$南$_覃$ $_1$男$_覃$	$^{開}_C$壤$_陽$ ‖ ‖$_{AB}$冉$_鹽$	‖ $^{合}_{AB}$閏$_諄$	$^{開}_C$若$_陽$ $_C$褥$_鍾$ $_C$傉$_鍾$ ‖
설음	來母 /*l/	$^{開}_1$郎$_唐$ $^{開}_C$量$_陽$ $_C$龍$_鍾$ ‖$^{開}_{AB}$連$_仙$	$^{開}_{AB}$領$_清$ ‖ $^{開}_{AB}$璉$_仙$	$^{開}_C$量$_陽$ ‖	^{開}樂$_唐$ $_1$淥$_東$ 綠$_鍾$ 淥$_鍾$ ‖ $^{開}_{AB}$列$_仙$ $^{開}_{AB}$栗$_眞$
치음	精母 /*ts/	$^{開}_1$藏$_唐$ $^{開}_C$將$_陽$ $^{開}_1$增$_登$ $^{開}_4$青 $^{開}_C$藏$_唐$ ‖ $^{開}_{AB}$眞$_眞$ $_4$千$_先$ $^{開}_1$殘$_寒$ $^{開}_4$前$_先$		$^{開}_C$將$_陽$ $^{開}_1$藏$_唐$ $_C$從$_鍾$ ‖	$^{開}_C$灼$_陽$ $^{開}_2$笮$_庚$ $_C$屬$_鍾$ ‖ $^{開}_{AB}$折$_仙$ $^{開}_{AB}$拙$_仙$ $_4$切$_先$ $^{合}_{AB}$絕$_仙$ $^{合}_1$捽$_魂$ $^{合}_{AB}$逭$_諄$ ‖$_{AB}$輯$_侵$ $_1$雜$_覃$
치음	心母 /*s/	$^{開}_C$相$_陽$ $^{開}_2$生$_庚$ ‖ $^{開}_4$先$_先$ $^{開}_{AB}$鮮$_仙$ $^{開}_{AB}$仙$_仙$ ^{合}孫$_魂$ $^{開}_2$山$_山$ ‖$_1$三$_談$ $_{AB}$彡$_鹽$ $_2$彡$_衡$	‖$_1$散$_寒$ $^{開}_{AB}$鮮$_仙$ $^{開}_2$產$_山$	$^{開}_C$相$_陽$ ‖ $^{開}_1$散$_寒$ $^{開}_4$先$_先$ $^{合}_1$孫$_魂$	$^{開}_4$析$_青$ $^{開}_C$息$_蒸$ 肅$_東$ $^{開}_1$薩$_寒$ $^{開}_{AB}$悉$_眞$
치음	書母 /*sj/	$^{開}_C$升$_蒸$ $^{開}_{AB}$誠$_清$ $^{開}_{AB}$成$_清$ ‖	$^{開}_C$上$_陽$ ‖	$^{開}_C$上$_陽$ ‖ $^{合}_{AB}$順$_諄$ $^{開}_{AB}$慎$_眞$	$^{開}_C$式$_蒸$ $_C$屬$_鍾$ ‖
치음	羊母 /*j/	$^{開}_C$陽$_陽$ $_C$容$_鍾$ ‖ $^{開}_{AB}$延$_仙$			$^{開}_C$翼$_蒸$ ‖
아음	見母 /*k/	$^{開}_1$岡$_唐$ $_C$宮$_東$ ‖ $^{合}_4$涓$_先$ $^{合}_C$軍$_文$	‖$_B$錦$_侵$	$^{開}_B$竟$_庚$ ‖ $^{開}_1$幹$_寒$ $^{合}_1$貫$_桓$ $^{合}_1$灌$_桓$ $^{開}_C$建$_元$	$^{開}_1$各$_唐$ $^{開}_1$閣$_唐$ $^{合}_1$郭$_唐$ $^{開}_2$客$_庚$ $^{合}_1$國$_登$ ‖ $^{開}_1$葛$_寒$ $^{合}_1$骨$_魂$
아음	群母 /*g/	‖$^{合}_C$群$_文$ $^{合}_C$元$_元$ $^{合}_C$原$_元$	‖$^{開}_C$近$_欣$	‖$^{開}_C$近$_欣$	
후음	曉母 /*h/	$^{合}_B$兄$_庚$ ‖ $^{開}_1$韓$_寒$ $^{合}_1$桓$_桓$ $^{合}_1$丸$_桓$ $^{開}_C$賢$_先$ $^{合}_1$渾$_魂$ ‖$_1$含$_覃$	‖$^{合}_1$渾$_魂$ ‖$_B$險$_鹽$	‖$^{開}_1$漢$_寒$ $^{開}_C$獻$_元$	$_2$學$_江$ ‖$^{合}_1$活$_桓$ $^{合}_1$忽$_魂$ $^{開}_1$紇$_痕$
후음	影母 /*ʔ/	$^{合}_C$王$_陽$ $^{開}_B$榮$_庚$ $^{開}_A$嬰$_清$ ‖ ^{開}安$_寒$ $^{合}_C$雲$_文$	$^{合}_B$永$_庚$ ‖	$^{合}_C$王$_陽$ ‖	沃$_冬$ ‖ $^{開}_C$謁$_元$ $^{開}_B$乙$_眞$ $^{開}_A$壹$_眞$ $^{合}_C$鬱$_文$ ‖$_2$鴨$_衡$

분포 분석표 (163)에서, 입성운미 /*-p/가 동일 칸에 옴으로써 /*-t/나 /*-k/와 음운론적으로 대립하는 쌍을 찾아보자.

(164) 운미 /*-p/와 /*-t/의 음운대립 쌍과 그 용례

1. 精母 /*ʦ/의 입성 - ₁雜覃, AB緝侵 : ᴬᴮ折仙開, ᴬᴮ拙仙開, ₄切先開, ᴬᴮ絶仙合, ₁捽魂合, ᴬᴮ述諄合

   {雜珍城百(광개)}, {緝安(삼국)} : {鬱折(삼국, 당서, 사), 折忽(지리)}, {烏拙(주서, 북사, 수서, 사)}, {盖切(평양성A), 都切(사)}, {絶奴部(삼국, 후한, 양서, 남사)}, {吐捽(삼국, 당서, 사)}, {普述水(위서, 북사, 사), 述尒忽縣(지리), 述脫(사)}

2. 影母 /*ʔ/의 입성 - ₂鴨銜 : ᶜ謁元開, ᴮ乙眞開, ᴬ壹眞開, ᶜ鬱文合

   {鴨淥江/鴨渌水/鴨綠江/鴨綠水(삼국, 한서, 후한, 북사, 수서, 고자묘, 구당, 당서, 요사, 사)} : {謁奢(위서), 謁者(남사), {乙弗利(위서, 양서, 북사), 乙支文德(북사, 수서, 사), 未乙省, 於乙買串, 達乙省縣, 內乙買, 毛乙冬非, 達乙斬, 沙非斤乙, 首乙吞, 乙阿旦縣, 助乙浦, 仇乙峴(지리), 乙相(일), 乙牟(성), 乙豆智, 乙弗, 乙素, 乙音, 乙巴素(사), 乙弗(유)}, {壹八城百(광개)}, {鬱折(삼국, 당서, 사)}

(165) 운미 /*-p/와 /*-k/의 음운대립 쌍과 그 용례

1. 精母 /*ʦ/의 입성 - ₁雜覃, AB緝侵 : ᶜ灼陽開, ₂笮庚開, ᶜ屬鍾

   {雜珍城百(광개)}, {緝安(삼국)} : {泊灼城(삼국, 구당, 당서, 사)}, {笮咨(삼국)}, {翳屬(주서, 북사, 수서, 사)}

2. 影母 /*ʔ/의 입성 - ₂鴨銜 : ₁沃冬

   {위의 (164.2)와 동일(삼국 등)} : {沃沮(북사, 수서, 사), 南沃沮, 東沃沮(사)}

(164)는 /*-p/와 /*-t/의 음운대립 쌍이고 (165)는 /*-p/와 /*-k/의 음운대립 쌍이다. 결론부터 말하면, 이 대립 쌍에서 운미의 최소대립 쌍을 찾을 수가 없다.

(164.1)에서 /*-p/ 운미를 가지는 '₁雜覃, AB緝侵'의 운복은 각각 /*a, *i/인 데에 비하여, 이에 대립하는 '折仙開ᴬᴮ, 拙仙開ᴬᴮ, 切先₄開, 絶仙合ᴬᴮ, 捽魂₁合, 述諄合ᴬᴮ'

의 운복은 각각 /*e, *o, *u/이다. 뿐만 아니라 '₁雜覃, AB輯侵'이 개합에서 중립인데에 비하여 이에 대립하는 '合AB絶仙, 合₁捽魂, 合AB述諄'는 항상 합구이다. 따라서 이들은 운미 /*-p/와 /*-t/의 최소대립 쌍이 아니다. 이와 마찬가지로, (164.2)의 '₂鴨衔'과 '開C謂元, 開B乙眞, 開A壹眞, 合C鬱文'도 운복뿐만 아니라 개합에서 차이가 난다. 따라서 이 대립 쌍도 운미의 최소대립 쌍이 아니다.

(165.1)의 대립 항 '₁雜覃'과 '開C灼陽'이 운미의 최소대립 쌍인 것처럼 보이지만 사실은 그렇지 않다. '₁雜覃'과 '開C灼陽'은 그 음가가 각각 /*tsap/과 /*tsjak/으로 추정되므로 운미뿐만 아니라 개음 /*j/의 유무에서도 차이가 난다. (165.2)에서도 대립 항 '₂鴨衔'과 '₁沃冬'이 운미뿐만 아니라 운복에서도 차이가 나므로, 이 대립 쌍도 운미의 최소대립 쌍이 아니다.

그렇다면, 고구려어에서는 /*-p/가 음절말 자음 위치에서 변별적 기능을 갖지 않았다고 할 수 있다.

그런데 이처럼 결론을 내리기 전에 고구려어 표음자 340자 세트에 드는 것 중에서 운미 /*-p/를 가지는 표음자가 '₁雜覃, AB輯侵, ₂鴨衔'의 3자에 불과하다는 점을 고려할 필요가 있다. 즉 /*-p/가 변별적 기능을 갖지 못하는 것은 자료가 부족하여 우연히 발생한 것이지 체계적인 언어 현상이 아니라고 할 수도 있다. 이것을 (165.1)의 대립 항 '₁雜覃'과 '開C灼陽'에서 확인할 수 있다. 이 대립 쌍은 개음 /*j/의 유무와 운미에서 차이가 나는데, 개음의 차이가 운미에도 영향을 미친다고 하기가 어렵다. 개음 /*j/의 유무를 논외로 하면 이 둘은 분명히 운미 /*-p/와 /*-k/의 최소대립 쌍이다. 따라서 운미 /*-k/의 음운론적 대립의 성립 여부에 대해서는 자음 운미 전체를 살핀 다음에 결론을 내리는 것이 좋을 것이다.

다음으로, 자음 운미 /*-k/와 /*-t/를 가지는 표음자가 동일 칸에 온 것을 찾아보면 아주 많다. 여기에서는 번거로움을 피하여, 운미의 최소대립 쌍이라 할 만한 것만 제시한다.

(166) 운미 /*-k/와 /*-t/의 최소대립 쌍과 그 용례

1. 明母 /*m/의 입성 – ₁木東 : C物文 /*muk : *mwut~*mut/

   {木底(북사, 천남생, 구당, 당서, 진서, 사), 功木達(지리), 木覓山, 木氏(사)} : {物

苟(평양성;오), 預物(사)}

2. 精母 /*ʦ/의 입성 − $_2^{開}$筰$_庚$: $_4^{開}$切$_先$ /*ʦek : *ʦet/

　　{筰곰(삼국)} : {盖切(평양성A), 都切(사)}

3. 見母 /*k/의 입성 − $_1^{開}$各$_唐$, $_1^{開}$閣$_唐$: $_1^{開}$葛$_寒$ /*kak : *kat/

　　{各模盧城^百(광개), 民奴各(사)}, {閣彌城^百(광개)} : {葛蔓盧(위서, 북사), 葛盧
　　(위서), 葛尾盧(북사), 葛盧孟光, 雉葛(사)}

4. 曉母 /*h/의 입성 − $_2$學$_江$: $_1^{合}$忽$_魂$ /*hok : *hot/

　　{太學博士(삼국, 사)} : {忽本(광개, 나머지 예는 3章의 ‘골/홀’ 음절 참고)}

5. 影母 /*ʔ/의 입성 − $_1$沃$_冬$: $_C^{合}$鬱$_文$ /*ʔuk : *ʔwut~*ʔut/

　　{沃沮(북사, 수서, 사), 南沃沮, 東沃沮(사)} : {鬱折(삼국, 당서, 사)}

(166.2)의 대립 항 ‘切’은 多音字이다. ‘盖切(평양성A), 都切(사)’의 용례에서 ‘切’
이 상고음의 至部로 사용된 것인지 質部로 사용된 것인지 확인할 수가 없다. 따라
서 (166.2)를 논거에서 제외하는 것이 안전하다. (166.4)의 대립 항 ‘學’도 차용어
라고 의심할 수 있는 ‘太學’에만 사용되었다. 따라서 (166.4)도 입성운미 /*-k/와
/*-t/의 최소대립 쌍에서 제외한다.

반면에, (166.1)의 입성 열에 온 ‘$_1$木$_東$: $_C$物$_文$’의 대립은 /*muk : *mwut~
mut/의 대립이라 할 수 있으므로 운미 /-k/와 /*-t/의 최소대립 쌍임이 분
명하다. 대립 성립의 시점은 7세기 중엽이다. (166.3)도 운미 /*-k/와 /*-t/의
최소대립 쌍임이 분명하다. 입성인 唐韻 1등은 음가가 /*-ak/으로 추정되고 입
성인 寒韻 1등은 /*-at/으로 추정되므로, 운미 /*-k/와 /*-t/가 최소대립을 이
룬다. 대립 성립의 시점은『위서』가 편찬된 559년이다. (166.5)도 /*-k/와 /*-t/
의 최소대립 쌍이다. 冬韻 1등은 /*uk/으로 추정되고, 文韻 3등은 /*wut~*ut/
으로 추정된다. 따라서 여기에서도 운미의 최소대립이 성립한다. 대립이 성립하
는 시점은 7세기 중엽이다.

(166.3)의 대립 항 ‘$_1^{開}$各$_唐$’과 ‘$_1^{開}$閣$_唐$’의 용례 중에서 고구려 멸망 이전에 사
용된 것은 각각 ‘各模盧城^百’과 ‘閣彌城^百’뿐이다. 이들은 광개토대왕이 백제로
부터 탈취한 城이므로 고구려 지명일지 백제 지명일지 검토할 필요가 있다. 대

립 항 '홈'은 멸망 이전의 고구려어나 백제어 자료에 나오지 않는다. 반면에 '各模盧城^百'의 표음자 '模'는 고구려어에서는 '大模達(삼국, 당서), 伊夷摸(삼국, 양서, 북사, 사)'에 사용된 바 있으나, 백제어에서는 용례가 전혀 없다. 따라서 '各模盧城^百'은 백제 지명이 아니라 고구려 지명일 것이다. 대립 항 '閤'도 고구려나 백제의 여타 항목에서는 사용되지 않았다. '閤彌城^百'의 표음자 '彌'는 반대로 고구려어 항목뿐만 아니라 백제어 항목에서도 두루 사용되었다. 따라서 대립 항 '閤'을 고구려어 표음자라고 해야 할지 백제어 표음자라고 해야 할지 판단하기 어려운데, 이런 지명을 우리는 고구려 지명으로 간주해 왔다. 이 '閤彌城^百'을 논거에서 제외하더라도 '各模盧城^百'이 고구려 지명일 가능성이 훨씬 더 크므로, (166.3)에서 운미 /*-k/와 /*-t/가 최소대립을 이룬다고 믿을 수 있다.

결국, 고구려어 표음자에서 입성운미 /*-k/와 입성운미 /*-t/의 음운대립이 성립한다. 기존의 연구자들이 주장해 온 것과는 달리, 우리는 고구려어에서 음절말 자음 /*-k/와 /*-t/가 음운론적으로 대립했다고 믿는다.

이제, 양성운미 /*-m, *-n, *-ŋ/에 대한 논의로 넘어간다. 양성운미 /*-m/이 /*-n/이나 /*-ŋ/과 음운론적으로 대립했는지를 먼저 논의하기로 한다. 여기에서도 번거로움을 피하여 운미의 음운대립 쌍이라고 할 수 있는 것만 예시하기로 한다.

(167) 운미 /*-m/과 /*-n/의 음운대립 쌍과 그 용례

1. 心母 /*s/의 평성 – ₁三談, 2彡銜/AB彡鹽 : ^開₂山山 /*sam : *sən/

   {三韓(천남생, 고자묘, 천헌성), 三軍大將軍(당서)}, {彡穰城^百(광개)} : {山上王(삼국)}

2. 曉母 /*h/의 평성 – ₁含覃 : ^開₁韓寒 /*ham : *han/

   {含資(북사, 수서, 사), 烏斯含達(지리)} : {客賢韓^百, 求底韓^百, 大山韓城^百, 韓, 韓穢(광개), 三韓(천남생, 고자묘, 천헌성), 韓始城(사)}

(167.1)의 대립 항 '三'은 음운대립의 논거에서 제외한다. 앞에서 이미 논의했듯이 것처럼 차용어인 데다가 '密'로 훈독했을 가능성이 있기 때문이다. 반면에

대립 항 '彡'은 믿을 만하다. 용례 '彡穰城^百'에서 어울려 사용된 '穰'이 고구려어 표기에서만 사용되고 백제어 표기에서는 사용되지 않았기 때문이다. 또한 '彡'이 '₂彡衡'과 'AB彡鹽'의 두 가지 음가를 가지는 多音字라는 점이 문제가 되지만, 고구려어에서는 이 둘이 동일 칸에 오고 그 음가가 /*s(j)am/으로 동일하다. 굳이 차이를 들춘다면 개음 /*j/의 유무뿐이다. 이 /*s(j)am/이 대립 항 '開₂山山'과 대립한다. 그런데 이 '山'은 /*san/의 음가를 가지는 것이 아니라 /*sən/의 음가를 가진다. 山韻 2등의 운복이 /*a/가 아니라 /*ə/로 추정되므로, 이 대립 쌍은 운미의 최소대립 쌍이 아니다. 따라서 운미 /*-m/과 /*-n/의 음운대립을 논의할 때에는 (167.1)의 대립 쌍을 모두 제외하는 것이 안전하다.

(167.2)의 대립 항 '₁含覃'과 '開₁韓寒'은 운미의 최소대립 쌍임이 분명하다. 覃韻 1등과 寒韻 1등의 운복은 공통적으로 /*a/이기 때문에 이들은 운미에서만 음가가 다르다. 따라서 (167.2)에서 운미 /*-m/과 /*-n/이 최소대립을 이룸이 분명하고, 대립 성립의 시점은 7세기 중엽이다. 그런데 (167.2)의 대립 항 '含'의 용례 중에서 멸망 이전에 사용된 것은 '含資'뿐이라서 자세히 검토할 필요가 있다. "낙랑군에 통합되었던 진번군의 옛 땅 일부에 새로 낙랑군 南部都尉를 설치하고 昭明·帶方·含資·列口·長岑·提奚·海冥의 7현을 관할하게"(『한국민족문화대백과사전』참조) 했다는 기사에 '含資'가 나온다. 따라서 이 지명은 고구려의 지명이라기보다는 낙랑군의 지명이라고 하는 것이 맞다. 이에 따라 '含資'를 고구려 지명에서 제외하면 (167.2)가 음운대립의 논거에서 제외된다.

결론적으로, 고구려어 표음자 340자 내부에서는 운미 /*-m/과 /*-n/이 최소대립을 이루는 쌍을 찾을 수 없다.

다음으로, 종합 분석표 (163)에서 운미 /*-m/과 /*-ŋ/이 동일 칸에 온 것을 찾아본다. 아래의 예에서 이 두 운미가 음운대립을 이룬다. 대립 성립의 시점은 모두루비가 건립된 5세기 중엽이다.

(168) 운미 /*-m/과 /*-ŋ/의 음운대립 쌍과 그 용례

泥母 /*n/의 상성 – AB冄鹽 開C壤陽 /*njam : *njaŋ/

{冄牟(모두), 冄有(천남생, 천헌성)} : {平壤/平壤城(삼국, 한서, 후한, 위서)}

위의 대립 항 '$_{AB}$冄$_{鹽}$'은 그 음가가 /*njam/으로 추정되고, '$^{開}_{C}$壤$_{陽}$'은 /*njaŋ/
으로 추정된다. 따라서 이 둘은 운미 /*-m/과 /*-ŋ/의 최소대립 쌍임이 분명하
다. 따라서 고구려어 표음자에서 운미 /*-m/과 운미 /*-ŋ/이 음운론적으로 대
립했다고 보아야 한다. 이것은 고구려어 음절말 자음에서 /*-m/과 /*-ŋ/이 구
별되었음을 뜻한다.

마지막으로, 종합 분석표 (163)에서 음성운미 /*-n/과 /*-ŋ/이 동일 칸에 온
것을 찾아본다.

(169) 운미 /*-n/과 /*-ŋ/의 최소대립 쌍과 그 용례

1. 幫母 /*p/의 평성 – $_C$芬$_文$: $_1$豊$_東$ /*pwun~*pun : *puŋ/

   {芬而耶羅城^{百}(광개), 扶芬奴(사)} : {北豊/北豊城(광개, 송서, 위서, 북사, 남사,
   사)}

2. 明母 /*m/의 평성 – $_C$文$_文$: $_1$蒙$_東$ /*mwun~*mun : *muŋ/

   {文達(평양성B), 文咨王(위서, 남사, 북사, 사), 乙支文德(북사, 수서, 사), 蓋蘇文
   (유인원, 구당, 당서, 사, 유), 文(고자묘), 伊文縣(지리), 賀取文(일), 高文信, 王
   仲文(속), 高文(구당, 사), 蘇文(사, 유), 李文眞, 文德(사), 文咨明王(유)} : {朱蒙
   (삼국, 위서, 주서, 북사, 수서, 고자묘, 천헌성, 천남산, 송사, 사, 유), 鄒蒙(유)}

3. 來母 /*l/의 상성 – $^{開}_{AB}$璉$_仙$: $^{開}_{AB}$領$_清$ /*ljen : *ljeŋ/

   {高璉(송서, 남제, 양서, 주서, 남사, 수서), 璉(위서, 주서, 북사)} : {相主領(삼국)}

4. 心母·書母의 평성[154] – $^{開}_{AB}$鮮$_仙$, $^{開}_{AB}$仙$_仙$: $^{開}_{AB}$誠$_清$, $^{開}_{AB}$成$_清$ /*sjen : *sjeŋ/

   {朝鮮(진서, 북사, 수서, 천비묘, 구당, 사), {仙人(주서, 북사, 사)} : {獻誠(천남생,
   천헌성, 천비묘, 사), 信誠(구당, 당서, 사)}, {遂成(삼국, 후한, 사), 成(위서, 북제,
   주서, 남사, 북사), 安王成(속), 建成(사, 유), 湯成, 平成(사)}

5. 精母 /*ts/의 평성 – $^{開}_1$殘$_寒$: $^{開}_1$藏$_唐$, $^{開}_1$臧$_唐$ /*tsan : *tsaŋ/

   {百殘, 殘國(광개)} : {高藏(천남생, 천비묘, 구당, 당서, 사, 유), 高金藏(속), 藏(구
   당), 藏王(유)}, {安臧王(남사, 사, 유), 寶臧/寶臧王(사, 유), 臧(사)}

---

154 이 대립 쌍은 心母와 書母를 하나로 합칠 때에 성립한다.

6. 見母 /*k/의 평성 – $^{合}_{C}$軍$_{文}$: $_{C}$宮$_{東}$ /*kwun~*kun : *kuŋ/

    {衛將軍(삼국), 中軍主活(천남산), 三軍大將軍(당서)} : {宮(후한, 삼국, 양서, 위서, 북사, 사, 유), 位宮(삼국, 양서, 위서, 북사, 수서, 사), 高宮(사)}

    (169.1)의 대립 항 '芬'은 광개토대왕이 탈취한 성의 하나인 '芬而耶羅城^{百}'에 사용되었다. 위에서 논의한 바 있듯이, 이 城名은 고구려 지명일지 백제 지명일지 확인되지 않는다. 이럴 때에 이 지명을 고구려 지명으로 간주해 왔다. 따라서 (169.1)은 /*-n/과 /*-ŋ/의 최소대립 쌍이다.

    (169.2)의 대립 항 '$_{C}$文$_{文}$'과 '$_{1}$蒙$_{東}$'은 각각 /*mwun~*mun/과 /*muŋ/으로 추정된다. 따라서 이 쌍은 운미 /*-n/과 /*-ŋ/의 최소대립 쌍임이 분명하다. 대립 성립의 시점은 평양성B가 축조된 566년이다. (169.3)의 대립 항 '$^{開}_{AB}$璉$_{仙}$'과 '$^{開}_{AB}$領$_{清}$'은 그 음가가 각각 /*ljen/과 /*ljeŋ/으로 추정된다. /*-n/과 /*-ŋ/의 최소대립 쌍임이 분명하고, 대립 성립의 시점은 『송서』가 편찬된 488년이다. (169.4)의 대립 항인 '$^{開}_{AB}$鮮$_{仙}$'과 '$^{開}_{AB}$仙$_{仙}$'은 /*sjen/으로 추정되고 '$^{開}_{AB}$誠$_{清}$'과 '$^{開}_{AB}$成$_{清}$'은 /*sjeŋ/으로 추정된다. 心母 /*s/와 書母 /*sj/를 하나로 합칠 때에 성립하지만, 이 대립 쌍도 운미 /*-n/과 /*-ŋ/의 최소대립 쌍이다. 그러나 '鮮'의 용례가 '朝鮮' 하나뿐이고 이 국명을 고구려에서 작명한 것이 아니므로, 음운대립의 논거에서 이것을 제외하는 것이 안전하다. (169.5)의 대립 항 '$^{開}_{1}$殘$_{寒}$'은 /*ʦan/으로, '$^{開}_{1}$藏$_{唐}$'과 '$^{開}_{1}$臟$_{唐}$'은 /*ʦaŋ/으로 추정된다. 여기에서도 운미 /*-n/과 /*-ŋ/이 최소대립을 이룬다. 대립 성립의 시점은 7세기 중엽이다.

    위의 여러 쌍에서 운미 /*-n/과 운미 /*-ŋ/이 최소대립을 이루므로 고구려어의 음절말 자음에서 /*-n/과 /*-ŋ/이 음운론적으로 대립했다고 보아야 한다.

    위에서의 논의를 요약하면 아래의 (170)과 같다. 최소대립 쌍이 있을 때에는 두 운미를 실선으로 연결하고 없을 때에는 점선으로 연결한다.

(170) 자음 운미의 음운대립

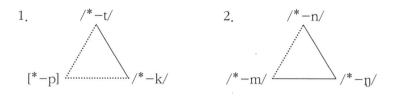

  (170.1)은 입성운미 /*-p, *-t, *-k/ 상호 간의 음운대립이고 (170.2)는 양
성운미 /*-m, *-n, *-ŋ/ 상호 간의 음운대립이다. (170.1)에서 볼 수 있듯이,
입성운미 [*-p]가 /*-t/나 /*-k/와 최소대립을 이루지 않는다. 반면에, (170.2)
에서 볼 수 있듯이, 양성운미 /*-m/이 /*-ŋ/과 음운론적으로 대립하고, /*-n/
과 /*-ŋ/의 최소대립도 성립한다.
  자음 음소를 설정하면서 三肢的 相關을 이룰 때에 우리는 有標項끼리의 음운
대립도 성립해야 한다고 했다. 그런데 韻尾에서는 어느 것이 無標項이고 어느
것이 有標項인지를 결정할 수 없다. 또한 韻尾의 용례는 聲母의 용례에 비하여
양적으로 적을 수밖에 없다. 따라서 (170.2)에서 /*-m : *-ŋ/의 대립과 /*-n :
-ŋ/의 대립만 성립해도, /-ŋ/뿐만 아니라 /*-m/과 /*-n/도 독자적 운미로
인정한다. 이에 따르면 (170.1)의 /*-t/와 /*-k/도 독자적 운미로 설정된다.
  앞에서 이미 언급했듯이, (170.1)의 입성운미 [*-p]를 가지는 표음자는 3자뿐이
다. 바로 이 희소성 탓으로 입성운미 /*-p : *-t/의 최소대립 쌍과 /*-p : *-k/
의 최소대립 쌍이 실증되지 않는다고 할 수 있다. (170.2)에서 양성운미 /*-m/과
/*-n/의 최소대립이 확인되지 않는 것도 사실은 /*-m/ 운미를 가지는 표음자가
많지 않다는 데에 그 원인이 있다. 더군다나 한어 중고음에는 /*-p/와 /*-m/이
원순모음 뒤에 오지 못한다는 음절구조제약이 있다. 이 제약 탓으로 고구려어의
'놈/놉, 곰/곱, 굼/굽, 둠/둡' 등의 음절이 제대로 표기되지 않았을 가능성도 크
다. 이 구조제약을 감안하면 고구려어 운미에서 /*-m : *-n : *-ŋ/의 三元對立
과 /*-p : *-t: *-k/의 三元對立을 가정할 수 있다.
  그렇더라도 우리는 운미 [*-p]의 독자성을 인정하지 않는다. 최소대립 쌍으로
확인될 때에만 음소로 설정한다는 것이 우리가 가장 중시하는 기준이기 때문이

620

다. 이 기준에 따라 우리는 다음과 같이 결론짓는다. 고구려어의 음절말 자음에는 /*-m, *-n, *-ŋ/와 /*-t, *-k/가 있었다. 이들 상호 간의 대립 관계는 최소대립 쌍으로 확인된다. 음절말 자음 [*-p]는 최소대립 쌍으로 확인되지 않으므로 독자적 운미에서 제외한다. 다만, 음절말 자음 /*-p/가 설정되지 않는 것은 용례의 부족에서 비롯되었을 가능성을 열어 둔다.

위의 논의는 한어 중고음 연구에 시사하는 바가 크다. 한어 중고음에서 입성운미 /*-p : *-t : *-k/ 상호 간의 대립뿐만 아니라 양성운미 /*-m : *-n : *-ŋ/ 상호 간의 대립도 있었다는 것이 통설인데, 이 대립체계에서 어느 운미가 가장 먼저 사라졌는지를 짐작할 수 있다.

후기 중고음 단계에서 가장 먼저 지위가 흔들린 운미는 /*-p/였을 것이다. 그 다음으로 /*-m/이 사라졌을 것이다. 이들이 사라지면 운미 체계에 커다란 변화가 일어난다. 비록 고구려어 대상의 논의이기는 하지만, 운미 상호 간에 어느 최소대립은 성립하고 어느 최소대립은 성립하지 않는다는 사실을 기준으로 운미 체계 붕괴의 순서를 정할 수 있다. 양성운미 /*-m : *-n : *-ŋ/ 상호 간의 대립에서는 /*-m : *-n/의 최소대립 쌍이 양적으로 가장 적다. 이것은 /*-m/이 가장 먼저 사라진다는 것을 암시한다. 실제로 한어의 후기 중고음에서도 /*-p/와 /*-m/이 가장 먼저 사라진다. 운미 /*-p/와 /*-m/을 가지는 한자가 많지 않기 때문에, 운미가 소멸하거나 합류하는 변화가 이들에서 가장 먼저 확인된다.

6.8. 고구려어 운모의 음가 추정 종합

지금까지 우리는 한어의 攝을 韻尾의 종류에 따라 분류한 다음에, 그 운미의 앞에 어떤 모음이 오는지를 논의하였다. 이 방법을 따르면, 고구려어 표음자의 모음 목록을 효과적으로 추적할 수 있다. 고구려어뿐만 아니라 중세 한국어는 한어 중고음의 운미를 고스란히 유지하고 있는 대표적인 언어이다. 따라서 운미의 분류를 기준으로 삼아, 그 앞에 오는 韻腹이 어떤 모음이었는지를 논의하는 것이 효과적이다. 물론 운복의 최소대립 쌍이나 음운대립 쌍이 있을 때에만 서로 다른 모음을 배당하고, 두 운모가 상보적 분포일 때에는 동일한 모음을 배당하였다. 이 음소분석 방법은 프라그 학파의 이론에 따른 것으로서, 처음부터 끝까지 이 방법으로 일관하였다. 이 방법으로 논의한 결과를 한군데로 모으되, 攝 단위로 나누어 여러 운모의 음가를 제시하면 다음과 같다.

(171) 고구려어 운모의 음가 추정 종합

  1. 果攝과 假攝

    歌韻 1등(14자)·麻韻 2등(10자) = /*a/

    戈韻 1등(8자) = /*wa/

    麻韻 3등(9자) = /*ja/

  2. 遇攝

    模韻 1등(32자) = /*o/

    魚韻 3등(19자) = /*jo/ (고구려 멸망 이전)

        {魚韻 3등(19자) = /*je/ (고구려 멸망 이후)}

    虞韻 3등(27자) = /*wu~*u (순음, 아후음 뒤), *ju (설치음 뒤)/

  3. 止攝

    支韻 3등(18자) A = /*je/

    支韻 3등 B = /*ɪe/

    脂韻 3등(25자) A = /*ji~*i/

    脂韻 3등 B = /*ɪi/

  4. 效攝

    豪韻 1등(12자)·肴韻 2등(2자)= /*o/ {模韻 = /*o/}

    宵韻 3등(9자)·蕭韻 4등(6자) = /*jau/ (고구려 멸망 이전) {魚韻 = /*jo/}

        {宵韻 3등(9자)·蕭韻 4등(6자) = /*jo/ (고구려 멸망 이후)} {魚韻 = /*je/}

  5. 流攝

    侯韻 1등(16자) = /*u/ {虞韻 3등 = /*wu~*u/}

    尤韻 3등(32자) = /*ju/ {虞韻 3등 = /*ju/}

  6. 蟹攝

泰韻 1등(10자)·皆韻 2등(5자)·佳韻 2등(5자) = /*ai/

祭韻 3등(5자)·廢韻 3등(2자) = /*jai/

咍韻 1등(13자) = /*əi/

灰韻 1등(4자) = /*wəi/

齊韻 4등(19자) = /*ei/

之韻 3등(25자)·微韻 3등(11자) = /*ɪəi/ (→ /*əi/)

7. 通攝과 江攝

東韻 1등(12자)·冬韻 1등(3자) = /*uŋ, *uk/

東韻 3등(18자) = /*juŋ, *juk/

鍾韻 3등(13자) = /*joŋ, *jok/ (설치음 뒤)

江韻 2등(3자) = /*oŋ, *ok/

8. 宕攝

唐韻 1등(20자) = /*aŋ, *ak/

陽韻 3등(26자) = /*jaŋ, *jak/

9. 梗攝

庚韻 2등(10자)·耕韻 2등(2자) = /*eŋ, *ek/

庚韻 3등(11자)·清韻 3등(14자)·青韻 4등(8자) = /*jeŋ, *jek/

10. 曾攝

登韻 1등(13자) = /*əŋ, *ək/

蒸韻 3등(14자) = /*jəŋ, *jək/

11. 山攝과 臻攝

寒韻 1등(16자) = /*an, *at/

桓韻 1등(12자) = /*wan, *wat/

魂韻 1등(21자) = /*on, *ot/

痕韻 1등(3자)·山韻 2등(4자)·刪韻 2등(2자) = /*ən, *ət/

欣韻 3등(4자) = /*jən, *jət/

仙韻 3등(25자)·先韻 4등(15자) = /*jen, *jet/

元韻 3등(9자) = /*wen, *wet/

文韻 3등(17자) = /*wun~*un, *wut~*ut/ (순음, 아후음 뒤)

諄韻 3등(9자) = /*jun, *jut/ (설치음 뒤)

眞韻 3등(24자)·臻韻 3등(1자) = /*jin~*in, *jit~*it/

12. 咸攝과 深攝

覃韻 1등(8자)·談韻 1등(5자)·銜韻 2등(4자)·咸韻 2등(2자) = /*am, *ap/

鹽韻 3등(8자)·嚴韻 3등(2자)·凡韻 3등(1자)·添韻 4등(1자) = /*jam, *jap/

侵韻 3등(17자) = /*jim~*im, *jip~*ip/

위의 여러 운모에서 운복 위치에 오는 것은 /*a, *e, *i, *o, *u, *ə/의 6개 모음이다. 이들은 모두 음소의 자격을 갖춘 것으로서 음운론적으로 서로 대립한다.

우리는 지금까지 3등은 항상 개음을 가진다는 원칙을 충실히 따랐다. 그리하여 虞韻 3등의 음가를 /*wu/로 표기했으나 고구려어에서는 /*wu/가 실질적으로는 /*u/와 같았을 것이다. 개음은 동질적인 모음이 바로 뒤에 오면 탈락하는 것이 보편적인 현상이다. 脂韻 3등의 /*ji/, 眞韻 3등의 /*jin, *jit/, 侵韻 3등의 /*jim, *jip/ 등에서도 개음 /*j/ 탈락이 적용되었을 것이다. 이 개음 탈락을 (171)에서는 '~'로 표시하였다.

앞에서 우리는 /*a, *e, *i, *o, *u/의 5개 모음 상호 간의 대립관계를 위의 (40)에 그려 둔 바가 있고, /*a, *e, *o, *u, *ə/의 5개 모음이 음운대립을 이루는 상황을 (136)에 그려 둔 바 있다. 이제, /*i/ 모음이 나머지 모음과 음운론적으로 대립하는 것을 이들에 추가하여 음운대립 관계를 완성하기로 한다.

(172) 고구려어 6개 모음 상호 간의 음운대립 관계

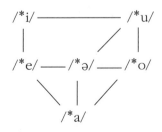

고구려어에서 脂韻 3등 A의 /*ji/와 支韻 3등 A의 /*je/가 음운론적으로 대립하므로, (172)에서 /*i/ 모음과 /*e/ 모음 사이에 직선을 그었다. 眞韻 3등의 /*jin, *jit/이 諄韻 3등의 /*jun, *jut/과 음운대립을 이룬다. 또한 侵韻 3등의 /*im, *ip/과 覃韻 1등·談韻 1등·銜韻 2등·咸韻 2등의 /*am, *ap/이 음운대립을 이룬다. 따라서 /*i/와 /*a/의 사이에도 직선을 그어야 하지만 (172)에서는 서로 멀리 떨어져 있어서 긋지 않았다.

眞韻 3등과 欣韻 3등의 음운대립 쌍이 있다면 /*i/와 /*ə/ 사이에도 직선을 그을 수 있으나, 유감스럽게도 이 음운대립 쌍은 찾을 수 없다. 眞韻 3등은 운복이 /*ə/인 痕韻 1등·山韻 2등·删韻 2등과도 동일 칸에 오지 않는다. 이것은 고구려어 모음체계에서 아주 중요한 특징이다. 고구려어에서는 /*i/ 모음과 /*ə/ 모음의 관계가 아주 긴밀했기 때문일 것이다. 黃笑山(2006)과 魏國峰(2014) 등의 일부 학자는 眞韻 3등 A와 眞韻 3등 B의 운복을 각각 /*i/와 /*ə/라 하여 구별했지만, /*i/ 모음과 /*ə/ 모음이 동일 韻의 운복이므로 사실은 관계가 긴밀하다.

/*ə/ 모음은 항상 운미의 앞에만 분포한다. 이것은 /*ə/ 모음이 기본모음 /*a, *e, *i, *o, *u/의 5개 모음에서 새로이 독립되어 나온 모음임을 암시한다. 이 5개 모음 중에서도 /*i/에서 분리되어 나왔을 가능성이 가장 크다. 庚韻 2등을 논의할 때에 이미 언급했듯이, 庚韻 2등의 운복 /*e/에 중설화가 일어나 중세 한국어의 'ㆍ'에 대응하는 모음 즉 /*ʌ/ 모음이 새로 생성되었을 가능성이 있다. 이와 마찬가지로, /*i/에서 중설화가 일어나면 /*ə/가 될 수 있다. 이 두 가지의 중설화 과정이 완전히 평행적이라는 점에서 2차모음 /*ə/(중세 한국어의 'ㅡ')와 /*ʌ/(중세 한국어의 'ㆍ')의 생성 과정을 믿을 만하다. 다만, 고구려어에서는 /*ə/가 이미 생성되었지만, /*ʌ/는 아직 생성되지 않은 상태였다.

고구려어의 개음에는 전설 평순 개음 /*j/, 후설 원순 개음 /*w/, 후설 평순 개음 /*ɪ/의 세 가지가 있다. 한어 중고음에는 전설 원순 개음 /*ɥ/와 複聲母의 자음 /*r/에서 비롯된 개음이 있지만, 고구려어에는 /*ɥ/와 /*r/ 개음이 없다.

6.9. 고구려어 6모음의 분포

이제 6개의 單母音이 고구려어에서 각각 어느 韻母에 분포하는지 정리하기로 한다.

중설 저모음 /*a/는 (173)의 여러 운모에 온다. /*a/는 1등운과 2등운에 분포하는 것이 원칙이다. 이것은 고구려어에서 1등운과 2등운의 구별이 없었음을 뜻한다. 3등운이나 4등운 중에도 운복이 /*a/인 것이 있지만, 이들은 모두 개음 /*j/를 가진다.

(173) /*a/ 모음의 분포

    1. 歌韻 1등·麻韻 2등 = /*a/

    2. 戈韻 1등 = /*wa/

    3. 麻韻 3등 = /*ja/

    4. 宵韻 3등·蕭韻 4등 = /*jau/

    5. 泰韻 1등·皆韻 2등·佳韻 2등 = /*ai/

    6. 祭韻 3등·廢韻 3등 = /*jai/

    7. 唐韻 1등 = /*aŋ, *ak/

    8. 陽韻 3등 = /*jaŋ, *jak/

    9. 寒韻 1등 = /*an, *at/

  10. 桓韻 1등 = /*wan, *wat/

  11. 覃韻 1등·談韻 1등·銜韻 2등·咸韻 2등 = /*am, *ap/

  12. 鹽韻 3등·嚴韻 3등·凡韻 3등·添韻 4등 = /*jam, *jap/

위의 여러 운모 중에서 /*w/를 가지는 合口韻으로는 戈韻 1등, 桓韻 1등의 두 가지가 있다. 合口韻은 주로 1등운에 분포한다. 개음 /*j/를 가지는 운모로는 麻韻 3등, 宵韻 3등, 蕭韻 4등, 祭韻 3등, 廢韻 3등, 陽韻 3등 등이 있다. 이 중에서 蕭韻 4등은 宵韻 3등과 음운대립을 이루는 예가 없어서 宵韻 3등에 편입한 것이다. 이 蕭韻 4등을 제외하면 개음 /*j/를 가지는 운모는 모두 3등운에 분포한다고 말할 수 있다.

宵韻 3등·蕭韻 4등은 魚韻 3등과 음운론적으로 대립하고 이 대립은 고구려 멸망기까지 이어진다. 따라서 魚韻 3등의 음가는 /*jo/이고 宵韻 3등·蕭韻 4등의 음가는 /*jau/라고 추정된다. 그런데 고구려 멸망 이후의 시기에 宵韻 3등·蕭韻 4등의 /*jau/가 /*jo/로 바뀌는 변화가 일어났다. 이 변화에 따라 宵韻 3등·蕭韻 4등의 /*jo/와 魚韻 3등의 /*jo/가 같아진다. 이것을 피하기 위하여 고구려 멸망 이후에 魚韻 3등의 /*jo/가 /*je/로 바뀌는 변화가 일어났다. 이 연쇄 변화를 자연스럽고도 합리적으로 기술할 수 있다는 점이 우리의 장점이다.

다음으로, 중설 중모음 /*ə/는 한국 중세음의 ' ﹒ '와 'ㅡ'에 대응하는 모음이다. /*ə/의 중요한 특징은 운미가 있을 때에만 설정된다는 점이다. 之韻 (﹒ 微韻) 3등, 咍韻 (﹒ 灰韻) 1등, 登韻 1등, 蒸韻 3등, 痕韻 1등·山韻 2등·刪韻 2등, 欣韻 3등 등에 분포한다. 이들의 공통점은 모두 운미를 가진다는 점이다.

(174) /*ə/ 모음의 분포

1. 之韻 (﹒ 微韻) 3등 = /*ɪəi/ (→ /*əi/)

2. 咍韻 1등 = /*əi/

3. 灰韻 1등 = /*wəi/

4. 登韻 1등 = /*əŋ, *ək/

5. 蒸韻 3등 = /*jəŋ, *jək/

6. 痕韻 1등·山韻 2등·刪韻 2등 = /*ən, *ət/

7. 欣韻 3등 = /*jən, *jət/

고구려어 표음자에서는 咍韻 1등의 운복이 泰韻 1등·皆韻 2등·佳韻 2등의 운복 /*a/와 음운론적으로 대립하고 동시에 齊韻 4등의 운복 /*e/와도 음운론적으로 대립한다. 이 三元對立을 인정하지 않을 수 없다. 이에 따라 咍韻 1등을 /*əi/로 재구하고, 그 운복 모음 /*ə/가 중세 한국어의 ' ﹒ '(즉 [ʌ])와 'ㅡ'(즉 [ɨ])를 아우르는 것으로 본다. (174.1)의 之韻 (﹒ 微韻) 3등을 /*ɪəi/ 대신에 [*ɪʌi]나 [*ɪɨi]로 추정해도 된다. 음성운미 /*-i/ 앞에서는 [*ʌ], [*ə], [ɨ] 상호 간의 음운대립이 확인되지 않기 때문이다. 고구려어의 음소 /*ə/는 이 세 음성을 아우르는 것이라 할 수 있다.

기존의 한자음 연구에서는 攝 단위로 분리하여 운모를 기술할 때가 많았다. 그러나 우리는 /*-ŋ, *-k/ 운미를 공통적으로 가지는 通攝, 江攝, 梗攝, 宕攝, 曾攝 등을 한군데로 묶어서 한꺼번에 관찰하는 방법을 택했다. 이 종합적 방법을 택해야만 宕攝의 唐韻 1등이 曾攝의 登韻 1등과 음운론적으로 대립하는지를 논의할 수 있다. 우리의 논의에서는 唐韻 1등과 登韻 1등의 운복이 최소대립을 이룬다. 따라서 唐韻 1등의 운복 /*a/에 음운론적으로 대립하는 登韻 1등의 /*ə/를 설정해야만 한다. (174.6)에서 볼 수 있듯이, 臻攝의 痕韻 1등과 山攝의 山韻 2등·刪韻 2등이 공통적으로 /*ə/를 가진다. 이것도 臻攝과 山攝을 하나로 묶어서 기술할 때에만 얻을 수 있는 결론이다.

다음으로, 전설 평순 중모음의 /*e/도 고구려어의 모음 음소이다. 중세 한국어의 'ㅓ'에 대응하는 모음이 /*e/라고 이해하면 된다. 그 분포는 다음과 같다.

(175) /*e/ 모음의 분포

1. 支韻 3등 A = /*je/
2. 支韻 3등 B = /*ɪe/
3. 齊韻 4등 = /*ei/
4. 庚韻 2등·耕韻 2등 = /*eŋ, *ek/
5. 庚韻 3등·淸韻 3등·靑韻 4등 = /*jeŋ, *jek/
6. 仙韻 3등·先韻 4등 = /*jen, *jet/
7. 元韻 3等 = /*wen, *wet/

淸韻 3등과 靑韻 4등은 상보적 분포이므로 이들을 /*jeŋ, *jek/ 하나로 묶는다. 그런데 이 淸韻 3등·靑韻 4등이 庚韻 2등·庚韻 3등과도 음운론적으로 대립하지 않는다. 따라서 庚韻 2등에는 /*eŋ, *ek/의 음가를, 庚韻 3등에는 /*jeŋ, *jek/의 음가를 배정한다. 이 庚韻 2등의 /*eŋ, *ek/과 淸韻 3등·靑韻 4등의 /*jeŋ, *jek/이 唐韻 1등의 /*aŋ, *ak/과도 음운대립을 이룬다.

(175)에서 볼 수 있듯이, /*e/ 모음은 1·2등운에는 없고 3·4등운에 분포하는 것이 원칙이다. 이 점에서 庚韻 2등·耕韻 2등의 운복이 /*e/인 것은 예외적이다. 이 예외를 없애기 위하여 이들의 /*e/가 후대에 中舌化한 것으로 추측된다. 이 과정에서 한국 중세음의 'ㆍ' 즉 /ʌ/가 새로 발생한 것으로 추정한다. /*e/와는 달리 /*a, *ə/는 1등운에 주로 나타나므로, 이 둘은 對蹠的이다. 이것을 우리는 전설과 중설(또는 후설)의 차이로 이해한다.

清韻 3등과 青韻 4등, 仙韻 3등과 先韻 4등에서는 각각 3등과 4등의 구별이 없다. 고구려어에서는 3등과 4등이 음운론적으로 비변별적인 때가 적지 않은데, 이들이 대표적인 예다. 반면에 祭韻 3등의 /*jai/와 齊韻 4등의 /*ei/가 음운대립을 이룬다. 이때에는 개음 /*j/의 유무로 두 운모의 음가를 구별할 수 있지만, 운복의 차이로 구별할 수도 있다.

다음으로, 전설 평순 고모음 /*i/는 기본 3모음의 하나이므로 모든 언어에서 음소로 등록되고 용례도 많다. 그런데 고구려어에서는 이 /*i/ 모음의 분포가 아주 협소한 편이다. 한어에서도 /*i/의 분포가 넓은 편은 아니므로, 고구려어 모음 체계를 한자음으로 분석할 때에는 그 분포가 좁아질 수밖에 없다.

(176) /*i/ 모음의 분포

 1. 脂韻 3등 A = /*ji~*i/
 2. 脂韻 3등 B = /*ɹi/
 3. 眞韻 3등·臻韻 3등 = /*jin~*in, *jit~*it/
 4. 侵韻 3등 = /*jim~*im, *jip~*ip/

/*i/는 止攝의 脂韻 3등, 臻攝의 眞韻 3등, 深攝의 侵韻 3등에 분포한다. 이들은 모두 3등운이다. 따라서 고구려어의 /*i/ 모음은 항상 개음 /*j/나 /*ɹ/의 뒤에만 온다.

/*i/ 모음과 관련하여 꼭 기억해 두어야 할 것은 脂韻과 支韻에서는 3등 A와 3등 B가 변별된다는 점이다. 脂韻 3등에서는 '$_A$比$_脂$: $_B$嚭$_脂$'의 대립 쌍이 있고 支韻 3등에서는 '$_A$卑$_支$: $_B$碑$_支$'의 대립 쌍이 있다. 이 重紐 대립을 기반으로 脂韻 3

등 A의 음가를 /*ji/라 하고 3등 B의 음가를 /*ɪi/라 했다.

　眞韻에서도 3등 A와 3등 B가 음운론적으로 대립하는지 검토해 보았다. 그 대립 쌍은 '壹 : 乙'인데, 이들의 한국 중세음은 '일 : 을'이다. 이 대립을 기반으로 眞韻 3등 A의 음가를 /*jin, *jit/이라 하고 3등 B의 음가를 /*ɪin, *ɪit/이라 할 수 있으나, 대립 항 '壹'이 문제가 된다. '壹'의 용례가 '壹八城戶' 하나뿐인데, 이것이 표기법의 관점에서 고구려 지명일 가능성보다 백제 지명일 가능성이 더 크다. 대립 항 '壹'을 고구려어 표음자에서 제외하면 眞韻에서는 3등 A와 3등 B가 음운론적으로 대립하지 않는다. 따라서 고구려어에서 3등의 重紐가 확인되는 것은 止攝 하나로 한정된다.

　다음으로, 후설 원순 중모음 /*o/는 분포가 넓은 편이다. 遇攝의 模韻 1등은 效攝의 豪韻 1등, 肴韻 2등과 더불어 /*o/로 추정된다. 따라서 /*o/ 모음에서도 1등과 2등의 구별이 없다. 江韻 2등은 전기 중고음과 고구려어에서는 /*oŋ, *ok/의 음가였다가 후기 중고음에서 /*aŋ, *ak/으로 바뀐다.

(177) /*o/ 모음의 분포

　1. 模韻 1등·豪韻 1등·肴韻 2등 = /*o/

　2. 魚韻 3등 = /*jo/ (〉 /*je/, 고구려 멸망 이후)

　　　{宵韻 3등·蕭韻 4등 = /*jau/ (〉 /*jo/, 고구려 멸망 이후)}

　3. 鍾韻 3등 = /*joŋ, *jok/ (설치음 뒤)

　4. 江韻 2등 = /*oŋ, *ok/

　5. 魂韻 1등 = /*on, *ot/

　한어 중고음에서는 豪韻 1등의 음가를 /*au/로 추정하는 것이 일반적이고 그 운미가 현대에도 [ao]의 [o]로 이어진다. 그러나 고구려어 표음자에서는 豪韻 1등이 模韻 1등과 음운대립을 이루는 예가 전혀 없다. 따라서 3세기 후반에서 7세기 중엽의 멸망에 이르기까지 豪韻 1등의 /*au/를 고구려어에서는 /*o/로 수용했다고 말할 수밖에 없다. 이것은 고구려어에 하향 활음(off-glide) /*w/를 허용하지 않는 음절구조제약이 있었음을 말해 준다.

이와 동일한 제약에 따라 宵韻 3등과 蕭韻 4등의 음가 /*jau/가 고구려 멸망 이후에 /*jo/로 바뀐다. 豪韻 1등에서는 이 제약이 일찍부터 적용되었지만 宵韻 3등·蕭韻 4등에서는 개음 /*j/의 영향 탓인지 제약 적용의 시기가 상대적으로 늦다. 이 변화의 연쇄작용으로 魚韻 3등의 음가가 /*jo/에서 /*je/로 바뀐다. 지금까지는 魚韻 3등을 한국 중세음에서 어찌하여 'ㅓ, ㅕ'로 수용했는지 밝힐 수 없었다. 우리는 宵韻 3등·蕭韻 4등의 음가가 /*jo/로 바뀜에 따라 魚韻 3등의 음가 /*jo/와 서로 충돌한 데에 그 원인이 있다고 본다. 즉 宵韻 3등·蕭韻 4등과 魚韻 3등의 음운대립을 유지하기 위하여 魚韻 3등의 /*jo/가 /*je/로 바뀌는 연쇄 변화가 일어났다고 본다.

鍾韻 3등은 고구려어에서 설치음 뒤에만 분포하므로 한어에서는 鍾韻 3등의 개음이 /*ɥ/로 추정된다. 고구려어에서는 이 鍾韻 3등이 東韻 3등과 음운론적으로 대립한다. 東韻 3등의 음가를 /*juŋ, *juk/이라 하고 鍾韻 3등을 /*joŋ, *jok/이라 하여 그 음가 차이를 운복에서 구했다. 고구려어에서는 鍾韻 3등이 설치음 뒤에만 분포하므로 그 개음이 /*j/임이 분명하다. 반면에, 江韻 2등에는 개음 /*j/가 없다.

고구려어에서는 東韻 1등과 江韻 2등의 음운대립 쌍을 찾을 수 없다. 이 음운대립 쌍이 보이지 않는 것은 江韻字가 희소한 데에서 비롯된 우연한 일일 것이다. 이 추정에 따라 江韻 2등의 음가를 /*oŋ, *ok/이라고 추정했다. 東韻 3등과 鍾韻 3등의 음운대립이 성립하므로 鍾韻 3등의 운복에 어차피 /*o/를 배당해야 하는데, 鍾韻 3등이 마치 江韻 2등의 개구운인 것처럼 보인다. 한편, 고구려어의 江韻 2등은 『삼국지』가 편찬된 3세기 후반에 이미 唐韻 1등과 음운대립을 이룬다. 상고음 이래로 唐韻의 음가는 /*aŋ, *ak/이었으므로, 3세기 후반의 고구려어에서 江韻의 음가가 /*oŋ, *ok/이었음이 분명하다. 후기 중고음 시기에 이 /*oŋ, *ok/이 /*aŋ, *ak/으로 바뀌어 唐韻과 합류한 것으로 추정된다.

마지막으로, 후설 원순 고모음 /*u/의 분포 상황을 논의하기로 한다.

(178) /*u/ 모음의 분포

1. 虞韻 3등 = /*wu～*u (순음, 아후음 뒤), *ju (설치음 뒤)/

2. 侯韻 1등 = /*u/

3. 尤韻 3등 = /*ju/

4. 東韻 1등·冬韻 1등 = /*uŋ, *uk/

5. 東韻 3등 = /*juŋ, *juk/

6. 文韻 3등 = /*wun~*un, *wut~*ut/ (순음, 아후음 뒤)

7. 諄韻 3등 = /*jun, *jut/ (설치음 뒤)

虞韻은 항상 3등이므로 개음을 가지는데, 한어에서는 이 개음이 전설 원순 개음 /*ɥ/였다. 한어 상고음에서 虞韻의 음가가 /*ɥo/로 추정되는데, 고구려어에서는 이것을 /*wu/와 /*ju/의 두 가지로 수용했다. 운복이 /*o/에서 /*u/로 바뀐 것은 개음 /*ɥ/의 고음성 [+high]에 이끌려 고모음화가 일어났기 때문이다. 고구려어에서 한어의 /*ɥo/를 두 가지로 수용한 것은 고구려어에 전설 원순 개음 /*ɥ/가 없었기 때문이다. 이 개음이 없었으므로, 이것을 순음이나 아후음 뒤에서는 /*w/로 수용하고 설치음 뒤에서는 /*j/로 수용할 수밖에 없었다. 순음이나 아후음 뒤에서 虞韻은 /*wu/의 음가를 가지는데, 이것은 실제로는 /*u/와 구별되지 않았을 것이다. 이것은 虞韻 3등의 /*wu/와 侯韻 1등의 /*u/가 음운론적으로 변별되지 않는다는 데에서 다시 확인된다. 설치음 뒤에 온 虞韻 3등의 음가는 /*ju/인데, 이것이 尤韻 3등의 /*ju/와 역시 구별되지 않는다.

고구려어에서는 通攝 전체에서 음운론적으로 대립하는 운복이 하나밖에 없으므로, 東韻·冬韻 1등의 운복에 /*o/를 배당해도 되고 /*u/를 배당해도 된다. 그러나 東韻 3등이 鍾韻 3등과 음운대립을 이루므로 東韻 3등의 운복에 /*u/를 배당하고 鍾韻 3등의 운복에 /*o/를 배당했다. 이에 따라서 東韻 1등과 江韻 2등의 운복 최소대립 쌍이 없지만, 東韻 1등·冬韻 1등의 운복에 /*u/를 배당하고 江韻 2등의 운복에 /*o/를 배당했다.

고구려어 표음자에서 3등인 文韻과 諄韻이 상보적 분포를 이룬다. 文韻 3등은 순음이나 아후음 뒤에 오고 諄韻 3등은 설치음 뒤에 온다. 이 배타적 환경은 虞韻 3등에서 이미 확인된 바 있다. 따라서 文韻 3등은 /*wun~*un, *wut~*ut/의 음가를 가지고, 諄韻 3등은 /*jun, *jut/의 음가를 가진다고 보았다. 실제로

632

文韻 3등과 諄韻 3등은 한어 상고음에서는 전설 원순 개음 /*ɥ/를 가지는 단일 韻部 즉 文部였다.

널리 알려져 있듯이, 한국 한자음에는 '곰/굼, 곱/굽, 놈/눔, 놉/눕, 돔/둠, 돕/둡, 롬/룸, 롭/룹, 봄/붐, 봅/붑, 솜/숨, 솝/숩, 옴/움, 옵/웁, 좀/줌, 좁/줍, 촘/춤, 춉/춥, 톰/툼, 톱/툽, 홈/훔, 폽/품, 홉/홉' 등의 음가가 없다.[155] (177)의 /*o/ 모음의 분포와 (178)의 /*u/ 모음 분포에서도 이 제약이 그대로 반영되어 있다. 이것은 원순모음 /*o/나 /*u/의 뒤에 운미 /*-m, *-p/가 오지 않는다는 제약에 따른 것이다. 이 제약은 漢語에서 비롯된 것이므로 한국어나 고구려어의 음절구조제약이 아니다.

이제, 고구려 대표자에서 6개 모음이 차지하는 점유 비율을 점검해 두기로 한다. 6개 모음 중에서 어느 모음이 가장 많이 사용되었고 어느 모음이 가장 적게 사용되었는지를 정리할 수 있다. 宵韻 3등·蕭韻 4등의 음가가 고구려 멸망 이후에 /*jau/에서 /*jo/로 바뀌는데, 이들의 운복을 일단 'a'로 표기하였다. 魚韻 3등도 고구려 멸망 이후에 /*jo/에서 /*je/로 음가가 바뀌는데, 魚韻 3등의 운복은 'o'로 표기했다.

(179) 고구려 대표자 100자와 152자의 모음 분포

/*a/ - 加a 漢a 岡a 蓋a 桓a 那a 南a 男a 若a 多a 達a 大a 太a 長a 羅a 馬a 沙a 薩a 奢a 相a 上a 小a 阿a 安a 陽a 王a 者a 將a (28자) 買a 河a 韓a 葛a 和a 貫a 丸a 旦a 湯a 買a 舍a 耶a 也a 左a (42자)

/*e/ - 建e 兄e 惠e 列e 明e 彌e 伯e 伐e 平e 卑e 西e 成e 斯e 延e 原e 元e 支e (17자) 獻e 客e 爾e 麗e 離e 貊e 拔e 先e 生e 折e 靑e (28자)

/*ə/ - 國ə 內ə 德ə 北ə 使ə 史ə 子ə (7자) 紇ə 開ə 山ə 衣ə 意ə 慈ə (13자)

/*o/ - 居o 古o 高o 好o 骨o 忽o 奴o 道o 都o 吐o 盧o 莫o 模o 普o 蘇o 於o 烏o (17자) 固o 如o 孫o 餘o (21자)

/*u/ - 仇u 句u 頭u 豆u 東u 中u 婁u 留u 牟u 木u 武u 文u 夫u 扶u 部u 弗u

---

155 그런데 독특하게도 '품'으로 읽히는 '品, 稟' 등이 있다.

壽u 須u 于u 優u 雲u 鄒u 主u 朱u (24자) 溝u 丘u 久u 候u 軍u 宮u 儒
u 冬u 流u 劉u 富u 漱u 述u (37자)

/*i/ - 人i 利i 位i 乙i 夷i 伊i 次i (7자) 密i 比i 悉i 奋i (11자)

위에서 볼 수 있듯이, 고구려어에서 가장 많이 사용된 모음은 /*a/이다. 고구
려 대표자 100자 중에서 운복이 /*a/인 것은 28자(28.0%)이고 152자 중에서는
42자(27.6%)이다. 반면에 152자 중에서 운복이 /*i/, /*ə/인 대표자는 각각 11자
(7.2%), 13자(8.6%)에 불과하다. 가장 많이 사용된 모음과 가장 적게 사용된 모음
이 대략 4배 정도 차이가 난다.

고구려어의 6모음 중에서 용례가 적은 것은 /*i/, /*ə/ 모음인데, 용례가 적은
만큼 이들의 음운대립을 확인하기도 쉽지 않다. 특히 /*i/ 모음은 기본 3모음의
하나인데도, /*i/ 모음을 가지는 표음자가 아주 적다. 이것이 고구려어 표음자의
아주 중요한 특징이지만, 한어 중고음의 분포에서 그 기원을 찾을 수 있다.

고구려어 표음자의 또 다른 특징으로 후설 원순 모음을 가진 것이 많다는 점을
들 수 있다. 대표자 152자 세트에서 운복이 /*o/나 /*u/인 대표자가 모두 58자
(38.2%)나 되는데, 이것은 예상보다 훨씬 큰 수치이다. 이것도 고구려어 모음의
중요한 특징이다.

우리의 논의와는 달리 고구려어에 전설 원순모음 /*ü/가 음소인 것처럼 기술한
예가 있다. 鄭光(2011: 448)에서는 '翊谷, 翼谷, 於支呑'을 각각 [*ükeytan, *ikeytan,
*ükithən]으로 재구하고, 이들의 첫째 모음을 /*ü/로 재구했다.[156] 그러면서도 鄭
光(2011: 454)의 모음체계도에서는 [*ü]를 /*i/의 변이음으로 보아 모음 음소에서
제외했다. 아마도 이것이 옳을 것이다. 다만, [*ü], [*ɒ], [*o]가 어찌하여 변이음이
고, 이들의 대응 짝인 /*i/, /*u/, /*ə/는 어찌하여 음소인지가 논의된 바 없어 아
쉽다.

---

156 이들의 첫째 음절은 한어 중고음에서 각각 翊[羊開C入蒸], 翼[羊開C入蒸], 於[影中1平模] / 於[影
中C平魚]의 음가이다. 여기에서 어떻게 [*ük], [*ik], [*ü]의 음가를 도출했는지 의심스럽다. 특
히 '翊'과 '翼'은 同音字 관계인데, '翊'은 [*ük]이라 하면서도 '翼'을 [*ik]이라 했다. 이것은 자기
모순이다. 또한 [*ü]라고 해독한 '於'는 模韻/魚韻이므로 운복이 [*ü]가 아니다. 虞韻은 전설 원
순 개음 /*ɥ/를 가지지만 模韻/魚韻은 개음 /*ɥ/를 가지지 않는다.

6.10. 모음조화

앞에서 우리는 /*a, *e, *i, *o, *u, *ə/의 6개를 고구려어의 모음으로 확정했다. 이들 상호 간의 음운대립 관계를 기술할 때에 가장 중요한 것은 母音調和이다. 고구려어가 알타이어에 속하는지는 아직 확실하지 않다. 그러나 알타이어는 모음조화를 가지고 있다는 공통 특징이 있으므로, 모음조화가 고구려어에 있었는지를 당연히 검토하게 된다.

고구려 멸망 이전에 기록된 어휘는 모두 415개 항목이다. 이 중에서 多音節 단어로서 모음조화 연구에 이용할 수 있는 것은 260개 항목에 이른다. 여기에서 다시 한자어식 단어 40개 정도를 덜어낼 필요가 있다. 연구의 결과로 차용어라고 해야 할 것도 10여 개에 이른다. 한자어는 차용어의 일종으로서 모음조화를 파괴할 때에 가장 중요한 요인이 되기 때문에 이들을 덜어낼 필요가 있다. 고구려어의 모음조화를 연구할 때에도 마찬가지인데, 모음조화 논의에서 제외된 한자어식 단어를 구체적으로 들어 보면 다음과 같다.

(180) 모음조화 연구에서 제외된 한자어

1. 幢主 大夫 大相 長史 都督 道使 朝鮮 中郞將 鑄方 司馬 上位{使者} 相主領 收位{使者} 使者 位頭{大兄} 刺史 {衛}將軍 主簿{道使} 太傅 太學{博士} 通事 (20)
2. 長壽{王} 安原{王} 安臧{王} 陽原{王} 永樂{太王} 榮留{王} 嬰陽{王} 朝鮮{王} (8)
3. 男建 男產 男生 獻誠 惠眞 (5)
4. 長安{城} 遼陽 {西}安平 靑丘 太子{河} (5)

'大加, 小兄, 褥薩' 등의 고구려 고유의 관명과 달리, (180.1)에 열거한 관명은 중국에서 차용한 관명일 가능성이 크다. (180.2)의 왕명도 한자어식 왕명으로 보인다. (180.3)의 '男建, 男產' 등은 돌림자 '男'을 포함하고 있고, '獻誠, 惠眞'은 한자어식 인명이다. (180.4)의 지명도 고구려 고유의 지명이 아닌 듯하다. 따라서 이들을 모두 모음조화 연구에서 제외하는 것이 안전하다.

이들을 제외하면 모음조화 연구의 대상이 되는 것은 기껏해야 아래의 174개 단어이다. 이처럼 계량할 때에, 서로 다른 글자로 적혀 있지만 지시 대상이 동일한 것, 예컨대 '溝漊/溝婁, 褥薩/傉薩, 大兄/太兄, 夫餘/扶餘, 鴨綠/鴨淥, 朱蒙/鄒牟, 河伯/河泊, 好大/好太' 등은 하나의 단어로 계산하였다. 이들은 표기로는 두 가지이지만 어형으로는 한 가지이기 때문이다. 174개 단어가 모음조화 연구에 충분한 자료가 아니라는 것은 두말할 필요도 없다. 그러나 적은 분량이라 하더라도 자료를 체계적으로 잘 정리하면 고구려어에 모음조화가 있었는지 여부와 어느 모음이 어떤 모음과 잘 어울리는지 정도는 논의할 수 있다.

(181) 멸망 이전의 고구려 2음절 단어 (174 = 117(지킴, 67.2%) + 57(어김, 32.8%))

ㄱ/ㅎ (29 = 21+8)

加群au 閣彌ae{城}百 河伯/河泊ae 客賢ee{韓}百 {多亏}桓奴ao 葛盧ao 蓋车au 盖切ae 桂婁eu 好大/好太oa{王} □古盧百oo 古利oi{城}百 古模oo{耶羅城} 古鄒ou{大加} 骨蘇oo 和龍au{城} 灌奴ao{部} 貫奴ao{城}百 丸都ao 卦婁au 求底ue{韓}百 仇天ue{城}百 {高}句驪ue 九連ue{城} 溝漊/溝婁uu 句车uu{城}百 國子əə{博士} {處閭}近支əe 其國əə{城}百

ㄴ (15 = 10+5)

那旦aa{城}百 那婁au 南蘇ao{城} 男居ao{城} 男武au 奴久ou 農賣oa{城} 如栗oi 然人ei 冉车au 冉有au {芮}悉弗iu 褥奢oa 褥薩/傉薩oa 儒留uu{王}

ㄷ (19 = 14+5)

多亏au{桓奴} {古鄒}大加aa 帶固ao 太大aa{對盧} {大}對盧əo 太奢aa 戴升əə {中裏}大活aa 大兄/太兄ae 長史əə 賭奴oo 吐捽oo 董騰uə 東盟ue 東明ue 豆奴uo{城}百 豆比ui{鴨}百 中裏uə{大兄} 得來əə

ㄹ (4 = 3+1)

閭達oa 領千ee 婁賣ua{城}百 琉璃ue{王}

ㅁ (19 = 11+8)

馬婁au 馬訾ae{水} {臼}模盧oo{城}百 莫來oə 末客ae 買溝au 牟壽uu 牟盧uo{城}百 牟婁uu{城}百 木底ue 文達ua 武厲ue{城} 武列ue{城} 文咨ui{王} 物苟uu 彌沙ea{城}百 彌鄒eu{城}百 未夷əi 寐錦iə

636

ㅂ (23 =14+9)

巴奴ao{城}^百 泊灼{城}ea 拔奇əe 沛者aa 俳須au 伯固eo 卞國eə{公} 平郭ea □平道eo 平壤/平穰ea {延爾}普羅oa 普述ou{水} 夫餘/扶餘uo 芬而uə 北豊əu 不耐uə{城} 弗德uə {乙}弗利ui 比利ii{城} 沸流əu{谷} 碑麗ee 碑利{城}ei 卑奢ea{城}

ㅅ (24 = 16+8)

沙溝au{城}^百 舍人ai □舍蔦aa{城}^百 奢卑ae{城}^百 散那aa{城}^百 山上əa{王} 彡穰 aa{城}^百 相加aa 相夫au {帛衣}先人ei 仙人ei 小加aa 蘇骨oo 消奴ao{部} 小貊 ae 小兄ae 掃加oa{城}^百 蘇灰oə{城}^百 遂成ie 須鄒uu{城} 順奴uo{部} 升于əu 息愼əi 愼奴io{部}

ㅇ (26 = 17+9)

阿垢au 阿旦aa{城}^百 阿利ai{水}^百 謁奢ea 謁者ea 鴨綠/鴨淥au 耶羅aa{城} 也 利ai{城}^百 於利oi{城}^百 涓奴eo{部} 延爾ee{普羅} 翳屬eu 奧利oi{城}^百 烏骨oo 烏拙oe 沃沮uo 王險aa{城} 優居uo 于伐ue{城} 亏婁uu{城}^百 嵎夷ui 優台uə 鬱折ue 位宮iu 閭奴uo{城}^百 壹八iə{城}^百

ㅈ (15 = 11+4)

次大ia{王} 子遊əu 慈惠əe 笮咨ei 處閭oo{近支} 絶奴eo{部} 諸兄oe 皂衣oə {大}朱留uu{王} 朱蒙/鄒牟uu {中軍}主活ua 就咨ui{城} 就鄒uu{城}^百 芝栖əe 輯安ia

멸망 이전의 고구려어 2음절 단어가 어떤 모음을 가지는지는 (171)에 정리한 각 운모의 운복에서 구할 수 있다. 예컨대 '丸都'의 '丸'은 한어 중고음에서 [匣合 1平桓의 음가를 가지고, 桓韻의 운복은 (171.11)에 정리한 것처럼 /*a/이다. '都' 는 [端中1平模의 음가를 가지고, 模韻의 운복은 (171.2)에 정리되어 있듯이 /*o/ 이다. 따라서 '丸都'의 두 모음은 '丸都ao'로 표시할 수 있다.

이와 같은 방법으로 고구려어 2음절 단어의 모음을 기술하기로 하는데, 두 개 의 구체적인 예를 들어 모음 결정 방법을 설명하기로 한다. 첫째, '男居{城}'의 '居'는 魚韻字이므로 그 운복이 멸망 이전에는 /*o/이지만 그 이후에는 /*e/이다. 그런데 이 지명은 5세기 초엽의 광개토대왕비에 기록되었으므로, '男居{城}'의 운복 모음으로 'ao'를 택한다. 둘째, 고구려 관명 '小加'의 '小'는 宵韻字이다. 宵韻은 고구려 멸망 이전에는 /*jau/의 음가를 가지지만, 그 이후에는 /*jo/로 바뀐다. 따라서 한국 중세음에서 '小'의 운복이 'ㅗ'이더라도 /*a/를 택하여 고구려 '小加'의 두 모음을 'aa'로 기록한다.

이 '男居ao'와 '小加aa'가 모음조화를 지켰다고 바로 말할 수 있을까? 중세 한국어에서는 /a/와 /o/가 陽性母音이므로 이 두 단어가 모음조화를 지켰다고 할 수 있다. 그러나 중세 한국어의 논리를 고구려어에 그대로 대입하면 고구려어 자료를 왜곡할 가능성이 크다. 고구려어에서 /*a/와 /*o/의 두 모음이 모두 양성모음이었는지 아직 확인된 바 없다. 따라서 고구려어의 모음조화를 논의하려면 고구려어 모음 /*a, *e, *i, *o, *u, *ə/의 6모음이 각각 어느 모음과 잘 어울리는지를 고구려어 자체 내에서 먼저 확인할 필요가 있다.

모음조화에는 두 가지 유형이 있다. 첫째는 순행동화이면서 동시에 역행동화인 모음조화이다. 이 양방향 동화의 유형에서는 모음조화의 틀이 분절음과 분리되어 별개의 층(tier)을 형성한다. 이러한 유형의 모음조화는 자동분절 음운론(auto-segmental phonology) 또는 초분절 음운론(supra-segmental phonology)의 연구 방법을 택하게 된다. 둘째는 순행동화로 한정되는 모음조화이다. 알타이 제어를 비롯하여 중세 한국어의 모음조화는 분명히 순행동화의 일종이다. 즉 1음절 모음이 동화주가 되어 후행하는 모음을 동화한다는 기술 방법이다. 이 유형에는 생성 음운론(generative phonology)의 분석 방법을 적용하는 것이 좋다. 따라서 고구려어의 모음조화 유무를 논의할 때에 이 순행동화에 맞추어 자료를 정리하기로 한다.

고구려어의 개별 모음이 어느 모음과 잘 어울리는지를 1음절 모음을 기준으로 정리해 보면 다음과 같다.

(182) 1음절 모음이 /*ə/인 용례 (16)

1. *əə – 國子əə 其國əə 戴升əə 得來əə (4)
2. *əa – 山上əa (1)

3. *əo - 對盧əo (1)

4. *əe - 近支əe 拔奇əe 慈惠əe 芝栖əe (4)

5. *əu - 北豊əu 沸流əu 升于əu 子遊əu (4)

6. *əi - 未夷əi 息愼əi (2)

1음절 모음이 /*ə/인 2음절 단어에서는 2음절 모음이 /*ə/, /*e/, /*u/인 것이 상대적으로 많다. 반대로 2음절 모음에 /*a/나 /*o/ 등이 오는 단어는 희소하다. 이것은 고구려어의 /*ə/ 모음이 /*e, *u/ 등과는 자주 어울리지만, /*a, *o/ 등과는 잘 어울리지 않음을 뜻한다. 그러나 1음절 모음이 /*ə/인 2음절 단어가 16개뿐이라서 통계의 신빙성이 떨어진다.

(183) 1음절 모음이 /*o/인 용례 (28)

1. *oo : □古盧^百oo 古模oo 骨蘇oo 賭奴oo 模盧oo 蘇骨oo 烏骨oo 處閭oo
吐捽oo (9)

2. *oa : 農賣oa 褥奢oa 褥薩/傉薩oa 閭達oa 普羅oa 掃加oa 好大/好太oa (7)

3. *oə : 蘇灰oə 皀衣oə (2)

4. *oe : 莫來oə 烏拙oe 諸兄oe (3)

5. *ou : 古鄒ou 奴久ou 普述ou (3)

6. *oi : 古利oi 如栗oi 於利oi 奧利oi (4)

/*o/ 모음이 첫째 음절에 오는 예 중에서, 둘째 음절에 /*o/나 /*a/ 모음이 온 것이 상대적으로 많다. 반면에 둘째 음절에 /*ə/, /*e/, /*u/ 등의 모음이 온 것은 적은 편이다.

(184) 1음절 모음이 /*u/인 용례 (44)

1. *uu : 溝漊/溝婁uu 句牟uu 儒留uu 牟壽uu 牟婁uu 物苟uu 須鄒uu 亏婁uu
朱留uu 朱蒙/鄒牟uu 就鄒uu (11)

2. *ua : 婁賣ua 文達ua 主活ua (3)

3. *uə : 董騰uə 中裏uə 芬而uə 不耐uə 弗德uə 優台uə (6)

4. *ue : 求底ue 仇天ue 九連ue 句驪ue 東盟ue 東明ue 琉璃ue 武厲ue 武列ue
   木底ue 于伐ue 鬱折ue (12)

5. *uo : 豆奴uo 牟盧uo 夫餘/扶餘uo 順奴uo 優居uo 沃沮uo 閨奴uo (7)

6. *ui : 豆比ui 文咨ui 弗利ui 峴夷ui 就咨ui (5)

/*u/ 모음이 첫째 음절에 온 2음절 단어에서, 둘째 음절에 /*u/나 /*e/ 모음이
온 것이 상대적으로 많다. 반면에 /*a, *ə, *i/ 등의 모음이 온 것은 적은 편이다.

(185) 1음절 모음이 /*a/인 용례 (53)

1. *aa : 那旦aa 大加aa 大活aa □舍蔦aa 散那aa 彡穰aa 相加aa 小加aa 阿旦
   aa 王險aa 耶羅aa 太大aa 太奢aa 沛者aa (14)

2. *ae : 閣彌ae 盖切ae 大兄/太兄ae 馬訾ae 末客ae 奢卑ae 小貊ae 小兄ae 河
   泊/河伯ae (9)

3. *aə : 長史aə (1)

4. *au : 加群au 蓋牟au 卦婁au 那婁au 男武au 冉牟au 冉有au 多亏au 馬婁au
   買溝au 俳須au 沙溝au 相夫au 阿垢au 鴨綠/鴨淥au 和龍au (16)

5. *ao : 葛盧ao 灌奴ao 貫奴ao 南蘇ao 男居ao 帶固ao 消奴ao 巴奴ao 桓奴ao
   丸都ao (10)

6. *ai : 舍人ai 阿利ai 也利ai (3)

1음절 모음이 /*a/일 때에, 2음절에 많이 오는 모음은 /*u/, /*a/, /*o/, /*e/
의 순이다. 반면에 /*ə/와 /*i/ 모음이 오는 예는 아주 적다. 그런데 /*a/ 모음 뒤
에 /*u/ 모음이 오는 예가 가장 많다는 것은 아주 특이한 일이다. 모음조화의 예
외에 해당하는 예가 많기 때문인데, 이로 말미암아 어말 위치에 온 /*u/가 혹시
접미사가 아닐까 하고 추측할 수 있다.

640

(186) 1음절 모음이 /*e/인 용례 (24)

1. *ee : 客賢ee 領千ee 碑麗ee 延爾ee (4)

2. *ea : 彌沙ea 泊灼ea 卑奢ea 謁奢ea 謁者ea 平郭ea 平壤/平穰ea (7)

3. *eə : 卞國eə (1)

4. *eu : 桂婁eu 彌鄒eu 翳屬eu (3)

5. *eo : 伯固eo 涓奴eo 絶奴eo □平道eo (4)

6. *ei : 然人ei 碑利ei 先人ei 仙人ei 笮咨ei (5)

1음절 모음이 /*e/인 단어 중에서, 2음절 모음에 많이 오는 모음은 /*a/이다.
/*a/ 모음을 가지는 단어가 많아서일까? 반면에, /*e/ 모음의 뒤에 /*ə/가 온 단
어는 하나뿐이다. /*-ø/ 운미에서 이미 논의한 바 있듯이, /*a, *e, *i, *o, *u,
*ə/의 6모음 중에서 유독 /*ə/ 모음만이 CV 음절의 V 위치에 오지 못한다. 운
미를 요구한다는 점에서 /*ə/의 분포제약이 크다는 것은 확실하다.

(187) 1음절 모음이 /*i/인 용례 (9)

1. *ii : 比利ii (1)

2. *ia : 輯安ia 次大ia (2)

3. *iə : 寐錦iə 壹八iə (2)

4. *iu : 悉弗iu 位宮iu (2)

5. *io : 慎奴io (1)

6. *ie : 遂成ie (1)

고구려어에서 1음절 모음이 /*i/인 것은 아주 희소하여 9개 단어밖에 없다. 이
것은 고구려어에서 아주 중요한 음운론적 특징이다. 단어의 절대 수치가 적기
때문에 모음 결합 상황을 거론할 수가 없다.
　위에서 거론한 모음 결합 상황을 정리하다 보면 서로 모순되는 것이 적지 않음
을 알 수 있다. 1음절 모음이 /*ə/일 때에는 2음절에 /*ə, *e, *u/ 등의 모음이 많
이 오고, /*o/일 때에는 /*o, *a/ 등이 상대적으로 많이 온다. 여기에서 /*ə, *e,

*u/는 陰性母音이고 /*o, *a/는 陽性母音이라는 가설을 세울 수 있다. 이 가설은 1음절이 /*u/ 모음일 때에 2음절 모음이 /*u, *e/인 것이 상대적으로 많으므로 어느 정도 맞는 것처럼 보인다. 그러나 1음절 모음이 /*a/일 때에는 2음절에 /*u/ 모음이 오는 예가 가장 많다. 1음절 모음이 /*e/인 단어 중에는 2음절 모음이 /*a/인 단어가 가장 많다. 이 두 가지는 /*e, *u/를 음성모음이라 하고 /*a/를 양성모음이라 한 앞의 가설과 모순된다. 따라서 고구려어에 모음조화가 없었을 가능성이 크다.

앞의 (179)를 논의하면서 우리는 고구려어 대표자 152자를 운복 모음에 따라 분류한 바 있다. 이것을 대상으로 6개의 모음이 차지하는 비율을 계산하면 다음과 같다.

(188) 고구려어 대표자 152자에서 각 모음이 점유하는 비율

/*a/ 42 = 27.5% 〉 /*u/ 37 = 24.2% 〉 /*e/ 29 = 19.0% 〉 /*o/ 21 = 13.7% 〉 /*ə/ 13 = 8.5% 〉 /*i/ 11 = 7.2%

고구려어에 모음조화가 있었다고 가정하려면, 2음절 단어의 첫째 음절 모음이 점유하는 비율이 일단은 (188)의 순서와 맞아야 할 것이다. 2음절 단어의 첫째 음절에 오는 각 모음이 점유하는 비율을 구해 보면 아래 (189)의 가장 오른쪽 비율이 된다. 이 점유 비율에서도 (188)과 비슷하게 '/*a/ 〉 /*u/ 〉 /*o/ 〉 /*e/ 〉 /*ə/ 〉 /*i/'의 순서로 점유 비율이 크다. 다만, (188)에서는 /*o/의 용례가 /*e/ 보다 더 많다. /*o/ 모음을 가지는 표음자는 /*e/ 모음을 가지는 표음자보다 적지만, 용례에서는 그 순위가 역전된다는 뜻이다.

위의 (182~7)에 정리한 개별 모음의 용례 수를 종합하면 (189)와 같다.

다음 표를 보고, 고구려어에 모음조화가 있었다고 말할 수 있을까? 이것이 궁극적으로 우리가 던지는 질문이다. 중세 한국어와 비슷한 유형의 모음조화가 있는 언어라면 陰影으로 처리한 부분이 '0'이거나 '0'에 가까운 수치여야 한다. 양성모음은 양성모음끼리 음성모음은 음성모음끼리 어울려야 하기 때문이다. 그런데 고구려어에는 이 규칙을 지키지 않은 예가 아주 많다. 따라서 고구려어에

는 모음조화가 없었다고 할 수 있다.

(189) 멸망 이전의 고구려 2음절 단어(177개)의 1음절 모음별 돗수

1음절＼2음절	o	a	i	ə	e	u	합계(%)
o	9	7	4	2	3	3	28 (16.1)
a	10	14	3	1	9	16	53 (30.5)
i	1	2	1	2	1	2	9 (5.2)
ə	1	1	2	4	4	4	16 (9.2)
e	4	7	5	1	4	3	24 (13.8)
u	7	3	5	6	12	11	44 (25.3)
합계	32	34	20	16	33	39	174 (100)

위의 표를 보면 /*a, *o/의 두 모음이 서로 잘 어울리고, /*ə, *u, *e/의 세 모음은 그 정도가 뚜렷하지는 않지만 역시 잘 어울리는 듯한 경향을 보인다. 이 점을 강조하여 고구려어에 모음조화가 있었다고 단정하는 것은 섣부른 느낌이 있다. 모음조화가 있는 언어에서는 모음조화의 예외라고 할 만한 것이 1%도 채 되지 않는다.[157] 예컨대, 중세 한국어, 몽골어, 터키어 등은 모음조화를 가지는 언어인데, 이들 언어에서는 모음조화의 힘이 아주 강력하여 예외라고 할 만한 것이 거의 없다. 반면에, /*a, *o/를 양성모음으로 /*ə, *u, *e/를 음성모음으로 간주하면, 고구려어의 2음절 단어를 정리한 (181)에서 볼 수 있듯이 32.8%가량이 모음조화를 위반한다. 따라서 고구려어에 모음조화가 없었을 것이다.

미지의 언어에 모음조화가 있었는지의 여부를 가릴 때에 적용할 수 있는 기준은 무엇일까? 아래에서 그 기준 두 가지를 제시하기로 한다.

고구려어에서 /*a, *o/의 둘은 양성모음이고, /*ə, *u, *e/의 셋은 음성모음이며, /*i/는 중성모음이라고 가정해 보자. 이 가정에 따르면 (189)의 표를 아래의 (190)과 같이 정리할 수 있다. (190)에서는 양성의 極性이 가장 강한 모음을 왼쪽에 놓고 가장 약한 모음을 오른쪽에 놓는 방식으로 모음을 배열하였다.

---

157 김주원 교수의 교시에 따르면, 만주 文語에서는 20%가량의 예외가 보인다고 한다.

(190) 1음절 모음 뒤에 오는 2음절 모음의 음양 비율(%)과 돗수

2음절＼1음절	*o	*e	*a	*i	*u	*ə
양성 /*a, *o/	57.1 (16)	45.8 (11)	45.3 (24)	33.3 (3)	22.7 (10)	12.5 (2)
음성 /*ə, *u, *e/	28.6 (8)	33.3 (8)	49.1 (26)	55.6 (5)	65.9 (29)	75.0 (12)
중성 /*i/	14.3 (4)	20.8 (5)	5.7 (3)	11.1 (1)	11.4 (5)	12.5 (2)

모음조화가 있는 언어에서는 陽性과 陰性이 반비례 관계에 있다고 할 수 있다. 따라서 陰性의 極性이 가장 약한 모음이 왼쪽에 오고 가장 강한 모음이 오른쪽에 와야 한다. (190)은 陽性의 漸減을 기준으로 6개 모음을 배열한 것인데, 이것이 陰性의 漸增 순서와 일치한다. 그런데 /*e/를 음성모음이라 가정했지만, /*e/가 실제로는 양성모음과 어울리는 비율이 더 크다. 더욱이, 양성모음이라 가정했던 /*a/ 모음이 음성모음과 어울리는 비율이 더 크다. 이것은 자기모순에 해당하므로 고구려어에 모음조화가 없었음을 증명해 준다.[158]

다음으로, /*a, *o/와 더불어 /*e/도 양성모음으로 간주하고 나머지 /*ə, *u, *i/의 세 모음을 음성모음으로 간주하는 방법을 모색해 보았다.

(191) 1음절 모음 뒤에 오는 2음절 모음의 음양 비율(%)과 돗수

2음절＼1음절	*o	*e	*a	*u	*i	*ə
양성 /*a, *o, *e/	67.9 (19)	62.5 (15)	62.3 (33)	50.0 (22)	44.4 (4)	37.5 (6)
음성 /*ə, *u, *i/	32.1 (9)	37.5 (9)	37.8 (20)	50.0 (22)	55.6 (5)	62.5 (10)

/*o, *e, *a/를 양성모음으로, /*u, *i, *ə/를 음성모음으로 간주하면 陽性 漸減과 陰性 漸增의 순서가 일치한다. 또한 양성모음이 음성모음과 더 많이 어울리는 일이 없다. 음성모음이 양성모음과 더 많이 어울리는 일도 없다. 이 점에서

---

158 고대 한국어 전체를 대상으로 한 것이지만 Vovin(1995: 226)와 Martin(2001: 1~23)도 모음조화가 없다고 했다. 이것은 鄭光(2011: 446)에서 재인용했다.

(191)은 모음조화의 두 가지 조건을 충족한다. 따라서 고구려어에서 모음 상호 간의 관계를 논의할 때에 (191)이 (190)보다 우위에 있다. 그러나 (191)을 택한다 하더라도 174개 단어 중에서 70개 단어가 모음조화를 위반한다. 즉 위반 비율이 40.2%에 이르므로, 역시 고구려어에 모음조화가 없었다고 보아야 한다.

그런데 자기모순이 없는 (191)의 표에서 흥미로운 것을 발견할 수 있다. 양성의 점감과 음성의 점증이 가장 큰 폭으로 차이가 나는 것은 양성모음으로 가정한 /*e/와 음성모음으로 가정한 /*u/의 사이이다. 이 사이에서 양성이 약 12.3% 점감하고 음성이 12.3% 점증한다. 이처럼 /*e/와 /*u/의 사이에서 큰 폭으로 차이가 나는 것은 /*o, *e, *a/의 세 모음과 /*u, *i, *ə/의 세 모음이 크게 구별됨을 뜻한다. 따라서 고구려어에 모음조화가 비록 없었다 하더라도 6개의 모음을 이 두 그룹으로 나눌 수 있다. 더욱이 /*o, *e, *a/의 양성모음이 모두 [−high]인 모음인 데에 반하여 /*u, *i, *ə/의 음성모음이 모두 [+high]인 모음이다. 여기에서 고구려어의 모음체계가 [±high] 기반의 음운론적 대립을 가진다는 논의가 성립한다.

6.11. 모음체계

이제, 고구려어의 모음체계를 논의하기로 한다. 우리는 위에서 고구려어에 모음조화 규칙이 없다고 했다. 그런데도 고구려어의 6모음을 둘로 나누어 보라고 하면 /*o, *e, *a/의 셋을 양성모음으로, /*u, *i, *ə/의 셋을 음성모음으로 분류할 수 있다. 이 경향성을 잘 활용하면 6개 모음 상호 간의 음운론적 대립관계를 그려낼 수 있다.

중세 한국어에서는 /ㅏ, ㅗ, ㆍ, ㅓ, ㅜ, ㅡ, ㅣ/의 7모음이 음운론적으로 대립하고, 모음조화가 적용되어 /ㅏ, ㅗ, ㆍ/를 양성모음이라 하고 /ㅓ, ㅜ, ㅡ/를 음성모음이라 하며 /ㅣ/를 중성모음이라 한다. 이들이 『訓民正音』解例本에서는 舌縮(retraction of tongue, RT) 자질로 기술되어 있다. '舌縮, 舌小縮, 舌不縮' 등의 '縮'은 혀의 뿌리 쪽 방향으로 오므라든다는 것을 의미한다(李基文 1969, 金

完鎭 1978). 이 '縮'을 생성 음운론의 술어로 풀이하면 [+low] 쪽이면서 동시에 [+back] 쪽임을 뜻한다. 이것은 '縮'이 [high, back, round, low] 등의 어느 한 음운자질에 직접적으로 대응하는 것이 아니라 [+low]와 [+back]에 복합적으로 관여하는 음운자질임을 말해 준다. 이것을 중시하면 중세 한국어의 모음조화를 대각 대립(diagonal opposition)으로 이해할 수 있다(Kim Chin-W 1978). 이 대각 대립을 모음체계도로 그려 보면 (191.1~3)과 같다. 이 세 가지 중에서 어느 것을 택하더라도 /*a, *ʌ, *o/와 /*e, *ə, *u/의 음운대립이 일정하게 유지된다.

(192) 중세 한국어의 모음체계

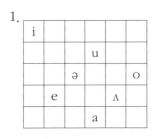
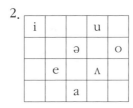

그런데 (192)의 모음체계도는 문제가 적지 않다. 대각 대립을 강조하다 보니, (192.1)에서는 후설 원순 모음 /*u/가 중설 평순 모음 /*a/와 동일 열에 오게 된다. 이 문제를 해결한 것이 (192.2~3)이지만 여기에서도 모음의 높이를 4등분했다는 문제가 남는다. 현대 음운론에는 '縮'과 일치하는 음운자질이 없기 때문에 중세 한국어의 모음대립을 기술하기가 쉽지 않다. 이에 따라 舌縮을 하나의 독자적인 음운자질 [RT]로 설정하여 대립관계를 기술하는 일이 많아졌다. 이런 언어가 적잖이 존재하는데, 만주 퉁구스어군도 이에 속한다(김주원 1993: 216).

그런데 고구려어에서는 6모음이 설축을 기반으로 대각대립을 이루는 것이 아니라 [high]를 기반으로 상하대립을 이룬다. 따라서 모음의 높이를 3~4가지로 나눌 필요가 전혀 없다.

(193) 고저 3등분의 고구려어 모음체계도

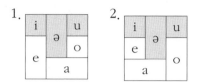

(194) 고구려어의 모음음성도와 모음체계도

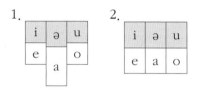

위의 그림에서는 陰性的인 /*u, *i, *ə/를 陰影으로 처리하여 陽性的인 /*o, *e, *a/와 구별하였다. (193)의 그림은 모음의 높이를 셋으로 구별하고 있다는 점에서 불만이다. 반면에 (194)는 모음의 높이가 두 가지이므로 고구려어의 현실을 잘 반영했다고 할 수 있다. 우리는 (194.1)을 고구려어의 母音音聲圖라고 부르고, (194.2)를 母音體系圖라고 부를 것이다. 즉 6개 모음이 음성적으로는 (194.1)과 같이 실현되었지만, 6개 모음의 음운론적 대립 관계는 (194.2)와 같이 高母音과 非高母音의 대립이었다고 본다.

고구려어에서는 庚韻 2등의 운복이 특이하게도 /*e/로 추정된다. 고구려어에서는 2등의 운복이 1등의 운복과 구별되지 않을 때가 많고, 1등운의 운복은 모두 중설 또는 후설 모음이다. 이 점을 감안할 때에, 庚韻 2등의 운복이 전설 모음 /*e/라는 사실은 분명히 예외적이다. 따라서 예외를 줄이려는 유추 변화가 일어나 庚韻 2등의 中舌化가 일어났다고 가정할 수 있다. 그리하여 중설화한 庚韻 2등의 운복이 음소로 자리를 잡음에 따라 중설모음 /*ʌ/가 새로 생성되었다고 할 수 있다. /*ʌ/가 새로 생성됨으로써, 山攝의 山韻 2등·刪韻 2등의 운복이 /*ə/에서 분리되고, 咸攝의 銜韻 2등·咸韻 2등의 운복이 /*a/에서 분리되어, 연쇄적으로 새로이 /*ʌ/를 가지게 되었을 것이다. 그리하면 2등의 운복을 /*ʌ/ 하나로 통일하는 유추변화가 완성된다. 이 추론은 고구려가 멸망했으므로 실증할 수 없다. 그러나 고구려어와 중세 한국어의 모음체계를 대비하여 기술할 때에 이 둘의 차이를 이처럼 추론하는 것이 가장 합리적이다.

　고구려어 표음자에서 모음 상호 간의 관계를 기술할 때에는 (194.2)가 가장 적
합하다. 그런데 우리는 한어 중고음의 음운체계로 고구려어 표음자를 분석했으
므로 중고음의 모음체계도 어느 정도 감안해야 한다. 따라서 한어 중고음의 等
이 어떻게 고구려어의 모음체계에 반영되었는지를 검토하기로 한다. (171)의 음
가 추정표를 활용하여 6모음에 대응하는 等을 정리해 보면 다음과 같다. 운복의
앞에 개음을 가지는 운모는 ( ) 안에 넣었다.

(195) 6모음과 等의 관계

　1. /*a/ － 歌韻 1등, 戈韻 1등, 麻韻 2등, 泰韻 1등, 皆韻 2등, 佳韻 2등, 唐韻 1
　　　등, 寒韻 1등, 桓韻 1등, 覃韻 1등, 談韻 1등, 銜韻 2등, 咸韻 2등, (麻韻 3등,
　　　宵韻 3등, 蕭韻 4등, 祭韻 3등, 廢韻 3등, 陽韻 3등, 鹽韻 3등, 嚴韻 3등, 凡韻
　　　3등, 添韻 4등)

　2. /*ə/ － 咍韻 1등, 灰韻 1등, 登韻 1등, 痕韻 1등, 山韻 2등, 刪韻 2등, (之韻 3
　　　등, 微韻 3등, 蒸韻 3등, 欣韻 3등)

　3. /*o/ － 模韻 1등, 豪韻 1등, 肴韻 2등, 江韻 2등, 魂韻 1등, (魚韻 3등, 鍾韻
　　　3등)

　4. /*u/ － 侯韻 1등, 東韻 1등, 冬韻 1등, (虞韻 3등, 尤韻 3등, 東韻 3등, 文韻 3
　　　등, 諄韻 3등)

　5. /*e/ － 齊韻 4등, 庚韻 2등, 耕韻 2등, (支韻 3등, 庚韻 3등, 淸韻 3등, 靑韻 4
　　　등, 仙韻 3등, 先韻 4등, 元韻 3등)

　6. /*i/ － 없음, (脂韻 3등, 眞韻 3등, 臻韻 3등, 侵韻 3등)

　위에서 볼 수 있듯이, 1등운의 운복은 /*a, *ə, *o, *u/의 네 모음으로 한
정된다. 이 네 모음은 모두 [+back]인 모음이다. 따라서 1등인 운모의 운복은
[+back]인 모음이라고 정의할 수 있다. 한어 중고음뿐만 아니라 고구려어에서도
[back]이 매우 중요한 음운자질임을 알 수 있다.

　2등운의 운복은 /*a, *ə, *o, *e/의 네 모음으로 한정된다. 이 네 모음은 모두

[−high]인 모음이므로 2등운의 운복은 고모음이 아니라는 명제가 성립한다. 그런데 이 명제는 /*ə/ 모음이 고모음이 아니라 중모음일 때에만 성립한다. 한어 중고음에서는 모음의 높이가 고모음, 중모음, 저모음의 셋으로 나뉘므로(후술할 (196) 참고) 2등운의 운복은 음운론적으로 [−high]인 모음이라고 쉽게 정의할 수 있다. 만약에 고구려어에서도 모음의 높이를 셋으로 나눈다면 /*ə/를 중설 중모음이라 할 수 있고, 나아가서 2등운의 운복은 항상 [−high]인 모음이라고 일반화할 수 있다.

3등운의 운복에는 /*a, *e, *i, *o, *u, *ə/의 6개 모음이 모두 올 수 있다. 다만, 운복 앞에는 항상 介音이 온다. 고구려어에서는 이 개음이 /*j, *w, *ɪ/의 셋으로 한정되지만, 한어 중고음에서는 전설 원순 개음 /*ɥ/가 있고, 複聲母 *Cr의 /*r/에 기원을 둔 개음도 있다.

4등운은 대부분 3등운과 합류한다. 고구려어에서는 蕭韻 4등이 宵韻 3등에, 添韻 4등이 鹽韻 3등에, 靑韻 4등이 淸韻 3등에, 先韻 4등이 仙韻 3등에 각각 합류한다. 4등운으로서 제자리를 지키고 있는 것은 齊韻 4등뿐이다. 그렇더라도 고구려어에서는 4등운의 운복을 /*e/라고 할 수 있고, 한어 중고음에서는 전설 저모음이라고 할 수 있다. 음운자질로 명시하면 4등운의 운복은 [−high, −back]인 모음이다.

위에서 정리한 바에 따르면, /*i/ 모음은 1·2·4등운의 운복에는 오지 않고 오로지 3등운의 운복에만 올 수 있다. (195.6)에서 볼 수 있듯이, 실제로도 3등운의 운복에만 /*i/ 모음이 분포한다. 이것은 한어 중고음의 특수성을 반영하는 것으로서 고구려어의 실상을 그대로 보여 주는 것이라고 하기가 어렵다.

이처럼 정리할 때에 한어 중고음과 고구려어가 서로 충돌하는 것은 모음의 높이를 몇으로 나눌 것인가 하는 문제이다. 고구려어에서는 高母音과 非高母音의 둘로 나누어도 충분하므로 고구려어의 모음체계를 (194.2)라고 해도 문제될 것이 없다.

그러나 한어 중고음에서는 모음의 높이를 셋으로 나누는 것이 일반적이다. 한어 중고음의 모음체계가 7모음체계라고 가정하고 1·2·4등을 각각 음영으로 처리하여 그림으로 그려 보면 (196)과 같다. 이 그림에서 한어 중고음의 1·2·4등이 상보적 분포가 된다. 3등은 이 7개 모음의 앞에 항상 개음이 온다.

(196) 한어 중고음의 等

1등 [+back]

i		u
e	ə	o
a		ɑ

2등 [−back, +low]

i		u
e	ə	o
a		ɑ

4등 [−back, −low]

i		u
e	ə	o
a		ɑ

한어 중고음의 모음체계에서 가장 중요한 음운자질은 [back]이다. 1등은 항상 [+back]인 모음이고, 2등과 4등은 [−back]인 모음이다. 그 다음으로 중요한 음운자질은 [low]이다. 2등은 [−back, +low]인 모음이고, 4등은 [−back, −low]인 모음이다. 3등은 물론 운복 앞에 항상 개음이 온다. 따라서 한어 중고음에서는 [low] 자질이 중요할 때가 많은 데에 비하여 [high]라는 음운자질은 그리 중요하지 않다.

그러나 고구려어에서는 그렇지 않다. [back]보다도 [high]가 훨씬 중요한 음운자질이다. [low] 자질은 고구려어의 모음체계를 기술할 때에는 잉여적이다. 음성적 엄밀성을 추구할 때에만 [low]를 설정하면 된다.

고구려어의 6개 모음에는 차용음운론의 대체 수용이라는 개념이 이미 녹아 들어가 있다. 우리가 설정한 모음이 기본적으로는 한어 중고음의 開合, 等, 韻腹 등에 바탕을 두고 있지만, 이들을 수용할 때에 고구려어의 모음체계에 맞게 대체하여 수용했다는 점이 중요하다. 이 대체 수용을 강조하면 [back] 자질이 가장 중요한 (196)의 모음체계보다는 [high] 자질이 가장 중요한 (194.2)의 모음체계가 고구려어의 현실에 더 가깝다고 할 수 있다.

고구려어 모음체계에서 가장 중요한 음운자질은 [high]이고 그 다음이 [back]이며 마지막이 [round]임은 분명하다. 이것을 자질 위계도로 나타내면 (197)과 같다. 음운자질에 位階가 있다고 보는 방법에서는 잉여적인 음운자질을 배제하고, 꼭 필요한 음운자질만을 설정한다. 필요한 음운자질 중에서 중요도가 큰 것을 위에 놓고 그렇지 않은 것을 아래에 놓는다.

(197) 고구려어의 음운자질 위계도

1.

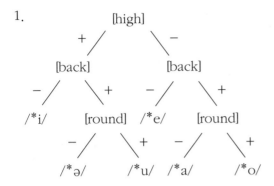

2.

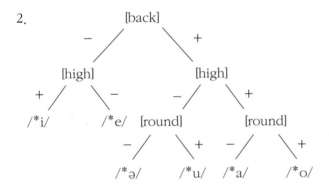

고구려어에서는 [high] 자질이 6개 모음을 둘로 나누어 주므로 가장 위계가 높다. [back] 자질도 모든 모음에 관련되어 있지만, 고구려어에서 1등과 2등이 하나의 단위로 묶일 때가 많으므로[159] 중요도가 상대적으로 떨어진다. 또한 [round] 자질은 후설 또는 중설 모음에만 관련되는 음운자질이므로 위계가 낮다. 따라서 고구려어의 음운자질 위계도로는 (197.2)보다 (197.1)이 알맞을 것이다.

이에 따라 고구려어의 6개 모음을 음운자질로 표시하면 다음과 같다. 중설모음은 언어의 보편성을 좇아 후설모음으로 간주하였다.

(198) 고구려어 모음의 음운자질

/*i/ = [V, +high, −back, (−round)]

---

[159] 한어 중고음에서는 1등과 2등이 [back] 자질로 구별되므로 [back] 자질의 힘이 아주 강하다.

/*e/ = [V, −high, −back, (−round)][160]

/*ə/ = [V, +high, +back, −round]

/*a/ = [V, −high, +back, −round]

/*u/ = [V, +high, +back, +round]

/*o/ = [V, −high, +back, +round]

6개 모음 상호 간의 음운대립을 기술할 때에는 [high, back, round]의 세 가지 음운자질이면 충분하다. 앞에서 우리는 고구려어에 모음조화가 없다고 보았다. 따라서 중세 한국어와는 달리, 고구려어에서는 舌縮 즉 [RT]를 음운자질로 인정하지 않는다.

고구려어가 중세 한국어로 이어진다는 학설은 아직 제기된 바 없다. 그런데 고구려어에서 모음체계가 [high] 자질에 의해서 上下對立을 이룬다는 것은 후대의 모음체계 변화에 시사하는 바가 크다. 고대의 고구려어에서는 모음체계가 [±high]의 상하대립이었는데, 이것이 중세 한국어에서 舌縮 즉 [RT]의 對角對立으로 변하였고, 이 대각대립이 현대 한국어에서 [±back] 자질의 垂直對立으로[161] 바뀌었다고 기술할 수 있기 때문이다. 이것을 알기 쉽게 그림으로 나타내면 다음과 같다.

(199) 모음대립의 통시적 변화 과정

1. 고대   2. 중세   3. 현대

물론 (199.1)이 고구려어의 모음체계를 지나치게 단순화했고 고구려어가 중세 한국어의 조상이 된다는 보장이 없다는 점에서 아직은 초보적 가설 단계이다.

그러나 현대의 황해도 남부나 경기도 서북단의 방언을 논의 대상으로 삼으면,

---

160 [−back]인 /*i/와 /*e/ 모음에서는 [round] 자질이 잉여적이다. 따라서 [−round]에 괄호를 쳤다.
161 이것을 실증해 주는 것이 움라우트 현상이다.

(199)의 변화 단계가 오히려 설득력을 갖는다. 이 지역에서는 고대에 고구려어가 사용되었는데,[162] 나중에 新羅語의 서북 방언이 된다. 이 지역은 唐이나 渤海의 통치를 받지 않은 지역이므로, '고구려어 〉 신라어 〉 고려어'의 단계를 거쳤다고 할 수 있다. 신라어 단계에서 이 지역이 신라어의 영향을 얼마나 받았는지 아직 밝혀진 바 없다. 이 점을 강조하면 황해도 남부 지역과 경기도 서북단에서 고구려어의 후예라 할 언어가 지속적으로 사용되었다고 할 수도 있다. 이 언어의 모음체계 (199.1)이 고려시대를 거쳐 조선의 세종 때에는 (199.2)처럼 바뀌었다고 할 수 있다. 중세 한국어 시기에 (199.2)의 대각대립이었던 모음체계가 근대를 거쳐 현대 한국어 단계에 이르면 (199.3)의 수직대립 체계로 바뀌었다는 것에는 누구나 동의하고 있다. 19세기 이후의 움라우트 현상이 수직대립을 대변해 준다. 그렇다면 현대의 황해도 남부 지역과 경기도 서북 지역에 관한 한, (199)의 모음체계 변화 과정이 어느 정도 설득력을 갖는다고 말할 수 있다. 순차적·계기적 변화가 감지되기 때문이다.

마지막으로, 고구려어의 활음을 정리하기로 한다. 이 활음에는 /*j/, /*w/, /*ɪ/의 세 가지가 있다. /*j/는 [G, −back, −round]의 음운자질을, /*w/는 [G, +back, +round]의 자질을 갖고, /*ɪ/는 [G, +back, −round]의 자질을 갖는다. 후설 평순 개음 /*ɪ/는 之韻 (·微韻) 3등, 支韻 3등 B, 脂韻 3등 B에만 분포한다. 분포가 극히 제한되어 있다는 점에서 /*j/나 /*w/와 차이가 난다. 한어 중고음에는 전설 원순 활음 /*ɥ/([G, −back, +round])와 複聲母의 /*r/에서 비롯된 활음 등이 있지만, 고구려어에서는 이들의 존재가 부정된다.

---

162 都守熙(1977)에 따르면, 그 이전에는 백제어가 사용되었다.

7. 마무리

　우리는 망라하여 모은 고구려어 표음자를 구조주의 음운론의 연구 방법으로 분석하여 고구려어의 음운체계를 재구하는 데에 목표를 두었다.

　내적 재구의 방법으로 고구려어의 음운체계를 재구할 수도 있지만, 그러기에는 고구려어 자료가 불충분하여 성공 가능성이 거의 없다. 고구려어 표음자를 대상으로 삼아 漢字音을 분석하는 방법으로 고구려어 음운체계를 재구할 때에도 역시 자료가 부족하다는 것을 느낀다. 그러나 음운체계의 재구에 관한 한, 漢字音을 이용한 재구 방법이 자료의 측면에서 가장 포괄적이고 방법론적으로도 가장 객관적인 연구 방법이다. 이 방법은 이승재(2013나)에서 이미 제시한 바 있는데, 여기에서도 이 방법을 그대로 적용했다.

　2章에서는 고구려어 표음자를 추출하는 과정을 기술하였다. 이 연구는 고구려어의 모든 자료를 대상으로 하는 全數調査 연구의 일종이므로 우선적으로 宋基中·南豊鉉·金永鎭(1994)에 의지하여 고구려어 자료를 망라하여 모았다. 고구려의 인명·지명·관명·물명 등을 망라하되, 고구려어 텍스트를 고구려 金石文(201항목), 멸망 이전의 중국 史書(214항목), 『三國史記』 지리지(165항목), 고대 日本의 각종 史書(85항목), 고구려 멸망 이후의 중국 史書(이것을 唐書 텍스트라고 지칭함)(132항목), 지리지 이외의 『三國史記』(444항목), 『三國遺事』(105항목) 등의 7종으

로 나누었다. 이 7종의 텍스트에서 총 1,346개의 고구려어 항목을 모았는데, 이 것은 단어 하나가 여러 텍스트에 중복하여 출현한 것도 포함한 수치이다. 중복을 제외하면 고구려어 항목은 대략 1,080개가 된다.

고구려어 텍스트를 7종으로 나눈 것은 자료의 신뢰도가 텍스트에 따라 차이가 나기 때문이다. 기존의 고구려어 연구에서는 지리지 텍스트가 핵심적 역할을 담당했지만, 우리는 고구려 金石文과 고구려 멸망 이전의 중국 史書에 기록된 것을 가장 정확한 자료라고 본다. 멸망 이후에 기록된 인명·지명·관명 등에는 신라나 고려의 표기법에 맞춰 굴절되거나 오염된 표음자가 섞여 있을 가능성이 크기 때문이다.

총 1,080개의 고구려어 항목 중에는 한자의 의미는 버리고 음만을 빌린 表音字가 들어 있다. 이것을 엄선하여 음운분석의 대상으로 삼는다. 그런데 고대어 연구에서 어느 것이 표음자로 사용되고 어느 것이 표훈자로 사용되었는지를 정확하게 가려내기가 무척 어렵다. 후대에 전해지지 않은 단어일 때에는 어려움이 더욱 가중되고, 학자마다 표음자와 표훈자의 판별 기준이 약간씩 다르다.

우리가 택한 판별 기준은 다음과 같다. 첫째, 중국에서 차용한 단어는 고구려 항목에서 일단 제외한다. 이때에 실수를 범하면 낭패를 보게 된다. 둘째, '梁'과 '珍'처럼 훈독의 가능성이 있는 것은 모두 표음자에서 배제한다. 셋째, 훈독했을 때에 의미 연결이 부자연스러우면 표훈자가 아니라 표음자일 것이라고 추정한다. 이 판별 기준은 아주 엉성한 것이라서 개별 한자에 대한 판단이 얼마든지 달라질 수 있다. 이 점을 감안하여 표음자라고 판단한 것에는 일일이 밑줄을 쳐서 우리의 안을 제시했다. 이리하여 고구려 金石文에서 201자, 중국 史書에서 247자, 지리지에서 158자, 일본 史書에서 142자, 당서 텍스트에서 171자, 『三國史記』에서 410자, 『三國遺事』에서 139자의 표음자를 추출하였다. 이 중에서 중복된 표음자를 걸러내고 나면 고구려어 전체 표음자는 690자 정도가 된다.

고구려어 음운체계를 논의할 때에 이 690자가 모두 분석 대상이지만, 용례가 아주 적은 것과 후대의 텍스트에서만 사용된 것은 신뢰도가 떨어지므로 분석 대상에서 제외할 수 있다. 그리하여 고구려 멸망 이전에 사용되었고 용례가 상대적으로 많은 고구려어 표음자를 골라 고구려 대표자 100자와 152자 세트를 만들어 보았다. 이 세트는 고구려, 백제, 신라의 표기법을 서로 비교할 때에 아주 효과적이다.

3章에서는 이 대표자 세트를 중심으로 삼아 음절별로 대표자의 음운을 분석하였다. 漢字音을 분석할 때에는 漢語 中古音을 기준으로 하는데, 그 음가를 정리할 때에는 이토 지유키(2011)의 자료편에 의지하였다.

그런데 한국 독자들이 쉽게 다가갈 수 있도록 우리는 韓國 中世 漢字音 음가도 적극적으로 활용하였다. 한국 중세음에서 유사한 음절인 것을 일단 한 덩어리로 묶어서 이들의 한어 중고음을 서로 대비한 것이다. 예컨대, 한국 중세음에서 '가/하' 음절로 표음된 加[見開2平麻]와 賈[見開2去麻]를 대비해 보면 고구려어 표음자 '加'와 '賈'가 성조의 최소대립 쌍임이 드러난다. 이것을 논거로 삼아 고구려어에 성조 대립이 있었다고 할 수 있다. '딕/틱' 음절에서는 帶[端開1去泰]와 大[定開1去泰]가 성모의 최소대립 쌍이다. 이것은 고구려어에서 端母 /*t/와 定母 /*d/가 음운론적으로 대립했음을 말해 준다. '우' 음절에서는 于/亏[云中C平虞]와 優[影中C平尤]가 운모에서만 차이가 나는 운모의 음운대립 쌍이다. 고구려어에서는 影母 [*ʔ]와 云母 [*ɦ]가 하나로 합쳐져 음소 /*ʔ/가 되므로, 이 대립 쌍은 사실은 운모의 최소대립 쌍이다.

이처럼 한국 중세음에서는 비록 同音일지라도 한어 중고음으로는 음가가 서로 다를 때가 많다. 따라서 고구려 대표자들은 대개 음가 차이를 반영하기 위하여 고구려인이 의도적으로 골라서 선택한 것이다. 이것이 고구려어 표음자 340자 세트에서 경험적으로 증명되므로 우리는 이것을 음가 차이 반영설이라고 불렀다. 李崇寧(1955/78)은 '원수'의 의미를 가지는 '仇'를 구태여 표음자로 선택한 까닭이 무엇인지 궁금하다고 했다. 우리는 이제 음가 차이를 반영하기 위하여 의도적으로 '仇'를 선택했다고 본다.

4章에서는 고구려어의 聲調言語說을 제기하였다. 유사 음절을 대비하는 과정에서 우리는 뜻밖에도 성조 대립 쌍이 적지 않음을 발견하였다. 성조 최소대립 쌍은 모두 33쌍인데, 음가 차이를 여타의 음운론적 요소로도 기술할 수 있지만 성조로도 기술할 수 있는 37쌍을 여기에다 더하면 고구려어의 성조 대립 쌍은 총 70쌍이 된다. 이 중에서 58쌍 즉 82.9%가 平聲과 仄聲(上聲·去聲·入聲)의 음

운론적 대립이므로, 고구려어에 성조가 있다면 聲調素는 평성(L)과 측성(H)의 둘일 것이다.

중요한 것은 고구려어 異表記 상호 간에 성조가 일치하는지를 통하여 성조의 유무를 검증할 수 있다는 점이다. 예컨대 '積^E利^D{城}'과 '赤^E里^R{忽}'은 異表記 관계의 동일 지명인데, 성조소가 L과 H의 둘이라면 이 이표기는 둘 다 HH가 되므로 성조가 일치한다. 이처럼 해석하여, 고구려어에서 이표기 상호 간에 성조가 일치하는 비율을 계산해 보면 61.8%가 된다. 성조가 있었으리라고 추정하는 신라어에서는 이 일치율이 50%가 채 되지 않으므로 고구려어에서의 일치율이 신라어보다 상대적으로 높다. 무엇보다도 중요한 것은 멸망 이전에 기록된 총 6쌍의 이표기 쌍에서는 모두 성조가 일치하고, 후대의 텍스트로 내려오면 일치율이 점감한다는 점이다. 그렇다면 고구려어에 성조가 있었다는 가설을 세울 수 있다. 이 가설은 『鷄林類事』의 高麗方言이 성조 언어였을 가능성을 제시한 권재선(1974), 金完鎭(1991), 權仁瀚(1991), 김성규(2004) 등과 일맥상통한다.

고구려어의 음절별 성조형을 유심히 살펴보면 중요한 특징이 드러난다. 고구려 멸망 이전의 텍스트에서는 3음절 단어에서 'LLH'의 성조형이 없고, 『삼국사기』 지리지 텍스트에서는 'LHH'의 성조형이 없다. 이 상승 굴곡의 공백은 고구려어가 상승 악센트 언어가 아니라 하강 악센트[1] 언어였음을 말해 준다. 따라서 고구려어의 성조는 상승 악센트가 없고 하강 악센트만 있는 고저 평판 악센트 체계(level-pitch accent system)라고 할 수 있다.

그런데 고구려의 어느 시점에서 비관여적이고 잉여적인 語頭 측성을 평성으로 바꾸는 변화가 일어났다. 하강 악센트 언어에서는 'HH˥'와 'HHH˥·HH˥L'의 어두 측성은 비관여적이고 잉여적인 측성이다. 따라서 이 측성을 平聲化하는 규칙을 적용하면 이들 성조형이 각각 'LH'와 'LHH˥·LH˥L'의 성조형으로 바뀌게 된다. 語末에서는 반대의 변화가 일어났다. 2음절의 '˥LL'과 3음절의 'H˥LL·˥LLL'의 성조형에서 비관여적이고 잉여적인 語末 平聲을 仄聲化하는 변화가 일어났다. 그리하여 이들 성조형은 각각 '˥LH'와 'H˥LH·˥LLH'로 바뀌게 된다. 語頭 仄

---

1 이것을 '˥'으로 표기하였다.

聲의 平聲化와 語末 平聲의 仄聲化를 종합하여, 고구려어 성조에서 어두가 낮아지고 어말이 높아지는 시소 변화가 일어났다고 기술할 수 있다. 이 통시적 변화는 텍스트별로 성조형의 비율을 정리해 보면 바로 드러난다.

그런데 우리의 고구려어 성조 언어설에 원론적 반론을 제기할 수 있다. 성조가 있는 문자로 無聲調 언어를 기록하게 되면, 무성조 언어도 마치 성조를 가진 것처럼 보인다는 반론이다. 그러나 이 반론은 성조대립 쌍을 확인할 때에만 성립한다. 고구려어 異表記 쌍에서의 성조 일치 현상, 음절별 성조형의 편중 현상, 편중 현상에서 예상되는 공시적/통시적 성조 변동 등에는 이 반론이 먹히지 않는다.

5章에서는 고구려어의 자음체계를 다루었다. 고구려어 표음자에서 확인되는 聲母 상호 간의 음운대립 관계를 알기 쉽게 도표로 보이면 아래의 (1)과 같다. 상보적 분포를 보이고 최소대립 쌍이 없는 두 성모는 하나의 성모로 묶어서 나타내었다.

(1) 고구려어 성모의 음운대립

고구려어 자음체계			全淸	次淸	全濁	次濁
脣音	幇組 非組		幇·非·滂·敷 /*p/		並·奉 /*b/	明·微 /*m/
舌音	端組 知組		端·知 /*t/	透·徹 /*tʰ/	定·澄 /*d/	泥·娘·日 /*n/
	來組					來 /*l/
齒音	精組		精·莊·章·淸· 昌·從·崇·船 /*ʦ/			
			心·生·邪 /*s/			
	章組		書·常 /*sj/			羊 /*j/
牙音	見組		見·溪 /*k/		群·疑 /*g/	/*ŋ/ (종성)
喉音	影組		影·云 /*ʔ/	曉·匣 /*h/		

고구려어에서는 무성무기음 /*p, *t, *k/와 유성무기음 /*b, *d, *g/가 二肢的 相關束을 이룬다. 무성유기음은 /*tʰ/ 하나뿐이다. 후두 폐쇄음 /*ʔ/가 있지만 파찰음은 /*ʦ/ 하나뿐이고 마찰음은 /*s/와 /*h/의 둘뿐이다. 鼻音에는 /*m, *n,

*ŋ/의 세 가지가 있지만, 이 중에서 /*ŋ/은 語頭나 초성 위치에 오지 못하고 종성
(또는 음절말) 위치에만 나타난다. 流音에는 /*l/이 있는데, 이와 구별되는 /*r/이
고구려어에 있었는지 여부를 한자음으로는 확인할 수 없다. 한어 중고음에는 유
음이 /*l/밖에 없기 때문이다.[2] 이 /*l/도 어두 위치에 오지 않으므로, 고구려어에
두음법칙이 있었다고 할 수 있다. 고구려어의 순수자음은 위의 15개이다.

(1)에는 활음에 해당하는 것이 전설 평순 활음 /*j/ 하나뿐이지만, 음소 분석 과
정에서 후설 원순 활음 /*w/와 후설 평순 활음 /*ɯ/가 고구려어에 있었다는 사
실이 드러난다. 이 3개의 활음이 고구려어에 있었다.

백제어에는 유성파찰음인 從母 /*dz/가 음소였고 유성마찰음인 邪母 /*z/, 常
母 /*z/, 云母 /*ɦ/ 등이 음소였지만, 고구려어에서는 이들이 음소가 아니다. 달
리 말하면, 고구려어의 유·무성 대립은 폐쇄음에서만 성립하지만, 백제어에서
는 파찰음과 마찰음에서도 이 대립이 성립한다. 이 차이의 원인이 무엇인지 추
적할 필요가 있다.

고구려어의 폐쇄음에서 유·무성 대립이 있다는 것은 알타이 祖語의 유·무
성 대립을 연상하게 한다. 그러나 서양학자들이 알타이 제어의 'lenis : fortis' 대
립을 서구어에 맞추어 유·무성 대립이라 기술했을 가능성이 남아 있다(성백인
1978). 현재의 알타이 제어에서는 이 'lenis : fortis' 대립이 유·무성 대립뿐만 아
니라 유·무기 대립으로도 나타난다. 김주원 교수의 현지 언어조사 경험에 따르
면, 러시아어 지역의 알타이어에서는 유·무성 대립이지만 중국 한어 지역의 알
타이어에서는 유·무기 대립이다. 이것은 알타이어의 'lenis : fortis' 대립이 러시
아어나 한어의 음운체계에 맞추어 대체 수용된 결과이다. 이 대체 수용의 결과
로, 알타이 조어의 'lenis : fortis' 대립이 유·무성 대립인지 유·무기 대립인지를
알 수 없다.

이와 마찬가지로, 고구려어의 무성음 /*p, *t, *k/가 유성음 /*b, *d, *g/와 각

---

2 鄭光(2011: 438~9)은 음절말 자음의 표기에 사용된 '尸'와 '乙'을 예로 들어 /*r/과 구별되는 /*l/
이 있다고 했다. 그런데 '尸'와 '乙'은 고구려 멸망 이전의 자료에는 나오지 않으므로, 신라 표기법
의 영향을 받은 것이다. 또한 이들이 음절말 위치의 /*l/을 표기하고 그 밖의 환경에서는 /*r/이라
고 하면, 이 둘을 하나의 음소로 합쳐야 할지도 모른다.

각 음운론적으로 대립했다고 단정하는 것은 성급한 일일지도 모른다. 한어 중고음의 全淸과 全濁이 각각 무성음과 유성음이라는 사실이 먼저 증명되어야 하기 때문이다. 그러나 한어 중고음 연구자들이 거의 대부분 全淸은 무성무기음이요 全濁은 유성무기음이라는 데에 동의한다. 趙元任 선생이 중국 吳 방언의 유·무성 대립을 논거로 들어 全濁이 현대 음운론의 유성음에 해당함을 주장한 이후로, 전탁을 유성음으로 인식하는 학설이 정설로 자리를 잡았다. 全濁音의 음성학적 기술에서는 학자들 간에 약간의 異見이 있지만 음운론적 기술에서는 견해 차이가 거의 없다.

그런데 後代의 한어에서 濁音淸化가 일어나서 중국 대부분의 지역에서 유성음이 사라진다. 현대의 吳 방언과 그 주변 지역에만 全濁音이 그 흔적을 남기고 있다. 중요한 것은 이 탁음청화가 언제 일어났는가 하는 점이다. 周長楫(1994)의 주장처럼 전기 중고음 시기에 이미 탁음청화가 일어났다면, 고구려어의 全濁을 유성음이라고 함부로 단정할 수 없다. 그러나 탁음청화가 8세기 이전에 완성된 것 같지는 않다. 『世說新語』의 대화문 用字를 대상으로 검토해 보면, 5세기 전반기의 남조어에는 분명히 유·무성 대립이 있었다(이승재 2016가). 여러 학자들의 논의를 종합하여, 姜信沆(2015)는 탁음청화가 "初唐과 中唐에 걸친 몇 世紀間"에 일어났고, "唐代 中期부터 현대 漢語의 各 方言에 이르기까지 일천 년간에 걸쳐서 일어났다"고 하였다. 우리는 이 최근 견해에 동의한다.

姜信沆(2015)의 "初唐과 中唐에 걸친 몇 世紀間"은 일본에서 吳音이 漢音으로 바뀐 시기이다. 濁音淸化의 시기에 관한 한, 이 시기를 중시할 수밖에 없다. 일본의 吳音에서는 유·무성의 대립이 있지만 일본의 漢音에서는 이 대립이 사라지기 때문이다. 吳音은 魏晉南北朝 시기의 한자음이 백제를 거쳐 일본에 들어간 것이고 漢音은 唐代의 한자음이 일본에 직접 들어간 것이므로, 이 둘은 각각 한어의 전기 중고음과 후기 중고음을 반영한다. 따라서 일본의 吳音에 유·무성 대립이 있었으므로 전기 중고음 시기까지는 한어에도 유·무성 대립이 있었다고 보아야 한다. 또한 일본의 漢音에서 유·무성 대립이 사라진 것은 中唐 이후의 후기 중고음에서 이 음운대립이 없어진 것을 수용한 것이다(이승재 2013나: 263~4). 이 논리에 따르면 고구려어의 全濁音도 유성자음이었다고 말할 수 있다. 멸망 이전에 기록된 백제어나 고구려어 자료는 대부분 전기 중고음을 반영하기 때문이다.

고구려어의 무성유기음에는 /*tʰ/ 하나밖에 없지만, 백제어에는 유기음에 /*tʰ/와 /*ʦʰ/의 두 개가 있었다. 유기음 [*pʰ, *kʰ]가 음소가 아니라는 점은 고구려어와 백제어가 동일하다. 이것은 4종의 유기음이 고대 삼국에서 일률적으로 동시에 발생한 것이 아니라, 조음위치에 따라 순차적으로 발생한 것임을 말해 준다. 그 발생 순서가 '/*tʰ/ 〉/*ʦʰ/ 〉/*pʰ/ 〉/*kʰ/'의 순서였음을 알려 준다는 점에서 고구려어와 백제어의 유기음이 언어사적 의의를 갖는다.

이 단계적 발달 과정에 따르면, /*kʰ/가 음소가 아니었다는 점을 논거로 삼아 /*tʰ/나 /*ʦʰ/도 음소가 아니었다고 주장하는 것은 옳지 않다. 거꾸로, /*tʰ, *ʦʰ/가 음소였으므로 /*pʰ/와 /*kʰ/도 음소였다고 주장하는 것도 옳지 않다. 우리는 이 둘 다 지나친 일반화의 오류를 범한 것이라고 본다. /*tʰ/만 음소인 유기음 발생 단계가 있는가 하면, /*tʰ/와 /*ʦʰ/만 음소인 중간 단계도 있었다. 고구려어의 /*tʰ/와 백제어의 /*tʰ, *ʦʰ/가 이것을 증명해 준다.

고구려어 파찰음에서는 치조음인 精母 /*ʦ/와 경구개음인 章母 [*ʨ]의 최소대립 쌍을 찾을 수 없으므로, 경구개음 [*ʨ]가 精母·章母 /*ʦ/의 변이음이다. 반면에 마찰음에서는 치조음인 心母 /*s/와 경구개음인 書母 /*ɕ/가 음운대립을 이루므로 이 둘을 각각 별개의 독자적인 음소로 설정한다. 그런데 章組 즉 경구개음의 음소로는 /*ɕ/ 하나뿐이고, 이 /*ɕ/의 뒤에는 항상 介音 /*j/가 온다. 따라서 이 /*ɕ/를 음운론적으로 /*sj/로 재분석할 수 있다. 이것은 현대 한국어에서 '샤, 셔, 쇼, 슈'를 각각 [ɕa, ɕə, ɕo, ɕu]로 발음하면서도 음운론적 관점에서 /sja, sjə, sjo, sju/로 이해하는 것과 같다. 이처럼 /*ɕ/를 /*sj/로 재분석하면 고구려어에는 경구개 자음이 없다고 일반화할 수 있다.

고구려어에는 莊組 즉 권설음도 없었다. 마찰음의 권설음인 生母 [*ʂ]와 치조음인 心母 /*s/의 최소대립 쌍이 없을 뿐만 아니라 生母 [*ʂ]와 경구개음인 /*ɕ/의 최소대립 쌍도 없다. 파찰음에서도 권설음인 莊母 [*ʈʂ]와 치조음인 精母 /*ʦ/의 최소대립 쌍이 없고, 권설음인 莊母 [*ʈʂ]와 경구개음인 [*ʨ]의 최소대립 쌍도 없다. 따라서 고구려어에는 권설음이 없었다고 일반화할 수 있다.

이처럼 논의할 때에는 전기 중고음에서 권설음인 生母와 莊母가 독자적 음소였는지를 먼저 확인해야 한다. 우리가 조사한 『世說新語』의 대화문 용자에서는 권설음인 生母 /*ʂ/와 치조음인 心母 /*s/의 최소대립 쌍이 있고, 권설음인 生母 /*ʂ/와 경구개음인 書母 /*ɕ/의 최소대립도 성립한다. 파찰음에서도 권설음인 莊母 /*tʂ/와 치조음인 精母 /*ts/의 최소대립이 성립하고, 莊母 /*tʂ/와 경구개음인 章母 /*tɕ/의 최소대립 쌍도 있다. 따라서 5세기 전반기의 南朝語에서는 권설 마찰음 /*ʂ/와 권설 파찰음 /*tʂ/가 독자적 음소였다. 다만, 全淸에서만 권설음이 분화하여 음소의 지위를 얻었다는 점에 주의할 필요가 있다. 次淸과 全濁에서는 권설음이 독자적 음소로 분화한 상태가 아니었다(이승재 2016가).

王力(1980: 244, 李鍾振·李鴻鎭 역)은 한어 상고음에서 莊組(권설음)가 精組(치조음)와 병합되어 있었거나 서로 가까웠다고 했다. 그런데 중고음 시기에는 正齒音 2등(권설음)이 독자적 음소였다(水谷眞成 1967). 이 두 학설은 우리의 견해와 일치한다. 다만, 『世說新語』에 반영된 5세기 전반기의 南朝語에서는 全淸, 次淸, 全濁의 세 가지 조음방식 중에서 全淸에서만 권설음이 발생했다는 점에 주의할 필요가 있다.

고구려어에서는 권설음인 生母 [*ʂ]와 莊母 [*tʂ]가 음소가 아니었으므로, 이들을 대체하여 수용하게 된다. 이때에 莊組 즉 권설음을 精組 즉 치조음으로 대체하여 수용했는지, 章組 즉 경구개음으로 대체하여 수용했는지가 매우 중요한 문제로 떠오른다. 권설음을 正齒音 2등이라 하고 경구개음을 正齒音 3등이라 하는 학설에서는 권설음과 경구개음을 하나로 묶어서 正齒音이라 통칭한다.

이 통설에 따라 권설음을 경구개음과 하나로 묶으면, 고구려어에서 庚韻 2등이 淸韻 3등·靑韻 4등과 운복에서 최소대립을 이룬다. 이에 따라 淸韻 3등·靑韻 4등의 운복에 /*e/를 배당하고 庚韻 2등의 운복에 /*ʌ/를 배당하게 된다. 그리하면 고구려어에도 중세 한국어의 'ㆍ'에 대응하는 모음 /*ʌ/가 있었다는(李丞宰 2016나) 결론이 나온다. 그러나 권설음을 치조음에 편입하여 하나로 묶으면, 정반대의 결론이 나온다. 이때에는 庚韻 2등과 淸韻 3등·靑韻 4등의 운복 최소대립 쌍을 찾을 수가 없다. 따라서 이들의 운복에 두루 /*e/를 배당해야 하므로, /*ʌ/를 음소 목록에서 제외해도 된다.

결국, 고구려어에서 권설음인 生母 [*ʂ]를 치조음인 心母 /*s/에 편입할 것인가,

그렇지 않고 경구개음인 書母 /*ɕ/ 즉 /*sj/에 편입할 것인가 하는 문제가 고구려어의 모음체계를 좌지우지할 수 있을 만큼 중요한 문제이다. 우리는 그 답을 『世說新語』의 최소대립 쌍에서 찾았다. 生母 /*ʂ/와 書母 /*ɕ/의 최소대립 쌍이 生母 /*ʂ/와 心母 /*s/의 최소대립 쌍보다 4.5배 정도로 많다.[3] 이것은 生母 /*ʂ/가 書母 /*ɕ/보다 4.5배 정도의 배율로 心母 /*s/에 더 가깝다는 것을 의미한다. 그렇다면 고구려어에서 권설음인 生母 [*ʂ]를 치조음인 心母 /*s/에 편입하는 것이 맞다. 王力(1980: 244, 李鍾振·李鴻鎭 역)이 한어 상고음에서 莊組(권설음)가 精組(치조음)와 병합되어 있었거나 서로 가까웠다고 했듯이, 고구려어에서도 生母 [*ʂ]와 心母 /*s/를 한 덩어리로 묶어 하나의 음소 心母·生母 /*s/라고 해야 한다. 위의 (1)에는 이 편입이 반영되어 있다.

앞에서 이미 논의한 것처럼, 書母 /*ɕ/는 /*s+*j/로 재분석할 수 있다. 이처럼 재분석하면 고구려어의 순수 자음이 아래의 15개가 된다.

(2) 고구려어 자음체계

위치 방식	순음	설치음		아음	후음
		설음	치음		
무성무기음	p	t	ʦ	k	ʔ
유성무기음	b	d		g	
무성유기음		tʰ			
마찰음			s		h
비음	. m	n		ŋ	
유음		l			

위의 자음체계에서 무엇보다 중요한 것은 고구려어에 치조음 /*ʦ, *s/ 등이 있지만 경구개음이 없다는 점이다. 이것은 현대 서북방언의 자음체계를 방불케 한다. 서북방언에서는 'ㅈ, ㅊ' 등이 경구개음 /ʨ, ʨʰ/가 아니라 치조음 /ʦ, ʦʰ/이고 (李基文 1972/77, 崔明玉 1985, 金英培 1997: 204~5), 동북방언의 육진방언도 마찬가

---

3 파찰음에서도 莊母 /*tʂ/와 章母 /*ʨ/의 최소대립 쌍이 莊母 /*tʂ/와 精母 /*ʦ/의 최소대립 쌍보다 3.5배 정도로 많다.

지이다(郭忠求 1994: 319~24). 특히 李基文(1972/77)에서는 중세 한국어의 'ㅈ, ㅊ' 도 경구개음이 아니라 치조음이라고 한 바 있다.

그런데 현대의 서북방언이나 육진방언이 고구려어를 그대로 이어받은 것이라 는 보장이 없다. 평안도 지역은 고구려 멸망 이후에는 唐의 지배하에 들어갔고 渤海를 거쳐 高麗시대에 들어서서야 비로소 단계적으로 회복되었으며, 육진 지 역은 조선의 世宗 때에야 비로소 개척한 땅이기 때문이다. 또한 고구려가 망했 으므로 언제인지는 말할 수 없으나 고구려어도 절멸했다고 보는 것이 일반적이 다. 따라서 고구려어의 음운체계가 현대의 방언에 그대로 이어진다고 말하는 것 은 아주 위험하다. 그렇더라도 백제어에는 경구개 자음이 있었지만 고구려어에 는 없었다는 차이는 아주 중요하고 따라서 치조음의 지리적 분포를 감안하지 않 을 수가 없다.

황해도 남부의 海州나 경기도 서북단의 開成 지역은 'ㅈ, ㅊ'의 발음과 관련하 여 매우 흥미로운 지역이다. 필자의 경험에 따르면 海州 지역에서는 'ㅈ, ㅊ'이 경구개음이 아니라 치조음이었다. 이 치조음의 조상을 찾는다면 우선은 조선의 세종 대와 고려시대의 치조음 'ㅈ, ㅊ'으로 거슬러 올라간다. 그렇다면, 고려시대 의 치조음 'ㅈ, ㅊ'은 어느 언어로부터 유래한 것일까? 신라어의 서북방언이라고 답할 수 있지만 고구려어라고 답할 수도 있다. 이곳은 고구려 멸망 이후에도 고 구려어의 흔적을 간직하고 있을 법한 지역이기 때문이다. 『삼국사기』 지리지에 서도 이 지역 지명을 '本高句麗'라고 했다는 점을 기억할 필요가 있다. 그렇다면, 고구려어의 치조음 /*ʦ/가 고려시대와 조선시대의 황해도 남부와 경기도 서북 단 지역에 그 흔적을 남겼다고 가정할 수 있다. 이 가정이 성립한다는 점에서 우 리의 연구 결과가 설득력을 갖는다.

고구려어에는 백제어와는 달리 파찰음과 마찰음 서열의 유성자음이 없다. 이 차이를 단적으로 보여 주는 것이 /*dz/와 /*z/의 음소 설정 여부이다. /*dz/와 /*z/가 백제어에서는 음소로 설정되지만 고구려어에서는 독자적인 음소가 아 니다. 그런데 현대의 평안도와 황해도 남부 지역은 /ㅿ/의 흔적을 찾기가 가장 어려운 지역이다. 그렇다면 이 방언적 특징은 아마도 고구려어에 그 기원을 두 고 있을 것이다. 고구려에 /*z/가 없었으므로, 현대의 서북 지역과 황해도 남부 지역에서도 /*z/의 흔적을 찾기 어렵다는 추론이 성립하기 때문이다. 이 점에서도 우리의 연구 방법이 설득력을 갖는다.

6章에서는 고구려어의 母音을 다루었다. 고구려어의 母音 音素 목록은 韻母의 음운대립 쌍에서 찾는다. 우리는 처음으로 韻母 분석을 시도하므로 이에 대해서는 좀 더 자세히 기술하기로 한다. 운모는 韻腹뿐만 아니라 開合, 等, 韻尾 등을 포괄하는 단위이다. 따라서 개합이나 등의 차이로 음운대립을 이루는 것을 제외하고, 운복의 차이로 음운대립이 성립하는 것만을 따로 모으면 고구려어의 모음 목록을 제시할 수 있다. 음가를 추정할 때에는 보편성을 가지는 /*a, *e, *i, *o, *u/의 기본모음을 먼저 배당하되, 이것만으로는 부족할 때에 /*ə, *ʌ, *ɛ, *ɔ/ 등의 2차 모음을 추가하게 된다.

중국 음운학에서는 음가가 비슷한 여러 韻母를 하나로 묶어서 攝이라고 한다. 한어 중고음에서는 16개 攝으로 나누는 것이 보통이지만, 우리는 韻尾를 기준으로 삼아 16개 攝을 재분류한다. 한국 중세 한자음은 子音韻尾를 간직하고 있는 대표적인 한자음이기 때문이다. 고구려어의 운미는 /*-ø/ 운미, /*-i/ 운미, /*-u/ 운미, /*-ŋ, *-k/ 운미, /*-n, *-t/ 운미, /*-m, *-p/ 등의 6가지로 나눌 수 있다.

운모를 분석할 때에는 行에 聲母 16개를[4] 배열하고 列에 聲調(平·上·去·入聲의 4가지)를 배열한 분포 분석표를 이용하게 된다. 이 분석표에서 동일 칸에 온 표음자는 聲母와 聲調가 동일하므로 운모의 음운대립 쌍이 된다. 이 운모가 開合이나 等의 차이로 음운대립을 이루는 것이 아니라 韻腹의 차이로 음운대립을 이룬다는 사실이 확인되면, 이 대립 쌍의 운복을 각각 독자적인 모음으로 등록한다.

果攝과 假攝은 /*-ø/ 운미에 속하므로 하나로 묶인다. 이에 속하는 여러 운모를 예로 들어 운모 분석 방법을 제시하기로 한다. /*-ø/ 운미에 속하는 운모로는 果攝의 歌韻 1등(14자), 戈韻 1등(8/10자), 戈韻 3등(없음) 등이 있고, 假攝의 麻韻 2등(10/11자), 麻韻 3등 AB(9자)가 있다. 그런데 고구려 멸망 이전의 표음자 중

---

4 위의 15개 자음에 書母 /*sj/와 羊母 /*j/를 추가하되, 疑母 /*ŋ/를 群母 /*g/에 편입하여 제외하면 16개가 된다. 疑母 /*ŋ/를 群母 /*g/에 편입한 것은 고구려어에서는 疑母 /*ŋ/가 초성 위치에 오지 않고 종성 위치에만 오기 때문이다.

에서 歌韻 1등과 麻韻 2등이 분포 분석표의 동일 칸에 오지 않는다. 이것은 歌韻 1등과 麻韻 2등이 상보적 분포를 이룸을 뜻하고, 운복에서만 음가 차이가 나는 최소대립 쌍이 없음을 뜻한다. 따라서 이 두 운모의 운복에 공통적으로 /*a/ 모음을 배당한다.

고구려어 표음자에서 歌韻 1등과 麻韻 2등은 항상 開口이고 戈韻 1등은 항상 合口이다. 따라서 歌韻 1등과 麻韻 2등의 음가가 /*a/인 데에 비하여 戈韻 1등의 음가는 /*wa/라고 할 수 있다. 3등은 항상 介音을 가지므로(Karlgren 1954/92) 麻韻 3등 AB의 음가는 /*ja/가 되고 戈韻 3등의 음가는 이론적으로 /*jwa/가 된다. 그런데 고구려 표음자에는 戈韻 3등의 용례가 없으므로 /*jwa/의 음가가 고구려어에 없었다고 할 수 있다. 달리 말하면 고구려어에는 전설 원순 개음 /*jw/ 즉 IPA의 /ɥ/가 없었다. 따라서 한어의 /*jw/를 고구려어에서는 舌齒音 뒤에서 /*j/로 수용하고 脣音이나 牙喉音 뒤에서 /*w/로 대체하여 수용하게 된다. 종합하면 고구려어에서 歌韻 1등과 麻韻 2등은 /*a/, 戈韻 1등은 /*wa/, 麻韻 3등 AB는 /*ja/의 음가를 가진다. 결론적으로, 果攝과 假攝에서는 운복 모음으로 /*a/ 하나만 설정해도 충분하다.

위와 같은 방법으로 여러 운모의 고구려어 음가를 추정해 보면 다음과 같다. 이 음가는 한어 중고음 연구에도 일정 부분 참고가 될 것이다.

(3) 운모의 고구려어 음가 추정 종합

　　1. 果攝과 假攝

　　　歌韻 1등·麻韻 2등 = /*a/

　　　戈韻 1등 = /*wa/

　　　麻韻 3등 = /*ja/

　　2. 遇攝

　　　模韻 1등 = /*o/

　　　魚韻 3등 = /*jo/ (고구려 멸망 이전)

　　　{魚韻 3등 = /*je/ (고구려 멸망 이후)}

　　　虞韻 3등 = /*wu~*u (순음, 아후음 뒤), *ju (설치음 뒤)/

666

3. 止攝

支韻 3등 A = /*je/

支韻 3등 B = /*ɪe/

脂韻 3등 A = /*ji~*i/

脂韻 3등 B = /*ɪi/

4. 效攝

豪韻 1등·肴韻 2등 = /*o/ {模韻 = /*o/}

宵韻 3등·蕭韻 4등 = /*jau/ (고구려 멸망 이전) {魚韻 = /*jo/}

　{宵韻 3등·蕭韻 4등 = /*jo/ (고구려 멸망 이후)} {魚韻 = /*je/}

5. 流攝

侯韻 1등 = /*u/ {虞韻 3등 = /*wu~*u/}

尤韻 3등 = /*ju/ {虞韻 3등 = /*ju/}

6. 蟹攝

泰韻 1등·皆韻 2등·佳韻 2등 = /*ai/

祭韻 3등·廢韻 3등 = /*jai/

咍韻 1등 = /*əi/

灰韻 1등 = /*wəi/

齊韻 4등 = /*ei/

之韻 3등·微韻 3등 = /*ɪəi/ (→ /*əi/)

7. 通攝과 江攝

東韻 1등·冬韻 1등 = /*uŋ, *uk/

東韻 3등 = /*juŋ, *juk/

鍾韻 3등 = /*joŋ, *jok/ (설치음 뒤)

江韻 2등 = /*oŋ, *ok/

8. 宕攝

唐韻 1등 = /*aŋ, *ak/

陽韻 3등 = /*jaŋ, *jak/

9. 梗攝

庚韻 2등·耕韻 2등 = /*eŋ, *ek/

庚韻 3등·淸韻 3등·靑韻 4등 = /*jeŋ, *jek/

10. 曾攝

登韻 1등 = /*əŋ, *ək/

蒸韻 3등 = /*jəŋ, *jək/

11. 山攝과 臻攝

寒韻 1등 = /*an, *at/

桓韻 1등 = /*wan, *wat/

魂韻 1등 = /*on, *ot/

痕韻 1등·山韻 2등·刪韻 2등 = /*ən, *ət/

欣韻 3등 = /*jən, *jət/

仙韻 3등·先韻 4등 = /*jen, *jet/

元韻 3등 = /*wen, *wet/

文韻 3등 = /*wun~*un, *wut~*ut/ (순음, 아후음 뒤)

諄韻 3등 = /*jun, *jut/ (설치음 뒤)

眞韻 3등·臻韻 3등 = /*jin~*in, *jit~*it/

12. 咸攝과 深攝

覃韻 1등·談韻 1등·銜韻 2등·咸韻 2등 = /*am, *ap/

鹽韻 3등·嚴韻 3등·凡韻 3등·添韻 4등 = /*jam, *jap/

侵韻 3등 = /*jim~*im, *jip~*ip/

위의 음가 추정에 사용된 모음은 /*a, *e, *i, *o, *u, *ə/의 6개이다. 결론적으로 고구려어의 모음체계는 이 6모음체계이다. /*a, *e, *i, *o, *u/의 5개 모음은 CV의 V 위치에 올 수 있지만, /*ə/ 모음은 그렇지 않다. /*ə/ 모음은 항상 CVi나 CVC의 V 위치에만 온다. 달리 말하면 /*ə/는 운미 /*-i/의 앞이나 자음 운미의 앞에만 온다. 따라서 1차 모음과 2차 모음의 분포가 차이가 난다는 것을 알 수 있다.

그런데 이 6개 모음 중에서 /*o, *e, *a/의 3개가 서로 잘 어울리고, /*u, *i, *ə/

668

의 3개가 서로 잘 어울린다. 이것을 母音調和라고 지칭할 수는 없다. 예외가 대략 40%에 달할 정도로 많기 때문이다. 그렇더라도 고구려어의 모음체계를 논의할 때에는 이 경향성이 중요한 실마리가 된다. /*o, *e, *a/의 3개는 모두 [−high]인 모음이고, /*u, *i, *ə/의 3개는 모두 [+high]인 모음이기 때문이다. 즉, 고구려어에서는 고모음과 비고모음이 음운론적으로 대립하는 모음체계였다고 할 수 있다.

(4) 고구려어의 모음음성도와 모음체계도

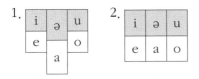

고구려어의 6모음이 음성학적으로는 (4.1)과 같이 실현되었을 것이다. 그러나 모음 상호 간의 대립관계를 바탕으로 기술하면 고구려어의 모음체계를 (4.2)처럼 그리는 것이 합리적이다. 음운론적으로 중요한 것은 모음의 높이가 고모음과 비고모음의 둘뿐이라는 점이다. 이것을 강조하여 (4.1)의 母音音聲圖를 (4.2)의 母音體系圖로 바꾸어 기술할 수 있다.

이제, 한국 중세음의 'ㆍ'와 관련된 운모에 대한 논의를 간단히 요약함으로써 운모 분석 방법을 설명해 보자. 고구려어의 모음체계를 재구할 때에 한국 중세음의 'ㆍ'에 대응하는 모음 /*ʌ/가 있었는지 여부가 가장 중요한 문제이다. 더군다나 李丞宰(2016나)에서는 /*ʌ/가 있었다고 했지만 이 책에서는 이것을 부정했으므로 이 수정에 대해서 설명을 덧붙일 필요가 있다.

한국 중세음의 'ㆍ' 모음과 관련된 攝에는 蟹攝, 止攝, 梗攝, 山攝 등이 있다. 이 중에서 /*−i/ 운미를 가지는 것으로는 蟹攝이 대표적이다. 蟹攝 운모의 운복은 한어 중고음에서 [−high, −round]인 모음인데, 蟹攝에 속하는 泰韻 1등·祭韻 3등·廢韻 3등은 독특하게도 去聲에만 분포한다. 이들은 上古音에서 자음 운미를 가지므로 상고음 시기에는 이들의 성조가 거성이 아니라 입성이다. 이에 따라 泰韻 1등·祭韻 3등·廢韻 3등의 표음자를 입성 열에 넣어 음운대립 관계를 확인해 보면, 蟹攝 운모의 운복이 二元對立을 이룬다. 이원대립에서는 /*a/와 /*e/의 두 모음만 있으면 충분하므로 구태여 제3의 모음, 예컨대 /*ʌ/를 설정할 필요가 없다.

그런데 南北朝 시기 즉 前期 中古音 시기에는 泰韻 1등·祭韻 3등·廢韻 3등의 자음 운미가 음성운미 /*-i/로 변화하면서 동시에 성조가 去聲으로 바뀐다. 따라서 이 시기에는 泰韻 1등·祭韻 3등·廢韻 3등의 표음자를 거성 열에 넣어 음운 대립 관계를 논의하게 된다. 이때에는 고구려어의 蟹攝 운복이 泰韻 1등, 哈韻 1등, 齊韻 4등의 三元對立을 이룬다. 따라서 /*a/와 /*e/의 두 모음뿐만 아니라 제3의 모음 /*ʌ/를 설정해야만 한다.

(5) 고구려어의 蟹攝 운복의 음운대립

그런데 이 제3의 모음이 반드시 /*ʌ/여야만 한다는 보장이 없다. 蟹攝 운복의 3원 대립을 (5.1)처럼 이해할 수도 있지만, (5.2)일 가능성을 배제할 수가 없다. 즉, 한국 중세음의 'ㆍ'에 대응하는 /*ʌ/ 대신에 'ㅡ'에 대응하는 /*ɨ/를 넣어도 3원 대립이 성립하기 때문이다. 따라서 蟹攝만으로는 고구려어에 /*ʌ/가 있었는지 여부를 확정할 수 없다.

이에 따라, /*-ŋ, *-k/ 운미를 가지는 通攝·宕攝·江攝·梗攝·曾攝 등을 논의 대상으로 삼을 필요가 있다. 이 중에서 梗攝이 가장 중요하므로 이에 속하는 여러 운모를 마찬가지 방법으로 분석해 보았다.

梗攝에서는 淸韻 3등과 靑韻 4등의 운복이 음운론적으로 대립하지 않으므로 이 둘을 하나의 단위로 묶는다. 이 淸韻 3등·靑韻 4등의 운복이 庚韻 2등의 운복과 음운론적으로 대립하는지가 관건이다. 그 대립 항은 '生'의 [生開2平庚]과 '成, 誠'의 [常開AB平淸]이다. '成, 誠'의 성모인 常母 [*z]는 고구려어에서 書母 /*ɕ/ 즉 /*sj/에 편입되므로 '成, 誠'의 음가는 /*sjjVŋ/ 또는 /*sjVŋ/으로 재구할 수 있다. 그런데 이것에 대립하는 '生'의 [生開2平庚]은 生母 [*ʂ]를 心母 /*s/에 편입하면 대립 항 '生'의 음가가 /*sVŋ/이 되고, 書母 /*ɕ/ 즉 /*sj/에 편입하면 /*sjVŋ/이 된다.

먼저, 生母를 書母에 편입하여 '生'의 음가를 /*sjVŋ/이라 재구하고, 이것이 '成, 誠'의 재구음 /*sjVŋ/과 음운론적으로 대립한다고 기술해 보자. 이때에는 '生'의 운모인 庚韻 2등과 '成, 誠'의 운모인 清韻 3등이 운복에서 최소대립을 이룬다. 따라서 이 두 운모의 운복에 서로 다른 모음을 배당해야 한다. 이에 따라 清韻 3등·青韻 4등의 운복에 /*e/를 배당하는 대신에 庚韻 2등의 운복에는 제3의 모음 /*ʌ/를 배당할 수 있다. 결과적으로 梗攝의 운복이 /*e/와 /*ʌ/의 二元 對立을 이룬다. 그런데 唐韻 1등의 운복 /*a/가 庚韻 2등의 운복과 음운론적으로 대립하고, 登韻 1등의 운복 /*ə/가 庚韻 2등의 운복과 음운론적으로 대립한다. 따라서 庚韻 2등의 운복에 /*e/, /*a/, /*ə/ 등의 모음은 배당할 수 없고 반드시 제3의 모음 /*ʌ/를 배당해야 한다. 그래야만 위의 여러 최소대립을 두루 충족할 수 있다. 이 방법에서는 중세 한국어의 'ㆍ'에 대응하는 /*ʌ/가 고구려어 모음에도 있었다는 결론이 나온다(李丞宰 2016나). 이 결론의 출발점은 결국은 生母 [*ʂ]를 書母 /*ɕ/ 즉 /*sj/에 편입하는 것이었다.

치음을 齒頭音과 正齒音의 둘로 나누되 정치음을 다시 2등과 3등으로 나누는 기존의 치음 분류에 따르면, 정치음 2등인 生母 [*ʂ]를 정치음 3등인 書母 /*ɕ/ 즉 /*sj/에 편입하는 것이 맞다. 그러나 치두음과 정치음의 구분은 후대의 기준일 뿐이다. 더욱이 王力(1980: 244, 李鍾振·李鴻鎭 역)이 상고음에서 生母 /*ʂ/가 心母 /*s/에 병합되어 있었다고 했고, 5세기 전반기의 자료인 『세설신어』에서도 生母 /*ʂ/가 心母 /*s/에서 분리되어 나온 것임이 확인된다.

이에 따라 정반대 길을 택하여 生母 [*ʂ]를 心母 /*s/에 편입하는 방법을 택해 보았다. 그랬더니 庚韻 2등과 清韻 3등·青韻 4등의 운복이 최소대립을 이루지 않는다. 대립 항 '生'의 음가인 [生開2平庚]이 /*sVŋ/으로 재구되고, 대립 항 '成, 誠'의 음가인 [常開AB平清]은 /*sjVŋ/으로 재구된다. 이 /*sVŋ/와 /*sjVŋ/의 대립 쌍에서는 V가 서로 동일해도 된다. 이 대립 쌍은 介音 /*j/의 유무에서 이미 차이가 나기 때문이다. 이럴 때에는 운복의 음가 차이보다 개음의 차이가 우선한다. 이 개음 차이 우선의 원칙에 따라, 庚韻 2등과 清韻 3등·青韻 4등의 운복에 동일한 모음 /*e/를 배당할 수 있다. 이처럼 生母 [*ʂ]를 心母 /*s/에 편입하면, 庚韻 2등과 淸韻 3등·靑韻 4등의 운복 최소대립 쌍이 없어진다. 이에 따라 이들을 庚韻 2등·淸韻 3등·靑韻 4등 하나로 묶고 이들의 운복에 /*e/를 배정한다.

庚韻 2등의 운복에 /*e/를 배당하게 되면, 앞에서 庚韻 2등의 운복 /*ʌ/와 陽韻 1등의 운복 /*a/의 최소대립 쌍이라고 했던 것이 이제는 /*e : *a/의 최소대립 쌍이 되고, 庚韻 2등의 운복 /*ʌ/와 登韻 1등의 운복 /ə/의 최소대립 쌍이라고 했던 것이 /*e : *ə/의 최소대립 쌍이 된다. 즉, 한국 중세음의 'ㆍ'에 대응하는 /*ʌ/를 고구려어의 모음 목록에서 제외해도 무방하다. 이제 우리는 이 수정안을 택한다.

이 수정에 따르면 고구려어의 모음체계가 /*a, *e, *i, *o, *u, *ə/의 6모음체계가 된다. 이것을 모음음성도와 모음체계도로 그린 것이 위의 (4)이다. 이 6모음체계의 /*e/는 한국 중세음의 'ㅓ'에 대응하고, /*ə/는 'ㅡ'와 'ㆍ'를 아우른다. 달리 말하면, 고구려어의 /*ə/는 (5.1)의 /*ʌ/와 (5.2)의 /*i/를 아우르는 모음이다. 앞에서 우리는 止攝의 之韻 (·微韻) 3등의 운복에 /*ʌ/를 배당할 수도 있고 /*i/를 배당할 수도 있다고 했다. 그러나 고구려어에서는 [*ʌ]와 [*i]가 변별되지 않고 /*ə/ 하나로 합쳐지므로, 之韻 (·微韻) 3등의 운복에 /*ə/를 배당한다.

/*a, *e, *i, *o, *u, *ə/의 6개 모음 상호 간의 음운대립 관계를 직선으로 표시하면 아래의 (6)과 같다. (6)에서 직선을 긋지 않은 모음 사이에도 음운대립이 성립한다. 예컨대, /*i/와 /*a/ 사이에, /*u/와 /*a/ 사이에도 음운대립이 성립하지만, 멀리 떨어져 있어서 직선을 긋지 않았을 뿐이다.

(6) 고구려어 6개 모음 상호 간의 음운대립 관계

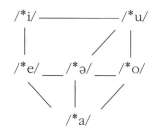

(6)에서 특히 눈에 띄는 것은 /*i/와 /*ə/의 최소대립 쌍을 찾을 수 없다는 점

이다. 이것은 분명히 한어 중고음의 특수성에서 비롯된 것이다. 그러나 고구려어에서 가장 늦게 음소의 자격을 갖게 된 모음이 바로 /*ə/였음을 암시한다는 점에서 무척 흥미롭다. 이 /*ə/는 기본모음 /*a, *e, *i, *o, *u/ 중에서도 /*i/에서 분리되어 나왔을 가능성이 가장 크다. /*i/와 /*ə/의 최소대립이 성립하지 않는다는 것은 원래는 하나의 덩어리였을 가능성을 암시하기 때문이다.

庚韻 2등의 운복 /*e/는 아주 독특하다. 한어 중고음의 2등 운복은 고구려어에서 모두 중설 또는 후설 모음으로 수용되는데, 庚韻 2등의 운복 /*e/만 전설모음이기 때문이다. 이 예외를 없애려는 변화가 일어날 수 있는데, 庚韻 2등의 /*e/가 中舌化하는 변화가 바로 그것이다. 이것은 모음 전반에 걸쳐서 일어난 현상이 아니므로 모음추이가 아니다. 이 중설화가 일어나면, 한국 중세음의 'ㆍ'에 대응하는 /*ʌ/가 새로이 음소의 자격을 갖게 된다. 이 변화에 연동되어 기존의 /*ə/ 모음이 둘로 쪼개지는 변화가 일어났고, 그 결과로 登韻 1등과 痕韻 1등의 운복 /*ə/가 /*i/로 변하는 대신에 山韻 2등과 刪韻 2등의 운복 /*ə/가 /*ʌ/로 변했다고 할 수 있다. 즉 1등운의 /*ə/는 후대에 /*i/로 변하고 2등운의 /*ə/는 후대에 /*ʌ/로 변한다고 일반화할 수 있다. 고구려어 한자음이 한국 중세 한자음의 조상이라는 실증적 증거가 없으므로 이 변화 과정은 막연한 추정에 불과하다. 그러나 이처럼 체계적 기술이 가능하다는 점에서 특별히 기술해 둔다.

고구려어의 介音에는 전설 평순 개음 /*j/, 후설 원순 개음 /*w/, 후설 평순 개음 /*ɪ/의 세 가지가 있었다. /*ɪ/의 분포는 止攝의 脂韻 3등, 支韻 3등, 之韻(・微韻) 3등으로 한정된다. 한어 중고음에는 전설 원순 개음 /*ɥ/와 자음 /*r/에서 비롯된 개음이 있지만, 고구려어에는 /*ɥ/와 /*r/ 개음이 없다.

우리는 한어 중고음을 활용하여 고구려어의 음운체계를 재구하였다. 그런데 이 재구 과정에서 논의된 것들 중에는 한어 중고음을 연구할 때에도 활용할 수 있는 것들이 적지 않다. 첫째, 分布를 중심으로 한자음을 기술하는 방법을 한어 중고음 연구에도 적용할 수 있다. 둘째, 상보적 분포와 최소대립 쌍을 이용하여 한어의 음운체계를 재구할 수 있다. 셋째, 한어 중고음의 모음체계를 재구할 때에 /*-ŋ, *-k/ 운미를 가지는 通攝・江攝・宕攝・梗攝・曾攝, /*-n, *-t/ 운미를 가지는 山攝·臻攝, /*-m, *-p/ 운미를 가지는 咸攝·深攝 등을 각각 하나로 묶어서 기술하는 것이 효과적이다. 넷째, 한어 중고음의 3等은 介音을 가진다. 다섯째, 한어 중고음의 1등은 [+back]인 모음이고, 2등은 [-back, +low]인 모음이며, 4등은 [-back, -low]인 모음이다. 여섯째, 한국 중세 한자음에서 牙喉音 뒤에서 /w/로 반영되고 舌齒音 뒤에서 /j/로 반영되는 介音은 한어에서 전설 원순 개음 /*ɥ/이다. 일곱째, 한어 상고음의 複聲母 Cr의 /*r/에서 유래한 개음이 일부 환경에서 고구려어의 개음 /*ɪ/로 반영된다.

마지막으로, 우리의 연구 방법을 적용할 때에 주의해야 할 점을 정리해 두기로 한다.

첫째, 우리의 연구 방법을 적용할 때에는 全數調査가 전제되어야 한다. 우리는 구조주의 연구 방법론을 따르기 때문에 전형적인 자료가 충분할 정도로 확보되어야 한다. 고구려어 표음자는 고구려어를 표기하기 위하여 엄선된 것이므로 자료의 전형성을 이미 갖추었다고 할 수 있다. 또한 고구려어 항목을 망라하여 모은 다음에 여기에서 고구려어 표음자를 추출했기 때문에, 자료를 최대한으로 모았다고 말할 수 있다. 이것은 자료가 충분해야 한다는 조건을 갖추기 위한 노력의 일환이었다.

그런데도 일부의 음운대립은 확인할 수 없었으므로 정말로 자료가 충분했는지 의심할 수 있다. 실제로, 精母 /*ʦ/와 淸母 /*ʦʰ/의 최소대립 쌍, 東韻 1등과 江韻 2등의 운복 최소대립 쌍, 庚韻 3등과 淸韻 3등의 운복 최소대립 쌍 등을 찾지 못했다. 이 공백을 자료의 부족 탓으로 돌릴 수도 있을 것이다. 그러나 우리는 자료를 최대한으로 모아서 분석한 것이므로 이 공백이 있더라도 현재로서는 그것이 바로 고구려어의 현실이라고 믿는다.

이와 관련하여, 우리가 설정한 자음이나 모음 음소가 最小値라는 점을 강조해 둘 필요가 있다. 고구려어의 순수자음이 15개, 모음이 6개, 활음이 3개라 했지만, 추후에 고구려어 자료가 새로이 발굴되어 추가된다면, 이 수치가 커질 수 있다. 만약에, 새로 발굴된 고구려어 자료에서 庚韻 3등자가 다수 사용되었고 이들 중에 기존의 淸韻 3등자와 최소대립을 이루는 표음자가 있다면, 그때에는 고구려어 모음체계에 제3의 모음 /*ʌ/를 추가해야 한다. 그러나 현재로서는 그런 표음자가 없으므로 고구려어의 모음체계에 /*ʌ/를 포함할 수가 없다.

둘째, 우리의 연구 방법은 魏晉南北朝에서 北宋까지의 언어 자료에만 적용한다. 이 시기는 『切韻』계 운서의 음운체계를 다시 말하면 한어 중고음의 음운체계를 적용하지만, 그 이전이나 이후의 시기에는 이 음운체계를 적용하지 않는다.

셋째, 우리의 연구 방법은 중국의 字音이나 일본의 漢字音에도 적용할 수 있다. 이 점에서 우리의 연구 방법이 음절별 음운 분석 방법과 달리 보편성을 가진다. 이때에는 물론 現實口語에서 사용된 한자임을 입증할 수 있어야 한다는 조건이 덧붙는다. 한자는 의미를 중심으로 사용하는 표의문자이므로 文語에는 당시의 현실 口語에서 사용하지 않는 한자도 다수 포함된다. 이것은 현실 한자음의 음운대립을 연구할 때에 아주 중요한 장애물이 된다. 따라서 『世說新語』의 대화문처럼 현실 구어에서 실제로 사용했음을 증명할 수 있어야 한다.

『世說新語』의 대화문 용자 2,266자를 대상으로 우리의 연구 방법을 적용해 보았더니, 5세기 전반기의 南朝語에는 羊母 /j/를 포함하여 모두 29개의 자음이 있었다(이승재 2016가). 용례가 많은 670자로 한정했더니, 莊母 /*tʂ/와 昌母 /*tɕʰ/가 제외되어 27개로 줄어들었다. 이 점을 감안하여 우리가 설정한 고구려어 음소가 최소치라고 하였다.

이 책을 마무리하면서, 두 가지 큰 수정이 있었음을 다시 한 번 밝혀 謝罪드린다. 필자의 불찰에서 비롯된 착오도 있었고, 기존의 학설을 그대로 따라감으로써 빚어진 실수도 있었다.

이승재(2015가)에서는 滂母 /*pʰ/, 溪母 /*kʰ/, 淸母 /*tsʰ/, 從母 /*dz/가 고구려어 자음체계에서 마치 독자적인 음소인 것처럼 기술했었다. 이제 滂母 [*pʰ]와 溪母 [*kʰ]를 각각 幫母 /*p/와 見母 /*k/의 변이음으로 간주하고 淸母 [*tsʰ]와 從母 [*dz]를 精母 /*ts/의 변이음으로 간주하여 이들을 자음체계에서 제외한다. 이러한 잘못은 대립 항의 용례를 유심히 살피지 않은 데에서 비롯된 것이었다. 멸망 이전의 고구려어 표음자 중에서 借用語에만 사용된 것을 음운대립의 논거에서 제외했더니, [*pʰ], [*kʰ], [*tsʰ], [*dz] 등이 고구려어 음소목록에서 제외되었다. 고대어의 음운체계 연구에서 차용어가 독버섯과 같은 존재임을 새삼스럽게 체험하였다.

李承宰(2016나)에서 중세 한국어의 'ᆞ'에 대응하는 모음 /*ʌ/가 고구려어에도 있다고 했다. 이것은 庚韻 2등과 淸韻 3등·靑韻 4등의 운복 최소대립 쌍에 근거를 둔 것이었다. 그런데 기존의 학설을 따라 正齒音 2등을 正齒音 3등과 하나로 묶은 것이 잘못이었다. 즉 正齒音 2등인 '生'의 성모 生母 [*ʂ]를 正齒音 3등인 書母 /*ɕ/ 즉 /*sj/에 편입한 것이 문제였다. 정반대 길을 택하여 生母 [*ʂ]를 齒頭音인 心母 /*s/에 편입하면 이 최소대립이 성립하지 않는다. 이것이 연쇄 반응을 일으켜서 제3의 모음 /*ʌ/를 독자적 음소로 설정할 근거가 없어진다. 이에 따라 고구려어의 모음체계를 7모음체계라 했던 것을 6모음체계로 수정한다. 맹목적으로 轉轍을 밟으면 치명적인 착오로 이어진다는 교훈을 뼈저리게 실감하였다.

아직도 이와 비슷한 착오나 실수가 많이 남아 있을 것이다. 올바른 지적은 반드시 수용할 것임을 약속하면서, 斯界諸賢의 叱正을 기다린다. 나아가서 우리의 한계를 정밀한 논리로 극복해 주기를 기대한다.

3년 전에 『漢字音으로 본 백제어 자음체계』를 간행할 때에 사실은 두려움이 앞섰었다. 아무도 가보지 않은 길을 찾아 나선 것이라서 방법론적으로는 새롭지만 그만큼 위험 부담이 컸기 때문이다. 그런데 동일한 방법론으로 고구려어의 음운체계를 분석해 보니 다행히도 유의미한 결과가 나온다. 두려움에서 벗어나 안도의 한숨을 크게 내쉬어 본다. 비유컨대, 미묘한 향기에 끌려 妙香山 등반에 나섰다가 여러 난관에 부딪쳐 실패를 반복했지만, 마침내 등산로를 찾아낸 느낌이랄까? 이 레시피를 그대로 유지하면서 다음에는 吐含山에 올라 일출을 보려 한다.

참고문헌

姜信沆(1978), 中國字音과의 對音으로 본 國語母音體系, 『國語學』 7, 서울: 國語學會.

姜信沆(1996), 漢字音을 通해서 본 國語音韻史硏究 問題, 『國語學』 27, 서울: 國語學會.

姜信沆(2003), 『韓漢音韻史硏究』, 서울: 태학사.

姜信沆(2011가), 韓國漢字音(15·16世紀 現實音)과 魏晉南北朝時代音과의 比較, 『震檀學報』 112, 서울: 震檀學會.

姜信沆(2011나), 南·北系 漢語와 韓國漢字音, 『韓國語硏究』 8, 서울: 韓國語硏究會.

姜信沆(2015), 전탁음에 대하여, 『韓國語硏究』 12, 서울: 韓國語硏究會.

康仁善(1995), 日本 文獻에 나타난 古代 韓國 人名 索引, 『國語史와 借字表記』(素谷 南豊鉉先生 回甲紀念論叢), 서울: 太學社.

郭忠求(1994), 『咸北 六鎭方言의 音韻論』, 서울: 國語學會.

權仁瀚(1991), 麗代 聲調의 再構를 위한 基礎的 硏究, 『國語學』 21, 서울: 國語學會.

權仁瀚(1997), 한자음의 변화, 『國語史硏究』(국어사연구회 편), 서울: 태학사.

權仁瀚(1999), 고대국어의 치음계열에 대한 연구, 『애산학보』 23, 서울: 애산학회.

權仁瀚(2011), 『三國志』·魏書·東夷傳의 固有名詞 表記字 分析, 『口訣硏究』 27, 서울: 口訣學會.

權仁瀚(2015), 『廣開土王碑文 新硏究』, 서울: 박문사.

權仁瀚(2016), 集安高句麗碑文의 판독과 해석, 『木簡과 文字』 16, 서울: 韓國木簡學會.

권재선(1974), 『鷄林類事』에 나타난 麗代 國語 聲調의 考察, 『語文學』 30, 대구: 한국어문학회.

권혁준(2002), 後期中古漢語의 음운 체계, 『中國語文論叢』 第38輯, 서울: 중국어문연구회.

김동소(1998), 『한국어 변천사』, 대구: 형설출판사.

김무림(1992), 고구려 한자음 고찰 I, 『弘益語文』 10·11, 서울: 홍익대학교 국어국문학과.

김무림(2007), 국어 한자음의 체계적 근대성,『한국어학』34, 서울: 한국어학회.

金芳漢(1983),『韓國語의 系統』, 서울: 民音社.

김성규(2004),『계림유사』와 15세기 국어의 성조 비교,『어문논집』49, 대구: 민족어문
　　학회.

金英培(1997),『增補 平安方言硏究』, 서울: 太學社.

김영황(2006),『고구려 언어 연구』, 평양: 김일성종합대학출판사.

金完鎭(1957), 原始國語의 子音體系에 대한 硏究,『國語硏究』제3호, 서울: 國語硏究會.

金完鎭(1965), 原始國語 母音論에 關係된 數三의 課題,『震檀學報』28, 서울: 震檀學會.

金完鎭(1973/77), 中世國語聲調의 硏究, 서울: 塔出版社.

金完鎭(1978), 母音體系와 母音調和에 대한 反省,『語學硏究』14-2, 서울: 서울대학교
　　어학연구소.

金完鎭(1991), 국어사 자료로서의『鷄林類事』의 性格,『震檀學報』71·72, 서울: 震檀
　　學會.

金完鎭(2012), 百濟와 高句麗를 위한 한 假說,『韓國語硏究』9, 서울: 韓國語硏究會.

김주원(1993),『모음조화의 연구』, 경산: 영남대학교 민족문화연구소.

김주원(1994), 18세기 황해도 방언의 음운현상,『國語學』24, 서울: 국어학회.

김차균(1970), 경남 방언의 성조 연구,『한글』145, 서울: 한글학회.

南豊鉉(2001), 韓國 古代語의 單母音化에 대하여,『韓日語文學論叢』(梅田博之敎授 古
　　稀記念), 서울: 太學社.

都守熙(1977),『百濟語硏究』, 서울: 아세아문화사.

都守熙(2008),『三韓語 硏究』, 서울: 제이앤씨.

램지, 사무엘(Ramsey, Samuel R.)(1974), 咸鏡·慶尙 兩方言의 액센트 硏究,『國語學』
　　2, 서울: 국어학회.

류렬(1990),『조선말력사 1』, 평양: 사회과학출판사.

리득춘(1994),『조선어 한자어음 연구』, 서울: 서광학술자료사.

미즈노 슌페이(1997), 일본 上代文獻에 나타난 '聯合假名'에 대해서,『國語學硏究의
　　새 지평』(誠齋李敦柱先生 回甲紀念論叢), 서울: 太學社.

미즈노 슌페이(2009),『백제와 백제 한자음 백제어』, 서울: 역락.

박동규(1992), '借音異寫字'類를 通한 古代國語의 初聲子音 硏究, 中央大學校 博士學
　　位論文.

朴炳采(1971),『古代國語의 硏究: 音韻篇』, 서울: 高麗大學校出版部.

朴昌遠(1996), 고대국어의 치음,『國語學』27, 서울: 國語學會.

박창원(2002),『고대국어 음운 (1)』, 서울: 태학사.

성백인(1978), 한국어와 만주어의 비교 연구(1): 알타이 조어의 어두 파열음 체계에 관
　　한 문제점,『언어학』3, 서울: 한국언어학회.

宋基中(1986), 新羅 前半期의 官職名·人名과 北方民族語, 『震檀學報』 61, 서울: 震檀
　　學會.

宋基中(1995가), 唐代 突厥語 假借 表記와 國語漢字音의 終聲, 『國語史와 借字表記』
　　(素谷南豊鉉先生 回甲紀念論叢), 서울: 太學社.

宋基中(1995나), 古代國語 漢字音에 관련된 몇 가지 관찰, 『韓日語學論叢』 (南鶴 李鍾
　　徹先生 回甲紀念論叢), 서울: 國學資料院.

宋基中(2004), 『古代國語 語彙 表記 漢字의 字別 用例 硏究』, 서울: 서울대학교출판부.

宋基中·南豊鉉·金永鎭(1994), 『古代國語 語彙集成』, 성남: 韓國精神文化硏究院.

안병호(1984), 『조선 한자음 체계의 연구』, 평양: 김일성종합대학 출판사.

앤후이린(2010)(엄익상, 이옥주, 손남호, 이미경 역), 『중국어 말소리』, 서울: 역락.

語文學硏究會(編)(1965), 『國語學槪論: 講座』, 서울: 首都出版社.

엄익상(2001), 한자음 -l 운미 중국 방음 기원설의 문제, 『중어중문학』 29, 서울: 韓國
　　中語中文學會.

엄익상(2015), 『(백제에서 현대까지) 한국한자음 중국식으로 다시보기』 (2판), 서울: 한
　　국문화사.

王力(1980)(李鍾振·李鴻鎭 역), 『中國言語學史』, 大邱: 啓明大學校出版部.

魏國峰(2014), 고대 한국어 음운 체계 연구: 전승 한자음을 대상으로, 서강대학교 박사
　　학위논문.

兪昌均(1980), 『韓國 古代漢字音 硏究 I』, 대구: 계명대학교출판부.

兪昌均(1991), 『三國時代의 漢字音』, 서울: 민음사.

李基文(1968), 高句麗의 言語와 그 特徵, 『白山學報』 4, 서울: 白山學會.

李基文(1969), 中世國語 音韻論의 諸問題, 『震檀學報』 32, 서울: 震檀學會.

李基文(1972), 『國語史槪說』, 서울: 民衆書館.

李基文(1972/77), 『國語音韻史 硏究』, 서울: 韓國文化硏究所.

李基文(1977), 濟州道方言의 '♀'에 관련된 몇 問題, 『李崇寧先生古稀紀念 國語國文學
　　論叢』, 서울: 탑출판사.

李基文(1982), 百濟語 硏究와 관련된 몇 問題, 『百濟硏究』 (충남대 백제연구소 편), 서
　　울: 지식산업사.

李基文(1989), 古代國語 硏究와 漢字의 새김 問題, 『震檀學報』 67, 서울: 震檀學會.

李基文(1991), 『國語 語彙史 硏究』, 서울: 東亞出版社.

李敦柱(1995), 中國 上古漢字音의 子音韻尾 問題, 『國語史와 借字表記』 (素谷南豊鉉先
　　生 回甲紀念論叢), 서울: 태학사.

李敦柱(2003), 『韓中漢字音硏究』, 서울: 태학사.

李崇寧(1955/78), 『新羅時代의 表記法體系에 關한 試論』, 서울: 탑출판사.

李丞宰(1983), 再構와 方言分化 — 語中 '-ㅅ-'類 단어를 중심으로, 『國語學』 12, 서
　　울: 國語學會.

李丞宰(2008), 7世紀 末葉의 韓國語 資料 ― 璟興撰『无量壽經連義述文贊』의 註釋을 중심으로,『口訣硏究』20, 서울: 口訣學會.

李丞宰(2013가), 新羅木簡과 百濟木簡의 表記法,『震檀學報』117, 서울: 震檀學會.

이승재(2013나),『漢字音으로 본 백제어 자음체계』, 서울: 태학사.

이승재(2015가), 고대국어 2,『학문연구의 동향과 쟁점(국어학·국문학·중어중문학·영어영문학)』, 서울: 대한민국학술원.

이승재(2015나), 훈민정음 이전의 우리 문자 이름,『한글과 동아시아의 문자』, 서울: 국립한글박물관.

이승재(2016가), 고대 한자음의 음운대립 연구 ― 백제어, 고구려어, 중국 남조어를 중심으로, 한국언어학회 창립 40주년 기념 학술대회.

李丞宰(2016나), 高句麗語 母音에 'ㅇ'가 없었을까? ― 고구려 표음자의 蟹攝字 분석,『국어학』78, 서울: 國語學會.

이장희(2014), 고대국어 어휘 연구를 위한 기초 작업: 텍스트와 자료의 이해,『口訣硏究』33, 서울: 口訣學會.

이재돈(2007),『中國語音韻學』, 서울: 學古房.

이토 다카요시(伊藤貴祥)(2014), 憬興撰『無量壽經連義述文贊』特異反切 硏究: 百濟 漢字音의 干涉을 中心으로,『口訣硏究』33, 서울: 口訣學會.

이토 지유키(伊藤智ゆき)(2007)(이진호 역),『한국 한자음 연구: 본문편』, 서울: 역락.

이토 지유키(伊藤智ゆき)(2011)(이진호 역),『한국 한자음 연구: 자료편』, 서울: 역락.

장세경(1990),『고대 차자 복수인명 표기 연구』, 서울: 국학자료원.

장세경(2007),『한국 고대 인명사전』, 서울: 역락.

장영준(2005),『언어 속으로: 장영준의 우리말 산책』, 서울: 태학사.

鄭然粲(1977),『慶尙道方言聲調硏究』, 서울: 國語學會.

鄭 光(2011),『삼국시대 한반도의 언어 연구: 고구려어의 역사비교언어학적 연구를 중심으로』, 서울: 박문사.

조규태(1986),『고대국어 음운 연구』, 서울: 형설출판사.

崔明玉(1978), 'ㅸ, △'와 東南方言,『語學硏究』14-2, 서울: 서울대학교 어학연구소.

崔明玉(1985), 존 로스의 Corean Primer「한국어 초보」와 평북 의주지역어,『國語學論叢』(素堂千時權博士華甲紀念), 서울: 형설출판사.

최희수(1986),『조선한자음연구』, 목단강: 흑룡강조선민족출판사.

崔義秀·李義活(1990),『漢語音韻學通論』, 대구: 中文出版社.

칼그렌, 버나드(Karlgren, Bernhard)(1985)(崔玲愛 譯),『古代 漢語音韻學 槪要』, 서울: 民音社.

허 웅(1955), 傍點 硏究,『東方學志』2, 서울: 延世大學校 東方學硏究所.

히라야마 히사오(平山久雄)(2013)(李準煥 역), 中古漢語의 音韻(1)·(2),『口訣硏究』30·31, 서울: 口訣學會.

董同龢(1944),『上古音韻表稿』,臺北: 歷史語言研究所.

董同龢(1972),『漢語音韻學』,臺北: 學生書國.

范淑玲(2009), 日本上代,中古音韻與漢語中古音的比較研究, 山東大學 博士學位論文.

黃笑山(1995),『『切韻』和中唐五代音位系統』,鄭州: 文津出版社.

黃笑山(2002), 中古二等韻介音和『切韻』元音數量,『浙江大學學報』(人文社會科學版)
　　　32-1, 浙江: 浙江大學.

黃笑山(2006), 中古-r-介音消失所引起的連鎖變化,『丁邦新先生七秩壽慶論文集』.

集安市博物館(2012),『集安高句麗碑』,集安: 集安市博物館

羅常培(1933),『唐五代西北方言』,上海: 國立中央研究院歷史語言研究所.

李方桂(1980),『上古音研究』,臺北: 商務印書館.

李新魁(1983),『漢語等韻學』,上海: 中華書局.

李榮(1956),『切韻音系』,臺北: 鼎文書局.

麥耘(1995), 音韻與方言研究, 廣東: 廣東人民出版社.

邵榮芬(1982),『切韻研究』,北京: 中國社會科學出版社.

申雅莎(2006), 韓漢音研究, 北京大學 博士學位論文.

唐作藩(1982),『上古音手册』,南京: 江蘇人民出版社.

王力(1957),『漢語史稿』,北京: 科學出版社.

鄭張尙芳 (2003),『上古音系』,上海: 上海敎育出版社.

陳彭年(等)(1982),『大宋重修廣韻』,京都: 中文出版社.

周傲生(2008),『切韻』的音韻格局, 浙江大學 博士學位論文.

周法高(主編)(1973),『漢字古今音彙』,香港: 中文大學.

周長楫(1994), 濁音和濁音清化芻議,『音韻論研究』3, 中國音韻學研究會.

有坂秀世(1957/80),『國語音韻史の研究』,東京: 明世堂書店,

伊藤智ゆき(2002), 朝鮮漢字音研究, 東京大 博士學位論文.

河野六郎(1968/79), 朝鮮漢字音の研究,『河野六郎著作集 2』,東京: 平凡社.

高田時雄(1988),『敦煌資料による中國語史の研究 - 九・十世紀河西方言』,東京: 創
　　　文社.

田中俊明(1995),『高句麗の歷史と遺跡』,東京: 中央公論社.

竹内理三・山田英雄・平野邦雄(1977),『日本古代人名辭典』,東京: 吉川弘文館.

藤堂明保(1957),『中國語音韻論』,東京: 江南書院.

服部四郎(1958), 朝鮮語のアクセント・mora・音節,『ことばの宇宙』3-5.

平山久雄(1967), 中古漢語の音韻,『中國文化叢書 1 言語』,東京: 大修館書店.

平山久雄(1991), 中古漢語における重紐韻介音の音價について,『東洋文化研究所紀
　　　要』114, 東京: 東洋文化研究所.

平山久雄(1993), 邵雍『皇極經世聲音唱和圖』の音韻體系,『東洋文化研究所紀要』120,

　　東京: 東洋文化研究所. pp.49〜107.

水谷眞成(1967), 上中古音の間における音韻史上の諸問題,『中國文化叢書 1 言語』, 東
　　京: 大修館書店.

三根谷徹(1972), 越南漢字音の研究,『中古漢語と越南漢字音』(1993), 東京: 汲古書院.

森博達(1985), 倭人傳の地名と人名,『日本の古代』(倭人の登場) 1, 東京: 中央公論社.

賴惟勤(1953), 上古中國語の喉音韻尾について,『人文科學紀要』(お茶の水女子大學)
　　第3卷, 東京: お茶の水女子大學.

Beckwith, Christopher I (2004), *Koguryo, The Language of Japan's Continental
　　Relatives*, Leiden · Boston: Brill.

Chao, Yuen Ren (1933), Tone and intonation in Chinese, *Academia Sinica* 4,
　　Bulletin of the Institute of History and Philology.

Handel, Zev (2014), Why did Sin Sukju transcribe the coda of the yào 藥 rime of
　　15th century Guānhua with the letter ㅸ ⟨f⟩?, *Studies in Chinese and Sino−
　　Tibetan Linguistics; Dialect, Phonology, Transcription and Text*, Taipei:
　　Academia Sinica.

Karlgren, Bernhard (1940), Grammata Serica: Scripts and Phonetics in Chinese
　　and Sino−Japanese, *Bulletin of the Museum of Far Eastern Antiquities* 12.

Karlgren, Bernhard (1954/1992), *Compendium of phonetics in Ancient and
　　Archaic Chinese*, Taipei: SMC Publishing Inc.

Karlgren, Bernhard (1957), Grammata Serica Recensa, *The Bulletin of the
　　Museum of Far Eastern Antiquities* no. 29, Stockholm.

Kim, Chin−W. (1978), "Diagonal" vowel harmony?: Some implications for
　　historical phonology, *Journal of Korean Linguistics* 7, Seoul: The Society
　　of Korean Linguistics.

Lee, Ki−Moon (1963), A Genetic View of Japanese, *Chosengakubo* vol. 27, Nara:
　　The Chosen gakkai.

Lee, Sang−Oak (1978), Middle Korean Tonology, Ph.D. dissertation, University
　　of Illinois at Urbana.

Lee, SeungJae (2014), Some Korean/Japanese Linguistic Implications of Korean
　　Wooden Tablet Inscriptions, *Japanese/Korean Linguistics* 22, Stanford
　　University: CSLI Publications.

Martin, Samuel E. (1953), The phoneme of Ancient Chinese, *Journal of the
　　American Oriental Studies* supplement 16.

Martin, Samuel E. (2000), How have Korean vowels changed through time?,
　　Korean Linguistics 10.

Pulleyblank, Edwin (1984), *Middle Chinese*; *A Study in Historical Phonology*, Vancouver: University of British Colombia Press.

Ramsey, Samuel Robert (1978), *Accent and Morphology in Korean Dialects*, Seoul: The Society of Korean Linguistics.

Ramstedt, G. J. (1957), *Einführung in die Altaische Sprachwissenschaft*, I, MSFOu 104:1. Helsinki.

Trubetzkoy, N.S. (1939), *Grundzüge der Phonologie*, English translation by C.A.M. Baltaxe (1971), *Principles of Phonology*. Berkeley: University of California.

Vovin, Alexander (1995), Once again on the accusative markers in Old Korean, *Diachronica* 12.2.

Vovin, Alexander (2010), *Koreo-Japonica — A Re-evaluation of a Common Genetic Origin*, Honolulu: University of Hawaiʻi Press.

〈Abstract〉

A phonological system of the Goguryeon language
— based on Middle Chinese pronunciations of the Goguryeon phonographs

LEE SeungJae (Seoul National University)

The goal of this study is to identify Chinese characters that were used to transcribe the linguistic forms of Goguryeo (BCE 37~CE 668), and to reconstruct the phonological system of the Goguryeon language by applying the phonological opposition theory of the Prague school to the Chinese characters in the Goguryeon transcription.

While internal reconstruction is a method that can be chosen, it does not seem likely to succeed due to the lack of Goguryeon data in general. External reconstruction using Goguryeon phonographs faces the same problem; there are not enough known Goguryeon phonographs. However, external reconstruction based on the Middle−Chinese pronunciations of Goguryeon phonographs seems to be the most objective method in reconstructing the phonological system, and covers the most comprehensive range of the phonographs. This method was proposed by Lee SeungJae (2013b) and the same method will be applied in this study.

Chapter 2 describes the process of sampling Goguryeon words and phonographs. Attempting to provide a complete enumeration survey that covers the entire set of data of Goguryeon words, the study has complied a list of Goguryeon words that includes the names of persons, places, official titles, and objects, with the aid of Song, Nam, and Kim (1994). The texts that include inscription of Goguryeon words were divided into seven categories: Goguryeon stele (containing 201 items), Chinese historical books compiled before the demise of Goguryeo (containing 214 items), the Geographic Chapters in the *Samguksagi* 三國史記 (containing 165 items), historical books compiled in ancient Japan (containing 85 items), Chinese historical books compiled after the demise of Goguryeo (containing 132 items), the *Samguksagi* text excepting the Geographic Chapters (containing 444 items), and the *Samgukyusa* 三國遺事 text (containing 105 items). These 1,346 linguistic items in total were collected from the seven textual categories. Excluding the redundant items, the total number is reduced to 1,080.

The seven types of Goguryeon texts show a difference in the level of reliability, which is determined by the phonological system and writing system of the transcribers. In previous research, the place names from the Geographic Chapters have played the most important role. In this study, the linguistic forms from Goguryeon stele and Chinese historical books (compiled before the demise of Goguryeo) should be regarded as the most precise and accurate forms, as the names of places and official titles recorded after the demise of Goguryeo may include phonographs influenced by phonological systems and transcriptions in Silla 新羅 and Goryeo 高麗.

There are 1,080 Goguryeon words transcribed in Chinese characters, and many of them include phonographs used to transcribe sound, but not meaning. It is not easy to distinguish which character is used to indicate the Korean sound and which character is used to indicate the Korean meaning. If the given word has not been transmitted to later generations, it is more difficult to distinguish the two types of Chinese characters. In this study, the following criteria were used to distinguish phonographs from non-phonographs. First, the characters used in Chinese loanwords are entirely excluded. Second, characters such as 梁 and 珍 that are likely to represent the meaning of a word are not considered as a phonograph. Third, if a word cannot be comprehended correctly based on the meaning of a Chinese character, it is suggested that the character was used as a phonograph. Since these criteria are inconsistent, the application of the criteria may differ for each character. Considering the inconsistency of these criteria, it will be precisely explained why a certain character has been regarded as a phonograph.

In sum, the characters collected as a phonograph in this study are as follows: 201 characters from Goguryeon stele, 247 characters from Chinese historical books compiled before the demise of Goguryeo, 158 characters from the Geographic Chapters in the *Samguksagi*, 142 characters from Japanese historical books, 171 characters from Chinese historical books compiled after the demise of Goguryeo, 410 characters from the *Samguksagi* excepting the Geographic Chapters, and 139 characters from the *Samgukyusa*. When we count the same character appearing multiple times as one, the total number of phonographs in the Goguryeon language is 690.

Although these 690 phonographs all need to be analyzed to discuss the Goguryeon phonological system, characters with a low frequency or characters that only appears in the later texts are excluded due to their low reliability. We made two sets of Goguryeon phonographs: one set with 100 phonographs and the other set with 152 phonographs. These phonographs have a relatively high frequency, and were used before the demise of Goguryeo. It is effective to utilize these two sets of phonographs when the transcriptions in Goguryeo are compared with those in Baekje 百濟 and Silla.

In Chapter 3, we selected pairs of phonographs with an identical syllable structure from the 100 phonographs set and the 152 phonographs set and analyzed the phonological components of these phonographs. Phonological features of Middle Chinese pronunciation are used to analyze them. Middle Chinese pronunciations in this study depend on the phonological representations of Chinese characters provided by Ito (2011).

For the sake of Korean readers' convenience, we also utilized Middle Sino−Korean pronunciation. We have grouped the phonographs with an identical syllable structure in Middle Sino−Korean, and compared their Middle Chinese pronunciation. For example, comparing 仇[群中C平尤], 九 [見中C上尤], and 臼[群中C上尤] whose Middle Sino−Korean pronunciation is identically '구,' we can see that the initials of 九 and 臼 in Middle Chinese are /*k/ 見 and /*g/ 群, and that tones of 仇 and 臼 are *píng* 平 and *shǎng* 上, respectively. By comparing pronunciations of these phonographs, we can develop a hypothesis that there were voicing contrasts and tonal distinctions in Goguryeon.

Like the examples above, there are many cases where the phonographs with the same Middle Sino−Korean pronunciation have different Middle Chinese pronunciations. Therefore, we can surmise that each phonograph in the Goguryeon language was intentionally chosen to reflect different phonological information. This is named a 'reflection of a different sound value' theory. Lee Sungnyeong (1955/78) raised the question of why 仇 meaning 'an enemy' was chosen as a phonograph. Our answer is that 仇 was chosen with the intent to reflect the difference in the sound value.

Chapter 4 proposes a hypothesis that Goguryeon was a tonal

language. In the process of comparing pairs of different phonographs within an identical syllabic structure, we discovered that there are 33 minimal pairs differing in tone. There are 37 pairs whose difference can be explained either by tone or by another phonological component. Among these 70 pairs showing tonal difference, 58 pairs (82.9%) show phonological opposition of *píng* tone and non−*píng* tone (*shǎng*, *qù*, *and rù*). If Goguryeon is a tonal language, *píng* tone (L) and non−*píng* tone (H) would be two possible tonemes.

We can verify that Goguryeon was a tonal language by examining whether the tonal patterns of two different transcriptions indicating an identical proper noun are the same. For example, 積^{E}利^D{城} and 赤^{E}里^R{忽} are two different transcriptions with different phonographs, but indicate the same place name. Under the assumption that Goguryeon had two tonemes, L and H, the tonal pattern of 積^{E}利^D{城} and 赤^{E}里^R{忽} are both HH, and their tonal patterns are identical. Applying the same method, our conclusion shows that the ratio of the same tonal patterns between two different transcriptions of an identical noun is 61.8%. In the Sillan language, which is considered a tonal language, the ratio of the same tonal pattern between two different transcriptions is lower than 50%, which is lower than the ratio in Goguryeon. It is also important to note that six pairs recorded before the demise of Goguryeo show a perfect identity in tonal patterns, but the rate of concordance decreases in later texts. Therefore, we can make the hypothesis that Goguryeon was a tonal language.

A significant feature of the Gogryeon tonal system is that the LLH tonal pattern did not exist in three−syllable words inscribed before the demise of Goguryeo, and the LLH pattern did not exist in the Geographic Chapters in the *Samguksagi*, either. The fact that there is no rising pattern indicates that Goguryeon was a language with a falling accent, not with a rising accent. Therefore, the tonal system in Goguryeon can be understood as a level-pitch accent system where only a falling accent was linguistically significant, whereas a rising accent did not exist.

However, a non-relevant H that is not adjacent to a falling accent became an L tone. In a language with a falling accent, for example, the H tone at the word-initial position of HH, HHH, and HHL is not a distinctive H tone but a non-relevant H tone. HH, HHH, and HHL tones can become LH, LHH, and LHL by applying a rule that changes an H tone to an L tone. On the other hand, a change in the opposite direction occurs at the word-final position. In LL, HLL, and LLL tonal patterns, a non-relevant and surplus L tone at the word-final position can become an H tone. As a result, LL, HLL, and LLL became LH, HLH, and LLH, respectively. Through the change of an H tone into an L tone at the word-initial position and the change of an L tone into an H tone at the word-final position, a word-initial syllable became lower in its tone, and a word-final syllable became higher in its tone. This diachronic change is apparent in the summary of the tonal combination ratio from various texts.

It is possible to argue that an atonal language can be misunderstood as a tonal language, when an atonal language is transcribed in characters that indicate tonal features. This argument would lead to a dispute on the hypothesis that Goguryeon was a tonal language. If we only compared minimal pairs differing in tones, this dispute could be valid. However, the validity of such dispute becomes questionable when the following three phenomena discussed in this study are considered: 1) Tonal patterns are identical between two different transcriptions of the same word, 2) a certain tonal combination is either entirely absent, or less frequently observed than others, and 3) there are diachronic and synchronic tonal changes that possibly resulted from the observed unequal tonal distribution. These observations lead us to conclude that Goguryeon was indeed a tonal language.

Chapter 5 discusses the consonant system in Goguryeon. We can reconstruct the consonant inventory of a language transcribed in Chinese characters by forming a distribution table with rhymes listed in rows and onsets in columns. Consonants are presented in terms of manner of articulation and place of articulation. The phonographs used to record the given language are all set in each cell of this table.

For example, two phonographs $_C$夫$_虞^L$ and $_C$扶$_虞^L$ used to transcribe the Goguryeon language are both located in the same row of *yúyùn* 虞韻, but in different columns. These two phonographs $_C$夫$_虞^L$ and $_C$扶$_虞^L$ are a minimal pair differing only in the voicing feature of the onset, which demonstrates that *quánqīng* 全清 (voiceless-unaspirated) was phonologically distinct from *quánzhuó* 全濁 (voiced-unaspirated) in the Goguryeon language. Examining each example of labial consonants this way, we find that *quánqīng* is in complementary distribution with *cìqīng* 次清. This leads us to deny the phonological distinction between [*p] and [*pʰ], and list a phoneme /*p/ in the consonant inventory of Goguryeon.

Table (1) below lists the consonant inventory of the Goguryeon language, which is reconstructed by phonological oppositions of Goguryeon phonographs. For example, [*b] 並 and [*v] 奉 in the syllable initial position are merged as a phoneme /*b/ 並奉, as [*b] 並 is in a complementary distribution with [*v] 奉. Then, /*b/ 並奉 and /*p/ 幫非滂敷 are listed as separate phonemes in the phonemic inventory, as a few examples of minimal pairs between the two have been found.

(1) Phonological opposition in Goguryeon consonants

Consonant System in Goguryeon

Place \ Manner		Voiceless, Unaspirated 全清	Voiceless, Aspirated 次清	Voiced, Unaspirated 全濁	Sonorant 次濁
Labials	幫	幫非滂敷 /*p/		並奉 /*b/	明微 /*m/
Linguals	端	端知 /*t/	透徹 /*tʰ/	定澄 /*d/	泥娘日 /*n/
	來				來 /*l/
Dentals	精	精莊章清初昌從崇船 /*ts/			
	心	心邪生俟 /*s/			
	書	書常 /*sj/			羊 /*j/
Velars	見	見溪 /*k/		群疑 /*g/	/*ŋ/ (coda)
Glottals	影	影云 /*ʔ/			
	曉		曉匣 /*h/		

In Goguryeon, there were two series of plosives: voiceless, unaspirated consonants /*p, *t, *k/ and voiced, unaspirated consonants /*b, *d, *g/. A voiced affricate /*dz/ 從 and voiced fricatives /*z/ 邪, /*z/ 常, and /*ɦ/ 云 appear as phonemes only in the Baekjean language 百濟語, but not in the Goguryeon language. In other words, only plosives show a distinction between voiced and voiceless in Goguryeon. There was only one voiceless, aspirated consonant /*tʰ/ in Goguryeon, which leads us to the hypothesis that an aspirated series of consonants was not present in proto-Goguryeon. It is also concluded that neither the nasal consonant /*ŋ/ nor the liquid consonant /*l/ appeared at the word-initial position. This increases the possibility of Goguryeon belonging to the Altaic family, as it is assumed that neither a nasal consonant /*ŋ/ nor a liquid consonant /*l/ appeared at the word-initial position in Altaic languages.

Goguryeon has 15 consonants, including seven plosives /*p, *t, *k, *b, *d, *g, *tʰ/, one affricate /*ts/, two fricatives /*s, *h/, three nasals /*m, *n, *ŋ/, one liquid /*l/, and one glottal stop /*ʔ/. If we include /*j/

羊, the number of consonant becomes 16, but we consider /*j/ as a glide. There was no phonological opposition between [*s] 心 and [*ʂ] 生, which leads us to merge the two into a single phoneme /*s/. A palatal [*ɕ] 書 was not distinguished systematically from both the retroflex [*ʂ] 生 and the alveolar [*s] 心. Considering that [*ɕ] was always followed by a palatal glide /*j/, it is possible to suggest that [*ɕ] should be reanalyzed as /*s+*j/. Therefore, we exclude /*ɕ/ from the phonemic inventory. In sum, it is concluded that there were 15 consonants in Goguryeon.

(2) Consonant system in Goguryeon

Place / Manner	Labials	Alveolars		Velars	Glottals
		Linguals	Dentals		
Voiceless, Unaspirated	*p	*t	*ʦ	*k	*ʔ
Voiced, Unaspirated	*b	*d		*g	
Voiceless, Aspirated		*tʰ			
Fricatives			*s		*h
Nasals	*m	*n		*ŋ	
Liquids		*l			

It is important to notice that there were the alveolar affricate /*ʦ/ and the fricative /*s/, but no palatal counterpart. This is similar to the consonant systems of modern Northwestern dialects in Korean. In Northwestern dialects, ㅈ and ㅊ are not palatals /ʨ, ʨʰ/, but alveolars /ʦ, ʦʰ/. It is the same in the Yukjin dialect, which is a Northeastern dialect (Kwak 1994: 319 ~24). Lee Ki−Moon (1972/77) has argued that ㅈ and ㅊ in Middle Korean, too, were not palatals, but alveolars. Following this argument, it is possible to hypothesize that the alveolar /*ʦ/ in Goguryeon remained unchanged in Middle Korean and modern Northern dialects. In other words, we can hypothesize that the alveolars /ʦ, ʦh/ in modern Northern dialects are the descendants of the Goguryeon alveolar.

Unlike Baekjean, Goguryeon did not have a voiced series of fricatives. /*z/, which was a phoneme in Middle Korean, was not a phoneme in Goguryeon. It is difficult to find a trace of /*z/ in modern Northern dialects, and this dialectal feature might be explained by the feature in Goguryeon. We can infer that it is difficult to find a trace of /*z/ in modern Northern dialects, because /*z/ did not exist in Goguryeon. The research method in our study becomes more compelling by this inference.

Chapter 6 covers the Goguryeon vowel system. We can reconstruct the vocalic inventory of the Goguryeon language transcribed in Chinese characters by creating a distribution table with onset consonants listed in rows and tones in columns. The phonographs of the language are all located in each cell of the table, so that the phonographs located in the same cell are different only in their rhyme, which is comprised of three components: glide 開合, division 等, and a main vowel (syllabic nucleus) 韻腹. By comparing minimal pairs of main vowels which occur in the same cell, we can reconstruct the vowel inventory of the given language.

When a coda 韻尾 is fixed, we can establish the inventory of Goguryeon vowels by gathering the minimal pairs that differ in a main vowel and excluding the minimal pairs that differ in a glide or a division. When estimating the sound value of each vowel, we first assign universal basic vowels such as /*a, *i, *u, *e, *o/. If there are more than five vowels in the inventory, we add vowels in the secondary set such as /*ə, *ʌ, *ɛ, *ɔ/.

In the analysis of rhymes, the 15 consonants discussed above and a glide /*j/ (羊母) are listed in rows, and four tones (píng, shǎng, qù, and rù) are listed in columns. The phonographs in the same cell of this phonological analysis chart will have the same initial consonant and the same tone, as shown in (6) below. These phonographs will show the phonological opposition in rhymes. If it is confirmed that two rhymes in the same cell are different in their main vowels, but not in the existence of a glide or in the division, we can argue that the two rhymes are a minimal pair of the main vowel. This will lead us to assign two separate vowels as a main vowel of the two rhymes.

We can take an example of rhymes in *guŏshè* 果攝 and *jiǎshè* 假攝 to explain further. The 1st division in *gēyùn* 歌韻, the 1st division in *gēyùn* 戈韻, the 3rd division in *gēyùn* 戈韻, the 2nd division in *máyùn* 麻韻, and the 3rd division in *máyùn* 麻韻 belong to *guŏshè* 果攝 and *jiǎshè* 假攝, both of which have no coda. Among the phonographs recorded before the demise of Goguryeo, there is no example of the 1st division in *gēyùn* and the 2nd division in *máyùn* that appears in the same cell of the analysis chart. This means that any pair of these two rhymes with different main vowels was in complementary distribution, and that there was no minimal pair that differed in a main vowel between *gēyùn* and *máyùn*. Therefore, /*a/ is assigned as a main vowel of both rhymes in the Goguryeon language.

Goguryeon phonographs in *gēyùn* and *máyùn* do not have a rounded glide /*w/, and those in *gēyùn* 戈韻 all have a rounded /*w/ (合口 *hékŏu*). Thus, the main vowel of *gēyùn* and *máyùn* is /*a/, and the sound value of the 1st division in *gēyùn* 戈韻 is /*wa/. The 3rd division hardly features any rounded glide. Theoretically, the sound values of the 3rd division in *máyùn* 麻韻 and the 3rd division in *gēyùn* 戈韻 are /*ja/ and /*jwa/, respectively. However, there is no Goguryeon phonograph in the 3rd division in *gēyùn* 戈韻, from which it can be argued that /*jwa/ was systematically excluded from the phonological structure of Goguryeon. In other words, there was no front rounded glide /*jw/ (equivalent to /ɥ/ in IPA) in Goguryeon. /*jw/ in Middle Chinese was accepted as /*j/ after linguals and dentals, and as /*w/ after labials, velars, and glottals in Goguryeon.

In summary, the main vowel of both the 1st division in *gēyùn* 歌韻

and the 2nd division in *máyùn* 麻韻 is /*a/. The 1st division in *gēyùn* 戈韻 and the 3rd division in *máyùn* 麻韻 are reconstructed as /*wa/ and /*ja/, respectively. In conclusion, /*a/ is the only reconstructed main vowel for *guǒshè* and *jiǎshè* in Goguryeon.

By applying the same method, we can predict the sound value of several rhymes in Goguryeon as follows. The sound value shown below can be partially consulted for the research of Middle Chinese phonology.

(3) Summary of the presumed sound value of rhymes in Goguryeon

 1. *guǒshè* 果攝 and *jiǎshè* 假攝

  1st division in *gēyùn* 歌韻, 2nd division in *máyùn* 麻韻 = /*a/

  1st division in *gēyùn* 戈韻 = /*wa/

  3rd division in *máyùn* 麻韻 = /*ja/

 2. *yùshè* 遇攝

  1st division in *móyùn* 模韻 = /*o/

  3rd division in *yúyùn* 魚韻 = /*jo/ (before the demise of Goguryeo)

   {3rd division in *yúyùn* 魚韻 = /*je/ (after the demise of Goguryeo)}

  3rd division in *yúyùn* 虞韻 = /*wu～*u (after labials, velars, and glottals),

   *ju (after linguals and dentals)/

 3. *zhǐshè* 止攝

  3rd division A in *zhīyùn* 支韻 = /*je/

  3rd division B in *zhīyùn* 支韻 = /*ɪe/

  3rd division A in *zhīyùn* 脂韻 = /*ji～*i/

  3rd division B in *zhīyùn* 脂韻 = /*ɪi/

 4. *xiàoshè* 效攝

  1st division in *háoyùn* 豪韻, 2nd division in *yáoyùn* 肴韻 = /*o/

  3rd division in *xiāoyùn* 宵韻, 4th division in *xiāoyùn* 蕭韻 = /*jau/

  (before the demise of Goguryeo)

{3rd division in *xiāoyùn* 宵韻, 4th division in *xiāoyùn* 蕭韻 = /*jo/ (after the demise of Goguryeo)}

5. *liúshè* 流攝

1st division in *hóuyùn* 侯韻 = /*u/ {3rd division in *yúyùn* 虞韻 = /*wu ~ *u/}

3rd division in *yōuyùn* 尤韻 = /*ju/ {3rd division in *yúyùn* 虞韻 = /*ju/}

6. *xièshè* 蟹攝

1st division in *tàiyùn* 泰韻, 2nd division in *jiēyùn* 皆韻, 2nd division in *jiāyùn* 佳韻 = /*ai/

3rd division in *jìyùn* 祭韻, 3rd division in *fèiyùn* 廢韻 = /*jai/

1st division in *hāiyùn* 哈韻 = /*əi/

1st division in *huīyùn* 灰韻 = /*wəi/

4th division in *qíyùn* 齊韻 = /*ei/

3rd division in *zhīyùn* 之韻 and *wēiyùn* 微韻 = /*ɪəi~*əi/

7. *tōngshè* 通攝 and *jiāngshè* 江攝

1st division in *dōngyùn* 東韻, 1st division in *dōngyùn* 冬韻 = /*uŋ, *uk/

3rd division in *dōngyùn* 東韻 = /*juŋ, *juk/

3rd division in *zhōngyùn* 鐘韻 = /*joŋ, *jok/ (after linguals and dentals)

2nd division in *jiāngyùn* 江韻 = /*oŋ, *ok/

8. *dàngshè* 宕攝

1st division in *tángyùn* 唐韻 = /*aŋ, *ak/

3rd division in *yángyùn* 陽韻 = /*jaŋ, *jak/

9. *gěngshè* 梗攝

2nd division in *gēngyùn* 庚韻 = /*eŋ, *ek/

3rd division in *gēngyùn* 庚韻 and *qīngyùn* 清韻, 4th division in *qīngyùn* 青韻 = /*jeŋ, *jek/

10. *céngshè* 曾攝

1st division in *dēngyùn* 登韻 = /*əŋ, *ək/

3rd division in *zhēngyùn* 蒸韻 = /*jəŋ, *jək/

11. *shānshè* 山攝 and *zhēnshè* 臻攝

    1st division in *hányùn* 寒韻 = /*an, *at/

    1st division in *huányùn* 桓韻 = /*wan, *wat/

    1st division in *hényùn* 痕韻, 2nd division in *shānyùn* 山韻, 2nd division
        in *shānyùn* 刪韻 = /*ən, *ət/

    3rd division in *xīnyùn* 欣韻 = /*jən, *jət/

    3rd division in *xiānyùn* 仙韻, 4th division in *xiānyùn* 先韻 = /*jen, *jet/

    3rd division in *yuányùn* 元韻 = /*wen, *wet/

    1st division in *húnyùn* 魂韻 = /*on, *ot/

    3rd division in *wényùn* 文韻 = /*wun~*un, *wut~*ut/ (after labials,
        velars, and glottals)

    3rd division in *zhūnyùn* 諄韻 = /*jun, *jut/ (after linguals and dentals)

    3rd division in *zhēnyùn* 真韻, 3rd division in *zhēnyùn* 臻韻 = /*jin~
        *in, *jit~*it/

13. *xiánshè* 咸攝 and *shēnshè* 深攝

    1st division in *tányùn* 覃韻, 1st division in *tányùn* 談韻, 2nd division
        in *xiányùn* 銜韻, 2nd division in *xiányùn* 咸韻 = /*am, *ap/

    3rd division in *yányùn* 鹽韻, 3rd division in *yányùn* 嚴韻, 3rd division
        in *fányùn* 凡韻, 4th division in *tiānyùn* 添韻 = /*jam, *jap/

    3rd division in *qīnyùn* 侵韻 = /*jim~*im, *jip~*ip/

In conclusion, six main vowels /*a, *e, *i, *o, *u, *ə/ in (3) are listed
in the vowel inventory of the Goguryeon language. There is no distributional
restriction for five vowels /*a, *e, *i, *o, *u/. However, /*ə/ only appears
either before an off−glide /*−i/ or before a syllable−final consonant. This
distributional restriction suggests that there were five basic vowels in proto−
Goguryeon from which /*ə/ was split later, and it is also suggested that the

phonemic analysis procedure based on the phonological oppositions of the Prague school can be successfully applied to the languages transcribed in Chinese characters.

In Goguryeon multi-syllabic words, there is a significant tendency for three vowels /*o, *e, *a/ to appear together in one word and the other three vowels /*u, *i, *ə/ to appear together. Because 34% of cases are exceptional to this tendency, we do not address it as a "vowel harmony." However, it suggests that [+high] vowels /*u, *i, *ə/ might be phonologically opposite to [−high] vowels /*o, *e, *a/ in the Goguryeon vowel system.

(4) Phonetic realization and phonological system of six vowels in Goguryeon

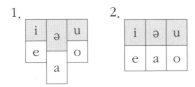

Six vowels in Goguryeon can be phonetically realized as the table in (4.1). However, based on the tendency of phonological contrast between [−high] vowels and [+high] vowels, the table in (4.2) is preferred to the table in (4.1). In conclusion, the vowel system shown in (4.2) most effectively reflects the phonological relations between six vowels in Goguryeon.

For a more detailed explanation of rhyme analysis, we will summarize the analysis process of *xièshè* 蟹攝, *gěngshè* 梗攝 and *zhǐshè* 止攝, which are related to the absence or presence of a vowel corresponding to Middle Korean vowel /ʌ/ '`·`.'

The main vowels of *xièshè* rhymes have a [−high, −round] feature. Phonographs in some *xièshè* rhymes such as *tàiyùn* 泰韻, *jiyùn* 祭韻, and *fèiyùn* 廢韻 are all pronounced with a *qù* tone 去聲 in Middle Chinese

(MC). These rhymes have a certain consonant coda in Old Chinese (OC), and the phonographs in these rhymes are pronounced with a *rù* tone 入 聲 in OC. Therefore, if we classify *tàiyùn*, *jìyùn*, and *fèiyùn* as a *rù* tone rhyme as in OC, only two main vowels would be required in *xièshè* rhymes. Thus, /*a/ and /*e/ can be assigned as two distinct phonemes in the case of this binary opposition. We would not need to include the third vowel /*ʌ/, a hypothetical vowel corresponding to Middle Korean vowel /ʌ/ ' · .'

The coda of *tàiyùn*, *jìyùn*, and *fèiyùn* in OC became a glide /*−i/ in the Early Middle Chinese period (the Northern and Southern dynasties) and these rhymes became *qù* tone rhymes. During this period, *tàiyùn*, *jìyùn*, and *fèiyùn* are classified as a *qù* tone rhyme when they are discussed in relation to phonological opposition. In this scenario, a third vowel is required in *xièshè* rhymes for triple opposition as one of the main vowels for *tàiyùn* 泰韻, *qíyùn* 齊韻, and *hāiyùn* 哈韻. Thus, we need to include a third vowel /*ʌ/ besides /*a/ and /*e/.

(5) Phonological oppositions of main vowels in *xièshè*

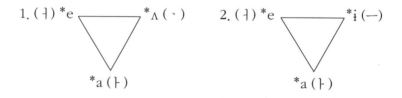

However, there is no empirical evidence to support /*ʌ/ in (5.1) rather than /*ɨ/ in (5.2) as the third vowel in the triple oppositions. By examining the phonological oppositions among the phonographs in *xièshè* only, we can not determine whether the third vowel was /*ʌ/ or

/*ɨ/ in Goguryeon. Thus, it is inevitable to analyze the main vowels in *gěngshè* 梗攝, *tōngshè* 通攝, *dàngshè* 宕攝, *zēngshè* 曾攝, and *jiāngshè* 江攝 with the same codas /*−ŋ, *−k/, in the same way.

All the Goguryeon phonographs in these rhyme groups are listed in the following distribution table (6), from which minimal pairs in the main vowel can be systematically collected. For example, phonographs $_1$博$_唐$, $_2$伯$_庚$, $_1$北$_登$, and $_2$駁$_江$ are in the same cell of labial /*p/ in row and entering tone in column. Because there is no distinction between the 1st division and the 2nd division in Goguryeon rhymes, the main vowels of the four phonographs are in opposition with one another. Thus, the main vowels of the 1st division in *tángyùn* 唐韻, the 2nd division in *gēngyùn* 庚韻, the 1st division in *dēngyùn* 登韻, and the 2nd division in *jiāngyùn* 江韻 should be distinguished from one another, and reconstructed as /*a/, /*e/, /*ə/, and /*o/, respectively.

(6) Distributional table of Goguryeon phonographs with codas /*−ŋ, *−k/

Initial	Tone	Level	Rising	Departing	Entering
Labials	/*p/ 幫	$_C$方$_陽$ $_1$豐$_東$			$_1$博$_唐$ $_2$伯$_庚$ $_2$泊$_庚$ $_1$北$_登$ $_2$駁$_江$
	/*b/ 並	$_B$平$_庚$ $_B$評$_庚$			$_1$簿$_唐$
	/*m/ 明	$_B$明$_庚$ $_B$盟$_庚$ $_1$蒙$_東$			$_1$莫$_唐$ $_2$貊$_庚$ $_1$木$_東$
Linguals	/*t/ 端	$_1$東$_東$ $_C$中$_東$	^開_C長$_陽$ $_1$董$_東$	$_C$中$_東$	$^開_1$德$_登$ $^開_1$得$_登$
	/*tʰ/ 透	$^開_1$湯$_唐$ $_1$通$_東$			
	/*d/ 定	^開_C長$_陽$ $^開_1$騰$_登$ $_2$幢$_江$			
	/*n/ 泥	^開_C穰$_陽$ $_1$農$_冬$	^開_C壤$_陽$		^開_C若$_陽$ $_C$褥$_鍾$ $_C$傉$_鍾$
	/*l/ 來	$^開_1$郎$_唐$ ^開_C量$_陽$ $_C$龍$_鍾$	$^開_{AB}$領$_清$	^開_C量$_陽$	$^開_1$樂$_唐$ $_1$淥$_東$ $_C$綠$_鍾$ $_C$淥$_鍾$

Initial	Tone	Level	Rising	Departing	Entering
Dentals	/*ts/ 精	開₁藏唐 開C將陽 開₁增登 開₄青青 開₁藏唐		開C將陽 開₁藏唐 C從鍾	開C灼陽 開₂笮庚 C屬鍾
	/*s/ 心	開C相陽		開C相陽	開₄析青 開C息蒸 C蕭東
	[*ʂ] 生	開₂生庚			
	/*sj/ 書	開AB成清 開C升蒸 開AB誠清	開C上陽	開C上陽	C屬鍾 開C式蒸
	/*j/ 羊	開C陽陽 C容鍾			開C翼蒸
Velars	/*k/ 見	開₁岡唐 C宮東		開B竟庚	開₁各唐 開₁閣唐 合₁郭唐 開₂客庚 合₁國登
	/*g/ 群				
Glottals	/*h/ 曉	合B兄庚			₂學江
	/*ʔ/ 影	合C王陽 合B榮庚 開A嬰清	合B永庚	合C王陽	₁沃冬

Except for the pair of phonographs 合B榮庚 and 開A嬰清 located in the cell of glottal /*ʔ/ in (6), the rhymes *gēngyùn* 庚韻 and *qīngyùn* 清韻 never co-occur in the same cell. This suggests that the main vowels in *gēngyùn* and *qīngyùn* do not need to be distinguished. Nevertheless, the retroflex [*ʂ] 生 in the Goguryeon phonographs was phonologically opposed with neither the palatal /*ɕ/ 書 (rephonemized as /*sj/) nor the alveolar /*s/ 心. Therefore, the sound value of the phonograph '開₂生庚' can be reconstructed as either /*sjVŋ/ or /*sVŋ/.

If /*sjVŋ/ is chosen for the phonological representation of '生', the main vowels of '生' and it's opposite phonograph '成' should be different from each other. In this case, the main vowel of '生' in the 2nd division in *gēngyùn* 庚韻 can be reconstructed as the third vowel /*ʌ/ mentioned above, while the main vowel of '成' in the 3rd division in *qīngyùn* 清韻 can be reconstructed as

/*e/. In this case, we should list the third vowel /*ʌ/ in the vowel inventory of the Goguryeon language. On the other hand, if /*sVŋ/ is chosen for '生', the main vowel of '生' would be identical to that of the opposite phonograph '成' /*sjVŋ/. Thus, the glide /*j/, not the main vowel, is the key factor in causing the phonological opposition between /*sVŋ/ and /*sjVŋ/. In this case, it is possible to argue that the main vowel of the 2nd division in *gēngyùn* is identical to that of the 3rd division in *qīngyùn*. Therefore, we can exclude the third vowel /*ʌ/ from the vowel inventory of the Goguryeon language.

The first hypothesis is based on the distinction between the alveolar sound 齒頭音 'tooth-head' and the post-alveolar sound 正齒音 'proper-tooth,' in which both the retroflex /*ʂ/ 生 and the palatal /*ɕ/ 書 (rephonemized as /*sj/) are classified as post-alveolar. The second hypothesis is based on the explanation in Wang (1980: 244) that the retroflex /*ʂ/ 生 in MC was derived from the alveolar /*s/ 心 in OC, which supports that [*ʂ] 生 was an allophone of phoneme /*s/ 心 in Goguryeon. The first hypothesis leads us to include the third vowel /*ʌ/ as discussed in Lee SeungJae (2016b), the second hypothesis excludes it from a vowel inventory of the Goguryeon language.

To determine whether the retroflex [*ʂ] 生 in Goguryeon should be merged with /*sj/ 書 or /*s/ 心, it is necessary to examine phonographs in the dialogue sentences in *A new account of tales of the world* (*shìshuōxīnyǔ* 世說新語) written in the 5th century. In the text 世說新語 /*ʂ/ 生 is phonologically opposed to both /*ɕ/ 書 and /*s/ 心. There are four times as many minimal pairs between /*ʂ/ 生 and /*ɕ/ 書 than the total amount of minimal pairs between /*ʂ/ 生 and /*s/ 心. This suggests that /*ʂ/ 生 in the Early Middle Chinese was not derived from /*ɕ/ 書, but from /*s/ 心. Therefore, it is concluded that [*ʂ] 生 in Goguryeon should be regarded as an allophone of the phoneme /*s/ 心.

According to this conclusion, the third vowel /*ʌ/ is not required in the vowel inventory of the Goguryeon language. The vowel /*e/ is assigned as the main vowel of both '生' in *gēngyùn* 庚韻 and '成' in *qīngyùn* 清韻.

Five vowels /*u/, /*o/, /*e/, /*a/, and /*ə/, are required to describe the phonological oppositions in the main vowel that precedes the codas /*−ŋ, *−k/. To reflect on these oppositions, /*ə/, a vowel in the secondary set is established as a phoneme along with the basic vowels /*a, *u, *o, *e/. It is concluded that the three phonemes /*ə, *e, *a/ should be listed in the vowel inventory of Goguryeon, because there are minimal pairs showing that /*ə/ in *dēngyùn* 登韻 is phonologically opposed to both /*e/ in *gēngyùn* 庚韻 and /*a/ in *tángyùn* 唐韻. The discussions above lead us to conclude that /*ə/ in front of codas /*−ŋ, *−k/ existed in Goguryeon, and that the reconstructed /*ə/ is equivalent to two Middle Korean vowels /ɨ/ '一' and /ʌ/ '、'. Among these rhyme groups with the codas /*−ŋ, *−k/, the vowel /*ə/ is mainly distributed in *dēngyùn* and *zhēngyùn* 蒸韻.

The vowel /*ə/ can also be reconstructed as the main vowel of *zhīyùn* 之韻 and *wēiyùn* 微韻 in *zhǐshè* 止攝. In *zhǐshè*, there is a triple opposition among a) *zhīyùn* 支韻, b) *zhīyùn* 脂韻, and c) *zhīyùn* 之韻 and *wēiyùn* 微韻. Basic vowels /*i/ and /*e/ are assigned as the main vowel of *zhīyùn* 脂韻 and *zhīyùn* 支韻, respectively. Either /*ə/ or the third vowel /*ʌ/ can be chosen as the main vowel of *zhīyùn* 之韻 and *wēiyùn* 微韻. We chose /*ə/, because /*ə/ has already been reconstructed in *dēngyùn* and *zhēngyùn*. Moreover, *zhīyùn* and *wēiyùn* is classified as a rhyme of *xièshè* 蟹攝 rather than *zhǐshè* 止攝 in Goguryeon. There is no reason to differentiate /*ʌ/ from /*ə/ in *zhǐshè* in the triple opposition. We can conclude that the third vowel /ʌ/ in Middle Korean should be eliminated

704

in Goguryeon.

As seen above, when the main vowels of two rhymes are in phonological opposition, these two vowels are determined as two distinct phonemes. As a result, six vowels /*a, *i, *u, *e, *o, *ə/ have been reconstructed in the Goguryeon vowel system. These vowels are all phonemes, and they are in a phonological opposition relationship with each other.

As shown in (7) below, when two vowels are connected to each other by a straight line, the line indicates that these two vowels are in a phonological opposition relation. Some vowels are not connected by a line, but they are in a phonological opposition relation. For example, /*i/ is phonologically opposed to both /*u/ and /*a/. These pairs are not connected, because they are distant from each other. Therefore, it is concluded that the six vowels above are in phonological oppositions in the Goguryeon vowel system.

(7) Six Goguryeon vowels in phonological opposition

```
/*i/ ———————— /*u/
 |        ╱  |
/*e/ —— /*ə/ —— /*o/
   ╲    |   ╱
     /*a/
```

As shown in (7), there is no minimal pair between /*i/ and /*ə/ in Goguryeon, which can be explained by the phonological properties of MC. Lack of minimal pairs suggests that /*ə/ was not differentiated from /*i/ in proto-Goguryeon, and that /*ə/ was developed as the last phoneme in Goguryeon.

Main vowels of the 2nd division in MC were reflected as [+back] vowels in Goguryeon. However, the main vowel of the 2nd division in *gēngyùn* 庚韻 was reflected as a [−back] vowel /*e/. To remove this peculiar feature of the vowel /*e/ in *gēngyùn* 庚韻, it is presumed that the vowel /*e/ moved backward and became a [+back] vowel /*ʌ/. At a later stage of phonological change, this movement of the vowel /*e/ caused a [+back] vowel /*ə/ to be split into two vowels /*ʌ/ and /*ɨ/. This sequence of phonological change caused the vowel /*ə/ of the 2nd division in both *shānyùn* 山韻 and *shānyùn* 刪韻 to become /*ʌ/, and the vowel /*ə/ of the 1st division in both *dēngyùn* 登韻 and *hényùn* 痕韻 to become /*ɨ/ in Middle Korean.

The discussion so far suggests that the Goguryeon phonological system is similar to the Middle Korean phonological system. Sino−Korean pronunciation in both Goguryeon and Middle Korean have a binary feature for tones, *píng* tone and non−*píng* tone. Both languages have an alveolar consonant /*ts/, but do not have a palatal consonant /*tɕ/. There is evidence to prove that seven vowels /*i, *e, *a, *u, *o, *ə, *ʌ/ in Middle Korean were derived from six vowels in Goguryeon. It is interesting that Goguryeon and Middle Korean have similarities in tones, consonants, and vowels.

This similarity raises a question on whether Middle Korean is a descendant language of Goguryeon. Lee Ki−Moon (1972) explains that Middle Korean was derived from the Gaeseong 開城 dialect, which was a northwestern dialect of the Sillan language. The Gaeseong area was under the control of Baekje until it became incorporated into Goguryeo by King Gwanggaeto and King Jangsu. During this period, while under the control of Goguryeo, the languages of Baekje and Goguryeo could have been used together in the Gaeseong area. Although Silla took control later, the influence of the Sillan language might not have been significant. Gaeseong was on the northwestern border area, and distant from Gyeongju, the center of the Sillan language. After the 10th century, Gaeseong became a new linguistic center of the Goryeo dynasty (CE 918~1392). Can we suppose that Middle Korean was derived from Goguryeon? As for now, our research seems to support this supposition. We expect more relevant study based on empirical evidence and a detailed discussion will begin.

There were three glides in Goguryeon: a front unrounded glide /*j/, a back rounded glide /*w/, and a back unrounded glide /*ɪ/. The distribution of /*ɪ/ was restricted to certain limited phonological environments. In Middle Chinese, however, it is assumed that there were a front rounded glide /*ɥ/ and a glide which was derived from a consonant /*r/. Several examples among Goguryeon phonographs prove that these two glides should be excluded from the phonemic inventory in Goguryeon.

In this study, we have reconstructed the phonological system in Goguryeon by using Middle Chinese pronunciation. We can apply a few points discussed in the process of this reconstruction to the research of Middle Chinese pronunciation: 1) We have used the concept of complementary distribution and minimal pairs to describe the pronunciations of Guguryeon phonographs. The same method can be applied to the research of Middle Chinese pronunciation. 2) To reconstruct the Middle Chinese vowel system, classifying the rhyme groups by the same coda is effective. *Tōngshè* 通攝, *jiāngshè* 江攝, *dàngshè* 宕攝, *gěngshè* 梗攝, and *zēngshè* 曾攝 have /*−ŋ, *−k/ in the coda, *Shānshè* 山攝 and *zhēnshè* 臻攝 have /*−n, *−t/, *Xiánshè* 咸攝 and *shēnshè* 深攝 have /*−m, *−p/. 3) The 3rd division in Middle Chinese always had a glide. 4) /*ɥ/, a front rounded glide in MC, was reflected as /*w/ after labials, velars, and glottals and as /*j/ after linguals and dentals in Goguryeon. 5) A Middle Chinese glide that was derived from /*r/ in an Old Chinese consonant cluster /*Cr/ is reflected as /*ɪ/, a back unrounded glide, within a certain environment in Goguryeon.

We have made two main modifications in this volume. Lee SeungJae (2015a) has described that /*pʰ/ 滂, /*kʰ/ 溪, /*tsʰ/ 清, and /*dz/ 從 were distinct phonemes in the Goguryeon consonant system. In this study, we excluded several examples of phonographs used only in Chinese loan words from evidence for phonological opposition. As a result, the four consonants have been determined to be allophones of /*p/ 幫, /*k/ 見, /*ts/ 精, and /*ts/ 精, respectively. Thus, [*pʰ] 滂, [*kʰ] 溪, [*tsʰ] 清, and [*dz] 從 should be eliminated from the Goguryeon consonant system. The mistakes in Lee SeungJae (2015a) were made due to the incorrect belief that the phonographs transcribing loan words from Chinese could be involved in this study.

On the other hand, Lee SeungJae (2016b) has argued that there was the third vowel /*ʌ/ corresponding to Middle Korean '·' in the vowel inventory of Goguryeon. This argument is correct, if we follow the existing theory that /*ʂ/ 生 in MC is distinct from /*s/ 心, but merged with /*ɕ/ 書. However, [*ʂ] 生, i.e., /*sj/ in Goguryeon is not regarded as an allophone of /*ɕ/ 書, but an allophone of /*s/ 心, because /*ʂ/ 生 in MC developed out of /*s/ 心 in OC. Therefore, we can reconstruct the sound value of the phonographs 生 and 成, a minimal pair between the main vowels of the 2nd division in *gēngyùn* 庚韻 and the 3rd division in *qīngyùn* 清韻, as /*sVŋ/ and /*sjVŋ/ in Goguryeon, respectively. Because a glide /*j/ is the key component for the difference in their reconstruction, a vowel /*e/ can be assigned as a main vowel of both *gēngyùn* 庚韻 and *qīngyùn* 清韻. In conclusion, six vowels /*a, *i, *u, *e, *o, *ə/ are listed in the Goguryeon vowel system, and the third vowel /*ʌ/ should be eliminated from the list of seven vowels reconstructed in Lee SeungJae (2016b).

〈부록〉
고구려어 表音字의 音價와 出典

[일러두기]

1. 여기에 수록한 고구려어 표음자는 각종 텍스트에서 고구려어 항목을 망라하여 모은 다음에 여기에서 표음자만 추출한 것이다. 논의 대상으로 삼은 표음자는 자형을 기준으로 하면 모두 711자이다. 논의의 편의를 위하여 고의적으로 포함한 것이 14자인데, 여기에는 '*'를 덧붙여 구별하였다. 廣韻에 나오지 않아서 논의 대상에서 아예 제외한 것은 7자이고, 여기에는 '×'를 덧붙였다. 이 21자를 고구려어 표음자에서 제외해야 하므로, 고구려어 표음자는 모두 690자이다.

2. 표음자의 앞에 'ㅇ'를 덧붙인 것은 고구려어 대표자 100자 세트에, 'ㅇ'를 덧붙인 것은 152자 세트에, '†'를 덧붙인 것은 340자 세트에 들어가는 표음자임을 뜻한다. 고구려 멸망 이후에 사용된 고구려어 표음자는 '""'로 표시하였고, 모두 350자이다. 고구려어 표음자라고 신빙할 수 있는 것은 모두 690자이다.

3. 표음자의 字形이 둘 이상이지만 同一字일 때에는 '岡/罡'처럼 '/'을 이용하여 병렬하였다.

4. 고구려어 표음자 중에는 聲母, 韻母, 聲調, 等 등이 둘 이상인 多音字가 있다. 다음 자는 대표적인 음가를 주 항목으로 삼되, 나머지 음가는 일종의 부수 항목으로 보아 주 항목의 아래에 병렬하여 제시한다. 이 부수 항목으로 음가를 표시한 것이 76개이다.

5. 표음자의 음가는 '표제항[한어중고음]=한국중세한자음'의 방식으로 제시한다. 예컨대, '加[見開2平麻]=kaᴸ'에서 표제항 '加'는 표음자이고, [見開2平麻]는 한어 중고음의 음가이며, 'kaᴸ'는 한국 중세 한자음 '가'와 그 성조를 로마자로 轉字한 것이다. 한글로 표기하지 않고 로마자로 전자한 것은 검색의 편의 때문이다. 字形이나 한어 중고음의 음가에 보충 설명이 필요할 때에는 ( ) 안에 기술하되, 한국 중세 한자음의 바로 뒤에 두었다.

6. 표음자의 음가를 제시할 수 없는 것이 일부 있다. 이들은 표제항과 출전만을 제시하

710

되, (광운에 없음)이라 하여 음가를 제시하지 않았다. 이들은 모두 『廣韻』에 나오지 않는 글자이다.

7. 표음자의 배열 순서는 한국 중세 한자음을 가나다 순으로 배열하는 순서를 따른다. 예컨대, '長'은 한국 중세 한자음이 '댱'이므로 'ㅈ' 부에 배열하지 않고 'ㄷ' 부에 배열한다. 중세 한자음이 '조'인 '祖'는 '죠'로 읽히는 '照'보다 앞에 배열한다. 다만, 日母字는 'ㄴ' 부의 바로 뒤에 붙여서 배열한다.

8. 고구려어에서는 'ㅎ'과 'ㄱ', 'ㅌ'과 'ㄷ', 'ㅍ'과 'ㅂ', 'ㅊ'과 'ㅈ'이 음운론적으로 각각 구별되었는지가 연구 대상이다. 따라서 'ㅎ'을 'ㄱ'에, 'ㅌ'을 'ㄷ'에, 'ㅍ'을 'ㅂ'에, 'ㅊ'을 'ㅈ'에 각각 포함하여 배열하였다.

9. 출전은 텍스트명으로 대신하여 맨 뒤에 제시한다. 표음자가 기록된 각종 텍스트의 명칭은 다음과 같이 약칭하여 음가 뒤에 붙인다.

각종 고구려 金石文 → 금석
고구려 멸망 이전의 중국 史書 → 중국
『三國史記』의 地理誌 → 지리
고대 일본의 『古事記』, 『日本書紀』, 『新撰姓氏錄』 등의 史書 → 일본
고구려 멸망 이후의 『舊唐書』, 『唐書』 등의 중국 史書 → 당서
『三國史記』 地理誌 이외의 其他 卷次 → 사기
『三國遺事』 → 유사

(ㄱ)

°加[見開2平麻]=ka^L 금석 중국 지리 일본 당서 사기

°河[匣開1平歌]=ha^L 금석 지리 일본

°賈[見開2去麻]=ka^R 금석 사기

†下[匣開2上麻]=ha^R 중국 사기

    下[匣開2去麻]=ha^R, sia

˝可[溪開1上歌]=ka^R 일본 당서 사기

˝賀[匣開1去歌]=ha 일본 당서 사기

˝何[匣開1平歌]=ha^L 지리

˝柯[見開1平歌]=ka^L 일본

˝嘉[見開2平麻]=ka^L 일본

˝哥[見開1平歌]=ka^L 당서 사기

†各[見開1入唐]=kak 금석 사기

†閣[見開1入唐]=kak 금석

°漢[曉開1去寒]=han^R 금석 중국 지리 사기

†幹[見開1去寒]=kan^R 금석 당서

°韓[匣開1平寒]=han^L 금석 사기

˝寒[匣開1平寒]=han^L 지리

˝汗[匣開1去寒]=han$^{R/H}$ 당서 사기

˝簡[見開2上山]=kan^R 당서

˝干[見開1平寒]=kan^L 사기

°葛[見開1入寒]=kal 중국 사기

†含[匣中1平覃]=ham^L 중국 지리 사기

˝甘[見中1平談]=kam^L 지리

˝甲[見中2入銜]=kap 지리

°岡/罡/剛[見開1平唐]=kaŋ^L (岡=剛, 古郞切) 금석 일본 사기 유사

*康[溪開1平唐]=kaŋ^L 중국

˝行[匣開1平唐]=haŋ^L 당서 사기

712

行[匣開1去唐]=haŋ^{R}

行[匣開2平庚]=hʌiŋ^{L}

行[匣開2去庚]=hʌiŋ^{R}

»崗[見開1平唐]=kaŋ^{L} 사기 유사

°蓋/盖[見開1去泰]=kai^{R} 금석 중국 당서 사기 유사

†卦[見合2去佳]=kai (卦 거성, 古賣切) 금석 일본

»害[匣開1去泰]=hai^{R} 지리

°居[見中C平魚]=kə$^{L/R}$ 금석 중국 지리 사기

»去[溪中C去魚]=kə$^{R/H}$ 지리

»許[曉中C上魚]=hə^{H} 일본

»駏[群中C上魚]=kə^{R} (駏=巨, 其呂切) 사기

°建[見開C去元]=kən^{R} 금석 중국 당서 사기 유사

º獻[曉開C去元]=hən$^{R/H}$ 금석 당서 사기

»桀[群開B入仙]=kəl 사기

†險[曉中B上鹽]=həm^{R} 중국

»黔[群中B平鹽]=kəm^{L} 지리 사기

»儉[群中B上鹽]=kəm^{R} 사기

»劒/劍[見中C去嚴]=kəm^{R} 사기

†賢[匣開4平先]=hiən^{L} 금석

†涓[見合4平先]=kiən (涓 평성, 古玄切) 중국

»鉗[群中B平鹽]=kiəm^{L} 당서

»蛺[見中4入添]=hiəp 당서

†竟[見開B去庚]=kiəŋ$^{R/H}$ 중국

×逈(광운에 없음) 지리

»卿[溪開B平庚]=kiəŋ^{L} 일본

°兄[曉合B平庚]=hiəŋ^{L}, siəŋ 금석 중국 일본 당서 사기

°惠[匣合4去齊]=hiəi^{R} 금석 일본 당서 사기

†桂[見合4去齊]=kiəi^{R} 금석 중국

[»]慧[匣合4去齊]=hiəi^R 일본

[»]罽[見開AB去祭]=kiəi (罽 거성, 居例切) 사기

[»]契[見開4去齊]=kiəi^R 유사

°古[見中1上模]=ko^R 금석 중국 지리 일본 당서 사기

°高[見中1平豪]=ko^L 금석 중국 일본 당서 사기 유사

°好[曉中1上豪]=ho^{R/H} 금석 중국 일본 사기 유사

    好[曉中1去豪]=ho^{R/H}

°固[見中1去模]=ko^{R/H} 중국 사기

[»]護[匣中1去模]=ho^R 당서

[»]胡[匣中1平模]=ho^L 사기 유사

[†]渾[匣合1平魂]=hon^L 중국 사기

    渾[匣合1上魂]=hon^R

°骨[見合1入魂]=kol 금석 중국 지리 당서 사기

°忽[曉合1入魂]=hol 금석 지리 유사

[»]笏[曉合1入魂]=hol 사기

[»]功[見中1平東]=koŋ^L 지리

[»]弘[匣合1平登]=hoŋ^L 유사

[†]果[見合1上戈]=koa^R 중국

[»]過[見合1去戈]=koa^{R/H} 당서

[»]禾[匣合1平戈]=hoa^L 사기

°和[匣合1平戈]=hoa^L 중국 일본 사기

    和[匣合1去戈]=hoa^{R/H}

[†]郭[見合1入唐]=koak 중국

°桓[匣合1平桓]=hoan^L 금석 일본 당서 사기

°貫[見合1去桓]=koan^{R/H} 금석 사기

[†]灌[見合1去桓]=koan^{R/H} 중국 일본 당서

°丸[匣合1平桓]=hoan^L 중국 사기

[†]活[匣合1入桓]=hoal 금석

714

[»]光[見合1平唐]=koaŋ^L 일본 사기

[»]黃[匣合1平唐]=hoaŋ^L 당서 사기

[†]灰[曉合1平灰]=hoi^L 금석

[»]怪[見合2去皆]=koi^R 사기

[»]郊[見中2平肴]=kio^L 사기

°仇[群中C平尤]=ku^L 금석 중국 지리 사기

°句[見中C去虞]=ku^{R/H} 금석 중국 당서 사기 유사

°溝[見中1平侯]=ku^L 금석 중국 사기

[†]九[見中C上尤]=ku^{R/H}, kiu^H 금석 중국

°丘[溪中C平尤]=ku^L 금석 사기 유사

[†]苟[見中1上侯]=ku^R 금석 사기

[†]求[群中C平尤]=ku^L 금석 사기

[†]垢[見中1上侯]=ku^R 금석

[†]臼[群中C上尤]=ku^R 금석

°久[見中C上尤]=ku^R 중국 일본

[†]侯[匣中1平侯]=hu^L 중국 사기

°候[匣中1去侯]=ku^R 중국 사기

[†]後[匣中1上侯]=hu^R 금석 중국 일본 당서

[»]后[匣中1上侯]=hu^{R/H} 당서 사기

[»]狗[見中1上侯]=ku^{R/H} 당서

[»]拘[見中C平虞]=ku^L 사기

°國[見合1入登]=kuk 금석 중국 당서 사기

°軍[見合C平文]=kun^L 금석 중국 당서

[†]群[群合C平文]=kun (群 평성, 渠云切) 금석

[»]君[見合C平文]=kun^L 일본

[»]郡[群合C去文]=kun^R 당서

[»]屈[溪合C入文]=kul 지리

°宮[見中C平東]=kuŋ^L 중국 사기 유사

[»]弓[見中C平東]=kuŋ^L 지리

[»]窮[群中C平東]=kuŋ^L 사기

[»]權[群合B平仙]=kuən^L 당서 사기

[»]貴[見合C去微]=kui^R 일본 당서 사기

[»]鬼[見合C上微]=kui^R 일본

[»]恤[心合AB入諄]=hiul 사기 유사

[»]克[溪開1入登]=kɨk 사기

[†]近[群開C上欣]=kɨn^R 중국 당서

　　　近[群開C去欣]

[»]斤[見開C平欣]=kɨn^L 지리 일본

[»]根[見開1平痕]=kɨn^L 지리

[»]勤[群開C平欣]=kɨn^L 사기

　　　勤[溪合C去元]=kuən^R

°紇[匣開1入痕]=hɨl (紇=麧, 下沒切) 중국 사기

[»]肹[曉開B入眞]=hɨl (肹 입성, 義乙切, 義=戲) 지리

[†]錦[見中B上侵]=kim^R 금석

[»]今[見中B平侵]=kim^L 지리

[»]金[見中B平侵]=kim^L, kim^L 일본

[»]及[群中B入侵]=kip 지리

[»]興[曉開C平蒸]=hɨŋ^L 일본 사기 유사

　　　興[曉開C去蒸]=hɨŋ^R

[†]其[群開C平之]=ki^L 금석

[†]奇[群開B平支]=kii^L 중국 사기

[»]祁[見開B平脂]=kii^L 일본

[»]枳[見開A上支]=ki^{R/H} 일본

[»]歧[群開AB平支]=kii (歧 평성, 巨支切) 사기

[»]姬[見開C平之]=hii^L 사기

[†]學[匣中2入江]=hʌk 중국 사기

716

°開[溪開1平咍]=kʌiᴸ 금석 사기 유사

†改[見開1上咍]=kʌiᴿ 금석

″海[曉開1上咍]=hʌiᴿ 금석 중국 일본 당서 유사

†奚[匣開4平齊]=hʌiᴸ, hiə 중국 사기

″兮[匣開4平齊]=hʌiᴸ, hiə (兮=奚, 胡雞切) 지리 사기

″皆[見開2平皆]=kʌiᴸ 지리 사기

″解[匣開2上佳]=hʌiᴿ, haᴿ 사기 유사

°客[溪開2入庚]=kʌik 금석 중국 당서

″幸[匣開2上耕]=hʌiŋᴿ 당서

″耿[見開2上耕]=kʌiŋ (耿 상성, 古幸切) 사기

(ㄴ)

°那[泥開1平歌]=naᴸ 금석 지리 당서 사기

″難[泥開1平寒]=nanᴸ, ranᴸ 지리

　　難[泥開1去寒]=nanᴿ, ranᴿ

°南[泥中1平覃]=namᴸ, naᴸ 금석 중국 지리 당서 사기 유사

°男[泥中1平覃]=namᴸ 금석 중국 당서 사기

″乃[泥開1上咍]=naiᴿ 지리 일본

″奈[泥開1去泰]=naiᴿ 지리

″寧[泥開4平青]=niəŋᴸ 유사

°奴[泥中1平模]=noᴸ 금석 중국 지리 일본 당서 사기

″孥[泥中1平模]=noᴸ 사기

†農[泥中1平冬]=noŋᴸ, roŋᴸ 금석

″惱[泥中1上豪]=noᴿ, ro 지리 사기

″訥[泥合1入魂]=nul 사기

″紐[娘中C上尤]=niuᴿ 사기

″能[泥開1平登]=niŋᴸ, riŋᴸ 일본

″泥[泥開4平齊]=niᴸ 지리

泥[泥開4去齊]=niəi^H

°內[泥合1去灰]=nʌi^R 중국 지리 일본 당서 사기

†耐[泥開1去咍]=nʌi (耐 거성, 奴代切) 중국 지리 사기

°若[日開AB上麻]=zia^R 금석 지리 일본 사기 유사

若[日開C入陽]=ziak

†壤[日開C上陽]=ziaŋ^R 금석 중국 당서 사기 유사

†穰[日開C平陽]='iaŋ (穰 평성, 汝陽切) 금석

″禳[日開C平陽]='iaŋ^L 유사

″讓[日開C去陽]='iaŋ^D (人樣切 讓小韻) 사기

°如[日中C平魚]=ziə^L 중국 일본 사기

″女[日中C上魚]=ziə^R, 'iəi^R 사기

女[娘中C上魚]=niə^H

†然[日開AB平仙]=ziən^L 중국 사기

″熱[日開AB入仙]=ziəl 지리

†冉[日中AB上鹽]=ziəm^R 금석

*黏[娘中AB平鹽]=niəm, ciəm (평성, 女廉切) 중국

†芮[日合AB去祭]=ziəi (芮=睿, 而銳切) 중국 사기

†褥[日中C入鍾]=ziok 중국 당서 사기

†傉[日中C入鍾]=ziok (傉=褥, 內沃切) 중국

″辱[日中C入鍾]=ziok 당서 사기

°儒[日中C平虞]=ziu^L 금석 사기

″孺[日中C去虞]=ziu^R 사기

†閏[日合AB去諄]=ziun^R 금석

″仍[日開C平蒸]='iŋ^L, ziŋ^L 지리

°爾/尒[日開AB上支]=zi^R 금석 지리

†而[日開C平之]=zi^L 금석 유사

°人[日開AB平眞]=zin^L 중국 당서 사기

″仁[日開AB平眞]=zin^L 일본

[»]日[日開AB入眞]=zil 일본

[»]任[日中AB去侵]=zim^R 당서 사기

(ㄷ)

°多[端開1平歌]=ta^L 금석 지리 일본 당서 사기

[»]茶[澄開2平麻]=ta^L 사기

*卓[知中2入江]=t^hak 중국 (卓의 오독)

[»]託[透開1入唐]=t^hak 사기

°旦[端開1去寒]=tan^R, tio^L 금석 지리

[»]湍[透合1平桓]=tan^L 당서 사기

[»]端[端合1平桓]=tan^L 당서

[»]檀[定開1平寒]=tan^L 사기

°達[定開1入寒]=tal 금석 중국 지리 일본 당서 사기

[»]脫[透合1入桓]=t^hal 사기

    脫[定合1入桓]=t^hal

[»]曇[定中1平覃]=tam 일본 유사

[»]啖[定中1上談]=tam^R 당서

[»]談[定中1平談]=tam^L 사기 유사

[»]答[端中1入覃]=tap 사기

[†]幢[澄中2平江]=taŋ^L 금석

°湯[透開1平唐]=t^haŋ^L 중국 사기 유사

°大[定開1去泰]=tai^{R/H}, t^hai^H 금석 중국 일본 당서 사기 유사

°太[透開1去泰]=t^hai^{R/H} 금석 중국 일본 당서 사기

[»]泰[透開1去泰]=t^hai^R 당서

°長[澄開C平陽]=tiaŋ^L 중국 당서 사기 유사

    長[知開C上陽]=tiaŋ^R

°德[端開1入登]=tək 금석 중국 지리 일본 사기 유사

[»]狄[定開4入靑]=tiək 사기

†天[透開4平先]=tʰiənᴸ 금석

†瑑[澄合AB去仙]=tiən (瑑=篆, 持兗切, 兗=以轉切) 금석

†典[端開4上先]=tiənᴿ 중국 사기

"田[定開4平先]=tiənᴸ 일본

"鐵[透開4入先]=tʰiəl 지리 사기 유사

ˣ幀(광운에 없음) 중국

"丁[端開4平靑]=tiəŋᴸ 지리 유사

"貞[知開AB平淸]=tiəŋᴸ 당서

"鼎[端開4上靑]=tiəŋᴿ 사기

†底[端開4上齊]=tiəiᴿ, tiəᴿ 금석 중국 당서 사기

　　底[章開AB上脂]=ciᴿ/ᴸ

†氐/氏[端開4上齊]=tiəiᴿ, tiəᴿ 금석 일본

†提[定開4平齊]=tiəiᴸ, riᴸ 중국 사기

†帝[端開4去齊]=tiəiᴿ 중국

"彘[澄開AB去祭]=tʰiəiᴴ 사기

°道[定中1上豪]=toᴿ 금석 중국 일본 당서 사기 유사

†土[透中1上模]=tʰoᴴ 금석 사기

†賭[端中1上模]=toᴿ/ᴸ 금석

°都[端中1平模]=toᴸ 중국 지리 일본 당서 사기

°吐[透中1去模]=tʰoᴴ 중국 지리 당서 사기

"刀[端中1平豪]=toᴸ 사기

"度[定中1去模]=toᴿ/ᴴ 사기

"覩[端中1上模]=toᴿ/ᴸ 사기

*督[端中1入冬]=tok (督=篤, 冬毒切) 중국 당서 사기

†敦[端合1平魂]=tonᴸ 금석

"頓[端合1去魂]=tonᴿ/ᴴ 지리

"突[定合1入魂]=tol 사기

"咄[端中1入魂]=tol (咄 입성, 當沒切) 사기

720

咄[端合1入桓]=toal (咄=掇, 丁括切)

°東[端中1平東]=toŋ^L 금석 중국 지리 당서 사기 유사

ᵒ冬[端中1平冬]=toŋ^L 금석 지리

†董[端中1上東]=toŋ^R 중국

†通[透中1平東]=tʰoŋ^L 중국

”童[定中1平東]=toŋ^L 지리

†朝[知中AB平宵]=tio^L 금석 중국 당서 사기

朝[澄中AB平宵]=tio^L

†蔦[端中4上蕭]=tio^H (蔦=鳥, 都了切) 금석

”鳥[端中4上蕭]=tio^H 사기

°頭[定中1平侯]=tu^L 금석 중국 지리 일본 당서 사기 유사

°豆[定中1去侯]=tu^{R/H} 금석 지리 사기

†斗[端中1上侯]=tu^H 중국

”杜[定中1上模]=tu^{R/H} 사기

”屯[定合1平魂]=tun^L 사기

”竹[知中C入東]=tiuk 지리

°中[知中C平東]=tiuŋ^L 금석 중국 당서 사기 유사

中[知中C去東]=tiuŋ^R

”仲[澄中C去東]=tiuŋ^R 일본 사기

”蟲[澄中C平東]=tʰiuŋ^L 일본

”忠[知中C平東]=tʰiuŋ^L 당서 사기

†得[端開1入登]=tik 중국 사기

†騰[定開1平登]=tiŋ^L 중국

†地[定開AB去脂]=ti^H 중국 당서

”知[知開AB平支]=ti^L 지리

知[知開AB去支]=ti^H

”耻/恥[徹開C上之]=tʰi^R 지리

”治[澄開C平之]=tʰi^L 일본 사기

治[澄開C去之]=tʰiᴿ

″致[知開AB去脂]=tʰiᴿ 일본

″雉[澄開AB上脂]=tʰiᴿ 사기 유사

″智[知開AB去支]=tiᴴ 사기 유사

″直[澄開C入蒸]=tik 지리

†鎭[知開AB去眞]=tinᴿ/ᴴ 금석 당서

″跌[定開4入先]=til 당서

″徵[知開C平蒸]=tiŋᴸ 일본

″呑[透開1平痕]=tʰʌnᴸ 지리

†對[端合1去灰]=tʌiᴿ 금석 중국 당서 사기

†戴[端開1去咍]=tʌiᴿ/ᴴ 중국 사기

†台[透開1平咍]=tʰʌiᴸ 중국 사기

†帶[端開1去泰]=tʌiᴿ 중국

″代[定開1去咍]=tʌiᴿ 사기

″臺[定開1平咍]=tʌiᴸ 사기

(ㄹ)

°羅[來開1平歌]=raᴸ 금석 지리 사기

″邏[來開1去歌]=ra (邏 거성, 郞佐切) 사기

†樂[來開1入唐]=rak 금석

″絡[來開1入唐]=rak 사기

″蘭[來開1平寒]=ranᴸ 사기 유사

″攬[來中1上談]=ramᴿ 지리

†郞[來開1平唐]=raŋᴸ 중국

†量[來開C平陽]=riaŋᴸ 금석

　量[來開C去陽]=riaŋᴴ

″良[來開C平陽]=riaŋᴸ 지리

″亮[來開C去陽]=niaŋᴴ 사기

˚麗[來開4去齊]=riə^R 금석 중국 당서

†閭[來中C平魚]=riə^L 중국 당서

†厲[來開AB去祭]=riə^R 중국 사기

〞呂[來中C上魚]=riə^R 일본

〞力[來開C入蒸]=rik, riək 지리

†連[來開AB平仙]=riən^L 금석 중국

†璉[來開AB上仙]=riən^R 중국 사기

˚列[來開AB入仙]=riəl 중국 지리 사기

*零[來開4平青]=riəŋ (零=靈, 郞丁切) 중국 당서

　　零[來開AB平淸]=riəŋ (零=令, 郞定切 魯丁切)

　　零[來開4平先]=riən (零=蓮, 落賢切)

†領[來開AB上淸]=riəŋ$^{R/H}$ 중국

〞令[來開AB平淸]=riəŋ^L 당서

〞禮[來開4上齊]=riəi$^{R/H}$ 일본

˚盧[來中1平模]=ro^L 금석 중국 당서 사기 유사

〞老[來中1上豪]=ro^R 사기

〞魯[來中1上模]=ro^H 사기

†綠[來中C入鍾]=rok 금석 중국 당서 사기

†淥[來中1入東]=rok (淥 입성, 盧谷切) 중국 당서 사기

　　淥[來中C入鍾]=rok

†遼[來中4平蕭]=rio^L 금석

〞僚[來中4平蕭]=rio^L 당서

†龍[來中C平鍾]=rioŋ^L 중국 유사

˚婁[來中1平侯]=ru$^{L/R}$ 금석 중국 지리 일본 사기

*嶁[來中1去侯]=ru^H 중국 사기

†漊[來中C上虞]=ru (漊=縷, 力主切) 중국

　　漊[來中1平侯]=ru

×驂(광운에 없음) 사기

°留[來中C平尤]=riu^L 금석 중국 일본 사기 유사

°流[來中C平尤]=riu^L 금석 중국 일본 사기

°劉[來中C平尤]=riu^L 중국 일본 사기

†琉[來中C平尤]=riu^L 중국 사기

»類[來合AB去脂]=riu^R 사기

»累[來合AB去支]=riu^R 유사

»瑠[來中C平尤]=riu 유사

»輪[來合AB平諄]=riun^L 일본

†栗[來開AB入眞]=riul 중국

»隆[來中C平東]=riuŋ^L 일본

°利[來開AB去脂]=ri^{R/H} 금석 중국 지리 일본 당서 사기 유사

°離[來開AB平支]=ri^L 금석 당서 사기 유사

    離[來開AB去支]=ri^R

†裏[來開C上之]=ri^R 금석 당서 사기

*驪[來開AB平支]=ri (驪=離, 呂支切) 금석

    驪[來開AB去支]=ri

†璃[來開AB平支]=ri^L 중국 사기 유사

»里[來開C上之]=리^R 지리

»理[來開C上之]=ri^R 일본 사기 유사

×唎(광운에 없음) 일본

»李[來開C上之]=ri^R, ni^R 당서 사기

»吏[來開C去之]=ri^R 사기

»林[來中AB平侵]=rim^L 사기 유사

»琳[來中AB平侵]=rim^L (琳=林, 力尋切) 사기

»臨[來中AB平侵]=rim^L 사기

    臨[來中AB去侵]=rim^R

†來[來開1平咍]=rʌi^L 금석 중국 사기

(ㅁ)

°馬[明中2上麻]=ma^R 중국 지리 일본 당서

”麻[明中2平麻]=ma^L 일본 사기

”磨[明中1平戈]=ma$^{L/R}$ 당서

　　磨[明中1去戈]=ma^R

”摩[明中1平戈]=ma^L 사기

°莫[明中1入唐]=mak 금석 중국 당서 사기 유사

　　莫[明中1去模]=mo^R

†蔓[明中1平桓]=man^L 중국

”滿[明中1上桓]=man^R 지리

†末[明中1入桓]=mal 중국 당서

†賣[明中2去佳]=mai^R 금석

”覓[明中4入靑]=miək 사기

”沔[明合AB上仙]=miən (沔=緬, 彌兖切, 兖=以轉切) 지리

　　沔[明合AB去仙]=miən

”滅[明中A入仙]=miəl 지리

°明[明中B平庚]=miəŋ^L 중국 사기 유사

†盟[明中B平庚]=miəŋ$^{L/H}$ 중국 사기

＊冥[明中4平靑]=miəŋ^L 중국

”溟[明中4平靑]=miəŋ^L (溟=冥, 莫經切) 사기

°牟[明中C平尤]=mo^L 금석 중국 일본 당서 사기

†侔[明中C平尤]=mo^L (侔=謀, 莫浮切) 금석

”毛[明中1平豪]=mo^L 일본 사기

°模/摸[明中1平模]=mo^L 금석 중국 당서

”慕[明中1去模]=mo^R 사기 유사

”謨/模[明中1平模]=mo^L (謨=模, 莫胡切) 유사

°木[明中1入東]=mok 금석 중국 지리 당서 사기

”穆[明中C入東]=mok 사기

†蒙[明中1平東]=moŋ^L 금석 중국 당서 사기 유사

[∥]卯[明中2上肴]=mio^R 일본

°武[微中C上虞]=mu^R 중국 일본 당서 사기 유사

[∥]蕪[微中C平虞]=mu^L 지리

[∥]霧[微中C去虞]=mu^R 일본

[∥]無[微中C平虞]=mu^L 사기 유사

°文[微中C平文]=mun^L 금석 중국 지리 일본 당서 사기 유사

[∥]問[微中C去文]=mun^R 일본

[∥]門[明中1平魂]=mun^L 당서 사기

[∥]墨[明中1入登]=mik 사기 유사

[∥]默[明中1入登]=mik 사기

†物[微中C入文]=mil 금석 사기

[∥]勿[微中C入文]=mil 지리 당서 사기

°彌[明中A平支]=mi^L 금석 중국 지리 일본 사기

†未[微中C去微]=mi^R 금석 지리

†尾[微中C上微]=mi^R 중국

[∥]米[明中4上齊]=mi^R 지리 당서

[∥]味[微中C去微]=mi^R 사기 유사

[∥]美[明中B上脂]=mi^R 사기 유사

[∥]民[明中A平眞]=min^L 사기

[∥]閔[明中B上眞]=min^H 사기

°密[明中B入眞]=mil 금석 지리 사기

†寐[明中A去脂]=mʌi^R 금석

°買[明中2上佳]=mʌi^R 중국 지리 사기

°貊[明中2入庚]=mʌik 금석 사기

[∥]陌[明中2入庚]=mʌik 사기

[∥]孟[明中2平庚]=mʌiŋ^R 사기

（ㅂ）

†巴[幇中2平麻]=pa 금석 지리 사기

〃波[幇中1平戈]=paᴸ, pʰaᴸ 지리 일본 사기 유사

†博[幇中1入唐]=pak 중국 사기

†駁[幇中2入江]=pak (駁=剝, 北角切) 중국

°拔[並中2入刪]=pal 금석 중국 일본 사기

†渤[並中1入魂] (蒲没切, 勃小韻) 당서

†八[幇中2入山]=pʰal 금석

〃發[非中C入元]=pal 사기

†方[非中C平陽]=paŋᴸ 중국 사기

†沛[滂中1去泰]=pʰaiᴿ 중국 사기

°伐[奉中C入元]=pəl 금석 지리 당서

〃法[非中C入凡]=pəp 유사

†卞[並中B去仙]=piənᴿ 금석

〃便[並中A平仙]=piənᴸ/ᴿ, pʰiənᴸ/ᴿ 일본

〃別[幇中B入仙]=piəl 지리

　　別[並中B入仙]=piəl

°平[並中B平庚]=pʰiəŋᴸ 금석 중국 지리 당서 사기 유사

†評[並中B平庚]=pʰiəŋᴸ 중국 사기

〃陛[並中4上齊]=pʰiəiᴿ 일본

°普[滂中1上模]=poᴿ 금석 중국 사기 유사

〃寶[幇中1上豪]=poᴿ 일본 사기 유사

†簿[並中1上模]=puᴿ 금석 중국 일본 사기

　　簿[並中1入唐]=pak

〃菩[並中1平模]=poᴸ 사기

〃報[幇中1去豪]=poᴿ 사기

〃輔[奉中C上虞]=poᴿ 사기

〃伏[奉中C入東]=pok 지리 사기

[»]福[非中C入東]=pok 일본 당서 사기

[»]服[奉中C入東]=pok 사기

[»]本[幫中1上魂]=pon^H 사기 유사

°夫[非中C平虞]=pu^L, 'u^L 금석 중국 지리 당서 사기 유사

°扶[奉中C平虞]=pu^L 중국 지리 당서 사기

°部[並中1上侯]=pu^H, po 금석 중국 일본 당서 사기

^º富[非中C去尤]=pu^R 금석 일본 사기

[†]傅[非中C去虞]=pu^{R/H} 중국

[»]付[非中C去虞]=pu^R 지리

[»]父[奉中C上虞]=pu^H 일본 사기

  父[非中C上虞]=po^R

[»]負[奉中C上尤]=pu^R 사기

[»]盆[幫中1平魂]=pun^L 지리

[»]分[非中C平文]=pun^L 당서

  分[奉中C去文]=pun^{R/H}

[»]焚[奉中C平文]=pun^L 사기

[†]芬[敷中C平文]=pun^L 금석 사기

[†]豊[敷中C平東]=pʰuŋ^L 금석 중국 사기

[*]風[非中C平東]=pʰuŋ^L 중국 사기

°北[幫中1入登]=pik 금석 중국 지리 당서 사기 유사

°弗[非中C入文]=pil 금석 중국 사기 유사

[†]不[非中C入文]=pil, pi 중국 지리 사기 유사

  不[非中C平尤]=pu

  不[非中C上尤]=pu

°卑[幫中A平支]=pi^L 금석 중국 당서 사기

[†]沸[非中C去微]=pi^R 금석 중국 사기

^º比[幫中A去脂]=pi^{R/H} 금석 지리

[†]毖[幫中B去脂]=pi^R (毖=轡) 금석

†碑[幫中B平支]=pi^L 금석

"非[非中C平微]=pi^L 지리

"丕[敷中B平脂]=pi^L (丕 敷悲切=敷中B平脂) 사기

"潡[並中1入魂]=pʌl (潡=勃, 蒲沒切) 사기

"敦[並中1入魂]=pʌl (敦=勃, 蒲沒切) 사기

"勃[並中1入魂]=pʌl 사기

†浿[滂開1去泰]=pʌi (浿=湃, 普拜切) 금석 중국 당서 사기

　　浿[滂中2去皆]=pʌi (浿=湃, 普拜切)

†排[並中2平皆]=pʌi^L 금석

†俳[並中2平皆]=pʌi^L (俳=排, 步皆切) 금석

°伯[幫中2入庚]=pʌik 금석 중국 지리 사기 유사

　　泊[滂中2入庚]=pak 금석 중국 당서 사기

(ㅅ)

°沙[生開2平麻]=sa^L 금석 지리 일본 당서 사기

†產[生開2上山]=san^R 금석 당서 사기

†散[心開1去寒]=san^R 금석

　　散[心開1上寒]=san^R, soan

°山[生開2平山]=san^L 중국 지리 사기

°薩[心開1入寒]=sal 중국 지리 당서 사기

†三[心中1平談]=sam^L 금석 당서

†彡[生中2平銜]=sam (彡 평성, 所銜切) 금석

　　彡[心中AB平鹽]=siam (彡 평성, 息廉切)

"歃[生中2入咸]=sap 사기

"孀[生開C平陽]=saŋ^L 유사

°舍[書開AB去麻]=sia^R 금석 중국

°奢[書開AB平麻]=sia^L 중국 사기 유사

°上[常開C上陽]=siaŋ^R 중국 지리 일본 사기 유사

上[常開C去陽]=siaŋ^R

°相[心開C平陽]=siaŋ^L 금석 중국 일본 사기 유사

　　相[心開C去陽]=siaŋ^H

″尙[常開C平陽]=siaŋ^L 사기

　　尙[常開C去陽]=siaŋ^R

″象[邪開C上陽]=siaŋ^H 사기

″襄[心開C平陽]=ziaŋ^L 사기

°西[心開4平齊]=siə^L 금석 중국 지리 당서 사기

†栖[心開4平齊]=siə^L 중국

†書[書中C平魚]=siə^L 중국 당서

†析[心開4入靑]=siək 금석

″昔[心開AB入淸]=siək 지리

″碩[常開AB入淸]=siək 일본

†鮮[心開AB平仙]=siən 금석 중국 당서 사기

　　鮮[心開AB上仙]=siən^R

°先[心開4平先]=siən^L 중국 당서 사기

　　先[心開4去先]=siən^R

†仙[心開AB平仙]=siən^L 중국 사기

*蟬[常開AB平仙]=siən^L 중국

″選[心合AB上仙]=siən^R 일본

″屑[心開4入先]=siəl (屑 입성, 先結切) 지리

″薛[心開AB入仙]=siəl 사기

″陝[書中AB上鹽]=siəm (陝 상성, 失冉切) 사기

†誠[常開AB平淸]=siəŋ^L 금석 당서 사기

°成[常開AB平淸]=siəŋ^L 중국 일본 사기 유사

″聖[書開AB去淸]=siəŋ^R 사기 유사

°蘇[心中1平模]=so^L 금석 중국 지리 일본 당서 사기 유사

†掃[心中1上豪]=so^R 금석

掃[心中1去豪]=so

〃所[生中C上魚]=so^R 지리 당서 사기

〃素[心中1去模]=so^R 사기

〃速[心中1入東]=sok 유사

°孫[心合1平魂]=son^L 중국 당서 사기

　　孫[心合1去魂]=son^R

〃率[生合AB入眞]=sol 일본

〃簑[心合1平灰]=soi (簑 평성, 素回切) 일본

　　簑[心合1平戈]=soa (簑 평성, 蘇禾切)

°小[心中AB上宵]=sio^R 금석 중국 당서 사기 유사

†消[心中AB平宵]=sio^L 중국 당서 사기

†昭[章中AB平宵]=sio^L 중국

〃召[常中AB去宵]=sio^R 지리 사기

〃少[書中AB上宵]=sio^R 사기

　　少[書中AB去宵]=sio^R

〃蕭[心中4平蕭]=sio^L 사기

†釗[章中AB平宵]=sio, cio (釗=昭, 止遙切) 중국 당서 사기 유사

　　釗[見中4平蕭]=kio (釗 평성, 高堯切, 指遙切)

†屬[常中C入鍾]=siok 중국 사기

　　屬[章中C入鍾]=c^hiok

〃松[邪中C平鍾]=sioŋ^L 사기

°漱[心中1去侯]=su^R, so 중국 사기

〃藪[心中1上侯]=su^R 유사

°壽[常中C上尤]=siu^H 금석 중국 당서 사기 유사

°須[心中C平虞]=siu^L 금석 일본 사기

†隧[邪合AB去脂]=siu^H (隧=遂, 徐醉切) 중국 당서 사기

†遂[邪合AB去脂]=siu^H 중국 사기 유사

×稡(광운에 없음) 중국

*收[書中C平尤]=siu^L 중국 사기

[》]首[書中C上尤]=siu^H 지리 사기

[》]需[心中C平虞]=siu (需=須, 相兪切) 일본

[》]獸[書中C去尤]=siu^H 사기 유사

[》]守[書中C上尤]=siu^H 사기

[†]肅[心中C入東]=siuk 금석

[†]順[常合AB去諄]=siun^R 중국 당서 유사

[》]舜[書合AB去諄]=siun^R 당서 사기

°述[船合AB入諄]=siul 중국 지리 사기

[》]瑟[生開AB入臻]=sɨl 지리

[》]習[邪中AB入侵]=sɨp 지리

[†]升[書開C平蒸]=siŋ^L 중국 사기

[》]僧[心開1平登]=siŋ^L 일본

[》]勝[書開C去蒸]=siŋ^R 사기

[》]乘[船開C平蒸]=siŋ^L 유사

乘[船開C去蒸]=siŋ^{R/H}

[》]市[常開C上之]=si^R 지리 당서 사기 유사

[》]尸[書開AB平脂]=si^L 지리 당서 사기

[》]始[書開C上之]=si^R 사기

[》]矢[書開AB上脂]=si^R 사기

[》]侍[常開C去之]=si^{R/H} 유사

[†]息[心開C入蒸]=sik 금석 지리

[†]式[書開C入蒸]=sik 금석 사기

[†]愼[常開AB去眞]=sin^R 금석 중국

[》]薪[心開AB平眞]=sin^L 지리

[》]信[心開AB去眞]=sin^R 일본 당서 사기

[》]神[船開AB平眞]=sin^L 당서 사기

[》]辛[心開AB平眞]=sin^L 사기

[》]臣[常開AB平眞]=sin^L 유사

[○]悉[心開AB入眞]=sil 중국 지리 사기

[》]室[書開AB入眞]=sil 사기

[》]心[心中AB平侵]=sim^L 유사

[》]深[書中AB平侵]=sim^L 유사

[》]十[常中AB入侵]=sip 지리

[†]士[崇開C上之]=sʌ^R 중국 일본 사기

[○]使[生開C上之]=sʌ^R 금석 중국 일본 당서 사기

　　　使[生開C去之]=si^R

[○]斯[心開AB平支]=sʌ^L 금석 지리 일본 사기 유사

[○]史[生開C上之]=sʌ^R 중국 지리 사기

[†]司[心開C平之]=sʌ^L 중국

[†]事[崇開C去之]=sʌ^R 중국

[》]師[生開AB平脂]=sʌ^L 일본 사기

[》]思[心開C平之]=sʌ^L 당서 사기

[》]四[心開AB去脂]=sʌ^R 유사

[》]色[生開B入蒸]=sʌik 사기 유사

[○]生[生開2平庚]=sʌiŋ^L 금석 지리 일본 당서 사기

[》]省[生開2上庚]=sʌiŋ^H 지리

　　省[心開AB上清]=siəŋ^H

(ㅇ)

[○]阿[影開1平歌]=ʼa^L 금석 지리 사기 유사

[》]牙[疑開2平麻]=ʼa^L 지리

[》]我[疑開1上歌]=ʼa^R, ʼai^R 일본 사기 유사

[○]安[影開1平寒]=ʼan^L 금석 중국 지리 일본 당서 사기 유사

[》]晏[影開2去刪]=ʼan^R 사기

[†]謁[影開C入元]=ʼal 중국

[†]鴨[影中2入銜]='ap 금석 중국 당서 사기

[∥]押[影中2入銜]='ap 지리

[∥]昂[疑開1平唐]='aŋ^L 일본

[○]耶[羊開AB平麻]='ia^L 금석 지리 일본

[○]也[羊開AB上麻]='ia^R 금석 지리

[∥]夜[羊開AB去麻]='ia^{R/H} 지리 일본

[∥]野[羊開AB上麻]='ia^R 일본

[∥]藥[羊開C入陽]='iak 사기 유사

[○]陽[羊開C平陽]='iaŋ^L 금석 중국 사기 유사

[∥]養[羊開C上陽]='iaŋ^R 일본

   養[羊開C去陽]='iaŋ^R

[∥]崖[疑開2平佳]='ai^L 중국

[○]於[影中C平魚]='ə^L 금석 지리 사기 유사

   於[影中1平模]='o^L

[∥]菸[影中C去魚]='ə (菸 거성, 依倨切, 倨=居御切) 사기

[∥]億[影開C入蒸]='ək 일본

[∥]堰[影開C上元]='ən (堰=偃, 於幰切) 유사

   堰[影開C去元]='ən (堰 거성, 於建切)

   堰[影開AB去仙]='iən (堰 거성, 於扇切)

[∥]嚴[疑中C平嚴]='əm^L 유사

[○]餘[羊中C平魚]='iə^L 금석 중국 지리 당서 사기

[†]余[羊中C平魚]='iə^L 금석

[○]延[羊開AB平仙]='iən^L 금석 중국 일본 당서 사기

[∥]宴[影開4去先]='iən^R 일본

[∥]椽/掾[澄合AB平仙]='iən^L 사기

[○]淵[影合4平先]='iən^L, ziən^L 유사

[†]永[云合B上庚]='iəŋ^R 금석

[†]榮[云合B平庚]='iəŋ^L 중국 사기 유사

†嬰[影開A平清]=ʼiəŋᴸ, ʼʌiŋᴸ 중국 사기

″英[影開B平庚]=ʼŭəŋᴸ 유사

″迎[疑開B平庚]=ʼŭeŋᴸ, ʼiəŋᴸ 유사

†濊[影合C去廢]=ʼiəiᴿ 금석

†穢[影合C去廢]=ʼiəiᴿ 금석

†翳[疑開4去齊]=ʼiəiᴿ 중국 사기

″預[羊中C去魚]=ʼiəiᴿ 사기

°烏[影中1平模]=ʼoᴸ 금석 중국 지리 당서 사기

†奧[影中1去豪]=ʼoᴿ/ᴴ 금석

†五[疑中1上模]=ʼoᴿ 중국 일본 당서 사기

″吳[疑中1平模]=ʼoᴸ 일본

†沃[影中1入冬]=ʼok 중국 사기

″屋[影中1入東]=ʼok 사기

″溫[影合1平魂]=ʼonᴸ 당서 사기

°王[云合C平陽]=ʼoaŋᴸ 중국 일본 사기

　　王[云合C去陽]=ʼoaŋᴿ

°位[云合B去脂]=ʼoi (位 거성, 于愧切) 금석 중국 당서 사기

†外[疑合1去泰]=ʼoiᴿ 중국 사기

″畏[影合C去微]=ʼoiᴿ 사기

″要[影中A平宵]=ʼioᴸ 지리

　　要[影中A去宵]=ʼioᴿ

†容[羊中C平鍾]=ʼioŋᴸ 금석

″勇[羊中C上鍾]=ʼioŋᴿ 당서

°于/亏[云中C平虞]=ʼuᴸ 금석 중국 지리 일본 사기

†嵎[疑中C平虞]=ʼu (嵎=虞, 遇俱切) 금석 사기 유사

ˣ禑(광운에 없음) 금석

°優[影中C平尤]=ʼuᴸ 중국 사기 유사

″友[云中C上尤]=ʼuᴿ 사기 유사

[»]憂[影中C平尤]=ʼu^L 사기 유사

[»]羽[云中C上虞]=ʼu^R 사기

[»]右[云中C上尤]=ʼu^R 사기

[»]郁[影中C入東]=ʼuk 지리

°雲[云合C平文]=ʼun^L 중국 일본 사기 유사

[»]云[云合C平文]=ʼun^L 지리

[†]鬱[影合C入文]=ʼul 중국 당서 사기

°元[疑合C平元]=ʼuən^L 중국 일본 당서 사기

°原[疑合C平元]=ʼuən^L 중국 사기 유사

[»]圓[云合B平仙]=ʼuən^L 유사

*衛[云合B去祭]=ʼui^H 중국

[»]尉[影合C去微]=ʼui^R 지리 사기

[»]韋[云合C平微]=ʼui^L 일본

[†]有[云中C上尤]=ʼiu^R 금석 일본

[†]遊[羊中C平尤]=ʼiu^L 금석

[»]裕[羊中C去虞]=ʼiu^R 일본

[»]由[羊中C平尤]=ʼiu^L 사기 유사

[»]育[羊中C入東]=ʼiuk 유사

[»]融[羊中C平東]=riuŋ^L 유사

[»]隱[影開C上欣]=ʼin^H 지리

[»]銀[疑開B平眞]=ʼin^L 당서 사기

°乙[影開B入眞]=ʼïl 중국 지리 일본 사기 유사

[»]音[影中B平侵]=ʼim^L 지리 당서 사기

[»]陰[影中B平侵]=ʼim^L 사기

陰[影中1平覃]=ʼam^L

[»]邑[影中B入侵]=ʼip 지리 당서

°衣[影開C去微]=ʼïi^R 중국 지리

°意[影開C去之]=ʼïi^R 중국 일본 사기

736

[»]義[疑開B去支]=ˀii^R 사기 유사

°夷[羊開AB平脂]=ˀi^L 금석 중국 당서 사기 유사

°伊[影開A平脂]=ˀi^L 중국 지리 일본 사기 유사

[×]睘(광운에 없음) 중국 사기

[»]已[羊開C上之]=ˀi^R 지리

[†]翼[羊開C入蒸]=ˀik 중국 사기

[»]翊[羊開C入蒸]=ˀik 사기

[†]壹/一[影開A入眞]=ˀil 금석 유사

[»]逸[羊開AB入眞]=ˀil 사기

[»]愛[影開1去咍]=ˀʌi^R 사기 유사

(ㅈ)

[»]錯[清開1入唐]=cʰak 당서 사기

    錯[清中1去模]=co^R

[†]殘[從開1平寒]=can^L 금석

[»]斬[莊中2上咸]=cʰam^R 지리

[»]參[清中1平覃]=cʰam^L 당서

[†]雜[從中1入覃]=cap 금석

[†]藏[從開1平唐]=caŋ^L 금석 일본 당서 사기 유사

    藏[從開1去唐]=caŋ^{R/H}

[†]臧[精開1平唐]=caŋ^L 중국 사기 유사

[»]莊[莊開C平陽]=caŋ^L 일본

°者[章開AB上麻]=cia^H 금석 중국 당서 사기

[»]車[昌開AB平麻]=cʰia^L 지리

[†]灼[章開C入陽]=ciak 중국 당서 사기

°將[精開C平陽]=ciaŋ^L 중국 당서 사기 유사

    將[精開C去陽]=ciaŋ^R

[»]章[章開C平陽]=ciaŋ^L 사기

[》]昌[昌開C平陽]=c^hiaŋ^L 사기

[》]菖[昌開C平陽]=c^hiaŋ^L 유사

[†]沮[從中C上魚]=ciə^R 중국 사기

    沮[清中C平魚]=ciə^L

[†]處[昌中C上魚]=c^hiə^R 중국 당서

    處[昌中C去魚]=c^hiə^R

*幘[莊開2入耕]=ciək 중국

[》]積[精開AB入清]=ciək 지리 당서 사기

[》]赤[昌開AB入清]=ciək 지리

[†]前[從開4平先]=ciən^L 금석 중국 일본 당서

[†]千[清開4平先]=c^hiən^L 중국 일본

[†]切[清開4入先]=ciəl 금석 사기

°折[章開AB入仙]=ciəl 중국 지리 당서 사기

[†]絶[從合AB入仙]=ciəl 중국 당서

[†]拙[章合AB入仙]=ciəl (입성, 職悅切) 중국 사기

[》]節[精開4入先]=ciəl 당서

°靑[清開4平靑]=c^hiəŋ^L 금석 지리 사기

[》]淨[從開AB去淸]=ciəŋ^R 일본

[》]正[章開AB平淸]=ciəŋ^L 사기 유사

    正[章開AB去淸]=ciəŋ^H

[†]諸[章中C平魚]=ciə^L, ciəi^L 중국 당서 사기

[》]齊[從開4平齊]=ciəi^L 지리 사기

[》]祭[精開AB去祭]=ciəi^R 사기

[†]祚[從中1去模]=co^R 금석

[†]皁[從中1上豪]=co^R 중국

[》]祖[精中1上模]=co^H 사기

[》]助[崇中C去魚]=co^{R/H} 일본 지리 사기

[》]租[精中1平模]=co^{L/R/H} 사기

†捽[從合1入魂]=col (捽 입성, 昨沒切) 중국 당서 사기

"卒[精合1入魂]=col 사기 유사

　　卒[清合1入魂]=col

　　卒[精合AB入諄]=col

"聰[清中1平東]=c^hoŋ^L 일본

"肖[心中AB去宵]=c^hio^R/H 지리

"足[精中C入鍾]=ciok 일본

　　足[精中C去虞]=cu^R

†從[從中C去鍾]=cioŋ^R 금석 사기

°左[精開1上歌]=ca^R, coa^R 중국 당서 사기

"佐[精開1去歌]=ca, coa^R 일본 당서

°鄒[莊開C平尤]=c^hiu^L 금석 중국 지리 당서 사기 유사

†雛[崇中C平虞]=c^hu^L 금석 중국 지리 당서 사기 유사

*騶[崇中C平虞]=c^hu (騶=雛, 側鳩切) 중국

°主[章中C上虞]=ciu^H 금석 중국 지리 일본 사기

°朱[章中C平虞]=ciu^L 금석 중국 당서 사기 유사

"周[章中C平尤]=ciu^L 일본

"楸[清中C平尤]=c^hiu^L 유사

"俊[精合AB去諄]=ciun^R 일본

"春[昌合AB平諄]=c^hiun^L 유사

†就[從中C去尤]=c^hiui^R 금석

"取[清中C上虞]=c^hiu^R, c^hiui^R 일본

"趣[清中C去虞]=c^hiui^R 유사

　　趣[清中C入鍾]=c^hok

†增[精開1平登]=ciŋ^L 중국

"曾[精開1平登]=ciŋ^L 사기

　　曾[從開1平登]=ciŋ^L

°支[章開AB平支]=ci^L 금석 중국 지리 당서 사기 유사

†芝[章開C平之]=ci^L 중국

"之[章開C平之]=ci^L 일본

"志[章開C去之]=ci^H 일본

"只[章開AB上支]=ci^H 지리 사기 유사

†眞[章開AB平眞]=cin^L 금석 당서 사기

"質[章開AB入眞]=cil 사기

†輯[從中AB入侵]=cip (輯=集, 秦入切) 중국

°子[精開C上之]=cʌ^H 금석 중국 지리 일본 사기

°呰[精開AB平脂]=cʌ^L 금석 중국 사기 유사

°慈[從開C平之]=cʌ^L 금석 일본

°次[淸開AB去脂]=cʰʌ^H 중국 지리 사기 유사

†呰[精開AB平支]=ci (呰 평성, 卽移切) 중국 당서

　呰[精開AB上支]=cʌ (呰=紫, 將此切)

†資[精開AB平脂]=cʌ^L 중국 사기

†刺[淸開AB去支]=cʌ^R 중국

"自[從開AB去脂]=cʌ^H 사기

"岑[崇中AB平侵]=cʌm 당서 사기

"才[從開1平哈]=cʌi^L, cʌ 지리

"再[精開1去哈]=cʌi^R 사기

†笮[莊開2入庚]=cʰʌik 중국

찾아보기

ㄱ

가변적(可變的) 표음자 277, 279

假攝(字) 32, 415, 417, 427, 458, 459

歌韻 31, 37, 38, 415, 420, 424, 426, 427, 457, 459, 463, 622, 666

佳韻 31, 38, 497, 499, 505, 510, 511, 518, 521, 623

各模盧城 615

閣彌城 615

幹弓利城 368

匣母(字) 286, 362, 363, 365, 367~369, 371, 376, 377

江攝 526, 564, 571, 572

姜信沆 19, 44, 119, 314, 400, 404, 477, 660

康王 18, 19, 41, 45, 145, 381

江韻 526, 564~573, 623, 630~632

강인선(康仁善) 85~87

개구(開口) 25, 35, 421

開口呼 416

開城 402, 403

皆韻 497, 499, 509, 518, 521, 623

개음(介音) 25, 35, 185, 416, 421, 649, 666, 673

개음절 273

개음(介音) 차이 우선의 원칙 35, 425, 435, 439, 440, 448, 506, 511, 512, 525, 549, 568, 582, 586, 591, 671

개음 탈락 624

개합(開合) 23, 25, 31, 147, 421, 428

개합(開合)의 최소대립 쌍 26, 422

去聲 231

거성운모 501, 508, 515, 520, 523

見母 365, 367, 368, 373, 380, 383, 384

경구개 마찰음 187

경구개음 321, 331, 335, 336, 340, 398, 399, 403, 661, 663

경구개 파찰음 339

경기도 서북(단, 지역) 653, 664

경덕왕 72, 73

경상도 방언 233, 238

梗攝 535, 545, 550, 555, 564, 571, 572, 670

耕韻 536, 538, 550~552, 623

庚韻 536, 538~544, 546, 548, 550~553, 559, 560, 569, 573, 574, 623, 625, 647, 673

系連法 184, 425

『鷄林類事』 69, 245, 226, 234, 261, 657

溪母 378~380, 382, 383

고구려 대표자(代表字) 21, 114~117, 142, 221, 655

고구려어(高句麗語) 15, 24, 54, 392

고구려어의 모음체계 573, 649

고구려어 표음자 21, 22, 41, 42, 52, 57, 71, 80, 89, 96, 111, 112, 114, 117, 122, 173

고구려 지명 55, 72

고구려 표기법 166

고대 일본어 15

고대 일본(의) 표기법 85, 89

고려의 표기법 198

고립적 대립 519

古模耶羅城 464

고모음(高母音) 647, 649, 669

고모음화(高母音化) 436, 441, 490, 591, 632

『古事記』 270

高藏 342, 345, 395

고저 평판 악센트(음조) 체계 239, 260, 657

高田時雄 531

고정적(固定的) 표음자 277, 279

古雛加 344

骨 282, 283

骨蘇 71, 179, 297, 539

공명음(共鳴音) 163, 203, 217, 220

공시적 규칙 245

果攝(字) 32, 415, 427, 417, 458, 459

戈韻 415, 419, 426, 427, 457, 622

郭忠求 232, 341, 403, 664

광개토대왕(비) 53, 54, 55, 57, 88

『廣韻』 16, 20, 28, 119, 130, 161, 164, 192, 201, 205, 249, 264, 266, 326, 349, 425, 567

怪韻 510

구개 개음(口蓋 介音) 421, 422

구개음화 212, 334

구결자 111

『구당서(舊唐書)』 59, 90, 209

溝婁 282, 283

臼模盧(城) 140, 366, 375

『舊五代史』 59, 90

求底韓 463

구조주의(構造主義) 17, 18, 22, 25, 30, 124, 222, 304, 394, 397, 654, 674

仇天城 360

國岡上 381

群母 362, 363, 365, 367, 368, 375, 382~384, 386

굴곡 성조 (체계) 231, 239, 262

권설음 321, 336, 339, 343, 661, 662

權仁瀚 47~50, 52, 54, 55, 58, 197, 221, 234, 261, 386, 390, 402, 570, 657

권재선 261, 657

귀화어 302

금석문(金石文) 46, 57

金英培 340, 403, 663

기본모음 37, 413, 458, 559, 573, 575, 665, 673

記寫者 95, 96

김동소 401

김무림 401, 570

金富軾 97

金石文 654, 655

김성규 226, 245, 261, 657

김영황 401

金完鎭 30, 54, 164, 226, 234, 244, 261, 344, 401, 433, 646, 657

김주원 646

김차균 245

ㄴ

樂浪郡 360
『南史』 59
『南齊書』 59
南朝語 326, 393, 405
南豊鉉 311
내적 재구 654
泥母(字) 306, 309~311

ㄷ

多聲調字 265
다음자(多音字) 36, 266, 229, 247, 270, 292, 299, 349, 391, 426, 487
多項對立 223
端母 312, 314
段玉裁 501
單于 69
端組 305
覃韻 601, 602, 606, 610, 624
談韻 601, 602, 604~606, 610, 624
『唐書』 59, 60, 90
당서 텍스트 90, 94
唐韻 532~535, 543, 546, 549~551, 557, 567, 573, 623
唐作藩 497
幢主 566, 568
대각대립(對角對立) 646, 652
帶固 316, 317, 512
對立關係 17
大模達 318
『大宋重修廣韻』 264
戴升 503
對譯音 38
代韻 28

대체 수용 22, 45, 262, 650, 659
대표자 우선의 원칙 140, 367
賭奴 316
都督 558, 567
都守熙 56, 69, 82, 401, 653
獨韻 439
『東國正韻』 244, 381, 470
『東國通鑑』 209, 345
董同龢 364, 415, 431, 433, 451, 452, 471, 473, 482, 497, 501, 503~505, 507, 526, 529, 531, 532, 535, 538, 540, 560, 570, 580, 583, 585, 586, 590~593, 603, 605, 607, 608
董騰 566
冬壽 82
冬韻 526, 530, 558, 567, 569, 570, 572, 623
東韻 526, 527, 529, 530, 532, 558, 561, 567, 569, 570~572, 623, 631, 632
同音異義字 418, 487, 489, 554
同音通假字 418, 489
東夷 53, 54
동일 최소대립 쌍 196, 300, 438, 439
두음법칙(頭音法則) 164, 383, 388, 389, 390, 397, 659
得來 566
等 23, 25, 31, 38, 185, 314, 648
藤堂明保 501
登韻 553, 555, 557~560, 562, 565, 566, 573, 623
等韻圖 184
等韻學 25, 184
등(等)의 최소대립 쌍 26, 421, 423, 449, 529

ㄹ

羅常培 283, 314
娘母 306, 309
來母(字) 306, 309, 389
來組 305
로마자 표기 304
賴惟勤 412
婁賣城 390
鏤方 225, 389
류렬 271, 274
流攝(字) 441, 481, 492, 493
리득춘 470
李榮 188, 504

ㅁ

麻韻 31, 37, 38, 415, 420, 424, 426, 427,
　　457, 459, 461~463, 622, 666
마찰음 220, 320, 351, 659
馬韓 國名 70
莫離支 166
말음첨기(末音添記)(字) 80, 81, 149, 276,
　　277
寐錦 53, 54, 56
麥耘 450, 550, 563
明母(字) 287, 291~293
模韻 427, 432~435, 437, 438, 441, 457,
　　459, 465, 473, 475, 476, 479, 480, 622,
　　630
母音圖 573
모음음성도(母音音聲圖) 647, 669, 672
모음조화(母音調和) 635, 638, 640, 642,
　　643, 645, 645, 669
모음체계도(母音體系圖) 646, 647, 669, 672
모음추이 553, 673

무기자음 214
無標的 303
무표항(無標項) 295, 331, 620
文部 592
文韻 587, 588, 591, 593, 597, 624, 632
物部 592
微母(字) 287, 291, 292, 293
微韻 442, 445, 446, 448, 449, 451, 454,
　　456, 458, 522, 524, 623

ㅂ

박동규 401
박병채(朴炳采) 16, 19, 119, 280, 281, 514,
　　515
博士 345, 547, 557, 568
駮位居 566, 569
泊灼城 180, 297
朴昌遠 402
班固 341
半舌音 305
反切 20, 24
反切上字 20, 25
反切下字 20, 25, 36
拔位使者 488
幫母 295, 296
滂母(字) 294, 296, 300, 303
方言史 212
方言音 38
方言音韻史 402
幫組 290
百殘 54, 56
백제어(百濟語) 15, 24, 54, 392
백제어 표음자 28
백제 지명 55
范淑玲 404

凡韻 601, 603, 607, 624

베트남 한자음 38

僻字 114

변이음{變異音} 24, 284, 287, 289, 295, 302, 384, 394, 634

並母 295

複聲母 423, 451, 674

奉母 295

不耐城 487

敷母(字) 294, 296

夫餘 176

扶餘 176

『北史』 59

北宋 119

北魏 19, 145, 381

北魏語 41, 145

『北齊書』 59

北豊城 178

芬而耶羅城 464, 619

분절음 233

분포 분석표{分布 分析表} 34, 39, 221, 289, 292, 411, 417, 665

분포 제약 418, 419

비고모음{非高母音} 647, 649, 669

非母 295, 296

비음 220

非組 290

卑稱 56, 95, 344, 433

ㅅ

俟母 321, 325

邪母 321, 324, 328, 331

四聲 262

『四聲等子』 20, 24, 214

四元對立 542

散那城 579

山攝(字) 575, 576, 578, 597, 599

山韻 575, 579, 580, 586, 590, 597, 623

删韻 575, 579, 586, 590, 597, 623

『삼국사기{三國史記}』 42, 72, 73, 97, 106, 166, 209, 235, 237, 238, 252, 654

『삼국사기{三國史記}』 지리지 17, 80, 82, 247, 248

삼국사기 텍스트 73

『삼국유사{三國遺事}』 42, 107, 209, 235, 237, 238, 654

『三國志』 59, 70

『三國志』 魏書倭人傳 270

三軍 605

三根谷徹 531

森博達 270, 271

彡穰城 604

三元對立 31, 450, 456, 516, 518~520, 586, 620, 627, 670

三肢的 대립 302

三肢的 相關 153, 181, 319, 407, 620

三韓 605

相加 355

상관적 대립 519

常母 324, 328, 331~333, 541

상보적 분포{相補的 分布} 16~18, 24, 25, 29, 120, 124, 169, 175, 197, 202, 211, 286, 289, 291, 292, 424, 427, 445, 446, 577, 592, 632, 658

相夫 355

상승 악센트 244, 256, 260, 657

常用字 21, 114, 115

상하대립{上下對立} 646, 652

상향 활음 551

生母 184, 324~328, 541~543, 545, 605, 661, 663, 671

생성 음운론 638

書母　184, 324, 325~328, 331~333, 335, 541~543, 545, 662, 663, 671

서북방언　212, 403, 663, 664

析支利城　561

船母　339, 340, 342

先韻　575, 577, 581, 582, 585, 586, 623

仙韻　575, 581, 582, 586, 597, 623

仙人　582

先人　582

舌內　412

舌內 입성운미　587

설두음[舌頭音]　157, 158, 305, 314

설상음[舌上音]　157, 158, 305, 314

舌音　305

舌縮　645, 646, 652

설치음[舌齒音]　418, 428, 429, 437, 491, 526, 666, 674

攝　290, 411, 415, 621, 665

聲母　24, 25, 290, 291, 665

성모 대립 쌍　230

성모의 최소대립　174, 215

성모[聲母](의) 최소대립 쌍　22, 23, 26, 28, 31, 140, 144, 176, 178, 287, 291, 293, 656

성백인　400, 659

聲符　21, 115, 173, 289, 309, 551, 570, 602

聲韻學　20, 288

성조[聲調]　24, 25, 239, 665

聲調 多音字　254

성조 대립 (쌍)　228, 230, 260

성조 변동 (규칙)　231, 243, 259, 263, 658

성조소[聲調素]　231, 261, 657

성조 언어　125, 128, 168, 229, 231, 233, 263

聲調言語說　22, 220, 656

성조[聲調](의) 최소대립 쌍　22, 125, 132, 134, 142, 145, 159, 176, 191, 213, 224, 225, 260, 263, 656

성조 제약　249, 252

성조형　231, 233, 239, 242, 243, 258

『세설신어[世說新語]』　31, 32, 38, 39, 303, 322, 326, 377, 392, 393, 405, 544, 545, 660, 662, 663, 671, 675

掃加城　472

蘇骨　71, 179, 297, 539

昭列帝　360, 478, 504

宵韻　468, 471~473, 477~481, 492, 494, 495, 622, 627, 631

蕭韻　468, 471~473, 477~481, 492, 494, 495, 622, 627, 631

『續日本紀』　85, 250

宋基中　16, 283, 396

宋基中·南豊鉉·金永鎭　18, 41, 42, 46, 49, 54, 56, 180, 297, 654

『宋史』　60, 90

『宋書』　59

釗　360, 472

水谷眞成　322

數詞　15

數詞木簡　311

『隋書』　59

襪神　342, 345, 395

收位使者　488

垂直對立　652

蕭斯舍　528, 558

순경음[脣輕音]　175, 290, 302

脣內　412

諄韻　587, 588, 591, 593, 597, 624, 632

순음[脣音]　290, 302, 428, 430, 437, 666

순중음[脣重音]　175, 290, 302

脣齒音　290

순행동화　638

崇母　339

시소　246, 257, 261

新羅 木簡　279

新羅語　15, 237, 574, 653

746

신라 표기법{新羅 表記法} 80, 82, 195, 204, 276~278, 530
申叔舟 244, 381, 470
申雅莎 551, 562, 584
『新撰姓氏錄』 85, 166, 250
心母 185, 324~328, 331, 332, 541, 543~545, 605, 662, 663, 671
深攝(字) 600, 601, 604, 609

ㅇ

阿垢 464
牙音 361
아후음{牙喉音} 361, 418, 428, 430, 437, 491, 666, 674
악센트 243, 244, 247
안병호 274
安臧王 342, 345
알타이어 400, 635
알타이 祖語 172, 659
若豆耻縣 148
若只頭耻縣 148
羊母 335, 397
『梁書』 59
陽性 644
陽性 漸減 644
양성모음{陽性母音} 638, 642, 643, 645
양성운미{陽聲韻尾} 25, 270, 412, 499, 526, 611, 616, 620, 621
양성운미자 271, 272
陽韻 532, 534, 535, 548~550, 568, 573, 623
앤후이런 37
어두{語頭} 측성{仄聲}의 평성화{平聲化} 246, 248, 255~258, 260, 657
어말{語末} 평성{平聲}의 측성화{仄聲化}

246, 248, 250, 255, 257, 258, 260, 658
御韻 27
語韻 27
魚韻 27, 28, 427, 428, 431, 433, 437~441, 457, 464, 465, 477~481, 496, 622, 627, 631
語彙論 16
嚴韻 601, 607, 624
엄익상 17, 28~30, 53, 82, 84, 271, 280, 281, 311, 319, 351, 401
역행동화 638
淵盖蘇文/淵蓋蘇文 43, 89
연쇄 변화 200, 480, 481, 493, 627, 631
『念佛普勸文』 212
鹽韻 601, 602, 606, 610, 624
影母 369, 371, 373, 374, 376, 377
零星 388, 389, 582
領千 350, 361
翳屬 528, 558
芮悉弗 516
奧利城 374
五部 384, 386
五元對立 450
吳音 404, 660
沃沮 395
王力 19, 157, 175, 202, 214, 226, 311, 322, 328, 364, 396, 404, 415, 431, 433, 445, 451, 452, 456, 471, 473, 481, 482, 497, 499, 501, 503~505, 507, 526, 529, 531, 532, 535, 538, 540, 545, 560, 570, 575, 580, 583, 585, 586, 590~593, 603, 605, 607, 608, 662, 663, 671
遼史 60, 90
僚佐 389
遇攝(字) 427, 428, 441, 458, 459
虞韻 427, 428, 432, 434, 435, 437, 439~441, 457, 462, 466, 467, 484, 486, 488~

491, 500, 592, 622, 632

尤韻(字) 481~486, 488~492, 494~496, 622

韻 23, 24, 25, 290

『韻鏡』 20, 24, 214

韻圖 24, 38, 450

韻母 27, 291, 409, 410, 414, 420, 665

云母 363, 369, 371, 375, 376, 377

운모의 음운대립 쌍 183

운모(의) 최소대립 쌍 31, 161, 206, 656

韻目 27, 28, 414, 420

韻尾 23, 25, 26, 312, 411, 452, 621, 665

운미의 최소대립 615

운미(韻尾)(의) 최소대립(最小對立) 쌍 26, 388, 611, 613, 614, 617

韻腹 23, 25, 312, 411

운복 음운대립 쌍 511

운복(의) 최소대립 511, 527

운복(韻腹)(의) 최소대립 쌍 22, 23, 26, 31, 34, 37, 39, 409, 440, 441, 445, 448, 460, 494, 496, 513, 525, 528, 538, 542, 543, 545, 557, 559, 561, 566, 567, 571, 585, 586, 621, 662, 672, 676

韻部 592, 633

韻素 233

운의 음운대립 쌍 34

운의 최소대립 쌍 22, 30

鬱折 592

蔚珍鳳坪碑 53

움라우트 653

원론적 반론 261~263, 658

원순모음 428

原始 高句麗語 243, 246, 249, 257, 260, 263

元韻 575, 577, 581, 583, 586, 597, 623

魏國峰 16, 30, 38, 325, 378, 404, 415, 438, 450, 451, 454, 455, 482, 509, 514, 529, 531, 543, 562, 587, 593, 608, 625

『魏書』 59

衛將軍 355, 507, 515

魏晉南北朝(音) 19, 32, 44, 119, 290, 314, 406

유기성 217

유기음 399, 407, 661

유기자음 214

유·무기 대립 400, 659

유·무성 대립 187, 192, 331, 336, 346, 369, 400, 401, 404, 541, 659, 660

유사 음절 119, 120, 229

유성 마찰음 331, 401

유성음 400

유성 파찰음 401

유음(流音) 217, 220

劉義慶 31, 377

兪昌均 16~19, 82, 314, 397, 401, 401, 413, 499

유추 변화 647

有坂秀世 283, 431

有標(的, 項) 295, 303, 331, 620

陸法言 490, 582

육진방언 341, 663

음가 분석표 125

음가 차이 반영설(音價 差異 反影說) 121, 136, 141, 162, 175, 189, 203, 207, 211, 216, 217, 220, 228, 286, 656

음독(音讀) 43, 44, 203

音聲 23

陰性 644

陰性 漸增 644

음성모음(陰性母音) 642, 643, 645

음성운미(陰聲韻尾) 25, 412, 468, 479, 497, 503

음소(音素) 16, 23, 121, 268, 284, 287, 289, 295, 302, 394, 634

음소 목록 394

748

음소 분석 395
음운대립 16, 17, 34, 422, 423, 424
音韻論 16
음운론적 요소 421, 422, 423
음운론적 환경 410
음운자질(音韻資質) 25, 217, 218, 646, 648, 649, 650~652
음절구조(제약) 143, 159, 189, 268, 273, 428, 430, 437, 479, 489, 532, 579, 592, 602, 603, 620, 630, 633
음절말 자음 136, 151, 154, 157, 160, 172, 182, 269, 271~274, 276, 278, 282, 387, 388, 611, 614, 616, 618, 619, 621
음절문자 121
음절별 음운 분석 119, 122, 124, 128, 158, 170, 220, 221, 287, 288
음절편향(音節偏向) 21, 115, 120, 221, 289
음조 239
음조 변동 244
音借(字) 42, 44
疑母 378, 379, 384, 386, 388
의미 분화 229
李基文 15, 17, 43, 53, 233, 340, 341, 403, 645, 663
李敦柱 497
李方桂 363, 368, 415, 431, 433, 451, 452, 471, 473, 482, 497, 503~505, 507, 526, 529, 531, 532, 535, 538, 540, 560, 580, 583, 585, 586, 590~593, 603, 605~608
李崇寧 138, 141
이승재(李丞宰) 16, 23, 24, 30, 31, 34, 42, 44, 56, 80, 84, 127, 144, 153, 171, 181, 187, 195, 212, 269~271, 273, 284, 291, 296, 298, 300, 302, 303, 322, 326, 346, 349, 361, 363, 368, 380, 392, 395, 400~402, 407, 419, 507, 525, 542~544, 587, 654, 660, 662, 669, 671, 675

李新魁 430
二元對立 31, 37, 507, 518, 520, 550, 669, 671
伊夷摸 464
이장희 111, 210
이재돈 27, 425, 510
二重母音 563
二肢的 相關(束) 302, 383, 398~400, 658
이체자(異體字) 58, 167, 418, 433, 489, 537
이토 다카요시 525
이토 지유키(伊藤智ゆき) 20, 26, 30, 38, 120, 122, 194, 214, 221, 228, 288, 306, 378, 412, 415, 420, 430, 452, 454, 456, 482, 509, 522, 531, 538, 551, 574, 602, 608, 656
이표기(異表記) 29, 95, 136, 146, 148, 149, 177, 233, 234, 237~239, 244, 260, 263, 276, 278, 319, 320, 582, 657, 658
二項對立 223
인명 53
日母(字) 148, 306, 309~311
일반화의 오류 177
일본 吳音 608
일본 텍스트 251
일본 표기법 150, 162
일본 한자음 38
『日本書紀』 43, 53, 85, 250, 270
일본의 고대 표기법 88
一然 108
壹八城 299, 594, 596, 630
入聲 26
입성운미(入聲韻尾) 25, 270, 412, 499, 526, 611, 620, 621
입성운미자 271, 272

ㅈ

자동분절 음운론 638

자립분절 음소 233

字素 304

자음운미{子音韻尾} 497, 499, 502, 503, 610, 665

자음 운미자 273

자음체계 397, 398

자질 위계도 650

自稱 95

雜珍城 607

莊母 338, 339, 406, 661

章母 338, 339, 342, 662

章炳麟 311, 445

장세경 234, 236, 237

長壽王 19, 145, 381

장애음{障碍音} 163, 214, 217, 220, 228

장영준 311

莊組 197, 321, 322, 326, 327, 336, 431

章組 321, 322, 326, 328, 336, 431

재분석 185, 187, 334, 661, 663

재음소화 398

沮江/沮水 395

전기 중고음{前期 中古音} 19, 302, 406, 520, 544, 660

前期 중국 사서 90

錢大昕 157, 175

顚倒字 71, 281

前部 350, 396

典書客 355, 478

전설 구개 개음 206

전설 원순 개음 435, 436, 454, 526, 591, 632, 666, 673, 674

전설 원순 활음{前舌 圓脣 滑音} 414, 416, 455, 583, 653

전설 저모음{前舌 低母音} 424, 425, 427, 471, 511, 649

전설 평순 개음 414, 453, 564, 625, 673

전설 평순 고모음 629

전설 평순 중모음 628

전설 평순 활음 659

전설모음 552

全數調査 30, 40, 293, 304, 305, 500, 654, 674

田中俊明 281

전청{全淸} 217, 293, 298, 312, 660

全體系 30

전탁{全濁} 217, 293, 298, 312, 400, 660

전형성 39, 674

『切韻』 16, 24, 27, 28, 119, 169, 184, 472, 490, 582, 675

『切韻指掌圖』 20, 24, 214

折風 179, 297

黏蟬 388, 606

鄭光 17, 280, 311, 388, 397, 401, 634, 659

定母 312, 314

精母 338, 339, 341, 662

정밀음성기호 413, 414

鄭然粲 246

鄭張尙芳 364, 451, 501

精組 197, 321, 322, 328, 336, 431

正齒音 184, 321, 326, 336, 542, 544, 662, 671

제3의 모음 507, 514, 516, 518~520, 670, 671, 676

祭韻 497, 499, 501, 506, 507, 515~517, 521

齊韻 497, 504, 505, 506, 512~516, 518, 519, 521, 522, 623

齊齒呼 416

諸兄 355, 496

照三系 336

朝鮮 360, 582

750

趙元任 400, 660

皁衣 566, 567

皀衣 566, 567

照二系 336

調値 25, 232, 243, 262

從母 339~341

鍾韻 526, 527, 529, 532, 559, 561, 571~ 573, 623, 632

周法高 501

主簿 174, 301, 302

『周書』 59

周傲生 521, 529

周長楫 404~406, 660

竹內理三·山田英雄·平野邦雄 85

중고음(中古音) 16, 502

중국 南朝語 24, 36, 303

중국 史書 60, 654, 655

重紐 450, 453, 594~596, 598, 609, 629

中郞將 355, 535

中立 428

중설 저모음 626

중설 중모음 627

중설화(中舌化) 553, 574, 625, 629, 647, 673

중성모음 643, 645

中原高句麗碑 53, 301

『中原音韻』 404, 567

曾攝(字) 553, 555, 564, 572

蒸韻 553, 555, 558~562, 573, 623

增運乾 202

增地 342, 557

지리지 텍스트 73

지명 17, 53

지명 접미사 52, 80

知母 312, 314

止攝(字) 205, 326, 415, 442, 445, 449, 450, 452, 456~459, 521

脂韻 442, 444, 446, 448~451, 453~457, 463, 465~467, 622

支韻 442, 444~446, 448~451, 453~457, 461, 462, 464, 466, 521, 522, 622

之韻 442, 445, 446, 448, 449, 451, 454, 456, 458, 522, 623

知組 305

直接 轉寫 69

『晉書』 59

『陳書』 59

臻攝(字) 587, 589, 597, 599

臻韻 587

眞韻 587, 588, 593, 595, 597, 624, 625

輯安 607

集安高句麗碑 58, 297

集安市博物館 58

『集韻』 20

澄母 312, 314

ㅊ

차용어(借用語) 18, 41, 44, 45, 69, 187, 254, 302, 346, 539, 547, 557, 605, 635, 675

차용음운론(借用音韻論) 23, 29, 262, 650

차청(次淸) 217, 293, 312

笮咨 539

昌母 346, 406

幘溝婁 539

處閭近支 496

徹母 306, 312, 314

添韻 601, 607, 624

靑丘 138, 382, 485, 549

淸母 346

靑韻 536, 540, 543, 544, 548, 549, 551, 573, 623

淸韻 536, 540~544, 548, 549, 551, 561,

573, 623

初母　337, 339

초분절 음소　233

초분절 음운론　638

撮口呼　416, 455

崔明玉　340, 403, 663

崔世珍　226, 234, 243, 244

최소대립　24, 25, 34, 37, 120, 422, 424,
　462, 619

최소대립 쌍{最小對立 雙}　16~18, 24, 29,
　39, 202, 211, 221, 286, 289, 331, 402,
　422, 427, 620, 658, 663

최희수　112, 228, 234, 309, 314, 396, 430,
　433, 450, 456, 502, 577, 595

崔義秀·李義活　326

仄聲　226, 228, 234, 260, 261, 263

齒頭音　184, 321, 336, 671

齒上音　321, 336

齒音　320

치음 마찰음　335, 354

치음 파찰음　327, 336, 354, 395

치조 마찰음　187

치조음　321, 331, 336, 340, 398, 399, 661,
　663

親族關係　15

『七音略』　20, 24

侵韻　601, 602, 608~610, 624

ㅋ

칼그렌　25, 608

ㅌ

他稱　95

濁音淸化　173, 404, 404, 660

卓衣　566, 567

탈비음화　148

宕攝(字)　532, 533, 535, 545, 550, 555, 564,
　571, 572

太大莫離支　318

太傅　487

泰韻　497, 499, 501, 503, 509~516, 518~
　521, 524, 623

吐捽　591

吐護眞水　475

通假字　209, 345, 395, 433

通事　316

通攝(字)　428, 526, 528, 532, 555, 564, 571,
　572, 632

통시적 성조 변화　250

透母　312, 314

ㅍ

巴奴城　171

破音字　299

파찰음　220, 320, 351, 659, 661

浿/浿水/浿江　509, 510

沛者　509

편입 방향　302

平郭　557

平山久雄　30, 38, 194, 412, 482, 522, 531,
　562, 608

平聲　226, 228, 234, 260, 261, 263

평안도{平安道} 방언　339, 340

平仄 대립　234

平板 성조　231

폐쇄음　220, 659

廢韻　497, 499, 501, 506, 507, 515, 516,
　521, 623

폐음절{閉音節} 270, 271

表記者 177

표음문자 121, 221, 230

표음자{表音字} 16~19, 24, 116, 168, 655

표훈 168

표훈자{表訓字} 18, 19, 655

프라그 학파 16, 24, 121, 163, 286, 302, 622

ㅎ

하강 악센트 244, 245, 249, 252, 256, 259 ~261, 657

河泊/河伯 297

河野六郎 21, 441, 479, 514, 530, 531, 552, 561, 562

하향 활음 479, 492, 497, 551, 630

韓系語 56

한국 중세 한자음{韓國 中世 漢字音} 20, 26, 120, 656

韓國 中世音 122

한국 한자음 38

漢四郡 18, 41, 143, 342, 541, 606

『漢書』 341

漢語 41, 42

漢語 倂音表記 414

한어 상고음{上古音} 37, 364, 368, 423, 499, 592, 633

한어 중고음{漢語 中古音} 19, 20, 119, 122, 169, 284, 428, 648, 649, 656, 673

寒韻 575, 579, 580, 585, 586, 597, 623

漢音 404, 660

咸攝(字) 600, 601, 604, 609

咸安 城山山城 목간 280

銜韻 601, 602, 604, 605, 610, 624

咸韻 601, 610, 624

含資 617

合口 25, 35, 421

합구운{合口韻} 503, 504, 520, 579, 581, 626

合口呼 416, 455

海冥 41, 143, 541

蟹攝 497, 507~509, 518~521, 669

咍韻 28, 497, 502~505, 513~516, 518~ 521, 623

鄕歌 82

허웅 245

형태소 복합 43

慧琳音義 378, 441, 473, 479, 514, 529

惠眞 342

豪韻 468, 471~473, 475, 476, 479, 480, 492, 494, 622, 630

魂韻 587, 588, 590, 591, 597, 623

丸骨都/丸都骨/丸都城 281

桓韻 575, 578~580, 586, 597, 623

활음 398, 653

黃笑山 30, 38, 404, 423, 438, 450, 451, 550, 562, 608, 625

황해도 남부 212, 341, 402, 403, 653, 664

灰韻 497, 499, 502, 503, 506, 511, 512, 517, 520, 521, 623

曉母(字) 286, 362, 363, 365, 367~369, 374 ~376

效攝(字) 468, 469, 492, 493

肴韻(字) 468, 470~473, 480, 492, 494, 622

후기{後期} 중고음 19, 522, 544 , 660

後期 중국 사서 90

喉內 412

후설 원순 개음 414, 453, 625, 673

후설 원순 고모음 631

후설 원순 중모음 630

후설 원순 활음 426, 659

후설 저모음{後舌 低母音} 424, 425, 427, 471, 511

후설 평순 개음 206, 414, 453, 454, 562, 564, 596, 598, 609, 625, 653, 673
후설 평순 저모음 563
후설 평순 중모음 563
후설 평순 활음 659
侯韻(字) 441, 481~486, 490~492, 494, 622
喉音 361
『後漢書』 59
훈독(訓讀) 43, 44
『訓蒙字會』 226, 234, 243
『훈민정음(訓民正音)』 226, 244, 563, 645
훈차(訓借) 42, 53, 89, 94
痕韻 587, 588, 590, 597, 623
欣韻 587, 588, 590, 595, 597, 623, 625

1등운 648
2등운 648
2음절 단어 637, 639, 640, 642, 643
2차 모음 38
3등운 629, 649
3등 A 449, 450, 453, 455, 594, 595, 598, 609, 629
3등 B 449, 450, 453, 455, 594, 595, 598, 609, 629
4등운 649
6모음체계 413, 545, 552, 573~575, 668, 672, 676
7모음체계 544, 574, 676

/*-i/ 韻尾 458, 497, 521, 522, 525
/*-m, *-p/ 韻尾 600, 610, 611
/*-n, *-t/ 韻尾 575, 597, 598, 611
/*-ŋ, *-k/ 운미 526, 550, 560, 564, 571 ~573, 575, 611, 628
/*-ø/ 운미 415, 457~459, 525
/*-u/ 운미 468, 492

Ancient Chinese 19
Archaic Chinese 19
Beckwith 401
Chao Yuen Ren 243
Handel 470
Karlgren 19, 23, 24, 25, 184, 363, 368, 415, 421, 497, 499, 501, 531, 666
Kim Chin-W 646
Lee Ki-Moon 15, 386
Lee Sang-Oak 233
Lee SeungJae 279, 280, 311, 312
Martin 23, 24, 644
Middle Chinese 19
Old Chinese 19
pre-accent 263
Pulleyblank 19
Ramsey 232
Ramstedt 399
Trubetzkoy 30
Vovin 401, 644

漢字音으로 본 고구려어 음운체계

1판 1쇄 펴낸날 2016년 12월 26일

지은이 | 이승재
펴낸이 | 김시연

펴낸곳 | (주)일조각
등록 | 1953년 9월 3일 제300-1953-1호(구 : 제1-298호)
주소 | 03176 서울시 종로구 경희궁길 39
전화 | 734-3545 / 733-8811(편집부)
733-5430 / 733-5431(영업부)
팩스 | 735-9994(편집부) / 738-5857(영업부)
이메일 | ilchokak@hanmail.net
홈페이지 | www.ilchokak.co.kr

ISBN 978-89-337-0725-8 93700
값 60,000원

* 지은이와 협의하여 인지를 생략합니다.
* 이 도서의 국립중앙도서관 출판예정도서목록(CIP)은 서지정보유통지원시스템 홈페이지
(http://seoji.nl.go.kr)와 국가자료공동목록시스템(http://www.nl.go.kr/kolisnet)에서
이용하실 수 있습니다. (CIP제어번호 : CIP2016029285)